lonely planet

Ouest américain

Sara Benson

Andrew Bender, Alison Bing, Amy C Balfour, Becca Blond,

Nate Cavalieri, Josh Krist, Brendan Sainsbury, John A Vlahides

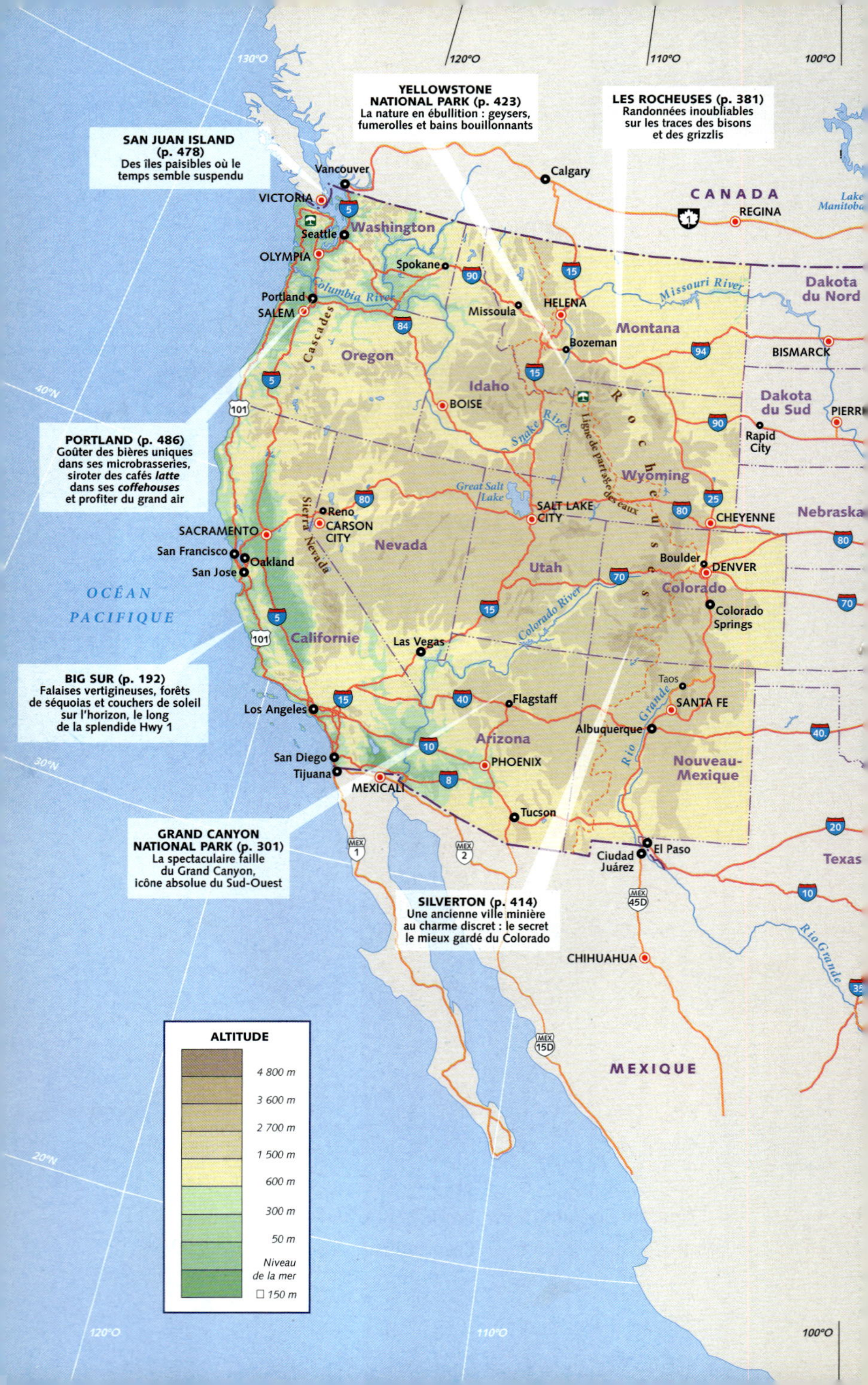

YELLOWSTONE NATIONAL PARK (p. 423)
La nature en ébullition : geysers, fumerolles et bains bouillonnants
LES ROCHEUSES (p. 381)
Randonnées inoubliables sur les traces des bisons et des grizzlis
SAN JUAN ISLAND (p. 478)
Des îles paisibles où le temps semble suspendu
PORTLAND (p. 486)
Goûter des bières uniques dans ses microbrasseries, siroter des cafés *latte* dans ses *coffehouses* et profiter du grand air
BIG SUR (p. 192)
Falaises vertigineuses, forêts de séquoias et couchers de soleil sur l'horizon, le long de la splendide Hwy 1
GRAND CANYON NATIONAL PARK (p. 301)
La spectaculaire faille du Grand Canyon, icône absolue du Sud-Ouest
SILVERTON (p. 414)
Une ancienne ville minière au charme discret : le secret le mieux gardé du Colorado
130°O
120°O
110°O
100°O
40°N
30°N
20°N
CANADA
MEXIQUE
OCÉAN PACIFIQUE
Washington
Oregon
Idaho
Montana
Wyoming
Dakota du Nord
Dakota du Sud
Nebraska
Nevada
Utah
Colorado
Californie
Arizona
Nouveau-Mexique
Texas
Vancouver
Calgary
REGINA
Lake Manitoba
VICTORIA
Seattle
OLYMPIA
Spokane
Portland
SALEM
Missoula
HELENA
Bozeman
BISMARCK
BOISE
Rapid City
PIERRE
Reno
CARSON CITY
SACRAMENTO
San Francisco
Oakland
San Jose
SALT LAKE CITY
CHEYENNE
Boulder
DENVER
Colorado Springs
Las Vegas
Los Angeles
San Diego
Tijuana
MEXICALI
Flagstaff
PHOENIX
Tucson
Taos
SANTA FE
Albuquerque
El Paso
Ciudad Juárez
CHIHUAHUA
Cascades
Sierra Nevada
Rocheuses
Ligne de partage des eaux
Columbia River
Missouri River
Snake River
Colorado River
Rio Grande
Great Salt Lake
ALTITUDE
4 800 m
3 600 m
2 700 m
1 500 m
600 m
300 m
50 m
Niveau de la mer
150 m

0 500 km
0 300 miles
90°O
80°O
70°O
60°O
James Bay
Lake Winnipeg
WINNIPEG
Thunder Bay
Lake Superior
Minnesota
Wisconsin
Michigan
Lake Michigan
Lake Huron
Lake Ontario
Lake Erie
St Lawrence River
QUÉBEC
Maine
AUGUSTA
Montréal
OTTAWA
Burlington
MONTPELIER
Lake Champlain
NH
VT
CONCORD
BOSTON
New York
MA
PROVIDENCE
Newport
ALBANY
HARTFORD
RI
New Haven
CT
New York
TORONTO
ST PAUL
Minneapolis
Green Bay
MADISON
Milwaukee
LANSING
Detroit
Cleveland
Toledo
Pennsylvanie
TRENTON
HARRISBURG
Philadelphie
NJ
DOVER
DE
Baltimore
ANNAPOLIS
WASHINGTON, DC
MD
RICHMOND
Virginie
Iowa
Chicago
Pittsburgh
Ohio
COLUMBUS
Indiana
Omaha
DES MOINES
Missouri River
Mississippi River
LINCOLN
SPRINGFIELD
Illinois
INDIANAPOLIS
Cincinnati
WV
CHARLESTON
Appalaches
FRANKFORT
Lexington
Kansas City
TOPEKA
St Louis
JEFFERSON CITY
Kansas
Wichita
Missouri
Ohio River
Kentucky
NASHVILLE
Tennessee
Caroline du Nord
RALEIGH
Charlotte
Wilmington
(péage)
Oklahoma
Tulsa
Arkansas
Memphis
Greenville
Caroline du Sud
COLUMBIA
OKLAHOMA CITY
LITTLE ROCK
Augusta
Charleston
ATLANTA
Birmingham
Mississippi
Savannah
MONTGOMERY
Alabama
Géorgie
Dallas
Fort Worth
JACKSON
Jacksonville
St Augustine
TALLAHASSEE
BATON ROUGE
Louisiane
La Nouvelle-Orléans
Orlando
AUSTIN
Houston
Tampa
San Antonio
Floride
Corpus Christi
Fort Lauderdale
Miami
Key West
OCÉAN ATLANTIQUE
BAHAMAS
NASSAU
Golfe du Mexique
HAVANA
CUBA
MEXIQUE
40°N
30°N
20°N

Sur la route

SARA BENSON
AUTEUR COORDINATEUR

Après avoir visité la Sierra Nevada à toutes les saisons sauf en hiver, je ne m'attendais pas à voir au mois de mars autant de cascades grondantes couler dans la Yosemite Valley (p. 255), ni ce merveilleux paysage enneigé idéal pour skier. Mieux encore, les sentiers de randonnées étaient presque déserts, ce qui se produit rarement dans la région.

AMY C BALFOUR

Depuis la terrasse du View Hotel, je contemple le décor naturel époustouflant du Monument Valley Navajo Tribal Park (p. 313). Derrière moi, une route de 27 km décrit une boucle à travers les gigantesques formations rocheuses.

BECCA BLOND

Je voyage beaucoup pour Lonely Planet, ce qui ne réjouit guère Duke, mon énorme bulldog. Aussi, lorsque j'ai enquêté près de chez moi au Colorado, il m'a suivie partout, jusque sur ce banc. Mon mari a pris la photo par un beau matin d'avril dans notre maison de Boulder pendant que je rédigeais des notes en profitant des rayons du soleil.

BRENDAN SAINSBURY

Je pensais avoir tout vu, mais j'étais loin du compte. Même dans une région aussi spectaculaire que le Nord-Ouest pacifique, le Crater Lake (p. 504) apparaît comme un mirage aquatique qui remet en question toutes les images d'Épinal.

JOSH KRIST

J'ai fait cet autoportrait au bord du Grand Canyon (p. 301). L'un des moments forts de mon périple fut l'arrivée d'un nuage noir plein d'éclairs menaçants sur le canyon alors que je me tenais au bord. J'ai senti l'odeur de la pluie imminente dans l'air chargé d'électricité.

Voir la biographie complète des auteurs p. 565.

LÉGENDES DE L'OUEST

Vastes étendues sauvages, villes multiculturelles à la pointe de la modernité, routes rectilignes perdues au milieu de nulle part : dans l'Ouest américain, l'invitation au voyage prend mille visages. Le cinéma a forgé la légende de ces paysages marqués par l'héritage des peuples amérindiens, où plane encore l'ombre des pionniers et des chercheurs d'or. À vous maintenant d'élaborer votre scénario. Comédie sentimentale ? Film d'aventures ? *Road movie* ? L'Ouest américain offre le cadre. Il ne vous reste plus qu'à écrire l'histoire.

Routes mythiques

Avec des millions de kilomètres de routes nationales, l'Ouest américain se prête à une infinité de périples en voiture. Le réseau secondaire dessert par ailleurs de nombreux sites naturels ou liés à l'histoire du Far West.

❶ Route 66
La "Mother Road" (Mère de toutes les routes) (p. 316) des États-Unis déroule son ruban d'asphalte de Chicago à Los Angeles. Vestiges rétro, *diners* familiaux et motels des années 1950 jalonnent son parcours.

❷ US Highway 50
Les amateurs de solitude seront séduits par la "route la moins fréquentée d'Amérique" (p. 285), qui traverse le désert aride, les chaînes de montagnes et les villes minières fantômes du Grand Bassin du Nevada.

❸ Pacific Coast Highway
Longeant l'océan Pacifique, les Hwy 1 et Hwy 101 californiennes (p. 187) mènent aux enclaves de la jet-set et aux plages dorées de Californie du Sud, traversent le Golden Gate Bridge à San Francisco et s'enfoncent au nord dans les forêts de séquoias brumeuses du littoral.

❹ Million Dollar Hwy
Entre Silverton et Ouray dans le Colorado s'étend une splendide route de montagne (p. 415) émaillée de vestiges de l'époque des pionniers : anciens puits de mines, villes fantômes ou arrêts de diligences oubliés.

❺ Columbia River Highway
La plus belle route panoramique de l'Oregon (p. 500) fut le premier axe du pays classé National Historic Landmark. Empruntez-la plutôt au printemps, quand les cascades coulent au milieu des fleurs sauvages le long de la Columbia River Gorge.

❻ Highway 163
On a l'impression d'avoir déjà vu cent fois les paysages de Monument Valley (p. 314) tant ils ont été filmés par Hollywood. Il n'empêche que les plateaux aux parois abruptes, les monolithes et les pics de grès cramoisis vous réservent une expérience grandiose.

Villes phares

La mosaïque ethnique et culturelle des États-Unis s'exprime de façon vibrante dans les grands centres urbains de l'Ouest : villes décontractées de la côte pacifique, agréables cités du Sud-Ouest et, enfin, l'inclassable Sin City (Las Vegas), royaume du jeu.

1

❶ Los Angeles

Si les films noirs et les romans policiers montrent souvent le côté sombre de LA (p. 139), la ville conserve néanmoins une aura glamour grâce à Hollywood et ses paillettes. Des dizaines de quartiers distincts, des fiefs bobos aux enclaves ethniques, attendent le visiteur.

❷ San Francisco

Née au XIXe siècle à l'époque de la Ruée vers l'or, la "ville au bord de la baie" (p. 211) évoque d'emblée hippies, tramway et pont du Golden Gate. Sa réalité actuelle revêt cependant un aspect bien plus avant-gardiste, notamment au niveau de l'art, de l'innovation high-tech, de l'écologie et de la gastronomie.

❸ Las Vegas

Tout le monde a besoin d'un endroit où se défouler sans que cela prête à conséquence. Pour les Américains, il s'agit de Las Vegas (p. 270), haut lieu mondial du jeu, dont beaucoup ignorent qu'elle comprend aussi une facette étonnamment élégante et une scène artistique.

❹ Seattle

Aux confins du Nord-Ouest pacifique, cette ville florissante (p. 460), dont le nom reste associé à Microsoft, est aussi connue pour ses artistes et musiciens. Elle s'inscrit en outre dans une région splendide où se pratiquent de nombreuses activités de plein air.

Merveilles de la nature

La nature fait partie intégrante de l'identité américaine. C'est en effet dans les grands espaces sauvages que s'est forgée l'histoire tumultueuse des États-Unis et que beaucoup d'Américains se ressourcent aujourd'hui.

1 Big Sur
Les vertigineuses falaises de Big Sur (p. 192) offrent un saisissant contraste avec les plages populeuses du sud de la Californie. Avec un peu de chance, vous trouverez la solitude créatrice chère à Jack Kerouac ou Henry Miller qui ont habité ici dans le passé.

2 Montagnes Rocheuses
Les sommets culminant à plus de 4 000 m ne sont que la partie la plus saisissante de ce massif (p. 381) émaillé de glaciers, de lacs alpins, de sources chaudes et de geysers où vit une faune impressionnante (ours, bisons, loups et orignaux) protégée par un réseau de réserves.

3 Forêts de séquoias
Sur la côte nord (p. 259) mystérieuse et embrumée de la Californie, promenez-vous paisiblement parmi les arbres les plus hauts du monde, avant d'aller boire une bonne pinte dans un pub-brasserie en compagnie de bobos du cru.

4 Death Valley
Dunes de sable, volcans en sommeil, champs de cactus ou tapis de fleurs sauvages : les paysages de la Vallée de la Mort (p. 180) sont une source d'émerveillement permanent. Dans l'Ouest américain le désert restera en arrière-plan de toutes vos pérégrinations.

5 Olympic Peninsula et îles San Juan
Découvrez les lacs glaciaires, les forêts tempérées humides et les plages du Pacifique de l'Olympic Peninsula (p. 474), puis embarquez pour le paradis boisé des îles San Juan (p. 478), avec leurs fermes et leurs criques de contrebandiers.

6 Canyon Country
En partant du Grand Canyon (p. 301), l'exploration du Sud-Ouest passe par les cactus saguaros géants d'Arizona et les merveilles géologiques du sud de l'Utah, sans oublier les habitations troglodytiques et l'art rupestre sacré des territoires amérindiens.

7 Lake Tahoe
Le Lac Tahoe est un terrain de choix pour les activités de plein air : natation ou canoë sur les eaux bleues et vertes du lac, randonnée, ski ou VTT sur les pentes de la Sierra Nevada toute proche.

L'Amérique indienne

Les États-Unis furent d'abord le territoire des peuples amérindiens. Aujourd'hui, l'histoire et la culture indigènes se manifestent de manière plus visible dans le Sud-Ouest, à travers des habitations troglodytiques, des champs de bataille historiques et des pueblos.

1 Monument Valley Navajo Tribal Park

Laissez-vous envoûter par les promontoires et les minces flèches de grès ocre-rouge, décors de nombreux westerns, où les Indiens navajo organisent désormais des circuits guidés (p. 314).

2 Réserve navajo

Parcourez en voiture la plus vaste réserve indienne (p. 312) du pays qui englobe paysages naturels, habitations troglodytiques et monuments historiques, et présente un riche calendrier de manifestations.

3 Réserve hopi

Construits sur des mesas entre 1400 et 1700, les villages hopi (p. 314) du nord-est de l'Arizona comptent parmi les localités d'Amérique du Nord habitées de plus longue date. Le musée du centre culturel vaut le détour, de même que les ateliers de bijoux artisanaux.

4 Mesa Verde National Park

Ce parc archéologique (p. 418), dans les hauts plateaux boisés du sud-ouest du Colorado, recèle des habitations troglodytiques ayant appartenu aux ancêtres des Pueblos.

Sommaire

COUPS DE CŒUR ♡
Afin de faciliter le repérage de nos adresses et sites préférés, nous les signalons par un picto.

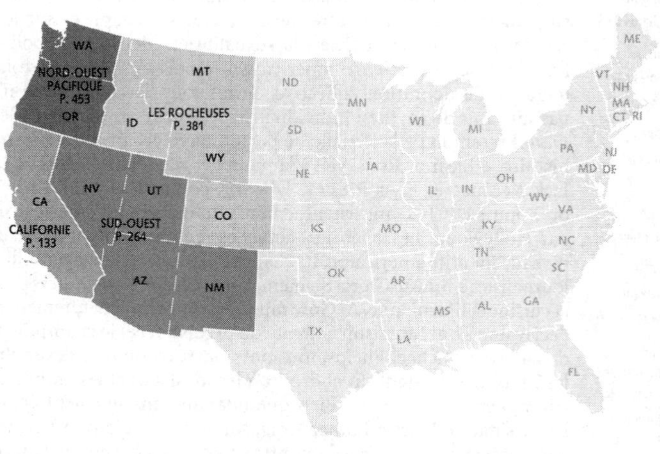

WA
NORD-OUEST PACIFIQUE P. 453
OR
MT
LES ROCHEUSES P. 381
ID
WY
CA
CALIFORNIE P. 133
NV
UT
SUD-OUEST P. 264
CO
AZ
NM
ND
SD
NE
KS
OK
TX
MN
IA
MO
AR
LA
WI
IL
MI
IN
OH
KY
TN
MS
AL
GA
FL
SC
NC
VA
WV
PA
NY
MD
DE
NJ
VT
NH
MA
CT
RI
ME

Destination Ouest américain

Le dramaturge Arthur Miller a dit un jour que la promesse était la quintessence des États-Unis. Pour les immigrés de fraîche date et les voyageurs encore sous l'emprise du décalage horaire, cette promesse d'Amérique peut revêtir une aura quasi mythique. Rouler vers le soleil couchant sur ces routes ouvertes, plonger tête la première dans une mégalopole ou randonner dans des paysages grandioses pendant des semaines sont des manières classiques d'appréhender l'*american way of life*. Cette quête est un thème romantique classique, développé par des écrivains aussi différents que Mark Twain et Jack Kerouac, et vécu au quotidien par les habitants aussi bien que par les visiteurs. Qui peut résister, il est vrai, à ces paysages qui appellent tant au voyage ?

Pour ressentir l'Amérique, pourquoi ne pas commencer par l'Ouest ? Au centre, sur les hauteurs des Rocheuses ou sous le ciel infini du désert du Sud-Ouest, dont l'immensité change de couleur à chaque variation subtile du soleil. Au sud, à travers les villes poussiéreuses, attrapeuses de rêves, du Nouveau-Mexique. Ou sur la côte : la Californie, reine de la démesure, l'Oregon, pays des phares et des dunes. Et n'oubliez pas les villes : Las Vegas la surréelle, San Francisco la terrienne, Los Angeles la star, Seattle la rockeuse – chacune paraissant être elle-même une nation en miniature.

Qu'y a-t-il d'autre, au-delà d'une vie nocturne inépuisable et des paysages stupéfiants ? C'est une autre histoire, avec ses chapitres sur les races, les religions, les classes sociales, la sexualité et, bien sûr, la politique. C'est l'histoire de l'expérience américaine, jamais simple, qui résiste à toute tentative de définition collective. Après tout, les États-Unis n'élèvent-ils pas au rang de mythe l'individualisme forcené en glorifiant le *self-made man*. En témoigne la kyrielle de personnages célèbres qui ont marqué son histoire, d'Eleanor Roosevelt à la photographe Diane Arbus en passant par Jack Kerouac et Elvis Presley. D'autres comme Billy the Kid, Al Capone ou Bonnie et Clyde incarnent le héros ou hors-la-loi américain popularisé par Hollywood. Les célébrités actuelles redéfinissent aussi à leur modeste niveau l'identité américaine. Le chanteur de country engagé Willie Nelson, la journaliste féministe Gloria Steinem, le grand chef Alice Waters promotrice de la cuisine californienne, Al Gore militant contre le réchauffement climatique, l'écrivaine Toni Morrison lauréate du prix Nobel et le champion olympique de natation Michael Phelps, tous ont poursuivi un rêve devenu réalité. Car les États-Unis restent un endroit où les idéalistes et les ambitieux peuvent triompher de l'adversité. Bien que quarante ans se soient écoulés depuis l'assassinat de Martin Luther King, son message d'espoir perdure. Dans le passé récent, personne n'a démontré cela de manière plus patente que Barack Obama. "Si quelqu'un doute encore que l'Amérique est le lieu de tous les possibles, se demande si le rêve de nos pères fondateurs survit encore de nos jours, s'interroge sur le pouvoir de la démocratie, voici ce soir votre réponse" a déclaré le premier président afro-américain des États-Unis lors de son élection en novembre 2008.

Le lendemain, les journaux se sont vendus comme des petits pains, les Américains ayant conscience d'avoir écrit une page d'histoire. Cette nation jadis profondément divisée du fait de son héritage esclavagiste a su dépasser les clivages et élire un homme noir à la fonction suprême, qui plus est avec

QUELQUES CHIFFRES

Population : 306 millions d'habitants

Produit national brut (PNB) : 14,1 milliards de $

Nombre de barils de pétrole consommés par jour : 21 millions

Nombre de voitures hybrides vendues en 2008 : 308 000

Nombre moyen de chaînes de TV par foyer : 118,6

Nombre d'États ayant légalisé le mariage gay : 6

Température la plus haute jamais enregistrée : 56,7°C (dans la Vallée de la Mort, en Californie)

une majorité confortable. “Cela a pris du temps, mais (…) le changement est arrivé”, a déclaré le président au moment de sa victoire. Le “changement”, ce mot magique tellement rebattu par les deux partis lors de la campagne, a certes joué un rôle crucial dans le succès d'Obama, mais il a toujours été l'un des moteurs de l'histoire américaine. Le pays s'est fondé sur une révolution conceptuelle audacieuse dans un monde dominé alors par des régimes autocrates. Envisagé par les premiers colons comme un refuge face à l'intolérance religieuse, il est ensuite devenu la première république démocratique et peut-être sa forme la plus aboutie. Au fil des siècles, des hommes d'État visionnaires à l'image de Thomas Jefferson, d'Abraham Lincoln et de Théodore Roosevelt ont permis des avancées hardies dans des directions nouvelles. Ce furent toutefois de simples citoyens courageux combattant l'injustice, parfois au prix de leur vie, qui firent aboutir les réformes les plus profondes comme l'abolition de l'esclavage, l'amélioration des conditions de travail, l'égalité des droits entre hommes et femmes et la protection de l'environnement.

Des citoyens de tous les milieux sociaux ont participé à la “grande expérience américaine”, un concept récompensant les idées novatrices et le travail acharné. L'esprit d'entreprise a donné des résultats d'envergure, depuis le vol historique des frères Wright au premier homme sur la Lune. La révolution technologique initiée par Thomas Edison et Henry Ford se poursuit aujourd'hui avec des pionniers comme Bill Gates (Microsoft), Steve Jobs (Apple) et Larry Page (Google), qui ont modifié radicalement la façon dont les gens travaillent, apprennent et communiquent dans le monde industrialisé. Les progrès réalisés en sciences, en médecine et dans de nombreux domaines ont des répercussions significatives sur notre quotidien.

Si l'innovation va bon train, la population semble en revanche moins optimiste sur d'autres fronts. À l'heure où nous mettons sous presse, les États-Unis commencent tout juste à manifester des signes de reprise après la crise des *subprimes* survenue sous le mandat de George W. Bush. En 2008, plus de trois millions d'Américains ont vu leur maison saisie, tandis que la hausse du chômage faisait quelque 15 millions de sans-emploi fin 2009, soit le chiffre le plus élevé depuis la Seconde Guerre mondiale. La résolution de ces problèmes graves, auxquels s'ajoutent les conflits en Irak et en Afghanistan, constitue le grand défi du moment. Mais comme l'a déclaré John F Kennedy à l'occasion de son discours d'investiture : “L'Américain est optimiste par nature. Il expérimente, invente et bâtit ; il ne le fait jamais mieux que lorsqu'on lui demande d'accomplir de grandes choses.”

Mise en route

En dehors de toute considération financière, il ne faut jamais perdre de vue l'immensité des États-Unis, même si l'on se concentre sur sa partie ouest. L'échelle n'est pas la même qu'en Europe et on veut facilement trop en faire. Il faut bien planifier son voyage de façon à ne pas passer tout son temps sur la route, quitte à mettre de côté certains lieux pour un prochain voyage.

Il est indispensable de réserver en haute saison, surtout durant les mois d'été et les principales périodes de fête (p. 521). Cependant, planifier votre séjour à l'avance ne doit pas être un frein à la spontanéité et à l'aventure qui constituent la raison d'être d'un périple sur les routes américaines.

Sauf si votre budget vous l'interdit, il sera sûrement pratique de louer une voiture à un moment ou un autre pour vous écarter des grandes villes (où ne pas en avoir est préférable). La planification des transports est le secret d'un voyage réussi. Il est important de comparer les coûts et les temps de transport en tenant compte de la souplesse offerte par le moyen choisi. Pour un périple écologiquement responsable, voir p. 20.

QUAND PARTIR

Pour connaître la météo du jour (sur l'ensemble du pays), consultez **Weather Channel** (www.weather.com).

Voir p. 518 pour plus de détails sur le climat.

L'été, qui commence ici avec le Memorial Day (dernier lundi de mai) et se termine par la fête du Travail (Labour Day, premier lundi de septembre) est la saison des vacances. Les chambres d'hôtels sont plus chères et il y a plus de monde partout, mais la pleine saison a du bon. Montagnes et plages ne sont pas les mêmes quand le soleil radieux qui les réchauffe est absent.

En hiver, les prix sont élevés pendant la saison de ski dans les stations et certaines régions du Sud (les retraités en camping-car surnommés "snowbirds" mettent ainsi le cap sur la Floride et d'autres régions ensoleillées à l'occasion de Thanksgiving, le 4e jeudi de novembre). En choisissant judicieusement le moment de votre voyage hivernal, vous aurez certains paysages naturels presque pour vous seul.

La haute saison dans une région ne l'est donc pas forcément dans une autre. En juillet, le Nord-Ouest pacifique est merveilleux mais plus au sud c'est une fournaise. En général, latitude et altitude vous aideront à prévoir le temps et les saisons. Plus on grimpe et plus on va vers le nord, plus l'été est tardif et plus l'hiver arrive tôt (dans certaines parties des Rocheuses, le "printemps" ne se montre pas avant juin). Mais les exceptions sont multiples. Reportez-vous à la rubrique *Géographie* au début des chapitres consacrés aux régions pour trouver les conseils s'appliquant à votre destination.

Dans les montagnes occidentales et les plateaux, le climat est doux en été et très froid en hiver avec d'importantes chutes de neige, notamment dans le Nord. Plus on se dirige vers le sud, plus les précipitations sont faibles. Dans les immenses étendues désertiques, le climat est sec pendant la majeure partie de l'année, avec des hivers froids et des étés torrides. La sécheresse et la chaleur sont encore plus marquées dans les basses plaines arides.

La côte pacifique profite d'un temps chaud sur l'ensemble de l'année dans le sud, mais les températures se refroidissent dans le nord de la Californie, l'Oregon et le Washington. Au nord de San Francisco, les précipitations sont abondantes, quel que soit l'endroit.

Que ce soit pour en profiter ou les éviter, tenez compte des jours fériés (p. 530) ainsi que des fêtes et festivals (p. 521) dans vos projets.

N'OUBLIEZ PAS...

- La législation sur les visas (p. 522) et les passeports (p. 522).
- Une assurance médicale et voyage adaptée (p. 552).
- Des vaccinations à jour (p. 552).
- Vos réservations d'hébergement, surtout pour la première nuit et à proximité des parcs nationaux (p. 526).
- Votre permis de conduire (p. 546), car vous aurez certainement besoin d'une voiture à un moment ou un autre de votre itinéraire.
- Des nerfs d'acier pour rouler sur les autoroutes urbaines (p. 549).
- Votre carte de crédit, souvent plus pratique et sûre que les espèces et parfois nécessaire (réservations d'hôtels, locations de voitures et achats de places de spectacle, par exemple).
- Un esprit ouvert et curieux. Les Américains sont souvent surprenants !

COÛT DE LA VIE

Un voyage aux États-Unis peut coûter très cher ou rester très raisonnable. Tout dépend de la date du séjour. Il y a des possibilités pour tous les budgets.

Il est toutefois difficile de descendre en dessous de 100 $ par jour ; disposer de 150 à 250 $ par jour est confortable ; au-dessus de 300 $ par jour, vous dormirez plus ou moins dans de la soie, mangerez très bien et vous étourdirez de spectacles et d'activités en tout genre.

Un séjour prolongé dans une grande ville amputera sérieusement votre cagnotte. Tout y est au prix fort : taxis, restaurants, hébergement. Prévoyez entre 80 et 200 $ pour un hôtel de catégorie moyenne (dans certaines villes les prix commencent à 200 $) et entre 30 et 40 $ par repas et par personne. Dans les petites localités et les zones rurales, une belle chambre est autour de 100 $ et les repas ne sont pas chers du tout. Séjournez dans un parc national un week-end de haute saison et vous risquez de dépenser plus qu'à Manhattan. Avec une clientèle captive, hôteliers et restaurateurs ne se gênent pas pour pratiquer des tarifs exorbitants.

Pour voyager à moindre coût, optez pour le camping (de gratuit à 35 $ la nuit) ou les auberges de jeunesse (20-35 $), préparez vous-même certains repas et circulez en bus et en train, des modes de transports certes plus lents et moins flexibles que la voiture ou l'avion (mais est-ce un mal ?). Méfiez-vous des publicités pour les motels bon marché : quand une pancarte lumineuse annonce une chambre à 39 $, il y a fort à parier qu'il s'agit d'une chambre simple hors taxe. Pour savoir comment réaliser des économies sur l'hébergement, reportez-vous p. 526.

Reste les transports. La location d'une petite voiture coûte au minimum 30 $ par jour et pour quelque chose d'un peu mieux, avec toutes les assurances, on atteint vite 60 à 80 $ par jour. Selon les distances, votre vitesse et l'état des routes, il faut ajouter entre 20 et 40 $ par jour pour le carburant.

Les familles peuvent dépenser moins en réservant des hôtels gratuits pour les enfants dormant dans la chambre des parents, en demandant le menu enfant au restaurant et en profitant des réductions familiales dans les musées, parcs à thèmes et autres sites. Pour plus de détails sur les séjours avec des petits, voir p. 521. Concernant les réductions applicables à tous, voir p. 518.

Enfin, n'oubliez pas ce vieux truc de voyageur : évaluez votre budget et multipliez-le par deux, et vous aurez une estimation proche de la réalité.

QUELQUES PRIX

Grand match de baseball : 27 $

Connexion Internet : 3-12 $/heure

Gallon de lait (environ 4 l) : 3,35 $

Appel local depuis une cabine : 35-50 ¢

VOYAGE RESPONSABLE

Depuis 1973, Lonely Planet invite ses lecteurs à se comporter de façon responsable en laissant le moins de traces possible et à profiter de la magie du voyage indépendant. Le tourisme dans le monde croît dans des proportions impressionnantes et nous croyons toujours fermement aux bienfaits qu'il peut apporter. Comme toujours, nous vous incitons à considérer l'impact de votre visite sur l'économie, la culture locale et l'environnement, en particulier les écosystèmes et la faune originels.

Aux États-Unis, être "vert" est devenu un phénomène de mode, des produits et services de toutes sortes affichant désormais un label écologique. Il reste toutefois difficile pour le voyageur de déterminer si ces derniers respectent réellement la nature. Les auteurs de ce guide ont soigneusement enquêté sur les pratiques écologiques et durables afin de retenir des adresses (voir aussi p. 586) qui participent aux efforts de protection de l'environnement et de l'identité des populations autochtones, en particulier amérindiennes.

De nombreux organismes de certification voient régulièrement le jour au niveau local ou de l'État. Ceux-ci vous permettront de vérifier la fiabilité et l'indépendance des hôtels, tour-opérateurs et autres prestataires de l'industrie touristique auxquels vous comptez vous adresser. En voici quelques-uns :

Green Hotel Association (www.greenhotels.com). Annuaire utile, même si les membres paient pour figurer sur la liste.

Greenopia (www.greenopia.com/USA). Des guides urbains pour vivre écolo à San Francisco, Los Angeles, Salt Lake City, etc.

Historic Hotels of America (www.historichotels.org). Annuaire des hôtels du National Trust for Historic Preservation et service de réservation.

Circuler avec les transports en commun limite l'émission de carbone. Il n'empêche qu'un véhicule individuel s'avère souvent nécessaire aux États-Unis, d'où l'idée de louer une voiture écologique auprès de compagnies nationales Avis, Budget ou Hertz (p. 548), lorsqu'elles en proposent. Sinon, des agences de location indépendante sont spécialisées dans les engins hybrides et électriques (p. 549). Zipcar (p. 549), un service de véhicules partagés, existe désormais dans les villes de 25 États. L'association automobile Better World Club (p. 546) soutient la législation en faveur de l'environnement et offre des services écologiques à ses membres, notamment une assistance dépannage pour les voitures et les vélos.

Si l'auto-stop se révèle toujours risqué, les Américains utilisent couramment les sites de covoiturage comme **Craigslist** (CL ; www.craigslist.org). CL renseigne également sur les locations de vacances, les sous-locations, les emplois à court terme et les activités d'intérêt général. Ses petites annonces classées permettent en outre d'acheter, de vendre ou d'échanger ce dont vous pouvez avoir besoin au cours de votre voyage, de la planche de surf au vélo en passant par la voiture d'occasion.

Bien entendu, le tourisme durable ne consiste pas seulement à faire des choix "verts", mais aussi à interagir d'une certaine façon avec la population et l'environnement. Il comprend la pratique de la randonnée et du camping "sans trace" (p. 104), le bénévolat (p. 517), l'apprentissage des cultures indigènes et la compréhension des enjeux auxquelles elles sont confrontées. Pour en savoir plus sur les questions environnementales aux États-Unis, reportez-vous p. 105 et consultez les sites suivants :

Climatecrisis.net (www.climatecrisis.net). Le site officiel du documentaire *Une vérité qui dérange*. Propose des programmes pour compenser l'émission de carbone, ainsi que des renseignements et des conseils.

TOP 10

FÊTES ET FESTIVALS

Les Américains adorent faire la fête et ont imaginé tant de festivités annuelles qu'il est bien difficile d'en retenir dix. Moments mémorables garantis ! Voir p. 521 la liste d'autres fêtes et festivals.

- Rose Parade, Los Angeles (Californie), 1er janvier (p. 154)
- Sundance Film Festival, Park City (Utah), fin janvier (p. 331)
- Northwest Folklife Festival, Seattle (Washington), mai (p. 467)
- SF Gay Pride Month, San Francisco (Californie), juin (p. 226)
- Telluride Bluegrass Festival, Telluride (Colorado), fin juin (p. 417)
- Burning Man, Black Rock City (Nevada), fin août (p. 282)
- Santa Fe Indian Market, Santa Fe (Nouveau-Mexique), fin août (p. 367)
- Taste of Colorado, Denver (Colorado), septembre (p. 390)
- Monterey Jazz Festival, Monterey (Californie), septembre (p. 207)
- International Balloon Fiesta, Albuquerque (Nouveau-Mexique), début octobre (p. 360)

MUSIQUE

Tout bon *road-trip* qui se respecte a sa musique. Voici quelques albums et artistes de l'Ouest américain qui ont compté et grâce à qui la musique d'aujourd'hui est ce qu'elle est. Chargez-les sur votre baladeur et les kilomètres défileront (voir aussi p. 70).

- Johnny Cash, *Folsom Prison Blues*
- Stan Getz, *West Coast Jazz*
- Charles Mingus, *Mingus Ah Um*
- The Beach Boys, *Pet Sounds*
- Jimi Hendrix, *Are You Experienced ?*
- The Doors, *LA Woman*
- The Grateful Dead, *Live Dead*
- Jeff Buckley, *Grace*
- Pink Martini, *Sympathique*
- Green Day, *American Idiot*

FILMS

Voici dix films, morceaux d'anthologie du cinéma américain, dont l'action se déroule dans l'Ouest et dont le décor devient souvent un personnage à part entière. Ces œuvres et leurs réalisateurs ont façonné notre vision de la région (voir aussi p. 75).

- *La Chevauchée fantastique* (1939) de John Ford
- *La Soif du mal* (1958) d'Orson Welles
- *Les Sept Mercenaires* (1960) de John Sturges
- *Little Big Man* (1971) d'Arthur Penn
- *Bagdad café* (1987) de Percy Adlon
- *Thelma et Louise* (1991) de Ridley Scott
- *My Own Private Idaho* (1991) de Gus Van Sant
- *Arizona Dream* (1992) d'Emir Kusturica
- *Casino* (1995) de Martin Scorsese
- *Mulholland Drive* (2001) de David Lynch

National Geographic Center for Sustainable Destinations (www.nationalgeographic.com/travel/sustainable). S'emploie à promouvoir le "géotourisme" à l'aide de webcams, images numériques, cartes, blogs et informations en ligne destinés aux voyageurs.
Sierra Club (www.sierraclub.org). Actualité sur l'environnement et sa protection, militantisme politique, randonnées en groupe et bénévolat pendant les vacances.
Sustainable Travel International (www.sustainabletravelinternational.org). Guides de voyages écologiques, réservation de circuits, programme de compensation du carbone, etc.
The Nature Conservancy (www.nature.org). Protège des millions d'hectares de terres sauvages dans les 50 États du pays. Lettre d'information en ligne, magazine et programme de bénévolat.

LIVRES À EMPORTER

Le récit de voyage aux États-Unis est un genre littéraire à lui seul dont les classiques se lisent avec beaucoup de plaisir. Dans *Une Anglaise au Far West : Voyage d'une femme aux montagnes Rocheuses* (Petite Bibliothèque Payot, 2004), Isabella Bird, l'une des voyageuses les plus connues de l'époque victorienne, raconte sous forme de lettres adressées à sa sœur son voyage et son séjour avec les colons du Colorado à la fin du XIXe siècle.

Mark Twain mit sept ans à arriver dans l'Ouest. Il partit de Saint Louis et s'arrêta à Virginia City, Nevada, avant de poursuivre jusqu'à San Francisco et Hawaï, espérant toujours faire fortune. Il raconte avec beaucoup d'humour en 1872 dans *À la dure* (Petite Bibliothèque Payot) toutes les mésaventures qui lui arrivèrent en chemin.

Avant *L'Île au trésor*, Robert Louis Stevenson a quant à lui écrit plusieurs textes relatant son voyage en Californie en 1879-1880, au temps des chercheurs d'or. Ils sont regroupés dans *La Route de Silverado* (Phébus, 2000).

Dans les prairies du Far West : 1932 (Viviane Hamy, 1991), de Washington Irving, est le récit d'un mois passé par son auteur dans l'Ouest américain.

Voyage avec Charley (1962 ; Actes Sud, 1997), le récit que fait John Steinbeck de son périple à travers les États-Unis, en camping-car avec son caniche, pose un regard critique sur la technologie, les traditions et les préjugés qui ont forgé les caractéristiques régionales du pays. L'auteur des *Raisins de la colère* s'avère un excellent guide et un merveilleux compagnon de voyage. Publié en 1935, *Tortilla Flat* (Folio) est la chronique truculente de la vie dans un quartier populaire de Monterey où vivent les *paisanos*, "produit d'un assortiment de sang espagnol, indien, mexicain, et caucasien".

Déjà en 1942, Henry Miller avait trouvé en Californie un refuge possible pour échapper à l'*American way of life*, ce mode de vie où tout est soumis au machinisme et au mythe de la réussite sociale. Quelques années plus tard, en s'installant à Big Sur, au nord de Monterey, il eut le sentiment d'avoir trouvé un possible éden. *Big Sur et les oranges de Jérôme Bosch* (Buchet Chastel, 1991) entrecroise les réflexions les plus diverses et la description de personnages qui, vivant dans cette région sauvage de la côte pacifique, partagent le même refus des valeurs de la société américaine.

Aucun livre n'a incité plus de gens à prendre la route que le célèbre *Sur la route* (Folio, 1957) de Jack Kerouac. Son amour pour la vie et son écriture très jazzistique continuent à séduire les lecteurs.

Dans *Retour à Santa Fe* (Proverbe), Frédéric Jacques Temple raconte son départ en 1980 sur les traces de D.H. Lawrence et cherche des témoins, disparus depuis longtemps, de l'époque où le poète voulait fonder une communauté utopique.

Pour une découverte littéraire de Los Angeles, plongez-vous dans *Le Goût de Los Angeles* (Mercure de France, 2005), qui propose un voyage dans la Cité des Anges à travers les textes de différents auteurs.

Enfin, indispensable pour mieux communiquer sur place : le *Guide de conversation français/anglais* publié par Lonely Planet (7,90 €). Pour réserver une chambre, lire un menu ou simplement faire connaissance, ce manuel vous permet d'acquérir rapidement quelques rudiments d'anglais.

Voir p. 71 pour en savoir plus sur la littérature de l'Ouest américain.

SITES INTERNET

Office du tourisme (www.office-tourisme-usa.com). Le site officiel de l'office du tourisme des États-Unis, avec les dernières informations en matière de formalités ainsi que des conseils pratiques pour préparer son voyage.

Ambassade des États-Unis (www.amb-usa.fr). Le site de l'ambassade des États-Unis en France possède une rubrique d'informations pratiques très complète destinée aux voyageurs.

Arizona dream (www.arizona-dream.com/usa). Des récits de voyages, photos, articles et renseignements utiles sur ce site consacré à l'Ouest américain et tout particulièrement à la communauté indienne.

Parcs.net (www.parcs.net). Un guide en français sur les parcs nationaux de l'ouest des États-Unis.

Google Maps (www.maps.google.com). Pour trouver les rues et tout voir sur les images-satellites.

Lonely Planet (www.lonelyplanet.fr). Une présentation synthétique des États-Unis dans la rubrique *Destinations*, le forum pour poser toutes vos questions sur le pays et une newsletter pour vous tenir informé de l'actualité du voyage.

Away.com (www.away.com). Quantité d'idées pour des séjours nature ou urbains dans les 50 États.

Festivals.com (www.festivals.com). D'une côte à l'autre, découvrez sur ce site où ont lieu les meilleures soirées, concerts et autres manifestations plus originales.

Roadside America (www.roadsideamerica.com). Pour tout savoir des curiosités et bizarreries qui jalonnent les routes américaines.

Itinéraires

LES GRANDS CLASSIQUES

LA TRAVERSÉE DE L'OUEST **Deux à trois semaines/de San Francisco à Denver**

Après avoir profité pendant quelques jours du charme de **San Francisco** (p. 211), rejoignez **Los Angeles** (p. 139), une autre des métropoles fascinantes dont les États-Unis ont le secret. Traversez le **désert de Mojave** (p. 180) pour rallier **Las Vegas** (p. 270) et les mille lumières qui l'éclairent en continu.

Partez ensuite pour l'Utah et marquez une pause au **Zion National Park** (p. 351) pour admirer les impressionnantes roches rouges. De là, ne manquez pas les autres magnifiques parcs nationaux de l'État, **Moab** (p. 336), l'**Arches National Park** (p. 337) et le **Canyonlands National Park** (p. 339).

Sur le parcours de l'I-70 vous attendent en hiver les stations de ski de **Vail** (p. 408) et de **Breckenridge** (p. 406). Faites ensuite une petite boucle pour visiter le **Rocky Mountain National Park** (p. 402) et **Boulder** (p. 343). Terminez votre périple à **Denver** (p. 387), surnommée la "Mile High City" (ville haute d'un mile) en raison de sa situation à exactement un mile (1 600 m) au-dessus du niveau de la mer. Séjournez-y quelques jours pour constater par vous-même qu'elle mérite sa réputation de capitale d'État la plus sympathique des États-Unis.

Cet itinéraire vous permettra à la fois de visiter des villes extraordinaires et de voir des paysages naturels d'une beauté à couper le souffle. Une façon de découvrir la majesté de l'Ouest américain en vous confrontant à ses extrêmes !

LA CÔTE PACIFIQUE

Deux à trois semaines/de Portland à San Diego

Géographiquement comme politiquement, la Côte Ouest ne saurait être plus éloignée de Washington, DC, qu'elle ne l'est. C'est un voyage pour ceux qui aiment la nature originelle et sauvage, les plages et les horizons infinis.

L'accueillante **Portland** (p. 486) est un point de départ idéal. La route de l'est vous fait pénétrer en pleine nature dans les **gorges de la Columbia River** (p. 500). À The Dalles, virez au sud et rejoignez le **Mt Hood** (p. 501) pour skier l'hiver ou randonner l'été. Depuis **Bend** (p. 503), explorez les Cascades autour de **Sisters** (p. 503) et du **Crater Lake** (p. 504). Plus au sud, écoutez Shakespeare dans le texte à **Ashland** (p. 504), puis descendez vers la côte brumeuse. Entrez en Californie par la Hwy 199 et les magnifiques **Redwood National & State Parks** (p. 245).

Longez la côte vers le sud, en traversant **Arcata**, la hippie, et **Eureka** (p. 285), les pieds dans l'eau, puis perdez-vous sur la **Lost Coast** (p. 244), avant de rejoindre la Hwy 1 et de découvrir la charmante **Mendocino** (p. 243).

Goûtez les vins de la **Napa Valley** et de la **Sonoma Valley** (p. 239), avant de revenir vers **San Francisco** (p. 211) et ses collines romantiques et bohèmes.

De retour sur la belle **Hwy 1** (p. 210), traversez **Santa Cruz** (p. 208), **Monterey** (p. 201) et sa baie, et **Big Sur** (p. 192) la beatnik. En un rien de temps, ce sera **Hearst Castle** (p. 191) puis **San Luis Obispo** (p. 190) et ses étudiants décontractés.

Un parfum de Méditerranée vous attend à **Santa Barbara** (p. 187). Prenez un ferry à Ventura pour les **Channel Islands** (p. 189). Vous voilà enfin à **Los Angeles** (p. 139). Rêvez à **Hollywood** (p. 146), admirez les *beautiful people* d'**Orange County** (p. 163), puis relaxez-vous à **San Diego** (p. 164).

Voyons ce qu'offrent ces 2 495 km de parcours : circuits écologiques en plein air, montagnes et forêts à couper le souffle, itinéraires côtiers légendaires, freaks, visionnaires et radicaux, plages de surf, gastronomie, microbrasseries et bons vins, art contemporain, cités multiculturelles… Que demander de plus ? C'est cela la Côte Ouest !

LA LIGNE DE PARTAGE DES EAUX

Trois à quatre semaines/ d'Albuquerque au Glacier National Park

Tout ce dont vous rêvez existe probablement dans les Rocheuses. Cet itinéraire de 3 200 km n'est pas destiné aux observateurs de la nature, mais à ceux qui répondent à son appel corps et âme, avant d'échanger leurs expériences devant un verre.

Les rivières coulent vers l'est d'un côté, vers l'ouest de l'autre. Entre les deux, il y a les montagnes qui fournissent sans cesse de bonnes excuses pour laisser la voiture et partir randonner, escalader, pagayer, pédaler ou skier.

Partez d'**Albuquerque** (p. 356) par le **Turquoise Trail** (p. 363) vers **Santa Fe** (p. 364), ville d'art et d'artistes. Sur la route de l'originale **Taos** (p. 371), visitez les **pueblos** (p. 369) des Indiens, l'"atomique" **Los Alamos** (p. 369) et admirez les paysages spectaculaires du **Bandelier National Monument** (p. 370). Pénétrez ensuite, via **Chama** (p. 374), dans le Colorado par la Hwy 84. Après un passage à **Durango** (p. 412), admirez les habitats troglodytiques des Anasazi dans les falaises de **Mesa Verde** (p. 418). Prenez la "Million Dollar Hwy" (Hwy 550), avec une halte à **Silverton** (p. 414), aux sources chaudes d'**Ouray** (p. 415), et un petit détour par la jolie **Telluride** (p. 416). Continuez vers l'est par la Hwy 50, via le Black Canyon of the Gunnison, puis le nord par la Hwy 24 vers la très chic station de **Vail** (p. 408). Relaxez-vous un moment à **Boulder** (p. 343), tranquille ville universitaire, et dans le **Rocky Mountain National Park** (p. 402). Pour gagner du temps, continuez au nord sur l'I-25. Une fois dans le Wyoming, prenez la I-80 vers l'ouest jusqu'à la Hwy 287. Elle mène à **Lander** (p. 422), paradis de l'escalade, avant d'enchaîner sur les parcs nationaux de **Grand Teton** (p. 431) et de **Yellowstone** (p. 423).

Dans le Montana, empruntez la Hwy 89 au nord puis l'I-90 à l'ouest vers **Bozeman** (p. 435) et **Missoula** (p. 438), deux villes agréables où reprendre des forces pour le rush final au **Bob Marshall Wilderness Complex** (p. 440) et au **Glacier National Park** (p. 441). Et il n'y a aucune de raison de ne pas continuer à suivre les Rocheuses au Canada, mais c'est une autre histoire…

ITINÉRAIRES RÉGIONAUX

LES FOUR CORNERS

Dix à quinze jours/de Flagstaff à Moab

Bastion des traditions amérindiennes, la région des Four Corners (4 coins), autour du point où se rejoignent Utah, Colorado, Nouveau-Mexique et Arizona, est merveilleusement isolée et sauvage.

Flagstaff (p. 296), qui fleure bon le Far West, sera votre point de départ. Vous y prendrez la Hwy 180 pour vous attaquer au **Grand Canyon** (p. 301), ou vous opterez pour un détour vers l'ouest, sur la Route 66, pour rendre visite aux Indiens **Hualapai** (p. 311) et **Havasupai** (p. 311).

En progressant à l'est du versant sud du Grand Canyon (p. 301), sur la Hwy 264, vous pénétrerez dans les **mesas sacrées des Hopi** (p. 314), qui bordent la vaste **réserve navajo** (p. 305) sillonnée de rudes pistes. Continuez à l'est du **Hubbell Trading Post National Historic Site** (p. 313) sur la Hwy 264, puis au nord sur la Hwy 191 jusqu'au **Canyon de Chelly National Monument** (p. 313).

Prenez à l'ouest sur la Hwy 160, puis au nord sur la Hwy 163 où vous vous émerveillerez devant le décor du **Monument Valley Navajo Tribal Park** (p. 313). Reposez-vous à **Bluff** (p. 341), puis prenez la Hwy 191 vers le sud et la Hwy 160 vers l'est pour aller prendre au **Four Corners Monument** (p. 312) la photo sur laquelle vous poserez chaque main et chaque pied dans un État différent.

Continuez à l'est sur la Hwy 160 jusqu'au **Mesa Verde National Park** (p. 418) et ses habitations troglodytiques, puis filez au nord sur la Hwy 491, puis la Hwy 191 jusqu'à **Moab** (p. 336), Mecque du sport et du plein air, et point d'accès aux étendues vierges de l'**Arches National Park** (p. 337) et du **Canyonlands National Park** (p. 339).

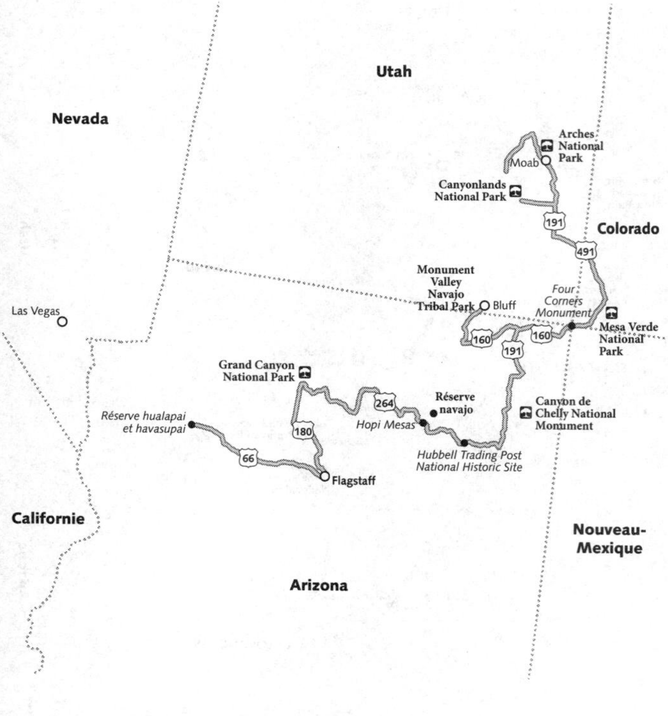

Entre canyons aux profondeurs vertigineuses, paysages désertiques aux nuances de rose et d'orange, délicates arches de grès et civilisations cachées au creux des falaises, vous attend un parcours de plus de 1 600 km sur des routes baignées de soleil, dont chaque virage est une aventure en soi.

LE GOLDEN STATE

Trois à quatre semaines de Los Angeles à Los Angeles

Votre épopée californienne commence à **Los Angeles** (p. 139), où vous n'aurez que l'embarras du choix pour les visites, les plages de rêve et la meilleure cuisine *SoCal* – comprendre du sud de la Californie. Après deux jours d'étourdissements urbains, ressourcez-vous en pleine nature, aux parcs nationaux de **Sequoia** et de **Kings Canyon** (p. 259), où vous lèverez un regard révérencieux vers les cimes des plus gros arbres du monde, avant de le plonger dans un canyon d'une profondeur impressionnante. Mais rien ne vous aura préparé à la splendeur du **Yosemite National Park** (p. 254). Puissantes cascades, monolithes sculptés et prairies parsemées de fleurs rivalisent pour séduire votre objectif. Ensuite, cap au nord par la Hwy 49 vers le cœur du pays où l'esprit de la Ruée vers l'or perdure dans des villes oubliées comme **Sonora** (p. 250), **Placerville** (p. 248) et **Nevada City** (p. 248).

Un peu plus à l'est, on arrive au **Lake Tahoe** (p. 252), joyau bleu incrusté entre des pics sur lesquels se profilent les sentiers de grandes randonnées et les pistes de stations mondialement célèbres. Bifurquez vers le nord en prenant la Hwy 395. Peut-être tenterez-vous votre chance à **Reno** (p. 282) avant de prendre à l'ouest pour découvrir le **Lassen Volcanic National Park** (p. 252). Non, vous n'êtes pas arrivé sur la Lune mais dans un monde de sources d'eau chaude, de fumerolles ferrugineuses et de boues bouillonnantes. Continuez vers l'ouest jusqu'à **Redding** (p. 250), puis au nord par l'I-5, qui traverse le **Shasta Lake** (p. 250) avant d'arriver au mythique **Mt Shasta** (p. 250), que vous verrez de loin. Prenez le

La Californie est un merveilleux patchwork : côtes apaisantes, déserts mystérieux, villes magiques et montagnes impressionnantes. Cette boucle de quelque 3 200 km se laisse parcourir en trois semaines, mais il vaut mieux en prévoir une ou deux de plus pour flâner et se laisser captiver par cet eldorado, ses mythes, ses trésors et ses tentations.

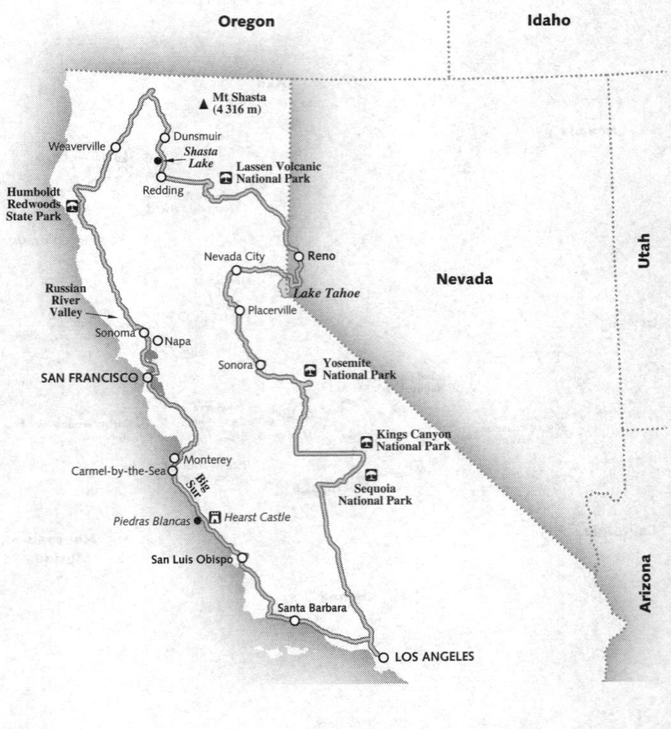

temps de vous incliner devant cette montagne majestueuse, peut-être en dormant à **Dunsmuir** (p. 250), avant d'aborder la Hwy 3, longue route touristique qui serpente vers le sud, traversant les Trinity Alps et leurs lacs, pour atteindre **Weaverville** (p. 250) et son célèbre temple chinois, témoins de la Ruée vers l'or. Poursuivez vers le sud-ouest pour rejoindre le **Humboldt Redwoods State Park** (p. 244), jungle odorante de séquoias centenaires. C'est le domaine des plus hauts arbres du monde, aux sentiers bordés de fougères. Parcourez en voiture l'imposante Avenue of Giants (p. 244). Prenez ensuite la Hwy 101, qui vous emmènera vers le Wine country (p. 237). Voilà l'occasion révée pour vous familiariser avec les vins californiens. Les cépages les plus célèbres, à l'image du zinfandel, poussent dans la **Sonoma Valley** (p. 239), la **Napa Valley** (p. 237) et la **Russian River Valley** (p. 240).

Rejoignez ensuite **San Francisco** (p. 211), belle et fière, surplombant une baie magnifique. La côte au sud est particulièrement belle, surtout la ville historique de **Monterey** (p. 201), dont on ne manquera pas de visiter l'aquarium. De Monterey, **Carmel-by-the-Sea** (p. 197), petite localité charmante, ouvre sur l'ensorcelant **Big Sur** (p. 192), dont les beautés intemporelles ont inspiré poètes, peintres, photographes et mystiques. Prenez tout votre temps en descendant la Hwy 1, avec éventuellement une halte au **Hearst Castle** (p. 191), ou à **Piedras Blancas** (p. 192) pour observer les éléphants de mer, à moins que vous ne préfériez la ville universitaire de **San Luis Obispo** (p. 190). Ultime étape avant de retrouver LA, la coquette **Santa Barbara** (p. 187), symphonie de toits de tuiles rouges et de restaurants.

VOYAGES THÉMATIQUES

LA ROUTE 66

Parcourir la mythique "Mother Road" est une expérience unique, même si l'on se cantonne à sa partie ouest. Depuis **Santa Monica** (p. 151), traversez **Los Angeles** (p. 139) pour rejoindre **Pasadena** (p. 153) puis San Bernardino. Arrêtez-vous ensuite dans la ville ferroviaire de Barstow avant de commencer la traversée du **désert de Mojave** (p. 180). Faites une halte à Newberry Springs pour prendre un verre au célèbre **Bagdad Café**, puis poursuivez jusqu'à Goffs et Needles.

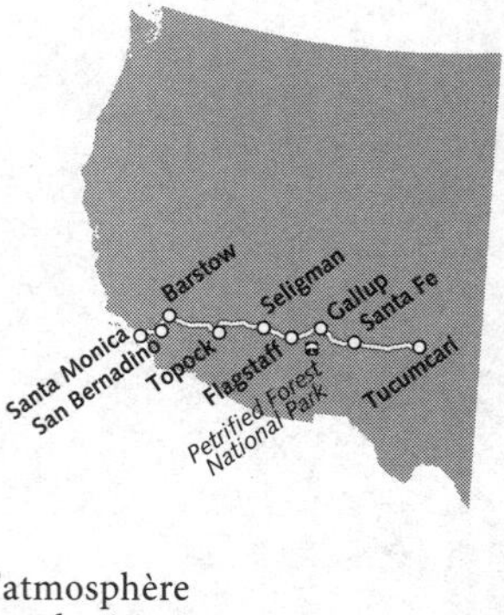

Savourez la vue sur l'horizon depuis le plus long tronçon de route ininterrompu du pays, entre **Topock** et **Seligman** (p. 316). Traversez les colonies minières d'**Oatman** (p. 316) et de **Kingman** (p. 315). Dirigez-vous ensuite à l'est vers Winslow et faites une pause dans le centre-ville des années 1940 de **Williams** (p. 298). Préparez-vous à changer d'atmosphère en ralliant **Flagstaff** (p. 296) et ses pubs branchés. Depuis Holbrook, visitez le **Petrified Forest National Park** (p. 314). Puis direction le Nouveau-Mexique, avec pour première étape **Gallup** (p. 363), qui sert de centre commercial aux peuples navajo et zuni. Depuis Gallup, rendez-vous à **Albuquerque** (p. 356), puis à **Santa Fe** (p. 364), plus au nord, avant de rejoindre l'autre **Las Vegas** (p. 270). Vous pouvez aussi choisir depuis Albuquerque d'aller à **Santa Rosa** (p. 240) et de visiter son **Route 66 Auto Museum**.

AVEC DES ENFANTS

Voyager avec des enfants est souvent une bonne excuse pour faire toutes les choses pour lesquelles on se croit trop vieux. Outre les lieux et les activités mentionnés ci-après, la plupart des chapitres concernant les villes possèdent une rubrique *Avec des enfants* comprenant de nombreuses autres idées pour les occuper et les satisfaire.

Le premier parc **Disneyland** (p. 163) créé dans le monde est celui de Californie. On trouve également non loin **Legoland** (p. 174), parc où l'on peut découvrir les maquettes les plus célèbres (et grandeur nature !) fabriquées à partir de la fameuse brique.

Les enfants sont rarement déçus par une journée à la plage mais ils seront tout particulièrement ravis de passer un moment à **Santa Cruz** (p. 208) et de découvrir le plus ancien parc d'attractions de la Côte Ouest, le **Boardwalk** (p. 209), situé sur le bord de mer, dans un cadre idyllique pour petits et grands.

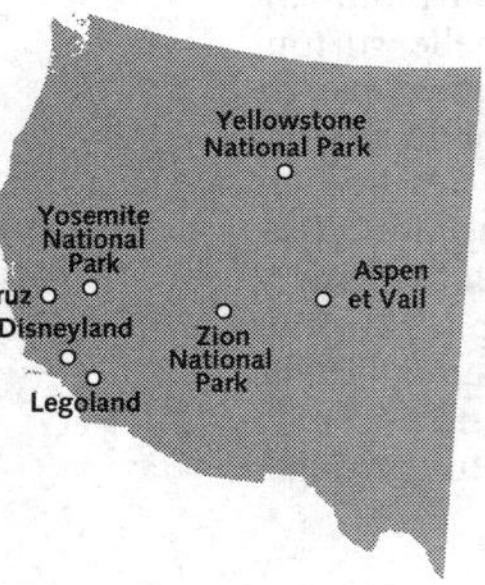

Pour les amateurs de sports d'hiver, les stations de ski d'**Aspen** (p. 409) et de **Vail** (p. 408) proposent des programmes d'activités spécifiques pour les enfants, qui permettent aux parents de savourer les pistes en toute sérénité.

Enfin, pratiquement tous les parcs nationaux de l'Ouest américain proposent des randonnées pour les plus jeunes. **Zion** (p. 351), **Yosemite** (p. 254) et **Yellowstone** (p. 423), notamment, ont des parcours très bien adaptés aux petites jambes.

Histoire

DE LA PRÉHISTOIRE À L'ARRIVÉE DES EUROPÉENS

Il est communément admis que les premiers habitants des Amériques vinrent d'Asie orientale en passant par une langue de terre traversant l'actuel détroit de Béring. Ce passage, appelé Beringia, apparut à la suite d'une baisse des niveaux de la mer durant la période glaciaire, entre 25 000 et 10 000 ans av. J.-C. Les premiers immigrants étaient sans doute des chasseurs nomades qui suivaient les troupeaux, se déplaçant en direction du sud et de l'est vers les quatre coins du continent américain. On pense que les premiers habitants s'installèrent avant que la glace ne soit formée, ou qu'ils arrivèrent après et émigrèrent à travers le territoire avec une extraordinaire rapidité. Selon les estimations, cette migration homérique aurait donc eu lieu il y a quelque 12 500 ans avant notre ère.

La préhistoire

Parmi les éléments les plus anciens trouvés à ce jour qui attestent d'une présence humaine en Amérique, des objets que la datation au carbone 14 a estimé vieux d'environ 12 500 ans ont été découverts dans le sud du Chili.

En Amérique du Nord, c'est à Clovis, au Nouveau-Mexique, qu'ont été mises au jour les traces des premiers hommes : des pointes de pierre probablement destinées à découper la viande et datant d'environ 11 000 ans. Des outils de chasse remontant à la même époque, ou plus anciens encore, ont été découverts dans de nombreux autres sites disséminés sur tout le continent.

Go West ! Une histoire de l'Ouest américain d'hier à aujourd'hui de Philippe Jacquin et Daniel Royot (Champs Flammarion, 2004) présente l'histoire de l'Ouest américain depuis la préhistoire.

Après la période glaciaire, des changements climatiques modifièrent l'environnement et les grands animaux tels le mammouth ayant disparu, les populations se rabattirent sur du gibier plus petit, sur la pêche et la cueillette. L'agriculture se développa ; de nouvelles cultures, venues de la zone de l'actuel Mexique, se répandirent vers le nord. Le maïs fut cultivé dans le Sud-Ouest à partir de 3000 av. J.-C. environ et, dès 500 av. J.-C., la culture du maïs, de la courge et des haricots était largement répandue.

Les vestiges archéologiques les plus intéressants sont les nombreux sites d'art rupestre datant de 3 000 à 500 ans avant notre ère. Leur variété est à l'image de la diversité culturelle des populations autochtones, avec cinq styles identifiables de pictogrammes (dessins peints en une ou plusieurs couleurs) et cinq styles de pétroglyphes (motifs dégagés dans la roche à coups de pic ou par abrasion).

Parfois, l'art représente des formes humaines et animales identifiables, donnant des indices sur le mode de vie des populations. Les pétroglyphes du sud-est de la Californie, par exemple, dépeignent des scènes de chasse au chevreuil ou au mouflon des Rocheuses dans un style identique à celui de l'art rupestre du Grand Bassin, au Nevada. Les pictogrammes des grottes des Chumash représentent une faune marine. Des *morteros*

CHRONOLOGIE

Avant 10 000 av. J.-C.

Probable migration d'Asie vers l'Amérique du Nord par le détroit de Béring.

3000 av. J.-C.

Début de la culture du maïs dans le Sud-Ouest américain.

(mortiers) sont souvent relevés près des sites d'art rupestre. Ces petites cuvettes creusées dans une roche plate servaient à moudre des glands et d'autres graines.

Les premières civilisations

Dans le sud-ouest du pays, trois groupes culturels se sont établis, vivant dans des communautés appelées plus tard Pueblos par les Espagnols.

Une histoire populaire des États-Unis de 1492 à nos jours (Agone éditeur, 2002) de Howard Zinn est un texte agréable qui présente l'histoire américaine sous l'angle des franges de population oubliées : femmes, enfants, minorités, pauvres et marginaux.

Les Hohokam, réputés pour leur système d'irrigation évolué et leur poterie, prospérèrent de 300 av. J.-C. jusqu'à 1450. Les Mogollon, qui vivaient davantage des produits de la chasse, firent leur apparition vers 200 av. J.-C. et furent apparemment absorbés par le troisième groupe, les Indiens pueblos (ou Anasazi). Ces derniers bâtirent d'impressionnantes demeures dans la roche de la Mesa Verde et du canyon de Chelly avant d'émigrer vers le sud aux environs de 1300. Tous ces groupes vécurent d'abord de la chasse et de la cueillette, puis se sédentarisèrent à mesure que leur agriculture progressait, avant de disparaître en grande partie au XVe siècle.

Les Indiens vers 1600

Au moment de l'arrivée des Européens, la population indienne est estimée entre 1 million et plus de 15 millions d'individus, un écart qui reflète bien notre manque de connaissance des Amérindiens. En raison des conflits et des alliances entre tribus, de leurs mouvements d'expansion et de retraite, avant et après l'arrivée des Européens, il est difficile de définir le territoire de chacune d'entre elles. Cependant, les études archéologiques nous apprennent beaucoup sur l'aspect matériel de leur vie et permettent généralement d'identifier un groupe culturel majeur dans chaque grande région du continent américain.

La plupart des Indiens des plaines, apparentés aux Sioux, vivaient dans des villages le long des vallées. Ces cultivateurs organisaient aussi régulièrement des chasses au bison. Après la domestication, au XVIIIe siècle, des chevaux sauvages introduits par les conquérants espagnols deux siècles auparavant, ils devinrent des chasseurs nomades et de farouches guerriers, tirant des troupeaux de bisons leur nourriture ainsi que le nécessaire pour se vêtir et se loger. Les tribus des côtes nord-ouest du Pacifique vivaient principalement de la cueillette en région côtière et de la pêche en mer et en rivière. Leurs récoltes étaient si abondantes que ces peuples pouvaient consacrer une grande partie de leur temps et de leur énergie à des occupations culturelles hautement développées. Dans les déserts du Grand Bassin et sur le plateau colombien, Paiute et Shoshone survivaient grâce à la pêche, à la cueillette et à la chasse aux petits animaux. Dans le Sud-Ouest, les Athabascan, Apache et Navajo et les Pueblos Zuni et Hopi étaient des fermiers sédentarisés. Les peuplades de la Côte Ouest étaient des chasseurs-cueilleurs-pêcheurs ; les glands et les fruits de mer leur garantissaient un approvisionnement constant.

Les groupes linguistiques majeurs comprennent en général plusieurs nations ou tribus indiennes, disparates et en grande partie indépendantes. Plusieurs groupes pouvaient partager la même zone, la plupart occupant un territoire fixe et pratiquant la chasse ou la cueillette sur d'autres terres à certaines saisons. Trois cents langues existaient à l'arrivée des Européens,

1492
Christophe Colomb "découvre" l'Amérique en accostant aux Bahamas.

1513
Première exploration des côtes de Floride par Juan Ponce de León.

réparties en grands ensembles. Pour les peuples de l'Ouest américain, on distingue ainsi le na-dené, parlé au Nouveau-Mexique et en Arizona (Apache et Navajo) ; le wakash, le penutia et le hoka, langues de la Côte Ouest ; le sioux, pour les plaines centrales ; enfin, le groupe uto-aztèque rassemblait le tano, l'ute et le comanche.

L'arrivée des Européens

Des marins scandinaves atteignirent l'Amérique du Nord dès le Xe siècle et y établirent une colonie baptisée Vinland, sans doute située dans l'actuelle Terre-Neuve.

Christophe Colomb débarqua dans les Caraïbes en 1492 alors qu'il cherchait une route vers l'Asie. Croyant qu'il avait atteint les Indes orientales, il donna le nom d'Indiens aux habitants, créant ainsi une confusion linguistique qui perdura par la suite. Les Espagnols, qui avaient financé l'expédition, poursuivirent la colonisation des Amériques avec la conquête du Mexique par Hernan Cortés en 1519.

Juan Ponce de León explora les côtes de Floride en 1513, et Alonzo Alvarez de Pineda parcourut le golfe du Mexique en 1519. Francisco de Coronado sillonna pendant deux ans (1540-1541) les régions formant aujourd'hui l'Arizona, le Nouveau-Mexique et le Colorado, à la recherche de mythiques "cités d'or et d'épices" ; il ne trouva que des terres arides et des indigènes hostiles. En 1542, l'explorateur Juan Rodríguez de Cabrillo remonta en bateau les côtes du Pacifique jusqu'à l'Oregon, mais ses découvertes ne furent pas d'un grand intérêt pour l'Espagne.

Pendant la majeure partie du XVIe siècle, les Espagnols s'employèrent à exploiter d'autres territoires de leur empire et à repousser les nations européennes rivales. En 1565, ils fondèrent un avant-poste à St Augustine (Floride) pour contrer les ambitions françaises. Il s'agissait de la première colonie européenne sur le territoire des États-Unis actuels. Vinrent ensuite les avant-postes de San Gabriel et de Santa Fe.

Alors que des bateaux russes descendaient sur la côte de Californie à la recherche de loutres de mer et que les trappeurs et explorateurs anglais poursuivaient leur avance vers l'Ouest, le pouvoir espagnol entreprit, au XVIIIe siècle, la colonisation de la Californie (voir l'encadré p. 34).

Pendant trois siècles, la plus grande partie de la Californie, de l'Arizona, du Nouveau-Mexique, du Texas et de la Floride faisait donc partie de la Nouvelle-Espagne. Peu nombreux, les colons espagnols (missionnaires et éleveurs principalement) eurent donc une influence considérable sur la population locale, donnant naissance à la culture métissée hispano-indienne des Pueblos. Les Espagnols introduisirent des outils, des armes et des chevaux, modifiant ainsi profondément le style de vie des Indiens dans tout l'Ouest américain. Ils apportèrent aussi des maladies (variole, rougeole, grippe et peste) qui décimèrent près de 80% de certaines communautés. La présence espagnole n'alla pas sans résistance, comme en témoigne la révolte pueblo de 1680 ou celle de Santa Barbara (Californie), en 1824.

Quant aux Français, s'ils étaient présents en Nouvelle-Écosse dès 1500, au Canada dès les années 1530 (Jacques Cartier) et en Louisiane après 1682, il n'y eut pas de colonisation dans l'Ouest américain. Seuls quelques Français participèrent à la Ruée vers l'or.

1540-1541

Francisco de Coronado explore les actuels États de l'Arizona, du Nouveau-Mexique et du Colorado à la recherche d'or et d'épices.

1607

Première implantation anglaise permanente à Jamestown, en Virginie.

L'ÂGE DES MISSIONS EN CALIFORNIE

Les Espagnols s'établirent sur la côte californienne et la colonisèrent en installant des missions et des *presidios* (fortins) militaires. Le pouvoir s'appuyait sur l'Église catholique qui, de son côté, voulait évangéliser les Indiens. Les Indiens convertis vivaient dans la mission où ils s'initiaient au commerce et à l'agriculture, et fondaient ensuite des *pueblos* (villages) sur le modèle espagnol. Vingt et une missions furent établies en *Alta California* (Haute Californie), principalement le long du *Camino Real* (le chemin royal), qui suivait le tracé de l'actuelle Hwy 101. Hormis la mission mexicaine de Sonoma, elles datent toutes de la période espagnole. La première fut fondée par Padre Junípero Serra, qui passa le reste de sa vie à veiller sur la chaîne des missions. Son successeur, Padre Fermin Francisco de Lasuén, poursuivit son œuvre mais les missions ne connurent jamais une franche réussite.

Elles avaient toutes la même structure : une église et des résidences entourées de champs, de vignes et de prairies. Bien qu'une protection militaire devînt vite nécessaire et de plus en plus importante face à la réaction des Indiens, les missions essayèrent de maintenir à bonne distance les militaires et, fait encore plus notable, les colons laïcs eux-mêmes.

L'évangélisation occupait une part aussi importante dans l'activité des missions que le travail de la terre ou la défense du territoire, mais, au bout du compte, c'est l'extinction des populations qui se produisit et non leur conversion. Elles furent décimées non pas tant par une volonté délibérée que par les maladies nouvelles et par la simple négligence. La création de petites communautés d'Indiens accentua grandement la transmission des maladies.

Les convertis, qu'on appelait des néophytes, étaient écrasés de travail par les missionnaires et maltraités par les militaires et par les civils. Si la maladie ne les emportait pas, ils s'éloignaient graduellement des missions. En 1812, un terrible tremblement de terre endommagea de nombreuses missions et, en 1834, le Mexique indépendant mit fin à l'aide financière de l'État, si bien qu'elles tombèrent peu à peu en ruine. La propriété des terres et de ce qui restait des bâtiments fut rendue à l'Église catholique par Abraham Lincoln.

Aujourd'hui, les missions connaissent des situations très diverses, certaines sont remarquablement conservées, d'autres entièrement restaurées, ou à l'inverse totalement décrépies.

Après les expéditions menées par des explorateurs au XVIe siècle, les Anglais entreprirent quant à eux de fonder des colonies sur la côte est au début du XVIIe siècle.

Le Nouveau Monde (2005) de Terence Malick relate les débuts de la colonie de Jamestown au travers notamment le rôlde la princesse Pocahantas, fille d'un chef indien .

Une première colonie, établie en 1607 à Jamestown, en Virginie, se solda par un désastre dû aux rigueurs de l'hiver. L'introduction de la culture du tabac en 1612 leur permit de subvenir à leurs besoins et fournit une base solide au développement ultérieur des colonies. Les plantations de tabac déplacèrent les Indiens et créèrent un important besoin de main-d'œuvre, satisfait d'abord par des immigrants sous contrat, puis par des esclaves.

Des puritains, les *Pilgrim Fathers* (pères pèlerins), partirent s'installer sur le continent américain. Leur navire, le *Mayflower*, accosta en 1620 à Plymouth où fut fondée une colonie. Peu à peu, l'immigration s'intensifia, et les colonies s'étendirent sur toute la Côte Est.

Qu'ils aient coopéré avec les colons ou qu'ils les aient combattus, les Indiens étaient toujours chassés de leurs terres, forcés à se replier vers l'Ouest. Ils tirèrent profit des liens commerciaux qu'ils établirent avec les marchands de fourrures, notamment les Français, mais cette association perturba radicalement leur mode de vie, et les rendit tributaires des armes à feu et de l'alcool.

1620

Le *Mayflower* accoste à Cape Cod avec 102 pèlerins anglais à bord.

1624

Le Hollandais Peter Minuit achète l'île de Manhattan aux Indiens pour l'équivalent de 24 $.

NAISSANCE D'UNE NATION

Dans les années 1750, trois puissances européennes se partageaient l'Amérique du Nord. Des avant-postes de l'Empire espagnol étaient installés dans l'Ouest, le Sud-Ouest et la Floride. Des forts et des postes de commerce français émaillaient la région des Grands Lacs et les abords du réseau fluvial Ohio-Mississippi jusqu'à La Nouvelle-Orléans. Enfin, treize colonies britanniques peuplaient la côte atlantique. En un siècle, les colonies britanniques allaient constituer une seule nation autonome contrôlant la majeure partie des terres habitables du continent.

Les colonies britanniques étaient fondamentalement indépendantes, chacune étant dotée de son propre système monétaire, juridique et gouvernemental. Après des difficultés initiales, chacune accéda à un certain niveau de prospérité et de croissance. Les colonies du Sud, principalement tournées vers l'agriculture, évoluèrent vers des sociétés esclavagistes. Celles de la Nouvelle-Angleterre consistaient en une oligarchie puritaine et une population de petits fermiers, de pêcheurs et d'artisans. Les autres colonies étaient peuplées de propriétaires de plantations, d'agriculteurs, de marchands et de constructeurs de navires. Elles étaient les plus développées, industriellement et commercialement.

L'Invention de l'Amérique, mythes et réalités de la conquête (Flammarion, 1996), de Thomas Gomez, est un ouvrage permettant de comprendre la vie quotidienne durant la conquête du territoire.

Guerre française et indienne

Lorsque des colons de Virginie et de Pennsylvanie cherchèrent à gagner la vallée de l'Ohio à l'ouest, les Français ripostèrent en érigeant des forts le long de ce fleuve qui représentait un lien vital entre leurs colonies du Québec et du Mississippi.

Les rivalités entre les deux nations coloniales débouchèrent sur la guerre de Sept Ans (1755-1763). La guerre dite "franco-indienne" s'inscrit dans le cadre de ce conflit plus vaste qui se termina sur une sévère défaite de la France. En vertu du traité de Paris de 1763, le Canada et tous les territoires français à l'est du Mississippi, excepté La Nouvelle-Orléans, furent cédés aux Britanniques. Dans un traité secret, les Français concédèrent à l'Espagne les territoires situés à l'ouest du Mississippi, afin qu'ils ne tombent pas entre les mains de la Grande-Bretagne.

En 1763, les Britanniques proclamèrent réserve indienne de la Couronne toutes les terres à l'ouest des Appalaches mais n'y dépêchèrent aucune armée.

Si le départ des Français offrit de nouvelles possibilités d'expansion, il amorça également un conflit avec les Indiens et de nouvelles rivalités entre les colonies.

Mécontentement dans les colonies anglaises

La guerre franco-indienne ayant considérablement accru les dépenses de la Grande-Bretagne en Amérique, le Parlement britannique vota de nouvelles taxes. En réponse au Stamp Act de 1765, qui imposait une taxe sur les documents écrits, des représentants des neuf colonies se rassemblèrent à New York. Ils exprimèrent leur loyauté à la couronne britannique, mais, rappelant que seuls les gouvernements coloniaux étaient en droit de fixer les impôts des colonies, ils appelèrent au boycott des produits britanniques. Protestations et manifestations contre les percepteurs des taxes entraînèrent l'abrogation rapide de la loi.

Deux ans plus tard, les lois Townshend, qui imposaient des taxes sur le verre, le plomb, le thé et le papier, suscitèrent un second boycott et de nouveaux mouvements de protestation. Ces lois furent également

1755-1763
Guerre française et indienne.

1776
Les colonies américaines signent la déclaration d'Indépendance le 4 juillet.

abrogées, à l'exception de celle sur le thé, qui allait revêtir une importance symbolique considérable. En 1773, plusieurs colonies interdirent aux navires britanniques de décharger leurs cargaisons de thé ou refusèrent de les distribuer. Lors de la fameuse "Tea Party" de Boston, une cargaison de thé fut jetée par-dessus bord.

En représailles, le Parlement britannique adopta les lois de coercition qui dissolvaient la législature du Massachusetts et fermaient le port de Boston. Quatre régiments furent placés en garnison dans la ville. Ces menaces renforcèrent encore la solidarité des colonies et douze d'entre elles envoyèrent des représentants au premier Congrès continental de Philadelphie en 1774. Ce dernier dénonça les lois de coercition, réaffirma le droit des colonies de se défendre et annonça un nouveau boycott des marchandises britanniques.

La guerre d'Indépendance

La première confrontation armée eut lieu en avril 1775, lorsque des soldats britanniques tentèrent de saisir une réserve de munitions à Concord, près de Boston. Le deuxième Congrès continental, en mai 1775, s'attaqua à l'organisation de la guerre : taxes, prêts, négociations d'alliances et création d'une armée continentale. L'une de ses décisions majeures fut de nommer George Washington, un homme de Virginie, au poste de commandant en chef, amenant ainsi les colonies du Sud et du Middle-West à soutenir une guerre qui ne concernait au départ que celles du Nord.

Dans *Benjamin Franklin : une vie américaine, un destin américain* (ADA, 2008), Walter Isaacson rédige la biographie de l'un des plus brillants pères fondateurs des États-Unis : Benjamin Franklin, un personnage aux multiples succès.

En mars 1776, les révolutionnaires attaquèrent Boston, forçant les Britanniques à déplacer leur quartier général pour l'installer à New York. L'armée de Washington subit de graves pertes au cours des batailles rangées de Long Island et de Manhattan.

En pleine guerre, le deuxième Congrès continental commença l'ébauche des articles de la Confédération, qui devait unir les États. En juillet 1776, il adopta la déclaration d'Indépendance, qui citait les griefs des colonies envers la couronne britannique et déclarait que celles-ci "sont et doivent de droit être des États libres et indépendants". Le document fut signé par des représentants des treize colonies le 4 juillet, célébré depuis comme le jour de naissance de la nation.

Les Britanniques envoyèrent alors une force expéditionnaire composée de 32 000 soldats et de 8 000 mercenaires. En septembre 1777, ils s'emparèrent de Philadelphie, obligeant le Congrès à s'enfuir. L'armée de Washington prit ses quartiers d'hiver à Valley Forge, où plus de la moitié des hommes périrent ou désertèrent.

En octobre 1777, les forces britanniques subirent une défaite importante à Saratoga, dans l'État de New York : 5 700 hommes furent contraints de déposer les armes. Les Britanniques se tournèrent alors vers le Sud et avancèrent en Géorgie et en Caroline du Sud. L'entrée officielle des Français dans la guerre en février 1778 marqua un tournant. Lorsque le principal corps d'armée britannique s'approcha de la péninsule de York, il n'y trouva pas la Royal Navy mais des navires français. La reddition de près de 7 000 soldats britanniques à Yorktown en octobre 1781 mit fin aux hostilités.

Le traité de Paris de 1783 reconnut l'indépendance des États américains et fixa les frontières occidentales de la nouvelle nation au fleuve Mississippi. L'Espagne conserva la majeure partie des territoires à l'ouest du Mississippi.

1783

Traité de Paris : les États-Unis obtiennent leur indépendance de la Grande-Bretagne.

1787

La Convention réunie à Philadelphie rédige la Constitution des États-Unis.

La Constitution

Les articles de la Confédération stipulaient l'unification des États en période de guerre, mais ne donnaient pas au Congrès le pouvoir de s'attaquer aux problèmes d'après-guerre, tels que le remboursement des dettes de guerre, la régulation des échanges commerciaux entre les États, la mise en œuvre des accords internationaux ou la définition des relations avec les Amérindiens. En 1786, la convention d'Annapolis rassembla à Philadelphie des délégués de chaque État afin de réviser les articles de la Confédération.

Les délégués, reconnus plus tard comme les pères fondateurs de la nation, ne tinrent pas compte des instructions qui leur avaient été données et formulèrent une nouvelle Constitution. Celle-ci établissait un équilibre remarquable entre les pouvoirs du gouvernement central (nécessaires pour diriger l'ensemble de la nation) et les intérêts des différents États (qui conservaient leur propre système de gouvernement). Un an après, la Constitution des États-Unis était ratifiée par neuf législatures fédérales et entrait en vigueur. Le premier Congrès des États-Unis se réunit en mars 1789. George Washington fut élu au poste de président.

La Constitution pouvait faire l'objet d'amendements et plusieurs États ne la ratifièrent qu'à condition qu'elle fût complétée rapidement par une Déclaration des droits (Bill of Rights). Celle-ci prit la forme d'un ensemble de dix amendements adoptés en 1791, établissant la liberté d'expression (Premier amendement), le droit de porter des armes et celui de garder le silence devant des instances judiciaires.

Vous pouvez consulter les textes de la Constitution américaine dans l'ouvrage *Constitution et citoyenneté aux États-Unis* (Adapt, 1998).

UNE EXPANSION INEXORABLE

Avant la guerre d'Indépendance, explorateurs, spéculateurs et colons avaient déjà commencé à se déplacer vers l'ouest au-delà des Appalaches. Après 1783, le nouveau gouvernement fédéral prit une série de mesures pour contrôler cette expansion. Les Indiens, dont beaucoup avaient pris le parti des Britanniques pendant la guerre d'Indépendance, furent traités avec peu d'égards. Plusieurs traités improvisés servirent à soudoyer des chefs pour qu'ils cèdent les terres de leur tribu. Quant aux accords qui définissaient les droits territoriaux des Indiens, ils tombèrent rapidement dans l'oubli.

Le gouvernement fédéral subdivisa les zones nouvellement reconnues en territoires qu'il surveilla, répartit en parcelles de 2,5 km^2 et vendit pour une bouchée de pain à des colons (ou à des spéculateurs). Un territoire pouvait prétendre au statut d'État lorsque sa population atteignait 60 000 personnes et qu'il possédait sa propre Constitution et son propre corps législatif. Le premier des nouveaux États ainsi formés fut le Kentucky (1792), suivi du Tennessee (1796) et de l'Ohio (1803).

Dans *Thomas Jefferson et l'Ouest : l'expédition de Lewis et Clark* (Ellipses, 2005), Pierre Lagayette relate l'extraordinaire expédition qui a conduit Lewis et Clark jusqu'au Pacifique.

En 1802, James Monroe fut envoyé en France afin de négocier les droits de navigation américains sur le Mississippi. Malmenée par des conflits en Europe et dans les Caraïbes, la France offrit de vendre l'ensemble du territoire de la Louisiane pour 15 millions de dollars. L'opération conclue doubla les territoires sous contrôle américain.

En 1803, le président Jefferson chargea son secrétaire personnel, le capitaine Meriwether Lewis, d'explorer les nouveaux territoires et de trouver une voie vers l'océan Pacifique. Accompagné de son ami William Clark et de 40 hommes,

1791 — Adoption des amendements constitutionnels réunis dans le Bill of rights (Déclaration des droits).

1803 — La cession de la Louisiane par la France double la superficie des États-Unis.

Lewis parcourut, entre 1804 à 1806, près de 6 500 km. Si l'expédition atteignit la Côte Ouest, elle ne découvrit aucun passage aisé vers le Pacifique. Elle servit toutefois à évaluer l'étendue du territoire et à observer, à la demande de Jefferson, la flore, la faune, le climat et les habitants. Une fois de plus, les nouvelles terres restèrent sous le giron du gouvernement fédéral, jusqu'à ce qu'une population suffisante et un système de gouvernement leur permettent d'être admises dans l'Union comme nouveaux États.

Le commerce des fourrures et les pistes d'émigration

America 1803-1853 : L'expédition de Lewis et Clark et la naissance d'une nouvelle puissance (Septentrion, 2005), de Denis Vaugeois, raconte l'exploit de cette première traversée des États-Unis.

La découverte progressive de l'Ouest s'accompagna d'un intérêt grandissant pour ses ressources exploitables. L'une d'entre elles était le castor, dont la fourrure entrait dans la confection des toques, très en vogue auprès des riches Européens. Les premiers Blancs qui explorèrent le sud de l'Idaho furent des trappeurs. David Thompson, trappeur et cartographe, fut le premier Européen à explorer l'enclave de l'Idaho. Il traversa les Rocheuses en 1809 et s'établit à Kullyspell House, au bord du lac Pend Oreille, où il entretint des relations commerciales et amicales avec les tribus indiennes. Autre pionnier parmi les trappeurs, l'Espagnol Manuel Lisa construisit un fort à l'embouchure de la Bighorn River et engagea John Colter, qui avait été détaché de l'expédition de Lewis et Clark pour explorer la région de Yellowstone. Colter fit partie des légendaires "hommes des montagnes", tel Kit Carson, qui connaissaient les Rocheuses presque aussi bien que les Indiens, avec qui ils vivaient en bonne intelligence. Le commerce des fourrures s'effondra à partir de 1840, les castors se raréfiant et la mode se portant sur les couvre-chefs en soie.

Jusqu'au XXe siècle, des centaines de milliers d'émigrants empruntèrent la piste de l'Oregon Trail, suivant le Missouri jusqu'à la North Platte puis traversant la ligne de partage des eaux jusqu'à South Pass. Au col de South Pass, les convois se séparaient : les mormons, persécutés à New York et dans le Middle West, faisaient route vers l'Utah ; d'autres choisissaient la Californie comme destination.

Les migrants devaient effectuer un périple hasardeux de six à huit mois pour parvenir de la côte est à l'autre rive du continent.

Dans l'Ouest, l'expédition de Zebulon Montgomery Pike et de ses soldats, en 1806-1807, tourna court, les Espagnols les ayant renvoyés aux États-Unis. À leur suite, les marchands américains qui firent le voyage jusqu'à Santa Fe furent emprisonnés par les Espagnols. Les choses changèrent en 1821 : le Mexique indépendant réserva un accueil bien différent aux Américains venus faire du commerce, et la célèbre piste de Santa Fe, reliant le Missouri et Santa Fe, devint une voie commerciale de première importance jusqu'à l'avènement du chemin de fer, en 1879.

La guerre de 1812

Les conflits entre la France et la Grande-Bretagne eurent des conséquences négatives sur les intérêts commerciaux des États-Unis : les Britanniques violèrent les droits maritimes américains et nouèrent des alliances avec les Amérindiens pour empêcher l'expansion américaine. Les États-Unis finirent par déclarer la guerre à la Grande-Bretagne en 1812 et tentèrent d'envahir le Canada. L'avancée américaine fut arrêtée près de Detroit par des Indiens oneida. La flotte britannique bloquait les ports américains et, en 1814, les Anglais s'emparèrent de Washington, incendiant le Capitole et la Maison-Blanche.

1804

Départ de l'expédition de Lewis et Clark à la découverte de l'Ouest américain.

1812

La guerre de 1812 débute avec l'affrontement des Britanniques et des Indiens autour des Grands Lacs.

Le traité de Gand mit fin à la guerre sans que soit désigné de véritable vainqueur. Les Indiens en furent toutefois les grands perdants, devant abandonner tout espoir de créer une nation indienne indépendante. Côté américain, la guerre se traduisit par un regain de nationalisme et de confiance qui protégea le pays de toute autre interférence européenne.

Les guerres indiennes

La guerre anglo-américaine fit du général Andrew Jackson un véritable héros. En 1817, à la tête d'une milice du Tennessee, il lança une attaque contre les Indiens du Sud-Est, poussant jusqu'en Floride (alors terre espagnole) au cours de la première guerre séminole. En 1819, les Espagnols cédèrent la Floride aux États-Unis et Andrew Jackson devint gouverneur militaire du nouveau territoire. Les guerres séminoles se poursuivirent jusque dans les années 1850.

Élu président des États-Unis en 1828, Jackson fut l'instigateur de l'Indian Removal Act (1830), loi qui prévoyait la déportation de la majorité des Amérindiens vers le "territoire indien", à l'ouest du Mississippi. Des milliers d'entre eux moururent au cours de ce périple, le long de l'horrible "piste des larmes". Sur les nouvelles terres, la population indienne fut décimée par les maladies, la faim (manque de gibier) et par de nombreux conflits. Malgré une résistance longue et farouche, les Indiens furent contraints de vivre dans des réserves, dans des conditions de pauvreté et de dépendance extrêmes.

À mesure que les colons américains progressaient vers l'ouest par la piste de l'Oregon, les Britanniques se virent contraints de renoncer à tous les territoires situés sur les côtes du Pacifique au sud de la latitude 54°40'. Une solution diplomatique fixa la frontière avec le Canada au 49e parallèle, agrandissant ainsi le territoire défini dans un accord consécutif à la guerre de 1812.

La Bear Flag Republic de Californie

Les colons américains installés en Californie, alors territoire mexicain, se plaignaient de plus en plus de l'inefficacité et de la distance les séparant du gouvernement de Mexico. Pendant que les États-Unis réitéraient leur proposition d'achat à ce dernier, quelques colons du nord de la Californie fomentèrent une révolte dans le but d'accélérer le mouvement, escomptant l'envoi de troupes américaines pour les soutenir. Quand les États-Unis annexèrent le Texas en 1845, le gouvernement mexicain ordonna à tous les étrangers de quitter la Californie. Sans doute faute de moyens, les autorités locales n'appliquèrent pas le décret, qui n'en attisa pas moins les mécontentements.

Quelques mois plus tard, le capitaine John Fremont, explorateur et cartographe, arriva en Californie avec 68 soldats du corps des ingénieurs topographes. Enhardis par la présence de Fremont, les rebelles s'emparèrent de Sonoma et hissèrent un drapeau improvisé frappé d'un ours grossièrement dessiné. Ils proclamèrent la Californie "République du drapeau à l'ours" ; ce fut l'une des plus courtes républiques de l'histoire, mais l'ours et les mots "California Republic" sont restés inscrits sur le drapeau de l'État. Il fallut quelques années et une guerre de grande envergure pour que les États-Unis aient la mainmise sur la Californie.

Le Rêve californien (Belin, 1999), d'Annick Foucrier, relate l'histoire de la présence française en Californie des débuts de la colonisation à la fin du XXe siècle.

1830

Proclamation de l'Indian Removal Act prévoyant la déportation des Indiens.

1841

Les premiers chariots empruntent les nouvelles routes d'immigration vers la Californie.

LES PREMIERS SERONT LES DERNIERS

Un des paradoxes de la création des États-Unis est que les premiers habitants du pays furent les derniers à en devenir les citoyens, en 1924. Il s'agissait alors de reconnaître le rôle des soldats natifs américains dans la Première Guerre mondiale. Ce fut le point final à ce que l'on appelle pudiquement les guerres indiennes du XIXe siècle. Les réserves conservaient le statut de nations séparées à l'intérieur de la nation, avec leurs lois propres, et les obligations respectives des réserves et des États restaient parfois très mal définies.

Cet accord était loin de satisfaire tout le monde. Immigrants et Amérindiens s'accordaient depuis toujours sur une chose : la meilleure solution était la séparation.

Mais les opinions divergeaient sur la question de savoir où chacun devait vivre exactement. Pour mettre un terme à ces conflits, le président Andrew Jackson promulgua en 1830 l'Indian Removal Act, loi qui définissait comme territoire indien les terres à l'ouest du Mississippi. Tous les Indiens devaient s'y installer, libérant ainsi les vallées fertiles de l'ouest des Appalaches pour les colons blancs et le capitalisme de marché.

Les tribus refusèrent. Comme à son habitude, le gouvernement fédéral, promit, menaça et soudoya pour forcer les Indiens à signer les traités et à coopérer. En cas d'échec, les fusils parlaient. Le pire se produisit en 1838, quand plus de 4 000 Cherokee périrent sur le Sentier des larmes, marche forcée qui devait leur permettre de gagner "leur territoire". En 1844, les trois quarts des 120 000 Indiens originaires de l'est du Mississippi avaient été déportés.

En 1853, les États-Unis englobaient les deux côtes, le territoire indien étant coincé au milieu. Après la guerre de Sécession, pionniers et mineurs déferlèrent sur l'Ouest, s'installant n'importe où, sans égards pour les frontières ou les traités. Washington laissa faire. Que pouvait-on contre des pionniers cinglés ?

Vers 1871, le gouvernement violait les traités aussi vite qu'il les signait, aussi cessa-t-il d'en rédiger. En tout, plus de 470 traités, tous censés durer "aussi longtemps que l'herbe pousse ou que l'eau coule" furent rompus. Mais le pays continuait à trouver de l'or, voulait s'approprier des terres, et en avait assez de demander l'autorisation de se servir.

En ne respectant pas ses engagements, l'État cessait de faire semblant de vouloir une coexistence pacifique. Au XIXe siècle, il mena une stratégie explicite (et efficace), l'extermination des bisons, pour affamer les "sauvages" nomades et favoriser l'issue de la guerre. Les tribus des grandes plaines qui résistaient furent déplacées de force dans des réserves.

Lorsque, contre toute attente, les Sioux gagnèrent la sanglante bataille de Little Big Horn en 1876, les dernières traces de retenue furent balayées. Les militaires poursuivirent sans répit les tribus. À la fin des guerres apaches en 1886, la résistance armée indienne avait été anéantie.

Parqués dans des réserves misérables, les Indiens avaient besoin de l'aide de l'État fédéral pour survivre. Elle fut proposée dans le Dawes Act de 1887, loi terrible qui visait à l'assimilation des Indiens dans la société blanche en les obligeant à abandonner leur langue et leur culture. Réduits à la misère et insultés dans leur identité, nombre d'entre eux refusèrent obstinément.

Ainsi, 37 ans plus tard, incapable d'effacer les cultures amérindiennes, Washington les invitait à faire partie de la nation, ce qu'ils acceptèrent à leur manière.

La guerre américano-mexicaine ou la conquête du Sud-Ouest

Alarmé par l'expansion américaine en Californie et fortement opposé à l'annexion du Texas, le Mexique envoya en avril 1846 des troupes dans la région frontalière du Texas. À la suite d'une série d'affrontements, les États-Unis entrèrent en guerre. Ce conflit est considéré (notam-

1845

Annexion du Texas par les États-Unis.

1849

Ruée vers l'or en Californie, qui accueille 80 000 immigrants.

ment par les Mexicains) comme l'un des plus violents et des moins justifiés de toutes les interventions menées par les États-Unis. Selon Ulysses S. Grant, qui s'illustra au cours de cette campagne, "jamais guerre ne fut plus pernicieuse".

Les Américains prirent rapidement le contrôle du Nouveau-Mexique et de la Californie, conquirent le nord du Mexique et firent le blocus des côtes mexicaines. Les Mexicains refusèrent de capituler jusqu'à l'occupation de leur capitale par des marines américains en septembre 1847. Dans le traité de Guadalupe Hidalgo, en 1848, qui mit fin à la guerre, le Mexique fut contraint d'accepter l'annexion du Texas et de céder un tiers de son territoire (correspondant aujourd'hui aux États de Californie, du Nevada, de l'Arizona et de l'Utah, plus des parties importantes du Colorado, du Wyoming et du Nouveau-Mexique). En 1854, le Gadsden Purchase permit aux États-Unis d'obtenir encore 78 000 km^2 de territoire mexicain, au sud des frontières de l'Arizona et du Nouveau-Mexique.

La Ruée vers l'or

Par une coïncidence extraordinaire, de l'or fut découvert, en Californie du Nord, dans les jours qui suivirent la signature du traité avec le Mexique. John Sutter, propriétaire des terres sur lesquelles le précieux métal fut trouvé pour la première fois, parvint à tenir l'information secrète pendant plusieurs mois. Si quelques pépites avaient déjà été découvertes, ni le gouvernement mexicain ni les *rancheros* (propriétaires espagnols) n'y avaient prêté grand intérêt.

Cette découverte, qui suscita un enthousiasme sans pareil, allait transformer la Californie, dernière conquête territoriale américaine. À la fin de la domination mexicaine, la région comptait environ 14 000 habitants (dont 6 000 Indiens). En 1848-1849, plus de 90 000 personnes affluèrent en provenance de tous les États américains et du reste du monde. Cet afflux de population et de richesse stimula l'ensemble de l'économie. Des collines furent déboisées, des rivières s'ensablèrent et le mercure s'écoula jusque dans la baie de San Francisco. La ville devint un repaire d'aventuriers, d'escrocs, de joueurs et de prostituées.

Prétendument sous juridiction militaire, la Californie était en réalité plus que mollement gouvernée. La monnaie consistait en un mélange de jetons d'or, de pièces sans valeur et d'argent étranger, la seule loi était celle des mineurs et la propriété de la terre n'avait aucune base juridique solide. Les *rancheros* étaient toujours censés posséder la majeure partie des terres exploitables, mais des milliers de colons s'installaient un peu partout. L'agriculture, l'industrie et le commerce connurent alors une expansion considérable. Vers 1860, la Californie comptait 380 000 habitants, et les mines d'or s'étaient taries.

Les Indiens furent les premières victimes de cette expansion. Malgré leur résistance armée, ils furent délogés de leurs terres ancestrales et parqués dans des réserves.

Esclavage : le désaccord

La guerre de Sécession (p. 42) fut le résultat de problèmes non résolus au moment de l'unification des États. La Constitution prévoyait l'admission

1860
Élection d'Abraham Lincoln à la présidence des États-Unis.

1861-1865
Guerre de Sécession.

de nouveaux États dans l'Union, mais demeurait muette au sujet de la sécession d'un État existant. Qui plus est, elle reconnaissait l'existence d'esclaves. En 1808, elle donna au Congrès le pouvoir d'interdire l'importation d'esclaves, tout en autorisant par ailleurs les États à établir leurs propres lois concernant l'esclavage. Le Bill of Rights garantissait certains droits "de l'individu", sans plus de précisions. Et, pour beaucoup, posséder des esclaves faisait partie des droits de l'individu.

Dans les décennies qui suivirent l'indépendance, les États du Nord connurent une diversification et une industrialisation de leur économie et l'opinion publique manifesta un désaccord croissant à l'égard de l'esclavage. En 1804, tous ces États avaient aboli l'esclavage. Dans le Sud, en revanche, l'économie de plantation était tributaire des financiers, des commerçants et affréteurs du Nord, et plus encore de l'esclavage.

Avec la conquête de l'Ouest et l'accroissement des richesses et de la puissance du Nord, les sudistes redoutèrent que l'équilibre national des pouvoirs bascule à leurs dépens et provoque l'abolition de l'esclavage et la fin de leur mode de vie. Afin de maintenir cet équilibre, une série de compromis établit que l'admission dans l'Union d'un État anti-esclavagiste devait s'accompagner de celle d'un État esclavagiste. Cependant, les nouveaux États de l'Ouest rejetaient l'esclavage et, en 1860, l'Union comptait 18 États abolitionnistes contre 15 esclavagistes.

Pour tout savoir sur la guerre civile américaine, lisez *La Guerre de Sécession : Les États désunis* (Gallimard Découvertes, 1992) d'André Kaspi.

D'autres problèmes découlèrent de ce désaccord. En effet, les esclaves qui arrivaient dans le Nord, avec leur maître ou en tant que fugitifs, posaient un sérieux dilemme juridique, qui s'aggrava lorsque des abolitionnistes aidèrent des esclaves à fuir le Sud par l'intermédiaire d'un réseau clandestin, "The Underground Railroad" (le chemin de fer souterrain). Dans l'affaire Dred Scott, en 1857, la Cour suprême des États-Unis, qui défendait les opinions du Sud, stipula que les esclaves n'étaient pas des citoyens, mais des biens. Les abolitionnistes du Nord se firent alors plus insistants, augmentant les craintes des sudistes d'une rébellion des esclaves. Celles-ci se justifièrent lorsque John Brown s'empara de l'arsenal fédéral à Harpers Ferry afin de préparer un soulèvement.

La Sécession

En novembre 1860, Abraham Lincoln, ouvertement abolitionniste, fut élu président des États-Unis. La Caroline du Sud fit alors sécession, suivie en l'espace de quelques mois par six autres États du Sud. Ceux-ci formèrent les États confédérés d'Amérique et nommèrent à leur tête Jefferson Davis. Lincoln refusa de reconnaître la sécession. En avril 1861, les confédérés attaquèrent le bâtiment fédéral de Fort Sunter à Charleston, entamant ainsi la guerre de Sécession (Civil War). Lorsque Lincoln détacha des soldats pour réprimer la rébellion, quatre autres États du Sud firent immédiatement sécession. Quatre États esclavagistes, situés à la frontière entre le Nord et le Sud, restèrent membres de l'Union.

Autant en emporte le vent (1939) est un film culte. Cette grande fresque épique sur la guerre de Sécession réunit Clark Gable dans le rôle de Rhett Butler, et Vivien Leigh dans celui de Scarlett O'Hara.

La guerre de Sécession

Dans le Sud, on parlait d'agression nordiste, tandis que dans le Nord, il s'agissait de rébellion sudiste. Pour Abraham Lincoln, l'objectif majeur était de préserver l'Union, indépendamment de l'esclavage. Sa

1865

Fin de la guerre de Sécession et abolition de l'esclavage dans l'Union.

1876

Dernière charge de Custer à Little Big Horn, dans le Dakota du Sud.

proclamation d'émancipation, qu'il ne fit qu'en 1863, était une tactique politique destinée à apaiser les États du Nord, à recruter des Noirs dans l'armée de l'Union et à détourner les pays étrangers des États confédérés. Pour le Sud, l'objectif était de survivre et d'être reconnu comme une nation à part entière.

La stratégie militaire du Nord consistait à obtenir une reddition totale du Sud en occupant sa capitale (Richmond, en Virginie), en bloquant ses ports et en prenant le contrôle du Mississippi. Dans le Sud, la population était deux fois moins nombreuse que dans le Nord et les ressources industrielles bien moins importantes. Son seul espoir de victoire reposait donc sur la prise de la capitale de l'Union : Washington, DC. En cas d'échec, il ne resterait plus au Sud qu'à mener une guerre défensive et à tenter d'user la détermination de l'Union.

La plupart des combats se déroulèrent sur le front est, les armées s'affrontant dans le nord de la Virginie et le sud-est du Maryland pour tenter de gagner l'avantage stratégique. En effet, dans cette zone, les deux capitales ennemies se trouvaient à moins de 160 km l'une de l'autre. Avec les généraux Robert E. Lee et Stonewall Jackson, les confédérés bénéficiaient d'un commandement ferme et efficace. Mais le Nord finit par l'emporter grâce à sa supériorité numérique et matérielle.

Deadwood, excellente série télé diffusée sur HBO (aujourd'hui disponible en DVD) propose une vision franche du Far West pendant la Ruée vers l'or.

Sur le front ouest, l'Union s'imposa plus facilement, consolidant d'abord ses positions dans les États frontaliers du Kentucky et du Missouri. Ses forces accédèrent ainsi au fleuve Mississippi, qui leur permit de diviser en deux le territoire des confédérés et de circuler à l'intérieur de ce dernier. La flotte de l'amiral Farragut investit La Nouvelle-Orléans et le général Grant se rendit maître du port fluvial stratégique de Vicksburg vers le milieu de l'année 1863. Sous le commandement du général Sherman, l'armée de l'Union se dirigea alors vers le Tennessee et réussit à se frayer un passage vers Atlanta, qu'elle envahit après un siège prolongé. Partisan d'une guerre sans merci, Sherman fit évacuer et incendier la ville. Il dirigea ensuite son armée vers les côtes, détruisant au passage tout ce qui pouvait être d'un intérêt stratégique quelconque pour l'armée confédérée.

Tandis que les combats se poursuivaient, Lincoln comprit que si la guerre ne mettait pas fin à l'esclavage, la victoire n'aurait aucun sens. En 1863, la proclamation d'émancipation élargissait les objectifs de la guerre et libérait les quatre millions d'esclaves du Sud (acte officiellement entériné en 1865 par le 13e amendement de la Constitution). En avril 1865, le général confédéré Robert E. Lee se rendit au général de l'Union Ulysses S. Grant à Appomattox, Virginie. L'esclavage fut aboli le 18 décembre 1865 et l'Union sauvée.

La Prisonnière du désert (1956), de John Ford, est probablement le meilleur film de John Wayne qui, dans ce western, passe des années à chercher sa nièce (Natalie Wood) kidnappée par les Comanche. Il s'agit d'un film à la moralité complexe, dans lequel les Indiens sont présentés avec une compassion étonnante pour l'époque.

La reconstruction

La guerre fit quelque 620 000 victimes et parmi les survivants, on comptait près de 300 000 mutilés à vie. Une grande partie du Sud était en ruine et, sans l'esclavage, ses grandes plantations de coton jadis si prospères n'étaient désormais plus viables. Le Nord avait en revanche connu peu de dégâts matériels. Au contraire, sa capacité industrielle et son savoir-faire avaient été grandement sollicités par l'effort de guerre.

1865-1918
Industrialisation des États-Unis.

1869
Achèvement de la construction du premier chemin de fer transcontinental reliant San Fransisco (Californie) à Omaha (Nebraska).

LES FIGURES LÉGENDAIRES DE LA CONQUÊTE DE L'OUEST

Le Far West présente une singularité de taille : ses mythes se sont forgés pratiquement en temps réel. Grâce à des auteurs imaginatifs ou opportunistes, les biographies – romancées – de Buffalo Bill, de Kit Carson ou de Billy the Kid ont paru de leur vivant ou immédiatement après leur mort. La jeune nation américaine se dota ainsi d'une histoire, à peine la maîtrise de son espace fut-il assuré.

Comme le remarque Daniel Royot dans l'ouvrage collectif *Le Mythe de l'Ouest* (Autrement, 1993), l'Ouest a engendré deux types de légendes : celle des héros et celle des hors-la-loi. Les premiers se rattachent à la tradition des pionniers de la première moitié du siècle (du type Davy Crockett, tué à Fort Alamo en 1836). Ce sont avant tout des aventuriers : Buffalo Bill, Kit Carson, Calamity Jane. Les seconds symbolisent la rudesse, générée non plus seulement par le milieu naturel mais par les mœurs "sans foi ni loi". On pense à Billy the Kid et à Jesse James. Mais le Far West a aussi été une terre où la frontière entre la justice et le crime était parfois des plus ténues. La figure de Bill Hickok, mi-shérif, mi-truand, est à cet égard emblématique.

Buffalo Bill (1846-1917), de son vrai nom William Frederick Cody, est entré dans la légende de son vivant. Après avoir participé à la Ruée vers l'or, à la guerre de Sécession, aux combats contre les Cheyennes et les Sioux, et à l'aventure du Pony Express, il ravitaille en bisons, dans les années 1867-1868, les ouvriers de la Kansas Pacific Railroad travaillant sur le chemin de fer transcontinental. En 1883, Cody créa son célèbre *Wild West Show*, centré sur le tir, l'équitation et le théâtre. La troupe, reflet des diversités ethniques, participait à des reconstitutions de batailles, où les Indiens, notamment le chef Sitting Bull, étaient dépeints comme des hommes fiers et honorables. Des cosaques russes et des *vaqueros* espagnols entraient également en scène. Le cirque voyagera jusqu'en Europe en 1889 et 1905.

Enfant du Kentucky, **Kit Carson** (1809-1868) rallie Santa Fe (Nouveau-Mexique) dans les années 1820 et rejoint un groupe de trappeurs qui sillonnent la Californie. En 1842, John Charles Fremont, chargé par l'armée d'effectuer des relevés topographiques dans le Missouri l'engage comme guide, puis le fait connaître dans la presse de la Côte Est. Kit Carson devient alors un personnage emblématique de la conquête de l'Ouest ; il participe à l'annexion de la Californie, de l'Oregon et du Nouveau-Mexique, mais aussi – faits moins glorieux – aux combats contre les Navajos et les Apaches, expulsés de leurs terres ancestrales.

Calamity Jane, de son vrai nom Martha Jane Cannary, a suscité moins d'exégèses. Cette forte personnalité est inclassable. Mère de famille (elle a laissé des lettres célèbres à ses enfants) reconvertie en aventurière, elle monte à cheval, boit comme un homme et trouble la clientèle des saloons par ses strip-teases. On dit même qu'elle aurait dévalisé des trains... En 1875, elle participe à une expédition "scientifique" dans les Black Hills (à la limite du Dakota et du Wyoming) qui se transforme, l'année suivante, en bataille rangée contre les Sioux. En 1878, Calamity Jane se métamorphose en infirmière dévouée à la population lors d'une épidémie de variole.

Lincoln, partisan de la réconciliation, souhaitait le relèvement du Sud, mais il fut assassiné alors que la guerre touchait à sa fin, et c'est une politique de reconstruction à caractère plus punitif qui fut mise en œuvre.

CROISSANCE ET TRANSFORMATION

Pendant tout le XIXe siècle et au début du XXe siècle, notamment de la guerre de Sécession à la fin de la Première Guerre mondiale, les États-Unis connurent une croissance économique et démographique exceptionnelle, un bouleversement des transports et des technologies ainsi qu'une modification profonde de leurs structures industrielles et sociales.

1898

Après leur victoire dans la guerre hispano-américaine, les États-Unis contrôlent les Philippines, Porto Rico et Guam.

1901

Theodore Roosevelt accède à la présidence. Il succède à William McKinley, assassiné.

Jesse James (1847-1882) est considéré comme le plus redoutable bandit ayant sévi dans l'Ouest. Il n'a pas 17 ans lorsqu'il participe, avec son frère Franck, à l'attaque de la gare de Centralia. Vingt-quatre personnes trouvent la mort dans ce raid d'une sauvagerie inouïe. En pleine guerre de Sécession, c'est le premier fait d'arme d'une longue série d'attaques à main armée. Un jour de 1872, cinq hommes à cheval arrivent, séparément, dans la bourgade de Columbia. Après avoir rallié la place centrale, ils pénètrent dans la banque. Au cours du hold-up, le caissier est assassiné pour un butin de 200 dollars (une somme infime, même pour l'époque). En 1873, Jesse James et ses complices élargissent leur champ d'action : après les banques, ils dévalisent un train dans l'Iowa, forcent un wagon blindé et s'emparent de 3 000 dollars. Trois ans plus tard, à Northfield (Minnesota), le casse tourne mal. Le caissier d'une banque locale, qui refuse d'obtempérer, est abattu froidement. Le coup de feu alerte la population qui riposte sans coup férir. Les complices des frères James (les frères Younger) sont arrêtés. La randonnée mortelle de Jesse James prendra fin en 1882. Le roi des gangsters est abattu d'une balle dans la nuque par l'un de ses complices (et cousin de surcroît) alléché, semble-t-il, par la prime de 10 000 dollars promise pour sa capture "mort ou vif".

La vie, brève, de **Billy the Kid**, alias William Bonney, fut aussi sanglante que celle de Jesse James. Il est passé telle une météorite dans le ciel du Far West, ce qui explique sans doute sa célébrité immédiate. Une quantité impressionnante de films (une vingtaine) et de livres lui ont été consacrés, où il apparaît tantôt comme un meurtrier froid et vil, tantôt comme une victime de la sauvagerie de l'Ouest. Tout débute par le conflit qui oppose, dans les années 1870, deux marchands du comté de Lincoln. L'assassinat de l'un d'entre eux, John Tuntstall, par le clan rival provoque une série de représailles et de contre-représailles. Le gang du jeune Billy participe activement à cette bataille rangée, tuant notamment le shérif Pat Brady. Traqué, le Kid parvient à échapper à ses poursuivants. Pas pour longtemps. Capturé à Las Vegas, il est condamné en 1881 à la pendaison, mais durant son transfert vers Lincoln pour l'exécution de sa peine, il tue ses deux geôliers et prend la fuite. Le shérif Pat Garett l'abat finalement dans une chambre d'hôtel, alors qu'il tente de passer au Mexique. Les journaux de l'époque ont forgé sa légende en lui attribuant une série de meurtres dans lesquels il semble ne pas avoir trempé.

La figure de **Bill Hickok** (1837-1876) a inspiré à Arthur Penn un western très populaire et iconoclaste, *Little Big Man*, tiré lui-même du roman éponyme de Thomas Berger. Sa vie est presque aussi romanesque que la légende. Né dans l'Illinois, Bill Hickok est un virtuose du colt doublé d'un joueur de poker invétéré. Ses deux qualités finissent bien souvent par se rencontrer dans les saloons où il doit se défendre des accusations de tricherie… Cependant, sa réputation de tireur d'élite émérite lui vaut d'occuper les fonctions de shérif adjoint, puis de guide de cavalerie, aux côtés d'un certain Buffalo Bill. Ce dernier lui offre d'ailleurs un rôle dans un spectacle intitulé : "Scout des plaines". Mais cette vie de saltimbanque l'ennuie vite. En 1875, il rallie les Black Hills avec Calamity Jane. L'année suivante, il est abattu d'un coup de feu à une table de poker. Dans sa main, affirme la légende, Bill Hickok serrait un carré d'as.

La colonisation de l'Ouest

Dans les années 1850, les États-Unis avaient atteint leur extension maximale sur le continent et le processus de peuplement des nouvelles terres devint un épisode légendaire de l'histoire américaine. Les premiers arrivés furent les explorateurs, les traceurs de pistes et les éclaireurs, suivis des convois de pionniers, qui traversèrent tout le pays. Puis vinrent les chasseurs de bisons, l'armée envoyée pour combattre les Indiens, les prospecteurs, les prostituées, les cow-boys, etc. Tous envahirent le Far West au cours de la brève période de transition qui vit la transformation de cette contrée sauvage en une région agricole fertile, parsemée de

1904
Theodore Roosevelt est réélu pour un second mandat.

1908
Production de la première Ford T, bientôt vendue à un million d'exemplaires par an.

Inspiré du roman *Pétrole !* d'Upton Sinclair, *There will be blood* (Paul Thomas Anderson ; 2008), évoque les débuts de l'exploitation du pétrole en Californie.

fermes et de villes prospères. Personnages moins épiques, les familles de colons, les shérifs, les commerçants, les maîtresses d'école et les ouvriers des chemins de fer furent ceux qui domestiquèrent réellement l'Ouest sauvage.

Quelques techniques simples mais efficaces y contribuèrent également. Ainsi, les barbelés permirent aux colons de délimiter leurs terrains et de protéger leurs cultures. En cas de sécheresse ou de gel, des moulins à vent drainaient l'eau des sous-sols. Les terres étaient labourées au moyen d'un nouveau type de charrue dotée d'un disque en acier pour entailler les sols durs. Inventé par l'Américain John Deere, ce soc en acier fit date dans l'histoire de l'agriculture. Cependant, le progrès le plus marquant fut le chemin de fer, qui permit de franchir les énormes distances, de transporter le bétail ainsi que les produits agricoles et forestiers vers des marchés lointains et d'approvisionner chaque ville en biens essentiels et en produits de luxe.

Les Indiens, de la liberté aux réserves

Des années 1860 aux années 1880, des guerres indiennes firent rage dans les nouveaux territoires. Armés de fusils et montés sur leurs chevaux, les Indiens opposèrent une résistance farouche dans de nombreuses batailles, mais ils ne faisaient pas le poids face à la cavalerie américaine, impitoyable et rompue aux techniques de la guerre. Par ailleurs, l'extermination délibérée des bisons affama les populations semi-nomades. La plupart des clans, décimés par les massacres, abandonnèrent la résistance et rejoignirent les réserves où des subventions fédérales leur étaient versées.

Les territoires indiens ainsi libérés échurent à de nouveaux colons. En 1890, le massacre de Wounded Knee, au cours duquel plusieurs centaines d'Indiens, hommes, femmes et enfants, furent abattus, fut l'une des dernières tragédies des guerres indiennes. La même année, un recensement déclara officiellement la fin de la conquête de l'Ouest.

Naissance d'une société industrielle

D'une société rurale et agricole, les États-Unis devinrent une puissance industrielle et urbaine. L'industrie manufacturière abandonna les petits ateliers pour occuper d'immenses usines. La production d'acier passa de 13 000 tonnes par an en 1860 à 46 millions de tonnes en 1920, tandis que le prix des rails chutait de 168 à 12 $ la tonne. Le réseau ferroviaire, d'une longueur de 9 600 km en 1848, atteignait 402 250 km en 1920. L'achèvement du chemin de fer transcontinental en 1869 fut un événement marquant de l'histoire nationale. En effet, il était désormais possible d'aller de New York à San Francisco en quatre ou cinq jours de voyage confortable, au lieu de deux mois de chevauchée exténuante. Le chemin de fer ouvrait également des marchés nouveaux à l'agriculture californienne tout en facilitant l'importation des marchandises de l'Est.

Les concessions territoriales et les réductions d'impôts étant essentielles pour un développement rentable des voies ferrées, la corruption et le népotisme dominèrent les rapports entre les sociétés de chemin de fer et les hommes politiques.

1910

Création du NAACP (National Association for the Advancement of Coloured People) luttant contre les discriminations raciales.

1914

Ouverture du canal de Panama, reliant l'Atlantique au Pacifique.

Les nouvelles industries requéraient un financement important et un mode d'organisation, ce qui se traduisit par la création de sociétés par actions et des méthodes de gestion spécialisées. Innovation, augmentation de l'échelle de production et des rendements : tels étaient les maîtres mots des années 1865-1900, au cours desquelles 500 000 brevets furent déposés. La concurrence et les progrès poussèrent les prix vers le bas, mais s'accompagnèrent aussi d'une tendance aux fusions, aux pratiques monopolistiques et à une politique de bas salaires.

Structures sociales

Les *Robber Barons* (requins de la finance), comme on les appelait, amassèrent d'immenses richesses durant cette ère du capitalisme à tout va, prenant le contrôle de secteurs économiques entiers grâce à de multiples trusts. En 1900, le pays comptait quelque 4 000 millionnaires. Asseyant leur statut sur une consommation ostentatoire, ces barons se firent bâtir des demeures grandioses sur la 5th Ave, à New York, ou à Newport (Rhode Island). Dans un même temps, ils finançaient musées, hôpitaux, bibliothèques, centres culturels et universités dans tout le pays.

Au début du XXe siècle, on trouvait parmi les personnes les plus riches du pays Henry Clay Frick (charbon et minerai de fer), John D. Rockefeller (pétrole), E. H. Harriman (chemins de fer), J. P. Morgan (secteur bancaire) et la famille Vanderbilt (transports).

Une nouvelle classe ouvrière, aux conditions de vie et de travail misérables, apparut au cœur des métropoles et des villes. La plupart des travailleurs qualifiés étaient des Américains blancs ou des immigrants venus d'Europe du Nord. Les ouvriers non qualifiés, en revanche, étaient originaires de l'est ou du sud de l'Europe. Quant aux Noirs, ils étaient généralement employés comme balayeurs, laboureurs, porteurs et serviteurs. Bien que l'exploitation fût criante, les salaires, surtout ceux des travailleurs qualifiés, connurent une légère hausse. Cependant, les récessions périodiques créaient une précarité excessive, notamment en 1876 et en 1894, les pires années.

Employés, comptables, ingénieurs et chefs d'entreprise formaient une nouvelle bourgeoisie, qui tirait parti des bas prix et de la grande diversité des biens de consommation. L'emploi de domestiques et l'usage de nouveaux appareils ménagers augmentèrent le temps libre de ces classes moyennes qui, par ailleurs, voyaient dans les études le moyen de garantir à leurs enfants une vie meilleure.

En 1860, seize villes seulement abritaient plus de 50 000 habitants et aucune ne dépassait le million. L'industrialisation provoqua une croissance spectaculaire des agglomérations existantes, tandis que de nouvelles villes surgirent un peu partout.

Quelque cinq millions d'immigrants s'installèrent aux États-Unis dans la première moitié du XIXe siècle et quinze millions vinrent s'ajouter entre 1850 et 1900, dont 90% étaient originaires du nord et de l'est de l'Europe. Entre 1900 et 1920, le pays connut une nouvelle vague d'immigrants (15 millions) dont la majorité (environ 80%) venait cette fois du sud et de l'est de l'Europe, notamment d'Italie et de Russie.

Réformes et période progressiste

Les méfaits de l'ère industrielle commencèrent à être largement reconnus vers la fin du XIXe siècle, notamment grâce à la publication dans des magazines populaires de photos choquantes et d'articles à sensation

1917-1918

Les États-Unis participent à la Première Guerre mondiale.

1920

Le 18e amendement interdit l'alcool et marque le début de la Prohibition ; le 19e amendement accorde le droit de vote aux femmes.

sur le sort des plus démunis. Des femmes appartenant aux classes moyennes menèrent force campagnes en faveur d'une réforme sociale, de l'amélioration des conditions de vie, de la prohibition de l'alcool et du droit de vote des femmes. Des maisons d'accueil (*settlement houses*), telles que la Hull House à Chicago (1889), furent créées pour aider les familles pauvres en matière d'instruction, de garde des enfants et de recherche d'emploi.

Gary Cooper tient la vedette de *Sergent York* (1941), basé sur l'histoire vraie d'un héros américain. Pacifiste, Alvin York ne voulait pas participer à la Première Guerre mondiale mais, une fois dans les tranchées, il remporta une bataille à lui seul.

Les travailleurs s'étaient regroupés en syndicats de métiers dès la moitié du XIXe siècle, et le premier syndicat national vit le jour dans les années 1860. Les actions menées par les ouvriers étaient le plus souvent violemment étouffées par les gros bras embauchés par le patronat, et les grands mouvements de grève organisés dans le secteur des chemins de fer (1877 et 1894), du charbon (1878), du textile (1879) et de l'acier (1892) échouèrent. L'afflux continu d'immigrants garantissait une main-d'œuvre peu coûteuse et permettait de maintenir les salaires au plus bas. Qui plus est, tribunaux, gouvernements fédéraux et autorités municipales prenaient généralement le parti des patrons.

Dans les années 1860 et 1870, les fermiers, regroupés dans le mouvement Granger, s'insurgèrent contre les chemins de fer, les usines agricoles et les égreneuses de coton qui pesaient sur les prix du secteur et augmentaient le coût du fret. Les autorités fédérales légiférèrent en vue de réguler les tarifs des chemins de fer et les coûts des silos à céréales. Des lois fédérales réformistes proclamèrent la scolarisation obligatoire, empêchèrent la formation de trusts, interdirent l'alcool, réduisirent le temps de travail et accordèrent certains droits aux femmes.

L'Interstate Commerce Act de 1887 instaura une réglementation fédérale du secteur des chemins de fer. Néanmoins, les réformes mises en œuvre par le gouvernement eurent une portée limitée jusqu'à l'accession à la présidence de Theodore Roosevelt en 1901. Ce dernier renforça et fit appliquer les lois antitrust, augmenta les pouvoirs de l'Interstate Commerce Commission et proposa un vaste train de réformes, dont beaucoup furent rejetées par le Congrès.

Les Raisins de la colère (Gallimard, 1940) de John Steinbeck retrace, sur fond de Grande Dépression, l'histoire des Okie fuyant les poussières du Dust Bowl pour la Californie. Le film tiré du livre réunit un panel d'acteurs talentueux, notamment Henry Fonda, sous la direction de John Ford.

La National Association for the Advancement of Colored People (NAACP), organisation de défense et de promotion des droits des Noirs, fut fondée en 1910 ; elle allait jouer un rôle majeur dans le mouvement des droits civiques dans les années 1960.

SUR LA SCÈNE MONDIALE

Immigration, croissance économique, industrialisation, urbanisation : autant de tendances qui se poursuivirent et s'accentuèrent au cours du XXe siècle. Les luttes sociales continuèrent également et d'importantes réformes furent adoptées pour limiter les monopoles, protéger les droits des travailleurs, garantir leurs revenus, interdire le travail des enfants, établir l'impôt sur le revenu. Pour la première fois, les États-Unis se tournèrent vers le monde : dès la fin du XIXe siècle, ils colonisèrent Cuba et les Philippines et entamèrent leur expansion impérialiste. Dès lors, les intérêts commerciaux américains purent s'étendre à l'Amérique centrale, aux Caraïbes et au Pacifique.

Octobre 1929

Krach boursier marquant le début de la Grande Dépression.

1933

Franklin D. Roosevelt lance les politiques économiques du New Deal pour lutter contre la dépression ; fin de la prohibition.

La Première Guerre mondiale

Le président Thomas Woodrow Wilson souhaitait maintenir des relations commerciales avec les deux parties belligérantes (l'Allemagne, l'Autriche-Hongrie et l'Italie alliées contre la France, la Grande-Bretagne et la Russie). Mais lorsqu'en 1917 des sous-marins allemands coulèrent cinq vaisseaux américains en deux semaines, les États-Unis entrèrent en guerre. Cette intervention fut décisive : lorsque les soldats américains (deux millions d'hommes) débarquèrent en Europe, les forces allemandes et les troupes alliées étaient quasiment à bout de forces. Pour mener à bien cet effort, une importante campagne de propagande fut organisée, accompagnée d'un enrôlement massif et d'un renforcement de l'intervention de l'État dans la vie économique. À l'issue de la guerre, Wilson se déclara en faveur d'un traité jetant les bases d'une paix durable. Il se heurta à la volonté des puissances alliées qui exigèrent de lourdes réparations de la part de l'Allemagne vaincue. Il dut également contrer l'opposition du Sénat américain, qui refusa de ratifier le traité de Versailles, empêchant ainsi les États-Unis d'adhérer à la Société des Nations dont la création avait été proposée par le président américain.

Fausse moralité et prospérité feinte

Les années 1920, marquées par le développement du jazz et une culture assez permissive, furent hâtivement qualifiées d'Années folles. Elles furent en réalité riches de contrastes. En 1920, le gouvernement fédéral commença à mettre en vigueur le 18e amendement interdisant la vente d'alcool. Encouragée par les puritains, influents dans la société américaine depuis l'arrivée des Pères pèlerins, la *prohibition* fit de la majorité des Américains des contrevenants à la loi. Elle favorisa également la montée du crime organisé qui alimentait la population en alcool. Des hommes d'affaires, comme Joseph Kennedy (père de la future dynastie de dirigeants politiques), dans le Massachusetts, bâtirent leur fortune sur la vente illégale d'alcool. C'est à Chicago que les effets de la prohibition furent les plus marquants. Des gangs comme celui d'Al Capone luttaient ouvertement pour établir leur domination sur ce commerce, développant la corruption à tous les niveaux de la vie publique. Ces gangs rendus mythiques par les légendes et les films se composaient de voyous sans pitié à la gâchette facile. La prohibition fut abrogée en 1933 – certaines enclaves conservatrices comme l'Utah continuent toutefois d'imposer des restrictions sur la consommation d'alcool – et les gangs n'eurent aucune hésitation à se tourner vers d'autres sources de profit, à commencer par la prostitution et la drogue

La chasse aux bouilleurs de cru ne constitua pas pour autant le jeu favori des Américains au cours des années 1920. Ils investirent des millions, voire des milliards de dollars en bourse dans l'espoir d'en obtenir dix fois plus. Cet engouement financier se répandit dans toute la société, les banques accordant des prêts douteux aux fermiers, aux hommes d'affaires et à tous ceux qui voulaient des fonds. Les citoyens devinrent des "consommateurs" et demandaient des crédits pour acheter les derniers acquis de la modernité : réfrigérateurs, lave-linge, automobiles, radios, etc.

1941
Le bombardement de Pearl Harbor déclenche la participation américaine à la Seconde Guerre mondiale.

1945
Les États-Unis larguent des bombes atomiques sur Hiroshima et Nagasaki.

L'inévitable chute eut lieu en octobre 1929, avec le krach boursier : affolés par la morosité de l'économie mondiale, les investisseurs se bousculèrent pour revendre leurs actions, provoquant l'effondrement des cours. Les répercussions furent dramatiques. Plusieurs millions d'Américains perdirent leur maison, leur ferme ou leur commerce alors que les banques demandaient le remboursement des créances douteuses. Des millions d'autres virent disparaître toutes leurs économies dans les faillites bancaires. C'est ainsi que commença la Grande Dépression, qui mit 50% de la main-d'œuvre au chômage et jeta une grande partie de la population sur les routes à la recherche de travail.

L'industrialisation a accéléré la vie américaine. Dans une exploitation agricole, il fallait trois heures pour produire un boisseau de blé en 1830, et 10 minutes en 1900.

Le démocrate Franklin Roosevelt fut élu président en 1932 sur une vague promesse de "nouvelle donne" (le New Deal) visant à sortir le pays de la crise – son prédécesseur républicain Herbert Hoover, peu enclin à remédier à la dérive économique, lui avait facilité la tâche. Mal connu et peu considéré au moment de son élection, Roosevelt devint rapidement un personnage central de l'histoire américaine. Il fit adopter des lois pour stabiliser l'économie et, démarche plus radicale encore, créa des programmes sociaux – une abomination pour les Américains férus d'indépendance. Le programme public de retraite (Social Security) est un exemple de la manière dont Roosevelt permit au gouvernement d'intervenir dans presque tous les aspects de la vie des Américains. Par ailleurs, des projets à financement fédéral alimentèrent des travaux publics de grande envergure, tels que l'immense barrage de Hoover (p. 281), sur la frontière entre l'Arizona et le Nevada.

La Seconde Guerre mondiale

Confrontés à d'importantes difficultés intérieures, les Américains se montrèrent, dans les années 1930, plus isolationnistes que jamais. Les médias firent état de l'ascension de Hitler et du développement du fascisme, mais la population préférait en grande majorité laisser le reste de la planète régler seul ses problèmes. Roosevelt demeurait en revanche conscient de la menace que représentaient l'Allemagne et le Japon. Après le début de la guerre, en 1939, il s'employa à soutenir de son mieux la Grande-Bretagne, tout en préparant l'armée américaine à une offensive. Le président dut s'appuyer sur sa grande popularité auprès des électeurs pour faire adopter au Congrès des programmes à la limite de la légalité, comme le Lend-Lease Act (loi du prêt-bail), qui fournissait presque gratuitement du matériel militaire aux Britanniques.

Le film Tora ! Tora ! Tora ! (1970) est la chronique fidèle des événements qui jetèrent les États-Unis dans la Seconde Guerre mondiale, et mentionne même l'exploit de Doris Miller (un employé de cantine noir qui abattit un avion japonais).

Ce fut également sa popularité auprès des Américains – sa capacité à communiquer et à rassurer le citoyen moyen pendant la Grande Dépression demeurait inégalée – qui permit au président de briguer un troisième mandat en 1940 et de sortir vainqueur des élections.

La guerre, que nombre de personnes pensaient inévitable, intervint de manière inattendue le 7 décembre 1941, lorsque les Japonais lancèrent une attaque soudaine sur Pearl Harbor, à Hawaï. Bien que plus de 2 000 soldats américains y eussent péri, le bombardement revêtait davantage une importance symbolique que stratégique, les navires touchés étant assez anciens. Dès lors, toute volonté d'isolationnisme fut oubliée, la nation se ralliant autour du slogan *Remember Pearl Harbor!* ("Rappelez-vous

1953 Fin de la guerre de Corée.

1963 Assassinat du président John F. Kennedy à Dallas, au Texas.

Pearl Harbor !"). Le lendemain, Roosevelt fit un discours éloquent au Congrès, commençant par la célèbre phrase "Hier, le 7 décembre 1941 – une date à jamais marquée d'infamie..."

Si l'émotion des Américains appelait à des représailles immédiates envers les Japonais, Roosevelt comprit que l'Allemagne et les puissances de l'Axe représentaient une menace plus grave. Le 11 décembre 1941, les Allemands et leurs alliés italiens déclarèrent la guerre aux États-Unis et le président américain put établir la défaite de l'Allemagne comme une priorité stratégique. Les combats dans le Pacifique apportèrent de piètres résultats jusqu'en juin 1942, lorsqu'un mélange de chance, de ténacité et d'ingéniosité offrit à la marine américaine une incroyable victoire sur les navires japonais au large des îles Midway. Les Américains se lancèrent alors dans une longue et sanglante contre-attaque afin de reprendre toutes les îles aux mains des Japonais, et de pousser jusqu'à Tokyo.

Sur le front européen, une succession de mauvaises attaques aériennes et de combats en Afrique entravèrent tout d'abord l'effort américain. Néanmoins, les États-Unis réussirent à assurer la protection des Britanniques et acquirent avec le temps l'expérience et l'équipement nécessaires pour attaquer les pays de l'Axe sur tous les fronts. Dirigés par le général américain Dwight Eisenhower, les Alliés lancèrent leur offensive en débarquant sur les côtes normandes le 6 juin 1944 (D-Day). L'événement soulagea l'URSS qui, depuis trois ans, combattait férocement les Allemands en Europe de l'Est.

Lauréat du Prix Pulitzer, David Mamet a écrit le script du film *Les Incorruptibles* (1987), un scénario classique mais palpitant dans lequel les bons (Kevin Costner dans le rôle d'Elliot Ness) affrontent les méchants (Robert De Niro jouant Al Capone). Les meilleures scènes incluent la célèbre fusillade sur les marches de la gare de Chicago.

Plus de 25% des Américains furent enrôlés dans l'armée pendant la Seconde Guerre mondiale, les hommes étant incorporés jusqu'à l'âge de 46 ans. L'ensemble de la population eut un rôle à jouer dans l'effort de guerre, depuis les enfants chargés de récupérer les matériaux recyclables jusqu'aux femmes qui remplacèrent les hommes dans l'industrie. La mobilisation de ces dames eut d'ailleurs de profondes répercussions sur la société américaine après la guerre, en leur donnant d'autres ambitions qu'une simple vie au foyer. Au sein de l'armée ségrégationniste, les Afro-Américains devaient se contenter d'un rôle de soutien, même si un petit nombre combattait au sein de régiments entièrement composés de Noirs.

Après la capitulation de l'Allemagne en mai 1945, l'attention se tourna vers le Pacifique. Les Américains ayant compris, face aux tactiques de guerre japonaises – notamment les attaques-suicides des kamikazes –, que l'invasion du Japon conduirait à un véritable massacre, ils se tournèrent vers un important programme secret appelé "projet Manhattan". Les bombes atomiques mises au point par une armée de scientifiques, parmi lesquels des Juifs ayant échappé aux nazis, furent envoyées sur Hiroshima et Nagasaki en août 1945, provoquant la reddition du Japon quelques jours plus tard.

De santé fragile, Roosevelt mourut peu avant la fin du conflit et juste au début de son quatrième mandat présidentiel. Le nouveau président, Harry S. Truman, affirma n'avoir eu aucun scrupule à utiliser la bombe atomique dans la mesure où elle avait permis d'éviter que des milliers, voire des millions, de soldats américains meurent sur le sol japonais.

1969

Deux Américains posent le pied sur la Lune, réalisant la promesse du président Kennedy.

1973

Par l'arrêt Roe v. Wade, la Cour suprême légalise l'avortement.

Éclosion des banlieues et seconde Révolution américaine

Dans les décennies qui suivirent la Seconde Guerre mondiale, les États-Unis connurent une prospérité sans précédent mais la fin de la guerre n'apporta pas de véritable paix.

La grande puissance capitaliste et son ancien allié, l'URSS communiste, s'engagèrent rapidement dans une lutte d'influence pour le contrôle du monde. Seule la menace d'une destruction mutuelle par la bombe atomique empêcha les deux superpuissances d'entrer en guerre ouverte, les poussant à un affrontement par pays interposés – guerre de Corée (1950-1953) et guerre du Vietnam (1959-1975). Face à cet antagonisme idéologique, l'ONU, créée en 1945, se révéla largement incapable de prévenir les conflits de la guerre froide.

Les Fifties (Seuil, 1993), de David Halberstam, explore une décennie presque schizophrène : télévision, droits civiques, maccarthysme, Elvis Presley et éclosion des banlieues comptent parmi les événements de cette période fondatrice de l'Amérique moderne.

Pendant ce temps, l'Amérique, que la guerre n'avait pas touchée sur son sol mais dont l'industrie avait largement bénéficié, entrait dans une ère d'abondance incroyable. Dans les années 1950, des millions d'Américains migrèrent des villes surpeuplées vers les banlieues pour emménager dans des maisons individuelles à la portée de leur bourse. Le faible coût des voitures et du carburant, ainsi que le réseau tout neuf des Interstate Hwy, les encourageait dans cette nouvelle vie. Ils profitaient du confort qu'apportait la technologie moderne, se pâmaient devant la TV et faisaient des enfants. Ce fut le "baby boom".

Les Blancs de la classe moyenne en tout cas connaissaient ces joies. Les Afro-Américains, quant à eux, restaient pauvres et subissaient la ségrégation. Reprenant les idées de l'abolitionniste noir du XIXe siècle Frederick Douglass, la Southern Christian Leadership Coalition (SCLC), dirigée par le pasteur afro-américain Martin Luther King Jr, s'engagea dans un combat visant à mettre un terme à la ségrégation et à "sauver l'âme de l'Amérique". L'organisation réclamait une justice imperméable à la couleur de peau, l'égalité raciale et les mêmes chances pour tous dans le domaine économique.

Au début des années 1950, le pasteur Martin Luther King fut à l'origine d'un vaste mouvement de lutte contre les discriminations dont les Afro-Américains étaient victimes. Cette résistance non violente prit la forme de boycotts de bus, de marches et de sit-in, principalement dans le Sud. Les autorités blanches répondaient souvent par les canons à eau et les matraques, et certaines de ces manifestations dégénérèrent en émeutes. Cependant avec la loi des droits civiques (Civil Rights Act) votée en 1964, les Afro-Américains donnèrent l'impulsion à une vague de lois qui balaya les anciennes lois racistes, dans un mouvement que certains ont appelé la "seconde révolution américaine". Il n'en reste pas moins qu'aujourd'hui les Afro-Américains, et d'autres minorités, luttent encore contre des inégalités persistantes dans le domaine de l'éducation et de l'emploi.

Dans les années 1960, d'autres bouleversements ébranlèrent la société américaine. Le rock 'n' roll incita la jeunesse à la rébellion, à laquelle les drogues donnaient des visions hautes en couleur. En 1963, le président John F. Kennedy fut assassiné à Dallas, avant que ne le soient à leur tour, en 1968, le sénateur Robert Kennedy, frère du premier, et Martin Luther King. La confiance du peuple américain envers ses leaders et son gouvernement

Années 1980

Des centaines d'institutions financières jouent avec l'épargne et les plans d'emprunt de leurs clients jusqu'à la faillite.

1989

Le Mur de Berlin tombe, marquant la fin officielle de la guerre froide entre les États-Unis et l'URSS.

fut encore plus profondément ébranlée quand il découvrit à la télévision les bombardements et les atrocités de la guerre du Vietnam. Des manifestations étudiantes gagnèrent alors tout le pays.

Or le président Richard Nixon, élu en 1968, en partie sur sa promesse d'une "fin honorable à la guerre", intensifia l'intervention américaine et ordonna en secret des bombardements sur le Laos et le Cambodge. Puis, en 1972, éclata le scandale du Watergate : un "cambriolage" des bureaux du parti démocratique. Après des mois d'investigation acharnée, les journalistes dévoilèrent la conspiration ourdie par le manipulateur Richard Nixon, qui fut le premier président américain à démissionner, en 1974.

Le plus poignant des nombreux films consacrés au Vietnam demeure *Platoon* (1986), compte-rendu autobiographique dans lequel Oliver Stone présente courageusement les ambiguïtés morales auxquelles furent confrontés les soldats américains pendant la guerre.

Des années 1960 aux années 1970, apparurent des mouvements à l'opposé des valeurs traditionnelles américaines : révolution sexuelle, libération des femmes et luttes pour les droits des homosexuels. Les crises de l'énergie posèrent aussi la question de l'approvisionnement en pétrole brut depuis le Moyen-Orient et la publication en 1962 de l'ouvrage de Rachel Carson *Printemps silencieux* (*Silent Spring*) fit prendre conscience du fait que l'industrie américaine avait créé un monde pollué et néfaste pour l'homme (p. 105).

N'étant pas parvenus à éradiquer le communisme, les États-Unis quittèrent finalement le Vietnam en 1975, alors que l'économie était en chute libre. Certains Américains, sans doute fatigués de s'opposer les uns aux autres et d'être abusés par les politiciens, se tournèrent vers le disco, les pilules contraceptives et un certain narcissisme qui atteignit son paroxysme dans les années 1980, qu'on qualifia de "Me Decade" (décennie du Moi).

PAX AMERICANA ET GUERRE CONTRE LA TERREUR

En 1980, Ronald Reagan, ancien acteur plus connu en tant que gouverneur républicain de Californie, se présenta à la présidence. Bien conscient de la conjoncture, il adopta un objectif de campagne fort simple : rendre leur fierté aux Américains. L'homme politique, toujours souriant, l'emporta haut la main et son élection marqua le début d'un retour à une politique conservatrice.

Reagan comprit rapidement qu'il était temps d'en finir avec les communistes, de restaurer l'économie, de déréglementer le secteur des affaires et de réduire les impôts. Pour mener à bien ses deux premiers objectifs, il lança le plus grand programme de développement militaire jamais vu en temps de paix, si bien que les Soviétiques se ruinèrent pour se maintenir à niveau, ce qui précipita l'éclatement de l'URSS. Ainsi, la guerre froide se termina sans affrontement direct entre les deux superpuissances.

Recount (2008) avec Kevin Spacey, Laura Dern et Denis Leary, porte à l'écran les événements autour de l'élection présidentielle très contestée de 2000, dont les irrégularités en Floride, qui laissèrent planer le doute.

Les dépenses d'armement et les réductions d'impôts occasionnèrent un déficit budgétaire record. Le successeur de Reagan, George Bush senior, hérita des conséquences et bien qu'il eût réussi à libérer le Koweït de l'envahisseur irakien, il fut aisément évincé, en 1992, par un démocrate du Sud, Bill Clinton. Ce dernier vit son mandat coïncider avec le boom technologique de l'Internet des années 1990, qui semblait augurer d'une "nouvelle économie" basée sur la télécommunication des cols blancs. Les États-Unis connurent une croissance sans précédent qui permit d'effacer le déficit budgétaire. Clinton essaya de faire passer son

1990

Début de la première guerre du Golfe

Années 1990

Débuts du World Wide Web en 1991. La Silicon Valley, en Californie, est à la tête de la révolution technologique de l'Internet.

plan de couverture santé universelle mais les conservateurs refusèrent cette extension de l'État-providence. En 2000, puis en 2004, George W. Bush, fils de l'ancien président Bush, remporta de peu la présidence. Les résultats serrés trahissaient l'expression d'une division de plus en plus profonde au sein de la nation. L'éclatement de la bulle Internet en 2000 ne fut pas favorable à ce président incompétent, qui n'en décida pas moins des réductions d'impôts (principalement pour les riches) qui ramenèrent le déficit budgétaire à un niveau catastrophique. Champion également du "retour de bâton", cette politique conservatrice de droite, qui se renforçait depuis Reagan, il assouplit les lois sur l'environnement, revint sur les réformes du travail et sur la législation des droits civiques. À l'instar de l'ancien président républicain, il prôna le laisser-faire dans le domaine industriel et encouragea à une croisade morale, religieuse et culturelle axée sur les "valeurs de la famille".

Le monumental documentaire du réalisateur Spike Lee *When the Levees Broke* (2006) est une description intime et émouvante des destructions causées par le cyclone Katrina à La Nouvelle-Orléans et un réquisitoire implacable contre l'incurie indigne des autorités fédérales.

Le 11 septembre 2001, lorsque des terroristes islamistes projetèrent leurs avions détournés sur les tours du World Trade Center à New York et sur le Pentagone à Washington, les Américains confrontés à l'horreur se rassemblèrent autour de leur président, qui promit vengeance et décréta la "guerre contre la terreur". Mais il était clair que les terroristes d'Al-Qaïda n'appartenaient à aucune nation et que la guerre devrait donc prendre une nouvelle forme.

Le Congrès promulgua aussitôt le Patriot Act, décret réduisant les droits civils des citoyens, dans le but de faciliter l'arrestation de terroristes potentiels. Le président révisa également la politique militaire des États-Unis, établie de longue date, pour autoriser des "frappes préventives". Bientôt, ce fut l'invasion de l'Afghanistan, alors base arrière du terrorisme. L'opération se solda par un échec, néanmoins l'administration déclara en 2003 la guerre à l'Irak et à son dictateur anti-américain, Saddam Hussein. Bush trouva sa principale justification à la guerre dans le fait que l'Irak détenait des "armes de destruction massive", ce qui s'est avéré faux. En peu de temps, l'Irak bascula dans la guerre civile.

En 2005, le désastre naturel le plus coûteux qu'aient subi les États-Unis, le cyclone Katrina, dévasta la Nouvelle-Orléans et la côte du Golfe. La lenteur puis l'inefficacité de l'intervention fédérale engendrèrent dans tout le pays un sentiment amer : crise de confiance envers le gouvernement, surendettement du pays et enlisement dans une guerre impossible à gagner.

Avides de changement, les Américains répondirent au message d'espoir que leur adressait un nouveau venu dans la politique, Barack Obama. En 2008, après avoir remporté à Denver les primaires présidentielles du parti démocrate (voir p. 390) contre la sénatrice Hillary Clinton, Obama gagna une nouvelle victoire contre son rival républicain, le sénateur John McCain. En 2009, l'accession du premier Afro-Américain à la plus haute fonction de l'État marquait un pas significatif vers le comblement des divisions raciales qui avaient toujours entaché la nation depuis sa création.

Durant sa première année à la présidence, Barack Obama a réussi à redorer le blason d'une Amérique dont l'image avait été passablement ternie par les années de présidence Bush. Arrivé à la Maison-Blanche

2001

Les terroristes d'Al-Qaïda détournent quatre avions vers le World Trade Center et le Pentagone, tuant plusieurs milliers de personnes.

2003

Le 20 mars, début de la guerre d'Irak.

en pleine crise des *subprimes*, Barack Obama a promulgué un énorme plan de relance de l'économie, renfloué les banques, les assurances et l'industrie automobile défaillantes avec l'argent du contribuable. En matière de politique sociale, le nouvel élu a levé l'interdiction de recherche sur les cellules souches, promu un planning familial en dehors de toutes considérations religieuses et réussi à faire adopter une reforme historique du système de santé. Enfin, l'administration Obama a initié une diplomatie visant à restaurer la confiance à l'égard de l'Amérique, y compris dans les pays islamiques. En octobre 2009, le président américain s'est vu récompensé par l'attribution du prix Nobel de la paix "pour ses efforts extraordinaires en faveur du renforcement de la coopération entre les peuples".

2008

Victorieux aux élections présidentielles, Barack Obama est le premier Afro-Américain à accéder à la plus haute fonction de l'État.

2009

Les États-Unis sont confrontés à la pire récession économique depuis la Grande Dépression.

Culture et société

LA SOCIÉTÉ AMÉRICAINE

Au cours de sa jeune histoire, l'Amérique n'a jamais cessé de redéfinir son identité. L'image originelle, harmonieuse et limpide, des Pères fondateurs gravés sur les falaises du mont Rushmore est-elle encore au diapason d'un pays changeant, pétri de contradictions, en proie à des tensions incessantes ? Et dans ce pays qui accueille chaque année plusieurs centaines de milliers d'arrivants d'origines, de croyances et niveaux de richesse différents, à quel moment le "je" se transforme-t-il en "nous" ?

En remontant aux origines, deux influences se sont révélées déterminantes pour l'identité américaine : l'expérience des pionniers et la religion protestante. Les pionniers étaient, par nécessité, des personnages indépendants, adroits, courageux et méfiants à l'égard des conventions sociales et de l'autorité. Cent cinquante ans après la conquête de l'Ouest, les migrants asiatiques, mexicains ou des citoyens qui tentent leur chance à un autre point du pays, se doivent d'arriver avec ces traits de caractère dans leurs bagages.

Quant aux Pères pèlerins (Pilgrim Fathers), ils ancrèrent leur sensibilité protestante dans le sol fertile du continent. Ces hommes estimaient pouvoir accéder au divin directement et ne pas avoir besoin de prêtre pour parler à Dieu. Chacun est né avec l'autorité sur sa propre âme et la raison ne relève pas du consensus.

Du statut social (Mercure de France, 2004), d'Alain de Botton, dépeint les contraintes de la vie dans une méritocratie occidentale égalitaire et sans classes et propose même des stratégies pour y faire face.

L'un des principaux paradoxes de l'Amérique réside dans le fait que la différence a engendré l'unité et que l'individualisme a inspiré une certaine harmonie. Aux États-Unis, le "contrat d'assimilation" officieux de chaque immigrant s'applique à chaque citoyen, quelle que soit son origine. Il revient à se soumettre à un idéal démocratique résumé en quelques préceptes : obéissance à la loi par-delà les griefs personnels, respect de l'individualisme et de la notion de labeur, et, en pratique, usage de l'anglais en public. Pour peu que l'on s'y conforme, on demeure libre d'être soi-même et de poursuivre son rêve américain – le désir d'améliorer son sort et celui de ses enfants, de vivre et de pratiquer une religion à sa manière et sans persécution.

Ces quelques principes ont eu un effet fédérateur d'une importance capitale. Si les Américains ne se ressemblent guère, et ne partagent pas les mêmes traditions ou croyances, leurs désirs communs et la tolérance exigée par la démocratie suffisent pour surmonter l'affrontement et la cacophonie de la vie quotidienne. La balkanisation des États-Unis semble dès lors aussi improbable que l'effacement des particularismes au profit d'une classe moyenne homogénéisée.

Aussi puissante soit-elle, cette sensibilité demeure insaisissable. Les Américains ont besoin de se rencontrer dans des lieux bien réels pour ressentir cette adhésion aux valeurs communes et l'un de ces lieux est, chose étrange, la culture de masse. Sans le tissu conjonctif d'Hollywood et du rock and roll, de Homer Simpson et de Dark Vador, tout cela pourrait bien se désagréger. Dans la société américaine, les défauts artistiques de la culture de masse deviennent des forces : c'est facile, amusant, turbulent, branché, bon marché et accessible à tous. Les Américains ne se ressembleront jamais tous, mais la culture de masse leur sert de place publique où toutes les dissemblances de la société américaine se rejoignent en un tout unique et irréductible.

Chose curieuse, l'argent incarne l'identité de l'Amérique presque parfaitement. Sur chaque pièce figurent deux phrases : *In God We Trust*,

"En Dieu nous croyons", et *e pluribus unum*, qui signifie "tous ensemble, ne faire qu'un". La première phrase fut adoptée en 1864 pendant la guerre de Sécession, la seconde en 1782, six ans après la déclaration d'indépendance.

MODE DE VIE

En dépit de situations très diverses, la plupart des Américains se considèrent comme faisant partie de la classe moyenne. Cette perception égalitariste permet de maintenir l'harmonie sociale : tant que le plus grand nombre entrevoit de meilleures perspectives d'avenir, peu de citoyens s'en prennent aux riches. Bien sûr, nombre d'entre eux rejoindraient l'élite avec plaisir, mais leurs aspirations sont généralement plus modestes : posséder une maison, éduquer ses enfants, profiter d'une retraite confortable.

Les États-Unis comptent plus de galeries commerçantes que de lycées, ce qui peut expliquer que les consommateurs américains ont accumulé 2 milliards de dollars de dettes.

Un certain nombre – environ les deux tiers, et ce en dépit de la crise – possède une maison et, parmi les adultes, au moins 80% ont fait des études secondaires et 24% sont diplômés de l'université. Le revenu moyen des foyers s'élève à un peu plus de 50 000 $ par an. Ces chiffres situent la majorité des Américains dans la classe moyenne, même si cette étiquette devient floue et plus complexe quand on fait un tour d'horizon du pays.

Il est bien difficile de dire à quoi ressemble une famille américaine "standard". Bien qu'elle ne soit plus adaptée, la famille nucléaire qui définissait les années 1950 continue de servir de référence pour jauger la vie de la classe moyenne. Si, de manière générale, la famille américaine typique se compose de deux parents et d'un ou deux enfants, la moitié des mariages se soldent par un divorce et plus d'un quart des petits Américains vivent dans une famille monoparentale. Beaucoup de citoyens se marient tardivement et ont moins d'enfants, voire pas du tout ; dans les villes, certains jeunes adultes préfèrent former des "tribus urbaines" fondées sur l'amitié. À l'inverse, les immigrants nés à l'étranger vivent souvent en familles élargies réunissant plusieurs générations : plus d'un quart des foyers d'immigrants comptent au moins cinq membres, soit deux fois plus que la moyenne nationale. Une épicière coréenne résidant avec ses parents et ses frères et sœurs, un avocat marié et père de deux enfants, un jeune consultant en informatique célibataire peuvent tous habiter dans la même rue de Brooklyn et se considérer comme membres de la classe moyenne, sans que leurs réalités quotidiennes aient grand-chose en commun.

Sur les 25 millions d'enfants de 9 à14 ans vivant aux États-Unis, 77% possèdent un téléviseur dans leur chambre et un quart se livre à plusieurs activités en même temps – écouter de la musique, surfer sur le Web et regarder la télévision.

La santé des Américains n'est pas des meilleures. Selon les estimations officielles, 64% des adultes souffrent de surpoids ou d'obésité et environ 15% des enfants sont en surpoids. Leurs cinq principales sources de calories étant typiquement le soda, les pâtisseries, les hamburgers, les pizzas et les chips, nombre d'Américains souffrent de malnutrition. Parmi les maladies évitables, les problèmes liés à l'obésité représentent la deuxième cause de décès après le tabac.

L'autre raison de l'obésité chronique des Américains est le manque d'activité physique. Les déplacements excessifs en voiture, le manque de marche à pied et le temps passé devant l'ordinateur à surfer sur Internet ou à jouer aux jeux vidéo n'aident pas à sculpter des corps athlétiques. On estime que 25% des hommes et des femmes ne pratiquent absolument aucun exercice physique dans la semaine, pas même une courte promenade. La nation n'en demeure pas moins obnubilée par la beauté et la forme physique. Les sports en plein air sont toujours populaires, les régimes et la nutrition reviennent sans cesse dans les conversations et Hollywood produit d'éblouissants exemples de beauté idéalisée.

PAS D'IMPAIR

De manière générale, la devise des Américains est de "vivre et laisser vivre". Toutefois, comme dans toute société, il convient de respecter certaines règles de comportement.

- Répondez aux salutations. "Hi. How are you?" appelle un joyeux "Thanks, I'm fine" et non pas une réponse négative.
- N'utilisez pas de marques d'affection physique pour saluer quelqu'un. Certains Américains se donnent l'accolade, mais la plupart se contentent d'une poignée de mains, surtout les hommes.
- Soyez à l'heure ; il est très impoli de faire attendre quelqu'un.
- Ne vous déshabillez pas sur la plage et ne retirez pas votre haut de maillot de bain, sauf si les autres baigneurs sont dévêtus.
- Versez un pourboire aux serveurs, barmans et chauffeurs de taxi.
- Ne fumez pas dans un bâtiment sans avoir demandé l'autorisation. Les interdictions de fumer sont de plus en plus répandues et de nombreux Américains ne supportent pas l'odeur de la fumée dans leurs immeubles.
- Même s'ils aiment rencontrer des étrangers, n'espérez pas des Américains qu'ils connaissent bien votre pays ; après tout, le leur a déjà le format d'un continent.
- Soyez respectueux envers les officiers de police ; les Américains utilisent les termes "Sir", "Madam" ou simplement "Officer" pour s'adresser aux policiers.

Le constat est à l'image des États-Unis : un modèle de contrastes. Lieu de réalisations incroyables et d'inégalités persistantes, d'optimisme perpétuel face à l'adversité. Les Américains sont la preuve vivante que, bien manié, le rêve est l'outil le plus puissant qui soit.

ÉCONOMIE

L'économie américaine a poussé de l'avant presque tout au long de ces vingt-cinq dernières années, avec bien sûr des hauts et des bas. Dans l'ensemble cependant le marché boursier a atteint des records historiques et les prix de l'immobilier ainsi que l'accès à la propriété ont également fortement progressé. La productivité était à la hausse et le chômage en baisse.

Après s'être exclusivement nourri chez McDonald's pendant 30 jours, Morgan Spurlock a frôlé l'infarctus. Les résultats de son expérience ont été présentés dans le documentaire *Super Size Me* (2004), qui offre un plongeon irrévérencieux dans le monde du fast-food américain.

Pourtant, un problème insoupçonné menaçait. L'économie et la productivité avaient beau être en hausse, cela ne se traduisait pas dans le salaire du travailleur moyen. Les Américains commencèrent donc à emprunter pour pallier ce manque à gagner. Tant que l'économie allait de l'avant, il était facile d'obtenir un crédit ou un prêt immobilier. En l'espace de deux décades, le taux moyen d'endettement par rapport au revenu pour un adulte de la classe moyenne passa de 0,45%, en 1983, à 1,19%, deux décennies plus tard, selon les statistiques du Pew Research Center. Vous entendrez souvent dire que la classe moyenne américaine est en train de disparaître, et de nombreux économistes partagent ce constat, mettant cette disparition sur le compte de l'accroissement de l'endettement. Il y a sans doute d'autres raisons, que nous aborderons par la suite.

Le revenu médian réel d'un ménage américain était de 50 233 $ en 2007, ce qui en fait selon l'OCDE l'un des plus élevés du monde en terme de pouvoir d'achat. Cependant, ce chiffre est aussi au deuxième rang à l'échelle mondiale pour l'inégalité dont il découle : l'écart entre le revenu des 10% d'Américains les plus riches et celui des 10% les plus pauvres est le plus grand de tous les pays développés, après la Hongrie. Cela n'a rien de surprenant quand l'on sait que le revenu médian prend aussi bien en compte celui de Bill Gates, l'homme le plus riche du pays

(58 milliards de dollars), que celui du citoyen qui touche le salaire minimum légal (7,25 $ l'heure, ou 15 080 $ par an). Il faut en outre savoir que le seuil de pauvreté officiel pour une famille de trois personnes est de 18 310 $ par an, donc plus élevé que le revenu annuel que procure le salaire minimum légal.

Cette économie sauvage, la plus développée du monde, a pour principal moteur le secteur des services, dont les banques, le commerce de détail et la santé. Dans le PIB, le tertiaire représente environ 68%, l'industrie (automobile, aéronautique et mécanique) 12%, la construction 4%, le pétrole et les mines 2%, et l'agriculture 1%. Le secteur public occupe les 13% restants.

Les industries des secteurs scientifique, technique et de la santé sont en croissance. L'agriculture, les mines et certaines industries comme le textile et l'automobile, en revanche, connaissent un déclin. Toutefois, ces pans de l'économie en "déclin" n'en représentent pas moins des chiffres faramineux ; l'agriculture à elle seule pèse 300 milliards de dollars, selon les chiffres du département du Commerce américain.

En moyenne, les Américains travaillent aujourd'hui 20% de temps en plus qu'en 1970 et totalisent chaque année neuf semaines de travail de plus que les Européens de l'Ouest.

Un vieux proverbe d'économistes dit : "Quand les États-Unis éternuent, le reste du monde attrape un rhume". C'est ce qui s'est passé durant l'année 2008. Souvenez-vous de ces prêts immobiliers faciles à obtenir que nous avons mentionnés plus haut. Ils ont déclenché un effet domino qui a précipité l'économie dans la crise. Pour faire court, les institutions financières ont accordé à des gens, plutôt modestes, des prêts hypothécaires à risque, financés grâce à des manœuvres sur le marché florissant des actions. L'économie n'a pas suivi, et, brusquement le non-remboursement des prêts hypothécaires a atteint un taux record. Les entreprises financières, responsables de la situation, ont alors commencé à perdre des milliards de dollars. Cela a, par la suite, déclenché une sévère crise du crédit, suivie d'une panique générale sur les places boursières, aussi bien dans le pays qu'à l'étranger, qui a fortement ralenti l'activité économique toujours en berne aujourd'hui. L'économie américaine a ainsi marqué une halte forcée, que les journaux ont qualifié de "pire récession économique depuis la Grande Dépression".

Le gouvernement fédéral a pris des mesures sans précédent pour relancer l'économie. Habituellement adepte de la non-intervention sur les marchés financiers, il a cette fois prêté des milliards de dollars aux banques et autres compagnies au bord de la faillite. Les taux d'intérêt ont baissé mais la bourse continue de vaciller. Les trois quarts des Américains considèrent aujourd'hui que le pays est en récession, ce que confirme, entre autres, l'augmentation du taux de chômage (9,4% en juillet 2009, niveau le plus haut depuis 25 ans).

POPULATION

L'immigration, qui atteint des niveaux inégalés depuis les années 1970, continue de représenter la moitié de l'accroissement démographique annuel du pays. Cette dernière vague modèle le visage de l'Amérique tout autant, voire davantage, que toutes celles qui l'ont précédée.

Une étude montre que, pour la première fois depuis 25 ans, une majorité d'Américains est disposée à sacrifier la protection de l'environnement au profit de la croissance économique.

Les estimations actuelles portent la population totale des États-Unis à environ 305 millions, classant le pays en troisième position mondiale (mais toujours bien loin) derrière l'Inde et la Chine. Sur le plan ethnique, la population américaine se compose à 67% de Blancs non-hispaniques, à 14,4% d'Hispano-Américains, à 12,8% de Noirs et à 4,3% d'Asiatiques, les Amérindiens représentant moins de 1%.

Depuis le recensement de 2000, la population a augmenté de 6,4%, une croissance due pour l'essentiel aux groupes minoritaires : 13% pour la population hispanique, 12,5% pour les Noirs, 4,4% pour les Asiatiques et 3,3% pour les Indiens, contre seulement 1% pour les Blancs.

Sicko (2007), documentaire du réalisateur militant Michael Moore, explore les décombres du système de santé américain et les conséquences sur ses habitants.

En 2003, la population née à l'étranger représentait 33,5 millions de personnes, soit environ 12% des habitants – 9 millions seraient dans l'illégalité. Plus de la moitié de cette population a débarqué après 1990 et près de 1,3 million de nouveaux arrivants s'y ajoutent chaque année. Parmi ces immigrants, plus de la moitié viennent d'Amérique latine (les trois quarts sont Mexicains), un quart d'Asie et 14% d'Europe.

Un autre indice de cette évolution culturelle est que l'Amérique, longtemps considérée comme le cimetière des langues, est aujourd'hui plus bilingue que jamais. En 1980, 11% des Américains parlaient une autre langue que l'anglais à la maison ; en 2000, ils étaient 18%, soient 48 millions de personnes. La seconde langue la plus parlée est l'espagnol.

Les immigrants posent généralement leurs valises dans les principales zones métropolitaines de Californie, du Texas, de New York, de Floride et de l'Illinois, qui sont aussi les cinq États les plus peuplés du pays. L'implantation des immigrants reflète également la répartition de la population sur l'ensemble du pays, plus dense sur les côtes et dans les grandes villes, et plus clairsemée dans le centre.

La densité démographique moyenne des États-Unis s'élève à 84 habitants au km^2, contre 134 pour l'Europe et 203 pour l'Asie. En Californie, troisième plus grand État du pays, la densité moyenne atteint 86 habitants/km^2. À l'opposé, le Montana et le Wyoming comptent moins de 4 habitants/km^2.

La plupart des Américains sont citadins, 80% vivent dans un environnement urbain. Les ruraux sont de plus en plus rares et isolés.

Une évolution notable de l'habitat aux États-Unis est l'étalement des villes, qui n'a jamais été aussi rapide, comme en témoigne le cas d'Orlando. Sa surface s'est multipliée par cinq en 30 ans, avec un développement beaucoup plus accéléré des banlieues limitrophes, qui attirent les habitants du centre avec leurs maisons plus spacieuses et leurs immenses zones commerciales. Ce phénomène est à l'œuvre dans les métropoles.

IMMIGRATION ET MULTICULTURALISME

Les États-Unis tirent une grande fierté de leur célèbre statut de "nation des nations", comme l'a décrite Walt Whitman. Chaque année, le calendrier voit se succéder les fêtes ethniques et culturelles : Saint-Patrick, carnaval, Cinco de Mayo, Martin Luther King Jr Day, Thanksgiving, Mardi gras ou Nouvel An chinois. Les États-Unis offrent sans aucun doute la population la plus diversifiée de la planète et le pays trouve aussi bien ses origines dans Ellis Island que Plymouth Rock ou l'Independence Hall.

Pourtant, il n'existe pas de sujet plus tendancieux pour les Américains que les questions de race et d'ethnicité, au point d'en faire une obsession nationale. Aucun autre sujet social ou politique – pas même la classe, l'économie ou la politique étrangère – n'affecte autant la population.

De toutes les dichotomies du pays, les questions raciales sont en effet les plus profondément enracinées : elles font à la fois sa plus grande fierté et sa plus grande honte. S'élevant au-dessus des débats, la statue de la Liberté demeure le brillant symbole de l'ouverture de l'Amérique, un symbole de sa foi dans la dignité fondamentale de chaque être humain.

Bien sûr, le racisme et la xénophobie sont présents dans toute la société américaine. Aux États-Unis, l'histoire de l'esclavage et les lois ségrégationnistes de Jim Crow ayant précédé le mouvement des droits civiques ont souvent conduit à aborder la question de la race en termes de Blanc et de Noir. Cet héritage troublé demeure très vivant dans la mesure où les inégalités continuent d'imprégner la réalité quotidienne de nombreux Américains noirs. Le pays a renoncé à la ségrégation il y a 40 ans et a tenté de redresser ses torts par le biais de lois à l'image des

ÉTATS-UNIS 2030 : UN PAYSAGE DIFFÉRENT

Dans les décennies à venir, le visage des États-Unis prendra deux profils distincts, avec d'un côté une population âgée essentiellement composée de Blancs et, de l'autre, des jeunes d'origines ethniques diverses.

L'évolution se dessine déjà. En 2003, l'âge moyen de la population était de 36 ans, contre 35,3 ans en 2000. Le tableau varie en fonction de l'origine ethnique : les Blancs non-hispaniques ont en moyenne 39,6 ans, tandis que les Latino-Américains représentent la population la plus jeune du pays, avec seulement 26,7 ans – 20% des enfants d'âge préscolaire en 2003.

D'ici à 2050, les Hispano-Américains devraient représenter près de 25% de la population américaine, les Noirs 14,6% et les Asiatiques 8% ; les Blancs non-hispaniques ne devraient plus constituer que 50% de la population et seront sur le point de devenir la principale minorité du pays – et aussi la plus âgée.

La génération du baby-boom – les bébés d'après-guerre nés entre 1950 et 1965 – approche de la retraite. Cette bulle de population ira gonfler les rangs des seniors jusqu'à ce que, en 2030, un Américain sur cinq ait plus de 65 ans. Les Blancs non-hispaniques représentent aujourd'hui 81% des plus de 55 ans, une proportion qui devrait encore augmenter. Le troisième âge continue à s'installer en Floride, où prolifèrent les golfs et où l'on dîne tôt. C'est l'État comptant le plus de personnes âgées puisqu'elles représentent 16,8% de sa population. Mais la Nouvelle-Angleterre est également en train de devenir une nouvelle Floride. L'État où les habitants sont le plus âgés est Le Maine, avec une moyenne d'âge de 41,1 ans, qui devrait atteindre les 47 ans en 2030.

Cela annonce-t-il une future guerre culturelle dans laquelle une Amérique toujours plus multiethnique déciderait de ne plus soutenir une population blanche riche et âgée avec des programmes sociaux ? Il est bien possible en effet que le conflit qui oppose d'ores et déjà les générations pour les ressources du pays prenne à l'avenir une dimension ethnique.

programmes d'intégration prioritaire (*affirmative action*). Cependant, l'expérience des Noirs restera probablement l'aiguille de la boussole morale des États-Unis, jusqu'à ce que leur soient offertes des aspirations et des chances à la mesure de celles des Blancs.

Le mouvement des droits civiques des années 1960 donna naissance au véritable concept de multiculturalisme – le fait qu'une nation ne doive pas être un *melting-pot* mais un canevas tissé à partir des fils distincts d'un grand nombre de cultures. Celui-ci fait aujourd'hui figure d'idéal américain, idéal que les vagues d'immigration récentes mettent plus que jamais à l'épreuve.

Pour des statistiques sur la population américaine et de bons comptes-rendus sur les tendances démographiques, consultez le site du bureau du recensement (www.census.gov).

En 2007, le nombre de citoyens appartenant à des minorités ethniques a atteint pour la première fois les 100 millions d'individus, soit un tiers de la population totale. Et ce nombre devrait continuer à augmenter (voir l'encadré ci-dessus). Ainsi, d'ici à 25 ans, l'Amérique sera devenue un ensemble de minorités sans "race" majoritaire. À mesure que la nation prend conscience de cette réalité, le dialogue sur l'ethnicité évolue, se développe vers un discours infiniment plus complexe que la simple opposition Noir/Blanc.

Le pays progresse sans aucun doute vers son objectif d'harmonie ethnique, mais là où certains entrevoient de grandes avancées, d'autres parlent de progrès hésitants. Comme le démontrent les réponses apportées aux problèmes tels que l'immigration illégale du Mexique, la xénophobie à motif politique ne disparaîtra probablement jamais, même si la nation réagit aujourd'hui de manière moins systématique que par le passé – avec la création des camps d'internement pour les Japonais pendant la Seconde Guerre mondiale ou l'adoption de la Loi d'exclusion des Chinois en 1882, seule loi d'immigration visant une origine spécifique.

États-Unis, peuple et culture (La Découverte, 2004) est un ouvrage qui permet de comprendre ce qui fait la spécificité de la population américaine.

L'immigration compte pour plus de 40% dans l'accroissement de la population du pays. Depuis 2000, il accueille un million d'émigrants légaux

LES INDIENS D'AMÉRIQUE Thomas Hofnung

"Un bon Indien est un Indien mort". Cette terrible phrase résonne encore douloureusement aux oreilles des *Native Americans,* grandes victimes de la conquête des XVIIIe et XIXe siècles. Jusqu'à très récemment, l'historiographie américaine a eu tendance à négliger cette réalité aussi simple qu'embarrassante : l'immense territoire qui deviendrait les États-Unis était loin d'être désert à l'arrivée des colons. Une population originaire d'Asie est installée sur place depuis des milliers d'années. Les chercheurs évaluent le nombre d'Indiens présents au XVIe siècle entre 3 et 10 millions. En 1900, ils ne sont plus que 237 000.

Parqués dans des réserves, exclus de la formidable expansion économique qui propulse les États-Unis sur le devant de la scène mondiale, victimes de maux sociaux endémiques (tels que l'alcoolisme), les Indiens semblent alors voués à une disparition quasi certaine. Pour ajouter à leur désarroi, les massacres du siècle précédent semblent magnifiés par les westerns d'Hollywood qui envahissent les écrans du monde entier au lendemain de la Seconde Guerre mondiale.

Pourtant, au moment où John Wayne joue les justiciers du Far West, les Indiens redressent la tête. À partir des années 1950, les recensements décennaux notent une hausse démographique des populations indiennes. On assiste à un lent mouvement de renaissance du peuple indien.

À la fin des années 1960, portés par la lame de fond des luttes pour les droits civiques, les Indiens commencent à se mobiliser et multiplient les coups d'éclat, ce qui leur donne une visibilité inédite jusque-là. Aujourd'hui, cette communauté extrêmement hétérogène semble plus apaisée, bien que sa situation globale demeure toujours préoccupante, notamment sur le plan social.

De nos jours, les Indiens sont environ 2 millions répartis sur tout le territoire américain, mais surtout dans l'Ouest. Cette concentration sur les terres du Far West résulte des luttes sanglantes qui scandent les rapports entre les Blancs et les Peaux-Rouges en Amérique du Nord depuis le XVIe siècle.

Au lendemain de l'Indépendance (1776), les Américains décident d'établir une frontière – un concept devenu mythique en Occident mais qui, pour la population autochtone, a une signification amère. Au début du XIXe siècle, des traités sont signés avec les Indiens. Ils seront rapidement foulés aux pieds par les Blancs qui entament leur mouvement irrésistible vers l'Ouest, repoussant les Indiens devant eux, et de préférence vers des zones peu attractives, voire désertiques.

Westerns et chercheurs d'or

Les westerns, à leur manière, ont révélé un fait indiscutable : l'ampleur de la résistance opposée par les Peaux-Rouges. Entre 1865 et 1876, douze grandes batailles mettant aux prises les Américains et les Indiens éclatent. Et ces derniers sont souvent victorieux. Pourtant, en dernière instance, les Tuniques bleues, plus puissants et mieux armés, finissent cependant par avoir le dessus.

En 1850, l'Ouest aiguise les appétits des chercheurs d'or. En 1862, Kit Carson est envoyé en éclaireur au Nouveau-Mexique sur le territoire des Apaches avec pour mission de les amadouer. L'une des tribus apaches – les Mescaleros – se rend à ses arguments, mais non les Chiricahuas de Cochise. Les combats se multiplient. Geronimo, qui a succédé à Cochise, tient tête à la cavalerie pendant deux ans. En 1886, il est fait prisonnier, envoyé aux travaux forcés en Floride, puis interné dans une réserve en Oklahoma. En 1901, lors de la fête d'inauguration de la présidence de Roosevelt, il est conduit à Washington. L'humiliation est totale pour l'ancien chef apache.

La défaite des Indiens et leur confinement dans les réserves ont profondément bouleversé leur culture et leur mode de vie. Jadis, le sol était considéré comme un bien collectif et ne faisait l'objet d'aucun contrat dans cette civilisation où l'écrit n'avait pas cours. Chaque Indien en possédait, en quelque sorte, l'usufruit du moment qu'il le mettait en valeur. Cette attitude a encouragé les colons à considérer que les autochtones "occupaient" des parcelles de territoire sans les posséder

par an, en majorité des Mexicains, puis des Asiatiques et des Européens. Selon les sources, les clandestins seraient entre 7 et 20 millions. Et c'est là que le bât blesse, surtout quand la question est politisée. Les termes "réforme de l'immigration" résonnent comme un leitmotiv à Washington, où le Congrès s'emploie à faire passer des lois rendant l'immigration légale plus difficile *de jure*. Et ce constat a ouvert la voie à une expropriation massive de leurs terres. Enfin, la mise en culture, l'expansion rapide des élevages et la construction des voies de chemin de fer ont achevé de désorganiser la vie des Indiens.

Les communautés indiennes

L'unité de base des communautés indiennes était constituée par la tribu, composée elle-même de plusieurs clans (reconnaissables à leur totem). Chaque tribu se réclamait d'un seul et même ancêtre. Elle obéissait à un chef désigné en vertu de ses qualités, et non en fonction d'une quelconque hérédité. La polygamie n'était pas autorisée, mais le mariage était souvent considéré comme une union transitoire pouvant être brisée facilement. Les hommes étaient chargés d'assurer la sécurité de la tribu ainsi que sa subsistance. Les femmes s'occupaient des enfants, de l'alimentation et de l'artisanat. Les bambins étaient élevés à la dure. On n'hésitait pas à les baigner dans de l'eau froide, en hiver, pour mieux les aguerrir. Cette éducation spartiate était considérée comme une preuve d'amour envers l'enfant qu'il fallait préparer aux duretés de l'existence. Quand l'adolescent arrivait en âge de combattre, il était soumis à des rites initiatiques éprouvants. Enfin, les vieillards faisaient l'objet d'un profond respect de la part de la communauté.

Les chercheurs se sont heurtés à une difficulté majeure. Les Indiens ne formaient pas un seul et même peuple, comme le prouve l'existence de plusieurs groupes linguistiques d'origine différente. Les civilisations indiennes ne possédaient pas d'alphabet. Ce n'est qu'au début du XIXe siècle que Cherokee Sequoyah couche par écrit des phonèmes qui lui permettront, entre autres, de publier un journal, le *Cherokee Phoenix*. Son alphabet sera rapidement adopté par d'autres communautés.

Cette diversité linguistique a eu un autre effet : l'incompréhension était souvent de mise entre les différentes tribus (d'où l'adoption de signes ou de gestes permettant de communiquer, comme le calumet, symbole de paix). À l'heure actuelle, l'usage des langues indiennes a tendance à disparaître au profit de l'anglais. Les responsables de communautés indiennes tentent par tous les moyens d'enrayer ce déclin en renforçant l'enseignement de leurs langues maternelles dans les écoles – avec des fortunes diverses. Les Navajos, par exemple, qui sont concentrés sur un même espace, en Arizona, semblent préserver avec succès leurs traditions linguistiques.

Le processus d'intégration des Indiens à la nation américaine a été long et, à bien des égards, il n'est pas terminé. Ce n'est qu'en 1924 que l'État fédéral a généralisé l'octroi de la nationalité aux Indiens. Ils n'obtiennent le droit de vote qu'en 1948 en Arizona et en 1957 dans l'Utah. Ils bénéficient d'un statut hors norme aux États-Unis. Selon Joelle Rostowski (*Terre indienne*, 1998, éd. Autrement), les Indiens ne sont pas des Américains comme les autres, et ils tiennent à la préservation de cette différence. Dans leurs réserves, qu'ils n'ont jamais eu l'intention de quitter définitivement, ils disposent en effet d'une réelle autonomie culturelle et politique, même si leur existence est un incessant va-et-vient entre cet îlot et le monde extérieur.

Le grand tournant s'est probablement produit en 1969. Inspirés par le combat des Noirs américains, les Indiens se mobilisent (on évoque alors le *Red Power*, ou "pouvoir rouge") et occupent l'île d'Alcatraz pour sensibiliser l'opinion à leur condition. En 1972, des manifestants investissent les locaux du Bureau des affaires indiennes. L'année suivante, ils occupent un lieu éminemment symbolique, le village de Wounded Knee (Dakota du Sud), lieu du dernier massacre. En 1978, ils effectuent une longue marche, de San Francisco à Washington, pour attirer l'attention des autorités fédérales. Désormais, la détresse des Indiens est connue du grand public. Ils réclament la restitution de certaines terres considérées comme sacrées, la maîtrise des richesses du sous-sol de leurs réserves et le renforcement de leur autonomie politique.

Voir l'encadré p. 65 pour connaître la situation des Indiens à l'heure actuelle dans la société américaine moderne.

et accroissant parallèlement la répression pour les illégaux. En réponse, les communautés immigrées, qu'elles soient mexicaines, polonaises, laotiennes, irakiennes… se sont unies pour exprimer leur mécontentement. Dans des villes comme Chicago, Los Angeles ou Dallas, les manifestations du 1er Mai ont rassemblé à chaque fois de 300 000 à 500 000 personnes.

D'après les projections actuelles, en 2050, 45% des Hispano-Américains, 35% des Asiatiques et 20% des Noirs et des Blancs seront en réalité d'origine multiethnique ou multiraciale. Au XXIIe siècle, ces pourcentages seront respectivement de 70%, 40% et 35%.

Parallèlement, les États-Unis deviennent moins ouverts à la multiculturalité, si l'on en croit les sondages récents du Pew Research Center. Entre 2000 et 2006, le pourcentage de ceux qui considèrent les immigrants "comme un fardeau car ils prennent les emplois et le logement" est passé de 38% à 52%. Plus récemment, le nombre de ceux qui considèrent que "l'augmentation du nombre des arrivants menace les coutumes et les valeurs traditionnelles américaines" a progressé de 40% à 48%. De tels sentiments sont peut-être dus au vieillissement de la population. Si l'on ventile les résultats par âge, plus de la moitié des 18 à 26 ans pensent que l'immigration renforce la nation, contre seulement un tiers des plus âgés.

La dynamique la plus intéressante, toutefois – et celle qui présage probablement le plus justement l'avenir – implique l'expérience d'immigration elle-même, au cœur de l'identité de chaque personne. Un individu qui ne connaît pas les États-Unis se trouve immédiatement face à un dilemme pesant : jusqu'à quel point doit-il ou peut-il s'assimiler ? Quelles coutumes, façons de penser et valeurs abandonner et lesquelles conserver ? Et comment surmonter les préjugés ?

À l'arrivée, l'ethnicité d'un immigrant est tout de suite reformulée en termes américains généraux. Les arrivants du Mexique, du Brésil et de Cuba sont tous appelés Hispano-Américains ou Latino-Américains, tandis que les Coréens, les Japonais, les Chinois et les Malaisiens sont réunis dans une vaste rubrique étiquetée "Asiatiques".

Les communautés d'immigrants peuvent néanmoins, à des degrés divers, s'isoler de la culture américaine de masse – en particulier dans les grandes villes comme San Francisco –, voire de leur propre groupe ethnique, pour maintenir les distinctions subtiles de leur langue et de leurs coutumes. Les individus en viennent néanmoins à incarner une forte dualité, qui enjambe à la fois l'Ancien et le Nouveau Monde, alors qu'ils sont baptisés d'un nouveau nom composé – Gréco-Américain par exemple ou, pour accentuer l'égalité, Mexicain *et* Américain.

À chaque nouvelle génération, toutefois, les lignes s'estompent et les deux "moi" fusionnent alors que le côté américain devient un peu plus mexicain et que le visage mexicain prend un accent américain. Afin de s'intégrer, un immigrant de première génération se débarrassera de son patrimoine comme d'un vieux manteau, alors que ceux de la deuxième, de la troisième ou de la quatrième génération peuvent au contraire le revendiquer énergiquement. Enfin, après plusieurs générations, l'ethnicité devient une distinction abstraite : nombre d'Américains installés de longue date, ceux dont les origines plongent jusqu'à la guerre d'Indépendance et au-delà, revendiquent passionnément leur origine ethnique – qu'ils soient Anglais, Écossais ou Irlandais, Allemands ou Polonais – même si l'héritage génétique s'avère presque effacé et que leurs intérêts se limitent à la cuisine et aux chants, bien loin de la politique.

Ces distinctions deviennent encore plus complexes et ouvertes aux préférences individuelles dans la mesure où les mariages interethniques et les enfants métis sont de plus en plus nombreux. Quelle case peut-on bien cocher quand un patrimoine inclut des aïeux noirs, blancs, mexicains et indiens ? Quelle est alors l'histoire à retenir ?

Jusqu'en 1967, la législation anti-métissage – qui régissait pour l'essentiel les relations sexuelles et le mariage entre Blancs et Noirs, mais s'appliquait à tous – fut la règle bien plus que l'exception. À la fin du mouvement pour les droits civiques, ces lois furent qualifiées d'anticonstitutionnelles. Depuis lors, le nombre de mariages mixtes s'est beaucoup accru, dépassant le million en 2003 – parmi lesquels 40% étaient des unions entre Blancs

LES INDIENS DANS LA SOCIÉTÉ ACTUELLE

Les Indiens d'aujourd'hui n'ont plus grand-chose à voir avec leurs ancêtres. Plus de la moitié d'entre eux résident dans des villes. La majorité est désormais chrétienne. Seuls les Navajos, les Pueblos et les Sioux restent attachés à leur religion traditionnelle. Autrefois, les tribus vénéraient les forces supérieures de la Nature symbolisées par le Soleil ou par le Tonnerre, mais aussi incarnées dans certains animaux (le loup, l'ours, l'aigle). La danse était le moyen privilégié pour entrer en communication avec les forces divines. Les Indiens non métissés ne représentent aujourd'hui plus que 1,5% de la population.

Environ 4,5 millions d'individus d'origine indienne sont dispersés sur l'ensemble du territoire, même si la plupart vivent à l'ouest du Mississippi (voir les raisons historiques, p. 62). Plus de la moitié se concentrent dans 10 États : Californie et Oklahoma en rassemblent 25%, suivis par l'Arizona, le Texas, le Nouveau-Mexique, New York, Washington, la Caroline du Nord, le Michigan et l'Alaska. Un tiers vivent dans les réserves. La plupart des autres sont partis tenter leur chance dans les zones urbaines. Los Angeles et New York rassemblent le plus grand nombre d'Amérindiens. Anchorage détient le plus fort pourcentage puisque 7,3% de ses habitants sont des descendants des peuples de l'Alaska (le principal groupe étant les Inuits).

Les principaux groupes tribaux des 48 états restants (moins l'Alaska et Hawaï), sont les Cherokee, les Navajos, les Choctaw, les Sioux et les Chippewa. Les Cherokee sont de loin les plus nombreux. Pour une grande majorité, l'anglais est la langue quotidienne, l'exception étant les Navajos, dont deux tiers parlent régulièrement leur propre langue.

C'est dans le domaine social que la situation, malgré les efforts de l'État fédéral, demeure la plus préoccupante. Le chômage avoisine encore les 50% dans de nombreuses réserves. Un Indien sur quatre vit sous le seuil de pauvreté, chiffre deux fois plus élevé que dans le reste de la population. Les taux d'alcoolisme (5,5 fois plus élevé), de diabète (1,9 fois plus élevé), d'homicide (1 fois plus élevé) et de suicide (0,7 fois plus élevé) sont également disproportionnés au regard de ceux des autres américains.

Des progrès sont-ils à espérer ? Du fait de l'absence de taxes sur les jeux dans les réserves, des tribus exploitent des casinos, ce qui leur permet de faire entrer de l'argent. Et un véritable renouveau vise à encourager la perpétuation des chants et danses traditionnels, l'enseignement des langues et la connaissance des cérémonies rituelles et curatives. L'activisme politique a également son mot à dire depuis la fondation de l'American Indian Movement (AIM) en 1968, à l'apogée de la lutte pour les droits civiques.

De plus, les Indiens acquièrent peu à peu une réelle visibilité aux yeux de leurs compatriotes, notamment dans le domaine culturel. En 1969, l'écrivain kiowa Scott Momaday a obtenu le prix Pulitzer pour son roman *La Maison de l'aube* (éd. du Rocher, 1993). Des cinéastes, tel le réalisateur hopi Victor Masayesva, commencent à se faire un nom. La scolarisation progresse dans les réserves. Les Indiens ont déjà leur héros en littérature : le détective navajo Joe Leaphorn, créé par l'écrivain (blanc) Tony Hillerman. Une chose est sûre : le chemin qui mène à la reconnaissance pleine et définitive du "peuple" indien et de sa place au sein de la société américaine promet d'être long.

Deux auteurs offrent une plongée intéressante dans la vie des Indiens d'aujourd'hui. Sherman Alexie, un Spokane/Cœur d'Alene, met en scène avec humour et finesse les stéréotypes concernant les peuples d'Amérique du Nord. Son recueil de nouvelles *Phoenix, Arizona* (Albin Michel, 1999) est un classique où l'on suit les aventures de Thomas, Victor et leurs amis dans la réserve. Alexie a publié plusieurs livres de nouvelles et en 2007 *Flight* (Albin Michel, 2008), l'histoire d'un voyageur dans le temps mi-Indien mi-Irlandais. Louise Erdrich, romancière et poétesse, puise dans son héritage chippewa pour analyser les relations et les problèmes identitaires entre Indiens et sang-mêlé. *L'Amour Sorcier* (Seuil, 1992), le récit de la décomposition de plusieurs familles dans une réserve du Nord Dakota, a reçu le prix du National Book Critics Circle. Dans *Ce qui a dévoré nos cœurs* (Albin Michel, 2007), le personnage principal vole un tambour peint pour le restituer à ses véritables propriétaires indiens.

Pour en savoir plus, si vous comprenez l'anglais, allez sur les sites de la **Native American Virtual Library** (www.hanksville.org/nare sources), qui offre des liens avec des sites activistes, liés aux médias, et du **Native Radio Network** (www.airos.org) qui propose des émissions téléchargeables sur les questions indiennes. Par ailleurs, le **Gathering of Nations** (www.gatheringofnations.com), au Nouveau-Mexique, est une des principales réunions annuelles des différentes tribus du pays.

et Noirs. En outre, les études montrent que chaque nouvelle génération d'immigrants est plus susceptible de se marier en dehors de son groupe ethnique – Mexicains et Asiatiques se montrent déjà plus favorables aux mariages interraciaux.

Pour beaucoup, l'élection de Barack Obama représente l'accomplissement du multiculturalisme en Amérique. Il ne faut pas y voir cependant que son histoire personnelle (mère blanche, père noir, nom musulman, expérience de diverses cultures dont celle de Hawaï, d'Indonésie et du Middle West), ou le fait qu'il soit le premier Afro-Américain a accéder au plus haut poste de l'État dans un pays où, pas plus loin que dans les années 1960, les Noirs n'avaient pas le droit de vote dans certaines régions. Ce sont les Américains de toutes races et de toutes confessions qui ont voté massivement pour élire cet homme, qui s'est avec humour comparé à un chien issu d'un croisement (*mutt*). Ce sont eux qui ont adhéré à son message de diversité et de changement.

RELIGION

Les protestants fondateurs de l'Amérique tenaient tellement à la liberté religieuse qu'ils refusèrent d'ériger leur foi en religion d'État et empêchèrent par la suite le gouvernement d'adopter toute politique susceptible de favoriser une religion ou une croyance au détriment d'une autre.

Ironie du sort, en raison de l'évolution des préférences religieuses et de l'immigration récente, les disciples des diverses confessions protestantes ne représentent plus la majorité des Américains. Depuis 1993, le nombre et la proportion de protestants n'ont cessé de décliner, passant de 63% à moins de 50% en 2005, tandis que ceux des autres croyances se maintenaient ou augmentaient progressivement. Les catholiques réunissent environ 25% de la population et la proportion de pratiquants des "autres religions" – musulmans, bouddhistes, hindouisme, etc. – s'est accrue de 3% à 7%. Le judaïsme se maintient à 2%.

Aujourd'hui, 16% des Américains affirment être "sans religion". Si certaines personnes de cette catégorie exhaustive (peut-être 5%) renient toute religion, nombre d'entre elles nourrissent des croyances qui n'entrent pas dans le classement habituel – rationalistes athées, spiritistes et sectaires font donc immuablement partie du paysage "religieux".

D'après une étude de l'US Religious Landscape Survey, les hindous, les mormons et les catholiques sont moins enclins à se marier avec une personne ne partageant pas leur foi que les protestants ou les bouddhistes.

Le pays a donné naissance à plusieurs courants religieux qui lui sont propres : mormons, témoins de Jéhovah, scientistes chrétiens, adventistes du Septième Jour, quakers et amish. En rejetant la société moderne pour conserver un mode de vie rural traditionnel et anachronique, les amish illustrent l'une des orientations prises par les religions américaines. Les mormons, avec leur grande capacité d'adaptation et leur prosélytisme très efficace – le mormonisme fait partie des religions qui se répandent le plus vite au XXIe siècle – représentent une autre tendance.

Cependant, le principal clivage ne se situe plus entre les différentes religions ou entre la foi et le scepticisme, mais entre les opinions fondamentalistes et les interprétations moins littérales, voire progressistes, au sein de chaque religion. La droite évangélique a très bonne presse et elle s'est tournée vers la politique afin d'appliquer ses croyances conservatrices à la législation américaine. Cette initiative par définition non américaine s'est avérée efficace dans la mesure où elle a transformé certaines questions – avortement, contraception, droits des homosexuels, recherche sur les cellules souches, enseignement de l'évolution, prière à l'école et symboles religieux au sein du gouvernement – en consultations sur le péché et la bigoterie.

MÉDIAS

S'il est un secteur incarnant les dichotomies de la vie américaine, c'est bien celui des médias, qui a vécu cette dernière décennie une transformation monumentale dans deux directions opposées : l'Internet fournissait un terrain dynamique d'expression alors que s'accélérait la concentration des médias traditionnels.

Presque tous les foyers américains possèdent un téléviseur (souvent plusieurs) branché sur des centaines de chaînes câblées très ciblées (844 postes de télévision pour 1000 personnes selon les chiffres officiels) et aujourd'hui, trois quart de la population américaine se connecte régulièrement sur Internet – notamment pour accéder aux nouvelles.

Dans la course des médias, la presse écrite connaît toujours de grandes difficultés financières, même si la quantité de journaux, de magazines et de livres publiés excède largement les besoins. Les stations de radio se disputent les ondes et de nouveaux films envahissent chaque semaine le grand écran. Malgré tout, à l'exception d'Internet, ce mastodonte essoufflé est tout entier aux mains de quelques multinationales.

Les principales chaînes de télévision sont ABC (Disney), CBS (précédemment affiliée à Viacom), NBC (General Electric/Vivendi) et Fox (Rupert Murdoch). En langue espagnole, les deux chaînes les plus regardées sont Univision (indépendante) et Telemundo (General Electric). La seule chaîne publique américaine à fonctionner sans publicité est la PBS, dont l'équivalent radio est la National Public Radio (NPR). Si de nombreux Américains déplorent que la PBS et la NPR, sponsorisées par de grands groupes, deviennent de plus en plus commerciales, elles n'en restent pas moins les deux principales sources d'information indépendantes du pays. D'après un sondage de l'institut Gallup, en 2008, plus de la moitié de la population reçoit les nouvelles régionales via la TV. Toutefois, une audience plus jeune, éduquée à l'université, tend à préférer les émissions nationales satiriques sur l'actualité tels *The Daily Show* et *Colbert Report* (découvrez-en quelques clips sur www.comedycentral.com).

Les employés des cinq principales rédactions de télévision (ABC, NBC, CBS, Fox et CNN) sont pour l'essentiel des hommes (plus de 85%) blancs (plus de 90%) et, à l'exception de CNN, républicains (plus de 75%).

Les journaux appartiennent également à des grands groupes de médias. Gannett, Hearst, et Cox possèdent à eux trois quasiment l'ensemble de la presse écrite, dont les titres se réduisent comme peau de chagrin. Entre 2006 et 2009, la distribution moyenne des quotidiens est tombée de 53,3 millions d'exemplaires à 34,4 millions, et plus de 100 parutions ont disparu durant 2008. Même le vénérable *Christian Science Monitor*, récompensé par le prix Pulitzer, a cessé d'être imprimé en 2009, pour devenir le premier quotidien national à ne paraître qu'en version électronique. Sont encore dans les kiosques *USA Today*, le *Wall Street Journal*, le *New York Times*, le *Washington Post* et le *Los Angeles Times*.

Mais où sont donc passés tous ces lecteurs qui délaissent les quotidiens ? Tout simplement sur Internet. Selon une recherche de l'école de communication et de journalisme Annenberg de l'université de Californie du Sud, plus de 80% de la population se connecte régulièrement sur Internet, consacrant en moyenne une heure par semaine à la lecture des nouvelles. Blogs, sites web et podcasts sont si courants aujourd'hui que plus de 44% des utilisateurs d'Internet – soit quelque 100 millions d'Américains – ont diffusé des contenus sur la Toile.

Les blogs, en particulier, ont conquis le lecteur. D'après eMarketer, en 2009, près de la moitié des utilisateurs d'Internet lisent les blogs, et plus de 25% en rédigent. Plus la blogosphère s'étend en volume et en influence, plus la frontière entre ce qui constitue un blog et un média grand public s'estompe. Ainsi, 95% des 100 premiers journaux américains proposent aujourd'hui un blog d'informations sur la base de reportages. Si vous voulez en savoir plus sur la scène américaine des blogs, visitez les sites très populaires **Huffington Post** (www.huffingtonpost.com), **Daily Kos** (www.dailykos.com), et **TreeHugger** (www.treehugger.com), orienté écologie.

SPORTS

Aux États-Unis, le rythme et le rituel du sport revêtent une importance extraordinaire. C'est l'un des domaines de la vie dans lequel les Américains peuvent exprimer leurs émotions, s'extérioriser, revivre leurs rêves d'enfant ou gagner un peu d'argent sur un pari ou un championnat fictif.

Ces besoins communs peuvent même transcender les scissions politiques et religieuses qui minent actuellement le pays. Des personnes d'opinions complètement divergentes peuvent se rassembler le temps d'un match, se lever ensemble pour écouter l'hymne national, assister côte à côte au Super Bowl et encourager de concert les équipes olympiques américaines.

Le meilleur bénéfice à tirer de cette frénésie sportive est son omniprésence. Le printemps et l'été sont consacrés au base-ball, avec des matchs presque quotidiens. L'automne et l'hiver paraîtraient bien ternes sans le football américain ou les nombreux tournois de basket pourvoyeurs d'adrénaline. En intersaison, le public peut toujours combler ses journées de compétitions de hockey, golf, tennis, football, boxe, course automobile et même de poker.

L'Independent Media Institute gère le site www.alternet.org, véritable havre pour le journalisme et les idées indépendants et progressistes, qui réunit notamment des informations à jour, des chroniqueurs nationaux et des blogs individuels.

Base-ball

Malgré les salaires scandaleux de ses champions et les rumeurs lancinantes d'usage de stéroïdes, le base-ball reste un des passe-temps favoris des Américains. Il n'a peut-être pas autant de spectateurs à la télévision que le football américain (et par conséquent engrange moins de dollars via la publicité), mais il se rattrape avec 162 matchs par saison contre 16 pour son grand rival.

Quoi qu'il en soit, il demeure agréable de s'installer par un beau jour sur les gradins avec une bière et un hot dog, en se soumettant au *seventh-inning stretch* (pause exercice de la septième manche), lorsque le stade entier entonne un "Take Me Out to the Ballgame". Les éliminatoires qui ont lieu en octobre peuvent offrir une excitation intense et révéler des champions inattendus comme les Sox. Les nouveaux terrains, comme le SBC Park de San Francisco et le SafeCo de Seattle, rappellent les stades d'autrefois, joliment installés le long des cours d'eau et désireux de satisfaire des citoyens amateurs de bonne chère.

Yahoo organise toutes sortes d'équipes pour des championnats sportifs virtuels, du basket-ball et du football à l'hippisme et au golf, avec des analyses d'experts pour guider le public. Consultez le site http://sports.yahoo.com/fantasy (en anglais).

Basket-ball

Inventé en 1891 dans une YMCA de Springfield, au Massachusetts, le basket-ball séduit les Américains depuis de longues années, supplantant le base-ball dans nombre de cœurs. Le basket-ball de niveau universitaire, en particulier, rassemble des millions de supporters dans plusieurs milliers de villes. Les billets pour ces rencontres sont moins chers et plus faciles à obtenir, et leurs joueurs font encore preuve d'une certaine modestie. Il existe également des équipes féminines, à la fois au niveau universitaire et professionnel. Il n'est pas rare que des équipes d'université féminines surpassent leurs homologues masculines.

En dépit de sa prédominance, le basket-ball professionnel commence à montrer des signes de tensions : l'augmentation du prix des billets ne permet plus aux supporters traditionnels d'assister aux rencontres, alors que la jeunesse défavorisée des villes considère toujours ce sport comme une échappatoire.

De plus en plus de joueurs sont recrutés en Europe (comme les français Boris Diaw, Tony Parker ou Mickaël Pietrus), en Amérique du Sud et même en Chine, donnant à ce sport un accent cosmopolite inattendu. Par ailleurs, la violence s'accroît dans les tribunes. En 2004, une véritable émeute a éclaté entre les supporters et plusieurs joueurs de Detroit, discréditant la National Basketball Association (www.nba.com).

Consultez le site officiel du base-ball : www.mlb.com ; les billets sont assez bon marché – généralement 14 $ en gradin et faciles à obtenir.

LA CROSSE

L'un des sports les plus vifs pratiqués aux États-Unis – qui se développe très rapidement, notamment au niveau universitaire – remonte à la culture amérindienne. Les Indiens développèrent ce jeu (appelé *Lacrosse* en anglais) basé sur une course rapide, des interceptions, des passes et des tirs pour entraîner les jeunes garçons à la guerre. De nos jours, les femmes jouent également à la crosse. Rapidité et agilité sont les qualités qui comptent le plus dans ce sport décrit comme un mélange de football, de hockey et de basket-ball. Quelque 48 000 supporters ont assisté au championnat universitaire masculin de 2007, établissant un nouveau record de participation – en seconde place après le basket masculin. Le pays compte aujourd'hui deux ligues professionnelles de crosse.

Les matchs des Lakers de Los Angeles ont la réputation d'attirer les stars hollywoodiennes, tels Jack Nicholson et Spike Lee. Emmenés par leur champion Kobe Bryant, les Angelinos ont d'ailleurs été sacrés champions de NBA en 2009. Les petites équipes comme celles de Sacramento et de Portland comptent les supporters les plus fidèles et les matchs dans ces villes peuvent offrir de très bons moments.

Au printemps, les équipes universitaires se rencontrent pour le *March Madness* ("folie de mars"), une succession de séries éliminatoires qui culminent avec le *Final Four*, dans lequel les quatre équipes restantes s'affrontent pour une place dans le championnat national. Les joueurs affrontent alors les professionnels au cours de rencontres spectaculaires largement diffusées à la télévision.

Football américain

Le football américain (à ne pas confondre avec notre football, appelé *soccer*) est devenu le sport de référence actuel. Ce jeu imposant et physique est aussi une vaste affaire commerciale. Dans ce grand sport qui combine une courte saison et un petit nombre de matchs, chaque rencontre est mémorable et les résultats déterminants (surtout dans la mesure où une blessure peut condamner toute une équipe).

Le football se révèle aussi le plus rude des sports car il se joue par tous les temps. Certains grands matchs se sont déroulés à des températures inférieures à 0°C.

Différentes équipes ont dominé les championnats au fil des époques : les Steelers de Pittsburgh dans les années 1970, les 49ers de San Francisco dans les années 1980, les Cowboys de Dallas dans les années 1990 et les Patriots de la Nouvelle-Angleterre aujourd'hui. Le site officiel de la ligue, www.nfl.com, offre une multitude d'informations.

Les billets sont chers et difficiles à obtenir, parfois même pour les rencontres universitaires ou lycéennes, qui se déroulent en grande pompe avec force *pom pom girls*, fanfares, mascottes, chants et incontournables rituels d'avant et d'après-match, dont le *tailgate* – grande fête avec barbecue et bière qui se déroule sur les parkings des stades.

Sur leur lieu de travail, les employés parlent du Super Bowl, parient sur les matchs et achètent en prévision des écrans télé sur Internet. Résultat, la finale coûte à l'Amérique 800 millions de dollars en perte de productivité.

Arts

À l'image de bien des aspects de la vie américaine, l'art est né, aux États-Unis, d'un mélange de cultures associant le chaos au sublime. On y distingue cependant une sensibilité commune : une foi inébranlable et romantique en la vérité émotionnelle de l'individu, une tendance sans complexe à défier l'autorité, et le désir ardent de goûter aux plaisirs éphémères.

Dans cette nation légaliste, on peut s'étonner d'une telle irrévérence à l'égard des conventions sociales et historiques. Les meilleures productions artistiques américaines relèvent presque toujours du modernisme ou du postmodernisme. Jeunes et divisés, privés d'élément de cohésion sociale, les États-Unis excellent à faire table rase du passé. Ses habitants sont friands de nouveauté, et recomposent en permanence une culture éclatée, fruit d'une mosaïque d'influences que le consumérisme capitaliste vient encore accentuer.

La bible des sorties aux États-Unis s'appelle *Entertainment Weekly* (www.ew.com). Le site Web propose des rendez-vous inédits et comprend des archives.

À dire vrai, l'apparition d'une culture pop demeure principalement liée aux contradictions d'une Amérique jadis blanche et noire, devenue multiethnique. Chacun a tenté de s'approprier ce qu'il admirait chez l'autre (avec ou sans son consentement) et d'établir des liens informels sans pour autant abolir les barrières.

En ce début de XXIe siècle, les arts en Amérique sont les témoins d'une explosion multiculturelle : de nouvelles voix retentissent à travers le continent. Les centres artistiques traditionnels, comme Los Angeles et San Francisco, demeurent importants, mais d'autres ont éclos. Aujourd'hui, l'Amérique profonde voit des dramaturges gay et des graffiteurs côtoyer les tenants d'un art plus officiel.

La technologie numérique tient un grand rôle dans cette mutation. L'industrie musicale et du cinéma subit cette concurrence de plein fouet, et les éditeurs commencent à leur tour à s'inquiéter avec l'apparition de l'*e-book*. Alors que le numérique démocratise la production, voire la distribution d'œuvres de haute qualité, la question se pose du contrôle et de la protection des droits. Les outils, la création et le contact avec le public ne sont plus l'apanage des professionnels.

C'est justement là que réside aux États-Unis le secret des arts, marqués par le postmodernisme et la déconstruction : la créativité artistique y a toujours trouvé sa meilleure expression dans l'abolition des distinctions de genres et des formes, en des époques où la technologie bouleversait l'ordre établi.

MUSIQUE

Toute une nation s'exprime dans la musique américaine, par les voix uniques de John Lee Hooker, John Coltrane, Hank Williams ou Elvis Presley. C'est aussi Beyoncé, Bob Dylan, Duke Ellington ou Patti Smith. De la country au bluegrass en passant par le zarico jusqu'au hip-hop, c'est le *feeling* qui importe bien plus que la forme.

Ry Cooder ressuscite un quartier américano-mexicain de Los Angeles dans *Chavez Ravine* (2005), mélange fascinant d'instruments à vent, d'accordéons mexicains, de guitares de rock, de jazz et de politique.

La révolution digitale a frappé en premier et très fort ce secteur, le confrontant aux graves "problèmes" que posent la nouvelle technologie : obsolescence des médias physiques, accès incontrôlé au téléchargement et manque de protection du copyright. Les ventes de CD (représentant encore plus de 80% des ventes) sont en baisse depuis huit années consécutives, tandis que les ventes numériques gagnent rapidement du terrain, pas assez toutefois pour renverser la tendance générale à la baisse du secteur. L'industrie de la musique, forte de 14,5 milliards de $ en 1999, est tombée à 10,4 milliards de $ en 2007, les boutiques de disques fermant encore plus vite que les librairies indépendantes. En 2008, les États-Unis représentaient à eux seuls la moitié du marché mondial numérique, avec plus d'un milliard de téléchargements par an.

La musique de l'Ouest

On admet communément que le Sud est à l'origine de tout : en effet, presque tous les styles musicaux sont nés de la coexistence entre Noirs et Blancs, dont les relations débutèrent sous le spectre de l'esclavage. Mais si la musique américaine est née dans le Sud, et qu'elle a pris son essor dans le Midwest et à New York, c'est sur la Côte Ouest qu'elle a connu son ultime consécration. En effet, les différents courants musicaux du pays y ont fusionné pour créer des formes inédites. Los Angeles est un bon exemple : Benny Goodman, Charlie Parker, Igor Stravinsky, The Beach Boys, The Doors, Frank Zappa et X, autant d'artistes différents qui y ont apporté leur style.

Avec *Van Lear Rose* (2005), la star de la country Loretta Lynn a créé, en duo avec Jack White des White Stripes, un chef-d'œuvre de country aussi évocateur qu'inattendu.

Un peu plus au nord, la baie de San Francisco connut un nouveau souffle musical après la Seconde Guerre mondiale, lorsque le jazz, le blues et la country arrivèrent du Sud et du Midwest. Par la suite, la région innova dans les années 1960, avec les sons psychédéliques des Grateful Dead, de Jefferson Airplane et de Big Brother and the Holding Company (dont la chanteuse était Janis Joplin). Punks (Dead Kennedys) et néo-punks (Green Day) apposèrent également leur marque, tout comme les Pavement, rois du slack rock, originaires de la ville voisine de Stockton. Encore plus au nord, le groupe Nirvana de Seattle propulsa le rock grunge au premier rang des hit-parades au début des années 1990.

Le All Music Guide (www.allmusic.com) porte bien son nom ("guide de toute la musique") : divisé en catégories diverses (de Riot grrrl à Twee-pop), il présente les groupes, les albums et les styles, et comporte des extraits.

Si vous traversez la vallée centrale californienne, allumez votre radio et balayez la bande FM jusqu'à ce que vous captiez une musique du genre polka sur des paroles espagnoles : c'est une station *ranchera*. Cette musique est très populaire dans l'Ouest agricole, partout où la communauté américano-mexicaine est importante. Les Allemands ont introduit la polka dans le Sud-Ouest, où elle s'est fondue aux danses d'origine espagnole.

Dans le Sud-Ouest, tous les styles musicaux sont représentés dans les grandes agglomérations, du jazz au hip-hop. Dans les villes proches de la frontière mexicaine, vous entendrez aussi les mariachis, des orchestres de rue mexicains. Les spectacles de danse organisés par les Indiens dans le Sud-Ouest s'accompagnent de musique. Carlos R. Nakai et Perry Silver Bird sont deux joueurs de flûte traditionnelle de renom. Nakai est un Navajo-Ute qui a joué avec de nombreux musiciens, dont son propre ensemble de jazz, Jackalope, et l'Orchestre symphonique de Tucson.

La crème de la génération hip-hop se retrouve au Hip Hop Theater Festival (www.hiphoptheaterfest.com) de San Francisco.

La musique country et western vient du Sud mais elle représente le genre musical le plus répandu dans les États des Rocheuses. Elle prend souvent les accents du *rythm and blues*, du gospel et du rock.

LITTÉRATURE

Depuis son âge d'or littéraire, le paysage culturel américain a connu plusieurs transformations, à mesure que la musique, le cinéma et la télévision supplantaient le livre. Aujourd'hui, les critiques sont prompts à annoncer la mort de la littérature, terrassée par une génération d'adeptes des jeux vidéo.

La lecture cependant n'est pas morte. Les Américains lui consacrent 37 milliards de $ par an, chiffre supérieur au budget total accordé aux CD et aux billets de cinéma. La vente des livres reste stable, mais les librairies souffrent de la concurrence sur Internet et des nouvelles versions de livres électroniques, telle le Kindle que propose le géant de la vente en ligne Amazon.com.

LA BEAT GENERATION

Depuis l'époque de la Ruée vers l'or, San Francisco a toujours été une ville amoureuse de sa liberté. Artistes, musiciens et écrivains ont souvent fait son éloge, mais ce n'est que dans les années 1950 qu'un mouvement original, natif de la "City" attira l'attention du pays tout entier. La Beat Generation trouva son expression quand Jack Kerouac et Allen Ginsberg, jeunes étudiants ambitieux rebutés par l'indifférence de New York, vinrent se joindre à la San Francisco Renaissance, mouvement poétique lancé par le poète et critique littéraire Kenneth Rexroth. Ils se distinguèrent par un nouveau style d'écriture, court, incisif et alerte. *Sur la route* (1957), de Kerouac fut leur bible, et *Howl* (1956), de Ginsberg, leur cri de révolte. Écrivain lui-même, Lawrence Ferlinghetti les édita et les soutint financièrement. Leurs émules se pressent encore, quarante ans après, dans sa librairie, City Lights Bookstore.

Les Beats aspiraient à une vie libérée des conventions sociales, soumise à l'élan spontané de la créativité plutôt qu'au désir de la richesse et du pouvoir. Le terme "beat" (associé au rythme des bongos accompagnant souvent leurs séances de lectures poétiques) était emprunté au jargon du jazz de l'époque. Il désignait un état d'épuisement absolu qui leur semblait proche du bonheur suprême prêché par Jésus dans *Les Béatitudes*. Le terme de *"beatnik"* est apparu plus tard, sous la plume, semble-t-il, de l'éditorialiste du *San Francisco Chronicle*, Herb Caen, qui rapprocha les Beats, perdus dans les étoiles, du nom du satellite Spoutnik dont le lancement venait d'avoir lieu.

Au fond, les Américains n'aiment rien tant qu'une bonne histoire, et les conteurs de talent ne manquent pas. Les États-Unis sont si grands qu'il y aura toujours quelqu'un pour poser un nouveau regard et ouvrir de nouvelles perspectives sur le pays et ses habitants. Les auteurs américains ont très souvent campé leur œuvre dans le paysage d'une région particulière des États-Unis. C'est pourquoi une approche régionale peut s'avérer utile pour ceux qui souhaitent découvrir la littérature américaine.

Les Rocheuses

Les Pieds dans la boue (Rivages, 2003), d'Annie Proulx, est un recueil de nouvelles passionnantes dont l'action se situe dans le Wyoming.

Le mythe de l'Ouest américain, avec ses vastes étendues sauvages et ses cow-boys solitaires galopant sous le soleil couchant, a été largement façonné par des écrivains. Dans les années 1960, nombre d'entre eux ont fait de Missoula leur port d'attache, constituant un courant littéraire désigné sous le nom d'École du Montana.

Richard Hugo, considéré avec Richard Brautigan et Raymond Carver comme l'un des fondateurs de ce mouvement, est l'auteur de nombreuses poésies et d'un unique roman, publié en 1980, *La Mort et la Belle Vie* (10/18). Autre amoureux de l'Ouest installé à Missoula, James Crumley a publié de nombreux "polars" se rattachant à la région dont *La Danse de l'ours*, en 1983 (Gallimard, Folio). L'ouvrage de William Kittredge, autre natif du Montana, *La Porte du ciel : mémoires américaines* (Albin Michel) est un roman autobiographique, publié en 1992, sur le rêve et l'espace américains.

Wallace Stegner a écrit sur de nombreuses régions (dont la Californie et le Midwest), mais il a également dépeint avec lyrisme la vie dans l'Ouest américain, en particulier dans *La Grosse Montagne en sucre* (Phébus), publié pour la première fois en 1943.

Norman Maclean légua après sa mort, en 1990, deux œuvres magnifiques : *La Rivière du sixième jour* (Rivages poche) qui a inspiré le célèbre film *Et au milieu coule une rivière*, et *La Part du feu* (Rivages, 1998).

Né dans la réserve indienne de Blackfeet dans le Montana, James Welch n'a cessé de s'interroger sur l'identité indienne dans ses romans (par exemple *L'Hiver dans le sang*, Albin Michel, 1992, ou La *Mort de Jim Lonely*, Albin Michel, 1994).

L'étonnant roman de Marilynne Robinson, *La Maison de Noé* (Albin Michel, 1983), est une lecture idéale pour quiconque se rend dans l'Idaho.

Racontant l'histoire de deux orphelines, elle décrit avec beaucoup d'émotion et de façon admirable la beauté austère des paysages de cet État.

Récemment portée sur le devant de la scène par son adaptation cinématographique, la nouvelle d'Annie Proulx, *Brokeback Mountain* (Grasset), publiée pour la première fois en 1977, raconte une histoire d'amour homosexuelle au début des années 1960 dans l'État du Wyoming.

Le Sud-Ouest

Les superbes paysages et la colonisation épique du Sud-Ouest ont inspiré les écrivains de cette région. Au début du XXe siècle, de nombreux auteurs populaires puisèrent dans cette contrée la matière de leurs romans. Les colonies d'artistes établies à Taos et à Santa Fe attirèrent par ailleurs des écrivains comme D.H. Lawrence et Maxwell Anderson.

Vous pourrez découvrir les traditions kiowa et navajo et les légendes de l'Ouest sauvage dans *La Maison de l'aube* (Gallimard, Folio) de N. Scott Momaday, prix Pulitzer du meilleur roman en 1969. De Leslie Marmon Silko, *Cérémonie* (10/18), publié en 1977, trace le portrait d'un Indien qui, de retour de la Seconde Guerre mondiale, se penche sur son passé pour exorciser l'horreur vécue lors des combats.

Désert américain (Actes Sud, 2004), de Percival Everett, est une satire résolument noire des mœurs américaines. Le destin tragique d'un homme qui est décapité mais ne meurt pas, et qui se retrouve pris dans l'hystérie et l'affolement médiatique.

Misanthrope avoué, Edward Abbey consigna, en 1968, dans *Désert solitaire* (Payot) ses expériences dans les canyons désolés de l'Utah, en un "chant d'amour à la sauvagerie du monde et aux merveilles de l'Ouest". Originaire de l'Arizona, Barbara Kingsolver est l'auteur de romans à succès, dont *L'Arbre aux haricots* (Rivages, 1988) et *Les Cochons du paradis* (Rivages, 1993).

La Californie

La littérature californienne est particulièrement riche : de la Ruée vers l'or au Los Angeles moderne, les villes, la nature et les hommes de cet État ont été dépeints par d'innombrables écrivains.

Visiteur-pionnier de la baie, Robert Louis Stevenson, d'origine écossaise, vécut quelque temps à Monterey et à San Francisco et passa sa lune de miel près d'une mine d'argent abandonnée, à Calistoga. Ce séjour lui inspira, en 1872, *La Route de Silverado : en Californie au temps des chercheurs d'or* (Petite Bibliothèque Payot).

Fauteur de troubles professionnel, Jack London est né à San Francisco et a grandi à Oakland. Écrivain prolifique, il a donné une version romancée de sa vie dans le splendide et tragique *Martin Eden* (10/18, 1911). London s'est aussi engagé dans la dernière aventure de l'or, celle du Klondike, en Alaska. Il en a tiré plusieurs nouvelles ayant la particularité de recueillir des témoignages d'Indiens ; elles ont été rassemblées dans le recueil *Les Enfants du froid* (Phébus, coll. "Libretto"). Autre classique écrit en 1911, *Un été dans la Sierra* (Hoëbeke), de John Muir ; cet écrivain, qui a participé à la création des premiers parcs nationaux, fait ici le récit d'un voyage dans la Yosemite Valley. Au début du siècle, l'un des premiers romans à porter un regard critique sur la nouvelle prospérité de l'État fut *La Jungle* (Mémoire du livre) d'Upton Sinclair, une fiction historique aux accents socialistes.

John Steinbeck est sans doute l'auteur californien le plus marquant de sa génération. Négligeant les deux métropoles, il se tourna vers les fermes de la Central Valley et les déshérités du comté de Monterey. *Des souris et des hommes* (Gallimard, Folio, 1937) évoque le drame des ouvriers agricoles saisonniers. Dans *Les Raisins de la colère* (Gallimard, Folio, 1939), son roman le plus célèbre, il suit les fermiers de l'Oklahoma qui fuient la sécheresse pour gagner la Californie. *Rue de la sardine* (Gallimard, Folio, 1945) brosse un tableau des ouvriers des conserveries de Monterey, tandis que *À l'est d'Éden* (LGF, 1952) est une fresque aux accents bibliques.

FESTIVALS DE MUSIQUE

Les Américains adorent les scènes en plein air devant une belle pelouse. Aussi ces cinq dernières années ont-elles vu la renaissance de festivals musicaux originaux. Plus qu'une suite de concerts, ils incarnent certains des grands moments de communion musicale et culturelle de la nation reprenant la devise de leur ancêtre, le festival Lollapalooza.

En général, les billets pour une journée coûtent de 40 à 85 $ et les pass pour plusieurs jours de 150 à plus de 300 $. Réservez bien à l'avance sur les sites Web des festivals, où l'on trouve souvent aussi des propositions d'hébergement et de transport (et parfois des forfaits tout compris).

Pour en savoir plus, consultez les sites www.bluesfestivalguide.com, www.bluesrevue.com et www.dirtylinen.com.

Coachella (www.coachella.com). Indio, Californie. Ça rocke fort dans le désert ; trois jours fin avril.

Sasquatch! (www.sasquatchfestival.com). George, Washington. Rock actuel et world dans les gorges superbes de la Columbia River. Deux jours fin mai.

Bumbershoot (www.bumbershoot.org). Seattle, Washington. Du rock, mais aussi de la danse, du théâtre et de l'humour. Trois jours début septembre.

San Francisco Jazz Festival (www.sfjazz.org). Californie. Sous la direction artistique de Joshua Redman, trois semaines de célébration du jazz à ne pas manquer. À partir de la fin octobre.

C'est près de San Francisco qu'Eugene O'Neill écrivit ses pièces. Ses œuvres ont été traduites en français chez Arche (plusieurs volumes, dont *Long Voyage du jour à la nuit*, 1996).

Le roman d'Aldous Huxley *Jouvence* (Pocket), écrit en 1939, est une œuvre ironique tirée de la vie du magnat de la presse William Randolph Hearst (qui inspira par ailleurs Orson Wells dans le film *Citizen Kane*). Deux autres ouvrages éclairent d'une lumière impitoyable les débuts d'Hollywood : le dernier roman de F. Scott Fitzgerald, en 1941, *Le Dernier Nabab* (Gallimard, Folio) et, la même année, *Qu'est-ce qui fait courir Sammy ?* (10/18), de Budd Schulberg.

Dans les années 1930, San Francisco et Los Angeles devinrent les deux capitales du roman noir. Dans *Le Faucon maltais* (Gallimard), Sam Spade, personnage créé en 1930 par Dashiell Hammett, exerce ses talents de détective à San Francisco, tandis que Raymond Chandler, dans *Le Grand Sommeil* (Gallimard, Folio), en 1939, campe son Philip Marlowe à Los Angeles. Hammett et Chandler peuplent leurs romans de personnages inquiets, jouets de forces maléfiques qui dominent la ville et finissent par les écraser. Le genre s'est perpétué sous la plume de Jim Thompson (*Le Criminel*, Rivages, 1973), Elmore Leonard (*Pronto*, Rivages, 1996) et Walter Mosley (*Papillon blanc*, Seuil, 1997). Enfin, James Ellroy, dont le style est aussi mordant et incisif que ses intrigues sont foisonnantes et ses personnages hallucinés, recueille un incroyable succès. Parmi ses nombreux livres, *L'Affaire du Dahlia noir*, *Le Grand Nulle Part* et la trilogie *Underworld USA* (Rivages), qui dessinent une "cité des anges" meurtrie, corrompue et sans illusions.

Dans les années 1950, les tenants de la Beat Generation s'engagent dans une nouvelle écriture, au style court, acéré et vivant. Ils se regroupent à San Francisco et vouent un culte au récit en "prose spontanée" de Jack Kerouac, *Sur la route* (Gallimard, Folio), écrit entre 1949 et 1952. Allen Ginsberg fut leur chef de file en matière de poésie et son *Howl* (Bourgois), publié en 1956, leur chant de révolte (voir l'encadré ci-contre).

Dans les années 1960, San Francisco domine la vie littéraire californienne. L'essayiste Joan Didion restitue la soif de bouleversement de cette époque. En français, vous pourrez découvrir *Un livre de raison* (10/18). La contre-culture trouve un autre de ses narrateurs en Tom Wolfe, qui met en scène les Grateful Dead, les Hell's Angels et les Merry Pranksters sur fond de "trip" à l'acide : *Acid Test : chronique* (Seuil).

Oedipa Maas, héroïne du roman *Vente à la criée du lot 49* (Seuil), écrit en 1966 par Thomas Pynchon, sillonne l'État au cours d'une quête mystérieuse.

Hunter S. Thompson entreprit en 1970 une virulente exploration de la fin du rêve hippie avec *Hell's Angels* (10/18). De cet auteur, on connaît également *Las Vegas Parano* (10/18), une description paranoïde et hallucinée de Las Vegas et de l'Amérique (re)devenue sauvage. Ce roman a été adapté à l'écran par Terry Gilliam.

Aucun auteur n'a observé l'émergence de la fraternité gay de San Francisco avec autant de précision qu'Armistead Maupin dans ses *Chroniques de San Francisco*, parues en feuilleton à partir de 1979 et qui connurent un énorme succès (10/18, plusieurs volumes).

Il est impossible, tant ils sont nombreux, de citer les romanciers, essayistes et poètes les plus connus de la Californie moderne. Contentons-nous de recommander au voyageur les romans de Brett Easton Ellis, d'Ishmael Reed, d'Amy Tan, d'Alice Walker ou de Kathy Acker, les poèmes de Robert Hass, Frank Bidart ou Czeslaw Milosz, et les essais de Richard Rodriguez, D.J. Waldie ou de feu M.F.K. Fisher.

Le Nord-Ouest pacifique

Pour une bonne introduction à la littérature du Nord-Ouest, plongez-vous dans *La Grande Marche vers l'Ouest : journal de l'expédition de Lewis et Clark* (Phébus), récit de l'expédition des deux explorateurs au début du XIXe siècle. Par ailleurs, le roman *Les Vivants*, d'Annie Dillard (Bourgois, 1994), retrace avec un réalisme criant l'arrivée des colons blancs dans le Nord-Ouest au cours du XIXe siècle.

Vous cherchez un musée de la carotte, une galerie de jouets géants, ou une collection de sèche-mains de W-C publics ? Vous les trouverez,ainsi que d'autres choses, au Museum of Online Museums (www.coudal.com/moom).

Père du minimalisme américain moderne, le poète et nouvelliste Raymond Carver résidait dans le Washington. Nombre de ses œuvres sont disponibles en français : *Neuf Histoires et un poème* (éd. de l'Olivier), dont le film *Short cuts* de Robert Altman (1993) est l'adaptation cinématographique, *Les Vitamines du bonheur* (Stock, 1995), *Parlez-moi d'amour* (LGF, 1981) et *Tais-toi, je t'en prie* (LGF, 1977).

Dans des ouvrages tels que *Indian Blues* (10/18, 1997), *Indian Killer* (Albin Michel, 1998) et *Dix petits indiens* (Albin Michel, 2004), l'écrivain indien Sherman Alexie évoque avec une grande sensibilité la vie dans les réserves du Nord-Ouest. Quant à David Guterson, auteur du fameux *La neige tombait sur les cèdres* (Seuil, 1996) – un procès à San Piedro est l'occasion de rappeler la vie des immigrés japonais après Pearl Harbor –, il est certainement le romancier contemporain le plus célèbre de la région.

CINÉMA

Symbole par excellence de l'Amérique, Hollywood est de plus en plus le produit d'un cinéma et d'une culture du film qui s'internationalisent. Cette évolution tient surtout d'une logique purement commerciale : les studios d'Hollywood sont la vitrine des grandes multinationales et les fonds vont donc aux talents qui rapportent le plus de profits, sans considération de nationalité.

L'Internet Movie Database (www.imdb.com) (base de données cinéma) est le site le plus complet pour toute information ou critique de films.

Ce changement se révèle également créatif. Hollywood a compris que si ses studios n'incorporaient pas l'immense talent cinématographique qui émerge un peu partout dans le monde, ils seraient déclassés. La collaboration est une vieille stratégie de sa part, utilisée encore récemment pour renverser en sa faveur le challenge que lui posait le mouvement du film indépendant des années 1990. Cela dit, le grand public américain reste toujours aussi indifférent aux films étrangers.

Mais une chose est sans doute encore plus significative dans l'industrie du film : l'ordinateur est en train de tuer la pellicule. Réaliser et montrer des films sans ce support, qui rendait la production et la distribution excessivement chères et complexes et les plaçait aux mains de quelques gardiens privilégiés (les studios), est aujourd'hui à la portée de tous.

La magie du cinéma

Même si l'on reconnaît de plus en plus outre-Atlantique la primeur de Méliès et des frères Lumière, les caméras et les projecteurs furent élaborés simultanément en France et aux États-Unis à la fin du XIXe siècle. Thomas Edison fut le premier à utiliser un film en Celluloïd crénelé. Le premier cinéma ouvrit ses portes à Pittsburgh en 1905, baptisé Nickelodeon du fait que l'entrée y coûtait un nickel (pièce de cinq cents).

Eadweard Muybridge est le père des premières "images animées" : c'est lui qui, dans les années 1870 en Californie, a créé les célèbres "études de mouvements animaux et humains" en installant une rangée d'appareils activés par un réseau de fils.

Avec *L'Attaque du grand rapide* (1903), le montage était mis pour la première fois au service d'un projet artistique. Les réalisateurs ne mirent pas longtemps à saisir l'attrait exercé par les films et les vedettes. Dans les années 1910, Charlie Chaplin fut la première star de cinéma, et les comédies bouffonnes de Mack Sennett, peuplées de flics caricaturaux, devinrent de véritables institutions.

Pionnier de la technologie cinématographique, D.W. Griffith offrit au cinéma, avec *Naissance d'une nation* (1915) et *Intolérance* (1916) certains de ses éléments classiques, comme le flou, le gros plan et le flashback.

Au même moment, la concurrence imposa l'hégémonie des grands studios, nés à New York, où Edison tenta de réunir un monopole avec ses brevets. En réaction, de nombreux indépendants s'installèrent dans la banlieue de Los Angeles, d'où ils pouvaient fuir vers le Mexique en cas de poursuites judiciaires. Ainsi naquit Hollywood.

En 1927, le son fit son apparition dans *Le Chanteur de jazz,* marquant le début de l'âge d'or du "parlant" des années 1930 aux années 1950. Les cinémas et les drive-in se multiplièrent ; en 1938, on estima que 65% de la population avait vu un film. Le public se passionna pour les stars, Humphrey Bogart, Cary Grant, Katharine Hepburn, que les studios de Hollywood s'attachaient par des contrats d'exclusivité, dirigeant chaque étape de la production et contrôlant la distribution dans les cinémas. Bref : le plan idéal.

Citizen Kane (1941) d'Orson Welles est considéré comme le meilleur film de tous les temps ; ce récit d'un journaliste recherchant la "vérité" sur la mort d'un magnat des médias demeure une critique mordante du rêve américain.

C'est alors que la concurrence de la télé détourna le public et que les autorités fédérales mirent fin au monopole de Hollywood sur la distribution et la projection. Dans les années 1960, les studios durent réduire leurs coûts, rompre les contrats avec les acteurs, et vendre les départements de production.

Après 1970, désespérés, les studios se tournèrent vers la génération de jeunes auteurs anticonformistes qui, à l'image de leur époque, étaient attirés par le réalisme social, ignorant les comédies musicales ou romantiques et les westerns : Martin Scorsese, William Friedkin, Robert Altman et Francis Ford Coppola produisirent ainsi des films cultes.

C'est de la même époque que date le phénomène de la superproduction, due à deux jeunes réalisateurs, Steven Spielberg et George Lucas. *Star Wars* (1977) de Lucas exerça une telle fascination et prit une telle ampleur qu'il demeure aujourd'hui encore une référence : des personnages simples, une action efficace, des effets spéciaux à la louche…

Dans les années 1990, les petits films indépendants et marginaux (à commencer par ceux distribués par le franc-tireur Miramax, aujourd'hui dans le conglomérat médiatique Disney) connaissent un énorme succès. Ils expérimentent les nouveaux outils numériques et profitent de l'enthousiasme généré par le circuit en plein essor des festivals du film américain. Parmi près de 500 festivals que compte le film indépendant, les plus réputés sont le Sundance Film Festival dans l'Utah (p. 331), présidé par Robert Redford, le Telluride Film Festival dans le Colorado (p. 417) et le **CineVegas** dans le Nevada (www.cinevegas.com).

Les genres

Voici quelques-uns des genres qui ont fait la spécificité du cinéma américain depuis ses origines.

LE WESTERN

"Quand les faits se sont transformés en légende, il faut imprimer la légende." L'auteur de cette maxime, le réalisateur John Ford, s'est employé à la mettre en pratique tout au long de sa carrière. Considéré comme le maître incontesté du western, cet homme, d'ascendance irlandaise (comme son acteur fétiche, John Wayne), est celui qui a véritablement donné ses lettres de noblesse à l'un des genres les plus populaires du septième art.

Harrey Carrey tient le rôle principal dans le premier film de John Ford, en 1917. Il tournera ensuite dans 25 de ses films.

Ironie de l'histoire, les premiers westerns ont été tournés au moment où la conquête de l'Ouest venait de s'achever, c'est-à-dire à l'aube du XXe siècle. Par un curieux mouvement de va-et-vient, le cinéma et l'Ouest américain se sont fécondés mutuellement, forgeant une légende à double détente (celle du Far West et celle d'Hollywood).

Souvent donné pour mort, le western n'en finit pas de renaître de ses cendres. Son histoire tourmentée court tout au long du XXe siècle. Le célèbre Buffalo Bill a lui-même été brièvement filmé, dès 1894, par Thomas Edison. Mais les spécialistes s'accordent généralement à attribuer au film de E. S. Porter, *L'Attaque du grand rapide* (1903), le titre de premier western de l'histoire du cinéma. Durant les vingt années qui suivent, de nombreux cinéastes américains vont tourner des courts métrages mettant en scène des personnages très typés du Far West. Parmi ces "pionniers" du western figurent des hommes qui feront par la suite une grande carrière dans le septième art : Henry Hathaway, Cecil B. De Mille, mais aussi et surtout John Ford.

À la fin des années 1920, le Far West s'est imposé comme un sujet à part entière dans les studios d'Hollywood. Désormais, les westerns ont leurs vedettes et leurs réalisateurs attitrés. Les films sont plus longs et plus élaborés. En 1930, au début du cinéma parlant, Raoul Walsh – autre maître du genre – tourne *La Piste des géants* avec quatorze chefs opérateurs et un certain John Wayne, alors totalement inconnu du grand public. Le film sera d'ailleurs un échec.

On assiste dans les années 1930 à une véritable explosion du western. Cette décennie, inaugurée par *King Vidor* qui s'intéresse à Billy the Kid, s'achève par la célébrissime *Chevauchée fantastique* de John Ford avec John Wayne. Dans les années 1940, les héros du Far West accaparent l'écran et s'emparent des esprits américains. John Ford livre chef-d'œuvre sur chef-d'œuvre : *La Poursuite infernale* (1946), *Le Massacre de Fort-Apache* (1948), ou encore *La Charge héroïque* (1949). Dans le sillage du maître, une pléiade de cinéastes investit à son tour le genre. Jusqu'au milieu des années 1960, le western va connaître son âge d'or. Gary Cooper, Kirk Douglas, Burt Lancaster, James Stewart et, bien évidemment, John Wayne : c'est le western qui écrit la légende à Hollywood. Le western s'exporte sur tous les écrans du monde. Howard Hawks réalise *La Captive aux yeux clairs* et *Rio Bravo*. Anthony Mann impose son acteur fétiche, James Stewart, en cow-boy solitaire dans les plaines de l'Ouest. Il réalise coup sur coup *Winchester 73* (1950), *L'Appât* (1952), et *L'Homme de la plaine* (1954). Otto Preminger réunit Robert Mitchum et Marylin Monroe dans *La Rivière sans retour* (1954). John Sturges signe deux œuvres majeures à la même époque : *Règlement de compte à OK Corral* (1957) et *Les Sept Mercenaires* (1960) avec une distribution inégalée (Yul Brynner, Steve McQueen, James Coburn, Charles Bronson…).

Dans *Sexe, mensonge et Hollywood* (Le Cherche Midi, 2006), Peter Biskind explore le monde du cinéma américain des deux dernières décennies, sur un ton décapant.

L'OUEST AMÉRICAIN AU CINÉMA Thomas Hofnung

Les rapports privilégiés entretenus par le 7e art et l'Ouest américain ne se limitent pas au western. Les déserts de l'Arizona ou du Nevada, les autoroutes rectilignes perdues au milieu de nulle part, ou les paysages vierges du Grand Nord ont inspiré bon nombre de réalisateurs, parmi les plus talentueux, engendrant quelques chefs-d'œuvre du grand écran. Petit inventaire à la Prévert.

Le grand Charlie Chaplin a tourné la quasi-totalité de ses films en milieu urbain, le terrain de prédilection de son double, Charlot. Mais en 1925, le réalisateur s'attaque au mythe de la Ruée vers l'or dans un film éponyme. Charlot se fait prospecteur en Alaska, improvise une danse avec des petits pains et Chaplin signe un film universel, énorme succès populaire.

Plusieurs décennies plus tard, en 1980, un autre génie du 7e art, Stanley Kubrick, investit les étendues neigeuses de l'Ouest. Le réalisateur britannique tourne *Shining* avec Jack Nicholson – un drame où l'environnement joue le premier rôle. La rudesse du climat, l'isolement et l'immensité virginale sont utilisés comme des ingrédients essentiels de l'angoisse qui suinte de chaque plan du film.

Dans *La Soif du mal*, Orson Welles délaisse les splendeurs de Xanadu, la villa somptueuse du magnat de la presse William Hearst, située sur le littoral pacifique (dans *Citizen Kane*), pour la poussière et la touffeur de la frontière américano-mexicaine. Il livre un polar suffoquant, dans tous les sens du terme, scandé par l'affrontement sans merci qui oppose deux policiers radicalement différents (joués par Orson Welles et Charlton Heston).

Certaines villes de l'Ouest américain ont également inspiré les cinéastes. Dans *Bullit*, Peter Yates filme les rues escarpées de San Francisco à cent à l'heure, au cours de l'une des plus belles poursuites en voiture de toute l'histoire du cinéma. Au volant du véhicule : Steve McQueen. Roman Polanski plonge avec délice dans le labyrinthe de Chinatown. Dans son polar éponyme, il reconstitue remarquablement le Los Angeles de la fin des années 1930.

Le désert est également un endroit particulièrement prisé des cinéastes. Dans *Arizona Junior*, les frères Coen s'amusent : l'enlèvement d'un bébé entraîne toute une série de péripéties burlesques dans ce coin de l'Amérique profonde. À ne pas confondre avec *Arizona Dream*, d'Emir Kusturica. L'imagination chatoyante du cinéaste s'épanouit au contact de cette terre aride, qui – si l'on en croit le réalisateur – est l'endroit idéal pour mettre en œuvre ses rêves les plus farfelus. Dans *Bagdad Café*, le désert de Mojave est le point de rencontre improbable entre une Bavaroise abandonnée par son mari sur le bas-côté de la route et la tenancière noire d'un café perdu et en perdition.

Au cœur du désert du Nevada, la ville de tous les excès, Las Vegas, ne pouvait échapper à la curiosité des réalisateurs. Parmi d'innombrables films ayant pour cadre le temple de l'argent, on citera le plus décapant peut-être d'entre eux : *Casino*. Martin Scorsese passe à la moulinette, avec la complicité de son alter ego, Robert de Niro, tous les stéréotypes sur Las Vegas.

Les étendues désertiques de l'Ouest recèlent une dimension cinématographique évidente, idéale pour les *road movies*. Dans *Thelma et Louise*, Ridley Scott suit pas à pas l'odyssée en forme de chemin de croix de deux femmes dans l'Ouest machiste. Un autre État inspire à Gus Van Sant, en 1991, une très belle œuvre sur l'errance d'un jeune homosexuel à la recherche de son enfance : *My Own Private Idaho*. Dans *Rencontres du troisième type*, Steven Spielberg installe sa caméra dans le désert du Nouveau-Mexique, où s'organise une rencontre au sommet entre les Extraterrestres et les Terriens.

Pour un peu de fraîcheur, ressourcez-vous dans les paysages verdoyants du Montana de *Et au milieu coule une rivière* (1991), de Robert Redford, qui retrace, au siècle dernier, le parcours initiatique de deux jeunes gens élevés dans la rigueur de la religion presbytérienne… et de la pêche à la mouche.

Deux films quasiment contemporains – *Le train sifflera trois fois* (1952), de Fred Zinneman, et *Johnny Guitar* (1953), de Nicholas Ray – reflètent bien la grande richesse du western de ces années-là. Le premier met en scène une tragédie “classique” dans le Far West, tandis que le second a été qualifié par François Truffaut de “western rêvé, féerique, irréel au possible, délirant”.

Genre éminemment américain, le western traduit fidèlement les évolutions et les contradictions nationales. Dans les années 1960 – celles de l'assassinat de Kennedy, du mouvement pour les droits civiques et de la lutte contre la guerre du Vietnam – l'Ouest perd lui aussi son innocence. Arthur Penn tourne *Little Big Man* avec Dustin Hoffmann, film dans lequel sont dénoncées avec vigueur les exactions commises par les Blancs contre les Indiens.

Michael Cimino réalise en 1981 une œuvre hors norme qui passe à la moulinette les vieux stéréotypes sur la grandeur de l'Ouest : *La Porte du paradis*. Il met en lumière les affrontements sanglants qui opposent les émigrants et les éleveurs. Son film, salué par la critique, se solde par un retentissant échec commercial. Le western, incapable de se renouveler, parodié par Sergio Leone dans ses "westerns spaghettis", semble alors condamné à dépérir.

En 1923, James Cruze réalise *La Caravane vers l'Ouest* avec pas moins de 3 000 figurants, dont 1 000 Indiens.

Il n'en est rien. Des acteurs passant derrière la caméra lui insufflent une nouvelle vigueur. Clint Eastwood, la figure de proue des westerns de Sergio Leone, réalise *Pale Rider*, puis le remarquable *Impitoyable*. Kevin Costner tourne *Danse avec les loups* qui fait figure d'hymne à l'"indianité". Ces œuvres n'ont certes plus la même magie ni le même souffle épique que leurs ancêtres des années 1940 ou 1950, mais elles ont le mérite de présenter un Ouest américain plus complexe que par le passé, sauvage et beau, grandiose et barbare à la fois. Aujourd'hui, le western semble se renouveler, en s'attachant à des sujets différents de ceux abordés dans les westerns traditionnels, tels que l'homosexualité dans *Le Secret de Brokeback Mountain* (2006), de Ang Lee.

LA COMÉDIE MUSICALE

L'âge d'or d'Hollywood fut marqué par la comédie musicale, et *42e rue* (1933) est à cet égard emblématique. Fred Astaire et Ginger Rogers formaient le couple rêvé, surtout dans *Le Danseur du dessus* (1935) avec la musique d'Irving Berlin. L'exubérant Gene Kelly atteint des sommets dans *Chantons sous la pluie* (1952), alors que *Le Magicien d'Oz* (1939) compte parmi les films les plus parodiés. Quelque peu daté, le genre se fait rare sur les écrans, si ce n'est dans des versions modernes, comme *Moulin Rouge* (2001) ou *Dreamgirls* (2006).

LE FILM DE GANGSTERS

Le statut du gangster est souvent considéré comme une métaphore à peine déguisée du choc de l'immigration ; ce genre réunit certains des plus grands films américains. Le film noir, un des sous-genres, reçut ses lettres de noblesse des mains de John Huston, avec *Le Faucon maltais* (1941), d'Orson Welles avec *La Soif du mal* (1958), de Roman Polanski avec *Chinatown* (1974) et de Curtis Hanson avec *L.A. Confidential* (1997). La trilogie du *Parrain* (1971-1990), chef-d'œuvre de Francis Ford Coppola, dépeint la société américaine et immigrée à travers le prisme du crime organisé. Martin Scorsese, lui, a donné vie à des gangsters italo-américains de New York dans *Les Affranchis* (1990). *Pulp Fiction* (1994) de Quentin Tarantino ajouta une touche d'ironie au genre, de même que le *Fargo* (1996) des frères Coen. Pour découvrir le monde de la drogue américano-mexicain, voir *Traffic* (2000) de Steven Soderbergh.

En janvier 2006, les studios Disney rachètent Pixar moyennant 7,4 milliards de dollars et un lot d'actions, faisant de Steve Jobs, patron de Pixar et d'Apple, le premier actionnaire de Disney.

LA SCIENCE-FICTION

La popularité de la SF ne s'est jamais démentie. Si l'on y retrouve le plus souvent les vieilles recettes du western, la littérature et l'esthétique postmoderne y font parfois une apparition surprise : la peur de l'autre et de la technologie, ainsi que l'angoisse existentielle s'y expriment aussi. Voir par exemple *2001 : l'Odyssée de l'espace* (1968) de Stanley Kubrick,

LA PHOTOGRAPHIE EN AMÉRIQUE Karen Levine

Vaste sujet que l'histoire de la photographie américaine : elle a été un élément central de l'expansion vers l'ouest et de la guerre de Sécession, a influencé les mouvements sociaux du début du XXe siècle, et a animé les élans modernistes.

Au milieu du XIXe siècle, les photographes itinérants proposaient des portraits pour une fraction du prix d'une peinture. Timothy O'Sullivan et Carleton Watkins emportaient d'énormes appareils à plaques dans les montagnes Rocheuses et à Yosemite, et Mathew Brady saisit les champs de bataille dévastés de la guerre de Sécession. Eadweard Muybridge fut un précurseur dans le domaine de la technique image par image. Au début du siècle, les images de Gertrude Käsebier, d'Alfred Stieglitz et de Clarence White convainquirent le public que la photographie était un art à part entière ; elle devint un instrument social entre les mains de Lewis Hine et de Jacob Riis, qui s'attachaient aux scènes de pauvreté et d'exploitation, avant d'intégrer la démarche ethnologique d'Edward Sheriff Curtis, qui procéda entre 1907 et 1930 à un véritable inventaire photographique des peuples indiens d'Amérique du Nord. Man Ray explora les possibilités de la chambre noire pour produire ses étranges compositions dada, tandis que Berenice Abbott, Charles Sheeler, Edward Weston et d'autres tenants de la "straight photography" (photographie pure) réalisaient des clichés avant-gardistes de nus et de bâtiments. Ansel Adams (voir l'encadré p. 256) saisit des vues spectaculaires des parcs nationaux, et Walker Evans et Dorothea Lange amassèrent un matériau impérissable sur la pauvreté à l'époque de la Dépression pour le compte de la Farm Security Administration. Margaret Bourke-White, Robert Capa et W. Eugene Smith abordèrent le drame de la Seconde Guerre mondiale pour *Life*, tandis que Lee Miller et Irving Penn publiaient dans *Vogue* d'audacieux clichés de mode. Diane Arbus, Robert Frank, Nan Goldin et William Klein s'attachèrent à l'esthétique de la photographie amateur pour livrer leur vision du paysage social américain. En 1976, une exposition de William Eggleston sur la vie dans le Sud, présentée au Moma, à New York, fit enfin une place à la photographie couleur.

Comme dans la peinture et la sculpture, les décennies suivantes ont vu une explosion des points de vue et des formes. On en trouve des exemples dans de nombreux musées de l'Ouest : au Center for Creative Photography dans l'Arizona, au Getty Center et au San Francisco Museum of Modern Art en Californie.

ou l'oppressant *Soleil vert* (1973) de Richard Fleischer. Moins cérébrales, les deux trilogies *Star Wars* (1977-1982, 1999-2005) ont imprimé une marque indélébile sur l'imaginaire américain. De même, la trilogie *Matrix* (1999-2004) dégage une certaine réflexion. Steven Spielberg est une véritable machine à SF, depuis *Rencontres du troisième type* (1979) et *E.T.* (1982) jusqu'à *La Guerre des Mondes* (2005). Ne pas manquer les quatre *Alien* (1979-1997) et *Blade Runner* (1982) de Ridley Scott. S'appuyant, au fil des ans et des séries, sur un socle contextuel de plus de 700 épisodes, l'univers développé dans les films de *Star Trek* dépasse le seul champ de l'épopée, pour atteindre une envergure prophétique.

TÉLÉVISION

De 1950 à 1960, le pourcentage des ménages américains possédant une télé a grimpé de 10% à 87%, et avoisine aujourd'hui les 98%, soient plus de 101 millions de foyers. Vous avez dit "marché saturé" ?

La télévision est le média emblématique de l'Amérique contemporaine. En moyenne, les Américains passent plus de 1 000 heures par an devant leur poste, soit presque trois fois le temps total consacré à consulter Internet, à regarder des vidéos, des DVD et à voir des films au cinéma.

La télévision est apparue aux États-Unis et en Grande-Bretagne dans l'entre-deux-guerres, et les premières publicités furent introduites en 1939 pendant le New York World's Fair. La télévision ne s'est réellement imposée aux États-Unis qu'après la Seconde Guerre mondiale, à l'époque où elle indiquait le statut social, et que la radio et le cinéma pâtirent de son importance croissante. Dans les années 1980, le câble élargit encore le choix à des dizaines, puis à des centaines de chaînes.

Aujourd'hui, à l'aube du XXIe siècle, la télé est menacée pour la première fois par la concurrence d'Internet. Avec la généralisation des connexions à haut débit (les experts prévoient que 50% des ménages américains en seront équipés en 2008), il est possible de recevoir par Internet des films vidéo d'excellente qualité. La distinction entre TV et ordinateur familial finira inévitablement par disparaître.

Des décennies durant, la télévision fut considérée comme un loisir de second plan, et jamais une star de cinéma n'aurait consenti à y faire une apparition. À vrai dire, les émissions de bonne qualité, parfois même provocatrices, ont toujours existé. En son temps, *I Love Lucy* (1951-1957) était déjà révolutionnaire, en ce qu'il était le premier à être tourné en public, puis monté avant de passer à l'antenne, ce qui permettait de le rediffuser. Il rassemblait déjà les ingrédients du *sitcom*, et l'intrigue tournait autour du mariage interethnique de l'héroïne. Aussi étrange que cela puisse paraître, la loufoque Lucille Ball était une véritable pionnière.

En 2000, 8% des foyers américains avaient un lecteur DVD. En 2007, ils étaient 70%, ce qui en fait la technologie la plus vite adoptée de tous les temps. Bien sûr, des experts annoncent maintenant la mort du DVD pour dans 10 ou 20 ans.

Dans les années 1970, la comédie *All in the Family*, dénonçait en fait les préjugés incarnés par Archie Bunker, patriarche tyrannique joué par Carol O'Connor, et poussait la satire à un point encore inédit à cette époque. De même, l'émission de sketchs *Saturday Night Live*, lancée en 1975, repoussait les frontières de la bienséance avec un humour subversif.

Dans les années 1980, les programmes se diversifièrent encore. Le *Cosby Show*, avec l'acteur Bill Cosby, battit des records d'audience. S'il n'était pas le premier programme télévisé noir, jamais encore n'avait été ainsi dépeinte la vie d'une famille noire de la classe moyenne en laquelle le pays tout entier pouvait s'identifier. Des séries hors-norme comme *Twin Peaks* et, plus tard, *The X-Files* remportèrent aussi un succès phénoménal.

Aujourd'hui, le choix de drames et des comédies de qualité s'allonge constamment : depuis les *Sopranos, Deadwood, The Shield* et *Rescue Me* à *Frasier* et *Desperate Housewives*, même si l'engouement pour les programmes de télé-réalité à deux sous pourrait mettre à terme en péril la production de bonnes séries… En outre, YouTube et consorts sont en train de changer à nouveau les règles. Les réseaux TV ont réagi en créant davantage de nouvelles séries dramatiques où l'intrigue s'étend sur de multiples épisodes, telles *Lost* et *24h chrono*, tout en favorisant les émissions de télé-réalité à bas prix sans scénario. L'engouement pour les "jeux" de télé-réalité comme *Survivor*, lancé en 2000, continue avec les émissions de télé-crochet moderne, telles *American Idol* ou *Dancing with the Stars*.

Vous ne croyez pas que l'avenir de la télé est sur le Net ? Allez voir sur les sites www.youtube.com, www.atomfilms.com, www.joost.com, http://net work2tv et www.blip.tv.

PEINTURE ET SCULPTURE

L'art indien

La plupart des objets d'art indiens étaient des parures corporelles ou des décorations ornant des outils du quotidien. Cependant, deux civilisations produisirent des pièces d'un intérêt considérable.

Dans le Nord-Ouest pacifique, les sociétés qui vivaient sur les côtes étaient très prospères et mirent au point des méthodes de peinture, de sculpture et de poterie uniques afin d'immortaliser leurs dieux et leurs ancêtres. Composés de dessins rouges et noirs abstraits très particuliers, les peintures murales, les masques et les mâts totémiques représentent des baleines, des poissons, des loutres et des oiseaux-tonnerre. Dans le Sud-Ouest, les Indiens pueblos réalisaient de remarquables poteries et les peignaient selon différents styles bien distincts. Sous l'influence des missionnaires espagnols, les Navajos apprirent à tisser des couvertures ornées de motifs anciens et à fabriquer des bijoux en argent.

Influences espagnoles et mexicaines

À partir du début du XVIIe siècle, les colons espagnols mirent à contribution les talents artistiques des Pueblos dans la réalisation d'icônes chrétiennes et d'éléments décoratifs destinés à leurs églises. Souvent inspirées des estampes européennes, ces œuvres combinent de façon étrange les styles naïf et baroque tout en incorporant certains éléments de la culture indienne. Les peintures aux couleurs vives réalisées sur les murs blancs en adobe et les poutres grossièrement taillées composèrent le style de Santa Fe.

L'art de l'Ouest

Les territoires à l'ouest du Mississippi, acquis lors du rachat de la Louisiane en 1803, abritaient des paysages nouveaux, mais également une civilisation inconnue. George Catlin (1796-1872) se rendit dans l'Ouest en 1832 pour découvrir la vie des Indiens, au moment même où les déportations décimaient les dernières tribus de l'Est. Ses tableaux, sans être exceptionnels du point de vue artistique, dressent un portrait détaillé, exact et dénué d'animosité, du mode de vie indien. Peu de temps après, les Indiens allaient être dépeints comme des guerriers féroces menaçant les pionniers blancs et voués à l'extinction en raison de l'inévitable expansion à laquelle le destin appelait prétendument les colons.

Art des Indiens d'Amérique du Nord (Terrail, 1998), de David W. Penney, propose une introduction remarquablement claire, accessible et documentée aux traditions artistiques des cultures indigènes américaines.

Les premières images magnifiques de l'Ouest furent les paysages grandioses peints par Albert Bierstadt (1830-1902), d'origine allemande, qui, ayant étudié en Europe, gagna l'Ouest avec des topographes en 1859. Les tableaux de Thomas Moran représentant la gorge de la Yellowstone River servirent à promouvoir la North Pacific Railroad et à persuader le Congrès d'accorder le statut de parc national à cette région.

À mesure que les voies ferrées et le "progrès" avançaient dans l'Ouest et que les Indiens étaient relégués dans des réserves, les mythes de la conquête alimentaient la création artistique. Les images revenant inlassablement dans les westerns furent créées à l'origine par des artistes de l'Ouest, dont les œuvres sont encore largement imitées et plus recherchées que jamais.

Maître du portrait épique du Far West, Frederic Remington (1861-1909), originaire de l'Est, se rendit célèbre par ses illustrations de magazines et ses romans populaires sur l'Ouest. Il effectuait régulièrement des voyages dans cette région, mais réalisait la plupart de ses tableaux dans un studio à New York. Nombre d'entre eux, comme *The Last Stand* (1890) et *Fight for the Waterhole* (1903), reprenaient le thème des Blancs encerclés par des Indiens hostiles et voués à une mort certaine. Réalistes, ces images allaient pourtant complètement à l'encontre des faits historiques. La dernière grande bataille des guerres indiennes eut lieu en 1890 et ce furent les soldats blancs qui massacrèrent les Indiens.

Né à St Louis, Charles Russell (1864-1926) travailla comme cow-boy et séjourna dans les camps indiens. Sa représentation des Indiens se fonde sur son expérience, mais celle des cow-boys est essentiellement un produit de son imagination. Malgré son manque de rigueur historique et son intérêt artistique mineur, cet art de l'Ouest peut être aussi divertissant que les westerns.

Séduits par la beauté de la lumière et des paysages, des peintres formés sur la Côte Est ou en Europe s'installèrent en Californie. On leur donna le nom de High Provincials par allusion à leur conviction que la Californie était l'endroit idéal où peindre – une opinion que partagea William Chase, considéré comme le meilleur professeur de peinture de la fin du XIXe siècle.

ART ET ARTISANAT DES AMÉRINDIENS

Il faudrait une encyclopédie pour traiter les innombrables traditions artistiques des peuples amérindiens, de l'art rupestre précolombien à l'art contemporain multimédia d'aujourd'hui.

Si ces traditions très diverses sont étroitement liées, c'est parce que les objets d'art et d'artisanat amérindiens n'ont pas seulement une vocation pratique : ils servent aussi au cours de rituels et cérémonies, et revêtent un sens social et religieux. Les motifs décoratifs sont autant de symboles porteurs de signification et révélateurs des cultures amérindiennes. C'est vrai pour les sculptures fétiches des Zuni, les motifs des tapis tissés par les Navajos, les poteries des Indiens pueblos du Sud-Ouest, les bijoux en perles des Sioux, les sculptures des Inuits et les sculptures en bois hawaïennes ou des Cherokee, pour ne citer que quelques exemples.

Outre qu'ils cherchent à préserver leur culture, les artistes amérindiens contemporains utilisent la sculpture, la peinture, le tissage, les films, la littérature, les performances et autres moyens d'expression pour rendre compte de la modernité et en faire la critique. Le phénomène est très marqué depuis le milieu du XXe siècle, en particulier suite à l'activisme généré par le mouvement des droits civiques dans les années 1960 et à la renaissance amérindienne des années 1970. Leurs messages témoignent d'un engagement politique, et d'un militantisme en faveur de l'environnement et de leurs communautés, mais ils expérimentent aussi divers genres artistiques, de l'abstraction au réalisme documentaire. L'ouvrage *Arts des Indiens d'Amérique du Nord* de David W Penney (Éditions Pierre Terrail, 2004) aborde de façon accessible les diverses traditions artistiques des peuples autochtones d'Amérique.

En achetant les objets directement auprès des Amérindiens, le voyageur peut avoir un impact positif sur les économies tribales qui dépendent en partie de l'argent du tourisme. Nombre de tribus possèdent boutiques d'artisanat et galeries, en principe dans les grandes villes des réserves. L'**Indian Arts & Crafts Board** (☎ 202-208-3773, 888-278-3253 ; www.doi.gov/iacb) publie l'annuaire des boutiques et galeries appartenant à des Amérindiens.

Le modernisme

Le Californien Guy Rose passa un an à Giverny auprès de Claude Monet. À son retour, en 1914, il fit connaître l'impressionnisme aux artistes de l'État. La mer et le désert furent leurs sujets de prédilection ; les eucalyptus figuraient si souvent dans leurs tableaux qu'on les a parfois désignés sous le nom d'École de l'eucalyptus.

Georgia O'Keeffe (1887-1986) est l'un des peintres américains les plus admirés du XXe siècle, et certainement l'artiste du Sud-Ouest la plus réputée. Originaire du Wisconsin, elle quittait souvent New York pour le Nouveau-Mexique, dont les grands espaces l'enchantaient. Ses tableaux inspirés par les fleurs et les paysages du désert, aux couleurs étonnamment lumineuses et aux lignes mouvantes, lui valurent une grande popularité aux États-Unis.

De l'expressionisme abstrait au Land Art

Au sortir de la Seconde Guerre mondiale, l'expressionnisme abstrait, sous l'influence de peintres de l'école de New York tels Franz Kline, Jackson Pollock et Mark Rothko, imprègne tous les centres artistiques du pays. Sensibles à l'engouement surréaliste pour la spontanéité et l'inconscient, ces artistes explorent la puissance psychologique de l'abstraction à travers les grands formats de leurs toiles et le geste même de peindre. Sur la Côte Ouest cependant, certains artistes se détournent de l'expressionnisme abstrait à travers le Bay Area Figurative Movement (Mouvement figuratif de Bay Area), dont les figures de proue sont Richard Diebenkorn et David Park.

Thomas Kinkade (1958-), "peintre de la lumière," est sans doute l'artiste vivant le plus apprécié en Amérique. Ses œuvres, qui rappellent Norman Rockwell par leurs sujets et les impressionnistes pour son coup de pinceau, se vendent comme des petits pains dans les centres commerciaux : plus de 10 millions de personnes en possèdent.

Le boom économique que connut l'Amérique après-guerre influença également le pop art. Les artistes, qui se tournaient de nouveau vers l'art figuratif, s'inspirèrent des images produites par la société de consommation – machines à bubble-gum de Wayne Thiebaud, les piscines de L.A. du britannique David Hockney et les études d'Ed Ruscha sur les stations-service Standard Oil. À San Diego, le Museum of Contemporary Art (p. 144) est consacré à l'art pop après 1950 et à l'art conceptuel. Les meilleures œuvres de Ruscha sont hébergées au LACMA (p. 150).

Entre temps, Sol LeWitt théorisait, l'art conceptuel : l'idée qui préside à la naissance d'une œuvre d'art est plus importante que l'œuvre elle-même. Le sculpteur californien Richard Serra confère à ses sculptures un caractère d'impermanence comme ces massifs monolithes de métal rouillé rappelant des proues de navire ou des sites mégalithiques industriels. Établi en Arizona, James Turrell explore le monde de la perception à travers des installations usant de la lumière comme matériau.

S'inscrivant dans le courant Land Art, des artistes comme Walter De Maria ou Robert Smithson ont remis en cause le statut de l'art considéré comme simple objet, en créant d'immenses œuvres au sein de la nature – œuvres souvent éphémères que personne ne peut acheter ni vendre.

Pour connaître les dernières tendances du design domestique en Amérique, consultez *Dwell* (www.dwellmag.com), superbe magazine consacré aux styles contemporains.

La scène contemporaine

Dès les années 1980, le mouvement pour les droits civiques, le féminisme et l'activisme antisida ont fait des incursions dans les arts visuels. Les artistes ne se contentaient plus d'exprimer leur dissidence politique à travers leur travail, ils se tournaient vers des supports et moyens d'expression autrefois en marge – tissus, graffitis, vidéo, son et performances.

Nombre des meilleurs artistes américains d'aujourd'hui installés sur la Côte Ouest. Parmi les plus célèbres, citons les peintres Barry McGee ; le sculpteur et cinéaste Matthew Barney ; le vidéaste et artiste multimédia Doug Aitken ; et enfin, les artistes Kelley et Kara Walker, dont l'installation est le principal moyen d'expression.

THÉÂTRE

Le théâtre américain n'acquit une véritable identité qu'après la Seconde Guerre mondiale, avec la naissance du mouvement du Little Theater. Inspiré du théâtre progressiste européen, il proposait une alternative aux pièces et aux comédies musicales traditionnellement larmoyantes de Broadway ; à New York, il finit par engendrer le théâtre "off-Broadway."

Dans le documentaire amusant et inattendu *OT : Our Town* (2002), de Scott Hamilton Kennedy, des gosses du ghetto de LA retournent la pièce classique de Thornton Wilder *Une petite ville* et découvrent la valeur sociale du théâtre.

Fort de 500 associations de théâtre sans but lucratif, le pays jouit d'un remarquable dynamisme en la matière. Le mouvement du théâtre régional, parti des années 1960, a attiré un public fidèle ces dernières années. Les plus populaires sont les quelque 170 troupes vouées à Shakespeare (voir Ashland, dans l'Oregon).

Quant aux écrivains de théâtre américains, Eugene O'Neill est souvent considéré comme le meilleur ; il s'est mis au travail à peine débarqué, vers 1920. Sa somptueuse trilogie *Le deuil sied à Electre* (1931) est une version du mythe grec tragique du meurtre d'Agamemnon, transposé en Nouvelle-Angleterre après la guerre de Sécession.

Après la Seconde Guerre mondiale, les écrivains de théâtre prirent part à la renaissance artistique qui touchait tout le pays. Deux grands noms émergèrent : Arthur Miller, auteur notamment de *Mort d'un commis voyageur* (1949), et Tennessee Williams, originaire du Sud, écrivain prolifique et reconnu, auteur de *La Ménagerie de verre* (1945), de *Un tramway nommé désir* (1947) et de *La Chatte sur un toit brûlant* (1955). Toutes ces pièces ont été adaptées au cinéma et sont souvent reprises au théâtre.

Comme en Europe, les années 1960 en Amérique virent le triomphe du théâtre absurde et d'avant-garde. L'un des écrivains les plus caustiques fut peut-être Edward Albee, auteur du chef-d'œuvre *Qui a peur de Virginia Woolf ?* (1962), qui se plaisait à brouiller les cartes : en 2002, sa pièce *The Goat or, Who Is Sylvia?*, récompensée par un Tony Award, tourne autour de l'infidélité d'un époux avec… une chèvre.

Le remarquable *American Theatre* (www.tcg.org) livre des informations complètes sur les théâtres régionaux.

Deux autres auteurs dramatiques de poids émergèrent dans les année 1970 : David Mamet (*American Buffalo*, 1975) et Sam Shepard (*L'Enfant enfoui*, 1978), encore actifs de nos jours.

L'avant-garde théâtrale s'est considérablement diversifiée ; le post-modernisme est passé par là, et le genre est devenu multidisciplinaire : finis, les quatre murs et les pièces en trois actes. Suzan-Lori Parks (*Topdog/Underdog*, 2001 ; *365 Plays/365 Days*, 2006) est l'un des nombreux écrivains dramatiques noirs, et les spectacles à un seul comédien, comme ceux de la comédienne chinoise américaine Margaret Cho, ou de Sarah Jones, aux accents hip-hop, attirent un public nombreux.

DANSE

Pendant la majeure partie du XXe siècle, les artistes américains les plus contestataires furent les pionniers de la danse moderne. Souvent innovantes et surprenantes, moins cantonnées à New York, les troupes américaines ont autant à cœur de ménager leur héritage que d'explorer de nouvelles voies.

Danse classique

Le ballet moderne serait né avec *Apollo* (1928) et *Prodigal Son* (1929), dans lesquels le chorégraphe d'origine russe George Balanchine élabora un vocabulaire inédit du ballet moderne : dans ses ballets "abstraits," il basait sa chorégraphie sur la structure profonde de la musique, et non sur une histoire. En 1934, Balanchine fonda la School of American Ballet et, en 1948, il dirigea le New York City Ballet, dont il fit l'une des meilleures troupes classiques du monde. Jerome Robbins reprit le New York City Ballet en 1983, après avoir collaboré avec Leonard Bernstein dans plusieurs comédies musicales de Broadway, dont *West Side Story* (1957). Broadway demeure une étape incontournable dans la carrière d'un danseur.

Voice of Dance (www.voiceofdance.com), basé à San Francisco, présente l'actualité de la danse moderne, et comprend une liste complète de liens vers des groupes dans tout le pays.

Aujourd'hui, presque toutes les grandes villes possèdent une troupe classique ; nombreuses sont celles qui portent l'héritage de Balanchine comme le San Francisco Ballet. *Dance* (www.dancemagazine.com) propose de très bonnes informations sur le ballet moderne.

Danse moderne

Pionnière de la danse moderne, Isadora Duncan ne connut le succès qu'en Europe au début du XXe siècle. Appliquant des idées empruntées aux concepts grecs antiques de la beauté, elle défia les limites imposées par le ballet classique et proposa une forme de danse laissant libre cours à l'expression des sentiments.

L'école de danse moderne Denishawn, créée à Los Angeles en 1915, fut la pionnière en ce domaine aux États-Unis. Son élève la plus célèbre, Martha Graham, allait devenir une grande figure de la danse moderne. En 1926, après s'être installée à New York, elle fonda la Martha Graham School for Contemporary Dance. De nombreux choréographes américains, aujourd'hui célèbres, étudièrent sous sa houlette. Dans sa longue carrière, elle créa plus de 140 ballets basés sur une nouvelle technique, enseignée aujourd'hui partout dans le monde, qui exprime l'émotion intérieure par un langage narratif intense. Son œuvre la plus célèbre est *Appalachian Spring* (1944).

Merce Cunningham, Paul Taylor et Twyla Tharp, qui dirigent aujourd'hui des troupes, succédèrent à Graham comme inspirateurs de la danse moderne. Dans les années 1960 et 1970, Cunningham explora l'expressionnisme abstrait du mouvement, et collabora avec John Cage. Taylor et Tharp sont connus pour puiser des références dans la culture populaire.

Également étudiant de Martha Graham, Alvin Ailey prit part au bourgeonnement de la culture noire au lendemain de la Seconde Guerre mondiale. Il se fit un nom grâce à *Blues Suite* (1958) et *Revelations* (1960) ; en 1958, il fonda l'Alvin Ailey American Dance Theater, encensé aujourd'hui encore par la critique.

Parmi les célèbres chorégraphes postmodernes, on peut citer Mark Morris, à New York, et Anna Halprin, à San Francisco. Les deux pôles urbains qu'ils représentent sont les capitales de la danse, mais d'autres villes commencent également à se faire un nom, parmi lesquelles Minneapolis, Chicago et Philadelphie.

ARCHITECTURE

La principale contribution américaine au monde de l'architecture ? Les gratte-ciel, symbole de la réussite technologique, d'une attirance pour le gigantisme et le commerce, et d'une affinité naturelle pour le modernisme.

Jusqu'au XXe siècle, l'architecture américaine était demeurée assez traditionaliste, conforme aux canons européens ; d'ailleurs, le mode de vie, la production de masse des matériaux et les prix du neuf expliquent qu'elle soit encore demeurée assez conservatrice. Or, comme partout, les progrès de l'informatique participent d'une vague d'innovation et d'originalité.

La période coloniale

Les villages des Indiens pueblos en adobe dans le Sud-Ouest constituent la seule influence durable exercée par les indigènes sur l'architecture américaine. Les Espagnols du XVIIe et du XVIIIe siècle s'en approprièrent des éléments, et créèrent un style hybride repris par l'architecture du XXe siècle : en témoignent le style "missionnaire" dans le sud de la Californie et le style pueblo dans le Sud-Ouest. Sur la Côte Est, l'architecture des premiers colons était autant affaire de nécessité que de style. En Virginie et en Caroline, la petite noblesse, singea les résidences anglaises (d'après image), et la brique remplaça le bois de construction.

La bibliothèque du Congrès a numérisé plus de 160 000 images de l'époque de la Dépression, de Walker Evans, Dorothea Lange et d'autres (on peut même en commander des reproductions) : memory.loc.gov/ammem/fsahtml/fahome.html.

Après la guerre d'Indépendance, les dirigeants de la nation, désireux d'adopter un style digne de leur nouvelle république, adoptèrent le néoclassicisme, qui incarnait les idéaux de la Grèce et de Rome. Dans la lignée des modes anglaises, un engouement pour le style grec s'empara de l'Amérique ; les bâtiments publics et les résidences prirent des allures de temples grecs ou romains miniatures, coiffés de portiques dignes du Parthénon. Aux environs de 1850, le néogothique s'imposa dans les églises et les bâtiments universitaires.

Un pays en construction

Dans les années 1850, l'architecture des bâtiments de taille modeste fut révolutionnée par la technique du *balloon frame* : l'ossature légère, en bois d'œuvre de 2 cm sur 4, était fixée par des clous bon marché et produits en série. De construction facile et économique, les boutiques et les maisons en *balloon frame* poussèrent comme des champignons dans les villes de l'Ouest en expansion. Finalement prohibé dans les villes (les maisons étaient très vulnérables aux incendies), ce type d'édifice proliféra dans les banlieues et alimenta le rêve américain en rendant la propriété accessible à la portée de la classe moyenne.

MAÎTRE DES PRAIRIES

Frank Lloyd Wright (1867-1959), qui débuta à Chicago comme apprenti chez l'architecte du modernisme Louis Sullivan, est considéré comme l'un des plus grands visionnaires du XXe siècle. Travaillant essentiellement sur des maisons privées, il abandonna les éléments et les références historiques pour faire de chaque bâtiment une forme architecturale unique caractérisée par une nette horizontalité et des avant-toits plongeants. Il fut aussi un précurseur du chauffage à panneaux, de l'éclairage indirect, du double vitrage et de l'air conditionné.

Wright développa plus tard le concept d'"architecture organique", où les bâtiments se fondent dans l'environnement naturel. Les espaces intérieurs n'étaient pas divisés en pièces, mais débordaient les uns sur les autres, l'ensemble étant largement ouvert sur l'extérieur. Il innova par son usage de l'acier, du verre et du béton et par son refus de décoration, qui ne provenait que des textures et des couleurs des matériaux.

Vous pouvez aujourd'hui visiter la maison d'hiver et école d'architecture de Frank Lloyd Wright, à Taliesin West, dans le sud de l'Arizona (p. 291).

À San Francisco et dans d'autres villes américaines, l'architecture victorienne est apparue au fil du XIXe siècle. Plus vastes et plus élégantes, les demeures de la classe aisée étaient ornées de balcons, de tourelles, de tours, et d'éléments en bois joliment ouvragé et peint de style *gingerbread* ou pain d'épice.

En réaction contre l'opulence victorienne, apparut après 1900 le mouvement Arts and Crafts (arts et métiers), populaire jusque dans les années 1930. Ses modestes bungalows, représentés par la splendide Gamble House à Pasadena en Californie (p. 153), étaient de facture artisanale, en bois, verre et tuiles de céramique de la région.

Entre la fin du XIXe et le début du XXe siècle, alors que la nation s'étendait inexorablement vers l'Ouest, deux grandes figures féminines marquèrent l'architecture. On doit à Mary Elizabeth Jane Colter les Harvey Houses pour le chemin de fer, ainsi que certains des logements et édifices touristiques emblématiques du Grand Canyon, inspirés par le style amérindien. Julia Morgan, première femme architecte à avoir reçu son diplôme de l'École des beaux-arts de Paris, conçut plus de 700 bâtiments dans des styles très variés allant du bungalow californien au somptueux palais d'Hearst Castle (p. 191).

Plus près du ciel

Les édifices en ossature d'acier interne firent leur première apparition à Manhattan dans les années 1850 ; les murs ne soutenaient plus la structure, ce qui conférait à l'architecte une plus grande liberté de conception ; mais ce fut l'invention de l'ascenseur par Otis, vers 1880, qui marqua l'éclosion des hauts immeubles. L'école de Chicago remodela ces innovations dans le style *Beaux-Arts* pour produire le gratte-ciel, précurseur de l'architecture moderne.

Sous l'influence de Wright (voir l'encadré ci-dessus) et de l'Art déco, qui acquit une immense popularité après l'exposition de Paris de 1925, les édifices urbains s'élevèrent toujours plus haut. Les villes furent parcourues de lignes horizontales et surtout verticales, et de blocs de béton, de verre et d'acier ; citons ainsi le Chrysler Building de 1930 et l'Empire State Building de 1931. Le Rockefeller Center (1932) et son Radio City Music Hall portent aussi l'empreinte de l'Art déco, et servirent à leur tour de modèles pour les cinémas, les stations-service et les hôtels de tout le pays.

Dans les années 1950, d'immenses banlieues apparurent du jour au lendemain pour loger la classe moyenne. Un des grands constructeurs, Levitt and Sons, livrait clefs en mains une nouvelle maison de quatre pièces toutes les 16 minutes.

Modernisme et postmodernisme

Lorsque les adeptes du Bauhaus, tels Walter Gropius et Ludwig Mies van der Rohe, fuyant l'Allemagne nazie débarquèrent aux États-Unis, ils apportaient avec eux des conceptions avant-gardistes. Van der Rohe s'installa à Chicago, où Louis Sullivan, bâtisseur du premier gratte-ciel moderne, travaillait déjà à l'élaboration d'un style d'architecture simplifié où la "forme suivait toujours la fonction". Cette rencontre donna naissance au "style International", qui favorisait l'utilisation de surfaces de verre appliquées sur une structure en acier.

L'Institut d'architecture américain a demandé à des citoyens lambda de citer leurs 150 bâtiments préférés. La liste de monuments commémoratifs et d'attractions touristiques en résultant (www.aia150.org) a atterré des architectes modernes tandis que d'autres levaient les yeux au ciel.

Vers le milieu du XXe siècle, le modernisme se transposa dans les banlieues, notamment en Californie du Sud. L'architecture "*mid-century modern*" fut influencée par la nature organique des maisons de Frank Lloyd Wright (voir l'encadré p. 87) mais aussi par les lignes épurées et géométriques du design scandinave. L'usage d'une ossature permettait d'avoir des murs complètement en verre donnant l'illusion de fondre l'espace de vie dans l'espace extérieur. Albert Frey, Richard Neutra et d'autres architectes célèbres de ce mouvement ont laissé à Palm Springs (Californie) une impressionnante collection de maisons privées et d'édifices publics.

Plus tard au XXe siècle, le postmodernisme remit la décoration, la couleur, les références historiques au goût du jour, non sans une touche de fantaisie. Michael Graves et Philip Johnson se distinguèrent dans ce style. Une autre expression du postmodernisme se trouve dans l'architecture criarde et mimétique qui borde le Strip à Las Vegas.

Au XXIe siècle, les nouvelles techniques de conception assistée par ordinateur permettent de concevoir des formes inédites et audacieuses. Frank Gehry a été l'un des pionniers de ce futurisme avec le Walt Disney Concert Hall à Los Angeles (p. 144), qui n'est qu'un exemple. Parmi les autres grands noms de l'architecture contemporaine, citons Richard Meier (Getty Center de Los Angeles), Thom Mayne (Federal Building à San Francisco) et Daniel Libeskind (Contemporary Jewish Museum de San Francisco et Hamilton Building du Denver Art Museum). Dans de nombreuses villes américaines, des édifices publics, des musées sont porteurs de ce nouvel élan novateur.

Cuisine

Sara Benson et John Mariani

Depuis l'hiver 1620, au cours duquel les Indiens wampanoag évitèrent aux Pères pèlerins de mourir de faim, les Américains ont intégré toutes sortes d'influences culinaires pour créer leur propre cuisine à partir de la grande richesse de produits offerte par le continent. Fiers de cette richesse, ils ont su tirer parti des ressources de l'Atlantique nord, du golfe du Mexique et de l'océan Pacifique, des terres grasses du Midwest et des immenses prairies de l'Ouest, où les ranchs ont fait du bœuf, du porc et du poulet des produits de consommation quotidienne.

Du Maine à l'Oregon, les écrivains Jane et Michael Stern ont écumé les restaurants des petites villes et le long des routes. Le site www.roadfood.com recense toutes leurs trouvailles.

Des vagues d'immigration massive ont enrichi la gastronomie américaine en adaptant des idées venues d'ailleurs aux cuisines locales, de la pizza italienne aux hamburgers allemands en passant par le bortsch d'Europe centrale, les *huevos rancheros* mexicains et les sushis japonais. Par la suite, un système de transport et de marketing à l'échelle du continent a rendu produits frais, en conserve, en boîte et surgelés disponibles pour tous et à tout moment – à tel point que de nombreux Américains ont pris beaucoup de poids, jusqu'à devenir dans certains cas obèses, à force de *fast food* et de *junk food*.

Il a fallu attendre les années 1960 pour que la nourriture et le vin deviennent des sujets sérieux pour les quotidiens, les magazines et la télévision et ce, grâce à l'initiative d'une Californienne, Julia Child, qui apprenait aux Américains la cuisine française au cours d'émissions en noir et blanc diffusées par la télévision publique de Boston. Pendant les années 1970, l'homme de la rue – et pas seulement les hippies – en est venu à prendre en considération les notions d'aliments biologiques et d'agriculture durable. Au cours des deux décennies qui ont suivi, la "révolution des gourmets" – ceux qui "préfèrent la roquette à la laitue iceberg" comme les présentaient le *Time* en 2007 – a encouragé l'ouverture de restaurants consacrés à des cuisines américaines régionales (de celle du Sud à celle du Nord-Ouest pacifique), qui allaient se hisser au niveau des meilleures cuisines européennes.

La tendance est désormais chez les restaurateurs américains à l'utilisation d'ingrédients produits localement et si possible bio, et le "Slow Food" fait de plus en plus d'adeptes. On doit en grande partie cette évolution de la gastronomie américaine à Alice Waters, qui ouvrit le restaurant Chez Panisse (p. 237) à Berkeley en 1971. Aujourd'hui, c'est la First Lady, Michelle Obama, qui apporte sa contribution en plantant avec ses filles un potager bio sur la pelouse de la Maison-Blanche. Depuis peu, des marchés fermiers se mettent en place un peu partout dans le pays. Ils sont une excellente occasion de rencontrer les habitants et de goûter à l'infinie variété des produits américains, des fruits et légumes anciens à des spécialités régionales sucrées ou salées fraîchement préparées.

PRODUITS DE BASE ET SPÉCIALITÉS

La mixité de la population interdit toute généralisation sur les habitudes alimentaires. Disons que la plupart des gens font trois repas par jour, auxquels il faut fréquemment ajouter un en-cas ou deux. Le petit-déjeuner traditionnel vient d'une société rurale dans laquelle les paysans avaient besoin de beaucoup d'énergie et donc d'un plat solide (œufs, bacon et pancakes) dès le matin. Aujourd'hui, la plupart des citadins travaillent dans le secteur tertiaire et un bol de céréales, quelques toasts et un café suffisent amplement.

En général, après une pause café en milieu de matinée, le salarié américain se contente pour déjeuner d'un sandwich, d'un hamburger ou d'une salade composée. Dans les grandes villes, on "déjeune" souvent pour le business, la conversation prenant alors le pas sur l'assiette. Les "dîners d'affaires" ont souvent lieu dans des restaurants à viande (*steakhouse*) ou autres établissements tape-à-l'œil. La plupart des salariés prennent un en-cas en milieu d'après-midi (barre sucrée, paquet de chips, fruit…).

Le soir en semaine, les Américains s'installent (en général tôt) pour un dîner plus substantiel, qui, étant donné le peu de temps dont disposent de nombreux couples, est souvent constitué de plats préparés rapportés à la maison (pizza, plats chinois…) ou de repas tout prêts à cuire au micro-ondes. Les desserts seront du genre glace, tartes et gâteaux. Dans certaines familles, on cuisine toujours un repas traditionnel du dimanche soir avec des parents ou des amis venus faire la fête. Barbecue et pique-nique le week-end sont également fréquents.

Sud-Ouest

Cette région fut autrefois espagnole et a aujourd'hui une large population de Chicanos grâce à qui la cuisine mexicaine, ou plutôt tex-mex, est excellente.

Au Nouveau-Mexique, la question "Rouge ou vert ?" n'a pas de connotation politique. Elle s'applique au choix de la sauce au piment. Si vous voulez les deux, demandez vos *enchiladas* "Christmas style".

Le nord du Nouveau-Mexique est connu pour ses sauces aux piments rouges ou verts qui assaisonnent œufs, *enchiladas*, tortillas, *burritos*, *chimichangas*, tacos et autres galettes de maïs aux garnitures variées (viande hachée, poulet, haricots…), en vente partout. Grillades et barbecues sont aussi très courants dans les menus du Sud-Ouest, et la boisson favorite, autant chez soi qu'à l'extérieur, est la bière. En Utah, marqué par la présence mormone, les plats traditionnels (après la prière) sont de rigueur. Mais Las Vegas n'est pas loin, et c'est devenu une salle de jeux cosmopolite pour les grands chefs de New York, Los Angeles et même Paris, qui y ouvrent tous des filiales.

Californie

Son étendue et ses nombreux microclimats font de la Californie la corne d'abondance de l'Amérique en ce qui concerne fruits et légumes. C'est aussi le point d'accès au continent pour les marchés asiatiques. Ses ressources sont impressionnantes, avec les produits de l'océan – saumon sauvage, crabe de Dungeness et huîtres, entre autres – ; des produit alimentaires robustes tout au long de l'année ; et des productions artisanales comme le fromage, le pain, l'huile d'olive, le vin et le chocolat. Au cours des décennies 1970 et 1980, des chefs d'exception comme Alice Waters et Wolfgang Puck lancèrent la "cuisine californienne", mettant en œuvre les meilleurs ingrédients locaux dans des plats simples mais délicieux. L'afflux d'immigrants asiatiques, en particulier après la guerre du Vietnam, a enrichi les cultures culinaires urbaines avec l'apparition de quartiers chinois, coréens et japonais au côté de vastes enclaves de Mexicano-Américains, aux traditions culinaires vivaces. Enfin, la "cuisine fusion" est aussi un symbole de la culture gastronomique californienne.

Pour vous initier chez vous à la cuisine de l'Ouest américain, lisez *La Cuisine du Far West : 50 recettes faciles au bon goût d'aventure* (Librio, 2003), de Gilles Laurendon, ou *La Cuisine des Indiens* (Librio, 2003) du même auteur.

Nord-Ouest pacifique

Le climat frais et humide du Nord-Ouest pacifique est favorable aux champignons, énormes, aux baies et aux fruits à noyaux et bien sûr à la vigne. Au nord, jusqu'à l'Alaska, saumons sauvages et huîtres abondent. Les traditions culinaires des tribus amérindiennes locales, reposant sur la chasse, la pêche et la cueillette, attestent d'ailleurs de cette profusion. À Seattle, ville de Starbucks, des cafés ont ouvert à tous les coins de rue. En outre, les brasseries et les producteurs de vins d'Oregon et du Washington font des bières et des vins de niveau international – particulièrement les pinots noirs et les rieslings.

BOISSONS

L'abstinence n'est pas une vertu américaine. Et, alors que les ventes d'alcool ont atteint des records aux États-Unis ces dernières années, seuls 20% des Américains boivent du vin régulièrement ; la plupart d'entre eux préfèrent la bière, qui, outre qu'elle étanche la soif, a une fonction sociale. Sans bière, pas de pique-nique, de partie de plage ou de réunion de supporters réussie.

LE NOUVEAU MONDE DU VIN

Dès leur arrivée dans le Nouveau-Monde, les Européens ont fait du vin, d'abord avec des raisins locaux comme les Scuppernong, Catawba Concord ou Niagara, puis avec des cépages importés d'Europe. Les missionnaires espagnols ont introduit la vigne en Californie au XVIe siècle.

Au XIXe siècle, les vignobles y fleurissaient, comme dans l'Ohio, le Missouri et dans l'État de New York. D'ailleurs, quand le phylloxéra dévasta les vignobles de toute l'Europe au milieu du XIXe siècle, des variétés américaines naturellement résistantes à l'insecte furent greffées sur les pieds européens pour relancer l'industrie viticole en France, en Espagne, en Italie et en Allemagne.

De 1919 à 1932, la Prohibition, un ensemble de mesures visant à réprimer l'alcoolisme, mit à mal l'industrie du vin. Lorsqu'elle se termina, les vignobles se mirent à produire en grande quantité des vins de qualité médiocre, en particulier les "*jug wines*" vendus en grandes bouteilles d'un litre et plus.

Ce n'est que dans les années 1960 que les producteurs californiens commencèrent à mettre sur le marché des vins pouvant soutenir la comparaison avec les meilleurs crus européens. Issus d'un seul cépage, les cabernets sauvignons, chardonnays, pinots noirs ou rieslings américains étaient souvent plus alcoolisés et plus riches que leurs homologues de l'Ancien Monde. En 1976, à Paris, lors d'une dégustation à l'aveugle faite par des spécialistes français, les vins californiens l'emportèrent sur les vins français. Ce "Jugement de Paris" fit l'effet d'une bombe.

Les succès de la viticulture californienne, en particulier celle de la Napa Valley et la Sonoma Valley, amenèrent des améliorations technologiques qui eurent une influence mondiale. Aujourd'hui, on produit du vin dans les 50 États de l'Union. Bien sûr, les terroirs ne sont pas tous équivalents. La Côte Ouest est la figure de proue de la viticulture américaine, avec des établissements vinicoles un peu partout en Californie, en Oregon et dans l'État de Washington. Des vins d'une qualité surprenante sont également réalisés dans la région des Grands Lacs (en particulier dans l'État de New York et dans le Michigan), ainsi qu'au Texas, dans le Hill Country.

Si vous voulez visiter des domaines viticoles sans prétention et hors des sentiers battus en Californie, essayez les suivants :

- **Amador County** (www.amadorwine.com) – les établissements vinicoles ruraux des Sierra Foothills sont associés au zinfandel, mais ils exploitent aussi une incroyable variété de cépages provenant d'Italie et du sud de la France.
- **Lodi** (www.lodiwine.com) – des viticulteurs installés depuis plusieurs générations exploitant de vieilles vignes de zinfandel.
- **Mendocino County** (www.truemendocinowine.com) – à proximité de la Napa Valley et la Sonoma Valley, de petites routes conduisent à travers Anderson Valley vers des syrahs et des rieslings lumineux.
- **Paso Robles** (www.pasowine.com) – la région viticole californienne à la croissance la plus rapide produit de remarquables cabernets sauvignons, syrahs et zinfandels ; vous trouverez du chardonnay dans l'Edna Valley voisine.
- **Santa Barbara County** (www.sbcountywines.com) – rendues célèbres par le film *Sideways* (2005), la Santa Maria Valley et la Santa Ynez Valley font un excellent pinot noir.
- **Santa Cruz Mountains** (www.scmwa.com) – certains des établissements vinicoles californiens parmi les plus vieux et les plus révérés ne sont ouverts au public que quelques jours d'affilée par trimestre.

Wine Spectator (www.winespectator.com) propose en ligne une base de données de critiques de vin pour ses abonnés, ainsi que des blogs gratuits, des articles archivés, des comptes rendus de dégustation et des listes de grands crus établies par des critiques.

Après tout, c'est compréhensible : les immigrants allemands du XIXe siècle ont mis au point des procédés permettant de fabriquer la bière en quantités importantes et de la diffuser sur tout le territoire. Aujourd'hui, 80% de la bière américaine vient du Midwest. La production de bières artisanales grimpe en flèche et représentait déjà 6% du marché intérieur en 2008. Et plus de 1 500 brasseries artisanales produisent quelque 10 millions d'hectolitres par an.

Bottle Shock (2008) est un film qui revisite les débuts de la viticulture dans la Napa Valley et la Sonoma Valley. Il s'achève par le triomphe des vins californiens sur les vins français lors du "Jugement de Paris" en 1976.

Cela dit, les Américains boivent plus de vin que jamais et le pays est le quatrième producteur au monde après l'Italie, la France et l'Espagne. À l'heure actuelle, près de 90% de la production est californienne, mais les vins de l'Oregon et des États de Washington et de New York sont désormais reconnus internationalement. Il existe des douzaines de cépages différents, tous basés sur des pieds importés.

On fabrique aussi rye, whisky, gin et vodka aux États-Unis. Le bourbon, fait à partir de maïs (traditionnellement dans le Kentucky), est le seul alcool vraiment américain. Parmi les cocktails créés dans les bars américains à la fin du XIXe siècle et au début du XXe, on trouve de grands classiques comme le martini et le Manhattan. La margarita – à base de tequila – vient de Tijuana, au Mexique. La mode est actuellement au mojito (cocktail à base de rhum avec des feuilles de menthe pilées), originaire de Cuba. En guise de tisane un peu relevée, il y a aussi l'irish coffee, mélange de café chaud avec du whiskey irlandais et de la crème fouettée.

Aux États-Unis, l'eau du robinet est potable. La plupart des boissons non alcoolisées sont très sucrées et servies avec de la glace. Elles vont du thé glacé et de la limonade à la mode du Sud aux "soft drinks" typiquement américains (appelés aussi "soda" ou "pop"), comme le Coca-Cola, le Pepsi et le Dr Pepper. On trouve aussi des marques rétro, le Dr. Brown's, tout droit sorti des *delicatessens* new-yorkais, ou au contraire nouvelles, comme le Jones Soda (fait avec du sucre de canne au lieu de sirop de maïs).

PLATS DE FÊTE

Pas de fêtes sans agapes. Comme les jours chômés ne sont pas nombreux, quand il y en a un, on en profite. Thanksgiving est aussi inimaginable sans dinde, que Halloween sans bonbons et citrouille. Les repas traditionnels de fête deviennent l'occasion de réunions familiales autour de tables bien garnies.

La fête de Halloween telle que nous la connaissons vient d'une vieille tradition anglaise datant d'une époque où il fallait chasser les démons en les effrayant. Aujourd'hui, on joue à faire peur à ses amis. Les citrouilles sculptées avec une bougie allumée à l'intérieur signalent aux enfants qu'ils sont les bienvenus. Déguisés, ils sonnent et menacent de vous jouer de vilains tours si vous ne leur donnez pas des bonbons.

Thanksgiving (action de grâce ; le 4e jeudi de novembre), souvenir d'une récolte mythique unissant les premiers colons et les Amérindiens, est presque aussi importante que Noël. Les mets préparés sont des plats de la vieille Europe mais concoctés avec des ingrédients locaux, comme la sauce aux airelles, les patates douces, la purée et la tarte à la citrouille, accompagnement de l'énorme dinde rôtie. Depuis peu, les morceaux de dinde sont souvent frits ou cuits au barbecue. Par ailleurs, les apéritifs, les accompagnements et les desserts peuvent désormais être latinos, africains ou hawaïens.

Les préparatifs de Noël commencent imédiatement après Thanksgiving. Les centres de table ressortent des armoires pour être dépoussiérés. Le repas de Noël ressemble beaucoup au précédent, parfois un jambon ou un rôti de bœuf remplace la volaille. Pâques, moins importante, reste un moment de réunion familiale et l'occasion d'aller ensemble à l'église. La traditionnelle chasse aux œufs est un rappel des rites païens antérieurs à la fête chrétienne. Les enfants se font une joie de trouver dans les jardins les œufs oubliés par les lapins (!) de Pâques.

Les Américains célèbrent les autres fêtes de nombreuses manières différentes, liées à leur héritage ethnoculturel. Certains Italo-Américains consommeront du poisson la nuit précédant Noël et des pâtes le jour même. Pour Pâques, les Américains d'origine grecque serviront de l'agneau, d'autres du jambon rôti. Bizarrement, pour la Saint-Patrick, on mangera aux États-Unis du corned-beef au chou, combinaison quasiment inconnue des Irlandais. Les plats traditionnels du jour de l'An censés porter chance sont par exemple les lentilles (Italiens), le chou (Irlandais), la cornille et le riz (habitants du Sud) et la choucroute (Hollandais de Pennsylvanie).

D'autres fêtes ne sont observées que par certains groupes. Les juifs célèbrent le Séder de la Pâque avec un bouillon aux boulettes de *matzot* et Hanoukka avec des fritures, comme les *latkes* de pommes de terre. Les Afro-Américains fêtent leurs origines africaines en décembre lors de Kwanzaa avec des plats africains, antillais et du Sud. Le Nouvel An lunaire (fin janvier ou début février) est une célébration gastronomique pour les Sino-Américains, tandis que les Italo-Américains organisent en l'honneur de leurs saints préférés des fêtes de rue au cours desquelles sont servis fruits de mer frits, sandwichs à la saucisse et pâtisseries.

Bien moins formels, Memorial Day, Independence Day et Labor Day, marquent respectivement le début, le milieu et la fin de l'été. On voit les gens revêtir leur plus belle chemise hawaïenne pour aller siroter des bières dehors. Familles et amis se réunissent dans les jardins ou les parcs pour faire griller quelques hamburgers et partager les plats que chacun aura apporté : salade de pommes de terre, *coleslaw* ou tarte aux pommes.

Les cérémonies de mariage s'abrègent et perdent en religieux mais les réceptions qui suivent sont de plus en plus élaborées. Les mariés commandent parfois un banquet pour une centaine de personnes chez un traiteur. Rien n'y manque, des cocktails au champagne, sans oublier l'inévitable pièce montée. Les nouveaux époux en prennent un morceau que chacun vient manger dans la main de l'autre. Dans les communautés latinos, la *quinceañera,* célébrée à l'occasion du quinzième anniversaire d'une jeune fille, peut aussi donner lieu à une fête particulièrement somptueuse.

Réservations en ligne gratuites, rapides et faciles sur www.opentable.com, dans plus de 10 000 restaurants répartis dans les 50 États.

FAITES VOYAGER VOS PAPILLES

Le voyage est un dépaysement pour tous les sens, aussi ne revenez pas des États-Unis sans avoir goûté :

- un sandwich au beurre de cacahuète et à la gelée. Les enfants en raffolent.
- un *corn dog* : souvent les stands s'installent sur les promenades longeant les plages et dans les foires, c'est un hot dog piqué sur une brochette et enrobé d'une pâte à base de farine de maïs.
- des *burritos* : plat mexicain revu à l'américaine, il s'agit d'une grande galette à base de farine de blé farcie avec des haricots rouges, de la viande, du riz, le tout assaisonné de sauce ; généralement il y a à manger pour deux.
- des *s'mores*, c'est la tradition : quand on campe, le soir autour du feu de bois, on chauffe un morceau de guimauve piqué sur une brochette avant de le prendre en sandwich entre deux *crackers graham* avec un morceau de chocolat qui fond immédiatement.
- oserez-vous commander les Rocky Mountain Oysters ("huîtres des Rocheuses") ? Ce nom cache des testicules de taureau frits que l'on trempe dans une sauce piquante avant de les déguster.

OÙ SE RESTAURER ET PRENDRE UN VERRE

L'essentiel du territoire américain est couvert de restaurants de chaîne tous semblables. Hors des grandes villes, la plupart des Américains ne mangent que très rarement dans des restaurants chers et considèrent ces chaînes (TGI Friday's, Denny's, Applebee's…) comme un choix plus raisonnable. Ces endroits sont sans surprise, peu chers et informels, mais la qualité des plats dépasse rarement le médiocre.

Mieux vaut de loin demander aux habitants quel restaurant indépendant ils vous conseilleraient dans le quartier, en précisant par exemple que vous cherchez un restaurant de grillades, de fruits de mer ou de crêpes. Ces endroits offrent souvent une atmosphère plus authentique, un accueil plus chaleureux et une bien meilleure cuisine.

Chowhound (www.chowhound.com) est fait pour ceux qui "vivent pour manger". Les habitants vous y livrent leurs secrets pour trouver l'essentiel : dénicher, par exemple, les meilleurs camions à tacos de San Francisco.

C'est dans les *diners*, *coffee shops*, cafés et dans certains restaurants familiaux que l'on trouve les meilleurs petits-déjeuners. En général, ils ouvrent tôt et ferment tard, ce qui en fait de bonnes étapes pour un en-cas en cours de journée. Les petits-déjeuners les plus onéreux sont ceux servis dans les chambres d'hôtel, et ils sont rarement savoureux ; à éviter.

Un *bar-and-grill* pourra n'être guère plus qu'un établissement qui sert une nourriture de base, mais, à l'inverse, on pourra aussi tomber sur un pub-brasserie branché ou un restaurant servant une excellente cuisine américaine et proposant une bonne carte de bières et de vins. Bien souvent, dans ce cas, il y aura aussi un bar où l'on pourra dîner seul confortablement. Pour les gros appétits, il y a le buffet "*all-you-can-eat*" (à volonté), véritable phénomène culturel, où, pour un prix fixe, vous pourrez vous resservir aussi souvent que vous le voudrez jusqu'à être parfaitement rassasié ou au bord de l'indigestion.

Dans les grandes villes, vous trouverez des restaurants haut de gamme à menu fixe et service à l'européenne, où vous pourrez traîner à loisir devant votre expresso et votre crème brûlée. Mais attention à l'addition ! Cela dit, la faiblesse actuelle du dollar rend la fréquentation occasionnelle d'un restaurant chic bien plus abordable qu'à Londres, Paris ou Tokyo. Si vous vous décidez, réservez (ou demandez à votre hôtel de le faire pour vous), renseignez-vous sur la tenue exigée et soyez prêt à accepter une table pour très tôt ou très tard dans la soirée si vous choisissez l'établissement d'un chef célèbre.

Epicurious (www.epicurious.com) et Food Network (www.foodnetwork.com) disposent de vastes bases de données de recettes tirées de grands magazines de cuisine et de shows TV, ou dues à des grands chefs américains.

Voir p. 529 pour en savoir plus sur les horaires d'ouverture des restaurants, et p. 515 pour les coûts moyens des repas.

En-cas

En achetant des hot dogs ou des bretzels dans la rue, ou des tacos sur le bord de la route, vous prenez un petit risque d'ingérer une méchante bactérie, mais en général les fast-foods sont sûrs et les marchands ambulants contrôlés par les services de l'hygiène locaux. Dans les fêtes et les foires de comté, vous pourrez goûter barbes à papa, *corn dogs*, pommes d'amour, *funnel cakes* et toutes sortes de spécialités régionales savoureuses. Les marchés fermiers proposent souvent des plats préparés plus sains à des prix honnêtes.

POURBOIRES

Sauf indication contraire, le service n'est pas compris au restaurant et les serveurs ne sont pas grassement payés. L'usage est de laisser au moins 15% de la note (qui comprend déjà les taxes), sinon l'accueil jusque-là souriant devient glacial, voire hostile. Quand le service est particulièrement soigné, dans les grands restaurants, on laissera jusqu'à 20%. Par contre un manque d'attention ou d'amabilité pourra être pénalisé, et on ne donnera alors que 10%.

QUE CHOISIR ?

Les Américains aiment avoir le choix en toutes choses, dès le petit-déjeuner et jusqu'au dîner. Quand vous mangez au restaurant, soyez prêt à répondre à de nombreuses questions. Par exemple, avant même d'avoir les yeux bien ouverts, il faudra prendre d'importantes décisions.

Au petit-déjeuner, le serveur voudra savoir quel pain vous apporter avec vos œufs : blé complet, *sourdough* ou pain blanc, *English muffin* (ce que les Anglais appellent *crumpet*), bagel, biscuit ? Frites (plus grosses qu'en France et assaisonnées), *hash browns* (galette de pommes de terre râpées frite) ou salade de fruits ? Bacon ou saucisse ? Jus d'orange, de pamplemousse, de tomate ou de pomme ? Café ou déca, avec ou sans lait, sucré ou non ?

Midi/soir : soupe du jour ou salade ? Et quel assaisonement avec une salade, sauce au bleu (crémeuse), *ranch* (la même sans le fromage), *Italian* (vinaigrette) ou *French* (sucrée) ? Et avec ça ? Steak, pommes de terre rôties, purée, riz ou frites ?

VÉGÉTARIENS ET VÉGÉTALIENS

Végétarisme et végétalisme ont été un temps considérés aux États-Unis comme des pratiques sectaires, mais cette époque est bel et bien révolue. De fait, certains des restaurants américains les plus cotés sont des restaurants exclusivement végétariens et végétaliens, comme par exemple Greens (p. 229), géré par le San Francisco Zen Center. Un sondage réalisé à l'échelle nationale en 2006 par le Vegetarian Resource Group a montré que, si moins de 3% des Américains sont strictement végétariens, près de 10% ne mangent jamais de viande rouge.

Aux États-Unis, environ deux tiers des adultes (et 32% des enfants) sont en surpoids. Ce chiffre a augmenté de 47% depuis la fin des années 1970.

De nombreux fast-foods offrent désormais des plats végétariens, comme un yaourt aux fruits ou une salade de légumes, et les non-carnivores trouveront leur bonheur dans les restaurants asiatiques. Quant aux restaurants de luxe, ils proposeront des soupes, des salades et des pâtes en journée, et la plupart prépareront un dîner végétarien sur demande.

Si vous dînez dans un restaurant classique qui prétend offrir des plats végétariens et végétaliens, vérifiez que la préparation se fait bien sans graisses ou bouillons d'origine animale. Ne partez pas de l'idée que le serveur ou même le cuisinier connaissent toutes les subtilités de ces choix alimentaires.

Il y a de nombreux restaurants végétariens et végétaliens dans les grandes villes américaines, mais ce n'est pas toujours le cas dans les petites villes et les zones rurales éloignées des côtes. Ceux qui sont exclusivement végétariens et/ou végétaliens sont distingués dans cet ouvrage par un Ⓥ. Pour en trouver d'autres, consultez l'annuaire en ligne de www.happycow.net.

MANGER AVEC DES ENFANTS

Dans les restaurants familiaux et les *coffee shops*, sets de table en papier et crayons de couleur sont distribués aux enfants à l'entrée, et un menu spécial leur est réservé. Les moins de 10 ou 12 ans se voient proposer un choix de plats moins copieux, sandwichs au fromage, spaghettis, pizzas et *chicken nuggets*, pour quelques dollars. Siège haut et réhausseur sont généralement mis à disposition. Les fast-foods piègent les parents fatigués avec les repas pour enfants et les espaces de jeux.

L'absence de menu pour enfant dans les restaurants ne veut pas toujours dire qu'ils ne sont pas les bienvenus, mais c'est souvent le cas dans les établissements chics. Il est généralement possible de demander un plat de pâtes au beurre et au fromage, en se faisant préciser le prix. Avec deux enfants, on peut prendre un plat et demander à ce qu'il soit servi dans deux assiettes. Les restaurants asiatiques, mexicains et italiens sont les meilleures options.

À FAIRE ET À NE PAS FAIRE

Les Américains ne sont pas à cheval sur l'étiquette des dîners, même fins, mais ont néanmoins des règles et des habitudes bien ancrées.

- Si vous êtes invité à dîner, apportez des fleurs ou une bouteille de vin en cadeau, en sachant que votre hôte ne la servira pas obligatoirement durant ce repas.
- Le téléphone portable est très mal vu à table ; éteignez-le, de préférence, ou présentez vos excuses et quittez la table pour passer ou pour recevoir un appel.
- Fumer dans les bars et restaurants est interdit dans beaucoup de villes et d'États. Si vous ne voyez pas de cendriers sur les tables, allez fumer dehors.
- Si vous avez décidé de vous offrir un restaurant branché, vous aurez plus de chances d'avoir une table si vous la demandez pour avant 18h ou après 20h30. Sachez aussi que les réceptionnistes d'hôtel peuvent faire des miracles pour vous obtenir une table à la dernière minute.
- La plupart des restaurants n'attendent pas plus de 15 minutes pour réattribuer une table réservée. Si vous êtes retardé, appelez pour prévenir.
- Sachez que les vins sont jusqu'à trois fois plus cher dans les restaurants que dans les magasins.
- Vérifiez toujours votre addition. Les erreurs, intentionnelles ou non, sont humaines.
- Demandez un *"doggie bag"* pour emporter les restes avec vous, même dans un restaurant haut de gamme. Les Américains détestent jeter la nourriture et les portions sont souvent énormes.

Si vous faites vos courses, n'oubliez pas que les produits destinés aux enfants sont souvent saturés de sucre. C'est le cas des céréales et des boissons aux fruits. Les jus, les fruits frais ou secs, les bâtonnets de carottes, les fromages à tartiner, les barres de granola et les petits pots de yaourt, fromage blanc et compote de pomme comptent parmi ce qu'il y a de meilleur pour la santé et on les trouve partout. Pour les bébés, les supermarchés ont des rayons de petits pots, dont certains sont bio.

Pour d'autres conseils sur le voyage avec des enfants, voir p. 521.

À TABLE

Les Américains mangent souvent tôt, chez eux comme dehors. Ne soyez pas surpris de voir un restaurant à moitié plein à 12h ou à 17h30. Dans les petites villes, il peut être difficile de trouver un endroit où manger après 20h30 ou 21h. Les *dinner parties* débutent généralement autour de 18h30 ou 19h par un cocktail suivi d'un buffet ou d'un repas à table. Si vous êtes invité à dîner, il est poli d'être ponctuel à un quart d'heure près.

Les Américains ont tendance à faire tout très vite et c'est vrai aussi pour le repas qui dure entre une demi-heure et une heure suivant le type de restaurant et l'occasion. Ils prennent quand même un peu plus de temps le week-end et pendant leurs courtes vacances.

Les Américains ne sont pas stricts sur les manières à table, mais attendent en général que tout le monde soit servi pour commencer. Dans de nombreuses familles croyantes, il est d'usage de remercier le Seigneur avant de commencer un repas familial. La fourchette passe indifféremment de la main gauche à la main droite et nombre d'aliments se mangent avec les doigts. Il n'est pas rare de voir les Américains se beurrer une tranche de pain de mie et l'avaler d'un coup. Les bouteilles de bière ne sont pas inhabituelles à la table du dîner. Le midi, le thé glacé – plutôt que le vin ou la bière – est la boisson de prédilection.

La DUI (*Driving Under the Influence* : conduite en état d'ivresse) est une infraction très grave aux États-Unis (voir p. 550). Dans les sorties arrosées au restaurant et dans les *soirées*, un membre du groupe se dévoue très souvent pour conduire et ne pas boire.

COURS DE CUISINE

De plus en plus d'Américains veulent cuisiner mieux (voire tout simplement être capables de cuisiner). Les shows culinaires à la télévision sont très suivis et des cours donnés par des professionnels sont maintenant proposés dans certaines boutiques de matériel de cuisine haut de gamme comme **Williams-Sonoma** (www.williams-sonoma.com) et **Sur la Table** (www.surlatable.com).

Voici les coordonnées de quelques-unes des écoles de cuisine qui accueillent des chefs en herbe :

California Sushi Academy (www.sushi-academy.com). Apprenez à découper et préparer le poisson cru à Los Angeles.

Cook's World (www.cooksworld.net). Essayez-vous à la cuisson du pain et aux recettes de rue du monde entier à Seattle.

New School of Cooking (www.newschoolofcooking.com). Initiez-vous aux cuisines du monde, à côté de Los Angeles.

Santa Fe School of Cooking (www.santafeschoolofcooking.com). Découvrez les secrets de la cuisine pimentée du Sud-Ouest au Nouveau-Mexique.

Tante Marie's Cooking School (www.tantemarie.com). Partagez les recettes des marchés fermiers et les traditions culinaires de la planète à San Francisco.

LES MOTS À LA BOUCHE

Angel food cake – gros gâteau aéré à base d'œufs battus en neige

bagel – une spécialité new-yorkaise ; il s'agit d'un petit pain rond cuit à l'eau, puis au four, ce qui lui donne une texture ferme

barbecue – c'est d'abord la cuisson du Sud, qui consiste à fumer longuement les viandes enduites d'épices, mais le terme désigne aujourd'hui les grillades en général

biscuit – viennoiserie au beurre, feuilletée, souvent servie au petit-déjeuner

blue plate – plat du jour

BLT – sandwich avec bacon, laitue et tomate

brownie – petit palet au chocolat, parfois enrichi de noix

burrito – recette tex-mex, tortilla à la farine garnie de haricots, de viande, de sauce pimentée et de riz

Caesar salad – salade romaine agrémentée de croûtons et de parmesan râpé, assaisonnée d'une sauce à l'œuf cru et aux anchois

California roll – sushi fusion à base d'avocat, de chair de crabe et de concombre enveloppés de riz vinaigré et de *nori* (algue séchée)

chicken-fried steak – steak fin pané et frit, comme le poulet ; aussi appelé *country-fried steak*

chili – ragoût épicé au piment servi avec des haricots rouges et parfois des légumes

chimichanga –tortilla de blé frite garnie de bœuf haché, pommes de terre et assaisonnements

chips – fines lamelles de pommes de terre ou de maïs (*nachos*)

cilantro – coriandre en feuille

clam chowder – soupe de pommes de terre enrichie de clams et de légumes, parfois de bacon, épaissie avec du lait

club sandwich – trois tranches de pain de mie blanc avec du poulet ou de la dinde, du bacon, de la laitue et des tomates

Cobb salad –salade californienne : avocat, laitue, tomates, bacon, poulet, œufs durs et bleu

cobbler – dessert de fruits surmontés de biscuit ou de pâte, passé au four

cold cuts – tranches fines de viande froide ou de fromage

continental breakfast – en général, café ou thé, viennoiserie et jus ou fruit

crab cake – chair de crabe mélangée à de la chapelure et des œufs puis frite

crisp – ressemble au *cobbler,* mais le dessus, plus croustillant, rappelle le *crumble*

devil's food cake – génoise au chocolat noir avec nappage au chocolat
eggplant – aubergine
enchilada – tortilla garnie de viande et de fromage, passée au four et recouverte de sauce chili
fajita – viande et légumes marinés et grillés, servis avec des tortillas et différentes garnitures (guacamole, fromage râpé…)
French toast – pain perdu servi avec du sirop d'érable au petit déjeuner
fries ou French fries – frites
granola – orge grillé avec du miel et des noix, souvent servi au petit-déjeuner dans du yaourt ou du lait avec un fruit frais
grits – farine de maïs blanche servant à faire le porridge, utilisé au petit-déjeuner et comme garniture
hash browns – galette de pommes de terre râpées, oignons et œuf cuite à la poêle
huevos rancheros –tortilla de maïs recouverte d'œuf au plat assaisonné de sauce au piment
jelly – gelée
maple syrup – le sirop d'érable, onctueux et savoureux, servi avec sucre gaufres, pancakes et pain perdu. C'est la sève de l'arbre recueillie au printemps
marshmallow – guimauve (shamallow)
nachos –chips de maïs, souvent recouvertes de fromage, de steak haché, de piment jalapeño, de sauce épicée et de crème aigre
pickle – cornichon au vinaigre
pretzel – bretzel. Ceux que l'on vend dans la rue sont bien plus gros et ont davantage la consistance du pain que les variétés commerciales de biscuits à apéritif
ranch dressing – sauce salade : mayonnaise, oignon, ail, babeurre et assaisonnements
refried beans – plat d'accompagnement mexicain, purée de haricots pintos frite
sloppy Joe – steak haché, oignons, poivrons verts et ketchup cuisinés à la poêle
smoothie – boisson fraîche faite à base fruits frais, de glace pilée et parfois de yaourt
stone crab – crabe à la "floribéenne", dont les pinces sont mangées avec du beurre fondu ou une sauce moutarde-mayonnaise
submarine sandwich – les *sub* sont selon les régions des *hoagie, po'boy, hero* ou *grinder*. Il s'agit d'un sandwich fait dans un tiers de baguette tartinée de moutarde (sucrée) et de mayonnaise rempli de fines lamelles de viande ou de fromage et garni de feuilles de salade, de rondelles d'oignon, de cornichons et de tranches de tomate
surf 'n' turf – assiette de crustacés (souvent du homard) et de steak
wrap – sandwich roulé, généralement une tortilla ou un pain pita, garni d'une grande variété d'aliments

Environnement

Privés de leur territoire, les États-Unis n'auraient peut-être représenté rien d'autre qu'une expérience politique sans lendemain. Mais les guerres et l'achat de terres leur ont permis de se rendre maîtres de l'ensemble de la moitié sud du continent nord-américain, dont les richesses dépassaient tout ce qu'un pharaon aurait pu imaginer. Le territoire a alimenté la croissance incroyablement rapide du pays et fait aujourd'hui partie intégrante de l'identité de la nation. Globalement, l'Amérique continue de dépenser sans compter ses richesses naturelles. Cependant, la protection de ce patrimoine est désormais à l'ordre du jour. Le territoire représente l'âme et le corps de l'Amérique. Quels que soient les conflits en matière de ressources naturelles, les Américains considèrent la beauté exceptionnelle de leur continent comme un trésor national.

En dépit des empreintes que les humains ont laissées sur le paysage au cours des 300 dernières années, le voyageur pourra profiter de larges étendues de nature sauvage. Le monde entier envie à l'Amérique son ensemble de parcs nationaux. Les États-Unis ont recouru plus que tout autre pays à ce mode de préservation. La visite des parcs et des réserves naturelles constitue ainsi une des attractions majeures de tout voyage dans l'Ouest américain. En outre, les ouvrages consacrés à la nature représentent un genre littéraire à part entière et de nombreux auteurs célèbrent aujourd'hui l'attachement particulier de la nation à son territoire.

GÉOGRAPHIE ET GÉOLOGIE

Le territoire américain est affaire de grandeur. Les États-Unis couvrent environ 9 160 188 km^2. Il s'agit du troisième pays du monde par la taille, derrière la Russie et le Canada. Il est composé de 48 États contigus sur le continent, mais aussi de l'Alaska, l'État le plus grand, au nord-est du Canada, et des îles d'Hawaï, le cinquantième État, à 4 185 km du continent dans le Pacifique.

La topographie du pays en général, et celle de sa partie ouest en particulier, vieille d'environ 50 à 60 millions d'années, se révèle incroyablement diversifiée.

Déserts de couleurs : paysages et littérature de l'Ouest américain (Éd. R. Pages, 2004) rassemble des photos et des textes d'auteurs célèbres évoquant l'ouest des États-Unis.

Les jeunes montagnes Rocheuses constituent un ensemble de hautes chaînes escarpées qui s'étirent du Mexique au Canada et offrent de très belles pistes de ski.

À l'ouest de ces montagnes s'étend le désert du Sud-Ouest, une région extrêmement aride délimitée par le fleuve Colorado. Cette zone de canyons érodés jouxte le Great Basin dans le Nevada, si inhospitalier que les États-Unis projettent d'y enfouir leurs déchets nucléaires et qu'il est actuellement utilisé comme terrain militaire.

On atteint ensuite le troisième grand système montagneux des États-Unis, façonné par la Sierra Nevada granitique au sud et les Cascades volcaniques au nord, le long de la côte pacifique. La vallée centrale (Central Valley) de la Californie est une des régions les plus fertiles de la planète, tandis que la côte entre San Diego et Seattle est mythique, alignant plages de sable, séquoias et forêts pluviales ancestrales.

FAUNE ET FLORE

Il est difficile de parler de la faune et de la flore des États-Unis sans évoquer son histoire. Avant l'arrivée des Européens, l'abondance d'espèces animales qui vivaient sur le continent était incroyable. L'Amérique du

Nord représentait alors l'équivalent, en termes de diversité biologique, des plaines africaines de Serengeti et des îles Galapagos conjuguées. Ses immenses forêts, ses montagnes et ses plaines stupéfiaient tant l'imagination des Américains du XIXe siècle qu'ils croyaient sincèrement au caractère inépuisable de leurs ressources naturelles.

L'Ouest américain, (Éd. du Chêne, 2009), de Jean-Yves Montagu et Alain Thomas, comprend de superbes photos et des textes mettant en avant la géographie ainsi que la faune et la flore de la région.

Or tout cela a disparu. Quelques poches isolées témoignent encore des premiers écosystèmes, actuellement menacés par la pollution, la surpopulation humaine et l'introduction de nouvelles espèces.

En 1903, l'Amérique adopta les premières mesures destinées à préserver sa faune et sa flore, lorsque le président Roosevelt transforma l'île Pélican en réserve ornithologique et créa, à cette occasion, le National Wildlife Refuge System (NWRS, système national de réserves naturelles). Sous l'autorité du **US Fish & Wildlife Service** (www.fws.gov), le NWRS s'étend aujourd'hui sur plus de 60 millions d'hectares, ce qui en fait le plus grand système mondial de réserves naturelles.

En 1964, le Congrès vota le Wilderness Act (loi sur la faune et la flore), destiné à préserver des biosphères complètes. Les États-Unis disposent aujourd'hui de 750 zones protégées, ce qui représente un total de 44,5 millions d'hectares. Plus de la moitié de ces zones se trouvent en Alaska.

La loi sur la protection des espèces menacées, l'Endangered Species Act (ESA), de 1973, reste l'instrument le plus efficace et le plus controversé. Accusée dès le départ d'être un obstacle à l'industrie et au commerce, l'administration George W Bush s'est empressée de lui mettre des "bâtons bureaucratiques" dans les roues selon un article du *Washington Post* publié en 2008. En 2009, Ken Salazar, le secrétaire à l'Intérieur (équivalent du secrétaire d'État à l'Aménagement du territoire) a fait connaître l'intention de l'administration Obama d'inverser la tendance qui, sous l'ère Bush, affaiblissait l'ESA en autorisant les agences fédérales à ignorer purement et simplement les travaux des scientifiques spécialistes de l'environnement.

Compte tenu de toutes les pressions que la nature subit, il est remarquable de constater à quel point elle semble encore sauvage. Les randonnées dans les parcs nationaux ou dans les zones protégées vous permettront de le constater. On peut y croiser des ours et des loups, des éléphants de mer et des condors, des troupeaux de bisons et d'élans, des séquoias centenaires et des marécages primitifs. Ci-dessous, nous évoquons quelques-uns des spécimens les plus remarquables de l'ouest du pays.

La Wilderness Society (www.wilderness.org) est la principale organisation de défense de la nature aux États-Unis. Aldo Leopold (1887-1948), auteur de *Almanach d'un comté des sables* en fut le fondateur.

Animaux

LES MAMMIFÈRES TERRESTRES

Au XIXe siècle, des programmes d'éradication au niveau fédéral ont pratiquement éliminé toute trace de loup ou de grand félin dans les États continentaux. Ils étaient pourtant très nombreux par le passé. Aujourd'hui, certains spécimens recouvrent partiellement leur mode de vie.

Au XXe siècle, les loups gris, dont il ne restait plus qu'une centaine d'individus au nord du Minnesota, ont naturellement recolonisé des portions de leur territoire. Dans les années 1990, des programmes controversés ont permis de "réintroduire" avec succès les loups dans la région du Greater Yellowstone et dans le Sud-Ouest. Aujourd'hui, la région de Yellowstone accueille plus de 1 200 loups gris, qui devraient bientôt ne plus faire l'objet d'une protection. Au nord des Rocheuses et dans la région des Grands Lacs, on en trouve plus de 4 000 – ils ont été de ce fait "délistés". Les loups vivent et chassent principalement en meute et peuvent parcourir une cinquantaine de kilomètres par jour.

LES ESPÈCES MENACÉES AUX ÉTATS-UNIS : IL EST ENCORE TEMPS

Aujourd'hui, plus de 1 300 espèces végétales et animales sont répertoriées aux États-Unis comme étant menacées ou en voie de disparition. Il s'agit parfois de créatures imposantes comme le grizzli ou l'ours polaire mais la plupart sont beaucoup plus petites (moules d'eau douce, chevaine ou herbes).

Toutes les espèces menacées sont vitales pour l'écosystème. En voici quelques-unes des plus spectaculaires à observer dans l'Ouest américain :

- **Le mouflon d'Amérique** – Anza-Borrego Desert State Park, Californie (p. 179) et Zion National Park (p. 351), Utah
- **Le condor de Californie** – Big Sur, Californie (p. 192) et Grand Canyon National Park, Arizona (p. 301)
- **La tortue du désert** – Mojave National Preserve, Californie (p. 180)
- **Le loup gris** – Yellowstone National Park, Wyoming (p. 425)

Les grizzlis, une sous-espèce des ours bruns, sont parmi les plus grands mammifères du pays. Ils peuvent atteindre 2 m de haut, peser 430 kg et évoluer dans un territoire de 1 300 km^2. À une époque, 50 000 spécimens peuplaient les terres de l'Ouest, mais en 1975, il en restait moins de 300. Grâce à un programme de conservation, la population des grizzlis est aujourd'hui remontée à environ 1 300 spécimens, répartis pour la plupart dans la région du Greater Yellowstone et au nord des Rocheuses. Malgré une baisse de la population, les ours noirs sont présents presque partout. Plus petits et moins imposants que les grizzlis, ils peuvent survivre dans un espace réduit.

Les Defenders of Wildlife (www.defenders.org) défendent les animaux et les plantes en voie de disparition, notamment les loups et les prédateurs. Leur site Internet contient des fiches et des mises à jour sur les espèces.

Les coyotes, très semblables aux loups, sont deux fois plus petits. Ils pèsent entre 8 et 22 kg. Ils symbolisent le sud-ouest des États-Unis et leurs hurlements font partie de l'ambiance du désert. Ils jouissent d'une capacité d'adaptation remarquable et vivent à peu près n'importe où, y compris dans les villes.

L'Amérique du Nord ne compte qu'une seule espèce de gros félins, appelés indifféremment lions des montagnes, couguars, pumas ou panthères. Ils sont suffisamment nombreux dans l'Ouest pour que des rencontres avec les humains puissent arriver. Ces gros chats à la longue queue, d'un naturel très discret, sont constitués essentiellement de 75 kg de muscles recouverts d'un court poil fauve.

Cependant, c'est le bison américain qui a fait l'objet du massacre le plus important. On ne pourra jamais savoir exactement combien de bisons peuplaient l'Amérique, mais on estime que 65 à 75 millions d'entre eux "obscurcissaient les plaines" comme l'écrivaient les explorateurs Lewis et Clark. Ils ont été tués pour leur viande, pour leur cuir, pour de l'argent ou pour appauvrir les Indiens pour qui ils constituaient une ressource essentielle. Au XXe siècle, seules quelques centaines d'entre eux survivaient. Mais des troupeaux ont été reconstitués et on peut à nouveau les admirer, notamment dans les parcs nationaux de Yellowstone et de Grand Teton.

LES MAMMIFÈRES MARINS ET LES POISSONS

Le saumon est peut-être le poisson local qui attire le plus l'attention. Il fraie le long de la côte pacifique et constitue un spectacle saisissant. Cependant, le saumon de l'Atlantique aussi bien que le saumon du Pacifique sont en voie d'extinction. Des millions de jeunes saumons d'élevage sont libérés chaque année, mais on ne sait pas avec certitude si cela aide les saumons sauvages ou leur nuit.

La saison de reproduction des éléphants de mer sur la côte Pacifique coïncide avec la Saint Valentin (14 février).

Par ailleurs, les baleines bleues, grises et à bosse migrent chaque année le long de la côte pacifique. Les circuits organisés pour les observer rencontrent beaucoup de succès.

La côte pacifique accueille également des éléphants de mer, des otaries et des loutres marines en voie de disparition. En Californie, de nombreux animaux marins peuplent le parc national de Channel Islands et la baie de Monterey.

LES OISEAUX

L'observation des oiseaux (*birdwatching*) est une activité très répandue aux États-Unis. Il ne faut pas s'en étonner, car tous les oiseaux migrateurs de l'hémisphère Nord s'arrêtent dans ce pays, à un moment ou à un autre, pour se reposer. On trouve ainsi quelque 800 espèces aviaires endémiques. Pour apprendre à les reconnaître, aidez-vous des Sibley Field Guides ou consultez le site de la **National Audubon Society** (www.audubon.org), la meilleure source d'information sur les oiseaux.

Le faucon pèlerin est l'oiseau le plus rapide d'Amérique du Nord, pouvant atteindre 280 km/heure lorsqu'il fond sur ses proies.

Depuis 1782, l'aigle à tête blanche, que l'on trouve uniquement en Amérique du Nord, est le symbole des États-Unis. Plus de 500 000 d'entre eux régnaient probablement autrefois sur le ciel du continent. Mais dès le début des années 1960, leur population a été décimée et réduite à 487 couples reproducteurs dans les 48 États continentaux, sous l'effet conjugué de la chasse illégale et de la pollution au DDT. Protégé par la loi, le nombre de couples reproducteurs a ainsi été porté à 9 800 en 2006 (auquel il faut rajouter les 50 000 de l'Alaska). L'espèce n'est aujourd'hui plus en voie de disparition. Elle n'est donc plus protégée.

Les aigles à tête blanche s'accouplent dans des nids larges de 3 m et susceptibles de peser plus de 450 kg, qu'ils réutilisent chaque année.

Le condor de Californie est un autre oiseau impressionnant. Ce charognard préhistorique, pesant environ 10 kg et susceptible de mesurer 3 m d'envergure, ailes déployées, avait presque disparu dans les années 1980. Il a été réintroduit avec succès en Californie et dans le nord de l'Arizona. On peut le voir parfois survoler le Grand Canyon.

Plantes

Les déserts du Sud-Ouest sont de larges étendues de sauge, de broussailles et de cactus qui jonchent les chaînes de montages occidentales. Les fleurs sauvages au printemps et les faux trembles jaunes en automne valent le détour.

Les cactus saguaros du désert du Sonora, que l'on trouve dans le Saguaro National Park, peuvent atteindre 15 m de haut et vivre plus de 150 ans.

À l'ouest des Cascades subsistent les dernières forêts vierges des États-Unis, dans les États du Washington et de l'Oregon, au climat plus humide et plus doux. Ces étendues ancestrales d'arbres à feuilles persistantes, dont seules 10% sont conservées, abritent des cèdres, des pruches, des épicéas et des sapins de Douglas.

La Californie, quant à elle, est connue pour ses deux espèces de séquoias. Le séquoia de la côte est l'arbre le plus grand de la Terre (le parc national de Redwood détient le record). Son cousin, le séquoia géant, est l'arbre au diamètre le plus large de la planète, et le Sequoia National Park abrite le plus vieux d'entre eux.

LES PARCS NATIONAUX ET LES SITES FÉDÉRAUX

C'est dans l'Ouest américain que les espaces protégés sont les plus étendus ; chaque État recèle des sites préservés, qu'il s'agisse d'un parc, d'une forêt, d'une réserve naturelle, d'un fleuve, d'une attraction culturelle ou d'un monument historique. Il est possible de visiter presque tous ces sites, gérés principalement par quatre agences : le **Bureau of Land Management** (BLM ; www.blm.gov), le **US Forest Service** (USFS ; www.fs.fed.us), le **US Fish & Wildlife Service** (USFWS ; www.fws.gov) et le **National Park Service** (NPS ;

www.nps.gov). Les infrastructures sont parfois très peu développées et il faut parfois disposer de permis ou s'acquitter d'un droit spécifique pour pouvoir camper ou pêcher.

Si vous êtes à la recherche de paysages américains spectaculaires, le National Park Service fera votre bonheur. Il gère 391 parcs, sur 259 millions d'hectares, mais ses joyaux restent ses 58 parcs nationaux. Parmi ceux-ci, le Grand Canyon (p. 301), le Zion Canyon (p. 351), la Yosemite Valley (p. 257), et bien d'autres curiosités encore, sont un pur régal pour les yeux.

Dans les parcs américains, un ours qui vole de la nourriture sur les campings doit généralement être abattu pour éviter qu'il ne devienne agressif. Si vous mettez votre nourriture à l'abri, non seulement vous conservez votre repas, mais vous sauvez également la vie d'un animal.

Les parcs nationaux sont les territoires les mieux protégés et les plus soignés des États-Unis. Ils rencontrent beaucoup de succès, si bien que le NPS est obligé d'en réglementer l'accès de manière plus ou moins stricte. Certains, comme Zion, interdisent les voitures pendant les mois d'été et la plupart soumettent quelques activités à des contrôles sévères, notamment le camping sauvage. Les commodités se réduisent parfois à un poste de rangers, tandis qu'ailleurs, tel parc abritera des musées de premier ordre, des magasins, des auberges traditionnelles et des restaurants pour gourmets. En général, les rangers du NPS sont extrêmement dévoués, serviables et très bien renseignés.

La plupart des autres territoires fédéraux, comme les 107 millions d'hectares du BLM (Bureau of Land Management) et les 78 millions de l'USFS (US Forest service), sont gérés selon le principe de "l'usage mixte", visant à un équilibre entre loisirs, exploitation des ressources, élevage et préservation. Quand ils existent, leurs aménagements touristiques sont très sommaires, mais les paysages sont souvent fantastiques et moins fréquentés que ceux des parcs nationaux plus célèbres.

Le mieux est de commencer par consulter le site très bien fait du www.recreation.gov, principal portail des territoires fédéraux gérés par le gouvernement. Pour plus de renseignements sur les forfaits annuels, voir le chapitre *Parc nationaux* (p. 109). Pour le camping, les tarifs et les réservations, voir p. 527.

LE MOUVEMENT ÉCOLOGISTE

Les révolutions politiques et sociales américaines sont bien connues. Mais on oublie souvent que les États-Unis ont aussi donné naissance au mouvement de défense de l'environnement. C'est dans ce pays que les premiers efforts significatifs ont été faits pour préserver la nature. Aujourd'hui encore, le mouvement écologiste américain est souvent à la pointe de la défense mondiale de l'environnement.

Le Sierra Club (www.sierraclub.org) fut le tout premier groupe de défense de l'environnement des États-Unis et reste le plus actif, avec ses programmes éducatifs, ses visites organisées et ses quantités d'informations.

Au XIXe siècle, les pionniers protestants adhéraient à l'idée de la civilisation chrétienne selon laquelle la nature doit être soumise à la volonté humaine. Non seulement la nature était dangereuse, mais elle incarnait également les pulsions sauvages et impies de l'homme que les pèlerins étouffaient avec fierté et enthousiasme.

Puis, les transcendentalistes américains, de la même façon que les romantiques européens, pour lesquels la nature était l'une des principales sources d'inspiration poétique, prétendirent que celle-ci était sacrée. Dans *Walden ou la Vie dans les bois* (Gallimard, 1990), publié en 1854, l'écrivain iconoclaste Henry David Thoreau raconte sa vie dans les bois pendant deux années, très loin du confort de la civilisation. Il cherche à démontrer que la société humaine s'est rendue malheureusement sourde aux vérités essentielles de la nature, d'où émanent les instructions divines. Cette vision, bien qu'anthropomorphique, annonce un changement des mentalités : la croyance selon laquelle la nature, l'âme et Dieu ne font qu'un.

PRÉPAREZ VOTRE ARRIVÉE ET REPARTEZ SANS LAISSER DE TRACES

Si vous prévoyez de vous aventurer dans la nature américaine, agissez de manière responsable. Une minute d'inattention (sortir des sentiers et fouler des sols fragiles, faire un feu illégalement) peut avoir des conséquences dramatiques. L'effet cumulé de millions de visiteurs cause des dégâts. C'est pourquoi chacun d'entre nous peut faire la différence.

La plupart des conseils de camping et de randonnée relèvent du bon sens. Tout d'abord, prenez connaissance du terrain, des conditions météo, même si ce n'est que pour quelques heures. Munissez-vous de cartes des sentiers et prenez le temps de discuter avec un ranger, qui pourra vous indiquer comment éviter les foules et vous informer sur les conditions météorologiques, l'état des sentiers et l'éventualités d'inondations ou d'incendies.

Une fois dans la nature, essayez de laisser le moins de traces possibles. Restez dans les sentiers et les campings officiels. Ne lavez pas votre vaisselle dans les rivières ou dans les fleuves et campez à plus de 60 m de distance de ces derniers. Utilisez un réchaud pour cuisiner et ne faites du feu que dans les endroits prévus à cet effet (avec du bois mort). En partant, reprenez toutes vos affaires (y compris les déchets et le papier toilette) et effacez toute trace de votre passage.

Conduisez-vous comme si vous étiez invité chez quelqu'un : d'une certaine manière, c'est ce que vous êtes. Observez la faune et la flore, mais ne nourrissez pas les animaux. Si vous trouvez des objets traditionnels ou culturels, regardez-les mais ne les touchez pas. Enfin, soyez respectueux des autres visiteurs. Les bruits provoqués par les humains sont prompts à briser la paix d'une vallée tout entière.

Pour plus de conseils, contactez les sites de **Tread Lightly** (www.treadlightly.org) et **Leave No Trace Center** (www.lnt.org).

Les merveilles naturelles du continent ont ensuite été exaltées par les peintres paysagistes du XIXe siècle américain, comme instrument d'un nationalisme rampant. En 1864, le président Abraham Lincoln regroupa 25 km² de la Yosemite Valley au sein d'un parc d'État. En 1872, le président Ulysses S. Grant transforma les 810 000 hectares de Yellowstone en parc national, en faisant ainsi la première réserve naturelle de cette importance au monde, avec l'objectif de préserver le site pour la seule distraction des hommes.

Si vous souhaitez comprendre pourquoi John Muir a eu tant d'influence, lisez *Souvenirs d'enfance et de jeunesse* (Corti) et *Un été dans la Sierra* (Hoëbeke), ouvrages dans lesquels ce personnage si singulier conte ses aventures de jeunesse et l'été exceptionnel qu'il vécut en 1869.

Le naturaliste écossais John Muir vint bientôt faire l'éloge de la nature pour elle-même. Muir célébrait la supériorité de la nature sur la civilisation et passait beaucoup de temps à parcourir la Sierra Nevada ainsi qu'à en vanter les mérites. L'aventurier devint ainsi le moteur du mouvement écologiste naissant, qui obtint sa première victoire en 1890, lorsque fut expressément reconnu au Yosemite National Park le rôle de préserver la nature. Muir fonda le Sierra Club deux ans plus tard.

À la fin du XIXe siècle, le pays prit aussi conscience du fait que ses ressources n'étaient pas inépuisables. En 1891, le Forest Reserve Act imposa la protection de certaines forêts afin de garantir la croissance américaine future. Le conflit interne fondamental du mouvement écologiste prit alors tout son sens : fallait-il préserver la nature à des fins humaines ou pour son seul caractère sacré et spirituel ? Ces deux objectifs contradictoires sous-tendent encore actuellement de nombreux débats.

Au début du XXe siècle, le progrès industriel suscita de vives préoccupations. Le National Park Service Act (1916) établit ainsi un mécanisme fédéral permanent de protection de la nature (pour un historique plus complet des parcs nationaux, reportez-vous p. 109), tandis que la science de l'écologie voyait le jour. Un pas vers l'humilité : l'homme, sous l'influence de Charles Darwin, assumait enfin son interdépendance avec une nature dont il n'était pas le maître. Grâce à l'écologie, le mouvement pour l'environnement du XIXe siècle entrait dans l'ère moderne.

Aldo Leopold fut le premier écrivain à populariser une vision écologique du monde, avec son concept de "territoire éthique", selon lequel les hommes ont pour tâche de respecter l'ensemble de la nature, plutôt que d'en sauver des morceaux pour mieux la malmener ailleurs. La publication, en 1962, de *Printemps silencieux* de Rachel Carson, fit grand bruit. L'auteur y expliquait comment des produits chimiques tel le DTT tuaient des animaux et empoisonnaient les sols. L'opinion publique fut horrifiée et le livre suscita de nombreuses vocations militantes.

Au cours des décennies qui suivirent, un ensemble de lois pour la protection de l'environnement et de la nature furent adoptées. Depuis lors, on constate de nombreuses améliorations en ce qui concerne la qualité de l'air et de l'eau, ainsi que la réapparition de certaines espèces qui avaient presque disparu. Aujourd'hui, les États-Unis (et le monde entier) cherchent à préserver des écosystèmes complets, et non seulement à créer de nouveaux parcs, en combattant les "cinq cavaliers de l'apocalypse environnementale", à savoir la maladie, la pollution, la destruction des espèces et de leur habitat et l'introduction d'espèces étrangères.

Il y a quelque ironie à constater que la faune et la flore qui subsistent aux États-Unis sont aujourd'hui entièrement encadrées par l'homme.

L'Union of Concerned Scientists (www.ucsusa.org), regroupement de scientifiques inquiets, est une source d'information fiable et à jour sur le réchauffement planétaire, les émissions automobiles, l'énergie, le nucléaire et l'intégrité scientifique.

ÉCOLOGIE

Les États-Unis semblent avoir franchi un cap, la majorité des Américains acceptant désormais la réalité du réchauffement climatique, indépendamment de leurs convictions politiques. On ne se demande plus si les changements climatiques sont une réalité ou non mais ce que le pays doit faire pour y remédier. Même l'administration Bush a fini par reconnaître que le climat était peut-être en train de changer alors qu'elle fermait auparavant les yeux sur cette possibilité et n'hésitait pas à censurer les scientifiques travaillant sur le sujet pour les discréditer.

En 2009, lors du MEF (Forum des économies majeures sur l'énergie et le climat), la secrétaire d'État Hillary Clinton a déclaré que "les scientifiques sont on ne peut plus clair sur le sujet et leurs conclusions sans appel : le changement climatique est un fait avéré qui constitue un danger pour notre planète et demande notre attention immédiate". Le président Barack Obama a promis de réduire les émissions de gaz à effet de serre de 17% d'ici 2020 en instaurant un système de plafonnement et

Edward Abbey s'est fait connaître en 1967 avec *Désert solitaire* (Payot). Le récit de sa vie de ranger au Arches National Park conjugue les éloges du désert et les avertissements prémonitoires sur les méfaits du tourisme de masse.

SITES CLASSÉS AU PATRIMOINE MONDIAL DE L'HUMANITÉ

Pour plus d'informations sur les sites classés, consultez le site Internet de l'UNESCO (http://whc.unesco.org/fr/list).

- Carlsbad Caverns National Park (p. 380)
- Chaco Culture National Historic Park (p. 374)
- Grand Canyon National Park (p. 301)
- Mesa Verde National Park (p. 418)
- Olympic National Park (p. 474)
- Redwood National & State Parks (p. 245)
- Taos Pueblo (p. 371)
- Waterton-Glacier International Peace Park (p. 441)
- Yellowstone National Park (p. 425)
- Yosemite National Park (p. 257)

d'échange dans tous les secteurs industriels, et a affirmé son soutien à la recherche de sources d'énergie de remplacement propres pour alimenter les États-Unis. Mais la limitation des émissions de gaz à effet de serre est loin de faire l'objet d'un consensus politique. En effet, certains secteurs industriels et gouvernementaux traînent des pieds, en prétendant que le réchauffement planétaire obéit à un cycle naturel indépendant de l'activité humaine. Ils pensent que la situation n'est pas si dramatique et que, dans un pays touché par une forte récession, les changements importants pour lutter contre ce phénomène seraient beaucoup trop coûteux à mettre en place.

L'environnement anime le débat politique américain depuis plus d'un siècle déjà et le monde des affaires n'a eu cesse de mettre en avant l'argument précédent, qu'il s'agisse de la pollution, de l'appauvrissement des ressources naturelles ou des espèces menacées. À cela s'ajoute le fait que certains Américains ne sont pas prêts à faire les sacrifices nécessaires dans leur mode de consommation (en effet, chaque citoyen américain émet en moyenne 20 tonnes de dioxyde de carbone par an, contre 4,5 tonnes par personne et par an dans le reste du monde). Au cours des siècles passés, les Américains n'ont modifié leurs habitudes que lorsque les problèmes liés à l'environnement devenaient indéniables, quantifiables et imminents. Il semble que ce soit aujourd'hui le cas du réchauffement climatique.

Remercions l'ancien vice-président et Prix Nobel de la paix, Al Gore. Son documentaire *Une vérité qui dérange* (2006) a enfin convaincu les Américains que le réchauffement planétaire existe et que les États-Unis mettent de l'huile sur le feu.

Les gouvernements fédéraux et locaux commencent à voter des lois visant à protéger l'environnement de leur propre initiative, et l'on voit que le monde des affaires suit cette tendance en investissant dans les énergies renouvelables. Quatorze États ont adopté des normes plus strictes que celles imposées par le gouvernement fédéral en ce qui concerne les émissions des voitures. Lorsque l'**Environnemental Protection Agency** (EPA ; www.epa.gov) a retardé les autorisations pour les appliquer, ces mêmes États (menés par la Californie) ont porté plainte, et en 2007 la Cour suprême a établi que l'EPA avait non seulement le pouvoir mais aussi le "devoir" de réglementer dans le cadre de la loi sur la qualité de l'air, le Clean Air Act. Ainsi, en 2007 le Congrès a-t-il introduit une loi visant à renforcer les normes fédérales relatives aux émissions de gaz à effet de serre par les automobiles pour la première fois depuis 20 ans. En juin 2009, l'EPA a commencé à suivre les jugements rendus par la Cour suprême en autorisant la Californie à réglementer de manière encore plus stricte ces émissions.

L'énergie

Même si la Chine les talonne, les États-Unis restent les plus gros consommateurs d'énergie au monde (avec des consommations quotidiennes de pétrole, d'électricité et de gaz naturel plus importantes que dans n'importe quel autre pays) et donc le plus gros pollueur de la planète, émettant à eux seuls un quart des gaz à effet de serre de la planète. Ces gaz ont augmenté aux États-Unis de 6% depuis dix ans. L'électricité est produite grâce au charbon, à un peu moins de 50%, au gaz naturel et au nucléaire à 20% chacun, et aux énergies renouvelables (principalement hydroélectrique) et au pétrole pour le reste. Le charbon représente à peu près 90% des réserves énergétiques du pays même s'il reste une des sources d'énergie électriques les plus polluantes.

Les États-Unis importent plus de 60% de leur consommation de pétrole (ce pourcentage a augmenté durant la dernière présidence Bush) ce qui les rend dépendants de ressources extérieures et de la conjoncture internationale.

L'énergie nucléaire n'émet pas de gaz à effet de serre mais pose d'autres problèmes. En 2007, la commission de réglementation de l'énergie nucléaire américaine, la **US Nuclear Regulatory Commission** (NRC ; www.nrc.gov) a autorisé la construction de la première centrale nucléaire depuis 30 ans. En 2009, la

TERRY TEMPEST WILLIAMS : AMOUR ET HUMILITÉ DANS LE DÉSERT *Jeff Campbell*

Naturaliste, enseignante et écrivain, Terry Tempest Williams est héritière de la longue tradition écologiste de l'Ouest. Son dernier livre s'intitule *Finding Beauty in a Broken World*. Nous lui avons demandé de parler de l'état de la nation sur le plan environnemental et des raisons de son amour pour l'endroit où elle vit, le Canyon Country, dans le sud de l'Utah.

"Une des plus belles facettes de la démocratie américaine" dit-elle, "est d'avoir su accorder de la valeur aux parcs nationaux et aux zones préservées. Nous avons le Wilderness Act et l'Endangered Species Act. Pour moi ce n'est que justice, une justice réparatrice, fruit de l'amour et de l'idéalisme. C'est une aspiration enthousiaste issue d'un pays enthousiaste. Ça me plaît."

Interrogée sur les innombrables menaces pesant sur l'environnement, Terry Williams est péremptoire : "Je refuse les approches apocalyptiques. Je ne pense pas qu'on puisse savoir ce qui va arriver. Notre problème est de ne pas avoir su voir l'interconnexion des choses. Pour moi le cœur de l'éthique environnementale est la notion d'empathie, basée sur la communauté au sens le plus large."

"J'aime penser à ces deux mots "changement climatique" dans le sens littéral de changement d'attitude, vous voyez ? Et je perçois un réel changement climatique dans le Sud-Ouest américain. Le monde est si beau, si fragile, surtout dans les paysages désertiques, comment ne pas réagir ? Il faut prendre le réchauffement global comme un réchauffement local, cela entraîne un sentiment d'urgence que nous ne pouvons ignorer plus longtemps."

"Malgré tout, il va nous falloir des décennies pour défaire tout ce que George W. Bush a mis en marche sur le plan environnemental. Il suffit de survoler le sud-ouest du Colorado, le plateau du Colorado dans l'Utah, l'ouest du Wyoming, pour avoir le cœur brisé. Les lois sur la protection de la qualité de l'air, de l'eau, des zones humides – tous ces textes ont été vidés de leur substance pour des gains à court terme, et qui paye le prix ? Les communautés écologiques, depuis les antilopes d'Amérique et la sauge aux rochers du Red Rock Desert et aux corbeaux."

Terry Williams ajoute : "Il est essentiel de s'aventurer dans ces vastes espaces naturels parce qu'ils nous rappellent ce qui perdure. Il y a quelque chose de si profondément merveilleux dans l'humilité que l'on ressent en marchant dans un endroit sauvage. Ces rochers définissent le temps autrement, et nous demandent de faire de même. C'est peut-être là que réside notre humilité en tant qu'espèce."

NRC étudiait les demandes d'ouverture de quelques dizaines de centrales à réacteurs à eau légère à travers le pays. Le site de Yucca Mountain, dans le Nevada, a été retenu en 2001 comme unique dépôt permanent de déchets nucléaires du pays. Le projet a cependant été très vivement critiqué à cause des fuites potentielles, et le président Obama a promis d'y mettre fin. Reste à savoir ce qu'il adviendra des déchets hautement radioactifs produits par les 104 centrales nucléaires américaines.

Dans l'intervalle, les technologies vertes et les biocarburants gagnent en importance. Pour preuve, les investissements en capitaux risques dans les carburants de remplacement ont atteint des records en 2008 avec 2,7 milliards de dollars, soit dix fois plus qu'il y a 10 ans à peine. Les États-Unis sont aujourd'hui les premiers en termes d'installation d'éoliennes et d'augmentation des capacités de production de cette énergie qui ne représente pour l'instant que 2,5% de la production électrique nationale. Le pays est aussi le numéro un mondial de la production d'éthanol et de biocarburants, ces derniers devant représenter 20% de la consommation totale américaine de carburant d'ici à 2012. Même certaines enseignes de la grande distribution telles que Wal-Mart et Target ont installé des panneaux solaires sur leurs bâtiments. L'hydrogène reste la source d'énergie la plus prometteuse car ne produisant aucun gaz à effet de serre, mais il faudra sans doute des années avant que ses coûts de production soient abordables.

Publié en 1949, *l'Almanach du comté des sables* (Flammarion) d'Aldo Leopold n'est pas seulement le livre de chevet de tous les naturalistes américains, c'est également un témoignage humble et émouvant et un plaidoyer en faveur du respect de la nature.

Il en faut de l'énergie pour être Américain : chaque citoyen du pays est responsable de l'émission annuelle de 21 tonnes de CO_2, la moyenne mondiale étant de 4,5 tonnes par personne.

L'air

La pollution de l'air a suscité un débat national sur les gaz à effet de serre englobant tous les aspects de la vie moderne, de la conception des bâtiments aux ampoules électriques en passant par les émissions des automobiles et la plantation d'arbres. Alors que les États se querellent encore avec le gouvernement fédéral pour savoir jusqu'où et dans quelle mesure il faut renforcer les normes des économies de carburants automobiles (actuellement autour de 21 mpg), certains constructeurs américains ayant profité d'un sauvetage de plusieurs milliards de dollars de la part du gouvernement fédéral ont promis d'élargir leurs gammes de véhicules électriques et hybrides. Même les marques importées comme Toyota et Honda ont baissé le prix de leurs modèles hybrides pour les rendre plus accessibles. En 2009, l'EPA a déboursé 85 millions de dollars pour aider 49 États à répondre aux nouvelles normes d'émission des moteurs Diesel "propres", alors que le Congrès a consacré 3 milliards de dollars au Car Allowance Rebate System (CARS), équivalent de la prime à la casse lorsqu'on achète un véhicule neuf et moins gourmand en carburant. Victime de son succès, le programme a manqué de fonds en moins de deux mois. Plus récemment, l'EPA a commencé à développer des normes pour les émissions de centrales électriques au charbon qui représentent aujourd'hui près de 30 % des émissions nationales de gaz à effet de serre.

L'eau

Selon l'EPA, plus de 60% des eaux aux États-Unis sont "détériorées", malgré une amélioration notoire de la qualité de l'eau depuis la mise en œuvre du Clean Water Water Act (la loi sur la qualité de l'eau) en 1972. Un des problèmes majeurs reste cependant la présence de perchlorate (un composant chimique utilisé dans le carburant des missiles et des fusées) dans l'eau potable de 26 États. En 2009, l'EPA apportait la touche finale aux normes de pollution qui pourraient engendrer un nettoyage à l'échelle nationale.

Le problème de l'eau est particulièrement significatif dans l'Ouest où les réserves souterraines s'assèchent à un rythme effréné (à cause de l'arrosage des pelouses des maisons de banlieue, mais aussi des terrains de golf et des piscines). En conséquence, la salinité de l'eau augmente et menace l'agriculture. Par ailleurs, le nombre de forages de gaz et de pétrole a aussi explosé à la suite de l'octroi de dérogations au Clean Water Act par le gouvernement fédéral dans ces secteurs en 2005. Une improbable coalition de chasseurs, de propriétaires de ranch et d'écologistes combat ce sacrifice de l'eau sur l'autel d'une énergie bon marché.

Les parcs nationaux américains

Explorez les reliefs majestueux du Grand Canyon National Park (p. 301), Arizona.

CAROL POLICH

Les parcs nationaux sont d'immenses aires de loisirs à la mesure de l'Amérique. De nombreux touristes se contentent d'aller d'une grande ville à l'autre et trop peu s'éloignent des grandes artères pour explorer les parcs nationaux. Nous vous incitons fortement à aller découvrir une nature préservée et une faune abondante.

Certains parcs offrent un paysage qui n'a guère changé depuis des siècles. Troupeaux de bisons des vertes prairies des Grandes Plaines, sommets déchiquetés des Rocheuses divisant le continent en deux, séquoias géants postés en sentinelles sur la côte pacifique : les multiples richesses de la nature laissent ici sans voix (pour plus de détails, voir le chapitre *Environnement*, p. 99).

Sur le plan historique, l'appétit vorace des colons pour les terres et ses trésors supposés conduisit à formuler ce sommet de mauvaise foi que fut la "Destinée manifeste", idéologie impérialiste justifiant l'expansion territoriale vers l'Ouest et l'aménagement des terres sauvages par la construction de fermes, clôtures barbelées, barrages gigantesques, routes bétonnées et voies de chemin de fer d'un océan à l'autre. Étrangères aux Indiens, ces infrastructures dévastèrent rapidement d'immenses étendues dans les Appalaches par-delà le Mississippi et loin dans l'Ouest.

Les dégâts sur la nature se poursuivirent jusqu'à la création d'un réseau bien protégé de terres fédérales, le National Park Service (NPS). La mission première du NPS reste encore aujourd'hui de "préserver les ressources naturelles, l'héritage culturel et les valeurs du système de parc national pour le plaisir, l'instruction et l'inspiration des générations présentes et futures". C'est-à-dire vous aussi.

Yosemite National Park (p. 254), Californie.
CAROL POLICH

ENVIE D'AVENTURE ?

Véritables musées vivants de nature et d'histoire, les parcs nationaux nord-américains sont aussi un gigantesque terrain de jeu en plein air ouvert à tous, des grands-parents aux bambins apprenant à marcher sur les sentiers en passant par les fous de grimpe escaladant les parois vertigineuses des canyons.

Randonnée et alpinisme

Rien de plus facile que de sortir de son véhicule et de marcher. Des chemins de petite et de grande randonnée sillonnent les parcs sur des milliers de kilomètres. Les prairies de montagne fleuries ou le sable de plages virginales offrent des promenades faciles. Parmi les GR, le célèbre Pacific Crest Trail relie en 4 260 km le Mexique au Canada en traversant la Californie, l'Oregon et l'État de Washington. Vous n'êtes pas encore prêts à tenter l'expérience ? Quelques jours vous suffiront pour parcourir sac au dos le Grand Canyon (p. 301) d'un bout à l'autre ou pour faire le tour du lac Tahoe (p. 252), voire simplement quelques heures pour parvenir au Half Dome, au Yosemite NP (p. 254) ou atteindre la Vallée enchantée, à l'Olympic NP (p. 474). Réservez vos *wilderness permits* pour tous les itinéraires de randonnée prisés (p. 119).

La randonnée en montagne invite à placer la barre plus haut. Certains parcourent les 340 km du John Muir Trail, qui relie le Yosemite NP (p. 254) aux Sequoia NP et Kings Canyon NP (p. 259), juste pour faire l'ascension du mont Whitney (4 760 m), le plus haut sommet continental des États-Unis. S'il y a des sommets d'une côte à l'autre, les alpinistes expérimentés vont plutôt à l'ouest du Mississippi vers les parcs nationaux de Rocky Mountain (p. 402), Grand Teton (p. 429), Mt Rainier (p. 483), North Cascades (p. 479) et Olympic (p. 474).

ABRÉVIATIONS DES PARCS NATIONAUX

- **NP** : National Park – parc national
- **NPres** : National Preserve – zone protégée
- **NM** : National Monument – monument national
- **NRA** : National Recreation Area – aire de loisirs nationale
- **NS** : National Seashore – rivage national
- **NHP** : National Historic Park – parc historique national
- **NHS** : National Historic Site – site historique national
- **NMP** : National Military Park – parc militaire national

Varappe et canyoning

Les grimpeurs ressentiront sans doute l'appel des parois du Yosemite NP (p. 254) et des dômes granitiques. Des blocs naturels vous attendent dans le somptueux Joshua Tree NP (p. 178) proposant plus de 8 000 voies alors que ceux qui préfèrent le canyoning trouveront dans le Zion NP (p. 351) des possibilités de descendre le long de parois abruptes et dans des gorges encastrées.

Les fumerolles du spectaculaire Lassen Volcanic National Park (p. 252), Californie.

JOHN ELK

Promenade à cheval

L'équitation est un moyen plaisant d'admirer le paysage. Trottez le long de Point Reyes National Seashore (p. 236), ou sur de vertigineux sentiers dans le Sud-Ouest. Vous pouvez franchir les cols de montagne des Rocheuses sur le dos d'une humble mule. Dans de nombreux parcs, des centres équestres louent le matériel nécessaire et proposent des circuits guidés allant d'une heure à plusieurs semaines. Il faut réserver les randonnées de plus d'une journée à l'avance.

Spéléologie

Spéléologues débutants et confirmés pourront se salir les genoux dans les tubes de lave du Lava Beds National Monument (NM, p. 251) ou descendre dans l'antre des Carlsbad Caverns (p. 380), pour vivre des aventures souterraines dans certaines des plus grandes grottes calcaires du pays. Les amateurs collectionnent des clichés de stalactites et de stalagmites dignes de décors de films de science-fiction durant les visites guidées des grottes au Sequoia NP (p. 259) et au Great Basin NP (p. 285).

Vélo et VTT

Les VTT sont interdits sur les chemins de randonnée dans presque tous les parcs nationaux mais ils ont généralement accès aux pistes de 4×4 comme celles sillonnant le Capitol Reef (p. 342), dans l'Utah, et le Joshua Tree NP (p. 178), en

top cinq
PARCS POUR ADMIRER LA FAUNE

Les parcs nationaux des États-Unis sont des sites incomparables pour observer la faune, en particulier les grands animaux majestueux de l'Ouest. Pour plus d'informations sur les meilleurs sites d'observation, voir p. 100 et p. 131 :

Channel Islands NP (p. 189), Californie. Version américaine des îles Galápagos.

Glacier (p. 441), Montana. Dans un paysage alpin évoluent ours, pumas, grizzlis et autres animaux des montagnes.

Grand Teton (p. 429), Wyoming. Grande variété d'habitats (montagnes, forêts, lacs…) et grande diversité d'animaux (ours, élans, bisons, coyotes).

Point Reyes (p. 236), Californie. Berceau des éléphants de mer, passage de baleines au large et la moitié des oiseaux d'Amérique du Nord.

Yellowstone NP (p. 425), Idaho, Montana et Wyoming. Plus vaste écosystème encore intact d'Amérique.

Combat d'élans dans le Yellowstone National Park (p. 425), Wyoming, lieu idéal pour observer la faune sauvage. MARK NEWMAN

Californie. Les cyclotouristes apprécieront les boucles sportives et les pistes de loisirs des parcs, par exemple le long de l'ancienne voie ferrée du Cuyahoga Valley NP. Le vélo reste aussi un bon moyen de contourner les centres congestionnés des parcs, comme Grand Canyon Village et Yosemite Valley, et de se déplacer dans les zones interdites aux voitures, comme la partie sud des Grand Canyon NP, Zion NP, Bryce Canyon NP (p. 344) et Acadia NP. La vertigineuse voie Going-to-the-Sun Road (p. 443), dans le Glacier NP, réjouira les cyclistes de fond.

Adrénaline garantie sur les parois rocheuses du Zion National Park, Utah (p. 351) HOLGE LEUE

Sports aquatiques

L'été, les parcs nationaux sont idéaux pour se rafraîchir les pieds et décompresser, que ce soit en pagayant sur le lac de Yellowstone (p. 425), en explorant les Channel Islands (p. 189) en kayak de mer, en Californie, en se lançant sur un rafting dans les remous du canyon de Taos Box (p. 371), au Nouveau-Mexique ou en plongeant avec ou sans bouteilles dans la baie de Monterey (p. 201), sur la côte californienne. La pêche (p. 132) est autorisée dans beaucoup de parcs nationaux mais reste sujette aux réglementations et restrictions de chaque État.

Sports d'hiver

L'été correspond à la saison haute dans la plupart des parcs, mais les sports d'hiver – raquettes, ski, surf et scooter des neiges – attirent aussi les foules. Les spécialistes de la descente ne trouveront pas de pistes noires bien damées dans les parcs nationaux, mais les débutants pourront descendre, à ski ou en surf, les pentes du Yosemite NP (p. 254), et suivre les pistes de fond enchanteresses reliant des refuges isolés. Les plus hardis iront randonner à ski dans le Mount Rainier NP (p. 483). Pour les circuits guidés en scooter des neiges, le Yellowstone NP (p. 425) est imbattable. Les meilleures stations de sports d'hiver se trouvent, entre autres, dans le Grand Teton NP (p. 429), le Rocky Mountain NP (p. 402) et le Lassen Volcanic NP (p. 252), en Californie. Les moins frileux pourront faire du camping hivernal dans de nombreux parcs, le plus spectaculaire restant les forêts de séquoias géants du Yosemite NP. Couvrez-vous bien !

Activités animées par des rangers

Pas de visite complète d'un parc national sans avoir participé à un programme encadré par un ranger !

De classiques et chaleureuses soirées chansons et projection de diapos autour du feu de camp ont toujours lieu dans la plupart des parcs. Vous pourrez parcourir des kilomètres de chemins débordant de biodiversité en compagnie de rangers, qui vous diront tout sur l'histoire humaine et naturelle, la vie sauvage, l'écologie, la géologie.

PARCS NATIONAUX AMÉRICAINS

Certains parcs nationaux offrent des possibilités d'activités de plein air extraordinaires, guidées par les mêmes sympathiques rangers. Dans les grottes du Carlsbad Caverns NP (p. 380), par exemple, vous pouvez mettre vos pas dans ceux d'un ranger lors de visites dans les cavités, avec escalade libre dans d'étroits boyaux sinueux et négociations de rocs immergés glissants. Les rangers du Yosemite NP (p. 254) et du Mount Rainier NP (p. 483) vous accompagnent lors d'excursions en raquettes. Attendez-vous à ce que ces activités particulières n'aient lieu qu'à certaines périodes de l'année, ne soient pas gratuites et exigent d'être réservées, donc organisez-vous assez tôt pour éviter les déceptions.

La nuit est un moment extraordinaire pour explorer un parc national avec un ranger. Les randonnées guidées sous la Lune sont appréciées partout, surtout dans les canyons du Sud-Ouest. De nombreux parcs proposent des programmes d'astronomie, des télescopes installés sur le côté nord du Grand Canyon (p. 301) au petit observatoire du Chaco Culture NHP (p. 374), qui propose aussi les observations du Soleil.

Les parcs nationaux permettent aussi aux visiteurs de découvrir les cultures locales. Dans le Canyon de Chelly NP (p. 313), les guides navajos conduisent des visites d'anciens villages troglodytiques, à cheval ou en 4×4. Des Indiens montrent aussi leur artisanat traditionnel, surtout dans les parcs de l'Ouest tels le Lassen Volcanic NP (p. 252).

Les parcs nationaux à la pointe de la technologie proposent maintenant des vidéos et des commentaires à télécharger chez soi avant la visite. Ainsi a-t-on toujours un ranger dans la poche !

ITINÉRAIRES DANS LES PARCS NATIONAUX

Les passionnés passent leur vie à visiter et à cocher chaque site du NPS sur leur liste, accumulant en chemin tampons et timbres spéciaux sur le passeport officiel à couverture bleu et or des parcs nationaux, vendu dans les centres des visiteurs et en ligne sur www.eparks.com/store.

Comme votre temps est probablement plus limité, les itinéraires qui suivent regroupent les joyaux du NPS de l'Ouest. Ce sont des propositions, pas des trajets à suivre à la lettre. Lisez-les pour vous en inspirer et concocter votre propre voyage. Reportez-vous au chapitre *Itinéraires* pour plus d'idées (p. 24).

Le Sud-Ouest

Deux semaines/2 012 km

Mythique terre promise, **Zion NP** (p. 351) vous étonnera avec ses cascades et ses sources naturelles coulant en plein désert. Non loin, **Bryce Canyon NP** (p. 344) dévoile ses impressionnantes draperies de pierre dans un amphithéâtre naturel en fer à cheval. Vous pourrez ensuite parcourir les petites routes et chemins de traverse du **Grand Staircase-Escalante NM** (p. 344) et de **Capitol Reef** (p. 342), situé sur un pli de l'écorce terrestre, puis vous perdre dans le dédale topographique des **Canyonlands** (p. 339). Partez randonner sous les voûtes de grès érodées des **Arches** (p. 337), rendre hommage aux premiers Américains, en faisant halte aux sites pueblos de **Mesa Verde** (p. 418), du **Chaco Culture NHP** (p. 374), du **Bandelier NM** (p. 370) et du **Canyon de Chelly NM** (p. 313), puis retrouver le présent en admirant la production de tapis navajos présentée au **Hubbell Trading Post NHS** (p. 313). La Route 66 vous fera traverser le désert peint de la **Forêt pétrifiée** (Petrified Forest National Park, p. 314) jusqu'à **Williams** (p. 298), où d'antiques trains vous emmèneront sur le versant sud du **Grand Canyon** (p. 301).

Olympic National Park (p. 474), Washington.
JOHN ELK

Californie et Nord-Ouest pacifique

Deux à trois semaines/3 540 km

En partant des déserts de la Californie du Sud, laissez-vous émerveiller par les rochers, cactus et palmeraies du **Joshua Tree NP** (p. 178). Glissez sur les dunes de sable et flânez sur les étendues salées de Badwater, site le plus bas du pays, dans le **Death Valley NP** (p. 180). Remontez dans les montagnes de la Sierra Nevada en parcourant les forêts géantes de séquoias et les grottes de marbre des **Sequoia et Kings Canyon NP** (p. 259). Explorez les vallées glaciaires, les prairies alpines et les majestueuses chutes d'eau du **Yosemite NP** (p. 254). Rejoignez San Francisco pour une balade en ferry à **l'île d'Alcatraz** (p. 223), célèbre pénitencier situé dans la zone protégée du Golden Gate NRA. De retour sur la terre ferme, franchissez le **Golden Gate Bridge** (p. 223) vers les promontoires rocheux du **Point Reyes NS** (p. 236), paradis de la faune sauvage, puis continuez au nord jusqu'aux arbres géants du **Redwood NP** (p. 245). Après

Les pics granitiques de Teton Range dominant le Grand Teton National Park (p. 429), Wyoming. DAVID TOMLINSON

avoir admiré le reflet du ciel dans le lac volcanique du **Crater Lake NP** (p. 504), partez à la rencontre du **Mount Rainier** (p. 483). Enfin, découvrez la forêt humide, les montagnes et les plages du Pacifique à l'**Olympic NP** (p. 474).

Les Rocheuses

Dix jours/1 717 km

Commencez par découvrir les géants de glace menacés par le réchauffement de la planète du **Glacier NP** (p. 441) dans le nord du Montana. Si la célèbre Going-to-the-Sun Road dévoile aux visiteurs des panoramas spectaculaires, le parc réserve ses plus beaux trésors aux randonneurs hardis qui s'aventureront sur ses sentiers escarpés. Dirigez-vous ensuite vers le Wyoming, au **Yellowstone NP** (p. 425). Le plus grand parc des États-Unis (en dehors de l'Alaska) est célèbre pour sa faune (grizzlis, loups, coyotes, bisons, élans) et pour les phénomènes géothermiques qui y ont cours. Plus au sud, le **Grand Teton NP** (p. 429), est apprécié des amateurs de varappe pour ses voies d'escalade classiques ; les randonneurs trouveront aussi leur compte dans les quelque 320 km de sentiers qui jalonnent le parc. Rejoignez enfin les **Rocky Mountains NP** (p. 402), dont les crêtes allongées et les toundras alpines abritent mouflons, castors et orignaux. Comme ailleurs, c'est hors des sentiers battus que vous respirerez le mieux l'air énergisant des grands espaces.

PARCS NATIONAUX : GUIDE DE L'UTILISATEUR

N'allez pas visiter un parc national sans avoir d'abord exploré son site sur le **portail du National Park Service** (www.nps.gov). L'outil de navigation disponible sur la page d'accueil donne accès à toutes les informations utiles : itinéraires automobiles et cartes imprimables, heures d'ouverture, dernières infos sur les fermetures de routes et état des chemins, liens vers les campings et hébergements. Vous pouvez également vous renseigner sur les sports de plein air, les zones sauvages et les activités organisées par les rangers dans les parcs. Certains sites du NPS sont équipés de webcams, invitent les visiteurs à télécharger des reportages, à imprimer des brochures en PDF et proposent des activités interactives pour les enfants (*junior rangers*).

Pensez à prendre des espèces pour payer l'entrée du parc, car les cartes bancaires sont souvent refusées. Les tarifs vont de la gratuité à 25 $ par véhicule pour un pass d'une semaine. Les coupes sombres dans le budget fédéral et le manque de financement chronique font régulièrement augmenter les droits d'entrée, aussi le **pass annuel "America the Beautiful"** (http://store.usgs.gov/pass ; 80 $) est-il vraiment une bonne affaire. Il permet l'accès gratuit pour quatre adultes et leurs enfants de moins de 16 ans à tous les parcs nationaux et les territoires fédéraux protégés (*federal recreational lands*) durant un an.

Prévoyez des espèces pour payer le camping, le *wilderness permit*, les visites guidées et autres distractions. Les DAB sont rares dans les parcs, et les retraits ne sont pas gratuits. Les cartes de crédit sont acceptées dans certains centres des visiteurs (pratique pour payer vos achats de guides, cartes géographiques et souvenirs) et entreprises travaillant dans le parc (restaurants, lodges...).

Si vous n'avez pas prévu d'hébergement, faites-le dès votre arrivée. Les lodges étant très appréciés des familles, mieux vaut réserver sa chambre longtemps (six à douze mois !) à l'avance en haute saison. Pour savoir s'il y a des annulations de dernière minute, appelez directement la réception. Réservation également de rigueur dans les campings (p. 527) en saison haute, surtout les week-ends et jours fériés entre Memorial Day (le dernier lundi du mois de mai) et Labor Day (le premier lundi du mois de septembre). Dans certains

Le Joshua Tree National Park (p. 178), Californie, offre plus de 8 000 voies d'escalade.

MAX PAOLI & RUTH EAS

Le Wheeler Peak dans le Great Basin National Park (p. 285), Nevada.

ANDREW BAIN

parcs, les campings fonctionnent sur le système du premier arrivé, premier servi. Il est donc préférable d'y être entre 10h et 12h pour saisir le premier emplacement qui se libère.

Pour camper une nuit dans la nature (et parfois pour des randonnées plus longues), il faut un *wilderness permit*. Les tarifs et procédures de réservation varient d'un parc à l'autre. Renseignez-vous sur les sites Internet des parcs ou appelez le numéro d'information et demandez le *wilderness office*. Des permis de circuler (*walk-up permits*) sont parfois disponibles la veille ou le matin du départ pour les itinéraires moins fréquentés. Nous recommandons toutefois de commencer à faire la queue une heure avant l'ouverture du bureau. Le nombre de permis octroyé obéit à des quotas destinés à réduire l'impact des randonneurs sur la nature.

Avant de partir en exploration, arrêtez-vous dans un centre des visiteurs. Si les rangers sont occupés, consultez en attendant les infos affichées. Conditions météo, meilleurs sentiers pour randonner une journée, autorisation de faire du feu... toutes les réponses sont à votre disposition pour vous offrir le meilleur séjour possible. Il y a aussi les horaires et renseignements sur les navettes du parc qui vous libéreront de votre voiture. En famille, renseignez-vous sur les programmes *junior ranger* : un cahier d'activités est fourni aux enfants qui doivent le remplir durant leur visite pour être récompensés par un badge

top cinq
PARCS AUX PAYSAGES À COUPER LE SOUFFLE

Bryce Canyon NP (p. 344), Utah. Un canyon parsemé de flèches, de pinacles, de plateaux et de mesas aux teintes orangées.

Glacier NP (p. 441), Montana. Des lacs enchâssés dans les prairies alpines couvertes de fleurs sur l'épine dorsale du continent.

Grand Canyon NP (p. 301), Arizona. Un abîme millénaire, véritable kaléidoscope sculpté par le majestueux Colorado.

Yosemite NP (p. 254), Californie. Vallées verdoyantes, vigoureuses chutes d'eau et chant des sirènes de la Sierra Nevada.

Zion NP (p. 351), Utah. Falaises de grès monumentales, canyons défiant la gravité et dentelles des cascades.

Le Glacier National Park (p. 441), Montana, menacé par le réchauffement climatique.
ROB BLAKERS

officiel et intronisés *junior rangers*. Certains parcs prêtent gratuitement aux familles des sacs à dos pleins de jeux.

Si vous campez ou pratiquez des activités particulières (autre que la simple promenade), apportez votre propre équipement. Dans les boutiques des parcs on trouve, à prix d'or, le matériel de camping et d'activités en plein air de base, et certains articles sont parfois en rupture de stock (la bombonne de gaz pour votre réchaud par exemple !). On ne peut généralement louer du matériel d'activités en plein air que dans les grands parcs (Yosemite, Grand Canyon) mais on trouve des conteneurs à l'épreuve de la gourmandise des ours, partout où ils sont indispensables pour une randonnée.

Pendant vos visites, faites le maximum pour préserver la beauté de cet environnement magnifique. Suivez les principes du **Leave No Trace** (www.lnt.org), charte éthique du randonneur (voir encadré p. 104). Les règlements et politiques des parcs nationaux peuvent paraître bien restrictifs, mais ils sont destinés à vous protéger et à préserver l'environnement naturel et culturel. Les animaux de compagnie ne sont pas admis en dehors des aires des parcs qui leur sont réservées, où ils doivent de toute façon être tenus en laisse et sous la surveillance de leur propriétaire, ce qui n'est drôle pour aucun des deux.

ÉVOLUTION DES PARCS NATIONAUX

Si le National Park Service (NPS) est né en 1916, l'idée de parcs nationaux a germé plus tôt, dès l'époque tumultueuse de la naissance de la nation américaine. Lors d'un voyage au Dakota en 1831, l'artiste George Catlin fit un rêve. Conscient que l'expansion rapide vers l'ouest portait atteinte à la nature comme aux Indiens, il rédigea un appel à l'action, demandant la création "d'un parc de la nation, abritant humains et animaux, dans toute l'innocence

AU-DELÀ DES PARCS NATIONAUX

Avec plus de 20 000 employés et 150 000 bénévoles, le National Park Service (NPS) protège 319 sites, bien plus que les 58 parcs nationaux les plus connus. Bien sûr, les parcs historiques de l'Est ne rivalisent pas, en termes de fréquentation annuelle, avec Yellowstone ou Yosemite. Mais ce n'est pas une raison pour négliger les autres sites, plus modestes, du NPS. On n'y rencontre pas les foules et il est possible d'y pratiquer davantage d'activités de plein air en contemplant tout autant de paysages magnifiques et d'animaux.

Après les parcs nationaux, les lieux les plus fréquentés gérés par le NPS sont les *National Preserve* (NPreserve) et les *National Monument* (NM). Les premiers ressemblent aux parcs nationaux mais la chasse et l'exploitation minière y sont autorisées, et les seconds sont des lieux d'intérêt historique ou scientifique. Les férus d'histoire trouveront bien d'autres choses au NPS, des *National Historic Site* (NHS) et *National Historic Park* (NHP) aux *National Memorial* (NMem) et *National Battlefield* (NB). Si vous êtes en quête d'aventure et de paysages sauvages, recherchez les *National Recreation Area* (NRA) ou *National Seashore* (NS). Les automobilistes emprunteront les *National Parkway* (Pkwy) et *National Historic Trail* (NHT), les randonneurs, les *National Scenic Trail* (NST).

Non seulement le pass "America the Beautiful" (p. 118) vous donne accès à tous les sites NPS, mais il vous ouvre aussi les portes des milliers de zones naturelles gérées par d'autres agences environnementales fédérales : **US Forest Service** (USFS ; www.fs.fed.us), **US Fish & Wildlife Service** (USFWS ; www.fws.gov) et **Bureau of Land Management** (BLM ; www.blm.gov) entre autres. Proches des parcs nationaux, tous ces territoires fédéraux ont des caractéristiques uniques qui justifient leur classement comme trésors naturels.

Les *National Forest*, accessibles en voiture par de jolies routes secondaires ou des pistes de 4x4, offrent toute la solitude recherchée et une panoplie d'activités de plein air (VTT, chasse ou pêche sportive). Pour les plus aventureux, le plus grand gestionnaire de terres, le BLM, contrôle des petites zones sauvages attendant encore d'être explorées. L'USFWS, qui œuvre à la préservation des espèces menacées, offre de superbes occasions d'observer de la vie sauvage, surtout des oiseaux de zones humides protégées. Certains des quelque 540 *National Wildlife Refuge* (NWR) sont proches de zones urbaines, si vous souhaitez tenter l'aventure.

Si vous n'avez que peu de temps, sachez qu'en visitant ces lieux vous devrez comptez majoritairement sur vous-même. Les centres de visiteurs et autres infrastructures sont souvent rares et assez éloignés les uns des autres. L'isolement constitue la plus belle récompense. Le camping sauvage est autorisé sur la plupart de ces terres publiques (même s'il faut quelquefois un permis gratuit pour faire du feu, un *campfire permit*). Sinon, les campings, pour lesquels il faut généralement réserver et payer à l'avance sont souvent moins fréquentés que dans les parcs nationaux voisins.

et la fraîcheur de leur beauté naturelle". Ainsi le Congrès créa-t-il 40 ans plus tard, en 1872, le Yellowstone NP "pour le bénéfice et le plaisir de la population".

Alors que les années 1890 voyaient la création de quantité de parcs nationaux (Yosemite, Sequoia, Mount Rainier, Crater Lake et Glacier), l'idée d'une gestion nationale de ces derniers, parallèlement à la naissance d'un mouvement de protection de l'environnement (p. 104), commença à enflammer l'imagination du public. L'Antiquities Act de 1906, signé par le président Theodore Roosevelt, permit de préserver bon nombre de sites archéologiques de cultures indiennes, dont le Mesa Verde NP et le Chaco Culture NHP. Dans les années 1930, le président Franklin Delano Roosevelt fit ajouter 50 autres sites et monuments historiques au patrimoine du NPS et employa des travailleurs du Civilian Conservation Corps (CCC), créé pendant la Grande Dépression, pour tracer de magnifiques sentiers et développer les infrastructures de loisirs dans les parcs.

Sequoia National Park (p. 259), Californie.
CAROL POLICH

Au cours du XXe siècle, le NPS n'a cessé de s'étendre, notamment en 1980 avec l'application de l'Alaska National Interest Lands Conservation Act. Plus de 20 millions d'hectares d'étendues sauvages vinrent alors s'ajouter au NPS, doublant largement le patrimoine de l'agence fédérale. Cette croissance du NPS a pourtant parfois posé problème, par exemple lorsque les résidents alentours contestèrent les nouvelles restrictions sur l'utilisation des terres dans le Mojave NPres ou lorsque les objectifs du NPS rentrèrent en conflit avec les intérêts des communautés indiennes (pour plus d'informations sur le sujet, vous pouvez lire *American Indians and National Parks* de Robert Keller et Michael Turek).

Aujourd'hui, le NPS compte plus de 300 parcs représentant près de 50 millions d'hectares d'étendues sauvages à travers le pays. Les sites les plus récents sont l'**African Burial Ground NM** (www.nps.gov/afbg), dans la ville de New York et le **Sand Creek Massacre NHS** (www.nps.gov/sand) dans le Colorado, tous deux incorporés en l'an 2000. Malgré cela, le NPS est en crise : les réductions budgétaires fédérales ajoutées aux 275 millions de visiteurs annuels ont sérieusement endommagé les infrastructures des parcs. Très ambitieuse, la **National Parks Centennial Initiative** (www.nps.gov/2016) cherche à redonner leur éclat aux parcs en finançant d'importants

HÉROS PAR NATURE

Dans un pays où la Constitution tient compte de l'importance de l'individu, les voix isolées d'artistes, d'explorateurs, d'environnementalistes et de présidents ont autant fait pour donner forme aux parcs nationaux que la machine administrative fédérale.

À la fin du XIXe siècle, le poète des montagnes de la Sierra Nevada, John Muir (1838-1914), galvanisa l'opinion en donnant des conférences publiques et en demandant dans ses écrits une organisation de parcs nationaux qui place la valeur spirituelle de la nature devant sa valeur économique. Il inspira à Teddy Roosevelt (1858-1919), chasseur de gros gibier et président des États-Unis, la création de zones naturelles protégées et de forêts domaniales, ainsi que celle de nouveaux parcs et monuments nationaux.

Les femmes ont aussi eu une influence sur les parcs nationaux, comme le raconte Polly Kaufman dans *National Parks and the Woman's Voice: A History*. L'architecte de la Côte Ouest Mary Elizabeth Jane Colter (1869-1958), qui contribua à la construction de nombre de superbes hôtels-restaurants de gare pour la Fred Harvey Company, élabora le style architectural classique des parcs nationaux, incarné par son chef-d'œuvre, le Grand Canyon Village.

Première dame du pays durant les années 1960, "Lady Bird" Johnson (1912-2007) commença par embellir la capitale et ses grandes artères en y plantant des fleurs des champs. Puis elle contribua à la rédaction du rapport *With Heritage So Rich*, dont les idées innovantes aboutirent au National Historic Preservation Act en 1966, loi qui devait élargir le système du NPS.

Son plaidoyer pour les parcs nationaux influença énormément son mari, le président Lyndon B. Johnson, dont le gouvernement mit en place davantage de lois protégeant l'environnement que tout autre depuis Franklin Roosevelt. Un majestueux mémorial consistant en un bosquet de séquoias dans le Redwood NP (p. 245) honore la mémoire de Lady Bird et son action pour la protection de l'environnement.

ENTRETIEN AVEC UN RANGER DU NPS : KEN HIRES

Pourquoi êtes-vous devenu ranger ? "Enfant, j'ai lu une BD dont les personnages sillonnaient tout l'Ouest américain. C'est à ce moment-là que j'ai su que je voulais travailler dans les montagnes un jour. Depuis j'ai travaillé à Yellowstone, au Mt Saint Helens National Volcanic Monument et maintenant à Kings Canyon."

Quel genre de travail faites-vous ? "Je suis un *interpretive ranger*, c'est-à-dire que je traduis ce que dit la nature en anglais. J'encadre les activités du soir, je guide les visiteurs, j'explique les fonctionnements complexes de la nature, je donne beaucoup d'infos sur les itinéraires et quand quelqu'un a besoin d'aide, je suis là."

Qu'est-ce qui rend votre travail plaisant ? "J'aime travailler avec les enfants, et avec ceux qui ont vraiment envie d'apprendre, ceux qui me posent des tas de questions sur le milieu naturel."

Vous parlez avec combien de visiteurs chaque jour ? "Au moins cent, parfois beaucoup plus."

Qu'oublient souvent de faire les visiteurs dans les parcs nationaux ? "Ils partent en randonnée sans prendre d'eau."

Quels autres parcs voudriez-vous visiter ? "Point Reyes, le Mojave Desert, le Grand Canyon, Zion et Bryce Canyon – les parcs de l'Ouest."

Quelle est la mission la plus curieuse dont vous ayez été chargé comme ranger ? "À Yellowstone, je devais aller prendre une fois par mois la température des piscines chaudes et des geysers avec une canne à pêche et un thermomètre."

De quoi ont le plus besoin aujourd'hui les parcs nationaux ? "De fonds pour l'entretien, pour rattraper le retard dans les réparations des infrastructures."

Pensez-vous que l'augmentation de la fréquentation a bénéficié ou nui aux parcs ? "En valeur absolue, les parcs nationaux reçoivent plus de visiteurs, mais en pourcentage de la population totale, le chiffre est en baisse. En même temps, plus de gens apprennent à apprécier les parcs, ce qui est une bonne chose. En fait, 99,9% des personnes que je rencontre sont très heureuses d'être là."

Pourquoi est-il essentiel de suivre les règlements ? "Les règlements sont faits pour protéger les ressources naturelles, pour éviter que la végétation soit écrasée par trop de piétinements et les animaux chassés de leur habitat. Sans règles, la nature finirait par ne plus être elle-même. Ce que les gens viennent chercher ici serait détruit."

Un dernier mot ? "Quand vous visitez un parc, n'oubliez pas que les rangers ne sont pas là pour vous embêter, ils sont là pour protéger le parc et vous aider à l'apprécier. Oh, et nous ne nourrissons pas les ours !"

Sillonnez le Mt Rainier National Park (p. 483), Washington, en suivant l'un de ses innombrables sentiers.
RICHARD CUMMINS

Promenez-vous dans les défilés creusés dans le Zion National Park (p. 351), Utah.
RICHARD CUMMINS

top cinq PARCS POUR ÉCHAPPER À LA FOULE

Petrified Forest (p. 314), Arizona. Toute la solitude du désert au milieu de formations datant de millions d'années.

Great Basin NP (p. 285), Nevada. Méditez au milieu des vieux pins de Bristlecone ou dans des grottes souterraines.

Black Canyon du Gunnison National Park (p. 427), Colorado. Des profondeurs crépusculaires enchâssées entre de hautes falaises.

Lassen Volcanic (p. 252), Californie. Naviguez parmi des caldeiras de boue bouillonnante, dans le chuintement des fumerolles.

North Cascades NP (p. 479), Washington. Escaladez des glaciers et découvrez des cascades sauvages et isolées.

travaux d'entretien et d'amélioration en vue des célébrations du centenaire du NPS en 2016. Les différents projets consistent entre autres à restaurer les édifices historiques, à maîtriser l'avancée des espèces animales et végétales envahissantes et à dresser l'inventaire des sites archéologiques avant qu'ils ne soient perdus.

Des associations à but non lucratif comme la **National Parks Conservation Association** (www.npca.org) et la **Western National Parks Association** (www.wnpa.org), partenaires du NPS, jouent un rôle essentiel pour la survie des parcs. Elles recueillent des fonds, fournissent le personnel nécessaire aux centres de visiteurs et aux programmes éducatifs, publient des livres et des cartes et soutiennent les initiatives de protection des parcs. Le récent intérêt que les médias ont accordé aux parcs nationaux a sensibilisé le public à leur importance, tout comme l'excellent documentaire de Ken Burn *The National Parks: America's Best Idea* (www.pbs.org/nationalparks).

Activités de plein air Amy Marr

L'Ouest américain fera l'unanimité pour tout amateur d'activités de plein air, des débutants aux pros en passant par les nouveaux convertis. Ce pays regorge de possibilités, comme les somptueux parcs nationaux du Yosemite ou de Yellowstone pour les randonnées, le Grand Canyon et ses gorges pour les descentes en rafting, et les Rocheuses pour les pistes de ski. Et pourtant, c'est à l'écart des sentiers battus que l'on découvre la véritable essence de cette région, comme en pratiquant le kayak dans les îles San Juan de Washington.

Le site Internet www.americaoutdoors.org représente l'association internationale des magasins de sport, voyagistes spécialisés et moniteurs diplômés. Lancez les recherches par État ou par activité.

Si on considère les États-Unis comme un gigantesque parc d'activités en plein air, on peut tout y faire, le plus difficile étant en définitive de choisir quoi faire et où aller. Le plus simple est donc de choisir votre activité et où la faire, qu'il s'agisse de randonnées dans les montagnes ou déserts, de pêche à la mouche dans les rivières, de balades à cheval dans les broussailles ou de surf sur l'océan.

Rassasiez-vous de musique et de musées, puis, à vous les grands espaces ! Vous comprendrez pourquoi un acteur amoureux de la nature comme Steve McQueen a pu dire : "Je préférerais me réveiller au milieu de nulle part plutôt que dans n'importe quelle ville occidentale."

Si les divers sports présentés ci-dessous vous tentent, reportez-vous p. 512 et pour plus d'idées d'endroits à visiter et d'activités à pratiquer, p. 109.

SKI ET SNOWBOARD

Les domaines skiables américains recèlent des stations si fabuleuses qu'on ne regrette pas le moindre dollar qu'on y dépense. Ne ratez pas Tahoe (p. 253), Telluride (p. 416) et Sun Valley, les plus réputées. Pour prendre de l'altitude avec style, rendez-vous à Vail (p. 408), Squaw Valley (p. 253) ou la très chic Aspen (p. 409). Les plus chevronnés affronteront les pentes verticales d'Alta (p. 136), de Jackson (p. 433) ou de Taos (p. 371).

Amateurs de sensations fortes, soyez prévenus : Steamboat Springs dans le Colorado possède cinq tremplins de ski et la zone de tremplin naturelle la plus importante en Amérique du Nord.

Le ski est un sport très apprécié mais les frissons de la glisse ont un prix. Ajoutez les forfaits de remontées mécaniques aux locations de matériel, à moins de voyager avec le vôtre, et le total monte vite. Faites des économies en achetant des forfaits pour plusieurs jours, en choisissant des stations moins connues (comme Alpine Meadows près du Lake Tahoe) ou en privilégiant les stations surtout fréquentées par la clientèle locale, comme Santa Fe (p. 364) ou Wolf Grade dans le Colorado.

Vers 1975, un homme au nom prédestiné, Jake Burton Carpenter (charpentier) installa un atelier dans son garage, quelque part dans le Vermont, et se mit à construire des snowboards. Jake était un snowboardeur et il rêvait du jour où sa passion serait largement partagée. Il n'attendit pas longtemps. Le Vermont devint le berceau du surf des neiges et Burton Snowboards, sa petite entreprise, fit boule de neige et essaima dans l'Ouest.

Le mont Baker, dans l'État de Washington, est surnommé le Roi de la neige pour ses records d'enneigement (en moyenne 1,60 m, la plus haute moyenne d'enneigement des stations de ski du monde).

Sur les pentes enneigées, aux États-Unis comme ailleurs, les snowboardeurs sont maintenant aussi nombreux que les skieurs. Sur les remonte-pentes de Sun Valley (p. 448), de Tahoe (p. 253) ou d'Aspen (p. 409), vous verrez les plus acrobatiques éventrer les pistes, y imprimant de profondes traces. Après des années de réticence, Taos a finalement ouvert ses pistes tant convoitées par les amateurs de snowboard. Autour de Mt Hood en Oregon (p. 501), plusieurs stations prolongent l'hiver en plein été et proposent des stages de snowboard entre juin et août.

Pour une pratique plus calme et introspective, les amateurs de ski de fond et de raquettes se feront plaisir à Jackson, jolie station de Californie et plus grande aire de ski nordique d'Amérique du Nord, et à Methow Valley (p. 481) dans l'État de Washington, sublime et peu fréquentée. Les passionnés de nature sauvage seront largement récompensés dans toute la Sierra Nevada, parsemée de refuges (*ski-in huts*).

Pour plus de renseignements sur le ski, voir p. 515.

CYCLOTOURISME ET VTT

Le vélo gagne en popularité de jour en jour aux États-Unis grâce à la renommée de Lance Armstrong et à l'importance croissante de l'écologie.

Les amateurs de cyclisme "urbain" ne seront pas en reste ; de nombreuses municipalités encouragent ainsi le vélo : Boulder, dans le Colorado (p. 343) et Portland, dans l'Oregon (p. 491), pour n'en citer que deux. Les abords de San Francisco offrent parmi les meilleurs endroits pour le vélo. De l'autre côté du Golden Gate Bridge, les magnifiques Marin Headlands et leurs somptueux vallons sont parfaits pour une balade où, avec un peu de chance, vous croiserez Robin Williams à vélo. Attention ! Le plus dur n'est pas d'affronter la côte abrupte mais les bourrasques de vent qui s'engouffrent entre les deux tours Art déco !

Les amateurs de vitesse aimeront *Klunkerz*, un film retraçant l'histoire du VTT et des hippies californiens qui ont popularisé ce sport.

Il n'y a pas un État qui ne soit fier de ses pistes cyclables et vous rencontrerez des mordus où que vous vous arrêtiez. Besoin d'un conseil ? Entrez dans n'importe quelle boutique de cycles ou faites un tour sur le Net. Les magasins de photocopies ont généralement des ordinateurs s'il n'y a pas le moindre cybercafé dans les environs. Tapez votre destination et les mots *cycling* ou *mountain biking* et lancez votre moteur de recherche.

Dans beaucoup d'États, des agences proposent de superbes randonnées de plusieurs jours, comme le Ride the Rockies dans le Colorado, à un prix très abordable. Le groupe emprunte un itinéraire spectaculaire bien aménagé. Le portage est réduit aux affaires de la journée, le matériel de camping étant acheminé en voiture de halte en halte (souvent le terrain de football d'une jolie ville sur le chemin). Autre itinéraire superbe, l'ascension du mont Lemmon, en Arizona, qui en 45 km fait passer du Sonoran Desert à plus de 3 000 m d'altitude, au sommet.

Si vous n'êtes pas un stakhanoviste du vélo, de nombreux itinéraires vous feront vraiment découvrir l'Amérique et ses paysages au prix de moindres efforts. Sur le Mt Baker-Snoqualmie National Forest, le circuit Sun Top Loop zigzague sur les pentes du versant ouest de la chaîne des Cascades, à environ une heure de route à l'est de Seattle, non loin de la limite nord du Mount Rainier National Park (p. 483). Une autre piste fabuleuse de 331 km relie, de refuge en refuge, Telluride (p. 416) à Moab (p. 336), deux jolies villes séparées par un paysage de western à couper le souffle. Les vététistes trouveront également des paradis à leur mesure à Boulder (p. 397), Moab (p. 336), Bend (p. 503) et Marin (p. 234), où Gary Fisher et ses amis inventèrent ce sport en dévalant les pentes rocheuses du mont Tamalpais sur des vélos bricolés.

Pour plus de renseignements sur le cyclotourisme et le VTT, voir p. 545.

MARCHE ET RANDONNÉE

Pour beaucoup de touristes, la randonnée est le meilleur moment de leur séjour aux États-Unis. Les grands espaces sauvages sont étonnamment accessibles. Trois ou quatre heures de route suffisent à vous éloigner des lumières de toute ville et à vous plonger au cœur d'un paysage légendaire peuplé d'arbres géants, de chutes d'eau dessinant des arcs-en-ciel et de ratons laveurs si malins qu'ils subtilisent le fromage dans votre sac à dos.

LE MEILLEUR DES RANDONNÉES DANS L'OUEST AMÉRICAIN

Demandez à dix randonneurs leur liste des meilleurs itinéraires et vous n'aurez pas deux réponses identiques. Le pays est si varié, les distances si énormes qu'il ne peut y avoir d'accord. Cela dit, vous ne ferez pas de faux pas avec le palmarès suivant. Pour plus de choix, explorez le site Web **Trails.com** (www.trails.com), qui rassemble 38 000 itinéraires (et de nombreuses cartes topographiques pour ne pas se perdre).

À pied

Enchanted Valley, Olympic National Park, Washington (p. 474). Magnifiques paysages de montagne, faune abondante et forêts humides luxuriantes – le tout en une boucle de 20 km.

Great Northern Traverse, Glacier National Park, Montana (p. 441). Un trek de 90 km au cœur du pays des grizzlis (les Rocheuses), qui traverse la ligne de partage des eaux.

South Kaibab/North Kaibab Trail, Grand Canyon, Arizona (p. 301). Randonnée de plusieurs jours descendant dans les canyons jusqu'au Colorado avant de remonter sur le plateau.

Tahoe Rim Trail, Lake Tahoe, Californie (p. 252). Ce chemin tous terrains de 265 km fait le tour du lac en altitude, offrant une vue sur la Sierra miroitante.

En VTT

Downieville Downhill, Downieville, Californie. Réservée aux personnes en bonne condition physique, cette piste dans les pins - située près de cette ville au pied de la Sierra dans la Tahoe National Forest - contourne les falaises, traverse une vieille forêt et descend 1 280 m en moins de 22 km.

McKenzie River Trail, Wilamette National Forest, Oregon (p. 485). Une piste paradisiaque de 35 km sinuant au milieu de forêts denses et de formations volcaniques.

Porcupine Rim, Moab, Utah (p. 336). Cette classique du désert, une boucle de 48 km partant de la ville, offre des paysages splendides et des descentes vertigineuses.

Il y a plusieurs manières d'apprécier les parcs nationaux. Ceux qui ne font que passer trouveront toujours des balades courtes qui leur feront découvrir les merveilles du lieu sans parcourir plus d'un kilomètre ou deux. Il suffit de quelques heures pour s'imprégner de l'atmosphère d'endroits comme Arches (p. 337), Yosemite (p. 257), le Grand Canyon (p. 301) et Yellowstone (p. 425), pour ne citer que les parcs nationaux les plus connus. Pour ceux qui ont le temps, les rangers (présents dans les centres d'information des visiteurs) se feront un plaisir de conseiller des itinéraires, des simples promenades aux itinéraires plus ardus d'une journée, comme celui qui conduit au Half Dome, à Yosemite. Chaque jour, des dizaines d'hommes, de femmes et d'enfants se mesurent à cette randonnée de 12 heures. Si vous rêvez de camper dans les grands espaces, il faudra peut-être demander un permis, en particulier l'été, car le nombre de visiteurs est limité. Mais vos efforts seront bien récompensés car les plus beaux paysages sont souvent en dehors des sentiers battus.

L'association Rails-to-Trails (www.railtrails.org) a transformé plus de 21 000 km de voies ferrées désaffectées en chemins de randonnée.

Les destinations où diriger ses pas sont illimitées : de Mosaic Canyon (p. 180) dans la Vallée de la Mort en Californie aux Joint Trail du Canyonlands National Park (p. 339), à couper le souffle… dans tous les sens du terme ; des pics acérés des Chiricahua Mountains (p. 322) en Arizona, aux sentiers forestiers de la Hoh Rainforest, dans le Washington (p. 475), presque partout, vous trouverez de magnifiques itinéraires à votre portée. Et plus on s'éloigne des magasins de souvenirs, plus on en rapporte plein la tête.

La veine fossilifère du Permien la mieux préservée au monde est à Carlsbad Caverns National Park, au Nouveau-Mexique. Elle vaut bien un crochet.

Si vous êtes un pur et dur, le John Muir Trail à Yosemite (p. 257) est pour vous : 357 km de paysages enchanteurs de la Yosemite Valley au sommet du Mt Whitney. Le Pacific Crest Trail suit les crêtes des Cascades et de la Sierra Nevada ; il relie le Canada au Mexique, sur 4 265 km et traverse six zones climatiques du continent nord-américain. Environ 300 personnes accomplissent ce pèlerinage chaque année.

Pour plus de renseignements, voir p. 514.

SPORTS AÉRIENS

C'est probablement aux États-Unis que la pratique des sports aériens est la plus répandue. Boire un verre de chardonnay en survolant le vignoble californien en ballon est le plus anodin. Les amateurs de sensations fortes tenteront un saut à 280° dans un étroit canyon de l'Utah.

Montgolfière (www.hot-airballoons.com et http://hotairballooning.com). Fabuleuse, à couper le souffle mais souvent chère, une promenade en ballon laisse des souvenirs impérissables quand le temps et le paysage s'y prêtent. Il y a des clubs dans presque tous les États, et certains prévoient la bouteille de champagne dans la nacelle. Personnes sujettes au vertige, s'abstenir !

Saut à l'élastique (www.bungee-expeditions.com et www.bungee-experience.com). Le pont le plus élevé d'où l'on peut pratiquer le saut à l'élastique se trouve près de Taos et fait 207 m de haut (p. 371). Faute de pont, on peut aussi se jeter d'un hélicoptère à 460 m au-dessus du sol inégal du nord de l'Idaho (p. 445). À une heure de Boise (p. 446), on se lancera en surplomb de la Snake River, qu'Evel Knievel, célèbre cascadeur qui n'avait peur de rien sur sa moto, tenta de franchir.

Deltaplane et parapente (www.ushpa.aero/). Le deltaplane est une aile en tissu tendue sur une structure en tube d'aluminium. Le parapente est un parachute en forme d'aile sans structure qu'on oriente avec deux poignées. Presque partout, il est possible de sauter en tandem pour survoler le pays.

Sauts en parachute (www.uspa.org). Saut en tandem, ou en solo pour les plus aguerris. C'est un classique des sports du ciel, qui n'en procure pas moins des sensations inégalées.

ESCALADE

Les plus vieux arbres du monde revêtent une bien étrange apparence. Vous les verrez dans le Joshua Tree National Park (p. 178), en Californie, où le désert arbore les belles teintes rosées d'une roche appelée monzogranite, des plus tentantes pour les grimpeurs. En traversant le parc, on voit partout de nombreux amateurs d'escalade, seuls ou en groupe, venus parfaire leur technique sur ces nobles parois. Les amas de cordages enchevêtrés signalent les cours destinés aux novices. Pas moins de 8 000 voies s'offrent à vous dans cette sorte de Disneyland revisité par les Pierrafeu.

Motel blues, voyage dans l'Amérique profonde (Payot, 2003) est un hilarant récit du voyage de Bill Bryson avec un copain de collège, tous deux d'âge mûr et pas en forme, sur ce chemin de randonnée.

Presque tous les passionnés ont vu de merveilleuses images de bivouacs sur El Capitan ou le Half Dome, ou de la légendaire ascension en libre intégral du Nose par Lynn Hill, dans le Yosemite National Park (p. 257). Ce vénérable parc national, protégé par le président Abraham Lincoln en 1864, est un vrai jardin d'éden si votre idée du bonheur est de dormir dans un hamac suspendu quelque 300 m au-dessus de la terre ferme. Au sud du parc, plébiscité par de très bons grimpeurs, Bishop (p. 262) est une ville paisible de la Sierra Nevada orientale, près de laquelle les rochers fantastiques de l'Owens River Gorge et des Buttermilk Hills attendent les amateurs.

Toutefois, tous les sites d'escalade ne sont pas en Californie. À peine 16 km à l'ouest de Las Vegas, Red Rock Canyon (p. 281) compte quelques-unes des meilleures voies sur grès du monde. Dans le Wyoming, dans le Grand Teton National Park (p. 429), l'école d'escalade Exum propose des initiations et cours aux débutants et des expéditions de deux jours sur le Grand Teton pour les plus confirmés. À 4 197 m la vue est vraiment imprenable. La City of Rocks National Reserve, dans l'Idaho, compte des aiguilles hautes comme 60 étages et plus de 500 voies granitiques battues par les vents. Enfin, dans le Colorado, près de Boulder, le choix va des voies pour tous niveaux des Flatirons, à l'alpinisme pur dans le Mountain National Park.

Soyez prudent quand vous traversez de grands espaces ou escaladez des falaises lorsqu'il y a de l'orage. Tous les ans, environ 600 personnes sont foudroyées aux États-Unis.

Et ce n'est pas tout. Non loin du Zion National Park (p. 351), des stages de canyoning de cinq jours vous apprendront l'art de la descente en rappel, sur les parois de calcaire rouge des canyons contrastant avec le vert du tapis d'arbres au fond des gorges. Ceux qui aiment cumuler les sensations enfileront leur combinaison de plongée pour descendre des parois rocheuses qu'éclaboussent des chutes mugissantes avant de plonger dans des lacs glacés.

Pour plus de renseignements sur l'escalade, voir p. 514.

CANOË, KAYAK ET RAFTING

L'Ouest ne manque pas de descentes en rafting au milieu de paysages spectaculaires, tel le Cataract Canyon (p. 340) dans l'Utah, parcours exaltant entre les rochers rouges du Canyonlands National Park, sur l'Owyhee River, dont le bras nord, très fréquenté, dessine ses méandres du haut plateau du sud-ouest de l'Oregon aux contreforts de l'Idaho (p. 445). En Californie, la Tuolumne comme l'American River bouillonnent de rapides, de modérés à extrêmes, alors que dans l'Idaho le cours moyen de la Salmon River (voir l'encadré p. 385) offre tout : foisonnante vie sauvage, rapides excitants, riches histoires de pionniers, chutes d'eau et sources chaudes.

La partie septentrionale de l'Owyhee, la North Fork, serpente dans le haut plateau du sud-ouest de l'Oregon pour redescendre sur les pâturages de l'Idaho. Très fréquentée, elle abrite d'impressionnantes cheminées de fées. Si vous êtes de nature *très* organisée, capable de prévoir et de planifier plusieurs mois à l'avance, vous pourriez tenter votre chance sur le houleux Colorado, le père de tous les fleuves aux yeux des pagayeurs du monde entier.

Pour explorer les eaux plus calmes, louez un kayak ou un canoë. Les kayaks, fermés, se prêtent bien aux sorties en mer, si tant est que vous n'emportez pas de matériel encombrant. Pour explorer de grands lacs et la côte (les îles San Juan, par exemple) le kayak est idéal, mais pour une croisière paisible de plusieurs jours, voire plusieurs semaines, préférez le canoë.

Il y a des centaines d'endroits où s'adonner aux joies des jeux aquatiques, quand bien même il s'agirait pour vous de siroter une bière bien calé dans une immense bouée. Il suffit de demander pour trouver des magasins de location de matériel, qui proposent aussi des cours, de l'Olympic Peninsula (p. 474), au Washington, jusqu'à la populaire Green River (p. 335) dans l'Utah. Vous pouvez aussi louer des kayaks dans la baie de Monterey (p. 201) en Californie pour voir des loutres de près.

Pour plus de renseignements, reportez-vous p. 514.

Serious Sports (www.serioussports.com) est un annuaire en ligne de magasins de sport, de services de guides et d'écoles formant aux sports de plein air.

Pour en savoir plus sur le National Park Service, son histoire et son travail pour la préservation des espaces, visitez le site www.nps.gov. Recherche par région ou par activité.

SURF, PLANCHE À VOILE ET KITESURF

Si les vagues sont votre passion, les plus belles du continent se déroulent sur les plages de Santa Cruz (p. 208). Les noms qui suivent font partie de la légende du surf : Steamer Lane, Pleasure Point, Sharks, Mavericks (à une heure de route au nord de Santa Cruz). Les pubs qui brassent leurs propres bières sont également célèbres et il fait bon s'y raconter des histoires de voyageurs. Le nord de la Californie offre aussi de bons endroits ou faire du surf même si les eaux y sont un peu plus froides et abritent parfois des requins.

Des kilomètres de plages désertes et quelques petites communautés de surfeurs longent les côtes de l'Oregon et de l'État de Washington. Parmi les autres bons spots signalons Seaside Beach, dans l'Oregon (environ 120 km au nord-ouest de Portland, presque au bout de l'Oregon Trail), c'est le cadeau de l'Oregon aux enthousiastes qui ont la peau dure (*sous* le néoprène). Pour plus de renseignements sur le surf, voir p. 515.

Le kitesurf est un nouveau venu dans les sports de glisse nautique. L'idée est simple : utiliser un immense cerf-volant qui se gonfle en prenant le vent (de 4,50 m à 15 m d'envergure) et une planche ressemblant beaucoup à un surf. Les kitesurfeurs se font tracter par le vent pour évoluer à la surface des lacs et des océans à des vitesses hallucinantes. Les plus chevronnés décollent et s'envolent littéralement au-dessus des crêtes blanches des vagues. C'est une expérience fabuleuse, et, comme le surf, réservée à ceux qui n'ont pas froid aux yeux.

Great Outdoors Recreation Pages (www.gorp.com) est un site très complet sur les sports de plein air et les séjours sportifs aux États-Unis. Récits de voyages et offres de forfaits.

LES MEILLEURS SPOTS DE SURF

Dans chaque endroit qui se prête au surf, on est sûr de trouver des personnages hauts en couleur, une petite ville balnéaire tranquille, et bien sûr de superbes vagues. Voici quelques spots parmi les meilleurs, tant pour la qualité des vagues que pour les traditions locales. Enfilez une combinaison (ou pas) et jetez-vous à l'eau.

Côte Ouest/Californie

Si les grosses vagues règnent sur Hawaï, le monde entier sait que la culture surf est californienne. Huntington Beach (alias Surf City, USA) en est la capitale incontestée avec son perpétuel soleil et son break parfait, surtout l'hiver lorsque les vents sont calmes.

Black's Beach, San Diego. Cette bande de sable de 3 kilomètres de long au pied de falaises de 100 m de haut à La Jolla est une des plages offrant les breaks les plus puissants en Californie du Sud en raison de la présence d'un canyon sous-marin un peu au large.

Huntington Beach Pier, Huntington Beach, Californie. Endroit idéal pour profiter du cadre et prendre des cours (renseignez-vous sur l'école de surf de Corky Carroll sur le site www.surfschool.net/).

Ocean Beach, San Francisco, Californie. Courants forts, eaux froides et méchantes vagues font la réputation de ce break parmi les surfeurs aguerris.

Oceanside Beach, Oceanside, Californie. Une des plus belles plages de Californie du Sud offrant un des breaks les plus réguliers au monde en été. Idéal en famille aussi.

Rincon, Santa Barbara, Californie. Probablement un des meilleurs spots au monde. Presque tous les grands champions sont venus y surfer.

Steamer Lane & Pleasure Point, Santa Cruz, Californie. Berceau des combinaisons O'Neill, ce site est aussi le panthéon des surfeurs et on dit que c'est ici qu'on fit pour la première fois du surf en Californie, vers 1885. On y compte 11 breaks exceptionnels dont les point breaks qui déferlent sur un lit rocheux dans ces deux magnifiques spots.

Swami's, Encinitas, Californie. En dessous de Seacliff Roadside Park, cette plage de surf très populaire offre de multiples breaks qui vous garantiront de superbes vagues. Les fonds marins tapissés d'algues laminaires sont aussi l'occasion de belles plongées.

Ce qu'il vous faut, surtout si vous en êtes à vos premières tentatives, ce sont des eaux chaudes et des vents réguliers. Vous les aurez dans la baie de San Francisco, où les vents estivaux, qui font sortir les voiliers sur les eaux, donnent d'immenses frissons de plaisir aux kitesurfeurs au large de la barre d'Emeryville. La Hood River (p. 501), 96 km à l'est de Portland, Oregon, est aussi un lieu de rendez-vous pour le kitesurf.

Cousine du kitesurf, la planche à voile est née en 1948, grâce à l'imagination et à l'adresse d'un jeune marin de 20 ans, Newman Darby. Comme l'un et l'autre ont besoin des mêmes conditions, ils se pratiquent souvent aux mêmes endroits : des sites ventés aux vagues accessibles, telle la Columbia River Gorge en Oregon.

PLONGÉE ET SNORKELING

Débutants et plongeurs avertis trouveront leur bonheur parmi tous les sites de plongée (certains plus froids ou plus sombres que d'autres) qui parsèment le pays. À vingt-sept mètres sous la surface de la baie de Monterey (p. 201) en Californie, on se croirait dans une cathédrale sous-marine. Plonger dans les forêts de varechs géants suffit (presque) à faire oublier la froideur de l'eau qui s'infiltre dans votre combinaison. Partout, ces algues immenses montent vers la surface scintillante, ondulant comme de gracieuses danseuses. Le soleil qui passe à travers leurs frondes les transforme en véritables vitraux.

Les eaux littorales californiennes abritent toute l'année d'innombrables espèces étonnantes : nudibranches colorées (ou limaces des mers), dauphins

OBSERVATION DE CÉTACÉS

Que ce soit d'un kayak, d'un bateau ou d'une falaise, les occasions de voir des cétacés sont nombreuses aux États-Unis. Il suffit de connaître les eaux qu'ils fréquentent, la période où ils sont là et de savoir ce qu'il faut chercher.

Du printemps à l'automne, baleines à bosse, baleines bleues, baleines minkes, baleines franches et orques longent la côte de Californie, en route vers les eaux plus chaudes du Sud. La baie de Monterey et les Channel Islands (site idéal pour se familiariser avec les espèces marines du littoral à marée basse), en Californie (p. 201 et 189), sont les endroits les plus propices et offrent quantité de possibilités de croisières d'observation de cétacés. Début janvier, près de 20 000 baleines grises passent à moins de 2 km du Point Reyes National Seashore. Depuis les falaises, on peut apercevoir les jets gris qu'elles soufflent en traversant les eaux au large de la péninsule.

Parmi les rencontres spectaculaires, difficile de surpasser la vue d'orques sautant hors de l'eau, à trois mètres seulement de votre frêle kayak. C'est faisable sur Orcas Island, Washington, où les bandes de gros cétacés adorent se donner en spectacle. Pour l'observation depuis la terre, préférez Lime Kiln Point State Park sur l'île voisine de San Juan (observez-y aussi les pygargues à tête blanche).

et baleines grises lors de leur migration annuelle entre le Mexique et l'Alaska. Les eaux de Monterey Bay (p. 201) ressemblent à de sombres forêts où des colonnes de lumière projettent d'étranges ombres au milieu desquelles les otaries fusent sous votre nez. Partout, des algues de trente mètres remontent du fond marin où de gigantesques étoiles de mer reposent avant d'atteindre la surface étincelante de l'océan. Jade Cove, à environ 15 km au sud de Lucia sur la Highway 1, est le seul endroit au monde à présenter un gisement de jade sous-marin, garantissant une plongée inoubliable. On pourra admirer des orques, des dauphins et des phoques à Limekiln State Park, Soberanes Point et Lopez Point. **Monterey Bay Dive Company** (www.montereyscubadiving.com) est de très bon conseil pour ce qui touche les différents sites et guides.

Point Lobos State Reserve (p. 196), dans la toujours surprenante baie de Monterey (dont l'aquarium est un des plus beaux du monde), est l'une des réserves favorites des plongeurs. Les Channel Islands (p. 189), entre Santa Barbara et Los Angeles, sont aussi gâtées en sites de plongée célèbres. Des yachts équipés pour des séjours de quelques jours vous feront découvrir les huit îles de l'archipel. Dans les eaux plus froides au nord de San Francisco, les plus endurcis attendent le 1er avril de pied ferme : c'est l'ouverture de la saison pour la pêche aux ormeaux, très appréciés des grills locaux.

OBSERVATION DE LA FAUNE

Si l'observation des ours, des élans ou des spatules rosées est à votre programme, l'Ouest saura vous contenter. De nombreux endroits, facilement accessibles, permettent de voir les animaux sauvages évoluer dans leur habitat naturel. Bien sûr, on n'est jamais certain qu'ils seront au rendez-vous, mais en choisissant bien la saison et l'heure de la journée (conseil : l'aube et le crépuscule), et en arrivant discrètement au cœur de leur habitat (de préférence à pied, à vélo ou en bateau), vous avez de grandes chances d'être récompensé.

Évitez d'éternuer en traversant Portland (p. 486), dans l'Oregon ; vous risqueriez de rater le plus petit parc du monde. D'une surface de 30 cm^2, il fut créé pour les courses de lutins et d'escargots.

Commencez par les parcs nationaux, qui offrent tous les types d'habitats (reportez-vous p. 112 pour les meilleurs parcs d'observation de la faune). Le Glacier (p. 441) est le cœur du pays des ours, soyez donc prêt pour des rencontres. Yellowstone (p. 425) est idéal pour voir élans (plus 30 000 y résident en été), loups gris (récemment réintroduits), bisons (le plus gros mammifère d'Amérique du Nord) et cervidés. Dans les Rocheuses, le Rocky Mountain National Park (p. 402) est le pays des élans, des marmottes et du mouflon, l'emblème du Colorado. Et pour l'incontournable photo de bisons au milieu des grandes plaines ? Les parcs nationaux de Yellowstone (p. 425) et de Grand Teton (p. 429) accueillent à nouveau des troupeaux depuis quelques années. Le Grand Teton est aussi le berceau de nombreux ours, élans et orignaux.

La baie de Monterey en Californie est l'habitat de cinq espèces de phoques et lions de mer. Leurs représentants s'ébattent dans les rubans géants de kelp avec les loutres de mer, les dauphins et les marsouins. L'Ano Nuevo State Reserve, 90 km au sud de San Francisco, abrite la plus grande colonie reproductrice d'éléphants de mer. Organisez-vous à l'avance pour assister au spectacle captivant (et bruyant) des batailles entre mâles, et aux naissances (de décembre à mars).

Les amateurs de nuits à la belle étoile se donnent rendez-vous au Grasshopper Glacier dans le Montana, dont le nom évoque une migration de criquets préhistoriques à jamais immobilisés dans les glaces.

PÊCHE

Aucun autre sport, sauf peut-être le base-ball, n'occupe une place aussi centrale dans l'imaginaire américain que la pêche. Adeptes de pêche à la mouche ou non, tous les pêcheurs voient le continent nord-américain comme une inépuisable réserve de poissons.

Les sites spécialisés abondent sur la Toile, rivalisant de bons conseils et d'astuces avec les ouvrages consacrés à cet antique loisir qui aujourd'hui fait appel à des technologies très évoluées. Pour allier le plaisir d'une belle prise à celui d'un bon repas, pensez aux truites. Elles pullulent dans les Rocheuses au Colorado, dans l'Idaho, un État qui ne laisse pas de surprendre et, bien sûr, dans le Montana où fut tourné *Et au milieu coule une rivière* et où la Bighorn abriterait plus de 3 000 truites au kilomètre.

RANDONNÉES ÉQUESTRES

Si les westerns ont bercé votre enfance, c'est bien sûr dans l'Ouest que votre rêve de chevauchées fantastiques se réalisera, dans un paysage encore sauvage, de simples promenades à cheval sur les côtes de l'Oregon aux randonnées d'une semaine dans les canyons du sud de l'Utah. Trouver des chevaux est facile : il y a des centres équestres et des écuries dans les parcs nationaux. Les cavaliers confirmés peuvent partir seuls ou accompagnés de guides qui leur parleront de l'histoire locale, souvent écrite à cheval.

La Californie est un endroit merveilleux pour l'équitation, avec ses sentiers brumeux longeant les falaises du Point Reyes National Seashore ou les randonnées plus longues, de plusieurs jours dans le Yosemite ou vers les lacs de haute altitude de l'Inyo National Forest, dans la sublime Sierra Nevada orientale. À condition d'y être à la bonne saison, Capitol Reef (p. 342) et Canyonlands (p. 339) dans l'Utah, fournissent de merveilleuses balades, tout comme les montagnes, déserts et plaines du Colorado, de l'Arizona, du Nouveau-Mexique et du Montana.

Il y a toutes sortes de ranchs dans les États de l'Ouest, des plus luxueux qui sont plutôt des villages de vacances aux véritables exploitations de bétail. Il est important de bien se renseigner et de savoir à quoi l'on s'engage avant de s'inscrire.

Californie

Dotée d'une forte charge emblématique, la Californie évoque la "chaîne de lumière" de la Sierra Nevada chère à l'écrivain naturaliste John Muir, la Beat Generation de Jack Kerouac, la viticulture de pointe et une nouvelle génération de militants des droits civils, d'intellectuels progressistes et d'écologistes dont l'influence dépasse ses frontières.

Laboratoire social de l'Amérique, la Californie se situe également à l'avant-garde des technologies grâce à des pôles d'innovation comme la Silicon Valley, tandis que la moindre mode lancée par une célébrité d'Hollywood est immédiatement reprise aux antipodes. Véritable État-nation, elle se démarque nettement du reste des États-Unis et aucune culture n'a un tel impact sur la façon dont les Américains travaillent, s'amusent, mangent, aiment, consomment et… recyclent.

Depuis l'époque héroïque de la Ruée vers l'or au milieu du XIXe siècle, des hommes et des femmes pleins de courage et d'ambition affluent des quatre coins du pays et du monde vers le "Golden State". Pour des millions d'immigrants de fraîche date, le rêve américain continue de briller comme un soleil au-dessus des vagues du Pacifique et des palmiers bercés par la brise de Los Angeles. À votre tour d'emprunter la mythique Route 66.

À NE PAS MANQUER

- Les cascades et les dômes granitiques du **Yosemite National Park** (p. 254)
- Le surf au large de **San Diego** (p. 164) et des villes balnéaires de l'**Orange County** (p. 163)
- Les quartiers pluriethniques et la vie nocturne glamour de **Los Angeles** (p. 139)
- Les dunes de sable et les villes fantômes du **Death Valley National Park** (p. 180)
- Une échappée sur la Hwy 1 à travers les forêts de séquoias le long de la côte rocheuse de **Big Sur** (p. 192)
- La cuisine du temps des missions et les produits bio des marchés de **San Francisco** (p. 211)
- Un bain de boue en bordure des vignobles à **Calistoga** (p. 239)
- Les plus hauts arbres du monde dans le **Redwood National Park** (p. 245)

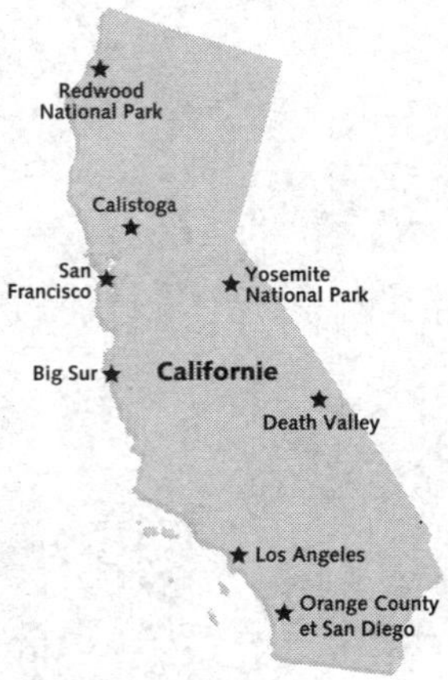

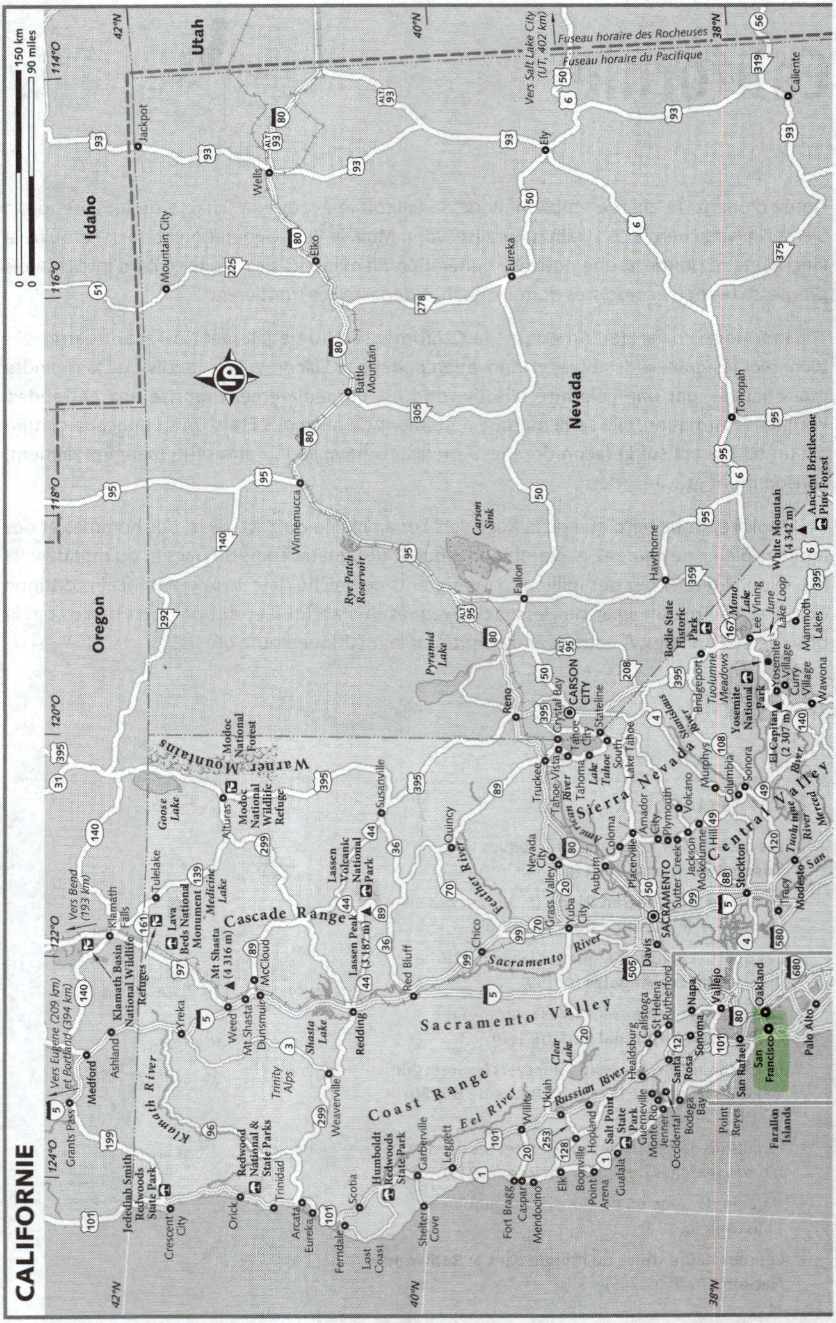
CALIFORNIE
0 150 km
0 90 miles
Oregon
Idaho
Utah
Nevada
Fuseau horaire des Rocheuses
Fuseau horaire du Pacifique
Vers Salt Lake City (UT, 402 km)
Vers Eugene (209 km) et Portland (394 km)
Vers Bend (193 km)
124°O
122°O
120°O
118°O
116°O
114°O
42°N
40°N
38°N
Crescent City
Jedediah Smith Redwoods State Park
Grants Pass
Medford
Ashland
Klamath Falls
Klamath Basin National Wildlife Refuges
Klamath River
Yreka
Tulelake
Lava Beds National Monument
Medicine Lake
Mt Shasta (4 316 m)
Weed
Mt Shasta
Dunsmuir
McCloud
Cascade Range
Goose Lake
Alturas
Modoc National Wildlife Refuge
Modoc National Forest
Warner Mountains
Lassen Volcanic National Park
Lassen Peak (3 187 m)
Susanville
Shasta Lake
Redding
Red Bluff
Trinity Alps
Weaverville
Orick
Redwood National & State Parks
Trinidad
Arcata
Eureka
Ferndale
Scotia
Lost Coast
Humboldt Redwoods State Park
Garberville
Shelter Cove
Leggett
Eel River
Coast Range
Willits
Fort Bragg
Caspar
Mendocino
Elk
Boonville
Hopland
Ukiah
Point Arena
Gualala
Salt Point State Park
Russian River
Guerneville
Monte Rio
Jenner
Occidental
Bodega Bay
Healdsburg
Santa Rosa
Sonoma
Calistoga
St Helena
Rutherford
Napa
Vallejo
San Rafael
Point Reyes
Farallon Islands
San Francisco
Oakland
Palo Alto
Clear Lake
Sacramento Valley
Chico
Sacramento River
Feather River
Quincy
Davis
SACRAMENTO
Yuba City
Grass Valley
Nevada City
Auburn
Coloma
Placerville
American River
Truckee
Tahoe Vista
Tahoma
Lake Tahoe
South Lake Tahoe
Crystal Bay
Tahoe City
Stateline
CARSON CITY
Reno
Pyramid Lake
Sierra Nevada
Amador City
Plymouth
Sutter Creek
Jackson
Volcano
Mokelumne Hill
Murphys
Columbia
Sonora
Stanislaus River
Stockton
Tracy
Modesto
Tuolumne River
Merced River
San
Central Valley
El Capitan (2 307 m)
Yosemite National Park
Yosemite Village
Curry Village
Wawona
Tuolumne Meadows
Bridgeport
Bodie State Historic Park
Mono Lake
Lee Vining
June Lake Loop
Mammoth Lakes
White Mountain (4 342 m)
Ancient Bristlecone Pine Forest
Hawthorne
Fallon
Carson Sink
Rye Patch Reservoir
Winnemucca
Battle Mountain
Elko
Wells
Jackpot
Mountain City
Eureka
Ely
Tonopah
Caliente

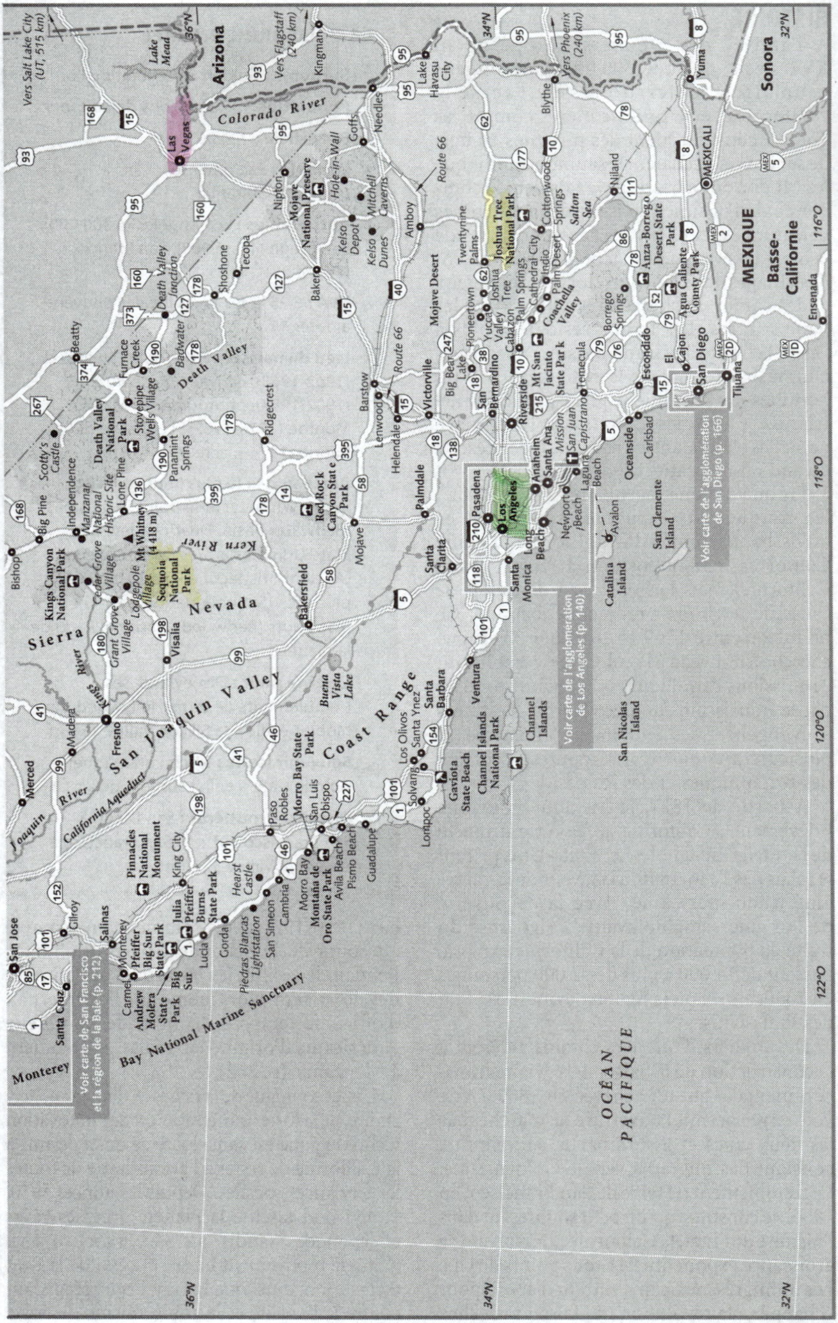
Vers Salt Lake City (UT, 515 km)
Lake Mead
Arizona
Vers Flagstaff (240 km)
Kingman
Las Vegas
Colorado River
Needles
Lake Havasu City
Vers Phoenix (240 km)
Blythe
Yuma
Sonora
MEXICALI
MEXIQUE
Basse-Californie
Ensenada
Tijuana
San Diego
El Cajon
Agua Caliente County Park
Anza-Borrego Desert State Park
Borrego Springs
Escondido
Carlsbad
Oceanside
Salton Sea
Niland
Mojave National Preserve
Hole-in-Wall
Mitchell Caverns
Kelso Depot
Kelso Dunes
Goffs
Nipton
Route 66
Amboy
Twentynine Palms
Joshua Tree National Park
Cottonwood
Indio
Palm Desert
Cathedral City
Palm Springs
Coachella Valley
Mojave Desert
Baker
Shoshone
Tecopa
Death Valley Junction
Badwater
Death Valley
Furnace Creek
Stovepipe Wells Village
Beatty
Scotty's Castle
Death Valley National Park
Panamint Springs
Ridgecrest
Barstow
Lenwood
Helendale
Victorville
Big Bear Lake
San Bernardino
Pioneertown
Yucca Valley
Joshua Tree
Cabazon
Mt San Jacinto State Park
Riverside
Temecula
Anaheim
Santa Ana
Mission San Juan Capistrano
Laguna Beach
Newport Beach
Long Beach
Los Angeles
Pasadena
Santa Monica
Avalon
Catalina Island
San Clemente Island
San Nicolas Island
Palmdale
Santa Clarita
Mojave
Red Rock Canyon State Park
Bakersfield
Kern River
Independence
Manzanar National Historic Site
Lone Pine
Mt Whitney (4 418 m)
Big Pine
Bishop
Kings Canyon National Park
Cedar Grove Village
Grant Grove Village
Lodgepole Village
Sequoia National Park
Sierra Nevada
Visalia
Fresno
Madera
Merced
Kings River
San Joaquin Valley
San Joaquin River
California Aqueduct
Buena Vista Lake
Coast Range
Santa Barbara
Ventura
Channel Islands
Channel Islands National Park
Gaviota State Beach
Santa Ynez
Los Olivos
Solvang
Lompoc
Guadalupe
Pismo Beach
Avila Beach
San Luis Obispo
Morro Bay State Park
Morro Bay
Montaña de Oro State Park
Paso Robles
Cambria
San Simeon
Hearst Castle
Piedras Blancas Lightstation
Gorda
Lucia
Julia Pfeiffer Burns State Park
King City
Pinnacles National Monument
Big Sur
Pfeiffer Big Sur State Park
Andrew Molera State Park
Carmel
Monterey
Salinas
Gilroy
San Jose
Santa Cruz
Monterey Bay National Marine Sanctuary
Voir carte de San Francisco et la région de la Baie (p. 212)
Voir carte de l'agglomération de Los Angeles (p. 140)
Voir carte de l'agglomération de San Diego (p. 166)
OCÉAN PACIFIQUE
36°N
34°N
32°N
122°O
120°O
118°O
116°O

HISTOIRE

À l'arrivée des premiers Européens au XVIe siècle, quelque 300 000 Amérindiens peuplaient le territoire de l'actuelle Californie. Les ethnies côtières comme les Tolowa construisaient des pirogues en bois de séquoia et pêchaient le saumon, tandis que les Modoc de l'arrière-pays faisaient le commerce de l'obsidienne issue des montagnes volcaniques. Les Miwok et autres peuples de la Sierra Nevada habitaient alternativement des villages dans les contreforts montagneux et des camps de chasse saisonniers dans les hautes terres. Les Paiute résidaient plus à l'est, à la limite du Grand Bassin. Des villages chumash jalonnaient la côte sud, d'où les hommes s'aventuraient jusqu'aux Channel Islands. Enfin, les Cahuilla et les Mojave nomades circulaient entre les oasis des déserts du sud où ils pratiquaient la cueillette.

En quête d'une légendaire "ville de l'or", les conquérants espagnols ratissèrent ce qu'ils baptisèrent "Alta California" (Haute Californie, par opposition à "Baja", Basse Californie) mais laissèrent, en désespoir de cause, le territoire presque à l'abandon. Ce ne fut qu'entre 1769 et 1810 que l'Espagne chercha à nouveau à le coloniser, y établissant 21 missions catholiques – la plupart fondées par le franciscain Junípero Sierra - destinées à évangéliser les Indiens et construisant plusieurs *presidios* (forts) pour se protéger des Britanniques et des Russes.

À partir de 1821, le Mexique gouverna brièvement la Californie, après s'être affranchi de la tutelle espagnole. Les États-Unis prirent le relais dès 1846-1848, à la faveur de la guerre américano-mexicaine. Avec la découverte de l'or une semaine avant la signature du traité, la population de la Californie explosa, passant de 14 000 à plus de 92 000 personnes en 1850, année où la région devint le 31e État des États-Unis.

Des milliers d'ouvriers chinois aidèrent à la construction de la liaison ferroviaire transcontinentale, qui fut achevée en 1869. Cette voie ferrée permit l'ouverture de marchés sur les deux côtes et assura par la suite le flux constant des migrants vers le Golden State. Le tremblement de terre de San Francisco, en 1906, ne constitua qu'un petit soubresaut dans l'histoire de l'État, la Californie poursuivant sa croissance exponentielle à tous points de vue. Les immigrés mexicains vinrent d'abord pour échapper à la révolution qui faisait rage chez eux (1910-1921), puis comme main-d'œuvre au cours de la Seconde Guerre mondiale. Pendant le conflit, les industries militaires se développèrent, alors même que l'on internait d'office, le temps du conflit, de nombreux Américains d'origine japonaise, notamment à Manzanar (p. 262).

L'effet conjugué de la richesse, d'un grand territoire, de la forte immigration et de l'innovation technologique est sans doute ce qui a permis à la Californie de rester à l'avant-garde de toutes les tendances sociales. Depuis les années 1930, Hollywood fascine la planète avec ses rêves et ses modes, tandis que San Francisco a vu naître le mouvement hippie et celui de la Beat Generation, ainsi que la Gay Pride, réagissant contre la banalité et le conformisme de la vie

LA CALIFORNIE EN BREF

- **Surnoms :** Golden State (État de l'or)
- **Population :** 38,3 millions d'habitants
- **Superficie :** 424 009 km^2
- **Capitale :** Sacramento (481 000 habitants)
- **Autres villes :** Los Angeles (4 300 000), San Diego (1 336 900), San Francisco (744 000)
- **TVA :** 8,25%, les taxes locales peuvent ajouter 1%
- **Lieu de naissance de :** John Steinbeck (1902-1968), écrivain ; Ansel Adams (1902-1984), photographe ; Marilyn Monroe (1926-1962) ; Leonardo di Caprio (1974-), acteur
- **Berceau de :** le plus haut sommet (Mont Whitney) et le point le plus bas (Badwater Basin, Death Valley) des États-Unis ; les arbres les plus vieux (Ancient Bristlecone Pine Forest), les plus gros (Sequoia National Park) et les plus hauts (Redwoods National Park) de la planète.
- **Célèbre pour :** Disneyland, ses tremblements de terre, Hollywood, ses hippies écolos, la Silicon Valley, le surf
- **Souvenir le plus kitch :** un magnet Golden Gate à coller sur le frigo
- **Distances routières :** San Diego à San Francisco 805 km, San Francisco à Yosemite Valley 322 km

suburbaine de l'après-guerre. La révolution Internet, lancée initialement par les pionniers du high-tech de la Silicon Valley, s'est ensuite propagée à travers le pays, conduisant à une autre ruée vers l'or et à la spéculation financière débridée des années 1990.

Avec l'explosion de la bulle financière dans les années 2000, l'économie de l'État se trouva en situation de chaos. Les Californiens réagirent en révoquant leur gouverneur démocrate, Gray Davis, et en convoquant des élections controversées qui allaient voir la victoire d'Arnold Schwarzenegger (candidat républicain). Malgré quelques maladresses initiales, le "Governator" surprit tout le monde en penant ses distances vis à vis du gouvernement Bush et en plaçant parmi ses priorités les problèmes environnementaux, la recherche controversée sur les cellules souches et l'assurance-santé universelle.

Puis, en 2009, les insuffisances budgétaires provoquèrent une nouvelle crise financière massive qui n'a pas encore été résorbée. L'industrie de pointe, vitale pour la Californie, s'emploie à retrouver son dynamisme, la réforme de l'éducation se fait de plus en plus pressante, les prisons surpeuplées continuent de se remplir, les parcs naturels manquent cruellement de fonds et la question de l'immigration mexicaine illégale (mais qui fournit une main-d'œuvre bon marché indispensable au secteur agricole) se pose avec toujours plus d'acuité.

CULTURE LOCALE

La Californie est l'État de tous les extrêmes. Elle se hisse au douzième rang mondial sur le plan économique mais, en zone urbaine, une pauvreté criante côtoie des débordements de richesse. Les immigrants continuent d'arriver par vagues régulières, créant des enclaves qui sont autant de versions miniatures de leurs pays d'origine. Bien que la tolérance absolue à l'égard d'autrui constitue la norme, il vous arrivera aussi d'être confronté à une totale intolérance, par exemple sur l'autoroute ou si vous fumez. L'originalité et l'anticonformisme dominants confèrent à la région une propension à lancer les modes : elle fut le berceau Internet, de l'iPod, du power yoga ou de la télé-réalité. L'image est primordiale : il faut toujours paraître jeune et sportif et la voiture que vous conduisez en dit long sur votre personnalité et l'estime que vous vous portez, surtout dans le sud de l'État (SoCal).

GÉOGRAPHIE ET CLIMAT

Déserts, forêts, zones de haute montagne, vallées, deltas de rivière, marécages côtiers : la Californie offre tout cela, et plus encore. C'est dans cet État que se trouvent le plus haut sommet des États-Unis (Mt Whitney, 4 418 m) et le point le plus bas du pays (Badwater, dans la Death Valley, 86 m sous le niveau de la mer). Quant aux tremblements de terre, il s'en produit quasiment tous les jours, mais n'ayez crainte, la plupart sont si faibles qu'on ne les perçoit même pas.

Les régions montagneuses au nord et au sud sont enneigées en hiver, tandis qu'en été le thermomètre peut afficher jusqu'à 49°C dans la Central Valley et dans les déserts. À cette époque de l'année, la chaleur venant de l'intérieur des terres recouvre la côte de chapes de brouillard, de Big Sur vers le nord, n'oubliez pas votre polaire. À la fin du printemps, le brouillard se manifeste parfois dans le sud de la Californie, mais dès juillet, le temps s'éclaircit sur la côte.

PARCS NATIONAUX ET VIE SAUVAGE

Créés en 1890, Yosemite (p. 254) et Sequoia (p. 259) ont été les premiers parcs nationaux en Californie. On en dénombre désormais six de plus : Kings Canyon (p. 259), Death Valley (p. 180), Joshua Tree (p. 178), Channel Islands (p. 189), Redwood (p. 245) et Lassen Volcanic (p. 252). Le **National Park Service** (NPS ; www.nps.gov) gère également 24 sites historiques, monuments, réserves et espaces de loisirs. Pour plus d'informations sur le camping sur le territoire fédéral, reportez-vous p. 527.

Il existe en outre plus de 270 **parcs d'État** (☎ 916-653-6995, 800-777-0369 ; www.parks.ca.gov) aux paysages variés, notamment des réserves sous-marines et des forêts de séquoias géants. Au total, près d'un tiers du littoral est protégé et l'on compte plus de 4 800 km de sentiers de randonnée praticables à pied, à vélo et à cheval. Actuellement, une centaine de parcs d'État ont été fermés provisoirement en raison de la crise budgétaire qui touche la Californie. Consultez le site Internet pour savoir lesquels auront rouvert au moment de votre séjour. Les tarifs de parking s'échelonnent entre 4 et 15 $, et les emplacements de camping coûtent de 10 à 65 $ la nuit. **ReserveAmerica** (☎ 800-444-7275 ; www.reserveamerica.com) gère les réservations de camping.

LA CALIFORNIE EN...

Une semaine

Un concentré de Californie en commençant, bien sûr, par **Los Angeles** (p. 139), avec une éventuelle escapade à **Disneyland** (p. 163). Vous rejoindrez ensuite la côte centrale, sans oublier de faire escale à **Santa Barbara** (p. 187) et **Big Sur** (p. 192). Cap ensuite sur **San Francisco** (p. 211), pour une dose magistrale de culture urbaine. De là, ralliez le **Yosemite National Park** (p. 254), dans l'intérieur des terres, avant de regagner LA.

Deux semaines

Suivez l'itinéraire d'une semaine à un rythme moins soutenu et ajoutez-y un détour dans les vignobles du **Wine Country** (p. 237), au **Lake Tahoe** (p. 252) ou dans la **Death Valley** (p. 180).

Avec des enfants

D'innombrables trésors attendent les bambins dans le Golden State. Difficile de résister à l'attrait de **Disneyland** (p. 163), même si les ados adeptes de vitesse préféreront sans doute les montagnes russes de **Knott's Berry Farm** (p. 164) ou le parc d'attractions de **Six Flags Magic Mountain** (p. 163). À Los Angeles, la magie du cinéma opère dans les **studios Universal** (p. 150), tandis que San Diego fait la part belle aux animaux dans son célèbre **zoo** (p. 167), le **Wild Animal Park** (p. 174), et **SeaWorld** (p. 170). En Californie du Nord, ne manquez pas le **Monterey Bay Aquarium** (p. 203) et le **Santa Cruz Boardwalk** (p. 209).

En Californie, vous aurez toutes les chances de voir de grands mammifères. De décembre à avril, les baleines grises migrent entre l'Alaska et le nord du Mexique, dans les deux sens. Tout au long de l'année, des groupes de grands dauphins et de marsouins batifolent à proximité du rivage, tandis que des éléphants de mer et des otaries prennent souvent le soleil sur les plages et sur les quais des ports. Le grizzli de Californie n'existe plus que sur le drapeau de l'État, mais les ours noirs sont communs, en particulier dans la Sierra Nevada.

Près de la moitié des oiseaux évoluant en Amérique du Nord se reposent et se nourrissent dans les refuges installés sur le littoral ou à l'intérieur des terres. Peut-être apercevrez-vous même un aigle à tête blanche car, depuis 2007, ce rapace ne fait plus partie des espèces en voie de disparition. D'ambitieux programmes de reproduction en captivité ont également permis de réintroduire des condors dans la nature, mais ils demeurent extrêmement rares. Nombre d'oiseaux locaux et migrateurs, ainsi que les mouflons du désert, se regroupent autour des points d'eau dans les oasis de palmiers. Enfin, la tortue du désert menacée se déplace de son pas lent dans le Mojave.

RENSEIGNEMENTS

Département des forêts et de la protection contre les incendies (Department of Forestry & Fire Protection ; www.fire.ca.gov). Actualité des incendies de forêt.

État des autoroutes de Californie (California Highway Conditions ; ☎ 800-427-7623 ; http://www.dot.ca.gov/cgi-bin/roads.cgi)

Informations concernant les tremblements de terre (USGS Earthquake Hazards Information ; http://quake.usgs.gov/recenteqs/latest.htm). Cartes de l'activité sismique actuelle.

Office du tourisme de Californie (California Division of Tourism ; www.visitcalifornia.com)

COMMENT S'Y RENDRE ET CIRCULER

Los Angeles (LAX) et San Francisco (SFO) disposent de deux grands aéroports internationaux. L'État compte de nombreux aéroports plus petits, assurant surtout des vols domestiques, notamment à Sacramento, Oakland, San Jose, dans le comté d'Orange et à San Diego.

Quatre lignes ferroviaires Amtrak (p. 544) relient la Californie au reste des États-Unis : *California Zephyr* (Chicago-San Francisco/Emeryville), *Coast Starlight* (Seattle-LA), *Southwest Chief* (Chicago-LA) et *Sunset Limited* (Nouvelle-Orléans-LA). À l'intérieur de l'État, les lignes ferroviaires les plus utiles sont la *Pacific Surfliner* (de San Diego à San Luis Obispo via LA), la *Capitol Corridor* (de San Jose à Auburn via Oakland et Sacramento) et la *San Joaquin* (de Sacramento et San Francisco Bay Area à Bakersfield, avec des correspondances en bus pour le Yosemite depuis Merced).

Les bus Greyhound (p. 543) desservent de nombreuses destinations en Californie, mais mieux vaut être motorisé pour explorer vraiment le territoire, en particulier loin de la côte. Présentes partout, les agences de location de voitures (p. 548) pratiquent généralement des tarifs plus intéressants à Los Angeles, San Diego et San Francisco.

LOS ANGELES

Si l'on ne considère pas d'emblée Los Angeles comme une ville 100% américaine, aucune autre n'incarne pourtant l'Amérique avec une telle force. Presque toutes les facettes des États-Unis sont en effet représentées ici dans leurs versions extrêmes. Les milliardaires y côtoient les plus déshérités, les nouveaux arrivants les descendants de pionniers, les intellos les starlettes et les paillettes le sordide.

Tous les Angelanos poursuivent cependant un but, qu'il s'agisse de percer dans le septième art ou de gagner assez d'argent pour faire vivre sa famille au-delà des frontières. Dans le plus grand comté des États-Unis, fort de 10,2 millions d'âmes, les succès peuvent toutefois être aussi spectaculaires que les échecs. La quintessence du rêve américain, en somme.

Aussi, si vous pensez que LA se résume à la pollution, à la circulation dantesque, aux assassinats de stars, aux bimbos siliconées et aux groupies écervelées, il est grand temps de revoir votre jugement. Les subtilités de la Cité des Anges ne se dévoilent pas dans les gros titres de journaux ou sur les écrans de cinéma. Au contraire, il faut savoir les découvrir au détour d'une ruelle ou auprès des habitants. À votre tour donc de l'explorer et d'apprendre à l'aimer.

Actuellement, LA semble au meilleur de sa forme. Hollywood et Downtown (le centre-ville) sont au cœur d'un renouveau urbain effréné et le climat d'ouverture et d'expérimentation dynamise les domaines de la musique, de l'art et de la mode. Concernant la gastronomie, des chefs imaginatifs ont permis d'élever la cuisine locale à un niveau extraordinaire.

ORIENTATION

Le comté de Los Angeles est certes vaste (88 villes réparties sur plus de 10 000 km^2), mais ses sites d'intérêt demeurent relativement circonscrits. Downtown (le centre-ville) conjugue histoire, culture et de fascinants villages planétaires. Au nord-ouest s'étend Hollywood, qui a retrouvé son panache d'antan. West Hollywood est le fief des créateurs branchés et de la communauté homosexuelle. Au sud de West Hollywood, le Museum Row constitue la principale attraction de Mid-City, tandis que plus à l'ouest se trouvent le quartier huppé de Beverly Hills, Westwood (site de UCLA) et Brentwood avec, sur ses hauteurs, le Getty Center. Parmi les villes côtières, Santa Monica est la plus ouverte aux touristes, Malibu demeure fort chic mais décontractée, Venice s'avère plutôt bobo et Long Beach particulièrement animée. La majestueuse Pasadena s'étend au nord-est de Downtown.

Le plus simple pour circuler reste la voiture, même si les transports publics sont assez pratiques dans certains quartiers.

RENSEIGNEMENTS

Accès Internet

Les bibliothèques offrent des connexions gratuites. Téléphonez ou consultez les sites Internet pour connaître l'adresse des autres antennes.

Bibliothèque publique de Los Angeles (carte p. 142 ; ☎ 213-228-7000 ; www.lapl.org ; 630 W 5th St, Downtown ; wifi)

Bibliothèque publique de Santa Monica (carte p. 152 ; ☎ 310-458-8600 ; www.smpl.org ; 601 Santa Monica Blvd; wifi)

Argent

American Express (carte p. 149 ; ☎ 310-659-1682 ; Beverly Connexion ; 8493 W 3rd St, Mid-City ; 9h-18h lun-ven, 10h-15h sam)

Travelex Beverly Hills (carte p. 149 ; ☎ 310-659-6093 ; US Bank ; 8901 Santa Monicas Blvd ; 9h-14h et 15h-18h lun-ven, 9h-13h sam)

Librairies

Book Soup (carte p. 149 ; ☎ 310-659-3110 ; www.booksoup.com ; 8818 W Sunset Blvd, West Hollywood). On y voit souvent des célébrités.

Distant Lands (carte p. 140 ; ☎ 626-449-3220 ; www.distantlands.com ; 56 S Raymond Ave, Pasadena). Une profusion d'ouvrages sur le voyage, de guides et de gadgets.

Médias

KCRW 89.9 FM (www.kcrw.org). Une station de la National Public Radio (NPR) basée à Santa Monica qui diffuse de la musique pointue et des programmes bien choisis traitant des affaires publiques.

AGGLOMÉRATION DE LOS ANGELES

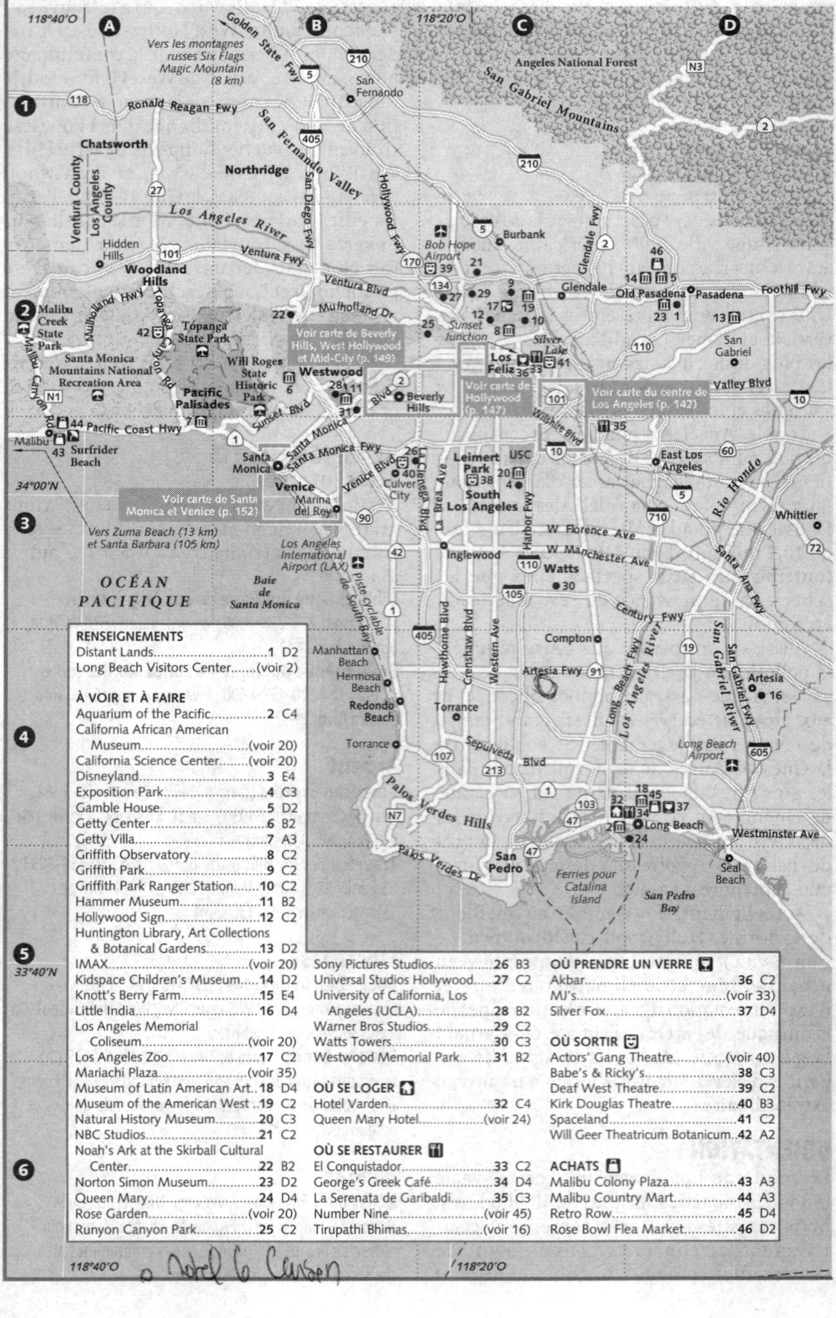

RENSEIGNEMENTS
- Distant Lands 1 D2
- Long Beach Visitors Center .... (voir 2)

À VOIR ET À FAIRE
- Aquarium of the Pacific 2 C4
- California African American Museum .... (voir 20)
- California Science Center .... (voir 20)
- Disneyland 3 E4
- Exposition Park 4 C3
- Gamble House 5 D2
- Getty Center 6 B2
- Getty Villa 7 A3
- Griffith Observatory 8 C2
- Griffith Park 9 C2
- Griffith Park Ranger Station 10 C2
- Hammer Museum 11 B2
- Hollywood Sign 12 C2
- Huntington Library, Art Collections & Botanical Gardens 13 D2
- IMAX .... (voir 20)
- Kidspace Children's Museum 14 D2
- Knott's Berry Farm 15 E4
- Little India 16 D4
- Los Angeles Memorial Coliseum .... (voir 20)
- Los Angeles Zoo 17 C2
- Mariachi Plaza .... (voir 35)
- Museum of Latin American Art 18 D4
- Museum of the American West 19 C2
- Natural History Museum 20 C3
- NBC Studios 21 C2
- Noah's Ark at the Skirball Cultural Center 22 B2
- Norton Simon Museum 23 D2
- Queen Mary 24 D4
- Rose Garden .... (voir 20)
- Runyon Canyon Park 25 C2
- Sony Pictures Studios 26 B3
- Universal Studios Hollywood 27 C2
- University of California, Los Angeles (UCLA) 28 B2
- Warner Bros Studios 29 C2
- Watts Towers 30 C3
- Westwood Memorial Park 31 B2

OÙ SE LOGER
- Hotel Varden 32 C4
- Queen Mary Hotel .... (voir 24)

OÙ SE RESTAURER
- El Conquistador 33 C2
- George's Greek Café 34 D4
- La Serenata de Garibaldi 35 C3
- Number Nine .... (voir 45)
- Tirupathi Bhimas .... (voir 16)

OÙ PRENDRE UN VERRE
- Akbar 36 C2
- MJ's .... (voir 33)
- Silver Fox 37 D4

OÙ SORTIR
- Actors' Gang Theatre .... (voir 40)
- Babe's & Ricky's 38 C3
- Deaf West Theatre 39 C2
- Kirk Douglas Theatre 40 B3
- Spaceland 41 C2
- Will Geer Theatricum Botanicum 42 A2

ACHATS
- Malibu Colony Plaza 43 A3
- Malibu Country Mart 44 A3
- Retro Row 45 D4
- Rose Bowl Flea Market 46 D2

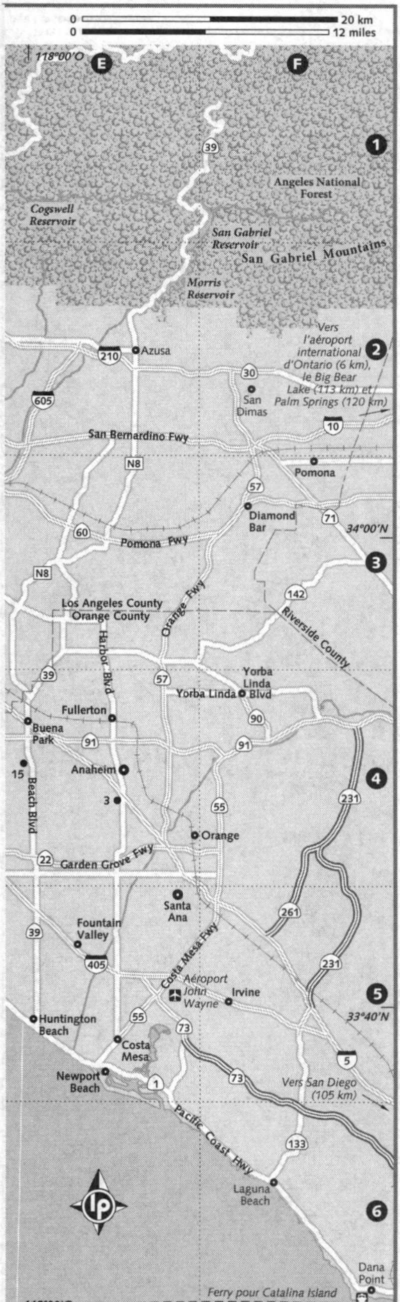

KPCC 89.3 FM (www.kpcc.org). Une station de Pasadena qui passe des programmes de la NPR et de la BBC ainsi que des débats intelligents.

LA Weekly (www.laweekly.com). Magazine gratuit et alternatif proposant informations et calendrier des spectacles.

Los Angeles Magazine (www.losangelesmagazine.com). Un mensuel de luxe avec une rubrique utile consacrée aux restaurants.

Los Angeles Times (www.latimes.com). Le principal quotidien de l'Ouest américain, maintes fois lauréat du prix Pulitzer. En difficulté, mais toujours utile.

Offices du tourisme

Beverly Hills (carte p. 149 ; ☎ 310- 248-1015, 800-345-2210 ; www.lovebeverlyhills.org ; 239 S Beverly Dr, Beverly Hills ; 🕑 8h30-17h lun-ven)

Downtown LA (carte p. 142 ; ☎ 213-689-8822 ; http://discoverlosangeles.com ; 685 S Figueroa St ; 🕑 8h30-17h lun-ven)

Hollywood (carte p. 147 ; ☎ 323-467-6412 ; Hollywood & Highland Complex, 6801 Hollywood Blvd ; 🕑 10h-22h lun-sam, 10h-19h dim)

Long Beach (carte p. 140 ; ☎ 562-628-8850 ; www.visitlongbeach.com ; 🕑 11h-19h tlj juin-sept, 11h-17h sam et dim oct-mai). À l'extérieur de l'Aquarium of the Pacific.

Santa Monica (☎ 310-393-7593, 800-544-5319 ; www.santamonica.com) ; Visitor Center (p. 152 ; 1920 Main St ; 🕑 9h-18h) ; kiosque d'information (p. 152 ; 1400 Ocean Ave ; 🕑 9h-17h juin-août, 10h-16h sept-mai)

Poste

Appelez-le ☎ 800-275-8777 ou rendez-vous sur le site www.usps.com pour connaître le bureau de poste le plus proche.

Sites Internet

Daily Candy LA (www.dailycandy.com). Pour glaner des informations sur l'actualité de LA.

Discover Los Angeles (http://discoverlosangeles.com). Site officiel de l'office du tourisme de la ville.

Flavorpill (http://flavorpill.com/losangeles). Guide culturel branché.

Gridskipper LA (www.gridskipper.com/travel/los-angeles). Guide urbain alternatif.

LA Observed (www.laobserved.com). Un nouveau blog qui reprend, et parfois devance, les autres médias.

LA.com (www.la.com). Adresses en vogue pour faire du shopping, se restaurer et sortir.

Téléphone

Le comté de LA est couvert par une dizaine d'indicatifs téléphoniques locaux, certains partagés par les comtés voisins. Composez le 1 suivi de l'indicatif et du numéro de téléphone.

CENTRE DE LOS ANGELES

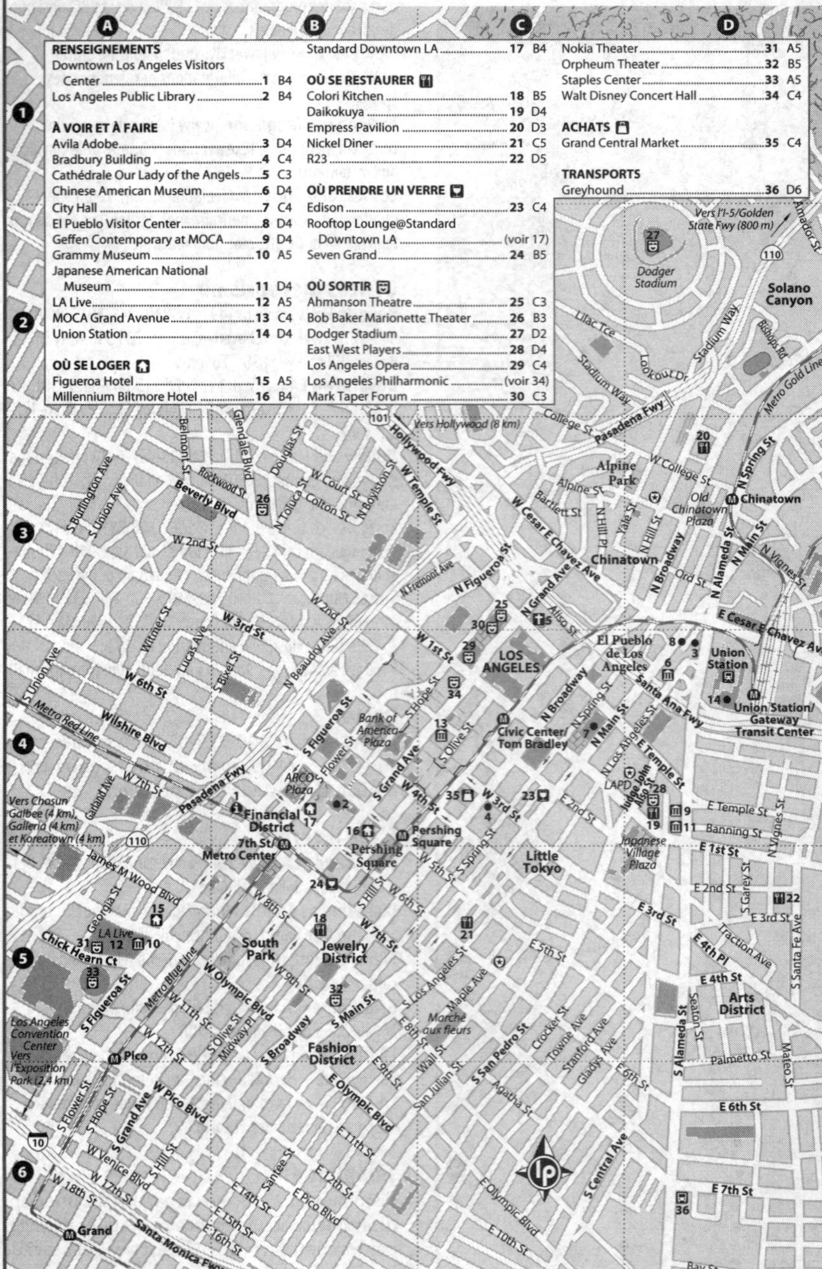

LOS ANGELES EN...

Les distances étant énormes à Los Angeles, mieux vaut ne pas prévoir un programme trop chargé et calculer les temps de déplacement en fonction de la circulation. Les itinéraires qui suivent sont déjà bien assez ambitieux.

Un jour

Une fois le plein d'énergie effectué au **Waffle** (p. 157), amusez-vous à partir sur les traces des stars le long du **Walk of Fame** (p. 146), sur Hollywood Blvd qui a enfin retrouvé son panache. Et pour multiplier vos chances de croiser une vedette, parcourez les boutiques de mode branchées de **Robertson Blvd** (p. 161), chasse gardée des paparazzi, et déjeunez au **Ivy** (p. 158). Gagnez ensuite le **Getty Center** (p. 151), sur les hauteurs, puis rejoignez à l'ouest le **Venice Boardwalk** (p. 152) pour voir les attractions du bord de mer. Enfin, vous clôturerez la journée par un dîner bien mérité à **Santa Monica** (p. 151).

Deux jours

Le centre de LA est en perpétuelle évolution. Pour en avoir un aperçu, retrouvez ses racines au **Pueblo de Los Angeles** (ci-dessous), avant de vous propulser vers le futur au spectaculaire **Walt Disney Concert Hall** (p. 144) et à la **Cathedral of our Lady of the Angels** (p. 144). Prenez ensuite un brunch de *dim sum* à **Chinatown** (p. 144), que vous digérerez en faisant la tournée des galeries d'art (p. 144) alentour. Le nouveau quartier de loisirs de LA abrite le **Grammy Museum** (p. 145) et l'on peut assister à un match de l'équipe de basket des Lakers au **Staples Center** (p. 145) voisin en compagnie de célébrités. Pour couronner la soirée, il ne vous restera plus qu'à siroter un cocktail sur le toit en terrasse du **Standard Downtown LA** (p. 155).

Si vous avez plus de temps

Si vous avez pris goût à la ville, voici quelques suggestions de sites emblématiques à découvrir à votre guise : **Beverly Hills** (p. 150), le **Los Angeles County Museum of Art** (p. 150), le **Hollywood Bowl** (p. 159), la **Huntington Library** (p. 153), **Surfrider Beach** (p. 151), le **Abbot Kinney Blvd** (p. 153), le **Fashion District** (p. 145) et la salle de concert de **Spaceland** (p. 159).

Urgences et services médicaux

Cedars-Sinai Medical Center (carte p. 149 ; ☎ 310-423-3277 ; 8700 Beverly Blvd, West Hollywood ; 🕑 urgences 24h/24)

Ligne nationale d'assistance aux victimes d'abus sexuel (☎ 800-656-4673 ; 🕑 24h/24)

Pharmacies Rite-Aid (☎ 800-748-3243 ; 🕑 certaines 24h/24). Appelez pour connaître la pharmacie la plus proche.

À VOIR

Chaque quartier de Los Angeles dégage son propre charme. Pour des musées passionnants et une architecture superbe, direction le centre-ville, Mid-City ou Pasadena. À West Hollywood, vous trouverez le légendaire Sunset Strip et les boutiques tendance, tandis que les villes côtières sont formidables pour savourer l'ambiance détendue de la Californie du Sud.

Downtown (centre-ville)

Longtemps, le cœur historique, commercial et administratif de LA s'est vidé le soir et le week-end. Aujourd'hui cependant, la foule se presse dans le secteur de loisirs LA Live et le Walt Disney Concert Hall, encourage les Lakers au Staples Center ou arpente Grand Avenue. Des milliers de jeunes actifs, d'étudiants et d'artistes se sont installés dans des lofts récemment aménagés, ce qui s'est traduit par l'apparition d'une foule de bars et de restaurants, d'un grand supermarché, d'un cinéma et de galeries d'art. Si on est encore loin, ici, de la ferveur de Manhattan, les citadins intrépides ne manqueront pas de remarquer que le phénomène est en marche.

Downtown se découvre mieux à pied ou en minibus DASH (p. 162). Se garer vers Little Tokyo et Chinatown revient moins cher (environ 6 $ par jour).

EL PUEBLO DE LOS ANGELES ET SES ENVIRONS

Quartier historique compact, coloré et piétonnier, El Pueblo est l'occasion de se familiariser avec les racines hispano-mexicaines de LA et de découvrir les bâtiments les plus anciens de la ville. Ainsi de l'**Avila Adobe** (carte p. 142 ; ☎ 213-628-1274 ; Olivera St ; entrée libre ; 🕑 9h-16h), édifié en 1818 sur **Olvera Street**, une rue animée où vous pourrez déguster des tacos et des friandises artisanales ou acheter des bibelots typiques du Mexique. Brochure d'information gratuite au **Visitor Center** (carte p. 142 ; ☎213-628-1274 ; Sepulveda House, Olvera St ; 9h-16h).

La majestueuse **Union Station** (carte p. 142 ; 800 N Alameda St ; P), dernier témoin de l'âge d'or des gares ferroviaires américaines. Art déco et glamour, son intérieur a été mis à l'honneur dans *Blade Runner, Bugsy* et de nombreux autres films.

Quant aux immigrés chinois, ils furent contraints de se déplacer quelques rues plus au nord, dans Broadway et Hill St. Les succès et les déboires de la communauté chinoise sont présentés dans le petit **Chinese American Museum** (carte p. 142 ; ☎ 213-485-8567 ; www.camla.org ; 425 N Los Angeles St ; tarif plein/étudiant/senior 3/2/2 $; 10h-15h mar-dim). **Chinatown** (carte p. 142) s'étend à quelques rues au nord le long de Boradway et Hill St. C'est un quartier tumultueux et haut en couleur débordant d'échoppes de *dim sum*, de temples exotiques, d'herboristeries traditionnelles et de boutiques de curiosités. Jadis délabrée, **Chung King Road** est aujourd'hui truffée de galeries d'art attirant des amateurs venus de toute la ville.

CIVIC CENTER ET GRAND AVENUE CULTURAL CORRIDOR

Plus haut gratte-ciel de LA jusqu'en 1966, le **City Hall** (carte p. 142 ; ☎213-978-1995 ; 200 N Spring St ; entrée libre ; 9h-17h lun-ven, visites gratuites 10h et 11h lun-ven sur rendez-vous) en forme de ziggourat édifié en 1928 a été immortalisé par l'une des adaptations télévisées de *Superman*, la série *LA Dragnet* et le film de science-fiction *La Guerre des mondes* (1953). Depuis la terrasse panoramique, les visiteurs jouissent d'un beau point de vue sur le centre-ville et les montagnes environnantes.

En amont, le Grand Ave Cultural Corridor a pour point d'ancrage le désormais emblématique **Walt Disney Concert Hall** (2003 ; carte p. 142 ; ☎ 323-850-2000 ; www.laphil.com ; 111 S Grand Ave ; P 8 $) de l'architecte Frank Gehry. Tout en courbes et lignes brisées, cette construction en acier inoxydable qui semble défier les lois de la pesanteur abrite le Los Angeles Philharmonic. Les visites guidées gratuites dépendent du calendrier des concerts (voir p. 159 pour la programmation).

Non loin, le **Museum of Contemporary Art** (MoCA ; carte p. 142 ; ☎ 213-626-6222 ; www.moca.org ; 250 S Grand Ave ; tarif plein/enfant/étudiant et senior 10 $/gratuit/5 $, 17h-20h jeu gratuit ; 11h-17h lun et ven, 11h-20h jeu, 11h-18h sam et dim) accueille des expositions qui font la une de la presse. Ses collections permanentes couvrent les grands noms de l'art des années 1940 à nos jours. Le bâtiment conçu par le Japonais Arata Isozaki est souvent considéré comme son chef-d'œuvre. Le parking au Walt Disney Concert Hall coûte 8 $. Le MoCA possède deux annexes : le Geffen Contemporary (carte p. 142) à Little Tokyo et le MoCA Pacific Design Center (carte p. 149) à West Hollywood. Pour plus de détails sur le Pacific Design Center, reportez-vous p. 148.

En suivant Grand Avenue vers le nord, vous passerez devant le Dorothy Chandler Pavilion, le Mark Taper Forum et l'Ahmanson Theater qui, avec le Disney Hall, forment le Music Center of Los Angeles County (voir p. 159 pour les informations concernant les spectacles).

L'architecte espagnol José Rafael Moneo a mêlé proportions gothiques et formes contemporaines audacieuses pour la cathédrale **Our Lady of the Angels** (carte p. 142 ; ☎ 213-680-5200 ; www.olacathedral.org ; 555 W Temple St ; entrée libre ; 6h30-18h lun-ven, 9h-18h sam, 7h-18h dim), érigée en 2002. À l'intérieur, les multiples œuvres d'art baignent dans une lumière douce et sereine qui filtre à travers les fenêtres d'albâtre. Gregory Peck repose dans le mausolée souterrain. Gratuites, les visites guidées (13h, lun-ven) et les récitals (12h45 mer) sont très prisés. À moins de venir pour la messe, le parking revient cher en semaine – 3,50 $ les 15 minutes (16,50 $ maximum) jusqu'à 16h, 5 $ le samedi – mais on peut généralement se garer dans la rue en payant aux parcmètres.

PERSHING SQUARE ET SES ENVIRONS

Centre névralgique du Downtown historique, **Pershing Square** (carte p. 142), le doyen des parcs de LA (1866), est aujourd'hui une étendue de béton postmoderne, flanquée du prestigieux **Millennium Biltmore Hotel** (p. 155). L'endroit est égayé d'œuvres d'art et sert de cadre à des concerts estivaux. Au nord, la multitude de tours de bureaux marque le début du trépidant quartier des affaires (Financial District).

Le long de Hill St, l'or et les diamants sont la principale valeur d'échange dans le **Jewelry District** (carte p. 142), tandis que dans le quartier de Broadway, mâtiné d'influences latinas, on peut admirer l'architecture du **Bradbury Building** (carte p. 142 ; ☎ 213-626-1893 ; 304 S

LOS ANGELES SANS VOITURE

"No one walks in LA" (personne ne marche à LA), chantait dans les années 1980 le groupe Missing Persons, et cela traduisait bien la situation de l'époque. Lasse des embouteillages, de la pollution atmosphérique et du prix élevé du carburant, la ville qui incarnait la culture de l'automobile a depuis adopté celle de la marche. Aujourd'hui, les Angelanos s'installent dans des quartiers plus densément peuplés et se déplacent à pied, à vélo ou en transports publics.

L'extension en 2003 de la Metro Red Line reliant Union Station, dans le centre, à la San Fernando Valley via Koreatown, Hollywood et les studios Universal fut un facteur décisif. Ainsi, en logeant à proximité d'une des stations bobos, vous n'aurez peut-être pas besoin de voiture du tout. Parmi les plus pratiques figurent Pershing Sq et 7th St/Metro Center, dans le centre, et Hollywood/Highland, à Hollywood. Le forfait à la journée de 5 $, qui permet des trajets illimités, est une véritable affaire. En outre, vu la circulation légendaire de LA, les déplacements en métro prennent souvent moins de temps. Des lignes connectent le centre avec Long Beach, Pasadena, East LA et Culver City.

Les difficultés commencent lorsqu'on veut se rendre plus loin. Si des projets parlent d'un éventuel "métro jusqu'à la mer", il faut pour l'instant rallier Mid-City, Beverly Hills, Westwood et Santa Monica en bus. Pour cela, Rapid 720 (à la station Wilshire/Vermont sur la Red Line ou Wilshire/Western sur la Purple Line), qui marque un petit nombre d'arrêts le long de Wilshire Blvd, offre la solution la plus simple.

Pour en savoir plus, consultez la rubrique *Comment circuler* (p. 162) et le site www.metro.net.

Broadway ; entrée libre ; 9h-18h lun-ven, 9h-17h sam-dim), construit en 1893. L'édifice est agrémenté d'un superbe atrium sur plusieurs niveaux, que vous avez peut-être vu dans le film *Blade Runner*. De l'autre côté de la rue, le **Grand Central Market** (carte p. 142 ; ☎ 213-624-2378 ; 317 S Broadway ; 9h-18h), toujours animé, est parfait pour manger sur le pouce et se balader.

Au début du XXe siècle, Broadway était un quartier bouillonnant et glamour, truffé de commerces et de théâtres, où des grandes stars comme Charlie Chaplin arrivaient en limousine pour assister à des avant-premières dans de somptueuses salles de cinéma. Certaines, dont l'**Orpheum Theater** (carte p. 142 ; 842 Broadway), ont été restaurées et accueillent toujours des projections ou des soirées spéciales ; le mieux, pour en visiter, est de participer aux circuits de Los Angeles Conservancy (p. 154).

Les inconditionnels du shopping se dirigeront au sud vers le **Fashion District** (ci-contre), où sévissent de talentueux créateurs en tout genre, pour trouver des pièces uniques à prix abordables.

SOUTH PARK

Quartier émergeant dans le sud-ouest de Downtown, South Park inclut la salle multisport Staples Center, le LA Convention Center et le nouveau secteur de loisirs LA Live. Ce projet pharaonique qui a coûté 1,7 milliard de dollars contribue à faire du centre de LA une destination incontournable pour les habitants comme pour les touristes.

Dédié à la musique, **LA Live** (www.lalive.com, 800 W Olympic Blvd) renferme le **Grammy Museum** (carte p. 142 ; ☎ 213-765-6800 ; www.grammymuseum.org ; 800 W Olympic Blvd ; tarif plein/enfant/senior et étudiant 14,95/10,95/11,95 $; 11h30-19h30 dim-ven, 10h-19h30 sam), ouvert en 2008, qui présente des expositions interactives sur l'histoire de la musique américaine et quantité de morceaux à écouter. À proximité, le **Nokia Theatre** (carte p. 142 ; 213-763-6030, www.nokiatheatrelalive.com, 777 Chick Hearn Ct) de 7 100 places est l'endroit où se déroulent la finale des MTV Music Awards et celle d'*American Idol* (la *Star Academy* américaine). LA Live comprend aussi des clubs où se produisent des musiciens, un immense cinéma multiplexe, une douzaine de restaurants et une tour de 5 étages occupée par les hôtels Marriott et Ritz-Carlton.

Le **Staples Center** (carte p. 142 ; ☎ 213-742-7340 ; www.staplescenter.com ; 1111 S Figueroa St), une "soucoupe volante" pourvue d'équipements high-tech, est une salle de spectacle et de manifestations sportives. Siège de trois équipes de basket – Lakers, Clippers et Sparks –, et de l'équipe de hockey sur glace des Kings, il accueille aussi des stars à l'image de Barbara Streisand et de Justin Timberlake.

Olympic Blvd débouche à l'est au cœur du **Fashion District** (carte p. 142 ; ☎ 213-488-1153 ; www.fashiondistrict.org) paradis du shopping qui tient davantage du souk que de l'habituel "mall" à l'américaine. Le choix de pièces uniques, de modèles originaux et de contrefaçon donne le tournis et le marchandage se pratique presque partout.

Sis entre 7th St et 8th St, le plus grand **marché aux fleurs** (carte p. 142 ; ☎ 213-627-3696 ; Wall St ; lun-ven 2 $, sam 1 $; 🕑 8h-12h lun, mer et ven, 6h-12h mar, jeu et sam) date de 1913.

Les automobilistes doivent se garer dans des parkings privés (8-20 $). En métro, South Park est desservi par la Blue Line.

LITTLE TOKYO

Little Tokyo forme un bel ensemble de centres commerciaux en plein air, de temples bouddhiques, d'œuvres d'art, de jardins traditionnels et d'authentiques bars à sushis et *izakaya* (tavernes). Une visite au **Japanese American National Museum** (carte p. 142 ; ☎ 213-625-0414 ; www.janm.org ; 369 E 1st St ; tarif plein/enfant/étudiant/senior 9 $/gratuit/4/5 $, entrée libre jeu 17h-20h ; 🕑 11h-17h mar, mer et ven-dim, 12h-20h jeu) présente l'histoire des immigrés japonais, notamment le terrible chapitre des camps d'internement de la Seconde Guerre mondiale.

Juste à côté, le **Geffen Contemporary at MOCA** (carte p. 142 ; ☎ 213-626-6222 ; www.moca.org ; 152 N Central Ave) présente des expositions avant-gardistes, souvent provocatrices.

Exposition Park et ses environs

Au sud du centre-ville, **Exposition Park** (carte p. 140 ; 🕑 24h/24) englobe plusieurs musées qui raviront les enfants, ainsi que des installations sportives historiques et des espaces verts, soit de quoi occuper largement une journée.

Dinosaures, scarabées, diamants ou spécimen rare de requin à grande gueule : le **Natural History Museum** (carte p. 140 ; ☎ 213-763-3466 ; www.nhm.org ; 900 Exposition Blvd ; tarif plein/enfant/senior/étudiant 9/2/6,50/6,50 $; 🕑 9h30-17h ; ♿) est un classique offrant un grand voyage autour du monde et dans le passé. Les enfants adorent creuser à la recherche de fossiles dans le Discovery Center et se faire de nouveaux amis dans le zoo d'insectes.

Excellent musée scientifique, le **California Science Center** (carte p. 140 ; ☎ 323-724-3623 ; www.californiasciencecenter.org ; 700 State Dr ; entrée libre ; 🕑 10h-17h ; ♿) permet de voir éclore des poussins, de vivre un tremblement de terre virtuel ou de faire connaissance avec Tess, poupée technologique géante. On peut conclure une journée d'aventures par une séance de cinéma à l'**IMAX** (carte p. 140 ; ☎ 213-744-7400 ; tarif plein/enfant/senior/étudiant 8/4,75/5,75/5,75 $; ♿).

Citons également le **California African American Museum** (carte p. 140 ; ☎ 213-744-7432 ; www.caamuseum.org ; 600 State Dr ; entrée libre ; 🕑 10h-17h mar-sam, 11h-17h dim) et sa belle collection d'objets et d'œuvres d'art afro-américains, le romantique **Rose Garden** (carte p. 140 ; entrée libre ; 🕑 9h-coucher du soleil mi-mars à déc) et le **Los Angeles Memorial Coliseum** (carte p. 140), datant de 1923, qui accueillit les JO d'été de 1932 et de 1984, ainsi que d'autres grands événements.

Au sud d'Exposition Park, de part et d'autre de l'I-110 (Harbor Fwy), s'étend **South Los Angeles**, un quartier assez déshérité parfois touché par la délinquance. Seule raison de s'y rendre, les célèbres **Watts Towers** (carte p. 140 ; ☎ 213-847-4646 ; 1727 E 107th St ; visite tarif plein/enfant/senior/adolescent 7/gratuit/3/3 $; 🕑 10-16h mar-sam, 12h-16h dim, 10h30-15h jeu-sam, 12h30-15h dim ; Ⓟ), œuvre de l'artiste Simon Rodía, mêlent acier, treillis métalliques et mortier, et sont ornées de fragments de bouteilles, de coquillages et de débris de poteries.

Hollywood

Les stars sur le retour savent bien qu'un lifting peut regonfler une carrière sur le déclin. Le légendaire **Hollywood Boulevard** a lui aussi fait peau neuve ces dernières années et perdu son côté délabré, même s'il n'a pas encore retrouvé le charme sophistiqué de son âge d'or (1920-1940).

On ne peut que ressentir un frisson d'émotion sur le parvis du **Grauman's Chinese Theatre** (1927 ; carte p. 147 ; ☎ 323-464-6266 ; 6925 Hollywood Blvd ; ♿) où les légendes du cinéma ont laissé leurs empreintes dans le ciment : pieds, mains, voire dreadlocks (Whoopi Goldberg) et baguettes magiques (les jeunes acteurs vedettes des films *Harry Potter*). Des acteurs costumés en Superman ou en Marilyn Monroe posent généralement pour la photo et vous avez de bonnes chances de recevoir des billets gratuits pour assister à des émissions de télévision. Il se tient le long du **Hollywood Walk of Fame** (carte p. 147), dont les étoiles incrustées dans le trottoir distinguent plus de 2 000 célébrités.

Lors de la cérémonie des Academy Awards, les vedettes empruntent le tapis rouge du **Kodak Theatre** (carte p. 147 ; ☎ 323-308-6363 ; www.kodaktheatre.com ; tarif plein/enfant et senior 15/10 $; 🕑 10h30-16h juin-août, 10h30-14h30 sept-mai ; fermetures irrégulières). Des visites de 30 minutes onéreuses permettent de découvrir l'auditorium, le salon VIP et une statuette des Oscar.

Hollywood & Highland (carte p. 147 ; ☎ 323-467-6412 ; www.hollywoodandhighland.com ; 6801 Hollywood Blvd ; entrée libre ; 🕑 24h/24), une vaste galerie

marchande sur plusieurs étages alliant parfaitement le kitsch et le mercantilisme, a marqué le point de départ de la renaissance du boulevard. L'esplanade principale offre une perspective sur le **panneau Hollywood** (carte p. 140), véritable symbole de la ville, dressé en 1923 au sommet des collines pour promouvoir à l'origine un projet immobilier baptisé Hollywoodland.

De l'autre côté d'Hollywood Blvd, le flamboyant **El Capitan Theatre** (carte p. 147 ; ☎ 323-467-7674 ; 6838 Hollywood Blvd) construit en 1926 projette les succès de Disney. Plus bas, l'exotique **Egyptian Theatre** (carte p. 147 ; ☎ 323-466-3456 ; www.americancinematheque.com ; 6712 Hollywood Blvd) de 1922 héberge l'American Cinematheque qui programme des rétrospectives d'art et d'essai et des débats postprojections avec des metteurs en scène, des écrivains et des acteurs.

Le **Hollywood Museum** (carte p. 147 ; ☎ 323-464-7776 ; www.thehollywoodmuseum.com ; 1660 N Highland Ave ; tarif plein/étudiant/senior 15/12/12 $; 🕒 10h-17h mer-dim), un sanctuaire un brin poussiéreux dédié aux stars du 7e art, conserve dans plus de 10 000 m² une foule d'objets et d'accessoires provenant de grands classiques aussi bien que des derniers blockbusters.

La Red Line du métro (p. 162) s'arrête sous le Hollywood & Highland Mall. Comptez 2 $ de parking pour 4 heures.

Griffith Park, Silver Lake et Lors Feliz

Plus grand parc urbain des États-Unis, **Griffith Park** (carte p. 140 ; ☎ 323-913-4688 ; entrée

VISITE DES STUDIOS

Pour certains, le charme d'une visite à Hollywood tient à l'éventualité de voir une star. Dans ce cas, vous pouvez multiplier vos chances en assistant aux enregistrements de séries ou de jeux télévisés, qui se font généralement entre août et mars. Pour obtenir des entrées gratuites, adressez-vous à **Audiences Unlimited** (☎ 818-260-0041 ; www.tvtickets.com) ou à leur guichet des **Universal Studios Hollywood** (p. 150).

Pour appréhender les coulisses du cinéma, rien ne vaut une visite en petit groupe des **Paramount Pictures Studios** (carte p. 147 ; ☎ 323-956-1777 ; 5555 Melrose Ave, Hollywood ; visites 35 $, âge minimum 12 ans ; lun-ven) ou des **Warner Bros Studios** (carte p. 140 ; ☎ 818-972-8687 ; www2.warnerbros.com/vipstudiotour ; 3400 Riverside Dr, Burbank, San Fernando Valley ; 45 $, âge minimum 8 ans ; 8h30-16h lun-ven, horaires plus étendus au printemps et en été) à bord d'une navette ouverte sur les côtés, ou la découverte **Sony Pictures Studios** (carte p. 140 ; ☎ 323-520-8687 ; 10202 W Washington Blvd, Culver City ; 25 $; 9h30, 10h30, 12h30, 13h30 et 14h30 lun-ven ; P). Dans les trois cas, vous verrez les studios d'enregistrement, les plateaux et les loges destinées aux costumes et au maquillage. Il faut impérativement réserver et présenter une pièce d'identité.

libre ; 6h-22h, fermeture des sentiers au crépuscule ; P) couvre une superficie cinq fois supérieure à celle de Central Park à New York et possède de nombreuses attractions pour tous les âges : théâtre en plein air, zoo, observatoire, musée, vieux train, golf, tennis, terrains de jeux, pistes cavalières, sentiers pédestres et Batman's Caves. C'est aussi là que se dresse le panneau Hollywood. Le **poste de rangers** (4730 Crystal Springs Dr) distribue des plans.

Ce grand parc vallonné est célèbre pour ses nombreuses attractions adaptées à un public familial. On y trouve le **Los Angeles Zoo** (☎ 323-644-4200 ; www.lazoo.org ; 5333 Zoo Dr ; tarif plein/enfant/senior 12/7/9 $; 10h-17h ; P), dont les 1 200 pensionnaires enthousiasment généralement les visiteurs, ainsi que le **Museum of the American West** (☎ 323-667-2000 ; www.autrynationalcenter.org ; 4700 Western Heritage Way ; tarif plein/enfant/étudiant/senior 9/3/5/5 $, gratuit 2e mardi du mois ; 10h-17h mar-dim toute l'année, 10h-20h jeu juin-août ; P), qui retrace la conquête de l'Ouest dans tous ses aspects, les pires comme les meilleurs. On peut notamment y voir une diligence d'époque, une collection de pistolets et un saloon où évoluent de belles créatures.

Les trois coupoles du **Griffith Observatory** (carte p. 140 ; ☎ 213-473-0800 ; www.griffithobservatory.org ; 2800 Observatory Rd ; entrée libre, spectacle du planétarium tarif plein/enfant/senior 7/3/5 $; 12h-22h mar-ven, 10h-22h sam et dim ; P) de 1935 dominent Los Feliz. Des travaux récents ont doté le planétarium d'un projecteur high-tech et doublé l'espace d'exposition. Le Leonard Nimoy Event Horizon projette des films et l'on peut observer les étoiles à travers de télescopes lorsque le ciel nocturne est dégagé.

West Hollywood

Des drapeaux arc-en-ciel flottent fièrement au-dessus de Santa Monica Blvd. Les stars alimentent continuellement les tabloïds en commettant des frasques sur le légendaire Sunset Strip, lieu privilégié de la vie nocturne depuis les années 1920. Et les boutiques de Robertson et de Melrose constituent désormais le summum de l'avant-garde et de la branchitude. Bienvenue dans l'ambiance résolument chic de West Hollywood (WeHo), paradis des célébrités.

WeHo est aussi le haut lieu du design et de l'ameublement dernier cri, en particulier le long des **Avenues of Art and Design** autour de Beverly Blvd et de Melrose Ave. Quelque 130 galeries occupent les bâtiments monolithiques "blue whale" et "green whale" du **Pacific Design Center** (PDC ; carte p. 149 ; ☎ 310-657-0800 ; www.pacificdesigncenter.com ; 8687 Melrose Ave ; 9h-17h lun-ven) conçu par Cesar Pelli (à l'origine des célèbres Petronas Towers en Malaisie), mais elles vendent essentiellement aux professionnels. Une aile "red whale" s'apprêtait à sortir de terre au moment de nos recherches. Derrière les principaux bâtiments du PDC, se tient une petite annexe du **Museum of Contemporary Art** (MoCA, p. 144, carte p. 149, entrée libre ; P 4,50 $/heure).

La **Schindler House** (carte p. 149 ; ☎ 323-651-1510 ; www.makcenter.org ; 835 N Kings Rd ; tarif plein/senior et étudiant 7/6 $, 16h-18h ven gratuit ; 11h-18h mer-dim), ancienne demeure de l'architecte moderniste Rudolph Schindler (1887-1953), organise des expositions et des conférences.

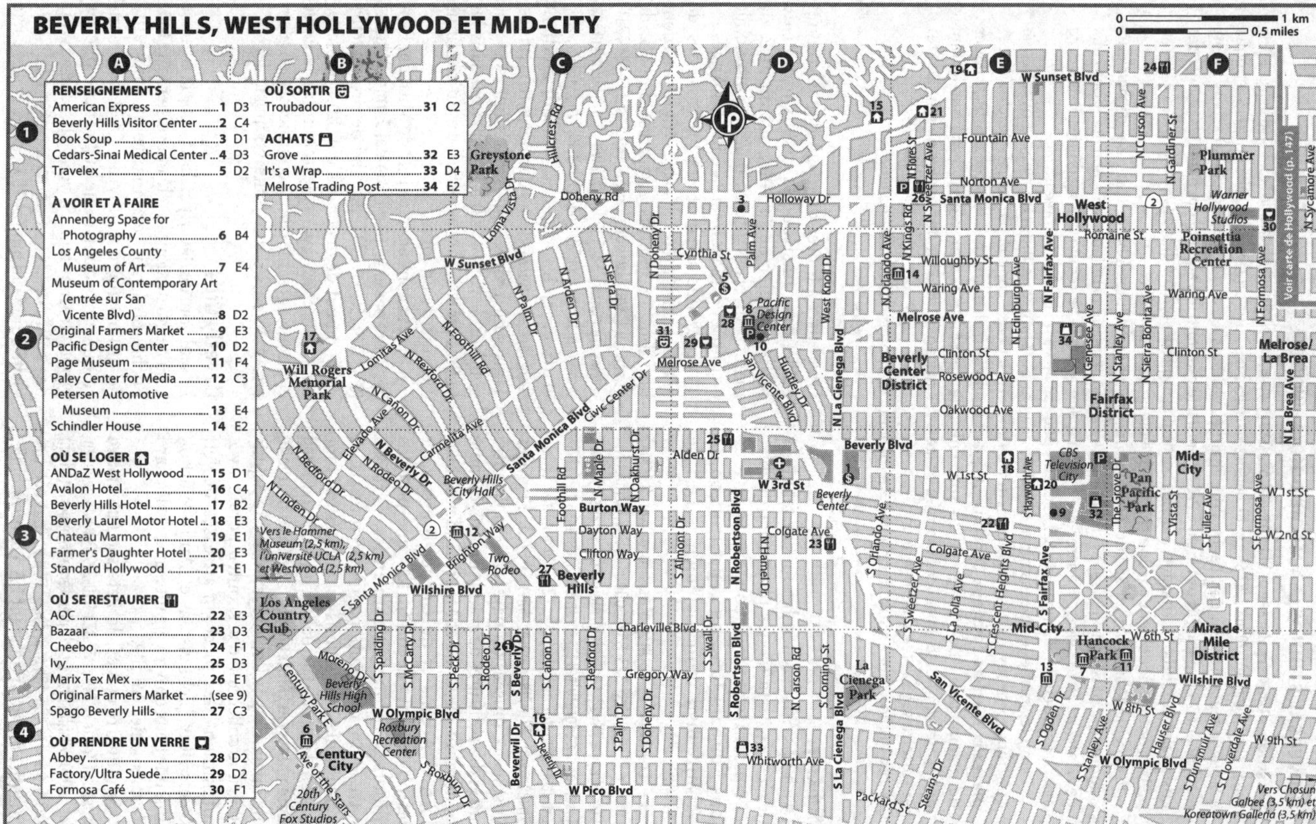
BEVERLY HILLS, WEST HOLLYWOOD ET MID-CITY
0 1 km
0 0,5 miles
RENSEIGNEMENTS
American Express 1 D3
Beverly Hills Visitor Center 2 C4
Book Soup 3 D1
Cedars-Sinai Medical Center ...4 D3
Travelex 5 D2
À VOIR ET À FAIRE
Annenberg Space for Photography 6 B4
Los Angeles County Museum of Art 7 E4
Museum of Contemporary Art (entrée sur San Vicente Blvd) 8 D2
Original Farmers Market 9 E3
Pacific Design Center 10 D2
Page Museum 11 F4
Paley Center for Media 12 C3
Petersen Automotive Museum 13 E4
Schindler House 14 E2
OÙ SE LOGER
ANDaZ West Hollywood 15 D1
Avalon Hotel 16 C4
Beverly Hills Hotel 17 B2
Beverly Laurel Motor Hotel ...18 E3
Chateau Marmont 19 E1
Farmer's Daughter Hotel 20 E3
Standard Hollywood 21 E1
OÙ SE RESTAURER
AOC 22 E3
Bazaar 23 D3
Cheebo 24 F1
Ivy 25 D3
Marix Tex Mex 26 E1
Original Farmers Market ....(see 9)
Spago Beverly Hills 27 C3
OÙ PRENDRE UN VERRE
Abbey 28 D2
Factory/Ultra Suede 29 D2
Formosa Café 30 F1
OÙ SORTIR
Troubadour 31 C2
ACHATS
Grove 32 E3
It's a Wrap 33 D4
Melrose Trading Post 34 E2
Voir carte de Hollywood (p. 147)
Vers le Hammer Museum (2,5 km), l'université UCLA (2,5 km) et Westwood (2,5 km)
Vers Chosun Galbee (3,5 km) et Koreatown Galleria (3,5 km)
Greystone Park
Will Rogers Memorial Park
Beverly Hills
West Hollywood
Beverly Center District
Fairfax District
Mid-City
Miracle Mile District
Century City
Los Angeles Country Club
Plummer Park
Poinsettia Recreation Center
Pan Pacific Park
Hancock Park
La Cienega Park
Roxbury Recreation Center
Beverly Hills High School
20th Century Fox Studios
Warner Hollywood Studios
CBS Television City
Pacific Design Center
Beverly Hills City Hall
Two Rodeo
Melrose/La Brea
W Sunset Blvd
Santa Monica Blvd
Melrose Ave
Beverly Blvd
W 3rd St
Wilshire Blvd
W Olympic Blvd
W Pico Blvd
San Vicente Blvd
N La Cienega Blvd
S La Cienega Blvd
N Fairfax Ave
S Fairfax Ave
N La Brea Ave
N Robertson Blvd
S Robertson Blvd
Burton Way

UNIVERSAL STUDIOS : LA MAGIE D'HOLLYWOOD

Les **studios Universal** (carte p. 140 ; ☎ 818-622-3801 ; www.universalstudioshollywood.com ; 100 Universal City Plaza ; plus/moins de 1,20 m 67/57 $; tlj, horaires variables ;) ont ouvert au public en 1915, époque à laquelle leur directeur Carl Laemmle invitait les visiteurs à assister au tournage de films muets moyennant 25 ¢, panier-repas inclus. Près d'un siècle plus tard, il s'agit encore d'un des plus vastes ensembles de studios au monde, mais les particuliers sont désormais dirigés vers des parcs à thème où ils n'ont pratiquement aucune chance de voir un vrai tournage.

Le circuit débute par un **Studio Tour** commenté de 45 minutes à bord d'un tram de plusieurs wagons, qui passe par des salles de tournage et des plateaux extérieurs sans activité, dont ceux de *Desperate Housewives*. Préparez-vous aussi à une attaque de requin à la façon des *Dents de la mer* et à un séisme d'amplitude 8,3. C'est un peu toc, mais néanmoins amusant.

Parmi les manèges à sensation, la palme revient au **Simpsons Ride**, un cinéma dynamique qui transporte les participants dans un parc d'attractions "conçu" par Krusty le clown. Les **plateaux d'effets spéciaux** constituent quant à eux la meilleure introduction aux techniques de manipulation de l'image et du son. Enfin, le spectacle **Water World**, basé sur le film éponyme, remporte un succès monstre grâce à ses trucages incluant des boules de feu géantes et l'atterrissage forcé d'un hydravion.

Les studios sont accessibles en voiture (parking 12 $) ou par la Metro Red Line.

Mid-City

Il y a à Los Angeles des dizaines de fabuleux musées, et certains des plus remarquables se concentrent de façon très pratique dans Museum Row, un court tronçon du Wilshire Blvd immédiatement à l'est de Fairfax.

Le **Los Angeles County Museum of Art** (LACMA ; carte p. 149 ; ☎ 323-857-6000 ; www.lacma.org ; 5905 Wilshire Blvd ; tarif plein/moins de 17 ans/étudiant et senior 12 $/gratuit/8 $, somme au choix après 17h, gratuit le 2e mardi du mois ; 12h-20h lun, mar et jeu, 12h-21h ven, 11h-20h sam et dim ; P 7 $), l'un des plus beaux musées du pays, rassemble entre autres des peintures de grands maîtres comme Rembrandt, Cézanne et Magritte, des photos d'Ansel Adams et de Cartier-Bresson, et des objets d'art décoratif tels que poteries chinoises, turques et iraniennes. Doté en outre d'un ravissant pavillon japonais, il accueille des expositions itinérantes qui font souvent la une de l'actualité culturelle. Le **Broad Contemporary Art Museum** (B-CAM), la nouvelle aile imaginée par Renzo Piano, abrite depuis 2008 une collection d'art contemporain, avec notamment des pièces maîtresses de Jeff Koons, Roy Lichtenstein et Andy Warhol, ainsi que deux œuvres gigantesques de Richard Serra en acier rouillé.

Sur quatre étages, le **Petersen Automotive Museum** (carte p. 149 ; ☎ 323-930-2277 ; www.petersen.org ; 6060 Wilshire Blvd ; tarif plein/enfant/senior/étudiant 10/3/5/5 $; 10h-18h mar-dim ; P 8 $;) célèbre l'histoire d'amour unissant LA à l'automobile. On peut y admirer de magnifiques voitures anciennes, ainsi que la reconstitution du réseau routier de la ville, qui montre, de manière divertissante, comment l'automobile a contribué à façonner la Cité des Anges.

Venez découvrir les restes fossilisés de grands mammifères disparus (tigres aux dent de sabre, mamouths et autres) de l'âge de glace au **Page Museum** (carte p. 149 ; ☎ 323-934-7243 ; www.tarpits.org ; 5801 Wilshire Blvd ; tarif plein/enfant/senior/étudiant 7/2/4,50/4,50 ; 9h30-17h ; P 6 $;) et observer les archéologues qui étudient derrière des vitres leurs dernières trouvailles. Tous sont morts enlisés dans une sorte de goudron il y a 10 000 à 40 000 ans, dans les **La Brea Tar Pits**, tout proches, où on continue à en mettre au jour.

On peut combiner la visite de Museum Row avec un passage par l'**Original Farmers Market** (6333 W 3rd St ; P ;), marché de producteurs où l'on peut déguster des gombos, des tacos ou des crêpes, avant de rejoindre le **Grove** adjacent, agréable centre commercial en plein air agrémenté d'une fontaine musicale.

Beverly Hills

Le seul nom de Beverly Hills évoque la richesse et la célébrité dont la télé et le cinéma se font l'écho, et il faut reconnaître que la réalité ne diffère guère du mythe. C'est bien dans ce quartier sophistiqué et branché que les *people* déambulent. Si vous cherchez à voir des célébrités, vous pouvez opter pour une visite guidée en bus (p. 154), acheter une carte indiquant les adresses des stars ou réserver une table au Spago (p. 158), porte-étendard du célèbre chef Wolfgang Puck.

Rodeo Drive (carte p. 149) a beau être le domaine réservé du luxe et de la prétention, un séjour à LA ne saurait être complet sans un passage par ces trois célèbres *blocks* de boutiques où sévissent les plus grands couturiers mondiaux. Si les prix vous affolent, rendez-vous quelques rues à l'est, dans Beverly Dr, où se côtoient des chaînes classiques et des magasins plus adaptés aux petits budgets.

Les accros de TV et de radio ne manqueront pas le **Paley Center for Media** (carte p. 149 ; ☎ 310-786-1000 ; www.paleycenter.org ; 465 N Beverly Dr ; don conseillé tarif plein/enfant/senior/étudiant 10/5/8/8 $; 12h-17h mer-dim), où sont conservées des archives gigantesques remontant jusqu'à 1918. On peut ainsi choisir ses émissions télé et radio préférées, pour les voir ou les écouter sur un poste individuel.

De nombreux parkings municipaux offrent deux heures de stationnement gratuit dans le centre de Beverly Hills.

Juste à l'ouest de Beverly Hills, dans le quartier de gratte-ciel appelé Century City, l'**Annenberg Space for Photography** (carte p. 149 ; ☎ 213-403-3000 ; www.annenbergspaceforphotography.org ; 2000 Ave of the Stars, n°10 ; entrée libre ; 11h-18h mer-dim) ouvert en 2009 est le premier musée de la région consacré à la photographie. Organisé autour d'une structure centrale cylindrique évoquant l'objectif d'un appareil photo, il présente des expositions temporaires, dont la manifestation Pictures of the Year. Le parking coûte 3,50 $ du mercredi au vendredi, 1 $ le week-end et tous les jours après 16h30.

Westwood et ses environs

Westwood est dominé par le vaste campus de la prestigieuse **University of California, Los Angeles** (UCLA ; carte p. 140). Géré par l'université, le **Hammer Museum** (carte p. 140 ; ☎ 310-443-7000 ; www.hammer.ucla.edu ; 10899 Wilshire Blvd ; tarif plein/enfant/senior 7 $/gratuit/5 $; 11h-19h mar, mer, ven et sam, 11h-21h jeu, 11h-17h dim ; P 3 $) organise des expositions d'art contemporain avant-gardistes.

Les fans de Marilyn Monroe, de Burt Lancaster ou de Rodney Dangerfield pourront aller leur rendre un hommage dans le minuscule **Westwood Memorial Park** (carte p. 140 ; ☎ 310-474-1570 ; 1218 Glendon Ave ; entrée libre ; 8h-coucher du soleil), perdu parmi les gratte-ciel.

Plus à l'ouest, le **Getty Center** (carte p. 140 ; ☎ 310-440-7300 ; www.getty.edu ; 1200 Getty Center Dr ; entrée libre ; 10h-18h dim et mar-jeu, 10h-21h ven et sam ; P 10 $) se distingue à trois égards : sa splendide collection d'art, son extraordinaire architecture que l'on doit à Richard Meier et ses magnifiques jardins évoluant au gré des saisons, œuvre de Robert Irwin. Par temps clair, la vue sur la ville et l'océan est imprenable. Essayez de venir en fin d'après-midi pour éviter la foule.

Malibu

Déroulant ses 43 km de côtes spectaculaires le long de la Pacific Coast Hwy, Malibu a longtemps été associée au surf, aux stars et à une vie de rêve. Moins glamour que les magazines ne le laissent entendre, il s'agit malgré tout d'un repaire de célébrités depuis le début des années 1930, lorsque des problèmes d'argent obligèrent la propriétaire, May Rindge, à céder ses terres à ses amis du show-business. Leonardo DiCaprio, Brad Pitt et Angelina Jolie, Streisand, Cher et bien d'autres personnalités ont une résidence ici et font leurs achats au **Malibu Country Mart** (carte p. 140; 3835 Cross Creek Rd ; P) ou au centre commercial **Malibu Colony Plaza** (carte p. 140; 23841 W Malibu Rd ; P).

Dans la sphère culturelle, Malibu se démarque avec la **Getty Villa** (carte p. 140 ; ☎ 310-440-7300 ; www.getty.edu ; 17985 Pacific Coast Hwy ; entrée libre, 10h-17h jeu-lun ; P 10 $), réplique de villa romaine fameuse pour ses précieuses collections d'antiquités grecques, romaines et étrusques. Entrée par billet daté obligatoirement.

En dépit de l'étalage de richesses et de la concentration de stars, Malibu est surtout appréciée pour ses deux joyaux : la **Santa Monica Mountains National Recreation Area** (carte p. 140 ; pour l'accès gratuit des voitures consultez le www.parklinkshuttle.com) et ses plages, notamment la bien nommée **Surfrider Beach**.

Santa Monica

Santa Monica est aujourd'hui la pin-up des villes côtières, mêlant atmosphère urbaine et décontraction balnéaire.

Touristes et adolescents assurent l'animation sur **Third Street Promenade** (carte p. 152), zone piétonne bordée de chaînes en tout genre. **Montana Avenue** (carte p. 152), plus authentique, a la faveur des stars, tandis que **Main Street** (carte p. 152), carrément relax, correspond au quartier autrefois surnommé "Dogtown" qui a vu naître la culture du skate-board. Les enfants raffolent du vénérable **Santa Monica Pier** (carte p. 152 ;

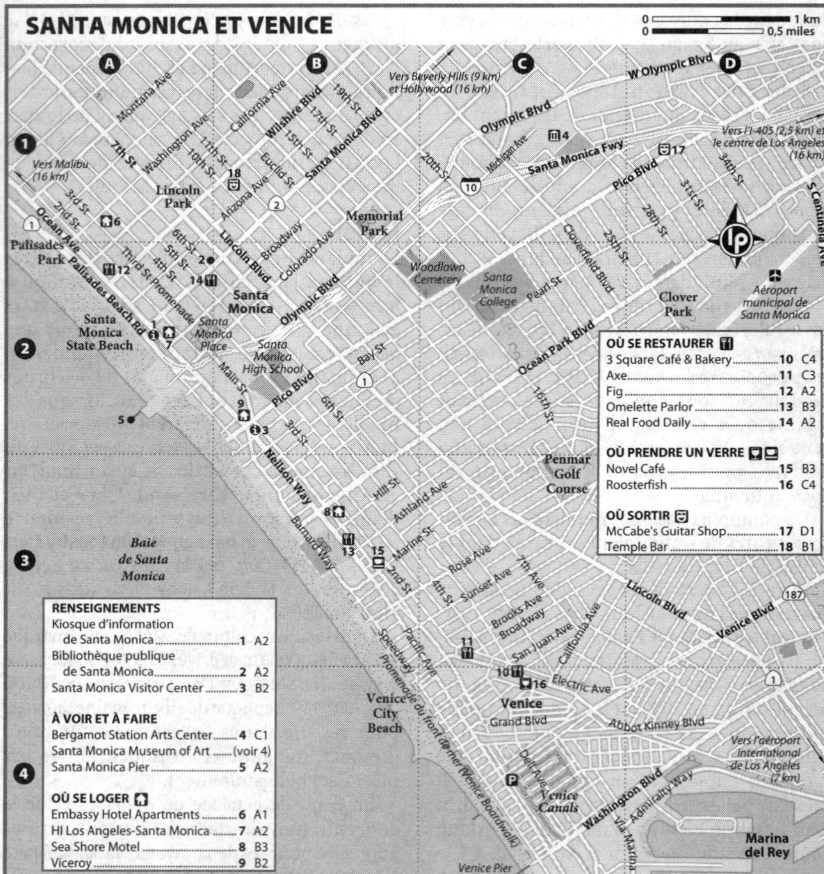

(♿), qui compte notamment un pittoresque manège, une grande roue fonctionnant à l'énergie solaire et un aquarium. Sur 2nd St et sur 4th St, parking gratuit pour 2 heures (3 $ après 18h).

Côté artistique et en matière d'avant-garde, il ne faut pas manquer le **Bergamot Station Arts Center** (carte p. 152 ; 2525 Michigan Ave ; 🕒 10h-18h mar-sam ; Ⓟ), ancienne station de tramway qui contient désormais 35 galeries et le très pointu **Santa Monica Museum of Art** (carte p. 152 ; ☎ 310-586-6488 ; www.smmoa.org ; 2525 Michigan Ave ; don conseillé 5 $; 🕒 11h-18h mar- sam).

Venice

Si des extraterrestres atterrissaient sur la promenade du **Venice Boardwalk**, ils n'auraient aucun mal à se fondre dans la foule de ce zoo humain où toutes les extravagances sont permises. Ce creuset de la contre-culture est l'endroit rêvé pour se faire faire des tresses, soigner son karma ou s'offrir un massage qi gong (technique chinoise à base de méditation). Un spectacle surréaliste qui atteint son comble les week-ends d'été, sous un soleil torride. Évitez toutefois de vous y rendre la nuit.

Pour échapper à la foule, mieux vaut se diriger vers l'intérieur jusqu'aux **Venice Canals** (carte p. 152), vestige du Venice d'origine, où des gondoliers promenaient les touristes sur les canaux artificiels. Aujourd'hui, seuls les habitants canotent parmi les canards dans ce quartier paisible et joliment fleuri.

Portion la plus chic des quartiers ouest (appelés Westside), le **Abbot Kinney Boulevard** (carte p. 152), à la fois bohème et raffiné, s'étend sur environ 2 km bordés de palmiers et jalonnés de cafés, de restaurants, de studios de yoga, de galeries d'art et de toutes sortes de boutiques vendant du mobilier de la moitié du XXe siècle ou des parfums artisanaux.

Possibilité de se garer sur Abbot Kinney ou dans les parking (6-15 $) de bord de plage.

Long Beach

Cité côtière la plus au sud de LA, Long Beach est surtout connue pour son port, Worldport LA, troisième plus grand port de conteneurs au monde après Singapour et Hong Kong. Le caractère industriel de la ville s'atténue fortement dans le centre-ville, tranquille, et le bord de mer réhabilité. Ainsi, Pine Ave est bordée de restaurants et de discothèques fréquentés par une clientèle variée.

Le fleuron de Long Beach est cependant l'élégant transatlantique britannique **Queen Mary** (carte p. 140 ; ☎ 562-435-3511 ; www.queenmary.com ; 1126 Queens Hwy ; tarif plein/enfant/senior à partir de 25/13/22 $; 🕒 10h-18h ; Ⓟ 12 $). Soi-disant hanté, plus grand et plus luxueux que le *Titanic*, il transporta, au fil de ses 1 001 traversées océaniques entre 1936 et 1964, des têtes couronnées, de hauts dignitaires, des immigrants et des soldats. Les enfants préféreront peut-être une balade high-tech dans l'**Aquarium of the Pacific** (carte p. 140 ; ☎ 562-590-3100 ; www.aquariumofpacific.org ; 100 Aquarium Way ; tarif plein/enfant/senior 24/12/21 $; 🕒 9h-18h ; Ⓟ 7 $; 🚼), au cœur d'un monde sous-marin peuplé de requins, de méduses et d'otaries folâtres. On peut même y caresser de petits requins. Le billet combiné *Queen Mary*/Aquarium revient à 35/19 $ pour un adulte/enfant de 3 à 11 ans.

À une courte distance en voiture, le **Museum of Latin American Art** (carte p. 140 ; ☎ 562-437-1689 ; www.molaa.org ; 628 Alamitos Ave ; tarif plein/enfant/étudiant et senior 9 $/gratuit/6 $, dim gratuit ; 🕒 11h-17h mer-dim ; Ⓟ) est le seul musée de l'ouest des États-Unis consacré à l'art latino-américain. Complétées par des expositions temporaires de premier ordre, ses collections permanentes mettent l'accent sur la spiritualité et les paysages.

La Blue Line (p. 162, 55 min) dessert Long Beach depuis Downtown LA. Le service de minibus The Passport (www.lbtransit.org) rallie gratuitement les sites mentionnés plus haut et les autres destinations en ville moyennant 1,25 $.

Pasadena

Lovée au pied des imposantes San Gabriel Mountains, Pasadena semble à des années-lumière de la jungle urbaine de LA. Cité opulente, elle est célèbre pour ses musées, ses grandes propriétés, son architecture Craftsman et la Rose Parade du jour de l'An (p. 154).

Old Town Pasadena (carte p. 140) est le quartier le plus animé de la ville, le long de Colorado Blvd, entre Pasadena Ave et Arroyo Pkway. Une promenade vers l'ouest vous mènera jusqu'au *Penseur* de Rodin, simple préfiguration des merveilles visibles au **Norton Simon Museum** (carte p. 140 ; ☎ 626-449-6840 ; www.nortonsimon.org ; 411 W Colorado Blvd ; tarif plein/enfant/étudiant/senior 8/gratuit/gratuit/4 $; 🕒 12h-18h mer-jeu et sam-lun, 12h-21h ven ; Ⓟ). On peut en effet y admirer une exceptionnelle collection d'art européen, allant de la Renaissance jusqu'au XXe siècle, ainsi que de fabuleuses sculptures d'Inde et d'Asie du Sud-Est, au sous-sol.

Tout près, la **Gamble House** (carte p. 140 ; ☎ 626-793-3334 ; www.gamblehouse.org ; 4 Westmoreland Pl ; tarif plein/enfant/étudiant/senior 10/gratuit/7/7 $; 🕒 12h-15h jeu-dim ; Ⓟ), conçue en 1908 par Charles et Henry Greene, est un exemple parfait d'architecture de style Craftsman. C'est la demeure de Doc Brown dans le film *Retour vers le futur*.

Le centre de recherche **Huntington Library, Art Collections & Botanical Gardens** (carte p. 140 ; ☎ 626-405-2100 ; www.huntington.org ; 1151 Oxford Rd ; tarif plein/enfant/étudiant/senior 15/6/10/12 $; 🕒 10h30-16h30 mar-dim juin-août, sam et dim sept-Mai, 12h-16h30 mar-ven sept-mai ; Ⓟ) conserve une belle collection d'art français et britannique, ainsi que moult livres rares, dont une Bible de Gutenberg. Mais on ne se lasse pas de ses **jardins botaniques**, avec une roseraie comportant plus de 1 200 variétés (il y a un joli salon de thé, le Rose Garden Tea Room ; réservez suffisamment tôt, tarif plein/enfant 25/13 $), un impressionnant jardin désertique et un nouveau jardin chinois agrémenté d'un petit lac traversé par un pont de pierre. Le jardin interactif pour enfants réserve bien des surprises.

À FAIRE

Baignade et surf

Les meilleures plages pour se baigner sont **Zuma** à Malibu (hors carte p. 140), **Santa Monica State Beach** (carte p. 152) et **Hermosa Beach** (carte p. 140). À Malibu, **Surfrider Beach** (carte p. 140) est un spot de surf légendaire.

Les surfeurs devront porter une combinaison la majeure partie de l'année, car la température de la mer ne devient supportable qu'à partir de juin et atteint un maximum de 21°C en août-septembre. Pour des informations actualisées sur la qualité variable des eaux, consultez la "Beach Report Card" sur www.healthebay.org.

Cyclotourisme et rollers

Le **South Bay Bicycle Trail** (carte p. 140), qui longe la plage sur près de 35 km entre Santa Monica et Torrance Beach, est l'endroit le plus agréable où faire du roller ou du vélo (nombreux points de location de matériel dans toutes les villes côtières). Les Santa Monica Mountains ont la faveur des adeptes du VTT. Pour plus de détails, consultez le site www.labikepaths.com.

Randonnée

Inutile d'aller très loin pour fuir l'agitation de la ville et profiter d'un coin de nature : il suffit de parcourir les sentiers du **Runyon Canyon Park** (carte p. 140), au-dessus de Hollywood, ou ceux du **Griffith Park** (carte p. 140). Pour des randonnées plus longues, gagnez les Santa Monica Mountains, où le **Will Rogers State Historic Park**, le **Topanga State Park** et le **Malibu Creek State Park** (carte p. 140) offrent de très beaux espaces. Le parking coûte entre 10 $ et 12 $.

AVEC DES ENFANTS

Occuper les bambins ne devrait pas poser trop de problèmes à LA. De nombreux musées et autres lieux proposent des expositions, des activités ou des ateliers pour enfants, mais le *nec plus ultra* reste le **Kidspace Children's Museum** (carte p. 140; ☎ 626-449-9144 ; www.kidspacemuseum.org ; 480 N Arroyo Blvd, Pasadena ; 8 $; 🕑 9h30-17h lun-ven, 10h-17h sam et dim ; P ♿), où l'on peut tout manipuler et s'instruire en plein air, dans le jardin. Mieux vaut venir après 13h pour trouver moins de monde.

Les enfants aiment les animaux, c'est bien connu. Le Los Angeles Zoo (p. 148), situé dans le très familial Griffith Park, est ainsi tout indiqué.

♡ le **Noah's Ark at the Skirball Cultural Center** (carte p. 140, ☎ 310-440-4500, billets 877-722-4849 ; www.skirball.org ; 2701 N Sepulveda Blvd ; tarif plein/2-12 ans/étudiant et senior 10/5/7 $, gratuit jeu ; 🕑 12h-17h mar-jeu, 10h-17h sam et dim, fermé lors des principales fêtes juives ; ♿) constitue une bonne solution de repli lorsque le temps refuse de coopérer. Il s'agit d'un terrain de jeu en intérieur, composé de créatures imaginaires en tapis de voitures, ressorts de canapés, passoires métalliques et autres objets de récupération.

Les fans de dinosaures adoreront le Page Museum des La Brea Tar Pits (p. 150) et le Natural History Museum (p. 146), les savants en herbe le California Science Center (p. 146) voisin.

Pour observer des créatures marines vivantes direction l'Aquarium of the Pacific (p. 153) à Long Beach, où la visite fantôme du *Queen Mary* (p. 153) pourra, par ailleurs, amuser les ados.

Les adorables marionnettes du **Bob Baker Marionette Theater** (carte p. 142 ; ☎ 213-250-9995 ; www.bobbakermarionettes.com ; 1345 W 1st St, près du centre-ville ; 12 $ sur réservation ; 🕑 10h30 mar-ven, 14h30 sam-dim ; P ♿) ont enthousiasmé des générations d'Angelanos.

Parmi les parcs d'attractions de Californie du Sud, Santa Monica Pier (p. 151), Disneyland (p. 163) et Knott's Berry Farm (p. 164) conviennent aux enfants de tous âges. Pour les plus petits, le choix se réduit aux Studios Universal (p. 150) et à Six Flags Magic Mountain (p. 163).

CIRCUITS ORGANISÉS

Esotouric (☎ 323-223-2767 ; www.esotouric.com ; circuits en bus 10/58 $). Branchés, originaux, instructifs et amusants, les circuits à pied ou en bus sont consacrés aux lieux de crimes célèbres (y a-t-il des fans du *Dahlia noir* parmi vous ?), aux grands écrivains (Chandler ou Bukowski) ou aux quartiers historiques.

Los Angeles Conservancy (☎ 213-623-2489 ; www.laconservancy.org ; circuits 10 $). Des circuits pédestres thématiques, axés sur l'architecture, principalement dans le centre-ville.

Red Line Tours (☎ 323-402-1074 ; www.redlinetours.com ; circuits 25 $). Parcours pédestres alliant divertissement et culture, à Hollywood et dans le centre. Des microcasques permettent d'échapper au bruit de la circulation.

Starline Tours (☎ 323-463-333, 800-959-3131 ; www.starlinetours.com ; circuits à partir de 39 $). Parcours commenté, en bus, de la ville, des quartiers des stars et des parcs à thème.

FÊTES ET FESTIVALS

Rose Parade (☎ 626-449-4100 ; www.tournamentofroses.com). Défilé de chars décorés de fleurs, qui a lieu le jour de l'An, le long du Colorado Blvd (Pasadena), suivi par le Rose Bowl Game (match de football américain).

Toyota Grand Prix of Long Beach (☎ 888-827-7333 ; www.longbeachgp.com). Une course automobile à laquelle les grands pilotes du monde entier participent une semaine durant à la mi-avril.

Fiesta Broadway (☎ 310-914-0015 ; www.fiesta broadway.la). Le dernier dimanche d'avril, des vedettes latino-américaines se produisent lors de cette immense fête de rue dans le cadre historique de Broadway à Downtown.

Sunset Junction Street Fair (☎ 323-661-7771 ; www.sunsetjunction.org). Fête de rue mettant à l'honneur la culture de Silver Lake, avec des dégustations, des libations et des groupes à la mode. Un week-end fin août.

West Hollywood Halloween Carnival (☎ 323-848-6400 ; www.visitwesthollywood.com). Déguisements excentriques et tenues classées X pimentent cette fête gratuite et explosive, donnée sur Santa Monica Blvd (West Hollywood) le 31 octobre.

OÙ SE LOGER

Pour des vacances axées sur la plage, mieux vaut loger à Santa Monica ou à Long Beach. Les branchés et les fêtards préféreront Hollywood ou WeHo, les férus de culture s'établiront dans le centre-ville tandis que les plus fortunés choisiront Beverly Hills. Les prix des chambres sont assez élevés, d'autant qu'il faut ajouter une taxe de séjour de 12 à 14%. Renseignez-vous toujours sur les rabais pratiqués.

Downtown

Figueroa Hotel (carte p. 142 ; ☎ 213-627-8971, 800-421-9092 ; www.figueroahotel.com ; 939 S Figueroa St ; ch 134-164 $, ste 225-265 $; P 12 $;). Vaste oasis des années 1920, en face de LA Live, au hall carrelé à l'espagnole débouchant sur une piscine et un bar en plein air. Les chambres aménagées dans un mélange de styles cosmopolite sont confortables, mais de taille et de configuration inégales.

Millennium Biltmore Hotel (carte p. 142 ; ☎ 213-624-1011, 800-245-8673 ; www.thebiltmore.com ; 506 S Grand Ave ; ch 119-399 $, ste 460-3 000 $; P 40 $;). Ce vénérable palace doré sur tranche reçoit depuis 1923 les grands de ce monde. Certaines chambres manquent toutefois d'espace. Somptueux club de remise en forme Art déco.

Standard Downtown LA (carte p. 142 ; ☎ 213-892-8080 ; www.standardhotel.com ; 550 S Flower St ; ch à partir de 165 $; P 31 $;). Cet hôtel design s'adresse à une clientèle jeune, branchée et d'humeur coquine. À éviter si vous voyagez en famille ou souhaitez passer une bonne nuit de sommeil, car l'ambiance bat son plein dans le bar sur le toit. Les 207 chambres modernes au décor épuré ont des lits sur estrade.

Hollywood

USA Hostel Hollywood (carte p. 147 ; ☎ 323-462-3777, 800-524-6783 ; www.usahostels.com ; 1624 Schrader Blvd ; dort avec petit-déj et taxe à partir de 30-37 $, ch à partir de 70-85 $;). Cette auberge de jeunesse dynamique se situe à deux pas des lieux festifs d'Hollywood. Les barbecues, les soirées humour et les circuits organisés par le personnel favorisent la convivialité, de même que le petit-déj gratuit à base de pancakes servi dans la cuisine commune.

Magic Castle Hotel (carte p. 147 ; ☎ 323-851-0800, 800-741-4915 ; www.magiccastlehotel.com ; 7025 Franklin Ave ; ch à partir de 164 $; P 10 $;). Cet ancien immeuble d'habitation autour d'une cour compense sa mauvaise insonorisation par du mobilier contemporain, de jolies œuvres d'art et des sdb chics. La plupart des chambres disposent en outre d'un salon séparé. On peut prendre le petit-déj – viennoiseries et café de qualité – sur son balcon ou au bord de la piscine. Renseignez-vous à propos de l'accès au club privé éponyme destiné aux magiciens.

Hollywood Roosevelt Hotel (carte p. 147 ; ☎ 323-466-7000, 800-950-7667 ; www.hollywoodroosevelt.com ; 7000 Hollywood Blvd ; ch à partir de 399 $; P 30 $;). Ce vénérable établissement accueille l'élite du cinéma depuis la première cérémonie des Oscars qui s'y déroula en 1929. Son hall luxueux de style espagnol va de pair avec des chambres dépouillées d'inspiration asiatique, une piscine fréquentée et des restaurants animés.

West Hollywood et Mid-City

Beverly Laurel Motor Hotel (carte p. 149 ; ☎ 323-651-2441, 800-962-3824 ; 8018 W Beverly Blvd ; ch 109-155 $; P). Près de l'Original Farmers Market et du Grove, motel des années 1950. Ses 52 chambres se classent juste un cran au-dessus du rudimentaire et la piscine est minuscule, mais le petit restaurant Swingers (5-11 $) prépare d'énormes hamburgers et un Bloody Mary diabolique.

Standard Hollywood (carte p. 149 ; ☎ 323-650-9090 ; www.standardhotel.com ; 8300 W Sunset Blvd ; ch 160-225 $, ste à partir de 350 $; P 29 $;). Cette adresse aux murs blancs sur Sunset Strip se distingue par des touches d'originalité, dont une piscine bordée de gazon artificiel avec vue sur LA et des préservatifs dans les minibars.

Farmer's Daughter Hotel (carte p. 149 ; ☎ 323-937-3930, 800-334-1658 ; www.farmersdaughterhotel.com ; 115 S Fairfax Ave ; ch 179-209 $; P 17 $;).

En face de l'Original Farmers Market, du Grove et des studios CBS, cet établissement réputé de longue date séduit par son look "cow-boy urbain" élégant. Les tourtereaux demanderont la No Tell Room…

ANDaZ West Hollywood (carte p. 149 ; ☎ 323-656-1234 ; www.andaz.com ; 8401 W Sunset Blvd ; ch à partir 245 $; P 25 $;). Comme nombre des stars du rock qui avaient l'habitude d'y séjourner, l'ex-Hyatt a subi un lifting et changé de nom. Ses chambres aux lignes sobres face à Sunset Blvd (plus grandes mais plus bruyantes) ou aux collines d'Hollywood arborent des meubles en chêne design et des couvertures en fibres de bambou. La piscine sur le toit offre une vue panoramique et le salon du hall propose du café le matin, des pâtisseries et des en-cas toute la journée.

Chateau Marmont (carte p. 149 ; ☎ 323-656-1010, 800-242-8328 ; www.chateaumarmont.com ; 8221 W Sunset Blvd ; ch 345-785 $; P 28 $;). Ce faux château un tantinet vieillot attire depuis toujours les vedettes, de Greta Garbo à Bono, grâce à sa discrétion légendaire. Les bungalows dans le jardin sont des plus romantiques, mais seuls quelques privilégiés ont droit au traitement VIP.

Beverly Hills

Avalon Hotel (carte p. 149 ; ☎ 310-277-5221, 800-535-4715 ; www.avalonbeverlyhills.com ; 9400 W Olympic Blvd ; ch à partir de 289 $; P 30 $;). Une adresse de charme qui allie le style du milieu du XXe siècle au confort du nouveau millénaire. Les nantis et les métrosexuels se donnent rendez-vous au bord de la piscine en forme de huit ou au bar-restaurant branché Blue on Blue.

Beverly Hills Hotel (carte p. 149 ; ☎ 310-276-2251, 800-283-8885 ; www.beverlyhillshotel.com ; 9641 Sunset Blvd ; ch à partir de 450 $; P 33 $;). Avec sa piscine classique, ses jardins luxuriants et son Polo Lounge sélect fréquenté au déjeuner par une clientèle fortunée élégamment vêtue, cette institution mythique de 1912 respire l'opulence. Des dorures et des carreaux de marbres ornent ses chambres également d'une autre époque.

Santa Monica et Venice

HI Los Angeles-Santa Monica (carte p. 152 ; ☎ 310-393-9913, 800-909-4776, poste 137 ; www.lahostels.org ; 1436 2nd St ; dort membre/non-membre 28/31 $, ch avec sdb commune à partir de 104 $;). Auberge de jeunesse de 260 lits merveilleusement située entre la plage et Third Street Promenade. Draps et petit-déj continental inclus dans le prix.

Sea Shore Motel (carte p. 152 ; ☎ 310-392-2787 ; www.seashoremotel.com ; 2637 Main St ; ch à partir de 110 $, ste à partir de 180 $; P). Motel familial propre et accueillant à deux pas de la plage et au cœur de l'animation de Main St, c'est-à-dire un peu bruyant. Ses chambres sans prétention sont assez attrayantes et ses suites hautes de plafond avec cuisine conviennent idéalement aux familles.

Embassy Hotel Apartments (carte p. 152 ; ☎ 310-394-1279 ; www.embassyhotelapts.com ; 1001 3rd St ; ch 175-390 $; P). Une demeure coloniale espagnole de 1927 bourrée de cachet. Un ascenseur bringuebalant mène à des chambres désuètes, pourtant équipées d'Internet et, souvent, d'une cuisine.

Viceroy (carte p. 152 ; ☎ 310-260-7500, 800-622-8711 ; www.viceroysantamonica.com ; 1819 Ocean Ave ; ch à partir de 390 $; P 28 $;). Décoration intérieure kitsch où dominent le gris et le vert soutenu. Des alcôves de toile au bord de la piscine, du linge de maison italien griffé et un bar-restaurant chic complètent le tableau.

Long Beach

Hotel Varden (carte p. 140 ; ☎ 562-432-8950, 877-382-7336 ; www.thevardenhotel.com ; 335 Pacific Ave ; ch à partir de 109 $; P 10 $;). Les chambres exiguës de cet hôtel de 1929 sont dotées de bureaux et lavabos minuscules, de nombreux angles droits et de lits douillets. Le prix comprend un petit-déj continental simple et une dégustation de vin le soir. À une rue des restaurants et lieux de sortie nocturnes de Pine Avenue.

Queen Mary Hotel (carte p. 140 ; ☎ 562-435-3511 ; www.queenmary.com ; 1126 Queens Hwy, Long Beach ; ch 159-259 $; P 15 $;). Embarquez à bord de ce majestueux transatlantique (p. 153) sans quitter le quai et logez dans des cabines de luxe qui ont conservé leurs éléments Art déco d'origine (évitez les plus économiques donnant sur l'intérieur). Visites guidées incluses.

OÙ SE RESTAURER

LA possède une scène gastronomique dynamique et variée. Les grands chefs californiens savent sublimer les ingrédients locaux de saison, tandis que les communautés immigrées apportent des spécialités authentiques de leur pays d'origine : *burritos* mexicains, *bulgogi* (bœuf mariné coréen), *dim sum* chinois, sushi, tapas, etc.

TOUR DU MONDE CULINAIRE À LOS ANGELES

Rédactrice en chef de *Gourmet*, Ruth Reichel affirme que les véritables trésors culinaires de LA se cachent dans ses petits restaurants ethniques, ce qui n'enlève rien au mérite des tables haut de gamme. Avec quelque 140 nationalités, la ville présente un choix que nous ne pouvons qu'effleurer dans ce guide. Voici toutefois les quartiers phares pour déguster une cuisine étrangère authentique.

Little Tokyo, centre-ville. Plat conseillé : les *ramen* (nouilles dans un bouillon) fumantes du **Daikokuya** (carte p. 142 ; ☎ 213-626-1680 ; 327 East 1st St ; 🕑 11h-14h30 et 17h-24h lun-sam). Attraction voisine : le Japanese American National Museum (p. 146).

Chinatown, centre-ville. Plat conseillé : les *dim sum* de l'**Empress Pavilion** (carte p. 142 ; ☎ 213-617-9898 ; 1er ét, 988 N Hill St ; assiettes de dim sum 2-6 $, plats 10-25 $; 🕑 10h-14h30 et 17h30-21h, jusqu'à 22h sam et dim). Attraction voisine : les galeries d'art contemporain de Chung King Rd.

Boyle Heights (quartier mexicain), East LA. Plat conseillé : la soupe de tortilla gourmande de **La Serenata de Garibaldi** (carte p. 140 ; ☎ 323-265-2887 ; 1842 E 1st St ; plats 10-25 $; 🕑 11h30-22h30 lun-ven, 9h-22h30 sam et dim). Attraction voisine : les mariachis qui se produisent au Mariachi Plaza.

Koreatown, ouest du centre-ville. Plat conseillé : les grillades cuites à table et leurs nombreuses garnitures (*banchan*) du **Chosun Galbee** (hors carte p. 140 ; ☎ 323-734-3330 ; 3300 Olympic Blvd ; plats 12-24 $; 🕑 11h-23h). Attraction voisine : l'immense galerie marchande Koreatown Galleria (Olympic Blvd et Western Ave) pour les articles de maison et l'alimentation.

Thai Town, East Hollywood. Plat conseillé : les curries du **Palms Thai** (carte p. 147 ; ☎ 323-462-5073 ; 5900 Hollywood Blvd ; plats 6-19 $; 🕑 11h-24h dim-jeu, 11h-2h ven et sam), où un chanteur imite Elvis. Attraction voisine : le centre commercial Thailand Plaza (5321 Hollywood Blvd), où l'on peut acheter des guirlandes de fleurs.

Little India, Pioneer Blvd, Artesia. Plat conseillé : le *thali* (plateau repas) végétarien du **Tirupathi. Bhimas** (carte p. 140 ; ☎ 562-809-3806 ; www.tirupathibhimas.com ; Little India Village, 18792 Pioneer Blvd ; plats 5-10 $; 🕑 11h30-14h30 mar-ven, 18h-21h30 mar-jeu, 18h-22h ven). Attraction voisine : les boutiques de saris en bas de la rue.

Downtown

Colori Kitchen (carte p. 142 ; ☎ 213-622-5950 ; 429 W 8th St ; plats au déjeuner 8-14 $, au dîner 12-18 $; 🕑 11h-15h lun-ven, 18h-21h mer-sam). On se sent en famille dans ce restaurant qui élève les classiques italiens au rang d'art. Apportez votre bouteille de vin (BYOB).

Nickel Diner (carte p. 142 ; ☎ 213-623-8301 ; 524 S Main St ; plats 8-14 $; 🕑 8h-15h30 mar-dim, 18h-23h mar-sam). Dans le quartier historique branché, cette table ramène les convives aux années 1920, même si des ingrédients très actuels comme le quinoa, l'arugula ou le chimichurri figurent sur la carte. Le "*smac and cheese*" (macaronis au fromage) fait partie des plats phares et les desserts abondent.

R23 (carte p. 142 ; ☎ 213-687-7178 ; 923 E 2nd St ; plats au déjeuner 9-13 $, au dîner 12-30 $; 🕑 11h30-14h lun-ven, 17h30-22h lun-sam). Les œuvres d'art audacieuses et les chaises en carton dessinées par Frank Gehry ne sauraient voler la vedette aux sublimes sushis servis dans un cadre de style industriel.

Autrement, **LA Live** (carte p. 142) regroupe une douzaine d'enseignes, dont un japonais recherché (Katsuya by Starck), Rock 'n Fish, un restaurant hawaïen (Trader Vic's) et une brasserie typiquement américaine (Yard House)

Hollywood

Musso & Frank Grill (carte p. 147 ; ☎ 323-467-7788 ; 6667 Hollywood Blvd ; plats 12-35 $; 🕑 11h-23h mar-sam). Le plus vieux restaurant d'Hollywood restaurant propose des assiettes garnies de steaks, de côtelettes, de foie grillé et autres viandes. Le service est aussi suave que les martinis.

Waffle (carte p. 147 ; ☎ 323-465-6901 ; 6255 W Sunset Blvd ; plats 9-12 $; 🕑 6h30-2h30 dim-jeu, 6h30-4h30 ven et sam). Sachez que les plats sur le pouce de ce petit resto actuel sont tous bio et à base d'ingrédient locaux, donc (presque) bons pour la santé. Autre atout : une petite carte des vins bien choisie.

El Conquistador (carte p. 140 ; ☎ 323-666-5136 ; 3701 W Sunset Blvd, Silver Lake ; plats 10-17$; 🕑 11h-22h dim-jeu, 11h-23h ven et sam). Une *cantina* haute en couleur, idéale pour démarrer une nuit de fiesta. Les cocktails étant bien tassés, mieux vaut dévorer au préalable de grandes spécialités tex-mex réussies.

West Hollywood, Mid-City et Beverly Hills

Cheebo (carte p. 149 ; ☎ 323-850-7070 ; 7533 W Sunset Blvd ; plats 9-14 $, dîner 10-25 $; 🕑 8h-23h). Une adresse accueillante et économique pour des salades généreuses, des sandwichs bien garnis et de succulentes pizzas bio. Les enfants adorent les feuilles et les crayons offerts.

Marix Tex Mex (carte p. 149 ; ☎ 323-656-8800 ; 1108 N Flores St ; plats 9-19 $; 🕒 11h30-23h). Nombre de soirées du quartier gay de Boystown commencent par des plans drague dans les patios du Marix à boire des margaritas corsées, suivies de tacos de poisson, *fajitas* et sandwichs poulet-chipotle. Tacos à volonté le mardi.

Bazaar (carte p. 149 ; ☎ 310-246-5555 ; 465 S La Cienega Blvd ; plats 8-18 $; 🕒 brunch 11h-15h sam et dim, 18h-23h tlj). Le restaurant du SLS Hotel éblouit par son décor excentrique signé Philippe Starck et les tapas futuristes de José Andrés. La salade caprese associe des tomates-cerises et des boules de mozzarella dont la saveur explose en bouche. Goûtez aussi la barbe à papa de foie gras ou le Philly cheese-steak à l'"air bread". Les cocktails et les pâtisseries sont exceptionnels. Attention car toutes ces petites assiettes additionnées finissent par coûter cher.

Ivy (carte p. 149 ; ☎ 310-274-8303 ; 113 N Robertson Blvd ; plats 20-38 $; 🕒 11h30-23h lun-ven, 11h-23h sam, 10h-23h dim). Au cœur du boulevard de la mode, c'est *le* lieu de déjeuner par excellence. Vous aurez de bonnes chances d'y croiser des actrices connues grignotant des bâtonnets de carotte ou des patrons de studios discutant d'une série devant une omelette de homard. Prix élevés et serveurs prétentieux.

Spago Beverly Hills (carte p. 149 ; ☎ 310-385-0880 ; 176 N Cañon Dr ; plats au déjeuner 19-48 $, au dîner 32-66 $; 🕒 12h-14h30 lun-jeu et sam, 11h30-14h30 ven, 18h-22h dim-ven, 17h30-23h sam). L'établissement phare de Wolfgang Puck reste une valeur sûre pour déguster une cuisine fusion raffinée et apercevoir quelques vedettes. Réservation conseillée.

Original Farmers Market (carte p. 149 ; angle 3rd St et Fairfax Ave ; 👪). Ce marché abrite une douzaine de restaurants petits budgets, la plupart en terrasse. Essayez par exemple le *diner* classique Dupar's, le Gumbo Pot cajun, le gril mexicain ¡Loteria! ou le Singapore's Banana Leaf.

Santa Monica et Venice

Omelette Parlor (carte p. 152 ; ☎ 310-399-7892 ; 2732 Main St ; plats 6-12 $; 🕒 6h-14h30 lun-ven, 6h-16h sam et dim ; 👪). Une institution datant de l'époque où Main St était connue sous le sobriquet de "Dogtown". Les gigantesques omelettes et célèbres gaufres servies au petit-déj pourraient bien vous faire tenir jusqu'au dîner.

Real Food Daily (carte p. 152 ; ☎ 310-451-7544 ; 514 Santa Monica Blvd ; plats 8-17 $; 🕒 11h30-22h ; Ⓥ). Les amateurs de *tempeh* ou de *seitan*, (substitut de viande à base de blé) et les autres apprécieront cette adresse végétalienne débarrassée du folklore hippy.

3 Square Café & Bakery (carte p. 152 ; ☎ 310-399-6504 ; 1121 Abbot Kinney Blvd ; plats 8-20 $; 🕒 café 8h-22h lun-jeu, jusqu'à 23h ven, 9h-23h sam, jusqu'à 22h dim, boulangerie-pâtisserie 7h-19h). Venez vous régaler de hamburgers-bretzels d'inspiration allemande, de sandwichs gastronomiques et de pancakes aux pommes dans ce minuscule café. Les étals de la boulangerie ploient sous les pains rustiques et les croissants.

Axe (carte p. 152 ; ☎ 310-664-9787 ; 1009 Abbot Kinney Blvd ; plats au déjeuner 6-12 $, dîner 18-26 $; 🕒 11h30-15h mer-ven, 9h-15h sam et dim, 18h-22h mer et jeu, 18h-22h30 ven et sam, 17h30-21h30 dim). Établissement de style industriel chic fréquenté par des bobos. Plats savoureux préparés à partir d'ingrédients bio locaux et de saison.

Fig (carte p. 152 ; ☎ 310-319-3111 ; Fairmont Miramar Hotel, 101 Wilshire Blvd ; plats au déjeuner 9-24 $; dîner 19-34 $; 🕒 7h-14h tlj, 17h-22h mar-sam). Tout est question d'ingrédients chez ce nouveau venu sans prétention adepte de la cuisine fine. Les produits sont locaux et la carte indique ceux de saison pour que le client soit sûr de la fraîcheur des salades et des légumes du marché qui accompagnent viandes et fruits de mer. La charcuterie maison, les délicieux fromages et les petits gâteaux aux figues ne déméritent pas.

Long Beach

Number Nine (carte p. 140 ; ☎ 562-434-2009 ; 2118 E 4th St ; plats 7-9 $; 🕒 12h-24h). Table de Retro Row (p. 161) servant de copieuses portions de nouilles vietnamiennes dans un cadre minimaliste. Mention spéciale pour le poulet aux cinq épices avec des nems.

George's Greek Café (carte p. 140 ; ☎ 562-437-1184 ; 135 Pine Ave ; plats 7-19 $; 🕒 11h-22h30 dim-jeu, 11h-23h30 ven et sam). L'épicentre géographique et spirituel du chapelet de restaurants de Pine Ave propose des spécialités telles que le *saganaki* (fromage de brebis frit et flambé) et les côtelettes d'agneau. Grand patio.

OÙ PRENDRE UN VERRE

Edison (carte p. 142 ; ☎ 213-613-0000 ; 108 W 2nd St, près de Harlem Alley ; 🕒 mer-sam). Un lounge en sous-sol de style industriel chic, à mi-chemin entre *Metropolis* et *Blade Runner*, où l'on sirote des mojitos sur des canapés en cuir chocolat au milieu des turbines d'une ancienne centrale électrique. Il y a trois immenses bars et un code vestimentaire à respecter.

Seven Grand (carte p. 142 ; ☎ 213-614-0737 ; 515 W 7th St). Les branchés ont investi ce décor de club de chasse rétro décoré de trophées de cerfs. Le whisky tient la vedette avec une centaine de variétés originaires d'Écosse, d'Irlande et même du Japon.

Formosa Café (carte p. 149 ; ☎ 323-850-9050 ; 7156 Santa Monica Blvd). Bogart et Gable avaient l'habitude de s'enivrer dans cette cave à l'ambiance de film noir, où des scènes de *LA Confidential* ont été filmées.

Dresden (hors carte p. 147 ; ☎ 323-665-4294 ; 1760 N Vermont Ave, Los Feliz). Bar où officie le duo Marty & Elayne, qui chante "Stayin' Alive" dans le fim *Swingers*.

Cat & Fiddle (carte p. 147 ; ☎ 323-468-3800 ; 6530 W Sunset Blvd). Pub british misant davantage sur la convivialité que sur la star attitude.

Velvet Margarita (carte p. 147 ; ☎ 323-469-2000 ; 1612 N Cahuenga Blvd). Sombreros, portraits d'Elvis sur velours, projection de films mexicains ringards et adeptes de la tequila sont réunis dans ce palais sombre et kitsch sur le tronçon festif de Cahuenga Corridor.

Également recommandés :

Beauty Bar (carte p. 147 ; ☎ 323-464-7676 ; 1638 N Cahuenga Blvd). Pour combiner un bon martini et une manucure.

Novel Café (carte p. 152 ; ☎ 310-396-8566 ; 212 Pier Ave). Un café indépendant à l'atmosphère décontractée, prisé des écrivains, des amateurs de plage ou des chalands de Main St.

OÙ SORTIR

Pour le programme de vos sorties, le *LA Weekly* (www.laweekly.com) et le *Los Angeles Times* (http://theguide.latimes.com) fournissent des listes exhaustives. Achetez vos places en ligne, au guichet ou par le biais de **Ticketmaster** (☎ 213-480-3232 ; www.ticketmaster.com). **Goldstar** (www.goldstar.com) propose des tarifs à moitié prix sur une sélection de spectacles. Pour le théâtre, utilisez **LAStageTIX** (www.theatrela.org) et **Plays 411** (www.plays411.com) ou rendez-vous aux offices du tourisme de Hollywood et de Downtown (p. 141).

Concerts et clubs

Troubadour (carte p. 149 ; ☎ 310-276-6168 ; www.troubadour.com ; 9081 Santa Monica Blvd, West Hollywood ; ⏲ lun-sam). Scène de rock légendaire qui a propulsé les Eagles et Tom Waits sur le devant de la scène, et qui reste un endroit privilégié pour repérer les stars de demain. La clientèle de mélomanes buveurs de bière assure l'ambiance.

♡ **Spaceland** (carte p. 140 ; ☎ 323-661-4380 ; www.clubspaceland.com ; 1717 Silver Lake Blvd, Silver Lake). Beck a fait ses premières armes dans ce qui reste la meilleure salle de LA en matière de rock indé et de musique alternative. Lorsque l'affiche annonce "special guest" (invité spécial), il arrive qu'une célébrité vienne faire un bœuf.

Hotel Cafe (carte p. 147 ; ☎ 323-461-2040 ; www.hotel-cafe.com ; 1623.5 N Cahuenga Blvd). Salle intime ayant accueilli Suzanne Vega, mais plutôt habituée à produire de petits auteurs-interprètes prometteurs. Arrivez tôt et entrez par la ruelle.

McCabe's Guitar Shop (carte p. 152 ; ☎ 310-828-4403 ; www.mccabes.com ; 3101 Pico Blvd, Santa Monica). Des artistes comme Jackson Browne, Liz Phair et Michelle se produisent dans un mouchoir de poche au fond de cette boutique de guitares et autres instruments de musique.

Babe's & Ricky's (carte p. 140 ; ☎ 323-295-9112 ; www.bluesbar.com ; 4339 Leimert Blvd, Leimert Park ; ⏲ lun et jeu-sam). Il se passe toujours quelque chose dans cette boîte de blues légendaire, mais les soirées du lundi sont culte : pour 8 $, vous aurez droit en prime au buffet tardif de Mama Laura composé de plats afro-américains du Sud.

Le Sunset Strip est jalonné de music-halls célèbres à l'image du Whisky A-Go-Go et du House of Blues.

Musique classique et opéra

Los Angeles Philharmonic (carte p. 142 ; ☎ 323-850-2000 ; www.laphil.org ; 111 S Grand Ave, Downtown ; 15-120 $). Mondialement connu, le LA Philarmonique interprète du classique et des œuvres ultra contemporaines au Walt Disney Concert Hall. En 2009, le chef d'orchestre Esa-Pekka Salonen passera le relais au prodige vénézuélien Gustavo Dudamel.

♡ **Hollywood Bowl** (hors carte p. 147 ; ☎ 323-850-2000 ; www.hollywoodbowl.com ; 2301 N Highland Ave, Hollywood ; 1-105 $; ⏲ fin juin-sept). Le mythique amphithéâtre en plein air, résidence d'été du LA Philarmonique, est aussi un lieu privilégié pour écouter des pointures du rock, du jazz, du blues et de la pop. Arrivez tôt pour pique-niquer avant le spectacle (alcool autorisé).

Los Angeles Opera (carte p. 142 ; ☎ 213-972-8001 ; www.laopera.com ; Dorothy Chandler Pavilion ; 135 N Grand Ave, Downtown ; 20-222 $). Dirigé par Plácido Domingo, cet Opéra réputé programme des spectacles grand public de qualité.

LOS ANGELES GAY

Los Angeles fait partie des villes les plus gay des États-Unis. Le magazine *Advocate* et PFLAG (Parents and Friends of Lesbians and Gays) ont vu le jour ici, de même que la première église et la première synagogue homos. Gays et lesbiennes font partie intégrantes de tous les segments de la société, tels que le divertissement, la politique, les affaires, l'art, etc.

"Boystown", Santa Monica Blvd à West Hollywood (WeHo), constitue l'épicentre de la communauté. Dans ce quartier, des dizaines de bars, cafés, restaurants, salles de gym et clubs dynamiques connaissent une animation particulière du jeudi au dimanche. Ailleurs, la scène gay revêt un aspect moins extraverti. Silver Lake, l'enclave homosexuelle d'origine, est ainsi largement passé de l'esprit cuir et jeans à une atmosphère branchée pluriethnique. Long Beach possède également une population gay conséquente.

La Gay Pride de Los Angeles (www.lapride.org), à la mi-juin, draine des centaines de milliers de personnes qui défilent le long de Santa Monica Blvd et font la fête. Les magazines gratuits consacrés aux spectacles et distractions, ainsi que les sites Internet www.westhollywood.com et www.gaycities.com, fournissent le programme détaillé de ce qui se passe en ville. Les quelques lieux de sortie ci-après donnent le ton.

WeHo

Abbey (carte p. 149 ; ☎ 310-289-8410 ; www.abbeyfoodandbar.com ; 692 N Robertson Blvd ; plats 9-13 $; 🕑 8h-2h). Après avoir débuté comme humble café, c'est maintenant le bar-restaurant le plus sympa de WeHo, avec tout un éventail de cocktails et une cuisine de pub haut de gamme. À vous de choisir entre la terrasse agrémentée de verdure et le lounge au style composite.

Factory/Ultra Suede (carte p. 149 ; ☎ 310-659-4551 ; www.factorynightclub.com ; 652 La Peer Dr). Cette double discothèque géante a quelque chose de new-yorkais et affiche chaque soir une tendance gay ou lesbienne différente.

Silver Lake

Akbar (carte p. 140 ; ☎ 323-665-6810 ; www.akbarsilverlake.com ; 4356 W Sunset Blvd). Le meilleur juke-box de LA et un public très changeant – gay, hétéro ou simplement branché – dans un décor d'inspiration marocaine. Quand l'arrière-salle ne se transforme pas en piste de danse, elle accueille des spectacles comiques ou des ateliers de travaux manuels.

MJ's (carte p. 140 ; ☎ 323-660-1503 ; www.mjsbar.com ; 2810 Hyperion Ave). Un endroit populaire pour les soirées danse, la "vedette porno de la semaine" et la drague. Clientèle jeune et variée.

Beach Cities

Roosterfish (carte p. 152 ; ☎ 310-392-2123 ; www.roosterfishbar.com ; 1302 Abbot Kinney Blvd). Doté d'une table de billard et d'une terrasse à l'arrière, le Fish s'adresse aux hommes de Venice depuis plus de 30 ans, mais reste relax et dans le coup. L'animation atteint son comble le vendredi soir.

Silver Fox (carte p. 140 ; ☎ 562-439-6343 ; www.silverfoxlongbeach.com ; 411 Redondo Ave). Malgré son nom, le "renard argenté" est fréquenté par toutes les classes d'âge, en particulier lors des soirées karaoké. Cette institution gay de Long Beach se situe à une courte distance en voiture des boutiques de Retro Row.

Théâtre

Center Theatre Group (☎ 213-628-2772; www.centertheatregroup.org). Des pièces classiques ou contemporaines et des comédies musicales sont interprétées dans trois salles : l'Ahmanson Theatre (carte p. 142) et le Mark Taper Forum (carte p. 142) à Downtown, ainsi que le Kirk Douglas Theatre (carte p. 140) à Culver City. Renseignez-vous par téléphone sur la disponibilité des "Hot Tix" à 20 $.

Actors' Gang Theatre (carte p. 140 ; ☎ 310-838-4264 ; www.theactorsgang.com ; 9070 Venice Blvd, Culver City). Cofondée par Tim Robbins, cette troupe très engagée sur le plan social a raflé de nombreux prix pour ses mises en scène audacieuses et inattendues de pièces classiques ou de créations, qui sont le fruit d'ateliers collectifs.

Deaf West Theatre (carte p. 140 ; ☎ 818-762-2773 ; www.deafwest.org ; 5112 Lankershim Blvd, North Hollywood, San Fernando Valley ; prix variables). Des acteurs malentendants jouent des pièces actuelles ou du répertoire en langue des signes. Une voie off et/ou des surtitres facilitent la compréhension. La comédie musicale *Big River* montée par la compagnie a connu le succès à Broadway.

Autres programmations intéressantes : **East West Players** (carte p. 142 ; ☎ 213-625-7000 ; www.eastwestplayers.org ; 120 N Judge John Aiso St, Downtown). Compagnie pionnière américano-asiatique. **Will Geer Theatricum Botanicum** (carte p. 140 ; ☎ 310-455-3723 ; www.theatricum.com ; 1419 N Topanga Canyon Blvd, nord de Santa Monica). Un répertoire estival enchanteur, dans un théâtre installé au milieu des bois.

Sports

Dodger Stadium (carte p. 140 ; ☎ 866-363-4377 ; www.dodgers.com ; 1000 Elysian Park Dr, Downtown). La principale équipe de base-ball de LA joue d'avril à octobre dans ce stade légendaire.

Staples Center (carte p. 142 ; ☎ 213-742-7340 ; www.staplescenter.com ; 1111 S Figueroa St, Downtown). Résidence ultramoderne des trois équipes de basket professionnel de LA (les Lakers, les Sparks et les Clippers), ainsi que de l'équipe de hockey sur glace des Kings.

ACHATS

Rodeo Drive (carte p. 149 ; entre Wilshire Blvd et Santa Monica Blvd) à Beverly Hills est peut-être l'artère commerçante la plus célèbre au monde, mais LA ne manque pas d'autres lieux de shopping. Les *fashion victims* ont rendez-vous sur **Robertson Boulevard** (carte p. 149 ; entre Beverly Blvd et 3rd St) et **Melrose Avenue** (carte p. 149 ; entre San Vicente Blvd et La Brea Ave), à Hollywood et West Hollywood, ainsi que sur **Montana Avenue** (carte p. 152 ; entre Lincoln Blvd et 20th St) à Santa Monica.

Hollywood tient lieu d'épicentre des musiques en vogue, notamment à **Amoeba Music** (carte p. 147 ; ☎ 323-245-6400 ; 6400 W Sunset Blvd). Plus à l'est, Silver Lake offre son lot d'objets kitsch, de pièces de collection et de créateurs locaux, surtout aux alentours de **Sunset Junction** (angle Hollywood Blvd et Sunset Blvd). Pour trouver des petites boutiques sympas à mille lieues des sempiternelles chaînes, choisissez Main St à Santa Monica (carte p. 152), Abbot Kinney Blvd à Venice (p. 153) ou Larchmont Blvd à Hollywood (p. 146).

Les amateurs de bonnes affaires hantent le Fashion District (p. 145), le Jewelry District (p. 144) et le Flower Market (p. 146) du centre-ville, tandis que **Retro Row** (carte p. 140 ; E 4th St, entre Junipero Ave et Cherry Ave) regroupe de nombreuses boutiques de vêtements rétro et de mobilier des années 1950 hors de prix.

Parmi les bons marchés aux puces, citons le **Melrose Trading Post** (carte p. 149 ; 7850 Melrose Ave, West Hollywood ; 2 $; ⌚ 9h-17h dim), qui réunit chaque semaine une jeunesse branchée à la recherche d'articles rétro, et le **Rose Bowl Flea Market** (carte p. 140; ☎ 323-560-7469 ; www.rqcshows.com ; Rose Bowl, 1001 Rose Bowl Dr, Pasadena ; 8-20 $; ⌚ 5h-16h30 le 2e dim du mois), mensuel, ancêtre de tous les marchés aux puces, avec plus de 2 200 vendeurs.

> **DANS LA PEAU DES STARS**
>
> Quitte à jouer les stars, autant utiliser leurs fringues ! Plein comme un œuf, le magasin **It's a Wrap** (carte p. 149 ; ☎ 310-246-9727 ; 1164 S Robertson Blvd, Mid-City ; ⌚ 11h-20h lun-ven, 11h-18h sam & dim) vend des vêtements portés par des acteurs et figurants sur les plateaux de TV ou de cinéma. Le code des prix (affiché à la caisse) vous permet de savoir à qui ont appartenu les vêtements.

DEPUIS/VERS LOS ANGELES

Avion

Principale porte d'entrée de la ville, le **Los Angeles International Airport** (LAX ; carte p. 140 ; ☎ 310-646-5252 ; www.lawa.org/lax) fait partie des cinq aéroports les plus fréquentés de la planète. Il comporte neuf terminaux reliés entre eux par une navette gratuite (Shuttle Bus A), qui part du niveau inférieur (celui des arrivées). Les navettes des hôtels et des agences de location de voitures s'arrêtent également ici.

Le **Long Beach Airport** (LGB ; carte p. 140) et le Burbank's **Bob Hope Airport** (BUR ; carte p. 140) accueillent essentiellement des vols intérieurs.

Bus

La principale **gare routière Greyhound** (carte p. 142 ; ☎ 213-629-8401, 800-231-2222 ; 1716 E 7th St) est située dans un quartier peu recommandable du centre, à éviter une fois la nuit tombée. Certains bus se rendent directement à la **gare routière de Hollywood** (carte p. 147 ; ☎ 323-466-6381 ; 1715 N Cahuenga Blvd).

Train

Les trains Amtrak arrivent à **Union Station** (carte p. 142 ; ☎ 800-872-7245 ; 800 N Alameda St), gare historique du centre-ville. Le *Pacific Surfliner* se rend chaque jour à San Diego (34 $, 2 heures 45), Santa Barbara (25 $, 2 heures 30) et San Luis Obispo (36 $, 5 heures 30).

Voiture

La plupart des grandes compagnies de location possèdent des antennes à Los Angeles (voir p. 548 pour les réservations par téléphone ou en ligne). Si vous n'avez pas réservé, utilisez les téléphones gracieusement mis à votre disposition dans les halls d'arrivée du LAX. Des navettes gratuites partant du niveau inférieur desservent les agences situées en dehors de l'aéroport.

COMMENT CIRCULER

Depuis/vers l'aéroport

Les navettes de **Prime Time** (☎800-473-3743 ; www.primetimeshuttle.com) et de **Super Shuttle** (☎310-782-6600 ; www.supershuttle.com) assurent un service porte à porte depuis le niveau inférieur de chaque terminal. Elles facturent 21/26/16 $ pour Santa Monica, Hollywood et Downtown. Le **Disneyland Express** (☎714-978-8855 ; www.grayline.com) circule au moins toutes les heures entre l'aéroport et les hôtels du secteur de Disneyland (22/32 $ l'aller simple/aller-retour).

Des "répartiteurs" se chargeront de héler un taxi pour vous. Le tarif fixe pour le centre-ville s'élève à 46,50 $; comptez environ 30 $ pour Santa Monica, 42 $ pour Hollywood et jusqu'à 90 $ pour Disneyland. Une surcharge de 2,50 $ s'applique aux taxis qui partent du LAX. Voir aussi ci-dessous.

Les bus **LAX Flyaway** (☎ 866-435-9529 ; www.lawa.org/flyaway) quittent les terminaux de l'aéroport environ toutes les 30 minutes de 5h à 24h pour gagner Westwood (5 $, 30 min) et Union Station (7 $, 45 min) dans le centre.

Les autres **transports publics** sont moins rapides et pratiques, mais plus économiques. Du niveau inférieur de chaque terminal, prenez une navette gratuite jusqu'au parking C, puis marchez moins d'une minute jusqu'au LAX Transit Center, la gare routière qui couvrent toutes les destinations de LA. Le "Shuttle G" rallie Aviation Station et la Metro Green Line, d'où vous pourrez rejoindre la Blue Line, le centre de LA ou Long Beach (40 min). Voir la rubrique *Transports publics* ci-après pour plus de détails.

Taxi

Hormis dans le cas de taxis se trouvant devant les aéroports, les gares ferroviaires et routières et les grands hôtels, il est préférable d'appeler un taxi. Ils sont tous pourvus d'un compteur affichant 2,85 $ pour la prise en charge puis 2,70 $ par *mile* (soit environ 1,6 km). Les taxis qui desservent l'aéroport acceptent les cartes de crédit, parfois de mauvaise grâce. Voici quelques compagnies :

Checker (☎ 800-300-5007)
Independent (☎ 800-521-8294)
Yellow Cab (☎ 800-200-1085)

Transports publics

La compagnie **Metro** (☎800-266-6883 ; www.metro.net) exploite quelque 200 lignes de bus, ainsi que les 6 lignes de métro et de train léger suivantes :

Blue Line : entre Downtown (7th St/Metro Center) et Long Beach.
Expo Line : entre Downtown (7th St/Metro Center) et Culver City via Exposition Park.
Gold Line : entre Union Station et Pasadena et East LA.
Green Line : entre Norwalk et Redondo Beach.
Purple Line : entre Downtown et Koreatown.
Red Line : entre Union Station et North Hollywood, via Downtown, Hollywood et les Universal Studios.

Les tickets coûtent 1,25 $ par trajet (prenez une correspondance en montant si vous en avez besoin). Il n'y a pas de correspondance gratuite entre le métro et le bus, mais la "carte TAP" (un jour/une semaine 5/17 $) permet des trajets illimités. Les chauffeurs de bus vendent des tickets à l'unité et des forfaits pour le jour même (il faut faire l'appoint). Autrement, les tickets de métro s'achètent aux distributeurs automatiques dans les stations. Appelez-le ☎800-266-6883 ou consultez le site www.metro.net pour élaborer votre itinéraire.

Les **minibus DASH** (☎ indicatif de la région où vous vous trouvez + 808-2273 ; www.ladottransit.com ; 25 ¢) desservent Downtown et Hollywood. Basée à Santa Monica, la compagnie **Big Blue Bus** (☎ 310-451-5444 ; www.bigbluebus.com, 75 ¢) couvre en grande partie l'ouest de LA et le LAX. La ligne 10 Freeway Express relie Santa Monica au centre (1,75 $, 1 heure).

Voir aussi p. 145.

Voiture et moto

Théoriquement, vous devriez passer beaucoup de temps au volant, même si conduire à LA ne tient pas d'une sinécure, en raison des embouteillages. Un conseil : évitez les heures de pointe (7h30-9h et 16h-18h30).

Dans les motels et les hôtels bon marché, les parkings sont généralement gratuits ; les établissements plus chics facturent de 8 à 36 $. Un service de voiturier est souvent prévu dans les hôtels et restaurants de catégorie supérieure (2,50 à 10 $).

Les parkings sont indiqués dans les différents quartiers de la rubrique *À voir* (p. 143).

ENVIRONS DE LOS ANGELES

CATALINA ISLAND

L'**île de Catalina** (www.visitcatalina.org, www.catalinachamber.com), au charme méditerranéen, est un havre de paix loin de l'agitation de Los Angeles. Il s'agit cependant d'une destination populaire que l'on peut visiter en une journée, d'où son succès en été. Presque toute l'activité commerciale se concentre dans le petit port d'**Avalon**. L'office du tourisme, installé sur le Green Pier, fournit cartes et renseignements sur les sites et les activités.

Si les plages de Catalina n'ont rien d'exceptionnel, on y trouve cependant de magnifiques sites pour pratiquer le snorkeling, notamment Descanso Beach, Lovers' Cove et le Casino Point Marine Park, une réserve sous-marine qui se révèle aussi le meilleur endroit pour faire de la plongée. Divers prestataires louent du matériel sur le Green Pier. Pour échapper à la foule, on peut explorer en kayak les criques et la côte accidentée de Catalina, ou opter pour un circuit nature à l'intérieur des terres, classées réserve naturelle, en s'adressant notamment à **Catalina Adventure Tours** (☎ 877-510-2888 ; www.catalinaadventuretours.com ; à partir de 35 $). C'est l'occasion de découvrir de magnifiques paysages et de croiser, peut-être, un troupeau de bisons. Sinon, l'accès à l'arrière-pays se fait exclusivement à pied, en bateau ou en VTT (permis nécessaire ; appelez-le ☎ 310-510-1421).

Les ferries de **Catalina Express** (☎ 310-519-1212, 800-481-3470 ; www.catalinaexpress.com ; aller-retour 66,50 $) desservent Avalon depuis San Pedro, Long Beach et Dana Point (Orange County). En été, il est préférable de réserver.

SIX FLAGS MAGIC MOUNTAIN

La vitesse règne à **Six Flags** (hors carte p. 140 ; ☎ 661-255-4111 ; www.sixflags.com/parks/magicmountain ; 26101 Magic Mountain Pkwy, Valencia ; tarif plein/moins de 4 ans 54/30 $; ⏲ à partir de 10h30 tlj fin mars à début sept, ouvert sam, dim, fêtes et certains ven le reste de l'année, les heures de fermeture varient de 18h à minuit ; Ⓟ 15 $; ♿), le *nec plus ultra* en matière de montagnes russes. Consultez le site Internet pour des réductions éventuelles. Le parc se situe à environ 48 km au nord du centre de LA, en bordure de l'I-5 (Golden State Fwy).

CÔTE DE LA CALIFORNIE DU SUD

ORANGE COUNTY (OC)

Cette banlieue tentaculaire qui se déploie entre LA et San Diego est synonyme d'opulence et de dépense. Le shopping constitue en effet la passion numéro un de ses résidents fortunés qui fréquentent restaurants et stations balnéaires chics. Viennent s'ajouter à cela une communauté artistique en plein essor, 70 km de plages sublimes et, surtout, Disneyland.

Disneyland Resort

Ancêtre de tous les parcs d'attractions, **Disneyland** (carte p. 140 ; ☎ 714-781-4000 ou 714-781-7290 ; www.disneyland.com ; 1313 Harbor Blvd, Anaheim ; pass un jour un parc tarif plein/enfant 3-9 ans 69/59 $, les deux parcs 94/84 $; Ⓟ 12 $; ♿) vous entraîne dans un monde parallèle enchanteur, insolite et bouillonnant. Préparez-vous à attendre au moins une heure pour les attractions les plus courues, notamment l'Indiana Jones Adventure, le décoiffant Space Mountain et le nouveau Pirate's Lair, où Jack Sparrow attend les aventuriers en herbe. Le Finding Nemo Submarine Voyage constitue une nouvelle escapade pour les plus jeunes.

Plus grand et moins fréquenté, **Disney's California Adventure**, le second parc du complexe, met à l'honneur les trésors naturels et culturels du Golden State. Les meilleures attractions sont le vol en deltaplane virtuel Soarin' over California, l'ascenseur Twilight Zone Tower of Terror simulant une chute de 55 m et la nouvelle Toy Story Mania en 3D.

À côté, **Downtown Disney**, version XXIe siècle de la Main Street de Disneyland, offre encore plus d'occasions de dépenser vos deniers dans les multiples boutiques, restaurants et salles de spectacles.

Bien qu'il soit possible de visiter les deux parcs dans la journée, il faut au moins deux jours pour profiter de toutes les attractions (trois pour voir les deux sites), car le temps d'attente entre chacune d'elle peut être d'une heure ou plus. Pour réduire les temps d'attente, surtout en été, venez en semaine et arrivez avant l'ouverture des portes. N'hésitez pas à recourir au système Fastpass, qui vous attribue une heure de passage pour un certain nombre d'attractions.

Il existe toute une gamme de pass valables plusieurs jours dans les deux parcs. Renseignez-vous sur le site Internet pour les horaires et les réductions éventuelles.

Dans la ville voisine d'Anaheim, les grandes chaînes d'hôtels sont légion. Nos suggestions : l'hôtel indépendant **Candy Cane Inn** (☎ 714-774-5284, 800-345-7057 ; www.candycaneinn.net ; 1747 S Harbor Blvd ; ch 99-189 $; Ⓟ ⊠ ⛶ ≋ ⊡), très fleuri propose une salle de gym et la possibilité de prendre le petit-déj continental au bord de la piscine.

Knott's Berry Farm

Plus petit et moins frénétique que Disneyland, **Knott's Berry Farm** (carte p. 140 ; ☎ 714-220-5200 ; www.knotts.com ; 8039 Beach Blvd, Buena Park ; tarif plein/enfant 3-11 ans/senior 52/23/23 $; ⌚ à partir de 10h ; Ⓟ 10 $; ⊡) est un parc d'attractions de pointe sur le thème du Far West. On peut y jouer au chercheur d'or, simuler une fusillade ou braver des montagnes russes. Citons ainsi, parmi les attractions les plus éprouvantes, le Ghost Rider et le Xcelerator (sur le thème des années 1950) ; les plus petits se dirigeront vers le Camp Snoopy. Vous pourrez ensuite vous régaler d'un bon poulet rôti au Mrs Knott (plats 10-16 $). Le parking est gratuit pour les clients du restaurant. Gagnez du temps et de l'argent en imprimant votre billet d'entrée sur Internet. Les heures de fermeture varient entre 18h et 13h ; vérifiez sur le site Internet.

Les plages d'Orange County

La présence de surfeurs, d'artistes, de beautés siliconées et de matamores au volant d'énormes voitures confère aux cités côtières d'Orange County leur tonalité particulière. Juste après la frontière d'Orange County, **Seal Beach** a pour avantage d'être peu commerciale et d'offrir un centre-ville piétonnier agréable tandis que **Huntington Beach** (alias *Surf City*), embourgeoisée depuis peu, est la ville californienne du surf par excellence. Sa voisine, **Newport Beach**, filmée dans la série du même nom, s'avère la plus sophistiquée d'Orange County et un paradis luxueux pour les accros du shopping. Les familles préfèrent généralement la péninsule de Balboa, avec ses plages, son vieux ponton en bois datant de 1905 et son parc de loisirs pittoresque.

Laguna Beach, la ville balnéaire la plus culturelle et charmante du comté, revêt des allures de Riviera avec ses plages retirées, et ses collines plantées d'eucalyptus. Des galeries bordent Coast Hwy et des festivals d'art animent l'été.

À environ 15 km au sud de Laguna à l'intérieur des terres, **Mission San Juan Capistrano** (☎ 949-234-1300 ; angle Ortega Hwy et Camino Capistrano ; tarif plein/enfant/senior avec audioguide 9/5/8 $; ⌚ 8h30-17h) est l'une des plus belles missions de Californie, agrémentée de jardins luxuriants et d'une adorable chapelle.

TABLEAUX VIVANTS

Bienvenue au **Pageant of the Masters** (☎ 949-497-6582, 800-487-3378 ; www.pageanttickets.com ; 20-100 $; ⌚ 20h30 juil et août), où des individus vêtus de costumes élaborés se glissent dans des décors de tableaux célèbres fidèlement reproduits sur une scène en plein air. Créé en 1933 dans le cadre du **Festival of the Arts** (www.LagunaFestivalofArts.org) de Laguna Beach, ce spectacle constitue depuis une attraction-phare. Notre moment favori : celui où le tableau se défait.

SAN DIEGO

Les habitants de San Diego disent fièrement vivre dans "la ville la plus agréable d'Amérique". Cela s'avère peut-être un peu exagéré, mais il n'empêche : le climat y est idéal – avec un thermomètre affichant 22°C sur la côte tout au long de l'année – et l'on rejoint les plages ou les forêts en quelque 10 minutes à peine en voiture. De fait, si la ville se hisse au huitième rang des États-Unis en termes de population (environ 1,26 million d'habitants) et fait 1,5 fois la taille de San Francisco, elle bénéficie d'une ambiance particulièrement détendue.

La ville resta assez isolée jusqu'à la Seconde Guerre mondiale, lorsque les forces japonaises attaquèrent Pearl Harbor, obligeant la flotte américaine à quitter Hawaï pour s'installer dans le port naturel de San Diego. Depuis, la croissance de San Diego a été fulgurante, dans les secteurs militaire, du tourisme, de l'éducation, de la recherche (en matière de médecine et d'océanographie notamment), ainsi que des technologies de pointe dans les vallées de l'arrière-pays. Ce à quoi il faut ajouter le commerce transfrontalier. Au final, San Diego semble plus américaine que les autres cités californiennes, malgré son emplacement sur la frontière.

VISITER TIJUANA

Tijuana, au Mexique, est depuis longtemps une destination d'excursion prisée au départ de San Diego. À l'heure où nous écrivons, les conditions de sécurité nous obligent à déconseiller ce voyage. La violence liée au trafic de drogue, la crise économique et l'épidémie de grippe A ont en effet transformé des zones touristiques animées en villes fantômes.

Pour le visiteur, San Diego offre mille et une attractions, à commencer par le zoo (p. 167), SeaWorld (p. 170) et Legoland (p. 174). Quant à la très chic enclave de La Jolla (p. 170), elle est indéniablement le bijou de la côte de San Diego. Côté affaires, la ville accueille quantité de congrès et de conventions, et le palais des congrès (*convention center*) est à deux pas de Gaslamp Quarter (p. 167), continuellement animé. Enfin, chacune des stations balnéaires de San Diego permet de goûter aux joies du Pacifique.

Orientation

Le centre-ville (Downtown) de San Diego forme un dense quadrillage de rues autour de Gaslamp Quarter, quartier historique débordant de restaurants, de bars et de boutiques avec, juste au sud, le palais des congrès. Au sud-ouest, on gagne Coronado par un pont magnifique, tandis que Little Italy et Balboa Park, célèbre pour ses nombreux musées et le zoo de San Diego, se situent au nord. Le parc mène à Hillcrest, cœur de la communauté homosexuelle de San Diego. À l'ouest d'ici, on découvre le très touristique quartier d'Old Town et les complexes aquatiques autour de Mission Bay.

Plus au nord le long de la côte, Ocean Beach, Mission Beach et Pacific Beach cristallisent le mode de vie décontracté de la Californie du Sud, alors que La Jolla représente une enclave élégante de privilégiés. L'I-5 Fwy traverse la région (et la ville) du nord au sud et l'I-8 Fwy est le principal axe est-ouest. La CA163 Fwy part du centre-ville, traverse Balboa Park et se dirige au nord.

Renseignements

ACCÈS INTERNET

Pour connaître les points d'accès Wi-Fi, consultez www.jiwire.com.

Bibliothèque publique de San Diego (carte p. 168 ; ☎ 619-236-5800 ; www.sandiego.gov/public-library ; 820 E St, Downtown ; Wi-Fi). Appelez ou consultez le site Internet pour connaître les antennes locales.

ARGENT

Travelex (10h30-19h lun-ven, 10h-18h sam, 11h-16h dim) ; Aéroport (carte p. 166 ; ☎ 619-295-2501; 8h-17h) ; Downtown (carte p. 168 ; ☎ 619-235-0901 ; Horton Plaza) ; La Jolla (carte p. 166 ; ☎ 858-457-2412 ; University Towne Centre mall, 4417 La Jolla Village Dr). Fait office de bureau de change.

LIBRAIRIE

Le Travel Store (carte p. 168 ; ☎ 619-544-0005 ; 745 4th Ave, Downtown)

MÉDIAS

Gay & Lesbian Times (www.gaylesbiantimes.com). Hebdomadaire gratuit.
KPBS 89.5 FM (www.kpbs.org). Radio publique nationale.
San Diego Magazine (www.sandiegomagazine.com). Mensuel sur papier glacé.
San Diego Reader (www.sdreader.com). Publication gratuite au format tabloïd fournissant des listes d'adresses.
San Diego Union-Tribune (www.signonsandiego.com). Le principal quotidien de la ville.

OFFICES DU TOURISME

Balboa Park Visitors Center (carte p. 168 ; ☎ 619-239-0512 ; www.balboapark.org ; 1549 El Prado ; 9h30-16h30). Installé dans la House of Hospitality, le centre d'information du parc vend des cartes du parc et le *Passport to Balboa Park* (tarif plein/enfant 39/21 $, avec entrée au zoo 65/39 $), qui donne droit, sur 7 jours, à une entrée dans 13 des musées du parc.
San Diego Visitors Center (☎ 619-236-1212, 800-350-6205 ; www.sandiego.org) ; Downtown (carte p. 168 ; angle W Broadway et Harbor Dr ; 9h-17h juin-sept, 9h-16h oct-mai) ; La Jolla (carte p. 166 ; 7966 Herschel Ave ; 11h-16h horaires étendus possible juin-sep & sam-dim)

POSTE

Il y a de très nombreux bureaux de poste à San Diego. Appelez-le ☎ 800-275-8777 ou consultez www.usps.com pour connaître le bureau le plus proche.

SERVICES MÉDICAUX

Pharmacies Rite-Aid (☎ 800-748-3243). Téléphonez pour connaître l'adresse la plus proche.
Scripps Mercy Hospital (carte p. 166 ; ☎ 619-294-8111 ; 4077 5th Ave, Hillcrest ; Urgences 24h/24)

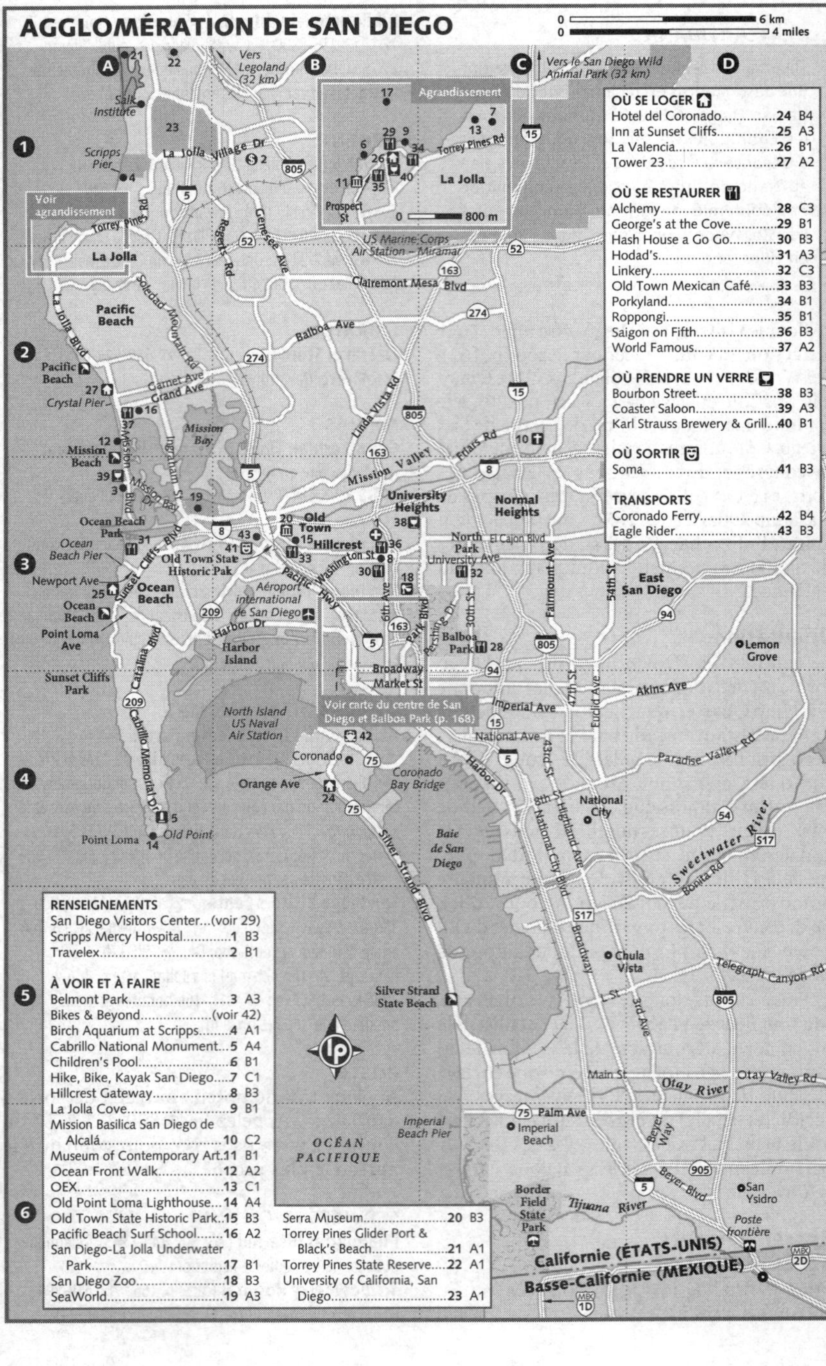
AGGLOMÉRATION DE SAN DIEGO
0 6 km
0 4 miles
OÙ SE LOGER
Hotel del Coronado...............24 B4
Inn at Sunset Cliffs...............25 A3
La Valencia...............26 B1
Tower 23...............27 A2
OÙ SE RESTAURER
Alchemy...............28 C3
George's at the Cove...............29 B1
Hash House a Go Go...............30 B3
Hodad's...............31 A3
Linkery...............32 C3
Old Town Mexican Café...............33 B3
Porkyland...............34 B1
Roppongi...............35 B1
Saigon on Fifth...............36 B3
World Famous...............37 A2
OÙ PRENDRE UN VERRE
Bourbon Street...............38 B3
Coaster Saloon...............39 A3
Karl Strauss Brewery & Grill...40 B1
OÙ SORTIR
Soma...............41 B3
TRANSPORTS
Coronado Ferry...............42 B4
Eagle Rider...............43 B3
RENSEIGNEMENTS
San Diego Visitors Center...(voir 29)
Scripps Mercy Hospital...............1 B3
Travelex...............2 B1
À VOIR ET À FAIRE
Belmont Park...............3 A3
Bikes & Beyond...............(voir 42)
Birch Aquarium at Scripps...............4 A1
Cabrillo National Monument...............5 A4
Children's Pool...............6 B1
Hike, Bike, Kayak San Diego...............7 C1
Hillcrest Gateway...............8 B3
La Jolla Cove...............9 B1
Mission Basilica San Diego de Alcalá...............10 C2
Museum of Contemporary Art...............11 B1
Ocean Front Walk...............12 A2
OEX...............13 C1
Old Point Loma Lighthouse...............14 A4
Old Town State Historic Park...............15 B3
Pacific Beach Surf School...............16 A2
San Diego-La Jolla Underwater Park...............17 B1
San Diego Zoo...............18 B3
SeaWorld...............19 A3
Serra Museum...............20 B3
Torrey Pines Glider Port & Black's Beach...............21 A1
Torrey Pines State Reserve...............22 A1
University of California, San Diego...............23 A1
Vers Legoland (32 km)
Vers le San Diego Wild Animal Park (32 km)
Agrandissement
Voir agrandissement
Salk Institute
Scripps Pier
La Jolla
La Jolla Village Dr
Torrey Pines Rd
Prospect St
800 m
US Marine Corps Air Station – Miramar
Regents Rd
Genesee Ave
Clairemont Mesa Blvd
Balboa Ave
Pacific Beach
La Jolla Blvd
Soledad Mountain Rd
Garnet Ave
Grand Ave
Crystal Pier
Mission Bay
Mission Beach
Mission Blvd
Ingraham St
Linda Vista Rd
Mission Valley
Friars Rd
University Heights
Normal Heights
Old Town
Hillcrest
Ocean Beach Park
Ocean Beach Pier
Old Town State Historic Pak
Newport Ave
Ocean Beach
Sunset Cliffs Blvd
Point Loma Ave
Aéroport international de San Diego
Pacific Hwy
Washington St
North Park
El Cajon Blvd
University Ave
Fairmount Ave
54th St
East San Diego
Harbor Dr
Harbor Island
Balboa Park
Park Blvd
Pershing Dr
30th St
6th Ave
Broadway
Market St
Lemon Grove
Akins Ave
Imperial Ave
Euclid Ave
47th St
Sunset Cliffs Park
Catalina Blvd
Cabrillo Memorial Dr
North Island US Naval Air Station
Voir carte du centre de San Diego et Balboa Park (p. 168)
National Ave
Coronado
Orange Ave
Coronado Bay Bridge
Paradise Valley Rd
National City
43rd St
8th St
Highland Ave
National City Blvd
Sweetwater River
Bonita Rd
Point Loma
Old Point
Baie de San Diego
Silver Strand Blvd
Silver Strand State Beach
Chula Vista
Telegraph Canyon Rd
L St
3rd Ave
Main St
Otay River
Otay Valley Rd
Palm Ave
Imperial Beach
Imperial Beach Pier
Beyer Way
Beyer Blvd
OCÉAN PACIFIQUE
Border Field State Park
Tijuana River
San Ysidro
Poste frontière
California (ÉTATS-UNIS)
Basse-Californie (MEXIQUE)

SITES INTERNET

Accessible San Diego (www.asd.travel). Excellent site renseignant sur les aménagements prévus à San Diego pour les personnes à mobilité réduite.

Gaslamp.org (www.gaslamp.org). Tout ce que vous devez savoir sur le bouillonnant Gaslamp Quarter, y compris les bons plans pour se garer.

San Diego Convention & Visitors Bureau (www.sandiego.org). Moteur de recherche pour trouver un hôtel, un musée, un restaurant, une agence de location de voitures, etc. Possibilité de réserver en ligne.

San Diego.com (www.sandiego.com). Le portail de référence sur San Diego, pour touristes de passage ou voyageurs d'affaires.

À voir

DOWNTOWN (CENTRE-VILLE)

L'actuel centre-ville de San Diego correspond au "New Town" imaginatif conçu par Alonzo Horton en 1867. Sa principale artère, 5th Ave, était jadis un long défilé de saloons, de salles de jeu et de maisons closes, connu sous le nom de Stingaree.

Stingaree a depuis été superbement restauré et rebaptisé **Gaslamp Quarter** (carte p. 168). Cœur du centre-ville, c'est un quartier animé, avec de nombreux restaurants, bars, discothèques, boutiques et galeries. Si son histoire vous intéresse, allez admirer les collections de la **William Heath Davis House** (carte p. 168 ; ☎ 619-233-4692 ; www.gaslampquarter.org ; 410 Island Ave ; tarif plein/enfant/senior 5/gratuit/4 $; 🕑 10h-18h mar-sam, 11h-15h dim), construite en 1850. On y propose également des visites guidées à pied du quartier (tarif plein/senior et étudiant 10/8 $; 11h sam).

À quelques encablures à l'est de Gaslamp, vous découvrirez la dernière construction marquante du centre-ville : le stade de **Petco Park** (carte p. 168 ; ☎ 619-795-5011 ; www.petcoparkevents.com ; 100 Park Blvd ; tarif plein/enfant/senior 9/5/6 $; 🕑 visites 10h30, 12h30 et 14h30 mar-dim mai-août, 10h30 et 12h30 avr-sep), où réside l'équipe de base-ball des San Diego Padres. La visite (1 heure 20) est l'occasion de percer les secrets des vestiaires.

Le centre commercial **Westfield Horton Plaza** (carte p. 168 ; Broadway & 4th St ; Ⓟ), immense labyrinthe haut en couleur, est le centre marchand de la zone. À l'ouest, le **Museum of Contemporary Art** (carte p. 168 ; ☎ 858-454-3541 ; www.mcasd.org ; 1001 et 1100 Kettner Blvd; tarif plein/étudiant/senior 10/gratuit/5 $; 🕑 11h-17h jeu-mar, 11h-19h 3e jeu mois, gratuit 17h-19h) met l'accent sur le minimalisme et le pop art, ainsi que sur les œuvres conceptuelles et l'art transfrontalier. Le 1100 Kettner Bldg occupe l'ancienne gare ferroviaire Santa Fe Depot et une autre annexe se trouve à La Jolla (p. 170 ; entrée valable pour les trois lieux).

Le musée ne se trouve qu'à quelques pas de l'Embarcadero, où vous pourrez prendre la mer à bord d'un bateau de croisière ou du Coronado Ferry (ci-dessous). La principale attraction reste, cependant, le **USS Midway Museum** (carte p. 168 ; ☎ 619-544-9600 ; www.midway.org ; Navy Pier ; tarif plein/enfant/senior/étudiant 17/9/13/13 $; 🕑 10h-17h ; Ⓟ à partir de 5 $; ♿) installé sur le porte-avions le plus longtemps utilisé par la Navy (1945-1991). Un audioguide permet de découvrir la zone de mouillage, les cuisines, l'infirmerie et, bien sûr, le pont où trônent de superbes avions remis en état, y compris un F-14 Tomcat. Prévoir au moins 2 heures.

Parmi les autres points forts de l'Embarcadero : les navires à voile du **Maritime Museum** (carte p. 168 ; ☎ 619-234-9153 ; www.sdmaritime.com ; 1492 N Harbor Dr ; tarif plein/enfant/senior 14/8/11 $; 🕑 9h-20h, 9h-21h fin mai à début sept), en particulier le *Star of India*, qui date de 1863.

Au nord du centre-ville, **Little Italy** (carte p. 168 ; www.littleitalysd.com) est devenu l'un des endroits les plus en vogue pour se loger, se restaurer et faire des achats. India St en est l'artère principale.

CORONADO

Reliée au continent par un pont en forme de boomerang, la presqu'île de Coronado (carte p. 166) a pour principale attraction l'**Hotel del Coronado** (p. 172), connu pour son architecture victorienne flamboyante. Les hôtes célèbres qui y ont séjourné vont de Thomas Edison à Brad Pitt, en passant par Marilyn Monroe (sa façade fut utilisée pour simuler un hôtel de Miami dans le film *Certains l'aiment chaud*). Le **Coronado Ferry** (☎ 619-234-4111 ; www.sdhe.com ; aller/aller-retour 3,25/6,50 $; 🕑 9h-22h) fait la navette toutes les heures entre le Broadway Pier sur l'Embarcadero (carte p. 168) et le débarcadère à l'extrémité d'Orange Ave (carte p. 166), où se trouve l'agence de location de vélos **Bikes & Beyond** (carte p. 166 ; ☎ 619-435-7180 ; à partir de 7/30 $ par heure/jour ; 🕑 9h-20h, appelez pour les horaires saisonniers).

SAN DIEGO ZOO

Dans le nord de Balboa Park, ce **zoo** (carte p. 166 ; ☎ 619-231-1515 ; www.sandiegozoo.org ; 2920 Zoo Dr ; tarif plein/enfant 28,50/18,50 $, visite guidée en bus tour et parcours en téléphérique 35/26 $; 🕑 à partir de 9h, heure de fermeture variable ; ♿) mondialement

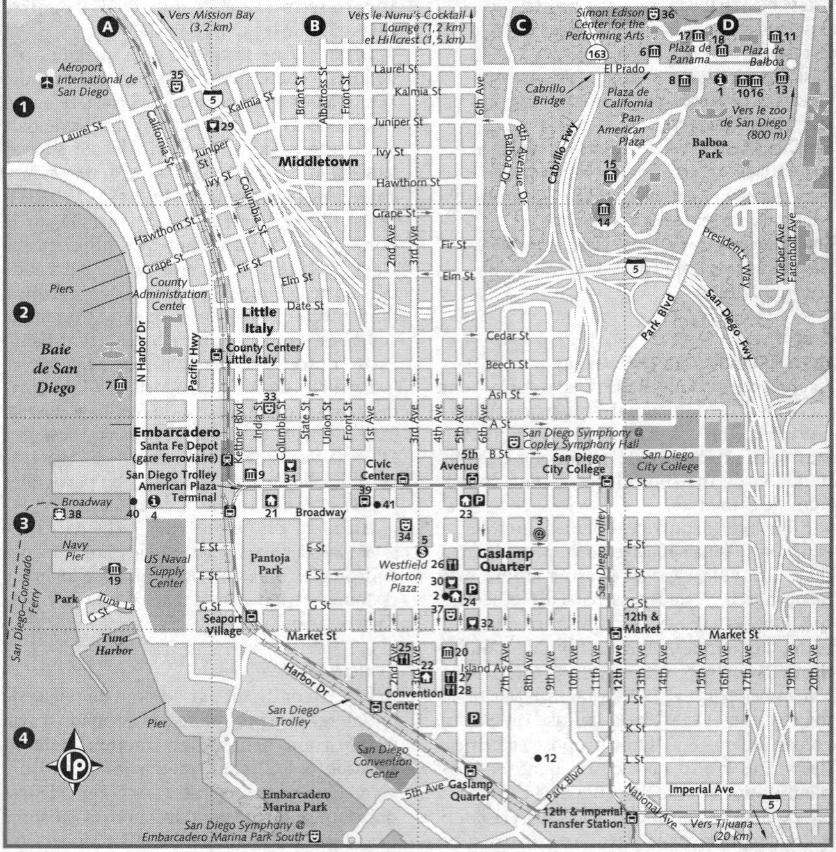

CENTRE DE SAN DIEGO ET BALBOA PARK

réputé héberge plus de 3 000 animaux représentant plus de 800 espèces, le tout au milieu d'un superbe cadre paysager qui comprend le nouvel espace Elephant Odyssey de 3,7 ha. Mieux vaut arriver tôt, quand les pensionnaires se montrent plus actifs. Les attractions incluent des spectacles animaliers et un parcours en téléphérique. Il existe un billet jumelé avec le **San Diego Wild Animal Park** (hors carte p. 166).

BALBOA PARK ET SES ENVIRONS

Balboa Park est une oasis urbaine comptant plus d'une douzaine de musées, des jardins et des monuments splendides, des salles de spectacles et le célèbre zoo. Des bâtiments coloniaux espagnols et de style Beaux-Arts du début XXe siècle (héritage des expositions universelles de l'époque) entourent deux places le long de l'axe est-ouest de la promenade El Prado. Balboa Park est facilement accessible par le bus n°7. Des trams gratuits transportent les visiteurs à travers le parc. Parking gratuit.

Le Balboa Park Visitors Center vend des cartes et le "Passport to Balboa Park" ; voir p. 165 pour plus de détails. Certains musées sont gratuits le mardi ; renseignez-vous auprès du Visitor Center.

L'entrée la plus spectaculaire du parc est à l'ouest, par le Cabrillo Bridge qui débouche sur la Plaza de California, dominée par le magnifique **California Building** (carte p. 168). Ce dernier héberge le **Museum of Man** (carte

RENSEIGNEMENTS
Balboa Park Visitors Center........**1** D1
Le Travel Store........**2** C3
Bibliothèque publique de San Diego........**3** C3
San Diego Visitors Center........**4** A3
Travelex........**5** C3

À VOIR ET À FAIRE
California Building........**6** D1
Maritime Museum........**7** A2
Mingei International Museum........**8** D1
Museum of Contemporary Art........**9** B3
Museum of Man........(voir 6)
Museum of Photographic Arts........**10** D1
Natural History Museum........**11** D1
Old Globe Theaters........(voir 36)
Petco Park........**12** C4
Reuben H Fleet Science Center........**13** D1
San Diego Air & Space Museum........**14** C2
San Diego Automotive Museum........**15** C1
San Diego Model Railroad Museum........**16** D1
San Diego Museum of Art........**17** D1
Timken Museum of Art........**18** D1
USS Midway Museum........**19** A3
William Heath Davis House........**20** C4

OÙ SE LOGER
500 West Hotel........**21** B3
Horton Grand Hotel........**22** C4
Se San Diego........**23** C3
USA Hostel San Diego........**24** C3

OÙ SE RESTAURER
Café 222........**25** B4
Croce's Restaurant & Jazz Bar........**26** C3
Gaslamp Strip Club........**27** C4
Oceanaire........**28** C4

OÙ PRENDRE UN VERRE
Airport Lounge........**29** B1
Bitter End........**30** C3
Karl Strauss Brewery & Grill........**31** B3
Side Bar........**32** C3

OÙ SORTIR
Anthology........**33** B2
Arts Tix........**34** B3
Casbah........**35** A1
Imax Theater........(voir 13)
Old Globe Theaters........**36** D1
Shout House........**37** C3

TRANSPORTS
Coronado Ferry........**38** A3
Greyhound........**39** B3
San Diego Harbor Excursion........**40** A3
Transit Store........**41** B3

p. 168 ; ☎ 619-239-2001 ; www.museumofman.org ; Plaza de California ; tarif plein/enfant 6-12/13-17/senior 10/5/7,5/7,5 $; 🕐 10h-16h30), célèbre pour sa collection sans égale de poteries, bijoux, paniers et autres artefacts. Les **Old Globe Theaters** se situent derrière le musée.

Plus à l'est, trois musées encadrent la Plaza de Panama, parmi lesquels le **San Diego Museum of Art** (carte p. 168 ; ☎ 619-232-7931 ; www.sdmart.org ; Plaza de Panama ; tarif plein/enfant/étudiant/senior 10/4/7/8 $; 🕐 10h-17h mar-dim, 12h-17h dim, 12h-21h jeu), apprécié pour ses toiles de maîtres européens et ses belles collections d'art américain et asiatique. Le **Mingei International Museum** (carte p. 168 ; ☎ 619-239-0003 ; www.mingei.org ; 1439 El Prado, Plaza de Panama ; tarif plein/enfant/senior 7/4/5 $; 🕐 10h-16h mar-dim) met l'accent sur l'art populaire du monde entier, tandis que le **Timken Museum of Art** (carte p. 168 ; ☎ 619-239-5548 ; www.timkenmuseum.org ; 1500 El Prado ; entrée libre ; 🕐 10h-16h30 mar-sam, 13h30-16h30 dim) donne à voir une collection limitée mais excellente de grands peintres européens et américains, allant de Rembrandt à Cézanne ou John Singleton Copley.

À l'est, le long d'El Prado, le **Museum of Photographic Arts** (carte p. 168 ; ☎ 619-238-7559 ; www.mopa.org ; tarif plein/enfant/étudiant/senior 6/gratuit/4/4 $; 🕐 10h-17h) propose une collection de photographies et une programmation de films en perpétuelle évolution. Le **San Diego Model Railroad Museum** (carte p. 168 ; ☎ 619-696-0199 ; www.sdmrm.org ; tarif plein/senior/étudiant 6/3/5 $; 🕐 11h-16h mar-ven, 11h-17h sam-dim ; 👪) est un immense musée de modèles réduits, avec des trains magnifiquement présentés dans des paysages reconstitués.

Tout près, la Plaza de Balboa est bordée par le **Reuben H Fleet Science Center** (carte p. 168 ; ☎ 619-238-1233 ; www.rhfleet.org ; 1875 El Prado ; tarif plein/enfant/senior 10/8,75/8,75 $; 🕐 9h30-variable ; 👪), musée familial où l'on peut tout manipuler et qui comprend le cinéma **Imax** (tarif plein/enfant 14,5/11,75 $ entrée au Science Center incluse, films supp 5 $). En face, au **Natural History Museum** (carte p. 168 ; ☎ 619-232-3821 ; www.sdnhm.org ; 1788 El Prado ; tarif plein/enfant/étudiant/senior 13/7/8/11 $; 🕐 10h-17h ; 👪), les fossiles de dinosaures, l'incroyable collection de reptiles, l'exposition sur les tremblements de terre et les films animaliers sur grand écran captivent les visiteurs.

Les bâtiments autour de la Pan-American Plaza, au sud du parc, datent de l'exposition Pacific-California de 1935. Le **San Diego Automotive Museum** (carte p. 168 ; ☎ 619-231-2886 ; www.sdautomuseum.org ; 2080 Pan American Plaza ; tarif plein/enfant/senior 8/5/6 $; 🕐 10h-17h) est un must pour les amateurs de voitures de collection et de chromes rutilants. Le **San Diego Air & Space Museum** (carte p. 168 ; ☎ 619-234-8291 ; www.aerospacemuseum.org ; tarif plein/enfant/étudiant/senior 15/6/12/12 $; 🕐 10h-17h30 juin-août, jusqu'à 16h30 sept-mai) offre, quant à lui, un parcours divertissant à travers l'histoire et l'imaginaire de l'aviation. Parmi les curiosités, l'avion espion Blackbird SR-71 et une réplique du *Spirit of St Louis*, piloté par Charles Lindbergh.

Au nord du parc, **Hillcrest** (hors carte p. 168) est le bastion de la communauté homosexuelle, mais tout le monde est le bienvenu dans ses restaurants, boutiques, librairies, bars et cafés animés. Commencez votre promenade au **Hillcrest Gateway** (carte p. 166), une arche de néon proche de 5th St et University Ave. **North Park** (carte p. 166), un quartier naissant à l'atmosphère jeune et urbaine, abrite un nombre croissant de restaurants et de lieux nocturnes autour de 30th St et University Ave.

OLD TOWN ET MISSION VALLEY

En 1769, un groupe de missionnaires dirigé par le moine franciscain Junípero Serra fonda la première des 21 missions californiennes sur la colline Presidio Hill de San Diego, et un petit village (*pueblo*) se développa tout autour. Comme l'endroit n'avait rien d'idyllique, la mission fut déplacée en 1774, à quelques kilomètres en amont de la rivière, à proximité d'une source et de terres fertiles.

La **Mission Basilica San Diego de Alcalá** (carte p. 166 ; ☎ 619-281-8449 ; www.missionsandiego.com ; 10818 San Diego Mission Rd à Friars Rd ; tarif plein/enfant/étudiant et senior 3/1/2 $; 9h-16h45) se résume désormais à un modeste terrain rectangulaire abritant un paisible jardin. Pour l'atteindre, il faut traverser Mission Valley le long d'une autoroute disgracieuse flanquée de trois énormes centres commerciaux.

Quant au village d'origine, il s'appelle aujourd'hui **Old Town**. Sur le site de la mission initiale se tient le joli **Serra Museum** (carte p. 166 ; ☎ 619-297-3258 ; 2727 Presidio Dr ; tarif plein/enfant/étudiant et senior 5/2/4/4 $; 10h-16h30) qui illustre les débuts mouvementés de la ville.

Plus bas sur la colline, l'**Old Town State Historic Park** (carte p. 166 ; ☎ 619-220-5422 ; San Diego Ave au niveau de Twiggs St ; Visitor Center 10h-17h ; P) permet de découvrir cinq maisons originales en adobe et différentes structures du premier *pueblo* reconstruites à l'identique, notamment une école et un bureau de presse. La plupart hébergent désormais des musées, des boutiques et des restaurants (d'autres restaurants jalonnent San Diego Ave). Le centre des visiteurs propose des visites gratuites.

POINT LOMA

Cette péninsule forme une enveloppe protectrice autour de la magnifique San Diego Bay, que l'on peut admirer du haut du **Cabrillo National Monument** (carte p. 166 ; ☎ 619-557-5450 ; www.nps.gov/cabr ; 5 $/voiture ou 3 $/pers ; 9h-17h ; P). Il s'agit d'un monument à la gloire de Cabrillo, le premier explorateur espagnol de la Côte Ouest. En hiver, on peut observer les marées et les baleines. L'**Old Point Loma Lighthouse**, phare érigé en 1854, a permis aux bateaux de s'orienter jusqu'en 1891. C'est aujourd'hui un musée.

MISSION BAY ET SES PLAGES

Après la Seconde Guerre mondiale, d'importants aménagements ont transformé l'embouchure marécageuse de la San Diego River en une aire touristique de 18 km², émaillée de parcs, de plages et de baies. Mission Bay se trouve juste à l'intérieur des terres. Le surf est très pratiqué à Ocean Beach et Mission Beach, et toutes les plages sont idéales pour nager, faire du cerf-volant ou pédaler sur des kilomètres de pistes cyclables.

Le parc **SeaWorld** (carte p. 166 ; ☎ 800-257-4268, 619-226-3901 ; www.seaworld.com ; 500 SeaWorld Dr ; tarif plein/enfant 3-9 ans 65/55 $; 9h-23h juil à mi-août, horaires réduits le reste de l'année ; P 12 $;) est une des attractions phares de Mission Bay. Spectacles, manèges et expositions : on y passe facilement une journée entière. Les spectacles animaliers constituent les points forts, en particulier *Believe*, qui met en scène la célèbre orque Shamu et ses compagnons, ou encore les spectacles avec les dauphins, toujours couronnées de succès. Évitez les endroits signalés "soak zones" si vous ne voulez pas être trempé. Il y a également des expositions sur les animaux et un miniparc d'attractions avec, entre autres, le toboggan Journey to Atlantis. Les files d'attente peuvent être longues en été et pendant les vacances.

Une foule hédoniste de corps bronzés et bien entretenus défile sur les trois principales plages de San Diego. Au sud de Mission Bay, **Ocean Beach** (OB ; carte p. 166), aux airs hippies, est le paradis de la pêche, du beach-volley, des barbecues et du surf. Newport Ave déborde de bars bohèmes, de restaurants, d'antiquaires et de boutiques vendant vêtements de plage et articles de surf.

À l'ouest de Mission Bay, **Mission Beach** (MB ; carte p. 166) et **Pacific Beach** (PB ; carte p. 166), un peu plus au nord, sont reliées par l'**Ocean Front Walk** (carte p. 166), une allée piétonne où circulent toute l'année joggeurs, skaters et cyclistes. À MB, le petit parc d'attractions **Belmont Park** est notamment apprécié pour ses vénérables montagnes russes en bois et sa grande piscine couverte. C'est à PB que l'on trouve les meilleurs restaurants et la vie nocturne la plus intense.

LA JOLLA

Concentrée sur une des plus belles côtes de la Californie du Sud, La Jolla ("le bijou" en espagnol) est une banlieue chic aux plages attrayantes et au centre-ville compact et luxueux. Parmi les choses à voir et à faire, citons la **Children's Pool** (carte p. 166), ancien bassin pour enfants désormais occupé par des otaries, une séance de kayak à **La Jolla Cove** (carte p. 166), l'exploration des **grottes marines** ou un peu de snorkeling dans le **San Diego-La Jolla Underwater Park** (carte p. 166). Sinon, les férus d'art contemporain visiteront le **Museum of Contemporary Art** (carte p. 166 ; ☎ 858-454-3541 ; www.mcasd.org ; 700 Prospect St ; tarif plein/étudiant/senior 10/gratuit/5 $; 🕒 11h-17h jeu-mar, 11h-19h 3e jeu du mois, gratuit 17h-19h), antenne du musée du centre-ville (p. 167 ; même billet pour les deux).

Un peu excentrée, l'**University of California, San Diego** (UCSD) est réputée pour ses instituts de recherche. Le **Birch Aquarium at Scripps** (carte p. 166 ; ☎ 858-534-3474 ; http://aquarium.ucsd.edu ; 2300 Exhibition Way ; tarif plein/enfant/étudiant/senior 11/7,50/8/9 $; 🕒 9h-17h ; Ⓟ ♿) est situé sur un front de mer spectaculaire. Plus au nord sur la côte, la **Torrey Pines State Reserve** (carte p. 166 ; ☎ 858-755-2063 ; www.torreypine.org ; 12600 N Torrey Pines Rd ; voiture 10 $; 🕒 8h-coucher du soleil ; Ⓟ 8 $) protège le pin de Torrey, une espèce en danger. Cette réserve de 800 ha est idéale pour faire des balades au bord de l'océan. Au départ de la Torrey Pines State Beach, un vol en deltaplane vous mènera à la **Black's Beach** (carte p. 166), célèbre plage naturiste.

À faire

San Diego comblera les amoureux des sports aquatiques. Le littoral est réputé pour le surf et la planche à voile (prévisions météo des plages et en mer ☎ 619-221-8824), même si en certains points les installations territoriales sont gênantes. Les novices pourront faire leurs armes à la **Pacific Beach Surf School** (carte p. 166 ; ☎ 858-373-1138 ; www.pacificbeachsurfschool.com ; 4150 Mission Blvd ; cours particuliers 75-85 $). En matière de plongée et de snorkeling, rien n'égale le **San Diego-La Jolla Underwater Park** (carte p. 166), avec ses forêts d'algues géantes et ses poissons exceptionnels. Pour du matériel ou des cours, essayez **OEX** (carte p. 166 ; ☎ 858-454-6195 ; www.oeexpress.com ; 2158 Avenida de la Playa) à La Jolla.

Circuits organisés

Hike, Bike, Kayak San Diego (carte p. 166 ; ☎ 858-551-9510, 866-425-2925 ; www.hikebikekayak.com ; 2246 Avenida de la Playa, La Jolla). Randonnée, vélo, kayak.

Old Town Trolley Tours (☎ 619-298-8687 ; www.trolleytours.com ; tarif plein/enfant 32/16 $). Montez et descendez à loisir de ce tram qui fait le tour des principales attractions.

San Diego Harbor Excursion (carte p. 168 ; ☎ 619-234-4111 ; www.sdhe.com ; 1050 N Harbor Dr ; tarif plein/enfant à partir de 20/10 $). Grand choix de promenades en mer.

Où se loger

Nous indiquons ici les prix officiels des hôtels. Dans le centre-ville, ils montent en flèche l'été et lors des grands congrès, puis dégringolent le reste de l'année. Le San Diego Conventions & Visitor Bureau gère une **ligne de réservation** (☎ 800-350-6205 ; www.sandiego.org).

DOWNTOWN

USA Hostel San Diego (carte p. 168 ; ☎ 619-232-3100, 800-438-8622 ; www.usahostels.com ; 726 5th Ave ; dort/d avec petit-déj à partir de 26/65 $; 💻 📶). Auberge conviviale du Gaslamp Quarter, dans un ancien hôtel de l'époque victorienne. Chambres gaies, cuisine entièrement équipée et salon propice à la détente. Les tarifs comprennent le linge, un casier et des pancakes le matin.

500 West Hotel (carte p. 168 ; ☎ 619-234-5252, 866-315-4251 ; www.500westhotel.com ; 500 W Broadway ; s/d/lit jum avec sdb commune 59/69/79 $; ⊠ 💻 📶). Bâtiment de la YMCA des années 1920, rénové en 2004. Chambres minuscules et sdb au bout d'un couloir, mais les jeunes désargentés adorent la déco lumineuse, les télés à écran plat, la cuisine commune (petit resto 7h-13h) et la salle de sport.

Horton Grand Hotel (carte p. 168 ; ☎ 619-544-1886, 800-542-1886 ; www.hortongrand.com ; 311 Island Ave ; ch à partir de 199 $; Ⓟ 25 $; ⊠ 📶). Établissement en brique du Gaslamp datant de 1886. Les chambres diversement aménagées présentent un décor victorien, une cheminé à gaz et, parfois, un balcon en fer forgé face à la rue. Préférez celles sur cour, plus calmes.

Se San Diego (carte p. 168 ; ☎ 619-515-3000 ; www.sesandiego.com ; 1047 5th Ave ; ch à partir de 249 $; Ⓟ 36 $; ⊠ 💻 📶 🏊). Ce nouvel hôtel apporte à San Diego un peu de glamour hollywoodien. Ses portes en bronze pivotantes de 4,5 tonnes ouvrent sur des tapis népalais, des murs recouverts de feuille d'argent et un festival de matières allant des perles de cristal au galuchat en passant par le cuir tissé. Un service empressé, un restaurant chic, un joli spa et même un studio d'enregistrement complètent le tableau.

PLAGES

Inn at Sunset Cliffs (carte p. 166 ; ☎619-222-7901, 866-786-2543 ; www.innatsunsetcliffs.com ; 1370 Sunset Cliffs Blvd, Ocean Beach ; ch à partir de 175 $; P ⊠ ▣ ≋ ▣). Charmante adresse autour d'une cour fleurie d'où l'on entend le son des vagues qui se brisent contre les rochers du rivage. Ses 24 chambres un peu exiguës montrent pour certaines de légers signes de fatigue, mais restent d'un bon niveau pour Ocean Beach. Certaines suites ont une cuisine équipée.

Tower 23 (carte p. 166 ; ☎866-869-3723 ; www.t23hotel.com ; 723 Felspar St, Pacific Beach ; ch à partir de 199 $; P 20 $; ⊠ ▣ ≋). Superbe hôtel minimaliste, pour un séjour branché juste au bord de la plage. Il n'y a pas de piscine, mais la mer la remplace avantageusement.

La Valencia (carte p. 166 ; ☎858-454-0771, 800-451-0772 ; www.lavalencia.com ; 1132 Prospect St, La Jolla ; ch à partir de 295 $; P 25 $; ⊠ ▣ ≋ ▣). Monument aux murs roses de style méditerranéen datant de 1926. Les 116 chambres plutôt compactes, dans l'esprit de l'époque, remportent la palme du Hollywood rétro.

Hotel del Coronado (carte p. 166 ; ☎619-435-6611, 800-468-3533 ; www.hoteldel.com ; 1500 Orange Ave, Coronado ; ch à partir de 380 $; P 25 $; ⊠ ▣ ≋ ▣). Plus que centenaire, l'hôtel mythique de San Diego possède courts de tennis, spa, boutiques, restaurants tape-à-l'œil, terrain soigné et plage de sable blanc. Certaines chambres occupent un bâtiment de sept étages construit dans les années 1970.

Où se restaurer

Avec plus de 6 000 restaurants, San Diego satisfait aussi bien les amateurs de fast-food que les vrais gastronomes. Réservation conseillée le soir, surtout le week-end.

DOWNTOWN

Café 222 (carte p. 168 ; ☎619-236-9902 ; 222 Island Ave ; plats 6-11 $; ⏲7h-13h45). Le meilleur petit-déj du centre-ville : gaufres à la citrouille, lait fermenté, pancakes au muesli ou à l'orange-noix de pécan, œufs brouillés ou bénédicte. À midi, on peut commander sandwichs et salades, mais beaucoup optent encore pour le petit-déj servi jusqu'à la fermeture.

Croce's Restaurant & Jazz Bar (carte p. 168 ; ☎619-233-4355 ; 802 5th Ave ; plats au petit-déj et déjeuner 7-19 $, dîner 23-35 $; ⏲17h30-24h lun-ven, 10h-24h sam et dim). Restaurant animé, l'un des pionniers de Gaslamp. Peu de fausses notes sur la carte de cuisine américaine actuelle ou sur la scène du bar jazz où des musiciens se produisent chaque soir.

Gaslamp Strip Club (carte p. 168 ; ☎619-231-3140 ; 340 5th Ave ; plats 14-24 $; ⏲cuisine 17h-22h dim-jeu, 17h-24h ven et sam, bar ouvert plus tard). Choisissez une bouteille dans la cave à vin, puis faites griller votre steak, poulet ou poisson sur les grills de la salle à manger rétro de style Las Vegas. Cocktails créatifs, déco de pin-up d'Alberto Vargas et prix raisonnables. Les moins de 21 ans ne sont pas admis.

♥ **Oceanaire** (carte p. 168 ; ☎619-858-2277 ; 400 J St ; plats 20-35 $; ⏲17h-22h dim-jeu, 17h-23h ven et sam). Un cadre Art déco de paquebot transatlantique assorti d'un service des plus stylés, d'un bar à huîtres (1 $ durant le happy hour de 17h à 18h en semaine) et de plats inventifs comme les gâteaux de crabe bleu du Maryland et le flétan d'Alaska en croûte de raifort.

OLD TOWN, HILLCREST ET NORTH PARK

♥ **Old Town Mexican Café** (carte p. 166 ; ☎619-297-4330 ; 2489 San Diego Ave, Old Town ; plats 3-14 $; ⏲7h-24h ; ♿). En attendant qu'une table se libère, on peut observer les cuisiniers en train de retourner les tortillas à travers la vitrine. L'endroit est connu pour son petit-déj (délicieux *chilaquiles* : tortillas souples recouvertes de *mole*), son grand bar (goûtez la margarita Old Town, un must) et sa salle de restaurant où déguster les fameux *machacas* (lamelles de porcs accommodées avec des oignons et des poivrons).

Hash House a Go Go (carte p. 166 ; ☎619-298-4646 ; 3628 5th Ave, Hillcrest ; plats du petit-déj 8-16 $; ⏲7h30-14h mar-ven, 7h30-14h30 sam-lun, 17h30-21h dim et mar-jeu, 17h30-22h ven et sam). Bungalow bourdonnant qui propose des biscuits et de la *gravy* (sauce au jus de viande) en provenance directe de Caroline, des œufs bénédicte plus que généreux, des pancakes gigantesques et 7 sortes de hachis. De quoi combler un appétit féroce.

Saigon on Fifth (carte p. 166 ; ☎619-220-8828 ; 3900 5th Ave, Hillcrest ; plats 7-16 $; ⏲11h-24h ; P). Restaurant vietnamien au succès mérité où l'on mange, entre autres, des rouleaux de printemps, du poisson de Hue (à l'ail, au gingembre et à la citronnelle) et des nouilles épicées. Élégant et sans prétention.

Alchemy (carte p. 166 ; ☎619-255-0616; 1503 30th St, North Park ; plats 11-20 $; ⏲16h-24h dim-jeu, 16h-1h ven et sam, 11h-14h sam et dim). Carte cosmopolite à base de produits locaux : petites assiettes (charcuterie, frites de parmesan à l'aïoli...), poulet Jidori au *bok choy* (chou chinois), raviolis aux champignons *shiitake*, etc.

Linkery (carte p. 166 ; ☎ 619-255-8778 ; 3794 30th St, North Park ; plats 9-20 $; ⏲ 17h30-23h30 lun-jeu, 12h-23h30 ven-dim). L'offre qui change chaque jour met à l'honneur les saucisses et autres salaisons artisanales dans des petits pains, en *tacos*, sur une planche avec du fromage ou en choucroute. La viande utilisée provient d'animaux élevés suivant les normes de l'agriculture durable. Les végétariens ne sont pas oubliés.

PLAGES

Porkyland (carte p. 166 ; ☎ 858-459-1708 ; 1030 Torrey Pines Rd, La Jolla ; plats 3-7 $; ⏲ 9h-19h). Juste en dehors du centre de La Jolla, ce minuscule restaurant ne paye pas de mine, mais ses *burritos* et *tacos* de poisson lui valent une clientèle d'habitués fidèles. Le *burrito habanero* (4,50 $) réveille les papilles et son prix modique laisse de quoi s'offrir une bière.

Hodad's (carte p. 166 ; ☎ 619-224-4623 ; 5010 Newport Ave, Ocean Beach ; hamburgers 4-9 $; ⏲ 11h-21h dim-jeu, 11h-22h ven et sam). Une légende d'Ocean Beach réputée pour ses milk-shakes, ses énormes portions de beignets d'oignons et ses hamburgers succulents enveloppés dans du papier qu'on déguste dans des box. Murs couverts de plaques minéralogiques, musique rock ou surf-rock à plein volume et serveurs barbus et tatoués.

World Famous (carte p. 166 ; ☎ 858-272-3100 ; 711 Pacific Beach Dr, Pacific Beach ; plats au petit-déj et déjeuner 8-15 $, dîner 10-24 $; ⏲ 7h-23h). On peut contempler l'océan tout en savourant une "cuisine de la côte californienne", soit une carte changeante de plats de la mer créatifs (mahi-mahi au rhum et à la banane et coquilles Saint-Jacques bardées d'épinards et de bacon, par exemple) ou des steaks et des salades. Des sandwichs et des hamburgers sont servis à midi, tandis que le petit-déj comprend de bonnes choses comme l'omelette Newport au crabe, aux crevettes et à la sauce relevée.

Roppongi (carte p. 166 ; ☎ 858-551-5252 ; 875 Prospect St, La Jolla ; plats 10-25 $; ⏲ 11h30-21h30 dim-jeu, 11h30-22h30 ven et sam). Les tapas de style fusion asiatique tiennent la vedette dans ce superbe restaurant. Le crabe polynésien, copieux et préparé à table, constitue un excellent choix, et le thon *ahi* à la pastèque surprend le palais.

George's at the Cove (carte p. 166 ; ☎ 858-454-4244 ; www.georgesatthecove.com ; 1250 Prospect St, La Jolla ; plats 11-48 $; ⏲ 11h-23h). Si vous disposez d'un porte-feuille bien garni, la cuisine euro-californienne se révèle aussi spectaculaire que la vue sur l'océan, grâce à l'imagination débordante du chef Trey Foshee. Cette table s'est classée en tête de tous les palmarès en Californie et même aux États-Unis. Trois possibilités en fonction de votre budget : Ocean Terrace, George's Bar et George's California Modern.

Où prendre un verre

Bitter End (carte p. 168 ; ☎ 619-338-9300 ; 770 5th Ave, Downtown). Un ancien lupanar de Gaslamp dont les clients arborent des treillis kaki et boivent des martinis. Vaste choix de bières à la pression et piste de danse en sous-sol.

Side Bar (carte p. 168 ; ☎ 619-696-0946 ; www.sidebarsd.com ; 536 Market St, Downtown). Un lounge de Gaslamp où les libations – mojito à la pastèque, martini avec des olives fourrées au bleu – s'accompagnent de bonnes vibrations. Longues banquettes pour se prélasser sous des œuvres d'art surprenantes.

Karl Strauss Brewery & Grill Downtown (carte p. 168 ; ☎ 619-234-2739 ; 1157 Columbia St ; ⏲ horaires variables) ; La Jolla (carte p. 166 ; ☎ 858-551-2739 ; angle Wall St et Herschel Ave ; ⏲ horaires variables). Une microbrasserie locale qui mitonne une honnête cuisine de pub (plats 10-19 $). Durant le happy hour (16h-18h30 lun-ven), les pintes coûtent 3,50 $ et les pichets 12,95 $.

Airport Lounge (carte p. 168 ; ☎ 619-685-3881 ; 2400 India St, Little Italy). Clientèle détendue, DJ pointus, décoration moderne, boissons fortes et serveurs vêtus comme des stewards dans ce troquet animé sur la trajectoire des avions qui atterrissent au San Diego Airport.

Nunu's Cocktail Lounge (hors carte p. 168 ; ☎ 619-295-2878 ; 3537 5th Ave, Hillcrest). Sombre et interlope, ce paradis des branchés a commencé sa carrière sous la présidence de JFK. Rien ne semble avoir changé depuis : banquettes courbes, grand bar et déco joliment kitsch. On peut fumer dans le patio.

Bourbon Street (carte p. 166 ; ☎ 619-291-4043 ; www.bourbonstreetsd.com ; 4612 Park Blvd, North Park). Cet établissement gay est un dédale de bars, de cours et de pistes de danse, idéal pour les rencontres. Soirées bingo, DJ invités et martinis très bon marché au happy hour.

Coaster Saloon (carte p. 166 ; ☎ 858-488-4438 ; 744 Ventura Pl, Mission Beach). Ce bar de quartier à l'ancienne donnant sur les montagnes russes du Belmont Park attire une foule sans chichis grâce à sa sélection de bières et ses margaritas réussies.

Où sortir

Un coup d'œil au *San Diego Reader* ou à l'édition du jeudi du *San Diego Union-Tribune* vous tiendra au courant des événements à l'affiche (voir p. 165). **Arts Tix** (carte p. 168 ; www.sdartstix.com ; 3rd Ave et Broadway, Downtown ; 11h-18h mar-jeu, 10h-18h ven et sam, 10h-17h dim), dans un kiosque sur Broadway, à l'extérieur de l'Horton Plaza, vend des billets à moitié prix pour le soir même ou la matinée du lendemain et des billets à tarif réduit pour tous types de spectacles. Vous pouvez aussi passer par **Ticketmaster** (619-220-8497 ; www.ticketmaster.com) et **House of Blues** (www.hob.com).

CONCERTS ET CLUBS

Anthology (carte p. 168 ; 619-595-0300 ; www.anthologysd.com ; 1337 India St, Downtown ; gratuit-60 $). Près de Little Italy, l'endroit programme des musiciens de jazz connus ou pleins d'avenir dans un cadre de dîner-spectacle huppé.

Casbah (carte p. 168 ; 619-232-4355 ; 2501 Kettner Blvd ; gratuit-15 $). Liz Phair, Alanis Morissette et les Smashing Pumpkins ont fait leurs premiers pas sur cette scène où vous pourrez peut-être encourager les étoiles de demain.

Shout House (carte p. 168 ; 619-231-6700 ; 655 4th Ave, Downtown ; gratuit-10 $). Des as du piano se mesurent au grand plaisir du public, dans ce bar animé de Gaslamp. Les pianistes maîtrisent un répertoire impressionnant : grands standards, rock et autre. Spectacles comiques également.

Soma (carte p. 166 ; 619-226-7662; www.somasd.com ; 3350 Sports Arena Blvd, proche d'Old Town ; 8-23 $). Tous les âges sont bienvenus (pas d'alcool), dans ce club qui braque les projecteurs sur des groupes montants de la scène locale alternative, voire punk. Une foule d'habitués vient goûter l'ambiance électrique et avant-gardiste.

Depuis/vers San Diego

L'**aéroport international de San Diego** (San Diego International Airport ; carte p. 166 ; 619-400-2400 ; www.san.org ; Lindbergh Field) se situe à environ 5 km à l'ouest du centre-ville. Les amoureux d'aviation pourront observer le ballet des appareils au-dessus de Balboa Park.

Des bus **Greyhound** (carte p. 168 ; 619-515-1100 ; 120 W Broadway, Downtown) assurent une liaison directe pour Los Angeles, toutes les heures (aller/aller-retour 17/30 $, 2 heures à 3 heures).

Le train *Pacific Surfliner* d'**Amtrak** (800-872-7245 ; www.amtrak.com) dessert plusieurs fois par jour Los Angeles (34 $, 3 heures) et Santa Barbara (37 $, 6 heures 30), au départ du **Santa Fe Depot** (carte p. 168 ; 1055 Kettner Blvd, Downtown).

La plupart des agences de location de voitures ont des bureaux à l'aéroport. Sinon, un numéro gratuit permet de se mettre en relation avec ces agences (p. 548). **Eagle Rider** (carte p. 166 ; 619-222-8822, 877-437-4337 ; 3655 Camino del Rio W, Old Town ; 9h-17h) loue des motos à partir de 89 $ par jour.

Comment circuler

Le bus 992 ("the Flyer", 2,25 $) circule toutes les 10 à 15 minutes entre l'aéroport et le centre-ville, avec des arrêts le long de Broadway. Les navettes de l'aéroport comme **Super Shuttle** (800-974-8885 ; www.supershuttle.com) desservent aussi Downtown (13 $ environ). Un taxi pour le même trajet coûte 10-15 $.

À San Diego, les bus et le tramway, qui se rendent au sud jusqu'à la frontière mexicaine, sont exploités par le **Metropolitan Transit System** (MTS ; www.sdcommute.com). Le **Transit Store** (carte p. 168 ; 619-234-1060 ; angle Broadway et 1st Ave ; 9h-17h lun-ven) distribue des plans, vend des tickets et des forfaits Day Tripper (5/9/12/15 $ pour 1/2/3/4 jours). Les forfaits valables une journée peuvent être achetés à bord des bus. Les taxis facturent 2,40 $ de prise en charge, plus 2,60 $ le mile (environ 1,6 km).

ENVIRONS DE SAN DIEGO

San Diego Zoo's Wild Animal Park

Rien de mieux pour goûter à la vie sauvage que ce **zoo à ciel ouvert** (hors carte p. 168 ; 760-747-8702 ; www.sandiegozoo.org ; 15500 San Pasqual Valley Rd, Escondido ; tarif plein/enfant 28,50/18,50 $, avec le tram tarif plein/enfant 35/26 $; ouverture 9h, horaires de fermeture variables ; P 9 $;) de 730 ha. Vous pourrez y voir des girafes, des lions et des rhinocéros se promener en toute liberté. Pour un frisson à la mode safari, prenez place dans un tramway, pour un "voyage en Afrique" de quelque 30 minutes. Billets combinés avec le zoo de San Diego 60/43 $.

Ce parc se situe à Escondido, à 56 km au nord du centre de San Diego. Pour vous y rendre, prenez l'I-15 Fwy jusqu'à la sortie Via Rancho Parkway, puis suivez la signalétique.

Legoland

Principalement destiné aux enfants de 5 à 10 ans, ce fabuleux **parc d'attractions** (hors carte p. 166 ; 760-918-5346 ; www.legoland.com/california ; 1 Legoland Dr, Carlsbad ; tarif plein/enfant 63/53 $;

ouverture 10h, horaires de fermeture variables, fermé la plupart des mar-mer sept-mai ; (P) 12 $;) offre quantité de divertissements, manèges et autres spectacles. Les gamins pourront partir à la recherche de fossiles de dinosaures, piloter des hélicoptères et passer leur permis de conduire, pendant que leurs parents s'amuseront au Miniland, où des symboles de l'Amérique comme la Maison-Blanche, le Golden Gate Bridge ou Las Vegas sont entièrement reproduits en Lego. Depuis le centre de San Diego (environ 50 km), prenez l'I-5 Fwy direction nord, jusqu'à la sortie Cannon Rd E.

DÉSERTS DE CALIFORNIE

La région désertique qui couvre 25% de la Californie est une terre de contrastes, à la fois vaste et intime, torride et rassérénante. À première vue, elle vous semblera peut-être désespérément stérile mais, pour peu que vous preniez votre temps, vous serez sensible à cette beauté singulière : sommets volcaniques, dunes aux formes sensuelles, montagnes aux reflets violets, bosquets de cactus, minuscules fleurs sauvages poussant au printemps sur un sol brûlé de soleil, lézards détalant sous les rochers et ciels constellés d'étoiles. Des lieux comme Palm Springs ou la Death Valley vous mettront sans doute d'accord avec tous ceux – artistes branchés, stars de cinéma, varappeurs et aventuriers en 4×4 – qui jugent les déserts californiens mystiques et irrésistibles.

PALM SPRINGS

Le fief du Rat Pack (littéralement le "gang des rats") a de nouveau la cote. Dans les années 1950 et 1960, Palm Springs, à quelque 160 km à l'est de LA, était en effet le lieu de villégiature préféré de Sinatra, Sammy Davis Jr, Dean Martin, Elvis et autres stars. Par la suite, la Coachella Valley accueillit plutôt des retraités huppés. Pourtant, au milieu des années 1990, une nouvelle génération succomba aux atouts rétro-chics de la ville : piscines aux formes arrondies, bungalows modernistes des années 1950 en verre et en acier, hôtels de charme à la décoration d'origine et pianos-bars où l'on servait les meilleurs martinis. Aujourd'hui, Palm Springs est fréquentée par un mélange de retraités et de branchés, ainsi que par une importante communauté homosexuelle.

À NE PAS MANQUER

- **Tahquitz Canyon** (p. 176). Un territoire amérindien émaillé de cascades.
- **Pioneertown** (p. 178). Le décor intemporel des westerns hollywoodiens.
- **Salvation Mountain** (p. 180). Une œuvre d'art populaire surprenante près de la Salton Sea.
- **Route 66** (p. 181). La route mythique des États-Unis.
- **Rhyolite** (p. 188). Une ville minière fantôme bien préservée.

Orientation

Palm Springs est la plus grande ville de la Coachella Valley, au sud de l'I-10 Fwy. Son centre-ville compact est traversé par Palm Canyon Dr (Hwy 111) qui se dirige vers le sud à sens unique, tandis qu'Indian Canyon Dr va vers le nord. Principal axe est-ouest, Tahquitz Canyon Way conduit à l'aéroport. Au sud-est, la Hwy 111 relie la Cathedral City commerçante à Indio en passant par les villes chics de "Down Valley" émaillées de complexes de golf et de boutiques de luxe.

Renseignements

La haute saison s'étale d'octobre à avril, mais Palm Springs reste fréquentée l'été, période à laquelle la température dépasse les 38°C. Les tarifs des hôtels enregistrent alors une baisse importante et nombre de commerces ouvrent moins longtemps.

Bureau de poste (☎ 760-322-4111 ; 333 E Amado Rd ; 8h-17h lun-ven, 9h-15h sam)

Bibliothèque publique (☎ 760-322-7323 ; 300 S Sunrise Way ; 9h-20h mar-mer, 9h-18h jeu-sam ;). Accès Internet gratuit.

Desert Regional Medical Center (☎ 760-323-6511 ; 1150 N Indian Canyon Dr ; 24h/24). Service des urgences.

Palm Springs Koffi Centre-ville (☎ 760-416-2244 ; 515 N Palm Canyon Dr ; 5h30-20h ;) ; Sud (☎ 760-322-7776 ; 1700 S El Camino Real à E Palm Canyon Dr ; 5h30-20h ;). Café maison et Wi-Fi gratuit.

Palm Springs Official Visitors Center (☎ 760-778-8418, 800-347-7746 ; www.palm-springs.org ; 2901 N Palm Canyon Dr ; 9h-17h). Au nord à l'embranchement du tramway, cet office du tourisme occupe une ancienne station-service conçue en 1965 par Albert Frey, un disciple de Le Corbusier. Il propose des guides spécialisés (pour les handicapés, les gays, etc) et vend des cartes.

À voir et à faire

Le **Palm Springs Aerial Tramway** (760-325-1449, 888-515-8726 ; www.pstramway.com ; 1 Tramway Rd ; tarif plein/enfant 23/16 $; 10h-20h lun-ven, 8h-20h sam et dim, dernière descente 21h45 ;) offre une vue renversante le long des 4 km qui séparent la fournaise du désert des beaux versants montagneux plantés de pins. En haut à la station (2 600 m), la température peut s'abaisser d'entre 17 et 22°C. Des sentiers de randonnée sillonnent le **Mt San Jacinto State Park** (voiture 8 $) ; l'un d'entre eux parcourt les 9 km jusqu'au sommet sans présenter de difficultés techniques. L'hiver, on peut louer des raquettes et des skis de fond auprès d'**Adventure Center** (10h-16h jeu-lun, dernière location à 14h30), juste à l'extérieur de la station.

Les mois plus frais, notamment la saison printanière des fleurs sauvages, s'avèrent propices à l'exploration des verdoyants **Indian Canyons** (760-323-6018 ; www.indian-canyons.com ; près de S Palm Canyon Dr ; tarif plein/enfant 8/4 $, rando guidée de 90 min 3/2 $; 8h-17h oct-juil, ven-dim uniquement juil-sept), jadis habités par les Indiens cahuillas. Il vous suffira de choisir un lieu de pique-nique près d'un ruisseau à l'ombre des palmiers ou sous de hauts rochers. Le **Tahquitz Canyon** (760-416-7044 ; www.tahquitzcanyon.com ; 500 W Mesquite Ave ; tarif plein/enfant 12,50/6 $; 7h30-17h oct-juil, ven-dim uniquement juil-sept, dernière entrée à 15h30) est connu pour sa cascade saisonnière et ses exemples d'art rupestre ; des randonnées conduites par des rangers partent du centre des visiteurs, qui abrite une exposition sur la nature et l'histoire culturelle du site.

Le **Palm Springs Art Museum** (760-322-4800 ; www.psmuseum.org ; 101 Museum Dr ; tarif plein/enfant/étudiant 12,50/gratuit/5 $, gratuit 16h-20h jeu ; 10h-17h mar-mer et ven-dim, 12h-20h jeu) réunit une collection de peintures, de photographies et de sculptures contemporaines, ainsi que des antiquités précolombiennes et de l'art amérindien.

Par forte chaleur, les enfants se régalent au **Knott's Soak City** (760-327-0499 ; http://www.knotts.com/public/park/soakcity/palm_springs/index.cfm ; 1500 S Gene Autry Trail ; tarif plein/enfant 30/20 $, après 15h 20/20 $; mi-mars à sept, horaires variables ; P 9 $;), un parc aquatique doté d'une piscine à vagues de 3 millions de litres, de toboggans vertigineux et autres attractions.

À 30 minutes de voiture en aval, le **Living Desert Zoo & Gardens** (760-346-5694 ; www.livingdesert.org ; 47900 Portola Ave, près de la Hwy 111, Palm Desert ; tarif plein/enfant 12/7,50 $; 9h-17h sept à mi-juin, 8h-13h30 mi-juin à août ;) abrite une clinique vétérinaire visitable, des plantes et animaux endémiques, une exposition géologique et des sentiers pédestres.

STARS DU TROISIÈME ÂGE

À Palm Springs, l'historique Plaza Theater (1936) accueille le **Palm Springs Follies** (760-327-0225 ; www.psfollies.com ; 128 S Palm Canyon Dr ; 50-92 $; nov-mai), une revue de 3 heures dans le style des Ziegfeld Follies avec musique, danseuses et comiques. Sa particularité ? La plupart de ses artistes sont aussi vieux que le théâtre : tous ont plus de 50 ans, et certains sont octogénaires. En revanche, aucune trace d'amateurisme ; dans leur jeunesse, ils ont joué aux côtés des plus grandes stars d'Hollywood et de Broadway, qui font parfois une apparition.

Où se loger

Nous indiquons ici les tarifs pratiqués en haute saison ; renseignez-vous au sujet des réductions accordées l'été. Les motels sont regroupés au sud du centre-ville et sur la I-10 Fwy qui rejoint Indio à l'est. Pour les adresses "gay friendly", consultez le site www.purpleroofs.com.

Caliente Tropics (760-327-1391, 800-658-6034 ; www.calientetropics.com ; 411 E Palm Canyon Dr ; d 66-111 $;). Ce motel de style polynésien où séjourna Elvis possède une piscine éclairée par des torches et des chambres spacieuses garnies de lits douillets. Parfois bruyant, mais proche du centre-ville.

Alpine Gardens Hotel (760-323-2231, 888-299-7455 ; www.alpinegardens.com ; 1586 E Palm Canyon Dr ; ch 70-155 $;). Motel des années 1950 impeccablement tenu. Les 10 chambres ont des poutres apparentes au plafond, un réfrigérateur et des meubles un peu kitsch. Les suites disposent d'une cuisine.

Del Marcos Hotel (760-325-6902, 800-676-1214 ; www.delmarcoshotel.com ; 225 W Baristo Rd ; ch 99-289 $;). Récemment remanié, ce petit bijou de 1947 a enfin retrouvé sa splendeur d'antan. Piscine d'eau de mer et chambres chics portant le nom de grands architectes.

Chase Hotel (760-320-8866, 877-532-4273 ; www.chasehotelpalmsprings.com ; 200 W Arenas Rd ; ch 119-159 $;). Un motel moderne des années 1950, dans une petite rue. Les chambres immenses, impeccablement tenues, sont dotées de mobilier contemporain et pour certaines d'une kitchenette.

DINOSAURES INSOLITES

À l'ouest de Palm Springs, vous n'en croirez pas vos yeux en découvrant les **World's Biggest Dinosaurs** (☎ 951-922-0076 ; www.cabazondinosaurs.com ; 50770 Seminole Dr, près de l'I-10 sortie Main St, Cabazon ; 10h-18h lun-jeu, 10h-19h ven-dim). Claude K Bell, un sculpteur de Knott's Berry Farm (p. 164), a mis plus de dix ans à façonner ces dinosaures de béton, désormais propriété des créationnistes chrétiens qui défendent la croyance du "dessein intelligent". Hormis des objets en rapport avec les mastodontes, la boutique vend des livres qui réfutent la théorie de l'évolution des espèces de Darwin en cherchant à prouver que l'Homme et les dinosaures ont coexisté.

Orbit In (☎ 760-323-3585, 877-996-7248 ; www.orbitin.com ; 562 W Arenas Rd ; ch 149-259 $;). Retour au Palm Spring des fifties lors du happy hour "Orbitini", dans un cadre où les tourne-disques rétro et les meubles d'époque haut de gamme côtoient des télévisions à écran plat. Vélos à disposition gratuitement.

Viceroy (☎ 760-320-4117, 800-670-6184 ; www.viceroypalmsprings.com ; 415 S Belardo Rd ; ch 170-290 $;). Un petit complexe hôtelier chic des années 1960. Spa complet, centre de fitness et vélos de plage à emprunter.

Également recommandés :

Century (☎ 760-323-9966, 800-475-5188 ; www.centurypalmsprings.com ; 598 Grenfall Rd ; ch 179-299 $;). Une esthétique moderne des années 1950.

Hope Springs (☎ 760-329-4003 ; www.hopespringsresort.com ; 68075 Club Circle Dr, Desert Hot Springs ; d à partir de 195 $;). Un établissement moderniste de 10 chambres avec des bassins alimentés par des sources chaudes, au nord de l'I-10.

Où se restaurer

Palm Spring est réputée pour ses fabuleux cocktails, pas pour ses restaurants.

Sherman's (☎ 760-325-1199 ; 401 E Tahquitz Canyon Way ; plats 5-15 $; 7h-21h ;). Agrémenté d'une terrasse claire et spacieuse sur le trottoir, ce traiteur juif des années 1950 sert des bagels et du saumon fumé au petit-déj et l'on peut y dîner le soir de bonne heure.

Cheeky's (☎ 760-327-7595 ; 622 N Palm Canyon Dr ; plats 7-14 $; 8h-14h). Peu importe le service en dessous de la moyenne et les portions congrues car rien ne vaut l'inventivité et la fraîcheur de la carte, souvent bio, où figurent par exemple de la crème brûlée au porridge et au mascarpone, des œufs brouillés crémeux et des "formules bacon". Prévoyez un temps d'attente.

Matchbox (☎ 760-778-6000 ; 2e niveau, Mercado Plaza, 155 S Palm Canyon Dr ; pizzas 11-21 $; 17h-23h dim-jeu, jusqu'à 13h ven et sam). Cet établissement remporte la palme grâce à ses pizzas gastronomiques au feu de bois et son remarquable choix de vins californiens, sans oublier ses cocktails et en-cas servis durant le happy hour. La terrasse constitue un poste d'observation de premier ordre.

Copley's on Palm Canyon (☎ 760-327-9555 ; 621 N Palm Canyon Dr ; plats 29-37 $; 18h à tard mar-dim, à partir de 17h30 jan-avr). Dans l'ancienne propriété de Cary Grant, le chef Andrew Manion Copley se montre plus qu'inventif : carré d'agneau en croûte de lavande et tourte de homard. Invitez votre bien-aimé(e) et n'oubliez pas votre carte de crédit.

Également recommandés :

Cactusberry (☎ 760-325-3228 ; 116 La Plaza ; plats 3-6 $; 12h-22h). De délicieux yaourts glacés recouverts de fruits frais, le tout dans des coupes biodégradables.

Hadley Fruit Orchards (☎ 888-854-5655 ; 48980 Seminole Dr, Cabazon ; milk-shake aux dattes 5 $; 9h-19h lun-jeu, 8h-20h ven-dim). L'inventeur supposé du mélange de fruits secs se tient à proximité des galeries marchandes en plein air.

Native Foods (☎ 760-416-0070 ; Smoke Tree Village, 1775 E Palm Canyon Dr ; plats 8-15 $; 11h30-21h30 lun-sam ;). Une cuisine fraîche et bio adaptée aux végétaliens, dans une plaisante allée marchande.

Où prendre un verre et sortir

Arenas Rd, à l'est d'Indian Canyon Dr, forme le lieu de sortie nocturne de la communauté gay et lesbienne.

Wang's in the Desert (☎ 760-325-9264 ; 424 S Indian Canyon Dr). Ce bar-restaurant décoré d'un bassin intérieur dans lequel évoluent des carpes *koi* reste le chouchou des homos. Carte chinoise médiocre et cocktails géants.

Melvyn's (☎ 760-325-2323 ; Ingleside Inn, 200 W Ramon Rd). Venez vous prélasser devant un martini bien tassé en compagnie de célébrités à la retraite et écouter des chanteurs réalistes et leur formation musicale dans ce qui fut l'un des repaires de Sinatra.

Camelot Theatres (☎ 760-325-6565 ; www.camelottheatres.com ; 2300 Baristo Rd). Pourvu d'un vrai café-bar, le premier cinéma d'art et d'essai du désert projette des films étrangers et indépendants. Des festivals ont lieu en janvier et en juin.

PIONEERTOWN

Pioneertown (www.pioneertown.com ; entrée libre), au nord de Yucca Valley, fut construite en 1946 pour servir de décor aux westerns hollywoodiens et n'a guère changé depuis. D'avril à octobre, des règlements de compte au revolver se déroulent dans Mane St le week-end à 14h30. Des grillades, de la bière bon marché et de la musique live attendent les visiteurs au **Pappy & Harriet's Pioneertown Palace** (☎ 760-365-5956 ; www.pappyandharriets.com ; 53688 Pioneertown Rd ; plats 8-27 $; 11h-1h jeu-dim, 17h-24h lun). Enfin, on peut se prendre pour une star de cinéma en logeant au **Pioneertown Lodge** (☎ 760-365-4879 ; www.pioneertownmotel.com ; 5040 Curtis Rd ; ch 78-99 $;), dont les chambres pittoresques remplies de souvenirs disposent d'une kitchenette et de la TV satellite (pas de téléphone).

Achats

Des galeries d'art bordent North Palm Canyon Dr, dans le centre-ville.

Trina Turk (☎ 760-416-2856 ; 891 N Palm Canyon Dr). Des vêtements féminins chics et ultra-sexy vous attendent derrière une devanture des années 1960 dessinée par Albert Frey.

Angel View (☎ 760-320-1733 ; 454 N Indian Canyon Dr). Dans cette boutique d'occasion gérée au profit d'œuvres charitables, les branchés dénichent des tenues vintage.

Comment s'y rendre et circuler

À 10 minutes en voiture du centre-ville, le **Palm Springs International Airport** (PSP ; ☎ 760-318-3800 ; www.palmspringsairport.com ; 3400 E Tahquitz Canyon Way) est desservi par plusieurs compagnies américaines et canadiennes. Les principales agences de location de voitures (p. 548) ont une antenne sur place.

Les trains d'Amtrak depuis/vers Los Angeles (35 $, 2 heures 45) s'arrêtent trois fois par semaine à la North Palm Springs Station, en plein désert à 6,5 km au nord du centre et dépourvue de personnel. De même, un certain nombre de bus quotidiens depuis/vers LA (37 $, 2 heures 45). Les bus **SunLine** (☎ 760-343-3451, 800-347-8628 ; www.sunline.org ; trajet unique/forfait pour la journée 1/3 $) assurent des liaisons lentes à travers la vallée.

JOSHUA TREE NATIONAL PARK

Au point de jonction des déserts du Colorado et de Mojave, ce parc a la faveur des amateurs de varappe et de randonnée, surtout au printemps lorsque les fleurs sauvages s'épanouissent et que les arbres de Josué (en réalité d'immenses yuccas), baptisés ainsi par les colons mormons, se couvrent de grosses fleurs blanches. Le caractère mystique de ce paysage dénudé, semé de rochers, a inspiré de nombreux artistes, dont le groupe U2 (*The Joshua Tree*, 1987).

La Twentynine Palms Hwy (Hwy 62) est parallèle au côté nord du parc qui concentre la majorité des attractions (dont tous les arbres de Josué), tandis que l'I-10 longe la partie sud isolée. Le droit d'entrée (15 $ par véhicule) est valide 7 jours ; demandez une carte/brochure gratuite. Il n'y a pas de services ni d'installations touristiques en dehors des toilettes : veillez à faire le plein d'essence et à prévoir de la nourriture et de l'eau. Les principaux **Visitor Centers** (☎ 760-367-5500 ; www.nps.gov/jotr ; Oasis Utah Trail & National Park Dr, Twentynine Palms ; 8h-17h ; Joshua Tree Park Blvd, près de Hwy 62 ; 8h-17h ; Cottonwood au nord de l'I-10, Cottonwood Springs ; 9h-15h) fournissent des renseignements.

Le **Wonderland of Rocks**, haut lieu de la varappe, domine la partie nord du parc. La perspective depuis **Keys View**, magnifique au soleil couchant, embrasse la faille de San Andreas et s'étend jusqu'au Mexique. **Keys Ranch** (☎ réservations 760-367-5555 ; circuit à pied de 90 min tarif plein/enfant 5/2,50 $; 10h et 13h sam et dim oct-mai, horaires variables en semaine) illustre l'histoire des pionniers de l'Ouest américain. Les randonneurs peuvent pousser dans le désert jusqu'à **49 Palms Oasis** (5 km aller-retour) et **Lost Palms Oasis** (12 km aller-retour) plantées de palmiers. Parmi les sentiers nature praticables par les enfants, citons ceux de **Barker Dam** (boucle de 1,7 km), **Skull Rock** (2,7 km) et **Cholla Cactus Garden** (boucle de 400 m). Enfin, la pittoresque **Geology Tour Road** (29 km), une piste de 4×4 bosselée, est également accessible aux intrépides du VTT.

Où se loger et se restaurer

Des huit **campings** (empl tente 10-15 $) du parc, seuls le Black Rock Canyon et le Cottonwood acceptent les **réservations** (☎ 877-444-6777 ; www.recreation.gov) et disposent d'un point d'eau potable, de toilettes avec chasse d'eau et d'un dépôt d'ordures. Le camping sauvage est autorisé à condition de s'installer à 1,5 km de la route et à 150 m minimum du sentier le plus proche, sans allumer de feu. Il faut en outre s'inscrire auprès de l'un des *backcountry boards* disséminés à l'intérieur du parc.

Ceux qui n'aiment pas camper pourront loger à Twentynine Palms (siège de la plus grande base de marines au monde), dans la localité artistique de Joshua Tree ou la banlieusarde Yucca Valley, toutes situées au nord du parc. Quelques établissements sortent du lot parmi les motels ordinaires de la Hwy 62. C'est le cas du **Pioneertown Lodge** (voir l'encadré ci-contre) et du **Spin & Margie's Desert Hide-a-Way** (☎ 760-366-9124 ; www.deserthideaway.com ; près de Sunkist Rd, Joshua Tree ; ste 125-160 $;), un hôtel de style hacienda rehaussé d'éléments décoratifs en tôle ondulée, vieilles plaques minéralogiques et images de dessins animés. Le **Best Western Yucca Valley Hotel & Suites** (☎ 760-365-3555, 800-780-7234 ; www.bestwestern.com ; 56525 Hwy 62, Yucca Valley ; d avec petit-déj 88-126 $;) offre pour sa part un confort de classe affaires.

Pour vous sustenter, arrêtez-vous au très sympathique **Crossroads Café** (☎ 760-366-5414 ; 61715 Hwy 62, Joshua Tree ; plats 4-11 $; 6h30-20h dim-mar et jeu, 6h30-21h ven et sam), dont la carte écolo comprend des salades du jardin et des smoothies rafraîchissants. Une charmante boulangerie-pâtisserie se tient de l'autre côté de la rue. Hormis des pizzas et des sandwichs à la baguette, le **Sam's Pizza & Subs** (☎ 760-366-9511 ; 61380 Twentynine Palms Hwy, Joshua Tree ; plats 8-11 $; 11h-20h lun-jeu, 11h-19h ven et sam, 15h-20h dim) propose des spécialités indiennes qui conviennent aux végétariens. Commandez plutôt des plats à emporter car l'ambiance n'est pas des plus enthousiasmantes.

ANZA-BORREGO DESERT STATE PARK

Ce désert sauvage de 240 000 ha qui se déploie vers le sud presque jusqu'au Mexique est le plus grand parc de Californie. Il s'enorgueillit d'un cadre naturel spectaculaire, surtout au printemps à la saison des fleurs sauvages (renseignements au ☎ 760-767-4684), et d'une faune d'espèces rares comme le mouflon d'Amérique. L'arrière-pays regorge de chemins écartés et de sites historiques amérindiens, espagnols ou liés à la conquête de l'Ouest, le tout accessible depuis la ville désuète de Borrego Springs (2 800 habitants). L'été, la chaleur torride rend la zone peu adaptée au tourisme dans la journée.

Borrego Springs abrite des DAB, des stations-service, un bureau de poste, un supermarché et une bibliothèque publique avec accès Internet gratuit et Wi-Fi. L'excellent **Visitor Center** (☎ 760-767-4205 ; www.california-desert.org ; 200 Palm Canyon Dr ; entrée libre ; 9h-17h oct-mai, sam et dim uniquement juin-sept) se trouve 3 km à l'ouest. Un véhicule s'impose pour explorer le parc (voiture 8 $) et seul un 4×4 permet de profiter des 800 km de piste de l'arrière-pays. Si vous parcourez à pied les sentiers nature ou roulez en VTT sur les pistes de terre, prévoyez beaucoup d'eau et ne partez pas à midi.

Lieux phares : **Fonts Point** et sa vue sur le désert ; **Clark Dry Lake** pour observer les oiseaux ; le parcours pédestre **Elephant Tree Discovery Trail** ; les **Wind Caves** (grottes) de Split Mountain ; et la **Blair Valley** avec ses pictogrammes et *morteros* (mortiers à grain) amérindiens. Plus au sud, l'**Agua Caliente County Park** (☎ 760-765-1188 ; 39555 Rte S2 ; 5 $; 9h30-17h sept-mai) comporte des bassins couverts ou en plein air alimentés par des sources chaudes.

En dehors des deux **campings aménagés** (☎ 800-444-7275 ; www.reserveamerica.com ; empl tente/camping-car 25/35 $) du parc – le Tamarisk Grove ombragé et le Borrego Palm Canyon équipé de branchements électriques – et de plusieurs campings rudimentaires sans eau, on peut planter sa tente gratuitement n'importe où à l'écart de la route et à plus de 30 m de tout point d'eau. Il est interdit de faire du feu et de ramasser des végétaux, même du bois mort.

À Borrego Springs, le **Borrego Valley Inn** (☎ 760-767-0311, 800-333-5810 ; www.borregovalleyinn.com ; 405 Palm Canyon Dr ; ch avec petit-déj 185-265 $;) en pisé renferme 15 jolies chambres à la décoration typique du Sud-Ouest américain, une piscine où le maillot de bain est optionnel et un Jacuzzi. Les chambres du **Stanlunds Inn & Suites** (☎ 760-767-5501 ; www.standlunds.com ; 2771 Borrego Springs Rd ; ch 65-150 $;), un motel en parpaings des plus sommaires, ont parfois une kitchenette mais pas de téléphones.

Dans une hutte Quonset (structure semi-circulaire préfabriquée) réaménagée, le *diner* **Red Ocotillo** (☎ 760-767-7400 ; 818 Palm Canyon Dr ; plats 6-15 $; 7h-20h30 ;) sert toute la journée des petits-déjeuners cuisinés, des sandwichs géants et de la bière bien fraîche (repérez l'enseigne marquée "Eat"). Des petits restos plus banals s'alignent à l'ouest de Christmas Circle.

Pour des B&B de style rural et de délicieuses tartes aux pommes, poussez jusqu'à la ville de **Julian** (☎ 760-765-1857 ; www.julianca.

SALTON SEA ET SALVATION MOUNTAIN

Quel spectacle inattendu que celui du plus grand lac de Californie qui s'étend au milieu d'un vaste désert ! En 1905, une crue du Colorado inonda la plaine de Salton, créant la **Salton Sea** (www.saltonsea.ca.gov), à 67 m sous le niveau de la mer. Entièrement fermée, d'une salinité supérieure de 30% à celle de l'océan Pacifique et désormais polluée par les pesticides, celle-ci constitue une véritable catastrophe écologique.

À proximité, la **Salvation Mountain** (www.salvationmoun tain.us) est une colline en béton et pisé de 30 m de haut, recouverte de peinture acrylique et portant la devise "God Never Fails" (Dieu n'échoue jamais). Pour rejoindre cette œuvre d'art populaire sortie de l'imagination de Leonard Knight, quittez la Hwy 111 à Niland et suivez Beal Rd en direction de l'est. Vous ne pouvez pas la rater !

com), à 45 minutes en voiture au sud-ouest de Borrego Springs, où sont exploitées des mines aurifères.

MOJAVE NATIONAL PRESERVE

Si vous cherchez vraiment à vous isoler, allez à la **Mojave National Preserve** (☎760-252-6100 ; www.nps.gov/moja ; entrée libre) qui se déploie sur 647 000 ha de désert sauvage. Vous n'y verrez que dunes, arbres de Josué, cônes de scories volcaniques et autres milieux naturels peuplés de tortues du désert, de lièvres et de coyotes. Sachez toutefois qu'il n'y a pas de stations-service.

Au sud-est de Baker et de l'I-15 Fwy, Kelbaker Rd traverse un paysage désolé de cônes volcaniques avant d'atteindre **Kelso Depot**, une jolie gare de style colonial espagnol construite dans les années 1920. Elle héberge une galerie d'art, un **lunch counter** (petit restaurant où l'on déjeune au comptoir ; plats 2-8 $; 9h-17h ven-mar) rétro et un **Visitor Center** (☎ 760-252-6108 ; 9h-17h) qui présente une excellente exposition sur la nature et l'histoire culturelle de la région. À 16 km au sud-ouest, vous tomberez sur les **Kelso Dunes**, qui s'élèvent jusqu'à 200 m. Pour peu que les conditions soient réunies, vous percevrez le bruit sourd dû au mouvement du sable – essayez de dévaler la pente pour provoquer le phénomène.

À Kelso Depot, la Kelso-Cima Rd se dirige vers le nord-est. Après environ 30 km, Cima Rd rejoint l'I-15, qui longe le **Cima Dome**, un bloc de granite parfaitement symétrique de plus de 450 m de haut et couvrant 190 km^2, avec des affleurements de lave durcie. Ses versants disparaissent sous la **forêt d'arbres de Josué** la plus dense du monde. Pour voir celle-ci de plus près, gravissez le Teutonia Peak (6,5 km aller-retour) dont le sentier débute à environ 9,5 km au nord-ouest de Cima.

À l'est de la Kelso-Cima Rd, Mojave Rd mène à deux **campings** (empl tente 12 $) avec l'eau potable, à Mid Hills (pas d'emplacements pour camping-cars) et Hole-in-the-Wall, où les premiers arrivés sont les premiers servis. Ils constituent le point de départ d'un itinéraire accidenté de 16 km le long de **Wild Horse Canyon Rd**. À Hole-in-the-Wall, le **Visitor Center** (☎ 760-252-6104 ; 9h-16h mer-dim oct-avr, ven-dim uniquement mai-sept) vous renseignera au sujet du **Rings Trail** qui parcourt l'étroit canyon. Pour la plupart non goudronnées, les routes du secteur sont en revanche bien entretenues.

Au sud-ouest de Hole-in-the-Wall, les **Mitchell Caverns** (☎ 760-928-2586 ; tarif plein/enfant 6/3 $; visites 13h30 tlj toute l'année, plus 10h et 15h sam-dim de début sept à fin mai) dévoilent un monde souterrain de curieuses formations calcaires (réservez). Ces grottes s'inscrivent dans le périmètre de la Providence Mountains State Recreation Area, où des **aires de camping rudimentaires** (25 $) sont perchées sur des hauteurs vertigineuses au-dessus du désert.

On peut pratiquer le **camping** sauvage et en bord de route aux endroits de la réserve prévus à cet effet. Si vous préférez un toit, Baker compte quelques motels spartiates bon marché.

Hors des sentiers battus, l'**Hotel Nipton** (☎ 760-856-2335 ; www.nipton.com ; 107355 Nipton Rd, Nipton ; d 65-99 $; réception 8h-18h ;) de style B&B occupe une villa en pisé centenaire avec des bungalows de toile, sur l'ancien tracé de chemin de fer isolé au nord-est de la réserve. L'arrivée se fait au magasin bien approvisionné qui jouxte le café-bar (plats 6-25 $).

DEATH VALLEY NATIONAL PARK

Le seul nom de Death Valley évoque l'enfer et des conditions extrêmes. Pourtant, la Vallée de la Mort attire inexorablement les voyageurs, qui y découvriront un monde aux inépuisables trésors géologiques. Le Death Valley National Park, parmi les plus grands parcs nationaux des États-Unis (13 800 km^2), comprend plusieurs autres vallées et des chaînes de montagne au nord. Créé en 1994 dans le cadre du California Desert Protection Act, il est davantage axé vers la protection de la nature que vers le tourisme. À l'intérieur de cette incroyable réserve naturelle, vous découvrirez des dunes musicales, des canyons de marbre, des rochers semblant faire la course sur un sol désertique inondé de soleil, des cratères de volcans endormis, des oasis plantées de palmiers et des dizaines d'animaux rares, qui n'existent nul part ailleurs sur la planète.

La vallée en elle-même s'étend sur environ 225 km du nord au sud, et fait 15 à 30 km de large. Elle est délimitée par la Panamint Range à l'ouest et l'Amargosa Range à l'est. En fait, il ne s'agit pas d'une véritable vallée mais d'un bassin formé par les lignes de faille d'un tremblement de terre. Le sol de la vallée et les montagnes sont constitués d'une unique structure géologique, qui se renouvelle peu à peu : alors que la base s'enfonce continuellement, les débris d'érosion provenant des sommets voisins s'accumulent dans la Death Valley, à la façon d'un sablier. Autour de Badwater, le point le plus bas du pays, la couche de sédiments pourrait atteindre 2 750 m de profondeur.

Les formations rocheuses sont le résultat de phénomènes géologiques survenus il y a 500 millions d'années. D'immenses failles et fractures permettent de voir les roches les plus anciennes, qui devraient normalement être profondément ensevelies. Le calcaire et le grès se sont formés sur le lit d'une ancienne mer, et ont peu à peu été poussés à la surface par des mouvements dans la croûte terrestre. Les différentes strates de minéraux ont été courbées, pliées et brisées alors que des plaques tectoniques convergentes aboutissaient à la formation de chaînes montagneuses. Ces déformations ont entraîné une période d'intense activité volcanique : les cendres et les scories alors projetées sont à l'origine de l'incroyable palette de couleurs de la vallée.

La haute saison touristique se situe en hiver, pendant les mois les moins chauds, et au printemps, pendant la saison des fleurs sauvages (à cette époque de l'année, les crues subites constituent un sérieux danger). À partir de la fin février jusqu'à début avril, tous les hébergements à plus de 150 km à la ronde sont réservés des semaines à l'avance, les campings se remplissent avant midi et les visiteurs attendent plusieurs heures pour voir le Scotty's Castle. Dans le passé, la Death Valley était très peu fréquentée en été, mais de plus en plus de voyageurs européens sont prêts à affronter les températures caniculaires. Record de température enregistré ici : 56,6°C. Avec un véhicule climatisé, un voyage en été est envisageable mais il est indispensable d'effectuer les visites tôt le matin ou le soir, et de passer les heures les plus chaudes dans une piscine ou dans un milieu plus frais, en altitude. L'automne est relativement agréable.

Histoire

Les Indiens timbisha shoshone ont vécu dans la Panamint Range pendant des siècles, migrant dans la vallée tous les hivers pour ramasser des glands, chasser des oiseaux aquatiques, pêcher et cultiver de petites parcelles de maïs, de courges et de haricots. En 1933, on classa le territoire National Monument, et la tribu se vit un peu plus tard attribuer une réserve dérisoire, de 16 ha, à côté de Furnace Creek, où elle est toujours installée. Cet affront fut en partie réparé lorsque, en 2000, le président Clinton signa un acte leur garantissant une superficie de 2 835 ha. Plus de détails sur http://timbisha.org.

LA ROUTE 66 : UNE AUTRE VISION DE LA CALIFORNIE

Traversant les déserts de Californie, la Route 66 suit essentiellement le tracé de la National Old Trails Hwy, criblée de nids-de-poules et jalonnée de vues magnifiques. Après avoir franchi la frontière de l'État près de Needles et parcouru une poignée de cités fantômes du Mojave, on atteint les villes ferroviaires de Barstow et Victorville, qui possèdent chacune un musée consacré à la Route 66, puis la I-15 rejoint San Bernardino en passant par le Cajon Summit. Sur Foothill Blvd, continuez à rouler vers l'ouest jusqu'à Pasadena (p. 153) et faites une halte à la **Fair Oaks Pharmacy & Soda Fountain** (☎ 626-799-1414 ; 1526 Mission St, Pasadena ; 🕒 9h-21h lun-sam, 10h-19h dim ; 🚼) rétro. Il ne reste plus ensuite qu'à affronter la circulation du tronçon final via Los Angeles, qui s'achève au bord de l'océan au Santa Monica Pier (p. 151), à quelque 500 km de la frontière avec l'Arizona. Pour plus de détails, consultez le site www.cart66pf.org.

Les fractures dans le relief de la Death Valley mirent au jour d'importantes ressources, et les premiers mineurs des années 1860 y cherchèrent de l'or, de l'argent, du cuivre et du plomb. Une douzaine de mines furent ainsi exploitées dans les montagnes environnantes, chacune fermant après épuisement du minerai. Le gisement le plus longtemps exploité fut celui de Harmony Borax Works, où était extrait du borax, utilisé dans la fabrication de détergents. Le produit était transporté dans des wagons tirés par 20 mules sur près de 265 km, jusqu'à la gare ferroviaire de Mojave, soit un voyage de 10 jours. La plupart des activités minières ont cessé depuis la fin des années 1920.

Orientation et renseignements

Vous devez vous acquitter d'un droit d'entrée accéder au **Death Valley National Park** (☎760-786-3200 ; www.nps.gov/deva ; pass 7 jours voiture/vélo 20/10 $; 🕑 24h/24) dans l'une des billetteries automatiques. Pendant la saison des fleurs, consultez le site Internet pour des informations actualisées.

Il est assez facile de s'orienter sur les quelques routes bien signalées. Furnace Creek, non loin de la limite sud de la vallée, concentre la plupart des services utiles aux voyageurs : une épicerie, une station-service, un bureau de poste, un DAB, des hôtels et des restaurants. Stovepipe Wells, à 30 minutes de voiture au nord-ouest, possède également un DAB, une épicerie, une station-service, un motel et un café. Panamint Springs, à la lisière ouest du parc, fournit essence et en-cas.

Le réseau de téléphonie mobile est quasi nul. Les cabines téléphoniques à Furnace Creek, Stovepipe Wells et Scotty's Castle n'acceptant pas toujours les pièces, emportez une carte téléphonique. Les hôpitaux avec services d'urgences ouverts 24h/24 sont à deux ou trois heures de route, à Barstow, Ridgecrest et Las Vegas (p. 273).

Death Valley Chamber of Commerce (www.deathvalleychamber.org). Site détaillé sur la région.
Death Valley Natural History Association (☎ 800-478-8564 ; http://dvnha.org). Liste des librairies des Visitors Centers. Propose des excursions dans le parc.
Furnace Creek Visitor Center (☎ 760-786-3200 ; Hwy 190 ; 🕑 8h-17h). Bon choix de livres et cartes, renseignements et diaporama. De novembre à mars, des activités gratuites de sensibilisation sont menées par les rangers ; renseignez-vous sur le programme (www.nps.gov/deva/planyourvisit/upload/Ranger%20Programs.pdf). Par ailleurs, on vous distribuera des brochures gratuites sur les pistes de 4x4, la géologie du désert et autres sujets, ainsi que des cahiers d'activités pour enfants.
National Parks Services (www.nps.gov/deva). Renseignements sur les parcs nationaux, notamment celui de Death Valley, très complet.

À voir

Il est impossible de tout faire en une journée, même si vous partez tôt le matin, ce qui est de toute façon conseillé dans le désert. Une nuit paisible à l'intérieur ou à proximité du parc vous permettra de profiter de fabuleux levers et couchers du soleil. Emportez toujours 3,5 litres d'eau par personne (voire plus pour le radiateur de votre voiture, si elle a tendance à chauffer). La chaleur et la déshydration sont bien plus dangereuses qu'on ne l'imagine.

Beaucoup d'excursions intéressantes sont envisageables le long de la vallée et dans les montagnes voisines. Avant de partir, consultez toujours le Furnace Creek Visitor Center pour connaître l'état des routes et glaner des conseils pratiques. En été, cantonnez-vous aux routes goudronnées et limitez vos efforts physiques.

ENVIRONS DE FURNACE CREEK

Pour commencer, prenez la Hwy 190 et roulez jusqu'à **Dante's View** (1 670 m), pour un point de vue absolument imprenable sur le parc (encore plus beau au lever ou au coucher du soleil). En route, faites un crochet par le **Twenty Mule Team Canyon**, un méandre venté traversant le lit d'un ancien lac : vous aurez l'impression d'être une fourmi. De retour vers le bas de la vallée, une courte marche vous mènera au **Zabriskie Point**, où vous pourrez crapahuter dans le terrain érodé. Avec un bon sens de l'orientation, une boucle de 6,5 km vous fera découvrir le Golden Canyon (voir p. 184).

Accordez-vous une pause à l'ombre au Furnace Creek Ranch, puis allez au **Borax Museum** (☎ 760-786-2345 ; 2 $; 🕑 9h-16h oct-mai) pour en savoir plus sur ce minéral. À l'arrière, vous pourrez admirer une collection d'antiques diligences et de wagons. Le Furnace Creek Visitor Center est installé un peu plus haut sur la route. Plus au nord, à quelques minutes en voiture, un chemin balisé et commenté sillonne les ruines du **Harmony Borax Works**, ancien centre d'extraction du minerai, et l'on peut pousser plus avant en voiture dans le **Mustard Canyon**.

DEATH VALLEY

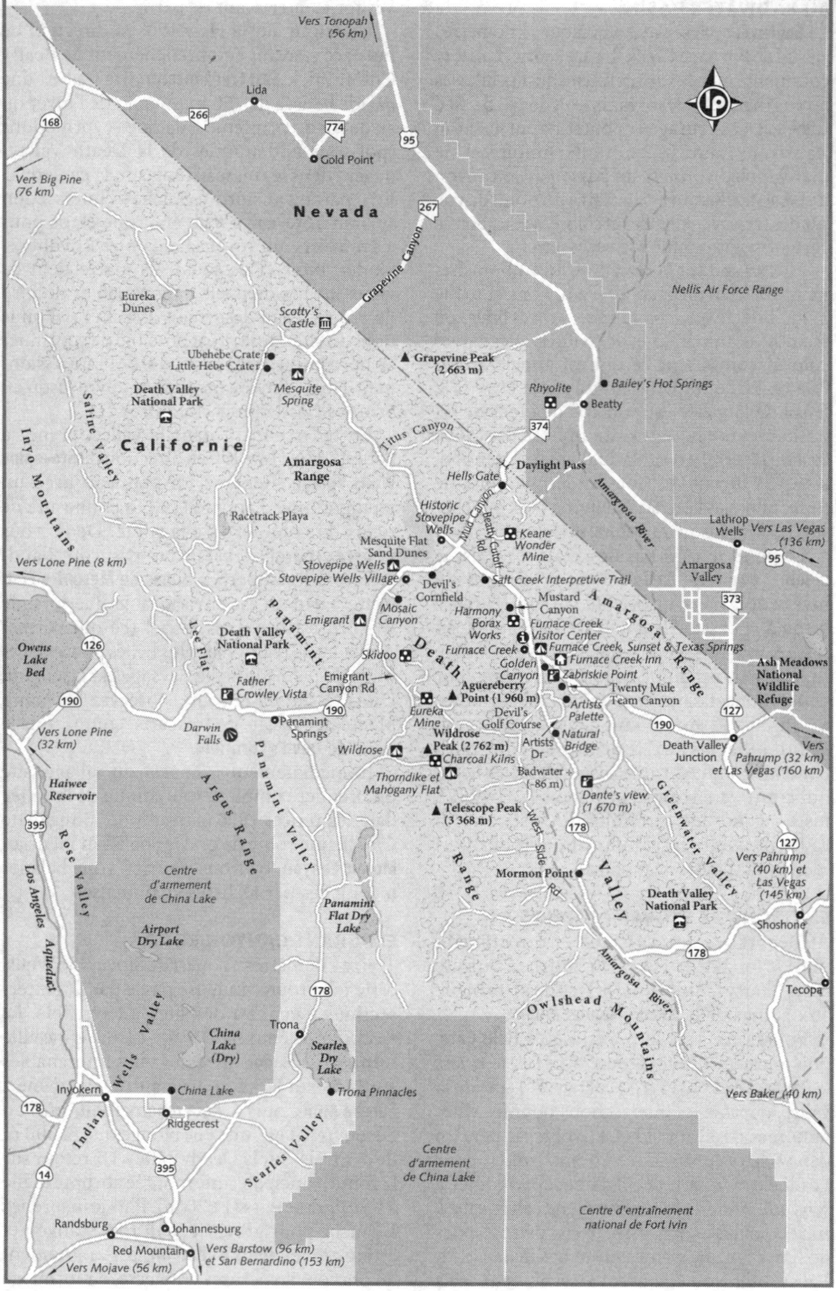

DE LA HIGHWAY 178 AU BADWATER BASIN

Le **Golden Canyon** se situe à quelques kilomètres au sud de Furnace Creek. Là, un sentier balisé et commenté monte sur 1,5 km jusqu'aux falaises ferrugineuses, désormais oxydées, de **Red Cathedral**. Les courageux poursuivront jusqu'au Zabriskie Point (6,5 km aller-retour). Une marche plus éprouvante passe par le canyon de **Desolation Narrows** et aboutit à un point de vue sur des terres accidentées et colorées ; une bonne carte topographique est nécessaire.

Plus au sud sur la Hwy 178, un embranchement traverse un éventail d'alluvions et mène à une boucle en sens unique, **Artist's Drive**, où quantité de minéraux et de cendres volcaniques colorés composent ce qui est appelé **Artist's Palette**. En continuant au sud sur la Hwy 178, le sol de la vallée est ponctué de blocs de sel cristallisés : ce lieu est surnommé le **Devil's Golf Course** (le terrain de golf du diable). Attention, la piste y menant est souvent fermée après de fortes pluies. À l'est de la route, on peut marcher sur 1,5 km, jusqu'au **Natural Bridge**.

Le point le plus bas des États-Unis est le célèbre **Badwater Basin** (86 m en dessous du niveau de la mer), un peu plus au sud. Marchez jusqu'à la passerelle à côté de ce point d'eau salée et minéralisée, en constante évaporation. Le spectacle est d'une beauté sans nom. Pour vous enfoncer davantage dans la vallée, roulez direction sud sur 43 km, dépassez Mormon Point puis prenez à droite et continuez pendant 64 km sur une piste (**West Side Road**) qui court vers le nord et rejoint la Hwy 178 juste au sud de l'extrémité d'Artist's Dr. En route, de nombreuses bifurcations (pour 4×4) mènent à d'autres canyons.

ENVIRONS DE STOVEPIPE WELLS

Au départ de Furnace Creek, en direction du nord le long de la Hwy 190, tournez à droite dans Beatty Cutoff Rd. De là, une piste mène aux ruines de la **Keane Wonder Mine**.

Poursuivez vers le nord jusqu'à **Hells Gate**, puis tournez à droite et roulez vers l'est à travers le **Daylight Pass** (1315 m) ; la Hwy 374 sort de la vallée, dépasse les intersections pour les villes fantômes de Leadfield et Rhyolite, et pénètre dans Beatty (p. 186). L'embranchement pour Leadfield marque le début d'une superbe route à sens unique de 43 km, qui descend cahin-caha à travers le **Titus Canyon**, passe par les pétroglyphes de Klare Spring, et regagne le bas de la Death Valley. Cette route, souvent accessible aux seuls 4×4, est parfois fermée ; renseignez-vous au Visitor Center avant de partir.

De retour sur la Hwy 190, en direction de Furnace et avant l'embranchement de Beatty Cutoff Rd, le **Salt Creek Interpretive Trail** est une balade balisée de 750 m. À la fin de l'hiver ou au début du printemps, de rares cyprinodons (poissons endémiques de la Death Valley) nagent dans le ruisseau longeant la passerelle. En repartant au nord, à gauche à l'intersection suivante, **Stovepipe Wells** était une étape pour les mineurs qui voyageaient entre Rhyolite et Skidoo (voir ci-dessous). Ils martelaient de vieux tuyaux de poêle dans le sable, au bord de points d'eau désormais asséchés – d'où le nom du site. De là, il est possible de continuer au nord jusqu'à l'embouchure de l'impressionnant Titus Canyon, ou de poursuivre jusqu'au Scotty's Castle (voir ci-contre).

En redescendant dans la vallée, prenez à l'ouest sur la Hwy 190 en direction de **Stovepipe Wells Village**. Repérez un panneau avec un pictogramme d'appareil photo et une aire de repos du côté nord de la route. De là, vous pourrez marcher (s'il ne fait pas trop chaud) à travers les superbes **dunes de Mesquite Flat**. Cette balade n'est envisageable que lorsque le soleil est bas dans le ciel (ce qui permet d'ailleurs de réaliser les plus belles photos). Les nuits de pleine lune, le paysage est fascinant. Du côté sud de la route, observez le champ planté de massifs de troscarts, connu sous le nom de **Devil's Cornfield**.

Immédiatement à l'ouest du village, site du premier complexe touristique de la vallée dans les années 1920 (surnommé "Bungalette City"), une route de gravier de 5 km mène au **Mosaic Canyon**, où vous pourrez vous balader le long des parois lisses et sinueuses.

EMIGRANT CANYON ROAD

Treize kilomètres à l'ouest de Stovepipe Wells, cette jolie route sinueuse passe par des intersections menant à des sites intéressants. Le treck (réservé aux 4×4) jusqu'à l'ancienne ville minière de **Skidoo** offre des vues imprenables sur la Sierra Nevada. Une autre voie mène à **Eureka Mine**, puis à **Aguereberry Point**, où l'on découvre, à l'est, une vue plongeante (2 000 m de dénivelé) sur la Death Valley. De retour sur la route principale, une montée abrupte mène à l'Emigrant Pass (1 620 m). Plus loin, prenez à gauche pour gravir le Wildrose Canyon et atteindre les **fours à charbon**, un alignement de grandes structures en pierre, en forme de ruches, utilisées par les mineurs du XIXe siècle pour fabriquer le combustible servant à fondre l'argent. Le paysage subalpin se caractérise par des forêts de pins pignons et de genévriers, et se couvre parfois de neige en hiver.

SCOTTY'S CASTLE

Walter E. Scott, alias "Death Valley Scotty", était un conteur qui fascinait les foules avec ses histoires de ruée vers l'or. Il lia une amitié particulièrement lucrative avec Albert et Bessie Johnson, magnats de l'assurance vivant à Chicago. Bien que conscients que Scotty était un incorrigible menteur, ils financèrent la construction de son élégante demeure de style espagnol, qui finit par devenir leur résidence principale. Restauré dans le style des années 1930, l'intérieur présente un incroyable mélange de peaux de moutons, de sculptures en séquoia, de céramiques réalisées à la main, de fers forgés délicats et de paniers tissés selon la technique des Indiens shoshone. Il y a même, à l'étage, un orgue impressionnant.

La visite guidée "Living History" du **Scotty's Castle** (☎ 760-786-2392 ; Hwy 267 ; tarif plein/enfant 6-15/senior 11/6/9 $; ⏲ visites 9h-17h, horaires variables suivant les saisons, téléphoner) vous dévoilera tout sur ce "château". Plus technique, le circuit "Underground Mysteries" a lieu quatre fois par jour. Il est impossible de réserver et l'attente est parfois longue (il peut ne plus y avoir de place du tout). Si un simple coup d'œil vous suffit, l'accès aux jardins est gratuit, de même que le Visitor Center où sont exposés des vestiges du passé. À près de 920 m d'altitude, les pelouses plantées de palmiers sont beaucoup moins chaudes que le bas de la vallée et offrent un agréable répit. Scotty's Castle est à 1 heure 30 en voiture au nord de Furnace Creek.

GRAPEVINE JUNCTION

À 5 km à l'ouest de Scotty's Castle, tournez en direction de l'ouest jusqu'à l'**Ubehebe Crater** (235 m de profondeur), né de la rencontre explosive entre du magma en fusion et des eaux souterraines froides. Vous pourrez faire le tour du cratère (75 m de diamètre) puis découvrir le **Little Hebe Crater**, plus récent et plus petit.

Le mystérieux lac asséché de **Racetrack Playa** constitue une excursion de 45 km au sud du cratère d'Ubehebe, sur une mauvaise piste réservée aux 4×4. Depuis le promontoire naturel, vous verrez les fameux "sailing stones", de gros rochers qui semblent se déplacer seuls à la surface du lac, laissant de légères traces dans la boue "cuite" au soleil. Le phénomène reste inexpliqué à ce jour.

Entre les cratères et Grapevine Junction, une bonne piste part direction nord, passe par Crankshaft Junction (ralentissez, puis tournez à gauche) et Hanging Canyon (tournez à nouveau à gauche) et débouche, à 72 km sur les **dunes d'Eureka Valley**, les plus hautes de Californie. S'élevant à 200 m de hauteur dans le lit d'un lac asséché, elles comptent parmi les rares "dunes musicales" de la planète (le mouvement du sable provoque des notes très basses). Un accès plus facile à Eureka Valley se fait par la route de Big Pine : 45 km le long d'une route goudronnée, puis 34 km de piste praticable jusqu'aux dunes.

À faire

RANDONNÉE

Le Furnace Creek Visitor Center distribue des brochures utiles indiquant les sentiers ; vous devrez aussi remplir un formulaire d'inscription. Outre les balades dans les canyons et les chemins balisés précédemment décrits, deux randonnées plus difficiles sont envisageables. Depuis les fours à charbon de Wildrose Canyon Rd, le **Wildrose Peak** (2 763 m) est une marche de 13 km aller-retour, avec un dénivelé de 670 m. La randonnée la plus difficile part de Mahogany Flat et arrive 915 m plus haut, au sommet du **Telescope Peak** (3 368 m). Prévoyez 7 à 9 heures pour les 23 km aller-retour, et ne tentez pas l'aventure en hiver, à moins d'être équipé pour la neige et de maîtriser les techniques d'escalade sur glace. Pour parvenir au début du chemin, le dernier tronçon de la route est délicat pour une voiture classique ; vous devrez peut-être commencer à marcher au niveau des fours à charbon, ce qui ajoute 3 km et un dénivelé de 610 m dans les deux sens.

ÉQUITATION

Le centre équestre des **Furnace Creek Stables** (☎ 760-786-3339 ; www.furnacecreekstables.net ; Hwy 190 ; promenade de 1/2h 45/65 $; ⏲ oct à mi-mai) propose trois balades par jour, sauf en été. Notre coup de cœur : la balade nocturne organisée chaque mois les soirs de la pleine lune.

GOLF

Le **Furnace Creek Golf Course** (réservations ☎ 800-236-7916; Hwy 190 ; 55 $; ⏲ mi-oct à début mai), partie du complexe de Furnace Creek Inn (voir p. 186) est un golf historique, et par ailleurs le plus bas du monde.

RHYOLITE ET LE GOLDWELL OPEN AIR MUSEUM

À 6,5 km à l'ouest de Beatty (Nevada), la localité fantôme de **Rhyolite** (☎ 775-553-2967 ; www.rhyolitesite.com ; Hwy 374 ; entrée libre ; 🕒 lever-coucher du soleil) illustre l'essor et le déclin tumultueux de tant de villes de la Ruée vers l'or dans l'Ouest américain. Ne manquez pas la Bottle House (une maison en bouteille) de 1906 ni les ruines de la banque sur trois étages. À côté se tient le curieux **Goldwell Open Air Museum** (☎ 702-870-9946 ; www.goldwellmuseum.org ; entrée libre ; 🕒 24h/24), un musée en plein air psychédélique initié en 1984 par l'artiste belge Albert Szukalski.

Fêtes et festivals

Badwater (www.badwater.com). Une course interminable de plus de 217 km, de Badwater Basin (p. 184) aux portes du Mt Whitney (p. 137), pendant les effroyables chaleurs de la mi-juillet.

Death Valley '49ers (www.deathvalley49ers.org). Début novembre, les "Forty-Niners" (nom donné à l'origine aux mineurs qui avaient participé à la ruée vers l'or en Californie en 1849) accueillent un campement historique à Furnace Creek, avec de la poésie, des chants autour d'un feu, des costumes de pionniers et des expositions de photos et d'œuvres d'art de l'Ouest américain. Venez tôt pour assister à l'arrivée fracassante des wagons et des cavaliers.

Où se loger et se restaurer

Au printemps, les hôtels affichent très souvent complet et les campings se remplissent dès le milieu de la matinée, surtout le week-end. Les hébergements suivants situés à l'intérieur du parc sont gérés par **Xanterra** (☎ réservations 303-297-2757, 888-786-2387).

Stovepipe Wells Village (☎ 760-786-2387 ; www.stovepipewells.com ; Hwy 190 ; empl camping-car 23 $, ch 81-121 $; ❄ 📶 🏊). Rénovées depuis peu, les chambres calmes et spacieuses de ce motel de bord de route présentent, malgré l'absence de téléphone et de TV, le meilleur rapport qualité/prix de la vallée. La petite piscine rafraîchit agréablement et le restaurant (plats 5-25 $) de style Far West assure chaque jour trois repas substantiels.

Furnace Creek Ranch (☎ 760-786-2345 ; www.furnacecreekresort.com ; bungalows 126-162 $, ch 157-213 $; ❄ 📶 🏊 👪). Conçu sur mesure pour une clientèle familiale, ce vaste complexe compte des bungalows exigus et des chambres de motel un peu plus grandes, un tantinet vieillies mais toujours confortables. Un terrain de jeux pour les enfants, une piscine alimentée par une source et des courts de tennis complètent les installations. Évitez le petit-déj et le buffet déjeuner du grill (plats au dîner 19-29 $). Le café voisin (plats 6-19 $) prépare des classiques américains toute la journée.

Furnace Creek Inn (☎ 760-786-2345 ; www.furnacecreekresort.com ; ch 320-435 $; 🕒 mi-oct–mi-mai ; ❄ 🏊). Un bel hôtel de style mission, d'où contempler le désert en se délassant dans la piscine d'eau de source avec vue panoramique sur la vallée. Le restaurant "gastronomique" (plats 12-38 $) se révèle plutôt décevant, à l'exception d'un bon brunch le dimanche.

Au nord-est du parc, la bourgade de Beatty (Nevada), dotée d'un casino, est la destination conseillée pour trouver un motel. Vers le sud en direction de l'I-15, Shoshone abrite une station-service, un magasin d'alimentation et le charmant **Cafe C'est Si Bon** (☎ 760-852-4307 ; 118 Hwy 127 ; plats 3-8 $; 🕒 8h-16h mer-dim ; 📶 👪) équipé du Wi-Fi qui sert espresso, crêpes et autres plats carnés ou non. Non loin à Tecopa, des sources chaudes voisinent avec une plantation de dates, des aires pour camping-cars et **Cynthia's** (☎ 760-852-4580 ; www.discovercynthias.com ; 2001 Old Spanish Trail Hwy ; dort 22-25 $, d 75-118 $, tipis 148 $, tous avec sdb commune), original bien que sommaire.

CAMPING

Des neuf **campings** (empl 12-18 $) du parc, seul celui de Furnace Creek accepte les **réservations** (☎ 877-444-6777 ; www.recreation.gov), de mi-avril à mi-octobre. L'été, il fonctionne sur la base du premier arrivé-premier servi. Les autres terrains ouverts en cette saison sont à Mesquite Spring, près du Scotty's Castle, et le long d'Emigrant Canyon Rd. À l'ouest de Stovepipe Wells, le camping d'Emigrant destiné exclusivement aux tentes fonctionne toute l'année. Les autres situés dans le fond de la vallée – Stovepipe Wells en bord de route, Sunset et Texas Springs plus ombragé – s'adressent essentiellement aux camping-cars et opèrent d'octobre à avril.

On peut pratiquer le camping sauvage, sans allumer de feu, à 3 km minimum de toute route goudronnée, à l'écart des zones construites ou fréquentées dans la journée et à plus de 100 m d'un point d'eau ; procurez-vous une autorisation gratuite auprès du Visitor Center.

Le Furnace Creek Ranch et le Stovepipe Wells Village disposent de douches publiques (5 $, accès à la piscine compris).

CÔTE CENTRALE

Un voyage en Californie ne saurait être complet sans une escapade le long de la pittoresque côte centrale. La Hwy 1, l'une des routes emblématiques des États-Unis, passe par la ville huppée de Santa Barbara, Pismo Beach au charme rétro, l'ancienne mission de San Luis Obispo, le fabuleux Hearst Castle, les falaises de Big Sur, Monterey Bay et Santa Cruz à l'ambiance estudiantine festive. Un conseil : prenez votre temps car, comme les remarquables crus locaux, cette portion de littoral paradisiaque mérite vraiment d'être savourée.

À NE PAS MANQUER

- **Lotusland** (ci-dessous). Un jardin botanique éclectique.
- **Colonie d'éléphants de mer de Piedras Blancas** (p. 192). Des géants des mers en action.
- **Andrew Molera State Park** (p. 194). Solitude, plage et condors de Californie.
- **Tor House** (p. 198). La demeure extravagante du poète Robinson Jeffers.
- **Kuumbwa Jazz Center** (p. 210). La scène des grands noms du jazz.

SANTA BARBARA

Il fait bon vivre à Santa Barbara, petit paradis côtier où des effluves d'agrumes et de jasmin flottent dans l'air, des bougainvilliers envahissent les murs blanchis à la chaux et des plages nacrées semblent s'étirer à l'infini. Vous ne regretterez pas de vous y attarder pour découvrir son architecture méditerranéenne ainsi que la cuisine et les vins californiens, qui font largement oublier les vilains derricks au large.

State St est la principale artère du centre-ville, bordée de bars, de cafés, de théâtres et de boutiques élégantes. Près du front de mer, le **Visitor Center** (☎ 805-965-3021 ; www.santabarbaraca.com ; 1 Garden St ; 🕑 9h-17h lun-sam, 10h-17h dim) distribue des cartes et des brochures. Deux sites utiles, http://greensantabarbara.com et www.santabarbaracarfree.org, donnent des conseils pour un séjour écologique et accordent de précieuses réductions.

À voir et à faire

Édifice de style hispano-mauresque, la **county courthouse** (☎ 805-962-6464 ; 1100 Anacapa St ; entrée libre ; 🕑 8h-17h lun-ven, 10h-16h30 sam et dim) paraît presque trop belle pour un tribunal ! Parée de plafonds peints et des fresques élaborées, elle procure une vue panoramique sur la ville et les montagnes depuis sa haute tour.

La **Mission Santa Barbara** (☎ 805-682-4713 ; www.sbmission.org ; 2201 Laguna St ; tarif plein/enfant 5/1 $; 🕑 9h-16h30), érigée en 1786 et surnommée la "reine des missions" de Californie, fut la seule à échapper à la sécularisation sous l'autorité mexicaine. Des fresques chumash ornent l'intérieur de l'église voûtée et un cimetière lugubre se tient à l'arrière.

En amont, le **Santa Barbara Botanic Garden** (☎ 805-682-4726 ; www.sbbg.org ; 1212 Mission Canyon Rd ; tarif plein/enfant 8/4 $; 🕑 9h-18h mars-oct, jusqu'à 17h nov-fév ; ♿) est consacré à la flore californienne. Pour une expérience plus insolite, réservez à l'avance votre visite à **Lotusland** (☎ 805-969-9990 ; www.lotusland.org ; tarif plein/enfant 35/10 $; 🕑 visites de 2 heures à 10h et 13h30 mer-sam mi-fév à mi-nov), un jardin de plantes rares légué par l'excentrique madame Ganna Walska.

Dans le centre, le **Santa Barbara Museum of Art** (☎ 805-963-4364 ; www.sbma.net ; 1130 State St ; tarif plein/enfant 9/6 $, dim gratuit ; 🕑 11h-17h mar-dim) rassemble une intéressante collection de peintres californiens contemporains, de maîtres modernes (Matisse, Chagall...) et d'art asiatique. Il accueille aussi des expositions temporaires de qualité.

Sur le bord de mer, des restaurants et des boutiques jalonnent **Stearns Wharf** (1872), la plus ancienne jetée en bois de l'Ouest américain encore utilisée. Une allée goudronnée à usages multiples longe la plage sur des kilomètres. **Wheel Fun** (☎ 805-966-2282 ; 23 E Cabrillo Blvd ; 🕑 8h-20h) loue des vélos (à partir de 8 $/heure).

À l'est sur le port, le **Santa Barbara Maritime Museum** (☎ 805-962-8404 ; www.sbmm.org ; 113 Harbor Way ; tarif plein/enfant 7/4 $, gratuit 3e jeu du mois ; 🕑 10h-17h jeu-mar, jusqu'à 18h en été ; ♿) retrace l'histoire maritime de la ville à travers une collection d'objets, des installations interactives et virtuelles et un cinéma. À côté, **Paddle Sports** (☎ 805-899-4925 ; www.kayaksb.com ; 117b Harbor Way ; 🕑 horaires variables) loue des kayaks (2/4 heures 20/30 $) et enseigne le surf avec pagaie (cours de 2 heures 65 $).

Pour des cours de surf (à partir de 99 $) et des excursions guidées en kayak (à partir de

85 $), adressez-vous à **Santa Barbara Adventure Co** (☎ 805-452-0671 ; www.sbadventureco.com). Enfin, **Condor Express** (☎ 805-882-0088 ; www.condorcruises.com ; 301 W Cabrillo Blvd ; tarif plein/enfant à partir de 48/28 $) organise toute l'année des sorties commentées à la rencontre des baleines.

Le long de la Hwy 101 s'étalent de magnifiques **plages publiques** (10 $ par voiture) bordées de palmiers. Parmi elles figurent Carpinteria State Beach, à 16 km au sud de Santa Barbara, El Capitan et Refugio, quelque 32 km au nord.

Où se loger

Attendez-vous au coup de bambou : en été, même les chambres basiques dépassent les 200 $. On trouve parfois de tarifs intéressants dans les motels de la partie haute de State St, à quelques kilomètres au nord du centre-ville. Pour les campings aménagés sur les plages d'État le long de la Hwy 101, les **réservations** (☎ 800-444-7275 ; www.reserveamerica.com ; empl tente 35-65 $) s'avèrent nécessaires.

Marina Beach Motel (☎ 805-963-9311, 877-627-4621 ; www.marinabeachmotel.com ; 21 Bath St ; ch avec petit-déj 119-284 $;). Tout proche de l'océan, cet établissement de plain-pied à l'ancienne a été refait à l'intérieur. Certaines de ses chambres confortables ont une kitchenette. Vélos gratuits à disposition.

Presidio Motel (☎ 805-963-1355 ; www.thepresidiomotel.com ; 1620 State St ; ch avec petit-déj 120-150 $;). Ce petit bijou abordable ne manque ni de panache ni de caractère grâce à ses œuvres d'art et ses lits douillets. Un peu bruyant parfois, mais les vélos sont gratuits.

Brisas del Mar (☎ 805-966-2219, 800-468-1988 ; www.sbhotels.com ; 223 Castillo St ; ch avec petit-déj 145-235 $;). Un grand bravo pour les services gratuits (DVD, vin et fromage, lait et cookies) et la nouvelle annexe de style méditerranéen, mais la partie motel n'est guère plaisante. Les autres établissements respectables du groupe hôtelier affiche des prix moins élevés.

El Capitan Canyon (☎ 805-685-3887, 866-352-2729 ; www.elcapitancanyon.com ; 11560 Calle Real, près de la Hwy 101 ; tentes safari 155 $, bungalows 225-350 $;). Pourquoi ne pas opter pour le camping glamour dans ce secteur sans voitures près d'El Capitán State Beach, à 30 minutes en voiture vers le nord le long de la Hwy 101. Les bungalows en cèdre au bord d'une crique s'agrémentent de matelas moelleux, d'une kitchenette, d'un coin pour faire du feu dehors et, pour certains, d'une baignoire profonde.

Où se restaurer

C'est Cheese (☎ 805-965-0318 ; 825 Santa Barbara St ; 10h-18h lun-ven, 8h-18h sam) et **Our Daily Bread** (☎ 805-966-3894 ; 831 Santa Barbara St ; 6h-17h30 lun-ven, 7h-16h sam) vendent de quoi pique-niquer sur la plage.

Santa Barbara Shellfish Company (☎ 805-966-6676 ; 230 Stearns Wharf ; plats 5-16 $; 11h-21h). "De l'océan à la poêle, et de la poêle à l'assiette", voilà ce qui résume le mieux cette baraque en bois au bout de la jetée, spécialisée dans les fruits de mer. Délicieuse bisque de homard, vue sur les flots et mêmes propriétaires depuis 25 ans.

Brophy Brothers (☎ 805-966-4418 ; plats 9-20 $; 11h-22h dim-jeu, jusqu'à 23h ven et sam). Le bar de fruits de mer de cette adresse du port toujours animée propose des produits d'une fraîcheur irréprochable. Terrasse à l'étage pour se détendre devant un apéritif au coucher du soleil.

Tupelo Junction (☎ 805-899-3100 ; 1218 State St ; plats 12-18 $; 8h-14h). Les réconfortantes spécialités du Sud sont à l'honneur dans ce café fréquenté du centre-ville, qui prépare par exemple des beignets aux pommes à la cannelle, du pain perdu à la vanille et des *mac 'n' cheese* au gouda.

Square One (☎ 805-965-4565 ; 14 E Cota St ; plats 14-25 $; 17h30-22h mar-dim). La nouvelle cuisine californienne atteint ici des sommets d'inventivité et surprend les palais les plus blasés en associant notamment la gelée de pamplemousse et la mousse d'avocat aux fruits de mer. Desserts artistiques audacieux et bar à vin.

Où prendre un verre et sortir

L'activité nocturne gravite autour de la partie basse de State St. Procurez-vous un exemplaire gratuit de l'hebdomadaire alternatif *Santa Barbara Independent* (www.independent.com) pour savoir ce qui se passe en ville.

Soho (☎ 805-962-7776 ; www.sohosb.com ; 1221 State St ; entrée 12-30 $). Des groupes se produisent chaque soir dans cette salle en brique sans prétention derrière un McDonald's. La programmation va du rock indé au funk en passant par le jazz et le blues.

Santa Barbara Brewing Co (☎ 805-730-1040 ; 501 State St). Choix de bières de microbrasserie à la pression, dont une formidable Rincon Red à base de houblon de l'Oregon. Tables de billard dans le lounge du fond défraîchi.

LES CHANNEL ISLANDS

Le sauvage **Channel Islands National Park** (www.nps.gov/chis ; entrée libre) doit à sa faune exceptionnelle le surnom de "Galapagos de Californie". Cet ensemble d'îles protégées se prête admirablement au snorkeling, à la plongée, au kayak de mer et à l'observation des animaux. Le printemps constitue la saison la plus propice, l'été et l'automne pouvant être très secs et l'hiver orageux.

Anacapa, l'île la plus proche du continent, s'avère le meilleur choix pour une excursion, avec des sentiers de randonnée faciles et des paysages inoubliables. Santa Cruz, la plus grande île de l'archipel, convient pour passer une nuit. Dotée d'un camping, elle permet de faire du kayak et des treks en terrain escarpé. Les autres îles nécessitent des traversées plus longues et un séjour de plusieurs jours. San Miguel est souvent enveloppée de brouillard, tandis que Santa Barbara abrite des colonies d'oiseaux et d'éléphants de mer, tout comme Santa Rosa, qui recèle en outre des sites archéologiques chumash.

Les sorties en bateau partent du Ventura Harbor, près de la Hwy 101, où le **NPS Visitor Center** (☎ 805-658-5730 ; 1901 Spinnaker Dr ; 🕑 8h30-17h) distribue cartes et renseignements. Le principal opérateur est **Island Packers** (☎ 805-642-1393 ; www.islandpackers.com ; 1691 Spinnaker Dr). Comptez à partir de 45/28 $ par tarif adulte/enfant pour une journée d'excursion, 30/21 $ pour observer les baleines en mer. Les **campings** (☎ 877-444-6777 ; www.recreation.gov ; empl tente 15 $) rudimentaires doivent être réservés à l'avance ; prévoyez eau et nourriture.

Comment s'y rendre et circuler

Plusieurs bus **Greyhound** (☎ 805-965-7551 ; 34 W Carrillo St) rallient quotidiennement LA (18 $, 3 heures) et San Francisco (60 $, 9 heures) via San Luis Obispo (27 $, 2 heures). Trains **Amtrak** (209 State St) directs à destination de LA (25, 3 heures) et San Luis Obispo (30 $, 3 heures).

Les bus de **Metropolitan Transit District** (☎ 805-963-3366 ; www.sbmtd.gov ; 1020 Chapla St ; trajet 1,75 $) sillonnent la ville. La **navette Downtown-Waterfront** (25¢ ; 🕑 9h-18h tlj toute l'année, jusqu'à 22h ven et sam juin-août) descend State St jusqu'à Stearns Wharf et suit Cabrillo Blvd, parallèle à la plage.

DE SANTA BARBARA À SAN LUIS OBISPO

Il est possible de rallier San Luis Obispo en 2 heures seulement par la Hwy 101 ou de prendre la journée en faisant un détour par les exploitations viticoles, les missions et les plages cachées.

Au nord de Santa Barbara, la Hwy 154 suit un itinéraire pittoresque dans l'arrière-pays, à travers la région des vins du **Santa Barbara County Wine Country** (www.sbcountywines.com). Pour un circuit d'une journée, contactez **Sustainable Vine** (☎ 805-698-3911 ; www.sustainablevine.com ; circuit 125 $). Sinon, débutez votre périple par une dégustation de crus rares à la **Los Olivos Tasting Room** (☎ 805-688-7406 ; 2905 Grand Ave, Los Olivos ; dégustation 7 $; 🕑 11h-17h30), dans une ancienne épicerie du XIXe siècle, puis empruntez au nord le **Foxen Canyon Wine Trail** (www.foxencanyonwinetrail.com) pour découvrir des vignobles prestigieux.

Plus au sud, **Solvang** (http://solvangusa.com) est un faux village d'immigrants danois qui ravira les amateurs de kitsch avec ses moulins d'ornement et ses boulangeries dignes d'un conte de fée. Si vous avez envie de boire un expresso, d'acheter des provisions ou des grillades à emporter, arrêtez-vous à **El Rancho Marketplace** (☎ 805-688-4300 ; 2886 Mission Dr [Hwy 246], Solvang ; 🕑 6h-22h). Vers l'ouest près de la Hwy 101, le grill à l'ancienne **Hitching Post II** (☎ 805-688-0676 ; 406 E Hwy 246, Buellton ; plats 21-48 $; 🕑 17h-21h30) produit son propre pinot noir, savoureux de surcroît ; réservation impérative.

Environ 24 km à l'ouest de la Hwy 101, prenez la Hwy 246 jusqu'au **La Purísima Mission State Historic Park** (☎ 805-733-3713 ; www.lapurisimamission.org ; 2295 Purisima Rd, Lompoc ; 6 $ par voiture ; 🕑 9h-17h). Avec ses jardins fleuris, ses enclos à bétail et ses bâtiments en pisé, cette mission espagnole entièrement restaurée figure parmi les plus évocatrices de Californie. Au sud de Lompoc, la Jalama Rd serpente sur 22,5 km avant d'atteindre le **Jalama Beach County Park** (☎ 805-736-3504 ; www.jalamabeach.com ; 8 $ par voiture) très isolé. Son **camping** (empl tente/camping-car 20/30 $) extrêmement populaire n'accepte pas les réservations – guettez le panneau marqué "campground full" (camping complet), 800 m au sud de la Hwy 1, pour éviter de faire le trajet inutilement.

La Hwy 1 conduit vers le nord au bourg de **Guadalupe**, porte d'accès aux plus grandes dunes côtières d'Amérique du Nord. Le **Dunes Center** (☎ 805-343-2455 ; www.dunescenter.org ;

1055 Guadalupe St ; 10h-16h mer-dim) donne à voir une modeste exposition sur les "Dunites", ces artistes et ermites qui peuplaient la région dans les années 1930, ainsi que la "cité perdue de DeMille" (www.lostcitydemille.com), l'ensemble du décor imaginé par Cecil B. DeMille pour son film *Les Dix Commandements* et qui gît encore quelque part sous le sable. Plus récemment, des scènes de *Pirates des Caraïbes* ont été tournées là. On rejoint plus facilement les dunes par la Hwy 166, à l'ouest de la ville. Dans le centre, vous pourrez dévorer un steak juteux dans l'ambiance authentique de la **Far Western Tavern** (805-343-2211 ; 899 Guadalupe St ; plat au dîner 20-32 $; 11h-21h mar-jeu, 11h-22h ven et sam, 9h-21h dim).

À l'intersection de la Hwy 1 et la Hwy 101, **Pismo Beach** présente une longue étendue de sable et un bois où les **papillons monarques** migrateurs se posent sur les eucalyptus entre fin octobre et février. Le bosquet se situe juste au sud du **camping de Pismo State Beach** (réservations 800-444-7275 ; www.reserveamerica.com ; Hwy 1 ; empl tente 35 $), avec douches et accès à la plage. Pismo Beach compte des dizaines de motels, mais ils affichent rapidement complet et leurs tarifs flambent l'été. Pour petit-déjeuner, entrez dans la boulangerie-pâtisseries **Old West Cinnamon Rolls** (805-773-1428 ; 861 Dolliver St ; plats 3-5 $; 6h30-17h30). Près de la jetée, une queue se forme souvent devant l'entrée du **Splash Cafe** (805-773-4653 ; 197 Pomeroy Ave ; plats 3-10 $; 8h-21h ;), qui sert une épaisse soupe de palourdes (*chowder*) dans des miches de pain au levain. Au **Cracked Crab** (805-773-2722 ; 751 Price St ; plats 9-48 $; 11h-21h dim-jeu, jusqu'à 22h ven et sam), on se régale de fruits de mer d'une fraîcheur irréprochable qui arrivent sur les billots de boucher recouverts de nappes en papier.

SAN LUIS OBISPO

À mi-chemin entre Los Angeles et San Francisco, San Luis Obispo (SLO) est une ville à la fois discrète et vivante. Les étudiants de l'université contribuent à l'animation dans ses rues, pubs et cafés, en particulier à l'occasion du **marché** (18h-21h) du jeudi soir qui transforme Higuera St en lieu festif avec de la musique live et des barbecues sur les trottoirs. Comme tant d'autres cités californiennes, SLO a été construite autour d'une **mission** (805-543-6850 ; www.missionsanluisobispo.org ; 751 Palm St ; 2 $; 9h-16h), fondée en 1772 par le père franciscain espagnol Junípero Serra. S'il n'y a pas grand-chose à visiter sur place, les établissements vinicoles florissants de l'**Edna Valley** (www.slowine.com), réputés pour leurs chardonnay et syrah, se trouvent tout près.

Le **Visitor Center** (805-781-2777 ; www.visitslo.com ; 1039 Chorro St ; 10h-17h dim-mer, 10h-19h jeu-sam) jouxte Higuera St.

> **LE PALAIS DU KITSCH**
>
> D'un mauvais goût délirant, le **Madonna Inn** (805-543-3000, 800-543-9666 ; www.madonnainn.com ; 100 Madonna Rd ; ch 179-449 $;) occupe un bâtiment tape-à-l'œil visible depuis la Hwy 101. Les touristes japonais, les vacanciers du Middle West et les branchés adeptes du second degré adorent ses 110 chambres à thème, dont les Yosemite Rock, Caveman et Floral Fantasy (voir photos en ligne). L'excentricité s'étend jusqu'aux toilettes, dont l'urinoir a la forme d'une curieuse cascade. Autre raison de s'arrêter : les cookies à l'ancienne confectionnés par la boulangerie-pâtisserie tout droit sortie d'un conte de fée.

Où se loger et se restaurer

Les motels sont regroupés au nord du centre-ville, le long de Monterey St, et les chaînes les moins chères bordent la Hwy 101. Higuera St abrite des cafés, des restaurants, des salons de dégustation de vin et des brasseries.

HI Hostel Obispo (805-544-4678 ; www.hostelobispo.com ; 1617 Santa Rosa St ; dort 24-27 $, ch à partir de 45 $; ouvert 8h-10h et 16h30-22h ;). Cette auberge de jeunesse écologique fonctionnant à l'énergie solaire occupe une demeure victorienne à un pâté de maisons de la gare ferroviaire. Cuisine et location de vélos (10 $/jour). N'accepte pas les cartes de crédit.

Peach Tree Inn (805-543-3170, 800-227-6396 ; www.peachtreeinn.com ; 2001 Monterey St ; ch avec petit-déj 79-200 $;). Les chambres de style rustique de ce motel ont un côté reposant, surtout celles au bord du ruisseau ou avec des rocking-chairs face aux roseraies et aux pelouses. Le copieux petit-déj comprend du pain maison.

Big Sky Café (805-545-5401 ; www.bigskycafe.com ; 1121 Broad St ; plats 8-20 $; 7h-21h lun, 7h-22h mar-ven, 8h-22h sam, 8h-21h dim). Soucieux d'écologie, l'endroit excelle dans les petits-déjeuners imaginatifs à base de produits du marché. Les plats du dîner en revanche manquent parfois de saveur.

Novo (☎ 805-543-3986 ; 726 Higuera St ; petites assiettes 6-22 $, plats au dîner 16-32 $; ⏲ 11h-22h lun-jeu, 11h-24h ven et sam, 10h-22h dim). Des tapas aux influences méditerranéennes, brésiliennes et asiatiques plus où moins réussies qui mettent l'accent sur la fraîcheur et la présentation. De nombreuses variétés de bières étrangères, de vins et de saké accompagnent la cuisine. Jolie vue depuis la terrasse.

Comment s'y rendre et circuler

De la gare **Amtrak** (1011 Railroad Ave), 800 m à l'est du centre, le train *Coast Starlight* assure une liaison quotidienne Seattle-LA. Le *Pacific Surfliner,* qui circule trois fois par jour, s'arrête à Santa Barbara (30 $, 2 heures 45), LA (37 $, 5 heures 45) et San Diego (55 $, 8 heures 45). Des bus **Greyhound** (1023 Railroad Ave) desservent chaque jour Santa Barbara (27 $, 2 heures 15), LA (38 $, 5 heures 15) et San Francisco (48 $, 7 heures).

Les bus locaux gérés par la **Regional Transit Authority** (RTA ; ☎ 805-541-2228 ; www.slorta.org ; trajets simples 1,25-2,75 $, forfait à la journée 4,50 $), peu nombreux le week-end, convergent vers le **Transfer Center** (angle Palm St et Osos St), dans le centre-ville.

DE MORRO BAY À HEARST CASTLE

À environ 24 km au nord de San Luis Obispo par la Hwy 1, le port de pêche de **Morro Bay** a pour principale attraction le **Morro Rock**. Ce pic volcanique de 175 m de haut émergeant de l'océan est le premier signe du spectacle que la côte vous réserve. (Dommage que les cheminées d'une centrale électrique masquent la vue.) On peut effectuer des promenades en bateau et louer des kayaks à l'Embarcadero, où la typique baraque de fruits de mer californienne **Giovanni's Fish Market & Galley** (☎ 805-772-2123 ; 1001 Front St ; plats 6-10 $; ⏲ 9h-18h ; 🚼) prépare des frites à l'ail et des fish-and-chips succulents. Des motels de catégorie moyenne se concentrent en amont, entre Harbor St et Main St.

La région compte de superbes parcs nationaux, fort réputés en matière de randonnée et de **camping** (☎ réservations 800-444-7275 ; www.reserveamerica.com). Au sud de la ville, le **Morro Bay State Park** (☎ 805-772-2694 ; empl tente/camping-car $35/50) renferme un musée d'histoire naturelle et une colonie de hérons. À l'intérieur du parc, l'**Inn at Morro Bay** (☎ 805-772-5651, 800-321-9566 ; www.innatmorrobay.com ; 60 State Park Rd ; d 109-279 $; 🅿), paisible lodge de deux étages en bordure de mer, loue des chambres dotées pour la plupart de couettes en duvet et de cheminées à gaz contre le brouillard de la côte. Plus au sud à Los Osos, à l'ouest de la Hwy 1, le sauvage **Montaña de Oro State Park** (☎ 805-772-7434 ; empl tente 5-25 $) comprend des falaises littorales, des cuvettes de marées, des dunes, des sites d'escalade, des pistes de VTT et des campings sommaires. Son nom espagnol ("montagne d'or") lui vient des pavots qui tapissent ses versants au printemps.

Au nord sur la Hwy 1, les surfeurs apprécient le **Taco Temple** (☎ 805-772-4965 ; 2680 Main St, Morro Bay ; plats 6-12 $; ⏲ 11h-20h30 dim, 11h-21h lun et mer-sam) mexicano-californien, qui n'accepte que les paiements en liquide, et le **Ruddell's Smokehouse** (☎ 805-995-5028 ; 101 D St, Cayucos ; plats 4-10 $; ⏲ 11h-18h), dans la bourgade de Cayucos, qui sert des tacos au poisson fumé sur la jetée face à la mer. Toujours à Cayucos, des motels de plage rétro jalonnent Ocean Ave. C'est le cas du **Seaside Motel** (☎ 805-995-3809, 800-549-0900 ; www.seasidemotel.com ; 42 S Ocean Ave, Cayucos ; ch 75-140 $; W), qui dispose de kitchenettes.

À 32 km au nord de Morro Bay, le pittoresque village de **Cambria** recèle des hébergements de luxe le long du splendide Moonstone Beach Dr, notamment le charmant **Fogcatcher Inn** (☎ 805-927-1400, 800-425-4121 ; www.fogcatcherinn.com ; 6400 Moonstone Beach Dr ; d avec petit-déj 145-399 ; ⊠ 📶 🅿 🚼) de style Tudor, dont les chambres modernes s'agrémentent de romantiques cheminées. Dans les terres, l'**HI Cambria Bridge Street Inn** (☎ 805-927-7653 ; www.bridgestreetinncambria.com ; 4314 Bridge St ; dort 22-25 $, ch 40-75 $, tous avec sdb commune ; ⏲ réception 17h-21h ; ⊠ 📶) est une auberge de jeunesse aux airs de B&B d'antan. La boutique de vins et de fromages artisanaux **Indigo Moon** (☎ 805-927-2911 ; 1980 Main St ; plats au déjeuner 5-10 $; ⏲ 10h-16h tlj, 17h-21h mer-dim) sert des salades fraîches du marché et des sandwichs gastronomique sur des tables de bistrot. Pourvu d'une terrasse ensoleillée et d'un comptoir de vente à emporter, le **Linn's Easy as Pie Cafe** (☎ 805-924-3050 ; 4251 Bridge St ; plats 4-10 $; ⏲ 11h-19h ; 🚼) se distingue par ses tartes et confitures de mûres.

À 16 km au nord de Cambria, le **Hearst Castle** (☎ 805-927-2020, 800-444-4445 ; www.hearstcastle.org ; tarif plein/enfant à partir de 24/12 $; ⏲ 8h20-15h20, plus tard l'été) trônant sur une colline est le plus célèbre monument de Californie incarnant l'ambition et la fortune. William Randolph Hearst, le magnat américain de la presse, recevait des têtes couronnées et des stars d'Hollywood dans cette propriété extravagante remplie d'antiquités européennes, au milieu de jardins luxuriants émaillés de bassins miroitants. La visite "Experience Tour" conseillée dure 1 heure 45, aller-retour en bus compris. Il importe de réserver, surtout pour le circuit nocturne "Evening Tour" et celui de Noël. À 8 km au sud, le **San Simeon State Park** (☎ réservations 800-444-7275 ; www.reserveamerica.com ; empl tente 20-35 $) abrite des terrains de camping au bord d'un cours d'eau.

Vers le nord, Point Piedras Blancas accueille toute l'année une immense **colonie d'éléphants de mer**, qui viennent se reproduire, dormir, muer et parfois se battre sur la plage. Gardez vos distances car ces animaux sauvages se déplacent plus rapidement que vous sur le sable. Le principal point d'observation, à environ 8 km au nord d'Hearst Castle, comporte des panneaux explicatifs. La période de reproduction et de mise bas s'étale de décembre à mars et culmine à la Saint Valentin. À proximité, le **phare de Piedras Blancas** (☎ 805-927-7361 ; www.piedrasblancas.org ; tarif plein/enfant 10/5 $; 🕓 9h45 mar, jeu et sam) construit en 1875 dessine un cadre exceptionnel ; des circuits partent du vieux motel situé à 2,5 km au nord de l'édifice, près de la Hwy 1.

BIG SUR

À partir de San Simeon (Hearts Castle), vous entrez dans les splendides 145 km de route côtière de Big Sur, séparant San Simeon, au sud, de la baie de Monterey, au nord. Le long de la côte, la force évocatrice de la nature se révèle stupéfiante. La Hwy 1 a parfois l'air de s'accrocher désespérément aux falaises pour ne pas s'abîmer dans la mer menaçante. Sur le parcours, les logements, la nourriture et les services sont rares, mais la demande est forte toute l'année et, de fait, les prix sont souvent exorbitants en regard de la qualité proposée. En été, les éclairages publics tendent à disparaître car la côte est souvent drapée d'un épais brouillard. Si vous en avez la possibilité, planifiez votre séjour au printemps ou en automne, pour échapper à la foule (et au brouillard).

Histoire

Des sources archéologiques démontrent que les Indiens esselen vivaient déjà dans la région il y a 3 000 ans. Ils établissaient leurs campements le long de la côte et se nourrissaient essentiellement de glands, de lapins, de cerfs, d'ours et de mammifères marins. Avant même l'arrivée des premiers colons américains, les maladies apportées par les Espagnols leur furent fatales.

Big Sur doit son nom aux Espagnols installés dans la mission de Carmel, qui décrivaient cette région sauvage et inexplorée comme *el pais grande del sur* (le grand pays du sud). Ils baptisèrent les deux rivières de la côte *el rio grande del sur* (la grande rivière du sud) et *el rio chiquito del sur* (la petite rivière du sud).

En 1852, John Rogers Cooper (alias Juan Bautista Rogerio Cooper) s'appropria Rancho El Sur, qui s'étendait de Cooper Point jusqu'à l'embouchure de Little Sur River. Cooper Point et les bureaux du ranch font désormais partie de l'Andrew Molera State Park.

Au début des années 1900, les fermiers venus s'installer dans la région participèrent à l'essor des conserveries et des exploitations forestières et, à cette époque, Big Sur comptait beaucoup plus d'habitants qu'aujourd'hui. L'électricité fit son apparition dans les années 1950 et la télévision dans les années 1980.

Dans les années 1950 et 1960, Big Sur devint un refuge apprécié de nombreux artistes et écrivains, notamment Henry Miller qui y vécut de 1947 à 1964, ainsi que Lawrence Ferlinghetti et Jack Kerouac, membres de la Beat Generation. À la mort de Hunter S. Thompson, en 2005, d'innombrables articles évoquèrent la période tumultueuse qu'il passa ici au début des années 1960. Aujourd'hui, Big Sur attire encore des adeptes du New Age, des artistes et des excentriques de tous bords.

Orientation et renseignements

Nombre de visiteurs entrent dans les commerces le long de la Hwy 1 et demandent "Est-on encore loin de Big Sur ?". De fait, la *ville* de Big Sur n'existe pas en tant que telle, même si vous verrez parfois son nom sur les cartes. L'activité commerciale se concentre sur le tronçon entre l'Andrew Molera State Park et le Pfeiffer Big Sur State Park. Cette zone, parfois appelée "The Village", regroupe la plupart des magasins, des restaurants, des hébergements et des campings, ainsi que le bureau de poste.

La **chambre de commerce de Big Sur** (☎ 831-667-2100 ; www.bigsurcalifornia.org ; 🕓 9h-13h) édite chaque année le *Big Sur Guide*, un excellent guide téléchargeable gratuitement sur le site Internet.

Le **poste de rangers de Big Sur** (☎ 831-667-2315 ; Hwy 1 ; 🕓 8h-16h30) pourra vous conseiller des itinéraires de randonnées ainsi que des sites pour camper dans l'ensemble des parcs de

Big Sur. C'est ici que vous obtiendrez une autorisation de camping sauvage dans le Ventana Wilderness (voir p. 194). Signalons qu'un unique droit d'entrée de 8 $ donne accès aux trois parcs d'État : Julia Pfeiffer Burns, Pfeiffer Big Sur et Andrew Molera. Profitez-en pour vous faire indiquer le chemin qui mène à **Pfeiffer Beach** (5 $ l'entrée), une plage accessible aux personnes à mobilité réduite. La population locale ne cesse, en effet, d'enlever les panneaux indicateurs.

Le **poste de rangers de Pacific Valley** (☎ 805-927-4211 ; Hwy 1 ; 🕑 9h-17h) est installé au nord de Big Sur, juste au sud de l'intersection pour Nacimiento-Fergusson Rd (voir carte ci-contre).

Tous les services sont éloignés. En matière de dépannage de voiture, il n'y a rien avant Monterey ou Cambria, et l'hôpital le plus proche se trouve à Monterey (p. 201).

À voir et à faire

GARRAPATA STATE PARK

Souvent ignoré, ce **parc d'État** (www.parks.ca.gov ; ☎ 831-624-4909) est un site agréable, ourlé de 3 km de plages et sillonné de sentiers de randonnée qui partent de l'océan et s'enfoncent dans des plantations de séquoias. Le **Soberanes Canyon Trail** et le **Rocky Ridge Trail** comptent parmi les parcours les plus ardus. Parking en bordure de la Hwy 1 à 11 km au sud de Carmel.

BIXBY BRIDGE

Point de repère de Big Sur très souvent photographié, le Bixby Bridge enjambe Bixby Creek ; c'est l'un des ponts suspendus les plus hauts du monde (218 m de long et 80 m de haut). Achevé en 1932, il est l'œuvre de prisonniers désireux de raccourcir leur peine. Avant la construction du pont, les voyageurs devaient faire un détour de 22 km à l'intérieur des terres le long de l'**Old Coast Rd**, qui part direction est à partir de l'extrémité nord de Bixby Bridge et retombe sur la Hwy 1 de l'autre côté de l'Andrew Molera State Park. La route est toujours praticable, mais avec un véhicule rompu au tout-terrain.

LITTLE SUR RIVER BRIDGE

Avant de monter sur les hauteurs jusqu'à Hurricane Point, la Hwy 1 traverse un petit pont nommé Little Sur River Bridge. Ici, le flot de la Little Sur devient plus tumultueux, avant de se jeter dans la mer. L'endroit inspire de nombreux artistes, car les sédiments calcaires donnent à l'eau une couleur bleue lumineuse.

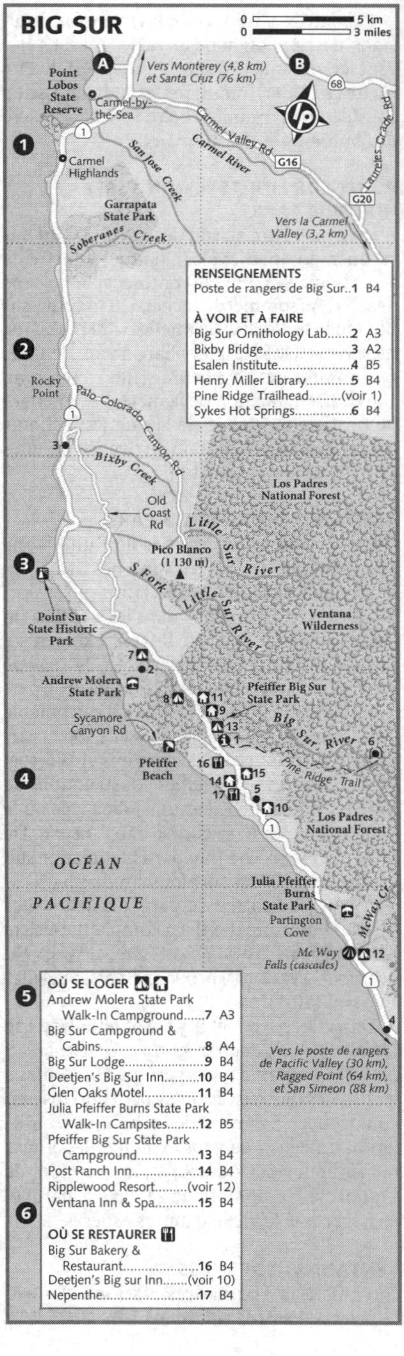

Pendant la saison sèche, la rivière forme un lagon derrière un banc de sable. À l'est s'élèvent les versants rayés de blanc et vert du **Pico Blanco** (1 130 m), mont que les Indiens esselen considéraient comme le lieu de naissance sacré des hommes et des animaux.

POINT SUR LIGHTSTATION STATE HISTORIC PARK

À environ 30 km au sud de Carmel, Point Sur est un imposant roc volcanique qui s'apparente à une île mais est relié au continent par un banc de sable. Au sommet du rocher, 110 m au-dessus de la mer, le **Point Sur Lightstation** (☎831-625-4419 ; tarif plein/enfant 10/5 $) est un phare datant de 1872. Des circuits de 2 à 3 heures (10h et 14h sam, 10h dim, en fonction de la météo) permettent de profiter du site et de la vue fantastique. Réservation par téléphone. Arriver 30 minutes avant le départ de la visite.

ANDREW MOLERA STATE PARK

Des paysages sauvages et isolés, une faune abondante et des plages superbes : voilà les atouts de ce **parc** (☎831-667-2315 ; www.parks.ca.gov ; 10 $/véhicule), jadis englobé dans les 3 650 ha du Rancho El Sur de John Rogers Cooper. Le **camping** (empl tente 25 $), ouvert 24h/24 (pas de réservations), se trouve à environ 1 km du parking. Il est équipé de barbecues, d'eau potable et de latrines. Un agréable sentier de 400 m part du camping, longe des sycomores et la **Cooper Cabin**, l'une des plus vieilles constructions de Big Sur, et débouche sur une jolie plage où la Big Sur River finit sa course dans l'océan. De là, de nombreux chemins partent direction sud le long des falaises surplombant la plage.

À côté de l'entrée du parc, plusieurs sites méritent un coup d'œil. La compagnie **Molera Horseback Tours** (☎ 831-625-5486, 800-942-5486 ; www.molerahorsebacktours.com) propose diverses balades à cheval (40-70 $).

Dans le parc, le **Big Sur Ornithology Lab** (☎ 831-624-1202 ; www.ventanaws.org ; ⌚ lever-coucher du soleil mar-sam avr-oct) est géré par la Ventana Wilderness Society. Dans ce petit abri discret, vous trouverez souvent des naturalistes, qui se feront un plaisir de vous expliquer les efforts menés pour réintroduire l'énorme condor de Californie (au nombre de 24 dans le parc) et protéger une kyrielle d'autres espèces.

VENTANA WILDERNESS

Intégrée à la Los Padres National Forest, la réserve **Ventana Wilderness** (☎831-423-3191 ; www.ventanawild.org) est très appréciée des randonneurs. Vous pourrez vous procurer un permis de parking pour la nuit (4 $), une autorisation gratuite de camping sauvage et des renseignements sur les sentiers de randonnée au poste de rangers de Big Sur (voir ci-contre). Les sources chaudes de Sykes, à 16 km, constituent l'une des destinations les plus prisées du parc.

PFEIFFER BIG SUR STATE PARK

Baptisé d'après Michael et Barbara Pfeiffer, premiers Européens installés à Big Sur en 1869, le **Pfeiffer Big Sur State Park** (☎831-667-2315 ; www.parks.ca.gov ; 8 $/véhicule) est le plus grand parc de Big Sur. Il couvre 390 ha de l'ancien Pfeiffer Ranch Resort et comprend l'habitation originale des Pfeiffer et le cimetière où ils sont enterrés. Les bâtiments administratifs, plutôt rustiques, et le Big Sur Lodge (p. 196) furent construits dans les années 1930 par les Civilian Conservation Corps (CCC).

Le **camping** (☎ réservations 800-444-7275 ; www.reserveamerica.com ; empl tente/camping-car 35/50 $) de 218 emplacements se trouve en bordure de Big Sur River, dans une vallée plane ombragée de séquoias ; il y a des douches et une laverie. Les sentiers de randonnée sillonnent le parc et pénètrent dans la Ventana Wilderness voisine. Seule ombre à ce tableau idyllique : la foule en été.

Sycamore Canyon Rd descend sur 3 km jusqu'à la superbe **Pfeiffer Beach** (voir p. 193).

HENRY MILLER LIBRARY

Nichée au milieu des jardins et des sculptures, la **bibliothèque Henry Miller** (☎831-667-2574 ; www.henrymiller.org ; don conseillé 1 $; ⌚ 11h-18h mer-lun ; 💻) est le principal lieu culturel de Big Sur. Le peintre Emil White, grand ami de Miller, a vécu ici jusqu'à sa mort en 1980. La bibliothèque, désormais gérée par une association à but non lucratif, renferme toutes les publications écrites de Miller, la plupart de ses peintures, des traductions de ses livres et une impressionnante collection de travaux sur Big Sur et la Beat Generation. Vous êtes encouragé à emprunter des livres et à les consulter sur la terrasse. Accès gratuit à Internet. Téléphonez pour vérifier les horaires et consultez le site Internet pour le calendrier des événements culturels. La bibliothèque se trouve 400 m après le restaurant Nepenthe (p. 196).

COAST GALLERY

La **Coast Gallery** (www.coastgalleries.com ; ☎831-667-2301, 800 797 6869 ; 9h-17h) expose et vend des œuvres de près de 250 artistes et artisans américains, et compte aussi un Henry Miller Art Museum, consacré à l'écrivain.

PARTINGTON COVE

Depuis le côté ouest de la Hwy 1, un chemin de terre, abrupt et mal indiqué, descend sur 800 m le long de Partington Creek jusqu'à Partington Cove, qui doit son nom au colon qui y construisit le premier quai dans les années 1880. À l'origine, la crique servait à décharger les marchandises mais, pendant la Prohibition, c'était sans doute un lieu de débarquement des contrebandiers. Cette belle partie de Big Sur est peu fréquentée, pourtant le panorama est superbe, le cours d'eau invite à la baignade, sans compter les bassins de marées et les adorables endroits pour pique-niquer. La boucle de 1,6 km vous fera traverser un pont et un tunnel frisquet.

L'embranchement se situe dans un grand virage en épingle à cheveux, à 13 km au sud du restaurant Nepenthe et à 3 km au nord du Julia Pfeiffer Burns State Park. Des espaces sont aménagés pour se garer.

JULIA PFEIFFER BURNS STATE PARK

Baptisté d'après une célèbre pionnière de Big Sur, le **Julia Pfeiffer Burns State Park** (☎831-667-2315 ; www.parks.ca.gov ; 10 $/véhicule) s'étend des deux côtés de la Hwy 1. À l'entrée du parc (côté est de la Hwy 1), des aires de pique-nique boisées sont installées le long de McWay Creek. On découvre aussi la vieille cabane (sur la rive nord du ruisseau, juste après l'aire de pique-nique) où vivaient les Waters, première famille installée sur ces terres. Le **Ewoldsen Trail** offre une belle perspective sur l'océan et la Santa Lucia Range.

Le parc renferme des séquoias, des chênes à tan, des madronas et des chaparals, mais son point fort reste les spectaculaires **McWay Falls** (25 m de haut), les seules chutes d'eau de Californie à se jeter directement dans la mer. Pour atteindre le point de vue sur la cascade, prenez le court Overlook Trail direction ouest et passez sous la Hwy 1. Continuez un peu jusqu'aux ruines d'un vieux ranch. Non loin, deux petits **campings** (☎ réservations 800-444-7275 ; www.reserveamerica.com ; empl tente 15-20 $) sont aménagés sur une falaise semi-protégée. Il convient de se faire enregistrer au camping du Pfeiffer Big Sur State Park, à environ 19 km au nord.

ESALEN INSTITUTE

Signalée par une petite pancarte "Esalen Institute, By Reservation Only", l'**Esalen Institute** (☎831-667-3000 ; www.esalen.org) est réputé dans le monde entier pour ses séminaires et ses sources chaudes. Les ateliers sont consacrés à tout ce qui "encourage les valeurs et le potentiel humains", de la danse africaine au yoga. En activité depuis des décennies, ce centre est un "vétéran" du New Age. En 1960, Hunter S. Thompson était en charge des lieux, pistolet à la ceinture. Les choses ont bien changé depuis.

Sous le bâtiment principal, les **bains d'Esalen** (☎ 831-667-3047 ; entrée 20 $ cartes bancaires seulement ; réservations 8h-19h45), alimentés par une source chaude naturelle, dominent l'océan. Les bassins sont ouverts au public sur réservation toutes les nuits entre 1h et 3h (maillot de bain facultatif).

Lorsqu'il y a de la place (assez rarement), on peut séjourner à Esalen sans forcément participer à un séminaire. La seule façon de le savoir est de se renseigner à la maison du gardien. L'hébergement consiste en chambres standards pour 1 à 3 personnes (160 à 210 $/pers) ou en dortoirs de 4 à 6 lits (125 à 135 $/pers). Le tarif journalier comprend 3 bons repas bio.

Esalen se situe à 17 km au sud du restaurant Nepenthe et à 16 km au nord de Lucia Lodge (voir carte p. 193).

Où se loger

À de rares exceptions près, les logements de Big Sur n'ont pas la TV et sont rarement équipés du téléphone. Vous serez vraiment coupé du monde. La demande excède souvent l'offre, ce qui fait grimper les prix de façon vertigineuse. En été et le week-end, les réservations sont chaudement conseillées. Les campeurs ne seront pas en reste, et là encore, il est sage de réserver.

PETITS BUDGETS

Trois parcs d'État de Big Sur disposent de campings : Andrew Molera State Park (p. 194), Pfeiffer Big Sur State Park (ci-contre) et Julia Pfeiffer Burns State Park (ci-contre). On trouve également des terrains sans infrastructures dans la réserve Ventana Wilderness (p. 194).

Big Sur Campground & Cabins (☎ 831-667-2322 ; www.bigsurcamp.com ; empl tente 38-48 $, empl tente 48-58 $, bungalow 95-345 $). Une adresse bien tenue avec 79 beaux emplacements et de petits bungalows à l'ombre de grands séquoias, juste au bord de Big Sur River. Produits de base à l'épicerie du camping, machines à laver, douches chaudes et aire de jeux.

Deetjen's Big Sur Inn (☎ 831-667-2377 ; www.deetjens.com ; 48865 Hwy 1 ; d 80-200 $). Chambres et maisonnettes rustiques, nichées au milieu des séquoias et des glycines. Bon restaurant (ci-contre).

Ripplewood Resort (☎ 831-667-2242 ; www.ripplewoodresort.com ; 46840 Hwy 1 ; bungalow 115-195 $). Juste à côté du Glen Oaks Motel, cet établissement applique les mêmes tarifs tout au long de l'année. Les bungalows, de tailles variables, sont tous équipés de cuisines et de sdb, certains de cheminées. Ceux qui bordent la rivière sont calmes et entourés de séquoias tandis que d'autres plus proches de la Hwy 1 peuvent s'avérer bruyants.

CATÉGORIES MOYENNE ET SUPÉRIEURE

Glen Oaks Motel (☎ 831-667-2105 ; www.glenoaksbigsur.com ; Hwy 1 ; d 195-300 $;). Ce motel du Village loue des chambres propres et joliment meublées, ainsi que des bungalows entourés d'arbres et de fleurs ; sdb convenables.

Big Sur Lodge (☎ 831-667-3100, 800-424-4787 ; www.bigsurlodge.com ; 47225 Hwy 1 ; d 209-369 $;). Vous serez au calme dans cette propriété située dans le Pfeiffer Big Sur State Park. Jolis bungalows agrémentés de terrasse ou balcon. Les plus chers disposent de cuisines et/ou de cheminées.

Ventana Inn & Spa (☎ 831-667-2331, 800-628-6500 ; www.ventanainn.com ; 48123 Hwy 1 ; d 500-1450 $;). Dominant de haut la Hwy 1 et un bois de séquoias, Ventana n'est que sérénité et romantisme. Les 60 chambres, rénovées, sont dotées de sculptures en bois, d'écrans plasma et de sdb luxueuses. Le complexe comprend un bain japonais, deux piscines et plusieurs jardins. Bonne cuisine au Cielo, le restaurant attenant.

Post Ranch Inn (☎ 831-667-2200, 800-527-2200 ; www.postranchinn.com ; Hwy 1 ; d 550-2185 $). Cette propriété à l'architecture superbe est l'une des plus belles de la côte, et les hôtes y sont véritablement chouchoutés. Certaines chambres offrent une vue imprenable sur l'océan, d'autres, perchées dans les arbres, oscillant légèrement au gré de vos mouvements. Absolument sublime.

Où se restaurer

Que vous soyez à Big Sur pour plusieurs jours ou simplement de passage, les bons restaurants ne manquent pas.

Big Sur Bakery & Restaurant (☎ 831-667-0520 ; 47540 Hwy 1 ; en-cas à partir de 4 $, repas 14-36 $; petit-déj, déj et dîner). Dans le Village, derrière la station-service Shell, dans une vieille maison pittoresque. Le menu change quotidiennement, mais il y a toujours des œufs, des steaks et des hamburgers bien cuisinés, agrémentés d'ingrédients de saison. Bonnes viennoiseries et joli patio.

Deetjen's Big Sur Inn (☎ 831-667-2377 ; 48865 Hwy 1 ; petit-déj 8-12 $, dîner 12-32 $; petit-déj et dîner). Salle à manger élégante et douillette et solides plats du jour : steak bio, cassoulet ou saumon sauvage.

Big Sur River Inn (☎ 831-667-2700 ; Hwy 1 ; petit-déj et déj 7-18 $, dîner 18-37 ; petit-déj, déj et dîner). Une salle à manger enjolivée de boiseries et d'une terrasse dominant la rivière. Plats classiques américains.

Nepenthe (☎ 831-667-2345 ; Hwy 1 ; plats 12-36 $; 11h30-22h ;). Au sud du Pfeiffer Big Sur State Park, une table réputée pour ses jardins luxuriants et sa situation au sommet d'une falaise, avec vue imprenable depuis la grande terrasse, le bar et la salle à manger. Plats classiques de haute qualité. Pour le même point de vue et des prix plus modestes, descendez au Cafe Kevah (plats 7-15 $), en plein air, ouvert au petit-déjeuner et à midi.

Depuis/vers Big Sur

Pendant la saison touristique, des bus circulent entre Monterey et le nord de Big Sur, mais il est plus simple d'explorer la région en voiture car vous aurez constamment envie de vous arrêter pour profiter des paysages sauvages et des points de vue.

Si vous choisissez les transports publics, le bus MST n°22 (4,50 $, 1 heure 15, 3/jour) part de Monterey (p. 201), passe par Carmel et va jusqu'au restaurant Nepenthe (de fin mai à début septembre). Les bus sont équipés de porte-vélos.

POINT LOBOS STATE RESERVE

À environ 6 km au sud de Carmel, **Point Lobos** (☎ 831-624-4909 ; http://pt-lobos.parks.state.ca.us ; 10 $/véhicule ; 8h-coucher du soleil) se caractérise par sa côte extrêmement rocheuse et accidentée. La réserve doit son nom à la Punta de los Lobos Marinos ("pointe des loups de mer"), baptisée ainsi par les Espagnols en raison des hurlements des otaries vivant sur place. Plusieurs petites balades permettent de profiter de la nature et des paysages. Parmi les plus beaux sites, citons **Sea Lion Point** et **Devil's Cauldron**, un circuit qui vous obligera à vous mouiller à marée haute. À l'extrémité de la route principale, **Bird Island**, point de départ de randonnées plus longues, se prête à l'observation des oiseaux.

La forêt d'algues de la baie de **Whaler's Cove** attire de nombreux amateurs de plongée et de snorkeling, mais il est nécessaire de réserver et de demander un **permis** (☎ 831-624-8413 ; 10 $ pour 2 plongeurs).

CARMEL-BY-THE-SEA

La station balnéaire de Carmel a vu le jour dans les années 1880 et s'est rapidement muée en un refuge bohème. La fibre artistique se perçoit toujours dans la centaine de galeries qui bordent les rues immaculées, mais aujourd'hui l'ambiance tend à être plutôt bourgeoise. Avec ses maisons pittoresques, son impressionnant front de mer et ses boutiques de luxe, Carmel incarne agréablement la prospérité. Seul bémol : le brouillard quasi permanent.

L'aspect impeccable de la ville est garanti par des lois locales très strictes qui interdisent les enseignes lumineuses, les panneaux publicitaires et les échoppes à hot dogs. Les résidents récupèrent leur courrier au bureau de poste ; les maisons ne portent pas de numéro – les adresses précisent donc systématiquement le *block* (pâté de maisons) et le côté de la rue. Les cabines téléphoniques, les poubelles et les kiosques à journaux sont conçus pour se fondre dans le paysage.

Si vous êtes amateur d'art, de shopping et de fleurs, vous adorerez Carmel, où de nombreuses ruelles débouchent sur de charmants jardins, et où des fleurs telles les impatiens ou les hortensias s'épanouissent à l'ombre.

Orientation et renseignements

La plupart des magasins, des restaurants et des motels se concentrent autour de l'intersection entre Ocean Ave et San Carlos St.

La **chambre de commerce de Carmel** (☎ 831-624-2522 ; www.carmelcalifornia.org ; San Carlos St proche de 6th Ave ; 🕐 10h-17h) distribue de bonnes cartes de la ville, mais on ne vous parlera que des

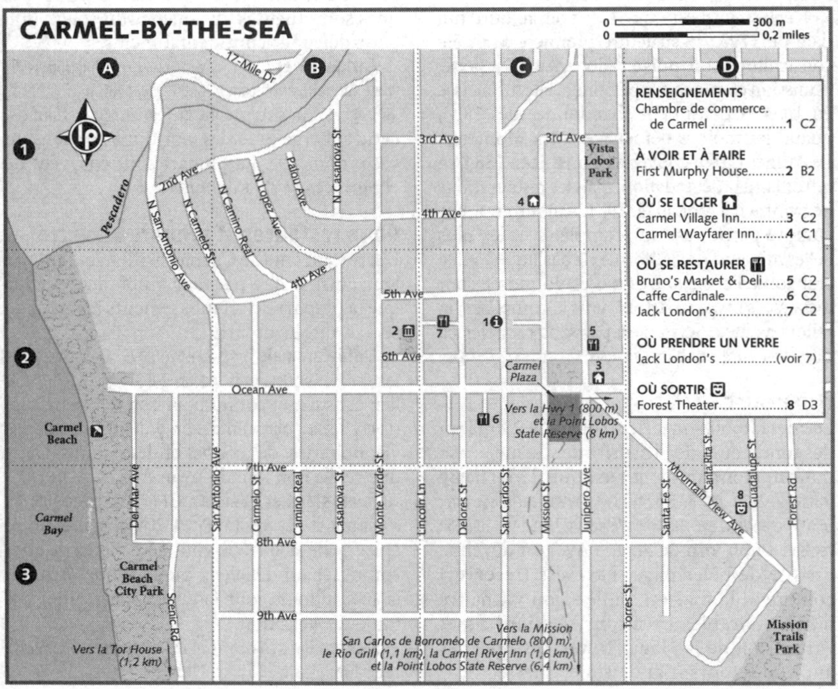

établissements membres du réseau. Les Visitor Center de Monterey pourront vous renseigner sur Carmel.

Le rocambolesque hebdomadaire gratuit *Carmel Pine Cone* met à l'honneur les personnalités locales. Les rapports de police sont particulièrement drôles.

À voir

Sortez de la zone commerçante pour vous balader dans les rues plantées d'arbres. La plupart des riches demeures n'étaient jadis que de modestes cabanons.

MISSION SAN CARLOS DE BORROMÉO DE CARMELO

La **mission** (carte p. 202 ; ☎ 831-624-1271 ; 3080 Rio Rd ; tarif plein/enfant 5/1 $; visite guidée 7 $; 9h30-17h lun-sam, 10h30-17h dim) originale de Monterey fut fondée en 1770 par Padre Serra, mais la pauvreté du sol l'obligea à se déplacer en bordure de la rivière, à Carmel, dès 1771. Les missionnaires établirent 20 autres missions en Californie, mais celle-ci demeura la base de Serra. Il y mourut en 1784 et fut enterré dans l'église de la mission aux côtés de son compatriote, Padre Juan Crespi.

L'église en pierre que l'on voit aujourd'hui date de 1793 ; la structure première avait été construite en bois, puis en adobe. Au XIXe siècle, la mission commença à péricliter ; elle fut laïcisée en 1834 et quasiment abandonnée dès 1836, quand les moines déménagèrent à Monterey. Les ruines furent couvertes d'un toit en 1884, ce qui ralentit la dégradation, mais les restaurations ne commencèrent qu'en 1931. Aujourd'hui, elle compte parmi les plus complètes et les plus belles missions de Californie ; la basilique voûtée embaume l'encens. Des pièces du musée sont dispersées un peu partout dans le complexe ; la salle dévolue à Serra n'est pas sans rappeler *Le Bon, la Brute et le Truand*.

TOR HOUSE

Le poète Robinson Jeffers (1887-1962) fut l'un des fondateurs de "l'esprit" de Carmel, et sa maison étonnamment rustique, la **Tor House** (carte p. 202 ; ☎ 831-624-1813 ; www.torhouse.org ; 26304 Ocean View Ave ; tarif plein/étudiant 7/2 $; 10h-15h ven-sam), non loin de Scenic Ave, est devenue un site de pèlerinage. La visite (réserver) comprend la maison, où le salon vit naître d'innombrables créations, les jardins et l'ascension de la Hawk Tower, inspirée des anciennes tours irlandaises en pierre.

CARMEL VALLEY

À l'intérieur des terres, roulez environ 3 km sur Carmel Valley Rd pour découvrir une vallée à l'ambiance méditerranéenne, ponctuée de fermes biologiques, de riches quartiers résidentiels et de luxueuses boutiques pour le jardin. De belles routes de montagne grimpent par-delà les collines jusqu'à la Salinas Valley.

Où se loger

Les petits hôtels de charme et B&B douillets affichent rapidement complet, notamment en été. La plupart imposent un séjour de 2 nuits minimum le week-end. Les hôtels de Monterrey (p. 207) et les campings de Big Sur (p. 195) offrent une alternative intéressante pour les voyageurs à petit budget.

Carmel Village Inn (☎ 831-624-3864, 800-346-3864 ; carmelvillageinn.com ; angle Ocean et Junipero Ave ; d 130-250 $;). Chambres agréables, certaines sont dotées de cheminées, dans cet hôtel tranquille situé dans le Devendorf Park.

Carmel Wayfarer Inn (☎ 831-624-2711, 800-624-2711 ; www.carmelwayfarerinn.com ; angle Mission St et 4th Ave ; d 149-179 $;). Adorable auberge de campagne datant de 1929. Les 16 chambres sont toutes différentes et certaines offrent des vues somptueuses au coucher du soleil. Bon petit-déjeuner continental inclus,

Carmel River Inn (☎ 831-624-1575, 800-966-6490 ; www.carmelriverinn.com ; 26600 Oliver Rd; d 159-299 $;). Au sud de la mission San Carlos, cette auberge loue des maisonnettes dans un vaste domaine. La plupart sont équipées de cheminées et de kitchenettes.

Où se restaurer et prendre un verre

Les restaurants de Carmel brillent autant par leur cuisine que par leur ambiance. Sachez que la plupart des établissements arrêtent de servir autour de 21h.

Caffé Cardinale (☎ 831-626-2095 ; Ocean Ave entre San Carlos St et Dolores St ; en-cas 2-8 $; 7h-17h). Ce lieu est surtout connu pour son délicieux café (torréfié sur place) mais on y déguste aussi des viennoiseries, des soupes et des paninis. Dans une ruelle non loin d'Ocean Ave.

Bruno's Market & Deli (☎ 831-624-3821 ; angle 6th Ave et Junipero St ; repas 5-8 $; 7h-20h). La meilleure épicerie de la ville, où vous dénicherez de quoi composer un délicieux pique-nique. À midi, la spécialité du jour (souvent mexicaine) fait toujours sensation.

Jack London's (☎ 831-624-2336 ; Dolores St entre 5th Ave et 6th Ave ; plats 6-20 $; 11h30-23h lun-ven, 11h30-24h sam et dim). Restaurant très populaire de Carmel. Excellente cuisine de pub et large choix de bières ou de cocktails. Bar convivial, très agréable pour prendre un verre.

Rio Grill (carte p. 202 ; ☎ 831-625-5436 ; 101 CrossRoads Blvd ; plats 9-26 $; 11h30-22h dim-jeu, 11h30-23h ven-sam ;). Ce bistrot à l'ambiance jazz concocte de savoureux plats à base de produits régionaux. Pour vous y rendre, quittez la Hwy au croisement de Rio Rd. Sur Rio Rd, dirigez-vous vers l'est (intérieur des terres) et tournez à droite au niveau du Crossroads Shopping Center.

Où sortir

Forest Theatre (☎ 831-626-1681 ; www.foresttheaterguild.org ; Mountain View entre Forest St et Guadalupe St ; billets 6-25 $; avr-juil). Ce lieu fondé en 1910 accueille des comédies musicales, des pièces de théâtre et des spectacles comiques, ainsi que des projections de films en plein air le soir, de fin mai à fin juillet. Scène dans un cadre naturel, au milieu des arbres, avec de chaque côté, le feu qui crépite dans de grands foyers. Rendez-vous sur le site pour connaître la programmation.

Comment s'y rendre et circuler

Carmel n'est qu'à 8 km au sud de Monterey par la Hwy 1. Les bus MST (Monterey-Salinas Transit ; ☎ 831-899-2555, 888-678-2871 ; www.mst.org) n°4 et 5 circulent vers le nord jusqu'à Monterey (toutes les 15 minutes environ) ; le bus n°4 continue vers le sud jusqu'à la mission (toutes les 30 minutes). Le bus n°22 passe par Carmel en route pour Big Sur (3/j, fin mai-début septembre ; 2/j sam-dim et le reste de l'année). Le prix des billets démarrent à 2 $ et varient selon la distance couverte. Parking gratuit illimité à **Vista Lobos Park** (angle 3rd Ave et Torres St).

17-MILE DRIVE

Carmel et Pacific Grove, sur la **péninsule de Monterey**, sont reliées par la spectaculaire 17-Mile Drive, qui serpente à travers Pebble Beach, un complexe privé et une zone résidentielle symbolisant la richesse de la péninsule. Ouvertes du lever au coucher du soleil, les cinq entrées sont contrôlées par l'omniprésente **Pebble Beach Company** (☎ 831-647-7500 ; www.pebblebeach.com ; 9,25 $/véhicule). Pour les plus beaux paysages, entrez par Pacific Grove Gate (près de Sunset Dr) et sortez par Carmel Gate, au sud. Vous gagnerez environ 11 km sur la route normale (mais gratuite) et parfois le panorama sera encore plus impressionnant.

Grâce à la carte fournie au péage, on identifie facilement les points de repère comme **Spanish Bay**, où l'explorateur Gaspar de Portolá jeta l'ancre en 1769, les rochers dangereux de **Point Joe**, souvent confondu dans le passé avec l'entrée de la Monterey Bay, ce qui provoqua de nombreux naufrages, et **Bird Rock**, qui abrite une colonie d'oiseaux et de phoques. Symbole déposé de la Pebble Beach Company, **Lone Cypress** (le cyprès solitaire) domine superbement la mer sur un promontoire rocheux.

Outre la côte, les véritables stars du complexe sont ses **golfs** connus dans le monde entier, entre autres ceux de Spyglass Hill, Cypress Point et, bien sûr, Pebble Beach. Ce dernier (droit d'entrée 485 $) a été rendu célèbre par le tournoi Bing Crosby, qui mêle professionnels et vedettes et existe désormais sous le nom AT&T Pebble Beach National Pro-Am.

Point d'orgue de 17-Mile Drive, l'éminent **Lodge at Pebble Beach** (carte p. 202 ; ☎ 831-624-3811, 800-654-9300 ; www.pebblebeach.com ; 1700 17-MileDr ; ch à partir de 675 $;) dispose de spas exceptionnels, de restaurants, de boutiques, etc. Le moindre détail est soigné et toute attente sera comblée. Si vous n'avez pas de réservation, vous pourrez toujours vous détendre dans un café ou dans les espaces publics ornés d'œuvres d'art.

PACIFIC GROVE

À l'origine camp d'été méthodiste dans les années 1875, la paisible cité côtière de Pacific Grove (PG) est fort charmante, avec ses belles rues résidentielles bordées de majestueuses demeures victoriennes. En été, la ville reçoit de nombreux touristes, mais en hiver ce sont des nuées de papillons monarques qui élisent domicile dans la pinède. PG peut s'enorgueillir d'un centre-ville attrayant et animé, ainsi que de points de vue imprenables sur la baie et l'océan. Nombre de voyageurs y voient une échappatoire idéale au tumulte de Monterey et de Carmel.

Orientation et renseignements

Central Ave et Lighthouse Ave sont les principales artères commerçantes ; Lighthouse Ave se poursuit au sud-est jusqu'à Monterey. La **chambre de commerce** (carte p. 202 ; ☎ 831-373-3304, 800-656-6650 ; www.pacificgrove.org ; angle Central Ave et Forest Ave ; 9h30-17h lun-ven, 10h-15h sam) de Pacific Grove distribue des brochures et dispense des conseils.

À voir et à faire

Comme son nom l'indique, **Oceanview Blvd** offre un beau point de vue à partir de Lover's Point jusqu'à Point Pinos, à l'ouest. À cet endroit, la route devient **Sunset Drive** (carte p. 202) et ses nombreuses aires de stationnement permettent d'admirer la vue, en particulier au coucher du soleil. Tout du long, cette artère est idéale pour marcher ou faire du vélo, et beaucoup la jugent encore plus belle que 17-Mile Drive.

Le centre-ville compact de PG est organisé autour de Lighthouse Ave et Forest Ave. Rien de très pittoresque, mais beaucoup de petites boutiques et d'antiquaires méritent un coup d'œil. **Tessuti Zoo** (☎ 831-648-1725 ; www.tessutizoo.com ; 171 Forest Ave ; 11h-17h lun-sam) est une excellente adresse tenue par un créateur qui fabrique à la main des articles originaux, des ponchos aux objets de décoration pour le jardin.

Une sculpture de baleine grise attend les visiteurs devant le **Museum of Natural History** (carte p. 202 ; ☎ 831-648-5716 ; www.pgmuseum.org ; 165 Forest Ave ; entrée libre ; 10h-17h mar-sam ;), qui conserve des collections ayant trait à Big Sur, aux otaries et aux papillons monarques.

Si vous êtes à PG pendant la saison des papillons (octobre à mars), le meilleur endroit pour les voir se rassembler par millions est le **Monarch Sanctuary**, une pinède sur Ridge Rd, non loin de Lighthouse Ave (suivez les panneaux). La **Butterfly Parade**, qui marque le retour des papillons monarques à PG, a lieu début octobre.

À l'extrémité ouest de Lighthouse Ave, sur la pointe de la péninsule, s'élève le **Point Pinos Lighthouse** (carte p. 202 ; ☎ 831-648-5716 ; tarif plein/enfant 2/1 $; 13h-16h jeu-lun), le plus vieux phare encore en fonctionnement de toute la Côte Ouest. Depuis 1855, il prévient les navires des dangers de la côte. Cela n'a pas toujours suffi : à l'intérieur, une exposition retrace l'histoire du phare et les divers naufrages survenus à proximité.

Où se loger et se restaurer

Plusieurs élégants B&B sont installés dans des demeures anciennes le long d'Oceanview Blvd. Des motels plus modestes sont regroupés à l'extrémité ouest de Lighthouse Ave.

Asilomar Conference Grounds (carte p. 202 ; ☎ 831-372-8016, 866-654-2878 ; www.visitasilomar.com ; 800 Asilomar Ave, Pacific Grove ; ch avec petit-déj 115-185 $;). Ce lodge installé dans un parc d'État, comprend des bâtiments conçus par Julia Morgan, l'architecte d'Hearst Castle (voir p. 191). Malgré leur petite taille et leurs murs trop fins, les chambres ne manquent pas de charme. La salle de détente possède des recoins pour lire au coin du feu, ainsi que des tables de ping-pong et de billard.

Beachcomber Inn (carte p. 202 ; ☎ 831-373-4769 ; www.montereypeninsulainns.com ; 1996 Sunset Dr ; ch 127-207 $;). Il est rare de trouver un motel tenu par d'aussi accueillants propriétaires. Copieux petit-déjeuner compris dans le prix de la chambre. Vous pourrez vous balader sur la plage à deux pas ou emprunter gratuitement des vélos. Par contre, le restaurant de poissons n'est pas à la hauteur de sa réputation.

Sunset Inn Hotel (carte p. 202 ; ☎ 831-375-3529 ; www.gosunsetinn.com ; 133 Asilomar Blvd; d 159-229 $). Dans ce petit motel situé près du terrain de golf et de la plage, vous serez conduit par un personnel prévenant vers des chambres joliment redécorées. Quelques-unes ont des cheminées et des bains à remous. Wi-Fi dans les parties communes.

Centrella Inn (carte p. 202 ; ☎ 831-372-3372, 800-233-3372 ; www.centrellainn.com ; 612 Central Ave ; d 149-309 $;). Avec son charmant jardin et sa vue sur l'océan, cette demeure victorienne reconnue d'intérêt historique se prête à un séjour romantique. Certaines de ses grandes chambres disposent de cheminées et de kitchenettes. Les prix comprennent un savoureux buffet au petit-déjeuner et des rafraîchissements offerts dans l'après-midi.

Tillie Gort's Restaurant (carte p. 202 ; ☎ 831-373-0335 ; 111 Central Ave; repas 6-15 $; 11h-22h ; V). Restaurant installé depuis les années 1960, fidèle à ses racines hippies. Le menu, d'influence internationale, affiche beaucoup de plats végétariens. À proximité de l'aquarium.

Red House Cafe (carte p. 202 ; ☎ 831-643-1060 ; 662 Lighthouse Ave ; repas 6-16 $; déj et dîner mar-dim, petit-déj sam-dim ;). Cet élégant café occupe une belle maison victorienne de 1895, avec véranda. Les habitants se bousculent pour déguster des salades originales et des steaks frites, ainsi que des thés Mariage Frères (en exclusivité).

Passionfish (carte p. 202 ; ☎ 831-655-3311 ; 701 Lighthouse Ave, Pacific Grove ; plats 17-24 $; 17h-21h30 dim-jeu, jusqu'à 22h30 ven et sam). La perle rare : une table de fruits de mer tenue par un chef, où le poisson issu d'une pêche écologique est ultra-frais, sa préparation sublime et les vins plus qu'abordables. Réservation recommandée.

Depuis/vers Pacific Grove

Le bus MST n°1 assure un service quotidien entre Pacific Grove, Cannery Row et le centre-ville de Monterey (toutes les 30 minutes entre 6h15 et 22h15).

MONTEREY

Monterey, et ses voisines Pacific Grove et la chic Carmel au sud, composent la péninsule de Monterey, célèbre pour sa beauté, ses golfs, ses galeries d'art et son aquarium.

Monterey est la ville californienne où l'héritage hispanique est le plus évident. En témoignent les nombreuses maisons en adobe restaurées, remontant aux périodes espagnole et mexicaine, que vous découvrirez lors d'une balade instructive dans le centre historique. Les quartiers ultratouristiques de Fisherman's Wharf et Cannery Row sont moins intéressants.

Comme vous pourrez le voir au Monterey Bay Aquarium (p. 203), la baie de Monterey constitue l'un des environnements marins les plus riches et les plus variés du monde, avec d'épaisses forêts d'algues et toutes sortes d'animaux : otaries, phoques, éléphants de mer, dauphins et baleines.

Commençant à quelques centaines de kilomètres au large du petit village de pêcheurs de Moss Landing, le Monterey Canyon s'enfonce à une profondeur de plus de 300 m. En été, des remontées d'eau froide provenant de ce canyon sous-marin apportent de riches éléments nutritifs à la surface, ce qui permet à la faune et à la flore marines de la baie de s'alimenter. Autres conséquences de ces courants froids : l'eau est fraîche dans la baie et des brouillards couvrent souvent la péninsule en été.

Histoire

Les Indiens ohlone, qui peuplaient la péninsule depuis quelque 500 av. J.-C., pourraient avoir repéré l'explorateur espagnol Juan Rodríguez Cabrillo, premier visiteur européen qui débarqua en 1542. Le suivant, Sebastián Vizcaíno, jeta l'ancre en 1602 à côté de ce qui est aujourd'hui le centre-ville de Monterey et baptisa les lieux du nom de son mécène, le comte de Monte Rey. Une longue période s'écoula avant que les Espagnols ne reviennent, en 1770, pour faire de Monterey leur premier *presidio* (fort) en Alta California (Haute-Californie). L'expédition fut menée par Gaspar de Portolá, accompagné par le Padre Junípero Serra, fondateur de la mission. Un an plus tard, Serra décida la séparation de l'Église et de l'État et déplaça la mission à Carmel, suffisamment loin de toute présence militaire.

Lorsque le Mexique s'émancipa de l'Espagne en 1821, Monterey devint la capitale de l'Alta California. Débarrassée des contraintes commerciales espagnoles, la ville devint un important port international où les Yankees de la Côte Est se mêlaient aux marchands de fourrure russes et aux navigateurs ramenant des produits exotiques de Chine.

En 1842, le drapeau américain flotta quelque temps au-dessus de Monterey : le commodore Thomas Jones prit la ville après avoir entendu des rumeurs de déclaration de guerre entre le Mexique et les États-Unis. Quelques jours plus tard, la rumeur fut démentie et il dut se retirer honteusement. Lorsque la guerre éclata réellement en 1846, le commodore John Sloat mena l'assaut sur la pointe des pieds, ayant peur de répéter la même erreur. La prise de contrôle américaine marqua un tournant dans le destin de la ville, puisque San Jose devint bientôt la nouvelle capitale de l'État. En outre, une grande partie de la population migra lors de la ruée vers l'or de 1849.

La ville sombra dans l'oubli pendant 30 ans. Ses résidents subsistaient grâce à la chasse à la baleine, industrie remplacée par le tourisme dès les années 1880. Lorsque les entrepreneurs de la Southern Pacific Railroad construisirent un hôtel de luxe, les riches habitants de San Francisco commencèrent à voir Monterey comme une destination attrayante.

À la même époque, les pêcheurs commencèrent à tirer profit des fonds marins de la Monterey Bay, avec la création des premières conserveries de sardines. Dès les années 1930, Cannery Row transforma le port en "capitale mondiale de la sardine", mais la surpêche et les changements climatiques entraînèrent l'effondrement brutal de cette industrie dans les années 1950. Au cours des dernières décennies, la ville s'est tournée vers le tourisme et reçoit toujours plus de visiteurs.

Orientation et renseignements

Le centre historique de Monterey, ou Old Monterey, est un quartier dense, délimité par Alvarado St, qui s'achève sur les places Portola et Custom House, à côté de Fisherman's Wharf. Cannery Row se situe à environ 1,5 km au nord-ouest du centre et se prolonge par PG.

PÉNINSULE DE MONTEREY

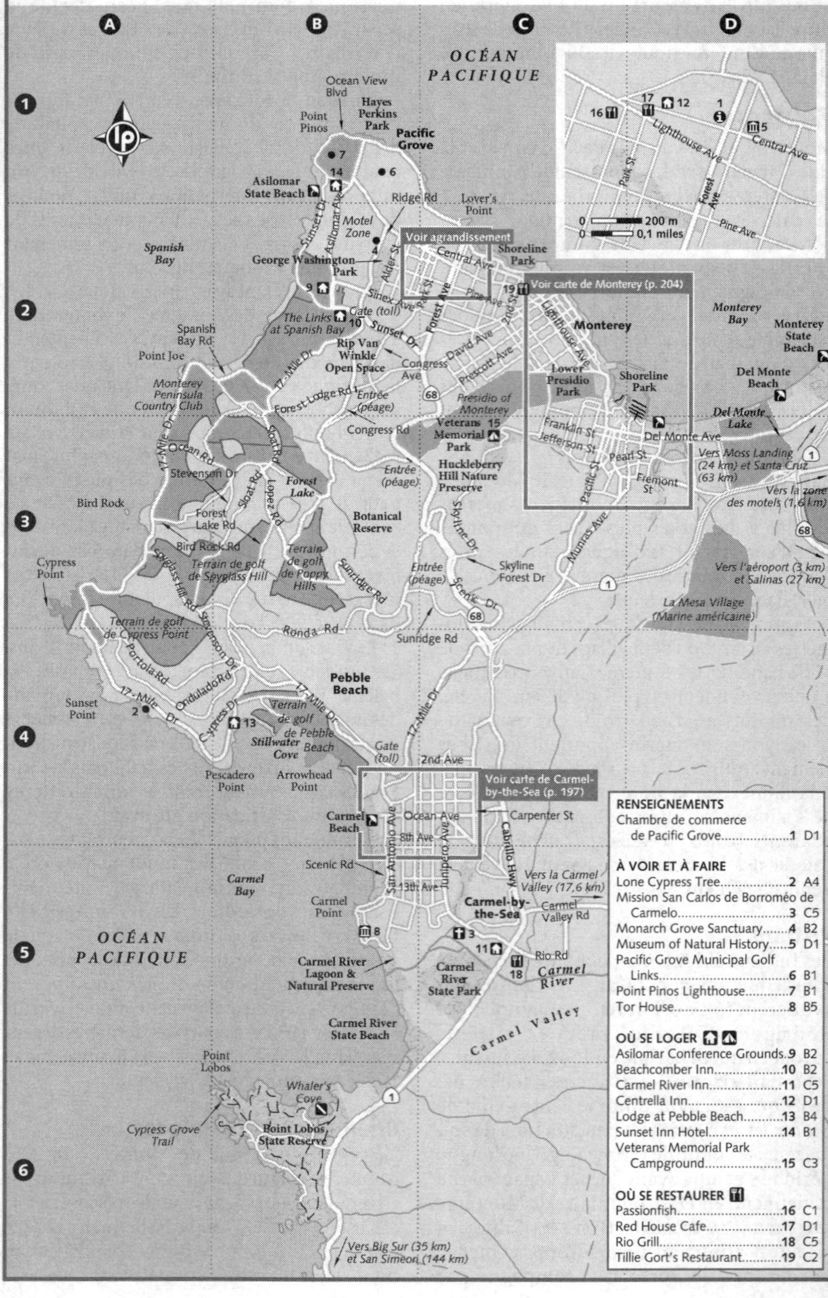

Le **Visitor Center** (☎ 831-657-6400, 877-668-3739 ; www.montereyinfo.org ; 401 Camino El Estero ; 9h-18h lun-sam, jusqu'à 17h dim, fermé 1 heure plus tôt nov-mars) met gracieusement à disposition trois téléphones pour les réservations hôtelières. Une **antenne** (5 Custom House Plaza ; 9-17h) plus petite opère à l'intérieur du Maritime Museum. Demandez la *Monterey County Film & Literary Map* gratuite.

À voir

MONTEREY BAY AQUARIUM

Monterey Bay Aquarium (☎ 831-648-4800, billets 866-963-9645 ; www.montereybayaquarium.org ; 886 Cannery Row ; tarif plein/enfant 30/18 $; 9h30-18h lun-ven, jusqu'à 20h sam et dim juin-août, 10h-18h tlj sept-mai ;). Nous défions quiconque de rester de marbre devant cet aquarium soucieux d'écologie, aussi fascinant qu'instructif, construit à l'emplacement de ce qui fut la plus grande conserverie de sardines de la ville (bonne exposition ciblée sur cette industrie). On y découvre quantité de créatures aquatiques : étoiles de mer, limaces de mer ou phoques qui témoignent de l'incroyable diversité de la Monterey Bay.

À ne pas manquer, l'immense **forêt d'algues** contenue dans un gigantesque bassin sur trois niveaux, où évoluent des centaines d'animaux, des requins aux sardines. Soit une réplique parfaite de ce qui se passe dans la baie. Toute cette faune est nourrie à la main par un plongeur (à 11h30 et 16h), et la distribution de nourriture aux otaries s'avère encore plus drôle (à 10h30, 13h30 et 15h30). À d'autres moments, certains de ces specimens marins se baignent souvent à l'extérieur de l'aquarium, dans la **Great Tide Pool**, où ils attendent d'être réintroduits dans leur milieu naturel.

Les visiteurs sont émerveillés par la beauté des méduses dans la **Drifters Gallery**. Pour voir des créatures beaucoup plus grandes, tels des requins-marteaux, rendez-vous à l'**Outer Bay**.

L'aquarium est ponctué de **bassins tactiles**, où toucher des concombres de mer, des raies et toutes sortes d'animaux vivant dans les fonds marins, et les enfants adorent les activités inter-actives de la **Splash Zone**. En été, des programmes pour enfants sont proposés, notamment de la plongée et de la voile dans la baie.

Prévoyez au moins 3 heures afin de découvrir à loisir ce lieu magique. Pour éviter les files d'attente en été, le week-end ou les jours fériés, il est possible de réserver les **billets** (☎ 831-648-4937, 800-756-3737 ; commission 3 $) par téléphone, sur Internet au auprès d'un hôtel. Sur place, plusieurs commerces dont une fabuleuse librairie et un excellent café. Avant de partir, glissez le *Seafood Watch* dans votre portefeuille : ce petit guide vous conseillera sur le "menu" à adopter pour ne mettre en danger aucune espèce de poisson.

MONTEREY STATE HISTORIC PARK

Old Monterey concentre la majorité des édifices du XIXe siècle en brique et en adobe, rassemblés sous le nom de Monterey State Historic Park et répartis le long du **Path of History**, un sentier commenté de 3,2 km. L'entrée aux divers bâtiments est gratuite. À l'instar de l'aquarium, il s'agit d'un haut lieu touristique de la ville. Vous verrez plus d'une trentaine d'édifices, dont beaucoup agrémentés d'adorables jardins. Tous ne seront pas forcément ouverts, certains adoptant des horaires irréguliers.

Prenez une brochure gratuite pour effectuer la visite indépendante et demandez la liste des monuments ouverts au **bureau du parc** (Park headquarters ; ☎ 831-649-7118 ; 20 Custom House Plaza ; 10h-16h ven-mer, 10h30-16h jeu) dans la Pacific House, datant de 1847. Cette dernière abrite un **musée** (entrée libre) s'intéressant à divers aspects de l'histoire de l'État. Des visites guidées gratuites de 45 minutes à travers la vieille ville démarrent ici. Et il existe des visites séparées pour certains des bâtiments (horaires au bureau du parc).

Custom House

En 1822, le Mexique tout juste indépendant se libéra du monopole commercial exercé par l'Espagne mais déclara que tout commerçant apportant des biens en Haute-Californie devait présenter sa marchandise au **bureau des douanes** (Custom House Plaza) pour un contrôle. Le bâtiment de 1827, restauré, donne à voir une étonnante sélection de produits amenés pour être échangés contre des peaux de vaches californiennes, dont du riz et des épices, ainsi que des articles de "luxe" : lustres, alcools, machines et meubles. En 1846, le drapeau américain fut hissé en haut de la Custom House et la Californie s'affranchit officiellement du Mexique.

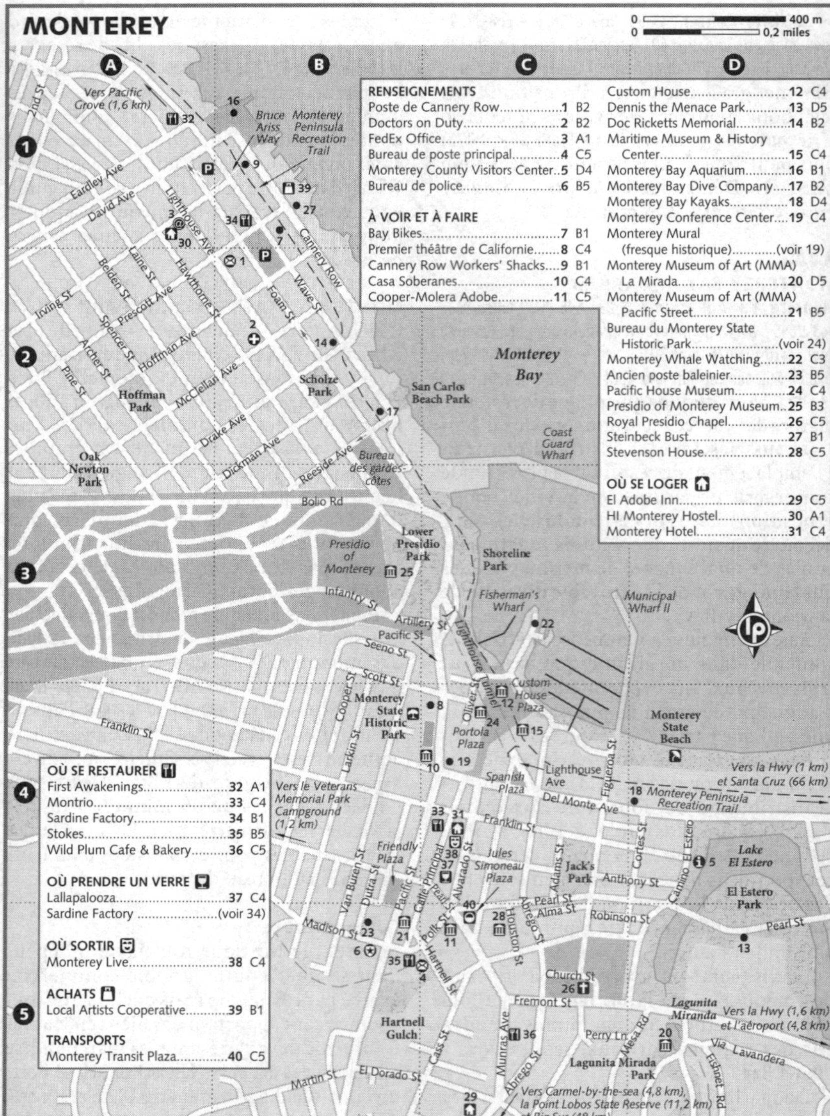

Casa Soberanes

Un beau jardin agrémente le devant de la **Casa Soberanes** (336 Pacific St), érigée en 1842 pendant la dernière période mexicaine. De l'autre côté de Pacific St, la grande mosaïque colorée du **Monterey Mural** orne le centre de conférences de Monterey et retrace l'histoire de la ville.

Larkin House

Thomas Larkin arriva de Nouvelle-Angleterre en 1832 et fit fortune dans le commerce régional alors en plein essor. Sa belle **maison** (angle Calle Principal et Jefferson St) de 1842 est un mélange entre construction en adobe et éléments de la Nouvelle-Angleterre.

Aujourd'hui, on parle de style colonial de Monterey. Pendant la prise de pouvoir des États-Unis, Larkin, alors consul américain à Monterey, joua un rôle important dans la transition entre gouvernement mexicain et gouvernement américain.

Stevenson House

Robert Louis Stevenson vint à Monterey en 1879 pour retrouver sa future femme, Fanny Osbourne. Pendant qu'il écrivait *L'Île au trésor*, il aurait séjourné dans cet édifice, alors appelé French Hotel. Les chambres étaient plutôt rudimentaires. Le **bâtiment** (530 Houston St) de 1840 a été récemment rénové et abrite une superbe collection de souvenirs de Stevenson.

Cooper-Molera Complex

Ce vaste **complexe en adobe** (☎831-649-7111 ; 525 Polk St ; ⌚10h-16h) fut construit entre 1827 et 1900 par John Rogers Cooper (capitaine de navire originaire de Nouvelle-Angleterre et capitaine du port de Monterey) et trois générations de sa famille. Au fil des années, la propriété fut divisée et agrandie et on y ajouta des jardins. Elle fut finalement léguée au National Trust, qui fait en sorte que les horaires d'ouverture soient aussi réguliers que possible. La librairie et les jardins méritent le détour.

AUTRES ÉDIFICES HISTORIQUES

Parmi les autres bâtiments du Path of History, citons la **première maison en brique** de Monterey et un **ancien poste baleinier** (*old whaling station*), remarquable par l'allée couverte de fanons de baleines sur le devant. Les deux bâtiments datent de 1847 et se situent à côté d'Oliver St. En 1844, le **premier théâtre de Californie** (angle Pacific St et Scott St) n'était encore qu'un saloon-auberge ; on dit que les soldats qui logeaient là furent les acteurs des premières productions théâtrales en Californie.

En 1849, la Constitution de l'État de Californie fut rédigée dans le **Colton Hall** (Civic Center dans Pacific Ave), nommé ainsi d'après Walter Colton, aumônier de marine du commodore Sloat (le commodore est un grade de la marine anglaise et américaine, immédiatement inférieur au contre-amiral). À l'étage de ce bel édifice, on a recréé la pièce où le document fut débattu et posé sur papier. À côté s'élève l'**Old Monterey Jail**, la prison décrite dans *Tortilla Flat* de John Steinbeck.

Le **Sherman Quarters** (Pacific St, à côté de Pearl St) est l'œuvre de Thomas Larkin mais doit son nom au général Sherman, héros de la guerre de Sécession, qui vécut ici en 1847. Durant les périodes espagnole et mexicaine de Monterey, la **Royal Presidio Chapel** (Church St), construite en pierre et en adobe en 1795, abritait le quartier général de l'armée. La première église de la mission fut élevée à cet emplacement en 1770, avant d'être déplacée à Carmel. Jusqu'aux années 1820, les remparts du *presidio* entouraient quasiment toute la ville. Avec la croissance de Monterey, les anciens bâtiments furent peu à peu détruits et la chapelle devint le seul témoin de l'existence du *presidio*.

MARITIME MUSEUM

Le **Musée maritime** (☎831-372-2608 ; Stanton Center, 5 Custom House Plaza ; entrée libre ; ⌚10h-17h mar-dim) de Monterey retrace l'histoire maritime de la ville depuis les premiers explorateurs jusqu'au XXe siècle. Les points forts de cette excellente collection : les lentilles de Fresnel du phare de Point Sur, les belles maquettes de bateaux conservées dans des bouteilles et des éléments instructifs sur l'histoire de Monterey, en particulier sur l'essor et le déclin fulgurants de l'industrie de la sardine.

PRESIDIO OF MONTEREY MUSEUM

Ce **musée** (☎831-646-3456 ; Corporal Ewing Rd, Bldg 113 ; entrée libre ; ⌚10h-16h jeu-sam, 13h-16h dim, 10h-13h lun) permet de découvrir l'histoire de Monterey d'un point de vue militaire. Toutes les périodes sont couvertes : indienne, mexicaine et américaine, jusqu'à nos jours. Le musée est situé dans les jardins du fort originel, qui abrite désormais le Defense Language Institute Foreign Language Center.

MONTEREY MUSEUM OF ART

Vu le nombre de galeries en ville, il n'est pas étonnant que Monterey possède un remarquable **musée d'Art** (MMA ; ☎831-372-5477 ; www.montereyart.org ; tarif plein/enfant 5 $/gratuit ; ⌚11h-17h mer-sam, 13h-16h dim), en fait organisé en deux lieux, ouverts aux mêmes horaires et accessibles avec le même billet. L'antenne du **Civic Center** (559 Pacific St) est axée sur les premiers peintres de la Californie et les photographes, dont Ansel Adams (1902-1984) et Edward Weston (1886-1958), qui fondèrent en 1932 le célèbre groupe "f-64".

Le second site occupe **La Mirada** (☎831-372-3689 ; 720 Via Mirada), charmante villa historique dont la structure originale en adobe est bien dissimulée. On y voit surtout une sélection des collections asiatiques (Japon, Chine et Corée, entre autres) du musée. À l'arrière, joli jardin de roses et de rhododendrons.

CANNERY ROW

Les beaux jours de **Cannery Row** (www.canneryrow.com) et de l'industrie de la sardine, principale ressource de Monterey dans la première moitié du XXe siècle, furent immortalisés par John Steinbeck dans son roman éponyme (*Rue de la sardine*, Folio, Gallimard). L'écrivain décrit le quartier en ces termes : "un poème, une puanteur, un bruit irritant, une lumière, un ton, une habitude, une nostalgie, un rêve". Un **buste de Steinbeck** en bronze s'élève en bas de Prescott Ave.

Lorsqu'on expliqua que la surpêche finirait par mettre en péril l'activité, les menaces furent ignorées et les prises atteignirent un pic de 250 000 tonnes en 1945. À peine cinq ans plus tard, ce chiffre s'effondrait à 33 000 tonnes et, en 1951, la plupart des conserveries de sardines avaient fermé, du fait de changements climatiques et de la pêche excessive.

Désormais, Cannery Row est un quartier des plus touristiques, truffé de chaînes de restaurants et de magasins de souvenirs. De rares endroits méritent le coup d'œil, notamment l'aquarium, ou pour les amateurs de personnages en cire, le **Steinbeck's Spirit of Monterey Wax Museum** (☎ 831-375-3770 ; www.wax-museum.com ; 700 Cannery Row ; tarif plein/enfant 7/5 $; 🕑 10h30-19h).

L'histoire du quartier est malheureusement peu mise en valeur, ce qui rend l'aspect commercial encore plus criant. Vous pouvez néanmoins visiter les **Cannery Workers Shacks**, les cabanons des employés de l'industrie de la sardine, au début de la très fleurie Bruce Arliss Way. Des explications sobres vous éclaireront sur le terrible quotidien des ouvriers philippins, japonais et espagnols de l'époque. Un peu plus au sud, le **Dr Ed Rickett's Memorial** (Wave St et Drake St) signale l'endroit où mourut le célèbre biologiste marin, ami de Steinbeck.

FISHERMAN'S WHARF

Comme son vaste homonyme de San Francisco, le petit **port de pêche** de Monterey a tout d'un piège à touristes. Des phoques bruyants investissent régulièrement le quai, qui est aussi le point de départ pour aller observer les baleines (voir ci-contre) ou pêcher en haute mer.

MAZDA RACEWAY LAGUNA SECA

Tout près de la Hwy 68, à mi-chemin entre Monterey et Salinas, le **Mazda Raceway Laguna Seca** (☎ 831-648-5111 ; www.laguna-seca.com) accueille toute l'année des événements qui attirent les amateurs de courses automobiles, de motos et de voitures de collection.

À faire

CYCLOTOURISME ET RANDONNÉE

Paysages de rêves et kilomètres de pistes cyclables : le vélo est une activité très populaire dans la péninsule. Le **Monterey Peninsula Recreational Trail** est une ancienne

LE NATIONAL STEINBECK CENTER

À environ une demi-heure à l'ouest de Monterey, Salinas est la ville de naissance de John Steinbeck (1902-1968), qui quitta l'Université de Stanford sans diplôme mais décrocha par la suite le prix Nobel de littérature. Avec son style truculent, direct et drôle, il saisit à merveille les inquiétudes du prolétariat rural et industriel américain, notamment dans ses romans *Les Raisins de la colère*, *Des souris et des hommes* et *À l'est d'Eden*.

Au milieu de cette vallée fertile, fief et source d'inspiration de Steinbeck, le **National Steinbeck Center** (☎ 831-775-4721 ; www.steinbeck.org ; 1 Main St ; tarif plein/enfant 11/6 $; 🕑 10h-17h) donne vie à ses romans grâce à de courtes vidéos et à des expositions interactives accessibles aux enfants. La pièce maîtresse est Rocinante, la camionnette que Steinbeck conduisit à travers l'Amérique lorsqu'il écrivait *Voyages avec Charlie*. Un intéressant musée de l'agriculture occupe également les locaux.

En août, le **Steinbeck Festival** (www.steinbeck.org) se traduit par quatre jours de films, conférences, concerts, visites et contes. Juste au sud du musée, Main St compte une foule de restaurants et de bars, parmi lesquels First Awakenings, Habanero Cucina Mexicana et Monterey Coast Brewing Co.

ligne ferroviaire désormais goudronnée, qui longe le bord de mer sur 29 km, à l'abri des voitures, de Lovers Point à Pacific Grove, jusqu'à Seaside, via le centre-ville et Cannery Row à Monterey.

Beaucoup de cyclistes effectuent les 32 km aller-retour jusqu'à Carmel, le long de 17-Mile Drive (p. 199). Une boucle de 80 km le long de la côte, en passant par Salinas, est également envisageable.

Pour glaner cartes et conseils, direction **Bay Bikes** (☎ 831-655-2453 ; www.baybikes.com ; 585 Cannery Row), où l'on peut acheter, faire réparer ou louer un vélo (à partir de 8 $/heure).

OBSERVATION DES BALEINES

On peut voir des baleines au large de Monterey presque toute l'année. La saison des baleines bleues et des baleines à bosse s'étale de mai à novembre, celle des baleines grises de mi-décembre à avril. Les bateaux de **Monterey Whale Watching** (☎ 831-372-2203 ; www.montereywhalewatching.com ; 96 Old Fisherman's Wharf ; tarif plein/enfant 40/30 $) effectuent deux fois par jour des circuits de 2 heures 30.

PLONGÉE ET SNORKELING

Après la visite du Monterey Bay Aquarium, certains brûleront d'envie d'aller explorer les fonds marins et, de fait, les plongeurs viennent des quatre coins de la planète. Parmi les meilleures possibilités, citons un site au large de San Carlos Beach, juste à côté du Coast Guard Wharf à Monterey, Lovers Point à Pacific Grove et la Point Lobos State Reserve (p. 196).

Excellente adresse pour organiser une séance de plongée ou de snorkeling, la **Monterey Bay Dive Company** (☎ 831-656-0454 ; www.mbdcscuba.com ; 225 Cannery Row) loue du matériel (équipement de plongée/snorkeling 80 $/39 $), propose des cours de préparation à l'obtention du brevet PADI (300 $), ainsi que des séances de plongée guidées (à partir de 59 $). On peut aussi vous indiquer où pratiquer le snorkeling dans des criques peu profondes de la baie.

SURF ET KAYAK

La péninsule compte quelques splendides spots de surf, rarement adaptés aux débutants cependant. Les courants puissants, les vagues imprévisibles et les requins sont autant de risques à ne pas négliger. Les surfeurs locaux affirment que les meilleures vagues (et les plus régulières) sont à Asilomar State Beach (Pacific Grove) et Moss Landing (au nord de Monterey). Pour louer du matériel de surf, allez chez **On the Beach** (☎ 831-646-9283 ; http://onthebeachsurfshop.com ; 693 Lighthouse Ave), à côté de Cannery Row.

Monterey Bay Kayaks (☎ 800-649-5357 ; www.montereybaykayaks.com ; 693 Del Monte Ave) loue des kayaks et des canoës partir de 30 $/jour. Des cours et des circuits nature sont organisés le week-end.

Fêtes et festivals

Castroville ArtichokeFestival (☎ 831-633-2465 ; www.artichoke-festival.org). Sculptures "potagères", démonstrations culinaires et visites des champs d'artichauts à la mi-mai.

Monterey County Fair (☎ 831-372-5863 ; www.montereycountyfair.com). Carnaval à l'ancienne, concours de dégustation de vins et concerts à la mi-août.

Monterey Jazz Festival (☎ 831-275-9255 ; www.montereyjazzfestival.org). L'un de principaux festivals de jazz des États-Unis.

Où se loger

Les tarifs indiqués ci-après correspondent à la haute saison estivale. Pour un hébergement simple, des motels économiques indépendants ou appartenant à des chaînes s'égrènent le long de Munras Ave, au sud du centre, et de N Fremont St, à l'est de la Hwy 1.

Veterans Memorial Park Campground (carte p. 202 ; ☎ 831-646-3865 ; empl tente sans/avec voiture 5/25 $). Ce camping municipal en forêt compte 40 emplacements herbeux bien entretenus, des douches chaudes, de l'eau potable et des espaces pour faire du feu. Pas de réservations.

HI Monterey Hostel (☎ 831-649-0375 ; www.montereyhostel.org ; 778 Hawthorne St. Monterey ; dort 25-28 $, ch 59-91 $, tous avec sdb commune ; réception 8h-22h ;). Une auberge de jeunesse propre et sans prétention à quatre rues de Cannery Row, parfaite pour les voyageurs petit budget. Réservations fortement conseillées. Prenez le bus MST n°1 dans le centre au Transit Plaza.

Monterey Hotel (☎ 831-375-3184, 800-966-6490 ; www.montereyhotel.com ; 406 Alvarado St, Monterey ; ch 159-319 $; P 7 $;). En plein centre-ville, ce majestueux établissement de 1904 renferme de petites chambres fraîchement rénovées mais un peu bruyantes, avec des copies de meubles victoriens. Pas d'ascenseur. Réservez en ligne pour bénéficier de réductions.

Sanctuary Beach Resort (☎ 831-883-9478, 877-944-3863 ; www.thesanctuarybeachresort.com ; 3295 Dunes Dr, Marina ; ch 189-369 $;). Laissez-vous bercer par les vagues dans ce bâtiment bas caché parmi les dunes au nord de Monterey. Les chambres à l'intérieur d'une maison de ville ont une cheminée, une kitchenette et des jumelles pour observer les baleines. La plage est interdite d'accès car classée réserve naturelle, mais d'autres se trouvent à proximité, de même que des sentiers de randonnée.

Où se restaurer et sortir

D'autres restaurants, bars, cinémas et lieux de concert bordent Alvarado St, dans le centre, et Cannery Row.

First Awakenings (☎ 831-372-1125 ; American Tin Cannery, 125 Oceanview Blvd, Pacific Grove ; 7h-14h lun-ven, jusqu'à 14h30 sam et dim ; plats 5-11 $;). Des petits-déjeuners salés ou sucrés, des déjeuners créatifs et du café à volonté, voilà ce qui fait l'intérêt de ce lieu caché près de l'aquarium.

Montrio Bistro (☎ 831-648-8880 ; 414 Calle Principal, Monterey ; plats 5-10 $, plats 14-38 $; 16h30-22h dim-jeu, jusqu'à 23h ven et sam ;). Dans une caserne de pompiers datant de 1910, ce restaurant à l'allure sophistiquée affiche une nouvelle cuisine américaine souvent à base de produits bio de provenance locale. Les enfants peuvent dessiner sur les tables recouvertes de papier kraft.

Également recommandés :

Wild Plum Cafe & Bakery (☎ 831-646-3109 ; 731 Munras Ave, Monterey ; plats 6-11 $; 7h-18h30 mar-ven, jusqu'à 17h lun et sam ;). Un café en terrasse qui sert des petits-déjeuners avec des œufs bio, des soupes maison et des sandwichs.

East Village Coffee Lounge (☎ 831-373-5601 ; 498 Washington St, Monterey ; plats 2-6 $; 6h à tard lun-ven, 7h à tard sam et dim). Un café aux lignes épurées où l'on peut boire de l'alcool et écouter des concerts. Soirées projection de film et DJ.

Achats

Même si vous vous réservez pour les galeries de Carmel et les boutiques originales de Santa Cruz, faites un passage par la **Local Artists Cooperative** (☎ 831-655-1267 ; 425 Cannery Row), juste en dehors de la zone touristique. Trente artistes locaux aux talents très variés se sont associés et vendent leurs œuvres à des prix raisonnables. Certains travaillent sur place.

Depuis/vers Monterey

Le **Monterey Peninsula Airport** (MRY ; ☎ 831-648-7000 ; Olmsted Rd) gère les vols d'American Eagle (Los Angeles), America West (Las Vegas et Phoenix) et United Express (Los Angeles, San Francisco et Denver). Il se situe à 6,5 km au sud-ouest du centre-ville, au bord de la Hwy 68.

Monterey/Salinas Airbus (☎ 831-373-7777 ; www.montereyairbus.com) circule entre Monterey/Salinas et les aéroports de San Jose et San Francisco, plusieurs fois par jour (30 à 40 $).

Si vous ne souhaitez pas prendre l'avion et que vous n'êtes pas motorisé, il est plus difficile de visiter la péninsule de Monterey, car Greyhound ne dessert plus la région. Le mieux est de prendre un bus Greyhound ou un train Amtrak jusqu'à Salinas (p. 206), 27 km à l'est de Monterey, puis de prendre un bus local Monterey-Salinas Transit (MST). Il est également possible de relier Santa Cruz et Monterey en quelques heures, à bord des bus locaux. Prenez le Santa Cruz Metro (p. 210) jusqu'au Watsonville Transfer Center puis empruntez le MST bus n°27.

Monterey est à 192 km au sud de San Francisco (parcours lent et pittoresque par la Hwy 1, plus rapide via les Hwys 101 et 156). Les principales agences de location de voitures ont toutes des bureaux à l'aéroport.

Comment circuler

Les lignes de bus régionales exploitées par **Monterey-Salinas Transit** (☎ 831-899-2555, 888-678-2871 ; www.mst.org ; trajet simple/forfait à la journée à partir de 2,50/6 $) convergent au **Transit Plaza** (angle Pearl St et Alvarado St). Elles desservent entre autres Salinas, Carmel et, en été, Big Sur. Durant la période estivale, des trams gratuits parcourent le centre-ville, Fisherman's Wharf et Cannery Row dans la journée.

SANTA CRUZ

Santa Cruz est le point de rencontre entre la culture balnéaire de la Californie du Sud et la contre-culture de la Californie du Nord. La population estudiantine de l'University of California Santa Cruz (UCSC) rend cette ville de vieille tradition radicale plus juvénile, branchée et politiquement plus à gauche que la Silicon Valley au nord, par-delà les montagnes couvertes de forêts de séquoias. Certains s'inquiètent de la voir perdre son excentricité, mais si l'on en juge par le spectacle le long de Pacific Ave, l'axe principal, il n'y a pas trop de souci à se faire...

Pour profiter de la plage et de la promenade en planches, dirigez-vous vers le sud.

Le **Visitor Center** (☎ 831-425-1234, 800-833-3494 ; www.santacruzca.org ; 1211 Ocean St ; ⏲ 9h-17h lun-ven, 10h-16h sam, 11h-15h dim) vous aidera à trouver un hébergement.

KPIG (107.5 FM) diffuse une programmation musicale typique de Santa Cruz, à savoir Bob Marley, Janis Joplin, Willie Nelson et consorts.

À voir et à faire

Construit en 1907, le **Boardwalk** (☎ 831-423-5590 ; www.beachboardwalk.com ; 400 Beach St ; manèges 2,25-4,50 $, forfait journée 30 $; ⏲ tlj du dernier lun de mai au 1er lun de sept, horaires variables hors saison), libre d'accès, abrite le plus ancien parc d'attraction de la Côte Ouest. Ses montagnes russes en bois Giant Dipper datent de 1924, son manège Looff de 1911.

À 2,5 km à l'ouest sur la route côtière, le petit **Surfing Museum** (☎ 831-420-6289 ; www.santacruzsurfingmuseum.org ; 701 W Cliff Dr ; don apprécié ; ⏲ 12h-16h jeu-lun sept-juin, 10h-17h mer-lun juil et août) expose dans un vieux phare d'antiques planches de surf en séquoia et une kyrielle d'objets liés à ce sport. Il donne sur deux spots de surf réputés, **Steamers Lane** et **Cowells**, respectivement destinés aux experts et aux débutants.

Plus à l'ouest, la **Natural Bridges State Beach** (☎ 831-423-4609 ; 10 $ par voiture ; ⏲ 8h au coucher du soleil ; 👪) termine l'itinéraire touristique, à 5,5 km de la jetée. On peut y voir bassins de marée et arbres touffus où des papillons monarque hibernent de mi-octobre à fin février. Non loin, le **Seymour Center at Long Marine Lab** (☎ 831-459-3800 ; www2.ucsc.edu/seymourcenter ; près de Delaware Ave ; tarif plein/étudiant 6/4 $; ⏲ 10h-17h mar-sam, 12h-17h dim ; 👪) de l'UCSC présente de sympathiques installations interactives pour les enfants.

Ce n'est pas sans raison que Santa Cruz répond au surnom de "Surf City". La **Richard Schmidt Surf School** (☎ 831-423-0928 ; www.richardschmidt.com ; cours de 2 heures 80 $) dispense des cours et fournit le matériel. Pour de bons conseils dispensés par des professionnels, il faut rejoindre à l'est Capitola. Le **Paradise Surf Shop** (☎ 831-462-3880 ; www.paradisesurf.com ; 3961 Portola Dr ; location de combinaison/planche de surf 10/20 $, cours de 2 heures 100 $; ⏲ 10h-18h lun-ven, 9h-18h sam et dim), tenu par une équipe féminine, et l'**O'Neill Surf Shop** (☎ 831-475-4151 ; www.oneill.com ; 1115 41st Ave ; location de combinaison/planche de surf 10/20 $; ⏲ 9h-20h lun-ven, 8h-20h sam et dim), de renommée internationale, sont deux adresses fiables. Sinon, partez explorer la côte escarpée avec **Venture Quest** (☎ 831-427-2267 ; www.kayaksantacruz.com ; 2 Santa Cruz Wharf ; location/circuits/cours de kayak à partir de 30/55/70 $; ⏲ 10h-19h lun-ven, 9h-19h juin-sept, horaires variables hors saison ; 👪), qui propose des circuits guidés en kayak dans les grottes marines et pour observer les baleines, notamment à Elkhorn Slough et Point Lobos (p. 196).

Dans les montagnes, à 45 minutes en voiture au nord de Santa Cruz par la Hwy 9 et la Hwy 236, le **Big Basin Redwoods State Park** (☎ 831-338-8860 ; www.bigbasin.org ; 10 $ par voiture ; ⏲ 6h-22h) protège 10 000 ha de forêt de séquoias et 130 km de sentiers, dont l'un descend à pic jusqu'au Pacifique. Plus près de la ville, des chemins en bordure de rivière sillonnent les forêts de séquoias primaires de l'**Henry Cowell Redwoods State Park** (☎ 831-438-2396 ; 10 $ par voiture ; ⏲ lever au coucher du soleil). Le parc se situe à proximité de Felton, le terminus du **Roaring Camp Railroads** (☎ 831-335-4484 ; www.roaringcamp.com ; tarif plein/enfant à partir de 20/14 $; ⏲ horaires variables ; Ⓟ 7 $) qui exploite un train à vapeur montant à travers la forêt et un train standard au départ du Boardwalk de Santa Cruz.

Où se loger

Les prix des chambres grimpent en été. Pour les motels, prospectez du côté d'Ocean St, proche du centre, et de Mission St, aux abords du campus de l'UCSC. Les **campings** (empl tente/camping-car 35-65/65 $) des parcs d'État aménagés sur les plages au sud de la ville, près de la Hwy 1, ou en amont dans les forêts de séquoias (voir ci-dessus), peuvent faire l'objet de **réservations** (☎ 800-444-7275 ; www.reserveamerica.com).

HI Santa Cruz Hostel (☎ 831-423-8304 ; www.hi-santacruz.org ; 321 Main St ; dort 25-28 $, ch 60-100 $, tous avec sdb commune ; ⏲ réception 8h-11h et 17h-22h ; 💻). Les voyageurs à petit budget apprécient cette adorable auberge de jeunesse de Carmelita Cottages, dans un jardin fleuri à deux rues de la plage. Attention : couvre-feu à 23h. Réservez.

Redwood Croft (☎ 831-458-1939 ; www.redwoodcroft.com ; 275 Northwest Dr, Bonny Doon ; ch avec petit-déj 145-230 $; 👪). Dans la montagne à 25 minutes en voiture, ce B&B rural au cachet d'autrefois constitue un retour à la nature revigorant. Hamacs, cheminées, Jacuzzi et trampoline pour les enfants.

Adobe on Green B&B (☎ 831-469-9866 ; www.adobeongreen.com ; 103 Green St ; ch avec petit-déj 149-199 $; 📶). Calme et sérénité sont ici les maîtres mots. Si les propriétaires demeurent pratiquement invisibles, tout a été pensé pour le bien-être des hôtes, des chambres élégantes et spacieuses à énergie solaire dignes d'un hôtel de charme au petit-déj copieux issu du jardin bio.

Pleasure Point Inn (☎ 831-475-4657 ; www.pleasurepointinn.com ; 23665 E Cliff Dr ; ch avec petit-déj 250-295 $;). Réalisez votre rêve balnéaire californien en logeant dans l'une des chambres contemporaines aux lignes claires avec parquet, Jacuzzi, kitchenette et terrasse privative. Vue à couper le souffle depuis le toit.

Où se restaurer et prendre un verre

Le centre, en particulier Pacific Ave, regorge de cafés, médiocres pour la plupart. Mission St, près du campus de l'UCSC, abrite des restaurants de plats à emporter et de cuisine ethnique.

Tacos Moreno (☎ 831-429-6095 ; 1053 Water St ; plats 2-6 $; 11h-20h). Qu'importe la longueur de la file d'attente à l'heure du déjeuner quand on est sûr de déguster des tacos moelleux au porc, bœuf ou poulet et de succulents burritos bien garnis.

Emily's (☎ 831-429-9866 ; 1129 Mission St ; plats 2-7 $; 5h30-18h lun-ven, 6h30-18h sam et dim). Arrêtez-vous pour dévorer des scones au cheddar tout chauds ou la formule soupe-salade du jour dans la véranda ombragée au bord d'un ruisseau.

Engfer Pizza Works (☎ 831-429-1856 ; 537 Seabright Ave ; pizzas 8-23 $; 16h-21h30 mar-dim ;). Cette ancienne usine où les pizzas sont cuites au feu de bois avec amour mérite le détour. La spécialité maison anonyme évoque presque une salade géante sur du pain grillé. La table de ping-pong et les bières artisanales à la pression permettent de patienter agréablement.

Où prendre un verre et sortir

Pacific Ave, dans le centre, compte de nombreux bars, lieux de concert, cinémas et cafés. L'hebdomadaire gratuit *Santa Cruz Weekly* publie la liste des manifestations.

Le **Kuumbwa Jazz Center** (☎ 831-427-2227 ; www.kuumbwajazz.org ; 320 Cedar St ; horaires variables) reçoit de grosses pointures du jazz. **Moe's Alley** (☎ 831-479-1854 ; www.moesalley.com ; 1535 Commercial Way ; 16h-2h mar-dim) programme, du jazz, du blues et des musiques du monde dans un cadre chaleureux et intime. Avec sa véranda luxuriante, le **Caffe Pergolesi** (☎ 831-426-1775 ; 418 Cedar St ; 7h-23h ;) est l'endroit bobo où refaire le monde devant un café corsé, un jus de fruits bio ou une bière.

MYSTERY SPOT

Le **Mystery Spot** (☎ 831-423-8897 ; www.mysteryspot.com ; près de Branciforte Dr ; 5 $; 10h-17h sept-mai, 10h-18h lun-ven, 9h-19h sam et dim juin-août ; P 5 $), un piège à touristes kitsch et vieillot à 5 km au nord de Santa Cruz, a peu évolué depuis 1940. Sur le versant pentu d'une colline, les boussoles semblent s'affoler, des forces mystérieuses s'exercent et les bâtiments penchent à des angles improbables. Réservez sous peine de devoir attendre et, surtout, ne repartez pas sans votre autocollant souvenir.

Comment s'y rendre et circuler

Le réseau de bus exploité par **Santa Cruz Metro** (☎ 831-425-8600 ; www.scmtd.com ; trajet simple/forfait journée 1,50/4,50 $) couvre la région depuis le **Metro Center** (920 Pacific Ave). À proximité, les bus **Greyhound** (☎ 831-423-1800 ; 425 Front St) assurent des liaisons fréquentes avec San Francisco (21 $, 3 heures) et Los Angeles (55 $, 9 heures).

DE SANTA CRUZ À SAN FRANCISCO

Bien plus pittoresque que tout autre autoroute, la sinueuse Hwy 1 qui longe la côte sur quelque 110 km est bordée de plages sauvages, de stands de produits agricoles bio et de villages maritimes disséminés dans la nature.

À 32 km au nord de Santa Cruz, l'**Año Nuevo State Natural Reserve** (☎ 650-879-0227 ; 10 $ par voiture ; 8h30-15h30 avr-nov, par réservation uniquement mi-déc à mi-mars) abrite la plus importe colonie d'éléphants de mer du nord au monde. Téléphonez à l'avance pour participer au **circuit pédestre** (☎ 916-638-5883, 800-444-4445 ; 7 $/pers) de 2 heures (5 km) qui se déroule l'hiver durant la bruyante saison des amours et des naissances. Plus au nord, sur un paisible promontoire rocheux du littoral battu par les vents, le **HI Pigeon Point Lighthouse Hostel** (☎ 650-879-0633 ; dort 23-28 $, ch 53-118 $; check-in 15h30-22h30 ;) garanti écologique occupe une maison de gardien de phare. Vu sa popularité, mieux vaut réserver.

À 8 km au nord, la **Pescadero State Beach & Marsh Natural Preserve** (☎ 650-879-2170 ; 10 $ par voiture ; 8h au coucher du soleil) séduit les amateurs de plage et d'ornithologie. Dans le village de Pescadero juste à l'intérieur des terres, la **Duarte's Tavern** (☎ 650-879-0464 ; 202 Stage Rd ; plats au dîner 25-40 $; 7h-21h) prépare un potage d'artichauts crémeux et une tarte aux *olalliberries* (sortes de mûres) réputés. Le pâtissier-traiteur **Arcangeli Grocery Co** (650-879-0147 ; 287 Stage Rd ; 10h-18h) et la fromagerie familiale **Harley Farms Cheese Shop** (650-879-0480 ; 250 North St ; 11h-17h) fournissent de quoi pique-niquer. Enfin, on peut planter sa tente dans un canyon planté de séquoias au **Butano State Park** (réservations 800-444-7275 ; www.reserveamerica.com ; empl tente 35 $), 8 km au sud-est via Cloverdale Rd,

À moins de 32 km au nord, l'attrayante **Half Moon Bay State Beach** (650-726-8819 ; 10 $ par voiture, empl tente 35-50 $), une plage de 6,5 km pourvue d'emplacements de camping spartiates, ourle le site fréquenté Half Moon Bay. Face à l'océan, le luxueux **Inn at Mavericks** (650-728-1572 ; www.innatmavericks.com ; 364 Princeton Ave ; ch 185-245 $;) loue des chambres spacieuses et romantiques, la plupart équipées d'une profonde baignoire de relaxation. Il donne sur Pillar Point Harbor, qui possède une brasserie correcte dont la terrasse offre une vue sur le soleil couchant. De meilleurs cafés, restaurants et boutiques en tout genre jalonnent les cinq pâtés de maisons pittoresques de Main St, en allant vers l'intérieur des terres depuis la Hwy 1.

À 8 km au nord, suivez les panneaux jusqu'à la **Moss Beach Distillery** (650-728-5595 ; 140 Beach Way ; amuse-gueule 11-16 $; 12h-20h30 lun-jeu, 12h-21h ven et sam, 11h-20h30 dim), une adresse intemporelle où l'on déguste de bons *fish-and-chips*. La terrasse face à la mer invite à prendre un verre, surtout au coucher du soleil. À 3 km de là, l'**HI Point Montara Lighthouse Hostel** (650-728-7177 ; Hwy 1 et 16th St ; dort 23-28 $, ch 63-114 $; check-in 15h30-22h30 ;), une auberge de jeunesse écologique vaste et claire, comporte une plage privée ; réservation impérative. Il ne reste plus ensuite que 40 km à parcourir pour rallier San Francisco via Devil's Slide.

SAN FRANCISCO ET LA RÉGION DE LA BAIE

SAN FRANCISCO

Alors qu'un défilé de petits chiens costumés passe devant des maisons victoriennes aux couleurs acidulées, un prophète des rues récite de la poésie beatnik au mégaphone et des skaters interrompent leurs prouesses un instant pour admirer un pont orange se détachant dans le brouillard. Cet endroit surréaliste existe bel et bien : il s'appelle San Francisco, ville où l'Orient rencontre l'Occident et où la réalité se mêle à la fiction.

Les drogues psychédéliques, les technologies de pointe, l'activisme gay, le militantisme vert, la liberté d'expression et l'expérimentation culinaire sont depuis longtemps devenus choses courantes à San Francisco. Aventurière dans l'âme, la ville a plusieurs fois tout perdu, hormis son esprit frondeur, que ce soit avec la fin brutale de la Ruée vers l'or ou l'explosion de la bulle Internet, sans parler des séismes et des incendies. Aujourd'hui, tomber la chemise semble être devenu l'un des passe-temps favoris des habitants, notamment lors de la Bay to Breakers, course à pied où les vêtements sont facultatifs, de la Gay Pride ou des jours de beau temps sur la plage naturiste à l'extrémité nord de Baker Beach. Inutile de jouer les timides : dans ce vivier d'excentriques, personne ne fera attention à votre tenue ou à votre aspect physique. Adieu inhibitions, bonjour San Francisco !

Histoire

San Francisco est née en 1848. Bien que des Indiens aient peuplé la péninsule pendant au moins six siècles et que les Espagnols se soient installés en 1769, ce ne fut qu'en 1848 qu'elle connut la prospérité. Et pour cause : en l'espace de quelques jours, le Mexique céda la Californie aux États-Unis et de l'or fut découvert au pied de la Sierra Nevada. Cet avant-poste délaissé se transforma alors, en un clin d'œil, en une ville américaine renommée entre toutes. En un an, la population passa de 800 à 25 000 habitants, riches pour la plupart, l'espace d'un après-midi du moins. Car rien ne manquait pour faire s'évanouir en un rien de temps la soudaine fortune d'un mineur dispendieux : casinos, saloons, lupanars, fumeries d'opium. "Barbary Coast" (l'actuel quartier de Jackson Square) était un haut lieu de la criminalité où des marins se faisaient régulièrement agresser et voler.

En 1850, la Californie accédait au rang d'État des États-Unis. Dès lors, les autorités de San Francisco cherchèrent à imposer le respect de l'ordre public aux 200 saloons, ainsi qu'aux maisons closes et aux salles de jeux. En 1854, un mouvement de panique s'empara de la ville lorsque l'Australie inonda le marché en or. La colère américaine se tourna de manière irrationnelle vers la communauté chinoise, victime d'émeutes racistes et de lois

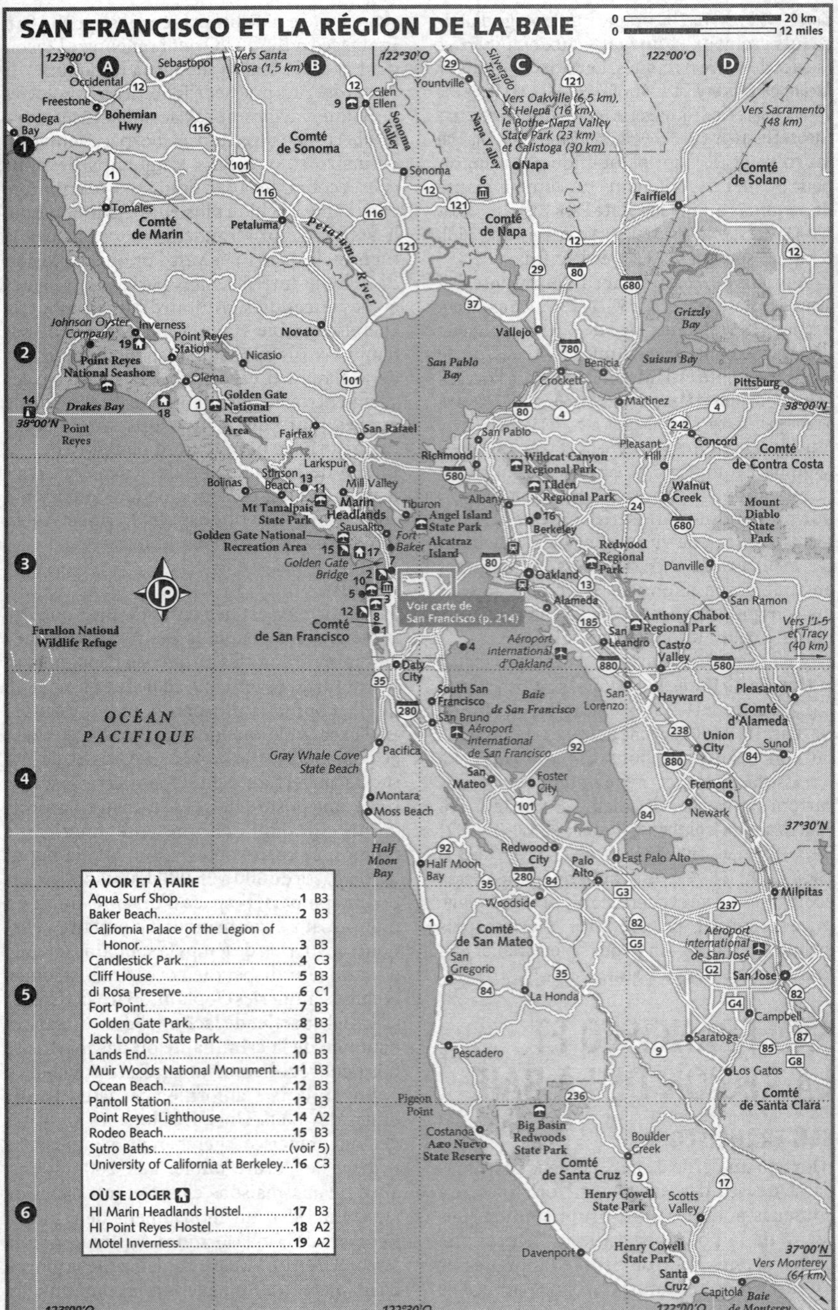
SAN FRANCISCO ET LA RÉGION DE LA BAIE
0 20 km
0 12 miles
123°00'O
122°30'O
122°00'O
38°00'N
37°30'N
37°00'N
A
B
C
D
1
2
3
4
5
6
Vers Santa Rosa (1,5 km)
Vers Oakville (6,5 km), St Helena (16 km), le Bothe-Napa Valley State Park (23 km) et Calistoga (30 km)
Vers Sacramento (48 km)
Vers I-5 et Tracy (40 km)
Vers Monterey (64 km)
Sebastopol
Occidental
Freestone
Bodega Bay
Bohemian Hwy
Glen Ellen
Yountville
Silverado Trail
Sonoma Valley
Napa Valley
Comté de Sonoma
Sonoma
Napa
Comté de Solano
Fairfield
Tomales
Comté de Marin
Petaluma
Petaluma River
Comté de Napa
Grizzly Bay
Suisun Bay
Johnson Oyster Company
Inverness
Point Reyes Station
Novato
Vallejo
Point Reyes National Seashore
Nicasio
San Pablo Bay
Benicia
Crockett
Pittsburg
Olema
Golden Gate National Recreation Area
Martinez
Drakes Bay
Point Reyes
Fairfax
San Rafael
San Pablo
Concord
Pleasant Hill
Richmond
Wildcat Canyon Regional Park
Comté de Contra Costa
Larkspur
Tilden Regional Park
Bolinas
Stinson Beach
Mill Valley
Walnut Creek
Mt Tamalpais State Park
Marin Headlands
Tiburon
Albany
Angel Island State Park
Mount Diablo State Park
Sausalito
Berkeley
Golden Gate National Recreation Area
Fort Baker
Alcatraz Island
Redwood Regional Park
Golden Gate Bridge
Oakland
Danville
Voir carte de San Francisco (p. 214)
Alameda
San Ramon
Farallon National Wildlife Refuge
Comté de San Francisco
Anthony Chabot Regional Park
San Leandro
Castro Valley
Aéroport international d'Oakland
Daly City
South San Francisco
Baie de San Francisco
San Lorenzo
Hayward
Pleasanton
OCÉAN PACIFIQUE
San Bruno
Aéroport international de San Francisco
Comté d'Alameda
Union City
Sunol
Gray Whale Cove State Beach
Pacifica
San Mateo
Foster City
Fremont
Montara
Moss Beach
Newark
Half Moon Bay
Redwood City
Palo Alto
East Palo Alto
Half Moon Bay
Woodside
Milpitas
Comté de San Mateo
Aéroport international de San José
San Gregorio
San Jose
La Honda
Campbell
Saratoga
Pescadero
Los Gatos
Comté de Santa Clara
Pigeon Point
Big Basin Redwoods State Park
Costanoa
Año Nuevo State Reserve
Boulder Creek
Comté de Santa Cruz
Henry Cowell State Park
Scotts Valley
Davenport
Santa Cruz
Capitola
Baie de Monterey
À VOIR ET À FAIRE
Aqua Surf Shop ... 1 B3
Baker Beach ... 2 B3
California Palace of the Legion of Honor ... 3 B3
Candlestick Park ... 4 C3
Cliff House ... 5 B3
di Rosa Preserve ... 6 C1
Fort Point ... 7 B3
Golden Gate Park ... 8 B3
Jack London State Park ... 9 B1
Lands End ... 10 B3
Muir Woods National Monument ... 11 B3
Ocean Beach ... 12 B3
Pantoll Station ... 13 B3
Point Reyes Lighthouse ... 14 A2
Rodeo Beach ... 15 B3
Sutro Baths ... (voir 5)
University of California at Berkeley ... 16 C3
OÙ SE LOGER
HI Marin Headlands Hostel ... 17 B3
HI Point Reyes Hostel ... 18 A2
Motel Inverness ... 19 A2

anti-Chinois qui ne furent abrogées qu'en 1945. À partir des années 1860, les *robber barons* entreprirent la dangereuse construction de voies ferrées en dynamitant, creusant et déboisant le Golden West, tandis qu'ils faisaient construire de majestueuses demeures à Nob Hill au-dessus de Chinatown.

Mais les hautes ambitions de la ville et sa vingtaine de salles de théâtre s'effondrèrent lors du séisme et du grand incendie de 1906, qui firent plus de 3 000 morts, 100 000 sans-abri et laissèrent une grande partie de la ville à l'état de décombres. Les troupes de théâtre et les divas de l'opéra se produisirent gratuitement au milieu des ruines encore fumantes, ressuscitant une tradition du spectacle qui se poursuit encore aujourd'hui. Des travaux publics ambitieux se poursuivirent durant les années 1930, période à laquelle Diego Rivera, Frida Kahlo et autres muralistes subventionnés lancèrent la tradition de la peinture politique de gauche, visible à travers plus de 250 fresques de Mission.

La Seconde Guerre mondiale apporta de grands changements à San Francisco, notamment grâce aux femmes et aux Afro-Américains travaillant sur les chantiers navals, qui furent à l'origine d'un nouveau boom économique. Dans un autre registre, le décret présidentiel 9066 de Franklin Delano Roosevelt ordonna l'internement de l'importante communauté nippo-américaine de la ville. S'ensuivit une bataille juridique de 40 ans, qui aboutit à des excuses sans précédent de la part du gouvernement américain. San Francisco devint un terrain d'expérimentation pour les droits civils et la liberté d'expression, notamment grâce au poète Lawrence Ferlinghetti, de la librairie City Lights Bookstore, qui se battit en 1957 contre la censure touchant le poème *Howl* d'Allen Ginsberg.

En expérimentant à des fins militaires une nouvelle drogue baptisée LSD, la CIA ignorait qu'elle allait faire de l'un de ses "cobayes", Ken Kesey, auteur de *Vol au-dessus d'un nid de coucous*, l'un des chantres du psychédélisme des années 1960. Dans les années 1970, le *Summer of Love* vit la mise en pratique des idéaux hippies à Haight, l'apparition d'une communauté gay décomplexée à Castro et la diffusion dans tout le pays d'une cuisine californienne et de coopératives bio prônant le "retour à la nature".

Les années 1980 furent marquées par l'hypertrophie des marchés boursiers et les pertes dévastatrices dues au sida, mais la ville devint dès le début des années 1990 un modèle en matière de prévention et de traitement de la maladie. Quand d'autres villes californiennes rejettent systématiquement les sans-abri en fermant les cliniques et en interdisant de s'asseoir sur les trottoirs, San Francisco les accueille tous (vétérans du Vietnam, fugueurs, toxicomanes…) et tente de soulager ces accidentés de la vie.

Dans les années 1990, la population bobo et cyberpunk de la ville apporta un peu de fraîcheur et de fantaisie dans la Silicon Valley, générant une bulle technologique qui a éclaté dans les années 2000 – après avoir amené nombre de créatifs tatoués au pays des capitalistes en col blanc. Mais les loyers et les espoirs n'ont jamais vraiment désenflé. La population libertaire emblématique de San Francisco se cramponne à ses baux tandis que les prix de l'immobilier augmentent, que le Web 2.0 prend son envol et que les biotechnologies gagnent du terrain. Vous arriverez donc à San Francisco au moment même où la ville se lance dans de nouvelles aventures.

Orientation

San Francisco occupe la langue de terre qui s'étire dans l'océan Pacifique. La ville (11 km sur 11 km) s'organise selon un plan en damier, mais l'artère principale du centre, Market St, court en diagonale. Au sud de cette dernière, le quartier de South of Market (SoMa), composé d'anciens entrepôts et de galeries, se caractérise par son hédonisme. Au nord de Market St s'étend le Financial District (FiDi), et plus au nord, le quartier de North Beach.

À mesure que l'on s'approche de l'océan, l'ambiance se fait plus animée et excentrique. Les quartiers présentent des décors différents, des façades aux finitions pseudo-toscanes de North Beach aux maisons exubérantes aux toits en pagode de Chinatown sur Columbus St, qui pointe vers le nord, en direction des otaries de Fisherman's Wharf. À l'ouest, dévalant les collines, s'étirent les quartiers huppés de Nob Hill et Russian Hill pour atteindre la zone marchande et de loisirs qu'est Union Square, puis, encore plus bas, les ruelles sombres de Tenderloin.

La grande misère de Tenderloin côtoie les ambitions démesurées de Civic Center et la "ligne de démarcation" est/ouest formée par Van Ness Ave. En suivant Van Ness vers le sud, on arrive dans le quartier tendance de Mission, reconnaissable à ses camions à tacos

SAN FRANCISCO

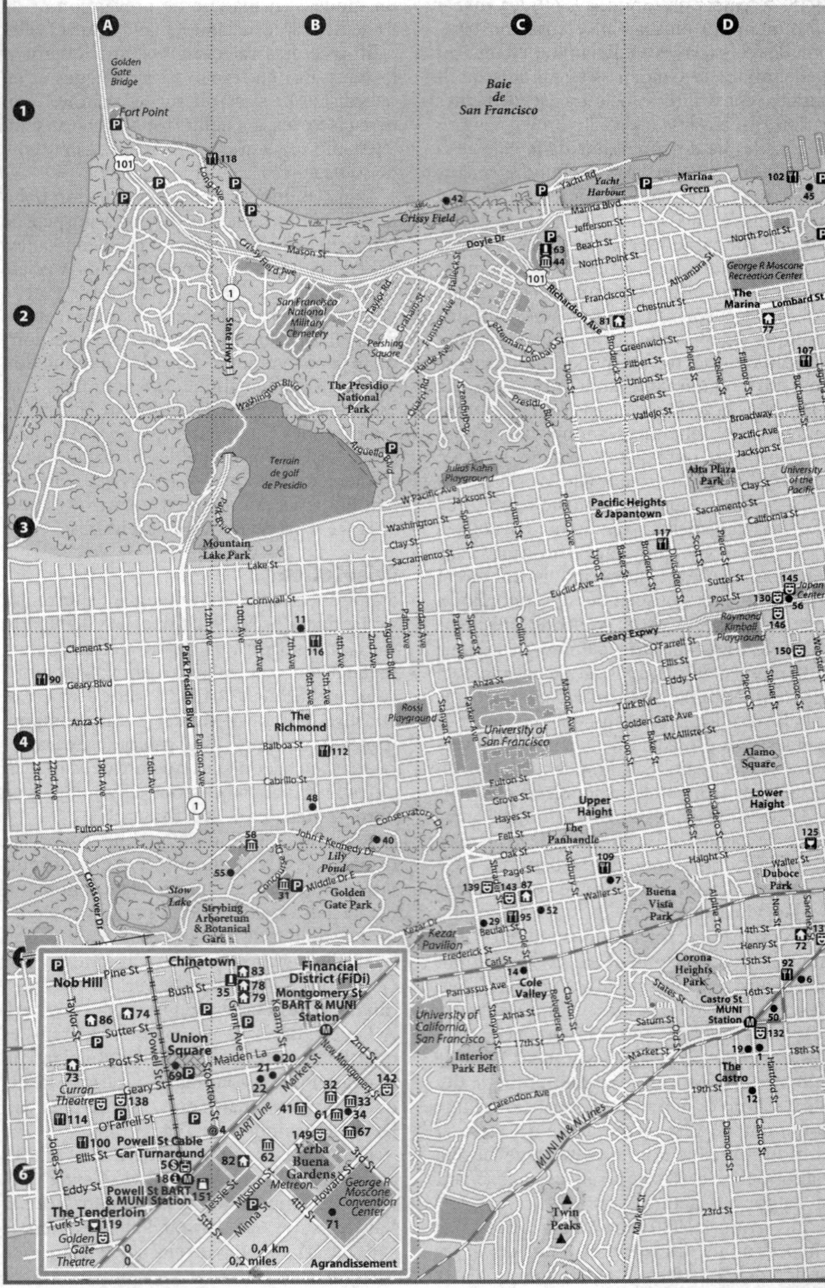

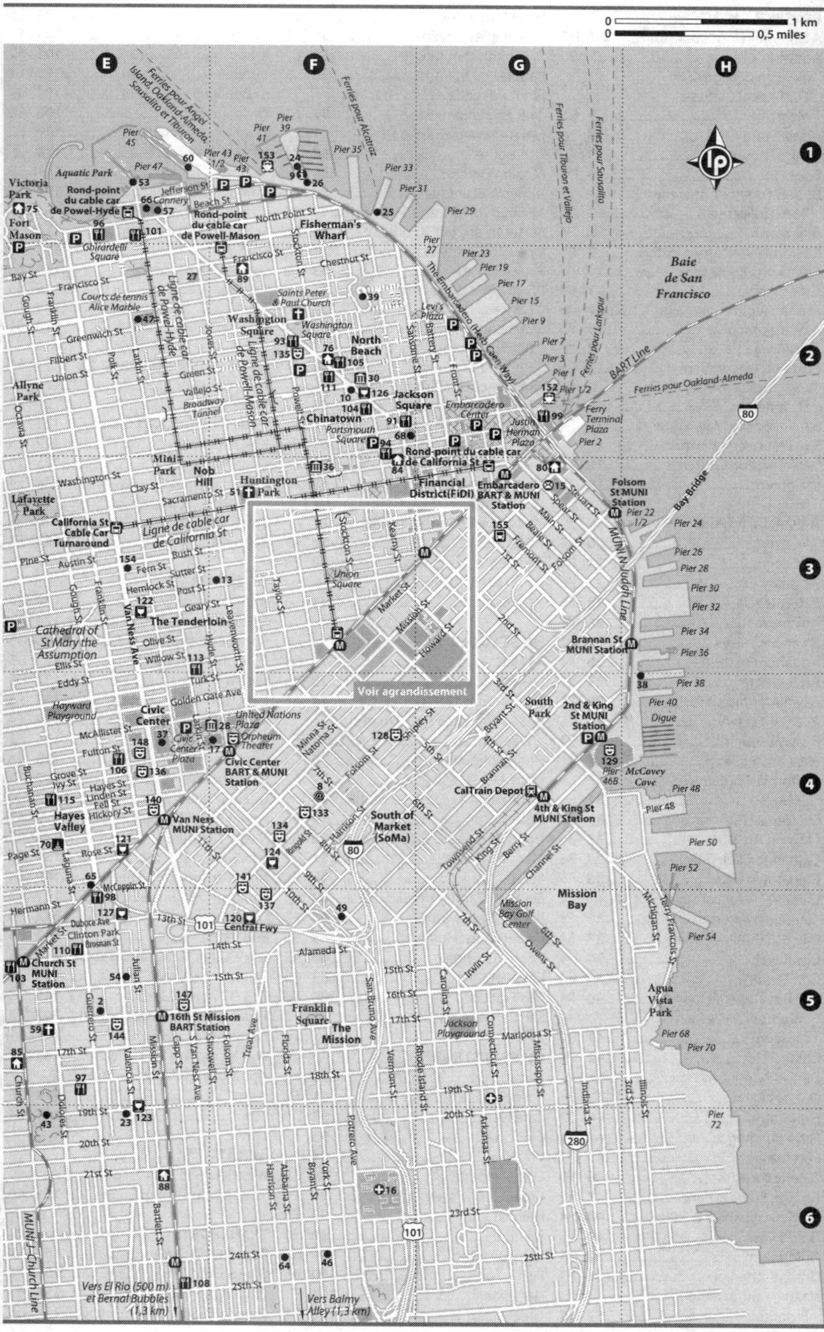
0 1 km
0 0,5 miles
E
F
G
H
1
2
3
4
5
6
Ferries pour Angel Island, Oakland-Alameda, Sausalito et Tiburon
Ferries pour Alcatraz
Ferries pour Tiburon et Vallejo
Ferries pour Sausalito
Ferries pour Larkspur
Ferries pour Oakland-Alameda
BART Line
Baie de San Francisco
Bay Bridge
Pier 45
Pier 47
Pier 43 1/2
Pier 43
Pier 41
Pier 39
Pier 35
Pier 33
Pier 31
Pier 29
Pier 27
Pier 23
Pier 19
Pier 17
Pier 15
Pier 9
Pier 7
Pier 3
Pier 1
Pier 1/2
Pier 2
Pier 22 1/2
Pier 24
Pier 26
Pier 28
Pier 30
Pier 32
Pier 34
Pier 36
Pier 38
Pier 40
Digue
Pier 46B
McCovey Cove
Pier 48
Pier 50
Pier 52
Pier 54
Pier 68
Pier 70
Pier 72
Victoria Park
Fort Mason
Aquatic Park
Rond-point du cable car de Powel-Hyde
Rond-point du cable car de Powell-Mason
Ghirardelli Square
Cannery
Jefferson St
Beach St
North Point St
Fisherman's Wharf
Bay St
Francisco St
Chestnut St
Courts de tennis Alice Marble
Ligne de cable car de Powell-Hyde
Ligne de cable car de Powell-Mason
Saints Peter & Paul Church
Washington Square
North Beach
Greenwich St
Filbert St
Union St
Green St
Vallejo St
Broadway Tunnel
Allyne Park
Jackson Square
Chinatown
Portsmouth Square
Embarcadero Center
Justin Herman Plaza
Ferry Terminal Plaza
Levi's Plaza
The Embarcadero (Herb Caen Way)
Rond-point du cable car de California St
Financial District (FiDi)
Embarcadero BART & MUNI Station
Folsom St MUNI Station
Mini Park
Nob Hill
Huntington Park
Washington St
Clay St
Sacramento St
Lafayette Park
California St Cable Car Turnaround
Ligne de cable car de California St
Pine St
Austin St
Bush St
Fern St
Sutter St
Hemlock St
Post St
Geary St
The Tenderloin
Cathedral of St Mary the Assumption
Olive St
Willow St
Ellis St
Eddy St
Turk St
Golden Gate Ave
Hayward Playground
Civic Center
United Nations Plaza
Civic Center Plaza
Orpheum Theater
Civic Center BART & MUNI Station
McAllister St
Fulton St
Grove St
Ivy St
Hayes St
Linden St
Fell St
Hickory St
Hayes Valley
Van Ness MUNI Station
Page St
Rose St
McCoppin St
Hermann St
Duboce Ave
Clinton Park
Brosnan St
Church St MUNI Station
Stockton St
Taylor St
Kearny St
Union Square
Market St
Mission St
Howard St
Voir agrandissement
Fremont St
Beale St
Main St
Spear St
Steuart St
1st St
Folsom St
2nd St
3rd St
MUNI N Judah Line
Brannan St MUNI Station
South Park
2nd & King St MUNI Station
Bryant St
4th St
Brannan St
CalTrain Depot
4th & King St MUNI Station
Shipley St
5th St
Minna St
Natoma St
7th St
6th St
Harrison St
South of Market (SoMa)
Ringold St
8th St
9th St
10th St
11th St
Townsend St
King St
Berry St
Channel St
Mission Bay
Mission Bay Golf Center
6th St
Owens St
7th St
Irwin St
13th St
Central Fwy
14th St
15th St
Alameda St
16th St
17th St
Michigan St
Terry Francois St
Agua Vista Park
16th St Mission BART Station
Franklin Square
The Mission
Jackson Playground
Mariposa St
Carolina St
Connecticut St
Mississippi St
Indiana St
3rd St
Illinois St
San Bruno Ave
Vermont St
Rhode Island St
Potrero Ave
Florida St
Treat Ave
Folsom St
Shotwell St
S Van Ness Ave
Capp St
Mission St
Valencia St
Guerrero St
Julian St
Dolores St
Church St
18th St
19th St
20th St
21st St
23rd St
24th St
25th St
Arkansas St
Harrison St
Alabama St
Bryant St
York St
Bartlett St
MUNI J-Church Line
Vers El Rio (500 m) et Bernal Bubbles (1,3 km)
Vers Balmy Alley (1,3 km)
Gough St
Franklin St
Polk St
Larkin St
Jones St
Powell St
Sansome St
Battery St
Front St
Octavia St
Van Ness Ave
Hyde St
Leavenworth St
Buchanan St
Laguna St
80
101
280
2
3
8
9
10
13
15
16
17
23
24
25
26
27
28
30
36
37
38
39
43
46
47
49
51
53
54
57
59
60
64
65
66
68
70
75
76
80
84
85
88
89
91
93
94
96
97
98
99
101
103
104
105
106
108
110
111
113
115
120
121
122
123
124
126
127
128
129
133
134
135
136
137
140
141
144
147
148
152
153
154
155

RENSEIGNEMENTS

A Different Light Bookstore **1** D5
Adobe Books **2** E5
American College of Traditional Chinese Medicine **3** G5
Apple Store **4** B6
Bank of America **5** A6
Books Inc **6** D5
Bound Together Anarchist Book Collective **7** C5
BrainWash **8** F4
California Welcome Center **9** F1
City Lights Bookstore **10** F2
Green Apple **11** B3
Human Rights Campaign **12** D6
Kayo Books **13** F3
Pharmaca **14** C5
Poste du Rincon Center **15** G3
San Francisco General Hospital **16** F6
San Francisco Main Library **17** F4
San Francisco's Visitor Information Center **18** A6
Walgreens **19** D5

À VOIR ET À FAIRE

14 Geary **20** B5
49 Geary **21** B6
77 Geary **22** B6
826 Valencia **23** E6
Adventure Cat **24** F1
Alcatraz Cruises **25** F1
Aquarium of the Bay **26** F1
Art Institute **27** E2
Asian Art Museum **28** F4
Avenue Cyclery **29** C5
Beat Museum **30** F2
Blazing Saddles (voir 101)
California Academy of Sciences **31** B5
California Historical Society **32** B6
Cartoon Art Museum **33** B6
Catharine Clark Gallery **34** B6
Chinatown Gate **35** B5
Chinese Historical Society of America Muesum **36** F3
City hall (hôtel de ville) **37** E4
City Kayak **38** H4
Coit Tower **39** F2
Conservatory of Flowers **40** B4
Contemporary Jewish Museum **41** B6
Crissy Field **42** C1
Davies Symphony Hall (voir 136)
Dolores Park **43** E6
Exploratorium **44** C2
Ferry Building (voir 99)
Fort Mason **45** D1
Galería de la Raza **46** F6
George Sterling Park **47** E2
Golden Gate Bike & Skate **48** B4
Gold's Gym **49** F5
Gold's Gym **50** D5
Grace Cathedral **51** F3
Haight Ashbury Food Program **52** C5
Hyde Street Pier **53** E1
Jack Hanley Gallery **54** E5
Jardin des thés japonais **55** B5
Kabuki Hot Springs **56** D3
Point de rendez-vous pour les Fire Engine Tours **57** E1
MH de Young Fine Arts Museum **58** B4
Mission Dolores **59** E5
Musée Mécanique **60** E1
Museum of African Diaspora **61** B6
Museum of Craft & Folk Arts **62** B6
Oceanic Society Expeditions (voir 45)
Palace of Fine Arts **63** C2
Precita Eyes Mural Arts Center **64** F6
San Francisco Lesbian, Gay, Bisexual, Transgender Community Center **65** E4
San Francisco Maritime National Historical Park **66** E1
San Francisco Museum of Modern Art (SFMOMA) **67** B6
Transamerica Pyramid **68** F2
Union Square **69** A6
War Memorial Opera House (voir 148)
Yerba Buena Centre for the Arts (voir 149)
Zen Center **70** E4
Zeum Art & Technology Center **71** B6

OÙ SE LOGER

24 Henry **72** D5
Dakota Hotel **73** A6
Golden Gate Hotel **74** A5
HI San Francisco Fisherman's Wharf **75** E1
Hotel Bohème **76** F2
Hotel Del Sol **77** D2
Hotel des Arts **78** B5
Hotel Triton **79** B5
Hotel Vitale **80** G3
Marina Motel **81** C2
Mosser **82** B6
Orchard Garden Hotel **83** B5
Pacific Tradewinds **84** F3
Parker Guest House **85** E5
Petite Auberge **86** A5
Red Victorian **87** C5
San Francisco Elements **88** E6
San Remo Hotel **89** F2

OÙ SE RESTAURER

Aziza **90** A4
Bocadillos **91** F2
Cafe Flore **92** D5
Cinecittá **93** F2
City View **94** F2
Cole Valley Cafe **95** C5
Crown & Crumpet **96** E1
Delfina **97** E5
Destino **98** E5
Ferry Building **99** G2
Fish & Farm **100** A6
Gary Danko **101** E1
Greens **102** D1
Home **103** E5
House of Nanking **104** F2
Ideale **105** F2
Jardinière **106** E4
La Boulange **107** D2
La Taquería **108** E6
Magnolia Brewpub **109** C5
Mission Beach Café **110** E5
Molinari **111** F2
Namu **112** B4
Rosamunde Sausage Grill (voir 125)
Saigon Sandwich Shop **113** E3
Shalimar **114** A6
Suppenküche **115** E4
Taiwan **116** B4
Tataki **117** D3
Warming Hut **118** B1

OÙ PRENDRE UN VERRE

Aunt Charlie's **119** A6
Eagle Tavern **120** F5
Hôtel Biron **121** E4
Koko Cocktails **122** E3
Lexington Club **123** E6
Powerhouse **124** F4
Toronado **125** D4
Tosca Cafe **126** F2
Zeitgeist **127** E5

OÙ SORTIR

Annie's Social Club **128** F4
AT&T Park **129** G4
Boom Boom Room **130** D3
Café du Nord **131** D5
Castro Theater **132** D5
Cat Club **133** F4
Climate Theater **134** F4
Club Fugazi **135** F2
Davies Symphony Hall **136** E4
DNA Lounge **137** F5
Geary Theater **138** A6
Honey Soundsystem (voir 141)
Magic Theater (voir 45)
Milk **139** C5
New Conservatory Theater **140** E4
Paradise Loft **141** F4
Qoöl **142** B6
Red Vic **143** C5
Roxie Cinema **144** E5
Sundance Kabuki Cinema **145** D3
The Fillmore **146** D3
Theater Rhinoceros **147** E5
TIX Bay Area (voir 69)
War Memorial Opera House **148** E4
Yerba Buena Center for the Arts **149** B6
Yoshi's **150** D4

ACHATS

Westfield San Francisco Shopping Center **151** A6

TRANSPORTS

Blue & Gold Ferries **152** G2
Blue & Gold Ferries **153** F1
City Rent-a-Car **154** E3
Transbay Terminal (gare routière) **155** G3

et à ses graffitis artistiques. Encore plus à l'ouest s'étend le quartier gay de Castro, au nord duquel les excentriques ont envahi les rues de Haight, quartier hippie historique. En continuant vers le nord, on atterrit au milieu du quartier fortuné de Pacific Heights puis à Marina, où tout le monde semble étrangement blond. Plus à l'ouest, les quartiers de Richmond et de Sunset jouxtent le Golden Gate Park, où la ville fait son retour à la nature.

À San Francisco aussi, le bon sens est de mise, essentiellement la nuit dans Tenderloin, SoMa et Mission. Ne vous étonnez pas que l'on vous demande souvent quelques pièces de monnaie, mais ne vous sentez pas obligé de donner : les dons seront plus utiles au Haight Ashbury Food Program (p. 222), organisme caritatif.

Depuis l'aéroport international de San Francisco, prendre la Hwy 101 vers le nord. Reportez-vous p. 233.

Renseignements

ACCÈS INTERNET

On recense plus de 370 points Wi-Fi gratuits en ville : à Union Sq, BrainWash (ci-dessous) et dans la plupart des cafés, des halls d'hôtels. Walgreens (p. 218) grave vos photos numériques sur un CD pour 2,99 $.

Apple Store (carte p. 214 ; ☎ 415-392-0202 ; www.apple.com/retail/sanfrancisco ; 1 Stockton St ; ⏲ 10h-21h lun-sam, 11h-18h dim ; Wi-Fi). Wi-Fi et postes Internet gratuits.

Bibliothèque principale de San Francisco (carte p. 214 ; ☎ 415-557-4400 ; http://sfpl.lib.ca.us ; angle 100 Larkin St, à Grove St ; ⏲ 10h-18h lun et sam, 9h-20h mar-jeu, 12h-18h ven et dim ; Wi-Fi). La principale librairie de la ville met gracieusement à disposition des postes Internet et un système Wi-Fi qui fonctionne de manière irrégulière.

ARGENT

Bank of America (carte p. 214 ; ☎ 415-977-0278 ; www.bankamerica.com ; en bas de l'escalier, One Market Plaza ; ⏲ 9h-18h lun-ven)

LAVERIES

Bernal Bubbles (hors carte p. 214 ; ☎ 415-821-9530 ; www.bernalbubbles.com ; 397 Cortland Ave près de Bocana St ; ⏲ 7h-22h ; Wi-Fi). Wi-Fi gratuit, machines à laver à pièces, service de blanchisserie, jeux vidéo et conférences gratuites.

BrainWash (carte p. 214 ; ☎ 415-255-4866 ; ; 1122 Folsom St ; ⏲ 7h-10h lun-jeu, 7h-23h ven et sam, 8h-22h dim ; Wi-Fi). On vient pour laver son linge, on reste pour le petit-déjeuner servi toute la journée, la bière bon marché, les animations, le flipper, le Wi-Fi gratuit et les postes Internet (3 $/20 min).

LIBRAIRIES

A Different Light Bookstore (carte p. 214 ; ☎ 415-431-0891 ; www.adlbooks.com ; 489 Castro St ; ⏲ 10h-22h lun-sam, 11h-21h dim). La plus grande librairie gay des États-Unis : nombreux ouvrages, lectures animées et informations gay, lesbiennes et transgenre.

Adobe Books (carte p. 214 ; ☎ 415-864-3936 ; http://adobebooksbackroomgallery.blogspot.com ; 3166 16th St ⏲ 11h-24h). Un choix immense et bon marché de livres d'occasion, à explorer en se frayant un passage au milieu des sofas, des chats et des livres d'art.

Books Inc (carte p. 214 ; ☎ 415-864-6777 ; www.booksinc.net ; 2275 Market ; ⏲ 9h-21h). Livres de voyage, titres grand public et section best-sellers locaux qui dit tout de l'état d'esprit de San Francisco.

Bound Together Anarchist Book Collective (carte p. 214 ; ☎ 415-431-8355 ; www.boundtogetherbooks.com ; 1369 Haight St ; ⏲ 11h30-19h30). Une librairie associative débordant de bandes dessinées sur les théories conspirationnistes, de manuels d'agriculture bio et d'autres notions radicales.

City Lights Bookstore (carte p. 214 ; ☎ 415-362-8193 ; www.citylights.com ; 261 Columbus Ave ; ⏲ 10h-minuit). Librairie-"monument" de la ville, éditeur et défenseur de la liberté d'expression. Excellents "choix des libraires".

Green Apple (carte p. 214 ; ☎ 415-387-2272 ; www.greenapplebooks.com ; 506 Clement St ; ⏲ 10h-22h30 dim-jeu, 10h-23h30 ven et sam). Trois étages pleins à craquer de livres récents, anciens et d'occasion.

Kayo Books (carte p. 214 ; ☎ 415-749-0554 ; www.kayobooks.com ; 814 Post St ; ⏲ 11h-18h jeu-sam). Assurément *Pulp Fiction* : romans noirs vintage, romances trash et une section entière consacrée au monde de l'étrange.

MÉDIAS

KALW 91.7 FM (www.kalw.org). Branche locale de la National Public Radio (NPR).

KPFA 94.1 FM (www.kpfa.org). Infos et musiques alternatives.

KPOO 89.5 FM (www.kpoo.org). Jazz, R & B, blues et reggae.

KQED 88.5 FM (www.kqed.org). Affiliée locale à la NPR et Public Broadcasting (PBS). Programmes originaux, reportages sur la Californie, podcast et vidéo en streaming.

San Francisco Bay Guardian (www.sfbg.com). Hebdomadaire gratuit couvrant la politique, le théâtre, la musique, les arts plastiques et le cinéma.

San Francisco Chronicle (www.sfgate.com). Le principal quotidien ; infos, sorties et spectacles sur le site Web (aucune inscription requise).

OFFICE DU TOURISME

San Francisco's Visitor Information Center (carte p. 214 ; ☎ 415-391-2000 ; www.onlyinsanfrancisco.

com ; niveau inférieur, Hallidie Plaza, angle Market St et Powell St ; 9h-17h lun-ven, 9h-15h sam-dim, fermé dim nov-avr)

POSTE

Rincon Center (carte p. 214 ; 800-275-8777 ; www.usps.com ; 180 Steuart ; 8h-18h lun-ven, 8h-14h sam)

SITES INTERNET

Craigslist (http://sfbay.craigslist.org). Petites annonces de toutes sortes.

Thrillist (www.thrillist.com). Un blog sur les derniers bars, groupes, boutiques, restaurants et manifestations en date de SF.

Yelp (www.yelp.com). Où les habitants donnent leur avis sur les meilleurs magasins, bars, spas et restaurants de SF.

URGENCES ET SERVICES MÉDICAUX

American College of Traditional Chinese Medicine (carte p. 214 ; 415-282-9603 ; www.actcm.edu ; 450 Connecticut St ; 8h30-21h lun-jeu, 9h-17h30 ven-sam). Acupuncture, tisanes et autres traitements traditionnels chinois.

Pharmaca (carte p. 214 ; 415-661-1216 ; www.pharmaca.com ; 925 Cole St ; 8h-20h lun-ven, 9h-20h sam-dim). Pharmacie, naturopathie et massages le week-end.

San Francisco General Hospital (hors carte p. 214 ; 415-206-8000, urgences 415-206-8111 ; www.sfdph.org ; 1001 Potrero Ave)

Urgences (police, pompiers, ambulance 311)

Walgreens (carte p. 214 ; 415-861-6276 ; www.walgreens.com ; 498 Castro St au niveau de 18th St ; 24h/24). Pharmacie et parapharmacie. Nombreuses adresses en ville.

À voir

San Francisco offre une mosaïque de quartiers ethniques et de lieux culturels de tous ordres répartis sur 43 magnifiques collines. Soit un régal pour les yeux (certaines vues sont saisissantes) et l'imagination.

UNION SQUARE

Rien n'est plus emblématique de San Francisco que le fracas du *cable car* circulant dans le quartier d'Union Sq où sont concentrés le plus grand nombre d'hôtels et de magasins de la ville. Au centre du quartier, la place proprement dite est dominée par le **Dewey Monument**, colonne de 29 m de haut érigée en 1903, pour commémorer la guerre hispano-américaine. Là, des personnes endimanchées se pressent pour aller au théâtre et des étrangers en voyage d'affaires se rendent à Tenderloin pour assister à des spectacles coquins. L'animation bat son plein à Powell St avec les clients des magasins rassemblés autour de l'**arrêt du cable car** (carte p. 214), et se poursuit dans le **Theater District** (carte p. 214) de Geary St pour se terminer dans le "quartier chaud" au sud de Geary St.

CIVIC CENTER

Hôtel de ville de style néoclassique, le **City Hall** (carte p. 214 ; visites guidées 415-554-6139 ; www.sfgov.org ; 400 Van Ness Ave ; 8h-20h lun-ven) fut reconstruit après le séisme de 1906 pour abriter sous sa superbe rotonde le mélange de corruption, d'idéalisme et d'opposition politique propre à San Francisco. De l'autre côté de l'esplanade se dresse l'**Asian Art Museum** (carte p. 214 ; 415-581-3500 ; www.asianart.org ; 200 Larkin St ; tarif plein/senior/étudiant et 13-17 ans 12/8/7/7 $; 10h-17h mar, mer, ven-dim, jusqu'à 21h jeu), un musée d'art asiatique où les miniatures persanes côtoient les dernières créations de la mode japonaise. La **Main Library** (p. 217), principale bibliothèque de la ville, ravira les amateurs de conférences et d'expositions historiques. On peut aussi admirer sur place une œuvre de l'artiste Ann Chamberlain réalisée à partir de fiches de catalogue manuscrites en 12 langues.

En matière de musique classique, rien ne vaut la célèbre **War Memorial Opera House** (p. 233), qui témoigne d'un engouement pour l'opéra et la danse vieux de 150 ans, et le **Davies Symphony Hall** (p. 232) où le chef d'orchestre Michael Tilson Thomas revisite Mahler et Berlioz avec bonheur.

C'est à quelques rues de là, à Hayes Valley, que le public des mélomanes va se restaurer ou prendre un verre après le spectacle. Outre les boutiques de créateurs et les brasseries, ce quartier est surtout connu pour le **Zen Center** (carte p. 214 ; 415-863-3136 ; http://sfzc.org ; 300 Page St ; 9h30-12h30 et 13h30-17h lun-ven, 8h30-12h sam), retraite spirituelle pour la plus grande communauté bouddhiste en dehors de l'Asie.

SOMA

Allant en gros de Market St à China Basin, le SoMa (South of Market) est une zone étendue et en grande partie industrielle, comportant des gratte-ciel et des entrepôts. On y trouve quantité de lieux culturels, de restaurants et de clubs où règne une douce folie. Au **San Francisco Museum of Modern Art** (SFMOMA ; carte p. 214 ; 415-357-4000 ; www.sfmoma.org ; 151 3rd St ; tarif plein/senior/étudiant/moins de 12 ans 12,50/8/7 $/gratuit ; 11h-17h45 ven-mar, jusqu'à 20h45 jeu), le puits de lumière étincelant imaginé par Mario

SAN FRANCISCO EN...

Laissez la voiture au parking et achetez un forfait de bus afin de profiter au mieux de la ville.

Un jour

Depuis la Ruée vers l'or, tout commence à **Chinatown** (p. 220). Vous pourrez faire un saut au **City Lights Bookstore** (p. 217), librairie emblématique de la Beat Generation, avant de déguster des raviolis chinois au **City View** (p. 228), non sans être passé devant la **Transamerica Pyramid** (p. 220). Partez ensuite vers le **San Francisco Museum of Modern Art** (ci-contre) et les **galeries** (p. 221) du centre-ville, puis rejoignez l'**Asian Art Museum** (ci-contre), dont les collections vous transporteront sur le continent asiatique. À deux rues de là, allez écouter l'orchestre symphonique de San Francisco qui se produit au **Davies Symphony Hall** (p. 232). Vous pourrez ensuite goûter les cocktails au fruit de la passion et la cuisine "nueva latina" du **Destino** (p. 230). Enfin, concluez la soirée par un festival de films en avant-première au **Castro Theatre** (p. 232) ou par des classiques du glam-rock au **Café du Nord** (p. 232), un ancien bar clandestin.

Deux jours

Commencez par admirer les fresques improbables de la **Balmy Alley** (p. 222), puis allez chiner dans le fameux magasin **826 Valencia** (p. 222), boutique "pirate" connue pour ses ateliers pour enfants. Le temps de marcher jusqu'à la 16th et Valencia, vous aurez assez d'appétit pour apprécier un *burrito* (p. 222) en faisant halte au **Pancho Villa**. Direction Haight ensuite et ses boutiques de vêtements hippies vintage, pour découvrir le site du *Summer of Love* : le **Golden Gate Park** (p. 222). Après quoi, mettez le cap sur le **MH de Young Fine Arts Museum** (p. 223) dont les collections englobent, entre autres, les arts d'Afrique, d'Océanie et de l'Amérique précolombienne. Après une promenade apéritive dans la forêt tropicale humide reconstituée de la **California Academy of Sciences** (p. 225), il sera l'heure de vous régaler chez **Aziza** (p. 230), réputé pour sa cuisine californienne bio d'influence marocaine.

San Francisco gastronomique

Le marché fermier du temple de la gastronomie qu'est le **Ferry Building** (p. 220) constitue un passage obligé. Vous y attendent moult tentations (pain au levain, chocolats artisanaux, caviar équitable, fromages de chèvre bio, etc.), sans compter les dégustations, démonstrations et cours de cuisine qui y sont aussi proposés. En matière de *dim sum*, rien ne vaut Chinatown, et **Stockton Street** (p. 220), artère bordée de petites échoppes éclairées au néon où vous régaler. De là, le métro vous conduira à 24th Street et Mission, où des bodegas titillent les papilles avec leurs savoureuses tortillas et sauce au piment habanero ; **La Taquería** (p. 229) est un must en matière de *burritos* "Cal-Mex". Sachez aussi que, de l'autre côté de la ville, les magasins d'ustensiles de cuisine professionnels de Clement Street valent le détour, avant une visite à la librairie **Green Apple** (p. 217), spécialisé dans les livres de cuisine californienne. Vous pourrez ensuite vous attabler à la **Jardinière** (p. 228), pour goûter aux créations de Traci des Jardins, élue meilleur chef 2007 de la Côte Ouest par la James Beard Foundation.

Botta éclaire d'imposantes installations murales et de remarquables photographies comme la série documentaire de Dorothea Lange sur la Grande Dépression et les paysages rêvés de Daido Moriyama. Le jardin de sculptures sur le toit accueille la sinistre araignée géante de Louise Bourgeois et l'on peut admirer des œuvres d'artistes non-conformistes férus de nouveaux médias, dont Matthew Barney qui fit ses débuts ici avec de surprenantes vidéos enduites de vaseline.

La BD prend ses lettres de noblesse au **Cartoon Art Museum** (carte p. 214 ; ☎ 415-227-8666 ; www.cartoonart.org ; 655 Mission St ; tarif plein/6-12 ans 6/2 $; ⌚ 11h-17h mar-dim), qui expose des couvertures originales de *Watchmen* et des caricatures politiques trop polémiques pour être publiés. Le musée organise également des ateliers animés par des légendes du genre. Dans le même pâté de maisons, l'émouvant **Museum of African Diaspora** (carte p. 214 ; ☎ 415-358-7200 ; www.moadsf.org ; 685 Mission ; ⌚ 11h-18h mer-sam), retrace les liens existant entre les différentes communautés africaines à travers l'art, les contes et les techniques. De l'autre côté de la rue, l'architecte Daniel Liebskind a ajouté une aile en acier bleu à l'ancienne usine électrique en brique de 1881 pour former le mot hébreu *l'chaim* ("à la vie"). C'est le **Contemporary Jewish Museum** (carte p. 214 ; ☎ 415-655-7800 ; www.jmsf.org ; 736 Mission St angle 3rd ; tarif plein/enfant/senior et étudiant 10 $/gratuit/8 $; ⌚ 11h-17h30 ven-mar, 13h-20h30 jeu), qui a consacré ses expositions récentes aux décors de théâtre de Chagall et à la vie de Gertrude Stein.

Pour découvrir les créations à la pointe de l'art, voir l'encadré ci-contre.

FINANCIAL DISTRICT

Ce quartier d'affaires faisait jadis partie de la tristement célèbre Barbary Coast. Mais rien ne reste désormais de la débauche de l'époque de la Ruée vers l'or. Des séquoias ont pris racine dans les vestiges de vieux baleiniers au pied de la modernissime **Transamerica Pyramid** (carte p. 214 ; www.thepyramidcenter.com ; 600 Montgomery St ; ⌚ fermée au public) en forme de fusée et une foule colorée d'amateurs d'art excentriques descendent chaque premier jeudi du mois de leurs demeures sur la colline pour les vernissages des galeries au **14, 49 et 77 Geary St** (carte p. 214 ; www.sfada.com ; San Francisco Art Dealers Association ; ⌚ pour la plupart des galeries 10h30-17h30 mar-ven, 11h-17h sam). L'hédonisme est de mise au **Ferry Building** (carte p. 214 ; ☎ 415-983-8000 ; www.ferrybuildingmarketplace.com ; ⌚ 10h-18h lun-ven, 9h-18h sam, 11h-17h dim), où les gourmands se font un plaisir de rater leur ferry pour déguster des huîtres avec du champagne (voir l'encadré p. 229).

CHINATOWN

Plus que les toits de pagode et les lampadaires décorés de dragons, c'est la résilience qui caractérise les 22 pâtés de maisons et les 40 allées du quartier chinois. Depuis les années 1840, la communauté chinoise a survécu aux émeutes, aux discriminations, aux incendies, aux mafias et aux tentatives politiciennes de déplacer le quartier vers la côte. Cette histoire étonnante est racontée au **Chinese Historical Society of America Museum** (carte p. 214 ; ☎ 415-391-1188 ; www.chsa.org ; 965 Clay St ; tarif plein/enfant 6-17 ans 3/1 $; ⌚ 12h-17h mar-ven).

Dans les années 1930, les marchands de Chinatown s'allièrent pour chasser les maisons closes, les tripots et les fumeries d'opium, et donnèrent à **Grant Avenue** son aspect caractéristique. Une rue plus haut, **Stockton Street** est bordée de petits restaurants, d'épiceries et de boutiques d'apothicaires renfermant mille remèdes dans leurs tiroirs en bois. Mais puisque l'on ne connaît jamais vraiment Chinatown sans explorer ses allées, le mieux est de suivre notre *Promenade à pied* (p. 224) ou de prendre part à une **visite guidée des allées du quartier** (p. 226).

NORTH BEACH

Dans les années 1950, les écrivains Jack Kerouac, Allen Ginsberg et Lawrence Ferlinghetti ont fait de ce quartier italien un terrain d'essai de la liberté d'expression, où est né le mouvement beatnik illustré au **Beat Museum** (carte p. 214 ; ☎ 800-537-6822 ; www.thebeatmuseum.org ; 540 Broadway ; 5 $; ⌚ 12h-22h mar-jeu, 10h-22h ven-dim). Les perroquets fugitifs qui ont élu domicile plus récemment donnent au secteur des airs surréalistes de jungle urbaine. En revanche, certaines choses n'ont pas changé et l'on entend toujours parler italien dans les cafés et pizzerias de **Columbus** et **Upper Grant Street**. En montant les **marches de Filbert Street** qui mènent à la **Coit Tower** (carte p. 214 ; ☎ 415-362-0808 ; entrée libre, ascenseur 5 $; ⌚ 10h-18h), vous pourrez contempler une perspective à 360° sur le centre-ville et des peintures murales des années 1930 à la gloire des ouvriers de San Francisco. Jadis taxées de communistes, ces dernières sont désormais considérées comme un monument local.

RUSSIAN HILL NOB HILL

À l'ouest de North Beach, les rues pentues de Russian Hill traversent de spectaculaires jardins en terrasse. Les conducteurs testent leur adresse au volant le long de la célèbre **Lombard Street** (carte p. 214), qui serpente sur un millier de maisons. Dans les parages, on peut assister à l'un des plus beaux couchers de soleil sur le Golden Gate au **George Sterling Park** (carte p. 214) et admirer une splendide fresque de Diego Rivera à l'**Art Institute** (carte p. 214 ; ☎ 415-771-7020 ; www.sfai.edu ; 800 Chestnut St ; ⌚ 8h-21h) voisin.

Des escaliers permettent aux randonneurs urbains de découvrir des maisonnettes cachées et des jardins secrets. Sinon, le funiculaire monte jusqu'à la **Grace Cathedral** (carte p. 214 ; ☎ 415-749-6300 ; www.gracecathedral.com ; 1100 California St ; ⌚ 7h-18h lun-ven, 8h-18h sam, 8h-19h dim, messe avec chœur à 11h et 15 h dim), édifice moderne d'inspiration gothique. Ce lieu de culte progressiste vit avec son temps : remarquez le triptyque en bronze de Keith Haring dans la chapelle œcuménique à la mémoire des victimes du sida et les vitraux en hommage

PROMENADE ARTISTIQUE À SAN FRANCISCO

Comment suivre le rythme effréné de la création à San Francisco ? Une fois votre imagination réveillée au **SFMoMa** (p. 218), allez découvrir l'art controversé du moment à la **Catharine Clark Gallery** (carte p. 214 ; ☎ 415-399-1439 ; www.cclarkgallery.com ; 150 Minna St ; ⏲ 12h-18h mar-jeu). Joignez-vous ensuite aux branchés qui se pressent de l'autre côté de 3rd St au **Yerba Buena Center for the Arts** (carte p. 214 ; ☎ 415-978-2787 ; www.ybca.org ; 701 Mission St ; tarif plein/senior/étudiant et enseignant 7/5/5 $; ⏲ 12h-17h mar-dim, jusqu'à 20h jeu), un lieu de manifestations d'avant-garde dont les vernissages peuvent rassembler des milliers de personnes.

Dans Yerba Buena Lane, l'artisanat et l'art populaire sont à l'honneur au **Museum of Craft & Folk Arts** (carte p. 214 ; ☎ 415-227-4888 ; www.mocfa.org ; 51 Yerba Buena Lane ; tarif plein/senior/moins de 18 ans 5/4 $/gratuit ; ⏲ 11h-17h mar-dim). Quant aux galeries des **14, 49 et 71 Geary** (ci-contre), elles présentent les dernières tendances de la photographie et des installations conceptuelles. Pour finir, rentrez dans l'une des chambres de l'**Hotel des Arts** (p. 226) peintes par des artistes contemporains.

aux grandes réalisations humaines, dont celui qui montre Albert Einstein dans un halo de particules atomiques. Enfin, les labyrinthes du pavement guident les âmes errantes à travers différentes étapes spirituelles.

FISHERMAN'S WHARF

Parmi les sites incontournables de la ville figurent bien sûr les quais de San Francisco, où le panorama est sublime. À l'exception notable du **Pier 39** (carte p. 214 ; ☎ 415-981-7437 ; www.pier39.com), où des otaries ont élu domicile, la plupart des quais sont cependant envahis de marins d'eau douce. Pour un aperçu du passé maritime de la ville, direction le **San Francisco Maritime National Historical Park** (carte p. 214 ; ☎ 415-561-7100 ; www.nps.gov/safr ; 499 Jefferson at Hyde ; ⏲ 9h30-19h juin-sept, 9h30-17h oct-mai) afin de visiter les navires du XIXe siècle amarrés au **Hyde Street Pier** (carte p. 214 ; ☎ 415-447-5000 ; 2905 Hyde St à Jefferson St ; 5 $, forfait parc national accepté), dont le trois-mâts *Balclutha* (1886). Au Pier 45, vous pourrez guillotiner un homme moyennant 25 ¢ au **Musée mécanique** (carte p. 214 ; ☎ 415-346-2000 ; www.museemecaniquesf.com ; entrée libre ; ⏲ 10h-19h lun-ven, 10h-20h sam et dim), où des automates anciens rivalisent avec des jeux d'arcade du XIXe siècle comme la macabre French Execution pour vous délester de votre menue monnaie.

MARINA ET PRESIDIO

Les officiers de jadis seraient sans doute scandalisés par les attractions qu'abritent désormais les anciennes bases militaires de la Marina et du Presidio, notamment les improvisations comiques et les cours d'art pour enfants qui se déroulent au **Fort Mason** (carte p. 214 ; ☎ 415-345-7500 ; www.fortmason.org). Les *geeks* affluent à l'**Exploratorium** (carte p. 214 ; ☎ 415-561-0360 ; www.exploratorium.edu ; 3601 Lyon St ; tarif plein/4-12 ans 14/9 $, Tactile Dome 17 $; ⏲ 10h-17h mar-dim), un musée des sciences interactifs, pour redécouvrir le sens du toucher dans le Tactile Dome. Tout près, le **Palace of Fine Arts** (carte p. 214) de Bernard Maybeck (1915), une rotonde de style gréco-romain construite à l'occasion de l'Exposition internationale Panama-Pacific, se reflète dans un plan d'eau où nagent des canards.

La piste d'atterrissage côtière du Presidio a été débarrassée de son asphalte et ressuscitée en parc **Crissy Field** (carte p. 214 ; ☎ 415-561-7690 ; www.crissyfield.org), un paradis pour oiseaux côtiers, pilotes de cerf-volant et amateurs de plage. L'endroit offre une vue spectaculaire sur le Golden Gate Bridge : du dessous, comme dans *Vertigo* d'Alfred Hitchcock, à **Fort Point** (carte p. 212 ; ☎ 415-561-4395 ; www.nps.gov/fopo), ou "au naturel" du côté ouest du Presidio, à **Baker Beach** (carte p. 212 ; ⏲ lever-coucher du soleil), plage où le naturisme est autorisé. Lorsque le brouillard descend sur la ville, le **Warming Hut** (carte p. 214 ; ⏲ 9h-17h) sert du café équitable et des pâtisseries bio dans une salle tapissée de vieux jeans.

MISSION

Toutes les promenades culturelles, les tournées des bars, les manifestations politiques ou les découvertes des racines de la ville mènent inévitablement à Mission. Et de fait, depuis les cœurs peints vers 1795 par les Ohlone derrière l'autel de la **Mission Dolores** (carte p. 214 ; ☎ 415-621-8203 ; www.missiondolores.org ; angle Dolores St et 16th St ; tarif plein/senior/enfant 5/3/3 $; ⏲ 9h-16h nov-avr, 9h-16h30 mai-oct), sixième mission californienne fondée par Padre Junípero Serra et plus ancien bâtiment de la ville (1791), le quartier a conservé une âme artistique.

Avant que l'art local du graffiti ne devienne un phénomène international grâce à des galeries comme **Jack Hanley** (carte p. 214 ; ☎ 415-522-1623 ; www.jackhanley.com ; 395 Valencia St ; 🕑 11h-18h mar-sam), des fresques politiques ornaient déjà, dans les années 1970, les rues de Mission et de **Balmy Alley** (hors carte p. 214 ; en retrait de 24th St près de Folsom) – pour les visites, voir Precita Eyes Mission Mural Tours (p. 226). C'est un endroit éminemment politique : des manifestations ont encore lieu presque chaque week-end au **Dolores Park** et le mouvement chicano trouve de nouvelles expressions à la **Galería de la Raza** (hors carte p. 214 ; ☎ 415-826-8009 ; www.galeriadelaraza.org ; 2857 24th St ; 🕑 13h-19h mar).

Dans ce quartier latino où l'on vient déguster burritos, margaritas et cuisine californienne, l'effervescence créative semble de mise, à voir le nombre de boutiques de design, de magazines, de librairies et d'associations culturelles rassemblés vers Valencia St et Mission St. Lorsqu'un magasin pour pirates s'établit au **826 Valencia** (carte p. 214 ; ☎ 415-642-5905 ; www.826valencia.org ; 826 Valencia St ; 🕑 12h-18h) pour vendre des bandeaux, des yeux de verre, etc., afin de soutenir des ateliers d'écriture pour enfants, tout le monde n'y vit rien que de très normal.

CASTRO

Ce quartier dense constitue l'épicentre de la communauté gay de San Francisco. Ici, on ne se contente pas de protester contre les discriminations, on s'organise ! En témoignent l'historique **Human Rights Campaign** (carte p. 214 ; ☎ 415-431-2200 ; www.hrc.org ; 600 Castro St) et la **Pride Parade** (p. 226), qui draine 500 000 participants dans une ambiance extravagante.

En venant du centre, on repère Castro au magnifique bâtiment victorien bleu-vert, vitré d'un côté afin que les personnes qui fréquentent le **San Francisco Lesbian, Gay, Bisexual, Transgender Community Center** (carte p. 214 ; ☎ 415-865-5555 ; www.sfcenter.org ; 1800 Market St) puissent afficher leur appartenance. Le centre accueille des expositions artistiques, des réunions de parents homosexuels, des activités manuelles originales le vendredi pour les moins de 26 ans et la Queer Prom annuelle. Vous ne serez toutefois vraiment dans le Castro qu'une fois arrivé au **Castro Theatre** (p. 232), où tous les films commencent au son de l'orgue, tandis que le public reprend en chœur la chanson du film musical *San Francisco* (1936) !

HAIGHT

Épicentre du *Summer of Love*, le quartier ne semble pas avoir entièrement perdu son esprit baba cool des sixties car seule une maladie mystérieuse très localisée pourrait expliquer l'importante concentration de personnes fumant de la marijuana "à des fins thérapeutiques". Les vieux idéaux ne sont pas non plus passés de mode, d'où le **Bound Together Anarchist Book Collective** (p. 217), le cinéma coopératif **Red Vic Movie House** (p. 233) et le **Haight Ashbury Food Program** (carte p. 214 ; ☎ 415-566-0366 ; www.thefoodprogram.org ; 1525 Waller St), sorte de soupe populaire locale.

Au nord de Divisadero St, l'**Upper Haight** est jalonné de boutiques hippies, de cafés, de friperies et de magasins de CD d'occasion. De l'autre côté de Divisadero, le **Lower Haight** rassemble quantité de salons de coiffure, bars, boutiques de skateboards et… jardineries autour de l'**Alamo Square Park**, espace vert victorien de carte postale au sommet d'une colline. Où que vous alliez à Haight, vous verrez des punks, des artistes, des esthètes, des excentriques et des marginaux, se fondant tous parfaitement dans le paysage.

JAPANTOWN ET PACIFIC HEIGHTS

Sur le comptoir de chaque restaurant de nouilles et bar-karaoké de Japantown trône un *maneki neko*, chat en porcelaine dont la patte s'agite en signe de bienvenue. Le quartier fait tout pour mettre à l'aise le visiteur, qui peut expérimenter les massages shiatsu de **Kabuki Hot Springs** (p. 224), voir des films sur l'écologie en grignotant du pop-corn sans OGM au **Sundance Kabuki Cinema** (p. 232) de Robert Redford et écouter du jazz de qualité au **Yoshi's** (p. 232). En face, le mythique **Fillmore** (p. 232) a vu naître le rock psychédélique des années 1960, comme l'attestent ses affiches aux couleurs fluo.

GOLDEN GATE PARK ET SES ENVIRONS

San Francisco était très en avance sur son temps, en 1866, quand la municipalité décida de transformer 411 ha de dunes de sable en parc aménagé, aujourd'hui encore le plus grand au monde. Ce projet sans précédent était si ambitieux qu'il effraya Frederick Law Olmstead, le célèbre architecte de Central Park à New York, et fut à l'origine d'une bataille avec des promoteurs immobiliers qui voulaient faire du Golden Gate Park un parc d'attractions. Et c'est finalement William

Hammond Hall (1846-1934) qui conçut cette oasis qui devait à l'époque illustrer l'esprit d'indépendance de la Bay. L'endroit ne manque pas de curiosités, notamment l'historique **Conservatory of Flowers** (carte p. 214 ; ☎ 415-666-7001 ; www.conservatoryofflowers.org ; tarif plein/senior/enfant 12-17/5-11 5/3/1,50/gratuit $; 9h-16h30 mar-dim), une magnifique serre, créée en 1879 suivant le modèle des Kew Gardens de Londres, qui abrite une extraordinaire diversité végétale. William Hammond Hall opta également pour un jardin botanique, un **jardin de thé japonais** (Japanese Tea Garden ; carte p. 214 ; ☎ 415-752-4227 ; www.parks.sfgov.org ; Hagiwara Tea Garden Dr ; tarif plein/senior et 12-17 ans/5-11 ans/moins de 5 ans 5/3/1,50 $/gratuit, entrée libre 9h-10h lun, mer et ven ; 9h-18h mars-oct, 9h-17h nov-fév) et un lac pittoresque, le **Stow Lake** (carte p. 214 ; ☎ 415-752-0357 ; pédalos/canoës/barques 24/20/19 $ de l'heure, calèches/tandems/vélos 20-35/12/6-8 $; locations 10h-16h), sur lequel on peut se promener en barque.

Inaugurée en 2008, la **California Academy of Sciences** (carte p. 214 ; ☎ 415-379-8000 ; www.calacademy.org ; 55 Concourse Dr ; semaine tarif plein/11-17 ans/7-11 ans/moins de 7 ans 24,95/19,95/14,95 $/gratuit, entrée libre 3e mer du mois, jeudi 18h-22h 10 $ [plus de 21 ans uniquement] ; 9h30-17h lun-sam, 11h-17h dim) conçue par l'architecte Renzo Piano selon de strictes normes environnementales abrite, entre autres, des expositions de sciences naturelles, des aquariums et un planétarium sous une "toiture vivante" composée de fleurs sauvages californiennes. De l'autre côté de l'auditorium se dresse le **MH de Young Fine Arts Museum** (carte p. 214 ; ☎ 415-750-3600 ; www.famsf.org/deyoung ; tarif plein/senior/étudiant de plus de 13 ans 10/7/6 $, réduction de 2 $ avec le billet Muni, entrée libre 1er mar du mois ; 9h30-17h15 mar-dim, jusqu'à 21h45 ven jan-nov), fantastique construction aux lignes pures signée Herzog & de Meuron, dont la structure habillée de cuivre prend une couleur verte en s'oxydant pour se fondre dans le parc. Les expositions se révèlent aussi inattendues que l'architecture, à l'image des sérigraphies de pop stars d'Andy Warhol ou des masques de cérémonie océaniens.

En direction du Pacifique, le paysage devient onirique, avec des bisons qui courent dans leur enclos vers des moulins à vent délabrés. À la lisière du parc, **Ocean Beach** (carte p. 212 ; ☎ 415-556-8371 ; lever au coucher du soleil), balayée par les vents, est trop froide pour qu'on y déguste des fruits de mer en maillot de bain, mais idéale pour braver les célèbres contre-courants à condition d'être un surfeur aguerri équipé d'une combinaison (baigneurs, prudence). À l'extrémité nord d'Ocean Beach, le restaurant **Cliff House** (carte p. 212 ; ☎ 415-386-3330 ; www.cliffhouse.com ; 1090 Point Lobos), récemment reconstruit, sans âme, surplombe les splendides ruines des **Sutro Baths** (carte p. 212), où les dandys victoriens se regroupaient pour un bain et un peu d'entraînement.

Suivez le sentier qui part des Sutro Baths et mène à **Lands End** (carte p. 212) d'où se déploie une superbe vue sur les Marin Headlands et le Golden Gate Bridge. Le sentier rejoint ensuite le **California Palace of the Legion of Honor** (carte p. 212 ; ☎ 415-750-3600 ; www.famsf.org/legion ; angle 34th Ave et Clement Street ; tarif plein/senior/étudiant de plus de 13 ans 10/7/6 $, réduction de 2 $ avec le billet Muni, entrée libre le 1er mar du mois ; 9h30-17h mar-dim), dont la collection d'art européen du Moyen Âge au début du XXe siècle comprend aussi bien des œufs de Fabergé que de sombres gravures de Max Klinger.

BAIE DE SAN FRANCISCO

Imaginez-vous en train de regarder en direction de l'océan Pacifique et avoir la vue bouchée par un pont massif en béton rayé de noir et de jaune vif : c'est ce que la marine américaine souhaitait à l'origine pour le pont qui enjambe la baie.

Heureusement, l'ingénieur en chef Joseph B. Strauss et les architectes Gertrude et Irving Murrow insistèrent pour un ouvrage d'art enlevé et une peinture orange en harmonie avec l'environnement naturel. Leurs efforts permirent l'érection en 1937 du **Golden Gate Bridge** (carte p. 214 ; ☎ 415-921-5858 ; www.goldengatebridge.org). La traversée de Marin à San Francisco coûte 6 $ en voiture, mais est gratuite pour les piétons et les cyclistes.

Une impressionnante construction de béton reste toutefois incontournable au milieu de la baie : la célèbre île-prison qu'Al Capone considérait comme sa maison, plus connue sous le nom d'**Alcatraz** (carte p. 212). Les autorités de la prison affirmaient qu'il était impossible de s'en échapper, mais elle fut tout de même fermée en 1963 car le transport des gardiens et de tout le nécessaire revenait trop cher à l'État. Les représentants des Indiens d'Amérique occupèrent l'île de 1969 à 1971 pour protester contre l'occupation américaine de leurs terres natales. Leur confrontation avec le FBI est commémorée dans un petit musée et par les signes du "Pouvoir rouge " près de l'embarcadère des ferries. Les billets de ferry doivent être réservés auprès d'**Alcatraz Cruises** (carte p. 214 ; ☎ 415-981-7625 ; www.alcatrazcruises.com ; tarif plein/enfant 5-11 journée 26/16 $, nuit 32/19,50 $; ⏲ départ du Pier 33 environ toutes les 30 min 9h-16h, et 18h45). La visite inclut une rencontre audio fascinante avec des prisonniers et des gardiens qui relatent la vie dans la prison.

À faire

Pour louer des vélos, adressez-vous à **Avenue Cyclery** (carte p. 214 ; ☎ 415-387-3155 ; www.avenuecyclery.com ; 756 Stanyan St ;), au Golden Gate Park, ou à **Blazing Saddles** (carte p. 214 ; ☎ 415-202-8888 ; www.blazingsaddles.com ; 2715 Hyde St ; 7/28 $ de l'heure/par jour ;), sur le Fisherman's Wharf. Franchisez le Golden Gate Bridge et prenez le ferry de Sausalito pour retourner à SF. Le JFK Drive du Golden Gate Park est fermé à la circulation automobile le dimanche.

Pour naviguer dans la baie, vous pourrez louer un kayak à **City Kayak** (carte p. 214 ; ☎ 415-357-1010 ; www.citykayak.com ; Pier 38, angle Embarcadero St et Townsend St ; 15-25 $/h) ou opter pour un circuit en catamaran d'une heure et demie avec **Adventure Cat** (carte p. 214 ; ☎ 415-777-1630 ; www.adventurecat.com ; Pier 39 ; tarif plein à partir de 30 $). Vous apercevrez peut-être une otarie

Les surfeurs se rendent à **Ocean Beach** (carte p. 212), où les vagues peuvent atteindre 3,5 m et plus en hiver. **Aqua Surf Shop** (carte p. 212 ; ☎ 415-242-9283 ; http://aquasurfshop.com ; 2830 Sloat Blvd ; ⏲ 10h-17h30 dim-mar, 10h-19h mer-sam) loue des planches et des combinaisons. Consultez les conditions météo au préalable (☎ 415-273-1618).

Pour observer les baleines, contactez **Oceanic Society Expeditions** (carte p. 214 ; ☎ 800-326-7491 ; www.oceanic-society.org ; Fort Mason, bldg E ; tarif plein 100 $).

♡ Les bains japonais **Kabuki Hot Springs** (carte p. 214 ; ☎ 415-922-6000 ; www.kabukisprings.com ; 1750 Geary Blvd ; 22-25 $; ⏲ 10h-21h45) alternent les jours réservés aux hommes et aux femmes ; port du maillot de bain obligatoire le mardi mixte.

Promenade à pied

Même si elles sont à maudire, les collines de San Francisco offrent des vues sublimes et réservent des surprises. Vous devriez donc, en fin de compte, les apprécier en traversant, lors de cette promenade, différents quartiers et en rencontrant des populations très diverses.

Au départ de la **porte de Chinatown** (**1** ; Dragon Gate ; Grant Ave au niveau de Bush St), ornée de dragons de pierre et d'auvents verts – œuvre de l'architecte sino-américan Clayton Lee (1970) –, dirigez-vous vers le nord en passant devant les lampadaires dorés et les boutiques de babioles de Grant St puis tournez à droite dans Pine St. Sur votre gauche, **Old St Mary's Park (2)** marque l'endroit où une célèbre maison close fut détruite dans l'incendie de 1906. Aujourd'hui, c'est un spot très prisé des skaters qui réalisent toutes sortes de figures sous l'œil bienveillant de la statue du chef révolutionnaire Sun Yat-sen, réalisée par le sculpteur Beniamino Bufano (1898-1970) en 1929. Revenez dans Grant St, longez Old St Mary's Church et tournez à gauche dans Sacramento pour rejoindre **Waverly Place (3)**, à droite, et ses jolis balcons peints et ornés de drapeaux. Faites un arrêt au **Tien Hou Temple** (**4** ; 125 Waverly Place, 4th fl ; entrée libre, don apprécié ; ⏲ horaires variables), ou empruntez Clay St. Un peu plus loin, le **Chinese Historical Society of America Museum** (**5** ; p. 220) occupe le magnifique immeuble de la YWCA (Young Women's Christian Association), conçu par Julia Morgan, première femme architecte de Californie et seule personne à qui William Randolph Hearst a accordé sa confiance pour la construction de son château (p. 191).

Redescendez Clay St, puis passez devant Stockton St pour rejoindre **Spofford Alley (6)**, première allée sur votre gauche, où se rassemblent des joueurs de mahjong, un orchestre chinois qui répète et des esthéticiennes bavardant avec leur clientes. Autrefois, vous auriez pu y surprendre Sun Yat-sen et ses acolytes organisant le renversement de 1911 de la dernière dynastie de Chine, ou entendre des coups de feu durant la guerre des gangs des années 1920. Traversez Washington St pour entrer, sur la gauche, dans **Ross Alley (7)**, autrefois bordée de maisons closes, qui fut restaurée pour servir de toile de fond à des scènes de films, tels que *Karate Kid II* ou *Indiana Jones et le temple maudit.* Au bout de l'allée, vous pourrez acheter des *fortune cookies*, ces gâteaux chinois renfermant un petit texte prédisant l'avenir, fabriqués sur de vieilles machines à la **Golden Gate Fortune Cookie Factory** (**8** ; 56 Ross Alley).

Retournez dans Grant Ave et tournez à gauche. À un pâté de maisons et demi, sur votre droite, se trouve la **Jack Kerouac Alley (9)**, que de nombreux écrivains de la Beat Generation ont foulée. Les trottoirs sont aujourd'hui jalonnés de poèmes et les murs ornés de peintures. Au bout de l'allée, le **City Lights Bookstore** (**10** ; p. 217) est le repaire d'un poète de la Beat Generation, défenseur de la

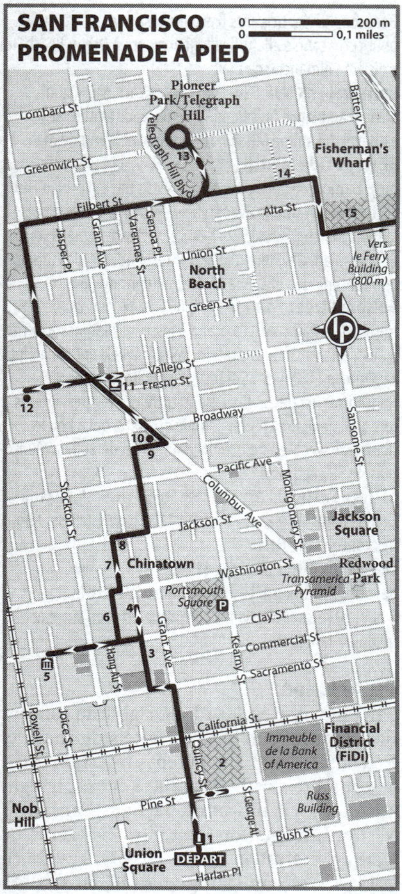

DONNÉES PRATIQUES

Départ : porte de Chinatown (Dragon Gate)
Arrivée : Ferry Building
Distance : 3 km
Durée : une demi-journée

liberté d'expression. Une fois son livre acheté, on peut aller se reposer en dégustant un café à un pâté de maisons de là, au **Caffe Trieste** (**11** ; ☎ 415-982-2605 ; www.caffetrieste.com ; 601 Vallejo St ; 6h30-23h tlj, 6h30-minuit ven-sam), apprécié depuis les années 1950 pour son *"opera jukebox"*, des jam-sessions d'accordéon et sa clientèle *arty*. Traversez Columbus dans Vallejo pour découvrir le **Good Luck Parking Garage** (**12** ; 735 Vallejo), où l'artiste Harrell Fletcher a indiqué chaque emplacement d'un aphorisme au pochoir, comme "Tu n'es pas un *has been*".

De retour sur Columbus, repartez vers le nord, tournez à droite dans Stockton puis de nouveau à droite dans Filbert St. De là, gravissez la Telegraph Hill jusqu'à la **Coit Tower** (**13** ; p. 220). Cette tour édifiée par l'excentrique milliardaire Lillie Hitchcock Coit en hommage aux pompiers évoque une immense lance à incendie. À l'intérieur, des peintures murales illustrent les thèmes de la Grande Dépression et des mouvements socialistes. Empruntez ensuite les **Filbert Steps (14)**, qui passent devant des jardins de sculptures, des arbres peuplés de perroquets en liberté et des cottages cachés, pour redescendre la colline et gagner Sansome St. Coupez par **Levi's Plaza (15)**, qui porte le nom du plus célèbre inventeur de San Francisco, jusqu'à l'Embarcadero. Tournez à droite et, de là, continuez vers le sud sur quelques pâtés de maisons pour aller vous régaler dans le **Ferry Building** (p. 220) : vous pourrez déjeuner sur un banc de Bayside, au pied de la statue en bronze de Gandhi.

Avec des enfants

Bien que San Francisco soit la ville des États-Unis qui compte proportionnellement le moins d'enfants (en 2008, le nombre de chiens dépassait de 19 000 celui des moins de 18 ans), les attractions qui conviennent aux petits abondent.

American Child Care (☎ 415-285-2300 ; www.americanchildcare.com ; 580 California St, Suite 1600 ;). Service de garderie ; 20 $/heure (pourboire non inclus) ; quatre heures minimum.

Aquarium of the Bay (carte p. 214 ; ☎ 415-623-5301 ; www.aquariumofthebay.com ; Pier 39 ; tarif plein/enfant/famille (2 adultes et 2 enfants) 15,95/8/39,95 $; 9h-20h tlj été, 10h-18h lun-ven et 10h-19h sam-dim reste de l'année). Parcourez des tunnels souterrains en verre pour admirer des requins nager au-dessus de votre tête.

California Academy of Sciences (p. 223 ;). Une forêt tropicale sur quatre niveaux, un marécage dans lequel évolue un alligator albinos et un planétarium, tout cela sous un toit planté de fleurs sauvages californiennes : une manière vivante d'aborder les sciences naturelles.

Cartoon Art Museum (p. 219 ;). Un lieu consacré à la BD et au dessin animé.

Exploratorium (p. 221). Apprendre par exemple pourquoi la voix sonne mieux sous la douche et voir comme avec un rayon X à travers des installations interactives primées en 2008 pour leur ingéniosité.

Fire Engine Tours (carte p. 214 ; ☎ 415-333-7077 ; www.fireenginetours.com ; Beach St au niveau du Cannery ; tarif plein/enfant moins de 12 ans/adolescent 50/30/40 $; départ circuit 13h mer-lun). Circuits de 75 min à bord d'un camion de pompiers ancien qui traverse le Golden Gate Bridge.

Golden Gate Park (p. 222 ;). Un paradis pour les petits avec bisons, manège, terrains de jeux, arbres miniatures, pédalos et plage.

Zeum Art & Technology Center (carte p. 214 ; ☎ 415-822-3320 ; www.zeum.org ; 221 4th St ; tarif plein/4-18 ans 7/5 $; 11h-17h mar-dim juin-août, 13h-17h mer-ven et 11h-17h sam-dim sept-mai ;). La technologie en s'amusant : robots, jeux vidéo avec de vrais acteurs, clips vidéo à faire soi-même et ateliers d'animation conduits par des innovateurs de Silicon Valley.

Circuits organisés

California Historical Society (carte p. 214 ; ☎ 415-357-1848 ; www.californiahistoricalsociety.org ; 678 Mission St). Quand Gary Holloway, urbaniste excentrique, ne s'habille pas en moine ou ne réorganise pas sa collection de boîtes de thé, il dirige un circuit historique intéressant dans certains quartiers de San Francisco.

Chinatown Alleyway Tours (☎ 415-984-1478 ; www.chinatownalleywaytours.org ; tarif plein/enfant 10-17 ans/enfant 6-9 ans/moins de 6 ans 18/12/5 $/gratuit). Circuits de 2 heures proposant une vision personnelle de l'histoire de Chinatown, menés par des adolescents ayant grandi ici. Départ 11h samedi ou sur rendez-vous.

Precita Eyes Mission Mural Tours (☎ 415-285-2287 ; www.precitaeyes.org ; circuit tarif plein/senior et moins de 17 ans/moins de 12 ans 10-12/5/2 $). Organisées par le Precita Eyes Mural Arts Center, des promenades de 2 heures à pied ou à vélo conduites par des artistes locaux couvrent 60-70 peintures murales dans un rayon de 6-10 pâtés de maisons le long de Balmy Alley. Départ à 11h en semaine, à 13h30 le week-end.

Public Library City Guides (☎ 415-557-4266 ; www.sfcityguides.org ; circuit gratuit). Des historiens locaux conduisent des visites par quartier ou par thème : marina Art déco, centre de la Ruée vers l'or, Pacific Heights Mansion et bien d'autres. Heures et lieux de rendez-vous sur le site Internet.

Fêtes et festivals

Chinese New Year Parade (☎ 415-986-1370 ; www.chineseparade.com). Défilé d'un dragon de plus de 60 m, de danseurs et d'écoles de kung-fu dans Chinatown, fin janvier/début février.

SF International Film Festival (☎ 415-561-5000 ; www.sffs.org). Le plus ancien festival cinématographique des États-Unis, fin avril.

Bay to Breakers (☎ 415-359-2800 ; www.baytobreakers.com ; participation à la course 44-48 $). Beaucoup de participants (certains costumés… ou nus !) pour cette course allant de l'Embarcadero à Ocean Beach, le troisième dimanche de mai.

Carnaval (☎ 415-826-1401 ; www.carnavalsf.com). Envie d'ambiance brésilienne ? Venez vous joindre au carnaval qui anime Mission le dernier week-end de mai.

SF Gay Pride Month (☎ 415-864-0831 ; www.sfpride.org). Le mois de juin commence avec le Gay & Lesbian Film Festival et se termine avec style le dernier week-end par la Dyke March (☎ 415-241-8882 ; www.dykemarch.org) et la Lesbian, Gay, Bisexual and Transgender Pride Parade, animée, enjouée et suivie par des millions de gens.

Folsom Street Fair (☎ 415-861-3247 ; www.folsomstreetfair.com). La grand-messe du sadomasochisme a aussi une vocation caritative. Dernier week-end de juillet.

LitQuake (☎ 415-750-1497 ; www.litquake.org). Rencontres, lectures, discussions entre et avec des auteurs lors du légendaire Lit Crawl, initié en 2002, qui a lieu le deuxième week-end d'octobre. La session de 2007 a réuni plus de 350 écrivains.

SF Jazz Festival (☎ 415-398-5655 ; www.sfjazz.org). Grands noms du jazz et nouveaux talents se réunissent pour des concerts fin octobre.

Día de los Muertos (☎ 415-821-1155 ; www.dayofthedeadsf.org). Le jour des Morts est fêté le 2 novembre dans Mission. Défilé, squelettes en sucre et magnifiques autels.

Où se loger

San Francisco est la ville d'origine du concept des "boutique hotels" ou hôtels de charme. Présents partout, ils coûtent un certain prix : les chambres entre 100 et 200 $ correspondent à la catégorie moyenne. Le San Francisco's Visitor Information Center (p. 217) gère une **ligne de réservation** (☎ 888-782-9673 ; www.onlyinsanfrancisco.com) multilingue. **Bed & Breakfast SF** (☎ 415-899-0060 ; www.bbsf.com) se spécialise dans les B&B et appartements. Lombard St (Hwy 101) compte de nombreux motels. La taxe hôtelière en ville s'élève à 14%, mais elle ne s'applique pas aux auberges de jeunesse.

UNION SQUARE ET CIVIC CENTER

Dakota Hotel (carte p. 214 ; ☎ 415-931-7475 ; 606 Post St à Taylor St ; ch 98-110 $; P 16 $;). Un hôtel rétro des années 1920, avec des chambres propres basiques dotées de baignoires à pieds de lion. Ascenseur capricieux.

Hotel des Arts (carte p. 214 ; ☎ 415-956-3232 ; www.sfhoteldesarts.com ; 447 Bush St ; ch sans sdb 99-149 $, avec sdb 139-199 $; P 24 $;). Un établissement économique pour les mordus d'art, dont certaines chambres sont décorées par des peintres underground et donnent l'impression de dormir à l'intérieur d'un tableau. Les chambres standard, bien tenues mais moins agréables, présentent aussi un bon rapport qualité/prix.

Golden Gate Hotel (carte p. 214 ; ☎ 415-392-3702, 800-835-1118 ; www.goldengatehotel.com ; 775 Bush St ; ch sans/avec sdb 105/165 $; P 25 $;). Les propriétaires bienveillants et les chambres sans prétention de ce bâtiment de style édouardien (1913) évoquent une pension de famille à l'ancienne. Situation sûre en amont du Tenderloin.

Mosser (carte p. 214 ; ☎ 415-986-4400, 800-227-3804 ; www.themosser.com ; 54 4th St ; ch sans sdb 75-109 $, avec sdb 149-179 $; P 29 $;). Cet hôtel de classe tourisme renferme de petites chambres et de minuscules sdb rehaussées de touches élégantes.

Petite Auberge (carte p. 214 ; ☎ 415-928-6000, 800-365-3004 ; 863 Bush St ; ch 169-219 $; P 32 $;). Une sorte d'auberge campagnarde au charme à la française, dont certaines des chambres gaies ont une cheminée à gaz.

Hotel Triton (carte p. 214 ; ☎ 415-394-0500, 800-800-1299 ; www.hoteltriton.com ; 342 Grant Ave ; ch 149-239 $; P 38 $;). La musique rythmée qui vibre dans le hall donne le ton de cet hôtel de charme chic et design. Les chambres les moins chères sont très petites, mais néanmoins pourvues de lits somptueux.

Orchard Garden Hotel (carte p. 214 ; ☎ 415-399-9807 ; www.theorchardgardenhotel.com ; 466 Bush St ; ch 179-249 $; P 40 $;). Le premier hôtel de SF certifié "vert" loue des chambres d'un calme apaisant, avec des draps en coton égyptien et autres détails luxueux.

FINANCIAL DISTRICT ET NORTH BEACH

Pacific Tradewinds (carte p. 214 ; ☎ 415-433-7970, 888-734-6783 ; www.sanfranciscohostel.org ; 680 Sacramento St ; dort 24-26 $;). L'auberge de jeunesse la plus séduisante de la ville affiche un thème nautique dans les tons bleu et blanc. Dortoirs uniquement, douches impeccables et cuisine équipée. Accès aux étages par trois volées de marches.

San Remo Hotel (carte p. 214 ; ☎ 415-776-8688, 800-352-7366 ; www.sanremohotel.com ; 2237 Mason St ; ch 55-85 $;). Un établissement de 1906 au cachet d'antan. Les chambres simples, garnies de meubles disparates du début du XXe siècle, partagent toutes des sdb communes. Les plus économiques donnent sur le hall ; demandez-en une avec fenêtre pour avoir de l'air et de la lumière.

Hotel Bohème (carte p. 214 ; ☎ 415-433-9111 ; www.hotelboheme.com ; 444 Columbus Ave ; ch 174-194 $;). Notre hôtel de charme préféré. Ses chambres orange foncé, noir et vert sauge, décorées d'ombrelles chinoises en guise d'abat-jour au plafond, constituent une véritable déclaration d'amour à la Beat Generation.

Hotel Vitale (carte p. 214 ; ☎ 415-278-3700, 888-890-8688 ; www.jdvhotels.com ; 8 Mission St ; ch 279-319 $; P 51 $;). L'adresse sexy-chic de San Francisco. Décor de spa et lits de rêve.

FISHERMAN'S WHARF ET LA MARINA

HI San Francisco Fisherman's Wharf (carte p. 214 ; ☎ 415-771-7277 ; www.norcalhostels.org ; Fort Mason, Bldg 240 ; dort/ch 23-30/60-100 $; P). Si les grands dortoirs et les douches collectives manquent d'intimité, l'emplacement dans le parc n'a pas son pareil. Pas de couvre-feu.

Marina Motel (carte p. 214 ; ☎ 415-921-9406, 800-346-6118 ; www.marinamotel.com ; 2576 Lombard St ; ch 75-129 $; P). Un motel rétro des années 1930, parfait pour les voyageurs à petit budget et les familles, dont les chambres accueillantes disposent parfois d'une cuisine. Préférez celles à l'arrière, plus calmes.

Hotel Del Sol (carte p. 214 ; ☎ 415-921-5520, 877-433-5765 ; www.thehoteldelsol.com ; 3100 Webster St ; ch 169-199 $; P). Un motel rénové des années 1950 au cadre très coloré. Suites familiales et piscine extérieure chauffée.

MISSION

San Francisco Elements (carte p. 214 ; ☎ 415-647-4100 ; www.elementssf.com ; 2524 Mission St ; dort/d 28/79 $;). Beaux dortoirs mixtes et séparés un peu impersonnels, formidable bar sur le toit et situation au cœur de la vie nocturne du quartier.

CASTRO

24 Henry (carte p. 214 ; ☎ 415-864-5686, 800-900-5686 ; www.24henry.com ; 24 Henry St ; ch sans/avec sdb 105-110/149 $;). Des objets de récupération et un mobilier fonctionnel composent le cadre de cette maison victorienne reconvertie, sise dans une rue tranquille. Conseillé aux voyageurs gay.

Parker Guest House (carte p. 214 ; ☎ 415-621-3222, 888-520-7275 ; www.parkerguesthouse.com ; 520 Church à 17th St ; ch sans sdb à partir de 119 $, avec sdb 150-199 $;). Le meilleur B&B gay de la ville propose des chambres confortables dans des demeures édouardiennes attenantes. Places de parking (15 $) limitées. Réserver.

CALIFORNIE

HAIGHT

Red Victorian (carte p. 214 ; ☎415-864-1978 ; www.redvic.com ; 1665 Haight St ; ch 86-200 $; ⊠ ☎). L'année 1968 revit à travers les chambres diversement décorées en hommage à la paix, l'écologie et l'amitié, dont quatre seulement avec sdb. Le prix inclut le petit-déj servi dans le café bio. Wi-Fi dans le hall.

Où se restaurer

Mieux vaut aimer manger car San Francisco compte dix fois plus de restaurants par habitant que toute autre ville des États-Unis et chacun a son opinion sur les adresses incontournables. Il existe même un monument à la gloire de la gastronomie, le **Ferry Building** (carte p. 214 ; ☎415-983-8000 ; www.ferrybuildingmarketplace.com) ; voir l'encadré ci-contre. **Chowhound** (www.chowhound.com/boards/1) informe les gourmets sur les possibilités qui s'offrent à eux.

UNION SQUARE ET CIVIC CENTER

Saigon Sandwich Shop (carte p. 214 ; ☎415-474-5698 ; 560 Larkin St ; sandwichs 3-3,50 $; ⏲ 6h30-17h lun-sam, 7h-16h30 dim). Rejoignez la file d'attente pour le *banh mi* vietnamien, sandwich à la baguette garni de viande rôtie, pâté, boulettes de viande et/ou tofu avec carottes en saumure, piment, oignon et coriandre. Commandez-en deux d'un coup pour éviter d'avoir à revenir.

Suppenküche (carte p. 214 ; ☎415-252-9289 ; www.suppenkuche.com ; 525 Laguna ; plats 8-18,50 $; ⏲ 17h-22h tlj, 10h-14h30 dim). Commandez des *bratwursts* (saucisses), des *spätzle* nappés de fromage et 2 l de bière à la pression pour trinquer avec vos nouveaux amis sur la table commune en bois brut, puis des "Emperor's Pancakes" aux raisins secs et au cognac en dessert.

Shalimar (carte p. 214 ; ☎ 415-928-0333 ; www.shalimarsf.com ; 532 Jones St ; plats 10 $ maximum ; ⏲ 12h-15h et 17h-23h30). Suivez le fumet du poulet tandoori et des *nan* sortant du four. Les viandes grillées sont préférables aux légumes, souvent lourds.

Fish & Farm (carte p. 214 ; ☎ 415-474-3474 ; www.fishandfarmsf.com ; 339 Taylor St ; plats au dîner 17-28 $; ⏲ 17h-22h). Ici, la cuisine simple et écolo utilise des ingrédients bio, des fruits de mer issus de la pêche durable et de la viande d'animaux élevés en plein air, qui proviennent tous d'un rayon de 160 km autour de San Francisco. Mention spéciale aux cocktails agrémentés de fruits de saison.

Jardinière (carte p. 214 ; ☎ 415-861-5555 ; www.jardiniere.com ; 300 Grove St ; plats 23-40 $; ⏲ 17h-22h30 dim-mer, 17h-23h30 jeu-sam). Chef primé, Traci Des Jardins a une façon audacieuse de traiter les légumes bio, les viandes fermières et les produits de la mer pêchés de manière raisonnée. En témoignent le succulent poulpe recouvert de bacon croustillant et les fleurs de courges au miel de lavande de Sonoma farcies au fromage de brebis fondu. Le lundi, le repas de trois plats divins accompagnés de vins assortis ne coûte que 45 $.

FINANCIAL DISTRICT, CHINATOWN ET NORTH BEACH

City View (carte p. 214 ; ☎415-398-2838 ; 662 Commercial St ; petites assiettes 3-5 $; ⏲ 11h-14h30 lun-ven, 10h-14h30 sam et dim). Les amateurs de *dim sum* habitués aux adresses bondées et à un service maussade seront agréablement surpris par les raviolis aux crevettes et aux poireaux, les asperges tendres et le canard laqué croustillant, joliment présentés dans une salle spacieuse et ensoleillée.

Bocadillos (carte p. 214 ; ☎ 415-982-2622 ; www.bocasf.com ; 710 Montgomery St ; petites assiettes au déjeuner 4,50-7 $, dîner 5-15 $; ⏲ 7h-22h lun-mer, 7h-22h30 jeu-ven, 17h-22h30 sam). Un bon bar à tapas et à sandwichs d'inspiration espagnole pour déjeuner sans se ruiner ni déboutonner son pantalon. Hamburger d'agneau, *ceviche* aux poires nashi, saucisses catalanes et vins au verre.

Molinari (carte p. 214 ; ☎ 415-421-2337 ; 373 Columbus Ave ; sandwichs 5-8 $; ⏲ 9h-17h lun-ven, 7h30-17h30 sam). Des petits pains italiens fourrés de fines tranches de jambon de Parme, de mozzarella au lait de bufflonne, d'artichauts marinés et du mythique salami maison.

House of Nanking (carte p. 214 ; ☎ 415-421-1429 ; 919 Kearny St ; plats 7-14 $; ⏲ 11h-22h lun-ven, à partir de 12h sam, 12h-21h dim). Donnez au serveur une idée de ce qui vous tente – fruits de mer, sans friture, ou volaille, par exemple – et acceptez le plat qui atterrit rapidement sur votre table, coquilles Saint-Jacques fondantes ou émincé de pigeonneau dans des feuilles de salade, le tout arrosé de thé. Attente à prévoir et règlement en espèces.

Cinecittà (carte p. 214 ; ☎ 415-291-8830 ; 663 Union St ; pizzas 9-14 $; ⏲ 12h-22h dim-jeu, 12h-23h ven et sam). Un restaurant de 18 couverts où l'on vient pour la pizza romaine à pâte fine, en particulier la Capricciosa (cœurs d'artichauts, olive, mozzarella, jambon, œuf). Gardez de la place pour le tiramisu maison, de loin le plus réussi de North Beach.

Ideale (carte p. 214 ; ☎ 415-391-4129 ; www.idealerestaurant.com ; 1315 Grant Ave ; plats 13-26 $; ⏲ 17h30-22h30 mar-jeu,

17h30-23h ven et sam, 17h-22h dim). Les Italiens expatriés y ont leurs habitudes, ce qui est bon signe. Au menu, *bucatini amatriciana* (pâtes tubulaires accommodées d'une sauce tomate à la pancetta et au pecorino) préparés dans les règles de l'art, risotto de fruits de mer à base de riz supérieur canaroli et choix de vins transalpins au juste prix. Serveurs toscans aimant plaisanter.

FISHERMAN'S WHARF

Crown & Crumpet (carte p. 214 ; ☎415-771-4252 ; www.crownandcrumpet.com ; 207 Ghirardelli Square ; thé et pâtisserie 8-12 $, formule thé de 5 plats 32 $; 🕑 10h-18h lun-jeu, 9h-22h ven, 9h-21h sam, 9h-18h dim). Un salon de thé de style design contemporain. Les copines se racontent leur dernier rendez-vous galant devant des scones avec des fraises et du champagne, tandis que pères et filles boivent gentiment l'une des 38 variétés de thé dans des tasses en porcelaine. Réservations recommandées le week-end.

Gary Danko (carte p. 214 ; ☎ 415-749-2060 ; www.garydanko.com ; 800 North Point St ; menus de 2/3/4/5 plats 44/66/83/98 $; 🕑 17h30-22h). Une vitrine en verre fumée empêche les passants de saliver à la vue du homard rôti aux morilles, du magret de canard à la compote de rhubarbe, du trio de crèmes brûlées et du somptueux chariot de fromages. Au moment du départ, les dames reçoivent en cadeau des petits gâteaux.

MARINA

La Boulange (carte p. 214 ; ☎415-440-4450 ; www.baybread.com ; 1909 Union St ; déjeuner 10 $ maximum ; 🕑 7h-18h). Voici la meilleure affaire des enseignes d'Union St : pour 10 $, vous aurez droit à une tranche de pain, une soupe ou une salade et un macaron tout frais, sans oublier les garnitures à volonté (cornichons, Nutella…) du bar à condiments.

Greens (carte p. 214 ; ☎ 415-771-6222 ; www.greensrestaurant.com ; Fort Mason Center, bldg A ; plats 7-20 $; 🕑 12h-14h30 mar-sam, 17h30-21h lun-sam, 10h30-14h dim ; Ⓥ). Même les carnivores impénitents oublieront qu'il n'y a pas de viande dans les paninis aux aubergines grillées ou le copieux chili de haricots noirs à la crème fraîche et aux piments jalapeños marinés. Le week-end, dégustez les plats à emporter sur des tables en souche de séquoia ou sur les quais ensoleillés à l'extérieur.

MISSION

La Taquería (carte p. 214 ; ☎415-285-7117 ; 2889 Mission St à 25th ; burritos 5-6,50 $; 🕑 11h-21h lun-sam, 11h-20h dim). Pas d'excentricités culinaires, rien que des classiques mexicains comme la sauce de tomatilles ou de *mesquite*, des grillades de viande marinée et de savoureux haricots enroulés dans une tortilla – les pickles maison et la crème aigre en option sont vivement conseillés.

Mission Beach Café (carte p. 214 ; ☎ 415-861-0198 ; www.missionbeachcafesf.com ; 198 Guerrero St ; brunch 9-14 $; 🕑 7h-22h mar-jeu, 7h-23h ven, 9h-23h sam, 9h-22h dim). L'endroit sert un brunch de premier ordre, avec des pancakes soufflés, des *huevos rancheros* au *pulled porc* (lanières de porc longuement mijotés) issu d'un élevage responsable, des œufs fermiers aux oignons caramélisés et des muffins anglais confectionnés par le pâtissier du lieu.

Delfina (carte p. 214 ; ☎ 415-552-4055 ; www.delfinasf.com ; 3621 18th St ; plats 18-26 $; 🕑 17h30-22h lun-jeu, 17h30-23h ven et sam, 17h-22h dim). Une cuisine californienne de saison, à la fois simple et sensationnelle : canard de Sonoma

CINQ RAISONS SAVOUREUSES DE MANQUER LE FERRY

Il serait dommage de ne pas tester les restaurants du Ferry Building :

- **Hog Island Oyster Company** (☎ 415-391-7117 ; www.hogislandoysters.com ; demi-douzaine 15-17 $; 🕑 11h30-20h lun-ven, 11h-18h sam et dim, happy hour 17h-19h lun et jeu). La pêche du jour comprend des huîtres à 1 $ pièce durant le happy hour.
- **Taylor's Automatic Refresher** (☎ 415-318-3423 ; www.taylorsrefresher.com ; hamburgers 7-10 $; 🕑 10h30-22h). Des hamburgers de bœuf élevé en plein air et des frites de patates douces.
- **Mijita** (☎ 399-0814 ; www.mijitasf.com ; plats à moins de 10 $; 🕑 10h-19h lun-jeu, 10h-20h ven, 9h-20h sam, 10h-16h dim). La célèbre chef Traci des Jardins réinvente la cuisine de rue mexicaine.
- **Slanted Door** (☎ 415-861-8032 ; http://slanteddoor.com ; plats 11-26 $; 🕑 11h-22h). Le restaurant vietnamo-californien familial de Charles Phan sert des plats comme les nouilles de riz au crabe dormeur.
- **Farmers Market** (☎ 415-291-3276 ; www.cuesa.org ; 🕑 10h-14h mar, 8h-14h sam toute l'année ; 16h-20h jeu et 10h-14h dim en été). Le marché fermier du week-end s'installe dans le Ferry Building.

accompagné de cerises rôties au Barolo, tagliatelles aux orties sauvages, profiteroles à la glace café et aux amandes confites. Réservez avant ou rabattez-vous sur le Delfina Pizza voisin.

CASTRO

Cafe Flore (carte p. 214 ; ☎415-621-8579 ; http://cafe-flore.com ; 2298 Market St ; plats 8-11 $; 7h-2h ;). Attention en dévorant goulûment vos pâtes et en profitant du Wi-Fi gratuit, car la situation en angle et la devanture entièrement vitrée de l'établissement augmentent les chances d'être vu autant que d'observer ses semblables.

Home (carte p. 214 ; ☎ 415-503-0333 ; www.home-sf.com ; 2100 Market St ; plats 12-18 $; 11h-24h lun-ven, 10h-24h sam et dim). Rien ne vaut cette adresse si vous aimez les bons plats réconfortants comme le *mac 'n' cheese* (gratin de macaronis), le poulet rôti ou le *pot roast* (rôti de bœuf à la cocotte) à déguster au coin du feu. Le cocktail Homegirls (vodka, jus de citron vert, jus de cranberry, triple sec et champagne) ne coûte que 4 $ durant le happy hour (16h-19h).

Destino (carte p. 214 ; ☎ 415-552-4451 ; www.destinosf.com ; 1815 Market St ; petites assiettes 10-13,30 $, menu de 3 plats 32 $; 17h-22h lun-jeu, 17h-23h ven et sam, 11h-24h et 17h-22h dim). Le Pérou rencontre la Californie pour dépayser les papilles avec du ceviche de thon ahi à la mangue bio et à l'huile de roucou, le magret de canard aux gâteaux de bacon et bananes plantains et le cocktail pisco sour au fruit de la passion.

HAIGHT

Rosamunde Sausage Grill (carte p. 214 ; ☎415-437-6851 ; 545 Haight St ; saucisses 4-5,50 $; 11h30-22h). Régalez-vous pour 10 $ grâce à des saucisses on ne peut plus classique ou un canard aux figues à accompagner de poivrons et d'oignons grillés, de moutarde à l'ancienne et de chutney de mangue à volonté, avant d'aller tester la cinquantaine de bières artisanales du Toronado (p. 231) voisin.

Cole Valley Cafe (carte p. 214 ; ☎ 415-668-5282 ; www.colevalleycafe.com ; 701 Cole St ; sandwichs 5,75 $; 7h-20h ;). Café corsé, Wi-Fi gratuit et sandwichs chauds élaborés, d'un excellent rapport qualité/prix. Celui garni de poulet mariné au thym avec de l'avocat citronné met l'eau à la bouche.

Magnolia Brewpub (carte p. 214 ; ☎ 415-864-7468 ; www.magnoliapub.com ; 1398 Haight St ; plats 8-19 $; 12h-24h lun-jeu, 12h-1h ven, 10h-1h sam, 10h-24h dim). Les plats de brasserie bio et les bières maison facilitent la conversation autour des tables communes, tandis que les hamburgers de Prather Ranch au bœuf satisfont les appétits plus féroces des convives attablés dans les boxes de part et d'autre.

JAPANTOWN ET PACIFIC HEIGHTS

Tataki (carte p. 214 ; ☎415-931-1182 ; www.tatakisushibar.com ; 2815 California St ; petites assiettes 4-13 $; 11h30-14h et 17h30-22h30 lun-jeu, 11h30-14h et 17h30-23h30 ven, 17h-23h30 sam, 17h-21h30 dim). De remarquables sushis qui garantissent un dîner réussi sans contribuer à la disparition de la faune marine. L'omble chevalier au goût suave avec du *yuzu* (agrume japonais) et des câpres remplace avantageusement le saumon sauvage menacé. Quant au Golden State Roll relevé – coquille Saint-Jacques pêchée par des plongeurs, thon du Pacifique, lamelles de pommes bio et or comestible – il fait figure de star.

RICHMOND

Taiwan (carte p. 214 ; ☎415-387-1789 ; 445 Clement St ; repas 10 $; 11h-22h dim-jeu, 11h-24h ven, 10h-24h sam). Un festin de plats comme de copieuses nouilles au sésame sauce piquante, des raviolis faits à la demande, des haricots verts braisés et du poulet aux haricots noirs.

Namu (carte p. 214 ; ☎ 415-386-8332 ; www.namusf.com ; 439 Balboa St ; petites assiettes 9-15 $; 17h-22h30 lun-ven, 10h-15h et 17h30-22h30 sam et dim). Les trois atouts culinaires de la Californie – les produits bio haut de gamme, l'inventivité de la Silicon Valley et le raffinement de la bordure du Pacifique – se manifestent dans de petites assiettes d'inspiration coréenne.

Aziza (carte p. 214 ; ☎ 415-752-2222 ; www.azizasf.com ; 5800 Geary Blvd ; plats 18-26 $; 17h30-22h30 mer-lun). Mourad Lahlou revisite la cuisine marocaine à l'aide d'ingrédients bio californiens pour créer des saveurs inédites : cailles aux myrtilles glacées à l'orange et au cumin ou tagine de crevettes au citron Meyer.

Où prendre un verre

Mission, Haight, North Beach et Polk St (au nord de Geary St) sont connus pour leurs bars.

Hôtel Biron (carte p. 214 ; ☎ 415-703-0403 ; 45 Rose St). Notre adresse favorite pour un tête-à-tête intime devant une bouteille de vin. Évitez toutefois le week-end car il y a trop de monde.

Koko Cocktails (carte p. 214 ; ☎ 415-885-4788 ; 1060 Geary St). Un bar à cocktails rétro décontracté qui passe du reggae, de la soul et, parfois, du hip-hop ; parfait pour débuter la soirée avec classe.

Toronado (carte p. 214 ; ☎ 415-863-2276 ; www.toronado.com ; 547 Haight St). Plus de 50 bières spéciales à la pression, ainsi que des centaines d'autres en bouteilles. Si vous avez un petit creux, le Rosamunde (p. 230) voisin propose de fameuses saucisses.

Tosca Cafe (carte p. 214 ; ☎ 415-391-1244 ; 242 Columbus Ave). Avec ses cabines de vinyle rouge et son juke-box dédié à l'opéra et à Frank Sinatra, il s'agit d'un grand classique du North Beach d'autrefois.

Zeitgeist (carte p. 214 ; ☎ 415-255-7505 ; 199 Valencia St). Le soir quand il fait chaud, *bikers* et branchés se rassemblent dans le vaste *beer garden*, véritable institution underground de San Francisco.

Où sortir

Pour savoir où sortir, ne vous contentez pas de lire le *SF Weekly* et de consulter les sites de Nitevibe (www.nitevibe.com), SF Station (www.sfstation.com) et SF Gate (www.sfgate.com), mais glanez des infos auprès des habitants. Pour des places de théâtre à moitié prix, direction la **TIX Bay Area** (carte p. 214 ; ☎ 415-433-7827 ; www.theatrebayarea.org ; ⌚ mar-dim), à Union Sq.

SALLES DE CONCERTS

Annie's Social Club (carte p. 214 ; ☎ 415-974-1585 ; www.anniessocialclub.com ; 917 Folsom St). Au programme : groupes punk-rock, burlesque, karaoké et scène ouverte comique ; voir site Web.

SAN FRANCISCO GAY, LESBIEN, BI ET TRANS

San Francisco est la ville américaine arc-en-ciel par excellence. Les gays new-yorkais ont beau la qualifier de "maison de retraite pour jeunes" (parce que les établissements ferment plus tôt) la cité californienne surpasse New York en matière de comportements sexuels débridés et de folie underground. L'intersection de 18th St et Castro St, avec ses gogo bars, forme le cœur de la scène gay. "*Dancing queens*" et mauvais garçons se retrouvent à South of Market (SoMa), où se concentrent les clubs et les "lieux de débauche". Mieux vaut fréquenter Castro le jour, SoMa le soir. Quand il fait soleil, filles et garçons en maillot de bain occupent la colline à l'angle de 20th St et Church Street, dans le Mission Dolores Park. (Attendez-vous à voir des fumeurs de joints car SF est un haut lieu de la consommation de marijuana.) Les créatures sexy se rencontrent aussi sur Valencia St, au sud de 16th St, dans les cafés branchés, les friperies et les librairies. Consultez le site de Get Your Girl On (http://gogetyourgirlon.com) pour le programme des concerts et des soirées ou celui de Betty's List (www.bettyslist.com). Le *San Francisco Bay Times* (www.sfbaytimes.com) est une bonne source de renseignements pour les trans-sexuels, tandis que le *Bay Area Reporter* (BAR ; www.ebar.com) informe sur l'actualité, les spectacles et les distractions.

Voici quelques lieux de prédilection de la communauté :

Aunt Charlie's (carte p. 214 ; ☎ 415-441-2922 ; www.auntcharlieslounge.com ; 133 Turk St ; ⌚ 9h-2h). Les meilleurs spectacles de drag queens de SF se déroulent les vendredi et samedi à 22h. Mention spéciale pour la soirée Tubesteak Connection (5 $) du jeudi, qui programme de la disco des années 1970-1980.

Cafe Flore (carte p. 214 ; p. 230). Café, Wi-Fi et plats chauds.

Eagle Tavern (carte p. 214 ; ☎ 415-626-0880 ; www.sfeagle.com ; 398 12th St ; ⌚ 12h-2h). L'adresse phare du dimanche après-midi. Portez du cuir pour vous fondre dans la masse. Bière à volonté de 15h à 18h (10 $).

Gold's Gym (carte p. 214 ; ☎ 415-626-4488 ; www.goldsgym.com ; 2301 Market St ; ☎ 415-552-4653 ; 1001 Brannan St ; 15 $). Les clubbers gay et les garçons de Castro fréquentent la salle de gym de Market St, les mâles débordant de testostérone celle de Brannan St.

Honey Soundsystem (carte p. 214 ; ☎ 415-252-5018 ; www.honeysoundsystem.com ; à Paradise Loft, 1501 Folsom St ; ⌚ 21h-2h dim). Une discothèque dont les soirées impressionnantes alternent toutes sortes de musiques, des obscures faces B disco à la techno allemande.

Lexington Club (carte p. 214 ; ☎ 415-863-2052 ; 3464 19th St ; ⌚ 15h-2h). Le bar lesbien le plus sexy de la ville.

Powerhouse (carte p. 214 ; ☎ 415-552-8689 ; www.powerhouse-sf.com ; 1347 Folsom St). Les soirées du jeudi au dimanche sont les plus réussies dans ce bar de drague homo parfois chaud mais pas toujours. Étrange terrasse réservée aux fumeurs.

Sisters of Perpetual Indulgence (☎ 415-820-9697 ; www.thesisters.org). Œuvre militante et caritative à l'humour décalé, l'ordre gay des "Sœurs de l'indulgence perpétuelle" fait figure d'institution. Notre événement favori : le mythique "Hunky Jesus Contest", à Pâques dans le Dolores Park.

Boom Boom Room (carte p. 214 ; ☎ 415-673-8000 ; www.boomboomblues.com ; 1601 Fillmore St ; ⏲ mar-dim). Le chanteur John Lee Hooker possède ce club de blues et de jazz des années 1930 qui vibre six soirs par semaine. Il faut acheter les places à l'avance pour les concerts de grosses pointures.

Café du Nord (carte p. 214 ; ☎ 415-861-5016 ; www.cafedunord.com ; 2170 Market St). La programmation de cet ancien bar clandestin au sous-sol du Swedish-American Hall varie sans cesse.

El Rio (hors carte p. 214 ; ☎ 415-282-3325 ; www.elriosf.com ; angle 3158 Mission St et Cesar Chavez). Éclectique sur tous les plans, de la musique à la clientèle. Les "Salsa Sundays" (dimanches salsa) sont mythiques : arrivez à 15h pour assister à un cours et habillez-vous sexy.

Fillmore (carte p. 214 ; ☎ 415-346-6000 ; www.thefillmore.com ; 1805 Geary Blvd). Hendrix, Zeppelin, les Who, tous ont joué dans cette salle de 1 250 places qui assure la proximité du public avec la scène. Précieuse collection d'affiches psychédéliques à l'étage.

Yoshi's (☎ 415-655-5600 ; www.yoshis.com ; 1300 Fillmore St ; ⏲ spectacle tous les soirs à 20h et parfois 22h). Le club de jazz de référence à San Francisco reçoit de grands noms du monde entier et possède un bon restaurant de sushis.

CLUBS ET DISCOTHÈQUES

Cat Club (carte p. 214 ; ☎ 415-703-8965 ; www.catclubsf.com ; 1190 Folsom St). Les soirées "1984" du jeudi drainent les amateurs de pop des années 1980. La programmation, souvent réussie, varie les autres jours ; consultez le site.

DNA Lounge (carte p. 214 ; ☎ 415-626-1409 ; www.dnalounge.com ; 375 11th St). L'une des dernières méga-discothèques de la ville accueille des groupes et des DJ célèbres. Bootie, le 2e et 4e samedi du mois, est la soirée *mashup* d'origine désormais franchisée à travers le monde. Lundi "gothique" pour les plus de 18 ans.

Milk (carte p. 214 ; ☎ 415-387-6455, www.milksf.com ; 1840 Haight St). Venez bouger sur du hip-hop dans ce club en vinyl blanc. Entrée libre avant 21h.

♡ **Qoöl at 111 Minna** (carte p. 214 ; ☎ 415-974-1719 ; www.qoolsf.com ; 111 Minna St ; ⏲ 17h-22h mer). Le "before" techno le plus cool de SF a lieu le mercredi dans une galerie d'art. La foule met ensuite le cap sur le Satellite, à Anu (43 6th St), pour s'agiter encore sur de la techno jusqu'à 2h du matin.

MUSIQUE CLASSIQUE ET OPÉRA

Yerba Buena Center for the Arts (YBCA ; carte p. 214 ; ☎ 415-978-2787 ; www.ybca.org ; 701 Mission St). Musique moderne, danse, projection de films, expositions et théâtre de premier choix.

Davies Symphony Hall (carte p. 214 ; ☎ 415-864-6000 ; www.sfsymphony.org ; 201 Van Ness Ave). C'est ici que se produit de septembre à juillet le San Francisco Symphony Orchestra, de renommée internationale.

Le splendide **War Memorial Opera House** (carte p. 214 ; 301 Van Ness Ave) de 1932 abrite le **San Francisco Opera** (☎ 415-864-3330; www.sfopera.com ; ⏲ saison juin-déc) et le **San Francisco Ballet** (☎ 415-861-5600 ; www.sfballet.org ; ⏲ saison janv-mai).

THÉÂTRE

L'**American Conservatory Theater** (ACT ; ☎ 415-749-2228 ; www.act-sf.org), grande compagnie théâtrale, joue sur les planches du **Geary Theater** (carte p. 214 ; 415 Geary St). Le **SHN** (☎ 415-512-7770 ; www.shnsf.com) programme les spectacles de Broadway en tournée.

Club Fugazi (carte p. 214 ; ☎ 415-421-4222 ; www.beachblanketbabylon.com ; 678 Green St ; places 25-78 $). L'endroit présente depuis de nombreuses années la comédie grivoise et hilarante *Beach Blanket Babylon*, qu'on ne peut voir qu'à San Francisco.

Les salles suivantes programment des pièces nouvelles et du théâtre expérimental (voir aussi p. 236) :

Climate Theater (carte p. 214 ; ☎ 415-263-0830 ; www.climatetheater.com ; 285 9th St)

Magic Theater (carte p. 214 ; ☎ 415-441-8822 ; www.magictheatre.org ; Fort Mason, Bldg D)

New Conservatory Theater (carte p. 214 ; ☎ 415-861-8972 ; www.nctcsf.org ; 25 Van Ness Ave)

Theater Rhinoceros (carte p. 214 ; ☎ 415-861-5079 ; www.therhino.org ; 2926 16th St)

CINÉMA

♡ **Castro Theatre** (carte p. 214 ; ☎ 415-621-6120 ; www.thecastrotheatre.com ; 429 Castro St). Beau cinéma d'époque qui affiche la meilleure programmation de films d'art et d'essai, indépendants et étrangers de San Francisco, ainsi que des classiques et des documentaires.

Sundance Kabuki Cinema (☎ 415-929-4650 ; www.sundancecinemas.com/kabuki.html ; 1881 Post St ; tarif plein/enfant et senior 9/6,25 $, plus supplément 1-3 $; ⏲ téléphonez ou consultez le site web). Un cinéma entièrement "vert", des places réservées en fibre recyclée jusqu'aux cocktails servis au Balcony Bar de l'Auditorium 1.

Aussi recommandés pour des films indépendants :
Red Vic Movie House (carte p. 214 ; ☎ 415-668-3994 ; www.redvicmoviehouse.com ; 1727 Haight St)
Roxie Cinema (carte p. 214 ; ☎ 415-863-1087 ; www.roxie.com ; 3117 16th St)

SPORTS

San Francisco 49ers (☎ 415-656-4900 ; www.sf49ers.com). L'équipe de football américain de San Francisco joue au Candlestick Park (carte p. 212). Bière et frites à l'ail de rigueur pour regarder le match.

San Francisco Giants (☎ 415-478-2277 ; http://sanfrancisco.giants.mlb.com). Le club de base-ball de San Francisco joue au superbe AT&T Park (carte p. 214).

Achats

Si vous souhaitiez voyager léger, San Francisco risque de mettre à mal vos projets. On commence par des chaussons de soie à Chinatown et on finit par craquer pour un costume *zoot* (équivalent du style zazou) des années 1940, une robe de créateur ou quelques vinyles rares dans Grant Ave, entre Bush St et Filbert St. Peut-être vous laisserez-vous également tenter par les boucles d'oreilles de stylistes locaux, les tapis en feutre faits main et les chandeliers design vendus dans Union St, entre Steiner St et Van Ness St, et dans Hayes St, entre Franklin St et Laguna St. Les amateurs de chaussures, de CD et de vêtements vintage auront du mal à résister à l'appel de l'Upper Haight, tandis que des magasins de livres d'occasion et des friperies bordent Valencia St et Mission St, entre 16th St et 24th St. Quant aux fans des centres commerciaux, ils risquent de ne jamais ressortir des 400 boutiques du **Westfield San Francisco Shopping Center** (carte p. 214 ; ☎ 415-512-6776 ; http://westfield.com/sanfrancisco ; 865 Market St ; 🕑 9h30-21h lun-sam, 10h-19h dim). Enfin, les enseignes de mode qui jalonnent Fillmore, entre Bush et Clay, obligeront certains à racheter une valise.

Depuis/vers San Francisco

AVION

L'**aéroport international de San Francisco** (SFO ; carte p. 212 ; ☎ 650-821-8211, 800-435-9736 ; www.flysfo.com) est situé à 22 km au sud du centre-ville, en retrait de la Hwy 101. La plupart des vols internationaux et nationaux partent et arrivent au SFO. La navette AirTrain relie entre eux les terminaux, les parkings, les agences de location de voitures et la station de métro BART (Bay Area Rapid Transit ; ci-dessous).

BUS

À la gare routière **Transbay Terminal** (carte p. 214 ; 425 Mission St), des bus **AC Transit** (☎ 511 ; www.actransit.org) desservent East Bay, **Golden Gate Transit** (☎ 415-455-2000 ; http://goldengatetransit.org) partent vers les comtés du nord Marin et Sonoma et les bus **SamTrans** (☎ 800-660-4287 ; www.samtrans.com) desservent Palo Alto au sud et la côte Pacifique.

La compagnie **Greyhound** (☎ 415-495-1569, 800-231-2222 ; www.greyhound.com) propose plusieurs bus quotidiens qui desservent, entre autres destinations, Los Angeles (à partir de 39 $, 8 heures minimum), Truckee, à côté du lac Tahoe (66 $ aller-retour, 5 heures 30).

TRAIN

Amtrak (☎ 800-872-7245 ; www.amtrakcalifornia.com) assure des liaisons peu polluantes depuis/vers San Francisco. Le spectaculaire *Coast Starlight*, qui relie Los Angeles à Seattle en 35 heures, s'arrête à Oakland, de l'autre côté de la baie. Le *California Zephyr* met 51 heures pour aller de Chicago à Emeryville, près d'Oakland, via les montagnes Rocheuses. Ces deux trains disposent de couchettes et de wagons restaurant/salon avec fenêtres panoramiques. Une navette Amtrak dessert gratuitement le Ferry Building et la gare CalTrain à San Francisco, d'où des bus rejoignent Martinez et continuent vers Napa, Santa Rosa et Healdsburg.

CalTrain (☎ 800-660-4287 ; www.caltrain.com ; angle 4th St et King St) relie San Francisco à toutes les villes de la péninsule, notamment Millbrae (correspondance pour le métro BART et le SFO, 30 min).

Comment circuler

Pour tout renseignement sur les transports dans la région de la baie, y compris les horaires de départ et d'arrivée, consultez le site www.511.org ou composez le ☎ 511.

DEPUIS/VERS L'AÉROPORT DE SAN FRANCISCO

Le métro **BART** (Bay Area Rapid Transit ; ☎ 415-989-2278 ; www.bart.gov ; aller 5,35 $) assure une liaison directe, rapide et bon marché entre l'aéroport et le centre-ville de San Francisco.

Le bus express KX de **SamTrans** (☎ 800-660-4287 ; www.samtrans.com ; aller simple 4,50 $) conduit au Transbay Terminal en 30 minutes environ.

Les minibus du service porte à porte **SuperShuttle** (☎ 415-558-8500, 800-258-3826 ; www.supershuttle.com ; aller simple 17 $) partent de la zone de récupération des bagages et rallient la plupart des points de San Francisco en 45 minutes.

Un taxi pour le centre de San Francisco coûte entre 35 $ et 50 $, pourboire non compris.

DEPUIS/VERS L'AÉROPORT D'OAKLAND

SuperShuttle (ci-dessus) dessert le centre-ville de San Francisco pour un tarif moyen de 25 $. La navette **Airport Express** (☎800-327-2024 ; www.airportexpressinc.com) circule toutes les 2 heures, de 6h à minuit, entre l'aéroport d'Oakland et les comtés de Sonoma (32 $) et Marin (24 $).

La course de taxi s'élève autour de 25 $ jusqu'à Oakland et entre 50 et 60 $ jusqu'à San Francisco, pourboire en sus. Afin d'éviter de payer davantage aux heures de pointe, négociez une somme forfaitaire depuis/vers l'aéroport.

Le métro BART est le moyen le plus économique pour gagner San Francisco au départ de l'aéroport d'Oakland. La navette AirBART (3 $) rejoint toutes les 10 minutes la station Coliseum, d'où le BART rallie le centre-ville (3,55 $ jusqu'à Powell St, 25 min).

BATEAU

Blue & Gold Ferries (carte p. 214 ; ☎415-705-8200 ; www.blueandgoldfleet.com) propose une ligne Alameda-Oakland au départ du Pier 41 et du Ferry Building. **Golden Gate Ferry** (☎415-455-2000 ; www.goldengate.org) assure des liaisons régulières entre le Ferry Building et Larkspur ainsi que Sausalito, dans le comté de Marin.

TAXI

Les courses coûtent environ 2,25 $/mile. La prise en charge est de 3,50 $. Voici quelques-unes des principales compagnies :

DeSoto Cab (☎ 415-970-1300)
Green Cab (☎ 415-626-4733 ; www.sfgreencab.com).Voitures hybrides et économiques. Collectivité appartenant aux taxis.
Veteran's Taxicab (☎ 415-648-1313)
Yellow Cab (☎ 415-626-2345)

TRANSPORTS PUBLICS

La **Municipal Transit Agency** (MUNI ; ☎415-701-2311 et 311 de San Francisco ; www.sfmuni.com) gère des lignes de bus, de tramway et trois lignes de *cable car*. Deux de ces dernières partent de l'angle de Powell St et de Market St, et la troisième de l'angle de California St et Markets St (voir carte p. 214). On peut se procurer la *MUNI Street & Transit Map* (3 $) aux kiosques à journaux et au stand MUNI de Powell St. Un ticket standard de bus ou de tram coûte 1,50 $; un ticket de *cable car* 5 $. Le MUNI Passport (1/3/7 jours 11/18/24 $) donne un accès illimité à toutes les lignes de la compagnie, y compris de *cable car*. Ces cartes sont vendues au Visitor Information Center (p. 217) et au kiosque de la TIX Bay Area, à Union Sq. Un City Pass de 7 jours (59 $) donne en plus un droit d'entrée à six attractions.

Le réseau **BART** (p. 233) est un métro reliant San Francisco à l'East Bay en passant sous Market St, dans Mission St, jusqu'au SFO et à Millbrae, au sud, où il offre une correspondance avec CalTrain.

VOITURE

Mieux vaut éviter, autant que possible, de circuler en voiture dans San Francisco : il est très difficile de s'y garer et les tickets de stationnement sont chers. Les parkings les plus pratiques du centre-ville se trouvent à l'Embarcadero Center, à l'angle de 5th St et de Mission St, au sud d'Union Sq, et à l'angle de Sutter St et de Stockton St.

Les grandes compagnies de location de voitures ont des comptoirs ouverts 24h/24 à l'aéroport et des agences dans le centre-ville (Downtown). Voir le numéro d'appel gratuit p. 548. **City Rent-a-Car** (carte p. 214 ; ☎ 415-359-1331 ; www.cityrentacar.com ; 1433 Bush St) est une agence indépendante proposant des tarifs compétitifs.

MARIN COUNTY

De l'autre côté du Golden Gate Bridge, le **comté de Marin** (www.visitmarin.org), où règnent l'opulence et la décontraction, est caractérisé par ses majestueux séquoias accrochés à de verdoyantes collines qui longent le littoral. **Sausalito**, la première ville que l'on rencontre au sortir du pont, est une localité balnéaire agréable, touristique, qui se prête bien aux randonnées à vélo (prendre le ferry pour rentrer). Sur le port, le **San Francisco Bay-Delta Model** (☎415-332-3871 ; www.spn.usace.army.mil/bmvc/ ; 2100 Bridgeway Blvd ; entrée libre ; 🕑 été 9h-16h mar-ven, 10h-17h sam-dim, fermé dim-lun en hiver) est une reconstitution hydraulique amusante de 0,6 ha de l'ensemble de la baie et du delta.

À L'EST DE LA BAIE : OAKLAND

De l'autre côté de la baie, Oakland, jolie ville au plan en damier, ne manque pas d'élégance. Ses racines afro-américaines s'expriment encore dans sa littérature, sa musique et ses arts, réputés dans le monde entier. Loin du brouillard de San Francisco, elle offre un visage ensoleillé, un centre historique ravissant, un lac qui ravit joggers et enfants et quantité de clubs et de restaurants sympathiques.

Le **Oakland Museum of California** (☎ 510-238-2200 ; www.museumca.org ; angle 10th St et Oak St ; tarif plein/enfant 8/5 $; 🕓 10h-17h mer-sam, 12h-17h dim), à visiter absolument, accueille des expositions pertinentes et fascinantes, notamment les magnifiques photos du Yosemite et les salles interactives Great Quake. Il est possible qu'il ferme pour rénovation en 2012.

Le **Heinhold's First & Last Chance Saloon** (☎ 510-839-6761 ; www.heinoldsfirstandlastchance.com ; 48 Webster St), dans Jack London Square, est un petit établissement en bois (1883), de guingois, qui a survécu à un séisme. Ce lieu historique, où Jack London avait ses habitudes, est désormais inscrit aux National Literary Landmarks (monuments littéraires nationaux). Il est ouvert tous les jours.

Yoshi's (☎ 510-238-9200 ; www.yoshis.com ; 510 Embarcadero West ; plats 15-20 $; 🕓 17h30-22h lun-jeu, 17h30-22h30 ven-sam, 17h-21h dim) est l'un des meilleurs clubs de jazz du pays. Les sushis sont plutôt bons.

Marin Headlands

Ces collines aux contours déchiquetées, battues par les vents, sont sillonnées de sentiers de randonnée et offrent des panoramas spectaculaires sur San Francisco et le Golden Gate. Pour parvenir au **Visitor Center** (☎ 415-331-1540 ; 🕓 9h30-16h30), prenez la sortie Alexander Ave sur le Golden Gate Bridge, tournez à gauche sous l'autoroute, puis à droite dans Conzelman Rd et suivez les panneaux. Parmi les attractions figurent le **phare de Point Bonita** (🕓 12h30-15h30 sam-lun ; 👶), des bunkers de la guerre froide accessibles et **Rodeo Beach** (carte p. 212). Il existe aussi un camping gratuit (réservez auprès du Visitor Center). À Fort Baker, le **Bay Area Discovery Museum** (☎ 415-339-3900 ; www.baykidsmuseum.org ; 557 McReynolds Rd, Sausalito ; tarif plein/enfant moins de 17 ans 8,50/7,50 $; 🕓 9h-16h mar-ven, 10h-17h sam et dim ; 👶) ravira les enfants.

Près du Visitor Center, le **HI Marin Headlands Hostel** (carte p. 212 ; ☎ 415-331-2777, 800-909-4776 ; dort à partir de 20 $, ch à partir de 60 $; Ⓟ ⊠ 💻) occupe deux bâtiments historiques de 1907, sur une colline verdoyante et ensoleillée. Les chambres individuelles aménagées dans l'ancienne demeure du commandant sont ravissantes.

Mt Tamalpais State Park

Le majestueux Mt Tamalpais (ou Mt Tam, 783 m) est très fréquenté par les vététistes casse-cou et des randonneurs. Le **Mt Tamalpais State Park** (carte p. 212 ; ☎ 415-388-2070 ; www.mttam.net ; 8 $/voiture) couvre un territoire naturel de 2 550 ha ponctué de plus de 320 km de sentiers de randonnées. Procurez-vous une carte et ne manquez pas East Peak. La route panoramique, Panoramic Hwy, grimpe à partir de la Hwy 1, à travers le parc, jusqu'à Stinson Beach, une jolie ville à la plage agréable. Les **bureaux du parc** se situent à **Pantoll Station** (801 Panoramic Hwy ; empl tente 25 $), point de départ de nombreux sentiers et siège d'un camping sans réservation au milieu des arbres. On peut aussi apporter des provisions, des draps et des serviettes pour loger au rustique **West Point Inn** (☎ 415-646-0702 ; www.westpointinn.com ; 1000 Panoramic Hwy, Mill Valley ; ch 50/25 $ par tarif plein/enfant ; réservation impérative) dépourvu d'électricité.

Près des bureaux du parc, le **Mountain Home Inn** (☎ 415-381-9000 ; www.mtnhomeinn.com ; 810 Panoramic Hwy ; dîner/brunch 38/10-20 $; 🕓 mer-dim ; ⊠ 💻 📶) se tient au sommet d'une crête boisé. Les chambres romantiques (195-345 $) jouissent d'une belle perspective et le restaurant sert de bons brunchs et menus au dîner.

Muir Woods National Monument

On ne se lasse pas d'admirer les arbres gigantesques qui se dressent à **Muir Woods** (☎ 415-388-2595 ; www.nps.gov/muwo ; tarif plein/moins de 16 ans 5 $/gratuit), un site de 225 ha à 19 km au nord du Golden Gate. Promenade facile de 1,5 km, le Main Trail passe au milieu des splendides séquoias millénaires de Cathedral Grove et revient par Bohemian Grove. Mieux vaut venir en semaine afin d'éviter l'affluence ; à défaut, arrivez tôt le matin ou en fin d'après-midi. Empruntez la Hwy 101 jusqu'à la sortie Hwy 1 et suivez les panneaux. Camping et pique-nique interdits.

La **navette de Muir Woods** (bus n°66 ; ☎ 415-923-2000 ; www.goldengatetransit.org ; tarif plein/senior et 6-18 ans 3/1 $) fonctionne le week-end et les jours fériés, de mai à septembre. Elle part environ toutes les 30 minutes de Marin City et Mill Valley, assurant un service limité jusqu'au terminal des ferries de Sausalito.

Point Reyes National Seashore

La péninsule venteuse du **Point Reyes National Seashore** (carte p. 212), longue de 16 km et géologiquement séparée du reste du comté, englobe 177 km² de plages, de lagons et de falaises boisées.

Le **Point Reyes Lighthouse** (jeu-lun), phare qui domine la pointe occidentale, se prête parfaitement à l'observation des baleines. Autrement, le sentier qui court au sommet du promontoire de Tomales Point, l'extrémité nord de la péninsule, permet d'apercevoir des troupeaux d'élans. Prenez Pierce Point Rd. Le **Bear Valley Visitors Center** (☎ 415-464-5100 ; www.nps.gov/pore), juste après Olema, fournit des cartes des sentiers et présente une exposition sur le parc. Point Reyes compte quatre **campings** (☎ réservations 415-663-8054 ; empl tente 15 $), dont deux proches de la plage.

À la **chambre de commerce de West Marin** (☎ 415-663-9232 ; www.pointreyes.org), le personnel pourra vous indiquer quantité de petits hôtels et auberges confortables. Le **Motel Inverness** (carte p. 212 ; ☎ 415-669-1081 ; www.motelinverness.com ; 12718 Sir Francis Drake Blvd ; ch 100-200 $;) haut de gamme possède des chambres confortables et un espace commun avec une cheminée. Les voyageurs à petit budget préféreront le **HI Point Reyes Hostel** (carte p. 212 ; ☎ 415-663-8811 ; dort à partir de 22 $), seul hébergement dans l'enceinte du parc, qui jouxte Limantour Rd à 13 km du Visitors Center. L'hiver, on peut admirer une faune aviaire incroyable, surtout à bord d'un kayak à Tomales Bay. Contactez **Blue Waters Kayaking** (☎ 415-669-2600 ; www.bwkayak.com ; sorties guidées 68-98 $, location d'équipement 40-120 $), qui dispose d'une adresse à Inverness et d'une autre à Marshall.

Drake's Bay Oyster Farm (☎ 415-669-1149 ; douzaine d'huîtres 10-14 $; 8h-16h30), dans le parc près de Sir Francis Drake Blvd, ravira les amateurs d'huîtres ; réservez pour pique-niquer. Non loin, la ravissante bourgade de Point Reyes Station abrite des restaurants et des commerces d'alimentation.

BERKELEY

Peu de choses ont changé à Berkeley depuis les années 1960, apogée des protestations contre la guerre du Vietnam : sur les pare-chocs de voitures, les autocollants "Faites l'amour, pas la guerre" ont juste été remplacés par "Pas de sang pour du pétrole", tandis que queues de cheval et sandales demeurent à la mode. Se promener nu n'est certes plus autorisé, mais la ville reste l'endroit le plus radical de la baie, où se côtoient étudiants de l'université, skateurs et hippies vieillissants. Promenez-vous sur le campus et dans les rues environnantes pour vous imprégner de l'ambiance.

À voir et à faire

Fondée en 1868, mondialement connue, et l'une des meilleures des États-Unis, l'**University of California at Berkeley** (carte p. 212) – ou "Cal" – compte quelque 33 000 étudiants d'origines diverses, souvent politisés. Le **Visitor Services Center** (☎ 510-642-5215 ; http://visitors.berkeley.edu ; 101 University Hall, 2200 University Ave au niveau d'Oxford St ; 8h30-16h30 lun-ven, circuits organisés 10h lun-sam, 13h dim) de l'université propose des renseignements et des circuits gratuits du campus. La tour Sather (surnommée "Campanile"), datant de 1914, tient lieu de point de repère, et l'on peut monter au sommet (2 $). La bibliothèque Bancroft expose la pépite d'or qui a déclenché la ruée vers l'or de 1848.

Le **Berkeley Art Museum** (☎ 510-642-0808 ; www.bampfa.berkeley.edu ; 2626 Bancroft Way ; tarif plein/moins de 13 ans/senior et 13-17 ans 8 $/gratuit/5 $; 11h-17h mer-dim) comprend onze galeries dont les collections variées vont de l'antiquité chinoise à l'art contemporain d'avant-garde, et le **Pacific Film Archive** (☎ 510-642-1124) de notoriété mondiale qui projette des films indépendants et expérimentaux.

Telegraph Avenue qui mène à la porte sud du campus, est aussi excentrique que Haight St à San Francisco. On y trouve même davantage de cafés, de troquets, de magasins de disques et de librairies, notamment **Moe's** (☎ 510-849-2087 ; www.moesbooks.com ; 2476 Telegraph Ave ; 10h-22h), qui date de l'époque beatnik.

Propice à la détente, le **Tilden Regional Park** (☎ 510-562-7275 ; www.ebparks.org ;), dans les collines de Berkeley, renferme des sentiers de randonnée, des aires de pique-nique, le lac Anza pour nager, et de quoi occuper les enfants, en particulier un manège et un train à vapeur.

Où se loger

Des motels basiques et de catégorie moyenne sont rassemblés à l'ouest du campus, sur University Ave.

Bancroft Hotel (☎ 510-549-1000, 800-549-1002 ; www.bancrofthotel.com ; 2680 Bancroft Way ; ch à partir de 149 $; Ⓟ 15 $; ⊠). Simples et chaleureuses, les 22 chambres de cet hôtel historique de style Arts and Crafts datant de 1928 ont le charme désuet d'une maison de grand-mère, les napperons en moins. Pas d'ascenseur.

Hotel Durant (☎ 510-845-8981, 800-238-7268 ; www.hoteldurant.com ; 2600 Durant Ave ; ch 135-180 $; Ⓟ 16 $; ⊠). Certifié écologique, l'établissement le plus plaisant de Berkeley est doté de 140 chambres garnies de lits somptueux ; demandez-en une grande car certaines sont trop exiguës.

Où se restaurer et prendre un verre

Chez Panisse (☎ 510-548-5049 ; www.chezpanisse.com ; 1517 Shattuck Ave ; menu 65-95 $, plats du café 18-25 $; déjeuner et dîner au café lun-sam ; dîner au restaurant lun-sam). Le temple d'Alice Waters, lieu de naissance de la cuisine californienne, se maintient en tête du classement des restaurants de la baie. Il faut d'ailleurs réserver un mois à l'avance pour avoir le privilège de goûter l'un de ses menus à prix fixe légendaires. Également sur réservation, le café moins onéreux à l'étage propose des plats à la carte.

Toujours dans le Gourmet Ghetto, le long de Shattuck Ave au nord d'University Ave, **Cheese Board Pizza** (☎ 510-549-3055 ; http://cheeseboardcollective.coop ; 1512 Shattuck Ave ; environ 20 $ la pizza et 2,50 $ la part ; 11h30-15h et 16h30-20h mar-sam) vend des pizzas artisanales renversantes, et **Cheese Board Collective** (☎ 510-549-3183 ; 1504 Shattuck Ave ; 10h-18h mar-ven, jusqu'à 17h sam) des fromages bien faits.

Vik's Chaat Corner (☎ 510-644-4412 ; 2390 4th St ; 3,50-6 $ pièce ; 11h-18h mar-ven, jusqu'à 20h sam et dim). Notre adresse favorite pour manger sans se ruiner prépare des classiques indiens tout frais à commander au comptoir.

Caffe Strada (☎ 510-843-5282 ; 2300 College Ave ; 7h-24h). Les étudiants de l'université viennent faire le plein de caféine, discuter philosophie ou flirter sur la vaste terrasse. Bonnes pâtisseries.

Le patio du **Jupiter** (☎ 510-843-8277 ; 2181 Shattuck Ave) offre sans doute la meilleure entrée en matière pour découvrir les bars de Berkeley.

Où sortir

Berkeley Repertory Theatre (☎ 510-845-4700 ; www.berkeleyrep.org ; 2025 Addison St). La meilleure compagnie théâtrale dans la région de la baie.

Shotgun Players (☎ 510-841-6500 ; www.shotgunplayers.org ; 1901 Ashby Ave). Le premier théâtre des États-Unis fonctionnant à l'énergie solaire monte des classiques et des pièces novatrices.

Comment s'y rendre et circuler

Les bus **AC Transit** (☎ 510-817-1717 ; www.actransit.org) sillonnent Berkeley et assurent des liaisons entre Berkeley et Oakland (2 $) et entre Berkeley et San Francisco (4 $). De San Francisco, un court trajet en métro **BART** (www.bart.gov) vous dépose à la station Downtown Berkeley (3,40 $), à quatre pâtés de maisons de l'entrée principale du campus.

CALIFORNIE DU NORD

Dans le nord du Golden State, le décor devient sauvage : séquoias géants du littoral enveloppé de brume, mares de boue volcanique des vignobles du Wine Country et majestueuse Sierra Nevada encadrant le parc Yosemite et le lac Tahoe. Cela n'empêche pas cette région forestière inexploitée d'être en avance sur son temps, avec des restaurants bio, des hébergements écologiques et les parcs les plus anciens de la Californie et du pays tout entier. Surtout, respectez les propriétés privées car les éleveurs de chèvres et les planteurs de marijuana à visée thérapeutique n'aiment pas trop les intrus. Outre le paysage et les vins exquis, le rituel du Jacuzzi et l'amabilité des habitants vous retiendront à coup sûr.

WINE COUNTRY

Depuis 150 ans, la mosaïque de vignobles qui s'étend de la vallée ensoleillée de Napa à la vallée côtière de Sonoma a la folie des spas et de la cuisine gastronomique. La première abrite des salons de dégustation conçus par des architectes de renom et décorés d'œuvres d'art. Dans la seconde, moins sophistiquée, les amateurs de vin bénéficient souvent d'un contact direct avec les producteurs.

Napa Valley

Quelque 230 domaines viticoles se répartissent sur une cinquantaine de kilomètres, le long de trois axes principaux :

Hwy 121. Près de Carneros Hwy (Hwy 121), en direction de Sonoma, se trouvent des spécialistes des vins pétillants propres aux climats frais.
Hwy 29. Pour goûter les crus à succès de Napa dans des salons de dégustation tape-à-l'œil.
Silverado Trail. Des entreprises vinicoles de luxe à l'architecture curieuse où boire des cabernet culte.

À VOIR ET À FAIRE

En arrivant dans les vignobles du district de Carneros, vous remarquerez le **di Rosa Art + Nature Preserve** (☎707-226-5991 ; www.dirosapreserve.org ; 5200 Carneros Hwy 121 ; 🕑 galerie 9h30-15h mer-ven, visites à 10h, 11h et 13h mer-ven, 10h, 11h, 12h sam) à ses faux moutons en plaque d'acier qui broutent l'herbe. Réservez à l'avance pour visiter le bâtiment principal rempli d'œuvres d'art contemporain, des projections vidéo grimaçantes de Tony Oursler dans la cave à vin aux peintures onéreuses de Robert Bechtel accrochées au plafond du salon.

À quelques kilomètres au nord-est, le **centre de Napa**, ville qui connut son essor à l'époque victorienne, abrite des restaurants à la pointe de la mode, des salons de dégustation et des demeures converties en B&B. L'**Oxbow Public Market** (ci-contre) fournit les pique-niqueurs gourmets en produits artisanaux et le **Napa Valley Visitors Bureau** (☎ 707-226-7459 ; www.napavalley.com ; 1310 Napa Town Center ; 🕑 9h-17h) renseigne sur les bons plans en matière de spas et de dégustations. Il distribue également la brochure gratuite *Preiser Key to Napa Valley*, qui comprend la carte exhaustive des caves. Vous pourrez consulter vos e-mails à la **bibliothèque de Napa** (☎ 707-253-4241 ; www.co.napa.ca.us/library ; 580 Coombs St ; 🕑 10h-21h lun-jeu, 10h-17h ven et sam, 14h-21h dim).

Au **Vintners' Collective** (☎ 707-255-7150 ; www.vintnerscollective.com ; 1245 Main St ; dégustation 25 $; 🕑 11h-18h mer-dim), dans le centre, vous aurez la possibilité de déguster six vins provenant de 20 domaines à l'intérieur d'un ancien lupanar du XIXe siècle. **Ceja** (☎ 707-226-6445 ; www.cejavineyards.com ; 1248 First St, Napa ; dégustation 10 $; 🕑 12h-18h dim-jeu, 12h-22h ven et sam), créé par d'anciens ouvriers viticoles, permet pour sa part de découvrir des assemblages de pinots abordables dans une salle de dégustation ornée de fresques. Au nord-ouest de la ville, la **Hess Collection** (☎ 707-255-1144 ; www.hesscollection.com ; 4411 Redwood Rd ; dégustation 10 $/pers ; 🕑 10h-16h) marie art et grands cabernets, avec des œuvres de peintres comme Francis Bacon et Robert Motherwell.

À NE PAS MANQUER

- La nouvelle tendance culinaire "**de la ferme à la table**", fraîche et abordable, dans les restaurants **Ubuntu** (ci-contre) et **Ad Hoc** (ci-contre).
- La traversée à vélo de la Dry Creek Valley ensoleillée pour boire du zinfandel aux **Bella Vineyards** (p. 241) et du pinot aux **Porter Creek Vineyards** (p. 241).
- Les séquoias vieux de mille ans de l'**Armstrong Redwoods State Reserve** (p. 241).
- Les vignobles, les paons et les sculptures surréalistes de la **di Rosa Art + Nature Preserve** (ci-contre).
- La descente en canoë de la **Russian River** (p. 240) à la rencontre des loutres et des tortues.
- Les **bains de boue volcanique** de l'Indian Springs, à **Calistoga** (ci-contre).

Dirigez-vous ensuite au nord-est de Napa vers les caves de luxe qui jalonnent le **Silverado Trail**, en commençant par les **Luna Vineyards** (☎ 707-255-5862 ; www.lunavineyards.com ; 2921 Silverado Trail ; 🕑 10h30-16h) et leur superbe sangiovese de style toscan. Une allée de colonnes perses surmontées de taureaux en pierre mène à **Darioush** (☎ 707-257-2345 ; www.darioush.com ; 4240 Silverado Trail ; dégustation 25 $; 🕑 10h30-17h) qui produit de remarquables merlots. Tournez ensuite en direction du **Frog's Leap** (☎ 707-963-4704 ; www.frogsleap.com ; 8815 Conn Creek Rd, Rutherford ; visites avec dégustation 25 $; 🕑 sur rdv, 10h-16h lun-jeu), qui sert de généreux verres de cabernet bio lors de la visite de ses installations certifiées écologiques.

En retrait de la Hwy 29, l'ancien relais de diligence de **Yountville** ne compte que quelques âmes, mais il abrite en revanche **French Laundry** (à droite) ainsi que le plus grand nombre de restaurants étoilés au Michelin par habitant de tous les États-Unis. Plus haut sur la Hwy 29, **St Helena** fait montre d'un charme historique et d'un goût parfait, avec des boutiques, des bistrots et le **Culinary Institute of America** (☎ 707-967-2320 ; 2555 Main St ; plats 21-34 $, démonstrations culinaires 15 $; 🕑 restaurant 11h30-21h, démonstrations culinaires 13h30 et 15h30 lun et ven, 10h30 et 13h30 sam et dim) hébergé dans un château en pierre de 1889.

À **Calistoga**, l'extrémité nord plus prosaïque de Napa, **Indian Springs** (☎ 707-942-4913 ; www.indianspringscalistoga.com ; 1712 Lincoln Ave ; 🕑 10h-19h30) propose des bains de boue volcanique et un accès à sa piscine d'eau de source chaude (85 $). **Dr. Wilkinson's Hot Springs** (☎ 707-942-4102 ; www.drwilkinson.com ; 1507 Lincoln Ave ; 🕑 8h30-17h30) dispense des soins incluant bain de boue volcanique et de sphaigne, baignoire minérale à remous, hammam et enveloppement de boue (89 $).

OÙ SE LOGER

Les motels et B&B de Calistoga et du centre de Napa, en semaine et hors saison, constituent l'option la plus avantageuse – consultez les sites www.lonelyplanet.com et www.legendarynapavalley.com pour davantage d'adresses.

Bothe-Napa Valley State Park (☎ 707-942-4575, réservations 800-444-7275 ; www.parks.ca.gov ; empl tente 35 $; 🅿). Des emplacements de camping à flanc de colline pour de superbes balades sous les séquoias jusqu'au Bale Grist Mill.

Calistoga Inn (☎ 707-942-4101 ; www.calistogainn.com ; 1250 Lincoln Ave, Calistoga ; ch avec sdb commune en semaine/le week-end 89/139 $). Des chambres douillettes sans TV, ni téléphone, une brasserie-restaurant au rez-de-chaussée et des spas à une courte distance à pied.

Hotel St Helena (☎ 707-963-4388 ; www.hotelsthelena.net ; 1309 Main St, St Helena ; ch avec sdb commune 95 $; ⊠). En plein centre historique de St Helena, l'établissement loue des chambres au mobilier d'époque.

Golden Haven (☎ 707-942-8000 ; www.goldenhaven.com ; 1713 Lake St, Calistoga ; ch en semaine/le week-end à partir de 115/149 $). Des chambres de motels banales à très bon prix – renseignez-vous sur les formules avec bains de boue.

OÙ SE RESTAURER

L'**Oxbow Public Market** (☎ 707-226-6529 ; www.oxbowpublicmarket.com ; 610 et 644 First St ; 🕑 9h-19h lun-sam, 10h-17h dim) est un centre commercial de restauration gastronomique où l'on trouve par exemple des huîtres de Hog Island (15 $ la demi-douzaine), des sandwichs vénézuéliens Pica Pica au pain de maïs (7 $) et de la glace bio Three Twins (cornet 4 $).

Oakville Grocery (☎ 707-944-8802 ; www.oakvillegrocery.com ; 7856 St Helena Hwy à Oakville Crossroad ; 🕑 8h-18h). Pour se fournir en produits de qualité : expresso digne de ce nom, pain croustillant, fromage de Sonoma, charcuterie, etc.

JoLé (☎ 707-942-5938 ; www.jolerestaurant.com ; 1457 Lincoln Ave, Calistoga ; plats 7-22 $; 🕑 17h-22h dim et mar-jeu, jusqu'à 23h ven et sam). De petites assiettes à prix modérés pour une explosion de saveurs : pêche du jour, légumes bio grillés et desserts de saison concoctés par le chef pâtissier.

Ad Hoc (☎ 707-944-2487 ; www.adhocrestaurant.com ; 6476 Washington St ; 🕑 17h-21h lun, mer, jeu-dim dîner, 10h30-14h dim brunch). Inutile de demander la carte dans ce restaurant novateur. Le chef Dave Cruz élabore en effet quotidiennement un menu de quatre plats du marché (48 $), frais, délicieux et réconfortants (régime alimentaire à préciser au moment de la réservation).

Ubuntu (☎ 707-251-5656 ; www.ubuntunapa.com ; 1140 Main St ; 🕑 17h30-21h lun-jeu, 11h30-14h30 et 17h30-22h ven et sam, 11h30-14h30 et 17h30-21h dim ; Ⓥ). La carte végétarienne de saison présente des délices de la nature récoltés dans le jardin biodynamique. Ses petites assiettes réussies et sa centaine de vins issus de la viticulture durable satisfont à la fois les appétits robustes et les écolos.

French Laundry (☎ 707-944-2380 ; www.frenchlaundry.com ; 6640 Washington St, Yountville ; menu 240 $; 🕑 17h30-21h30 tlj, 11h-13h ven-dim). Quintessence de la gastronomie californienne, à base d'ingrédients de saison provenant du jardin bio à l'arrière, la "blanchisserie française" donne le ton en matière de cuisine sur le plan international. Une expérience culinaire hors du commun. Réservation de un à six mois à l'avance en appelant à 10h pile.

Sonoma Valley

Moins commerciale et plus décontractée que la Napa Valley, la Sonoma Valley regroupe 70 producteurs le long de la Hwy 12. Il est possible de pique-niquer sur la plupart des domaines.

À VOIR ET À FAIRE

La **ville de Sonoma** est la capitale du comté éponyme, jadis en marge. Avec ses boutiques chics et son **Visitor Center** (☎ 707-996-1090, 800-576-6662 ; www.sonomavalley.com ; 453 1st St E ; 🕑 9h-17h) en pierre, la place historique Sonoma Plaza affiche un air digne mais s'anime les soirs d'été et les jours de **marché** (🕑 9h-12h ven et 17h30-20h mar avr-oct).

Depuis le centre, une route de campagne conduit au domaine de **Gundlach-Bundschu** (☎ 707-938-5277 ; www.gunbun.com ; 2000 Denmark St), alimenté à l'énergie solaire, qui comprend un château au-dessus d'un lac asséché et produit un fameux tempranillo. Il gère également la **Bartholomew Park Winery** (☎ 707-939-3026 ; www.bartpark.com ; 1000 Vineyard Ln ; dégustations 5-10 $, entrée libre musée et parc ; salle de dégustation et musée 11h-16h30 tlj) voisine, une réserve de 200 ha de vignes cultivées depuis 1857 et désormais certifiées bio, qui produit un sauvignon blanc et un merlot.

Cédez à l'appel de la nature en suivant la Hwy 12 jusqu'au **Jack London Historic State Park** (☎ 707-938-5216 ; www.jacklondonpark.com ; 2400 London Ranch Rd ; voiture 8 $; 10h-17h oct-avr, 9h30-19h mai-sept), où Jack London ramena à la vie les flancs de coteaux défrichés et brûlés de Sonoma. Une randonnée au lac permet d'avoir une vue d'ensemble sur la ferme de 65 ha intacte du romancier et aventurier. On peut aussi entreprendre des promenades à cheval dans les bosquets de séquoias en s'adressant au **Triple Creek Horse Outfit** (☎ 707-887-8700 ; www.triplecreekhorseoutfit.com ; 2400 London Ranch Rd ; promenades en groupe de 1/2/3 heures avec déjeuner 60/90/250 $; sur réservation) ou visiter la House of Happy Walls qui évoque la vie de London à travers des souvenirs, des livres et… 600 lettres de refus d'éditeurs.

Prenez ensuite l'embranchement près de Kenwood pour rejoindre la **Kaz Winery** (☎ 707-833-2536 ; www.kazwinery.com ; 233 Adobe Canyon Rd, Kenwood ; dégustations 5-10 $ [déductible des achats] ; 11h-17h ven-lun) et déguster dans la grange du nebbiolo, du Blush Port et du cabernet franc bio qui sortent de l'ordinaire.

OÙ SE LOGER

À l'extrémité nord de la Sonoma Valley, **Santa Rosa** abrite des chaînes de motels abordables le long de Cleveland Ave, à l'ouest de la Hwy 101.

Sugarloaf Ridge State Park (☎ 707-833-5712, réservations 800-444-7275 ; www.parks.ca.gov ; Adobe Canyon Rd ; empl tente 30 $). Au nord de Kenwood, 50 emplacements de camping avec branchement électrique se répartissent sur deux prairies.

Hillside Inn (☎ 707-546-9353 ; www.hillside-inn.com ; 2901 Fourth St, Sonoma ; s/d nov-mars 70/78$, avr-oct 74/82 $; P). Le motel le mieux tenu de la ville de Sonoma, à proximité des lieux de dégustation. Supplément de 4 $ pour bénéficier d'une cuisine.

Sonoma Hotel (☎ 707-996-2996, 800-468-6016 ; www.sonomahotel.com ; 110 W Spain St, Sonoma ; ch avec petit-déj semaine/week-end 140/170 $ nov-mars, 170/198 $ avr-oct ;). Cet établissement historique et raffiné datant de 1880 se dresse sur la Sonoma Plaza. Les chambres plus grandes/petites coûtent 30 $ de plus/moins. Deux nuits minimum le week-end.

Beltane Ranch (☎ 707-996-6501 ; www.beltaneranch.com ; 11775 Hwy 12 ; ch avec petit-déj 150-220 $; P). Dans les années 1890, ce ranch appartenait à Mary Ellen Pleasant, fille d'esclaves et ancienne propriétaire de maison close devenue chef de file de l'abolitionnisme et pionnière en Californie. L'élégant bâtiment de couleur jaune, sans TV ni téléphone, s'inscrit dans un cadre bucolique au milieu des oliveraies. Repas à base de produits de la ferme, sentiers de randonnée, court de tennis et véranda avec balancelles d'où l'on aperçoit des chevaux qui broutent.

OÙ SE RESTAURER

Sonoma Market (☎ 707-996-3411 ; 500 W Napa St, Sonoma ; 6h-21h). Épicerie fine et paninis créés par le chef.

Red Grape (☎ 707-996-4103 ; www.theredgrape.com ; 529 First St West ; pizzas 10-16 $; 11h30-22h ;). Une pizza à pâte fine garnie de fromages et de charcuteries du cru, plus des vins de petits producteurs de la vallée vendus en demi-bouteilles.

Fig Cafe (☎ 707-938-2130 ; www.thefigcafe.com ; 13690 Arnold Dr, Glen Ellen ; plats 15-20 $; 17h30-21h tlj, brunch 10h-14h30 sam et dim). Une nourriture réconfortante – salades bio et cassoulet de canard de Sonoma – dans un salon reconverti en café. Pas de droit de bouchon sur les vins locaux.

Cafe la Haye (☎ 707-935-5994 ; www.cafelahaye.com ; 140 E Napa St, Sonoma ; plats 17-25 $; à partir 17h30 mar-sam). Dans sa cuisine ouverte, ce minuscule bistrot mitonne une cuisine métropolitaine composée d'ingrédients provenant d'un rayon de moins de 100 km.

Russian River Valley

À 2 heures de route au nord de San Francisco (par la 101 et la Hwy 116), dans l'ouest du comté de Sonoma, la Russian River Valley a tout pour séduire avec ses vignobles indépendants, ses séquoias et la bien nommée **Bohemian Highway** bordée sur 16 km de complexes pour anticonformistes, de galeries d'artisanat hippies et de clubs gay. Le **Visitor Center de Guerneville** (☎ 707-869-9000 ; www.russianriver.com ; 16209 1st St ; 10h-17h) distribue des cartes et des renseignements de dernière minute concernant l'hébergement.

Les 400 ha de l'**Armstrong Redwoods State Reserve** (☎ 707-869-2015 ; www.parks.ca.gov ; 17000 Armstrong Woods Rd ; droit d'entrée par voiture 8 $, empl tente 20 $; 🕑 8h au coucher du soleil) protège une forêt de séquoias primaire sauvée par un magnat de l'industrie du bois qui l'acheta en 1874. La réserve renferme notamment le Colonel Armstrong Tree, un arbre vieux de 1 400 ans mesurant 94 m.

Les visiteurs peuvent louer des canoës auprès de **Burke's Canoe Trips** (☎ 707-887-1222 ; www.burkescanoetrips.com ; 8600 River Rd ; canoës 59 $) pour pagayer au milieu des hérons et les loutres, ou contempler le spectacle de la nature en sirotant un vin mousseux servi aux présidents des États-Unis dans le bar de dégustation en plein air des **Iron Horse Vineyards** (☎ 707-887-1507 ; www.ironhorsevineyards.com ; 9786 Ross Station Rd ; dégustations 10-15 $; 🕑 10h-15h30), sur une colline à 15 minutes au sud de Guerneville. Le **Rio Theater** (☎ 707-865-0913 ; www.riotheater.com ; 20396 Bohemian Hwy, Monte Rio ; tarif plein/senior, enfant et matinée 8/6 $; 🕑 mer-dim), un hangar militaire des années 1940 converti en cinéma, présente des films nommés aux Oscars à accompagner de hot dogs délicieux (7 $).

Cœur de la Bohemian Hwy, **Occidental** accueille un **marché bio** (☎ 707-793-2159 ; www.occidentalfarmersmarket.com ; 🕑 16h au crépuscule ven juin-oct), ainsi que **Renga Arts** (☎ 707-874-9407 ; www.rengaarts.com ; 3605 Main St ; 🕑 11h-17h ven-lun) qui vend de l'artisanat réalisé à partir de matériaux de récupération. Un défilé extravagant s'y déroule le 1er avril.

Pour des classiques de la cuisine européenne avec une touche de créativité californienne, direction le **Bistro des Copains** (☎ 707-874-2436 ; www.bistrodescopains.com ; 3782 Bohemian Hwy ; 🕑 17h-21h dim-jeu, 17h-22h ven et sam), qui propose en semaine des menus de trois plats avantageux.

De Healdsburg à Boonville

Plus de 90 domaines vinicoles émaillent les vallées de Russian River, Dry Creek et Alexander dans un rayon de 50 km autour de **Healdsburg**, où des tables haut de gamme, des salles de dégustation de vin et des auberges chics flanquent la place de style hispanique. Le **Healdsburg Visitors Center** (☎ 707-433-6935, 800-648-9922 ; www.healdsburg.org ; 217 Healdsburg Ave ; 🕑 9h-17h lun-ven, 9h-15h sam, 10h-14h dim) procure des cartes du Wine Country et des forfaits dégustation.

Dans la Dry Creek Valley, de l'autre côté de la Hwy 101 par rapport au centre de Healdsburg, s'étendent des vignobles de carte postale. Louez un vélo chez **Spoke Folk Cyclery** (p. 242) pour pédaler des **Bella Vineyards** (☎ 707-473-9171, 866-572-3552 ; www.bellawinery.com ; 9711 W Dry Creek Rd ; dégustations 5-10 $; 🕑 11h-16h30) jusqu'aux **Porter Creek Vineyards** (☎ 707-433-6321 ; www.porter-creekvineyards.com ; 8735 Westside Rd ; dégustations gratuites ; 🕑 10h30-16h30), certifiés biodynamiques, qui servent un pinot noir boisé.

Au nord de Healdsburg, empruntez la Hwy 128 jusqu'à **Anderson Valley** pour manger bio et boire de la bière primée au milieu des vignes et des pommeraies. À **Boonville**, vous pourrez participer à une partie de *disc golf*, déguster des bières et visiter les installations à l'énergie solaire de l'**Anderson Valley Brewing Company** (☎ 707-895-2337 ; www.avbc.com ; 17700 Hwy 253 ; dégustations 5 $ [déductible des achats] ; 🕑 11h-18h jeu-lun ; visites 11h30 et 15h tlj).

OÙ SE LOGER ET SE RESTAURER

Parmi les hébergements bon marché de Healdsburg, citons le **L&M Motel** (☎ 707-433-6528 ; www.landmmotel.com ; 70 Healdsburg Ave ; ch 75-99 $; ⊠ ❋ ♨), plutôt correct, et le **Best Western Dry Creek** (☎ 707-433-0300, 800-222-5784 ; www.drycreekinn.com ; 198 Dry Creek Rd ; ch 115-135 $; ❋ ♨), plus confortable.

Bovolo (☎ 707-431-2962 ; www.bovolorestaurant.com ; 106 Matheson St ; plats au déjeuner 8-14 $; 🕑 9h-18h jeu-mar, jusqu'à 21h sam et dim) est une sorte de fast-food pour gourmets qui prépare des salades, des paninis et des pizzas avec de la charcuterie maison. La critique encense **Cyrus** (☎ 707-433-3311 ; www.cyrusrestaurant.com ; 29 North St ; menus 102-130 $; 🕑 18h-23h mer-lun), mais son bar dont les plats à la carte agrémentés de truffes épousent des cocktails fous reste un secret local bien gardé. La **Boonville General Store** (☎ 707-895-9477 ; 14077 #A Hwy 128, Boonville ; 🕑 9h30-15h ; 👪) vend des pâtisseries et des pizzas confectionnées sur place, ainsi que des salades bio du cru.

Comment s'y rendre et circuler

Le Wine Country est à 90 min au nord de San Francisco par la Hwy 101 ou l'I-80. Pour des renseignements sur les transports, appelez le ☎ 511.

TRANSPORTS PUBLICS

Vallejo Ferry (415-877-643-3779 ; www.baylinkferry.com ; tarif plein/senior et jeune /moins de 6 ans 13/6,50 $/gratuit) effectue la pittoresque traversée entre San Francisco et Napa. Les bateaux lèvent l'ancre du Ferry Building environ toutes les heures de 6h30 à 19h en semaine, toutes les 2 heures de 11h à 19h30 le week-end. Sinon, prenez un train **BART** (p. 233) jusqu'à El Cerrito, puis passez par **Vallejo Transit** (☎707-648-4666 ; www.vallejotransit.com) pour rejoindre Vallejo. Les bus **Napa Valley Vine** (☎707-251-2800, 800-696-6443 ; www.napavalleyvine.net) circulent entre Vallejo, Napa et Calistoga.

Les bus **Greyhound** (☎ 800-231-2222 ; www.greyhound.com) relient San Francisco à Santa Rosa (21 $). Ceux de **Golden Gate Transit** (☎ 415-923-2000 ; www.goldengate.org) vont de San Francisco à Petaluma (7,60 $) et Santa Rosa (8,40 $), où la correspondance est assurée par **Sonoma County Transit** (☎ 707-576-7433 ; www.sctransit.com).

Napa Valley Vine couvre les destinations de la Napa Valley, Golden Gate Transit et Sonoma Valley Transit celles de la Sonoma Valley.

VÉLO

Le cyclotourisme permet d'explorer au mieux le Wine Country par les petites routes de campagne. On peut louer un vélo moyennant 30 à 45 $ par jour auprès de **Calistoga Bike Shop** (☎707-942-9687, 866-942-2453 ; www.calistogabikeshop.com ; 1318 Lincoln Ave), **Sonoma Valley Cyclery** (☎707-935-3377 ; 20093 Broadway) ou à Healdsburg, **Spoke Folk Cyclery** (☎707-433-7171 ; www.spokefolk.com ; 201 Center St).

Napa Valley Adventure Tours (☎ 707-259-1833, 877-548-6877 ; www.napavalleyadventuretours.com ; Oxbow Public Market, 610 1st St, Napa) propose également des locations de bicyclettes, ainsi que des sorties à vélo avec rencontres de vignerons, d'artisans et d'agriculteurs bio (139 $, 6 heures 30). **Getaway Adventures** (☎ 707-568-3040, 800-499-2453 ; www.getawayadventures.com) organise des circuits faciles "Sip-n-Cycle" dans le secteur de Calistoga ou de Dry Creek (149 $, 6 heures).

TRAIN

Napa Valley Wine Train (☎707-253-2111, 800-427-4124 ; www.winetrain.com ; tarif plein/moins de 12 ans 49,50/25 $, plus déjeuner 44,50/25 $, dîner 49,50/30 $) offre de confortables excursions touristiques de 3 heures comprenant une escale optionnelle dans un domaine vinicole (25 $ en sus) et une voiture-bar (dégustations 10/4 $).

AUTO-RICKSHAW

Napa Valley Hoppers (☎707-224-4677 ; www.nvhoppers.com) assure des excursions en rickshaw motorisé comptant trois ou quatre arrêts chez des producteurs de vin entre 10h et 14h (89 $/pers, 5 heures). Réservation requise.

CÔTE NORD

Avec ses vallées plantées d'immenses forêts de séquoias géants et semées de petites bourgades perdues dans le brouillard qui rejoignent paresseusement le rivage mélancolique de l'océan Pacifique, la côte nord mérite vraiment que l'on y prenne son temps. Vous serez ainsi en phase avec la population hippie de cette région de Californie qui produit une variété de marijuana particulièrement puissante et des bières spéciales au houblon.

De Bodega Bay à Fort Bragg

La splendide portion de côte déchiquetée entre Bodega Bay et Fort Bragg semble à des années-lumière du charme métropolitain de San Francisco. Comparée à la Hwy 1 qui longe le littoral de Big Sur, sa route sinueuse revêt un caractère plus isolé et authentique, mais aussi plus périlleux pour les conducteurs. Ces derniers traversent au passage des exploitations agricoles, des villes de pêche et des plages cachées, faisant halte pour observer les baleines grises qui migrent dans les eaux glaciales et écumantes en contrebas des falaises venteuses peuplées de vaches. Prévoyez 4 heures au volant, sans les arrêts. La nuit dans le brouillard, le trajet demande des nerfs d'acier et beaucoup plus de temps.

Première d'un chapelet de bourgades de pêcheurs assoupies, **Bodega Bay** a servi de cadre au film *Les Oiseaux* (1963) d'Alfred Hitchcock. Le week-end, les habitants de la région de la baie investissent en masse ses B&B et les plages exceptionnelles qui se déploient entre la ville et Jenner, 16 km au nord. **Bodega Bay Sportfishing** (☎ 707-875-3344 ; 1410 Bay Flat Rd) organise des sorties en mer à la rencontre des baleines (35 $/pers, 3 heures 30-4 heures) et **Bodega Bay Surf Shack** (☎ 707-875-3944 ; www.bodegabaysurf.com ; 1400 N Hwy 1 ; planches de surf 13 $/jour, kayaks simples/doubles 45/65 $ pour 4 heures) loue des planches de surf et des kayaks.

Jenner se résume à quelques boutiques et restaurants disséminés sur les collines côtières à l'embouchure de la Russian River, en surplomb du lieu qui abrite une colonie de phoques. Vous apercevrez ces derniers depuis la bifurcation de la Hwy 1 au nord de la ville. À **Goat Rock State Beach** (☎ 707-875-3483 ; Mile 19,15), des bénévoles s'occupent de leur protection et de la sensibilisation des touristes durant la saison des jeunes, entre mars et août.

La principale curiosité du **Fort Ross State Historic Park** (☎ 707-847-3286, 707-847-3708 ; www.fortrossstatepark.org ; 19005 Hwy 1 ; 8 $ par voiture, empl tente 25 $), 19 km au nord de Jenner, est un ancien comptoir commercial russe (1812) et une église orthodoxe rongée par le sel, jadis le point le plus méridional de l'empire tsariste en Amérique du Nord. Le petit musée consacré à l'histoire offre un refuge contre le vent qui balaye les falaises. À 3 km au sud du fort, un camping sans réservation, accessible en voiture, fonctionne d'avril à novembre.

Le **Salt Point State Park** (☎ 707-847-3221, réservations 800-444-7275 ; www.reserveamerica.com ; Mile 39 ; 8 $ par voiture, empl tente 35 $) renferme des sentiers de randonnées, des bassins de marée et deux campings où des fleurs roses parsèment au printemps les bois enveloppés de brume. Sur les promontoires, les vaches qui broutent les pâturages ponctués de rocher appartiennent aux coopératives laitières bio des environs.

En poursuivant vers le nord, on atteint la localité de **Gualala** (que les habitants prononcent "wa-*la*-la"), fondée en 1858 pour accueillir une scierie, qui jouit d'un magnifique emplacement sur la côte. Loger en ville coûte cher, mais à 1,5 km au sud, le **Gualala Point Regional Park** (☎ 707-785-2377, réservations 707-565-2267 ; www.sonoma-county.org/parks ; 42401 S Highway 1 ; 6 $ par voiture, empl tente 22 $) compte un camping parmi les séquoias, une plage ventée et des sentiers menant au rivage.

Juste au nord, **Point Arena** se distingue par un centre ravissant et une jetée sur pilotis. Un peu plus loin dans la même direction, le **Point Arena Lighthouse** (☎ 707-882-2777 ; www.pointarenalighthouse.com ; 45500 Lighthouse Rd ; ⏰ 10h-15h30 ; 7,50 $) de 1908, l'un des plus hauts phares de la Côte Ouest, offre une perspective captivante sur le littoral.

À 13 km au nord d'Elk, le **Van Damme State Park** (☎ 707-937-5804, réservations 800-444-7275 ; www.reserveamerica.com ; 8 $ par voiture, empl tente 35 $) est connu pour son **Fern Canyon Trail**, qui traverse une forêt naine et une gorge tapissée de fougères et de sureaux. Le camping accessible en voiture s'avère agréable, mais il suffit de marcher pendant 3 km vers l'intérieur des terres pour profiter d'un coin retiré.

Perché sur un splendide promontoire, **Mendocino** fait figure de petit bijou de la côte nord qui héberge ses hôtes dans des B&B de style Nouvelle-Angleterre. On peut parcourir la lande jalonnée de mûriers et de fleurs sauvages, avec des cyprès accrochés aux falaises vertigineuses. La puissance de la nature se manifeste ici de façon évidente à travers les champs jonchés de bois flotté, les galeries creusées dans la roche et les vagues déchaînées. La ville elle-même comporte nombre de ravissantes boutiques haut de gamme (aucune chaîne), d'où son surnom de "Spendocino" (de "spend", dépenser), et des bobos viennent de San Francisco pour le week-end. Commencez par le **Visitor Center** (☎ 707-937-5397 ; www.gomendo.com ; 735 Main St ; ⏰ 11h-16h) situé dans la Ford House.

Moins attrayante, **Fort Bragg** tente d'attirer plus au nord les voyageurs argentés, mais il lui reste encore du chemin pour y parvenir. Émaillée de stations-service bon marché, de vastes motels et de fast-foods, elle dégage pourtant un certain charme. Les bières de houblon de la **North Coast Brewing Co** (☎ 707-964-2739 ; www.northcoastbrewing.com ; 455 N Main St ; pinte 4 $, dégustation de 10 bières 12 $) justifient à elles seules une halte. Quant au **Skunk Train** (☎ 800-866-1690 ; www.skunktrain.com ; tarif plein/3-11 ans 47/22 $) de 1885 tracté par des locomotives à vapeur et Diesel, il effectue des circuits d'une demi-journée à travers bois jusqu'à Ukiah.

OÙ SE LOGER ET SE RESTAURER

Les adresses ci-dessous sont classées du sud au nord.

La **Bodega Harbor Inn** (☎ 707-875-3594 ; www.bodegaharborinn.com ; 1345 Bodega Ave ; ch 80-155 $; ⊠), à Bodega Bay, loue des chambres abordables de style bungalow. Le **Boat House** (☎ 707-875-3495 ; 1445 N Hwy 1 ; plats 11-15 $; ⏰ 12h-20h), petite baraque au sol de guingois décorée de bouées, a pour spécialité le poisson de roche local pané.

À Jenner, le **River's End Cabins** (☎ 707-865-2484 ; www.ilovesunsets.com ; 11048 Hwy 1 ; bungalows 120-220 $) paisible et rustique, sans TV ni téléphone, possède un restaurant de plats raffinés qui bénéficie d'une vue somptueuse.

Premier restaurant en arrivant à Gualala, le **Bones Roadhouse** (☎ 707-884-1188 ; 39350 S Hwy 1 ; plats 10-20 $; ⏰ 11h30-21h dim-jeu, 11h30-22h ven et sam) est aussi le meilleur de la ville, où un vieux groupe de blues bougon chante parfois des standards. Beau et original, le **St Orres** (☎ 707-884-3303 ; www.saintorres.com ; 36601 Hwy 1 ; ch avec sdb commune et petit-déj à partir de 95 $, cottages avec petit-déj 140-445 $) se compose d'un hôtel en bois de séquoia de style russe, de cottages isolés et d'une table californienne remarquable (plats au dîner 40 $).

Mar Vista Cottages (☎ 707-884-3522, 877-855-3522 ; www.marvistamendocino.com ; 35101 S Hwy 1 ; maisonnettes à partir de 155 $;), une douzaine de maisonnettes de pêche élégamment aménagées et pourvues du Wi-Fi, constitue un lieu d'hébergement bucolique : balançoires en pneu, légumes du jardin bio et poules en liberté qui fournissent les œufs du matin.

La jolie ville de Mendocino regorge de logements et de restaurants de luxe. Au sud sur une colline dominant l'océan, la douillette **Brewery Gulch Inn** (☎ 800-578-4454 ; www.brewerygulchinn.com ; 9401 N Hwy 1 ; ch 210-450 $;) remporte la mise grâce à des chambres avec cheminée, du vin offert gracieusement en abondance et des douceurs pour les petits creux. S'il est tard, vous remercierez le **Patterson's Pub** (☎ 707-937-4782 ; www.pattersonspub.com ; 10485 Lansing St ; plats 10-15 $) pour ses grosses salades et sa bonne cuisine de pub.

Jughandle Creek Farm (☎ 707-964-4630 ; www.jughandlecreekfarm.org ; 15501 N Hwy 1 ; ch et bungalows tarif plein/enfant/étudiant 40/13/33 $, empl tente 12/5/10 $) est un centre éducatif situé à Caspar, en face de la Jug Handle State Reserve. Chambres et bungalows de style auberge de jeunesse (apportez un sac de couchage) se partagent les sdb et la cuisine. Une heure de travail donne droit à une petite réduction.

Si Fort Bragg compte moult motels ordinaires de catégorie moyenne, le joli **Colombi Motel** (☎ 707-964-5773 ; www.colombimotel.com ; 647 Oak St ; ch avec kitchenette 45-70 $) est une véritable affaire.

Des musiciens de folk et de jazz jouent le soir au **Headlands Coffeehouse** (☎ 707-964-1987 ; www.headlandscoffeehouse.com ; 120 E Laurel St ; paninis 7-8 $; 7h-22h dim-jeu, jusqu'à 23h ven et sam), le café où se retrouvent les ados désœuvrés de la ville.

COMMENT S'Y RENDRE ET CIRCULER

Il est quasiment indispensable de disposer d'un véhicule sur la Hwy 1, même si le bus n°65 de la **Mendocino Transit Authority** (MTA ; ☎ 800-696-4682 ; www.4mta.org) circule tous les jours de Fort Bragg à Santa Rosa, au sud, via Willits et Ukiah (20 $, 3 heures).

À Santa Rosa, le bus n°80 (8,80 $) de la compagnie **Golden Gate Transit** (☎ 415-923-2000 ; www.goldengate.org) rallie San Francisco. Ni Greyhound (p. 543) ni Amtrak (p. 544) ne dessert les villes situées le long de la Hwy 1.

D'Ukiah à Scotia

Ukiah vaut essentiellement pour faire le plein d'essence ou de provisions en allant vers le nord, mais elle est proche du centre thermal **Vichy Springs Resort** (ci-contre).

Au nord de la minuscule bourgade de **Leggett**, sur la Hwy 101, rien ne vaut une promenade parmi les séquoias géants de la **Standish-Hickey State Recreation Area** (☎ 707-925-6482, 69350 Hwy 101 ; 8 $/voiture). Il y a là une rivière propice à la baignade et à la pêche, plus de 14,5 km de sentiers de randonnées sillonnant des forêts primaires et secondaires de séquoias (ne manquez pas l'arbre de Miles Standish, haut de 70 m). Vingt-deux kilomètres plus au nord, le **Richardson Grove State Park** (8 $/voiture) protège plus de 565 ha de forêts primaires de séquoias et abrite des campings (35 $).

Garberville est devenue célèbre dans les années 1970, du fait de la marijuana cultivée sur les collines avoisinantes. Aujourd'hui Garberville est une bourgade tranquille d'une seule rue, avec des motels et des restaurants bon marché, où vit une communauté mélangée de solides bûcherons et de hippies.

La **Lost Coast** couronne un itinéraire de randonnée jalonné par les meilleurs campings de la côte californienne. La côte se retrouva isolée lorsque le tracé de l'autoroute régionale contourna les montagnes escarpées de la King Range (1 220 m), que seuls quelques kilomètres séparent de l'océan. La région est assez sauvage et les paysages sont superbes. De Garberville, une route en mauvais état de 37 km conduit à Shelter Cove, petite localité côtière disposant d'un traiteur, d'un restaurant et de motels. Avant de vous aventurer sur les petites routes ou hors piste, mieux vaut demander conseil à la population locale afin de ne pas tomber sur des propriétaires particulièrement soucieux de protéger leurs plantations illicites.

Le long de la Hwy 101, le **Humboldt Redwoods State Park** (☎ 707-946-2409, réservations 800-444-7275 ; www.reserveamerica.com ; empl tente 35-45 $) de 130 km² abrite quelques-uns des plus vieux séquoias du monde et les trois quart des cent plus hauts arbres. Si vous n'avez pas le temps de le parcourir à pied, suivez au moins en voiture (8 $) l'impressionnante **Avenue of the Giants**, une route à deux voies de 50 km parallèle à la Hwy 101. Il faut réserver un peu à l'avance pour disposer d'une place dans l'un des très beaux campings installés à proximité du **Visitor Center** (☎ 707-946-2409 ; 9h-17h).

OÙ SE LOGER ET SE RESTAURER

Les campings de très grande qualité abondent. En outre, toute localité dispose d'au moins un traiteur ou d'une *taqueria*. Les options suivantes sont classées du sud au nord.

À Ukiah, des chaînes de motels bordent S State St, mais le **Sunrise Inn** (☎ 707-462-6601 ; www.sunriseinn.net ; 650 S State St ; ch 48-68 $;) indépendant affiche le meilleur rapport qualité/prix. Le **Vichy Springs Resort** (☎ 707-462-9515 ; www.vichysprings.com ; 2605 Vichy Springs Rd, Ukiah ; empl camping-car 20 $, lodge s/d 135/195 $, ch au bord du ruisseau 195/245 $, cottages à partir de 280 $;) de 350 ha possède les seules sources chaudes minérales naturellement gazeuses d'Amérique du Nord. L'entrée se monte à 30 $ pour 2 heures, à 50 $ pour la journée. Contrairement aux autres établissements du genre dans le voisinage, il impose le port du maillot de bain.

À l'**Ukiah Brewing Company** (☎ 707-468-5898 ; www.ukiahbrewingco.com ; 102 S State St ; plats au dîner 15-25 $; 17h30-21h mar-sam, 11h30-14h jeu et ven), l'endroit le plus amusant pour dîner en ville, la bière surpasse la cuisine, mais la piste de danse vibre le week-end au son de la musique live.

Dans un édifice historique de style Tudor, le **Benbow Inn** (☎ 707-923-2124, 800-355-3301 ; www.benbowinn.com ; 445 Lake Benbow Dr, Garberville, ch 130-200 $;), au sud de Garberville près de la Hwy 101, accueille ses hôtes avec une carafe de sherry dans chacune de ses jolies chambres – celles qui donnent sur la rivière coûtent plus cher. Le restaurant et le bar lambrissés sont bien appréciables les soirs de brouillard.

D'excellents campings jalonnent l'Avenue of the Giants, le meilleur étant aménagé dans le Humboldt Redwoods State Park (ci-contre). Il y a aussi sur cette route quantité de motels des années 1950 plus ou moins reluisants, à aborder avec précaution.

COMMENT S'Y RENDRE ET CIRCULER

La compagnie **Greyhound** (☎ 800-231-2222 ; www.greyhound.com) relie San Francisco à Ukiah (29,20 $). Les bus de **Redwood Transit System** (☎ 707-443-0826 ; www.hta.org) circulent du lundi au samedi entre Scotia et Trinidad (1,95 $, 2 heures 30).

D'Eureka à Crescent City

Au vu des galeries marchandes qui prolifèrent en périphérie, **Eureka** ne suscite guère l'enthousiasme de prime abord. Sa vieille ville recèle pourtant de belles demeures victoriennes, ainsi que des boutiques et restaurants attrayants. Le **Visitor Center** (☎ 707-442-3738, 800-356-6381 ; www.eurekachamber.com ; 2112 Broadway ; 8h30-17h lun-ven, 10h-16h sam) fournit cartes et renseignements. **Going Places** (☎ 707-443-4145 ; 328 2nd St ; 10h30-17h30 lun-sam, 11h-17h dim), dans la vieille ville, est une très bonne librairie de voyages.

Principale attraction, **Blue Ox Millworks** (☎ 707-444-3437 ; www.blueoxmill.com ; tarif plein/enfant 6-12 ans 7,50/3,50 $; 9h-16h lun-sam) fait partie des rares scieries du pays qui fabriquent encore des huisseries, moulures et éléments décoratifs de style victoriens à l'aide de techniques et d'outils du XIXe siècle. On peut y voir des artisans au travail lors d'une visite (audioguide). On peut aussi faire une promenade en bateau à bord du **Madaket** (☎ 707-445-1910 ; www.humboldtbaymaritimemuseum.com ; tarif plein/enfant 5-12 ans/senior et adolescent 15/7,50/13 $; mai-oct), un ferry de 1910, part du bas de F St et sert au coucher du soleil un cocktail (10 €) concocté dans le plus petit bar avec licence de Californie.

À 15 km au nord d'Eureka, **Arcata** est un bastion alternatif, organisé autour d'une place pittoresque. Ici, les camions roulent au biodiesel et le ramassage des poubelles de recyclage se fait en tandem. Au nord-est de la ville, le ravissant campus de l'**Humboldt State University** (☎ 707-826-3011 ; www.humboldt.edu) mérite une halte. Au croisement de la Hwy 299 et de la Hwy 101, le **California Welcome Center** (☎ 707-822-3619 ; www.arcatachamber.com ; 9h-17h) fournit des informations sur la région.

Trinidad, ville de pêcheurs à quelque 19 km au nord d'Arcata, trône sur un promontoire surplombant un port baigné d'une eau bleue scintillante. Vous découvrirez de jolies plages de sable et de courtes promenades à Trinidad Head. Non loin, Luffenholtz Beach est prisée des surfeurs (attention, elle n'est pas surveillée), et au nord de la ville, Patrick's Point Rd offre hébergements et campings en pleine forêt. Le **Patrick's Point State Park** (☎ 707-677-3570, réservations 800-444-7275 ; www.reserveamerica.com ; forfait journée 8 $, empl tente 35-45 $) possède de magnifiques promontoires rocheux, des baïnes et un camping.

À 1,5 km au sud de la minuscule **Orick**, sur la Hwy 101, se trouve le **Visitor Center des Redwood National & State Parks** (☎ 707-464-6101, poste 5265 ; www.nps.gov/redw ; 9h-17h). Le Redwood National Park et les parcs d'État de Prairie Creek, Del Norte et Jedediah Smith font partie du patrimoine mondial de l'Unesco et abritent, à eux tous, presque la moitié des forêts primaires de **séquoias** de la Californie. Le parc national est gratuit, mais les parcs d'État proposent un forfait d'une journée à 8 $ pour certaines zones. Seuls les parcs d'État possèdent des campings aménagés (35 $). Le spectacle des troncs gigantesques visibles depuis les tentes n'a pas son pareil. Le centre d'information vous renseignera sur tous les parcs, et sur les permis gratuits nécessaires pour le camping sauvage.

Les sites les plus spectaculaires du **Redwood National Park** sont **Lady Bird Johnson Grove** et **Tall Trees Grove**, réputés pour leurs arbres parmi les plus hauts du monde et leurs troupeaux d'élans.

Si ce n'était les ours géants en métal doré qui flanquent les entrées du pont, on pourrait traverser **Klamath** sans l'apercevoir. Isolée au milieu de forêts et de cours d'eau, cette bourgade est idéale pour pratiquer des activités de plein air. À quelques kilomètres au nord, le **Del Norte Coast Redwoods State Park** (☎ 707-464-6101, poste 5120) comprend des forêts de séquoias et 13 km de côtes sauvages.

S'étirant le long d'une baie en forme de croissant, **Crescent City**, seule grande ville côtière au nord d'Arcata, présente un style architectural fonctionnel peu attrayant – la moitié de la ville a été détruite par un tsunami en 1964. À marée basse, il est possible de se rendre au **Battery Point Lighthouse** (☎ 707-464-3089 ; 3 $; 🕒 10h-16h mer-dim avr-oct), un phare datant de 1865, situé à l'extrémité sud-est d'A St.

Le **Jedediah Smith Redwoods State Park** (☎ 707-464-6101, poste 5112), à 8 km au nord-est de Crescent City, est moins fréquenté que les autres parcs, mais pas moins beau. Les séquoias sont si serrés qu'il y a peu de sentiers de randonnée. Emprunter l'exceptionnelle **Howland Hill Scenic Drive**, une route pittoresque de 18 km, est le meilleur moyen de découvrir la forêt si vous ne pouvez pas faire de randonnée.

OÙ SE LOGER ET SE RESTAURER

Les adresses ci-après sont classées du sud au nord. Des motels des années 1950 de qualité variable sont présents dans toutes les villes de la Hwy 101.

À Eureka, les établissements les plus économiques se situent au sud du centre. Nous recommandons le **Bayview Motel** (☎ 707-442-1673, 866-725-6813 ; www.bayviewmotel.com ; 2844 Fairfield St ; ch 90-95 $; ☒ Wi-Fi), de catégorie moyenne, dont certaines des chambres propres et claires ont vue sur la baie. Proche de la vieille ville, le confortable complexe **Carter House Inns** (☎ 707-444-8062, 800-404-1390 ; www.carterhouse.com ; 301 L St ; ch avec petit-déj 185-213 $; ☒ Wi-Fi) comprend plusieurs demeures victoriennes soigneusement entretenues. Son Restaurant 301 réserve la nouvelle cuisine franco-californienne la plus raffinée du secteur.

La **Lost Coast Brewery** (☎ 707-445-4480 ; 617 4th St ; pintes 3,50 $, formule dégustation de 10 bières 10 $, plats 6-13 $; Wi-Fi), une excellente brasserie équipée du Wi-Fi, propose de délicieuses bières Downtown Brown et Great White, à accompagner d'ailes de poulet, de frites et de bons hamburgers servis de 11h à minuit.

Sur la péninsule de Samoa toute proche, le **Samoa Cookhouse** (☎ 707-442-1659 ; www.samoacookhouse.net ; repas à volonté 12-15 $; 🕒 7h-21h) très fréquenté, occupe la cantine d'un ancien campement de bûcherons de 1893. Tout le monde mange ensemble des plats copieux sur de longues tables recouvertes de toiles cirées.

Sur la place d'Arcata, le vénérable **Hotel Arcata** (☎ 707-826-0217, 800-344-1221 ; www.hotelarcata.com ; 708 9th St ; ch 96-156 $; Wi-Fi) datant de 1915 compense son allure un brin guindé par une situation en plein cœur de la ville.

À Klamath, le **Requa Inn** (☎ 707-482-1425, 866-800-8777 ; www.requainn.com ; 451 Requa Rd ; ch 85-155 $; ☒ Wi-Fi) de 1914, loue aux randonneurs des chambres de style campagnard donnant sur la rivière.

COMMENT S'Y RENDRE ET CIRCULER

Les bus **Greyhound** (☎ 800-231-2222 ; www.greyhound.com) desservent Arcata au départ de San Francisco (38 $, 7 heures). Du lundi au samedi, les bus **Redwood Transit** (☎ 707-443-0826 ; www.hta.org) rallient Arcata et Eureka sur leur trajet Trinidad-Scotia (1,95 $, 2 heures 30).

SACRAMENTO

Plate et plutôt terne, Sacramento ne suscite guère l'enthousiasme avec ses routes embouteillées et sa chaleur estivale, à peine atténuée par l'ombre des arbres. Si le quartier historique (Old Sacramento) et ses trottoirs en bois surélevés très Far West ont un certain côté "kitsch pour touristes", de bons restaurants et des lieux de cultures plus intéressants se cachent dans les rues en damier du centre, où une scène artistique naissante commence à modifier sa réputation de ville provinciale.

En 1839, un immigré suisse, John Sutter, construisit un fort et établit le premier peuplement européen non missionnaire de Californie. Après la découverte d'or dans les collines proches, en 1848, la population augmenta de manière exponentielle. En 1854, après plusieurs années d'indécision administrative, ce bourg devint finalement la capitale de la Californie.

Le **Visitor Center** (☎ 916-442-7644 ; www.discovergold.org ; 1004 2nd St ; 🕑 10h-17h), dans la vieille ville, peut recommander des hôtels.

À voir

Le **capitole** blanc (XIXe siècle) qui s'élève de l'impeccable Capitol Mall, à l'angle de 10th St, possède un intérieur superbe. Le **Capitol Museum** (☎916-324-0333 ; www.statecapitolmuseum.com ; entrée libre ; 🕑 9h-17h) propose des visites guidées à travers des salles d'époque. À ne pas rater : les salles de l'Assemblée et du Sénat, ouvertes au public.

Quelques rues plus loin, le moderne et attrayant **California Museum** (☎ 916-653-7524 ; www.californiamuseum.org ; 1020 O St ; tarif plein/6-13 ans 8,50/7 $; 🕑 10h-17h lun-sam, 12h-17h dim ; 🚼) abrite le California Hall Of Fame qui rend hommage à des personnalités californiennes.

Bien qu'un peu théâtrales, les rues du **Old Sacramento** (www.oldsacramento.com) où vrombissent des Harley Davidson rassemblent la plus importante concentration de monuments historiques de Californie et trois grands musées. Le **California State Railroad Museum** (☎ 916-323-9280, 916-445-6645 ; www.californiastaterailroadmuseum.org ; 125 I St ; tarif plein/6-17 ans 9/4 $; 🕑 10h-17h), consacré au rail présente des dizaines de locomotives à vapeur ou Diesel dans lesquelles les visiteurs peuvent monter. Un train à vapeur fonctionne les week-ends d'été (8 $). À côté, le **Sacramento History Museum** (☎ 916-264-7059 ; www.sachistorymuseum.org ; 101 I St ; tarif plein/13-17 ans/4-12 ans 5/4/3 $; 🕑 10h-17h, fermé lun en hiver) fait revivre le Sacramento de la Ruée vers l'or. Le joli petit musée des beaux-arts de la ville, le **Crocker Art Museum** (☎ 916-264-5423 ; www.crockerartmuseum.org ; 3rd St et O St ; tarif plein/7-17 ans 6/3 $, gratuit 10h-13h dim ; 🕑 10h-17h mar-dim, jusqu'à 21h jeu), belle demeure victorienne ayant appartenu au juge de la Cour suprême de Californie Edwin B Crocker, contient sa collection visionnaire de peintures du XIXe siècle.

Ayant retrouvé son aspect des années 1850, le **Sutter's Fort** (☎ 916-445-4422 ; angle 27th St et L St ; tarif plein/moins de 5 ans/6-16 ans 5 $/gratuit/3 $; 🕑 10h-17h ; 🚼) accueille des comédiens costumés qui rejouent son histoire tous les jours d'été et certains samedis le reste de l'année. Adjacent au fort, le petit mais instructif **California State Indian Museum** (☎ 916-324-0971 ; tarif plein/moins de 5 ans/6-17 ans 3 $/gratuit/2 $; 🕑 10h-17h) expose des objets ishi.

Où se loger et se restaurer

Le centre-ville regroupe quantité d'hôtels de chaînes de catégorie moyenne. Pour les restaurants, dirigez-vous vers J St, entre 16th St et 25th St.

♡ **HI Sacramento Hostel** (☎ 916-443-1691 ; 925 H St ; dort 25 $, ch 55,75 $; Ⓟ ☒ 💻). Une auberge de jeunesse de rêve dans une demeure victorienne restaurée. Espaces communs dignes d'un B&B, chambres propres et spacieuses et personnel aimable.

Table de prestige de Sacramento, le **Mulvaney's B & L** (☎ 916-441-6022 ; www.culinaryspecialists.com ; 1215 19th St ; plats 20-40 $; 🕑 11h30-14h30, 17h-22h mar-ven, 17h-22h sam) cosy présente une carte d'influence française qui change quotidiennement.

Andy Nguyen's (☎ 916-736-1157 ; 2007 Broadway ; plats 8-16 $; 🕑 11h30-21h lun-sam ; Ⓥ), un petit resto bouddhiste thaï, mitonne sans doute la meilleure cuisine végétarienne de toute la Californie. Goûtez ses curries fumants et ses plats imitant la viande (la fausse cuisse de poulet a même un os en bois).

Pour une bière primée (essayez l'Indian Pale Ale) et une cuisine de pub correcte, joignez-vous à la clientèle du **Rubicon** (☎ 916-448-7032 ; www.rubiconbrewing.com ; 2004 Capitol Ave ; sandwichs 6-9 $; 🕑 11h-23h30 lun-jeu, jusqu'à 0h30 ven et sam, jusqu'à 22h dim).

Comment s'y rendre et circuler

Sacramento se situe à 146 km à l'est de San Francisco par l'I-80, et à 621 km au nord de Los Angeles par l'I-5. Les principales compagnies aériennes desservent l'**aéroport international de Sacramento** (Sacramento International Airport ; ☎916-929-5411 ; www.sacairports.org), à 24 km au nord du centre-ville, en retrait de l'I-5.

Greyhound (☎ 800-231-2222 ; 7th St et L St) dessert San Francisco (22 $, 2 heures), Los Angeles (66 $, 9 heures), Seattle (150 $, 19 heures) et d'autres grandes villes.

La gare **Amtrak** (☎ 800-872-7245 ; angle 5th St et I St) de Sacramento, proche du centre-ville, est le point de départ de trains fréquents pour la région de la Baie. Des trains partent quotidiennement pour Oakland (24 $, 2 heures) et Los Angeles (56 $, 14 heures).

Sacramento Regional Transit (☎ 916-321-2877 ; www.sacrt.com) gère le réseau de bus urbains (2 $), le tramway DASH gratuit et le réseau *light rail*.

GOLD COUNTRY

C'est une pépite de la taille d'un demi-pois découverte par James Marshall en 1848 qui déclencha la ruée vers l'or désordonnée de quelque 300 000 Forty-Niners (prospecteurs) peu soucieux des règles de la société et de l'environnement, signant ainsi l'acte de naissance de la Californie. Les traces de ce passé ont toutefois pratiquement disparu : des pins et des chênes recouvrent désormais les collines scarifiées par l'exploitation minière et les villes jadis sans foi ni loi affichent une élégance victorienne ostentatoire ou s'étiolent sous la chaleur torride de l'été. Certains sites historiques évoquent bien des histoires de bandits et de luttes sanguinaires, mais le voyageur peut aussi savourer les plaisirs plus physiques d'une baignade dans des eaux glacées ou d'une descente périlleuse à VTT.

Les nombreuses bourgades au charme pittoresque d'antan ont en commun la présence d'antiquités, de glaciers et de musées poussiéreux sur le thème de la ruée vers l'or. Située le long de la Hwy 49, la région justifie un détour de deux jours. Pour vivre une expérience plus aventureuse, on peut pratiquer le rafting sur les trois bras de l'American River, qui conviennent aux débutants comme aux personnes expérimentées.

Lorsque la température monte en été, des sorties de rafting ont lieu sur les rivières American, Tuolumne, Kings et Stanislaus aux courants froids. Entreprise familiale réputée, **All-Outdoors California Whitewater Rafting** (☎ 800-247-2387 ; www.aorafting.com) organise des circuits aventure d'un ou deux jours dans la nature. **Wolf Creek Wilderness** (☎ 530-477-2722 ; www.wolfcreekwilderness.com ; 595 E Main St, Grass Valley ; kayaks à partir de 40 $/jour) propose des locations et des cours de kayak (40 $ à 150 $).

À l'extérieur d'Auburn, par l'I-80 (sortie 121), le **California Welcome Center** (☎ 530-887-2111 ; www.visitplacer.com ; 13411 Lincoln Way ; 🕑 9h30-16h30 lun-ven, 9h-15h sam, 11h-15h dim) fournit des renseignements sur tout l'État. La **Gold Country Visitors Association** (☎ 800-225-3764 ; www.calgold.org) propose également des informations.

Mines du Nord

La Hwy 50 représente la ligne de partage entre les mines du Sud et les mines du Nord, qui s'étendent entre Nevada City et Placerville. La Hwy 49 sinueuse est jalonnée de nombreuses aires de stationnement et points de vue sur les collines environnantes. Par temps caniculaire, une file de voitures garées sur le bas-côté indique le plus souvent la proximité d'un lieu de baignade. L'un des plus agréables se trouve à la rencontre des bras nord et sud de l'American River, 5 km au sud d'Auburn.

Nevada City, autrefois surnommée la "reine des mines du nord", arbore des bâtiments restaurés avec soin, une scène folklorico-artistique, des cafés et des boutiques bio. Pour des itinéraires de promenades et des renseignements, adressez-vous à la **chambre de commerce** (☎ 530-265-2692, 800-655-6569 ; www.nevadacitychamber.com ; 132 Main St ; 🕑 9h-17h lun-ven, 11h-16h sam, 11h-15h presque chaque dim). Le **Tahoe National Forest Headquarters** (☎ 530-265-4531 ; 🕑 8h-16h30 lun-ven, plus sam en été), sur la Hwy 49 à l'extrémité nord de Coyote St, dispense des informations sur les randonnées, l'arrière-pays et les sentiers de VTT.

À 8 km au sud-ouest, **Grass Valley** est le pendant commercial de Nevada City, où la population locale d'artistes, de hippies et de fermiers vient s'approvisionner. À 3 km à l'est de la ville, l'**Empire Mine State Historic Park** (☎ 530-273-8522 ; www.empiremine.org ; tarif plein/6-16 ans 5/3 $; 🕑 9h-18h en été, 10h-17h en hiver) paysager marque le site d'une des mines d'or les plus riches de Californie, dont furent extraites 170 tonnes d'or entre 1850 et 1956, soit l'équivalent de 5,8 milliards de dollars sur le marché actuel. L'été, les week-ends de reconstitution historique remportent un franc succès ; une visite souterraine devrait être proposée à partir de 2010.

À **Coloma** où débuta la Ruée vers l'or, le **Marshall Gold Discovery State Historic Park** (☎ 530-622-3470 ; 8 $ par voiture ; 🕑 8h au crépuscule) rend hommage à cet événement historique avec une réplique de la scierie de Sutter, des bâtiments restaurés et de courts sentiers de randonnée. Une statue de Sutter lui-même qui, ironie du sort, mourut pauvre, se dresse sur le site.

OÙ SE LOGER ET SE RESTAURER

Les établissements suivants sont recensés du nord au sud.

Le long de la Hwy 49, quasiment toutes les localités de quelque importance comportent des cafés, des glaciers et des restaurants haut de gamme.

À Nevada City, les hôtels bon marché abondent. Le meilleur d'entre eux, le **Northern Queen Inn** (☎ 530-265-5824 ; www.northernqueeninn.com ; 400 Railroad Ave ; ch 99-154 $;) se tient toutefois juste à la périphérie de la ville. Ce motel de 86 chambres dispose aussi de cottages séparés avec cuisine. L'amusant **Outside Inn** (☎ 530-265-2233 ; www.outsideinn.com ; 575 E Broad St ; ch 75-150 $;), dont les patrons férus d'activités de plein air se montrent extrêmement sympathiques, loue des chambres à thème.

Un cran au-dessus des ravissants cafés où se réunissent les gens du cru, le **New Moon Café** (☎ 530-265-6399 ; www.thenewmooncafe.com ; 230 York St ; plats 13-28 $; 11h-21h mar-dim) renouvelle régulièrement sa carte franco-asiatique dans la mouvance bio californienne.

À Grass Valley, l'**Holbrooke Hotel** (☎ 530-273-1252, 800-933-7077 ; www.holbrooke.com ; 212 W Main St ; ch en semaine/le week-end à partir de 90/105 $;) de 1852 comprend d'élégantes chambres de style victorien avec des baignoires à pieds de lion, ainsi qu'un restaurant recommandé. Mark Twain y séjourna, comme en atteste le registre de l'établissement.

Si vous vous contentez de traverser la région pour aller à Tahoe, vous pourrez vous ravitailler à **Ikedas** (☎ 530-885-4243 ; www.ikedas.com ; 13500 Lincoln Way ; 8h-19h, jusqu'à 20h week-end), sur l'I-80 à la sortie 121, où l'on trouve des hamburgers, des tartes maison, des milk-shakes à la pêche en saison et d'autres en-cas.

Mines du Sud

Les villes des mines du Sud – entre Placerville et Sonora – connaissent un trafic moindre et leurs rues poussiéreuses fréquentées par des motards en Harley Davidson, des planteurs de marijuana, des vignerons et des chercheurs d'or conservent des relents de Far West. Certaines, comme **Plymouth** (Ole Pokerville) et **Mokelumne Hill** (Moke Hill), sont presque devenues des cités fantômes et tombent lentement dans l'abandon. D'autres, à l'image de **Jackson**, **Murphys** et **Sutter Creek**, évoquent le patrimoine historique américain dans toute sa splendeur. Sortir des sentiers battus permet de découvrir des vignobles familiaux (en particulier autour de Plymouth, dans le comté d'Amador, la région d'origine du cépage zinfandel) et des grottes aux étonnantes formations géologiques qui valent la peine de fermer les yeux sur les boutiques de souvenirs installées au-dessus.

Pour un autre aperçu du passé de la région, suivez la Hwy 88 vers le nord en direction de Pine Grove jusqu'à l'**Indian Grinding Rock State Historic Park** (☎ 206-296-7488 ; 14881 Pine Grove-Volcano Rd, 8 $ par voiture, empl tente 25 $; lever au coucher du soleil), terre sacrée des Miwok. L'étonnant "grinding rock" ("rocher à piler") porte des pétroglyphes anciens et des trous appelés *chaw'Ses* qui faisaient office de mortiers. Camper le soir dans l'une des huttes d'écorce, ou *U'macha'tam'ma'*, offre une approche directe du mode de vie traditionnel des Indiens.

Columbia (☎ 209-536-1672 ; www.columbiacalifornia.com ;), l'un des plus beaux sites associés à la ruée vers l'or, se compose de quatre pâtés de maisons remontant aux années 1850, où les commerçants travaillent en costume d'époque et les enfants se prennent pour des chercheurs d'or. Le parc ne ferme jamais, mais la plupart de commerces n'ouvrent que de 10h à 17h.

OÙ SE LOGER ET SE RESTAURER

Les adresses suivantes sont recensées du nord au sud. Le camping est gratuit dans les forêts nationales. Les B&B présents dans presque toutes les villes facturent habituellement au-dessus de 100 $ la nuit.

Taste (☎ 209-245-3463 ; www.restauranttaste.com ; 9402 Main St, Plymouth ; plats 31-50 $; 17h-22h jeu-lun). Récemment classé parmi les 50 premières tables du pays, il affiche la meilleure cuisine de la région, des plats frais de saison mariés à de puissants zinfandels provenant des collines du comté d'Amador.

St George Hotel (☎ 209-296-4458 ; www.stgeorgehotel.com ; 16104 Main St, Volcano ; ch avec petit-déj 98-127 $;). Construit en 1862, il abrite de jolies chambres avec sdb commune dans son majestueux bâtiment principal et six bungalows pourvus d'une sdb individuelle. Dans le saloon attenant, les courageux peuvent goûter le fameux Moose Milk, un cocktail historique à base de bourbon, rhum, crème, glaçons et noix muscade.

Murphys Historic Hotel & Lodge (☎ 209-728-3444, 800-532-7684 ; www.murphyshotel.com ; 457 Main St, Murphys ; ch en semaine 89-109 $, supplément de 20 $ le week-end ;). Doté de sdb communes et d'un saloon aux portes branlantes, cette adresse sans TV ni téléphone est un voyage dans le passé. Les accros du petit écran n'auront qu'à se rabattre sur le motel voisin.

À Columbia, le binôme **City Hotel & Fallon Hotel** (☎ 209-532-1479, 800-532-1479 ; www.cityhotel.com ; Fallon Hotel : ch avec petit-déj à partir de 80-145 $, City Hotel : ch avec petit-déj 115-145 $) propose 24 chambres dignes d'un musée. Le City Hotel se double d'un **restaurant** (repas 14-30 $; 17h-21h30 mar-dim, plus 9h-14h dim) et le Fallon Hotel abrite un théâtre. Renseignez-vous sur les formules de séjour.

Un peu terne, la ville animée de Sonora a en revanche l'avantage d'être à une heure de route environ du Yosemite National Park (p. 254) et de compter des hôtels fonctionnels de catégorie moyenne. Autrement, le **Gunn House Hotel** (☎ 209-532-3421 ; www.gunnhousehotel.com ; 286 S Washington St ; ch 69-109 $; P), juste en retrait de Main St, loue des chambres pleines de caractère et sert le petit-déj dans une salle au bord de la piscine.

COMMENT S'Y RENDRE ET CIRCULER

À quelque 42 km à l'est de Sacramento, la Hwy 49 croise l'I-80 à hauteur de la ville d'Auburn. Parmi le réseau de bus locaux, citons ceux de **Gold Country Stage** (☎ 530-477-0103), qui desservent Nevada City, Grass Valley et Auburn (billet 1,50-3 $) et ceux de **Placer County Transit** (☎ 530-885-2877). Aucune ligne ne parcourt la Hwy 49 vers les mines du Sud.

MONTAGNES DU NORD

Lointaine et rarement visitée, cette région est une suite ininterrompue de merveilles géologiques, de lacs alpins, de rivières et de désert. Les principaux sommets des montagnes du Nord – Lassen, Shasta, Lava Beds National Monument et Trinity Alps – ont peu de chose en commun côté paysage, mais offrent tous l'attrait du camping sauvage sur des sites isolés de l'arrière-pays. Les villes en revanche ne présentent guère d'intérêt, si ce n'est pour se ravitailler avant un périple nature.

De Redding à Yreka

Sur une bonne partie du parcours routier au nord de Redding, l'horizon est dominé par le **Mt Shasta** (4 316 m) enneigé qui s'élève de la Central Valley de façon spectaculaire, donnant aux amateurs de sports de plein air un avant-goût de ce qui les attend sur ses versants. Juste en retrait de l'I-5, à 16 km au sud de Redding, la **Shasta-Cascade Wonderland Association** (☎ 530-365-1180, 800-474-2782 ; www.shastacascade.com ; 9h-22h lun-ven, 9h-16h sam et dim) installée dans le Shasta Factory Outlets Mall constitue une halte très utile pour s'informer sur la région.

En dépit de ce que prétend sa brochure touristique, **Redding** est une ville somnolente qui ne vaut que pour le **Sundial Bridge**. Cette passerelle de verre piétonnière conçue par l'architecte espagnol Santiago Calatrava enjambe la Sacramento River et rejoint le **Turtle Bay Exploration Park** (☎ 800-887-8532 ; www.turtlebay.org ; 840 Auditorium Dr ; tarif plein/enfant 4-12 ans 13/9 $; 9h-17h ; fermé mar en hiver ;), un parc scientifique adapté aux enfants.

À 13 km à l'ouest de Redding sur la Hwy 299 (Trinity Scenic Byway), la **Whiskeytown National Recreation Area** abrite le **lac Whiskeytown**, un vaste plan d'eau avec des itinéraires de randonnée, des lieux de camping et plusieurs plages de sable. Le **Visitor Center** (☎ 530-246-1225 ; 9h-18h en été, 10h-16h30 en hiver) fournit cartes, permis et renseignements. **Weaverville**, 56 km à l'ouest, sert de point de départ pour les montagnes et justifie un agréable détour depuis Redding. Son **poste de rangers** (☎ 530-623-2121 ; 210 N Main St ; 8h-17h lun-ven, jusqu'à 16h30 sam) délivre des permis de randonnée dans les proches **Trinity Alps**, l'un des milieux naturels les mieux préservés de Californie.

Au nord de Redding, la I-5 croise le **lac Shasta**, plus grand lac artificiel de Californie, entouré de sentiers de randonnée et d'aires asphaltées pour camping-cars. Sur les hauteurs calcaires à l'extrémité nord du plan d'eau, on peut explorer les **Lake Shasta Caverns** (☎ 530-238-2341, 800-795-2283 ; www.lakeshastacaverns.com ; tarif plein/3-11 ans 22/12 $; visites 9h-15h), des grottes préhistoriques, dont la visite s'accompagne d'une traversée en bateau.

Tout aussi rustique que ses voisines, la petite ville ferroviaire historique de **Dunsmuir** se distingue quant à elle par une scène culturelle et culinaire dynamique. Prenez le temps de vous y arrêter, ne serait-ce que pour remplir votre bouteille d'eau à l'une des fontaines publiques : la localité prétend en effet posséder la meilleure eau de la planète.

La belle ville de **Mt Shasta** attire les grimpeurs, les personnes surmenées et les adeptes du retour à la nature, séduit à des degrés divers d'implication physique par la montagne majestueuse qui s'élève au-dessus. Le **Mt Shasta Visitor Center** (☎ 530-926-4865, 800-926-4865 ; www.mtshastachamber.com ; 300 Pine St ; 9h-17h30 lun-jeu, jusqu'à 18h ven et sam, jusqu'à 16h dim) est une bonne source d'informations.

L'Everitt Memorial Hwy grimpe le long de la montagne. Pour y accéder, prenez Lake St vers l'est et continuez tout droit. Les rangers vous conseilleront plusieurs bons sentiers de randonnée en fonction de la saison et de vos capacités. Pour monter au-delà de 3 000 m, il faut se procurer un permis (20 $) auprès du **poste de rangers du Mt Shasta** (☎ 530-926-4511 ; 204 W Alma St ; 8h-16h30 lun-sam). Avis aux campeurs : même l'été, les températures descendent en dessous de zéro. Sur le versant sud, près de la Hwy 89, le **Mt Shasta Board & Ski Park** (☎ 530-926-8610, 800-754-7427 ; www.skipark.com) permet de s'adonner au ski et au snowboard en hiver. En été, vous pourrez pratiquer le VTT ou simplement profiter des télésièges.

OÙ SE LOGER ET SE RESTAURER

Les adresses suivantes sont classées du sud au nord. La meilleure option consiste à camper. Sinon, les motels des années 1950 abondent, sauf dans le Nord-Est reculé.

Regroupés près des artères majeures, les hôtels de Redding sont généralement bruyants. Quelques motels propres et calmes bordent toutefois N Main, au nord du centre-ville. Il existe aussi des enseignes de chaînes sur l'autoroute.

Si vous projetez de camper dans la nature, **Hermit's Hut** (☎ 888-507-4455 ; www.hermitshut.com ; 3184 Bechelli Ln ; tentes pour 2 pers 20 $, sac à dos 9 $) loue du matériel.

En retrait de la I-5, au sud Dunsmuir, le **Railroad Park Resort** (☎ 530-235-4440, 800-974-7245 ; www.rrpark.com ; d à partir de 115 $;) offre l'occasion de passer une nuit mémorable dans un wagon de train en bois.

Parmi les bonnes tables de Dunsmuir, citons le restaurant thaï **Sengthongs** (☎ 530-235-4770 ; www.sengthongs.com ; 5855 Dunsmuir Ave ; plats 15-22 $; 17h-21h jeu-lun), qui accueille des musiciens dans une salle attenante.

Malgré sa taille modeste, McCloud compte un nombre important de charmants B&B. Le spectaculaire **Shasta Sunset Dinner Train** (☎ 800-733-2141 ; www.shastasunset.com ; menu 89 $, taxe et boisons en sus ; 18h), un train-restaurant, assure le week-end des circuits de 3 heures.

Afin de recharger les batteries avant l'ascension du mont Shasta, direction **Mike and Tony's** (☎ 530-926-4792 ; www.mikeandtonys.net ; 501 S Mount Shasta Blvd ; plats au dîner 16-24 $; 17h-21h jeu-lun, jusqu'à 22h ven et sam), dans la ville de Mount Shasta.

Divers motels confortables bordent Main St, à Yreka, notamment le **Klamath Motor Lodge** (☎ 530-842-2751, 800-551-7255 ; 1111 S Main St ; d 64 $;). Très appréciée, la **Brickhouse Bakery & Pizzeria** (☎ 530-841-0553 ; 313 W Miner St ; plats dîner à partir de 8 $; 6h30-21h) sert des pizzas croustillantes.

COMMENT S'Y RENDRE ET CIRCULER

Les **trains Amtrak** (☎ 800-872-7245 ; www.amtrak.com) desservent Redding et Dunsmuir. Les **bus Greyhound** (☎ 800-231-2222 ; www.greyhound.com) rallient Redding et Yreka. Les **bus Stage** (☎ 530-842-8295, 800-2478243) couvrent le Siskiyou County de Dunsmuir à Yreka (en semaine seulement). En voiture, 346 km (4 heures) séparent San Francisco de Redding. Pour tout renseignement sur l'état des routes, appelez le **Siskiyou County** (☎ 530-842-4438).

Californie du Nord-Est

Le **Lava Beds National Monument** illustre un demi-million d'années d'activité géologique et la violence de l'histoire humaine. Ce parc volcanique comprend des coulées de lave, des cratères, des cônes volcaniques et plus de 500 tunnels de lave. Cette terre brûlée a été le théâtre de la guerre des Modoc. La présence indienne est encore forte ici et des pétroglyphes décorent certaines des cavernes du parc. Renseignements, cartes et lampes torches gratuites (pour visiter les cavernes) sont disponibles au **Visitor Center** (☎ 530-667-8113 ; www.nps.gov/labe ; 1 Indian Well ; 8h-18h mai-oct, 8h-17h nov-sept). En venant du nord par la Hwy 161, tournez vers le sud dans Hill Rd (qui est l'entrée nord du parc). Tout près, le seul **camping** (empl tente 10 $) du parc est rustique (pas de douche) et adapté aux tentes ainsi qu'aux petits camping-cars. Camping sauvage possible ; renseignez-vous auprès du Visitor Center.

Au nord, les **Klamath Basin National Wildlife Refuges**, réserve composée de six refuges de faune distincts, offrent un espace protégé aux oiseaux migrateurs. C'est une escale prisée des voyageurs empruntant la Pacific Flyway. De nombreux pygargues à tête blanche y passent l'hiver. Le **Visitor Center** (☎ 530-667-2231 ; http://klamathbasinrefuges.fws.gov ; 4009 Hill Rd ; 8h-16h30 lun-ven, 10h-16h sam-dim) se situe le long de la route menant au Lava Beds Monument, sur la Hwy 161. Les circuits indépendants en voiture (gratuit) des réserves de Lower Klamath et de Tule Lake offrent de superbes panoramas, sur 16 km.

Dans l'ensemble, la région offre peu d'infrastructures. Citons cependant l'accueillant **Ellis Motel** (☎ 530-667-5242 ; ch 50-55 $, avec cuisine supp 5 $), à 1,5 km au nord de Tulelake, sur la Hwy 139. Le **Captain Jack's Stronghold** (☎ 530-664-5566 ; plat 8-14 $; 8h-20h mar-dim), à 8 km au sud de Tulelake, sur la Hwy 139, est l'un des restaurants les plus prisés (un des seuls aussi) des environs. Il porte le nom de la forteresse de roche magmatique où les Modoc livrèrent leur dernier combat.

La **Modoc National Forest** couvre près de 8 100 km² au nord-est de la Californie. On peut camper gratuitement et sans réservation, mais il faut une autorisation pour allumer du feu. **Medicine Lake**, à 22 km au sud du Lava Beds Monument sur la Hwy 49, est un beau lac de cratère entouré d'une forêt de pins, d'immenses formations volcaniques et de campings isolés (gratuits aussi).

Alturas, au croisement de la Hwy 299 et de la Hwy 395, est le centre administratif du comté de Modoc, principalement utile aux ranchers locaux. Le **centre de surveillance** (Supervisor's Headquarters ; ☎ 530-233-5811 ; www.fs.fed.us/r5/modoc ; 800 W 12th St ; 8h-16h30 lun-ven) de la Modoc National Forest fournit des renseignements et des cartes aux randonneurs. Le **Modoc National Wildlife Refuge** (☎ 530-233-3572 ; http://modoc.fws.gov ; 7h30-16h lun-ven) se situe à 5 km au sud-est d'Alturas. À 38 km à l'est d'Alturas, à la frontière entre la Californie et le Nevada, la magnifique **Surprise Valley** ouvre sur les **Warner Mountains**, sauvages.

Le **Lassen Volcanic National Park** (10 $/voiture, empl tente 16-18 $), impressionnant parc géothermique, se trouve plus au sud. Outre le spectaculaire Lassen Peak (3 187 m), plus grand volcan à dôme en culot du monde, vous y verrez des sources chaudes, des fumerolles et des bassins, tel le "Devil's Kitchen" ("cuisine du diable"). Le parc comporte deux entrées, chacune dotée d'un Visitor Center : le plus petit, sur la Hwy 44 au niveau du lac Manzanita, et le principal, rénové, au sud de la Hwy 89, où se trouvent les **bureaux du parc** (☎ 530-595-4444 ; www.nps.gov/lavo ; 8h-16h30 tlj juil-sept, lun-ven oct-juin). La portion de la Hwy 89 qui traverse le parc est ouverte aux voitures de juin à octobre (et aux skieurs de fond en hiver). Tous les campings sont sans réservation. À l'extérieur du parc, lodges et bungalows longent la Hwy 89 entre Hat Creek et Old Station.

SIERRA NEVADA

L'imposante Sierra Nevada, surnommée la "chaîne de lumière" par John Muir, forme l'épine dorsale de la Californie. Les amateurs de plein air seront comblés par les 600 km de pics escarpés, modelés par les glaciers et l'érosion. La Sierra Nevada compte également trois parcs nationaux (Yosemite, Sequoia et Kings Canyon) ainsi que la plus haute montagne des États-Unis, la plus haute cascade d'Amérique du Nord et le plus grand arbre du monde.

LAKE TAHOE

Reflétant toute une gamme de verts et de bleus, le lac Tahoe est le deuxième lac le plus profond du pays, à cheval entre la Californie et le Nevada. L'itinéraire de 115 km qui en fait le tour est réservé aux conducteurs aguerris. Globalement, ses rives restent calmes au nord, rustiques à l'ouest, sauvages à l'est, tandis qu'au sud les vieux motels et les casinos criards abondent. Les sommets qui entourent le lac sont formidables pour les activités de plein air toute l'année.

Le lac étant pris d'assaut l'été, les week-ends d'hiver et les jours fériés, il importe de réserver. La **Lake Tahoe Visitors Authority** (☎ 800-288-2463 ; www.bluelaketahoe.com) le **North Lake Tahoe Visitors Bureau** (☎ 888-434-1262 ; www.gotahoenorth.com) assistent les touristes en matière d'hébergement et de formules de séjour. Les tarifs des chambres ont tendance à être plus bas dans la partie sud. Il existe en outre des campings dans les parcs d'État et les sites estampillés USFS (United States Forest Service).

South Lake Tahoe et rive ouest

Avec ses motels rétro et ses restaurants le long de la Hwy 50 fréquentée, South Lake Tahoe présente un côté suburbain. Les gens viennent notamment jouer dans les hôtels-casinos de Stateline, dans le Nevada tout proche, et profiter de la grande station de ski de **Heavenly** (☎ 775-586-7000 ; www.skiheavenly.com ; angle Wildwood Ave et Saddle Rd ;). L'été, la montée en télécabine (tarif plein/enfant 30/20 $) garantit de formidables perspectives sur le lac et le **Desolation Wilderness** (www.fs.fed.us/r5/ltbmu/recreation/wilderness/desowild). Ce beau paysage dénudé de pics granitiques, de vallées glaciaires et de lacs alpins a la faveur des randonneurs. Vous obtiendrez des cartes, des renseignements et les permis nécessaires pour passer la nuit sur place auprès de l'**USFS Taylor Creek Visitor Center** (☎530-543-2674 ; Hwy 89 ; 8h-17h30 fin mai-sept, jusqu'à 16h30 oct). Ce dernier se situe à 5 m au nord de l'intersection de la Hwy 50 et de la Hwy 89, à l'emplacement du **Tallac Historic Site** (☎530-541-5227 ; don requis ; 10h-16h30 mi-juin à mi-sept, ven et sam seulement mi-mai à mi-juin), qui préserve plusieurs domaines de villégiature du début du XXe siècle. **Lake Tahoe Cruises** (☎530-543-6191 ; www.zephyrcove.com ; circuit commenté de 2 heures tarif plein/enfant 39/15 $) organise toute l'année des promenades en bateau sur le lac. Le café **Sprouts** (☎530-541-6969 ; 3123 Harrison Ave/US 50 ; plats 6-9 $; 8h-21h) sert une délicieuse nourriture naturelle.

La Hwy 89 serpente au nord-ouest à travers la forêt dense de la rive occidentale jusqu'à l'**Emerald Bay State Park** (☎ 530-541-6498 ; 8 $ par voiture, empl tente 35 $; fin mai-sept), où des falaises granitiques et des pins dessinent une sorte d'îlot d'un vert éclatant. Un sentier de 1,5 km descend en pente raide jusqu'au **Vikingsholm Castle** (tarif plein/enfant 5/3 $; 10h-16h), château de style scandinave des années 1920. De là, le **Rubicon Trail**, un sentier de 7 km, parcourt la rive nord du lac en passant par un vieux phare et de petites criques pour rejoindre le **DL Bliss State Park** (☎ 530-525-7277 ; 8 $ par voiture, empl tente sans réservation 7 $, empl 35-50 $) et ses plages sablonneuses. Au nord de Meeks Bay, **Tahoma Meadows B&B Cottages** (☎ 530-525-1553, 866-525-1533 ; www.tahomameadows.com ; 6821 W Lake Blvd, Tahoma ; d avec petit-déj 125-199 $) loue de ravissants bungalows rustiques.

Rives nord et est

Carrefour commercial de la rive nord, **Tahoe City** est parfaite pour se ravitailler et louer des équipements de camping. Elle a également l'avantage d'être proche de **Squaw Valley USA** (☎530-583-6985 ; www.squaw.com ; près de la Hwy 89 ;), l'immense station de ski qui accueillit les Jeux olympiques d'hiver de 1960. Après le ski, tout le monde se retrouve pour boire un verre ou manger un hamburger au **Bridgetender** (☎530-583-3342 ; 65 W Lake Blvd ; plats 6-12 $; 11h-23h, jusqu'à minuit jeu-sam). Dans le centre-ville, le **Fire Sign Cafe** (☎530-583-0871 ; 1785 W Lake Blvd ; plats 6-12 $; 7h-15h) sert du pain perdu et des œufs bénédicte.

Les petites villes de l'Est ont cependant bien plus d'attraits. **Tahoe Vista** et **Kings Beach** conviennent bien à la baignade et au kayak en été. Pour goûter au charme d'antan de Tahoe, rien de tel qu'une nuit aux **Rustic Cottages** (☎ 530-546-3523, 888-778-7842 ; www.rusticcottages.com ; 7449 N Lake Blvd, Tahoe Vista ; bungalows avec petit-déj 89-230 $;), dont les bungalows des années 1940 comportent une cuisine aménagée et des installations modernes. Une nourriture substantielle vous attend à Kings Beach, notamment des pâtes à l'ancienne chez **Lanza's** (☎ 530-546-2434 ; 7739 N Lake Blvd ; plats 12-25 $; 17h-22h).

Plus à l'est, la Hwy 28 s'enfonce dans le Nevada à Crystal Bay. C'est le moment de tenter votre chance au casino, en particulier au **Cal Neva Resort** (☎ 775-832-4000 ; www.calnevaresort.com ; 2 Stateline Rd). L'ancien propriétaire de l'établissement, Frank Sinatra, y accueillait Kennedy, Marilyn Monroe et la pègre au début des années 1960. Sinon, rabattez-vous sur un spectacle musical au **Crystal Bay Club Casino** (☎ 775-831-0512 ; 14 Hwy 28 ; billets 10-50 $; horaires variables).

Prisé pour ses plages vierges, ses lacs et ses kilomètres de sentiers, le **Lake Tahoe-Nevada State Park** (☎ 775-831-0494 ; http://parks.nv.gov/lt.htm ; entrée vélo/voiture 2/8 $) constitue le haut lieu de la rive est. L'été, les vacanciers se baignent dans les eaux turquoise de la plage de **Sand Harbor**. Le **Flume Trail**, une piste de 24 km praticable en VTT, débute plus au sud à **Spooner Lake**. Vélos à louer (45 $) et navettes (13 $) à l'entrée.

Truckee et Donner Lake

Au nord du lac près de l'I-80, Truckee est une bourgade de montagne prospère, avec des cafétérias bio, des boutiques branchées et des restaurants dans son centre historique. À l'intérieur de la gare ferroviaire, le **Visitor Center**

ROUTES PANORAMIQUES DE LA SIERRA NEVADA

- Lake Tahoe Eastshore Dr (Hwy 28 et US 50 ; p. 252). Le long de la rive est du lac Tahoe.
- Tioga Rd (Hwy 120 ; p. 260). À travers le Yosemite National Park.
- Generals Hwy (Hwy 198 ; p. 259). Une route historique au milieu des séquoias géants.
- Kings Canyon Scenic Byway (Hwy 180 ; p. 259). Dans le canyon le plus profond d'Amérique du Nord.
- Eastern Sierra Scenic Byway (US 395 ; p. 261). Dans le désert à l'ombre des montagnes enneigées.

(☎ 530-587-8808 ; www.truckee.com ; 10065 Donner Pass Rd ; 9h-18h ;) dispose du Wi-Fi gratuit et de postes Internet (12 $/heure).

Les amateurs de ski ont le choix entre plusieurs stations, dont la chic **Northstar-at-Tahoe** (☎ 530-562-1010 ; www.northstarattahoe.com ; près de la Hwy 267, 10 km au sud de l'I-80 ;), **Sugar Bowl** (☎ 530-426-9000 ; www.sugarbowl.com ; Hwy 40, près de l'I-80 sortie 174 ;), cofondée par Walt Disney, et **Royal Gorge** (☎ 800-666-3871 ; www.royalgorge.com ; 9411 Hillside Dr, près de l'I-80 sortie 174 ;), dévolue au ski de fond.

Sur le Donner Summit (2 210 m) voisin, 89 pionniers se retrouvèrent pris au piège durant le terrible hiver de 1846. Seule la moitié d'entre eux survécurent, en mangeant leurs compagnons morts. Cette histoire macabre est racontée à l'**Emigrant Trail Museum** (tarif plein/enfant 5/3 $; 9h-16h), dans le **Donner Memorial State Park** (☎ 530-582-7892 ; Donner Pass Rd, près de l'I-80 sortie 184 ; entrée par voiture 8 $, empl tente sans réservation 7 $, empl 35 $; camping mi-mai à mi-sept), où le **Donner Lake** se prête à la baignade et à la planche à voile.

Le **Cedar House Sport Hotel** (☎ 530-582-5655, 866-852-5655 ; www.cedarhousesporthotel.com ; 10918 Brockway Rd ; ch avec petit-déj 170-200 $;), installé dans un bâtiment certifié "vert" et soucieux d'écologie, possède des chambres de charme et un Jacuzzi dehors. Pour dîner en écoutant un DJ ou des musiciens de jazz, rendez-vous au **Moody's** (☎ 530-587-8688 ; 10007 Bridge St ; plats au dîner 20-38 $; 11h30-21h30 dim-jeu, jusqu'à 22h ven et sam), un bistrot-lounge sophistiqué, dont les viandes de production locale et les produits de saison s'associent à une formidable carte des vins. Enfin, des pintes de "Donner Party Porter" attendent les amateurs de bière à la **Fifty Fifty Brewing Co** (☎ 530-587-2337 ; 11197 Brockway Rd), de l'autre côté de la voie ferrée.

Comment s'y rendre et circuler

Les grandes compagnies aériennes desservent l'**aéroport international de Reno-Tahoe** (p. 284). De ce dernier, les navettes **South Tahoe Express** (☎ 866-898-2463 ; www.southtahoeexpress.com) assurent des liaisons fréquentes avec Stateline (26 $, 2 heures), celles de **North Lake Tahoe Express** (☎ 866-216-5222 ; www.northlaketahoeexpress.com) avec Truckee, Squaw Valley et les villes de la rive nord (40 $).

Depuis la **gare Amtrak de Truckee** (10065 Donner Pass Rd), des trains quotidiens rallient Sacramento (39 $, 4 heures 30) et Reno (17 heures, 1 heure 30), tandis que les bus Greyhound rejoignent Reno (20 $, 1 heure), Sacramento (42 $, 2 heures 30) et San Francisco (46 $, 6 heures) deux fois par jour. Les bus Thruway Amtrak relient Sacramento à South Lake Tahoe (34 $, 2 heures 30).

Les bus locaux **Tahoe Area Rapid Transit** (TART ; ☎ 530-581-3922 ; www.laketahoetransit.com ; trajet simple/forfait journée 1,75/3,50 $) couvrent Truckee et les destination des rives nord et ouest. South Lake Tahoe est desservi par **BlueGO** (☎ 530-541-7149 ; www.bluego.org ; trajet simple/forfait journée 2/6 $), qui gère également en été un tramway parcourant la rive ouest jusqu'à Tahoma, d'où l'on peut prendre le TART.

En hiver, il arrive que la Hwy 89 (Emerald Bay Rd) soit partiellement fermée et les chaînes sont souvent nécessaires sur l'I-80 et l'US 50.

YOSEMITE NATIONAL PARK

Troisième parc des États-Unis par la taille, le Yosemite National Park impressionne tant par ses vertigineuses hauteurs que par ses cascades grondantes, ses prairies semées de fleurs sauvages multicolores ou les imposantes silhouettes d'El Capitan et de Half Dome se découpant sur le ciel d'un bleu profond. Au milieu de ces paysages grandioses, on se sent tout petit. Dommage que le site attire les touristes par bus entiers, ce qui vient quelque peu rompre le charme. S'il est impossible d'éviter totalement la foule, les conseils suivants devraient vous permettre d'être relativement tranquilles :

- Fuyez l'été. Mieux vaut venir au printemps, en particulier en mai quand les cascades bouillonnent. L'automne offre une atmosphère d'une grande sérénité et les journées d'hiver neigeuses dégagent aussi une certaine magie.
- Laissez votre voiture au parking : il suffit de faire 2 ou 3 km à pied sur presque n'importe quel sentier pour semer le gros des visiteurs, qui restent à proximité de leur véhicule.
- Levez-vous de bonne heure ou envisagez une randonnée au clair de lune, inoubliable sous le ciel étoilé.

Orientation et renseignements

Le droit d'entrée du Yosemite (20 $/voiture, 10 $/vélo, moto et piéton) reste valable pendant sept jours. Il existe quatre accès majeurs : Arch Rock (Hwy 140), South Entrance (Hwy 41), Big Oak Flat (Hwy 120 west) et Tioga Pass (Hwy 120 east). Ouverte de façon saisonnière, la Hwy 120 traverse

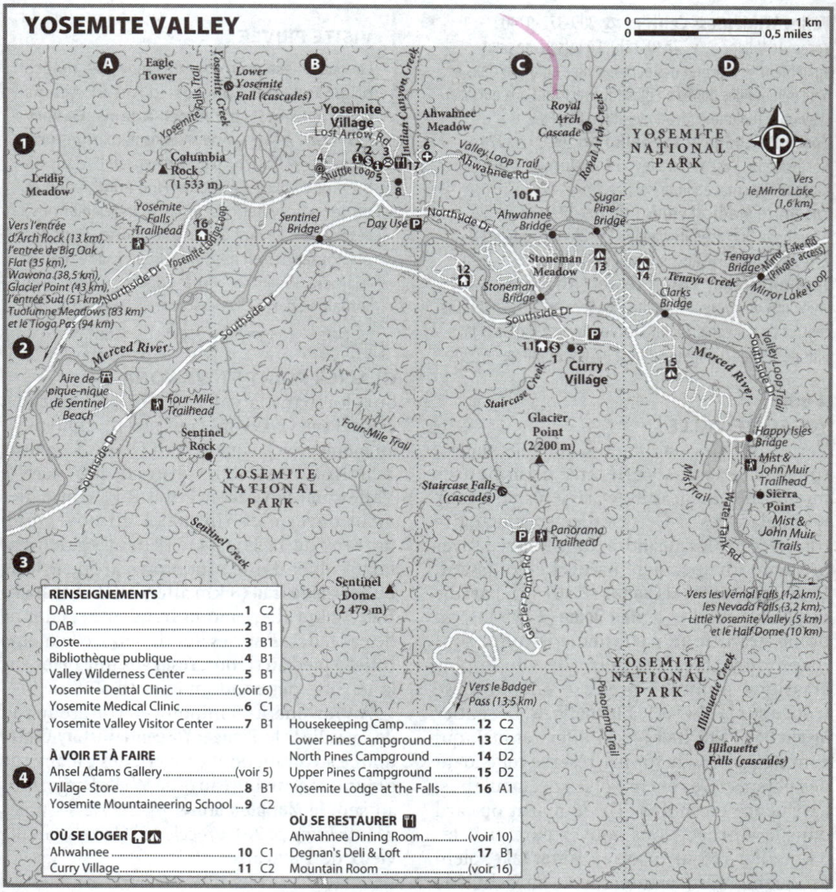

le parc sous le nom de Tioga Rd (voir l'encadré p. 260), reliant la Yosemite Valley à la Hwy 395 dans la partie est de la Sierra Nevada (p. 261).

Envahi de touristes, le Yosemite Village embouteillé abrite le principal Visitor Center, un musée, un magasin d'alimentation et de nombreux autres services. Curry Village constitue un autre carrefour d'activité, avec des douches, une laverie automatique et des équipements de plein air à louer ou à acheter, notamment du matériel de camping. Le long de la pittoresque Tioga Rd, Tuolumne (prononcez *twol*-euh-mi) Meadows attire essentiellement les randonneurs, les voyageurs sac au dos et les férus d'escalade dans la partie nord du parc. Wawona, près de l'entrée sud, comprend un musée consacré aux pionniers, un terrain de golf et des séquoias géants.

Les commerces de Yosemite Village, Curry Village et Wawona disposent de DAB. Nous vous conseillons de faire le plein d'essence avant de pénétrer dans le parc. Autrement, les stations-service de Wawona et Crane Flat vendent de l'essence à prix élevé toute l'année, de même que celle de Tuolumne Meadows en période estivale

Nous indiquons ici les horaires d'été :

Bibliothèque publique (☎ 209-372-4552 ; www.mariposalibrary.org ; Girls Club Bldg, 58 Cedar Ct, Yosemite Valley ; 8h30-11h30 lun, 10h-14h mar, 8h30-12h30 mer, 16h-19h jeu ;). Deux postes Internet gratuits.

Poste (☎ 209-372-4475 ; 9017 Village Dr, Yosemite Village ; 8h30-17h lun-ven, 10h-12h sam)

Valley Wilderness Center (☎ 209-372-0740 ; Yosemite Village ; 🕑 7h30-17h). En saison, on peut également se procurer des permis pour s'enfoncer dans le parc et louer des boîtes en plastique résistant aux ours à Wawona, Tuolumne Meadows et Big Oak Flat.

Yosemite Lodge at the Falls (☎ 209-372-1274 ; Northside Dr, Yosemite Valley ; 1 $ les 10 min ; 💻). Kiosques Internet en libre-service.

Yosemite Medical Clinic (☎ 209-372-4637 ; Ahwahnee Dr, Yosemite Valley ; 🕑 8h-19h, urgences 24h/24). Comporte aussi un cabinet dentaire.

Yosemite Valley Visitor Center (☎ 209-372-0200 ; www.nps.gov/yose ; Yosemite Village ; 🕑 9h-19h30). Les centres de Wawona, Tuolumne Meadows et Big Oak Flat, plus petits, fonctionnent sur une base saisonnière.

À voir

YOSEMITE VALLEY

Vertes prairies ondulantes, pinèdes majestueuses, bassins reflétant d'immenses monolithes de granite et rivières aux eaux vives glaciales… Cette vallée spectaculaire traversée par les méandres de la Merced River présente un spectacle naturel éblouissant. Le monumental **El Capitan** (2 307 m), paradis des grimpeurs, et le **Half Dome** (2 695 m), un dôme granitique parfaitement rond, sont incontournables. Le point de vue le plus classique pour les prendre en photo se trouve sur la Hwy 41, à **Tunnel View**. Le sentier **Inspiration Point Trail** (4 km aller-retour), qui commence près du tunnel, réserve cependant des perspectives encore plus spectaculaires, l'affluence en moins. Tôt le matin ou tard dans la journée, vous pouvez parcourir les 3 km aller-retour jusqu'au **Mirror Lake**, plein uniquement au printemps et au début de l'été, afin de saisir le reflet changeant du Half Dome sur ses eaux immobiles.

Au printemps, la fonte des neiges transforme les cascades en tumultueuses cataractes, mais la plupart se réduisent à un mince filet d'eau dès la fin de l'été. Plus hautes chutes d'eau d'Amérique du Nord, les **Yosemite Falls** coulent de 739 m sur trois niveaux. Un sentier praticable en fauteuil roulant mène au pied de la cascade et, pour davantage de solitude et un panorama différent, on peut entreprendre la rude ascension jusqu'au sommet (11 km aller-retour). La **Bridalveil Fall** voisine et d'autres chutes de la vallée impressionnent tout autant. Un escalier exténuant (voir p. 259) à côté des **Vernal Fall** monte jusqu'en haut et offre une vue verticale – guettez les arcs-en-ciel qui se forment dans les nuages de brume.

VISITE PRIVÉE

La chose est peu connue, mais les tirages originaux des photos d'Ansel Adams sont présentés à l'**Ansel Adams Gallery** (☎ 209-372-4413 ; www.anseladams.com ; Yosemite Village ; 🕑 9h-17h, plus tard en été), dans la Yosemite Valley. Le circuit "Fine Print", conduit par le conservateur, est limité à cinq personnes ; réservez à l'avance par téléphone. Pour les photographes en herbe, le circuit guidé gratuit "Camera Walks" a lieu à 8h30 deux fois par semaine en été (15 personnes maximum).

GLACIER POINT ET WAWONA

Surplombant la vallée à 975 m d'altitude, **Glacier Point** (2 199 m) vous met pratiquement au même niveau que le Half Dome. Il se situe à environ 1 heure en voiture de la Yosemite Valley, par la Glacier Point Rd (habituellement ouverte de fin mai à mi-novembre) partant de la Hwy 41. Il peut également faire l'objet d'une randonnée ardue le long du **Four-Mile Trail** (8 km aller) ou du **Panorama Trail** (14 km aller), moins fréquenté et jalonné de cascades. Pour éviter de refaire le même trajet à pied au retour, réservez une place sur la navette des randonneurs (p. 258).

À Wawona, à 45 minutes en voiture au sud de la vallée, le **Pioneer Yosemite History Center** donne à voir un pont couvert, des cabanes de pionniers et un bureau de la Wells Fargo. Plus au sud, le **Mariposa Grove**, planté de séquoias géants (voir p. 261), recèle le "Grizzly Giant" vieux de 1 800 ans.

TUOLUMNE MEADOWS

À 1 heure 30 de route de la Yosemite Valley, Tuolumne Meadows, perchée à 2 620 m, est la plus vaste prairie du massif montagneux de la Sierra Nevada. Son étendue ouverte et luxuriante, émaillée de lacs azur, de pics granitiques et de dômes, contraste fortement avec le paysage de la vallée, où les températures sont plus chaudes. Les randonneurs et les amateurs d'escalade auront un large choix et la baignade et le pique-nique au bord des lacs sont monnaie courante. On y accède par la Tioga Rd (Hwy 120 ; voir l'encadré p. 260), sur le tracé d'une route marchande amérindienne empruntée par les chariots des pionniers au XIXe siècle. À l'ouest de la prairie et du **Tenaya Lake**, **Olmsted Point** procure une vue fabuleuse sur le Half Dome.

HETCH HETCHY

C'est ici que s'élève l'un des barrages les plus controversés de l'histoire du pays. Malgré l'altération de son état naturel, la Hetch Hetchy Valley, à 40 minutes en voiture au nord-ouest de la Yosemite Valley, demeure ravissante et assez peu fréquentée. Une randonnée pédestre de 8 km aller-retour de l'autre côté du barrage via un tunnel, permet de s'approcher de la masse d'eau grondante des **Wapama Falls** qui se précipitent dans le réservoir miroitant. Attendez-vous à être éclaboussé au printemps.

À faire

RANDONNÉE

Avec 1 300 km de sentiers de tous niveaux du Yosemite, les randonneurs ont l'embarras du choix. Les parcours faciles de la vallée sont parfois pris d'assaut, mais il suffit de prendre un peu d'altitude pour fausser compagnie à la masse des visiteurs. La randonnée suprême est celle qui mène au sommet du **Half Dome** (21 km aller-retour). Attention : elle est fatigante, difficile et demande souvent deux jours. Vous pouvez aussi l'interrompre au sommet de la **Vernal Fall** (5 km aller-retour) ou de la **Nevada Fall** (9 km aller-retour) via le **Mist Trail**. Autrement, un itinéraire plus long rejoint le Half Dome en suivant un tronçon du **John Muir Trail** aux dénivelés moins abrupts.

Pour passer la nuit dans le parc, des permis gratuits sont nécessaires et un système de quotas limite le nombre de personnes au point de départ des sentiers. Vous pouvez **réserver** (☎ 209-372-0740 ; www.nps.gov/yose/planyourvisit/wildpermits.htm ; permis 5 $ plus 5 $/pers) de 24 semaines à 24 heures à l'avance, ou essayer d'obtenir un permis sur place la veille ou le matin de la randonnée.

ESCALADE

Avec ses cimes dépouillées, ses dômes brillants et ses monolithes élancés, le Yosemite est un paradis pour grimpeurs. La **Yosemite Mountaineering School** (YMS ; ☎209-372-8344 ; www.yosemitemountaineering.com ; Curry Village ; avr-oct), donne des cours pour débutants et grimpeurs expérimentés, propose des escalades guidées et loue du matériel. Elle opère aussi à Tuolumne Meadows durant la haute saison estivale.

SPORTS D'HIVER

En hiver, l'action se concentre au **Badger Pass** (☎209-372-8430 ; www.badgerpass.com ; 9h-16h mi-déc à fin mars, quand le temps l'autorise ;), dont les pentes douces conviennent parfaitement aux skieurs et snowboarders débutants. Les adeptes du ski de fond ont à disposition 40 km de pistes aménagées et 150 km de sentiers balisés de la station, qui se prêtent également aux raquettes. On peut louer de l'équipement et prendre des leçons sur place. Une **patinoire** (☎209-372-8319 ; Curry Village ; tarif plein/enfant 8/6 $, location de patins 3 $; horaires variables) fonctionne l'hiver dans la Yosemite Valley.

Où se loger et se restaurer

Un seul concessionnaire, **Delaware North Companies** (DNC ; ☎801-559-4884 ; www.yosemitepark.com), a le monopole sur le gîte et la restauration de Yosemite, y compris les aires de restauration, cafétérias et snack-bars le plus souvent médiocres. Tous les hôtels, campings et restaurants du parc figurent sur la carte gratuite et la brochure remises aux visiteurs à l'entrée. Nécessaires de mai à septembre, les réservations d'hébergement peuvent s'effectuer jusqu'à un an à l'avance. En été, la DNC installe de simples huttes de toile au **Housekeeping Camp** (huttes 73 $), sis en bordure de rivière dans la Yosemite Valley, ainsi qu'au **Tuolumne Meadows Lodge** (huttes 95 $) fréquenté et au paisible **White Wolf Lodge** (huttes 88-96 $), près de Tioga Rd. Tuolumne Meadows se trouve à 90 minutes en voiture au nord-est de la vallée, White Wolf à 1 heure.

Curry Village (Yosemite Valley ; huttes 95-97 $, bungalows sans/avec sdb 102/140 $, ch cottage 179 $; avr-mi-oct ;). Pour les nostalgiques des colonies de vacances, les centaines de huttes en toile de Curry Village regroupées pêle-mêle sous de hauts arbres ressemblent à des tentes de l'armée, avec des couvertures en laine rêche. Préférez les bungalows en bois, plus petits mais douillets.

Yosemite Lodge at the Falls (Northside Rd, Yosemite Valley ; ch 179-207 $;). Chambres spacieuses de type motel, avec terrasse ou balcon surplombant les Yosemite Falls, les prairies ou le parking. Le restaurant Mountain Room (plats au dîner 16-30 $; pas de réservation), ouvert tous les soirs, prépare des steaks de bœuf nourri à l'herbe, des truites de rivière et des légumes bio. Le lounge décontracté affiche la même carte et se dote en prime d'un coin cheminée convivial.

Wawona Hotel (Wawona Rd, Wawona ; ch sans/avec sdb 145/217 $, buffet du petit-déj compris ;). Un rescapé de l'époque victorienne bourré de cachet et de souvenirs, avec de larges vérandas, des pelouses soignées et un parcours de golf. La moitié des chambres aux cloisons minces partagent leur sdb et auraient besoin d'un coup de peinture. La salle à manger romantique, agrémentée de détails rétro, sert des spécialités gastronomiques du Sud-Ouest américain aux trois repas (plats au dîner 17-33 $). Wawona se situe à 45 minutes en voiture au sud de la vallée.

Ahwahnee (Ahwahnee Dr, Yosemite Valley ; ch à partir de 488 $;). Classé monument historique, cet établissement de 1927 a vu défiler des célébrités comme Charlie Chaplin, Eleanor Roosevelt et Kennedy. Après un petit tour dans la boutique d'artisanat, les hôtes peuvent se détendre près de la cheminée sous les poutres en bois. Passez outre la cuisine californienne médiocre du restaurant formel (plats au dîner 30-50 €) au profit des cocktails inspirés du bar dans le hall.

Degnan's Deli & Loft (Yosemite Village ; plats 6-21 $; traiteur 7h-17h toute l'année, restaurant 16h-21h lun-ven, 12h-21h sam et dim avr-oct ;). La partie traiteur propose des frites et des sandwichs sur mesure à emporter. Le soir, montez à l'étage pour jouer au billard, boire une mousse ou manger une pizza croustillante.

CAMPING

Tous les campings possèdent des casiers résistant aux ours et des espaces pour faire du feu. La plupart ont l'eau potable.

En été, la majorité d'entre eux sont bondés et bruyants, en particulier **North Pines** (empl tente 20 $; mi-mars à nov), **Lower Pines** (empl tente 20 $; mars-oct) et **Upper Pines** (empl tente 20 $; toute l'année), dans la Yosemite Valley, et **Tuolumne Meadows** (empl tente 20 $; juil-fin sept), près de Tioga Rd, à 90 minutes en voiture au nord-est de la vallée. En été, certains nécessitent des **réservations** (518-885-3639, 877-444-6777 ; www.recreation.gov), possibles jusqu'à 5 mois à l'avance.

Camp 4 (empl de tente collective 5 $/pers ; toute l'année), un terrain prisé des grimpeurs dans la Yosemite Valley, et **Bridalveil Creek** (empl tente 14 $; juil-début sept), a 45 minutes de route au sud de la vallée, en retrait de Glacier Point Rd, ne se réservent pas et affichent souvent complet dès midi, surtout le week-end. Pour davantage de calme et d'authenticité, aventurez-vous au nord-est de la vallée, dans des campings plus petits comme **Tamarack Flat** (empl tente 10 $; fin juin-sept), **Yosemite Creek** (empl tente 10 $; juil-début sept) et **Porcupine Flat** (empl tente 10 $; juil à mi-oct), près de Tioga Rd, qui impliquent entre 45 minutes et 1 heure 15 de route.

À L'EXTÉRIEUR DU YOSEMITE NATIONAL PARK

Les localités de Fish Camp, Oakhurst, El Portal, Midpines, Mariposa, Groveland et Lee Vining ont parfois des lieux d'hébergement d'un meilleur rapport qualité/prix.

Yosemite Bug (209-966-6666, 866-826-7108 ; www.yosemitebug.com ; 6979 Hwy 140, Midpines ; dort 22-25 $, huttes de toile 35-55 $, ch 75-155 $, bungalows avec sdb commune 65-85 $;). Niché dans une forêt à 40 km à l'ouest de la Yosemite Valley, ce lodge de montagne rustique reçoit des voyageurs du monde entier. Chambres propres, atelier de yoga, spa, cuisine commune, buanderie et délicieux café bio (plats 5-15 $).

Evergreen Lodge (209-379-2606, 800-935-6343 ; www.evergreenlodge.com ; 33160 Evergreen Rd, Groveland ; tentes 50-90 $, bungalows 145-299 $;). Une adresse accueillante, proche de l'entrée pour Hetch Hetchy, qui donne l'occasion de loger dans des tentes meublées confortables ou des bungalows de luxe. Nombreuses activités de plein air et location d'équipement. Taverne, épicerie, bar avec tables de billard et restaurant (plats dîner 18-30 $) assurant trois repas copieux par jour.

Narrow Gauge Inn (559-683-7720, 888-644-9050 ; www.narrowgaugeinn.com ; 48571 Hwy 41, Fish Camp ; ch avec petit-déj 120-195 $; restaurant 17h30-21h mer-dim mi-avr à mi-oct ;). À 6,5 km au sud du parc, cette sorte de chalet suisse loue 26 chambres douillettes, pourvues d'un balcon ou d'une terrasse, à proximité de la ligne du train à vapeur Yosemite Mountain Sugar Pine. Le "buffalo bar" propose une carte euro-californienne où l'entrecôte côtoie l'élan et autres gibiers.

Comment s'y rendre et circuler

Les gares Greyhound et Amtrak les plus proches sont à Merced. Les bus **Yarts** (209-388-9589, 877-989-2787 ; www.yarts.com) relient Merced au parc par la Hwy 140, marquant l'arrêt dans les diverses localités du parcours. En été, une autre ligne Yarts suit la Hwy 120 au départ de Mammoth Lakes (p. 261) via le Tioga Pass. L'aller coûte 25 $ depuis Merced, 30 $ depuis Mammoth Lakes, droit d'entrée au parc compris.

Des navettes gratuites sillonnent la Yosemite Valley et, en été, les régions de Tuolumne Meadows et Wawona. Des bus de randonneurs circulent entre la vallée et Tuolumne Meadows (14,50/$23 $) ou Glacier Point (aller simple/aller-retour 25/41 $). Le Yosemite Lodge et Curry Village, dans la vallée, louent des vélos (heure/journée 9,50/25,50 $). En hiver, les routes de la vallée sont déneigées et les nationales qui mènent au parc maintenues ouvertes (sauf Tioga Rd/Hwy 120), même si des chaînes peuvent s'avérer nécessaires. En outre, une navette gratuite couvre deux fois par jour le trajet entre la Yosemite Valley et le Badger Pass.

SEQUOIA NATIONAL PARK ET KINGS CANYON NATIONAL PARK

Dans ces deux parcs nationaux, les séquoias sont encore plus hauts, plus forts et plus nombreux qu'ailleurs dans la Sierra Nevada. Chacun d'eux couvre aisément une superficie correspondant à deux voies d'autoroute et certains atteignent l'équivalent de 30 étages. Les montagnes impressionnent aussi par leur taille gigantesque, notamment le mont Whitney (4 418 m), point culminant des États-Unis en dehors de l'Alaska. Et le Kings Canyon, sculpté dans le granite par d'anciens glaciers et la Kings River, impose aussi sa démesure. Tels sont les lieux qui attirent chaque année pas moins de 1,5 million de visiteurs. Si vous cherchez le calme et la solitude, il vous suffira d'emprunter un sentier pour vous retrouver au cœur d'une sublime nature sauvage.

Orientation et renseignements

Sequoia a été classé parc national en 1890, Kings Canyon en 1940. Bien que distincts, ils sont gérés conjointement et font l'objet d'un même droit d'entrée (véhicule/moto, vélo ou piéton 20/10 $), valable sept jours. Pour tout renseignement, appelez le ☎ 559-565-3341 ou consultez le site Internet (www.nps.g ov/seki).

En arrivant du sud, la Hwy 198 pénètre dans le Sequoia National Park après la ville de Three Rivers, à Ash Mountain, d'où elle monte en zigzagant sous le nom de Generals Hwy. De l'ouest, la Hwy 180 conduit à l'entrée de Big Stump, près de Grant Grove, avant de plonger dans le Kings Canyon.

Lodgepole Village (☎ 559-565-4436), à Sequoia, et **Grant Grove Village** (☎ 559-565-4307), à Kings Canyon, constituent les deux principales localités. Chacune dispose d'un Visitor Center ouvert toute l'année, d'une poste, d'un marché, d'un DAB et, l'été, de douches publiques. Le **Foothills Visitor Center** (☎ 559-565-3135), à Ash Mountain, fonctionne également toute l'année. Le **Cedar Grove Visitor Center** (☎ 559-565-3793) et le **poste de rangers de Mineral King** (☎ 559-565-3768) opèrent uniquement l'été. La brochure gratuite du parc indique les horaires des Visitor Centers et d'autres services.

Vous trouverez de l'essence au prix fort à Hume Lake (toute l'année) et à Stony Creek (en été), à l'extérieur du parc.

À voir

SEQUOIA NATIONAL PARK

La **Giant Forest** est un massif de 8 km² qui protège les arbres les plus impressionnants du parc, notamment le colossal **General Sherman Tree** (le plus grand du monde). Après les avoir admirés, vous pourrez échapper à la foule en vous aventurant sur un sentier de forêt (emportez une carte).

À 3 km au sud, le **Giant Forest Museum** (☎ 559-565-4480 ; 9h-16h30, 9h-19h en été ;) est un musée bien conçu, adapté aux enfants. D'autres sentiers en partent, dont l'un accessible aux fauteuils roulants. Pour profiter d'un panorama fabuleux sur la Great Western Divide, montez l'escalier raide de 400 m qui grimpe au sommet du **Moro Rock**.

Découverte en 1918, la **Crystal Cave** (☎ 559-565-3759 ; www.sequoiahistory.org ; tarif plein/enfant 11/6 $; début-mai à fin oct, horaires variables ;) est une grotte célèbre pour ses formations rocheuses calcaires vieilles de 10 000 ans. La visite sommaire (45 min) vous fera parcourir 800 m de salles souterraines. Attention : billets uniquement délivrés aux centres des visiteurs de Lodgepole et de Foothills (voir p. 260), et non à l'entrée de la grotte. Pensez à prendre de quoi vous couvrir car il fait froid.

Mineral King, un camp de mineurs et de bûcherons de la fin du XIXe siècle entouré de sommets escarpés et de lacs alpins, mérite le détour. La route d'accès pittoresque (46 km aller simple), qui compte 700 virages en épingle à cheveux, est généralement ouverte de fin mai à fin octobre.

KINGS CANYON NATIONAL PARK

Juste au nord du Grant Grove Village, le **General Grant Grove** permet aussi d'admirer des séquoias géants. Au-delà, la Hwy 180 entreprend une descente de 53 km dans le **Kings Canyon**, en serpentant le long de murs de roches ciselés, recouverts de mousse et de cascades. Tout près de la **Boyden Cavern** (☎ 559-338-0959 ; visite guidée 45 min tarif plein/enfant 13/6,5 $; mai à mi-nov ;), la route rejoint

L'INFRANCHISSABLE TIOGA PASS

La Hwy 120, seule route qui relie le Yosemite National Park à l'est de la Sierra Nevada, emprunte le Tioga Pass (3 031 m), le col le plus élevé du massif montagneux. Sur la plupart des cartes de Californie, vous remarquerez la mention "fermé en hiver". En fait, la Tioga Rd est généralement inaccessible dès les premières grosses chutes de neige d'octobre-novembre et très souvent jusqu'au mois de mai ou juin. Si vous envisagez de franchir le Tioga Pass au printemps, vous risquez ainsi de ne pas pouvoir le faire. En vertu d'une décision officielle, le col n'est jamais déblayé avant le 15 avril, et encore, il n'a été ouvert qu'une seule fois à cette date depuis 1980. En 1998, il est même resté fermé jusqu'au 1er juillet ! Téléphonez au ☎ 209-372-0200 pour connaître l'état de la route et les conditions climatiques.

la Kings River, son flot tumultueux roulant entre des falaises de 1 220 m de hauteur, faisant du Kings Canyon l'un des plus profonds d'Amérique du Nord.

Cedar Grove Village est le dernier avant-poste de la civilisation avant le territoire vierge de l'arrière-pays. Une randonnée prisée de 6 km va de Roads End aux **Mist Falls**, puis continue à travers les trembles sur 3 km jusqu'à **Paradise Valley**. Un sentier facile de 2,5 km, propice à l'observation des oiseaux, contourne **Zumwalt Meadow**, juste à l'ouest de Roads End. Attention aux serpents à sonnette, ours noirs et cerfs hémiones.

À faire

Ces deux parcs, avec 1 287 km de sentiers, sont très prisés pour faire de la **randonnée**. Cedar Grove et Mineral King sont les plus indiqués comme point de départ. Les sentiers sont généralement ouverts à partir de la mi-mai, bien qu'il soit possible de marcher toute l'année dans la zone des Foothills. Pour passer la nuit sur place, vous devrez vous procurer un permis (15 $) soumis à un système de quotas. Pour plus de renseignements, consultez www.nps.gov/seki/planyourvisit/wilderness.htm. Vous pouvez aussi opter pour un circuit conduit par un naturaliste en vous adressant à la **Sequoia Natural History Association** (SNHA ; ☎ 559-565-3759 ; www.sequoiahistory.org). Des randonnées à cheval sont proposées au **Grant Grove Village** (☎ 559-335-9292) et à la **Cedar Grove Pack Station** (☎ 559-565-3464). En été, le Hume Lake, dans la forêt nationale proche de la Hwy 180, et les trous d'eau en bordure de rivière dans les parcs invitent à la baignade. En hiver, on pratique le ski de fond et les raquettes parmi les séquoias géants drapés de neige. Location de matériel à Grant Grove Village et au Wuksachi Lodge, mais le meilleur endroit pour le ski de fond et les autres sports d'hiver se situe au Montecito Sequoia Lodge (ci-dessous) rétro, entre les deux parcs près de la Generals Hwy.

Où se loger et se restaurer

À l'extérieur de l'entrée sud du Sequoia, dans la ville de Three Rivers, plusieurs motels s'alignent le long de la Hwy 198 lorsqu'elle traverse la ville de Three Rivers dénuée de charme.

John Muir Lodge & Grant Grove Cabins (☎ 559-335-5500, 866-522-6966 ; www.sequoia-kingscanyon.com ; Hwy 180, Grant Grove Village ; d 62-188 $; wifi). Le lodge en bois renferme des chambres quelconques de bonne taille et un hall cosy avec une cheminée en pierre et des jeux de plateau. Autrement, l'hébergement varié va des fines huttes de toile aux bungalows joliment meublés avec sdb individuelle.

Cedar Grove Lodge (☎ 559-335-5500, 866-522-6966 ; www.sequoia-kingscanyon.com ; Hwy 180, Cedar Grove Village ; ch 119-135 $; ⏲ mi-mai-mi-oct ; wifi). Malgré l'usure du temps, ces 21 chambres toutes simples de style motel, avec terrasses communes donnant sur la Kings River, restent la meilleure option dans le canyon.

Montecito Sequoia Lodge (☎ 559-565-3388, 800-227-9900 ; www.mslodge.com ; 63410 Generals Hwy, entre les parcs de Sequoia et Kings Canyon ; d en pension complète 119-169 $; familles). Des chambres standard, récemment rénovées, dont le prix inclut tous les repas. Camps de loisir destinés aux familles en été. Cours de ski de fond et 80 km de pistes aménagées en hiver.

Wuksachi Lodge (☎ 559-565-4070, 866-807-3598 ; www.visitsequoia.com ; 64670 Wuksachi Way, 6,5 km au nord de Lodgepole Village ; ch 181-241 $; wifi). Ne vous fiez pas à la majesté du hall car les chambres de cet hôtel immense n'ont rien d'exceptionnel. Le Bearpaw High Sierra Camp (hutte de toile 175 $/pers, repas compris), ouvert de mi-juin à mi-septembre, permet en revanche une expérience inoubliable au cœur de la nature.

DES FORÊTS DE GÉANTS

En Californie, vous verrez les plus vieux arbres (des pins aristés anciens, p. 246) et les plus grands arbres du monde (les séquoias côtiers, ci-contre). Mais ce sont les séquoias géants *(Sequoiadendron giganteum)* qui détiennent le record en termes de volume. Ils ne poussent que sur les pentes occidentales de la Sierra Nevada. On les trouve en grand nombre dans les parcs nationaux de Sequoia, Kings Canyon et Yosemite. John Muir les a qualifiés de "chefs-d'œuvre de la forêt" et, de fait, on lève généralement les yeux vers leurs hautes cimes avec un immense respect. Les arbres peuvent atteindre 90 m de hauteur, 12 m de diamètre, avec une écorce de plus de 60 cm d'épaisseur. Le **Giant Forest Museum** (p. 259), dans le Sequoia National Park, propose d'excellentes expositions sur leur fascinante histoire et sur l'écologie.

Les **réservations de camping** (☎ 518-885-3639, 877-444-6777 ; www.recreation.gov) ne sont acceptées qu'à Lodgepole et à Dorst, dans le Sequoia National Park. Les autres campings fonctionnent sur la base du premier arrivé, premier servi. La plupart sont dotés de toilettes et leurs emplacements coûtent 12-20 $. Ceux de Lodgepole, Azalea, Potwisha et South Fork restent en activité toute l'année. Sinon, la Sequoia National Forest alentour accueille le trop-plein de campeurs.

Les marchés de Grant Grove, Lodgepole et Cedar Grove vendent un choix limité et onéreux de produits alimentaires. Dans les deux derniers bourgs, des snack-bars servent des hamburgers et autres en-cas à moins de 10 $. Quant au coûteux **restaurant du Wuksachi Lodge** (☎ 559-565-4070 ; plats dîner 18-33 $; 🕑 7h-10h, 11h-14h30 et 17h-21h45), il n'est pas toujours excellent.

Comment s'y rendre et circuler

En été, des navettes gratuites couvrent les secteurs de la Giant Forest et de Lodgepole Village à l'intérieur du Sequoia National Park, tandis que le **Sequoia Shuttle** (☎ 877-287-4453 ; www.sequoiashuttle.com) relie le parc à Three Rivers et Visalia (aller-retour 10-15 $), d'où l'on peut rejoindre le réseau Amtrak (p. 544) ; réservations nécessaires. Actuellement, il n'existe pas de transports publics desservant le Kings Canyon National Park.

EST DE LA SIERRA NEVADA

Cette région est vaste, vide et majestueuse. Des sommets escarpés tombent à pic sur l'étendue aride du désert de Great Basin, composant un tableau puissant. La Hwy 395 parcourt tout le massif, avec des embranchements permettant des détours vers des forêts de pins, des prairies sauvages, des lacs de montagne, des sources chaudes et des canyons ciselés dans les glaciers. Les randonneurs, les cyclistes, les pêcheurs et les skieurs y trouveront tous leur compte. Les principales localités sont Bridgeport, Mammoth Lakes et Bishop.

Le **Bodie State Historic Park** (☎ 760-647-6445 ; 3 $; tarif plein/enfant 5/3 $; 🕑 8h-18h juin-août, 8h-16h sept-mai) compte l'une des plus grandes villes fantômes, non restaurée, de l'Ouest américain. Au milieu d'une plaine balayée par les vents, les bâtiments dégradés, mais toujours approvisionnés, semblent figés dans le temps. Pour vous y rendre, empruntez la Hwy 270 vers l'est sur une vingtaine de kilomètres (les cinq derniers ne sont pas goudronnés), à environ 11 km au sud de Bridgeport. Bien que le parc soit ouvert toute l'année, la route est souvent fermée en hiver.

Au sud, le mystérieux **lac Mono** (www.monolake.org) est connu pour ses tours de tuf aux allures surnaturelles qui s'élèvent de l'eau alcaline, tels des châteaux de sable durcis. L'endroit le plus propice pour les observer est la **Mono Lake Tufa State Natural Reserve** (3 €), sur la rive sud. Près de la Hwy 395, le **Mono Basin Scenic Area Visitor Center** (☎ 760-647-3044 ; 🕑 8h-17h lun-ven, 8h-19h sam et dim juin-août, horaires réduits sept-mai) accueille une excellente exposition et propose des balades à pied guidées et des conférences. De la localité voisine de Lee Vining, la Hwy 120 part à l'ouest vers le Yosemite NP via le Tioga Pass (voir l'encadré ci-contre).

En poursuivant vers le sud sur la Hwy 395, faites un détour par le **June Lake Loop**, une route panoramique de 26 km. Vous pouvez aussi pousser jusqu'à **Mammoth Lakes**, un centre de villégiature ouvert toute l'année, dominé par la **Mammoth Mountain** (☎ 760-934-2571, 800-626-6684 ; www.mammothmountain.com ; 1 Minaret Rd ; remonte-pente tarif plein/enfant 69/34 $; 🚸), un domaine skiable de premier ordre culminant à 3 369 m. Les pistes se transforment en parc de VTT l'été, saison où l'on peut aussi camper, pêcher et faire des randonnées dans la région du Mammoth Lakes Basin et de Reds Meadow. Profitez de votre passage pour découvrir le **Devil's Postpile National Monument**,

À NE PAS MANQUER

- **Bodie State Historic Park** (p. 261). Une véritable ville fantôme de la Ruée vers l'or
- **Mono Lake** (p. 261). Un lac d'où émergent de mystérieuses formations minérales
- **Whoa Nellie Deli** (p. 263). Une nourriture réconfortante et créative, à l'image du pain de viande de bison
- **Ancient Bristlecone Pine Forest** (ci-dessous). Les plus vieux arbres vivants de la planète
- **Manzanar National Historic Site** (ci-contre). L'histoire non censurée des camps d'internement pour Japonais de la Seconde Guerre mondiale

des colonnes de basalte presque verticales de 18 m de haut, formées par l'activité volcanique. Les amateurs de sources chaudes iront profiter des bassins du **Hot Creek Geological Site** (entrée libre ; lever-coucher du soleil), au sud de la ville. Le **Mammoth Lakes Welcome Center & Ranger Station** (760-924-5500 ; 888-466-2666 ; www.visitmammoth.com ; Hwy 203 ; 8h-17h lun-ven) fournit des cartes et des renseignements sur tous ces sites.

Au sud, la Hwy 395 descend dans la Owens Valley et arrive rapidement à **Bishop**, qui compte des galeries d'art, un musée du rail et une grand-rue agrémentée de trottoirs couverts et de vieilles enseignes au néon. La ville constitue la porte d'accès aux meilleurs sites de pêche et d'escalade de l'est de la Sierra Nevada, ainsi que le principal point de départ des randonnées avec des chevaux de bât.

Pour visiter l'une des plus vieilles forêts du monde, l'**Ancient Bristlecone Pine Forest** (760-873-2500), prévoyez au moins une demi-journée. Les arbres tortueux, à l'aspect surnaturel, couvrent les pentes arides des White Mountains au-dessus de 3 000 m, altitude où l'on s'imagine que rien ne peut pousser. Le plus vieux d'entre eux, appelé *Methuselah* (Mathusalem) aurait 4 700 ans. La route (ouverte de mai à octobre) est goudronnée jusqu'au sommet, où se trouvent, un camping sommaire, un centre des visiteurs et des sentiers de randonnée. Depuis la Hwy 395, prendre la Hwy 168 vers l'est sur 19 km, puis continuer encore en gravissant la montagne sur 16 km à l'embranchement indiqué.

La Hwy 395, elle, se dirige vers Independence et le **Manzanar National Historic Site** (760-878-2194 ; www.nps.gov/manz ; 5001 Hwy 395 ; entrée libre ; lever-coucher, Visitor Center 9h-16h30, 9h-17h30 avr-oct), qui marque l'emplacement d'un camp où 10 000 Américains d'origine japonaise furent emprisonnés pendant la Seconde Guerre mondiale, après l'attaque de Pearl Harbor. Un petit film et des expositions témoignent de cette période sombre.

Au sud, à Lone Pine, vous pourrez enfin apercevoir le **mont Whitney** (4 418 m), plus haut sommet des États-Unis en dehors de l'Alaska. L'ascension en voiture des 18 km de la **Whitney Portal Road** (fermée en hiver) panoramique offre un spectacle à couper le souffle. L'ascension du sommet est très prisée, mais il faut un permis, délivré par tirage au sort ! Pour plus de détails, consultez le site www.fs.fed.us/r5/inyo ou arrêtez-vous à l'**Eastern Sierra InterAgency Visitor Center** (760-876-6222 ; 8h-17h), à l'intersection de la Hwy 395 et de la Hwy 136. À l'ouest de Lone Pine, les rochers aux formes étonnantes des **Alabama Hills** ont servi de toile de fond à des classiques du western hollywoodien comme *La Conquête de l'Ouest* (1962). Le **Museum of Lone Pine Film History** (760-876-9909 ; www.lonepinefilmhistorymuseum.org ; 701 S Main St ; 5 $; 10h-18h lun-mer, 10h-19h jeu-sam, 10h-16h dim) expose des souvenirs d'époque et des affiches de cinéma.

Où se loger

Des campings émaillent l'est de la Sierra Nevada. Il faut toutefois demander un permis gratuit à un poste de rangers pour faire du camping sauvage et du feu ou allumer un réchaud. Bishop, Lone Pine et Bridgeport regroupent le plus grand nombre de motels. Les hôtels, B&B et de locations de vacances abondent à Mammoth Lakes.

Dow Hotel & Dow Villa Motel (760-876-5521, 800-824-9317 ; www.dowvillamotel.com ; 310 S Main St ; ch 50-135 $;). John Wayne et Errol Flynn, entre autres stars de cinéma, ont logé dans cet établissement construit en 1922, qui dégage un charme rustique. Les chambres modernes de type motel s'avèrent toutefois quelconques.

Redwood Motel (760-932-7060, 888-932-3292 ; www.redwoodmotel.net ; 425 Main St, Bridgeport ; d 70-110 $; mi-mars à début déc ;). Des sculptures d'animaux loufoques accueillent les clients de cette adresse impeccable, dont le patron distribue moult tuyaux sur la région. Wi-Fi gratuit limité.

Winnedumah Hotel (☎ 760-878-2040 ; www.winnedumah.com ; 211 N Edwards St, Independence ; ch avec petit-déj 85-130 $). Hors des sentiers battus, cette auberge campagnarde de 1927 avait la faveur des vedettes d'Hollywood à l'époque où l'on tournait dans les Alabama Hills voisine.

Tamarack Lodge & Resort (☎ 760-934-2442, 800-626-6684 ; www.tamaracklodge.com ; près de Lake Mary Rd, Mammoth Lakes ; ch 109-169 $, bungalows 169-469 $; wi-fi). En activité depuis 1924, il se compose de bungalows avec cuisine allant du basique au luxe, certains équipé d'un poêle à bois.

Où se restaurer et prendre un verre

Erick Schat's Bakkery (☎ 760-873-7156 ; 763 N Main St, Bishop ; sandwichs 5-8 $; 6h-18h). Certes touristique, il s'agit néanmoins du meilleur endroit sur la Hwy 395 pour satisfaire une envie de sandwichs au pain maison (goûtez celui au fromage et piment jalapeño), de beignets aux pommes ou de cookies.

Good Life Café (☎ 760-934-1734 ; 126 Old Mammoth Rd, Mammoth Lakes ; plats 8-12 $; 6h30-15h). Les petits-déjeuners mexicains roboratifs, les tortillas garnies de légumes, les hamburgers musclés et les grosses salades valent le coup d'attendre.

Whoa Nellie Deli (☎ 760-647-1088 ; Hwy 120 et Hwy 395, Lee Vining ; plats 8-20 $; 7h-21h mi-mai à oct). Une station-service où, surprise, la cuisine se révèle excellente. Matt "Tioga" Toomey prépare des tacos au poisson, des pains de viande de bison et autres plats savoureux.

Pour boire des bières, direction la **Looney Bean Roasting Co** (☎ 760-872-2326 ; 399 N Main St, Bishop ; 6h-20h dim-jeu, jusqu'à 22h ven et sam ; wi-fi). Enfin, faites une halte chez **Mahogany Smoked Meats** (☎ 888-624-6426 ; 2345 N Sierra Hwy, Bishop ; 9h-18h) pour acheter de la viande séchée d'élan, de bison ou de dinde.

Le Sud-Ouest

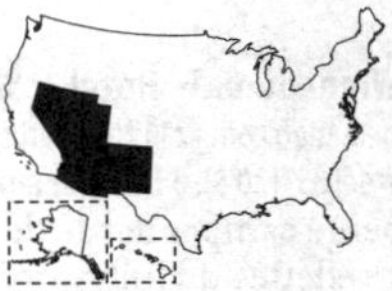

Avec ses profonds canyons, ses tertres colossaux et ses montagnes imposantes, le Sud-Ouest est la terre d'aventure par excellence aux États-Unis. Brochures glacées et magazines de découverte vous incitent à prendre pied dans l'immensité sauvage. Une grande partie de l'attrait du Sud-Ouest réside dans des expériences à la portée de tous comme la première cuillère de ragoût aux piments verts, le voyage en train à vapeur jusqu'au bord du Grand Canyon, un film à l'affiche du Sundance Film Festival ou la descente d'une dune de sable sur un large disque en plastique.

La plupart de ces activités exigent de prendre la route, ce qui est déjà une promesse d'aventure car il n'y a pas d'endroit plus fantastique pour un voyage en voiture. Des routes à deux voies et une poignée d'autoroutes inter-États relient divers massifs forestiers et parcs qui s'étendent depuis les Wasatch Mountains dans l'Utah jusqu'à Monument Valley, au Grand Canyon et, au sud, jusqu'au Carlsbad Caverns National Park. Certaines n'en finissent plus de dérouler leurs lacets qui ne mènent nulle part, si ce n'est vers des musées insolites, des lointains restaurants gastronomiques ou les repaires de Billy the Kid. Cette diversité se retrouve également dans la population dont la culture combine en un mélange unique les influences amérindienne, hispanique et anglo-saxonne.

Que dire de plus ? Attrapez vos clés, glissez-vous derrière le volant et lancez-vous sur la route.

À NE PAS MANQUER

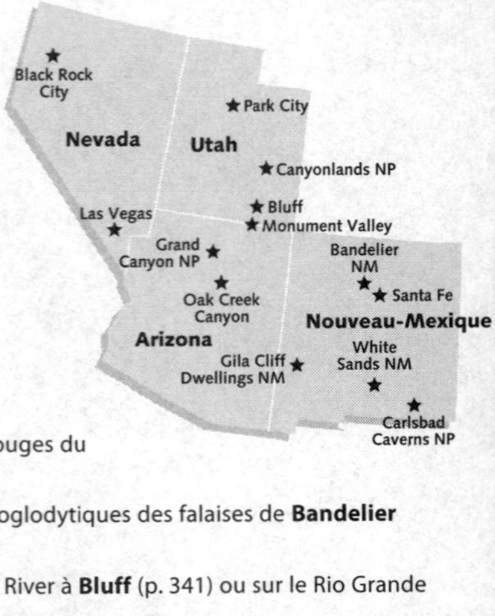

- Randonnées et vues époustouflantes au **Grand Canyon** (p. 301) et à **Canyonlands** (p. 339)
- La vue sur les promontoires rouges depuis votre balcon dans **Monument Valley Navajo Tribal Park** (p. 314)
- La grande vie sur le **Strip de Las Vegas** (p. 271)
- La descente en "soucoupe" des dunes à **White Sands** (p. 377)
- Les pentes enneigées de **Park City** (p. 331)
- La fantastique Big Room au fond des **Carlsbad Caverns** (p. 380)
- Une rafraîchissante baignade entre les rochers rouges du **Oak Creek Canyon** (p. 299)
- L'escalade jusqu'aux mystérieuses habitations troglodytiques des falaises de **Bandelier** (p. 370) et de **Gila** (p. 377)
- Une agréable croisière en famille sur la San Juan River à **Bluff** (p. 341) ou sur le Rio Grande près de **Santa Fe** (p. 364)
- Devenir un citoyen de Black Rock City lors du festival de **Burning Man** (p. 282)

HISTOIRE

Dans le Sud-Ouest, la présence humaine remonte au moins à 12 500 ans. Au premier siècle, trois cultures dominaient : les Indiens hohokam, les Mogollon et des ancêtres des Pueblos (appelés Anasazi). Sachez toutefois que le terme anglais Indian, aujourd'hui considéré comme péjoratif, est remplacé par Native American.

Les Hohokam occupèrent les déserts de l'Arizona de 300 av. J.-C. à 1450 ; ils créèrent un étonnant réseau de canaux d'irrigation, des pyramides de terre et de magnifiques poteries. Des études archéologiques suggèrent qu'un cataclysme, survenu au milieu du XVe siècle, causa un déclin brutal de la population hohokam, surtout dans les villages les plus importants. Bien qu'on ne connaisse pas exactement la nature de ce cataclysme ni l'endroit où se réfugièrent les survivants, les traditions orales des tribus locales laissent à penser que certains Hohokam sont restés dans la région, où leurs descendants vivent toujours. De 200 av. J.-C. à 1450, les Mogollon occupèrent les montagnes et les vallées du centre. On leur doit ce que l'on appelle désormais les Gila Cliff Dwellings (p. 377).

Les ancêtres des Pueblos laissèrent les plus beaux vestiges archéologiques, comme le Chaco Culture National Historic Park (p. 374). Parmi leurs descendants, les Indiens pueblos peuplent aujourd'hui le Nouveau-Mexique, tandis que les Hopi occupent notamment le village d'Old Oraibi (p. 314), qui serait le plus ancien site de toute l'Amérique du Nord à avoir été habité sans interruption.

En 1540, une expédition menée par Francisco Vásquez de Coronado partit de Mexico pour le Sud-Ouest. Au lieu des trésors escomptés, ils trouvèrent des Indiens, qu'ils tuèrent ou déplacèrent en grand nombre. Plus de 50 ans après, Juan de Oñate établit la première capitale du Nouveau-Mexique à San Gabriel. Ses tentatives de contrôler les Indiens pueblos se soldèrent par un échec sanglant, et il quitta la région en 1608. L'année suivante, Santa Fe (p. 364) devint la nouvelle capitale de l'État.

Le Sud-Ouest se développa rapidement à partir du XIXe siècle, notamment grâce au chemin de fer et aux prospections géologiques. Avec la conquête de l'Ouest, l'armée mena des guerres contre les Indiens, décimant des tribus entières. Les mines attirèrent les chercheurs d'or et d'argent, et les villes du Far West poussèrent comme des champignons. Née de cette croissance économique, la compagnie Santa Fe Railroad commença à acheminer des touristes fascinés par la beauté sauvage de l'Ouest et par la culture indienne.

L'histoire de la colonisation est étroitement liée à la maîtrise de l'eau. La loi du Reclamation Act de 1902 permit la construction de barrages financés par l'État fédéral pour contrôler les cours d'eau, irriguer le désert et encourager le développement. L'eau demeure l'objet de violents débats, surtout depuis la multiplication des zones résidentielles.

CULTURE LOCALE

Le Sud-Ouest est l'une des régions les plus polyglottes et multiculturelles du pays puisque ses habitants sont d'origine indienne, hispanique et anglophone. Ces trois groupes ethniques ont d'ailleurs influencé la gastronomie locale, l'architecture et les arts. Les immenses réserves indiennes offrent quant à elles l'occasion d'en apprendre davantage sur l'histoire et la culture des premiers habitants de l'Amérique. L'art ici a la part belle, comme en témoignent les communautés artistiques implantées au Nouveau-Mexique, ou encore les œuvres kitsch disséminées au bord des routes de campagne.

GÉOGRAPHIE ET CLIMAT

Le Sud-Ouest offre une stupéfiante diversité de formations rocheuses. Les couches sédimentaires tendres qui couvrent la région, modelées par la pluie et l'érosion, ont pris des formes fantastiques. Le paysage est parcouru d'une riche palette de couleurs, en raison de la composition unique de chaque type de roche.

Le Colorado Plateau est formé d'une série de plateaux situés entre 1 500 m et 2 500 m d'altitude et séparés par de profonds canyons, dont le plus célèbre, le Grand Canyon (p. 301).

TOP 5 DES PARCS DU SUD-OUEST

- Grand Canyon National Park (p. 301)
- Monument Valley Navajo Tribal Park (p. 314)
- Arches National Park (p. 337)
- Zion National Park (p. 351)
- Carlsbad Caverns National Park (p. 380)

SUD-OUEST

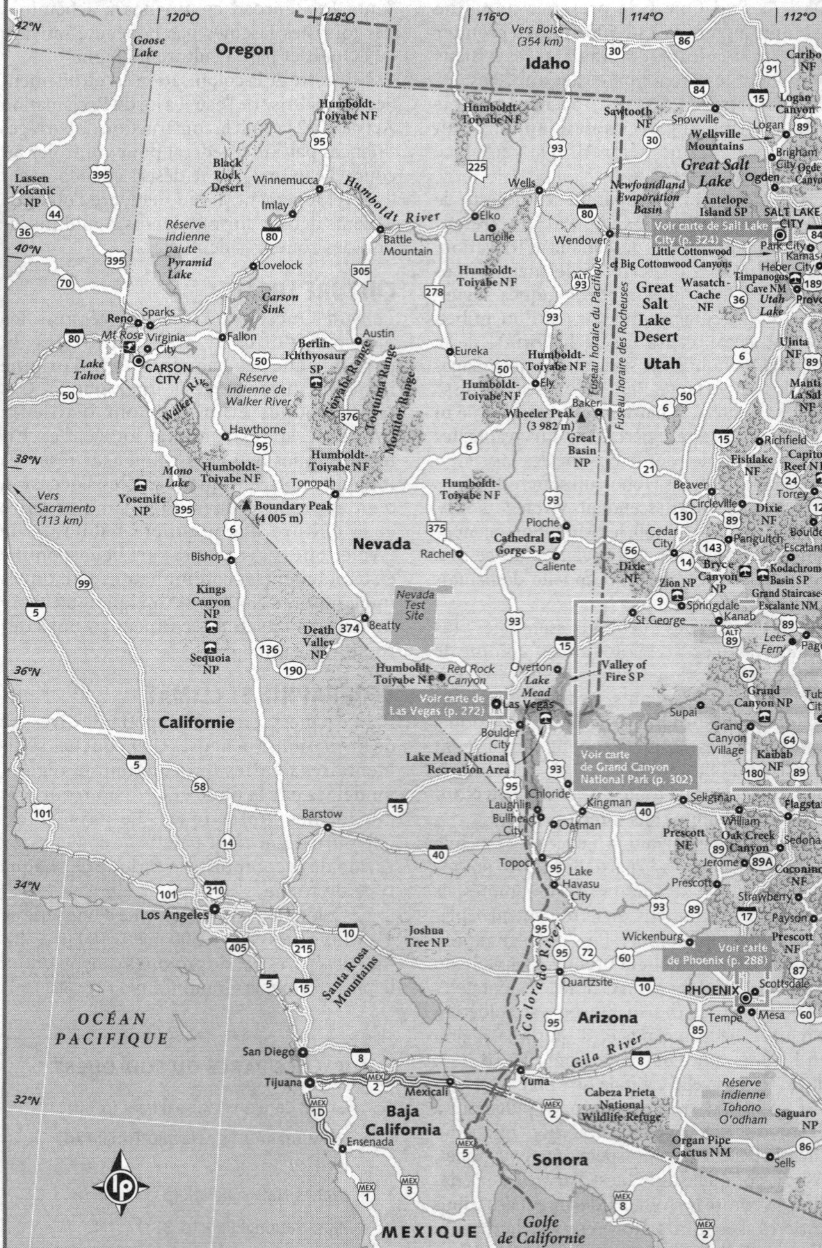

Oregon
Idaho
Nevada
Utah
Californie
Arizona
Baja California
Sonora
MEXIQUE
OCÉAN PACIFIQUE
Golfe de Californie
Goose Lake
Vers Boise (354 km)
Humboldt-Toiyabe NF
Sawtooth NF
Snowville
Caribou NF
Logan Canyon
Logan
Wellsville Mountains
Brigham City
Ogden Canyon
Ogden
Great Salt Lake
Antelope Island SP
SALT LAKE CITY
Voir carte de Salt Lake City (p. 324)
Newfoundland Evaporation Basin
Little Cottonwood et Big Cottonwood Canyons
Park City
Kamas
Heber City
Timpanogos Cave NM
Wasatch-Cache NF
Utah Lake
Provo
Great Salt Lake Desert
Uinta NF
Manti-La Sal NF
Lassen Volcanic NP
Black Rock Desert
Winnemucca
Imlay
Humboldt River
Battle Mountain
Elko
Lamoille
Wells
Wendover
Fuseau horaire du Pacifique
Fuseau horaire des Rocheuses
Réserve indienne paiute
Pyramid Lake
Lovelock
Carson Sink
Reno
Sparks
Mt Rose
Virginia City
CARSON CITY
Lake Tahoe
Fallon
Walker River
Réserve indienne de Walker River
Berlin-Ichthyosaur SP
Austin
Toiyabe Range
Toquima Range
Monitor Range
Eureka
Ely
Baker
Wheeler Peak (3 982 m)
Great Basin NP
Hawthorne
Mono Lake
Yosemite NP
Vers Sacramento (113 km)
Tonopah
Boundary Peak (4 005 m)
Bishop
Richfield
Fishlake NF
Capitol Reef NP
Beaver
Torrey
Circleville
Dixie NF
Boulder
Pioche
Cathedral Gorge SP
Caliente
Rachel
Cedar City
Panguitch
Escalante
Bryce Canyon NP
Kodachrome Basin SP
Grand Staircase-Escalante NM
Zion NP
Springdale
St George
Kanab
Lees Ferry
Page
Kings Canyon NP
Sequoia NP
Nevada Test Site
Death Valley NP
Beatty
Red Rock Canyon
Overton
Valley of Fire SP
Lake Mead
Voir carte de Las Vegas (p. 272)
Las Vegas
Boulder City
Lake Mead National Recreation Area
Supai
Grand Canyon NP
Tuba City
Grand Canyon Village
Kaibab NF
Voir carte de Grand Canyon National Park (p. 302)
Chloride
Laughlin
Bullhead City
Oatman
Kingman
Seligman
Williams
Flagstaff
Barstow
Prescott NF
Oak Creek Canyon
Sedona
Jerome
Coconino NF
Prescott
Topock
Lake Havasu City
Strawberry
Payson
Los Angeles
Joshua Tree NP
Santa Rosa Mountains
Wickenburg
Voir carte de Phoenix (p. 288)
Quartzsite
Colorado River
PHOENIX
Scottsdale
Tempe
Mesa
San Diego
Gila River
Tijuana
Mexicali
Yuma
Cabeza Prieta National Wildlife Refuge
Réserve indienne Tohono O'odham
Saguaro NP
Ensenada
Organ Pipe Cactus NM
Sells
42°N
40°N
38°N
36°N
34°N
32°N
120°O
118°O
116°O
114°O
112°O

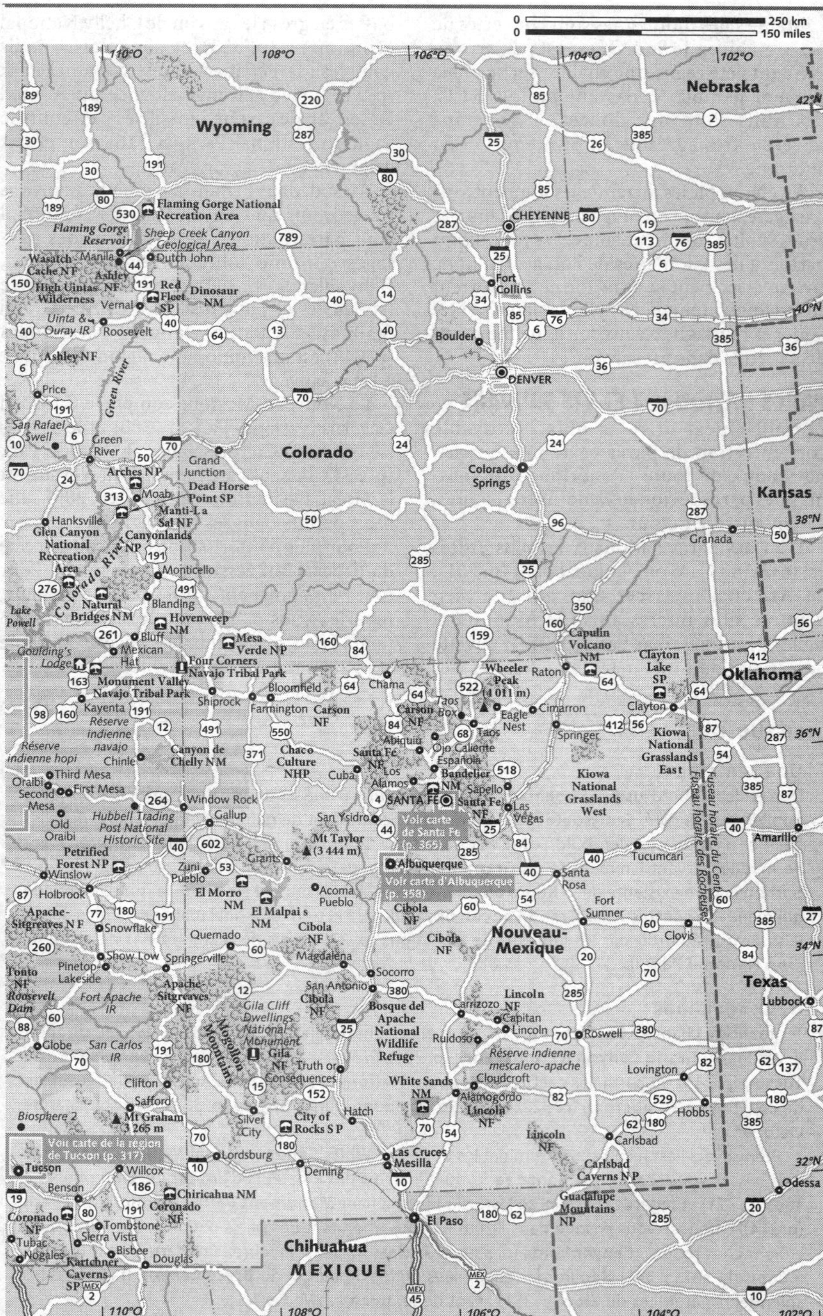
0 250 km
0 150 miles
110°O
108°O
106°O
104°O
102°O
42°N
40°N
38°N
36°N
34°N
32°N
Wyoming
Nebraska
Colorado
Kansas
Oklahoma
Texas
Nouveau-Mexique
Chihuahua
MEXIQUE
CHEYENNE
DENVER
SANTA FE
Albuquerque
Fort Collins
Boulder
Colorado Springs
Granada
Flaming Gorge National Recreation Area
Flaming Gorge Reservoir
Sheep Creek Canyon Geological Area
Dutch John
Manila
Wasatch Cache NF
Ashley NF
High Uintas Wilderness
Red Fleet SP
Dinosaur NM
Vernal
Uinta & Ouray IR
Roosevelt
Ashley NF
Green River
Price
San Rafael Swell
Green River
Grand Junction
Arches NP
Moab
Dead Horse Point SP
Manti-La Sal NF
Hanksville
Glen Canyon National Recreation Area
Canyonlands NP
Colorado River
Monticello
Natural Bridges NM
Blanding
Lake Powell
Hovenweep NM
Bluff
Mexican Hat
Goulding's Lodge
Mesa Verde NP
Four Corners Navajo Tribal Park
Monument Valley Navajo Tribal Park
Kayenta
Shiprock
Farmington
Bloomfield
Chama
Carson NF
Taos Box
Wheeler Peak (4 011 m)
Eagle Nest
Taos
Cimarron
Raton
Capulin Volcano NM
Clayton Lake SP
Clayton
Springer
Kiowa National Grasslands East
Kiowa National Grasslands West
Réserve indienne navajo
Réserve indienne hopi
Canyon de Chelly NM
Chinle
Chaco Culture NHP
Cuba
Abiquiu
Ojo Caliente
Española
Santa Fe NF
Los Alamos
Bandelier NM
Sapello
Las Vegas
Santa Fe NF
Oraibi
Third Mesa
Second Mesa
First Mesa
Old Oraibi
Window Rock
Hubbell Trading Post National Historic Site
Gallup
San Ysidro
Voir carte de Santa Fe (p. 365)
Mt Taylor (3 444 m)
Grants
Petrified Forest NP
Winslow
Zuni Pueblo
El Morro NM
El Malpais NM
Acoma Pueblo
Voir carte d'Albuquerque (p. 358)
Cibola NF
Santa Rosa
Tucumcari
Fort Sumner
Clovis
Amarillo
Fuseau horaire du Centre
Fuseau horaire des Rocheuses
Holbrook
Apache-Sitgreaves NF
Snowflake
Quemado
Cibola NF
Show Low
Springerville
Magdalena
Socorro
Pinetop-Lakeside
Tonto NF
Roosevelt Dam
Fort Apache IR
Apache-Sitgreaves NF
San Antonio
Cibola NF
Bosque del Apache National Wildlife Refuge
Carrizozo
Lincoln NF
Capitan
Lincoln
Roswell
Lubbock
Globe
San Carlos IR
Gila Cliff Dwellings National Monument
Mogollon Mountains
Gila NF
Truth or Consequences
Ruidoso
Réserve indienne mescalero-apache
Cloudcroft
Lovington
Clifton
White Sands NM
Alamogordo
Lincoln NF
Hobbs
Safford
Biosphere 2
Mt Graham 3 265 m
Silver City
City of Rocks SP
Hatch
Lincoln NF
Carlsbad
Voir carte de la région de Tucson (p. 317)
Tucson
Lordsburg
Deming
Las Cruces
Mesilla
Carlsbad Caverns NP
Willcox
Odessa
Benson
Chiricahua NM
Coronado NF
Guadalupe Mountains NP
Coronado NF
Tombstone
El Paso
Tubac
Sierra Vista
Nogales
Bisbee
Kartchner Caverns SP
Douglas

Même si les montagnes sont couvertes de neige en hiver, le Sud-Ouest est peu arrosé. Pendant l'été règne une chaleur sèche, mais souvent pénible, dépassant parfois 32°C. Les nuits sont plus douces, et le temps se révèle très agréable au printemps et en automne.

En été, les pluies torrentielles tombent sans crier gare, souvent accompagnées d'éclairs ; les crues subites sont fréquentes et se produisent parfois à des kilomètres de l'orage. Un lit de rivière à sec peut se transformer en torrent en quelques minutes. N'y plantez jamais votre tente, et renseignez-vous sur la météo avant de pénétrer dans un canyon.

PARCS NATIONAUX ET VIE SAUVAGE

Le Sud-Ouest offre la plus incroyable concentration de parcs et de monuments nationaux de toute l'Amérique du Nord, mais les parcs régionaux, moins fréquentés, valent aussi le détour.

L'un des parcs nationaux les plus visités est le Grand Canyon National Park (p. 301), en Arizona, mais cet État possède bien d'autres sites intéressants : le Monument Valley Navajo Tribal Park (p. 314), cuvette désertique dominée par des piliers et des buttes en grès ; le canyon de Chelly National Monument (p. 313) et ses falaises jadis habitées ; le Petrified Forest National Park (p. 314), avec l'étrange alliance du Painted Desert et des troncs fossilisés ; et enfin le Saguaro National Park (p. 316), son désert originel et ses cactus géants.

Au sud, dans l'Utah, la région des canyons rougeoyants du Canyon Country comprend cinq parcs nationaux qui offrent des paysages d'infinie solitude : Arches (p. 337), Canyonlands (p. 339), Zion (p. 351), Bryce (p. 344) et Capitol Reef (p. 342). Le Grand Staircase-Escalante National Monument (p. 343) est une imposante région désertique à l'état sauvage.

Le Nouveau-Mexique compte le Carlsbad Caverns National Park (p. 380) et le mystérieux Chaco Culture National Historic Park (p. 374). Le seul parc national du Nevada est le Great Basin National Park (p. 285), une oasis perdue dans les montagnes.

Pour plus d'informations, consultez le site du **National Park Service** (NPS ; www.nps.gov). Pour tout renseignement sur les parcs régionaux, reportez-vous p. 270 pour le Nevada, p. 323 pour l'Utah, p. 356 pour le Nouveau-Mexique et p. 287 pour l'Arizona.

LE SUD-OUEST EN...

Une semaine

Descendez d'abord jusqu'à **Phoenix** (p. 287) pour profiter d'une scène artistique en plein essor, sans oublier, juste à côté, **Scottsdale** (p. 291) pour des achats haut de gamme et une flânerie dans les galeries d'art du quartier d'Old Town. Allez ensuite à **Sedona** (p. 298) pour vous ressourcer avant de méditer devant l'immensité du **Grand Canyon** (p. 301). Faites un détour par la plus longue portion encore existante de la **Route 66** (p. 316), puis lancez-vous à l'assaut de la route chaotique qui mène à la spectaculaire **Grand Canyon Skywalk** (p. 311), en terre hualapai. Les derniers jours, laissez-vous étourdir par les lumières de **Las Vegas** (p. 270), mais ne manquez pas de visiter le **Zion National Park** (p. 351).

Deux semaines

Tentez votre chance à **Las Vegas** (p. 270) puis allez vous détendre à **Flagstaff** (p. 296) et affronter le vertige au **Grand Canyon National Park** (p. 301). Promenez-vous dans la ville universitaire de **Tucson** (p. 315) ou parmi les cactus du **Saguaro National Park** (p. 316). Assistez à une fusillade de cow-boys à **Tombstone** (p. 322) et passez quelques jours à **Bisbee** (p. 322) pour son charme victorien.

Prenez vers l'est jusqu'aux interminables dunes du **White Sands National Monument** (p. 377), puis laissez-vous séduire par **Santa Fe** (p. 364), paradis des amateurs d'art. Explorez un pueblo à **Taos** (p. 371) et regardez le soleil se lever sur le stupéfiant **Monument Valley Navajo Tribal Park** (p. 314). Enfoncez-vous ensuite dans l'Utah où vous attendent des parcs nationaux célèbres pour leurs roches rouges, **Canyonlands** (p. 339) et **Arches** (p. 337). Savourez une tarte aux fruits frais à **Capitol Reef** (p. 342), admirez les cheminées de fée (*hoodoos*) du **Bryce Canyon** (p. 344) et les splendeurs naturelles du **Zion** (p. 351) avant de rentrer à Las Vegas.

RENSEIGNEMENTS

American Southwest (www.americansouthwest.net). Le plus complet concernant les parcs nationaux et les sites naturels du Sud-Ouest.

American West Travelogue (www.amwest-travel.com). Une sélection de livres, de photos, etc.

Notes from the Road (www.notesfromtheroad.com). Cliquer sur "Desert Southwest" pour des récits de voyage dans la région.

COMMENT S'Y RENDRE ET CIRCULER

Les aéroports de Phoenix (Sky Harbor ; p. 295) et de Las Vegas (McCarran ; p. 281) sont les deux plus importants de la région, suivis par ceux de Salt Lake City, d'Albuquerque et de Tucson. Voir p. 542, pour les compagnies assurant les vols intérieurs.

Des bus longue distance (p. 543), dont ceux de Greyhound, desservent les principales villes de la région, mais pas forcément les parcs nationaux ou les villes moins fréquentées comme Moab. Prudence dans les gares routières, qui se trouvent souvent dans les quartiers les moins sûrs de la ville.

Être motorisé est souvent le seul moyen de gagner les villes isolées, les sentiers de randonnée et les lieux de baignade. Pour la location de voiture, voir p. 548.

Si le réseau des trains Amtrak (p. 544) est moins développé que celui des bus, il dessert plusieurs grandes villes du Sud-Ouest et propose des correspondances en bus vers les autres agglomérations (dont Santa Fe et Phoenix). Le train *California Zephyr* traverse l'Utah et le Nevada, le *Southwest Chief* s'arrête en Arizona et au Nouveau-Mexique, et le *Sunset Limited* coupe à travers le sud de l'Arizona et le Nouveau-Mexique.

NEVADA

Une vaste étendue de désert aride et désolée, quelques anciennes villes minières où les pioches ont fait place aux leviers des machines à sous, et la légendaire Las Vegas – c'est ici que l'on succombe encore aujourd'hui à la fièvre de l'or.

Premier État à avoir légalisé les jeux d'argent, le Nevada résonne du tintement des machines à sous installées partout. Çà et là, des maisons closes ponctuent également le paysage. Aucune loi n'impose aux bars une heure de fermeture, aussi n'est-il pas rare de voir des seniors, bière à la main, hanter les casinos à 2 heures du matin. Le Nevada sait se plier aux *vrais* désirs de ses visiteurs.

> **LE NEVADA EN BREF**
>
> **Surnoms :** Silver State (l'État de l'argent), Sagebrush State (l'État de l'armoise)
> **Population :** 2,6 millions d'habitants
> **Superficie :** 286 299 km²
> **Capitale :** Carson City (55 000 habitants)
> **Autres villes :** Las Vegas (552 539 habitants), Reno (210 255 habitants)
> **TVA :** 6,5%
> **Lieu de naissance de :** Thelma "Pat" Nixon (1912-1993), épouse du président Nixon ; Andre Agassi (né en 1970), tennisman
> **Berceau du :** Nevada Test Site (centre d'essais nucléaires), festival de Burning Man
> **Célèbre pour :** Las Vegas, le Comstock Lode près de Virginia City, la prostitution légale
> **Meilleur souvenir :** Des reproductions grandeur nature en carton de l'artiste de music-hall Liberace, vendues au Liberace Museum à Las Vegas
> **Distances par la route :** Las Vegas-Boulder City (Hoover Dam) 52 km, Las Vegas-Reno 805 km

À la lisière de ce royaume du divertissement pour adultes, des artistes à la recherche d'endroits peu chers et de grands espaces ont établi leur territoire. Il suffit d'assister à la folie artistique bon enfant de Burning Man ou de passer un peu de temps à explorer la scène florissante de Reno pour changer de regard sur le Nevada.

Histoire

Les premiers habitants des lieux furent les Paiute et les ancêtres des Pueblos. Revendiqué par l'Espagne, le Nevada demeura pourtant à l'abri des invasions européennes jusque dans les années 1820, lorsque des trappeurs atteignirent la Humboldt River Valley. Au XIXe siècle, les émigrants ne faisaient que traverser le Nevada pour atteindre les mines d'or californiennes, jusqu'à la découverte en 1859, au sud de Reno, de Comstock Lode, la plus grosse mine d'argent jamais exploitée.

L'épuisement de Comstock Lode entraîna le déclin de la population de l'État. Au début du XXe siècle, la mise au jour de nouveaux filons raviva provisoirement les espoirs, auxquels la Grande Dépression mit un terme brutal. Les autorités décidèrent donc, en 1931, de légaliser les jeux de hasard et de les taxer, transformant ainsi une activité illicite en source de revenus et en curiosité touristique. De nos jours encore, l'économie de l'État repose principalement sur le tourisme et le jeu.

Renseignements

La prostitution est illégale dans les comtés de Clark (qui comprend Las Vegas) et de Washoe (qui comprend Reno), mais de nombreux comtés plus petits l'autorisent.

Le Nevada est à l'heure d'hiver du Pacifique, et possède deux indicatifs : celui de Las Vegas et de ses environs est le ☎ 702, et l'on compose le ☎ 775 pour le reste de l'État.

Nevada Commission on Tourism (☎ 800-638-2328 ; www.travelnevada.com ; 401 N Carson St, Carson City). Fournit gratuitement livres, cartes et renseignements sur l'hébergement et les événements culturels.

Nevada Department of Transportation (☎ 877-687-6237 ; www.nvroads.com). Informations en temps réel sur les conditions routières.

Nevada Division of State Parks (☎ 775-684-2770 ; www.parks.nv.gov ; 901 S Stewart St, 5e ét, Carson City). Le camping dans les parcs d'États (10-15 $/nuit) suit la règle du premier arrivé, premier servi.

LAS VEGAS

Voici le seul endroit au monde où vous verrez, en l'espace de quelques heures, les hiéroglyphes, la tour Eiffel, le pont de Brooklyn et les canaux de Venise. Il va sans dire que ce ne sont que des reproductions, mais dans cette portion de désert qui s'est métamorphosée en l'un des endroits les plus luxueux de la planète, vous êtes assuré que l'imitation est bien plus élaborée que le jeu d'un tricheur aux cartes. La demi-mesure n'a pas cours ici, dans l'illusion non plus.

Métropole habillée de néons, Las Vegas accueille une foule éclectique, du flambeur au jeune étudiant en mal de sensations et de rencontres, "Sin City" (la ville du péché) envoûte tout le monde : les pontes d'Hollywood fréquentent des clubs ultrasélects, tandis que les seniors s'excitent autour des machines à sous. Qu'il s'agisse de siroter un martini en dégustant le meilleur de la cuisine gastronomique ou de déambuler dans le casino, un verre à cocktail de près de 1 m de haut attaché autour du cou, ici tout est possible.

Si tout cela évoque plus pour vous l'enfer que le paradis, Las Vegas ne manque pas de complexes hôteliers qui réussissent à allier l'ambiance glamour et l'excitation du jeu à l'impressionnante beauté naturelle du Nevada. Si vous pouvez imaginer le genre de vacances que vous souhaitez, elles sont déjà probablement une réalité ici.

Vegas est le Hollywood où M. Tout-le-Monde ne se contente plus de regarder le film mais devient acteur. Bienvenue dans l'usine à rêves !

Histoire

Selon la légende, Vegas n'était qu'un carrefour poussiéreux et une maison de jeu le jour où un gangster, Ben Siegel, descendit de sa voiture sous un soleil de plomb et bâtit son prestigieux casino : le Flamingo. Rien n'est plus faux.

Propulsée dans la modernité en 1902 par le chemin de fer reliant Salt Lake City à Los Angeles, Vegas connut un développement fulgurant dans les années 1920 grâce aux programmes de travaux fédéraux. La légalisation des jeux d'argent en 1931 lui permit de survivre à la Grande Dépression. Pendant la Seconde Guerre mondiale, les militaires de la base voisine venaient y flamber ; une autoroute relia bientôt la ville à Los Angeles. La guerre froide justifia par la suite la construction du Nevada Test Site (un centre d'essais nucléaires). La ville sut utiliser l'argument à des fins touristiques : alors que les explosions souterraines faisaient voler en éclat les fenêtres des casinos, Miss Champignon Atomique, mascotte officielle de la ville, apparaissait dans les campagnes de promotion touristique.

La fièvre immobilière initiée par le Flamingo en 1946 entraîna les entrepreneurs, avec le soutien de la Mafia, dans la surenchère. De grands noms du show-biz, comme Frank Sinatra ou Sammy Davis Jr, se partageaient alors la scène avec des danseuses aux seins nus.

L'achat très médiatisé du Desert Inn en 1966 par Howard Hughes, l'excentrique milliardaire, offrit à l'industrie du jeu un vernis de légitimité. Le lancement du MGM Grand en 1993 marqua une nouvelle ère : celle des complexes hôteliers à échelle industrielle.

Sin City n'existe que pour satisfaire les besoins et les désirs de ses visiteurs. Avec un nombre de visiteurs annuels de quelque 37,5 millions de personnes, Las Vegas détenait jusqu'à récemment le plus fort taux de croissance de toutes les zones urbaines d'Amérique du Nord. La crise du logement a frappé très durement ici, mais l'histoire nous dira si la ville pourra comme au black jack doubler la face cachée et se refaire une santé en un rien de temps.

Orientation

Las Vegas Blvd, alias le Strip, qui s'étend sur un peu plus de 6 kilomètres, est le centre de gravité de la ville. S'y alignent la plupart des gigantesques casinos-hôtels (2 000 chambres pour les plus petits) et toutes les grandes scènes vouées au spectacle. Le Circus Circus Las Vegas occupe l'extrémité nord du Strip et le Mandalay Bay l'extrémité sud, près de l'aéroport. Il faut parfois un bon quart d'heure en voiture pour le parcourir d'un bout à l'autre, voir plus quand la circulation est dense, ce qui est souvent le cas.

Les distances sont trompeuses et marcher jusqu'à un casino qui paraît proche peut prendre beaucoup de temps. La température est souvent très élevée, la circulation intense et le Strip coupé par d'éternels chantiers n'incite pas vraiment à la promenade.

Downtown, le centre historique de Las Vegas, compte les hôtels et les casinos les plus anciens de la ville. Son artère principale est Fremont St, parcourue sur quatre pâtés de maisons par une galerie couverte où se déroule chaque soir un fabuleux spectacle de lumières.

D'autres établissements bordent Paradis Rd, à l'est du Strip, ou sont groupés autour du carrefour de Flamingo Rd et de Valley View Blvd à l'ouest de l'I-15. Le quartier de Chinatown s'étend à l'ouest du Strip dans Spring Mountain Rd.

Les principaux quartiers touristiques sont sans danger, toutefois, le Las Vegas Blvd, entre le centre et le Strip, devient de plus en plus miteux, et Fremont St, à l'est du centre, est peu recommandable.

Renseignements

ACCÈS INTERNET

La plupart des chambres d'hôtel disposent du Wi-Fi (13-17 $/jour) et vous trouverez souvent à la réception un kiosque Internet avec imprimantes (5 $ les 5 min).

ARGENT

Chaque casino-hôtel est équipé d'une banque et la plupart des supérettes possèdent des DAB. Dans la majorité des casinos, retirer de l'argent d'un DAB coûte 5 $. Mieux vaut passer par une banque à l'écart du Strip.

American Express (☎ 702-739-8474 ; Fashion Show Mall, 3200 S Las Vegas Blvd ; 🕑 10h-21h lun-ven, 10h-20h sam, 12h-18h dim). Change de devises à des taux avantageux.

LIBRAIRIES

Borders Express (☎ 702-733-1049 ; 3200 S Las Vegas Blvd). Dans le Fashion Show Mall.

OFFICE DU TOURISME

Las Vegas Visitor Information Center (☎ 702-892-7575 ; www.vegasfreedom.com ; 3150 Paradise Rd ; 🕑 8h-17h). Appels locaux gratuits, accès Internet et nombreuses cartes.

POSTE

Poste (☎ 702-382-5779 ; 201 Las Vegas Blvd S). En centre-ville.

SITES INTERNET ET MÉDIAS

Las Vegas Review-Journal (www.lvrj.com). Quotidien avec un guide en supplément le week-end, *Neon*, le vendredi.

Las Vegas Tourism (www.onlyinvegas.com). Site officiel de l'office du tourisme.

Las Vegas Weekly (www.lasvegasweekly.com). Hebdomadaire gratuit contenant un excellent guide des sorties et restaurants.

Las Vegas.com (www.lasvegas.com). Réservation de voyages.

Lasvegaskids.net (www.lasvegaskids.net). Las Vegas côté enfants.

Vegas.com (www.vegas.com). Renseignements touristiques et service de réservation.

À NE PAS MANQUER

- **Les fontaines du Bellagio** (p. 273). Éblouissante chorégraphie de jets d'eau.
- **Stoney's Rockin' Country** (p. 280). Far West et convivialité.
- **Fremont Street Experience** (p. 275). Spectacle son et lumière dans une galerie commerciale.
- **Cirque du Soleil** (p. 280). Le cirque élevé au rang d'art.
- **Liberace Museum** (p. 276). Un musée qui en met plein la vue.
- **Joël Robuchon** (p. 279). La gastronomie française à Las Vegas.
- **CatHouse** (p. 280). Impertinent, provocant et sexy.

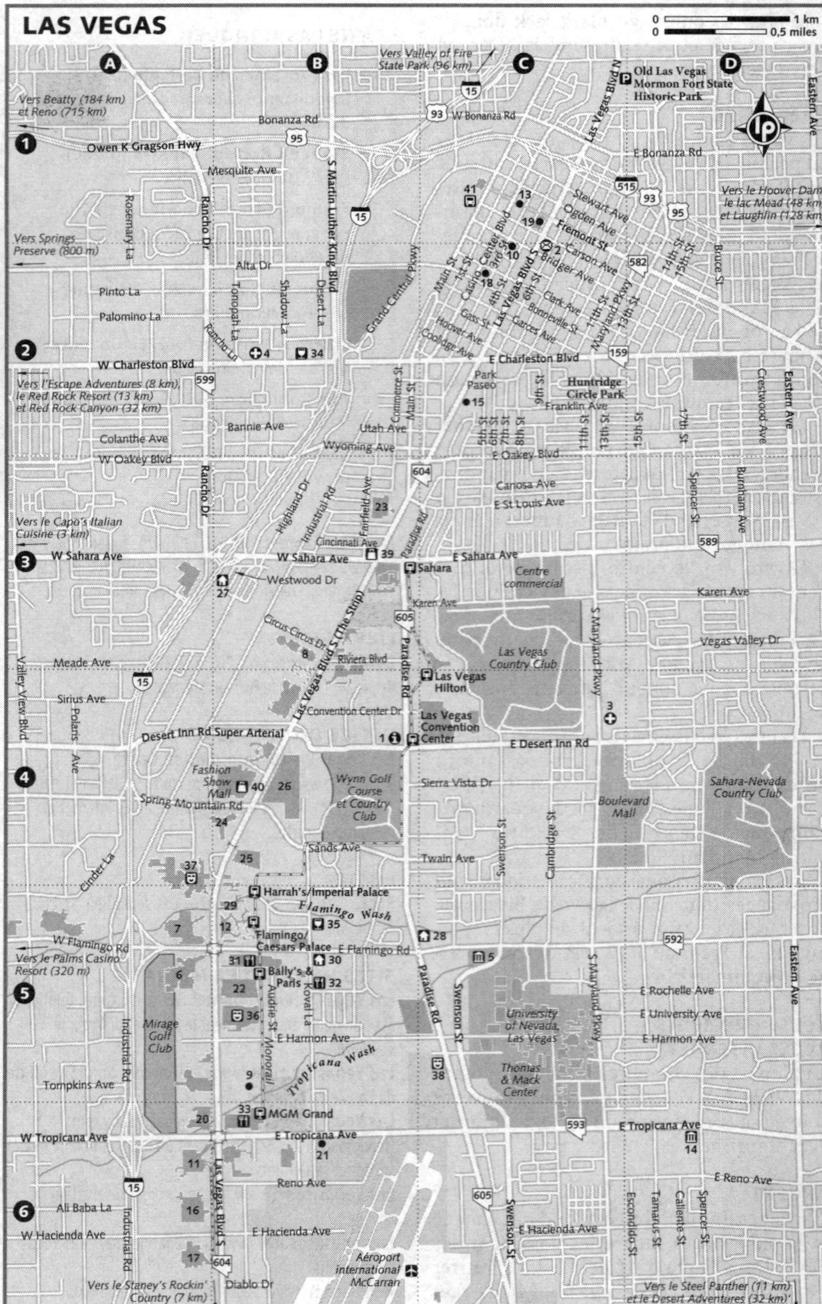
LAS VEGAS
0 1 km
0 0,5 miles
Vers Valley of Fire State Park (96 km)
Old Las Vegas Mormon Fort State Historic Park
Vers Beatty (184 km) et Reno (715 km)
Bonanza Rd
W Bonanza Rd
E Bonanza Rd
Owen K Gragson Hwy
Mesquite Ave
Rosemary La
Rancho Dr
S Martin Luther King Blvd
Las Vegas Blvd N
Eastern Ave
Vers le Hoover Dam, le lac Mead (48 km) et Laughlin (128 km)
Vers Springs Preserve (800 m)
Stewart Ave
Ogden Ave
Fremont St
Carson Ave
Bridger Ave
Clark Ave
Bonneville St
Garces Ave
Casino Center Blvd
Main St
1st St
3rd St
4th St
6th St
Las Vegas Blvd S
11th St
13th St
14th St
15th St
Maryland Pkwy
Bruce St
Alta Dr
Pinto La
Palomino La
Tonopah La
Shadow La
Desert La
Rancho Ln
Grand Central Pkwy
Gass St
Hoover Ave
Coolidge Ave
W Charleston Blvd
E Charleston Blvd
Vers l'Escape Adventures (8 km), le Red Rock Resort (13 km) et Red Rock Canyon (32 km)
Park Paseo
Huntridge Circle Park
Franklin Ave
Commerce St
9th St
5th St
7th St
8th St
17th St
Crestwood Ave
Bannie Ave
Utah Ave
Wyoming Ave
Colanthe Ave
W Oakey Blvd
E Oakey Blvd
Canosa Ave
E St Louis Ave
Highland Dr
Industrial Rd
Fairfield Ave
Spencer St
Burnham Ave
Vers le Capo's Italian Cuisine (3 km)
Cincinnati Ave
Paradise Rd
W Sahara Ave
E Sahara Ave
Sahara
Westwood Dr
Centre commercial
Karen Ave
S Maryland Pkwy
Circus Circus Dr
Riviera Blvd
Las Vegas Blvd S (The Strip)
Las Vegas Country Club
Vegas Valley Dr
Meade Ave
Valley View Blvd
Sirius Ave
Polaris Ave
Las Vegas Hilton
Convention Center Dr
Las Vegas Convention Center
Desert Inn Rd Super Arterial
E Desert Inn Rd
Fashion Show Mall
Wynn Golf Course et Country Club
Sierra Vista Dr
Boulevard Mall
Sahara-Nevada Country Club
Spring Mountain Rd
Sands Ave
Twain Ave
Swenson St
Cambridge St
Cinder La
Harrah's/Imperial Palace
Flamingo Wash
Flamingo/ Caesars Palace
W Flamingo Rd
E Flamingo Rd
Vers le Palms Casino Resort (320 m)
Bally's & Paris
Audrie St
Koval La
E Rochelle Ave
E University Ave
Industrial Rd
Mirage Golf Club
E Harmon Ave
Monorail
Tropicana Wash
University of Nevada, Las Vegas
Thomas & Mack Center
Tompkins Ave
MGM Grand
W Tropicana Ave
E Tropicana Ave
Reno Ave
E Reno Ave
Ali Baba La
W Hacienda Ave
E Hacienda Ave
Las Vegas Blvd S
Escondido St
Tamarus St
Caliente St
Aéroport international McCarran
Vers le Stoney's Rockin' Country (7 km)
Diablo Dr
Vers le Steel Panther (11 km) et le Desert Adventures (32 km)

RENSEIGNEMENTS
American Express....................(voir 40)
Borders Express......................(voir 40)
Las Vegas Visitor Information Center....................1 B4
Poste....................2 C2
Sunrise Hospital & Medical Center....................3 C4
University Medical Center..........4 B2

À VOIR ET À FAIRE
Adventuredome.....................(voir 8)
Atomic Testing Museum............5 C5
Bellagio....................6 A5
Bellagio Conservatory & Botanical Gardens....................(voir 6)
Bellagio Gallery of Fine Art.......(voir 6)
Bodies...The Exhibition..........(voir 16)
Caesars Palace....................7 A5
Circus Circus....................8 B3
CityCenter....................9 B5
Commisioner of Civil Marriages....................10 C2
Dick's Last Resort..................(voir 11)
Encore....................(voir 26)
Excalibur....................11 A6
Flamingo....................12 B5
Fremont Street Experience........13 C1
Liberace Museum....................14 D6
Little White Wedding Chapel....15 C2
Luxor....................16 A6
Madame Tussauds................(voir 25)
Mandalay Bay....................17 A6
Mandalay Bay Wedding Chapel....................(voir 17)
Manhattan Express Rollercoaste..(voir 20)
Marriage Bureau (bureau des mariages)........18 C2
Midway....................(voir 8)
Minus 5 Ice Lounge..............(voir 17)
Neon Museum....................19 C1
Neonopolis....................(voir 19)
New York-New York................20 A6
New York-New York ....(voir 20)
Papillon Helicopter Tours..........21 B6
Paris-Las Vegas....................22 B5
Shark Reef....................(voir 17)
Sirens of Treasure Island........(voir 24)
Stratosphere....................23 B3
Stratosphere Tower................(voir 23)
Titanic: The Artifact Exhibition.(voir 16)
Treasure Island....................24 B4
Venetian....................25 B4
Wildlife Habitat....................(voir 12)
Wynn Las Vegas....................26 B4

OÙ SE LOGER
Bill's Gamblin' Hall & Saloon..(voir 12)
Blue Moon Resort....................27 B3
Caesars Palace....................(voir 7)
Candlewood Suites Extended Stay....................28 C5
Encore....................(voir 26)
Flamingo....................(voir 12)
Imperial Palace....................29 B5
Luxor....................(voir 16)
Mandalay Bay....................(voir 17)
Paris-Las Vegas....................(voir 22)
Platinum Hotel....................30 B5
THEhotel....................(voir 17)

OÙ SE RESTAURER
Bally's Steakhouse....................31 B5
Border Grill....................(voir 17)
Cypress Street Marketplace.....(voir 7)
Ellis Island Casino & Brewery.....32 B5
Fammia....................(voir 33)
House of Blues....................(voir 17)
Joël Robuchon....................(voir 33)
L'Atelier de Joël Robuchon.....(voir 33)
Red Square....................(voir 17)
Society Café....................(voir 26)
Victorian Room....................(voir 12)
'wichcraft....................33 B6

OÙ PRENDRE UN VERRE
Frankie's Tiki Room....................34 B2
O'Sheas....................35 B5

OÙ SORTIR
Bank....................(voir 6)
CatHouse....................(voir 16)
Criss Angel Believe..............(voir 16)
Ka....................(voir 33)
Krave....................36 B5
LAX....................(voir 16)
LOVE....................37 A4
Mystère....................(voir 24)
O....................(voir 6)
Piranha....................38 C5
Tix 4 Tonight....................(voir 12)
Zumanity....................(voir 20)

ACHATS
Bonanza Gifts....................39 B3
Fashion Show Mall....................40 B4
Forum Shops....................(voir 7)
Grand Canal Shoppes............(voir 25)
Mandalay Place....................(voir 17)
Miracle Mile Shops................(voir 36)
Wynn Esplanade....................(voir 26)

TRANSPORTS
Gare routière Greyhound 41 C1

URGENCES ET SERVICES MÉDICAUX

Gamblers Anonymous (Joueurs anonymes ; ☎ 702-385-7732). Aide aux personnes dépendantes au jeu.
Police (☎ 702-828-3111)
Sunrise Hospital & Medical Center (☎ 702-731-8000 ; 3186 S Maryland Parkway)
University Medical Center (☎ 702-383-2000 ; 1800 W Charleston Blvd)

À voir

CASINOS

Pour se montrer à la hauteur de la démesure de la ville, l'entrepreneur de casinos Steve Wynn a inscrit dans le paysage de Las Vegas une portion de Côte d'Azur – assez chic pour séduire les habitués des lieux – et, toujours sur sa lancée, fin 2008, a inauguré l'**Encore** (☎702-770-8000 ; www.encorelasvegas.com ; 3121 Las Vegas Blvd S). L'intérieur, tout en parterres fleuris, où se dessinent des papillons, est une somptueuse oasis de couleurs. **Botero**, le restaurant de Mark LoRusso, s'organise autour d'une vaste sculpture de Fernando Botero. L'Encore est une extension de son voisin, le **Wynn Las Vegas** (☎702-770-7100 ; www.wynnlasvegas.com ; 3131 Las Vegas Blvd S), qui a coûté 2,7 milliards de dollars. Une montagne artificielle à 130 millions de dollars, atteignant par endroits 7 étages, en dissimule l'entrée. À l'intérieur, le Wynn a tout d'un paradis : panoramas de montagne, chutes d'eau, fontaines et autres effets spéciaux.

Le **Bellagio** (☎ 702-693-7111, 877-987-6667 ; www.bellagio.com ; 3600 S Las Vegas Blvd) entend éblouir par son architecture toscane, son lac artificiel de plus de 3 hectares et surtout son spectacle de jets d'eau (15h-minuit en semaine, 12h-minuit le week-end ; toutes les demi-heures jusqu'à 20h, puis toutes les 15 min). Dans l'entrée, le plafond, haut de 5,4 m, est orné d'une sculpture lumineuse composée de 2 000 fleurs de verre soufflées à la main. La **Bellagio Gallery of Fine Art** (☎ 702-693-7871 ; 15 $; 10h-18h dim-jeu, 10h-19h ven-sam) accueille de fantastiques expositions temporaires. Les **Bellagio Conservatory & Botanical Gardens** (entrée libre ; tlj) présentent différentes expositions au fil de l'année.

LES AUTELS DE LAS VEGAS

Plus de 122 000 couples prononcent chaque année leurs vœux à Las Vegas ! Que le mariage soit planifié ou décidé à la dernière minute, les fiancés ont l'embarras du choix quant aux lieux où se jurer fidélité. Il suffit d'avoir 18 ans et de se présenter au **Marriage Bureau** (☎ 702-671-0600 ; 201 E Clark Ave ; certificat de mariage 60 $; 🕑 8h-minuit). Dès que l'on est en possession du certificat, en route pour la chapelle ! Et pour ceux qui n'auraient pas fait leur choix, à la sortie du bureau, des rabatteurs distribuent force brochures.

Si vous ne voulez rien d'autre qu'une cérémonie civile, parcourez les trois pâtés de maisons jusqu'au **Commissioner of Civil Marriages** (☎ 702-671-0600 ; Regional Justice Center, 309 S 3rd St ; cérémonie 50 $; 🕑 8h-22h). Les deux futurs époux prononcent leurs vœux sous une petite tonnelle blanche ornée de faux feuillages, qui rend bien cependant sur les photos. Il faut payer en espèces (la somme exacte) et produire un témoin, que l'on peut choisir en dernier recours dans la salle d'attente.

L'un des endroits les plus chics pour se dire oui est la **Mandalay Bay Wedding Chapel** (☎ 702-632-7490 ; www.mandalaybay.com ; 3950 Las Vegas Blvd S ; formules 1 100-8 450 $; 🕑 11h-16h dim-jeu, 11h-18h ven, 11h-20h sam).

La **Little White Wedding Chapel** (☎ 702-382-5943 ; www.littlewhitechapel.com ; 1301 Las Vegas Blvd S ; 🕑 24h/24) a accueilli des milliers de couples depuis son ouverture en 1946, dont de nombreuses stars (Bruce Willis et Demi Moore, Frank Sinatra et Mia Farrow). Cérémonie "drive-in" à partir de 40 $, à la carte dans la chapelle à partir de 55 $.

LE SUD-OUEST

Emblème de Las Vegas, le **Caesars Palace** (☎ 702-731-7110 ; www.caesarspalace.com ; 3570 S Las Vegas Blvd), de style gréco-romain, abrite des reproductions en marbre de statues classiques, mais aussi un autel dédié à Brahma pesant près de 4 tonnes, à côté de l'entrée principale. Les fontaines, les serveuses en tuniques antiques et les boutiques de luxe des Forum Shops (p. 281) rivalisent de kitsch.

Le **Flamingo** (☎ 702-733-3111 ; www.flamingolasvegas.com ; 3555 Las Vegas Blvd S) est une autre icône de Vegas. Frayez-vous un chemin à travers les machines à sous vers le **Wildlife Habitat** (entrée libre ; 🕑 tlj) pour admirer la colonie de flamants du Chili, l'oiseau qui a donné son nom à ce domaine de 7,5 ha. Si vous allez jusqu'au labyrinthe végétal près de la chapelle de mariage, vous verrez une plaque qui relate les exploits du fondateur du Flamingo, le fameux gangster Bugsy Siegel ; c'est un des rares rappels du passé de cette ville.

Le très romantique **Venetian** (☎ 702-414-1000 ; www.venetian.com ; 3355 S Las Vegas Blvd ; promenade en gondole adulte/gondole privée 16/64 $) se distingue par ses plafonds, couverts de fresques peintes à la main, ses mimes itinérants et ses reproductions grandeur nature de célèbres monuments vénitiens. Pour rencontrer les célébrités, en cire, poussez la porte de **Madame Tussauds** (☎ 702-862-7800 ; www.madametussauds.com ; adulte/enfant/moins de 6 ans 25 $/15 $/gratuit ; 🕑 10h-21h) et vous pourrez prendre en photo Hugh Hefner (fondateur du magazine de charme *Playboy*) ou l'acteur Zac Efron. Le complexe comprend aussi une chapelle de mariage.

Dans un style plus tropical, le **Mandalay Bay** (M-Bay ; ☎ 702-632-7777 ; www.mandalaybay.com ; 3950 S Las Vegas Blvd) mérite le détour. Entre autres curiosités, le **Shark Reef** (☎ 702-632-4555 ; www.sharkreef.com ; adulte/enfant 17/11 $; 🕑 10h-23h ; 👶), aquarium sur plusieurs étages, contient des milliers d'animaux marins et un bassin peu profond où l'on peut toucher de petits requins. Les plongeurs licenciés pourront grâce à **Dive with Sharks Experience** (1 plongeur/2 plongeurs 650/1 000 $) évoluer au milieu des requins dans un réservoir de près de 5 millions de litres.

Si le **Treasure Island** (TI ; ☎ 702-894-7111 ; www.treasureisland.com ; 3300 S Las Vegas Blvd) conserve quelques traces du thème original "Pirates des Caraïbes", l'ambiance générale du complexe est désormais celle des "Caraïbes pour adultes". Le **Sirens of Treasure Island** (entrée libre ; 🕑 tlj) est une parodie épicée de bataille navale où de sensuelles tentatrices disputent à des flibustiers au torse nu leur part du butin (toutes les 90 min de 19h à 23h30).

Inspiré par la capitale française, le **Paris-Las Vegas** (☎ 702-946-7000 ; www.parislasvegas.com ; 3655 S Las Vegas Blvd) abrite des reproductions de ses principaux monuments : le palais Garnier, l'Arc de Triomphe, les Champs-Élysées, et même la Seine ; la principale curiosité demeure cependant la copie de la tour Eiffel.

New York-New York (☎ 800-689-1797 ; www.nynyhotelcasino.com ; 3790 S Las Vegas Blvd) est une métropole miniature rassemblant des répliques taille réduite de l'Empire State Building (47 étages, 160 m), de la statue de la Liberté, entourée d'un monument dédié aux victimes du 11-Septembre, et du pont de Brooklyn.

Le **Luxor** (☎ 702-262-4444 ; www.luxor.com ; 3900 S Las Vegas Blvd) se distingue par sa pyramide de 30 étages, intégralement recouverte de verre noir. L'extérieur est toujours orné d'excellentes copies de hiéroglyphes mais, voilà quelques années, les nouveaux propriétaires ont opté pour un grand réaménagement de l'espace intérieur (pas facile à opérer dans une pyramide !) qui a supprimé beaucoup d'éléments rappelant l'Égypte. Aujourd'hui plus classique, l'hôtel-casino mérite toujours une visite pour deux expositions durables : la controversée **Bodies... The Exhibition** (☎ 702-262-4400 ; adulte/enfant 31/23 $; 10h-22h) présentant des corps humains découpés et colorés pour en illustrer le fonctionnement et **Titanic : The Artifact Exhibition** (☎ 702-262-4400 ; adulte/enfant 27/20 $; 10h-22h) qui donne le frisson et suscite une surprenante émotion.

Le **Stratosphere** (☎ 702-380-7777 ; www.stratospherehotel.com ; 2000 Las Vegas Blvd S), tour blanche dressée sur trois pieds et haute de près de 360 m, a coûté 550 millions de dollars. Au sommet, des passerelles intérieures et extérieures offrent un panorama unique à 360 degrés.

AUTRES CURIOSITÉS

À l'**Atomic Testing Museum** (☎ 702-794-5161 ; www.atomictestingmuseum.org ; 755 E Flamingo Rd ; adulte/enfant 12/9 $; 9h-17h lun-sam, 13h-17h dim), affilié à la Smithsonian Institution, les expositions sont de grande qualité. Celle intitulée Atomic Age montre de façon intéressante comment la culture populaire (sous la forme de boîtes à pique-nique, de jouets et de films) participait à la course aux armes nucléaires. Ne ratez pas l'assourdissant Ground Zero Theater, reproduction d'un bunker à essais nucléaires.

Située, sur quatre pâtés de maisons, entre Main St et Las Vegas Blvd, la **Fremont Street Experience** (www.vegasexperience.com ; Fremont St ; toutes les heures 19h-minuit), une galerie commerciale recouverte d'une verrière d'acier, a donné un second souffle au centre-ville. Tous les soirs, on y assiste à six minutes d'un son et lumière projeté sur la verrière, sur un fond musical multidirectionnel de 550 000 watts. On se réjouit que dans cette partie de la ville les *table limits* (mises minimums) soient plus basses, et que les boissons gratuites apparaissent plus vite.

Le **Neon Museum** (☎ 702-387-6366 ; www.neonmuseum.org ; angle Fremont St et 4th St ; entrée libre, visite guidée 15 $; 24h/24, visite guidée 12h et 14h mar-sam) n'est pas à vrai dire un musée mais une promenade qui commence au centre commercial Neonopolis dans Las Vegas Blvd et se poursuit jusqu'à 3rd St se terminant en cul-de-sac, près de la Fremont Street Experience. Il est indispensable de prendre rendez-vous pour la visite guidée (15 $) du "Neon boneyard" qui vous fait découvrir les vieux néons d'époque.

Le site de la source où les Indiens puisaient leur eau, devenu la **Springs Preserve** (☎ 702-822-7700 ; www.springspreserve.org ; 333 S Valley View Blvd ; adulte/enfant 19/11 $; 10h-17h ;) se trouve à environ 8 km au nord du Center Strip. Les 72 hectares, inscrits dans le paysage de Las Vegas, sont dédiés aux Amérindiens. Des expositions intérieures et extérieures comprennent une maison écologique appelée Desert Living Center et un sentier de randonnée (gratuit) de près de 3 km à travers le désert.

À faire

Pour découvrir Las Vegas et les merveilles naturelles alentour depuis le ciel, envolez-vous avec **Papillon Helicopter Tours** (☎ 702-736-7243 ; www.papillon.com ; 275 E Tropicana Ave ; circuits à partir de 245 $). La découverte en hélicoptère du Grand Canyon va du simple survol à l'atterrissage au fond du canyon avec champagne et temps libre pour l'exploration.

Le lac Mead et le barrage Hoover n'étant qu'à quelques heures de route, les amateurs de sports nautiques consulteront **Desert Adventures** (☎ 702-293-5026 ; www.kayaklasvegas.com ; 1647 Nevada Hwy, Suite A, Boulder City ; circuits à partir de 120 $) pour des expéditions en kayak (demi-journée, journée, plusieurs jours). Organise également des randonnées.

Escape Adventures (☎ 702-596-2953 ; www.escapeadventures.com ; 8221 W Charleston Blvd ; excursions vélo compris à partir de 120 $) propose des circuits guidés en VTT dans le Red Rock Canyon State Park (p. 281). Loue également des vélos.

Rappellant le New York d'antan, le **Manhattan Express Rollercoaster** (☎ 800-689-1797 ; www.nynyhotel-casino.com ; New York-New York, 3790 Las Vegas Blvd S ; 14 $, 2e tour 7 $; 11h-23h dim-jeu, 10h30-minuit ven-sam ;)

LE SUD-OUEST

effectue un plongeon tournant qui donne d'agréables frissons.

À la **Stratosphere Tower** (☎ 702-380-7777 ; www.stratospherehotel.com ; Stratosphere, 2000 Las Vegas Blvd S ; ascenseur adulte/enfant 14/10 $, 13 $/attraction ; 🕑 10h-13h dim-jeu, 10h-14h ven-sam ; 👶), le Big Shot (tour de chute de 50 m) vous catapulte jusqu'à 330 m au-dessus du Strip, avant de retomber en chute libre. L'X-Scream et l'Insanity Ride sont deux autres attractions arrimées au bord de la tour, qui vont font tourner à 264 m au-dessus du sol.

Avec des enfants

Les établissements qui s'adressent aux familles sont peu nombreux à Vegas. La loi interdit même aux moins de 21 ans l'accès aux lieux réservés aux joueurs.

Le complexe hôtelier **Circus Circus** (☎ 702-734-0410 ; www.circuscircus.com ; 2880 Las Vegas Blvd S ; 👶) est le paradis des enfants. Son **Adventuredome** (☎ 702-794-3939 ; adulte/enfant 25/15 $; 🕑 10h-19h dim-jeu, 10h-minuit ven-sam ; 👶), un parc à thème couvert sur 2 ha, réunit des attractions qui vont du *laser tag* aux auto-tamponneuses en passant par les montagnes russes. Le **Midway** (entrée libre ; 🕑 11h-minuit ; 👶) organise toutes les 30 minutes un spectacle d'animaux, d'acrobates et de magiciens sur une grande scène.

L'**Excalibur** (☎ 702-597-7777 ; www.excalibur.com ; 3050 Las Vegas Blvd S ; 👶) propose également une série de jeux d'arcade et des boutiques à thème telles Dragon's Lair (la tanière du dragon), qui enchantera tous les amateurs de créatures fantastiques.

Las Vegas insolite

Les amateurs d'originalité ne manqueront pas le **Liberace Museum** (☎ 702-798-5595 ; www.liberace.org ; 1775 E Tropicana Ave ; adulte/enfant de plus de 10 ans 12,50/8,50 $; 🕑 10h-17h mar-sam, 12h-16h dim), qui abrite les flamboyantes automobiles, les costumes délirants et les pianos tarabiscotés, de l'artiste le plus kitsch de l'histoire de Las Vegas.

Rafraîchissez-vous au **Minus 5 Ice Lounge** (☎ 702-632-7777 ; www.mandalaybay.com ; Mandalay Bay, 3950 Las Vegas Blvd S ; entrée et 1 boisson avant/après 18h 30/40 $; 🕑 10h-3h), un bar où murs et mobilier sont en glace, de même que les gobelets à cocktail taillés pour un seul usage. On vous tend un bon manteau et des gants à l'entrée.

Réservé aux adultes, **Dick's Last Resort** (☎ 702-597-7991 ; www.dickslastresort.com ; Excalibur, 3050 Las Vegas Blvd S) est un bar-restaurant franchement vulgaire mais amusant où le personnel déverse des torrents d'obscénités sur les clients. Personnes de bon goût, s'abstenir : les convives doivent coiffer des bonnets d'âne portant des insultes très personnalisées. Ne prenez pas à la légère le "réservé aux adultes".

Où se loger

Des prix raisonnables aux folies sur carte de crédit illimitée, Las Vegas s'adresse à tous les budgets. Les tarifs s'envolent (notamment durant les week-ends et les congrès) ou s'effondrent en fonction de la demande. Le centre-ville est généralement meilleur marché que le Strip. La plupart des sites Internet des hôtels affichent un calendrier avec des tarifs au jour le jour. Nous avons choisi d'indiquer les prix les plus avantageux (pour une chambre standard) sachant qu'ils peuvent facilement atteindre le double.

PETITS BUDGETS

Imperial Palace (☎ 702-731-3311, 800-351-7400 ; www.imperialpalace.com ; 3535 Las Vegas Blvd S ; ch à partir de 45 $; ❄ 💻 📶 🏊). Chambres bon marché vu l'emplacement central, qui conviendront mieux cependant à ceux qui ne recherchent pas plus qu'un lit pour la nuit. Le concept "Dealertainers" (qui allie jeu et imitateurs de célébrités) donne un plus au casino.

Candlewood Suites Extended Stay (☎ 888-299-2208 ; 4034 Paradise Rd ; ch 65-120 $; ❄ 💻 📶). À environ 1,5 km du Strip, l'accès Wi-Fi gratuit, tout comme la laverie, est un bon point pour cet hôtel, où chaque chambre dispose d'une kitchenette. Vous économiserez ainsi en restaurant pour pouvoir prendre le taxi les grands soirs. De nombreux hommes d'affaires en sont les habitués. Tranquillité assurée.

Bill's Gamblin' Hall & Saloon (☎ 702-737-2100, 866-245-5745 ; www.billslasvegas.com ; 3595 Las Vegas Blvd S ; ch 65-150 $; ❄ 💻 📶). Excellent rapport qualité/prix pour cet hôtel en plein milieu du Strip ; il faut donc réserver bien à l'avance. Les chambres décorées dans le style victorien n'en arborent pas moins un écran plasma. Les clients ont accès gratuitement à la piscine du Flamingo voisin.

Luxor (☎ 702-262-4444, 877-386-4658 ; www.luxor.com ; 3900 Las Vegas Blvd S ; ch à partir de 65-190 $; ❄ 💻 📶 🏊). La brillante réception du Luxor, où pulse de la musique jusque tard dans la nuit, jure avec les chambres plutôt fatiguées situées dans la pyramide. Si vous préférez

LE CITYCENTER, L'AVENIR CONTESTÉ DE VEGAS

En dépit de finances vacillantes et d'une recrudescence d'accidents mortels sur les chantiers, le **CityCenter** (www.citycenter.com), a ouvert ses portes fin 2009. Ville à l'intérieur de la ville, ce complexe immobilier pharaonique est occupé par des hôtels, des résidences, le complexe casino-hôtel de 4 000 chambres **ARIA**, des restaurants et des boutiques, le tout s'étendant sur une longue portion du Strip (27 ha), face au MGM Grand. Les défenseurs du projet déclarent qu'il apportera à la ville un cœur urbain qui la mettra sur un pied d'égalité avec d'autres grands centres touristiques. À quoi certains rétorquent que le côté kitsch des nombreux hôtels à thème avait au moins cela de bon que l'on savait que l'on était à Vegas. D'autres pointent qu'avec le prix des chambres en baisse, un plus grand nombre d'hôtels ne peut que causer du tort à ceux déjà existants. Des architectes de renom ont dessiné le CityCenter, mais ce sont probablement les **Veer Towers** – des gratte-ciel ultramodernes penchés l'un vers l'autre – qui s'imposeront sur la ligne d'horizon du Las Vegas de l'avenir. L'une d'elles abritera l'hôtel **Mandarin Oriental**, summum du luxe au cœur du Strip.

le calme, optez pour une chambre dans la tour. L'établissement abrite quelques-uns des clubs les plus chauds de Las Vegas, dont le CatHouse (p. 280) et le LAX (p. 280). Des passages couverts permettent d'accéder au très chic Mandalay Bay et au moins sélect mais divertissant Excalibur.

New York-New York (☎ 866-815-4365 ; www.nynyhotelcasino.com ; 3790 Las Vegas Blvd S ; ch à partir de 75 $;). Une jolie surprise, notamment en raison du prix, que ces chambres basiques mais agréables, et relativement calmes malgré la présence à quelques pas du casino. Une ambiance joyeuse et décontractée règne dans ses clubs et ses bars.

CATÉGORIE MOYENNE

Flamingo (☎ 702-733-3111 ; www.flamingolasvegas.com ; 3555 Las Vegas Blvd S ; ch à partir de 90 $;). Tâchez d'obtenir l'une des chambres GO, les plus récentes, qui rendent, à un prix abordable, un brillant hommage au glorieux passé de ce temple du luxe de Las Vegas. Emplacement rêvé, au centre de l'action.

Paris-Las Vegas (☎ 702-946-7000, 877-603-4386 ; www.parislasvegas.com ; 3655 Las Vegas Blvd S ; ch à partir de 90 $;). Belles chambres avec une touche de design français classique. Les nouvelles Red Rooms sont d'une élégance somptueuse. Les chambres les plus chères, offrant une vue sur la réplique de la tour Eiffel, sont parfaites pour une grande occasion.

Caesars Palace (☎ 866-227-5938 ; www.caesarspalace.com ; 3570 Las Vegas Blvd S ; ch à partir de 90 $;). Les chambres standard sont parmi les plus luxueuses de la ville. La liste des restaurants, des boutiques et des commodités est très longue et le complexe semble aussi vaste que la Rome antique.

Mandalay Bay (☎ 702-632-7777, 877-632-7800 ; www.mandalaybay.com ; 3950 Las Vegas Blvd S ; ch à partir de 310 $;). Chambres richement décorées sur le thème des mers du Sud, avec grandes baies vitrées et sdb luxueuses. Immense complexe aquatique avec piscine, plage de sable, machine à vagues et Moorea Beach Club (réservé aux adultes).

Platinum Hotel (☎ 702-365-5000, 877-211-9211 ; www.theplatinumhotel.com ; 211 E Flamingo Rd ; ch à partir de 130 $;). Un bel établissement, assez récent, prisé des hommes d'affaires et des habitants de la région qui veulent être proches du Strip sans être dessus. Les chambres modernes et lumineuses sont confortables, dotées de jolies touches. Toutes ont une cuisine et un Jacuzzi, et beaucoup une cheminée. Pas de casino sur place.

CATÉGORIE SUPÉRIEURE

À Vegas, on peut goûter au luxe à des prix défiant toute concurrence. Des offres, uniquement sur Internet, peuvent réduire les tarifs indiqués ci-dessous de 50%. Pour peu que vous laissiez de grosses sommes au casino, on vous offrira sans doute une suite somptueuse.

THEhotel (☎ 702-632-7777, 877-632-7800 ; www.thehotelatmandalaybay.com ; Mandalay Bay, 3950 Las Vegas Blvd S ; ste 130-500 $;). Service stylé et élégance sont au rendez-vous dans cet hôtel de charme intimiste qui ne comporte que des suites. On se sent si bien dans ce chic new-yorkais contemporain qu'on voudrait s'y installer. Chambres spacieuses avec coin bar et écran plasma.

Palms Casino Resort (☎ 702-942-7777, 866-942-7777 ; www.palms.com ; 4321 W Flamingo Rd ; ch 149-500 $;). Destiné à l'origine aux jeunes du coin, le Palms attire depuis l'émission de téléréalité *Real World* une clientèle plus branchée, façon MTV, et des célébrités qui aiment faire la fête comme Paris Hilton et Britney Spears. Les chambres standard sont vastes, et les étages supérieurs ont vue sur le Strip. La fabuleuse piscine est l'endroit où il faut être vu. Des studios d'enregistrement permettent à chacun de réaliser ses rêves de star.

Red Rock Resort (☎ 702-797-7878 ; www.redrocklasvegas.com ; 11011 W Charleston Blvd ; ch 200-625 $;). Ce complexe est fier d'être le premier casino-hôtel d'un milliard de dollars en dehors du Strip, et la plupart des gens qui l'ont fréquenté délaissent à jamais le centre. Une navette gratuite circule entre le Strip et l'établissement, où sont organisées des randonnées pédestres et à vélo dans le proche Red Rocks State Park, et au-delà. Les chambres, joliment décorées, sont très confortables.

Encore (☎ 702-770-8000 ; www.encorelasvegas.com ; 3121 Las Vegas Blvd S ; ch 250-850 $;). Élégant et enjoué, plus qu'extravagant et opulent – même les joueurs à la table de roulette applaudissent avec une relative réserve. Si le thème Côte d'Azur flamboie dans les espaces communs de l'établissement, les chambres sont un modèle de luxe discret.

Où se restaurer

Sin City n'a pas son égal en matière de gastronomie. Depuis 1992, lorsque Wolfgang Puck a ouvert son restaurant le Spago dans l'enceinte du Caesars Palace, presque tous les grands hôtels ont recruté des chefs célèbres. On trouve encore des établissements bon marché, surtout dans le centre, mais les gourmets ont la part belle (et les tarifs en conséquence). Il est impératif de réserver bien à l'avance dans les restaurants huppés. Tous les grands casinos disposent d'un café ouvert 24h/24 et de quelques restaurants.

PETITS BUDGETS

À l'ouest du Strip, les restaurants asiatiques de Spring Mountain Rd, à Chinatown, sont idéaux pour les petits budgets. Ils proposent en outre de nombreux plats végétariens. Sur le Strip lui-même, à part les fast-foods, il est difficile de trouver des tables bon marché.

Cypress Street Marketplace (☎ 702-893-4800 ; Caesars Palace, 3500 Las Vegas Blvd S ; plats 5-10 $; 11h-23h). Dans le Forum Shops, relié au Caesars Palace, cette galerie de restauration réputée propose une grande variété de cuisines à prix raisonnable.

'wichcraft (☎ 702-891-3199 ; MGM Grand, 3799 Las Vegas Blvd S ; sandwichs 7-9 $; 10h-17h). Bien située près de l'entrée du Monorail, cette sandwicherie design est idéale pour un petit-déjeuner ou un déjeuner sur le pouce. Création du célèbre chef Tom Colicchio, c'est la meilleure adresse pour manger gourmet à petit prix.

Ellis Island Casino & Brewery (☎ 702-733-8901 ; 4178 Koval Lane ; plats 7-14 $; 24h/24). Le restaurant sert à toute heure clams à la vapeur, pâtes et sandwichs, mais entre 16h et 22h, rejoignez le patio de la brasserie où grillent sur le barbecue des *baby back ribs* (travers de porc, 12 $), à accompagner d'une des délicieuses bières bon marché (1,50 $) brassées dans les énormes cuves qui s'alignent dans le casino. Dans la pizzeria, la part de pizza commence à 2,50 $.

Victorian Room (☎ 702-737-2100 ; Bill's Gamblin' Hall & Saloon, 3595 Las Vegas Blvd S ; plats 8-20 $; 24h/24). Un cadre nostalgique qui rappelle le vieux San Francisco pour un des meilleurs rapports qualité/prix parmi les restaurants assis de Las Vegas. Les savoureuses formules *prime rib* (côte première) ou *New York steak* (14,95 $) sont servies à toute heure.

CATÉGORIE MOYENNE

House of Blues (☎ 702-632-7600 ; Mandalay Bay, 3950 Las Vegas Blvd S ; plats 13-20 $; 7h30-minuit dim-jeu, 7h30-1h ven-sam). Grillades, burgers et salades, accompagnés de musique live (gratuite les soirs où il n'y a pas de concert avec entrée), sont au menu de cette adresse typique du sud des États-Unis où la déco fait la part belle à l'art folklorique. Réservez pour le Gospel Brunch du dimanche (20-50 $; 10h et 13h), un copieux buffet avec biscuits, poulet créole, jambalaya de crevettes, etc.

Society Café (☎ 702-248-3463, 888-352-3463 ; Encore, 3121 Las Vegas Blvd S ; plats 14-30 $; 7h-minuit dim-jeu, 7h-3h ven-sam). Petit paradis gastronomique à prix raisonnable dans le magnifique cadre de l'Encore, ce café sert une cuisine qui rivalise avec celles de certains grands restaurants. Les *sliders* sont parfaits en amuse-gueule ou pour un repas léger, et le club sandwich garni de chair de langouste se déguste avec les doigts sans commettre d'impair.

Border Grill (☎ 702-632-7403 ; Mandalay Bay, 3950 Las Vegas Blvd S ; plats 17-30 $; 11h30-22h lun-jeu, 11h30-23h ven, 11h-23h sam, 11h-22h dim).

Excellente cuisine mexicaine et patio agréable pour observer la foule tout en sirotant des margaritas dans la journée. Le menu, avec des plats comme les *enchiladas* de poulet au *poblano* (piment) vert, vaut le détour pour un dîner.

Capo's Italian Cuisine (☎ 702-364-2276 ; 5675 W Sahara Ave ; plats 17-40 $; 17h-minuit). Le thème des gangsters est annoncé dès l'entrée, qui se fait par l'arrière, après qu'on vous a observé par l'œilleton. Il faut bien un peu de mise en scène pour un repas digne de Don Corleone. Toutes les spécialités maison sont délicieuses mais nous vous conseillons le steak Maker's Mark New York qui donnerait des rêves d'évasion à n'importe quel gangster derrière les barreaux.

CATÉGORIE SUPÉRIEURE

Vu la situation économique, il y a de grandes chances que les restaurants haut de gamme vous proposent des formules dégustation à prix fixe qui représentent une réduction de 30 à 40% par rapport à la carte.

Bally's Steakhouse (☎ 702-967-7999 ; Bally's, 3645 Las Vegas Blvd S ; plats 25-40 $; 9h30-14h30 dim, 17h30-22h30 tlj). Le dimanche, faites-vous plaisir en savourant le meilleur – et le plus cher – brunch de la ville (85 $), le Sterling Brunch. Entre les sculptures de glace et les somptueux arrangements floraux, le choix de canetons rôtis, de filets de bœuf et de sushis laisse rêveur.

Red Square (☎ 702-632-7407 ; Mandalay Bay, 3950 Las Vegas Blvd S ; plats 30-45 $; restaurant 17h-22h30, bar 17h-2h dim-jeu, 16h-4h ven-sam). Ambiance post-perestroïka pour ce restaurant russe moderne. Franchissez les rideaux rouges pour déguster un succulent bœuf stroganoff, du saumon *kulebyaka* ou des clams nappés de caviar. Revêtez un manteau de l'armée russe pour aller siroter une vodka sous les voûtes glacées de la cave.

Fammia (☎ 702-891-7600 ; MGM Grand, 3799 Las Vegas Blvd S ; repas 50-60 $; 5h30-22h dim-jeu, 17h30-23h ven-sam) s'aligne avec d'autres restaurants haut de gamme dans le MGM Grand, mais son attrait particulier est qu'il offre une expérience culinaire d'exception sans pour autant vous ruiner. Les spaghettis accompagnés de boulettes de bœuf de Kobe laissent sans voix.

Joël Robuchon (☎ 702-891-7925 ; MGM Grand, 3799 Las Vegas Blvd S ; menu 250-385 $/pers ; 17h30-22h dim-jeu, jusqu'à 22h30 ven-sam). Réservez-vous trois bonnes heures pour vivre un repas inoubliable, comportant 6 ou 16 plats de saison (langouste rôtie à l'ail, cuisses de grenouilles, foie gras, etc.). Ce petit restaurant intime, encensé par la critique gastronomique, séduit aussi de nombreuses stars qui viennent passer la soirée dans l'opulence de son cadre rouge et or. Juste à côté, l'Atelier de Joël Robuchon propose des formules plus économiques au comptoir, mais tout aussi délicieuses.

Où prendre un verre

Si vous voulez rencontrer les habitants de la région et boire gratuitement, consultez le **SpyOnVegas** (www.spyonvegas.com), qui organise chaque semaine une soirée *open bar* dans un endroit différent.

ghostbar (☎ 702-942-6832 ; Palms Casino Resort, 4321 W Flamingo Rd ; 10-25 $; 20h-tard). Élégance, futurisme et clientèle branchée pour ce bar à la déco industrielle chic, situé au 55e étage. Rencontrez des célébrités et admirez la vue éblouissante depuis le patio.

O'Sheas (☎ 702-697-2711 ; www.osheaslasvegas.com ; 3555 Las Vegas Blvd S ; boissons à partir de 2 $; 24h/24). Au cœur de l'action, le O'Sheas propose pour la plus grande joie des buveurs un happy hour 24h/24, et un *bottle service* à 45 $ pour une bouteille de Jack Daniel's ou une bouteille de vodka Smirnoff avec une boisson non alcoolisée pour l'accompagner.

Frankie's Tiki Room (☎ 702-385-3110 ; www.frankies-tikiroom.com ; 1712 W Charleston Blvd ; toutes boissons 8 $; 24h/24). Dans le seul *tiki bar* (bar à thème polynésien) des USA qui ne ferme jamais, la teneur en alcool des boissons est indiquée par des têtes de mort. Sur les murs, les plus grands sculpteurs et peintres de tikis du monde exposent leurs œuvres.

Où sortir

Las Vegas propose tous les soirs nombre de spectacles. Vous trouverez des billets pour à peu près tout auprès de **Ticketmaster** (☎ 702-474-4000 ; www.ticketmaster.com)

Tix 4 Tonight (☎ 877-849-4868 ; www.tix4tonight.com ; Bill's Gamblin' Hall & Saloon, 3595 Las Vegas Blvd S ; 10h-20h) propose des billets à moitié prix pour un nombre limité de spectacles qui ont lieu le jour même et de petites réductions sur d'autres qui se donnent toujours à guichet fermé. Parmi les 6 billetteries Tix 4 Tonight de la ville, celle du Bill's Gamblin' Hall est la plus centrale. On peut également y acheter à moitié prix un dîner dans un grand restaurant.

CLUBS ET MUSIQUE LIVE

Les droits d'entrée dans les clubs fluctuent considérablement selon l'humeur du personnel à la porte, le ratio hommes/femmes et la popularité des lieux ce soir-là.

Stoney's Rockin' Country (☎ 702-435-2855 ; www.stoneysrockincountry.com ; 9151 Las Vegas Blvd S ; entrée pers de l'État/hors de l'État 5/10 $; ⏲ 19h-tard jeu-dim). Adresse en dehors du Strip qui mérite vraiment le déplacement. Les vendredis et samedis soir, la bière à la pression à volonté est à 20 $ et l'initiation à la danse country en ligne gratuite de 19h30 à 20h30. Le taureau mécanique fait un tabac.

Bank (☎ 702-693-8300 ; Bellagio, 3600 Las Vegas Blvd S ; entrée homme à partir de 30 $, femme gratuit-30 $; ⏲ 22h30-4h30). Ce club se distingue par un service et une ambiance haut de gamme. Optez pour le traitement VIP (à partir de 475 $) et on vous chouchoutera comme une star.

CatHouse (☎ 702-262-4228 ; www.cathouselv.com ; Luxor, 3900 Las Vegas Blvd S ; entrée ven-sam homme/femme 30/20 $, moins les autres jours ; ⏲ 22h30-4h lun et jeu-dim, 1h-4h mer). Dans ce club aux airs de maison close parisienne du XIXe siècle, les gens se lèvent et dansent, ou restent assis. Bonne ambiance, à la fois sensuelle et décontractée. Le dîner avant l'ouverture du club est, dit-on, excellent.

LAX (☎ 702-262-4529 ; www.laxthenightclub.com ; Luxor, 3900 Las Vegas Blvd S ; entrée homme à partir de 40 $, femme gratuit-40 $; ⏲ 22h-4h mer-sam). Avec des actionnaires célèbres comme Christina Aguilera et toute une foule de stars qui y organisent des fêtes, voici sans doute le club qui fait le plus sensation à Las Vegas. Pas de meilleure preuve de son succès que la bousculade à la porte, qui tourne presque chaque soir à l'émeute !

Moon (☎ 702-942-7000 ; www.n9negroup.com ; Palms Casino Resort, 4321 W Flamingo Rd ; entrée semaine/week-end 20/40 $; ⏲ 22h30-4h mar et jeu-dim). Un élégant night-club du cosmos installé au sommet d'une tour. L'entrée comprend l'admission au seul Playboy Club du monde, relié au Moon par un escalator. Quand le toit rétractable s'ouvre, il n'y a rien de plus palpitant que de vibrer en musique sous les étoiles !

SPECTACLES

Vegas accueille des centaines de spectacles.

LOVE (☎ 702-792-7777 ; tickets 99-150 $), présenté au Mirage, est une des merveilleuses productions du Cirque du Soleil, que les habitués de Las Vegas déclarent être la meilleure de la compagnie. Le Cirque du Soleil donne aussi, toujours avec le même succès, son spectacle aquatique **O** (☎ 702-796-9999 ; 99-150 $), au Bellagio, **Mystère** (☎ 702-796-9999 ; 60-110 $) au Treasure Island (TI), **Zumanity** (☎ 702-740-6815 ; 69-129 $), un spectacle pour adultes, au New York-New York, et **Ka** (☎ 702-796-9999 ; 69-150 $) au MGM Grand. Au Luxor, **Criss Angel Believe** (☎ 702-262-4400 ; 59-160 $), qui met en scène le célèbre maître de l'illusion éponyme, est aussi impressionnant mais d'un esprit plus sombre (qui peut déranger les enfants).

Steel Panther (☎ 702-617-7777 ; www.greenvalleyranchresort.com ; Green Valley Resort, 2300 Paseo Verde Pkwy, Henderson ; entrée libre ; ⏲ 23h-tard ven) est un groupe de glam metal qui se moque du public, de lui-même, et des années 1980 avec des gags et des bons mots faisant souvent référence à la drogue et au sexe. Lors de ses spectacles à Los Angeles, le groupe a réussi à faire monter sur scène des célébrités comme Pink ou Billy Ray Cyrus.

LAS VEGAS GAY ET LESBIEN

Fabrice Marino, un journaliste d'origine italienne nous affirme que cette ville est un endroit super pour les voyageurs gay si l'on sait où chercher. Voici ses adresses préférées :

Krave (☎ 702-836-0830 ; www.kravelasvegas.com ; 3663 Las Vegas Blvd S ; entrée 5-20 $; ⏲ 22h-tard dim-jeu, 23h-tard ven-sam). Un club gay sensationnel, surtout à l'heure des afters. Bondé lors des soirées spéciales, il peut aussi être très touristique. Chaque samedi soir, la soirée CandyBar est la plus importante et la plus festive de la semaine pour les filles de la "ville du péché". Entrée en retrait de Harmon Ave, devant le Desert Passage.

Piranha (☎ 702-791-0100 ; www.piranhavegas.com ; 4633 Paradise Rd ; entrée 5-10 $; ⏲ minuit-tard). Une foule d'habitués du coin, et c'est bon signe, s'y presse du jeudi au dimanche. Il n'y a donc pas de meilleur endroit pour faire connaissance et vous serez bientôt renseigné sur les autres adresses gay des alentours.

Blue Moon Resort (☎ 702-784-4500 ; www.bluemoonlv.com ; 2651 Westwood Dr ; ch avec petit-déj 126-80 $;). Ce complexe hôtelier tenu par des gays s'adresse exclusivement aux hommes. Ses 45 chambres chics allient cuir noir et bois. Avec son Jacuzzi et toutes sortes d'événements, le coin piscine est incontournable.

Achats

Bonanza Gifts (☎ 702-385-7359 ; 2440 Las Vegas Blvd S). La meilleure adresse pour des souvenirs kitsch typiques de Vegas (et introuvables ailleurs).

Fashion Show Mall (☎ 702-369-0704 ; 3200 Las Vegas Blvd S). Le plus grand et le plus clinquant des centres commerciaux du Nevada.

Forum Shops (☎ 702-893-4800 ; Caesars Palace, 3500 Las Vegas Blvd S). Toutes les grandes marques, d'Abercrombie & Fitch à Versace.

Grand Canal Shoppes (☎ 702-414-4500 ; Venetian, 3355 Las Vegas Blvd S). Centre commercial de luxe à l'italienne et gondoles.

Mandalay Place (☎ 702-632-9333 ; 3930 Las Vegas Blvd S). Sur la passerelle entre les tours du Mandalay Bay et du Luxor. Promenade aérienne au milieu de boutiques de mode inimitables.

Miracle Mile Shops (☎ 702-866-0710 ; Planet Hollywood, 3663 Las Vegas Blvd S). Des boutiques sur 2,5 km de long. Au choix : prendre un verre, se faire tatouer ou acheter des vêtements.

Wynn Esplanade (☎ 702-770-7000 ; Wynn Las Vegas, 3131 Las Vegas Blvd S). Le paradis du luxe sur 23 000 m².

Depuis/vers Las Vegas

Au sud des grands casinos du Strip, l'**aéroport international McCarran** (LAS ; ☎702-261-4636 ; www.mccarran.com) est accessible depuis l'I-15. Vols directs au départ de la plupart des villes américaines et de quelques villes canadiennes et européennes. **Bell Trans** (☎702-739-7990 ; www.bell-trans.com) assure une navette entre l'aéroport et le Strip (6,50 $; un peu plus pour le centre). Pour trouver le guichet de Bell Trans, sortez par la porte 9, près du "baggage claim".

Depuis la **gare routière Greyhound** (☎ 702-383-9792 ; www.greyhound.com ; 200 S Main St), dans le centre, partent des bus réguliers depuis/vers Los Angeles (40-57 $, 6 heures), San Diego (47-62 $, 8 heures) et San Francisco (60-93 $, 15 heures). **Amtrak** (☎ 800-872-7245 ; www.amtrak.com) ne dessert pas Las Vegas, mais assure une navette en bus depuis Los Angeles (50 $, 6 heures).

Toutes les attractions de Vegas disposent d'un parking gratuit et d'un parking avec voiturier (pourboire 2 $). Rapide et accessible aux fauteuils roulants, le **monorail** (☎ 702-699-8299 ; www.lvmonorail.com) relie le Sahara au MGM Grand et s'arrête aux principaux hôtels du Strip (7h-2h lun-jeu, 7h-3h ven-dim ; 5 $, forfait 24 heures 15 $, forfait 3 jours 28 $). Le bus à impériale **Deuce** (☎ 702-228-7433 ; www.rtcsouthernnevada.com) circule 24h/24 et tous les jours entre le Strip et le centre-ville (trajet/forfait 24 heures 3/7 $).

ENVIRONS DE LAS VEGAS

Red Rock Canyon

La beauté naturelle de ce **parc** (☎702-515-5350 ; www.redrockcanyonlv.org ; 5 $; 🕑 6h-crépuscule) est le parfait antidote au kitsch de Vegas. Situé à 30 km à l'ouest du Strip, le canyon ressemble davantage à une vallée, surplombée par une paroi abrupte se dressant à 900 m au-dessus du versant ouest. À 3 km à l'est du Visitor Center, une route panoramique décrit une boucle de 21 km et permet d'accéder à des sentiers de randonnée et à un camping fonctionnant sur le principe du premier arrivé-premier servi (emplacement 10 $).

Lake Mead et le Hoover Dam

Le lac Mead et le barrage de Hoover sont les sites les plus visités de la **Lake Mead National Recreation Area** (☎702-293-8906 ; www.nps.gov/lame), qui englobe le Lake Mead, de 180 km de long, le Lake Mohave, de 110 km de long, et les zones désertiques qui les entourent. L'excellent **Alan Bible Visitors Center** (☎702-293-8990 ; 🕑 8h30-16h30), sur la Hwy 93, à mi-chemin entre Boulder City et le Hoover Dam, vous informe sur les activités à pratiquer dans le parc ainsi que sur la flore et la faune. De là, la North Shore Rd serpente autour du lac, offrant une vue magnifique.

À cheval sur la frontière entre l'Arizona et le Nevada, le **Hoover Dam** (www.usbr.gov/lc/hooverdam), avec son style Art déco et ses 228 m de haut, offre un contraste saisissant avec le paysage désolé qui l'entoure. Vous pourrez opter pour la **visite de la centrale électrique** (adulte/enfant 11/6 $; 🕑 9h15-17h15, jusqu'à 16h15 en hiver), 30 minutes, ou la **visite du barrage Hoover** (30 $; pas d'enfant de moins de 8 ans), plus complète d'1 heure.

Les billets sont en vente au **Visitor Center** (☎ 702-494-2517, 866-730-9097 ; 🕑 9h-18h ; expositions adulte/enfant 8 $/gratuit). Seuls les billets pour la centrale électrique peuvent être achetés en ligne. Sachez que les bus et les camions ne peuvent traverser le barrage, et les piétons y sont interdits à la nuit tombée. Tous les véhicules l'empruntant peuvent être fouillés. Une autoroute devant contourner ce goulot d'étranglement est en chantier. Elle devrait être inaugurée fin 2010.

Valley of Fire State Park

Ce **parc** (www.parks.nv.gov/vf.htm ; 6 $), qui présente une succession de magnifiques formations de grès aux contours psychédéliques est

LE FESTIVAL DE BURNING MAN

Pendant la semaine à cheval sur fin août et début septembre, **Burning Man** (www.burningman.com ; 195-280 $) se tient dans le Black Rock Desert, augmentant considérablement la population de Black Rock City l'espace de ces quelques jours. C'est un rassemblement d'art expérimental (dans un esprit alternatif et libertaire) dont le clou est l'immolation d'un immense personnage.

l'escapade rêvée, à seulement 9 km de Vegas. La Hwy 169 passe à côté du **Visitor Center** (☎702-397-2088 ; 8h30-16h30), qui vous indiquera les sentiers de randonnée et accueille d'excellentes expositions sur la faune du désert. Un emplacement au **camping** coûte 14 $.

Laughlin

Située sur les berges de la Colorado River, Laughlin est le Vegas du pauvre. Les casinos qui bordent la rue principale ont beau porter des noms familiers (Flamingo, Harrah…), le style n'y est pas. Laughlin attire un public plus âgé, amateur de burgers, de Budweiser et de machines à sous, dans une ambiance nettement moins électrique.

Laughlin est néanmoins très prisée pour ses hôtels parmi les moins chers de l'Ouest (chambres sans charme, mais propres). À essayer : le **Tropicana Express** (☎702-298-4200, 800-243-6846 ; www.tropicanax.com ; 2121 S Casino Dr ; ch à partir de 22 $;) dont les chambres récemment rénovées sont très bien notées par les voyageurs. Les amateurs du rail seront enchantés par la locomotive à vapeur qui parcourt en haletant les 14 ha du complexe. Au bord du fleuve, le **Golden Nugget** (☎702-385-7111, 800-846-5336 ; www.goldennugget.com ; 2300 S Casino Dr ; ch 25-60 $;) abrite de jolies chambres au thème tropical. Depuis celles avec vue sur la rivière, Laughlin est du plus bel effet au coucher du soleil.

OUEST DU NEVADA

Vaste étendue désertique plantée d'armoise, la pointe occidentale de l'État comprend des chaînes montagneuses et des vallées brûlées par le soleil. C'est pourtant là que naquit le Nevada moderne avec la découverte du fameux filon d'argent de Comstock à Virginia City. Aujourd'hui, cette partie de l'État attire les visiteurs par ses activités de plein air comme la randonnée, le cyclotourisme, et le ski dans ses nombreuses montagnes. Des villes historiques insolites où s'élèvent les splendides demeures des barons de l'argent sont un autre attrait, sans oublier, naturellement, le paradis du jeu : Reno. Pour des détails sur la rive du lac Tahoe située côté Californie, voir p. 252.

Reno

Ceux qui pensent que l'habit ne fait pas le moine, quittent "la plus grande petite ville du monde" sous le charme. Au pied des montagnes de la Sierra Nevada, son centre-ville, qui se parcourt à pied, séduit par une scène artistique très vivante. Un parc – également au centre de la ville – où l'on peut pratiquer toute l'année le kayak en eaux vives et des activités de plein air à proximité garantissent de toucher le jackpot d'un séjour réussi.

Le centre-ville se trouve au nord de la Truckee River et au sud de l'I-80. La plupart des casinos bordent N Virginia St, entre la 1st St et la 6th St. Le quartier de River Walk, qui longe W 1st St, est le meilleur endroit où se restaurer et s'amuser en dehors des casinos.

Le **Visitor Center** (☎775-827-7600, 800-367-7366 ; www.visitrenotahoe.com ; Reno Town Mall, 4001 S Virginia St ; 8h-17h lun-ven) est au sud du centre-ville.

À VOIR ET À FAIRE

Casinos

Malgré tous leurs efforts, les casinos de Reno ont rarement la classe de ceux de Vegas.

Eldorado (☎775-786-5700 ; www.eldoradoreno.com ; 345 N Virginia St). Une vraie petite ville sous un seul toit.

Grand Sierra Resort (☎775-789-2000 ; www.grandsierraresort.com ; 2500 E 2nd St). Lounge pour le champagne, concerts et petit parc à thème débordant d'attractions qui donnent le frisson.

Peppermill (☎775-826-2121 ; www.peppermillreno.com ; 2707 S Virginia St). Casino clinquant qui rappelle Vegas. En novembre 2008 fut inauguré un immense spa de 278 m².

Siena (☎775-327-4362 ; www.sienareno.com ; 1 S Lake St). Au bord de la Truckee River, l'un des plus haut de gamme, à l'atmosphère feutrée. Jeu et spa.

Silver Legacy (☎775-329-4777 ; 407 N Virginia St). Décor XIXe siècle, son et lumière sous un dôme de 36 m de haut, et exposition d'objets provenant des anciennes mines d'argent.

Autres curiosités

En plein centre-ville, le **Truckee River Whitewater Park** (775-334-2262 ; angle Sierra St et 1st St) permet de faire du kayak toute l'année. À part un endroit tranquille adapté aux débutants, les rapides du parc sont majoritairement de classe II et III. Situé au niveau des commerces du Silver Legacy, **Wild Sierra Adventures** (866-323-8928 ; www.wildsierra.com ; 407 N Virginia St), tenu par le sympathique Jim Bell, offre quantité d'activités : kayak, descente en chambre à air, VTT, ski, promenade à cheval et motoneige.

En hiver, rendez-vous dans les stations de ski du Lake Tahoe (p. 254), toutes proches, et au **Mt Rose** (775-849-0704 ; www.mtrose.com ; forfait remontées adulte/enfant 64/17 $), à seulement 25 minutes de trajet.

Le **National Automobile Museum** (775-333-9300 ; www.automuseum.org ; 10 S Lake St ; adulte/enfant 10/4 $; 9h30-17h30 lun-sam, 10h-16h dim ; P) abrite une impressionnante collection de véhicules uniques, dont une DeLorean plaquée or 24 carats, et des voitures de célébrités comme la Cadillac de 1973 d'Elvis.

Le **Nevada Museum of Art** (775-329-3333 ; www.nevadaart.org ; 160 W Liberty St ; adulte/enfant 10/1 $; 10h-17h mer-dim, jusqu'à 20h jeu) possède d'étonnantes sculptures à l'extérieur et des collections permanentes à l'intérieur réunissant plus de 600 photos de paysages, des peintures d'artistes de la région et une bonne sélection d'art contemporain et de pop art.

Organisées par l'Historic Reno Preservation Society, la plupart des **promenades historiques** (775-747-4478 ; www.historicreno.org ; circuit 10 $; 18h mar, 10h sam) partent des Riverside Artist Lofts, à l'angle de la Truckee River et de Virginia St.

OÙ SE LOGER

Wildflower Village (775-747-8848 ; 4395 W 4th St ; www.wildflowervillage.com ; ch à partir de 50 $;). Cette communauté d'artistes à la lisière de la ville dégage une atmosphère un peu décatie mais créative. Des fresques ornent chaque chambre, et l'on entend les trains de marchandises passer non loin.

Silver Legacy (775-325-7401, 800-687-8733 ; www.silverlegacyreno.com ; 407 N Virginia St ; ch 50-100 $;). Déco tout en cuir et dentelles pour ce vaste casino-hôtel du centre-ville, aux chambres de style victorien luxueuses et confortables. Le casino, coiffé d'un immense dôme (abritant une réplique de mine d'argent et des restaurants) est une institution de la ville.

Siena Hotel Spa Casino (775-327-4362, 877-743-6233 ; www.sienareno.com ; 1 S Lake St ; ch à partir de 90-170 $;). Cet hôtel de charme est une des adresses les plus luxueuses de Reno. Chambres douillettes et joliment aménagées donnant sur le fleuve, toutes non-fumeurs.

OÙ SE RESTAURER

Jungle Java & Jungle Vino (775-329-4484 ; www.javajunglevino.com ; 246 W 1st St ; sandwichs 6 $; 6h-minuit ;). Joli sol en mosaïque pour ce café à la fois bar à vin et cybercafé avec Wi-Fi gratuit.

Golden Flower (775-323-1628 ; 205 W 4th St ; repas 6-9 $; 10h-21h). Le dimanche le restaurant est fréquenté par les familles vietnamiennes – un bon signe. Tout est bon, surtout le *pho* (soupe de nouilles) et les rouleaux de printemps tout frais.

Peg's Glorified Ham & Eggs (775-329-2600 ; 420 S Sierra St ; plats 7-10 $; 6h30-14h). Réputé servir le meilleur petit-déjeuner de la ville, voire de l'État, le Peg's propose aussi de savoureuses grillades pas trop grasses. C'est l'endroit idéal le dimanche pour déguster, à la terrasse, une omelette copieusement garnie tout en parcourant le journal. Les enfants sont les bienvenus.

Louis' Basque Corner (775-323-7203 ; 301 E 4th St ; déjeuner adulte/enfant 12/7 $, dîner adulte/enfant 24/12 $; 11h30-14h30 mar-sam, 17h-21h30 tlj). Agneau, lapin, ris de veau, voici ce que vous propose Louis à une grande table familiale. Chaque jour, le menu affiché sur la vitre est différent.

Wild River Grille (775-284-7455 ; www.wildrivergrille.com ; 17 S Virginia St ; plats déj 12 $, dîner 30 $; 11h-23h dim-jeu, 11h-minuit ven-sam). Au bord du fleuve, ambiance chic et excellente cuisine : les terrines de crabe et de saumon (9,50 $) sont divines. En fin de semaine, Kate Cotter, une chanteuse locale viendra peut-être vous chanter la sérénade.

OÙ PRENDRE UN VERRE ET SORTIR

210 North (775-786-6210 ; www.210north.com ; 210 N Sierra St ; gratuit avant 22h, 10-20 $; jeu-sam). Lorsque les habitants veulent frimer un peu, ils viennent dans cet établissement, à la fois discothèque animée et bar-lounge plus calme, tout à fait digne de Vegas.

Davidson's Distillery (775-324-1917 ; 219 E 4th St ; 12h-tard). Oui, ce que vous voyez dans le coin est bien un distributeur de cigarettes et de pièces détachées pour Harley-Davidson ! Dans ce bar fréquenté par un fort contingent de motards bardés de cuir, tant que vous ne portez pas de jugement (adoptez la *live-and-let-live* attitude), tout ira bien. Une boutique de tatouage et un concessionnaire Harley se partagent le bâtiment, si jamais vous vouliez changer de vie…

Shooter's (☎ 775-329-9646 ; 434 N Virginia St ; 🕐 12h-tard). Pas facile de jouer au troquet de seconde zone face aux grands casinos, pourtant ce sombre bar dans Virginia St réussit très bien le numéro. Ici pas de paris, mais on fait le plein de heavy metal au juke-box.

COMMENT S'Y RENDRE ET CIRCULER

L'**aéroport international de Reno-Tahoe** (RNO ; ☎ 775-328-6400 ; www.renoairport.com ; 📶) se trouve à quelques kilomètres au sud-est du centre-ville. Il est équipé d'une connexion Wi-Fi gratuite. La compagnie de bus **Greyhound** (☎ 775-322-2970 ; www.greyhound.com ; 155 Stevenson St ; 🕐 5h-22h) dessert régulièrement San Francisco (39 $, 6 heures) et Los Angeles (66-93 $, 10 heures 30 à 15 heures), et assure 2 liaisons/jour avec Las Vegas, NV (63-105 $, 18 heures à 20 heures). Un bus **Amtrak** (☎ 775-329-8638 ; 280 N Center St) rallie Sacramento quotidiennement, à 9h36 (42 $, 5 heures. Attention : les retards sont fréquents sur cette ligne. Il y a 1 train/jour pour Salt Lake City, Utah (58 $, 13 heures) et Denver, Colorado (96 $, 29 heures).

Les hôtels proposent souvent une navette gratuite depuis/vers l'aéroport. Le réseau de bus local, **Citifare** (☎ 775-348-7433), dessert toute l'agglomération (adulte/enfant 2/1,25 $). La plupart des correspondances s'effectuent à l'angle de E 4th St et Center St. Le bus jaune gratuit Sierra Spirit (qu'on surnomme ici le "*pinwheel bus*") circule dans Virginia St entre l'University of Nevada et la rivière, de 7h à 19h, et offre une connexion Wi-Fi itinérante.

Pyramid Lake

Étendue d'un bleu intense dans un paysage désolé, à 40 km au nord de Reno, dans la réserve indienne paiute (Paiute Indian Reservation), Pyramid Lake attire les touristes et les pêcheurs. Les permis de **camping** (empl rudimentaire 9 $ par véhicule et par nuit) et de **pêche** (9 $/pers) sont délivrés par les stations-service de la zone, les magasins d'équipements de plein air et les Longs Drug Store de Reno, ainsi que par le **poste des rangers** (☎ 775-476-1155 ; www.plpt.nsn.us ; 🕐 8h-18h lun-jeu) sur la Hwy 446 à Sutcliffe.

Carson City

Vous apprécierez sans doute une courte halte dans cette petite cité paisible aux rues bordées d'arbres et de belles demeures anciennes. La ville possède des casinos à l'ambiance tranquille et quelques musées dignes d'intérêt.

La Hwy 395/Carson St est l'artère principale. Le **Visitor Center** (☎ 775-687-7410 ; www.visitcarsoncity.com ; 1900 S Carson St ; 🕐 9h-17h lun-ven, boutique de souvenirs seulement 10h-15h sam), à environ 1,5 km au sud du centre-ville, fournit une carte des circuits historiques à suivre à pied ou en voiture. Pour plus de renseignements sur les randonnées et le camping, contactez le bureau de l'United States Forest Service (USFS), le **Carson Ranger District Office** (☎ 775-882-2766 ; 1536 S Carson St ; 🕐 8h-16h30 lun-ven).

Les passionnés du chemin de fer ne manqueront pas le **Nevada State Railroad Museum** (☎ 775-687-6953 ; 2180 S Carson St ; 4 $; 🕐 8h30-16h30) où sont exposés une trentaine de wagons et de locomotives datant des années 1800 au début des années 1900.

Vous trouverez une poignée de casinos en ville, mais rien de tel pour s'imprégner de l'ambiance qui régnait dans le Carson City d'antan que de séjourner, dans le verdoyant quartier historique, au **Bliss Bungalow** (☎ 775-883-6129 ; www.blissbungalow.com ; 408 W Robinson St ; ch avec petit-déj à partir de 85 $; ⊠ 📶) restauré, datant de 1914. Alors que vous vous reposez sur la vaste véranda, saluez les passants d'un "*howdy neighbor*". Les cinq chambres rivalisent de charme.

RTC Intercity (☎ 775-348-7433 ; www.rtcwashoe.com) assure en semaine la liaison entre Carson City et Reno (4 $, 1 heure). Les bus sont équipés de connexions Wi-Fi gratuites.

Virginia City

Durant la ruée vers l'or des années 1860, Virginia City était une ville jeune et en plein essor. Le journaliste Samuel Clemens, alias Mark Twain, y vécut à la grande époque ; des années plus tard, il décrivit la vie des mineurs dans *À la dure* (Petite Bibliothèque Payot).

Le principal intérêt de cette ville d'altitude demeure sa rue principale, bordée d'édifices victoriens, de trottoirs en bois et de drôles de musées, qui lui a valu d'être classée National Historic Landmark (site historique national). Ne manquez pas non plus C St, et passez au **Visitor Center** (☎ 775-847-4386 ; www.virginiacity-nv.org ; 86 S C St ; 🕐 10h-16h).

Le **Virginia City International Camel Races** a célébré son 50e anniversaire en 2009. Une foule très nombreuse assiste à cette course de dromadaires organisée en septembre, accompagnée d'une course d'émeus et d'autruches. Contactez le Visitor Center pour connaître la date précise.

Une des principales attractions de la ville est l'étrange **Way It Was Museum** (☎ 775-847-0766 ; 113 N C St ; 3 $; 10h-18h), qui fournit, dans un décor à l'ancienne, de passionnants détails sur les mines. La **Mackay Mansion** (D St) et le **Castle** (B St) permettent d'imaginer la vie des mineurs ayant fait fortune.

Vous trouverez ici un bon nombre d'hébergements, dont un grand terrain pour camping-cars. Option plus luxueuse, le **Chollar Mansion B&B** (☎ 775-847-9777, 877-246-5527 ; www.chollarmansion.com ; 565 S D St ; ch avec petit-déj complet 135 $;) était autrefois le siège de la mine. Le meilleur endroit pour se restaurer à Virginia City est sans doute le **Cafe del Rio** (☎ 775-847-5151 ; 394 S C St ; repas à partir de 12 $; 11h-20h mer-sam, 10h-20h dim) qui propose un plaisant mélange de cuisine mexicaine innovante et de plats typiques des cafés. On y sert le petit-déjeuner.

NEVADA GREAT BASIN (GRAND BASSIN DU NEVADA)

La traversée du Grand Bassin du Nevada tient de l'expérience zen, voire hypnotique. Les héritiers de Kerouac apprécieront les fascinantes villes historiques et les détours insolites qui égaient ces longues routes si peu fréquentées.

Le long de l'Interstate-80

À environ 240 km au nord-est de Reno, **Winnemucca**, première halte intéressante, possède un centre-ville d'origine, des commerces et d'innombrables motels et restaurants. On trouve un certain nombre de tables basques et la ville a son festival basque annuel. Pour plus de renseignements, faites une halte à la **chambre de commerce** (☎775-623-2225 ; 30 W Winnemucca Blvd ; 8h30-17h lun-ven, 9h-16h sam, 11h-16h dim du 1er juin à mi-sept). Attardez-vous au Visitor Center qui héberge un musée du *buckaroo* (cow-boy).

La culture du Far West est soigneusement mise en valeur à **Elko**, notamment au **Western Folklife Center** (☎ 775-738-7508 ; www.westernfolklife.org ; 501 Railroad St ; exposition adulte/enfant 5/1 $; 10h-17h30 lun et mer-ven, 10h30-17h30 mar, 10h-17h sam) qui accueille des expositions artistiques et historiques, et organise chaque année en janvier le très populaire **Cow-boy Poetry Gathering** (réunion de poésie). Tous les 4 juillet, le **National Basque Festival** est l'occasion de jeux, de danses traditionnelles et d'une course de taureaux (Running of the Bulls). Au centre-ville, le **Stockmen's Casino & Hotel** (☎ 775-738-5141, 800-648-2345 ; www.stockmenscasinos.com ; 340 Commercial St ; ch/ste à partir de 45/80 $;) propose des chambres agréables et propres.

Le long de la Highway 50

Les villes sont rares et éloignées les unes des autres et l'on a souvent pour seuls compagnons le bruit du moteur et le souffle du vent. Autrefois intégrée à la Lincoln Hwy, la Hwy 50 suit l'ancien trajet en diligence de l'Overland Stagecoach, du légendaire Pony Express et de la première ligne télégraphique transcontinentale.

Fallon, ville agricole à 97 km à l'est de Reno, comprend aussi une base aéronavale. Si vous vous dirigez vers l'est, c'est le dernier poste d'essence avant 176 km. Le **Fallon Lodge** (☎ 775-423-4648 ; www.fallonlodge.com ; 390 W Williams Ave ; ch à partir de 35 $;) dispose de chambres avec kitchenette, toutes simples mais propres.

En poursuivant vers l'est, la prochaine grande agglomération est **Austin**, en plein centre du Nevada. Quelque peu décrépite depuis son âge d'or, dans les années 1880, elle mérite néanmoins une visite. La zone montagneuse qui l'entoure est superbe, et le **bureau USFS d'Austin** (☎ 775-964-2671 ; 100 Midas Rd ; 7h30-16h30 lun-ven), sur la Hwy 50, vous indiquera des promenades à faire, à pied ou en voiture. La pratique du **VTT** est ici sensationnelle ; vous trouverez une excellente liste d'itinéraires sur le site Internet de la **chambre de commerce** (☎ 775-964-2200 ; www.austinnevada.com).

À la fin du XIXe siècle, un filon d'argent d'une valeur de 40 millions de dollars fut découvert dans les collines proches d'**Eureka**. La ville est aujourd'hui assez bien conservée, et possède un joli tribunal, un très intéressant **Eureka Sentinel Museum** (☎ 775-237-5010 ; 10 S Bateman St ; entrée libre ; 10h-18h tlj mai-oct, 10h-18h mar-sam nov-avr), un Opéra de 1880 magnifiquement restauré et quelques motels en bon état.

Près de la frontière avec l'Utah s'étend le **Great Basin National Park**, un parc peu fréquenté, où se dresse au milieu du désert, un pic haut de 3 981 m, le Wheeler Peak. Autour du sommet, des chemins de randonnée permettent de découvrir des lacs glaciaires, de vieux pins bristlecones et même une étendue de glaces éternelles. L'entrée est gratuite ; le **Visitor Center** (☎ 775-234-7331 ; www.nps.gov/grba ; 8h-17h30) du parc, juste au nord de la ville de **Baker**, vous renseignera sur les activités offertes.

Pour une visite guidée (60 ou 90 min) des grottes ornées de formations calcaires exceptionnelles, poursuivez jusqu'aux **Lehman Caves** (☎ 775-234-7331 ; www.nps.gov/grba ; 8-10 $; 8h30-16h), 5 km après Baker. Le parc compte des **campings** (empl 12 $) bien équipés, où le premier arrivé est le premier servi.

Le long de la Highway 95

La Hwy 95 traverse la partie occidentale de l'État sur un axe nord-sud et, au sud, des paysages fabuleux près du Nevada Test Site (où plus de 720 explosions atomiques eurent lieu dans les années 1950). À 8 km au nord de Beatty, le **Bailey's Hot Springs & RV Park** (☎ 775-553-2395 ; empl tente/camping-car 18/21 $), ancien dépôt de chemin de fer datant de 1906, compte aussi un établissement thermal, ouvert de 8h à 20h tous les jours, et alimenté par trois sources d'eau chaude. Les clients qui séjournent sur place y ont accès gratuitement, les autres devront acquitter 5 $/pers pour un bain de 30 minutes.

Près de la Hwy 374, à quelques kilomètres au sud-ouest de Beatty, le **Goldwell Open-Air Museum** (☎ 702-870-9946 ; www.goldwellmuseum.org ; entrée libre ; 24h/24) est un terrain de 4 ha peuplé d'étonnantes sculptures exposées en plein air, au beau milieu du désert.

Le long des Highways 375 et 93

La Hwy 375 est surnommée la "route extraterrestre" en raison des nombreuses soucoupes volantes aperçues sur cette portion, mais aussi de la présence de la base militaire **Area 51** de la Nellis Air Force Base au niveau du croisement avec la Hwy 93. Dans cette base ultrasecrète, l'armée cacherait, dit-on, les ovnis qu'elle aurait capturés. Dans la minuscule ville de **Rachel**, sur la Hwy 375, l'auberge **Little A'Le'Inn** (☎ 775-729-2515 ; www.aleinn.com ; ch à partir de 45 $) vend aussi des souvenirs sur le thème des ovnis.

Plus à l'est, la Hwy 93 traverse un magnifique bois de *Joshua trees* (arbres de Josué) avant d'arriver à **Caliente**, ancienne ville ferroviaire dont la gare de style espagnol date de 1923. Le principal intérêt de la région est le **Cathedral Gorge State Park**, avec ses **campings** (premier arrivé, premier servi ; empl 14 $) sur fond de falaises et de terrains désolés. À environ 30 km au nord, **Pioche** est une ancienne ville minière dominant la très belle Lake Valley.

ARIZONA

Chaque État vante dans ses brochures touristiques la variété de ses paysages mais aucun ne peut rivaliser avec l'Arizona. En une demi-journée, vous découvrirez des cités anciennes taillées dans des falaises vertigineuses et une ville auto-suffisante du futur. En hiver, vous pourrez skier le matin et faire une randonnée en short l'après-midi. Mais c'est avant tout les paysages qui attirent les visiteurs, et l'espace… Des armées de cactus *saguaro* se tiennent au garde-à-vous le long de presque toutes les routes. Broussailles, arbres, et cactées aux formes tourmentées de toutes couleurs se succèdent sur les coteaux sableux, aussi loin que porte la vue.

Au cœur de l'Arizona, se trouvent Phoenix et ses banlieues, dans la bien nommée Valley of the Sun (Vallée du Soleil). C'est une des plus vastes métropoles du Sud-Ouest, offrant des restaurants, des sites et des spas fabuleux – dignes d'une destination qui se veut celle

L'ARIZONA EN BREF

Surnom : Grand Canyon State
Population : 6,2 millions d'habitants
Superficie : 294 320 km²
Capitale : Phoenix (1,5 million d'habitants)
Autres villes : Tucson (519 000 habitants), Flagstaff (60 000 habitants), Sedona (11 400 habitants)
TVA : 5,6%
Lieu de naissance de : Geronimo (1829-1909), chef apache ; César Chávez (1927-1993), syndicaliste paysan ; et Linda Ronstadt (née en 1946), chanteuse
Berceau de : mouvement New Age à Sedona et des villes minières transformées en communautés d'artistes
Célèbre pour : le Grand Canyon, les cactus *saguaro*
Meilleur souvenir : un lampadaire rose en forme de cactus acheté à un étal au bord de la route
Distances par la route : Tucson-Sedona 370 km, Phoenix-Grand Canyon Village 378 km

de la sérénité et du renouvellement. Tucson, ville branchée et bohème, est la porte d'accès aux sites historiques et astronomiques du sud de l'Arizona, et la dernière grande agglomération avant Nogales, ville frontière avec le Mexique.

Au nord, Flagstaff est une agréable ville de montagne où les habitants de la région viennent échapper au soleil brûlant de l'été ou profiter toute l'année des San Francisco Peaks, qui se dressent à proximité. Posé comme une véritable couronne à la lisière nord de l'État, le Grand Canyon est l'attraction vedette de l'Arizona. Sculptée au fil des millénaires par l'impétueuse Colorado River, cette trouée colossale attire des visiteurs du monde entier.

Histoire

Pendant des siècles, l'Arizona fut peuplé de tribus indiennes (Pueblos, Mogollon et Hohokam) avant que l'explorateur espagnol Francisco Vásquez de Coronado ne lance depuis Mexico son expédition de 1540, ouvrant la voie aux colons et aux missionnaires. Au milieu du XIXe siècle, les États-Unis contrôlaient l'Arizona. Les guerres indiennes, destinées à "protéger" les colons et à s'emparer de territoires pour le compte du gouvernement, prirent officiellement fin en 1886 avec la capitulation du guerrier apache Geronimo.

Le développement du train alla de pair avec l'exploitation minière. Le président Roosevelt encouragea la construction de barrages, et le territoire devint le 48e État du pays en 1912.

Aujourd'hui, l'Arizona connaît une période de transition. Cinquante ans de croissance effrénée ont prélevé un lourd tribut sur ses ressources naturelles, déjà limitées. La pénurie d'eau demeure un des principaux problèmes de la région, notamment pour les villes en expansion. Un afflux de nouveaux résidents, beaucoup venus d'endroits à l'esprit plus libéral que libertaire, changent peu à peu la donne politique de cet État.

Renseignements

L'Arizona est situé sur le fuseau horaire des Rocheuses, mais c'est le seul État de l'Ouest à ne pas changer d'heure entre le printemps et le début de l'automne. Une exception : la réserve navajo, elle, respecte l'heure d'été.

À NE PAS MANQUER

- **Heard Museum Downtown** (p. 290). Des expos sur la culture des Amérindiens.
- **Taliesin West** (p. 291). L'héritage de Frank Lloyd Wright.
- **Desert Botanical Garden** (p. 291). Une balade épineuse.
- **Roosevelt District** (ci-dessous). Galeries d'art, bars et restaurants.
- **Piestewa Peak Recreation Area** (p. 291). Une randonnée dans le désert au centre de la ville.

En règle générale, les hébergements dans le sud de l'Arizona (dont Phoenix, Tucson et Yuma) sont beaucoup plus chers en haute saison, c'est-à-dire en hiver et au printemps. En plein été, dans les zones chaudes les prix peuvent être très intéressants.

Office du tourisme de l'Arizona (☎ 602-364-3700, 866-891-3640 ; www.arizonaguide.com ; 1110 W Washington St, Ste 155, Phoenix). Renseignements gratuits sur l'État d'Arizona.

Arizona Public Lands Information Center (☎ 602-417-9300 ; www.publiclands.org ; 1 N Central Ave, Suite 102). Renseignements sur les forêts (United States Forest Service, USFS), les parcs nationaux (National Park Service, NPS), l'aménagement du territoire (Bureau of Land Management, BLM) ainsi que les territoires et parcs régionaux.

Arizona State Parks (☎ 602-542-4174 ; www.azstateparks.com ; 1300 W Washington St, Phoenix). Le camping (10-30 $ par véhicule et par nuit) dans les parcs de l'État de l'Arizona suit la règle du premier arrivé-premier servi ; sauf à Buckskin Mountain et Roper Lake.

PHOENIX

Couvrant près de 5 180 km², Phoenix est de loin la plus vaste agglomération du Sud-Ouest. Au premier abord, elle semble se répandre à l'infini en maisons beiges et en centres commerciaux, puis, avec un peu d'attention, on découvre, sous un soleil de plomb, un intéressant mélange de luxueuse douceur de vivre et d'étrangeté.

En plein renouveau, le centre-ville montre désormais des signes de vie nocturne, et le Roosevelt District, de plus en plus tendance, regroupe enfin des poches d'art et de culture jadis isolées. Ajoutez à cela un nouveau système de transport efficace, le *light-rail* (tram)

PHOENIX

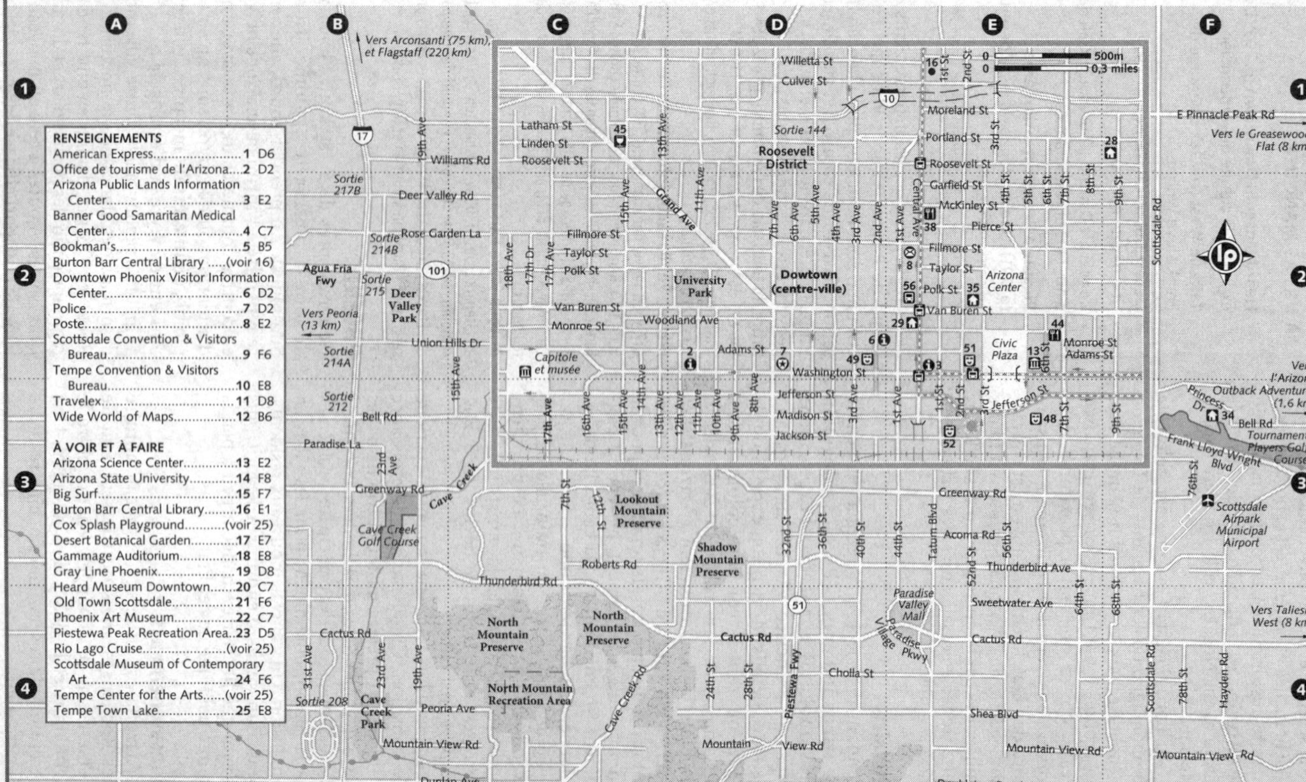

RENSEIGNEMENTS

American Express....1 D6
Office de tourisme de l'Arizona....2 D2
Arizona Public Lands Information Center....3 E2
Banner Good Samaritan Medical Center....4 C7
Bookman's....5 B5
Burton Barr Central Library .....(voir 16)
Downtown Phoenix Visitor Information Center....6 D2
Police....7 D2
Poste....8 E2
Scottsdale Convention & Visitors Bureau....9 F6
Tempe Convention & Visitors Bureau....10 E8
Travelex....11 D8
Wide World of Maps....12 B6

À VOIR ET À FAIRE

Arizona Science Center....13 E2
Arizona State University....14 F8
Big Surf....15 F7
Burton Barr Central Library....16 E1
Cox Splash Playground....(voir 25)
Desert Botanical Garden....17 E7
Gammage Auditorium....18 E8
Gray Line Phoenix....19 D8
Heard Museum Downtown....20 C7
Old Town Scottsdale....21 F6
Phoenix Art Museum....22 C7
Piestewa Peak Recreation Area..23 D5
Rio Lago Cruise....(voir 25)
Scottsdale Museum of Contemporary Art....24 F6
Tempe Center for the Arts......(voir 25)
Tempe Town Lake....25 E8

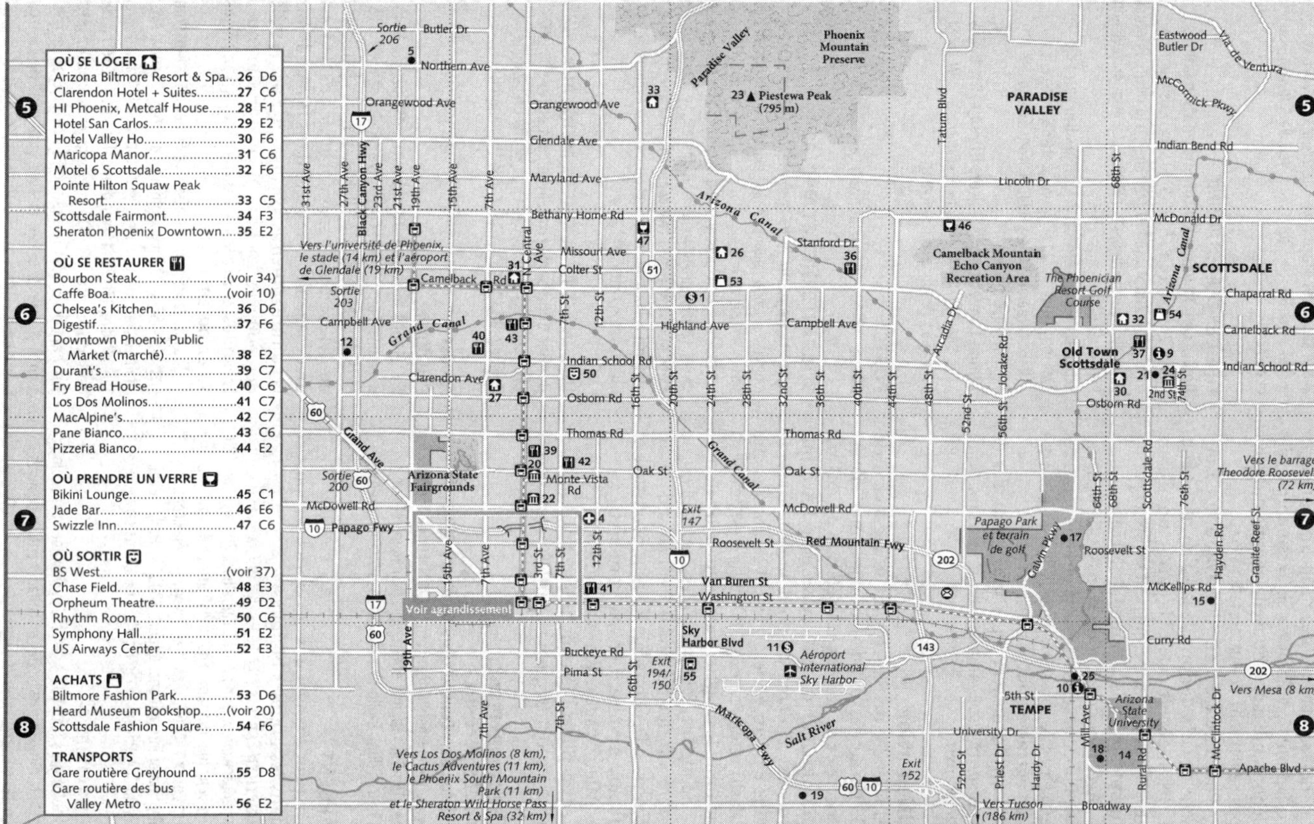
OÙ SE LOGER
Arizona Biltmore Resort & Spa 26 D6
Clarendon Hotel + Suites 27 C6
HI Phoenix, Metcalf House 28 F1
Hotel San Carlos 29 E2
Hotel Valley Ho 30 F6
Maricopa Manor 31 C6
Motel 6 Scottsdale 32 F6
Pointe Hilton Squaw Peak Resort 33 C5
Scottsdale Fairmont 34 F3
Sheraton Phoenix Downtown 35 E2
OÙ SE RESTAURER
Bourbon Steak (voir 34)
Caffe Boa (voir 10)
Chelsea's Kitchen 36 D6
Digestif 37 F6
Downtown Phoenix Public Market (marché) 38 E2
Durant's 39 C7
Fry Bread House 40 C6
Los Dos Molinos 41 C7
MacAlpine's 42 C7
Pane Bianco 43 C6
Pizzeria Bianco 44 E2
OÙ PRENDRE UN VERRE
Bikini Lounge 45 C1
Jade Bar 46 E6
Swizzle Inn 47 C6
OÙ SORTIR
BS West (voir 37)
Chase Field 48 E3
Orpheum Theatre 49 D2
Rhythm Room 50 C6
Symphony Hall 51 E2
US Airways Center 52 E3
ACHATS
Biltmore Fashion Park 53 D6
Heard Museum Bookshop (voir 20)
Scottsdale Fashion Square 54 F6
TRANSPORTS
Gare routière Greyhound 55 D8
Gare routière des bus Valley Metro 56 E2
PARADISE VALLEY
Phoenix Mountain Preserve
Piestewa Peak (795 m)
Camelback Mountain Echo Canyon Recreation Area
The Phoenician Resort Golf Course
SCOTTSDALE
Old Town Scottsdale
Papago Park et terrain de golf
TEMPE
Arizona State University
Arizona State Fairgrounds
Aéroport international Sky Harbor
Salt River
Arizona Canal
Grand Canal
Vers le barrage Theodore Roosevelt (72 km)
Vers Mesa (8 km)
Vers Tucson (186 km)
Vers l'université de Phoenix, le stade (14 km) et l'aéroport de Glendale (19 km)
Vers Los Dos Molinos (8 km), le Cactus Adventures (11 km), le Phoenix South Mountain Park (11 km) et le Sheraton Wild Horse Pass Resort & Spa (32 km)
Voir agrandissement

qui dessert certains des meilleurs musées et restaurants de l'État, et se dessine une ville débordante d'une nouvelle énergie qui n'est pas seulement commerciale.

Phoenix est le centre de gravité de toute une série de cités-dortoirs de la Valley of the Sun. L'élégante Scottsdale est la plus grande d'entre elles, suivie de Tempe, qui peut se révéler parfois turbulente, et de la tranquille Mesa.

Avec plus de 300 jours d'ensoleillement par an, Phoenix connaît en été des températures extrêmes (dépassant parfois les 43°C) mais une agréable douceur en hiver.

La ville, desservie par tous les modes de transport, est également un important point de transit.

Orientation

Si la vallée de Phoenix est située à environ 330 m au-dessus du niveau de la mer, elle est encerclée de montagnes s'élevant de 750 m à plus de 2 000 m d'altitude. Central Ave, qui traverse Phoenix du nord au sud, divise la ville en deux zones, ouest et est, tandis que Washington St, coupant la ville d'est en ouest, délimite le quartier sud du quartier nord.

Scottsdale, Tempe et Mesa sont à l'est de l'aéroport, lui-même à 4,5 km au sud-est du centre-ville. Scottsdale Rd relie Scottsdale et Tempe en suivant un axe nord-sud.

Mieux vaut éviter Van Buren St entre le centre-ville et l'aéroport : les motels délabrés y sont surtout fréquentés par les prostituées.

Renseignements

ACCÈS INTERNET

Burton Barr Central Library (☎ 602-262-4636 ; www.phoenixpubliclibrary.org ; 1221 N Central Ave ; 🕑 11h-19h lun, mer et ven, 9h-17h mar, jeu et sam, 13h-17h dim). Bibliothèque avec accès Internet gratuit.

ARGENT

On peut changer des devises à l'aéroport et dans les grandes banques.

American Express (☎ 602-468-1199 ; www.americanexpress.com ; 2201 E Camelback Rd ; 🕑 10h-18h lun-ven, 10h-16h sam). Également agence de voyages.

Travelex (☎ 602-275-8767 ; www.travelex.com ; Sky Harbor International Airport, 3800 Sky Harbor Blvd, Terminal 4, Phoenix ; 🕑 8h-20h). Excellents services.

LIBRAIRIES

Bookman's (☎ 602-433-0255 ; www.bookmans.com ; 8034 N 19th Ave ; Wi-Fi). Des rayonnages entiers de livres d'occasion ; connexion Wi-Fi gratuite.

Wide World of Maps (☎ 602-279-2323 ; 2626 W Indian Schoo Rd ; 🕑 9h-18h lun-ven, 9h-17h sam). Cartes et guides.

OFFICES DU TOURISME

Downtown Phoenix Visitor Information Center (☎ 602-254-6500, 877-225-5749 ; www.visitphoenix.com ; 125 N 2nd St, Ste 120 ; 🕑 8h-17h lun-ven). Principal office du tourisme du Greater Phoenix Convention & Visitors Bureau. Situé au centre-ville.

Scottsdale Convention & Visitors Bureau (☎ 480-421-1004, 800-712-1117 ; www.scottsdalecvb.com ; Galleria Corporate Centre, 4343 N Scottsdale Rd, Ste 170 ; 🕑 8h-17h30 lun-ven)

Tempe Convention & Visitors Bureau (☎ 480-894-8158, 866-914-1052 ; www.tempecvb.com ; 51 W 3rd St, Suite 105 ; 🕑 8h30-17h lun-ven)

POSTE

Poste (☎ 602-253-9648 ; 522 N Central Ave)

SITES INTERNET ET MÉDIAS

Arizona Republic (www.azcentral.com). Le plus grand journal d'Arizona ; publie chaque jeudi un guide gratuit des sorties, le *Calendar*.

craigslist (http://phoenix.craigslist.org). Petites annonces diverses : covoiturage, manifestations, etc.

Phoenix New Times (www.phoenixnewtimes.com). Le principal hebdomadaire gratuit ; nombreux événements et liste de restaurants.

URGENCES ET SERVICES MÉDICAUX

Banner Good Samaritan Medical Center (☎ 602-239-2000 ; 1111 E McDowell Rd ; 🕑 urgences 24h/24)

Police (☎ 602-262-7626 ; 620 W Washington St)

À voir

PHOENIX

Le **Heard Museum Downtown** (☎ 602-252-8848 ; www.heard.org ; 2301 N Central Ave ; adulte/enfant 10/3 $; 🕑 9h30-17h lun-sam, 11h-17h dim), dans un bâtiment de style colonial espagnol brûlé de soleil, est un des meilleurs musées dans le monde sur la culture indienne. Ne manquez pas la salle des poupées kachina et celle des grandes fresques murales illustrant des légendes amérindiennes.

Dans le bâtiment voisin, le **Phoenix Art Museum** (☎ 602-257-1222 ; www.phxart.org ; 1625 N Central Ave ; adulte/enfant 10/4 $; 🕑 10h-21h mer, 10h-17h jeu-sam, 12h-17h dim, 18h-22h 1er ven du mois) réunit une riche collection de 18 000 pièces, principalement sur l'art du Sud-Ouest et de l'Amérique latine. Vous pourrez donc passer pas mal de temps dans ce vaste espace moderne et frais.

Quelques pâtés de maisons au sud, la **Burton Barr Central Library** (☎ 602-262-4636 ; www.phoenixpubliclibrary.org ; 1221 N Central Ave ; 🕑 11h-19h lun, mer et ven, 9h-17h mar, jeu et sam, 13h-17h dim) est une bibliothèque impressionnante. À l'heure du coucher de soleil, n'oubliez pas de grimper jusqu'au dernier étage pour voir le centre-ville disparaître dans une douce lumière dorée qui se reflète sur le miroir de verre des immeubles.

Flânez dans une forêt de plantes grasses et de cactus au **Desert Botanical Garden** (☎ 480-941-1225 ; www.dbg.org ; 1201 N Galvin Pkwy ; adulte/enfant 15/5 $; 🕑 8h-20h oct-mai, 7h-20h juin-sept ; ♿). Ne manquez pas des événements comme la célébration des solstices et les visites à la lumière des bougies au moment de Noël.

SCOTTSDALE

Scottsdale est surtout célèbre pour son quartier commerçant, surnommé **Old Town** à cause de ses édifices du début du XXe siècle (et d'autres vieillis pour leur ressembler) débordant de galeries d'art et de boutiques de vêtements pour les cow-girls modernes, où se sont glissés certains des meilleurs restaurants et bars de la Valley of the Sun.

Taliesin West (☎ 480-860-2700 ; www.franklloydwright.org ; 12621 Frank Lloyd Wright Blvd ; circuits 27-60 $; 🕑 horaires variables) est une école d'architecture toujours en fonction conçue dans la première moitié du XXe siècle par Frank Lloyd Wright (qui y a aussi vécu et enseigné). On peut visiter les bâtiments écologiques dispersés sur 240 ha de désert.

Le **Scottsdale Museum of Contemporary Art** (☎ 480-874-4666 ; www.smoca.org ; 7374 E 2nd St ; adulte/enfant 7 $/gratuit, gratuit jeu ; 🕑 10h-17h mar-mer, ven-sam, 10h-20h jeu, 12h-17h dim) est un autre superbe bâtiment de la région hébergeant une collection d'art contemporain unique. Autre attrait : les œuvres d'art et les restaurants qui entourent le musée.

TEMPE

L'**Arizona State University** (ASU) constitue le cœur de Tempe. Fondée en 1885, elle accueille 46 000 étudiants et abrite le **Gammage Auditorium** (angle Mill Ave et Apache Blvd), le dernier grand ouvrage de Frank Lloyd Wright.

D'accès facile par le *light-rail* depuis le centre-ville de Phoenix, **Mill Avenue**, la rue principale de Tempe, est bordée de restaurants appartenant à des chaînes, de bars à thème et autres enseignes où se retrouvent les étudiants.

> **LES RUES DE L'ART**
>
> Chaque jeudi soir, plus de 100 galeries de Scottsdale restent ouvertes jusqu'à 21h pour l'**Art Walk** (www.scottsdalegalleries.com), une promenade artistique centrée sur Marshall Way et Main St. Le premier vendredi de chaque mois, le centre-ville de Phoenix s'anime et s'amuse encore plus que d'habitude pour le **First Fridays** (www.artlinkphoenix.com), et Roosevelt District, le quartier branché, déborde de cyclistes et de piétons qui explorent galeries et bars.

Il vaut la peine de pousser jusqu'au **Tempe Town Lake**, un lac artificiel où l'on peut faire du bateau et se promener à pied ou à vélo sur les sentiers le long des rives.

Le **Tempe Center for the Arts** (☎ 480-350-2829 ; www.tempe.gov/tca ; 700 W Rio Salado Pkwy ; entrée libre ; 🕑 10h-18h mar-ven, 11h-18h sam), au bord du lac, comprend un jardin de sculptures et un bassin à débordement dans le prolongement du bâtiment moderne en acier. À l'intérieur, on trouve un théâtre et une galerie de 325 m^2.

À faire

Le **Phoenix South Mountain Park** (☎ 602-495-0222 ; www.phoenix.gov/parks/hikesoth.html ; 10919 S Central Ave) comprend plus de 60 km de sentiers pour la randonnée pédestre ou cycliste, où l'on se sent à des années-lumière de la civilisation. Des dizaines de gravures rupestres indiennes émaillent également le parc. En voiture, grimpez les lacets extravagants des petites routes qui mènent au sommet et vous serez récompensé par un superbe panorama sur la vallée en contrebas. Vous pouvez aussi opter pour une promenade à cheval.

À moins de 500 m du South Mountain Park, **Cactus Adventures** (☎ 480-940-7433 ; www.cactusadventures.com ; 4747 Elliot Rd, Suite 21; vélo demi-journée à partir de 30 $; 🕑 9h-19h lun-sam, 9h-17h dim) loue des VTT, des vélos de route et des vélos *beach cruisers*.

Pour une vue fabuleuse sur le désert, en particulier au coucher du soleil, rendez-vous à la **Piestewa Peak Recreation Area** (☎ 602-262-7901 ; Piestewa Peak Dr). L'ascension du Piestewa Peak, à 782 m d'altitude, demeure l'une des randonnées les plus populaires de Phoenix. La piste plus facile qui en fait le tour, au départ du dernier parking, offre une expérience plus zen.

LA PAIX DES ÉTOILES

Création de l'architecte et urbaniste visionnaire Paolo Soleri, l'écovillage d'**Arcosanti** (☎ 928-632-7135 ; www.arcosanti.org ; Cordes Junction ; s/d à partir de 30/40 $, Sky Suite avec petit-déj 100 $) est un avant-poste dans le désert basé sur "l'arcologie", ou la rencontre de l'architecture et de l'écologie. À 105 km au nord de Phoenix, fusion entre le kibboutz et l'école de design, ce village ressemble à celui de la planète de Luke Skywalker dans la *Guerre des étoiles*. Quand Soleri a conçu l'Arconsanti dans les années 1960, on considérait son architecture comme purement expérimentale. Or, aujourd'hui, avec le développement urbain et le réchauffement climatique, ses idées sont reconnues comme à la pointe du progrès. L'Arcosanti peut se visiter en une journée d'excursion, mais on peut également y séjourner plus longtemps : des séminaires d'une semaine ou d'un mois y sont organisés. Outre un café, il accueille des concerts et autres événements culturels. Des visites d'une heure sont proposées. L'hébergement est basique ; la Sky Suite procure de splendides vues de la nuit enveloppant le désert.

Arrêtez-vous au **Rio Lago Cruise** (☎ 480-517-4050 ; www.riolagocruise.com ; bateau à partir de 10 $/heure ; 🕒 9h-12h et 18h-21h mar-dim mai-sept, 11h-19h mar-dim oct-avr), au Tempe Town Lake, pour louer un bateau à pédales ou à moteur.

Avec des enfants

Si les enfants ne peuvent plus supporter la chaleur, emmenez-les, à Tempe, au **Big Surf** (☎ 480-947-2477 ; 1500 N McClintock Rd ; adulte/moins de 2 ans/enfant 26/3/19,50 $; 🕒 11h-18h sam-dim mai-sept ; 👪) qui comprend des piscines à vagues, des parcours de toboggan en zigzag et une jolie petite crique pour les bambins.

Les enfants s'amuseront bien aussi pendant quelques heures au **Cox Splash Playground** (🕒 10h-19h avr-sept ; 👪) du Tempe Beach Park. En maillot de bain, ils pataugeront sous des jets d'eau de toutes formes.

Le très populaire **Arizona Science Center** (☎ 602-716-2000 ; www.azscience.org ; 600 E Washington St ; adulte/enfant 12/10 $; 🕒 10h-17h ; 👪) propose quelque 300 pièces que l'on peut toucher, des démonstrations scientifiques et une découverte des mystères de l'univers au planétarium.

Circuits organisés

Arizona Detours (☎ 866-438-6877 ; www.detoursaz.com). Excursions de la journée jusqu'à de lointaines destinations comme Tombstone (adulte/enfant 140/70 $), le Grand Canyon (adulte/enfant 145/80 $). Visite de la ville en 5 heures (adulte/enfant 75/40 $) également.

Arizona Outback Adventures (☎ 480-945-2881 ; www.aoa-adventures.com ; 16447 N 91st St, Scottsdale). Randonnées à la journée, pédestres (55 $, 2 pers minimum) ou cyclistes (75 $, 2 pers minimum), et autres activités dynamiques.

Gray Line Phoenix (☎ 602-437-3484 ; www.graylinephoenix.com ; 4001 S 34th St). Visites de la ville en 4 heures (adulte/enfant 52/27,50 $), et excursion à Sedona de 10 heures (adulte/enfants 95/50,50 $).

Fêtes et festivals

L'événement le plus populaire de Phoenix est le **Tostitos Fiesta Bowl** (☎ 480-350-0911 ; www.fiestabowl.com), match annuel de football américain qui a lieu dans les premiers jours de janvier à l'University of Phoenix Stadium à Glendale. Le match est précédé de nombreux événements et d'une grande parade.

Où se loger

Les innombrables hébergements de la vallée ont un point commun : les tarifs s'effondrent en été. Les prix ci-dessous sont ceux de la haute saison.

PETITS BUDGETS

Les établissements des chaînes hôtelières concentrés autour de l'aéroport et dans la ville de Peoria dans West Valley offrent des tarifs intéressants, surtout le week-end quand les hommes d'affaires en partent.

HI Phoenix, Metcalf House (☎ 602-254-9803 ; www.home.earthlink.net/~phxhostel ; 1026 N 9th St, Phoenix ; dort 18-25 $, ch 30-45 $; ⊠ ❄ 📶). De nombreux remerciements manuscrits ornent la façade de cette accueillante auberge de jeunesse installée dans un quartier résidentiel. La cuisine et les parties communes ne sont pas accessibles en journée. L'établissement ferme en juillet et août.

Motel 6 Scottsdale (☎ 480-946-2280 ; www.motel6.com ; 6848 E Camelback Rd, Scottsdale ; s/d 38/56 $; ❄ 🏊). Filiale classique d'une chaîne de motels mais bien située en plein centre du quartier huppé de Scottsdale, à quelques minutes en voiture de la vieille ville.

CATÉGORIE MOYENNE

Hotel San Carlos (☎ 602-253-4121 ; www.hotelsancarlos.com ; 202 N Central Ave, Phoenix ; ch 83-110 $;). Cette belle maison du centre-ville, datant de 1928, au personnel sympathique, dispose de chambres petites mais impeccables, et pleines de charme. En face d'un arrêt du *light-rail*.

Hotel Valley Ho (☎ 480-248-2000 ; www.hotelvalleyho.com ; 6850 E Main St, Scottsdale ; ch 99-600 $). Un hôtel chic de l'époque du Rat Pack (Sinatra, Dean Martin et consorts, dans les années 1960), rouvert il y a seulement quelques années et proche des restaurants gastronomiques et des bars du quartier de Southbridge à Scottsdale. Les chambres, du contemporain dernier cri au style années 1950, sont dotées de tout le confort moderne (écran plat et lits douillets). Le bar Trader Vic's sert des cocktails au rhum dans des bols tiki.

Clarendon Hotel + Suites (☎ 602-252-7363 ; www.theclarendon.net ; 401 W Clarendon Ave, Phoenix ; ch/ste avec petit-déj 110/200 $;). Moderne et pourtant délicieusement rétro, cet hôtel de charme est décoré d'œuvres d'art contemporaines et de stores vénitiens peints. Autres atouts : téléphone gratuit (y compris les appels interurbains), Wi-Fi et un bar sur le toit très tendance.

Maricopa Manor (☎ 602-274-6302, 800-292-6403 ; www.maricopamanor.com ; 15 W Pasadena Ave, Phoenix ; ch avec petit-déj à partir de 150 $;). Petit hôtel élégant, de style B&B, près de la Central Avenue bordée d'arbres. Il compte 7 belles suites, la plupart dotées de portes-fenêtres à la française s'ouvrant sur une terrasse qui donne sur la piscine, le jardin et la fontaine. On ne peut plus intime.

Sheraton Phoenix Downtown (☎ 602-262-2500, 800-323-3535 ; www.sheratonphoenixdowntown.com ; 340 N 3rd St, Phoenix ; ch à partir de 170 $;). Hôtel parmi les plus récents du centre-ville de Phoenix, dont la façade est conçue pour diminuer les frais de climatisation. L'intérieur particulièrement attrayant est rempli d'œuvres d'artistes de la région. L'hôtel est surtout fréquenté par une clientèle d'affaires pendant la semaine, mais le premier vendredi du mois et le week-end, artistes locaux et amateurs d'art investissent le bar et le restaurant. Chambres modernes et douillettes, et piscine sur le toit avec superbe vue.

CATÉGORIE SUPÉRIEURE

Les complexes hôteliers sont extrêmement chics… et chers. Certains voyageurs, pour qui ce sont de véritables destinations de vacances, n'en sortent pas durant leur séjour.

Pointe Hilton Squaw Peak Resort (☎ 602-997-2626, 800-947-9784 ; www.pointehilton.com ; 7677 N 16th St, Phoenix ; ch à partir de 180 $;). Avec une abondance de piscines – dont des toboggans et une section "descente en chambre à air" – ainsi qu'un club d'activités pour les enfants, ce complexe de suites est le plus accueillant pour les familles.

Scottsdale Fairmont (☎ 480-585-4848, 866-540-4495 ; www.fairmont.com/scottsdale ; 7575 E Princess Dr, Scottsdale ; ch à partir de 240 $;). Belles chambres décorées avec goût, et excellent service. Si le restaurant gastronomique se situe dans la moyenne des complexes de luxe de l'Arizona, le spa quant à lui est de tout premier ordre.

Sheraton Wild Horse Pass Resort & Spa (☎ 602-225-0100, 888-625-5144 ; www.wildhorsepassresort.com ; 5594 W Wild Horse Pass Blvd, Chandler ; ch à partir de 273 $;). La communauté indienne de la Gila River a conçu ce luxueux établissement pour partager sa sagesse et ses méthodes ancestrales de traitement. Chambres confortables, grands espaces communs, excellente cuisine et de nombreux programmes éducatifs pour des hôtes chouchoutés.

Arizona Biltmore Resort & Spa (☎ 602-955-6600, 800-950-0086 ; www.arizonabiltmore.com ; 2400 E Missouri Ave, Phoenix ; ch à partir de 380 $;). Le Biltmore, construit en 1929, fut un des premiers complexes de luxe de l'Arizona. La distinction et l'histoire exsudent littéralement de ses murs Art déco. Avec golf, spa, courts de tennis, location de vélos et visites guidées, il n'a rien à envier au domaine très huppé de Camelback Corridor près duquel il se trouve. Une résidence qu'on quitte à regret !

Où se restaurer

Le secteur Phoenix-Scottsdale propose le plus grand choix de restaurants de tout le Sud-Ouest.

PETITS BUDGETS

Downtown Phoenix Public Market (www.phoenixpublicmarket.com ; 721 N Central Ave, Phoenix ; 4h-20h mer, 8h-12h sam). Marché de producteurs imbattable pour la qualité et les prix. Ne manquez pas les spécialités gourmandes, et les musiciens. Se tient par tous les temps.

Fry Bread House (☎ 602-351-2345 ; 4140 N 7th Ave, Phoenix ; plats 4-7 $; 10h-19h lun-sam). Une des meilleures petites adresses, toujours pleine à craquer, pour déguster la spécialité indienne appelée oreille d'éléphant (*elephant ear*) ou taco navajo : une galette plate de pâte frite garnie de viande, de haricots et de légumes, ou nappée de miel pour le dessert. Très appréciée des employés de bureau à midi.

MacAlpine's (☎ 602-252-5545 ; 2303 N 7th St, Phoenix ; plats à partir de 5 $; 🕑 11h-19h dim-jeu, 11h-20h ven-sam). Le plus vieux *diner* (petit restaurant sans prétention) de Phoenix est sans doute le plus pittoresque avec sa fontaine à soda, véritable pièce de musée. Sert des salades et des sandwichs basiques, et du *malted milk* pour chasser le blues. Se prolonge par une boutique d'antiquités.

Pane Bianco (☎ 602-234-2100 ; 4404 N Central Ave, Phoenix ; sandwichs 8 $; 🕑 11h-15h mar-sam). Café de la chaîne Pizzeria Bianco où les pizzas sont aussi savoureuses que celles de l'enseigne mère mais à un prix moindre. Vous pouvez aussi opter pour une salade, un sandwich, ou juste quelques pâtisseries avec un café.

LE SUD-OUEST

CATÉGORIE MOYENNE

Los Dos Molinos (☎ 602-243-9113 ; 8646 S Central Ave, Phoenix ; plats à partir de 8-15 $; 🕑 11h-14h30 et 17h-21h mar-ven, 11h-21h sam). Presque au pied de la South Mountain, cette maison espagnole de style missionnaire sert la meilleure cuisine du Nouveau-Mexique de Phoenix. Le menu s'en tient aux classiques – tacos, *enchiladas*, fajitas – avec force piments verts. Autre adresse en centre-ville (1010 E Washington St ; même carte et horaires).

Pizzeria Bianco (☎ 602-258-8300 ; 623 E Adams St, Phoenix ; pizzas 11-14 $; 🕑 17h-22h mar-sam). Chris Bianco, lauréat du James Beard Award, qui distingue les meilleurs restaurants, sert bien sûr la meilleure pizza de la ville et peut-être même de toute l'Amérique. Vous devrez donc patienter dans le patio, verre à la main.

Chelsea's Kitchen (☎ 602-957-2555 ; 5040 N 40th St, Phoenix ; plats 12-25 $; 🕑 11h-22h lun-mer, 11h-23h jeu, 11h-minuit ven-sam, 10h-21h dim). Restaurant américain installé dans un immeuble revisité des années 1950, au bord d'un canal dans le quartier tranquille et huppé d'Arcadia à Phoenix. Commandez une assiette de tacos ou de *ribs* et vous ne serez pas déçu par cette cuisine familiale (oui, dans le Sud-Ouest, les tacos font partie de la cuisine familiale) digne des plus fins palais.

Caffe Boa (☎ 480-968-9112 ; 398 S Mill Ave, Tempe ; plats 16-22 $; 🕑 11h-22h lun-mer, 11h-23h jeu-sam, 12h-22h dim). Ce café servait une cuisine de bistrot à base d'ingrédients frais bien avant que cela ne devienne tendance. La carte des vins et les soirées jazz s'associent à cette bonne cuisine pour faire de cette adresse une oasis à l'ambiance décontractée dans Mill Avenue à Tempe.

CATÉGORIE SUPÉRIEURE

Digestif (☎ 480-425-9463 ; 7114 E Stetson Dr, Scottsdale ; plats dîner 18-28 $; 🕑 11h-minuit). Dans le quartier branché de Southbridge à Scottsdale, un mariage entre la cuisine italienne et californienne avec, par exemple, des raviolis frais fourrés à la purée de potiron de la ferme. Installez-vous aux tables sous le porche pour profiter du spectacle de la rue et ne ratez pas la cabine d'écoute près des toilettes diffusant des disques de groupes locaux.

Durant's (☎ 602-264-5967 ; 2611 N Central Ave, Phoenix ; plats à partir de 20 $; 🕑 11h-22h lun-jeu, 11h-23h ven-sam, 16h30-22h dim). La salle à manger tout de cuir rouge évoque plus l'atmosphère Rat Pack de Vegas que le centre-ville de Phoenix. Martinis et steaks divins !

Bourbon Steak (☎ 480-513-6002 ; Scottsdale Fairmont, 7575 E Princess Dr, Scottsdale ; plats 30-70 $; 🕑 17h30-23h). Le célèbre chef Michael Mina a mis la barre encore plus haut dans la cuisine à Scottsdale en ouvrant, en 2008, le bien nommé Bourbon Steak. La viande est succulente.

Kai (☎ 602-385-5726 ; Sheraton Wild Horse Pass Resort & Spa, 5594 W Wild Horse Pass Blvd, Chandler ; plats 40-50 $, menu dégustation 8 plats avec vins 280 $; 🕑 18h-22h mar-sam). Un des restaurants les plus renommés d'Arizona, où des ingrédients simples provenant pour la plupart des fermes et des ranchs amérindiens sont transformés en plats extraordinaires. Il faut absolument goûter le bison grillé de la communauté de Cheyenne River. Début août, le restaurant ferme pour un mois.

Où prendre un verre

La plus grande concentration de bars et de boîtes branchées se trouve à Scottsdale. Tempe attire davantage les étudiants, tandis qu'à Phoenix un grand nombre de bons vieux bars sont à nouveau à la mode.

Bikini Lounge (☎ 602-252-0427 ; 1502 Grand Ave, Phoenix ; 🕑 18h-tard). Le quartier bohème de Roosevelt District possède quelques bonnes adresses pour prendre un verre, mais le Lounge emporte la palme dans la catégorie "bouge décontracté". BMW et pick-up rouillés se partagent le petit parking tandis que totems sculptés et bambou plantent le décor à l'intérieur.

Greasewood Flat (☎ 480-585-9430 ; www.greasewoodflat.net ; 27375 N Alma School Pkwy, Scottsdale ; ⏲ 11h-1h). La nuit, les étoiles brillent au firmament de ce bar de plein air, où l'on paie uniquement en espèces. Quand il fait froid, on allume une belle flambée dans les foyers creusés dans le sol. Le week-end, des groupes de country chauffent la piste de danse. Burgers et autres délices plutôt gras.

Jade Bar (☎ 480-948-2100 ; Sanctuary on Camelback Mountain, 5700 E McDonald Dr, Paradise Valley). Ce bar chic, situé dans le Sanctuary on Camelback Mountain, offre un long patio aux amateurs de couchers de soleil.

Swizzle Inn (☎ 602-277-7775 ; 5835 N 16th St, Phoenix ; ⏲ 17h-tard). Sur la porte est écrit : "Swizzle in… stagger out" ("Entrez en coup de vent… sortez en titubant"). Le meilleur bar à l'ancienne de l'État, installé dans un centre commercial, s'adressait autrefois aux sœurs de Sappho mais attire aujourd'hui une clientèle diverse allant des jeunes branchés aux seniors.

Où sortir

BS West (☎ 480-945-9028 ; www.bswest.com ; 7125 E 5th Ave, Scottsdale ; ⏲ 14h-2h). Ce bar-discothèque gay est situé dans le quartier d'Old Town. Tables de billard, petite piste de danse, soirée jeu vidéo Rock Band le lundi et soirées karaoké occasionnelles.

Rhythm Room (☎ 602-265-4842 ; www.rhythmroom.com ; 1019 E Indian School Rd, Phoenix ; entrée 4-30 $; ⏲ mar-dim). Concerts de R&B, de jazz et de rock funky pour cette adresse située sur un parking. Public éclectique et festif.

Orpheum Theatre (☎ 602-262-7272 ; 203 W Adams St, Phoenix ; billets à partir de 50 $). Splendide cinéma restauré du centre-ville qui accueille des spectacles de qualité et l'Orchestre symphonique. Il est plein de souvenirs ; quand les vedettes étaient en tournée dans les villes où se donnaient leur film, elles s'accordaient souvent un soda dans le café qui n'existe plus (il appartenait aux grands-parents de l'auteur de ces lignes).

L'**Arizona Opera** (☎ 602-266-7464 ; www.azopera.com ; billets 30-130 $) et le **Phoenix Symphony Orchestra** (☎ 602-495-1999 ; billets 20-70 $) se produisent tous les deux au **Symphony Hall** (☎ 602-262-7272 ; 75 N 2nd Ave, Phoenix).

L'équipe masculine de basket, les **Phoenix Suns** (☎ 602-379-7867 ; www.nba.com/suns), et l'équipe féminine, les **Phoenix Mercury** (☎ 602-252-9622 ; www.wnba.com/mercury), jouent à l'US Airways Center. L'équipe de football américain des **Arizona Cardinals** (☎ 602-379-0101 ; www.azcardinals.com) occupe le nouvel University of Phoenix Stadium à Glendale. Les **Arizona Diamondbacks** (☎ 602-462-6500 ; http://arizona.diamondbacks.mlb.com) jouent au base-ball à Chase Field.

Achats

Outre son excellent choix de livres sur les Indiens, la **Heard Museum Bookshop** (☎ 602-252-8344 ; www.heard.org ; 2301 N Central Ave, Phoenix) vend également de nombreux objets d'art et d'artisanat amérindiens.

La vallée compte plusieurs centres commerciaux. Pour des achats plus haut de gamme rendez-vous au **Scottsdale Fashion Square** (angle Camelback Rd et Scottsdale Rd, Scottsdale) ou au **Biltmore Fashion Park** (angle Camelback Rd et 24th St, Phoenix).

Comment s'y rendre et circuler

L'**aéroport intenational Sky Harbor** (PHX ; ☎ 602-273-3300 ; http://phoenix.gov/aviation) de Phoenix est situé à 4,5 km au sud-est du centre-ville. Un bus gratuit circule entre la station du *light-rail* (tram), à l'angle sud-ouest de 44th St et Washington St, et l'aéroport durant les heures de fonctionnement du *light-rail*.

Les bus **Greyhound** (☎ 602-389-4200 ; www.greyhound.com ; 2115 E Buckeye Rd) rallient régulièrement Tucson (23 $, 2 heures), Flagstaff (25 $, 3 heures), Los Angeles (54 $, 8 heures), entre autres destinations.

Vous trouverez facilement à vous garer à Phoenix presque partout en ville, sauf les jours de grandes fêtes.

Le **light-rail system** (☎ 602-253-5000 ; www.metrolightrail.org ; ticket 1,25 $, pass 3 jours 7,50 $), inauguré fin 2008, relie le couloir de Central Ave, dans le centre-ville de Phoenix, aux banlieues est de Tempe et Mesa. Il est ainsi désormais possible de visiter nombre de sites qu'offre la vallée sans avoir à louer une voiture.

Les bus **Valley Metro** (☎ 602-253-5000 ; www.valleymetro.org) sillonnent toute la vallée (1,25 $). En semaine, la même société affrète gratuitement les bus Flash autour du quartier de l'université ASU (Tempe) et les bus Dash dans le centre de Phoenix. Gratuit et circulant régulièrement de 11h à 21h, le **Scottsdale Trolley** (☎ 480-421-1004 ; www.scottsdaletrolley.com) dessert Old Town et plusieurs zones commerçantes.

CENTRE DE L'ARIZONA

Cette partie de l'Arizona attire des visiteurs toute l'année avec ses activités de plein air et constitue une véritable oasis de fraîcheur en été. Après Phoenix, on commence à s'élever, passant d'un désert de collines ondoyantes à des coteaux escarpés couverts d'arbres rabougris. Plus loin au nord, les montagnes ponctuent d'épaisses étendues de pins. En pleine nature, au bord de la mythique Route 66, apparaît la ville universitaire de Flagstaff. La minuscule Williams, départ du train pour le Grand Canyon, a gardé intact l'esprit de la Route 66. Sedona, célèbre pour ses paysages enchanteurs de roches rouges et son énergie spirituelle New Age, est une attraction majeure de l'État. L'ancienne ville minière de Jerome est aujourd'hui une tranquille cité bohème. Enfin, Prescott fait revivre les légendes de la découverte de l'Arizona.

Flagstaff

Comme pour évoquer bruyamment le passé de Flagstaff, près de 100 trains de marchandises traversent chaque jour cette jolie ville d'altitude, ponctuant leur passage de coups de sifflet. Branchée et animée, Flagstaff accueille les étudiants de la Northern Arizona University (NAU), qui profitent de l'air frais des montagnes et des pistes de ski toutes proches. C'est la retraite estivale favorite des habitants de Phoenix, à un saut de puce de la Route 66. Les jolies rues sont bordées de bâtiments historiques, abritant des microbrasseries, de charmants hôtels et des restaurants tendance. Les randonnées à pied ou en VTT à proximité ne manquent pas. Située à moins d'une demi-heure de route du Grand Canyon, Flagstaff est de loin la plus grande ville de la région et un excellent point de chute pour découvrir les environs.

Le **Visitor Center** (☎ 928-774-9541, 800-842-7293 ; www.flagstaffarizona.org ; 1 E Route 66 ; 🕑 8h-17h) se trouve dans l'ancienne gare ferroviaire Amtrak.

À VOIR

Ne manquez surtout pas le **Museum of Northern Arizona** (☎ 928-774-5213 ; www.musnaz.org ; 3001 N Fort Valley Rd ; adulte/étudiant 7/4 $; 🕑 9h-17h) et ses expositions sur l'archéologie, l'histoire et les coutumes des Indiens de la région, ainsi que sur la géologie, la biologie et les arts.

Le **Lowell Observatory** (☎ 928-233-3211 ; www.lowell.edu ; 1400 W Mars Hill Rd ; adulte/enfant 6/3 $; 🕑 9h-17h avr-oct, 12h-17h nov-mars, horaires nocturnes variables) a permis d'observer pour la première fois Pluton, en 1920. Avant, de nombreux scientifiques pensaient que l'existence de la "Planète X" ne relevait que de la plus hypothétique des théories. Le soir, lorsque la météo le permet, les visiteurs peuvent observer les étoiles au télescope. Ici, les conditions sont optimales car Flagstaff est la première International Dark Sky City du monde (zone protégée pour son paysage nocturne exceptionnel). Pendant la journée ont lieu des visites guidées de 30 minutes toutes les heures de 13h15 à 16h15.

Au **Walnut Canyon National Monument** (☎ 928-526-3367 ; www.nps.gov/waca ; 5 $; 🕑 9h-17h nov-mar, 8h-17h mai-oct), les cavernes que les Indiens sinagua avaient creusées dans des falaises presque verticales sont encore visibles sur une petite butte calcaire, dans un canyon boisé. Une courte marche longe de nombreuses habitations troglodytiques. Le monument se trouve à 18 km au sud-est de Flagstaff sur l'I-40 (sortie 204). Parfois des chutes de rochers amènent à la fermeture du sentier ; téléphonez auparavant.

À FAIRE

Contre toute attente, on peut aussi skier en Arizona : l'**Arizona Snowbowl** (☎ 928-779-1951 ; www.arizonasnowbowl.com ; Snowbowl Rd ; forfait demi-journée/journée 38/46 $) dispose de 4 remontées desservant 32 pistes de ski et un parc de snowboard entre 2 800 et 3 500 m d'altitude. On peut aussi emprunter le télésiège (adulte/enfant 10/8 $) en été. Au sommet, le lodge principal se transforme en tribune pour observer des matchs de disc golf (parcours de golf réalisé avec un frisbee). Pour les bulletins d'enneigement, composez-le ☎ 928-779-4577.

En été, on peut grimper jusqu'au sommet du **Humphreys Peak**, la plus haute montagne de l'État, qui culmine à 3 800 m ; la randonnée est ardue, mais sans difficulté particulière. Le sentier part de l'Arizona Snowbowl et serpente dans la forêt avant de dépasser la limite des arbres et déboucher sur une splendide étendue aride, extrêmement ventée. La distance totale est de 7 km l'aller ; pour l'aller-retour, comptez 6 à 8 heures.

Vous obtiendrez tous les renseignements sur les randonnées, l'ascension, la location de vélo et le ski de fond au **Peace Surplus** (☎ 928-779-4521 ; www.peacesurplus.com ; 14 W Rte 66 ; 🕑 8h-21h lun-ven, 8h-20h sam, 8h-18h dim), l'un des meilleurs magasins d'équipement pour les activités de plein air. Le personnel amical et efficace se fera une joie de partager ses connaissances avec vous.

OÙ SE LOGER

Flagstaff offre le choix d'hébergements le plus divers de la région. Contrairement au sud de l'Arizona, l'été est ici la haute saison. Attention : la Route 66 jouxte la voie ferrée et les bruyants trains de marchandises circulent toute la nuit. Tous les établissements suivants sont à une courte distance à pied des restaurants et bars de Flagstaff.

Grand Canyon International Hostel (☎ 928-779-9421, 888-442-2696 ; www.grandcanyonhostel.com ; 19½ S San Francisco St ; dort/ch avec petit-déj à partir de 18/38 $;). Installée dans un bâtiment ancien et tenue par des propriétaires sympathiques, cette auberge de jeunesse propose des dortoirs petits mais propres, une cuisine commune et une laverie ainsi qu'un choix d'excursions avec guide au Grand Canyon et à Sedona. On vient vous chercher gratuitement à la descente du bus Greyhound.

Dubeau Hostel (☎ 928-774-6731, 800-398-7112 ; www.grandcanyonhostel.com ; 19 W Phoenix Ave ; dort avec petit-déj 18-20 $, ch 41-48 $). Gérée par la même équipe que l'auberge précédente, celle-ci dispose de chambres basiques de style hôtel, mais à la moitié du prix habituel. Le juke-box peut parfois être bruyant.

Weatherford Hotel (☎ 928-779-1919 ; www.weatherfordhotel.com ; 23 N Leroux St ; ch 65-79 $, ste 125 $;). L'hôtel le plus "historique" de Flagstaff est d'un excellent rapport qualité/prix et ses tarifs sont stables toute l'année. Dans une charmante ambiance début XIXe siècle, vous y trouverez 8 chambres douillettes mais simples (3 partagent une sdb), et 2 suites luxueuses avec TV et téléphone.

Monte Vista Hotel (☎ 928-779-6971, 800-545-3068 ; www.hotelmontevista.com ; 100 N San Francisco St ; ch 70-170 $;). Bon nombre des 50 chambres et suites portent le nom des stars qui y ont séjourné. Elles sont propres et assez spacieuses, mais l'hôtel mise plus sur son cachet historique et son emplacement de choix que sur les prestations. Si vous redoutez la musique live du Monte Vista Lounge au rez-de-chaussée, demandez une chambre tranquille.

OÙ SE RESTAURER

Il suffit de flâner dans le centre-ville bien pourvu en restaurants pour trouver son bonheur.

PERCUTANT !

D'un diamètre de près d'1,6 km pour une profondeur de 186 m, le deuxième cratère le plus impressionnant de l'Arizona a été formé par une météorite ayant percuté la Terre à une vitesse fulgurante, il y a environ 50 000 ans. Le **Meteor Crater** (☎ 928-289-2362 ; www.meteorcrater.com ; I-40 sortie 233 ; adulte/enfant/senior 15/7/13 $; 7h-19h juin à mi-sept ;), à 64 km à l'est de Flagstaff, est un site remarquable qui ne manquera pas de faire marcher l'imagination de certains. Des belvédères sont installés au bord du cratère mais aucun sentier ne mène au fond. Ne manquez pas le Visitor Center bien documenté et divertissant.

Bun Huggers (☎ 928-779-3743 ; 901 S Milton Rd ; repas moins de 8 $; 10h30-22h). Après une journée d'excursion dans les montagnes alentour, la coutume locale veut qu'on s'arrête ici pour reprendre des forces. Les petits prix en font un endroit favori des étudiants. Les amateurs de viande apprécieront les *mesquite-grilled burgers*, délicieux avec une bière à la pression fraîche.

Mountain Oasis (☎ 928-214-9270 ; 11 Aspen Ave ; plats à partir de 10 $; 11h-21h). Vous pouvez venir dans votre tenue de VTT à midi mais un jean propre est recommandé pour le dîner – avec le coucher de soleil l'étiquette est plus rigoureuse. Cette oasis de la bonne chère propose un tour du monde des saveurs, de la Méditerranée au Japon en passant par la Thaïlande. *Prime ribs* (côtes de bœuf de première catégorie) grillées juste à point, le week-end seulement.

Brix Restaurant & Wine Bar (☎ 928-213-1021 ; 413 N San Francisco St ; plats 24-32 $; 11h-14h et 17h-21h30 lun-sam, 17h-21h30 dim). Installé dans un bâtiment des années 1900 légèrement modernisé, ce restaurant américain décontracté et contemporain propose une cuisine à base de produits frais issus des fermes des environs et du vin de petits producteurs.

OÙ PRENDRE UN VERRE ET SORTIR

Museum Club (☎ 928-526-9434 ; 3404 E Rte 66 ; 11h-2h). Cette grange en bois au bord de la route avec un vaste parquet est le rendez-vous des amateurs de musique et de danse country. Superbe bar en acajou bien garni en élixirs.

LE SUD-OUEST

Flagstaff Brewing Company (☎ 928-773-1442 ; www.flagbrew.com ; 16 E Rte 66 ; 🕑 11h-2h lun-sam, 11h-minuit dim). Pas loin du centre-ville, cette brasserie sans prétention à l'ambiance rustique propose un grand choix de bières artisanales et de scotchs, ainsi que des concerts. La cuisine de pub (pizzas, burgers, soupe et salades) est savoureuse.

Orpheum Theater (☎ 928-556-1580 ; www.orpheumpresents.com ; 15 W Aspen St ; billets à partir de 15 $). Grandiose cinéma datant de 1911, devenu aujourd'hui une superbe salle de concerts accueillant des orchestres régionaux et nationaux. Projections occasionnelles de films en soirée.

COMMENT S'Y RENDRE ET CIRCULER

Les bus au départ de la **gare routière Greyhound** (☎ 928-774-4573 ; www.greyhound.com ; 399 S Malpais Lane ; 🕑 6h-2h30) desservent fréquemment Las Vegas (67 $, 6 heures), Los Angeles (66-75 $, 12 heures) et Phoenix (26-35 $, 3 heures). **Open Road Tours** (☎ 928-226-8060 ; www.openroadtours.com ; 1 E Route 66) affrète des navettes (au départ de son agence dans la gare Amtrak) à destination du Grand Canyon (27 $), de l'aéroport international Sky Harbor de Phoenix (42 $) et, selon la saison, de Sedona (25 $). Réservez par téléphone.

Géré par **Amtrak** (☎ 928-774-8679 ; www.amtrak.com), le train *Southwest Chief*, qui relie quotidiennement Chicago (Illinois) à Los Angeles (Californie), s'arrête à Flagstaff.

Williams

Williams, à 96 km au sud de Grand Canyon Village et à 56 km à l'ouest de Flagstaff sur la I-40, est une ravissante bourgade qui séduit par ses maisons à l'ancienne et sa charmante gare. C'est la base idéale pour une excursion jusqu'au South Rim (versant sud du Grand Canyon). Nombre de motels typiques de la Route 66 et d'hôtels de chaîne bon marché se trouvent à Williams.

Les touristes y viennent surtout pour emprunter le **Grand Canyon Railway** (☎ 800-843-8724 ; www.thetrain.com ; Railway Depot, 233 N Grand Canyon Blvd ; aller-retour adulte/enfant à partir de 70/40 $; 👶), ligne de chemin de fer du début du XIXe siècle, jusqu'au South Rim (départ de Williams à 9h30). C'est une façon pittoresque de découvrir le Grand Canyon sans se soucier du trafic. Sur fond de banjo, des acteurs en costume d'époque vous apprendront beaucoup de choses sur la région et son histoire. Le très populaire *Polar Express* (adulte/enfant 29/14 $) qui circule de novembre à janvier, emmène les enfants jusqu'au "Pôle Nord" pour rendre visite au père Noël.

Le **Red Garter Bed & Bakery** (☎ 928-635-1484, 800-328-1484 ; www.redgarter.com ; 137 Railroad Ave ; ch avec petit-déj 120-145 $; ⊠ ❄ 📶), aujourd'hui respectable B&B, est une ancienne maison close de 1897, où les dames se postaient à la fenêtre pour héler les clients. Les 4 chambres comportent des éléments de décoration d'époque et la boulangerie au rez-de-chaussée sert du bon café. Le **Grand Canyon Hotel** (☎ 928-635-1419, 877-635-1419 ; www.thegrandcanyonhotel.com ; 145 W Rte 66 ; dort 23 $, ch avec sdb commune/sdb 60/75 $; ⊠ ❄ 💻 📶) est un modeste établissement d'antan qui abrite de petites chambres à thème, un dortoir à 6 lits, et même un restaurant thaï.

Le décor éclectique du **Cruiser's Cafe' 66** (☎ 928-635-2445 ; 233 W Rte 66 ; plats 8-16 $; 🕑 11h-23h 1er mars-15 jan, 15h-23h 15 jan-1er mars, bar ouvert jusqu'à 2h toute l'année) fera la joie des fans de la Route 66. Cette ancienne station-service des années 1930 sert de délicieuses bières artisanales, des barbecues et d'autres recettes américaines.

Open Road (☎ 928-226-8060 ; www.openroadtours.com ; Railway Depot, 233 N Grand Canyon Blvd) propose 2 navettes quotidiennes pour le Grand Canyon (22 $, plus 6 $ de droit d'entrée dans le parc) et Flagstaff (17 $).

Sedona

Les tribus indiennes ont toujours considéré la région de Sedona – où les rochers rouges semblent sur le point d'exploser tant ils flamboient – comme sacrée. Avec ses flèches élancées, ses imposantes buttes et ses mesas taillées dans le calcaire rouge, le "Red Rock Country" (pays des roches rouges) est l'un des plus beaux sites d'Arizona. Après la découverte dans les années 1980 de "vortex" chargés d'énergie spirituelle, Sedona est devenue l'une des capitales du New Age dans le monde. Aujourd'hui, vous y trouverez toutes sortes de gourous, des galeries d'art, des restaurants gastronomiques et des complexes hôteliers.

Au milieu de la ville, un embranchement en "Y" marque la jonction entre la Hwy 89A et la Hwy 179, bordées toutes deux de boutiques. Le **Visitor Center** (☎ 928-282-7722, 800-288-7336 ; www.visitsedona.com ; 331 Forest Rd ; 🕑 8h-17h lun-sam, 9h-15h dim) fournit renseignements touristiques et cartes des vortex.

À VOIR ET À FAIRE

Les adeptes du New Age affirment qu'une puissante énergie émane des rochers, falaises et rivières de Sedona. C'est ici que se trouvent les quatre plus célèbres vortex du monde : **Bell Rock** près du Village of Oak Creek, à l'est de la Hwy 179, **Cathedral Rock** près du Red Rock Crossing, **Airport Mesa** le long d'Airport Rd et **Boynton Canyon**. Airport Rd est également idéal pour admirer les spectaculaires couchers de soleil.

Se déplacer à pied, à vélo ou à cheval est le meilleur moyen de découvrir le coin, notamment la **Coconino National Forest** (☎ 928-282-4119 ; www.redrockcountry.org/recreation). En principe, pour l'accès en journée et le parking, il faut se munir du Red Rock Pass (5 $/jour 15 $/semaine), en vente dans la plupart des boutiques et des hôtels de la région et dans un certain nombre de kiosques self-service installés dans les parkings des sites les plus célèbres. Les plus beaux panoramas de la Coconino National Forest se trouvent le long de la Hwy 89A qui serpente au fil de l'Oak Creek, au nord de Sedona, en passant par le très visité **Oak Creek Canyon**.

Quand il fait très chaud, un agréable moyen de se rafraîchir est de visiter le site vedette de l'Oak Creek Canyon, le **Slide Rock State Park** (☎ 928-282-3034 ; www.azstateparks.com ; 6871 N Hwy 89A ; 10 $/véhicule ; 🕑 8h-19h juin-août, 8h-18h mars-avr et sept-oct, 8h-17h nov-fév), toboggan naturel entre les gros rochers rouges qui plonge dans l'eau délicieuse du cours d'eau. Vous pouvez aussi randonner sur les sentiers. Téléphonez pour connaître la qualité de l'eau.

De nombreuses compagnies proposent des circuits en 4×4, dont **Pink Jeep Tours** (☎ 928-382-5000, 800-873-3662 ; www.pinkjeep.com ; 204 N Hwy 89A ; circuits à partir de 68 $), une agence très réputée organisant des sorties très variées. **Earth Wisdom Jeep Tours** (☎ 928-282-4714 ; www.earthwisdomtours.com ; 293 N Hwy 89A ; circuits 68-98 $) offre des circuits "vortex" qui divertiront même les mécréants. Pour des rencontres du 3e type, les astronomes de l'**Evening Sky Tours** (☎ 928-203-0006 ; www.eveningskytours.com ; adulte/enfant 60/20 $; 🕑 chaque soir après le coucher du soleil) vous invitent à un voyage dans l'univers grâce à leurs immenses télescopes installés dans la nuit sereine de la lointaine Sedona.

Bike & Bean (☎ 928-284-0210 ; www.bike-bean.com ; 6020 Hwy 179 ; 2 heures/journée à partir de 25/40 $). Location de VTT, randonnées pédestres, agréables excursions à vélo et découverte des vortex.

OÙ SE LOGER

Sedona regorge de ravissants B&B, bungalows au bord de l'eau et grands complexes hôteliers.

Coconino National Forest Campgrounds (☎ 928-203-2900 ; www.redrockcountry.org/recreation ; empl 15-20 $). Il y a 8 terrains de camping dans le secteur, principalement au nord de Sedona sur la Hwy 89A. Certains jouissent d'un panorama magnifique et proposent des randonnées, d'autres sont isolés en bord de rivière. La plupart ont un certain nombre d'emplacements qu'il est possible de réserver, les autres fonctionnant sur le principe du premier arrivé, premier servi.

White House Inn (☎ 928-282-6680 ; www.sedonawhitehouseinn.com ; 2986 W Hwy 89A ; ch 60-100 $). Un motel pas vraiment luxueux mais d'un bon rapport qualité/prix grâce à son personnel sympathique, ses prestations de base et son emplacement à l'ouest de Sedona, le côté le plus tranquille de la ville. Pour un long séjour, renseignez-vous sur le tarif à la semaine.

Garland's Oak Creek Lodge (☎ 928-282-3343 ; www.garlandslodge.com ; 8067 N Hwy 89A ; bungalows 235-290 $; 🕑 avr à mi-nov). Sur une portion particulièrement pittoresque de l'Oak Creek, ces bungalows espacés sont souvent réservés des mois à l'avance pour la bonne raison que le tarif comprend non seulement le petit-déjeuner mais aussi un savoureux dîner de 4 plats chaque soir de votre séjour.

OÙ SE RESTAURER ET PRENDRE UN VERRE

New Frontiers Natural Market & Deli (☎ 928-282-6311 ; 1420 W Hwy 89A ; sandwichs 5 $; 🕑 8h-20h). Faites vos provisions de produits sains, de bons fromages et de vins de qualité. Pour les pique-niques, choisissez parmi un beau présentoir de sandwichs et en-cas.

D'lish Very Vegetarian (☎ 928-203-9393 ; 3190 W Hwy 89 A ; plats 6-12 $; 🕑 11h-20h ; Ⓥ). Cuisine délicieuse et portions généreuses – aucun produit animal n'entre dans la composition des plats. Même les carnivores les plus convaincus se laisseront tenter.

♡ **Sedona Airport Restaurant** (☎ 928-282-3576 ; 1185 Airport Rd ; menu déj à partir de 7 $, menu dîner 12-25 $; 🕑 7h-20h). Tâchez d'atterrir ici le jeudi (avec réservation) : c'est le jour où est livré par avion le crabe frais. Le crabe des neiges à volonté n'est qu'à 17,95 $. La vue sur l'Airport Mesa, la cuisine et les rochers qui rougeoient comme des tisons dans les rayons du soleil couchant sont superbes.

Cowboy Club (☎ 928-282-4200 ; 241 N Hwy 89A ; menu déj 9-16 $, menu dîner 15-25 $; ⏲ 11h-22h). On y trouve des margaritas à la figue de Barbarie, des cocktails que l'on ne boit qu'en Arizona, des lamelles de cactus frites et même des brochettes de serpent (sa chair ressemble au poulet) dans l'assiette d'amuse-gueule. Au menu également, sandwichs variés, steaks et salades habituelles. Une section pour les enfants et une pour les adultes.

COMMENT S'Y RENDRE ET CIRCULER

Le **Sedona-Phoenix Shuttle** (☎ 928-282-2066 ; www.sedona-phoenix-shuttle.com ; 2545 W Hwy 89A) fait la navette entre l'aéroport international Sky Harbor de Phoenix et Sedona huit fois par jour (50 $). Réservation par téléphone. Les navettes municipales gratuites **Sedona Roadrunner** (☎ 928-282-0938 ; www.sedonaroadrunner.com) circulent entre Hillside et le quartier d'Uptown au nord du "Y" de 9h à 18h30 tous les jours ; les trolleys passent 3 à 6 fois/heures.

Jerome

Accrochée à flanc de colline, cette ancienne ville minière, sous ses airs rustiques n'en est pas moins chic. La ville fantôme ressuscitée distille un charme romantique et semble épargnée par le tourisme – surtout quand les visiteurs du week-end venus passer la journée quittent les lieux. Surnommée la "ville la plus cruelle de l'Ouest" durant son apogée à la fin des années 1800, Jerome est aujourd'hui composée de bâtiments restaurés avec soin et transformés en galeries, restaurants, saloons et B&B.

La **chambre de commerce** (☎ 928-634-2900 ; www.jeromechamber.com ; 310 Hull Ave ; ⏲ 11h-15h), située dans une petite caravane, renseigne sur les curiosités locales et la scène artistique.

Dans un bâtiment de 1898 joliment restauré, le **Connor Hotel** (☎ 928-634-5006, 800-523-3554 ; www.connorhotel.com ; 164 Main St ; ch 90-165 $; 📶) comporte 12 chambres arborant une ravissante déco de style victorien, des lucarnes et des lits rebondis. La réception se fait à la caisse de la boutique. Le populaire **Spirit Room Bar** (☎ 928-634-5006 ; 164 Main St ; ⏲ 10h-2h), bar le plus animé de la ville, se trouve au rez-de-chaussée. Les chambres n°1 à n°4 sont par conséquent un peu bruyantes lors des concerts du week-end et de certains soirs de la semaine.

Grapes (☎ 928-634-8477 ; 111 Main St ; plats à partir de 10 $; ⏲ 8h-21h). Décor haut de gamme mais animé pour déguster d'excellentes pizzas, pâtes et steaks. Un vin est suggéré pour chaque plat au menu.

Prescott

Avec son centre-ville victorien et sa riche histoire de ville du Far West, Prescott, capitale de l'Arizona de 1863 à 1867, accueille le plus vieux rodéo du monde. On s'y sent à mi-chemin entre un repaire de cow-boys et une ville du Midwest. Peuplée de retraités, d'artistes et de familles qui recherchent la vie saine d'antan, elle s'enorgueillit de ses 500 édifices répertoriés au National Register of Historic Places. Dans **Whiskey Row**, une rangée de vieux saloons mal famés près de la place centrale servent toujours force alcools à un intéressant mélange d'habitants sur le retour et de visiteurs qui font la bringue.

La **chambre de commerce** (☎ 928-445-2000 ; www.prescott.org ; 117 W Goodwin ; ⏲ 9h-17h lun-ven, 10h-14h sam-dim) fournit toutes sortes de renseignements.

En plein cœur de Whiskey Row, l'historique **Hotel St Michael** (☎ 928-776-1999, 800-678-3757 ; www.stmichaelhotel.com ; 205 W Gurley St ; ch avec petit-déj complet 60-120 $; 💻) abrite des chambres basiques mais idéalement situées. L'heure matinale du petit-déjeuner gratuit ne convient pas forcément aux fêtards du Whiskey Row.

Le **Hassayampa Inn** (☎ 928-778-9434, 800-322-1927 ; www.hassayampainn.com ; 122 E Gurley St ; ch avec petit déj complet 99-139 $; ❄ 📶), restauré, compte un ascenseur d'époque (à actionner manuellement), du mobilier d'origine, des décorations murales peintes à la main et une ravissante salle à manger.

Savourez des burgers, des pizzas et des plats mexicains presque aussi délicieux que les bières artisanales à la **Prescott Brewing Company** (☎ 928-771-2795 ; 130 W Gurley St ; ⏲ 11h-tard). L'assiette "brew poo" offre un échantillon de succulents amuse-gueules.

Sur Whiskey Row, le **Palace** (☎ 928-541-1996 ; 120 S Montezuma St ; ⏲ 11h-23h) est un endroit plein de caractère, idéal pour un verre ; on entre par la porte battante du saloon dans une grande salle remplie de souvenirs du Vieil Ouest. Le **Bird Cage Saloon** (☎ 928-771-1913 ; 148 Whiskey Row ; ⏲ 10h-2h), un bon vieux bar qui déborde d'oiseaux empaillés, mérite également une visite.

Les navettes de la **Prescott Transit Authority** (☎ 928-445-5470, 800-445-7978 ; www.prescotttransit.com ; 820 E Sheldon St) vont jusqu'à Phoenix et à l'aéroport Sky Harbor (34 $, 2 heures, 16/jour).

GRAND CANYON NATIONAL PARK

Peu importe le nom que vous lui donnez – la plus grande faille de la Terre, la couronne de joyaux de l'Arizona ou l'une des sept merveilles naturelles du monde – il faut absolument voir le Grand Canyon qui fend la terre sur une profondeur de 1 600 m, avoisinant en moyenne 16 km de large. Sculpté au fil de périodes incommensurables, il fascine même les plus blasés, émus que notre vieille planète toujours changeante ait produit une telle merveille.

La Colorado River, qui traverse le canyon sur 450 km, le creuse depuis six millions d'années, et a ainsi mis au jour des roches vieilles de deux milliards d'années – la moitié de l'âge de la Terre.

Les deux versants du Grand Canyon sont tout à fait différents. Par la route, ils sont très éloignés l'un de l'autre ; il est donc difficile de visiter les deux dans la foulée. Les visiteurs préfèrent souvent le South Rim (versant sud), facilement accessible, bien aménagé et offrant des panoramas qui sont loin de décevoir. Plus calme, le North Rim (versant nord) ne manque pas d'intérêt : culminant à 2 500 m d'altitude (330 m de plus que le South Rim), il est couvert de fleurs sauvages et de hauts bosquets de trembles et d'épicéas.

Orientation

Les principales infrastructures se trouvent à Grand Canyon Village, à 9,5 km au nord de l'entrée du South Rim (South Rim Entrance Station). La seule entrée pour le North Rim se situe à 48 km au sud de Jacob Lake sur la Hwy 67. Les deux versants sont distants de 346 km en voiture, de 34 km à pied (en traversant le canyon) et de 16 km à vol d'oiseau.

Renseignements

Le billet d'entrée pour le **parc** (véhicule/cycliste et piéton 25/12 $) est valable 7 jours et donne accès aux deux versants.

Grand Canyon Visitor Center (☎ 928-638-7644 ; www.nps.gov/grca ; Grand Canyon Village ; 8h-17h). Le principal Visitor Center n'est accessible que par la navette gratuite qui emprunte les grandes routes à l'intérieur du parc, ou à pied et à vélo (1,6 km) par le Greeway Trail depuis Market Plaza. Il est aussi à une courte marche de Mather Point.

National Geographic Visitor Center (☎ 928-638-2468 ; www.explorethecanyon.com ; Hwy 64, Tusayan ; 8h-22h). Arrêtez-vous à Tusayan, à 11 km de Grand Canyon Village, pour vous acquitter du droit d'entrée de 25 $ qui s'applique à chaque véhicule. Cela vous épargnera l'attente à l'entrée du parc, parfois de 30 minutes durant les mois d'été. On y montre un excellent film IMAX sur le canyon.

North Rim Visitor Center (☎ 928-638-7888 ; www.nps.gov/grca ; 8h-18h). À côté du Grand Canyon Lodge.

Verkamp's Visitor Center (www.nps.gov/grca ; Grand Canyon Village ; 8h-17h). Visitor Center du South Rim plus accessible, en face de l'El Tovar Hotel, propose un comptoir d'informations, des expositions sur l'histoire de Grand Canyon Village, des cartes pour des promenades autoguidées dans le village, une librairie et un point de rendez-vous pour les randonnées et conférences menées par les rangers.

QUAND PARTIR

Juin est le mois le plus sec, juillet et août sont les plus humides. En janvier, les températures oscillent entre –11°C et –7°C la nuit et tournent autour de 4°C la journée. En été, elles dépassent souvent les 38°C dans le canyon. Le South Rim est ouvert toute l'année, mais les touristes viennent surtout entre fin mai et début septembre. Le North Rim est ouvert de mi-mai à mi-octobre.

PERMIS DE RANDONNÉE

Toute randonnée de plus d'une journée et le camping sauvage dans le parc nécessitent un permis. Le **Backcountry Information Center** (☎ 928-638-7875 ; www.nps.gov/grca ; Grand Canyon Village ; 8h-12h et 13h-17h, renseignements téléphoniques 13h-17h lun-ven) traite les demandes de permis de randonnée (10 $ plus 5 $ par personne et par nuit), uniquement pour le mois en cours et les 4 mois qui suivent. Si vous vous y prenez à l'avance (soit 4 mois au préalable si vous souhaitez vous y rendre au printemps ou en automne), et que vous proposez plusieurs itinéraires possibles, vous l'obtiendrez sans doute. Si vous n'avez pas de permis, pas de panique : rendez-vous au bureau, près du Maswik Lodge, et inscrivez-vous sur la liste d'attente. Présentez-vous chaque matin à 8h pour entendre l'appel des personnes acceptées. Si vous n'êtes pas sur la liste, vous recevrez un numéro pour le lendemain. Selon la saison et l'itinéraire, vous recevrez probablement votre permis sous 1 à 4 jours.

South Rim (versant sud)

Des hordes de visiteurs y débarquent chaque été, ne restant souvent que le temps de jeter

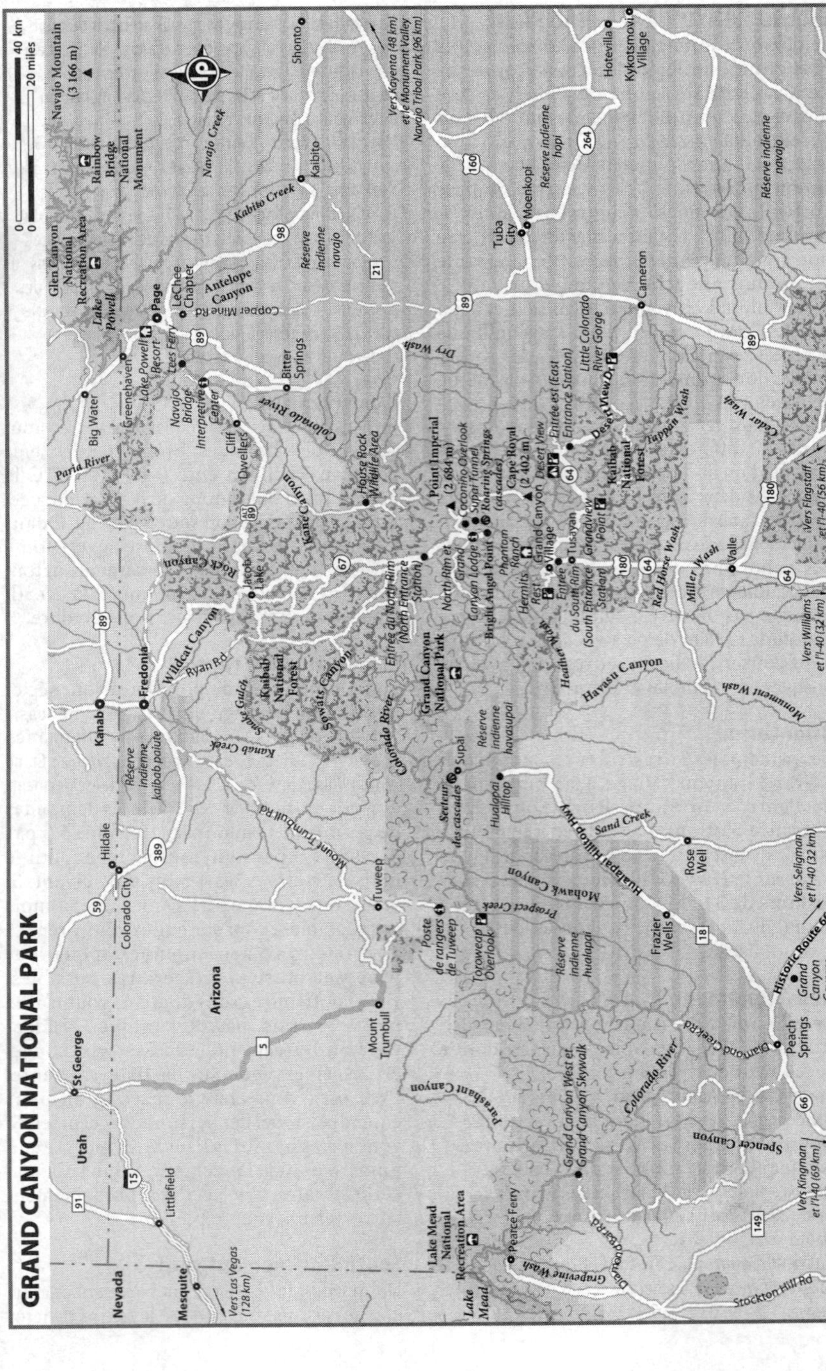

GRAND CANYON NATIONAL PARK
0 40 km
0 20 miles
Utah
Nevada
Arizona
St George
Littlefield
Mesquite
Vers Las Vegas (128 km)
Colorado City
Hildale
Kanab
Fredonia
Réserve indienne kaibab paiute
Mount Trumbull
Tuweep
Poste de rangers de Tuweep
Toroweap Overlook
Lake Mead National Recreation Area
Lake Mead
Pearce Ferry
Grand Canyon West et Grand Canyon Skywalk
Parashant Canyon
Spencer Canyon
Grapevine Wash
Diamond Bar Rd
Stockton Hill Rd
Vers Kingman et l'I-40 (69 km)
Peach Springs
Diamond Creek Rd
Grand Canyon Caverns
Historic Route 66
Vers Seligman et l'I-40 (32 km)
Frazier Wells
Rose Well
Réserve indienne hualapai
Hualapai Hilltop Hwy
Hualapai Hilltop
Mohawk Canyon
Prospect Creek
Sand Creek
Supai
Secteur des cascades
Réserve indienne havasupai
Havasu Canyon
Monument Wash
Vers Williams et l'I-40 (32 km)
Colorado River
Grand Canyon National Park
Kaibab National Forest
Sowats Canyon
Snake Gulch
Kanab Creek
Mount Trumbull Rd
Ryan Rd
Wildcat Canyon
Jacob Lake
Rock Canyon
Kane Canyon
House Rock Wildlife Area
Entrée du North Rim (North Entrance Station)
North Rim et Grand Canyon Lodge
Bright Angel Point
Point Imperial (2 684 m)
Coconino Overlook
Supai Tunnel
Roaring Springs (cascades)
Phantom Ranch
Cape Royal (2 402 m)
Hermits Rest
Grand Canyon Village
Entrée du South Rim (South Entrance Station)
Tusayan
Grandview Point
Desert View
Entrée est (East Entrance Station)
Desert View Dr
Heather Wash
Red Horse Wash
Miller Wash
Valle
Vers Flagstaff et l'I-40 (56 km)
Tappan Wash
Cedar Wash
Little Colorado River Gorge
Cameron
Dry Wash
Bitter Springs
Cliff Dwellers
Navajo Bridge Interpretive Center
Lees Ferry
Lake Powell Resort
Greenehaven
Big Water
Paria River
Lake Powell
Glen Canyon National Recreation Area
Page
LeChee Chapter
Copper Mine Rd
Antelope Canyon
Rainbow Bridge National Monument
Navajo Mountain (3 166 m)
Navajo Creek
Kabito Creek
Kaibito
Shonto
Réserve indienne navajo
Vers Kayenta (48 km) et le Monument Valley Navajo Tribal Park (96 km)
Tuba City
Moenkopi
Réserve indienne hopi
Hotevilla
Kykotsmovi Village

un coup d'œil depuis les belvédères faciles d'accès. Pour échapper à la cohue, mieux vaut venir en automne ou en hiver et plutôt les jours de semaine.

À VOIR ET À FAIRE

Une **route panoramique** longe le versant sud par **Hermit Road**, sur le côté ouest du village. Fermée aux véhicules privés, cette route est desservie par la navette du parc gratuite. En raison du peu de circulation, le vélo y est encouragé. Des belvédères tout au long offrent des vues spectaculaires et des panneaux décrivent le canyon et sa géologie.

Des sentiers de **randonnée** nombreux et variés sillonnent le South Rim. Le **Rim Trail** est le plus facile et le plus fréquenté. Il s'enfonce puis ressort des bosquets de pins rabougris de la Kaibab National Forest et donne accès à une série de points de vue et de sites historiques sur 20 km ; certaines portions sont goudronnées. Chaque point de vue est aussi accessible via l'une des trois routes desservies par la navette. Une extension fraîchement goudronnée, ouverte aux cyclistes, prolonge le chemin sur 5 km à l'ouest entre **Monument Creek Vista** et **Pima Point**.

Sur Hermit Rd, repérez les 18 panneaux numérotés qui indiquent un point commenté dans le **circuit audio** (☎ 928-225-2907). L'option 4 vous fera voyager dans le ciel par une belle nuit étoilée.

La route **Desert View Drive** part de l'est de Grand Canyon Village et suit le bord du canyon pendant 42 km jusqu'à Desert View, l'entrée est du parc. Des aires de stationnement offrent en chemin des vues époustouflantes, et des panneaux renseignent sur le canyon et sa géologie.

Ponctué de quatre haltes, le superbe **Bright Angel Trail** descend de manière abrupte et spectaculaire sur 13 km jusqu'à la Colorado River. En été, la chaleur peut devenir insupportable ; mieux vaut faire demi-tour à l'un des deux refuges (marches aller-retour : 4,5 ou 9,5 km) ou partir à l'aube pour atteindre l'Indian Garden ou le Plateau Point (marches aller-retour : 14,8 ou 19,6 km). Ne comptez pas rejoindre la rivière dans la journée. Le sentier part de Grand Canyon Village.

Le **South Kaibab**, riche en fabuleux panoramas à 360 degrés, est peut-être le plus beau sentier du parc. Raide, difficile et en plein soleil, il n'est pas sans danger en été, saison durant laquelle les rangers conseillent d'ailleurs de se limiter à de courtes marches – sinon c'est un épuisant aller-retour de 10 km. Pour une agréable petite promenade, faites demi-tour à **Cedar Ridge**.

Ceux qui souhaitent mieux connaître le parc et donner un peu de leur temps peuvent faire du bénévolat dans le cadre des **Grand Canyon Volunteers** (☎ 928-774-7488 ; www.gcvolunteers.org). Ces programmes (sur une ou plusieurs journées) comprennent l'observation de la faune et de la flore, la réintroduction de plantes endémiques et la surveillance de la forêt.

LE SUD-OUEST

HERMIT ROAD

EN BREF

Route : Grand Canyon Village à Hermits Rest
Distance : 12,8 km
Limitation de vitesse : 55 km/h

Cette route offre des panoramas exceptionnels ; elle part de l'extrémité ouest de Grand Canyon Village et aboutit au Hermits Rest de Mary Colter, refuge qui accueillit les premiers touristes du parc.

Trailview Overlook

Ce site offre une vue superbe sur le **Bright Angel Trail**, la végétation de l'**Indian Garden** et le **Grand Canyon Village**, sur le bord du canyon, à l'est. Les Indiens havasupai furent les premiers à tracer le Bright Angel Trail afin d'accéder à l'Indian Garden et de le cultiver. En 1890-1891 deux prospecteurs, Pete Berry et Ralph Cameron, rénovèrent le sentier, et Cameron le prolongea jusqu'au fleuve en 1898-1899. En 1903, comprenant que les touristes lui rapporteraient plus que les mines d'or, il imposa un péage de 1 $ à tous ceux qui descendaient le sentier à pied ou à dos de mule. Le National Park Service traça alors des sentiers parallèles depuis Hermits Rest et Yaki Point jusqu'à ce qu'il reçoive la charge du Bright Angel en 1928. Tôt le matin, on aperçoit parfois au loin des petits points : ce sont des caravanes de mules qui descendent dans le canyon.

Maricopa Point

En 1890, un prospecteur du nom de Daniel Lorain Hogan crut déceler du cuivre à 330 m au-dessous de ce point de vue. Il déposa une demande d'exploitation pour cette zone, dont 1,5 ha au bord du canyon, et se mit au travail. Après 40 ans et un succès mitigé, il comprit que le vrai trésor du canyon était le tourisme ; en 1936, il édifia donc des bungalows, une épicerie et un saloon. En 1947, il céda la propriété à Madelaine Jacobs pour 25 000 $. Ironiquement, c'est Jacobs qui fit fortune grâce aux richesses minières : découvrant que la roche grise où Hogan avait cherché du cuivre était riche en uranium, elle vendit le terrain à la Western Gold & Uranium. De 1956 à 1969, l'Orphan Mine, immédiatement au sud-ouest, a extrait plus d'un demi-million de tonnes de minerai d'uranium. Les touristes visitaient le secteur, malgré le bruit et la poussière radioactive.

Aujourd'hui, on voit encore les restes métalliques de la ligne de tramway et de l'ascenseur qui permettaient de transporter le minerai. Certaines zones sont interdites d'accès, en partie à cause du risque radioactif.

Powell Memorial

Érigé en 1915, le **Powell Memorial** rend hommage à John Wesley Powell, vétéran de la guerre de Sécession, ethnologue et géologue qui, en 1869, dirigea la première descente en eau vive à travers le canyon sur la Colorado River. Ce n'est pas la meilleure vue sur le fleuve, mais elle permet d'imaginer l'aventure de ces pionniers du Colorado, alors sauvage et encore inexploré. C'est là que le parc fut officiellement inauguré en 1920.

Hopi Point

Considéré par certains comme le plus beau point de vue du parc, Hopi Point s'avance davantage dans le vide que tous les belvédères de Hermit Road, offrant une vue imprenable sur le canyon et la Colorado River, 1,5 km plus bas. On vient y admirer le coucher du soleil, surtout les soirs d'été, où il y a souvent foule. Jusqu'à l'achèvement de Hermit Road en 1912, Hopi Point était le point le plus occidental des visites guidées.

Mohave Point

Si vous manquez de temps, rendez-vous à Mohave Point. On y jouit d'une belle vue sur la Colorado River et sur 3 rapides en aval, **Salt Creek**, **Granite** et **Hermit**. Les Hermit Rapids portent le nom d'un des célèbres résidents du parc, Louis Boucher, dit "l'Ermite", immigrant canadien qui prospecta et guida les touristes. Il vécut seul à Dripping Springs, dans le Boucher Canyon (sous Hermits Rest), de 1889 à 1912. Il a donné son nom à 13 lieux-dits du canyon.

The Abyss (l'abîme)

De là, le canyon ressemble en effet à un abîme. Si vous souffrez du vertige, préférez un autre endroit : les falaises tombent à pic sur 780 m jusqu'aux roches calcaires de Redwall.

Pima Point

En 1912, la compagnie de chemins de fer Atchison, Topeka & Santa Fe Railway acheva le Hermit Camp, centre touristique composé de bungalows en toile, de toilettes, de douches et d'une forge ; situé à 900 m au-dessous de Pima Point, on y accède par un sentier depuis Hermits Rest. Les caravanes de mules s'arrêtaient souvent à ce campement, et un tramway fut construit en 1926 pour l'approvisionner.

Vers 1930, toutefois, les touristes délaissèrent Hermit Camp au profit de Phantom Ranch, où Mary Colter avait bâti en 1922 une maison en pierre et des bungalows près de la rivière. En 1936, la compagnie des chemins de fer incendia le camp dont on peut encore voir les restes.

Hermits Rest

Le prospecteur Ralph Cameron, qui détenait les droits du sentier Bright Angel Trail, pressa l'Atchison, Topeka & Santa Fe Railway de développer d'autres infrastructures touristiques. En 1909, la compagnie lança les travaux de Hermit Road. Elle commanda à Mary Colter la conception d'un refuge au bout de la route, construisit un sentier de 13,5 km qui descendait dans le canyon et aboutissait à un campement (dont on peut encore voir les traces depuis Pima Point). Le Hermits Rest de Colter, magnifique abri de pierre et de bois, permettait aux touristes de se rafraîchir à l'aller comme au retour.

Aujourd'hui, le Hermits Rest compte une petite boutique de cadeaux et un snack-bar. On peut encore descendre dans le canyon par le Hermit Trail ; au bout de seulement 10 minutes de marche, vous pourrez déjà découvrir des fossiles.

DESERT VIEW DRIVE

EN BREF

Route : de Mather Point à East Entrance
Distance : 40 km
Limitation de vitesse : 70 km/h

La route du Desert View Drive part de Mather Point et se poursuit vers l'ouest sur 40 km jusqu'à l'entrée est du parc. La route longe sept points de vue bien indiqués, un petit musée, un ancien site pueblo et la tour de guet de Mary Colter. En roulant tranquillement et en s'arrêtant aux postes d'observation, il faut compter quatre heures.

Mather Point

Situé à moins de 300 m du parking du Canyon View Information Plaza, Mather est le plus fréquenté de tous les points de vue. Mais si vous continuez à pied sur 1,5 km vers l'est, vous atteindrez Pipe Creek Vista, où vous échapperez à la foule (voir le Rim Trail, ci-contre). Depuis Pipe Creek, prenez la navette pour revenir au centre d'information.

Yaki Point

Afin de concurrencer le Bright Angel Trail de Ralph Cameron, l'administration des parcs nationaux (NPS) entreprit en 1924 de tracer le sentier **South Kaibab Trail** (p. 307) ; le projet dura deux ans. Interdit aux véhicules privés, le point de vue se trouve au nord du Desert View Drive ; les navettes de la **Kaibab Trail Route** vous y déposeront.

Grandview Point

En 1893, Peter Berry (un prospecteur devenu entrepreneur) construisit avec ses associés le **Grandview Toll Trail** afin d'accéder à des filons de cuivre, à plus de 600 m au-dessous, sur Horseshoe Mesa. En 1897, il bâtit le Grand View Hotel au bord du canyon et partagea son temps entre l'extraction du cuivre et l'organisation de visites touristiques à pied ou à dos de mule. Lorsqu'en 1901 le chemin de fer parvint à 20 km à l'ouest du canyon, les touristes préférèrent les nouvelles infra-structures, et Berry abandonna son affaire en 1908. Sa carrière de chercheur de cuivre prit fin à la même époque. Aujourd'hui, des milliers de visiteurs empruntent toujours ce sentier escarpé, tandis que d'autres profitent simplement de la vue depuis l'endroit où se dressait son hôtel.

Moran Point

L'œuvre de Thomas Moran, peintre paysagiste qui passa dans le canyon presque chaque hiver de 1899 à 1920, fut déterminante dans la décision de le classer parc national. Depuis le Moran Point, on voit la rivière en amont et en aval ; à l'aube ou au crépuscule, on comprend aisément l'attirance que le canyon a exercée sur des centaines d'artistes.

Tusayan Ruins et le musée

Si le terme de musée est un peu exagéré (il ne contient que quelques poteries et bijoux), le bâtiment en pierre qui l'abrite est superbe. Ne manquez pas les figures d'animaux vieilles de 4 000 ans. De là, visitez à pied les restes de l'**ancien village pueblo** mis au jour en 1930. L'analyse des arbres a permis de dater la structure à 1185, et les archéologues estiment qu'environ 30 personnes y vécurent. *The Guide* détaille les visites proposées par les rangers. Vous trouverez des toilettes et de l'ombre, mais pas de vue sur le canyon.

Lipan Point

Sans doute le point de vue le plus spectaculaire du versant sud, Lipan Point offre une vue dégagée sur les **Hance Rapids** de la Colorado River ; idéal pour admirer le coucher du soleil.

La vue panoramique englobe les **Echo and Vermilion Cliffs**, falaises se dressant au loin.

Navajo Point

Surplombe le fleuve et l'immense réserve des Navajo à l'est.

The Watchtower (la tour de guet)

Conçue par Mary Colter et construite en 1932, cette tour circulaire en pierre de 21 m de haut s'inspire des anciennes tours de guet pueblos. Entrez par la boutique, au-dessus de laquelle une petite terrasse offre une vue superbe. Un escalier mène ensuite à la **Hopi Room**, décorée de peintures murales décrivant la légende du serpent et un mariage hopi. Aux 2e et 3e niveaux, des balcons surplombent cette salle. Enfin, au quatrième niveau, vous profiterez d'un panorama unique grâce aux jumelles et aux baies vitrées. C'est le plus haut point d'observation du versant sud (2 256 m). De là, on voit le canyon et la Colorado River, les **San Francisco Mountains**, la **réserve navajo** (Navajo Indian Reservation), les falaises d'**Echo Cliffs** et le **Painted Desert**.

RIM TRAIL

EN BREF

Distance : variable (jusqu'à 21 km aller)
Durée : variable
Niveau : facile à modéré
Dénivelé : 60 m

S'étirant du Hermits Rest au bord ouest de la rive à travers le Grand Canyon Village jusqu'à Pipe Creek Vista, le Rim Trail relie une série de points d'observation ; c'est de loin la plus facile des longues randonnées du parc. Le sentier est même goudronné depuis Maricopa Point (2,4 km à l'ouest de Kolb Studio) jusqu'à Pipe Creek Vista (1,3 km).

Vous apprécierez sa souplesse : choisissez-le ou les segments qui vous conviennent et marchez autant que vous le souhaitez. Chaque point de vue est accessible depuis l'itinéraire des trois navettes, ce qui vous permet par exemple de vous rendre à l'un des panoramas à pied et de rentrer en bus. *The Guide* contient une carte indiquant les arrêts des navettes et les distances à parcourir à pied sur les différents segments.

Le sentier dessert de nombreux sites historiques du parc, dont **El Tovar**, la **Hopi House**, le **Kolb Studio**, le **Lookout Studio** et **Verkamp's**. Il serpente sur près de 5 km dans le village, généralement très fréquenté, mais la foule se raréfie à mesure que l'on pousse vers l'ouest. Le sentier coupe alors entre Hermit Road et le bord du canyon ; certains segments longent la route, mais les autres sont relativement calmes.

Le segment de 1,5 km à l'est du Pima Point, assez éloigné de la route, est ravissant et offre une vue stupéfiante et une certaine tranquillité. Traversant les bosquets de genévriers, il longe plusieurs points de vue : voir l'itinéraire du Hermit Road (p. 303) pour plus de détails. Mohave et Hopi Points donnent sur la Colorado River ; on aperçoit trois rapides (**Salt Creek**, **Granite** et **Hermit**) en aval.

Facile d'accès, le Rim Trail convient tout particulièrement aux familles. La promenade est superbe au lever et au coucher du soleil, ou la nuit, lorsque le sentier est pratiquement désert. Les amateurs de jogging l'apprécient aussi le matin, avant les vagues de chaleur. Idéal pour un premier aperçu du parc.

BRIGHT ANGEL TRAIL – UNE PETITE JOURNÉE À PIED

EN BREF

Distance : 2,4 km jusqu'à la Mile-and-a-Half Resthouse ; 4,8 km jusqu'à la Three-Mile Resthouse
Durée : 2-3 heures ; 4-5 heures aller-retour
Niveau : modéré ; modéré à difficile
Dénivelé : 339 m ; 633 m

BRIGHT ANGEL TRAIL – UNE GROSSE JOURNÉE À PIED

EN BREF

Distance : 7,4 km jusqu'à l'Indian Garden ; 9,8 km jusqu'au Plateau Point
Durée : 5-7 heures ; 8-10 heures aller-retour
Niveau : difficile
Dénivelé : 918 m ; 936 m

Le **Bright Angel Trail**, large, en pente douce et facile à suivre, est le plus apprécié des sentiers principaux. Convenant aussi bien aux randonneurs débutants que chevronnés et aux caravanes de mules, il est très fréquenté, ce qui ne nuit en rien à sa splendeur. La descente à pic de 12,5 km vers la Colorado River est particulièrement belle et ponctuée de quatre points de vue d'où l'on peut faire demi-tour, dont deux refuges bien équipés où les marcheurs peuvent se reposer à l'ombre et se réhydrater. Même si vous êtes allergique à la foule, vous ne le regretterez pas.

Le sentier suit une route naturelle le long du Bright Angel Fault ; les Havasupai furent les premiers à l'emprunter pour atteindre la source de l'Indian Garden et des niches dans le canyon. À la fin du XIXe siècle, des mineurs améliorèrent le sentier, acquirent des mules et en firent payer l'accès. De nombreuses personnes et collectivités, dont l'Atchison, Topeka & Santa Fe Railway, essayèrent d'en prendre le contrôle, mais il incomba finalement au National Park Service en 1928.

Contrairement au South Kaibab, le Bright Angel dispose à la fois de zones ombragées et d'un point d'eau ; cependant, la chaleur peut être étouffante en été ; si vous partez pour la journée, faites demi-tour à l'un des deux refuges (4,8 km et 9,6 km aller-retour) ou mettez-vous en route au lever du soleil si vous voulez rejoindre l'Indian Garden et le Plateau Point (14,8 km et 19,6 km aller-retour). Ne tentez pas de rejoindre la Colorado River dans la journée.

Le Bright Angel, souvent très fréquenté, part du Grand Canyon Village, à l'ouest du Kolb Studio et du Bright Angel Lodge. Un grand parking se trouve à proximité, mais on peut aussi prendre la navette jusqu'à l'arrêt Hermits Rest, puis marcher. Le sentier bordé de genévriers forme bientôt des lacets impressionnants en suivant une faille naturelle dans la falaise et traverse deux tunnels ; ne manquez pas les pétroglyphes indiens sur les parois du premier. Après le second, la **Mile-and-a-Half Resthouse** apparaît à moins d'une heure de marche du sommet ; on y trouve des toilettes, un téléphone d'urgence et de l'eau potable de mai à septembre. L'aller-retour dure 2 heures 30 si vous faites demi-tour ici.

La descente se poursuit et longe différentes couches minérales colorées ; de nouveaux lacets mènent à la **Three-Mile Resthouse**, où vous trouverez de l'eau et un téléphone d'urgence, mais pas de toilettes. En dessous, vous verrez le verdoyant Indian Garden, caché dans un repli du canyon, et la vaste Tonto Platform.

Si vous poursuivez, une série de lacets particulièrement éreintante, connue sous le nom de **Jacob's Ladder (échelle de Jacob)**, traverse les falaises de Redwall. Un pont vous amène de l'autre côté du Transcanyon, où vous pourrez vous rafraîchir à l'**Indian Garden**, que les Havasupai cultivaient il y a encore un siècle. C'est aujourd'hui un camping très fréquenté, avec un poste de rangers, des toilettes, de l'eau potable toute l'année, des tables de pique-nique à l'ombre et un corral pour les mules. Après une journée de marche, profitez-en pour vous reposer, malgré la foule, déjeuner sous un peuplier, faire une sieste sur l'herbe et vous tremper les pieds dans la crique : une difficile ascension de 7,4 km vous attend encore jusqu'au bord, surtout la Jacob's Ladder qui laissera vos mollets en charpie. Compter environ 7 heures pour l'aller-retour.

Depuis le camping, tournez à gauche et traversez le Garden Creek vers l'ouest jusqu'au carrefour du **Plateau Point Trail**, qui part du **Tonto Trail**. Ce petit sentier de moins d'1,5 km parcourt la **Tonto Platform**, plate, déserte et parsemée de yuccas, et aboutit au **Plateau Point** qui offre une vue superbe sur la gorge. Si la promenade est très appréciée des randonneurs aguerris, les rangers déconseillent cependant de tenter l'aller-retour en été. Dans certaines portions en plein soleil, la chaleur est parfois insupportable, et l'aller-retour de 19 km peut prendre jusqu'à 10 heures.

Depuis l'Indian Garden, le Bright Angel poursuit vers le nord jusqu'à la rivière, et coupe bientôt le Tonto Trail orienté est-ouest.

SOUTH KAIBAB

EN BREF

Distance : 2,4 km jusqu'à Cedar Ridge ; 4,8 km jusqu'à Skeleton Point
Durée : 1-2 heures aller-retour ; 3-5 heures aller-retour
Niveau : modéré ; modéré à difficile
Dénivelé : 342 m ; 612 m

Le **South Kaibab** est l'un des plus jolis sentiers du parc, associant une agréable randonnée à de superbes panoramas. C'est le seul sentier du parc à longer le bord du canyon et non pas le lit d'un torrent : il suit l'arête d'une crête d'où l'on jouit d'une vue à 360 degrés. Creusé dans la roche par les rangers au milieu des années 1920, le South Kaibab est raide, difficile et complètement exposé. Le manque d'eau et d'ombre, combiné à la pente à pic, rendent son ascension particulièrement dangereuse en été ; les rangers la déconseillent, si ce n'est pour de courtes marches. À cette saison, on ne croise que des caravanes de mules rejoignant Phantom Ranch, des randonneurs en chemin vers le Bright Angel ou préparant leur marche. En juin, le nombre de sauvetages peut atteindre une demi-douzaine par jour. Même si vous ne marchez que quelques kilomètres, emportez trois ou quatre litres d'eau.

En été, une des plus belles promenades va jusqu'à **Cedar Ridge** : comptez 3 heures pour l'aller-retour. L'endroit est superbe, surtout au lever du soleil, lorsque le rouge profond des terres et du canyon semble s'illuminer. Le reste de l'année, on peut poursuivre la marche jusqu'à **Skeleton Point**, à 2,4 km au-delà de Cedar Ridge ; comptez une bonne journée (l'ascension du retour est ardue en toute saison).

Le sentier se trouve à 7,2 km à l'est du Grand Canyon Village, juste avant Yaki Point sur la route du même nom. Pour contenir les foules pendant la saison touristique, on ne peut se garer à l'entrée du sentier qu'entre décembre et février ; le reste de l'année, prenez une navette. Eau et toilettes sont disponibles à l'entrée du sentier.

Depuis le corral des mules, le sentier commence par un long lacet en pente douce menant à l'extrémité d'un promontoire, à environ 20 minutes du sommet. Il longe ensuite la falaise et débouche sur un promontoire qui forme le coude d'un lacet et offre une vue plongeante sur la Tonto Platform au loin. Vous pourrez vous reposer et vous rafraîchir sur cette corniche, surnommée "Ooh Aah Point" (!). Ne surestimez pas vos forces : si vous décidez de faire demi-tour et de remonter les 234 m jusqu'au sommet, l'aller-retour fait environ 2,4 km.

Les choses sérieuses commencent peu après. La pente se raidit et suit une série de lacets abrupts et serrés longeant le grès rouge. Après 30 min environ, le sentier devient plus droit en atteignant la sublime **Cedar Mesa** et la crête du même nom, d'un rouge éblouissant. Prenez le temps de grignoter quelque chose et profitez des toilettes, mais ne manquez surtout pas la vue splendide sur le Bright Angel Canyon, le Devil's Corkscrew et le North Rim. En été, faites impérativement demi-tour ici ; l'ascension prend une à deux heures.

Le sentier serpente ensuite en s'éloignant de la mesa vers l'**O'Neill Butte**, tourne vers l'est, s'aplanit sur un autre plateau du nom de **Skeleton Point**, d'où apparaît la Colorado River. De là, une sérieuse descente emprunte des lacets caillouteux creusés dans la roche calcaire de Redwall avant de s'évanouir sur les flancs aplatis de la Tonto Platform. De l'autre côté de la plate-forme, l'arête croise le **Tonto Trail**, à 2 ou 3 heures du sommet. À environ 30 km à l'ouest, le Tonto coupe le **Grandview Trail** et à 6,6 km à l'est, l'**Indian Garden** et **Bright Angel Trail**.

CIRCUITS ORGANISÉS

Xanterra (☎303-297-2757, 888-297-2757 ; www.xanterra.com) propose des visites guidées du parc ; bureaux d'informations dans les Visitor Centers et aux Bright Angel, Maswik et Yavapai Lodges. Chaque jour, différents circuits en bus (billets à partir de 19 $) sont organisés.

Les promenades à dos de mule dans le canyon partent chaque jour du corral à l'ouest du Bright Angel Lodge ; balade de 7 heures (162 $) ou de 2 jours (477 $) comprenant l'hébergement au Phantom Ranch et tous les repas. Conditions requises : mesurer au moins 1,38 m, parler couramment anglais, peser moins de 90 kg et ne pas être enceinte. Sachez que la route est longue, chaude et poussiéreuse.

OÙ SE LOGER

Une réservation (à l'avance ou le jour-même) est exigée pour les 6 refuges du versant sud (South Rim). Ils sont tenus par **Xanterra** (☎888-297-2757 ; www.grandcanyonlodges.com) ; numéro unique pour toute réservation avant le jour-même (vivement conseillée) aux établissements suivants, dont Phantom Ranch. Pour toute réservation le jour-même (ou pour contacter un client), appeler le **South Rim switchboard** (☎928-638-2631). Si vous ne trouvez pas à vous loger dans le parc, essayez Tusayan (à la South Rim Entrance Station), Valle (50 km au sud), Cameron (85 km à l'est) ou Williams (environ 95 km au sud).

Desert View Campground (empl 12 $; 🕑 mi-mai à mi-oct). Proche de l'entrée est, à 40 km à l'est de Grand Canyon Village, ce camping, plus calme que le Mather, n'accepte pas les réservations : le premier arrivé est le premier servi. Petite cafétéria-boutique sur place.

Mather Campground (☎877-444-6777 ; www.recreation.gov ; Grand Canyon Village ; empl 18-50 $) offre des emplacements bien espacés et assez calmes entre les pins et les genévriers. Douches payantes, machines à laver, eau potable, toilettes, barbecues et petite épicerie. Durant les mois d'hiver, le premier arrivé sera le premier servi.

Phantom Ranch (dort/bungalows 42/92 $). Au fond du canyon, ce ranch propose des bungalows simples pouvant loger 4 à 10 personnes et des dortoirs non mixtes. Les bungalows sont le plus souvent occupés par des groupes de promeneurs à dos de mule, mais on peut réserver les places restantes (jusqu'à 13 mois à l'avance). On sert des repas (12-41 $), à commander suffisamment à l'avance. Sans réservation, présentez-vous au comptoir des transports du Bright Angel Lodge à 6h au cas où il y aurait des annulations. On vous propose aussi de transporter vos bagages à dos de mule (65 $).

Bright Angel Lodge (Grand Canyon Village ; ch et bungalows 79-174 $; ⊠ ⁘). Bâti en 1935 en pierres et rondins, le Bright Angel propose des chambres récemment rénovées, les moins chères partageant une sdb. N'espérez pas la TV dans ces chambres sommaires rappelant un dortoir d'université, mais les bungalows donnant sur le versant du canyon ont une vue fantastique et ceux avec cheminée sont magiques.

El Tovar Hotel (Grand Canyon Village ; d/ste 205/426 $; ⊠ ✜). De vastes porches accueillants entourent la structure en bois pleine de coins et de recoins agréables qui permettent d'observer l'animation ou d'apprécier la vue sur le canyon. Même si vous n'êtes pas client, vous pouvez vous installer avec un livre sur la balancelle sous le porche, ou prendre un verre dans le patio. Les parties communes rappellent l'élégance raffinée de l'âge d'or du parc. Les chambres standard sont petites mais très confortables. Les suites, elles, sont fantastiques.

Nous vous recommandons aussi :

Trailer Village (Grand Canyon Village ; empl tente et camping-car 32 $). Solution de repli si les autres campings sont pleins. Vous pouvez réserver longtemps à l'avance ou le jour-même.

Maswik Lodge (Grand Canyon Village ; ch 90-170 $, bungalows 90 $; ⊠ ✜). Loin du versant du canyon mais avec bar- cafétéria dédié aux amateurs de sports.

Yavapai Lodge (Grand Canyon Village ; ch 97-126 $; ⏲ mi-fév à mi-nov ; ⊠). Hébergement simple au milieu d'une paisible forêt de pins et de genévriers.

Kachina Lodge & Thunderbird Lodge (Grand Canyon Village ; ch 170-180 $; ⊠ ✜). Jolies chambres de style motel, au centre du village, certaines avec vue sur le canyon.

OÙ SE RESTAURER ET PRENDRE UN VERRE

Bright Angel Lounge (Bright Angel Lodge, Grand Canyon Village ; plats 8-13 $; ⏲ 11h-23h). Parfait si vous voulez vous détendre avec un burger et une bière (ou d'autres spécialités de pub) sans avoir à vous préoccuper de votre apparence. Manquant de fenêtres, la salle est sombre, mais l'ambiance est agréable, en particulier le soir. Vous aurez peut-être la chance d'entendre Terry Rickard et sa guitare magique.

Arizona Room (Bright Angel Lodge, Grand Canyon Village ; plats 9-26 $; ⏲ 11h30-15h et 16h30-22h mars-oct, 16h30-22h nov-déc). Atmosphère chic mais détendue. Lustres en bois de cerf au plafond et baies vitrées surplombant le canyon. Au menu, steak, poulet et poisson. Le restaurant ne prend pas de réservations, et il y a souvent la queue.

El Tovar Dining Room (☎ 928-638-2631 ; El Tovar Hotel, Grand Canyon Village ; plats 12-35 $; ⏲ 6h30-14h et 17h-22h). À un jet de pierre du bord du canyon, ce restaurant jouit de la vue la plus belle de tout l'État, si ce n'est de toute l'Amérique. Si vous n'avez pas de table avec vue – que vous pouvez réserver sans garantie de l'obtenir – la grande salle à manger en pierre et chêne foncé vous réchauffera l'âme comme le faisaient si bien les luxueux lodges d'antan. La cuisine est savoureuse, en particulier les steaks. Après le repas, allez jusqu'à la véranda de l'El Tovar Lounge pour une vue assurée sur le Grand Canyon.

Également recommandé :

Canyon Village Marketplace (Grand Canyon Village ; ⏲ 8h-19h, 7h-20h juil-août). Pour vous approvisionner en épicerie ou en sandwichs et en-cas chauds (à partir de 5 $).

Canyon Cafe at Yavapai Lodge (Yavapai Lodge, Grand Canyon Village ; plats 5-9 $; ⏲ 6h-22h). Cafétéria.

Maswik Cafeteria (Maswik Lodge, Grand Canyon Village ; plats 5-9 $; ⏲ 6h-22h). Autre cafétéria.

COMMENT S'Y RENDRE ET CIRCULER

Les visiteurs arrivent généralement en voiture ou en groupe. Sachez que trouver à se garer dans Grand Canyon Village peut être ardu. **Open Road Tours** (☎ 928-226-8060 ; www.openroadtours.com) propose deux fois par jour une navette depuis Flagstaff (27 $) et Williams (22 $). L'agence organise également des survols en hélicoptère du canyon (à partir de 145 $).

Des **navettes** gratuites desservent trois itinéraires : autour du Grand Canyon Village, à l'ouest le long de l'Hermits Rest Route et à l'est le long de la Kaibab Trail Route. Au moins 2 bus par heure, de 1 heure avant le coucher du soleil à 1 heure après.

Depuis le Bright Angel Lodge, le **Hiker's Express**, une navette gratuite, est en service durant l'été (⏲ 7h, 8h et 9h mars, 6h, 7h et 8h avr, 5h, 6h et 7h mai), s'arrêtant au Backcountry Information Center et au Grand Canyon Visitor Center, avant de prendre le South Kaibab Trail.

Pour la navette gratuite qui dessert la **Tusayan Route** (⏲ 8h-21h30 mi-mai à mi-sept), il faut, avant de monter dans le bus, acheter un pass pour l'entrée dans le parc délivré à plusieurs endroits de Tusayan ; le plus pratique cependant est le **National Geographic Visitor Center** (p. 301) situé à un arrêt de la navette. Le trajet dure 20 minutes, et le dernier bus pour Tusayan part du Grand Canyon Visitor Center à 21h30.

North Rim (versant nord)

Venez ici apprécier la solitude au sein d'une nature particulièrement généreuse. La zone n'attire que 10% des visiteurs du parc. Les prairies sont couvertes de fleurs sauvages, de bosquets de trembles et d'épicéas ; l'air est souvent vif et le ciel, d'un bleu pur.

Les infrastructures du North Rim ferment entre mi-octobre et mi-mai, mais le camping reste ouvert jusqu'aux premières neiges et à la fermeture de la route depuis Jacob Lake.

À VOIR ET À FAIRE

Le **North Rim Visitor Center** (☎ 928-638-7888 ; www.nps.gov/grca ; 8h-18h), près du Grand Canyon Lodge (p. 311), vous renseignera sur le parc et constitue le point de départ des marches dans la nature conduites par les rangers et des programmes du soir.

Un court sentier goudronné (800 m) mène au superbe **Bright Angel Point**. Il part de l'arrière du Grand Canyon Lodge, et rejoint une étroite corniche offrant une vue fabuleuse.

Pour une bonne randonnée d'une journée, le **North Kaibab Trail** est le seul sentier entretenu entre le North Rim et le fleuve ; il rejoint aussi des sentiers du South Rim. Les premiers 7,5 km sont les plus ardus, puis le sentier descend sur un dénivelé de plus de 940 m jusqu'à la cascade des **Roaring Springs**. Pour une marche plus courte, descendez simplement 1,2 km vers le **Coconino Overlook** ou 3,2 km vers le **Supai Tunnel**. Le trajet aller-retour (45 km) jusqu'à la Colorado River exige plusieurs jours.

Canyon Trail Rides (☎ 435-679-8665 ; www.canyonrides.com ; Grand Canyon Lodge) propose des promenades d'une heure à dos de mule (40 $) sur le bord du canyon, ou d'une demi-journée à une journée complète dans le canyon. Cette dernière dure 7 heures (165 $, âge minimum 12 ans) et part à 7h30. Déjeuner et eau compris. Pour la demi-journée (75 $, âge minimum 10 ans), les départs s'effectuent à 7h30 ou 12h30. Inscrivez-vous au Grand Canyon Lodge.

NORTH KAIBAB TRAIL

EN BREF

Distance : 3,2 km jusqu'à Supai Tunnel ; 7,5 km jusqu'à Roaring Springs

Durée : 3-4 heures aller-retour ; 6-7 heures aller-retour

Niveau : modéré à difficile ; difficile

Dénivelé : 423 m ; 963 m

Le North Kaibab est un des sentiers les plus jolis et les plus variés du parc, et les 23 km qui descendent vers la Colorado River offrent toute une mosaïque de paysages. La route, qui suit l'ancien parcours du torrent de **Bright Angel Creek**, a connu de multiples modifications au cours des années. Le tracé actuel, qui descend en pente abrupte le Roaring Springs Canyon, fut établi par les autorités du parc à la fin des années 1920.

L'entrée du sentier se trouve à 3,2 km au nord du Grand Canyon Lodge. Le petit parking est souvent plein dès l'aube, mais vous pouvez aussi vous garer sur le bord de la route, marcher depuis le chalet ou le camping, ou emprunter la **navette quotidienne pour randonneurs.**

La plupart des randonneurs choisissent de faire l'aller-retour de 6,4 km jusqu'au **Supai Tunnel** ; seuls les plus expérimentés continuent jusqu'aux chutes des **Roaring Springs**, une grosse marche d'environ 16 km aller-retour. Le sentier sablonneux est d'abord ombragé, longeant des forêts de trembles et de pins. Au bout d'environ 15 minutes, on atteint le **Coconino Overlook**, une corniche plate qui donne sur les Roaring Springs et les Bright Angel Canyons. En faisant demi-tour ici, vous aurez eu un bon aperçu du North Kaibab ; l'aller-retour fait 2,4 km.

Environ 20 minutes plus tard, vous trouverez un vallon boisé équipé de robinets et de toilettes ; les randonneurs y font souvent halte. Au détour d'un virage apparaît le petit **Supai Tunnel** rouge, qui offre une belle vue sur les chutes d'eau du canyon ; suit une série de lacets très abrupts longeant un impressionnant panorama. Descendez en suivant les replis du canyon jusqu'au **Redwall Bridge**, qui traverse la Roaring Springs Creek. Peu après, vous parviendrez aux **Roaring Springs**, une cascade de bassins d'eau fraîche qui consolera les pieds endoloris. Profitez de l'eau potable (entre mai et septembre) pour faire le plein avant d'attaquer la remontée ; l'aller-retour fait 15 km. Au retour, en sortant du Supai Tunnel, admirez les superbes couches d'ardoise marbrées de gris, brun et blanc.

OÙ SE LOGER

Sur le versant nord, le choix se limite à un lodge et un camping. S'ils sont pleins, tentez votre chance à 130 km au nord, à Kanab, dans l'Utah, ou à 135 km au nord-est, à Lees Ferry. On trouve aussi des campings dans la Kaibab National Forest au nord du parc.

North Rim Campground (☎ 877-444-6777 ; www.rec reation.gov ; empl 18 $). Ce camping à 2,5 km au nord de Grand Canyon Lodge, dispose d'emplacements agréables, tapissés d'aiguilles de pin. Eau, boutique, snack-bar, douches et machines à laver payantes, mais pas de borne de raccordement pour les camping-cars. Randonneurs et adeptes du ski de fond sont les bienvenus en hiver s'ils possèdent un permis de randonnée (p. 301). Réservations acceptées.

Grand Canyon Lodge (☎ 877-386-4383 ; www.foreverlodging.com ; ch et bungalows 112-170 $; mi-mai à mi-oct ;). Construit en bois, en pierre et en verre, ce lodge perché sur le bord du canyon offre un panorama unique depuis la Sun Room. La réception est également une merveille. L'hébergement consiste essentiellement en bungalows, à la fois rustiques et modernes. Les plus chers disposent de deux pièces et d'un porche, avec vue magnifique sur le canyon. Réservez longtemps à l'avance.

OÙ SE RESTAURER ET PRENDRE UN VERRE

Grand Canyon Lodge Dining Room (☎ 928-638-2611 ; Grand Canyon Lodge ; plats au déj 6-15 $, au dîner 14-31 $; 6h30-22h, 11h30-14h30 et 16h45-21h45). Superbe vue panoramique grâce aux immenses fenêtres. Le menu comprend plusieurs plats végétariens et de délicieuses surprises comme le cocktail de crevettes et le filet de bison. Réservations impératives au dîner. Voisin, le Rough Rider Saloon est un véritable musée dédié au président américain le plus passionné de nature : Teddy Roosevelt.

Grand Canyon Cookout Experience (☎ 928-638-2611 ; Grand Canyon Lodge ; adulte/enfant 35/22 $; 18h ;). Revivez le temps des pionniers en mangeant autour du chariot de la poitrine de bœuf et des biscuits. Les enfants adorent cette joyeuse expérience en plein air. Inscrivez-vous au Grand Canyon Lodge.

COMMENT S'Y RENDRE ET CIRCULER

La navette **Transcanyon Shuttle** (☎ 928-638-2820 ; www.trans-canyonshuttle.com ; aller/aller-retour 80/150 $; 7h mi-mai à mi-oct) part quotidiennement du Grand Canyon Lodge à destination du South Rim (5 heures), idéale pour les randonneurs qui vont d'un versant à l'autre. Réservez au moins 1 ou 2 semaines à l'avance. La **navette des randonneurs** (hikers' shuttle ; première personne 8 $, chaque personne suppl 5 $) pour le North Kaibab Trail part à 5h20 et 7h20 du Grand Canyon Lodge. Inscrivez-vous au moins 24 heures à l'avance.

ENVIRONS DU GRAND CANYON

Havasu Canyon

Havasupai reste l'un des plus beaux sites du canyon, même après les graves inondations survenues en août 2008 qui provoquèrent sa fermeture pendant 10 mois.

Au cœur de la réserve indienne havasupai (Havasupai Indian Reservation), à 312 km à l'ouest du South Rim, la vallée de Havasu Canyon recèle des chutes d'eau alimentées par des sources et de merveilleuses piscines naturelles. Les cataractes sont à 16 km sous le versant ; on y accède par un sentier un peu difficile, et il faut passer la nuit dans le village de Supai (près des chutes). Tous les visiteurs passant la nuit sur place doivent acquitter 35 $ de droit d'entrée (enfants 17 $). Le **Havasupai Campground** (☎ 928-448-2174 ; adulte/enfant 17/8,50 $), à 3 km au nord de Supai, propose des emplacements de camping rudimentaires bord d'un cours d'eau. Tout campeur doit payer une taxe environnementale de 5 $, remboursée s'il remporte ses détritus. Le **Havasupai Lodge** (☎ 928-448-2111 ; www.havasupaitribe.com/lodge.html ; ch 145 $;) dispose de chambres de motel avec vue sur le canyon mais sans téléphone ou TV. La réception fermant à 17h, arrivez avant. Un café sert des repas et accepte les cartes de crédit.

Passez la nuit à Supai, puis continuez à travers le Havasu Canyon jusqu'aux chutes et aux piscines naturelles. Pour éviter la marche jusqu'à Supai, appelez le lodge ou le camping qui vous organisera le trajet à dos de mule ou à cheval (187 $ aller-retour) ; départ de Hualapai Hilltop, où commence le sentier de randonnée. La route de Hualapai Hilltop est à 11 km à l'est de Peach Springs sur la Route 66. Après le panneau pour la sortie, suivez la route sur 100 km.

Grand Canyon West

La **Grand Canyon Skywalk** (☎ 702-878-9378, 877-716-9378, www.destinationgrandcanyon.com ; Diamond Bar Rd ; entrée avec circuit 75 $; lever-coucher du soleil toute l'année), passerelle de verre transparent en forme de fer à cheval, est construite en surplomb du gouffre du Grand Canyon, au-dessus d'une plongée vertigineuse de 1 200 m.

LE SUD-OUEST

Gérée par la tribu hualapai, la Skywalk se trouve à 113 km au nord-est de Kingman (et à 346 km de route de Grand Canyon Village) ; les 22 derniers kilomètres – une piste accidentée et non goudronnée – sont impraticables pour les camping-cars. Les écologistes se sont opposés au projet de la passerelle qui selon eux défigurerait le paysage.

NORD-EST DE L'ARIZONA

Certains des paysages les plus photogéniques d'Arizona se trouvent dans le nord-est de l'État, comme par exemple les étranges pitons rocheux rouges de Monument Valley, les eaux miroitantes du Lake Powell et les troncs fossilisés du Petrified Forest National Park. Peuplée par les Indiens pendant des siècles, cette région est aujourd'hui constituée en grande partie par la réserve des Navajo (la Navajo Nation) qui s'étend sur plusieurs États voisins, et cerne une réserve hopi.

Lake Powell

Deuxième plan d'eau artificiel du pays par sa taille et situé dans la **Glen Canyon National Recreation Area** (☎928-608-6200 ; www.nps.gov/glca ; véhicule/bateau 15/16 $), le Lake Powell s'étend entre l'Utah et l'Arizona. Entouré d'étonnantes formations de roche rouge, de canyons abrupts et de paysages désertiques, c'est le paradis des sports nautiques. Situé au sud et surplombant une portion superbe de la Colorado River, le camping de **Lees Ferry** (empl 12 $) constitue une étape agréable – possibilité de réserver à l'avance ou pour le jour-même.

La principale ville de la région est **Page**, dont la Hwy 89 forme l'axe central. Le **Carl Hayden Visitor Center** (☎928-608-6404 ; 🕑8h-19h fin mai à début sept, 8h-16h le reste de l'année) se trouve à Glen Canyon Dam, le barrage à 4 km au nord de Page. Des **visites** (☎928-608-6072 ; adulte/enfant 5/2,50 $), organisées par la Glen Canyon Natural History Association, vous mènent à l'intérieur du barrage. En haute saison, elles ont lieu toutes les 30 minutes, en basse saison toutes les 2 heures.

Pour découvrir l'**Antelope Canyon** (www.navajonationparks.org/htm/antelopecanyon.htm), ce célèbre défilé étroit et profond, en deux parties, que l'on voit partout en photo, il faut impérativement s'inscrire à une visite guidée. L'**Upper Antelope Canyon**, plus facile d'accès est le plus touristique. Nous vous conseillons l'agence **Antelope Canyon Slot Tours** (☎928-645-5594 ; www.antelopeslotcanyon.com ; 55 S Lake Powell Blvd ; circuit adulte/enfant 32/20 $), avec laquelle vous pourrez aussi observer les étoiles.

Le **Lower Antelope Canyon**, qui demande plus d'efforts, voit beaucoup moins de visiteurs. Si vous avez déjà exploré le jour-même l'Upper Antelope Canyon, montrez votre reçu pour ne pas payer à nouveau les 6 $ de droit d'entrée dans la réserve Navajo (Navajo Permit Fee). Garez-vous sur le parking en terre bien indiqué, puis inscrivez-vous à un circuit (à partir de 20 $/pers) au kiosque d'accueil. Après avoir payé le droit d'entrée, les photographes sont libres de leurs mouvements.

À Page, la Hwy 89 est bordée d'hôtels appartenant à des chaînes (tandis que des établissements indépendants s'alignent le long de la 8th Ave). Le **Bashful Bob's Motel** (☎928-645-3919 ; www.bashfulbobsmotel.com ; 750 S Navajo Dr ; ch 39 $; ❄ 💻), construit pour héberger les ouvriers qui ont construit le Glen Canyon Dam, est une adresse indépendante bon marché et accueillante. Ses 13 chambres avec cuisine équipée sont de vrais appartements.

À 10 km au nord de Page, le **Lake Powell Resort** (☎928-645-2433, 800-528-6154 ; www.lakepowell.com ; 100 Lake Shore Dr ; empl camping-car 43 $, d 160-260 $; ❄ 💻 📶 🏊), hôtel donnant directement sur le lac, propose des chambres, un terrain de camping, la location de *houseboats* (péniches habitables) et une salle à manger avec vue panoramique.

Au petit-déjeuner, le **Ranch House Grille** (☎928-645-1420 ; 819 N Navajo Dr ; plats 6-11 $; 🕑6h-15h) situé à Page propose une excellente nourriture (portions généreuses et service rapide). Portions généreuses également et boissons bien fraîches au **Fiesta Mexican** (☎928-645-4082 ; 125 S Powell Blvd ; plats 8-17 $; 🕑11h-21h), accessible à pied depuis presque tous les hôtels indépendants.

Réserve navajo (Navajo Nation)

Les vieilles blessures se referment mais les cicatrices demeurent, témoignant de la déportation de milliers d'Indiens dans des réserves.

Au beau milieu de cette terre oubliée se trouvent certains des paysages les plus spectaculaires d'Amérique du Nord, comme la Monument Valley. La culture ancestrale reste source d'une immense fierté et beaucoup emploient encore le navajo comme première langue. Les Navajo vivent essentiellement du tourisme ; les visiteurs peuvent les aider à perpétuer leur héritage en séjournant sur les terres de la réserve et en achetant de l'artisanat local. S'arrêter aux stands installés au bord de la route est ainsi une façon agréable d'agir personnellement pour la cause des Indiens, tout en sachant que l'argent va directement à l'artisan.

Attention : la réserve indienne navajo (Navajo Nation), contrairement au reste de l'Arizona, respecte l'heure d'été des Rocheuses ; en été, elle est donc en avance d'une heure par rapport au reste de l'État.

CAMERON

Cameron est la porte d'accès est au versant sud (South Rim) du Grand Canyon, mais on vient aussi ici pour le **Cameron Trading Post** (www.camerontradingpost.com), juste au nord de l'embranchement de la Hwy 64 pour le Grand Canyon. Cet ancien comptoir d'échange, admirablement bien conservé, offre le gîte et le couvert, une boutique de souvenirs et même une poste. Sur la Hwy 89, entre Flagstaff et Page, c'est l'un des rares endroits où il mérite de s'arrêter.

WINDOW ROCK

La capitale navajo est une petite bourgade animée située à l'intersection de la Hwy 264 et de la Hwy 12. Le **Navajo Nation Museum Library & Visitor Center** (☎ 928-871-7941 ; www.navajonationmuseum.org ; intersection Hwy 264 et Post Office Loop Rd ; entrée sur don ; 🕑 8h-17h lun, 8h-20h mar-ven, 9h-17h sam) comprend un kiosque d'informations, une boutique de souvenirs et un snack-bar. Le musée expose des collections d'art permanentes et temporaires.

Les chambres du **Quality Inn Navajo Nation Capital** (☎ 928-871-4108, 800-662-6189 ; www.qualityinnwindowrock.com ; 48 W Hwy 264 ; ch avec petit-déj 72-90 $; ✖ 💻) sont propres, simples et douillettes comme il se doit dans une chaîne de catégorie moyenne réputée. Le restaurant sert des plats navajo et américains.

HUBBELL TRADING POST NATIONAL HISTORIC SITE

À 48 km à l'ouest de Window Rock, dans la ville de Ganado, ce **comptoir** (☎ 928-755-3475 ; www.nps.gov/hutr ; entrée libre ; 🕑 8h-18h mai-sept, 8h-17h oct-avr) est le plus ancien en activité sur les terres des Navajo. On y vend des objets artisanaux, des bijoux, et des tissages navajo d'excellente qualité.

CANYON DE CHELLY NATIONAL MONUMENT

Ce canyon (prononcez *dou-chai*) aux formations rocheuses effilées abrite plusieurs sites ancestraux (dont d'anciens habitats troglodytiques), très importants pour les Navajo. Des familles y cultivent encore la terre, passant l'hiver sur les hauteurs et le printemps et l'été dans leurs *hogans* (petites cabanes en bois) installés dans le canyon. Ce dernier est la propriété privée des Navajo, administrée par le NPS. N'entrez dans un *hogan* qu'accompagné d'un guide, et ne photographiez personne sans permission.

Le fond du canyon est en grande partie interdit aux visiteurs, à moins de louer les services d'un guide. Réservez un circuit dans le canyon au **Thunderbird Lodge** (☎ 928-674-5841 ; www.tbirdlodge.com; d 105-155 $; ✖), à partir de 46/35 $ par adulte/enfant, qui dispose aussi de chambres confortables, d'un DAB et d'une cafétéria bon marché servant une excellente cuisine navajo et américaine (plats 6-12 $).

Le **Visitor Center** (☎ 928-674-5500 ; www.nps.gov/cach ; 🕑 8h-17h) du Canyon de Chelly se trouve à 4,8 km de la Rte 191 dans le petit village de Chinle. Près du Visitor Center, le **camping** (empl gratuit) dispose de 93 grands emplacements alloués par ordre d'arrivée. De l'eau à disposition mais pas de douches.

FOUR CORNERS NAVAJO TRIBAL PARK

Le **four corners marker** (☎ 928-871-6647 ; www.navajonationparks.org ; 3 $; 🕑 8h-17h oct-mai, 7h-20h juin-sept) marque le seul endroit aux États-Unis où l'on peut se trouver dans quatre États à la fois. Ne soyez pas timide devant la galerie : mettez un pied en Arizona et l'autre au Nouveau-Mexique, une main dans l'Utah et l'autre dans le Colorado. Cela fera une bonne photo même si elle ne reflète pas à 100% l'exactitude géographique : en avril 2009, les géomètres du gouvernement ont admis que le marqueur aurait dû être à 6,1 km plus à l'est. Les frontières n'en ont cependant pas été remises en question.

MONUMENT VALLEY NAVAJO TRIBAL PARK

Avec ses promontoires d'un rouge flamboyant et ses étroites flèches rocheuses, le paysage de Monument Valley a été immortalisé dans d'innombrables westerns et s'impose dans les rêveries de plus d'un voyageur.

VOYAGE EN TERRE HOPI

Descendants des anciens Pueblos, les Hopi sont l'une des rares tribus des États-Unis à avoir conservé leur mode de vie traditionnel. Leur village d'Old Oraibi pourrait d'ailleurs être le plus ancien habitat occupé sans discontinuité d'Amérique du Nord. Le présent de la Hopi Nation entretient des liens très forts avec le passé : les Hopi vivent dans 12 villages traditionnels, chacun avec son gouvernement autonome.

Le territoire hopi est enclavé dans la réserve des Navajo. La Hwy 264 passe devant les trois mesas (First, Second et Third Mesa) qui forment le cœur de la réserve.

Il n'y a pas de banque, et, excepté au **Hopi Cultural Center Restaurant & Inn** (☎ 928-734-2401 ; www.hopiculturalcenter.com ; ch 95-99 $, plats 7-9 $; 🕑 7h-20h nov-fév, 6h-21h mars-oct ;), on paie en espèces. Sachez que photos, croquis et enregistrements sont interdits.

Vous obtiendrez des renseignements à l'**office du tourisme** (☎ 928-737-2262) situé dans le petit village de Walpi (fondé vers 1600). Pour l'atteindre, repérez sur la Hwy 264 le panneau pour la First Mesa (à hauteur du Mile 392).

Les belles vues le long de la Hwy 163 offrent un premier aperçu, mais ne manquez pas le **Monument Valley Navajo Tribal Park** (☎ 435-727-5874 ; www.navajonationparks.org ; 5 $/pers ; 🕑 6h-20h mai-sept, 8h-16h30 oct-avr). Des expositions se tiennent dans le Visitor Center, qui héberge aussi une vaste boutique de souvenirs. Depuis le Visitor Center, une route panoramique non goudronnée couvre 27 km de vues imprenables sur la vallée. Vous pouvez l'explorer dans votre voiture ou vous inscrire à un circuit (65 $, 2 heures 30) à l'un des kiosques installés sur le parking (les circuits passent dans certains endroits interdits aux véhicules privés).

Au cœur du parc, le **View Hotel at Monument Valley** (☎ 435-727-5555 ; www.monumentvalleyview.com ; Hwy 163 ; ch 180 $;) offre des vues proprement époustouflantes. Cet hôtel en grès coloré se fond naturellement dans le paysage et la plupart de ses 96 chambres disposent d'un balcon privé face aux monuments. Si la cuisine du restaurant, à base de spécialités navajo (plats 9-12 $; pas d'alcool) n'a rien d'extraordinaire, le panorama sur les rochers rouges ne manquera de vous en faire pousser la porte. Les visiteurs peuvent aussi passer la nuit au **camping** (10 $/véhicule). Il s'agit en fait d'un parking, mais le fabuleux lever du soleil compense largement l'absence d'équipements.

Le **Goulding's Lodge** (p. 341) se trouve juste de l'autre côté de la frontière, dans l'Utah. Étonnamment chic, le **Hampton Inn** (☎ 928-697-3170 ; www.monumentvalleyonline.com ; intersection Hwy 160 et Hwy 163 ; ch avec petit-déj 130-180 $;), dans la ville de Kayenta, est une base appréciée pour visiter le parc de Monument Valley qui n'est qu'à 32 km. Voisin d'un intéressant **Visitor Center** (☎ 928-697-3572 ; intersection Hwy 160 et Hwy 163 ; 🕑 10h-17h), cet hôtel possède un bon restaurant, à proximité d'une poignée de fast-foods et de stations-service servant des en-cas.

Winslow

La chanson des Eagles *Take it easy* a valu à Winslow une célébrité que ne laissait pas présager son caractère quelconque ; sur une petite place, sur la Route 66 au niveau de Kinsley Ave, dans le cœur du vieux centre-ville, une statue en bronze grandeur nature rend d'ailleurs hommage au groupe des années 1970.

À 80 km à l'est du Petrified Forest National Park, Winslow constitue un bon point de départ pour découvrir la région. Une dizaine de vieux motels bordent la Route 66 et des restaurants parsèment le centre-ville. **La Posada** (☎ 928-289-4366 ; www.laposada.org ; 303 E 2nd ; ch 99-169 $;), édifice de 1929 évoquant une hacienda, est le plus célèbre bâtiment de la ville.

Petrified Forest National Park

Teinté de riches couleurs, le Painted Desert est ici jonché d'arbres fossilisés gisant à terre, antérieurs à l'apparition des dinosaures. Ce **parc national** (☎ 928-524-6228 ; www.nps.gov/pefo ; 10 $/véhicule) est un lieu extraordinaire. Le **Visitor Center** (🕑 7h-19h), qu'on peut dépasser sans le voir, à seulement 1,6 km au nord de la I-40, vous fournira des cartes et des renseignements sur les circuits guidés et les conférences scientifiques.

ROUTE PANORAMIQUE : LE RIM COUNTRY

Les habitants de la région ont donné le nom de Rim Country à la partie orientale de l'Arizona au sud de Winslow, formée par la bordure méridionale du plateau du Colorado. C'est là qu'ils se baladent en voiture le week-end ou qu'ils louent des bungalows pendant l'été. De petites villes pittoresques comme **Show Low** (dont le nom fait référence à une partie de poker), **Strawberry** et **Snowflake** (baptisée ainsi par Erastus Snow et William Jordan Flake) émaillent des routes sinueuses bordées de pins. Consultez www.wmonline.com ou www.paysonrimcountry.com.

Le parc est à cheval sur la I-40 à la sortie 311, à 40 km à l'est de Holbrook. Après la sortie, une **route panoramique** goudronnée traverse pendant 45 km un paysage splendide. Le parc n'est pas équipé en campings mais quelques pistes très courtes (d'un 1 à 3 km), parcourent les plus beaux endroits de roches pétrifiées et les anciens habitats des Indiens. Si vous êtes prêt à faire du camping sauvage, munissez-vous d'abord du permis gratuit délivré par le Visitor Center.

OUEST DE L'ARIZONA

Lake Havasu City, sur la Colorado River, attire les amateurs de bronzage, tandis que la Route 66, près de Kingman, est parfaitement préservée. Au sud de l'I-10 s'étendent des paysages parmi les plus arides de l'Ouest. Si vous êtes déjà dans la région, quelques sites méritent d'être vus, mais rien qui puisse inciter à y programmer un voyage à moins que vous ne soyez un fan de la Route 66 ou un passionné de sports nautiques.

Kingman et ses environs

Des motels fatigués et une succession de stations-service bordent la rue principale de Kingman. La ville a toutefois conservé plusieurs bâtiments du début du XIXe siècle. Une bonne étape si vous suivez la Route 66 (ou Andy Devine Ave) ou si vous recherchez un hébergement bon marché.

L'historique **Powerhouse Visitor Center** (☎ 928-753-6106 ; www.kingmantourism.org ; 120 W Andy Devine Ave ; ⏲ 8h-17h) dispose de cartes d'itinéraires de promenades et gère un impressionnant **musée de la Route 66** (☎ 928-753-9889 ; admission 4 $; ⏲ 9h-17h).

Le pittoresque **Hotel Brunswick** (☎ 928-718-1800 ; www.hotel-brunswick.com ; 315 E Andy Devine Ave ; ch avec petit-déj 35-66 $, ste $95-175 ; ❄ 💻), fondé en 1909, abrite, au cœur de Kingman, des chambres de style Far West très bon marché avec lit simple et sdb communes, ainsi que des chambres plus chères avec grands lits, TV et sdb privative. Sur place, le **Hubbs Brunswick Bistro** (plats 20-30 $; ⏲ 11h-14h et 17h-21h lun-ven, 17h-21h sam), est un fabuleux bistrot gastronomique.

Lake Havasu City

Lorsque, à la fin des années 1960, la ville de Londres vendit aux enchères un pont datant de 1831, l'entrepreneur Robert McCulloch l'acheta, le démantela et le transporta à Lake Havasu City pour le remonter. Il enjambe aujourd'hui un bras de la Colorado River et attire des foules d'étudiants et de jeunes décidés à profiter de l'eau et à faire la fête. Un "English Village" avec pubs et boutiques de souvenirs faussement anglais entoure le pont.

Le **Visitor Center** (☎ 928-453-3444 ; www.golakehavasu.com ; 420 English Village ; ⏲ 9h-17h lun-sam) vous renseignera sur les circuits organisés et les locations de bateaux.

Avec ses piscines, ses boîtes de nuit populaires, son bar, ses Jacuzzis, ses restaurants et son emplacement en bord de lac, le **London Bridge Resort & Convention Center** (☎ 928-855-0888, 866-331-9231 ; www.londonbridgeresort.com ; 1477 Queens Bay ; ste 140-359 $; ❄ 💻 📶 🏊) attire une clientèle bien décidée à s'amuser. Les suites comprennent une ou deux chambres avec kitchenettes.

Grâce à sa population étudiante, les endroits où l'on peut manger, boire et faire la fête à prix raisonnable ne manquent pas. **Mudshark Brewing Co** (☎ 928-453-2981 ; 210 Swanson Ave ; plats 8-20 $; ⏲ 11h-22h30 dim-jeu, 11h-23h30 ven-sam) est une brasserie très appréciée pour ses dîners décontractés et ses fabuleuses bières artisanales. La cuisine est de qualité avec, en semaine, des soirées spéciales *ribs*, assiettes d'amuse-gueule pas chères pour happy hours, etc.

TUCSON

Deuxième agglomération de l'Arizona, Tucson se trouve dans le désert de Sonora qui déroule ses collines de sable tapissées de cactus en tous genres. Comparée à celle d'une Phoenix plus moderne et plus étendue, l'atmosphère ici est agréablement provinciale. Tucson (on ne prononce pas le "c") est avant tout le fief des

36 000 étudiants de l'University of Arizona (U of A) et était déjà bohème et branchée avant que cela ne soit la mode. Boutiques éclectiques et quantité de restaurants et bars tendance prospèrent dans ce milieu aride.

Les habitants sont fiers de leur proximité géographique et culturelle avec le Mexique (le voisin du Sud n'est qu'à 104 km par la Highway), et plus de 35% de la population est d'ascendance mexicaine ou centre-américaine. L'espagnol est quasiment employé par tout le monde et les restaurants haut de gamme mexicains abondent. Tucson constitue également la porte d'accès idéale à de nombreuses curiosités et à des petites localités de plus en plus dépaysantes et charmantes au fil des kilomètres.

Orientation

Le centre-ville de Tucson et le quartier historique se situent à l'est de la sortie 258 de l'I-10. À 1,5 km au nord-est du centre-ville se dresse le campus de l'U of A ; 4th Ave, bordée de cafés, de bars et de boutiques branchées, forme l'artère principale.

Les projets de réaménagement du centre-ville contrarient un peu la circulation mais avec patience et prudence vous atteindrez votre but.

Renseignements

ACCÈS INTERNET

Joel D Valdez Main Library (☎ 520-791-4393 ; 101 N Stone Ave; ⌚ 9h-20h lun-mer, 9h-18h jeu, 9h-17h ven, 10h-17h sam, 13h-17h dim). Accès Internet gratuit dans cette bibliothèque.

ARGENT

On trouve des DAB partout. La plupart des banques pratiquent le change moyennant une taxe de 5 $ si vous n'êtes pas titulaire d'un compte. L'aéroport international de Tucson ne dispose pas de bureau de change.

LIBRAIRIE

Bookman's (☎ 520-325-5767 ; 1930 E Grant Rd ; ⌚ 9h-22h). Superbe choix de livres, de disques et de magazines d'occasion.

MÉDIAS

Arizona Daily Star (www.azstarnet.com). Le quotidien de la région de Tucson.

Tucson Weekly (www.tucsonweekly.com). Hebdomadaire gratuit rempli de conseils de sorties et de restaurants.

LA ROUTE 66 : UNE AUTRE VISION DE L'ARIZONA

Les fanatiques de la Route 66 découvriront 645 km de voie goudronnée traversant l'Arizona d'est en ouest – incluant le plus long tronçon ininterrompu d'ancienne route, entre Seligman et Topock. La "Mother Road", comme on la surnomme, relie les bourgades d'un autre temps de Winslow et Williams aux villes minières de Kingman et Oatman, jadis repaires de bandits, semblant tout droit sorties d'une époque révolue. Des segments non goudronnés vous rappellent ce qu'a pu être la Route 66. Pour plus d'informations, contactez la **Historic Route 66 Association of Arizona** (☎ 928-753-5001 ; www.azrt66.com).

OFFICE DU TOURISME

Visitor Center (☎ 520-624-1817, 800-638-8350 ; www.visittucson.org ; 110 S Church Ave ; ⌚ 9h-17h lun-ven, 9h-16h sam-dim)

POSTE

Tucson Downtown Post Office (☎ 520-903-1958, 800-275-8777 ; 141 S 6th Ave ; ⌚ 9h-17h lun-ven)

URGENCES ET SERVICES MÉDICAUX

Police (☎ 520-791-4444 ; 270 S Stone Ave)

Tucson Medical Center (☎ 520-327-5461 ; 5301 E Grant Rd ; ⌚ urgences 24h/24)

À voir et à faire

Avec ses édifices du XIXe siècle et ses boutiques d'artisanat, le quartier du **Presidio Historic District** (www.tucsonpresidiotrust.org), délimité par Court Ave et Main Ave, d'une part, et Franklin St et Alameda St, d'autre part, se prête à la flânerie. Parcourir à pied les 4 km du **Presidio Trail** est une façon agréable de découvrir les principaux sites de la ville. Prenez une carte au Visitor Center ou renseignez-vous sur les promenades commentées.

Le **Saguaro National Park** (☎ 520-733-5100 ; www.nps.gov/sagu ; 10 $/véhicule, valide 7 jours ; ⌚ 7h-coucher du soleil) est coupé en deux par une voie express de 48 km et des fermes. Bien qu'étant situé en lisière de la ville, il fait officiellement partie de Tucson, chose difficile à croire quand vous vous retrouvez dans cet océan épineux de cactus verts.

RÉGION DE TUCSON

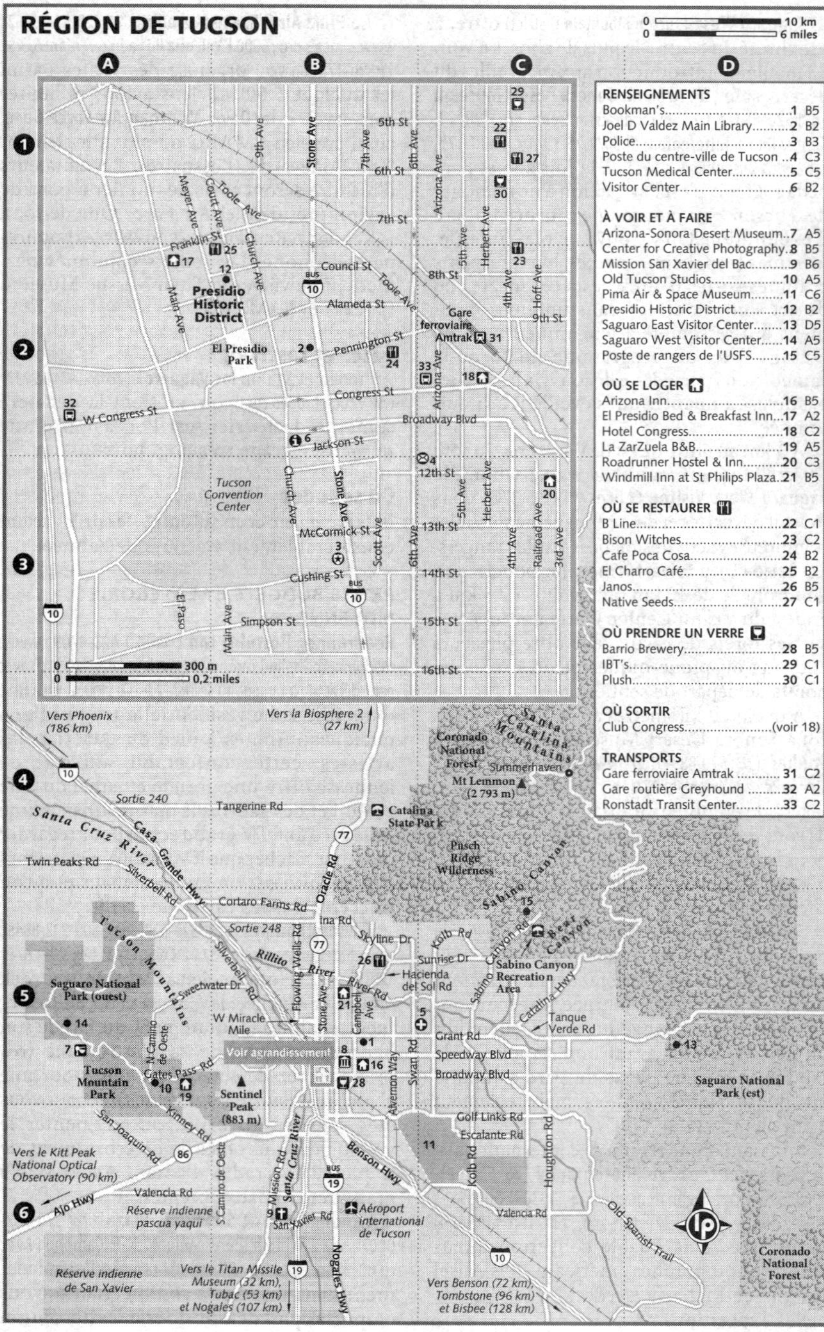

RENSEIGNEMENTS
Bookman's....1 B5
Joel D Valdez Main Library....2 B2
Police....3 B3
Poste du centre-ville de Tucson ..4 C3
Tucson Medical Center....5 C5
Visitor Center....6 B2

À VOIR ET À FAIRE
Arizona-Sonora Desert Museum..7 A5
Center for Creative Photography..8 B5
Mission San Xavier del Bac....9 B6
Old Tucson Studios....10 A5
Pima Air & Space Museum....11 C6
Presidio Historic District....12 B2
Saguaro East Visitor Center....13 D5
Saguaro West Visitor Center....14 A5
Poste de rangers de l'USFS....15 C5

OÙ SE LOGER
Arizona Inn....16 B5
El Presidio Bed & Breakfast Inn...17 A2
Hotel Congress....18 C2
La ZarZuela B&B....19 A5
Roadrunner Hostel & Inn....20 C3
Windmill Inn at St Philips Plaza..21 B5

OÙ SE RESTAURER
B Line....22 C1
Bison Witches....23 C2
Cafe Poca Cosa....24 B2
El Charro Café....25 B2
Janos....26 B5
Native Seeds....27 C1

OÙ PRENDRE UN VERRE
Barrio Brewery....28 B5
IBT's....29 C1
Plush....30 C1

OÙ SORTIR
Club Congress....(voir 18)

TRANSPORTS
Gare ferroviaire Amtrak 31 C2
Gare routière Greyhound 32 A2
Ronstadt Transit Center....33 C2

Saguaro West (Tucson Mountain District) offre, à proximité du centre, le plus de choses à voir. La meilleure introduction aux merveilles du désert est ici, à l'**Arizona-Sonora Desert Museum** (520-883-2702 ; www.desertmuseum.org ; 2021 N Kinney Rd ; adulte/enfant 9,50/2,25 $; 8h30-17h, variations saisonnières ;). À la fois zoo et parc pédagogique, c'est l'attraction à ne manquer de Tucson, qui mérite une journée entière d'exploration. On y trouve un plaisant café. Javelinas (sangliers), coyotes, lynx, serpents et toutes sortes d'autres espèces locales du désert sont montrées dans un environnement qui ressemble à leur milieu naturel. Durant l'été, un programme nocturne le samedi vous permet de découvrir les petites bestioles rampantes qui s'éveillent à la nuit tombée.

À 3 km au nord-ouest de l'Arizona-Sonora Desert Museum (suivez la signalisation), le **Saguaro West Visitor Center** (9h-17h) vous fournit des cartes et des renseignements sur les nombreuses activités menées par les rangers. Le **Bajada Loop Drive** forme une boucle non goudronnée de 10 km qui débute à 2,5 km à l'ouest du Visitor Center. Outre une jolie vue sur les forêts de cactus, elle offre plusieurs endroits ou pique-niquer et un accès aux points de départ de sentiers.

À quelques kilomètres au sud-est de l'Arizona-Sonora Desert Museum, les **Old Tucson Studios** (520-883-0100 ; www.oldtucson.com ; 201 S Kinney Rd ; adulte/enfant 17/11 $; 10h-18h ;) ont servi à de nombreux tournages. Aujourd'hui, ils sont reconvertis en parc de loisirs western pour le plus grand bonheur des enfants. Rien n'y manque, pas plus les fusillades que les chevauchées en diligence.

Saguaro East (Rincon Mountain District ; 9h-17h) possède un Visitor Center à 24 km à l'est du centre-ville. Vous y trouverez des informations sur les randonnées à la journée, les excursions à cheval et les campings du parc (il faut retirer un permis gratuit avant midi le jour de la randonnée). Cette partie du parc comporte quelque 200 km de sentiers, mais seulement 4 km de piste pour VTT.

Jouissant d'une renommée internationale, le **Center for Creative Photography** (520-621-7968 ; www.creativephotography.org ; 1030 N Olive Ave ; entrée libre ; 9h-17h lun-ven, 13h-16h sam-dim) abrite une remarquable collection d'œuvres de photographes américains tels Ansel Adams et Richard Avedon, ainsi que de belles expositions.

Le **Pima Air & Space Museum** (520-574-0462 ; www.pimaair.org ; 6000 E Valencia Rd ; adulte/enfant 6/3 $; 9h-17h lun-ven) organise des visites parmi les quelque 5 000 anciens avions militaires conservés à la **Davis-Monthan Air Force Base**, aussi appelée AMARG ou plus simplement "the Boneyard" (l'ossuaire). Les amateurs d'histoire seront ravis de monter à bord de l'avion présidentiel Air Force One de John F. Kennedy. Renseignez-vous sur les horaires par téléphone. Des billets combinés permettent de visiter le Titan Missile Museum (p. 321) et l'AMARG.

Fêtes et festivals

Le **rodéo Fiesta de los Vaqueros** (520-741-2233 ; www.tucsonrodeo.com), qui se tient la dernière semaine de février, est l'occasion d'une immense parade très populaire.

Où se loger

Plus bas en été et en automne, les prix varient considérablement au cours de l'année.

PETITS BUDGETS ET CATÉGORIE MOYENNE

Roadrunner Hostel & Inn (520-628-4709 ; www.roadrunnerhostelinn.com ; 346 E 12th St ; dort 20 $, ch avec petit-déj et sdb commune 40 $;). Installée dans une zone résidentielle tranquille, à quelques minutes à pied du quartier des artistes, cette confortable auberge de jeunesse offre une grande cuisine, du café gratuit et des gaufres le matin, ainsi qu'une salle avec une TV grand écran pour regarder des films. Sachez que les dortoirs sont fermés l'après-midi car on fait le ménage et qu'on n'accepte pas les cartes de crédit.

Hotel Congress (520-622-8848, 800-722-8848 ; www.hotelcongress.com ; 311 E Congress St ; ch 79-120 $;). Hôtel ancien à l'atmosphère rock and roll branchée, le Congress est en perpétuelle ébullition, notamment du fait de son bar-restaurant et de sa discothèque très prisés au rez-de-chaussée. Optez pour une chambre à l'autre bout du bâtiment si vous êtes sensible au bruit, ou augmenter le volume du seul objet de divertissement de la pièce, une radio d'antan. Accès Wi-Fi gratuit et animaux acceptés.

Windmill Inn at St Philips Plaza (520-577-0007 ; www.windmillinns.com ; 4250 N Campbell Ave ; ch 80-220 $;). Que l'emplacement dans un centre commercial ne vous empêche pas de considérer cette option

L'IMMIGRATION MEXICAINE : UN SUJET BRÛLANT

L'immigration reste un sujet brûlant dans le Sud-Ouest, notamment dans le sud de l'Arizona. Poussés par la situation économique, de nombreux Mexicains tentent d'entrer aux États-Unis. Le renforcement des contrôles aux frontières en Californie et au Texas, ajouté à la présence de milices telles que les Minutemen, poussent les immigrants vers les régions les plus dangereuses du désert de Sonora. S'ils sont mal préparés au voyage, ou que les *coyotes* (les passeurs) les abandonnent, ils meurent d'hyperthermie – rapidement et dans la souffrance.

Inquiets des décès qui s'élèvent à plus de 100 par an, les organisations humanitaires et groupements religieux locaux considèrent ce problème comme relevant des droits de l'homme. Tout en respectant la loi, ils disposent des bouteilles d'eau aux principaux points de passage afin d'éviter ces drames.

exceptionnelle où toutes les chambres sont d'immenses suites. Nuit gratuite pour les moins de 18 ans et pas de supplément pour les animaux. Vélos, accès Wi-Fi et jeux de société également mis gratuitement à votre disposition.

El Presidio Bed & Breakfast Inn (☎ 520-623-3860 ; www.bbonline.com/az/elpresidio ; 297 N Main Ave ; ch avec petit-déj 120-150 $;). Située dans le Presidio District de Tucson, cette auberge allie style victorien et murs en adobe. Les 4 chambres avec entrée privée mêlent au style colonial espagnol des meubles anciens et des antiquités. Un petit-déjeuner gourmand et des rafraîchissements dans l'après midi sont offerts. Enfants de plus de 13 ans seulement ; check-in de 16h à 18h.

CATÉGORIE SUPÉRIEURE

Les ranchs et les grands complexes hôteliers de Tucson sont souvent des destinations de vacances à part entière. Les tarifs baissent considérablement en été.

Arizona Inn (☎ 520-325-1541, 800-933-1093 ; www.arizonainn.com ; 2200 E Elm St ; ch à partir de 220 $;). Cette auberge sur 6 ha de parc soigné déborde de la grâce et du charme de l'Arizona de jadis. Les habitants des environs qui sont dans la confidence passent ici le week-end quand ils aspirent à de somptueuses "staycation" (vacances sur place). Selon la saison, profitez du thé de l'après-midi ou de glaces au bord de la piscine. Accès Internet et vélos gratuits.

La ZarZuela B&B (☎ 520-884-4824, 888-848-8225 ; www.zarzuela-az.com ; 455 N Camino de Oeste ; ch 285-325 $; oct-juin ;). Si vous rêvez de vous retirer dans un refuge tranquille à l'ambiance luxueuse, choisissez cette superbe demeure sur les contreforts à l'ouest de la ville. Elle comporte 5 jolies *casitas* (bungalows) dont les terrasses et les vérandas offrent une vue imprenable.

Où se restaurer

Pour un repas pas cher, arrêtez-vous dans n'importe quelle petite *taqueria* ; une concurrence sans merci garantit la qualité de celles qui ont survécu.

PETITS BUDGETS

Les bons restaurants à prix raisonnable se trouvent sur 4th Avenue. Voici quelques tables qui sortent du lot.

Native Seeds (☎ 520-622-5561 ; 526 N 4th Ave ; préparations 6-10 $; 10h-17h lun-sam, 12h-16h dim). Seules les friandises comme les sucettes aux figues de Barbarie sont à déguster de suite, mais le choix de préparations pour cuisiner à la maison est abondant.

Bison Witches (☎ 520-740-1541 ; 326 N 4th Ave ; sandwichs 7 $; 11h-minuit). Établissement animé fréquenté par les étudiants et d'occasionnels branchés. On y vient pour les sandwichs, comme celui au bœuf et brie, par exemple. Musique assourdissante, profusion de TV, boissons servies jusqu'à 2h.

B Line (☎ 520-882-7575 ; 621 N 4th Ave ; plats 7-11 $; 7h30-21h lun-jeu, 7h30-22h ven-sam, 7h30-20h dim). *Burritos* au petit-déjeuner, crêpes dans la matinée, déjeuner et dîner à base de spécialités mexicaines, pâtes et salades. Petite mais excellente carte des bières et des vins.

CATÉGORIES MOYENNE ET SUPÉRIEURE

El Charro Café (☎ 520-622-1922 ; 311 N Court Ave ; plats 9-18 $; 11h-21h). Avec sa fameuse *carne seca*, c'est probablement la plus vénérable institution mexicaine de Tucson, sinon de l'Arizona. On y sert une cuisine innovante à base d'ingrédients frais qui attire autant les touristes que les habitants. Quatre autres enseignes.

Cafe Poca Cosa (☎ 520-622-6400 ; 110 E Pennington St ; plats dîner 19-26 $; 🕑 11h-21h mar-jeu, 11h-22h ven-sam). La cuisine mêle les influences de diverses régions mexicaines (ingrédients d'une grande fraîcheur pour des plats novateurs). Si vous voulez apercevoir des politiciens et des hommes d'affaires qui comptent à Tucson, venez au déjeuner.

♡ **Janos** (☎ 520-615-6100 ; Westin La Paloma, 3770 E Sunrise Dr ; plats 28-50 $, menu dégustation/avec vins 75/115 $; 🕑 17h30-21h lun-sam). Récompensé par le James Beard Award, Janos Wilder est un chef magicien qui cuisine des viandes aux saveurs insoupçonnées. Son restaurant, offrant un des plus beaux panoramas, est l'adresse rêvée pour un dîner romantique ou une occasion spéciale : la salle à manger dans le complexe hôtelier Westin La Paloma surplombe la Desert Valley. Essayez le *New York strip steak* massé au café, sucre brun et chocolat mexicain. Ensuite, passez dans le J Bar attenant.

Où prendre un verre et sortir

Dans le centre, 4th Ave, près de 6th St, est le quartier des bars. Toujours au centre, on trouve plusieurs discothèques dans Congress St qui passent toutes sortes de musique, soit avec un DJ soit en live.

Barrio Brewery (☎ 520-791-2739 ; www.barriobrewing.com ; 800 E 16th St ; 🕑 11h-1h). Près des rails dans une zone industrielle de la ville : la pinte de bière est à 3 $ à chaque fois que s'annonce un train de marchandises, accueilli parfois dans les hourrahs. Cette spacieuse brasserie prolongée d'une vaste véranda sur l'avant propose des en-cas (3-7 $), légèrement plus chers que dans un bar ordinaire.

Club Congress (☎ 520-622-8848 ; 311 E Congress St ; entrée 3-10 $). Musique live et DJ animent cette adresse très populaire qui attire les amateurs de rock. Le public varie selon le thème de la soirée, mais il s'y passe toujours quelque chose.

IBT's (☎ 520-882-3053 ; www.myspace.com/ibtstucson ; 616 N 4th Ave). Le meilleur bar gay de Tucson propose chaque soir un thème différent : karaoké, danse, barbecue, etc.

Plush (☎ 520-798-1298 ; www.plushtucson.com ; 340 E 6th St ; entrée 5-10 $). Ce club offre un calme bienvenu contrastant avec les bars de la bouillonnante 4th Ave. La salle de devant, meublée de façon chic et branchée, invite à la détente.

Comment s'y rendre et circuler

L'**aéroport international de Tucson** (TUC ; ☎ 520-573-8000 ; www.tucsonairport.org) se trouve à 16,5 km au sud du centre-ville. L'**Arizona Stagecoach** (☎ 877-782-4355 ; www.azstagecoach.com) opère un service de minibus collectifs entre le centre-ville et l'aéroport (à partir de 23 $). Les bus **Greyhound** (☎ 520-792-3475 ; www.greyhound.com ; 471 W Congress St ; 🕑 7h-23h) rejoignent Phoenix (à partir de 21 $, 2 heures, tlj) et Nogales (à partir de 11 $, 1 heure, tlj) entre autres villes des États-Unis et du Mexique. Attention : Greyhound est situé à l'extrémité ouest de Congress St, à 5 km du centre-ville. Les trains **Amtrak** (☎ 520-623-4442, 800-872-7245 ; www.amtrak.com ; 400 E Toole Ave), en face de l'Hotel Congress, desservent Los Angeles (à partir de 38 $, 10 heures, 3/semaine) et d'autres destinations.

Le **Ronstadt-Transit Center** (angle Congress St et 6th Ave) est le principal centre de transit de la ville. De là, les bus **Sun Tran** (☎ 520-792-9222 ; www.suntran.com) desservent Tucson (pass à la journée 2 $).

ENVIRONS DE TUCSON

Les sites indiqués ci-dessous sont à moins d'1 heure 30 de route de Tucson et peuvent se visiter dans la journée.

Nord de Tucson

À 56 km du centre-ville par les routes de l'arrière-pays, **Biosphere 2** (☎ 520-838-6200 ; www.b2science.org ; 32540 S Biosphere Rd, Oracle ; adulte/enfant 20/13 $; 🕑 9h-16h ; 👪) est un dôme de verre de 1,2 ha qui accueille 7 microhabitats distincts – dont une jungle, un désert, un marais – conçus pour être autosuffisants. En 1991, 8 "bionautes" séjournèrent dans Biosphère 2 durant deux années, pendant lesquelles ils demeurèrent totalement coupés du monde extérieur. Ils en ressortirent amaigris, mais en forme. L'expérience aurait pu servir aux futurs programmes de stations spatiales, mais, financée par des fonds privés, elle fut très controversée. L'imposante structure de verre est aujourd'hui un centre de recherche sur les sciences de la Terre géré par l'University of Arizona, qui propose des visites guidées, très fréquentes. Vous aurez peut-être la chance que votre guide vous laisse pénétrer dans l'énorme "poumon" artificiel, qui fait plutôt peur.

Ouest de Tucson

Depuis Tucson, la Hwy 86 s'enfonce vers l'ouest et traverse certaines des zones les plus arides et les plus isolées du désert de Sonora. Installé à l'ouest de Sells, le **Kitt Peak National Optical Observatory** (☎520-318-8726 ; www.noao.edu/kpno ; Hwy 86 ; entrée au Visitor Center sur don, programme d'observation adulte/étudiant/senior 41/36/36 $; 🕑 sept à mi-juil), avec sa fantastique collection de télescopes optiques, est le plus grand observatoire du monde. Les visites guidées (adulte/enfant 4/2,50 $; 10h, 11h30 et 13h30) durent environ une heure. À réserver 2 à 4 semaines à l'avance, la séance nocturne d'observation des étoiles vaut le déplacement (adulte/enfant 46/41 $; pas de programme du 1er juil au 15 sept en raison de la mousson). Par nuit claire et temps sec, le spectacle du cosmos inspire un respect mêlé de crainte. Avant de vous y rendre, habillez-vous chaudement et faites le plein d'essence à Tucson (la station-service la plus proche est à 48 km de l'observatoire). Sachez que les enfants de moins de 8 ans ne sont pas admis, pour des raisons de sécurité. La nuit, l'aire de pique-nique attire des astronomes amateurs.

Sud de Tucson

Au sud de Tucson, l'I-19 est la principale route pour Nogales et le Mexique. Voici quelques étapes intéressantes.

La **Mission San Xavier del Bac** (☎520-294-2624 ; www.sanxaviermission.org ; 1950 W San Xavier Rd ; entrée sur don ; 🕑 8h-17h), à 14,5 km au sud du centre de Tucson, est le plus vieil édifice européen encore en fonction en Arizona. L'intérieur sombre et mystérieux est un gracieux mélange d'architecture mauresque, byzantine et Renaissance mexicaine tardive.

À la sortie 69, à 26 km au sud de la mission, le **Titan Missile Museum** (☎520-625-7736 ; www.titanmissilemuseum.org ; 1580 W Duval Mine Rd, Sahuarita ; adulte/enfant/senior 9,50/6/8,50 $; 🕑 visite 9h-16h) est un site de lancement souterrain de missiles balistiques intercontinentaux datant de la guerre froide. Participer à l'une des fréquentes visites guidées (qui donnent des frissons) vous permettra de quitter les lieux bien informé. Renseignez-vous sur les billets combinés avec le Pima Air & Space Museum (p. 318).

Les mordus d'histoire et/ou d'artisanat apprécieront, à 77 km de Tucson, le petit village de **Tubac** (I-19, sortie 34), où se tiennent plus de 80 galeries d'art.

Nogales

Principaux points d'accès entre l'Arizona et le Mexique, Nogales en Arizona (AZ) et Nogales, Sonora, au Mexique sont traversées par un flot constant de voitures et de piétons passant la frontière. Le Département d'État américain met en garde les voyageurs contre la violence qu'exercent les cartels de la drogue dans les villes-frontières et leur suggèrent la prudence. Les véhicules se rendant aux États-Unis sont parfois soumis à des retards ; vérifiez en ligne le temps d'attente mis à jour toutes les heures (http://apps.cbp.gov/bwt).

La **chambre de commerce** (☎520-287-3685 ; www.nogaleschamber.com ; 123 W Kino Park Way ; 🕑 9h-17h lun-ven) fournit les habituelles informations touristiques. La ville compte aussi un **consulat mexicain** (☎520-287-2521/3381 ; 571 N Grand Ave ; 🕑 lun-ven).

Des motels de chaîne sont installés près de l'I-19 à la sortie n°4. Dans Mariposa Rd, vous trouverez les classiques fast-foods et un supermarché.

La compagnie de bus **Crucero USA/Greyhound** (☎520-287-5628 ; 35 N Terrace Dr) est située à moins d'un kilomètre et demi de la frontière et dessert régulièrement Tucson (à partir de 11 $, 1 heure, tlj). Cinq bus quotidiens se rendent à Hermosillo, au Mexique (19 $, 4 heures), d'où partent de fréquentes correspondances pour des destinations mexicaines plus lointaines, en bus **Estrella Blanca** (www.estrellablanca.com.mx).

La chaleureuse agence **Sanborn's** (☎520-281-1865, 800-222-0158 ; www.sanbornsinsurance.com ; 850 W Shell Rd ; 🕑 8h-17h lun-ven, horaires variables sam-dim) assure les véhicules se rendant au Mexique. Le tarif (à partir de 30 $/jour) dépend de la valeur de la voiture et de la durée du séjour.

EXTRÊME SUD-EST

Une profusion d'endroits dans le sud de l'Arizona rappellent l'histoire de la conquête de l'Ouest. Citons la ville minière soigneusement préservée de Bisbee, OK Corral à Tombstone et les merveilleuses flèches de pierre du Chiricahua National Monument

Kartchner Caverns State Park

À 14,5 km au sud de la ville, le **Kartchner Caverns State Park** (☎502-586-4100 ; www.explorethecaverns

.com ; Hwy 90 ; 5 $; parc 7h30-18h, visites 8h40-16h40) est une grotte de 4 km de long aux parois calcaires humides où les rochers composent un monde fantastique, certains ressemblant à d'interminables pailles à soda, d'autres à d'énormes cornets de glace, etc. Deux parcours différents sont proposés pour les visites guidées (à partir de 17/9 $ adulte/enfant), qui sont souvent réservées des semaines à l'avance ; faites de même.

Chiricahua National Monument

À 58 km au sud-est de Willcox sur la Hwy 186/181, le **Chiricahua National Monument** (520-824-3560 ; www.nps.gov/chir ; adulte/enfant 5 $/gratuit), perdu dans les Chiricahua Mountains, est formé de nombreuses colonnes de pierre s'élevant jusqu'à une centaine de mètres, certaines comme sur le point de tomber. La route panoramique **Bonita Canyon Scenic Drive**, longue de 13 km, rejoint Massai Point (2 061 m), également accessible par de nombreux sentiers de randonnée.

Tombstone

Tombstone a connu son âge d'or au XIXe siècle avec les mines d'argent. Le whisky y coulait à flots et les 6 coups réglaient petites et grandes querelles, dont l'une particulièrement célèbre à OK Corral. Aujourd'hui classée monument historique (National Historic Landmark), Tombstone attire les foules venues admirer ses bâtiments western, ses courses de diligences et ses fausses fusillades. Le **Visitor & Information Center** (520-457-3929 ; www.tombstone.org ; angle 4th St et Allen St ; 9h-16h) dispose d'informations locales et de bonnes cartes de découverte de la ville à pied.

Bisbee

L'ancienne ville des mines de cuivre distille une délicieuse atmosphère d'antan. Ses habitants bohèmes d'un certain âge, ses élégants édifices, ses somptueux restaurants et ses charmants hôtels lui confèrent un attrait indéniable.

La plupart des commerces sont rassemblés dans le quartier historique (Historic District ou Old Bisbee), sur Subway St et Main St. Le **Visitor Center** (520-432-3554, 866-224-7233 ; www.discoverbisbee.com ; 2 Copper Queen Plaza ; 9h-17h lun-ven, 10h-16h sam-dim) est un bon point de départ.

Si vous voulez descendre dans les profondeurs de la Terre en compagnie des mineurs du cuivre à la retraite, inscrivez-vous au **Queen Mine Tour** (520-432-2071 ; 478 Dart Rd ; adulte/enfant 12/5 $; 9h-15h30). À la lisière de la ville, l'immense **Lavender Pit**, mine à ciel ouvert, est un témoignage impressionnant mais désolant des méthodes d'exploitation. Pendant l'**Historic Walking Tour**, promenade à travers l'histoire, que mène Michael London en tenue de cow-boy, demandez à voir la photo d'antan où se dressait une montagne à la place du Lavender Pit. Cette promenade coûte 10 $ et part toutes les heures de devant le Visitor Center.

Vous pourrez passer la nuit au **Shady Dell RV Park** (520-432-3567 ; www.theshadydell.com ; 1 Douglas Rd ; caravane 50-130 $;), un charmant parc de *trailers* kitsch, où les caravanes vintage sont décorées de meubles et d'objets rétro (années 1950) et approvisionnées en films d'époque. Un *diner* sert petit-déjeuner et déjeuner.

Copper Queen Hotel (520-432-2216 ; www.copperqueen.com ; 11 Howell Ave ; ch 80-180 $;). Bâti en 1902, cet hôtel n'a rien perdu de son charme. Beaucoup de ses chambres sont décorées sur le thème des personnalités célèbres qui y ont séjourné, dont John Wayne. Les chambres et les salles sont ornées de merveilleuses lampes en cuivre et, dit-on, visitées par les fantômes. Le restaurant et le bar-patio du rez-de-chaussée, qui accueillent souvent un pianiste, attirent aussi bien les gens des environs que les touristes.

Le **Bisbee Coffee Company** (520-432-7879 ; 2 Copper Queen Plaza ; en-cas 3-6 $; 11h-21h) sert du café le matin, puis, plus tard, des quiches, des sandwichs, des salades et des desserts. Vous trouverez des restaurants plus élaborés, et plus chers, du côté de Copper Queen Plaza.

UTAH

La topographie accidentée de cet État peu peuplé se prête à merveille aux activités de plein air. Et, à chaque tournant de la route, le décor invite au VTT, à la randonnée, au ski ou au rafting. Impossible de contempler ses paysages aux infinies nuances de couleurs sans être subjugué. Le regard perdu, on se retrouve bientôt tiraillé entre l'envie de se

L'UTAH EN BREF

Surnoms : Beehive State (l'État des Ruches), Mormon State
Population : 2,7 millions d'habitants
Superficie : 219 891 km^2
Capitale : Salt Lake City (180 650 habitants)
TVA : 4,7%
Lieu de naissance de : Butch Cassidy (1866-1908), bandit populaire
À accueilli les : Jeux olympiques d'hiver de 2002
Célèbre pour : ses mormons, ses canyons de grès rouge
Meilleur souvenir : T-shirt pour la bière Polygamy Porter de la Wasatch Brewery, portant l'inscription "Why have just one?"(Pourquoi se contenter d'une seule ?)
Distances par la route : Salt Lake City-Moab 378 km, St George-Park City 489 km

laisser pénétrer par tant de beauté, et celle d'enfiler ses chaussures de randonnée et de jouer les pionniers.

Le sud de l'Utah abrite cinq parcs nationaux qui se distinguent par leurs pics montagneux, leurs canyons sans fond, leurs immenses collines de grès et leurs étendues infinies de désert. Le nord de l'État est célèbre pour son Great Salt Lake (Grand Lac salé), les montagnes couvertes de forêts de la Wasatch Range enneigée (où se sont déroulés les Jeux olympiques d'hiver de 2002) et les Uinta Mountains.

L'Utah est aussi et surtout le fief des mormons, dont les croyances imprègnent la vie sociale et politique de tout l'État. Lorsque les pionniers mormons arrivèrent dans la région en 1847, ils ressentirent (tout comme les Indiens 7 000 ans plus tôt) un lien spirituel avec ces lieux, qui devinrent leur Terre promise. On les comprend : quelle que soit votre religion, l'Utah a tout du paradis sur Terre.

Histoire

L'Utah doit son nom au peuple nomade des Ute qui, comme les Paiute et les Shoshone, vivait dans le Great Basin Desert il y a plus de 8 000 ans. Les Européens s'y aventurèrent dès 1776, mais les Indiens continuèrent à y vivre en toute liberté jusqu'au milieu du XIXe siècle. Guidés par Brigham Young et fuyant les persécutions religieuses, les mormons s'établirent en Utah et fondèrent Salt Lake City le 24 juillet 1847. Ils baptisèrent leur État "Deseret" (abeille), conformément au *Livre de Mormon*.

Après que les États-Unis eurent acheté le territoire de l'Utah au Mexique, les mormons adressèrent six requêtes au Congrès pour obtenir le statut d'État ; celles-ci furent systématiquement rejetées en raison de leurs pratiques polygames, interdites par le gouvernement américain. Le désaccord se dissipa en 1890 lorsque Wilford Woodruff, président de l'Église mormone, annonça que Dieu lui avait ordonné de se conformer au droit américain et de renoncer à la polygamie. En 1896, l'Utah devint ainsi le 45e État du pays. De nos jours, les mormons occupent la majeure partie du territoire de l'Utah, où ils exercent une forte influence conservatrice.

Renseignements

Il est difficile de changer de l'argent en dehors de Salt Lake City (p. 325). Quand les heures d'ouverture sont indiquées selon la saison (et non selon les mois), il est conseillé d'appeler pour vérifier, car les horaires varient souvent selon la météo, les coutumes ou le niveau de l'établissement.

Natural Resources Map & Bookstore (carte p. 324 ; ☎ 801-537-3320, 888-882-4627 ; www.mapstore.utah.gov ; 1594 W North Temple, Salt Lake City ; 🕑 7h-18h lun-jeu). Cartes détaillées de tous les sites importants de l'État en rayon ou en ligne.

Utah Office of Tourism (carte p. 324 ; ☎ 801-538-1030, 800-200-1160 ; www.utah.com ; Capitol Hill, 300 N State St, Salt Lake City ; 🕑 9h-18h lun-ven, 10h-17h sam-dim). Liens sur l'hébergement, le camping et les activités de plein air. Le site Internet fournit des renseignements en 6 langues. Publication du guide gratuit *Utah Travel Guide*, et vente, dans la librairie, de guides et de cartes.

Utah Pride Center (carte p. 324 ; ☎ 801-539-8800, 888-874-2743 ; www.utahpridecenter.org ; 361 N 300 West, Salt Lake City ; 🕑 bureau 10h-18h lun-ven, coffee shop (p. 330) et bibliothèque 7h-21h lun-ven, 8h-21h sam, 10h-21h dim). Organisme gay et lesbien proposant informations, activités et cours.

Utah State Parks & Recreation Department (carte p. 324 ; ☎ 801-538-7220, 877-887-2757 ; www.stateparks.utah.gov ; 1594 W North Temple, Salt Lake City ; 🕑 7h-18h lun-jeu). Dans le même bâtiment que le Natural Resources Map & Bookstore, cet organisme distinct vend des permis pour les parcs d'État et réserve des emplacements de camping (10-25 $/nuit). Les réservations dans les parcs d'État se font aussi via **Reserve America** (☎ 800-322-3770; www.reserveamerica.com).

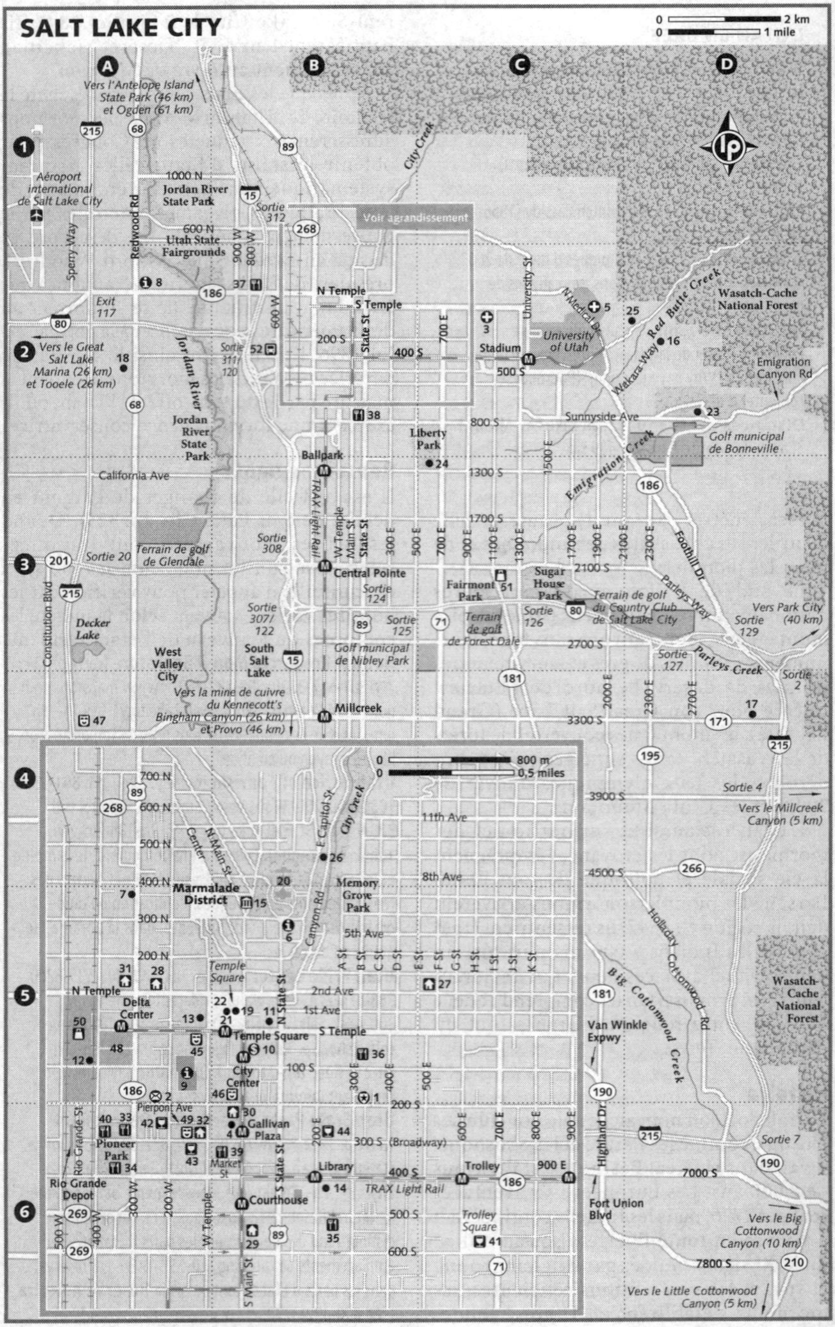
SALT LAKE CITY
0 2 km
0 1 mile
Vers l'Antelope Island State Park (46 km) et Ogden (61 km)
Aéroport international de Salt Lake City
Jordan River State Park
Utah State Fairgrounds
Redwood Rd
Sperry Way
Sortie 312
Voir agrandissement
N Temple
S Temple
200 S
State St
400 S
700 E
Stadium
500 S
University St
N Medical Dr
University of Utah
Red Butte Creek
Wasatch-Cache National Forest
Wakara Way
Emigration Canyon Rd
City Creek
Exit 117
Vers le Great Salt Lake Marina (26 km) et Tooele (26 km)
Jordan River
Sortie 311/120
Jordan River State Park
Sunnyside Ave
800 S
Liberty Park
Golf municipal de Bonneville
Ballpark
1300 S
1500 E
Emigration Creek
California Ave
TRAX Light Rail
1700 S
Foothill Dr
Sortie 308
W Temple
Main St
State St
300 E
500 E
700 E
900 E
1100 E
1300 E
1700 E
1900 E
2100 E
2300 E
Sortie 20
Terrain de golf de Glendale
2100 S
Central Pointe
Sugar House Park
Fairmont Park
Sortie 124
Terrain de golf du Country Club de Salt Lake City
Parleys Way
Constitution Blvd
Decker Lake
Sortie 307/122
Sortie 125
Terrain de golf de Forest Dale
Sortie 126
Vers Park City (40 km)
Sortie 129
West Valley City
South Salt Lake
Golf municipal de Nibley Park
2700 S
Sortie 127
Parleys Creek
Sortie 2
Vers la mine de cuivre du Kennecott's Bingham Canyon (26 km) et Provo (46 km)
Millcreek
2000 E
2300 E
2700 E
3300 S
0 800 m
0 0,5 miles
700 N
600 N
500 N
400 N
300 N
200 N
Center
N Main St
E Capitol St
City Creek
11th Ave
8th Ave
Marmalade District
Memory Grove Park
Canyon Rd
5th Ave
A St
B St
C St
D St
E St
F St
G St
H St
I St
J St
K St
Temple Square
N Temple
N State St
2nd Ave
1st Ave
Delta Center
S Temple
Temple Square
City Center
100 S
Pierpont Ave
Gallivan Plaza
200 S
300 S (Broadway)
Pioneer Park
Rio Grande St
Market St
Library
400 S
Trolley
900 E
Rio Grande Depot
TRAX Light Rail
Courthouse
500 S
Trolley Square
600 S
500 W
400 W
300 W
200 W
W Temple
S Main St
S State St
200 E
300 E
400 E
500 E
600 E
700 E
800 E
900 E
3900 S
Sortie 4
Vers le Millcreek Canyon (5 km)
4500 S
Holladay
Cottonwood Rd
Big Cottonwood Creek
Wasatch-Cache National Forest
Van Winkle Expwy
Highland Dr
Sortie 7
7000 S
Fort Union Blvd
Vers le Big Cottonwood Canyon (10 km)
7800 S
Vers le Little Cottonwood Canyon (5 km)

RENSEIGNEMENTS
Grande Bibliothèque ....(voir 14)
Natural Resources Map & Bookstore............................(voir 8)
Police...1 B5
Poste...2 A5
Public Lands Information Center...............................(voir 17)
Salt Lake Regional Medical Center..................................3 C2
Sam Weller Books.........................4 B6
University Hospital........................5 C2
Office du tourisme de l'Utah 6 B5
Utah Pride Center..........................7 A5
Utah State Parks & Recreation Department..............................8 A2
Visitor Information Center..........9 A5
Wells Fargo..................................10 B5

À VOIR ET À FAIRE
Beehive House..............................11 B5
Discovery Gateway.......................12 A5
Family History Library..................13 A5
Grande Bibliothèque 14 B6
Pioneer Memorial Museum.......15 B5
Red Butte Gardens.......................16 D2
REI..17 D4
Salt Lake City Parks & Recreation Department..........................18 A2
Salt Lake Temple.........................19 B5
Capitole 20 B4
Tabernacle.....................................21 B5
Temple Square...............................22 B5
This Is The Place Heritage Park..23 D2
Tracy Aviary....................................24 C3
University of Utah Outdoor Recreation Program.............25 D2
Utah Heritage Foundation.........26 B4

OÙ SE LOGER
Avenues Hostel..............................27 C5
City Creek Inn.................................28 A5
Grand America...............................29 B6
Hotel Monaco.................................30 B6
Howard Johnson Express Inn....31 A5
Peery Hotel.....................................32 A6

OÙ SE RESTAURER
Cucina Toscana..............................33 A6
Downtown Farmers Market......34 A6
Les Madeleines Patisserie & Café..35 B6
One World Everybody Eats.......36 B5
Red Iguana......................................37 B2
Tacos Don Rafa.............................38 B2
Takashi...39 B6
Tony Caputo's Market & Deli...40 A6

OÙ PRENDRE UN VERRE
Café Marmalade....................(voir 7)
Green Street Social Club...........41 C6
Red Rock Brewing Company....42 A6
Squatter's Pub Brewery............43 A6
Tavernacle Social Club..............44 B6

OÙ SORTIR
Abravanel Hall...............................45 A5
Capitol Theater..............................46 B5
E Center..47 A4
EnergySolutions Arena..............48 A5
Rose Wagner Performing Arts Center..49 A6

ACHATS
Gateway..50 A5
Sugarhouse....................................51 C3

TRANSPORTS
Gare routière Greyhound 52 B2
Union Pacific Rail Depot (gare ferroviaire Amtrak) ...(voir 52)

SALT LAKE CITY

Connue dans le monde entier depuis les Jeux olympiques d'hiver de 2002, Salt Lake City (SLC) n'a cessé depuis de profiter de cet élan. Cette ville moderne aux charmants anachronismes a pour cadre un tel paysage de montagnes que Brigham Young, qui conduisit l'exode des pionniers mormons, aurait annoncé en le découvrant : "This is the place".

Si SLC demeure le quartier général de l'Église mormone, la moitié de ses habitants seulement appartient à l'Église de Jésus-Christ des Saints des Derniers Jours (LDS ; voir p. 327). Beaucoup s'étonnent que la ville soit progressiste (comparée au reste de l'État) et compte une communauté homosexuelle assez importante.

La proximité des Wasatch Mountains attire toute l'année de nombreux amateurs d'activités de plein air : randonnées, escalade et sports d'hiver les attendent à moins d'une heure de SLC, dans les hauts sommets qui dominent la ville. Ajoutez à cela une brillante université, des restaurants éclectiques et une scène artistique dynamique, et vous pourriez bien prononcer vous aussi les mots de Brigham Young.

Orientation

SLC forme un quadrillage de rues orientées nord-sud et est-ouest. Toutes rayonnent à partir de Temple Sq : l'angle de S Temple (est-ouest) et de Main St (nord-sud) constitue le point zéro des rues et des adresses. Huit pâtés de maisons correspondent à 1 mile (soit 1,6 km). Les rues faisaient à l'origine 40 m de large pour permettre à un chariot tiré par 4 bœufs de faire demi-tour.

Deux grandes autoroutes se croisent à SLC. L'I-15 suit un axe nord-sud, et l'I-80 un axe est-ouest ; l'I-215 fait quant à elle le tour de la ville.

Renseignements

ACCÈS INTERNET

Main Library (Bibliothèque principale ; ☎ 801-524-8200 ; www.slcpl.org ; 210 E 400 South ; 9h-21h lun-jeu, 9h-18h ven-sam, 13h-17h dim). Accès Internet (et Wi-Fi) gratuit et excellents périodiques (américains et étrangers).

ARGENT

Wells Fargo (☎ 801-246-2677 ; 79 S Main St). Change les devises. Appelez pour savoir s'ils disposent bien des devises que vous recherchez.

LIBRAIRIE

Sam Weller Books (☎ 801-328-2586, 800-333-7269 ; 254 S Main ; 10h-19h lun-sam). La plus grande librairie indépendante de la ville. Au moment de la rédaction de ce guide, Weller cherchait un nouvel emplacement dans le centre-ville.

OFFICES DU TOURISME

Public Lands Information Center (☎ 801-466-6411 ; www.publiclands.org ; 3285 E 3300 South ; 10h30-17h30 lun-ven, 9h-13h sam). Centre situé dans le magasin REI ; infos sur les loisirs dans la Wasatch-Cache National Forest.

Visitor Information Center (☎ 801-534-4900/4902, 800-541-4955 ; www.visitsaltlake.com ; 90 S West Temple ; ⏰ 9h-18h lun-ven, 9h-17h sam-dim). Le centre d'information des visiteurs, situé dans le Salt Palace Convention Center, publie le guide touristique gratuit *Destination: Salt Lake Visitors Guide.*

POSTE

Poste (☎ 800-275-8777 ; www.usps.com ; 230 W 200 South ; ⏰ 8h-17h30 lun-ven, 9h-14h sam)

SITES INTERNET ET MÉDIAS

City Weekly (www.cityweekly.net/utah). Hebdomadaire alternatif gratuit recensant restaurants et spectacles.

Downtown SLC (www.downtownslc.org). Infos sur les arts, les spectacles, les loisirs et les commerces du centre-ville.

Salt Lake Convention & Visitors Bureau (www.visitsaltlake.com). Site officiel de l'office du tourisme de SLC.

Salt Lake Tribune (www.sltrib.com). Le plus gros tirage de l'Utah.

URGENCES ET SERVICES MÉDICAUX

Police (☎ 801-799-3000 ; 315 E 200 South)

Salt Lake Regional Medical Center (☎ 801-350-4111 ; 1050 E South Temple ; ⏰ urgences 24h/24)

University Hospital (☎ 801-581-2121 ; 50 N Medical Dr ; ⏰ urgences 24h/24)

À voir

TEMPLE SQUARE

Occupant 4 ha, **Temple Square** (☎ 801-240-2534, 800-537-9703 ; www.visittemplesquare.com ; entrée libre ; ⏰ 9h-21h), le site le plus connu de SLC, ne manque pas d'impressionner le visiteur, encore plus surpris par l'amabilité désarmante des guides et conférenciers mormons bénévoles. Basés dans les Visitor Centers situés aux deux entrées (sur S Temple et N Temple), ils proposent des visites gratuites du parc de 30 minutes.

Le **Tabernacle** (entrée libre ; ⏰ 9h-21h), salle au plafond en coupole datant de 1867, est redevenu l'attraction-phare après les grands travaux de rénovation et de modernisation antisismique qui ont eu lieu en 2007. Des conservateurs se sont émus du fait que l'on remplace ses bancs en bois. Toutefois, quelques rangées d'origine ont été conservées dans le fond de la salle. Afin de démontrer sa fabuleuse acoustique, on y fait tomber une épingle toutes les 15 minutes – le son ténu s'entend à l'autre bout de la pièce, soit à plus de 60 m. La salle accueille aussi le Mormon Tabernacle Choir (chœur mormon de réputation mondiale). On peut même assister aux **répétitions** (⏰ 19h30 jeu, diffusion radio 9h15 dim) qui sont accompagnées par un orgue à 11 000 tuyaux.

Dominant la place, le **Salt Lake Temple** de 63 m est coiffé d'une statue dorée de l'ange Moroni qui apparut au fondateur de l'Église, Joseph Smith. Seuls les mormons peuvent assister aux cérémonies du temple.

Brigham Young vécut dans la **Beehive House** (☎ 801-240-2671 ; 67 E South Temple ; entrée libre ; ⏰ visites 9h-21h lun-sam) jusqu'à sa mort en 1877 ; le bâtiment (littéralement la "maison ruche") a été méticuleusement préservé et contient des meubles et des œuvres d'art d'époque.

Vous pourrez faire des recherches généalogiques à la bibliothèque **Family History Library** (☎ 801-240-2584, 800-346-6044 ; www.familysearch.org ; 35 N West Temple ; ⏰ 8h-17h lun, 8h-21h mar-sam). La bibliothèque renferme les données généalogiques de plus de 3 milliards de personnes décédées à travers le monde. Consulter cette immense banque est gratuit.

BOIRE UN VERRE EN TERRITOIRE MORMON

Grâce aux efforts du gouverneur Jon Huntsman (aujourd'hui ambassadeur des États-Unis en Chine), il est plus facile de commander un verre dans l'Utah. Qu'en était-il avant ? Pendant 40 ans, les bars de cet État furent gérés comme des clubs privés, où vous ne pouviez entrer qu'à condition d'être invité par un membre, ou devenir membre temporaire en vous faisant parrainer, après versement de 5 $. Une cloison, ou des rideaux, étaient obligatoires entre les employés derrière le bar et les clients, et la bière servie était peu alcoolisée.

On pouvait bien sûr boire, cependant la loi instaurée par les législateurs mormons remplissait son but : limiter la consommation. Or les temps ont changé, et l'industrie touristique, qui pèse 6 milliards de dollars dans l'économie de l'Utah, n'est pas à négliger. Les législateurs se sont donc plus facilement laissé persuader par Huntsman d'abolir la règle du club privé. La nouvelle loi est entrée en vigueur le 1er juillet 2009. Certains détails nécessitant encore des mises au point, il se peut qu'il subsiste quelques pratiques singulières.

DOWNTOWN (CENTRE-VILLE)

Les musées des Daughters of Utah Pioneers (DUP : une association féminine ayant pour but de préserver l'histoire des pionniers de l'Utah) sont présents dans tout l'État, mais le **Pioneer Memorial Museum** (☎ 801-532-6479 ; www.dupinternational.org ; 300 N Main St ; entrée libre ; ⌚ 9h-17h lun-sam toute l'année, 13h-17h dim juin-août) est de loin le meilleur : il expose sur quatre étages des milliers d'objets d'époque.

Le **capitole** (State Capitol ; ☎ 801-538-1800 ; www.utahstatecapitol.utah.gov ; ⌚ 8h-20h lun-ven, 8h-18h sam-dim) s'élève majestueusement sur une colline au nord de Temple Sq. À l'intérieur, une partie du dôme est ornée de fresques colorées, réalisées par des pionniers, des trappeurs et des missionnaires dans le cadre de la Work Progress Administration (WPA, agence créée pour fournir un revenu aux chômeurs durant la Grande Dépression). Le site offre une vue fabuleuse sur la ville et les montagnes de la Wasatch Range. Des visites gratuites (9h-16h) débutent toutes les heures à partir du Visitor Centre situé au 1er étage.

Il faut aussi jeter un coup d'œil à la **Main Library** (Bibliothèque principale ; ☎ 801-524-8200 ; www.slcpl.org ; 210 E 400 South ; ⌚ 9h-21h lun-jeu, 9h-18h ven-sam, 13h-17h dim), œuvre saisissante de l'architecte Moshe Safdie. La structure en verre et en métal, légèrement incurvée et baignée de lumière, est dotée d'un élégant ascenseur de verre jusqu'au toit-terrasse dominant la ville. Une galerie, un *coffee shop* et un traiteur occupent également les lieux.

AU-DELÀ DU CENTRE-VILLE

Dans les contreforts des Wasatch voisins, les 75 ha des ravissants **Red Butte Gardens** (☎ 801-585-0556 ; www.redbuttegarden.org ; Wakara Way ; adulte/enfant et senior 6/4 $; ⌚ 9h-21h lun-sam et 9h-17h dim mai-août, 9h-19h30 lun-sam et 9h-17h dim avr et sept, 10h-17h oct-mars) sont des jardins sillonnés de sentiers avec une vue superbe sur la vallée. En été, il s'y déroule une série de concerts en plein air très populaires, de Neko Case à Deathcab for Cutie. Le programme est annoncé sur le site.

Consacré à l'arrivée des mormons en 1847, **This Is the Place Heritage Park** (☎ 801-582-1847 ; www.thisistheplace.org ; 2601 E Sunnyside Ave/800 South ; parc gratuit, village adulte/enfant 8/6 $ mai-sept ; ⌚ 9h-17h ; 🚼) s'étend sur 180 ha, marquant l'endroit où Brigham Young prononça les paroles décisives "This is the place". L'**Heritage Village**, qui forme le cœur du parc, est un musée d'histoire vivante où, de juin à août, des bénévoles costumés jouent des scènes de la vie quotidienne du milieu du XIXe siècle. En dehors des mois d'été, comptez 5/3 $ par adulte/enfant.

> **LA FOI MORMONE**
>
> Les membres de l'**Église de Jésus-Christ des Saints des Derniers Jours** (LDS en anglais ; www.lds.org ou www.mormon.org), aussi appelés mormons, placent la famille au-dessus de tout ; et les familles mormones sont souvent nombreuses. Une grande importance est également attachée au travail et à l'obéissance stricte aux chefs religieux. La consommation de tabac, d'alcool, de thé ou de café est prohibée. L'Église interdit aux femmes d'assumer des responsabilités importantes, tout comme elle l'interdisait aux Afro-Américains jusqu'en 1978.
>
> De nombreux jeunes effectuent un service missionnaire pour répandre leur foi à l'étranger. Les femmes sont alors appelées "sœurs", et les hommes "aînés". L'Église rassemble environ 12 millions de fidèles dans le monde.

À faire

Millcreek Canyon, Big Cottonwood Canyon et Little Cottonwood Canyon, tous regroupés dans l'est de la Wasatch Range et facilement accessibles depuis SLC, constituent un cadre idéal pour la randonnée, le VTT, le camping et le ski de fond. Le site www.utah.com indique comment s'y rendre et présente des articles sur les activités dans les canyons. Les amateurs de sommets et de beaux panoramas à l'issue d'un effort modéré, graviront le **Grandeur Peak** (3 $; 10 km aller-retour) dans le Millcreek Canyon. Sur Wasatch Blvd, prenez en direction de l'est la 3800 S jusqu'à l'aire de pique-nique de Church Creek (5 km).

Le **Salt Lake City Parks & Recreation Department** (☎ 801-972-7800 ; www.slcgov.com ; 1965 W 500 South ; ⌚ 8h-17h lun-ven) dispense quantité d'informations sur les parcs de la ville.

REI (☎ 801-486-2100 ; www.rei.com/stores/19 ; 3285 E 3300 South) loue du matériel de camping, des chaussures d'escalade, des kayaks et presque tout le nécessaire pour les sports d'hiver, de même que l'**University of Utah Outdoor**

Recreation Program (☎ 801-581-8516 ; www.utah.edu/campusrec ; 2140 E Red Butte Canyon Rd ; 🕑 8h-18h lun-ven), qui loue aussi des VTT (20 $/jour).

Avec des enfants

Si vous comptez visiter plusieurs sites, mieux vaut acheter un **Visit Salt Lake Connect Pass** (www.visitsaltlake.com/visit/activities/connect_pass), valable de 1 à 3 jours.

Discovery Gateway (☎ 801-456-5437 ; www.discoverygateway.org ; 444 W 100 South ; 8,50 $; 🕑 10h-18h lun-jeu, 10h-20h ven-sam, 12h-18h dim ;), enthousiasmant musée interactif conçu pour les enfants, est sans doute l'attraction la plus intéressante pour les familles. Dans la zone médias, la reconstitution d'une agence de presse fera peut-être naître des vocations journalistiques.

Les oiseaux venus du monde entier du **Tracy Aviary** (☎ 801-596-8500 ; 589 E 1300 South ; adulte/enfant 5/3 $; 🕑 9h-18h ;), situé à l'angle sud-ouest de Liberty Park, raviront les mordus d'ornithologie. Les enfants peuvent nourrir les pélicans et les coucous guira coiffés comme des Iroquois.

Circuits organisés

City Sights (☎ 801-534-1001 ; www.saltlakecitytours.org). Visites de SLC et du Grand Lac Salé. Passent vous chercher à votre hôtel

Utah Heritage Foundation (☎ 801-533-0858 ; www.utahheritagefoundation.com ; 485 N Canyon Rd). Visites des sites historiques de SLC et brochures gratuites détaillant des balades à pied.

Fêtes et festivals

Fin juin, l'**Utah Arts Festival** (www.uaf.org) attire des foules de visiteurs. La 2e quinzaine de juillet, **Days of '47** (☎ 801-254-4656 ; www.daysof47.com), le "Mardi gras mormon", est l'occasion, entre autres, d'un rodéo et d'une gigantesque parade.

Où se loger

La plupart des hébergements sont des filiales de chaînes hôtelières, regroupées dans W North Temple à proximité de l'aéroport et le long de la S 200 West près de 500 South et de 600 South. Les prix sont moins élevés au printemps et en automne, mais augmentent lorsqu'un congrès se tient en ville. Les tarifs des hôtels de luxe sont plus bas le week-end. Dans les stations de ski (p. 331), à environ 45 minutes de route du centre-ville, les prix baissent considérablement en été. Les tarifs indiqués ici sont ceux de la haute saison.

PETITS BUDGETS

Avenues Hostel (☎ 801-359-3855, 801-539-888 ; www.saltlakehostel.com ; 107 F St ; dort 17 $, s/d avec sdb commune 31/35 $, avec sdb 40-46 $; Ⓟ). Auberge de jeunesse standard dans un quartier résidentiel tranquille.

City Creek Inn (☎ 801-533-9100, 866-533-4898 ; www.citycreekinn.com ; 230 W North Temple ; s 69-79 $, d 85-95 $; Ⓟ). Fauteuils rouges à motifs et murs monochromes ont redonné du style aux 33 chambres rénovées de ce motel familial, l'une des meilleures adresses bon marché de SLC. Sur un niveau, le motel en U n'est pas loin de Temple Sq et du centre commercial Gateway.

Howard Johnson Express Inn (☎ 801-521-3450, 800-541-7639 ; www.hojo.com ; 121 N 300 West ; ch avec petit-déj 79-89 $; Ⓟ). Si l'extérieur de cet établissement d'une chaîne nationale paraît un peu fatigué, les chambres sont propres, le personnel professionnel et le petit-déjeuner continental très complet. Le délicieux Red Iguana (ci-contre) est à deux pas à l'ouest.

CATÉGORIES MOYENNE ET SUPÉRIEURE

Peery Hotel (☎ 801-521-4300, 800-331-0073 ; www.peeryhotel.com ; 110 W 300 South ; ch 119-219 $; Ⓟ 10 $;

TROUVER SON CHEMIN DANS L'UTAH : OÙ EST MAPLE STREET ?

Dans l'Utah, les villes sont dessinées selon un plan identique. Le système est plus compliqué à décrire qu'à apprendre, mais une fois que vous l'aurez assimilé vous naviguerez sans peine partout dans l'État.

En principe, il y a un point zéro au centre de la ville, à l'intersection de deux grandes artères (souvent appelées Main St et Center St). Les adresses et les noms de rue rayonnent à partir de ce point zéro, s'élevant de 100 unités à chaque nouveau pâté de maisons. Ainsi, le 500 South 400 East se trouvera au carrefour de la 500 South St et de la 400 East St, c'est-à-dire à 5 pâtés de maisons au sud et 4 pâtés de maisons à l'est à partir du point zéro. Le premier point cardinal est généralement abrégé, le second plus rarement, ce qui donne : 500 S 400 East.

LE SUD-OUEST

). Cet hôtel classé au patrimoine historique a été modernisé avec goût. Grâce à sa forme en E, il est inondé de lumière. Quant aux chambres, impeccables, elles comportent des miroirs dorés, du mobilier en bois massif et d'épais couvre-lits. Les sdb sont petites mais modernes, avec lavabo sur piédestal et savon d'aromathérapie.

Hotel Monaco (801-595-0000, 877-294-9710 ; www.monaco-saltlakecity.com ; 15 W 200 South ; ch 209-219 $, ste 239-259 $;). Dans cet hôtel de charme original, la tente de cirque croise la cabane de plage dans une explosion de couleurs, de rayures et d'imprimés léopard (pour votre peignoir). Le soir, un massage assis est offert durant la *wine hour* (happy hour). Parking avec voiturier (15,50 $/jour) et Wi-Fi (10 $/jour), ce dernier est gratuit si vous souscrivez au programme Kimpton InTouch non payant.

Grand America (801-258-6000, 800-621-4505 ; www.grandamerica.com ; 555 S Main St ; ch 299-329 $; P 10 $;). Le seul véritable hôtel de luxe de SLC dispose de chambres habillées de tentures de soie damassée à glands et de tapis de laine anglaise, tandis que les sdb sont en marbre d'Italie. Le *high tea* (thé gourmand ; 16-30 $) de l'après-midi est divin.

Où se restaurer

Les gourmets seront à leur affaire car les restaurants, y compris exotiques et végétariens, sont aussi nombreux que variés.

PETITS BUDGETS

Pendant les mois les plus chauds, le marché fermier **Downtown Farmers Market** (Pioneer Park, angle 300 South et 300 West ; 8h-13h sam juin-oct) propose des produits locaux et de savoureux plats préparés.

Tacos Don Rafa (State St bwn Sears et 800 South ; 9h-20h). Pour un repas chaud sur le pouce, allez jusqu'à ce chariot installé sur State St, juste au sud de Sears. Deux tacos avec garnitures variées ne coûtent que 1,50 $. Le magazine *Salt Lake* a classé le *cabrito taco* (à la viande de chevreau) dans les 100 meilleurs mets de l'Utah.

One World Everybody Eats (801-519-2002 ; 41 S 300 East ; 11h-21h). Jusque récemment, les convives de ce restaurant bio, et respectueux de l'environnement, pouvaient décider du prix de leur repas. Malheureusement, quelques pique-assiette ont abusé du système et le propriétaire a inversé le procédé : vous annoncez combien vous pouvez mettre et le serveur décide de la taille des portions. Le personnel accueillant se fait un plaisir d'expliquer aux nouveaux venus comment fonctionne la maison, et présente le menu du jour (salades, pâtes, plats sautés).

Tony Caputo's Market & Deli (801-531-8669 ; 314 W 300 South ; sandwichs 7,10-8,25 $; 9h-18h lun-ven, 9h-17h dim). Vous n'attendrez pas longtemps avant d'être servi chez ce traiteur italien d'antan. La carte des sandwichs est courte mais satisfaisante (boulettes de viande, *prosciutto*, et mozzarella avec tomates). Le marché gourmand attenant comprend un bar à chocolat et une cave à fromages.

Les Madeleines Patisserie & Cafe (801-355-2294 ; 216 E 500 South ; plats moins de 10 $; 8h-18h lun-ven, 8h-16h sam). Non loin de la Main Library, cette pâtisserie chic sert de succulents *kouign amann*, la spécialité bretonne. Craquant, onctueux et caramélisé à point, le *kouign amann* est à 5 $ mais les croissants et les scones sont plus abordables. Sandwichs à midi.

CATÉGORIES MOYENNE ET SUPÉRIEURE

Takashi (801-519-9595 ; 18 W Market St ; plats déj 7-14 $, dîner 8-25 $; 11h30-14h lun-ven, 17h30-22h lun-jeu, 17h30-23h ven-sam). Même les connaisseurs de LA encensent les excellents sushis de Takashi, l'une des meilleures adresses de SLC pour un dîner en amoureux. Mais même pour un repas en solo, l'ambiance de ce bar à sushis très pro est sympathique.

Red Iguana (801-322-1489 ; 736 W North Temple ; plats 8-15 $; 11h-22h lun-jeu, 11h-23h ven, 10h-23h sam, 10h-21h dim). Si vous n'arrivez pas à vous décider à l'oreille, on vous proposera de goûter un assortiment des 7 *moles* (sauces épicées) au piment ou au chocolat. De toute façon, tout est excellent dans ce restaurant familial mexicain qui sort du lot. Les plats sont variés, les margaritas délicieuses et l'ambiance festive. Le *puntas de filete a la norteña* (filet de bœuf avec *mole* aux amandes) est divin !

Cucina Toscana (801-328-3463 ; 307 W Pierpont Ave ; plats 15-31 $; 17h30-22h lun-sam). Excellente et conviviale trattoria toscane, dont le propriétaire, Valter Nassi, circule entre les tables, dans l'élégante salle aux murs jaunes, pour s'assurer que ses clients passent une soirée mémorable.

Où prendre un verre et sortir

Avec la fermeture du Port O'Call en 2009, la scène des clubs du centre-ville s'est considérablement assagie. L'animation est aujourd'hui dans les brasseries artisanales. Celles indiquées ci-dessous servent déjeuner et dîner. La plupart ouvrent vers 11h pour fermer entre 23h et minuit.

Red Rock Brewing Company (☎ 801-521-7446 ; www.redrockbrewing.com ; 254 S 200 West). Si votre cœur balance entre l'*oat beer* (bière à l'avoine) et la *nut brown*, brune et douce, commandez des verres de dégustation. La cuisine de pub haut de gamme de cette ancienne et vaste laiterie a ses habitués.

Squatter's Pub Brewery (☎ 801-363-2739 ; www.squatters.com ; 147 W Broadway). Dans cette brasserie en brique, haute de plafond, les verres de dégustation sont présentés sur un bout de planche de ski.

Tavernacle Social Club (☎ 801-519-8900 ; 201 E Broadway). Soirée autour du piano, karaoké, bière à la pression à 1 $ le dimanche et le jeudi… il se passe toujours quelque chose dans ce club de quartier.

Green Street Social Club (☎ 801-532-4200 ; 602 E 500 South). Les jeunes de vingt ans et un peu plus prennent d'assaut ce bar populaire sur Trolley Sq.

Café Marmalade (☎ 801-539-8800 ; www.utahpridecenter.com ; 361 N 300 West ; 🕑 7h-21h lun-ven, 8h-21h sam, 10h-21h dim). Ce joyeux *coffee shop*, installé dans l'Utah Pride Center (p. 323), propose des soirées Open Mike (micro ouvert), des week-end barbecue, des concerts et la plus grande bibliothèque LGBT (lesbien, gay, bisexuel et transsexuel) de l'État.

Le Salt Lake City Arts Council fournit un calendrier complet des événements culturels sur son site www.slcgov.com/arts/calendar.pdf. Les meilleures salles de spectacles sont l'historique **Capitol Theater** (☎ 801-355-2787 ; 50 W 200 South), le **Rose Wagner Performing Arts Center** (☎ 801-355-2787 ; 138 W 300 South) pour l'art dramatique et l'**Abravanel Hall** (☎ 801-533-6683 ; 123 W South Temple) à l'acoustique impressionnante. Réservez vos billets via **ArtTix** (☎ 801-355-2787, 888-451-2787 ; www.arttix.org).

Utah Jazz (www.nba.com/jazz), l'équipe masculine professionnelle de basket, joue à l'**EnergySolutions Arena** (☎ 801-325-2000 ; www.energysolutionsarena.com ; 301 W South Temple). Les **Utah Grizzlies** (☎ 801-988-7825 ; www.utahgrizzlies.com), de la ligue internationale de hockey, se produisent à l'**E Center** (☎ 801-988-8800 ; www.theecenter.com ; 3200 South Decker Lake Dr, West Valley City).

Achats

Au centre-ville, les grandes enseignes sont surtout représentées au **Gateway** (☎ 801-456-0000 ; www.shopthegateway.com ; entre 200 S et N Temple, 400 W et 500 W ; 🕑 10h-21h lun-sam, 12h-18h dim), centre commercial couvert et en plein air. Le **quartier de Sugarhouse** (2100 South, entre 900 East et 1300 East) allie boutiques indépendantes et centres commerciaux.

Comment s'y rendre et circuler

L'**aéroport international de Salt Lake City** (SLC ; ☎ 801-575-2400, 800-595-2442 ; www.slcairport.com ; 776 N Terminal Dr) est situé à 8 km au nord-ouest du centre. L'**Express Shuttle** (☎ 800-397-0773 ; www.xpressshuttleutah.com), qui part de l'aéroport, vous dépose au centre-ville pour 8 $; les taxis **Yellow Cab** (☎ 801-521-2100) coûtent 23 $. Le bus **UTA** n°550 (☎ 801-743-3882, 888-743-3882 ; www.rideuta.com ; 2 $ l'aller) dessert le centre-ville depuis le parking situé entre les terminaux 1 et 2.

Plusieurs bus **Greyhound** (☎ 801-355-9579 ; www.greyhound.com ; 300 S 600 West) partent chaque jour vers le sud, via Provo et St George jusqu'à Las Vegas, NV (70 $, 8 heures) ; vers l'ouest jusqu'à San Francisco (106 $, 16 heures) ; vers l'est jusqu'à Denver (74 $, 10 heures) ; et vers le nord jusqu'à Seattle (153 $, 20 à 26 heures).

Les bus **UTA** (☎ 801-743-3882, 888-743-3882 ; www.rideuta.com; 2 $ l'aller) sillonnent SLC et la zone de Wasatch Front jusqu'à environ minuit (quelques bus le dimanche). TRAX, le tramway géré par UTA, part de l'Energy-Solutions Arena et va jusqu'à l'université à l'est et jusqu'à la ville de Sandy au sud. Les déplacements dans le centre-ville de SLC sont gratuits. Pendant la saison de ski, les bus UTA desservent les quatre stations de la région, près de Provo (7 $, aller-retour).

Le *California Zephyr* d'Amtrak s'arrête tous les jours à l'**Union Pacific Rail Depot** (☎ 801-322-3510, 800-872-7245 ; www.amtrak.com ; 340 S 600 West) avant de repartir vers l'est, en direction de Chicago (163 $, 34 heures 45) et à l'ouest pour rejoindre Oakland/Emeryville, en Californie (68 $, 18 heures 45). Attention, les retards peuvent être très importants.

ENVIRONS DE SALT LAKE CITY

Great Salt Lake

Le Grand Lac salé, qui faisait partie du Lake Bonneville durant la préhistoire, couvre aujourd'hui environ 5 000 km^2 ; en raison de sa salinité, on y flotte facilement.

Long de 24 km, l'**Antelope Island State Park** (☎ 801-773-2941 ; www.stateparks.utah.gov ; I-15 sortie 332 ; 9 $/véhicule ; 🕒 7h-coucher du soleil), à 65 km au nord-ouest de SLC, recèle de superbes chemins de randonnée et les plus belles plages en bord de lac (gâchées cependant parfois par de mauvaises odeurs). Il possède aussi l'un des plus importants troupeaux de bisons du pays. Un **camping** (empl 12 $) rudimentaire est ouvert toute l'année. Six des 26 emplacements sont attribués aux premiers arrivés, les autres le sont sur réservation. Pour les groupes importants, il existe des emplacements spécifiques (consultez le site).

Kennecott's Bingham Canyon Copper Mine

Vieille d'un siècle, cette **mine de cuivre** (☎ 801-204-2025 ; www.kennecott.com ; Hwy 111 ; 5 $/véhicule ; 🕒 8h-20h avr-oct) offre un spectacle irréel. Les énormes camions (certains de presque 4 m de haut) qui vont et viennent sur les pentes de la plus grande excavation artificielle du monde ont l'air de jouets miniatures. L'entaille de 4 km de large sur 1,2 km de profondeur, et qui continue de s'agrandir, balafre les Oquirrh Mountains, à l'ouest de SLC. Le puits est visible de l'espace comme le prouve, dans le musée, une photo prise par *Apollo 11*. Une halte sur ce site est fascinante.

Stations de ski

À 40 minutes en voiture de Salt Lake City, dans les canyons de Little Cottonwood et Big Cottonwood, se trouvent quatre stations de ski de renommée mondiale. Il peut être intéressant d'acquérir le **Super Pass** (www.visitsaltlakecity.com/ski/superpass ; pass 2-6 jours 114-336 $). Il vous faudra réserver dans l'un des quelque 80 hôtels de la zone, mais vous obtiendrez une réduction sur l'accès aux 4 stations et le transport aller-retour depuis SLC sera gratuit.

Alta Ski Area (☎ 801-359-1078 ; www.alta.com ; Little Cottonwood Canyon ; adulte/enfant 66/34 $). Ambiance décontractée. Pas de snowboard.

Brighton Ski Area (☎ 801-532-4731, 800-873-5512 ; www.brightonresort.com ; Big Cottonwood Canyon ; adulte/enfant 58/25 $)

Snowbird Ski Area (☎ 801-933-2222 ; www.snowbird.com ; Little Cottonwood Canyon ; adulte/moins de 7 ans/de 7 à 12 ans 72/15/39 $). Excellentes conditions pour le snowboard.

Solitude Ski Area (☎ 801-534-1400 ; www.kisolitude.com ; Big Cottonwood Canyon ; adulte/senior/enfant 61/40/39 $)

WASATCH MOUNTAINS ET LE NORD

L'Utah figure parmi les meilleures régions de ski d'Amérique du Nord. Entre 750 et 1 270 cm de neige fabuleuse tombe chaque année sur des milliers d'hectares de haute altitude, ce qui a valu à l'Utah d'accueillir les Jeux olympiques d'hiver 2002. Cette région montagneuse, à 88 km de SLC, comprend 11 stations de ski ainsi qu'une multitude de sentiers de randonnée et de VTT, de sites de camping et de pêche à la mouche.

Park City

À environ 56 km à l'est de SLC via l'I-80, Park City (à 2 103 m d'altitude) a acquis une soudaine notoriété en accueillant les épreuves de descente, de saut et de luge des J.O. Park City n'est pas seulement la station de ski la plus fréquentée du Sud-Ouest, c'est aussi celle où s'entraîne l'équipe de ski américaine. Au printemps déferlent les amateurs de randonnée et de VTT venus explorer les pics qui dominent la ville (8 100 habitants).

Au XIXe siècle, la ville vivait de la mine d'argent, et la rue principale est remarquablement préservée, bordée de galeries d'art, de boutiques, d'hôtels, de restaurants et de bars. Malgré l'invasion de la vallée et des collines voisines par les préfabriqués, Park City conserve un certain charme.

Tous les ans en janvier se tient le **Sundance Film Festival** (☎ institut 801-328-3456, festival 435-658-3456 ; www.sundance.org), la plus importante manifestation de la région, qui voit affluer des réalisateurs de films indépendants, des vedettes et des passionnés de cinéma, pendant deux semaines. Les billets se vendent très vite.

On trouve un **Visitor Information Center** (☎ 435-658-4541, 800-453-1360 ; www.parkcityinfo.com ; angle Hwy 224 et Olympic Blvd ; 🕒 9h-19h lun-sam, 11h-16h dim juin-sept, ferme plus tôt oct-mai) dans le nord de Kimball Junction. Un autre, le **Main Street Visitor Center** (☎ 435-615-9559 ; 518 Main St, dans le Park City Museum), dans le centre-ville de Park City, était en train de déménager au moment de la rédaction de ce guide. Appelez pour connaître l'adresse et les heures d'ouverture.

À FAIRE

Park City regroupe trois des plus importantes stations de ski de l'Utah. Un télésiège en pleine ville amène les skieurs au **domaine skiable de Park City** (Park City Mountain Resort ;

LE SUD-OUEST

(☎435-649-8111, 800-222-7275 ; www.parkcitymountain.com ; adulte/moins de 6 ans 83 $/gratuit), où se sont tenues les épreuves de slalom géant et de snowboard des J.O. Traversées en tyrolienne l'été (19 $). Le très chic domaine de **Deer Valley Resort** (☎435-649-1000, 800-558-3337 ; www.deervalley.com ; adulte/ senior/enfant 83/59/50 $) est réservé aux skieurs. **Canyons** (☎435-649-5400 ; www.thecanyons.com ; adulte/enfant et senior 79/46 $) est la plus grande station de l'Utah. Toutes les trois proposent aussi des activités estivales (VTT, randonnées).

L'**Utah Olympic Park** (☎ 435-658-4200 ; www.utaholympicpark.com ; 3419 Olympic Pkwy, Hwy 224 ; entrée et visites autoguidées gratuites, visites guidées adulte/enfant 7/5 $; 🕑 9h-18h) est ouvert aux visiteurs, et avec un peu de chance, vous pourrez même assister aux entraînements (téléphonez pour connaître les prix, les programmes et réserver). De janvier à mars (parfois plus tôt), Park City propose une **descente en bobsleigh** (200 $) à 110-130 km/h, exerçant une force centrifuge de 4G. Si vous ne voulez pas prendre de risque, préférez l'Alf Engen Ski Museum et l'Olympic Museum, gratuits.

L'**Historic Union Pacific Rail Trail** (http://state parks.utah.gov/stateparks/parks/historic-union, www.mountain-trails.org) est une piste de randonnée pédestre et cycliste de 45 km de long, au statut de parc d'État. Prenez-la à Bonanza Dr, juste au sud de Kearns Blvd. Le Park City Visitor Information Center distribue des cartes.

OÙ SE LOGER

Park city compte plus de 100 complexes de location saisonnière, d'hôtels haut de gamme et de B&B. Si les tarifs cités ici sont très élevés, ils baissent de moitié en été. Ils s'envolent évidemment pendant le Festival de Sundance.

Chateau Après Lodge (☎ 435-649-9372, 800-357-3556 ; www.chateauapres.com ; 1299 Norfolk Ave ; dort 40 $, ch avec petit-déj 105-155 $; P ⊠ ≋). Proche des remontées, ce lodge de 1963 pratique des tarifs raisonnables. Le dortoir du 1er niveau est à juste titre apprécié des voyageurs à petit budget. Les chambres basiques et confortables accueillent de 1 à 4 personnes. Il est prudent de réserver. Clientèle de groupes, pour l'essentiel, en dehors de la saison hivernale.

Washington School Inn (☎ 435-649-3800, 800-824-1672 ; www.washingtonschoolinn.com ; 543 Park Ave ; ch avec petit-déj 185-440 $, ste 285-690 $; ⊠ ✤ ≋). Chambres somptueuses dans cette école restaurée ayant survécu au grand incendie de Park City en 1898. En soirée, cookies maison frais et choix de hors-d'œuvre (pendant les mois d'hiver). Vous ne trouverez pas de meilleure adresse pour le charme et le cachet. Durant la saison de ski, on vous demandera de séjourner au moins 4 à 5 nuits.

Best Western Landmark Inn (☎ 435-649-7300, 800-548-8824 ; www.bwlandmarkinn.com ; 6560 N Landmark Dr ; ch avec petit-déj 219-239 $; P ⊠ ✤ 💻 ≋ 🏊). Ce n'est pas la plus tranquille des adresses, mais elle compte parmi les moins chères et offre un copieux petit-déjeuner chaud. Quand vous partirez, si vous n'avez pas utilisé le coffre-fort de votre chambre, demandez à ce qu'on retire son coût (1,50 $) de votre note. Chambre à 70 $ en été.

Treasure Mountain Inn (☎ 435-655-4501, 800-344-2460 ; www.treasuremountaininn.com ; 255 Main St ; ch à partir de 250 $; P ⊠ ✤ ≋). La première auberge, indépendante, à avoir rejoint la Green Hotel Association de Park City soutient avec ardeur la cause écologique. Les logements, tous avec cuisine, vont du studio à la suite. Parmi les dernières améliorations, des plans de travail en granit et des matelas doublés.

OÙ SE RESTAURER

Les restaurants de Park City sont nombreux, variés et souvent haut de gamme. Quelques-uns, des plus tendance, ont conquis le nouveau quartier de Redstone à Kimball Junction.

Maxwell's (☎ 435-647-0304 ; 1456 New Park Blvd ; part de pizza à partir de 3 $, plats 10-20 $; 🕑 11h-21h dim-jeu, 11h-22h ven-sam). La réputation de cette nouvelle enseigne de pizzas, pâtes et bières n'est plus à faire, même si elle se trouve reléguée vers le fond de l'élégant centre commercial à ciel ouvert de Redstone. La Fat Boy à la pâte croustillante est la plus demandée. Clientèle du coin pour une ambiance un peu bruyante mais décontractée.

Wasatch Brew Pub (☎ 435-649-0900 ; 250 Main St ; plats déj 7-12 $, dîner 10-20 $; 🕑 11h-21h30 mi-avr à mi-déc, 11h-22h le reste de l'année). La Polygamy Porter et la First Amendment Lager accompagnent parfaitement la roborative cuisine de pub servie ici. Vrai restaurant au rez-de-chaussée, et "cantine" à l'étage (avec tables de billard) qui ferme généralement plus tard.

Morning Ray Café & Bakery (☎ 435-649-5686 ; 255 Main St ; plats 8-12 $; 🕑 7h30-13h30, ferme plus tard en hiver). Très apprécié pour son café fort et ses mélanges végétariens.

Loco Lizard Cantina (☎ 435-645-7000 ; 1612 Ute Blvd ; plats déj 8-14 $, dîner 9-15 $; 11h30-22h lun-ven, 11h-22h sam-dim). Les couleurs éclatantes de ce restaurant mexicain animé attirent mais ce sont les sauces (*salsas* et *moles*) qui font qu'on y revient avec des amis. Les *enchiladas suizas* nappées de crème aigre aux piments verts engourdissent la bouche mais quel délice ! Pommes frites et salsas maison.

Zoom (☎ 435-649-9108 ; 660 Main St ; plats 20-36 $; 11h30-14h30 et 17h-21h, ouvert plus tard de nov à mi-avr). Dans ce restaurant américain haut de gamme, vous rencontrerez toujours le copropriétaire, Robert Redford… au moins son portrait, très artistique, au-dessus de la caisse, en parfaite harmonie avec les affiches du Sundance Film Festival qui tapissent les murs de ce dépôt de trains reconverti. Bœuf, poulet et poisson sont servis grillés, rôtis ou en croûte.

Purple Sage (☎ 435-655-9505 ; 434 Main St ; plats 21-42 $; à partir de 17h30). Ambiance feutrée dans cet ancien relais téléphonique datant de 1895, en plein cœur de Main St. Le menu de l'Ouest américain propose des plats typiques : raviolis de courge, truites arc-en-ciel pannées à la farine de maïs, et, au dessert, du *bread pudding* aux raisins secs et pignons de pin couronné de glace à la cannelle.

OÙ SORTIR

Main St compte une demi-douzaine de discothèques et de bars animés.

O'Shucks (☎ 435-645-3999 ; 427 Main St ; 10h-2h). Un bar où l'on aime faire la fête, surtout le mardi, à coup de *schooners* (verre de bière de près d'un litre) à 3 $.

No Name Saloon (☎ 435-649-6667 ; 447 Main St ; 11h-1h). Une moto est suspendue au plafond, la stéréo joue *Jackson* de Johnny Cash et il se peut qu'une serveuse vous raconte (en l'enjolivant un peu) l'histoire de ce bar rempli de souvenirs. Nous avons apprécié l'ambiance.

Cisero's (☎ 435-649-6800 ; 306 Main St ; 17h-2h). Animation 7 jours/7 dans la salle en sous-sol qui accueille des concerts, des soirées karaoké et une piste de danse balayée par les lasers.

Egyptian Theatre Company (☎ 435-649-9371 ; www.egyptiantheatrecompany.org ; 328 Main St). Ce théâtre datant de 1926 est un des hauts lieux du Festival de Sundance ; le reste de l'année, il accueille des pièces, des comédies musicales et des concerts.

COMMENT S'Y RENDRE ET CIRCULER

Plusieurs sociétés assurent la navette en minibus entre l'aéroport international de Salt Lake City et les hôtels de Park City ; réservation conseillée. **Park City Transportation** (☎ 435-649-8567, 800-637-3803 ; www.parkcitytransportation.com) attend que son véhicule soit plein avant de démarrer (37 $), tandis que **Powder for the People** (☎ 435-649-6648, 888-482-7547 ; www.powderforthepeople.com) propose des trajets individuels (89 $ pour 1 à 3 pers, 132 $ pour 4 pers puis 33 $ chaque passager supplémentaire) .

Park City Transit (☎ 435-615-5350 ; www.parkcity.org/citydepartments/transportation) propose des bus gratuits 1 à 6 fois par heure (selon la destination) de 8h à 23h (fréquence réduite en été). Ils couvrent la majeure partie de Park City, dont les trois stations de ski, et permettent de se passer de voiture. On peut télécharger un plan sur le site Internet.

Heber City et ses environs

À environ 70 km au sud-est de SLC, Heber City n'a rien de remarquable, mais c'est un bon point de départ pour explorer les Wasatch Mountains. La plupart des magasins sont sur la Hwy 40 (Main St).

Datant de 1904, la **Heber Valley Historic Railroad** (☎ 435-654-5601 ; www.hebervalleyrr.org ; 450 S 600 West ; adulte/enfant 30/20 $; fin mai-oct) propose une agréable promenade en train à vapeur, à travers le magnifique **Provo Canyon**. Vous obtiendrez des renseignements sur le camping et les randonnées dans l'Uinta National Forest auprès du **poste de rangers de Heber** (☎ 435-654-0470 ; 2460 S Hwy 40 ; 8h-16h30 lun-ven).

En voiture, il est agréable de parcourir l'**Alpine Scenic Loop**, une boucle panoramique de 32 km. Prenez la sortie nord de la Hwy 189 pour rejoindre la tortueuse Hwy 92. Vous arriverez au **Sundance Resort** (☎ 801-225-4107, 800-892-1600 ; www.sundanceresort.com ; 9521 Alpine Loop Rd, Provo ; ch à partir de 282 $, maison 3-4 ch à partir de 1 229/1 429 $;) de Robert Redford, un havre élégant, rustique et écologique niché au milieu de nulle part. Vous y trouverez d'excellentes pistes de ski, des activités culturelles tout au long de l'année, un spa ainsi que des sentiers de randonnée et de VTT en été.

Le **Timpanogos Cave National Monument** (☎ 801-756-5238 ; www.nps.gov/tica ; Alpine Scenic Loop ; 6 $/véhicule ; mai-oct) recèle trois grottes superbes que l'on peut visiter sous la direction d'un guide (adulte/enfant 7/3 à 5 $). Réservations par téléphone.

LE SUD-OUEST

Les motels de Heber City sont simples mais beaucoup moins chers qu'à Park City. La meilleure adresse est le très fleuri **Swiss Alps Inn** (435-654-0722 ; www.swissalpsinn.com ; 167 S Main ; ch 69-99 $;). On peut aussi camper dans la forêt et les parcs d'État alentour.

Ce n'est pas tous les jours que vous croquerez un wrap au porc et à la laitue dans un bistrot sous le même toit qu'une station-service Texaco, mais c'est justement là le charme du **Spin Cafe** (435-654-0251 ; 220 N Main St ; plats déj 7-13 $, dîner 10-18 $; 11h30-21h lun-sam, 11h30-20h dim), cette oasis contemporaine en bonne place dans les magazines *Salt Lake* et *Sunset*.

Derrière sa façade de saloon, le **Snake Creek Grill** (435-654-2133 ; 650 W 100 South ; plats 20-26 $; 17h30-21h30 mar-dim), est l'un des meilleurs restaurants du nord de l'Utah. Son chef chaleureux, Dean Hottle, sert des plats typiques du Sud-Ouest comme une nourrissante truite rouge en croûte de tortilla de maïs et des *baby back ribs* (côtelettes) grillées à la moutarde d'érable.

Que les fêtards sachent que Heber City n'est pas réputée pour sa vie nocturne.

NORD-EST DE L'UTAH

Malgré son surnom de "pays des dinosaures", la région est surtout connue pour ses plateaux désertiques. Toutes les villes se trouvent à 1 600 m d'altitude et les Uinta Mountains font le bonheur des amateurs de plein air.

Mirror Lake Highway

Cette route (Hwy 150) part de **Kamas**, à environ 19 km à l'est de Park City, et sillonne les montagnes sur une centaine de kilomètres avant de culminer à plus de 3 000 m dans le Wyoming. Elle offre un panorama stupéfiant sur les Uinta Mountains occidentales, et passe devant quantité de lacs, terrains de camping et sentiers de randonnée. Certaines portions sont fermées à la circulation en hiver en cas de fortes chutes de neige. Contactez le **poste de rangers** (ranger station ; 435-783-4338 ; 50 E Center St ; 8h-16h30 lun-ven) pour plus d'informations sur la Wasatch-Cache National Forest.

Vernal

Un grand dinosaure rose accueille les visiteurs à l'entrée de Vernal, capitale régionale richement pourvue en infrastructures. L'office du tourisme se trouve au **Travel Board of Northeastern Utah** (800-477-5558 ; www.dinoland.com). Quant au **Muséum d'histoire naturelle** (Natural History Museum ; 435-789-3799 ; 496 E Main St ; adulte/enfant 6/3 $; 9h-17h), il dispose de brochures sur les circuits en voiture et à pied ; le parcours "Red Cloud Loop and Petroglyphs" est incontournable. Jetez un œil au jardin du muséum envahi de dinosaures grandeur nature. Le **poste de rangers de Vernal** (435-789-1181 ; 355 N Vernal Ave ; 8h-17h lun-ven) vous informera sur la randonnée et le camping.

À 19 km au nord-est de Vernal, le **Red Fleet State Park** (435-789-4432 ; www.stateparks.utah.gov ; Hwy 191 ; 7 $/véhicule ; empl tente 13 $) permet de faire du bateau et du camping et de découvrir à pied des empreintes fossilisées de dinosaures (de préférence lorsque le niveau de l'eau est bas). Les places de camping sont attribuées, pour une part, sur réservation et pour le reste sur le principe du premier arrivé, premier servi.

La Green River et la Yampa River sont ponctuées de rapides pour les amateurs de descentes en eaux vives, mais aussi de zones plus calmes. **Hatch River Expeditions** (435-789-4316, 800-342-8243 ; www.donhatchrivertrips.com, www.oars.com ; 221 N 400 East ; mai-sept), en partenariat avec OARS, organise diverses excursions de 1 à 5 jours.

Flaming Gorge National Recreation Area

Flaming Gorge ("gorge flamboyante") doit son nom à son grès rouge ; la zone (5 $/jour) comprend 600 km de littoral autour d'un plan d'eau. Vous pourrez pêcher à la mouche et faire du rafting sur la Green River ou encore randonner et faire du ski de fond. Pour tout renseignement, contactez les **Flaming Gorge Headquarters** (435-784-3445 ; www.fs.fed.us/r4/ashley/recreation ; 25 W Hwy 43 ; 8h-17h lun-ven) ou le **Flaming Gorge Dam Visitors Center** (435-885-3135 ; Hwy 191 ; 8h-18h mi-mai à août, 9h-17h sept à mi-oct, 10h-16h ven-lun mi-oct à mi-mai).

Le **Sheep Creek Canyon Geological Loop** est une route circulaire goudronnée (mais pleine d'ornières) de 21 km qui traverse la Sheep Creek Canyon Geological Area ; elle part de la Hwy 44 environ 24 km à l'ouest de Greendale Junction.

Dans la Flaming Gorge et aux alentours, des **campings** (877-444-6777 ; www.recreation.gov ; empl 9-15 $) sont généralement ouverts de mi-mai à mi-septembre ; réservation conseillée. Le **Red Canyon Lodge** (☎ 435-889-3759 ; www.redcanyonlodge.com ; 2450 W Red Canyon Lodge, Dutch John ; bungalows 105-145 $, disponibles tous les soirs de mi-mars à mi-oct, le week-end de mi-oct à mi-mars ;) dispose de bungalows rustiques mais luxueux, sans TV ni téléphone. Accès Wi-Fi au restaurant. Le **Flaming Gorge Resort** (☎ 435-889-3773 ; www.flaminggorgeresort.com ; 1100 E Flaming Gorge Resort, Dutch John ; ch 119 $, ste 159-249 $;) loue des chambres de motel et des suites.

Dinosaur National Monument

En 1909, on découvrit ici l'un des plus importants dépôts de dinosaures fossilisés d'Amérique du Nord. La **carrière aux dinosaures** a été clôturée, et des centaines d'ossements mis au jour mais laissés dans la pierre. Le Visitor Center près de la carrière est fermé depuis 2006 en raison du danger potentiel de ses structures. Sa réouverture est prévue en 2011.

Cependant, le **monument** (☎ 435-781-7700 ; www.nps.gov/dino ; 10 $/véhicule ; 8h30-16h30 tlj, visites guidées par les rangers tlj juin-août) est encore accessible et comprend un petit Visitor Center temporaire. On peut circuler en voiture et à pied, ou encore arpenter en rafting des canyons déchiquetés qui traversent le site. Les scientifiques en herbe découvriront 7 périodes géologiques différentes, et quelques os s'ils empruntent le sentier Fossil Discovery Hike. Le monument est à cheval sur la frontière entre l'Utah et le Colorado. La partie qui se trouve dans l'Utah, située à environ 24 km à l'est de Vernal, est accessible par la Hwy 40 et la Hwy 149.

SUD-EST DE L'UTAH

Surnommé **Canyon Country**, ce coin désolé de l'Utah se compose de hauts sommets enneigés dominant de vertigineux canyons rougeoyants. La région est si inhospitalière qu'elle fut la dernière des États-Unis à être cartographiée.

Il y a plus de 65 millions d'années, l'eau creusa des gorges sinueuses et profondes sur le tracé de la Green River et du fleuve Colorado, qui marquent les limites du Canyonlands National Park, le plus grand parc de l'Utah. L'Arches National Park voisin compte la plus grande concentration d'arches de pierre au monde. Située entre les parcs, Moab attire les amateurs de VTT, de rafting et de 4×4. Au sud de Moab, d'anciens sites pueblos sont dispersés au milieu de l'immensité sauvage et dans les parcs, dont Monument Valley, qui s'étend jusqu'en Arizona (p. 341).

Cette section est plus ou moins présentée du nord au sud ; elle commence avec la ville de Green River, sur l'I-70, et suit la Hwy 191 jusqu'au sud-est de l'État.

Green River

"Capitale mondiale de la pastèque", Green River constitue un bon point de départ pour la descente de la Green River et de la Colorado River, ou pour explorer le proche San Rafael Swell, un bombement de roches érodées de 128 km de long, créé par un soulèvement géologique considérable il y a 40 à 60 millions d'années.

Ces rivières furent explorées pour la première fois en 1869 et 1871 par John Wesley Powell, vétéran de la guerre de Sécession, géologue et ethnologue. Vous apprendrez tout sur ses expéditions au **John Wesley Powell River History Museum** (☎ 435-564-3427 ; www.jwprhm.com ; 1765 E Main St ; adulte/enfant 4/1 $; 8h-19h avr-oct, 8h-17h mar-sam nov-mars), qui présente aussi des expositions sur les Indiens fremont, la géologie et l'histoire locales. Le musée tient également lieu d'office du tourisme.

Des sociétés locales proposent des excursions d'une journée de **descente en rafting** (adulte/enfant 60/49 $), comprenant le déjeuner et le transport, mais aussi des formules sur plusieurs jours. Appeler **Holiday Expeditions** (☎ 435-564-3273, 801-266-2087 ; www.holidayexpeditions.com) ou **Moki Mac River Expeditions** (☎ 435-564-3361, 800-284-7280 ; www.mokimac.com).

Le **Robbers Roost Motel** (☎ 435-564-3452 ; www.rrmotel.com ; 325 W Main St ; s 31-33 $, d 40-43 $;) est un motel familial d'un étage, simple mais propre. Au **Best Western River Terrace** (☎ 435-564-3401, 800-528-1234 ; www.bestwestern.com ; 880 E Main St ; ch avec petit-déj 110-106 $;), de nombreuses chambres donnent sur la rivière. **Ray's Tavern** (☎ 435-564-3511 ; 25 S Broadway ; plats 8-26 $; 11h-22h) est sans conteste le meilleur restaurant de la ville.

Des bus quotidiens **Greyhound** (☎ 435-564-3421, 800-231-2222 ; www.greyhound.com ; 525 E Main St) rejoignent SLC (48 $, 3 heures 45) et Las Vegas, NV (82 $, 7 heures 30) ; les bus s'arrêtent au Rodeway Inn. Le *California Zephyr* d'**Amtrak** (☎ 800-872-7245 ; www.amtrak.com ; 250 S Broadway) dessert quotidiennement Denver, au Colorado (58 $, 10 heures 45). Green River est le seul arrêt dans le sud-est de l'Utah.

Moab

VTT, brasseries, et rochers rouges résument cette ville réputée pour ses activités de plein air et animée presque toute l'année. Nichée au cœur d'un incroyable paysage de montagnes orangées et entourée des sommets enneigés des La Sal Mountains, Moab est la plus grande agglomération du sud-est de l'Utah. Souvent surpeuplée, c'est sans conteste la capitale des loisirs de l'Utah.

RENSEIGNEMENTS

La plupart des magasins se trouvent sur la Hwy 191, alias Main St. Que les bibliophiles se réjouissent : il y a deux excellentes librairies en ville, se faisant face.

Arches Book Company (☎ 435-259-0782 ; 78 N Main St ; 7h30-20h juin-août, 8h-17h sept-mai). Bon choix de romans. Également *coffee shop* et Wi-Fi.

Back of Beyond (☎ 435-259-5154 ; 83 N Main St ; 9h-21h avr-sept, 9h-18h oct-mars). Excellente librairie du centre-ville, très grand choix de livres sur la région.

Bureau of Land Management (BLM ; ☎ 435-259-2100 ; www.blm.gov/utah/moab ; 82 E Dogwood Ave ; 7h45-16h30 lun-ven). Renseignements sur le camping, sur le permis pour le canoë et le kayak sur la rivière et réservations d'emplacements pour les groupes.

Moab Area Travel Council (☎ 435-259-8825, 800-635-6622 ; www.discovermoab.com ; 8h-17h lun-ven). Infos touristiques par téléphone et par mail.

Moab Information Center (angle Main St et Center St ; 8h-19h lun-sam et 9h-18h dim avr-sept, 9h-17h oct-mars). Extrêmement utile, ce centre ne s'occupe que des touristes qui arrivent à Moab. Livres, cartes, renseignements exhaustifs sur à peu près tout (campings, permis, état de la rivière) et fantastique collection de brochures sur les activités gratuites.

À FAIRE

Les prestataires prennent tout en charge : permis, provisions, installation du campement, transport… En voici quelques-uns parmi les meilleurs :

Adrift Adventures (☎ 435-259-8594, 800-874-4483 ; www.adrift.net ; 378 N Main St). Organise des excursions en raft, en jeep ou à cheval.

Canyon Voyages (☎ 435-259-6007, 800-733-6007 ; www.canyonvoyages.com ; 211 N Main St). Propose rafting, kayak et randonnées.

OARS (☎ 435-259-5919, 800-342-5938 ; www.oars.com ; 2540 S Hwy 191). Spécialiste des expéditions de rafting avec nuit en plein air.

Sheri Griffith Expeditions (☎ 435-259-8229, 800-332-2439 ; www.griffithexp.com ; 2231 S Hwy 191). Rafting et kayak avec une "touche d'élégance".

OÙ SE LOGER

Malgré la quantité d'hébergements, la ville est pleine à craquer du printemps à l'automne. Il vaut donc mieux réserver. Concernant les **emplacements de camping BLM** (www.blm.gov ; empl 8-12 $), le premier arrivé est le premier servi. En haute saison, renseignez-vous sur le taux d'occupation auprès du Moab Information Center.

Adventure Inn Moab (☎ 435-259-6122, 866-662-2466 ; www.adventureinnmoab.com ; 512 N Main St ; s/d avec petit-déj 65/80 $; mars-oct ;). Tenu par une famille, ce motel standard est très chaleureux. Jolie cour ombragée à l'avant et laverie. La chambre n°10 est un tout petit peu plus grande que les autres.

Redstone Inn (☎ 435-259-3500, 800-772-1972 ; www.moabredstone.com ; 535 S Main St ; ch 79-99 $;). Allures de ranch, énorme barbecue au gaz, murs tapissés de pin et mobilier massif… pas de doute on est bien à Moab et les gigantesques rochers rouges encadrant ce motel de 52 chambres le confirment. Les murs sont un peu minces, mais, après une rude journée de plein air, le sommeil devrait être facile. Les hôtes profitent d'un Jacuzzi sur le site et de la piscine du Bighorn Lodge, de l'autre côté de la rue. Le Visitor Center propose parfois des coupons de réduction d'une valeur de 20 $.

Gonzo Inn (☎ 435-259-2515, 800-791-4044 ; www.gonzoinn.com ; 100 W 200 South ; ch 159 $, ste 205-339 $, avec petit-déj en saison ;). Cet hôtel jouant sur la thématique du gecko est un peu défraîchi, ce qui n'est pas étonnant vu le nombre de cyclistes qui s'y arrêtent. Les tons vifs assez rétro et le mobilier éclectique n'en sont pas moins attrayants. Les suites spacieuses, avec kitchenette et grand patio ou balcon, peuvent aisément accueillir 4 personnes. Laverie mais aussi atelier de réparation pour vélo.

OÙ SE RESTAURER

Les restaurants ne manquent pas à Moab, des cafés bon marché aux établissements gastronomiques. Certains ferment plus tôt en hiver : mieux vaut appeler.

Love Muffin (☎ 435-259-6833 ; 139 N Main St ; plats moins de 10 $; 7h30-2h ;). Si vous voulez déguster les meilleurs muffins de cette nouvelle boulangerie, vous allez devoir vous lever de bonne heure. Mais rassurez-vous, le menu du petit-déjeuner offre burritos, gaufres et yaourt au miel et au granola. Salades gourmandes et sandwichs au déjeuner.

Moab Brewery (☎ 435-259-6333 ; 686 S Main St ; plats 7-20 $; 🕑 11h30-22h lun-jeu, 11h30-23h ven-sam, ferme plus tôt de début nov à fév). Dans la seule brasserie artisanale possédant un restaurant, les cuves sont alignées derrière le bar. Choix de burgers, fruits de mer, steak et poulet, à accompagner d'une pinte de Derailleur ou de Dead Horse Ale. Glaces maison 100% naturelles vendues devant, sur le porche.

Miguel's Baja Grill (☎ 435-259-6546 ; 51 N Main St ; plats 11-20 $; 🕑 17h-22h). Régalez-vous de tacos au poisson dans le patio aux murs de couleurs vives, rafraîchi par la brise. Fajitas, *chilis rellenos* et plats de fruits de mer sont assez copieux, et la salade *portobello* est excellente. Le personnel, avec une honnêteté qui l'honore, vous dira qu'ils ont des margaritas, mais peut-être pas les meilleures de la ville.

Center Café (☎ 435-259-4295 ; 60 N 100 West ; plats 19-32 $; 🕑 à partir de 16h). Le très chic Center Café est régulièrement désigné comme le meilleur restaurant du sud de l'Utah. Le chef et patron concocte avec assurance une cuisine inspirée des gastronomies américaines, méditerranéennes et asiatiques. Menu plus léger de tapas (4-12 $) servi de 16h à 18h.

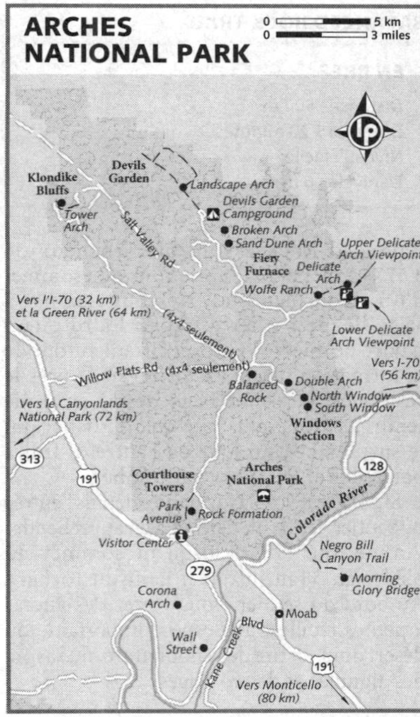

COMMENT S'Y RENDRE ET CIRCULER

Deux avions quotidiens de **Great Lakes Airlines** (☎ 800-554-5111 ; www.flygreatlakes.com) relient, du lundi au vendredi, Denver (Colorado) à **Canyonlands Airport** (CNY ; www.moabairport.com), à 26 km au nord de la ville, via la Hwy 191. Un vol le samedi et le dimanche.

Bighorn Express (☎ 801-417-5191, 888-655-7433 ; www.bighornexpress.com) assure une navette à horaires fixes depuis/vers SLC (69 $ l'aller) et Green River (59 $ l'aller) ; la **Roadrunner Shuttle** (☎ 435-259-9402 ; www.roadrunnershuttle.com) circule à la demande vers l'aéroport de Moab et propose des navettes transportant les randonneurs, les cyclistes et ceux qui se rendent à la rivière. **Coyote Shuttle** (☎ 435-260-2097, 435-259-8656 ; www.coyoteshuttle.com) offre aussi toutes sortes de navettes pour les activités de loisir.

Arches National Park

L'un des plus beaux parcs du Sud-Ouest, **Arches** (☎ 435-719-2299 ; www.nps.gov/arch ; 10 $/véhicule ; 🕑 Visitor Center 7h30-18h30 avr-oct, 8h-16h30 nov-mars) abrite la plus grande concentration au monde d'arches en grès. À 8 km au nord de Moab sur la Hwy 191, il est toujours bondé en été. Allez-y au clair de lune, lorsqu'il fait plus frais et que les rochers prennent une allure fantomatique. Les formations sont souvent accessibles par la route ou par des petits sentiers de randonnée.

Les plus célèbres sont le **Balanced Rock**, la **Landscape Arch**, étrangement allongée, et la très photogénique **Delicate Arch** (encore plus jolie en fin d'après-midi) ; deux fois par jour, des rangers proposent une visite guidée dans la **Fiery Furnace** (adulte/enfant 10/5 ; 🕑 mi-mars à oct).

Les permis de randonnées sont délivrés gratuitement par le Visitor Center, mais la chaleur et la rareté de l'eau découragent plus d'un candidat. À 29 km du Visitor Center, le **Devils Garden Campground** (☎ 518-885-3639, 877-444-6777 ; www.recreation.gov ; Hwy 191 ; empl 20 $) est plein de mars à octobre. Vingt-quatre emplacements sont attribués aux premiers arrivés et 52 peuvent êtres réservés. Pour les premiers, présentez-vous à l'entrée du camping ou au Visitor Center après 7h30.

BALANCED ROCK TRAIL

EN BREF

Distance : 500 m
Durée : 15-20 minutes
Niveau : facile
Dénivelé : 6 m

Balanced Rock est un bloc rocheux de 3 577 tonnes perché en équilibre au sommet d'un étroit piédestal. Ne vous fiez pas à sa taille : le rocher est aussi lourd qu'un navire de guerre ! Ce bref circuit autour de la formation permet d'observer de près le résultat de l'érosion. Le piédestal, en argile tendre, s'érode plus vite que le rocher qui le surplombe : un jour ou l'autre, il finira par céder et le rocher par tomber.

Si l'on peut voir la formation depuis l'entrée du sentier, le circuit permet d'en appréhender l'immensité (15 m jusqu'au sommet du piédestal, 38 m jusqu'en haut du rocher). Au bord du sentier, vous verrez des yuccas à petites feuilles, une espèce importante du désert dont on tire de la nourriture, du savon, des aiguilles et des cordages.

LANDSCAPE ARCH TRAIL

EN BREF

Distance : 3,4 km aller-retour (2,6 km aller-retour jusqu'à Landscape, 800 m jusqu'à Pine Tree et Tunnel)
Durée : 30 minutes-1 heure
Niveau : facile-modéré
Dénivelé : 15 m

Comptant parmi les plus longues travées rocheuses naturelles du monde, la **Landscape Arch** longe sur 1,3 km le Devils Garden Trail à l'extrémité nord de la principale route du parc. Sur le sentier, ne manquez pas les saillies qui rejoignent les Tunnel et Pine Tree Arches. Avant de commencer la marche, faites le plein d'eau au parking.

Au début du sentier, on déambule entre des ailerons de grès dressés vers le ciel. Six cents mètres plus loin, prenez à droite à l'embranchement et montez jusqu'à la **Tunnel Arch** (à votre droite) et la **Pine Tree Arch** de 13 m (à votre gauche). Perchée sur une falaise, la Tunnel Arch porte bien son nom : elle forme un tube dans le grès d'Entrada. Par contraste, la Pine Tree Arch paraît corpulente et forme une sorte de bulbe autour du centre béant.

En approchant de la **Landscape Arch** sur le sentier principal, le terrain offre une vue dégagée sur les crêtes lointaines (au-delà desquelles on devine le Colorado) et le ciel. Autrefois, on pouvait se promener sous l'élégante étendue de grès de 90 m. Mais un bloc de roche de 9 m s'est détaché de l'arche en 1991, manquant de tuer plusieurs randonneurs.

À la fin du sentier, au niveau de la flèche de **Dark Angel**, débute un circuit un peu plus ardu de 5,5 km aller-retour. Vous pouvez également poursuivre sur la **Primitive Loop**, sentier difficile de 6,9 km. Les deux mènent à la **Double O Arch**, où l'on avance prudemment sur une crête étroite délimitée des deux côtés par un à-pic de 6 m (impraticable pour les enfants). Procurez-vous un fascicule à l'entrée du sentier ou renseignez-vous auprès d'un ranger.

DELICATE ARCH TRAIL

EN BREF

Distance : 4,8 km aller-retour
Durée : 2-3 heures
Niveau : modéré-difficile
Dénivelé : 144 m

L'ascension menant à Delicate Arch semble interminable, mais vous ne le regretterez pas (à condition de porter des chaussures à semelles de caoutchouc et de bien vous hydrater). Vous ne serez pas les seuls : c'est la plus appréciée des longues randonnées du parc.

Partez de l'arrière du **Wolfe Ranch**, où un court sentier mène à des peintures rupestres ; au-delà, il franchit une série de petits lacets, pour émerger bientôt sur une longue pente régulière (la colline est visible depuis le sentier). Ne vous pressez pas, surtout s'il fait chaud. En marchant à pas régulier, vous pouvez atteindre le sommet en 45 minutes.

À l'approche de l'arche, le sentier devient une étroite corniche : ceux qui souffrent de vertige renâcleront peut-être, mais la suite vaut ce dernier effort. À votre droite, s'ouvre au-dessous de vous un vaste amphithéâtre de grès, dont le bord est couronné par la **Delicate Arch**, encadrant les **La Sal Mountains** au loin (3 810 m). Faites le tour et rejoignez l'arche, qui se dresse au-dessus du vide des deux côtés. (Franchissez la cuvette, prenez à gauche et grimpez sur les larges rochers qui offrent une perspective différente… et un peu de calme.)

Malheureusement, de nombreux visiteurs se contentent de faire l'ascension, de prendre une photo et de redescendre. Or, l'un des attraits du site consiste à s'attarder et à profiter de la vue. Pour éviter les accrochages avec les amateurs de photos (et si vous n'avez pas peur du vide), passez sous l'arche et préférez l'autre côté, généralement moins fréquenté.

Dead Horse Point State Park

Tout petit mais très beau, ce **parc d'État** (☎435-259-2614 ; www.stateparks.utah.gov ; Hwy 313 ; 10 $/véhicule ; 🕑 parc 6h-22h, Visitor Center 8h-17h) a servi de décor à de nombreux films, dont *Mission Impossible II* et *Thelma et Louise*. Tout près de la Hwy 313 (la route de Canyonlands), il abrite des canyons bordés de falaises blanches et offre une vue fabuleuse sur la Colorado River, le Canyonlands National Park et les lointaines La Sal Mountains. Disposant de 21 emplacements, le **Kayenta Campground** (☎801-322-3770, 800-322-3770 ; www.stateparks.utah.gov ; Hwy 313 ; empl 20 $) est doté d'un petit point d'eau (mais il est fortement conseillé d'apporter vos propres réserves) et d'équipements pour camping-car. Quatre emplacements sont attribués aux premiers arrivés, les autres le sont sur réservation.

Canyonlands National Park

Couvrant 1 365 km², **Canyonlands** (☎435-719-2313 ; www.nps.gov/cany ; 10 $/véhicule) est le plus grand et le plus sauvage des parcs de l'Utah. Parsemé d'arches, de ponts, d'aiguilles, de flèches, de cratères, de mesas et de buttes, Canyonlands est une vision des premiers jours de la Terre.

Randonnée, rafting (à Cataract Canyon notamment), circuit en 4×4, tout est possible ; mais faites bien le plein d'essence, de provisions et d'eau. La difficulté et l'aridité de ce terrain font de ce parc le moins équipé et le moins fréquenté des grands parcs nationaux du Sud-Ouest.

Les canyons de la Colorado River et de la Green River séparent le parc en trois zones. Très accessible, **Island in the Sky** (île dans le ciel) offre une vue splendide. On y trouve un utile **Visitor Center** (☎435-259-4712 ; www.nps.gov/cany/island ; Hwy 313 ; 🕑 9h-16h30, horaires plus étendus mars-oct) et de jolis sentiers. Notre circuit favori est celui en boucle (0,8 km) qui mène à **Mesa Arch**, une gracieuse arche de pierre (souvent photographiée) entre deux falaises, encadrant les pittoresques Washer Woman Arch et Buck Canyon. Reprenez la voiture jusqu'au départ du sentier du **Grand View Overlook.** Il longe le bord du canyon, se terminant face à un impressionnant précipice. Cette section du parc se trouve à 51 km au nord de Moab ; prenez la Hwy 191 vers le nord, puis la Hwy 313 vers l'ouest.

Les **Needles** (aiguilles), la deuxième zone, sont situées sur la Hwy 211, qui s'enfonce vers l'ouest à partir de la Hwy 191, à 64 km au sud de Moab ; la vue y est splendide, et on y trouve un petit **Visitor Center** (☎435-259-4711 ; www.nps.gov/cany/planyourvisit/needles.htm ; Hwy 211 ; 🕑 9h-16h30 nov-fév, 8h-18h mars-mai, 8h-17h juin-oct). Enfin, le **Maze** (labyrinthe) compte parmi les zones les plus sauvages et les plus isolées du Sud-Ouest, et n'est accessible qu'en 4×4. Dans le **Horseshoe Canyon**, sur la route de 51 km qui sépare le site de la Hwy 24, vous croiserez la Great Gallery, un exemple d'art rupestre indien remontant à la préhistoire.

Outre le prix d'entrée, il vous faudra un permis (5-30 $) pour le camping, les excursions à pied, en VTT et en 4×4 et la descente de la rivière. Réservez au moins 15 jours à l'avance, par fax ou courrier, auprès du **Canyonlands NP Reservations Office** (bureau de réservation du parc ; ☎435-259-4351 ; fax 435-259-4285 ; www.nps.gov/cany/permits.htm ; 2282 SW Resource Blvd, Moab, UT 84532). Vous pouvez aussi vous y rendre directement, mais la réservation est conseillée au printemps et en automne. Pour plus d'informations sur les réservations, consultez le site www.nps.gov/cany/planyourvisit/reservations.htm.

GRAND VIEW POINT TRAIL

EN BREF

Distance : 3,2 km aller-retour
Durée : 1 heure-1 heure 30
Niveau : facile
Dénivelé : 15 m

Après avoir admiré, depuis le belvédère en bord de route, le panorama s'étendant sur plus de 160 km, lancez-vous dans cette randonnée

LE SUD-OUEST

facile jusqu'à Grand View Point pour une perspective plus impressionnante sur la mesa. Les panneaux explicatifs regorgent d'informations intéressantes. À droite des panneaux, des marches en pierre mènent vers un sentier plat et assez facile.

Vous pouvez flâner sur le promontoire rocheux, mais évitez de marcher sur le sol cryptobiotique. En cas de doute, ne vous écartez pas des rochers. Au sud, tentez de repérer les faucons pèlerins qui nichent sur Junction Butte.

Le sentier se rétrécit par endroits et passe sur des roches glissantes. Suivez les repères sur les pierres.

Au bout du sentier, grimpez sur les rochers pour une vue spectaculaire. Les pics des Needles (voir p. 339) s'élèvent au sud, tandis qu'à l'ouest s'étendent les **Henry Mountains** (sur le flanc oriental de Capitol Reef) et les **Boulder Mountains** au loin (à la limite orientale de l'Aquarius Plateau, dernière marche du Grand Staircase ; voir p. 344). Jetez un coup d'œil, en bas, sur le grès calcaire du White Rim et sur la paisible Green River. Si un orage survient, notamment de l'ouest, allez vite vous abriter dans votre voiture.

ROUTE PANORAMIQUE (SCENIC DRIVE) DE GRAND VIEW POINT

EN BREF

Itinéraire : du Visitor Center au Grand View Point
Distance : 19 km
Limitation de vitesse : 40-70 km/h

Partez du Visitor Center. À un peu moins d'un kilomètre au sud, rangez-vous sur la gauche au **Shafer Canyon Overlook**, d'où la vue tombe à pic sur 300 m. Shafer Trail Rd, en contrebas, est une route escarpée qui permet d'accéder à la White Rim Rd, réservée aux 4×4.

À 500 m, vous tomberez sur **The Neck** (ralentissez pour profiter des superbes paysages), où la crête se rétrécit : sans doute cette portion disparaîtra-t-elle sous l'effet de l'érosion, isolant un peu plus la mesa. La route s'aplanit ensuite en atteignant **Grays Pasture**, où vous apercevrez peut-être un mouflon d'Amérique (dans ce cas, notez sa taille et son type de cornes et prévenez un ranger, car on tente de reconstituer leur habitat d'origine).

Juste après Grays Pasture, tournez à gauche vers **Mesa Arch**. Cette randonnée facile vaut vraiment la peine, notamment au lever du soleil quand une lumière rougeoyante traverse l'arche. La route pour **Upheaval Dome** part d'ici.

À 1,5 km au-delà de l'arche, rangez-vous sur la droite pour admirer les parois en grès de Candlestick Tower. Vers le sud-ouest, on aperçoit le Maze et ses nombreux canyons, traversés de striures horizontales blanches et orange.

Continuez sur 2,5 km jusqu'à l'embranchement pour le **Murphy Point Trail** (une randonnée facile de 5 km aller-retour). Du point de vue superbe, vous jouirez d'une nouvelle perspective sur le Maze et sur la Green River sinueuse. Le Murphy Hogback Trail tourne sur la gauche juste avant le point de vue.

De retour sur la route, à 800 m sur la gauche, prenez le chemin aménagé qui mène au **Buck Canyon Overlook** pour des vues spectaculaires sur les La Sal Mountains. À 3 km au sud, vous trouverez le **White Rim Overlook**, un bon endroit pour pique-niquer et le point de départ de la White Rim Overlook Trail, une randonnée facile de 2 km aller-retour.

À 1,2 km, juste avant Grand View Point, l'**Orange Cliffs Overlook** offre des vues sur les Henry Mountains, à l'ouest, les dernières montagnes à avoir été répertoriées dans les 48 États continentaux. Les Orange Cliffs s'étendent au sud-ouest, au-delà de The Maze. Venez au coucher du soleil, quand les canyons sont caressés par une douce lumière orange.

Au bout de 150 m, la route se termine sur **Grand View Point**, où vous attend l'un des plus beaux panoramas du Sud-Ouest américain, comparable uniquement à ceux du Grand Canyon et du **Dead Horse Point** tout près. Au premier plan, au sud-ouest, **Monument Basin** abrite des pics ressemblant à ceux des Needles (pour apercevoir ces derniers, regardez vers le sud). Pour distinguer le Maze, suivez du regard la Green River vers le nord-ouest, jusqu'à sa confluence avec la Colorado. À l'ouest de cette confluence, les formations de la **Doll House** marquent la limite du Maze et le début de **Cataract Canyon**.

Natural Bridges National Monument

Situé à 64 km à l'ouest de Blanding sur la Hwy 95, ce **parc** (☎435-692-1234 ; www.nps.gov/nabr ; Hwy 275 ; 6 $/véhicule ; 🕑 Visitor Center 8h30-

ROUTE PANORAMIQUE : MOKI DUGWAY ET MULE POINT

La Moki Dugway (Hwy 261) part vers le sud depuis la Hwy 95 pour rejoindre la Hwy 163 à Mexican Hat. Sur la route, une sortie mène au Mule Point Overlook, un belvédère en bord de falaise à ne pas manquer : la vue embrasse Monument Valley et d'autres sites de choix.

De retour sur la Hwy 261, la Moki Dugway n'est plus goudronnée et descend soudainement de 335 m en une succession de virages en épingle à cheveux. Attention, cette piste de terre est étroite et sans barrières de protection. Au bout, une route poussiéreuse mène à la Valley of the Gods, à l'est, une promenade de 27 km parmi de stupéfiants monolithes de grès.

18h30 avr-sept, 8h30-16h30pm oct-mars, parfois plus tard, parc 24h/24) fut, en 1908, le premier de l'Utah placé sous la responsabilité du NPS. Trois ponts naturels, facilement accessibles, y enjambent un canyon de grès blanc. Le plus ancien, l'Owachomo Bridge, s'étend sur 45 m de long pour à peine 3 m d'épaisseur. La boucle de 15 km que décrit la Scenic Drive, toute plate, est idéale pour faire du vélo. Sur le site, les 13 **emplacements de camping** (10 $) sont rudimentaires et attribués aux premiers arrivés.

Hovenweep National Monument

Superbe et peu fréquenté, **Hovenweep** (☎ 970-562-4282 ; www.nps.gov/hove ; Hwy 262 ; 6 $/véhicule ; Visitor Center 8h-18h avr-sept, 8h-17h oct-mars, parc et sentiers lever-coucher du soleil), dont le nom signifie "vallée désertée" en langage ute, regroupe 6 ensembles de sites préhistoriques pueblos, dont 5 nécessitent une longue marche. Vous trouverez un Visitor Center, un poste de rangers et un très rudimentaire **camping** (empl tente 10 $) mais aucune infrastructure. Les 31 emplacements de camping sont alloués aux premiers arrivés, mais inutile de se précipiter, il reste toujours de la place. Accès principal à l'est de la Hwy 191 sur la Hwy 262 via Hatch Trading Post, à plus de 64 km de Bluff ou de Blanding.

Bluff

Entourée de roches rouges, la petite bourgade de Bluff fut fondée par les pionniers mormons en 1880 et s'avère un agréable point de départ pour explorer la région. Elle est située au croisement de la Hwy 191 et de la Hwy 163, sur la San Juan River. La Hwy 191 qui traverse la ville est aussi appelée Main St. Vous pourrez découvrir l'art rupestre, les habitations dans les falaises et les fossiles avec **Wild Rivers Expeditions** (☎ 435-672-2244, 800-422-7654 ; www.riversandruins.com ; 101 Main St ; mars-oct), agence versée dans l'histoire et la géologie proposant des excursions au fil de la rivière depuis 1957 (journée adulte/enfant 165/123 $). Vaughn Hadenfeldt, patron de **Far Out Expeditions** (☎ 435-672-2294 ; www.faroutexpeditions.com ; angle 7th St et Mulberry St), organise des circuits hors des sentiers battus jusqu'à Monument Valley et sur les sites archéologiques. Chambres disponibles dans la pension de l'agence (à partir de 90 $).

Une autre bonne option d'hébergement est l'accueillant **Recapture Lodge** (☎ 435-672-2281 ; www.bluffutah.org/recapturelodge ; Hwy 191 ; ch avec petit-déj 60-80 $;), une propriété rustique et confortable, dans l'ombre rafraîchissante des arbres entre la route et la rivière. Les chambres spacieuses du **Desert Rose Inn** (☎ 435-672-2303 ; www.desertroseinn.com ; 701 W Main St ; ch 99-109 $, bungalow 119 $;), auberge à la superbe structure de bois, sont également à considérer.

Sur l'autre côté de la route, le **Comb Ridge Coffee** (☎ 435-672-9931 ; Hwy 191 ; plats 2-6 $; 7h-15h mer-dim, horaires variables selon la saison ; V) sert, dans un cadre en bois et adobe, expressos, muffins et crêpes à la farine de maïs bleu. Pour le déjeuner ou le dîner, **San Juan River Kitchen** (☎ 435-672-9956 ; 75 E Main St ; plats déj 8-13 $, dîner 9-20 $; 11h-21h mar-dim), qui met l'accent sur le bio, mitonne des plats inspirés de la cuisine locale, américaine et mexicaine. Ses salades sont composées d'ingrédients cueillis dans le jardin qu'il partage avec Wild Rivers Expeditions.

Monument Valley

Du village de **Mexican Hat** (nommé "chapeau mexicain" en raison d'un rocher en forme de sombrero), la Hwy 163 sinue vers le sud-ouest et pénètre dans la réserve navajo ; après 48 km, on parvient au **Monument Valley Navajo Tribal Park** (voir p. 314), d'où une route non goudronnée serpente sur 27 km entre les imposantes formations rocheuses.

Pendant des années, le **Goulding's Lodge** (☎ 435-727-3231 ; www.gouldings.com ; Hwy 163 ; ch 180 $;) fut le seul hôtel à la ronde à offrir aux touristes ses vues imprenables sur les colossaux rochers rouges. Il offre encore beaucoup : un restaurant, un musée, une station-service et un camping (empl tente/camping-car 25/42 $), mais devra innover pour soutenir la concurrence du View Hotel, propriété des Navajo à Monument Valley (p. 314), inauguré en 2008.

CENTRE-SUD ET SUD-OUEST DE L'UTAH

On le surnomme le "Pays coloré," ce qui est bien peu dire. Les paysages sont éblouissants : canyons cramoisis du Zion, minarets rose orangé du Bryce Canyon, dômes jaune-blanc du Capitol Reef... La région se révèle si spectaculaire qu'elle comprend trois parcs nationaux ainsi que le gigantesque Grand Staircase-Escalante National Monument.

Cette section est plus ou moins ordonnée du nord-est au sud-ouest, suivant la spectaculaire Hwy 12 et la Hwy 89, du Capitol Reef National Park au Zion National Park.

Capitol Reef National Park

Moins fréquenté que ses homologues, mais tout aussi splendide, le Capitol Reef comprend une grande partie des 161 km du **Waterpocket Fold**, né il y a 65 millions d'années. Lorsque la croûte terrestre se plissa, elle mit au jour cette coupe géologique aux strates incroyablement colorées. La Hwy 24 traverse le parc, qui possède aussi une route panoramique (Scenic Drive ; 5 $) partant du **Visitor Center** (☎ 435-425-3791 ; www.nps.gov/care ; angle Hwy 24 et Scenic Dr ; 🕑 8h-16h30 mi-automne au printemps, jusqu'à 18h le reste de l'année), où se trouve un verdoyant **camping** (10 $) dont les emplacements (attribués aux premiers arrivés) sont très recherchés du printemps à l'automne. Le parc comprend également de superbes **vergers** (www.nps.gov/care/historyculture/orchardscms.htm), héritage de la colonie mormone de Fruita, où l'on peut cueillir des fruits de saison (cerises, pêche et pommes). En été, arrêtez-vous à la **Gifford Farmhouse**, une ferme historique au sud du Visitor Center, pour acheter des conserves ou des tartelettes aux fruits (5 $).

SCENIC DRIVE (ROUTE PANORAMIQUE)

> **EN BREF**
>
> Route : Fruita Campground à Capitol Gorge
> Distance : 14,5 km aller
> Limitation de vitesse : 25-40 km/h

Après le Fruita Campground, où une oasis cède au désert, arrêtez-vous au péage et payez 5 $ pour emprunter la Scenic Drive. Non goudronnée jusqu'à la fin des années 1980 (le dernier segment dans Capitol Gorge ne l'est d'ailleurs toujours pas), c'est une route étroite à une voie. Pour éviter de racler le sol, roulez doucement, surtout en traversant le lit asséché d'un cours d'eau.

Les arrêts indiqués ici correspondent aux numéros sur le bord de la route. Pour plus d'informations, consulter le site www.nps.gov/care/scenic.htm.

Au-dessus du premier signe **(Étape 1)**, l'escarpement rocheux rouge-brun de Moenkopi est vieux de 225 millions d'années ; il est surmonté d'une fine couche de schiste argileux gris-vert qui fait partie de la formation de Chinle, riche en bois pétrifié. La route s'ouvre bientôt sur une vue du versant ouest du Capitol Reef **(Étape 2)** révélant les traits distinctifs du parc : les roches sédimentaires et l'érosion le long du Waterpocket Fold.

S'il ne pleut pas, tournez à gauche et rejoignez la Grand Wash Rd, à 1,5 km. Au bout de la route **(Étape 3)**, vous pouvez descendre et marcher dans le lit asséché, ou emprunter le sentier de randonnée jusqu'à **Cassidy Arch**, baptisée ainsi car Butch Cassidy s'y serait caché. Dans les collines, à gauche du parking, apparaissent les puits de l'Oyler Uranium Mine, qui fut ouverte en 1904 et d'où l'on extrayait du minerai radioactif à des fins "curatives". On peut marcher jusqu'à la mine, fermée pour des raisons évidentes.

Au retour, en longeant le lit **(Étape 4)**, observez un instant la Cassidy Arch parmi les falaises à votre gauche. Au pied des parois à pic, à droite, notez le grès strié de Wingate : c'était jadis les dunes de sable d'un désert. Le prochain signe **(Étape 5)** permet d'observer la flore délicate le long du lit, où des espèces se sont adaptées aux 18 cm de pluie par an.

Reprenez la Scenic Drive, et traversez la formation Moenkopi **(Étape 6)**, série de couches de schiste argileux rouge formé à l'époque où la région connaissait des marées : la roche en porte encore les ondulations. Vous arrivez bientôt au **Slickrock Divide (Étape 7)**, colline entourée de deux voies d'écoulement. Au nord, le trop-plein déborde dans le Grand Wash, tandis que les ruisseaux poursuivent jusqu'au canal sud dans la Capitol Gorge. L'eau modèle ainsi le paysage, non pas en érodant les roches, mais en charriant les gravats, que les crues subites évacuent. Coiffant le Moenkopi **(Étape 8)** une couche d'un gris jaunâtre de grès Shinarump, riche en uranium, a été déposée dans les anciens lits de rivières et de ruisseaux.

Les 3 derniers kilomètres, zigzagant dans le canyon le long du Capitol Gorge Spur, sont stupéfiants. Ce mince canal qui coupe le **grès de Wingate (Étape 9)** faisait office de route principale vers l'est entre 1884 et 1962, lorsque la Hwy 24 fut redirigée. L'embranchement de droite mène à Pleasant Creek.

À votre gauche, vous verrez bientôt apparaître un énorme affleurement de pâle **grès navajo (Étape 10)** ; la couche dépasse 420 m d'épaisseur par endroits. Sculptée par l'érosion, elle englobe les plus célèbres dômes du parc, dont Capitol Dome. Le Golden Throne trône à 300 m au-dessus, atteignant une altitude de 1 946 m.

La route aboutit dans la gorge **(Étape 11)** de Waterpocket Fold. Garez-vous et dépassez à pied le Pioneer Register, où les premiers pionniers venaient graver leurs noms dans les murs, jusqu'aux **Tanks**, citernes naturelles creusées dans la roche.

Torrey

Ce joli village est idéal pour un bon repas et une halte d'une nuit. Pour toute information, consultez le **Travel Council** (☎ 435-425-3365, 800-858-7951 ; www.capitolreef.org).

Les chambres un peu plus grandes que la moyenne de l'**Austin's Chuck Wagon Lodge** (☎ 435-425-3335 ; www.austinschuckwagonmotel.com ; 12 W Main St ; ch à partir de 75 $, bungalow 135 $; ⌚ mi-mars à oct ; ⊠ ⁂ ≋ ⊡), sur le thème du western, sont propres avec un mobilier simple mais robuste et beaucoup de place autour du lavabo dans la sdb. Vous pourrez vous approvisionner à l'épicerie générale sur place.

Poulet aux noix de pécan, *tamales* mayas, filet de porc rôti à la braise… les plats sont tentants au **Café Diablo** (☎ 435-425-3070 ; 599 W Main St ; plats 21-29 $; ⌚ 17h-22h avr à mi-oct ; ⊠), l'un des meilleurs restaurants du sud de l'Utah. Sa cuisine du Sud-Ouest est remarquablement sophistiquée, savoureuse et copieuse (choix de 10 plats principaux et multitude de petites assiettes). Peut-être oserez-vous sa terrine renommée au serpent à sonnettes !

Boulder

Ce minuscule village est situé au bord de la Hwy 12, à 51 km au sud de Torrey. À partir de là, le magnifique sentier **Burr Trail** est goudronné et traverse le nord-est du Grand Staircase-Escalante National Monument pour se terminer à la Bullfrog Marina sur le lac Powell. Pour explorer les canyons, vous pouvez vous adresser à **Earth Tours** (☎ 435-691-1241 ; www.earth-tours.com) qui propose des excursions pédagogiques (enfants bienvenus) d'une journée ou d'une demi-journée pour 75/100 $; **Escalante Canyon Outfitters** (☎ 435-691-3037, 888-326-4453 ; www.eco-hike.com ; ⌚ printemps-automne), également très réputé, organise pour sa part des sorties de plusieurs jours. Cette compagnie soucieuse de l'environnement, qui génère sa propre électricité grâce à une hydro-turbine, propose des trekkings de 4 à 6 jours et des randonnées archéologiques pour 1 225 $ à 1 620 $ tout compris. En été, les participants se régalent des fruits et légumes bio du jardin.

Le **Boulder Mountain Lodge** (☎ 435-335-7460, 800-556-3446 ; www.boulder-utah.com ; 20 N Hwy 12 ; ch 99-175 $, ste 190 $; ⊠ ⁂ ⊡ ≋), aux chambres rustiques mais chics, compte parmi les meilleures adresses sur la Hwy 12. Le Jacuzzi en plein air avec vue sur les splendides montagnes est idéal pour relaxer ses muscles endoloris par une longue randonnée. Accès Wi-Fi à la réception. Ne manquez pas son restaurant, le **Hell's Backbone Grill** (☎ 435-335-7464 ; Boulder Mountain Lodge, 20 N Hwy 12 ; plats petit-déj 8-10 $, dîner 16-34 $; ⌚ 7h-11h30 et 17h30-21h30) qui sert une cuisine simple et savoureuse à base de produits régionaux.

Escalante

Cette petite ville qui donne accès au proche Grand Staircase-Escalante National Monument ne dépasse pas 750 habitants mais n'en demeure pas moins la plus importante agglomération à 120 km à la ronde. Découvrez-la tout en profitant pour faire des provisions.

L'excellent **Escalante Interagency Office** (☎ 435-826-5499 ; www.ut.blm.gov/monument ; 775 W Main St ; ⌚ 7h30-17h30 mi-mars à oct, 8h-16h30 nov à mi-mars) vous renseigne sur toute la région. À 22 km à l'est, sur la Hwy 12, la **Calf Creek Recreation Area** (☎ 435-826-5499 ; www.ut.blm.gov/monument ; 2 $/véhicule ; empl tente 7 $; ⌚ toute l'année) comprend 13 emplacements de camping très demandés (7 $) et un sentier de 4,5 km menant aux chutes de Lower Calf Creek Falls.

LE MYSTÈRE EVERETT RUESS SERAIT-IL RÉSOLU ?

En novembre 1934, un artiste de 20 ans, Everett Ruess, pénétrait avec deux ânes dans l'arrière-pays d'Escalante, bien décidé à explorer, peindre, et s'imprégner de cette extraordinaire nature sauvage. Avant de se lancer dans l'aventure, il écrivait à son frère : "Quand reverrai-je la civilisation, pas de si tôt… je pense que je préfère la selle au tramway et le ciel piqueté d'étoiles à un toit, l'obscure et difficile chemin menant à l'inconnu, à toutes les routes goudronnées, et la paix profonde des étendues sauvages au mécontentement qu'engendrent les villes." Ce sont les derniers mots que Ruess envoya à sa famille car il ne revint jamais de son voyage.

Le mystère de sa disparation devint une véritable légende avec la publication de plusieurs livres sur son possible destin. En 2008, l'écrivain David Roberts et le guide Vaughn Hadenfeldt (p. 341), informés que Ruess aurait été assassiné, retrouvèrent des ossements humains dans une crevasse de Comb Ridge, une crête désolée. Bien que les tests ADN semblent confirmer qu'il s'agirait bien de Ruess, les archéologues de l'Utah ne sont pas 100% convaincus.

Quoi qu'il en soit, il est clair aujourd'hui que l'idéal romantique de Ruess continuera de vivre dans les chansons, les livres, un festival d'art (www.everettruessdays.org) et le recueil de ses propres lettres.

LE SUD-OUEST

Escalante Outfitters, Inc (☎ 435-826-4266 ; 310 W Main St ; 🕑 8h-21h ; 📶) est le paradis des randonneurs : on y trouve des cartes, des livres, des provisions et la meilleure pizza maison (17-23 $, pas de parts) de tout l'Utah.

Durant la haute saison, les motels affichent vite complet à Escalante, mais on trouve toujours à se loger en dernière minute dans l'une des 50 chambres du **Prospector Inn** (☎ 435-826-4653 ; www.prospectorinn.com ; Hwy 12 ; ch 55-65 $; ❄ 📶), basiques, spacieuses et impeccables. Des fauteuils sur le balcon invitent les amateurs de couchers de soleil.

Grand Staircase-Escalante National Monument

Ce **parc** (www.ut.blm.gov/monument) de 6 879 km^2, établi en 1996, fait la jonction entre le Bryce Canyon National Park, le Capitol Reef National Park et la Glen Canyon National Recreation Area. L'infrastructure touristique est minimale, mais le désert est vaste pour ceux, bien équipés, qui souhaitent l'explorer.
Les routes sont impraticables lorsqu'il pleut. Permis obligatoire (mais gratuit) pour camper. Avant de partir, renseignez-vous sur l'état de la route auprès de l'Escalante Interagency Office (p. 343), le Visitor Center à Kanab (p. 350) ou à **Cannonville** (☎ 435-826-5640 ; 10 Center St, Cannonville ; 🕑 8h-16h30 mars-nov, mais les horaires peuvent varier).

Kodachrome Basin State Park

Des dizaines de cheminées en grès rouge, rose et blanc parsèment ce **parc d'État** (☎ 435-679-8562 ; www.stateparks.utah.gov ; Cottonwood Canyon Rd ; 6 $/véhicule), ainsi baptisé par la National Geographic Society en raison de ses paysages si photogéniques. Le sentier Grand Parade Trail offre la meilleure vue sur les cheminées et autres formations rocheuses. Il y a aussi un **camping** (☎ 801-322-3770, 800-322-3770 ; empl 16 $) ; 3 emplacements sont accordés aux premiers arrivés et 24 sur réservation. La fréquentation est la plus importante au printemps et à l'automne.

Bryce Canyon National Park

Bien qu'étant le plus petit des parcs du Sud de l'Utah, il offre le plus sublime des spectacles, notamment au lever et au coucher du soleil, lorsque les rayons orangés enflamment les formations rocheuses.

Bryce, qui n'est pas un canyon à proprement parler, englobe la lisière orientale d'un plateau long de 30 kilomètres, dont les falaises abruptes se sont érodées pour former une dentelle de calcaire et de grès aux tons pastel. Ces successions de flèches, de pinacles et de *hoodoos* (cheminées de fée) forment des amphithéâtres en fer à cheval qui plongent en à-pic sur 300 m jusqu'au désert en contrebas. Au fond du canyon, on peut randonner parmi les cèdres et les pins.

Les Pink Cliffs (falaises roses) marquent la fin du Grand Staircase (p. 344), une série de strates rocheuses formant des paliers successifs, qui naissent dans le Grand Canyon et culminent ici, ainsi que sur l'Aquarius Plateau voisin. C'est une région d'altitude – entre 1 900 m et 2 700 m. Il y fait donc plus

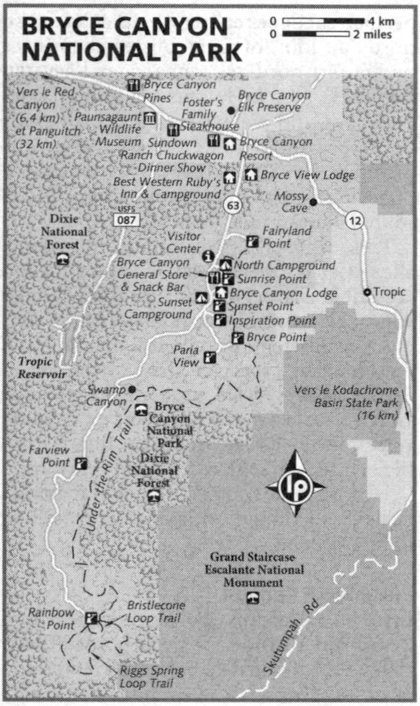

frais en été (parfois jusqu'à 7°C de moins) que dans les parcs situés plus bas, comme Zion. La température atteint les 32°C en juillet et l'air est très sec, mais il n'y a pas à craindre d'insolation. En revanche, du fait de l'altitude, certains visiteurs souffrent du mal des montagnes.

À Bryce, les éclairs sont fréquents, car le fer contenu dans les rochers attire l'électricité. Mettez-vous à l'abri (de préférence dans votre véhicule) si jamais vous êtes surpris par un orage.

RENSEIGNEMENTS

Bryce Canyon est ouvert 24h/24, 365 jours par an. L'entrée, valable 7 jours, coûte 25 $/véhicule ou 12 $/moto, vélo ou piéton.

La foule afflue de mai à septembre et les bus touristiques créent des bouchons sur la principale route d'accès et les belvédères. Mais les sentiers de randonnée situés sous le versant sont moins fréquentés et l'hiver le parc est presque désert. Les formations rocheuses et les forêts de pins se couvrent alors d'un manteau de poudreuse scintillante. S'il gèle plus de 200 nuits consécutives, les journées sont souvent douces et ensoleillées, idéales pour des randonnées en raquettes ou en ski de fond.

Quittez la Hwy 12 pour la Hwy 63 vers le sud et continuez sur 5 km jusqu'au kiosque d'entrée du parc. En arrivant, arrêtez-vous au **Visitor Center** (☎ 435-834-5322 ; www.nps.gov/brca ; Hwy 63 ; 🕓 8h-20h mai-sept, 8h-16h30 nov-mars, 8h-18h oct et avr) pour récupérer brochures et cartes, vous renseigner sur les conditions climatiques, l'état des routes, les places de camping disponibles, discuter avec les rangers et regarder une excellente vidéo d'orientation. C'est là que se trouvent l'administration du parc, les premiers secours et les cabines téléphoniques.

À but non lucratif, la **Bryce Canyon Natural History Association** (☎ 435-834-4601 ; www.brycecanyon.org) propose des activités éducatives et gère une librairie sur place. Son personnel expérimenté répond aux questions au Visitor Center. Elle gère aussi une excellente boutique en ligne qui vend des livres, des cartes, des vidéos, de la musique et de quoi planifier un itinéraire sur mesure pour les voyageurs indépendants.

Vous pouvez également brancher votre radio sur la fréquence 1590 AM pour connaître les dernières informations sur le parc.

Dans le parc, gardez en tête qu'il ne faut en aucun cas nourrir les animaux sauvages. Vous risquez de contracter des maladies, mais cela met aussi en péril les petits qui ne savent plus se débrouiller par eux-mêmes. L'hiver venu, lorsqu'il n'y a plus personne pour les nourrir, ils meurent.

ORIENTATION

Bryce a une superficie restreinte (145 km^2), ses frontières s'étendant sur 25 km en longueur et seulement 7 km à l'endroit le plus large. Ayant plus ou à moins la forme d'un hippocampe, cette zone longue et étroite est le prolongement du Paunsaugunt Plateau et court du nord au sud, s'élevant à 2 000 m d'altitude au fond du canyon, jusqu'à 2 370 m au Visitor Center et 2 734 m à Rainbow Point, l'extrémité méridionale du plateau.

Les célèbres amphithéâtres de *hoodoos* bordent la lisière orientale du plateau. Sunrise Point, Sunset Point et Inspiration Point sont à 3 km du centre des visiteurs. Bryce Point se trouve à 6,5 km. Si vous manquez de temps, ce sont ceux qu'il faut voir en priorité, bien qu'ils soient pris d'assaut.

D'OÙ VIENT LE NOM DE BRYCE CANYON ?

Le canyon doit son nom à un pionnier qui s'est installé dans la vallée, à l'est du parc. En 1870, Ebenezer Bryce est parti de Salt Lake City, au nord, avec un groupe de pionniers mormons, qui espéraient s'implanter dans la région. Pendant les 5 années qu'Ebenezer passa ici, il explora les 16 km du Tropic Ditch afin d'y trouver de l'eau pour son bétail et ses champs. Aujourd'hui, le fossé alimente toujours en eau la ville de Tropic et on peut le longer sur le **Mossy Cave Trail**. Les gens ont surnommé le canyon derrière la maison d'Ebenezer "Bryce's Canyon", nom qui depuis a été conservé. En dépit de son ingéniosité, on se souvient aujourd'hui principalement de Bryce pour la phrase qu'il aurait prononcée pour qualifier son canyon : "C'est un sacré endroit pour perdre une vache." Vous ne manquerez pas d'en apprécier la pertinence en observant d'en haut le labyrinthe que constituent les cheminées de fée.

SCENIC DRIVE (ROUTE PANORAMIQUE)

EN BREF

Itinéraire : de Rainbow Point au Visitor Center
Distance : 29 km aller simple
Limitation de vitesse : 50 km/h

Tout d'abord, vous devrez rouler jusqu'au bout de la route, à Rainbow Point. En gravissant le plateau, vous remarquerez le changement de végétation, d'un environnement de pins ponderosas à un ensemble de sapins et d'épicéas. Plus on monte, plus les températures sont fraîches et les pluies fréquentes.

Les employés du parc font de leur mieux pour que la route de Rainbow Point reste praticable en hiver, mais des tempêtes de neige peuvent entraîner sa fermeture. Renseignez-vous auprès du Visitor Center.

Rainbow Point et Yovimpa Point

Visitez d'abord Rainbow Point en empruntant le chemin (accessible aux personnes à mobilité réduite) aménagé à l'extrémité du parking. Par temps clair, on peut voir jusqu'à 160 km devant soi. Des panneaux explicatifs permettent de se repérer. Le parc s'étend au nord ; au loin, on aperçoit les cheminées de fée. Au nord-est, remarquez l'**Aquarius Plateau**, la marche la plus haute du Grand Staircase, qui s'élève à 600 m au-dessus de Bryce. Au cours de votre voyage, vous profiterez de différentes perspectives sur ce plateau, en particulier si vous empruntez la route panoramique de la Hwy 12.

Puis, depuis l'autre extrémité du parking, allez jusqu'à **Yovimpa Point**. Un autre chemin accessible aux personnes à mobilité réduite vous y emmène. La vue donnant sur le sud-ouest est différente de celle de Rainbow Point, mais tout aussi spectaculaire par temps clair. Repérez **Molly's Nipple**, un dôme en grès que vous verrez sous différents angles pendant votre visite. Le **Kaibab Plateau** constitue la frontière entre l'Arizona et le Grand Canyon.

Le Bristlecone Loop Trail est une randonnée facile de 13 km qui commence et aboutit au Rainbow Point.

Black Birch Canyon

Juste au nord de la borne de miles 16, à 2 667 m d'altitude, ce petit point de vue s'élève au-dessus de falaises très escarpées. Il offre aussi le premier aperçu de près des cheminées de fée, mais le Bryce Amphitheater en comporte d'autres, plus grandes. Pas de départs de sentiers ici, juste un point de vue, donc ne soyez pas déçu si le parking est plein et que vous ne pouvez faire une halte : il y a d'autres panoramas spectaculaires plus loin.

Ponderosa Canyon

Ce point de vue, plus élevé, offre un grand panorama, équivalent à celui de Rainbow Point. En bas, remarquez les gigantesques pins ponderosas. Certains font jusqu'à 45 m de haut. Ne restez pas dans votre voiture : la vue sur les cheminées de fée et les falaises orangées est époustouflante, notamment dans la lumière matinale.

Si vous vous sentez d'attaque, parcourez un bout de l'**Agua Canyon Connecting Trail**, un sentier escarpé, peu fréquenté, modérément fatigant, qui traverse des bois jusqu'à un très bel amphithéâtre de cheminées de fée, avant de rejoindre, à 3 km, l'**Under-the-Rim Trail**.

Agua Canyon

L'une des meilleures haltes à cette extrémité du parc. Ce point de vue surplombe de grandes cheminées de fée, dont l'équilibre précaire laisse penser qu'elles pourraient s'écrouler n'importe quand. Le fait de ne voir que le sommet de ces gigantesques formations donne une idée du précipice qui s'étend à vos pieds. Sur la crête en haut, remarquez les différentes couches sédimentaires qui vont de la roche rouge riche en fer au calcaire blanche. Panorama fantastique par temps clair sur un horizon violet et bleu.

Natural Bridge

Ce site dispose du plus grand parking avec Rainbow Point, et c'est justifié : le point de vue sur l'étendue de calcaire rougeoyant est merveilleux. Il s'agit d'une arche, techniquement parlant, et non d'un pont, contrairement à l'appellation du site. Un pont se forme quand un cours d'eau est responsable de l'érosion. Ici, c'est le gel et le dégel de l'eau dans des crevasses et des fissures, associés à une roche friable qui a créé l'ouverture. Même si vous êtes pressé, prévoyez une halte ici.

Farview Point

Ce site offre un magnifique panorama sur des crêtes et des étendues boisées, des plateaux gigantesques, des mesas bleutées et des buttes qui s'étendent des abords de Bryce jusqu'au Grand Staircase. À 145 km au loin s'élève la Navajo Mountain, à la frontière de l'Arizona. Lorsque la vue est dégagée, vous pourrez même voir les Black Mesas d'Arizona à 260 km.

Une courte promenade vous amènera à un autre point de vue, **Piracy Point**, qui n'offre rien de bien différent, mais la balade au milieu des pins verts est très agréable. Vous trouverez aussi des toilettes ici.

Swamp Canyon

Ce site se situe dans une déclivité forestière, entre deux crêtes qui s'étendent dans le canyon à la manière de nageoires, retombant sur des cheminées de fée. Vous pouvez accéder à un sentier qui descend légèrement jusqu'à des falaises orangées de grès offrant une des plus belles vues du circuit. Les arbres s'étendent des pourtours jusqu'au canyon. Les amateurs de faune et de flore seront ravis et les enfants apprécieront le sentier pentu jusqu'au canyon.

C'est aussi le point de départ du Swamp Canyon Trail, qui s'engouffre dans le canyon et qui après 2 km sinueux aboutit à un autre sentier, l'**Under-the-Rim Trail**. Pour effectuer cette randonnée, prenez sur la droite à l'intersection sur le sentier en contrebas du parking.

Paria View

À 5 km au nord de Swamp Canyon, tournez à droite et suivez les panneaux jusqu'à ce point de vue, à 3 km en retrait de la route principale. Si vous en avez assez des caravanes et des bus, sachez que ce site est réservé aux voitures. L'hiver, cependant, quand la route n'est pas praticable, seuls les skieurs de fond y sont autorisés.

Il n'y a pas de meilleur endroit pour les **couchers de soleil**. À Bryce, les amphithéâtres donnent généralement sur l'est, ce qui les rend magnifiques au lever du soleil, mais pas le soir. Ici, l'amphithéâtre, relativement petit, donne sur l'ouest, vers la Paria River.

Bryce Point

Si vous ne vous arrêtez qu'à un seul endroit, choisissez ce site. Vous pouvez parcourir le chemin surplombant le **Bryce Amphitheater** pour jouir de points de vue fantastiques sur la **Silent City**, un ensemble de cheminées de fée si dense, gigantesque et hypnotique que vous finirez par voir des silhouettes émerger des rochers. Assurez-vous de vous rendre à Bryce Point même, un promontoire élancé sur un canyon boisé profond de 300 m. La splendeur et les couleurs de ce point de vue sont exceptionnelles. L'accès est un peu difficile car le sentier est parfois pentu et cabossé, mais la vue du parking est tout aussi merveilleuse. Un panneau explicatif revient sur la formation des ouvertures et des grottes.

Vous trouverez également ici le point de départ du Rim Trail, un sentier de 18 km, et du Peekaboo Loop Trail.

Inspiration Point

Une courte ascension le long d'un sentier aménagé mène jusqu'à Inspiration Point, moins haut que Bryce Point, dans le **Bryce Amphitheater**. On y observe le même panorama, mais d'ici, le point de vue sur la **Silent City** est plus frappant que depuis tout autre endroit. Les cheminées de fée semblent très proches et vous pourrez distinguer des détails dans le canyon, en dessous. À gauche, suivez la courbure des arbres jusqu'aux prochains sites du circuit. Les enfants pourront grimper sur la colline à droite du parking jusqu'au promontoire. Aucun sentier, en revanche, ne mène jusqu'au canyon.

Inspiration Point est également un très bel endroit pour **regarder les étoiles**.

Sunset Point

La vue sur le **Bryce Amphitheater** est magnifique, mais vous ne serez pas seul. Vous êtes au cœur du parc, près des campings et des aménagements touristiques. Ce site est connu pour son panorama sur la Silent City, mais également pour **Thor's Hammer**, un gros rocher carré reposant en équilibre sur une cheminée de fée. Il se trouve à gauche, isolé des autres. C'est aussi le point de départ du Navajo Loop Trail, le sentier le plus connu du parc.

Ce site est tourné vers l'est et donc plus spectaculaire au lever du soleil qu'à son coucher.

Sunrise Point

À l'extrémité nord du Bryce Amphitheater, ce point d'observation tourné vers le nord-est offre une vue superbe sur les cheminées de fée, l'**Aquarius Plateau** et le **Sinking Ship**, une mesa évoquant la poupe d'un bateau surgissant hors de l'eau. Ne manquez pas le **Limber Pine**, un pin dont les racines ont été révélées par l'érosion, mais qui reste accroché au sable.

Visitor Center et Fairyland Point

Finissez votre circuit au Visitor Center ou, si vous avez le temps, au **Fairyland Point**. Pour accéder à ce dernier, roulez pendant 1,5 km vers le nord, à partir du portail d'entrée, puis pendant 1,5 km à l'est de la route principale (l'embranchement n'est indiqué que lorsqu'on vient du nord, vous ne le verrez donc pas). Fairyland est moins fréquenté que les autres sites. Vous pourrez admirer les forêts vers le nord, observer l'Aquarius Plateau et des cheminées de fée à tous les stades de leur évolution. C'est aussi le point de départ du **Fairyland Loop Trail**.

FAIRYLAND LOOP TRAIL

EN BREF

Distance : 13 km pour toute la boucle
Durée : 4-5 heures
Niveau : difficile
Dénivelé : 275 m, très accidenté

Superbe randonnée d'une journée où les foules ne se pressent pas, car les cheminées de fée sont moins nombreuses qu'ailleurs. Le sentier commence au Fairyland Point et effectue une boucle le long des majestueuses falaises de 2 460 m de haut, qui circonscrivent la **Boat Mesa**, avant d'approcher Sunset Point. Les 4 derniers kilomètres suivent le Rim Trail pour revenir au point de départ. Si vous voulez attraper la navette, vérifiez bien les itinéraires et les horaires : les bus ne s'y arrêtent pas toujours.

Le sentier descend progressivement à partir de Fairyland Point : soyez prudent quand il se rétrécit. Au sud, la **Boat Mesa** vous cache la vue du parc. Vous passerez devant de vénérables pins à cônes épineux, dont certains, millénaires, s'accrochent dangereusement aux falaises grâce à leurs racines. Le sentier tourne alors autour de cheminées de fée, avant de s'enfoncer vers le terre-plein du canyon et un ruisseau saisonnier. Dans une grande partie des terrains exposés au nord, la neige tient jusqu'en mai, voire juin.

À **Fairyland Canyon**, situé 183 m plus bas que votre point de départ, des tours de roche orangée se dressent comme des totems. Le sentier monte et descend avant de traverser une crête vers **Campbell Canyon**. En marchant sous les falaises de Boat Mesa, vous comprendrez pourquoi ce plateau, formant une sorte de proue, a été comparé à un bateau.

Le sentier sinueux vous mènera jusqu'à un ruisseau saisonnier traversant le Campbell Canyon. Ne manquez pas le **Tower Bridge**, ses 3 pics et ses 2 ouvertures reliées comme par un pont. Pour rejoindre sa base, empruntez le cul-de-sac à partir du ruisseau. De Tower Bridge, une montée parfois fatigante, de 215 m de dénivelé et de 2,5 km de long, vous conduit jusqu'au Rim Trail. Sur la gauche, remarquez le **Chinese Wall** blanc et ses petites ouvertures. Retournez-vous et admirez la Boat Mesa.

Cette randonnée est surtout difficile en raison de ses méandres. Prévoyez beaucoup d'eau et modérez votre allure.

CIRCUITS ORGANISÉS

Le seul prestataire autorisé dans le parc est **Canyon Trail Rides** (☎435-679-8665 ; www.canyonrides.com ; Hwy 63 ; 2h/demi-journée 40/65 $), implanté à l'extérieur de Bryce Canyon Lodge (ci-contre) ; les excursions à cheval ou à dos de mule parcourent le Bryce Amphitheater (p. 347) et les spectaculaires *hoodoos*.

OÙ SE LOGER

Vous pourrez loger et vous restaurer au **Bryce Canyon Lodge** (☎435-834-5361, 888-297-2757 ; www.brycecanyonlodge.com ; Hwy 63 ; ch 165 $, bungalows 175 $; avr-oct ;). Les chambres, situées dans des bâtiments annexes, sont modernes, bien équipées et disposent de balcons ; les bungalows, plus défraîchis, sont néanmoins assez romantiques, avec leur cheminée au gaz et leur porche. Si vous parvenez à réserver, vous ne le regretterez pas. Il existe aussi une boutique d'alimentation et du matériel de camping près de Sunrise Point.

Le **North Campground** (☎877-444-6777 ; www.recreation.gov ; Bryce Canyon Rd ; empl tente 15 $) et le **Sunset Campground** (empl tente 15 $; fin printemps-automne) sont deux campings disposant de toilettes et de points d'eau. Sunset est plus arboré, mais moins bien équipé et n'accepte pas les réservations. North Campground possède une laverie, des douches et une épicerie. En été, ils affichent généralement complet dès midi.

Avant le parc lui-même, au nord de l'entrée sur la Hwy 63, vous longerez le Ruby's Inn, grand et luxueux complexe hôtelier qui comprend un camping, une poste, une épicerie, des restaurants et des stations-service. L'ensemble est si vaste et si proche du parc que l'administration de Bryce travaille en étroite collaboration avec lui : il y est donc fait allusion dans les brochures du parc, notamment concernant les arrêts des navettes, ou la location de matériel tel que les raquettes.

DEPUIS/VERS LE BRYCE CANYON NATIONAL PARK

La seule entrée du parc réservée aux véhicules se trouve à 5 km au sud de la Hwy 12 via la Hwy 63. L'entrée est toujours ouverte mais il n'y a pas de personnel la nuit. La principale route du parc, goudronnée et longue de 29 km, s'achève en cul-de-sac à l'extrémité sud du plateau. Elle est bondée les week-ends d'été ; il y a parfois plus de voitures que de places de parking disponibles. Pour désengorger la circulation de mi-mai à fin septembre, le parc a mis en place un système de navettes que l'on peut prendre dans le parc ou au nord de l'entrée, au croisement de la Hwy 12 et de la Hwy 63.

COMMENT CIRCULER

À moins de participer à un circuit organisé (voir ci-contre), il faut être motorisé pour circuler dans le parc de l'automne au printemps. Toutefois l'été, surtout le week-end, mieux vaut emprunter les navettes gratuites qui s'arrêtent à tous les principaux sites et départs de sentiers.

Voiture

C'est le meilleur moyen de visiter Bryce. La route principale du parc est très bien entretenue et les parkings sont clairement indiqués sur la brochure que l'on reçoit à l'entrée. La vitesse est limitée à 55 km/h. Respectez-la car les rangers sont habilités à verbaliser.

Il n'y a pas de station-service dans le parc. Les plus proches sont à 5 km au nord, au Ruby's Inn. L'essence est cependant moins chère à Tropic, à 11 km à l'est du croisement entre la Hwy 12 et la Hwy 63.

Si vous remorquez une caravane, vous devrez la laisser dans le parking prévu à cet effet en été, ou sur celui du Visitor Center en hiver (si vous campez, vous pourrez la garer sur votre emplacement). Les caravanes sont interdites au sud de Sunset Point.

Navettes

En haute saison, il vaut vraiment mieux emprunter une navette, car les parkings affichent vite complet. Laissez votre voiture près du terminus des navettes au sud de l'intersection de la Hwy 12 et de la Hwy 63 à l'extérieur du parc. Si vous payez l'entrée et ne pouvez vous garer, rebroussez chemin et revenez en 5 minutes au parking du terminus. Veillez à emporter votre billet pour ne pas avoir à repayer.

À l'approche du parc, branchez votre radio sur 1610 AM pour connaître les dernières infos sur le trafic des navettes.

Ces informations changent tous les ans, renseignez-vous donc auprès des rangers. Si les navettes sont en service lors de votre visite, vous trouverez la liste des itinéraires desservis dans le journal *Hoodoo*. En principe, les bus circulent toutes les 10 minutes de mai à septembre, du terminus au nord du parc jusqu'au Ruby's Inn, au Visitor Center, aux principaux belvédères du Bryce Amphitheater (p. 347) et jusqu'à Bryce Point (p. 347) au sud. Selon le budget du parc, certains sites du sud sont parfois desservis. Dans le cas contraire, vous devrez emprunter votre véhicule ou rejoindre un circuit organisé.

LE SUD-OUEST

Kanab

Située au beau milieu du désert, Kanab n'était qu'une communauté mormone isolée avant la construction des routes. Dans les années 1920, les producteurs hollywoodiens y tournèrent de nombreux westerns, d'où son surnom de "petite Hollywood de l'Utah".

Aujourd'hui, la Hwy 89 serpente à travers la ville, et croise un bon choix de motels et de restaurants. Le **Kanab Visitor Center** (☎ 435-644-4680 ; www.ut.blm.gov/monument ; 745 E Hwy 89 ; 8h-17h nov-mars, 8h-16h30 déc-fév) vous informe sur l'état des routes et des sentier, et sur la météo dans le Grand Staircase-Escalante National Monument (voir p. 343). Pour des informations sur la région, visitez le **Kane County Office of Tourism** (☎ 435-644-5033, 800-733-5263 ; www.kaneutah.com ; 78 S 100 E ; 10h-19h lun-ven, 10h-17h sam, 10h-16h dim mi-mai à oct, 10h-17h lun-sam nov à mi-mai).

John Wayne, Maureen O'Hara et Gregory Peck ont dormi au **Parry Lodge** (☎ 435-644-2601, 888-289-1722 ; www.parrylodge.com ; 89 E Center St ; ch 73-84 $, ste 92-102 $;). Retrouvez leurs chambres (l'hôtel a conservé le registre avec les numéros), un peu fatiguées mais propres et bien tenues. Jacuzzi, restaurant et bar sur place. Wi-Fi dans certaines chambres. **Laid Back Larry's** (☎ 435-644-3636 ; 98 S 100 East ; sandwichs 2-5 $; 7h-14h jeu-mar) propose des sandwichs au petit-déjeuner et au déjeuner, et du bon café.

St George

Surnommée "Dixie" en raison de sa situation méridionale et de son climat chaud rappelant le sud des États-Unis, St George (71 100 habitants) est une grande ville mormone aux larges rues, où le regard s'arrête sur un temple imposant et les bâtiments des pionniers. Elle attire les retraités et les visiteurs du Zion et des parcs de la région. Pour toute information, contactez la **chambre de commerce** (☎ 435-628-1658 ; www.stgeorgechamber.com ; 97 E St George Blvd ; 9h-17h lun-ven). L'**Interagency Information Center** (☎ 435-688-3246 ; 345 E Riverside Dr ; 7h45-17h lun-ven, 10h-15h sam) vous renseignera sur les forêts, les parcs régionaux et l'Arizona Strip.

À 14,5 km au nord de la ville, le **Snow Canyon State Park** (☎ 435-628-2255 ; www.stateparks.utah.gov ; Hwy 18 ; 5 $/véhicule), couvrant 2 960 ha, abrite des paysages volcaniques uniques, des falaises de grès et des pétroglyphes. Ses sentiers de randonnée vous feront découvrir une nature très riche et des grottes de lave.

St George rassemble le plus vaste choix d'hébergements du sud de l'Utah, principalement des enseignes de chaînes implantées sur St George Blvd. Chic et pas cher, servant un superbe petit-déjeuner, le chaleureux **Ambassador Inn** (☎ 435-673-7900, 877-373-7900 ; www.ambassadorinn.net ; 1481 Sunland Dr ; ch avec petit-déj 65-75 $;) est l'hôtel rêvé, près de l'Interagency Information Center et du Snow Canyon, juste après la sortie 6 sur l'I-15.

Peaux d'animaux et poutres rustiques créent une ambiance loin de la civilisation au **Gun Barrel Steak & Game House** (☎ 435-652-0550 ; 1091 N Bluff St ; plats déj 8-12 $, dîner 8-32 $; 11h30-2h lun-ven, 17h-21h lun-jeu, 17h-21h30 ven et sam), en harmonie avec le menu faisant la part belle au gibier. L'endroit n'est cependant pas si sauvage et les femmes voyageant seules s'y sentiront parfaitement à l'aise. Présenté comme un apéritif, le wrap au bison assaisonné d'oignons, de poivrons, de fromage et de mayonnaise relevée aux piments *chipotle*, est si copieux que vous pourrez en faire votre repas. Pour un café, une omelette ou un porridge, rendez-vous au **Bear Paw Coffee Company** (☎ 435-634-0126 ; 75 N Main St ; plats 5-11 $; 7h-15h) à la bonne ambiance familiale.

Les bus **Greyhound** (☎ 435-673-2933, 800-231-2222 ; www.greyhound.com ; 1235 S Bluff St) partent du McDonald's et desservent Salt Lake City (52 $, 5 heures 30) et Las Vegas, NV (23 $, 2 heures).

Springdale

Étape fréquente des voyageurs en route pour le Zion National Park, Springdale se trouve le long de la Hwy 9 à l'entrée sud du parc. Agréable, la ville est aux petits soins avec les touristes ; le **Regional Visitors Bureau** (☎ 888-518-7070 ; www.zionpark.com) ne dispose pas de locaux. Appelez pour parler à un conseiller ou consultez le site Internet pour des informations sur l'hébergement, les restaurants et les achats.

Springdale ne manque pas de bons restaurants et d'hébergements, à l'instar de l'agréable **Canyon Ranch Motel** (☎ 435-772-3357 ; www.canyonranchmotel.com ; 668 Zion Park Blvd ; s 84-94 $, d 94-99 $, ch avec kitchenette 114-125 $;) dont les 22 chambres ont été récemment rénovées (carrelage et teintes monochromes). À 800 m au sud du parc, le motel comprend une belle pelouse à l'ombre avec tables de pique-nique.

Refuge des randonneurs et des cyclistes au cœur de la ville, le peu reluisant **Mean Bean** (☎ 435-772-0654 ; 932 Zion Park Blvd ; plats moins de 10 $; 7h-12h lun-ven, 7h-1h sam-dim ;) sert du café, des petits-déjeuners de burritos ou de paninis à la dinde. Les jours de semaine, s'il n'y a pas beaucoup de clients, l'endroit ferme à midi (on peut emporter son déjeuner). Inutile de s'habiller pour aller dîner au **Spotted Dog** (☎ 435-772-0700 ; 428 Zion Park Blvd ; petit-déj 8 $, plats 11-24 $; 7h-11h et 17h-22h lun-ven, 7h-11h30 et 17h-22h sam-dim, jusqu'à 21h hors saison, peut être fermé en jan) mais, tout de même, son patio est un endroit pour voir et être vu. Le menu, riche en produits régionaux de saison, propose des pâtés au gibier et de la truite arc-en-ciel. Buffet au petit-déjeuner. Pour boire un verre, le **Bit & Spur Restaurant & Saloon** (☎ 435-772-3498 ; 1212 Zion Park Blvd), institution locale, est l'établissement le plus animé de la ville avec un grand choix de bières artisanales et des concerts de temps à autre.

Zion National Park

Vous serez probablement impressionné par la délicate beauté que protègent ces montagnes aux contours déchiquetés : cascades coulant en à-pic le long des parois rocheuses, grottes et jardins suspendus, berges de rivière luxuriantes ou prairies de fleurs sauvages au sommet des mesas. Zion semble suggérer que le sud de l'Utah n'est aride et austère qu'en apparence. Ici, le long de la Virgin River, le désert prend des allures d'éden.

La randonnée et l'escalade sont deux activités de choix, et l'on aime se faire peur en se penchant sur un gouffre de 600 m de profondeur. Zion offre aussi l'occasion de descendre au fond de dizaines de canyons, dont le plus impressionnant, appelé The Narrows, a été creusé par la Virgin River.

RENSEIGNEMENTS

Le parc est ouvert toute l'année. L'entrée, valable 7 jours, coûte 25 $/véhicule ou 12 $/piéton, moto ou vélo. Les camping-cars devront s'acquitter de 15 $ pour être escortés dans le tunnel de Zion-Mt Carmel de 1,8 km, situé à l'entrée est.

D'avril à octobre, des navettes fréquentes et gratuites parcourent le parc. Ce sont les seuls véhicules autorisés dans le canyon (à l'exception de ceux des hôtes du lodge). Au départ du Visitor Center, les navettes desservent deux trajets reliés, tous les jours de 6h45 à 22h. L'une prend et dépose les passagers le long de Zion Park Blvd dans Springdale et l'autre s'arrête aux départs des sentiers dans le parc. Pour éviter le droit d'entrée de 25 $/véhicule, prenez la navette depuis la ville : vous ne paierez que 12 $/personne.

L'entrée principale du Zion Canyon se trouve au sud, via la Hwy 9. Il existe une autre entrée au nord-ouest, vers les Kolob Canyons près de l'I-15. Se rendre en voiture de la Hwy 9 jusqu'au milieu du parc en longeant Kolob Terrace Rd est gratuit mais il faut acquitter un droit d'entrée si vous souhaitez vous garer pour pique-niquer ou randonner. Les rangers qui patrouillent dans la zone vérifieront si vous avez payé.

Zion reçoit près de 2,6 millions de visiteurs par an, dont la majorité de mai à septembre. Si quelques sentiers sont très fréquentés, le bruit des voitures et l'encombrement des parkings ne sont plus aujourd'hui qu'un mauvais souvenir grâce au système des navettes. Et il suffit de s'éloigner un peu pour trouver le calme.

Le **Zion Canyon Visitor Center** (☎ 435-772-3256 ; www.nps.gov/zion ; 8h-19h été, 8h-18h printemps et automne, 8h-17h hiver) est le principal centre d'informations sur le parc. Il dispose d'ouvrages, de cartes et de renseignements sur les activités de loisir. Renseignez-vous sur celles proposées par les rangers : marches dans la nature et conférences sur la flore, la faune, l'écologie et la géologie. Le centre abrite également le **bureau des randonnées** (Backcountry desk, ☎ 435-772-0170 ; 7h-20h juin-août, 7h-18h sept à mi oct, 8h-16h30 mi-oct à mai) qui alloue 25% de ses permis de randonnée aux personnes qui pénètrent par la navette dans le parc, à retirer la veille ou le jour même. Pour réserver un permis spécifique à un certain secteur (ceux pour des endroits populaires tels les Narrows partent très vite), réservez par téléphone ou en ligne bien avant votre arrivée (www.nps.gov/zion/planyour visit/index.htm).

Le **Kolob Canyons Visitor Center** (☎ 435-772-3250 ; 8h-16h30 automne-hiver, 8h-17h printemps-été) est plus petit mais l'on y obtient autant d'informations ainsi que les permis de randonnée.

Pour réunir tous les renseignements avant le départ, visitez le site fort utile du **Zion Canyon Visitors Bureau** (☎ 888-518-7070 ; www.zionpark.com) qui propose des liens renvoyant aux infrastructures et prestataires de service de la région.

ORIENTATION

Zion couvre 73 500 ha délimités par l'I-15 au nord-ouest et la Hwy 9 au sud. Aucune route à l'intérieur du parc ne relie directement la partie nord à la partie sud. Il faut au choix randonner entre les deux ou les contourner en voiture (environ 50 minutes).

La ville de Springdale se trouve sur la Hwy 9 après la South Entrance (entrée sud) du parc. Agréable et accueillante, elle compte quantité d'hôtels, de restaurants et de prestataires de service. Longue de près de 5 km, elle comporte un centre s'étendant sur 400 m, et situé à environ 1,5 km au sud-ouest du parc.

D'autres petites villes bordent la Hwy 9 plus à l'ouest, notamment Rockville, Virgin, La Verkin, et Hurricane, la plus importante. Si Springdale ne répond pas à vos attentes, mieux vaut gagner St George (p. 350), la plus grande ville du sud de l'Utah, située sur l'I-15 à environ 40 minutes au sud-ouest des entrées de Zion Canyon et Kolob Canyons. Cedar City, autre ville d'importance sur l'I-15, est à environ 15 minutes au nord de Kolob Canyons.

À l'est de Zion, il n'y a pas grand-chose excepté quelques agglomérations le long de la Hwy 89 ; la plus grande, Kanab (p. 350), est à environ 40 minutes du parc.

THE NARROWS : DEPUIS LE SOMMET

EN BREF

Distance : 25 km aller
Durée : randonnée sur deux jours, ou 12 heures de marche
Niveau : modéré-difficile
Dénivelé : 366 m

Ce sentier a fait la célébrité de Zion : les méandres qui descendent à la Virgin River passent par une gorge de 300 m de haut baptisée The Narrows. S'il est possible de descendre du sommet en une journée, la marche est exténuante ; mieux vaut camper une nuit. On peut faire l'ascension des Narrows depuis le bas, aucun permis n'est nécessaire.

Douze emplacements de camping bordent le fleuve, mais deux seulement accueillent des groupes de plus de 6 personnes (12 maximum). La meilleure saison va de juin à septembre, lorsque le fleuve est le plus chaud et à son plus bas niveau. En été, il vous faudra au moins de solides chaussures adaptées, un sac à dos étanche (vous pouvez le doubler avec un sac-poubelle) et une canne, voire deux, pour négocier les rochers glissants et les courants. Munissez-vous aussi d'un short de randonnée en nylon et d'une veste polaire.

Le reste de l'année, une combinaison de plongée est nécessaire ; location possible à Springdale. Les campeurs doivent se munir de sacs (distribués gratuitement aux détenteurs de permis) pour stocker leurs déchets.

Des crues subites se produisent chaque année, et les autorités peuvent fermer la rivière à tout moment, en particulier en juillet et août, saison de la "mousson" locale. Avant de partir, renseignez-vous auprès des rangers sur la météo et le niveau de l'eau.

Le sentier débute au **Chamberlain's Ranch**, à l'est du parc, à 90 min de l'entrée sud ; un ranger vous l'indiquera. Après le portail du ranch, un chemin de terre mène à la rivière, où un panneau du NPS indique le début du sentier.

De là, il suffit de suivre la rivière. Les 14,5 premiers kilomètres sont les plus faciles ; la rivière et les parois ondulantes sont fascinantes. **Deep Creek** constitue la première grande confluence : la rivière y double de volume. Trois kilomètres plus loin, **Big Water** rassemble la plupart des campements ; on y trouve aussi des petits canyons isolés. Les eaux deviennent vives et plus profondes, et on doit parfois nager.

Après Big Water, le segment long de 8 km est très fréquenté. Continuez sur 3,2 km pour trouver la célèbre **Wall Street**, avant de retrouver la foule sur la **Riverside Walk**.

RIVERSIDE WALK

EN BREF

Distance : 3,2 km aller-retour
Durée : 1 heure
Niveau : facile
Dénivelé : 15 m

En partant de l'arrêt Temple of Sinawava de la navette Zion Park Shuttle (p. 355), ce sentier goudronné souvent très fréquenté débouche sur la rivière. Ombragé par les parois, il est accessible (avec un peu d'aide) aux fauteuils roulants et sans risque pour les enfants, mais il se termine sur les rives glissantes de la **Virgin River**. Incontournable pour tout visiteur de Zion, il permet d'admirer des jardins suspendus et des piscines naturelles.

Des panneaux expliquent la géologie et l'écologie de la rivière. Le sentier aboutit à un

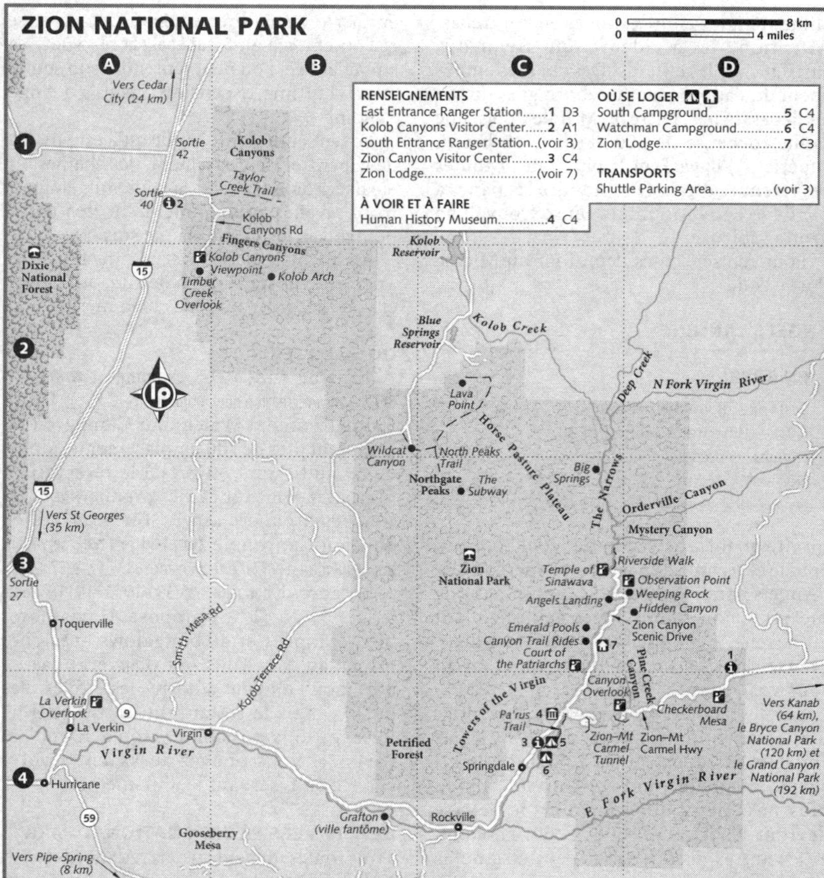

cul-de-sac ; des marches descendent au bord de la rivière. Portez des chaussures que vous ne craignez pas de mouiller car il est difficile de résister à la tentation de sauter dans l'eau…

EMERALD POOLS TRAIL

EN BREF

Distance : 1,9 km aller-retour jusqu'à la Lower Pool ; 4 km aller-retour jusqu'aux Middle et Upper Pools
Durée : 1-2 heures aller-retour
Niveau : facile jusqu'à la Lower Pool ; modéré jusqu'aux Middle et Upper Pools
Dénivelé : 20 m jusqu'à la Lower Pool ; 45 m jusqu'aux Middle Pools ; 120 m jusqu'à l'Upper Pool

Cet ensemble composé de 3 sentiers et de 4 vasques est très apprécié : chaque point d'eau est une petite oasis. Des chutes miroitantes s'écoulent du grès et les bassins, parfois teintés de vert, accueillent des centaines de rainettes qui, le soir, chantent à pleins poumons.

Le sentier débute face au Zion Lodge, de l'autre côté de la route. La partie la plus facile est le Lower Pool Trail, goudronné et régulier, voire plat par endroits (accessible aux fauteuils roulants avec de l'aide).

Depuis le **bassin inférieur de la Lower Pool**, l'eau forme une cascade qui arrose le sentier et ceux qui l'empruntent. De là, un chemin de terre grimpe vers les deux bassins intermédiaires des **Middle Pools**, qui alimentent les chutes situées en contrebas. Attention : les accidents sont fréquents, surtout chez les enfants. Des chaînes empêchent de s'approcher du rebord glissant, ne les dépassez pas. Entre les Middle Pools, une saillie rocheuse de 500 m mène au bassin supérieur, l'**Upper Pool**, la plus jolie de toutes ces retenues d'eau. On y admire les flancs à pic de la Lady Mountain où se trouve une grotte sableuse.

Pour rentrer, faites demi-tour au Middle Pools Trail.

ANGELS LANDING

EN BREF

Distance : 8 km aller-retour
Durée : 3 heures 30-4 heures 30
Niveau : difficile
Dénivelé : 446 m

En atteignant le belvédère de Scout Lookout, épuisé et trempé de sueur, on s'aperçoit que l'Angels Landing n'est plus la montagne de pierres qu'on redoutait en commençant la marche, mais une véritable splendeur, creusée par la Virgin River qui s'étend sous vos yeux.

Sur les 800 derniers mètres, le sentier n'est plus qu'une mince crête, qui, par endroits, ne dépasse pas 1,50 m de large, surplombant le fond du canyon, 450 m plus bas. Ceux qui souffrent de vertige devront s'arrêter au col de Scout Lookout, et les autres découvriront peut-être qu'ils en souffrent aussi : on a même surnommé le lieu "le col des dégonflés".

L'entrée du sentier se trouve en face de l'arrêt de la navette The Grotto. De là jusqu'au Scout Lookout, empruntez le dernier segment du **West Rim Trail**, prenez à droite et suivez les panneaux indiquant le West Rim. Vous commencerez par longer la rivière vers Angels Landing, qui s'élance vers le ciel comme la proue d'un navire. La pente se fait de plus en plus raide à mesure que l'on remonte le canyon. Le dernier lacet passe sous un rocher en saillie ; de l'autre côté, la pente s'adoucit, et se fraie un chemin dans le **Refrigerator Canyon**, où, comme son nom l'indique, règne une certaine fraîcheur.

Au bout de quelques lacets, on parvient aux **Walter Wiggles**, véritables merveilles d'ingénierie : cette série de 21 courts zigzags en pierre mène directement à une crevasse, et l'on émerge au **Scout Lookout** : la vue y est stupéfiante et l'on peut reprendre son souffle avant l'ultime ascension jusqu'à l'Angel Landing.

Le sentier devient si raide qu'il est possible de le perdre. Heureusement, des chaînes ont été fixées dans la roche. Si vous vous éloignez trop, revenez prudemment sur vos pas et poursuivez jusqu'à la chaîne suivante.

Au sommet, vous pouvez admirer le paysage à perte de vue sur l'ensemble du Zion Canyon et vous accorder un repos bien mérité.

OÙ SE LOGER

À l'entrée sud, deux **campings** (☎877-444-6777 ; www.recreation.gov ; empl tente 16-20 $), South Campground et Watchman Campground, comptent près de 300 emplacements. Moins de la moitié sont ouverts à la réservation. Présentez-vous tôt car les premiers arrivés sont les premiers servis. Au beau milieu du Zion Canyon, le **Zion Lodge** (☎ réservations le jour-même 435-772-7700, à l'avance 888-297-2757 ; www.zionlodge.com ; ch/bungalows/ste 150/160/170 $; toute l'année ;) propose 81 chambres bien équipées et 40 bungalows avec cheminée au gaz. Tous ont des vérandas en bois d'où l'on peut admirer les étoiles. Pas de TV, mais le restaurant est de qualité. Réservations possibles jusqu'à 13 mois à l'avance. Vous pouvez aussi tenter votre chance en réservant le jour-même.

DEPUIS/VERS LE ZION NATIONAL PARK

Trois routes mènent au parc. Au nord-ouest, Kolob Canyons Rd bifurque de l'I-15 vers l'est et passe devant une entrée et un Visitor Center. Au sud, la Hwy 9 relie l'I-15 à la Hwy 89, conduisant au principal Visitor Center et à la route panoramique (Scenic Drive). L'I-15 et la Hwy 9 sont ouvertes toute l'année.

La route du milieu, Kolob Terrace Rd, parcourt environ 56 km vers le nord, de la Hwy 9 à la Hwy 14 près de Cedar City. Cette route dépourvue d'infrastructures et d'équipements n'est goudronnée que sur une moitié et fermée pour cause d'enneigement l'hiver.

COMMENT CIRCULER

D'avril à novembre, seule la Zion Park Shuttle a accès au Zion Canyon. Les voitures sont admises de décembre à mars, quand la navette n'est pas en service.

Voiture

Quand les navettes circulent, on peut tout de même traverser Zion Park en voiture par la Hwy 9, dotée de plusieurs parkings. Attention : le tunnel de Zion-Mt Carmel n'est pas accessible aux camping-cars. Pour louer une voiture, voir St George, p. 350.

Parking

En hiver, se garer à Zion ne pose pas de problème. Mais en été et pendant les longs week-ends du printemps et de l'automne, les parkings le long de la Hwy 9 affichent parfois complet dès 10h et le restent jusqu'à 16h ou 17h. Le Visitor Center compte un grand parking avec emplacements pour camping-cars et un parc de stationnement à l'heure. Le Human History Museum compte aussi un parking plus petit. Vous trouverez aussi quelques places au Nature Center et environ une dizaine d'autres sur la Hwy 9 près de Canyon Junction.

Après 10h, mieux vaut se garer directement à Springdale et prendre la navette municipale jusqu'au parc. La plupart des hôtels sont proches d'arrêts de navettes, et l'on trouve quantité de stationnements gratuits dans la rue principale (garez-vous à l'intérieur de la ligne blanche) ainsi qu'au Zion Canyon Giant Screen Theater, à côté de l'entrée du parc.

Navettes

Du 1er avril au 31 octobre, le parc assure 2 circuits gratuits reliés entre eux : la **Zion Park Shuttle** marque 9 arrêts le long du Zion Canyon (départ du Visitor Center et terminus au Temple of Sinawava ; 90 min aller-retour) ; la **Springdale Shuttle** marque 6 arrêts fixes et 3 arrêts à la demande le long de la Hwy 9 entre l'entrée du parc et le **Majestic View Lodge**, l'hôtel le plus reculé du parc. Prenez la Springdale Shuttle jusqu'au **Zion Canyon Giant Screen Theater** puis traversez une passerelle pour rejoindre le kiosque où les rangers font payer l'entrée. Le Visitor Center et le premier arrêt de la Zion Canyon Shuttle sont juste en face.

Les bus accessibles aux fauteuils roulants peuvent également transporter les gros sacs à dos, 2 vélos ou une poussette. Les animaux sont interdits. Tous les arrêts sont équipés d'un banc en bois ombragé avec horaires affichés et description de l'itinéraire desservi.

L'été, la navette circule de 5h45 à 23h ; au printemps et en automne, de 6h45 à 22h. Les navettes passent toutes les 6 à 10 minutes de 9h à 20h, et toutes les 15 à 30 minutes en dehors de ces horaires. Aux heures de pointe, on voyage parfois debout mais rarement sur tout le trajet.

Navettes pour randonneurs

Red Rock Shuttles (☎ 435-635-9104 ; www.redrockshuttle.com)
Zion Canyon Transportation (☎ 877-635-5993, 435-635-5993 ; www.nps.gov/zion/trans.htm)
Zion Rock & Mountain Guides (☎ 435-772-3303 ; www.zionrockguides.com)

Les minibus de chacune des compagnies se rendent aux points de départ des sentiers du côté est du parc (terminus à Chamberlain's Ranch au point de départ du sentier menant aux Narrows ; p. 352), ainsi qu'en d'autres points le long de Kolob Terrace Rd (terminus à Lava Point pour emprunter le West Rim Trail). Comptez de 60 à 90 minutes pour toutes les destinations. Les tarifs dépendent de la demande, et il faut parfois un minimum de 2 personnes. Les réservations sont impératives. Mieux vaut s'y prendre le plus tôt possible et confirmer la réservation la veille du trajet.

NOUVEAU-MEXIQUE

Expliquer par des mots l'atmosphère du Nouveau-Mexique n'est pas chose facile. On peut parler de juxtaposition de l'art et du paysage, avec des crânes de vaches accrochés à des murs azur et de croix se découpant sur les toits séculaires des missions catholiques… ou encore, de villages pueblos, d'haciendas tricentenaires et de bâtiments modernes et chics qui se côtoient, témoignant de l'étroite conjonction des trois cultures dominantes de la région : indienne, hispanique et anglo-saxonne. On pense aussi à l'air vif des montagnes, aux *enchiladas* bien relevées, aux *national monuments* et à la population accueillante. Que demander de plus ?

Et pourtant, quand on pense l'avoir enfin cerné, le Nouveau-Mexique offre une nouvelle facette. Les extraterrestres s'invitent à Roswell, Billy the Kid est érigé en héros, les musées honorent l'ère atomique et des

LE NOUVEAU-MEXIQUE EN BREF

Surnom : Land of Enchantment (Pays de l'Enchantement)
Population : 1,9 million d'habitants
Superficie : 314 941 km²
Capitale : Santa Fe (72 000 habitants)
Autres villes : Albuquerque (507 800 habitants), Las Cruces (86 200 habitants), Roswell (45 600 habitants), Alamogordo (36 000 habitants), Carlsbad (25 400 habitants)
TVA : 5%
Lieu de naissance de : Smokey Bear, mascotte nationale des forêts
Lieu de résidence de : l'International UFO Museum & Research Center (Roswell), Julia Roberts
Célèbre pour : ses piments, ses villages pueblos, la première bombe atomique (1945), Billy the Kid
Question cruciale : Rouge ou verte ? (la sauce chili, bien sûr)
Distances par la route : Albuquerque-Carlsbad 443 km, Las Cruces-Taos 567 km

chauves-souris s'agglutinent au plafond des Carlsbad Caverns. Il y a donc un peu plus que la turquoise et l'art de Taos. C'est sans doute les fascinants tableaux de Georgia O'Keeffe, devenue le peintre majeur de cet État, qui expriment le mieux le charme insaisissable et contradictoire du Nouveau-Mexique.

Histoire

Les premières traces de peuplement remontent à 10 500 ans av. J.-C. À l'arrivée du conquistador Coronado au XVIe siècle, la culture dominante était celle des Pueblos. Après l'établissement de Santa Fe comme capitale en 1610, les colons espagnols affluèrent dans le nord du Nouveau-Mexique et les missionnaires tentèrent, parfois dans la violence, d'imposer le catholicisme aux Indiens pueblos. Ces derniers se révoltèrent et occupèrent Santa Fe jusqu'en 1692, lorsque Diego de Vargas reprit la ville.

En 1851, le Nouveau-Mexique devint territoire américain. La persécution des Indiens, la colonisation par les cow-boys et les mineurs et le commerce le long du Santa Fe Trail achevèrent de modifier le visage de la région. Avec l'arrivée du chemin de fer dans les années 1870, l'État connut un boom économique.

Au début du XXe siècle, des peintres et des écrivains fondèrent à Santa Fe et à Taos des communautés d'artistes. En 1943, un groupe de scientifiques s'installa à Los Alamos pour développer la bombe atomique (p. 369). De nos jours, les principaux problèmes du Nouveau-Mexique concernent l'eau et l'immigration.

Renseignements

Quand les heures d'ouverture sont indiquées selon la saison (et non les mois), nous conseillons d'appeler pour vérifier, car ces heures fluctuent en raison de la météo, du statut de l'établissement ou des coutumes locales.

New Mexico CultureNet (www.nmcn.org). Indique le programme des concerts, des conférences et des inaugurations dans le nord du Nouveau-Mexique.

New Mexico Magazine (www.nmmagazine.com). Bon guide sur l'État avec des sections sur les activités, les lieux de divertissements et les infrastructures touristiques.

New Mexico Route 66 Association (www.rt66nm.org). Informations sur la mythique route à travers l'État.

New Mexico State Parks Division (carte p. 365 ; ☎ 505-476-3355, 888-667-2757 ; www.emnrd.state.nm.us ; 1220 South St Francis Dr, Santa Fe). Réservation d'emplacements de camping (8-18 $/nuit) par téléphone ou en ligne (☎ 877-664-7787; www.newmexico.reserveworld.com) pour certains parcs.

New Mexico Tourism Department (☎ 505-827-7400, 800-545-2040 ; www.newmexico.org). Commandez le *Vacation Guide* gratuit, téléchargez la carte Scenic Byways ou renseignez-vous sur les activités et l'hébergement.

Public Lands Information Center (☎ 877-851-8946 ; www.publiclands.org). Renseignements sur le camping et les loisirs.

ALBUQUERQUE

Cette ville-carrefour animée, la plus peuplée du Nouveau-Mexique, cache un charme bien à elle, qu'elle doit plus à ses habitants qu'à son rayonnement de grande agglomération. Ceux-ci sont fiers de leur ville et heureux de partager avec vous son histoire, ses curiosités et ses bons restaurants. Albuquerque est bien plus qu'un simple point sur la Route 66.

Old Town, la vieille ville très animée, regorge de maisons en adobe séculaires. Central Ave est le quartier de l'animation nocturne, que l'on explore facilement à pied. Des pétroglyphes très anciens sont gravés sur les rochers juste à la sortie de la ville, tandis que des musées modernes explorent l'espace et l'énergie nucléaire. Albuquerque rassemble une population bigarrée d'étudiants, d'Indiens et d'Hispaniques, où la communauté homosexuelle est bien représentée. Les prospectus pour les cours de *square dance* et de yoga sont distribués avec un égal enthousiasme, tandis que l'on trouve aussi bien des cow-boys que des agents immobiliers attablés dans les *taquerias* (petits restaurants mexicains) et les cafés rétro.

Orientation

La ville est délimitée par Paseo del Norte Dr au nord, Central Ave au sud, Rio Grande Blvd à l'ouest et Tramway Blvd à l'est. Central Ave (la Route 66) est la principale artère. Elle traverse la vieille ville (Old Town), le centre-ville (downtown), l'université et la colline de Nob Hill. La ville est divisée en quatre quartiers (NW, NE, SW et SE) autour d'un centre situé au carrefour de Central Ave et de la voie ferrée, à l'est du centre-ville.

Renseignements

ACCÈS INTERNET

FedEx Office (carte p. 358 ; ☎ 505-255-9673 ; 2706 Central Ave SE ; 20 ¢/min ; 🕒 24h/24 lun-jeu, minuit-23h ven, 9h-21h sam, 9h-minuit dim)
Main Library (Bibliothèque principale ; carte p. 361 ; ☎ 505-768-5140 ; 501 Copper Ave NW ; 🕒 10h-18h lun et jeu-sam, 10h-19h mar-mer). Accès Internet gratuit pour l'achat d'une carte à puce (3 $). Wi-Fi gratuit avec une carte d'accès.

LIBRAIRIES

Page One (carte p. 358 ; ☎ 505-294-2026 ; www.page1book.com ; 11018 Montgomery Blvd NE, Juan Tabo Plaza ; 🕒 9h-21h lun-sam, 9h-19h dim). Immense et très bien fournie ; achète et vend des livres d'occasion.

OFFICES DU TOURISME

L'**Albuquerque Convention & Visitors Bureau** (www.itsatrip.org) compte 3 centres d'informations touristiques :
Downtown (carte p. 361 ; ☎ 505-842-9918, 800-284-2282 ; 20 First Plaza NW, angle 2nd St et Copper Ave ; 🕒 9h-16h lun- ven)
Old Town (carte p. 361 ; ☎ 505-243-3215 ; 303 Romero St NW ; 🕒 10h-17h oct-mai, 10h-18h juin-sept)
Sunport (aéroport international d'Albuquerque). Au niveau inférieur de l'aire de retrait des bagages.

POSTE

Poste (carte p. 361 ; ☎ 505-346-1256 ; 201 5th St SW)

SITES INTERNET

Albuquerque.com (www.albuquerque.com). Sites touristiques, hôtels et restaurants.
Albuquerque Online (www.abqonline.com). Listes complètes et liens vers les entreprises locales.
Alibi (☎ 505-346-0660 ; www.alibi.com). Hebdomadaire gratuit avec agenda des sorties.
City of Albuquerque (www.cabq.gov). Renseignements sur les transports en commun, les sites touristiques, etc.

URGENCES ET SERVICES MÉDICAUX

Police (carte p. 358 ; ☎ 505-242-2677 ; 2501 Carlisle Blvd)
Presbyterian Hospital (carte p. 358 ; ☎ 505-841-1234 ; 1100 Central Ave SE ; 🕒 urgences 24h/24)
UNM Hospital (carte p. 358 ; ☎ 505-272-2411 ; 2211 Lomas Blvd NE ; 🕒 urgences 24h/24). Si vous n'êtes pas assuré.

À voir

OLD TOWN (VIEILLE VILLE)

De sa fondation en 1706 jusqu'à l'arrivée du chemin de fer en 1880, la Plaza constituait le cœur de la ville ; aujourd'hui, Old Town est le quartier le plus touristique.

L'intéressant mais plutôt inquétant **Rattlesnake Museum** (carte p. 361 ; ☎ 505-242-6569 ; www.rattlesnakes.com ; 202 San Felipe St NW ; adulte/enfant/senior 5/3/4 $; 🕒 11h30-17h30 lun-ven, 10h-18h sam, 13h-17h dim), au sud-est de la Plaza, abrite de dangereux serpents à sonnettes. Des *diamondbacks* orientaux (*Crotales adamenteus*) aux *canebrakes* (*Crotalus horridus atricaudatus*), nulle part ailleurs au monde vous n'en verrez autant d'espèces. À l'achat de votre billet, vous recevrez un "certificat de courage".

Célèbre pour sa collection d'armures et d'armes des conquistadors, l'**Albuquerque Museum of Art & History** (carte p. 361 ; ☎ 505-243-7255 ; www.cabq.gov/museum ; 2000 Mountain Rd NW ; adulte/enfant 4-12 ans/senior 4/1/2 $, 1er mer du mois et 9h-13h dim gratuit ; 🕒 9h-17h mar-dim) explore aussi l'histoire de la ville à travers ses trois cultures, indienne, hispanique et anglo-saxonne. Une section est consacrée aux artistes du Nouveau-Mexique.

Également dans Old Town, vous trouverez l'¡Explora! Science Children's Museum (p. 359) et le New Mexico Museum of Natural History & Science (p. 359).

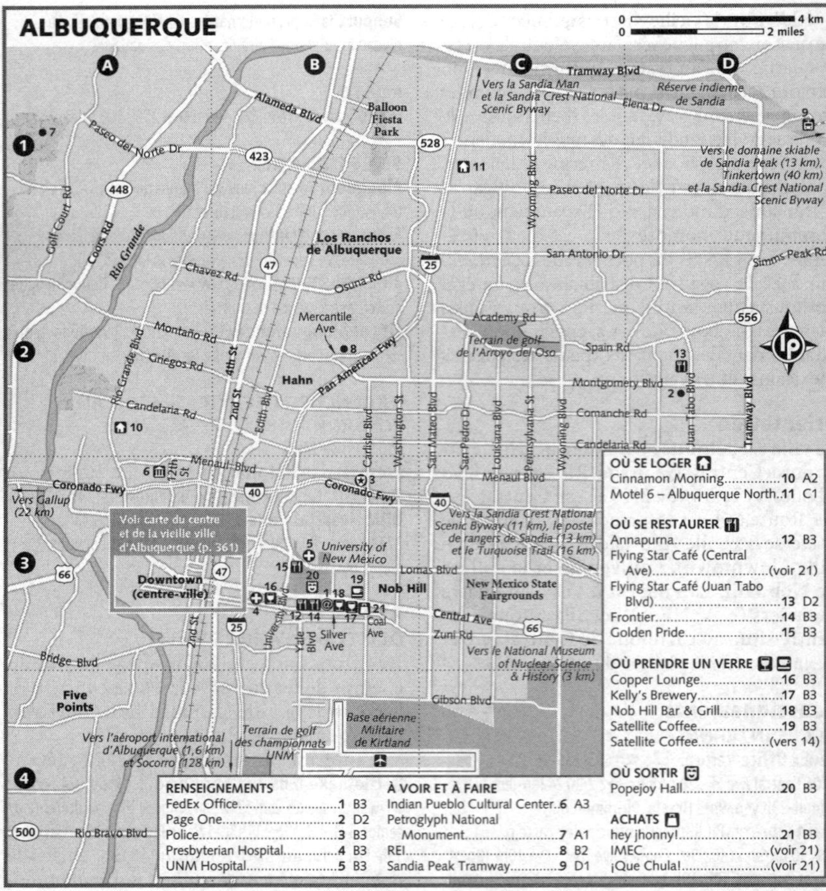

EN VILLE

Le quartier de l'University of New Mexico (UNM) rassemble de bons restaurants, des bars, des magasins originaux et des cafés d'étudiants branchés. La rue principale est Central Ave, entre University Blvd et Carlisle Blvd. Juste à l'est, s'étend le quartier branché de Nob Hill avec ses rues piétonnières bordées de *coffee shops* indépendants, d'élégantes boutiques et de restaurants avec patio.

Géré par les 19 villages pueblos du Nouveau-Mexique, l'**Indian Pueblo Cultural Center** (carte p. 358 ; ☎ 505-843-7270 ; www.indianpueblo.org ; 2401 12th St NW ; adulte/enfant et étudiant/senior 6/3/5,50 $; 9h-17h) est incontournable pour connaître les Pueblos. Le musée retrace leur culture, leurs coutumes et leur artisanat, accueille des expositions temporaires et sert leur cuisine dans le restaurant.

En 2009, le National Atomic Museum a changé d'adresse et est devenu le **National Museum of Nuclear Science & History** (hors carte p. 358 ; ☎ 505-245-2137 ; www.nuclearmuseum.org ; 601 Eubank Blvd SE ; adulte/enfant et senior 8/4 $; 9h-17h). Ses expositions sont consacrées au Manhattan Project, à l'histoire du contrôle des armes et à l'utilisation du nucléaire comme source alternative d'énergie. Les bénévoles ici sont des retraités de l'armée qui connaissent bien leur sujet. Prenez le temps de lire dans le livre des visiteurs, à côté de l'exposition sur Hiroshima et Nagasaki, les commentaires critiques et profonds laissés par certains.

Au nord-ouest de la ville, le **Petroglyph National Monument** (carte p. 358 ; ☎ 505-899-0205 ; www.nps.gov/petr ; Boca Negra Canyon lun-ven 1 $/véhicule, sam et dim 2 $) aux quelque 20 000 gravures rupestres propose 3 sentiers, de difficulté et de durée variables, dans différentes sections du parc. Arrêtez-vous au Visitor Center pour décider lequel vous convient le mieux. Le Boca Negra, dont les pétroglyphes remontent à 3 000 ans, est idéal si votre temps est compté. Attention : il y a eu des vols par bris de glace dans les voitures garées sur les parkings au départ des sentiers. Ne laissez rien de tentant. Prenez vers l'ouest sur l'I-40, traversez le Rio Grande, puis prenez la sortie 154 nord.

Long de 4,3 km, le **tramway de Sandia Peak** (carte p. 358 ; ☎ 505-856-7325 ; www.sandiapeak.com ; Tramway Blvd ; entrée véhicule 1 $, adulte/13-20 ans et senior/enfant 17,50/15/10 $; 9h-20h mer-lun, 17h-20h mar sept-mai, 9h-21h juin-août) débute son trajet dans le désert, au milieu des cactus chollas, et aboutit parmi les pins couvrant Sandia Peak, à 3 203 m d'altitude.

À faire

Les incontournables Sandia Mountains et les Manzano Mountains, moins fréquentées, permettent de s'adonner à la randonnée, au ski (descente et ski de fond), au VTT et au camping. Le **poste de rangers de Sandia** (hors carte p. 358 ; ☎ 505-281-3304 ; 11776 Hwy 337, Tijeras ; 8h-16h30 lun-ven oct-mai, 8h-17h lun-ven, 8h30-17h sam juin-sept), sur l'I-40 sortie 175 sud, propose informations et cartes (il est prudent d'appeler pour vérifier que le poste est ouvert). Équipez-vous chez **REI** (carte p. 358 ; ☎ 505-247-1191 ; 1550 Mercantile Ave NE).

On atteint le sommet des Sandias par le versant est en empruntant la ravissante **Sandia Crest National Scenic Byway** (I-40, sortie 175 nord), d'où partent plusieurs sentiers ; on peut aussi prendre le tramway de Sandia Peak (voir ci-dessus), ou encore la Hwy 165 depuis Placitas (I-25, sortie 242), une route poussiéreuse qui traverse le Las Huertas Canyon et longe les habitations préhistoriques de **Sandia Man Cave**.

À l'arrivée du tramway, au sommet, le **domaine skiable de Sandia Peak** (Sandia Peak Ski Area ; ☎ 505-242-9052 ; www.sandiapeak.com ; forfait remontées demi-journée/journée adulte 36/48 $, adolescent 30/38 $, enfant et senior 28/35 $) reste ouvert aux VTT pendant les week-ends d'été et les vacances (juin à septembre). Vous trouverez des vélos à louer à la station d'équipement (48 $, caution de 350 $) ou prenez le télésiège jusqu'au sommet du pic avec le vôtre (18 $).

Plusieurs sociétés proposent des survols de la ville et du Rio Grande en montgolfière, comme **Discover Balloons** (carte p. 361 ; ☎ 505-842-1111 ; www.discoverballoons.com ; 205c San Felipe NW; adulte/moins de 12 ans 160/100 $). Ces vols, qui durent environ 1 heure, décollent pour beaucoup à l'aube afin de bénéficier des vents optimaux et du lever de soleil.

LE SUD-OUEST

Avec des enfants

Le **¡Explora! Children's Museum** (carte p. 361 ; ☎ 505-224-8300 ; www.explora.us ; 1701 Mountain Rd NW ; adulte/moins de 12 ans/senior 7/3/5 $; 10h-18h lun-sam, 12h-18h dim ;) captivera vos enfants des heures durant. Du vélo sur un fil de funambule aux métamorphoses de l'eau en passant par les ateliers d'art et d'artisanat, activités et expositions interactives sont adaptées à tous les âges et tempéraments (ne manquez pas l'ascenseur). Et, si vous n'êtes pas accompagné d'enfants, vérifiez sur Internet si la très populaire "Adult Night" ne se déroule pas pendant votre séjour. Cette "nuit des adultes", généralement animée par un scientifique local réputé, est devenue une des attractions les plus courues de la ville.

Au **New Mexico Museum of Natural History & Science** (carte p. 361 ; ☎ 505-841-2800 ; www.nmnaturalhistory.org ; 1801 Mountain Rd NW ; adulte/moins de 13 ans/senior 7/4/6 $; 9h-17h ;), les ados apprécieront surtout l'"Evolator" (ascenseur de l'évolution), qui retrace 38 millions d'années d'histoire géologique et naturelle du Nouveau-Mexique. La nouvelle exposition Space Frontiers montre comment le Nouveau-Mexique a contribué à l'exploration de l'espace, des anciens observatoires de Chaco à l'impressionnante réplique grandeur nature du Mars Rover (robot de la NASA qui doit explorer Mars). Le musée abrite aussi l'immense écran du **DynaTheater** (adulte/3-12 ans/senior 7/4/6 $).

Circuits organisés

De mi-mars à mi-décembre, l'Albuquerque Museum of Art & History (p. 357) organise d'instructives **visites guidées de la vieille ville** (Old Town walking tours ; 11h mar-dim), détaillant les bâtiments historiques importants. Elles durent environ 45 minutes et sont comprises dans le prix d'entrée du musée.

Fêtes et festivals

La **New Mexico Gay Rodeo Association** (www.nmgra.com) organise le **Zia Regional Rodeo** le deuxième week-end d'août. Début octobre, l'**International Balloon Fiesta** (☎888-422-7277; www.balloonfiesta.com) rassemble 900 000 spectateurs envoûtés par la magie des montgolfières.

Où se loger

PETITS BUDGETS

Motel 6 – Albuquerque North (carte p. 358; ☎505-821-1472; www.motel6.com; 8510 Pan American Fwy NE; ch à partir de 42 $; P). À quelques km au nord du centre-ville, une enseigne de chaîne, propre et pas chère, avec laverie. Accès Wi-Fi (3 $/nuit). Au bord de la I-25.

Hotel Blue (carte p. 361; ☎ 505-924-2400, 877-878-4868; www.thehotelblue.com; 717 Central Ave NW; ch avec petit-déj 62-99 $; P). Emplacement agréable dans un parc du centre-ville pour cet hôtel Art déco de 140 chambres, avec lits à mémoire de forme et grand écran plat. Navette gratuite pour l'aéroport et piscine de belle taille.

CATÉGORIES MOYENNE ET SUPÉRIEURE

Mauger Estate B&B (carte p. 361; ☎505-242-8755, 800-719-9189; www.maugerbb.com; 701 Roma Ave NW; ch avec petit-déj 99-193 $, ste 164-204 $; P). Charmante demeure (de style Queen Anne) restaurée, aux chambres douillettes avec édredons, réfrigérateur bien rempli et fleurs fraîches. Les enfants sont les bienvenus. Mauger se prononce "major".

Cinnamon Morning (carte p. 358; ☎ 505-345-3541; www.cinnamonmorning.com; 2700 Rio Grande Blvd NW; ch 109-225 $; P). Les voyageurs qui ne peuvent se passer de leur blog, de Twitter ou de consulter leur emails vont adorer ce B&B avec son accueillant patio connecté, à l'arrière. Les chambres lumineuses sur le thème du Sud-Ouest (à choisir dans le bâtiment principal, la Casita ou la Guest House) sont très accueillantes. En été, le petit-déjeuner est préparé dans la cuisine-patio de style mexicain. Enfants et animaux sont les bienvenus.

♥ **Böttger Mansion** (carte p. 361; ☎ 505-243-3639, 800-758-3639; www.bottger.com; 110 San Felipe St NW; ch avec petit-déj 124-179 $; P). Le propriétaire chaleureux et bien informé de cette confortable demeure de style victorien d'origine (1912) a placé son B&B en tête de la compétition hôtelière. Les 8 chambres sont proches de l'Old Town Plaza, des musées et de restaurants néo-mexicains appréciés des connaisseurs, comme le Duran's Central Pharmacy (1815 Central Ave; espèces seulement). La cour couverte de chèvrefeuille est l'endroit préféré des ornithologues. Des hôtes célèbres ont séjourné ici, tels Elvis, Janis Joplin et Machine Gun Kelly.

Où se restaurer

♥ **Golden Crown Panaderia** (carte p. 361; ☎505-243-2424; 1103 Mountain Rd NW; plats moins de 10 $; 7h-20h mar-sam, 10h-20h dim). Qui n'apprécie pas une bonne boulangerie de quartier, surtout quand les employés sont accueillants et le pain tout chaud au sortir du four! *Empanadas* aux fruits, bon café et souvent des cookies gratuits. Prenez le temps de venir déguster les gourmandises de cette délicieuse oasis en adobe. Appelez pour réserver un pain aux piments verts (ils partent très vite).

Frontier (carte p. 358; ☎ 505-266-0550; 2400 Central Ave SE; plats 3-10 $; 24h/24;). Institution d'Albuquerque, le Frontier confectionne d'énormes rouleaux à la cannelle, des ragoûts irrésistibles aux piments verts et les meilleurs *huevos rancheros* (œufs sur coulis de tomate). La cuisine et l'ambiance sont exceptionnelles; les étudiants apprécient les petits-déjeuners, burgers et plats mexicains, servis 24h/24, 7 jours/7, à petits prix.

Golden Pride (carte p. 358; ☎ 505-242-2181; 1830 Lomas Blvd NE; presque tout en dessous de 10 $; 6h-22h). Dans cette minichaîne populaire (succursale du Frontier), les burritos et le poulet frit du petit-déjeuner régaleront les voyageurs affamés et pressés.

Annapurna (carte p. 358; ☎ 505-262-2424; 2201 Silver Ave SE; plats 7-12 $; 7h-20h lun-mer, 7h-21h jeu-sam, 10h-20h dim; V) sert une cuisine diététique à base d'ingrédients frais parmi les plus savoureuses de la ville, dans un cadre lumineux, entre des murs ornés de fresques. Les plats ayurvédiques, délicatement épicés, entièrement végétariens ou végétaliens, sont si délicieux que même les carnivores se laisseront tenter.

Flying Star Café (carte p. 358; plats 8-11 $; Central Ave ☎ 505-255-6633; 3416 Central Ave SE; 6h-23h dim-jeu, 6h-minuit ven-sam; Juan Tabo Blvd ☎ 505-275-8311; 4501 Juan Tabo Blvd NE; 6h-22h dim-jeu, 6h-23h ven-sam). Sept établissements constamment bondés où déguster des soupes maison, des muffins, du pain, des plats innovants, des desserts et des glaces.

Slate Street Café & Wine Loft

Slate Street Café & Wine Loft (carte p. 361 ; ☎ 505-243-2210 ; 515 Slate Ave NW ; plats petit-déj 8-12 $, déj 9-15 $, dîner 13-25 $; 7h30-15h lun-ven, 9h-14h sam-dim, 17h-19h mar-jeu, 17h-22h ven-sam, bar à vin 16h-22h mar-sam). Ambiance toujours animée dans ce café du centre-ville au cœur du quartier artistique de la Route 66 en expansion. On vient y goûter une cuisine créative du Sud-Ouest et déguster du merlot dans le *wine loft* à l'étage. Une nouvelle adresse de qualité au centre-ville.

La Crepe Michele (carte p. 361 ; ☎ 505-242-1251 ; 400 San Felipe St ; plats déj 8-14 $, dîner 9-25 $; 11h30-14h mar-dim, 18h-21h mar-sam). Niché à l'angle d'une cour en adobe, près de l'Old Town Plaza, ce restaurant intime est idéal pour un dîner paisible et romantique. Crêpes variées au déjeuner et dîner, ou spécialités françaises différentes chaque soir (bœuf Wellington, barramundi au champagne, etc.).

Artichoke Café (carte p. 361 ; ☎ 505-243-0200 ; 424 Central Ave SE ; plats déj 8-16 $, dîner 17-30 $; 11h-14h30 lun-ven, 17h-21h lun-dim, 17h30-22h mar-sam). Élu à plusieurs reprises meilleur restaurant d'Albuquerque, il s'inspire avec brio des cuisines italienne, française et américaine.

Où prendre un verre et sortir

Satellite Coffee (carte p. 358 ; ☎ 505-254-3800 ; 2300 Central Ave NE). Ne vous laissez pas rebuter par son allure futuriste et branchée. Le personnel de ce café est chaleureux et les places occupées par toutes sortes de gens des environs, rivés sur leur ordinateur portable ou sirotant du café. Huit établissements en ville ; essayez aussi celui de Nob Hill (3513 Central Ave NE).

Copper Lounge (carte p. 358 ; ☎ 505-242-7490 ; 1504 Central Ave SE, 2e ét ; lun-sam). Si un parking rempli de pick-up est synomyne d'une bonne soirée pour vous, alors arrêtez-vous au Copper Lounge en briques rouges, où casquettes de base-ball et chapeaux de cow-boys éclusent des bières, jouent au billard et reluquent les dames.

Kelly's Brewery (carte p. 358 ; ☎ 505-262-2739 ; 3226 Central Ave SE). Dans cette ancienne station-service, prenez place à une table commune pour une soirée conviviale à boire de la bière artisanale. Par les chaudes nuits de printemps, la ville entière semble vouloir goûter la fraîcheur de son vaste patio.

Nob Hill Bar & Grill (carte p. 358 ; ☎ 505-266-4455 ; 3128 Central Ave SE). À un pâté de maisons seulement de la Kelly's Brewery, l'ambiance est différente, un brin plus raffinée. Ici, on préfère les cocktails sophistiqués, tel le martini Berries and Bubbles, dans lequel la glace sèche crée un murmure de fumée blanche.

Launch Pad (carte p. 361 ; ☎ 505-764-8887 ; www.launchpadrocks.com ; 618 Central Ave SW). Concerts presque tous les jours de rock indé, de reggae, de punk ou de musique country. Repérez le vaisseau spatial dans Central Ave.

Popejoy Hall (carte p. 358 ; ☎ 505-277-3824, billets 505-277-4569 ; www.popejoyhall.com ; angle Central Ave et Cornell St SE) et le vénérable **KiMo Theatre** (carte p. 361 ; ☎ 505-768-3544 ; 423 Central Ave NW), les deux principales salles de la ville, accueillent des grands spectacles nationaux ainsi que les productions locales d'opéra, de musique classique et de théâtre.

Achats

Si vous recherchez de l'artisanat indien et des vendeurs qui savent de quoi ils parlent, mieux vaut passer au **Palms Trading Post** (carte p. 361 ; ☎ 505-247-8504 ; 1504 Lomas Blvd NW ; 🕑 9h-17h30 lun-sam). Non loin, à deux pas de l'Old Town Plaza, **Luz de Nambé** (carte p. 361 ; ☎ 505-242-5699 ; 328 San Felipe St NW ; 🕑 10h-18h lun-sam, 11h-17h dim) propose la célèbre poterie des Nambe à prix réduit. Juste au sud, **Silver Sun** (carte p. 361 ; ☎ 505-246-9692 ; 2011 Central Ave NW ; 🕑 9h-16h30) est une enseigne réputée pour les turquoises.

Pour des cadeaux originaux, rendez-vous à Nob Hill, à l'est de l'université. Garez-vous dans Central Ave SE ou dans l'une des petites rues aux noms des différents collèges, puis flânez du côté des séduisantes boutiques et des magasins spécialisés. **¡Que Chula!** (carte p. 358 ; ☎ 505-255-0515 ; 3410 Central Ave SE) vend des articles mexicains colorés et à la mode, tandis que **hey jhonny!** (carte p. 358 ; ☎ 505-256-9244 ; 3418b Central Ave SE) expose du mobilier et des accessoires de déco sophistiqués. À l'angle de la rue, vous trouverez de jolis bijoux d'art chez **IMEC** (carte p. 358 ; ☎ 505-265-0114 ; 101 Amherst SE).

Comment s'y rendre et circuler

AVION

L'**Albuquerque International Sunport** (ABQ ; hors carte p. 358 ; ☎ 505-244-7700 ; www.cabq.gov/airport ; 2200 Sunport Blvd SE) est le plus grand aéroport du Nouveau-Mexique. Il est desservi par les grandes compagnies aériennes américaines, surtout **Southwest** (☎ 800-435-9792 ; www.southwest.com). Un taxi entre l'aéroport et le centre-ville coûte de 17 à 20 $; essayez **Albuquerque Cab** (☎ 505-883-4888) ou **Yellow Cab** (☎ 505-247-8888).

BUS

L'**Alvarado Transportation Center** (carte p. 361 ; 100 1st St SW, angle Central Ave) héberge **ABQ RIDE** (☎ 505-243-7433 ; www.cabq.gov/transit ; 🕑 8h-17h), le réseau de bus publics, qui dessert la majeure partie d'Albuquerque en semaine et les principaux sites touristiques tous les jours (adulte/enfant 1 $/35¢ ; forfait 1 jour 2 $). La plupart des lignes fonctionnent jusqu'à 18h. L'ABQ RIDE Route 50 relie l'aéroport au centre-ville (dernier bus à 20h en semaine ; service limité samedi). Consultez le site Internet pour les plans et les horaires. Le bus Route 36 s'arrête près de l'Old Town et l'Indian Pueblo Cultural Center.

Greyhound (carte p. 361 ; ☎ 505-243-4435, 800-231-2222 ; www.greyhound.com, 320 1st St SW), juste à côté, dessert tout l'État. Deux bus quotidiens desservent Santa Fe (17 $) et un, Taos (40-44 $).

Sandia Shuttle (☎ 505-474-5696, 888-775-5696 ; www.sandiashuttle.com) affrète des navettes quotidiennes depuis Albuquerque à destination de nombreux hôtels de Santa Fe, de 9h à 23h (aller simple/aller-retour 25/45 $).

TRAIN

Le train *Southwest Chief* s'arrête tous les jours à la **gare Amtrak** (carte p. 361 ; ☎ 505-842-9650, 800-872-7245 ; www.amtrak.com ; angle 1st St et Central Ave), et poursuit vers l'est jusqu'à Kansas City, dans le Missouri (131 $, 17 heures 30) et au-delà, ou vers l'ouest vers Flagstaff, en Arizona (86 $, 5 heures), puis Los Angeles (à partir de 98 $, 16 heures 30). Pour rejoindre Santa Fe (36 $, 1 heure 30), il faut un transfert en bus à Lamy (25 minutes), à 29 km au sud de Santa Fe.

Le train de banlieue **New Mexico Rail Runner Express** (carte p. 361 ; www.nmrailrunner.com) dessert aussi cette gare ; 8 départs pour Santa Fe les jours de semaine (aller simple/forfait 1 jour 6/8 $) et 6 départs le samedi (aller simple/forfait 1 jour 4/6 $). Le trajet dure environ 1 heure 30.

LE LONG DE L'INTERSTATE-40

Il y a 5 heures de route entre Albuquerque et Flagstaff, dans l'Arizona, mais de nombreux sites et villages pueblos méritent qu'on

ROUTES PANORAMIQUES : LE MEILLEUR DU NOUVEAU-MEXIQUE

D'accès facile, ces quatre routes importantes du point de vue historique et culturel possèdent chacune un charme indéniable. Pour plus de détails (et une carte), tapez www.newmexico.org/explore/scenic_byways/index.php.

Billy the Kid Scenic Byway (www.billybyway.com). Cette boucle par les montagnes et les vallées du sud-est du Nouveau-Mexique vous mène sur les pas turbulents de Billy the Kid, sur la tombe de l'ours Smokey (mascotte des forêts américaines), puis file à travers les vergers de la Hondo Valley. De Roswell, prenez vers l'ouest la Hwy 380.

Santa Fe Trail to Enchanted Circle (www.byways.org, www.enchantedcircle.org). Cette route de Santa Fe à Taos (pas la plus directe) offre une topographie variée, traversant des plaines ondoyantes avant d'emprunter le Santa Fe Trail et puis de passer par des sources chaudes, des villes du Far West, un lac au milieu d'imposants sommets, pour finir par un tour des campements du pionnier Kit Carson. De Santa Fe, prenez vers le nord l'I-25 pendant 225 km jusqu'à la Hwy 58. Suivez cette dernière vers l'ouest jusqu'à Cimarron, d'où elle pénètre dans les montagnes. Enfin, bifurquez vers le sud et Taos par la Hwy 64.

Trail of the Mountain Spirits (www.tmsbyway.com). Le clou de ce voyage dans le sud-ouest du Nouveau-Mexique est la route qui part de la ville de cow-boys de Silver City pour grimper, lacet après lacet à travers la Gila National Forest, dans une atmosphère de plus en plus mystérieuse à l'approche des habitations troglodytiques des Gila Cliff Dwellings. De Deming, prenez vers le nord la Hwy 180 jusqu'à Silver City, puis continuez toujours vers le nord par la Hwy 15.

Turquoise Trail (www.turquoisetrail.org). Cette route secondaire magnifique qui relie Tijeras, près d'Albuquerque, à Santa Fe, fut un axe commercial important durant des milliers d'années. Aujourd'hui, elle est bordée de galeries d'art, de boutiques vendant des bijoux ornés de turquoises, et d'un musée des mines. Depuis l'I-40, rejoignez la Hwy 14 en direction du nord jusqu'à l'I-25.

s'y arrête. Par exemple, depuis Grants, la Hwy 53 en direction du sud-ouest croise tous les sites suivants, sauf Acoma. La Hwy 602 rejoint Gallup, au nord.

Acoma Pueblo

Baptisé Sky City ("ville dans le ciel"), le village d'Acoma est perché sur une mesa à 2 100 m d'altitude et surplombe les plateaux voisins de 110 m. C'est l'un des plus vieux sites d'Amérique du Nord à avoir été habité sans interruption : des potiers y vivraient depuis la fin du XIe siècle. **Visites guidées** (adulte/senior/enfant 20/15/10 $; ⏲ toutes les heures 8h-15h mi-oct à mi-avr, 8h-17h mi-avr à mi-oct), d'une durée d'1 heure 15, au départ du **Visitor Center** (☎ 800-747-0181 ; http://sccc.acomaskycity.org ; permis de photographier 10 $) au pied de la mesa. De l'I-40, prenez la sortie 102, à environ 80 km à l'ouest d'Albuquerque, puis roulez sur 19,5 km vers le sud.

El Morro National Monument

Le **monument** (☎ 505-783-4226 ; www.nps.gov/elmo ; adulte/enfant 3 $/gratuit ; ⏲ 8h-19h juin-août, 9h-18h sept-oct et avr-mai, 9h-17h nov-mars), appelé aussi "Inscription Rock," est célèbre pour son affleurement de grès de 60 m. Des milliers de signes sont gravés dans la pierre, depuis les pétroglyphes du village pueblo (vers 1250), jusqu'aux inscriptions élaborées tracées par les conquistadors espagnols et les pionniers anglo-saxons. À partir de Grants, prendre la Hwy 53 pendant 61 km.

Zuni Pueblo

Les Zuni sont mondialement célèbres pour leurs bijoux en argent, vendus dans des magasins bordant la Hwy 53. Le **pueblo** (☎ 505-782-7238 ; www.zunitourism.com ; 1239 Hwy 53 ; Visitor Center gratuit, visites du pueblo 10 $; ⏲ 8h30-17h30 lun-ven, 10h30-16h sam, 12h-16h dim) comprend des maisons en pierre et des fours de terre en forme de ruche, ainsi que l'imposante **Our Lady of Guadalupe Mission** qui abrite de splendides peintures murales représentant des kachinas. L'**Ashiwi Awan Museum & Heritage Center** (☎ 505-782-4403 ; www.ashiwi-museum.org ; Ojo Caliente Rd ; entrée sur don ; ⏲ 9h-17h lun-ven) expose des photos anciennes et des objets indiens.

L'accueillant **Inn at Halona** (☎ 505-782-4547, 800-752-3278 ; www.halona.com ; 23B Pia Mesa Rd ; ch avec petit-déj 79 $; ⊠ ❄ 📶), décoré d'objets artisanaux zuni, compte 8 chambres. C'est le seul hébergement du pueblo.

Gallup

La ville de Gallup permet aux peuples navajo et zuni de vendre leur production. Les nombreux comptoirs, monts-de-piété, bijouteries et galeries d'art sont rassemblés dans le quartier historique. Idéal pour trouver de la bonne qualité à prix raisonnable. Gallup est aussi l'une de ces villes typiques de la Route 66, regorgeant de boutiques et de motels un peu défraîchis. Contactez la **chambre de commerce** (☎ 505-722-2228, 800-380-4989 ; www.thegallupchamber.com ; 103 W Hwy 66 ; ⏰ 8h30-17h lun-ven, 10h-16h sam).

Dans les années 1940 et 1950, **El Rancho** (☎ 505-863-9311, 800-543-6351 ; www.elranchohotel.com ; 1000 E Hwy 66 ; ch 76-138 $, ste 138-148 $; P) a hébergé maints grands acteurs américains. Superbe hall de style Sud-Ouest ; restaurant et bar sur place. Wi-Fi à la réception.

SANTA FE

À Santa Fe, capitale du Nouveau-Mexique, l'art est roi. Quantité de peintres, de sculpteurs et de photographes vivent dans la région, des centaines de galeries d'art s'y sont installées, et l'on dénombre plus d'une dizaine de musées. L'Indian Market (marché indien) est quant à lui encensé depuis plus de 80 ans. Avec en arrière-plan la spectaculaire chaîne du Sangre de Cristo, Santa Fe incarne la sophistication, et se distingue par un cosmopolitisme qu'on n'imagine guère dans une ville de cette taille. On y trouve des restaurants gastronomiques, des spas, un Opéra et même une station de ski.

Orientation

Depuis le sud, Cerrillos Rd (I-25, sortie 278), longue de 9,5 km, est bordée d'hôtels et de fast-foods ; Paseo de Peralta fait le tour du centre-ville, dont St Francis Dr (I-25, sortie 282) marque la limite occidentale, avant de devenir l'Hwy 285, qui rejoint Los Alamos et Taos, au nord. Guadalupe St forme un axe nord-sud qui traverse le centre. Accessibles à pied depuis la Plaza, la plupart des restaurants, galeries, musées et sites sont situés sur Guadalupe St ou à l'est de cette rue.

Renseignements

ACCÈS INTERNET

New Mexico Tourism Department (☎ 505-827-7400 ; www.newmexico.org ; 491 Old Santa Fe Trail ; ⏰ 8h30-17h30). Accès Internet gratuit.

Santa Fe Public Library (☎ 505-955-6781 ; 145 Washington Ave). Bibliothèque municipale offrant, sur réservation, une heure d'Internet gratuit.

Travel Bug (☎ 505-992-0418 ; www.mapsofnewmexico.com ; 839 Paseo de Peralta ;). Accès Wi-Fi et Internet gratuit à partir des terminaux de l'agence.

LIBRAIRIES

Collected Works (☎ 505-988-4226 ; 202 Galisteo St). Bon choix de guides de la région.

Travel Bug (☎ 505-992-0418 ; www.mapsofnewmexico.com ; 839 Paseo de Peralta ;). Grand choix de guides et de cartes.

OFFICES DU TOURISME

New Mexico Tourism Department (☎ 505-827-7400, 800-545-2070 ; www.newmexico.org ; 491 Old Santa Fe Trail ; ⏰ 8h30-17h30). L'office du tourisme du Nouveau-Mexique distribue des brochures, réserve des hôtels, offre le café et l'accès Internet.

Public Lands Information Center (☎ 505-438-7542, 505-954-2002 ; www.publiclands.org ; 301 Dinosaur Trail, juste au sud de l'intersection de Cerillos Rd et de l'I-25 ; ⏰ 8h30-16h30 lun-ven). Nombreuses cartes et informations.

POSTE

Poste (☎ 505-988-2239 ; 120 S Federal Pl)

SITES INTERNET ET MÉDIAS

New Mexican (☎ 505-983-3303 ; www.santafenewmexican.com). Quotidien d'actualité.

Santa Fe Chamber (www.santafechamber.com). Listes et liens vers les commerces locaux.

Santa Fe Information (www.santafe.org). Guide touristique officiel en ligne.

Santa Fe Reporter (☎ 505-988-5541 ; www.sfreporter.com). Hebdomadaire alternatif gratuit. Le supplément culturel répertorie les bons plans.

URGENCES ET SERVICES MÉDICAUX

Police (☎ 505-428-3700 ; 2515 Camino Entrada)

St Vincent's Hospital (☎ 505-983-3361 ; 455 St Michael's Dr ; ⏰ urgences 24h/24)

À voir

Les amateurs d'art en visite pour le week-end profiteront, s'ils arrivent tôt le vendredi, de l'entrée gratuite ce soir-là instaurée dans de nombreux musées.

Le **Georgia O'Keeffe Museum** (☎ 505-946-1000 ; www.okeeffemuseum.org ; 217 Johnson St ; adulte/senior/enfant 10 $/8 $/gratuit, gratuit ven 17h-20h ; ⏰ 10h-17h, 10h-20h ven) possède la plus importante collection au monde de peintures (fleurs, crânes de vache blanchis, architecture en adobe…) de cette artiste. On peut visiter sa maison (p. 370), mais il faut réserver.

SANTA FE

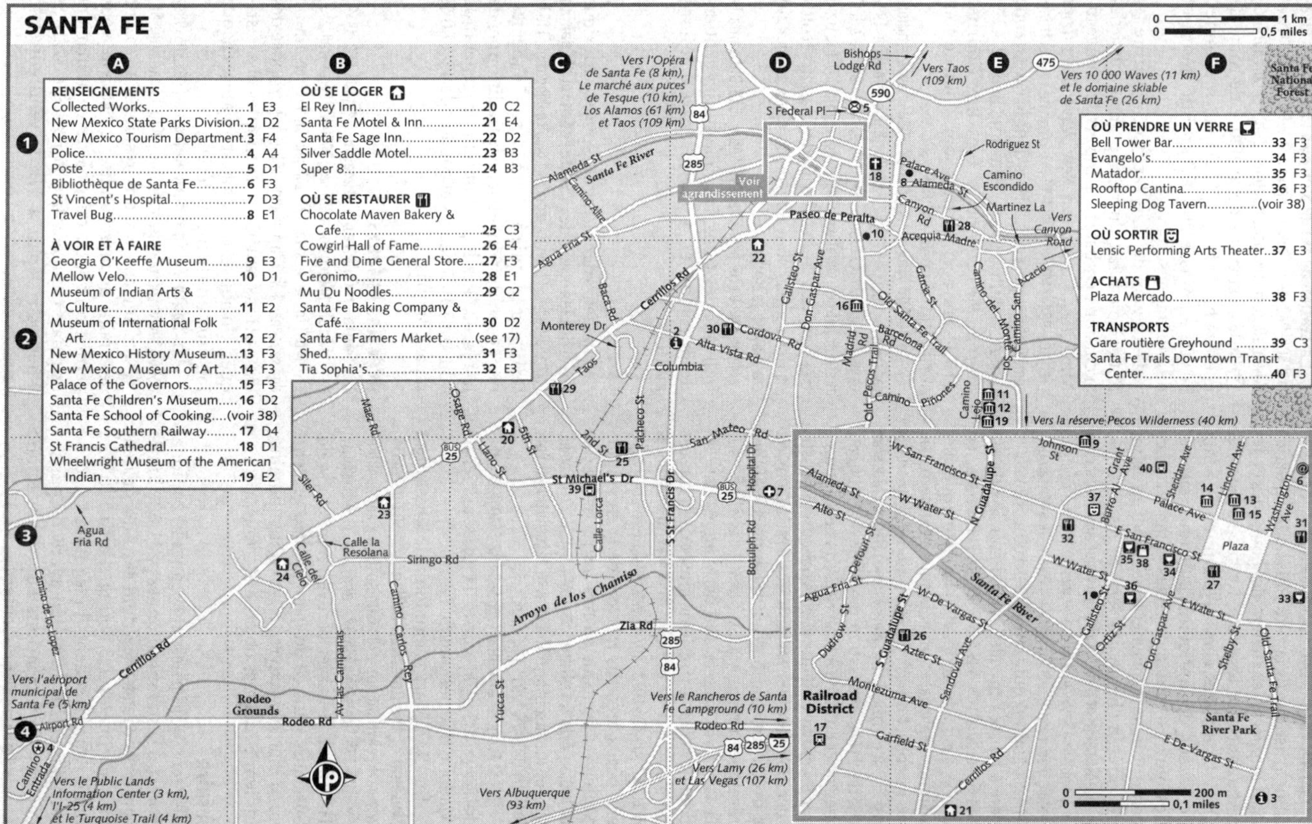

RENSEIGNEMENTS
Collected Works....1 E3
New Mexico State Parks Division..2 D2
New Mexico Tourism Department.3 F4
Police....4 A4
Poste....5 D1
Bibliothèque de Santa Fe....6 F3
St Vincent's Hospital....7 D3
Travel Bug....8 E1

À VOIR ET À FAIRE
Georgia O'Keeffe Museum....9 E3
Mellow Velo....10 D1
Museum of Indian Arts & Culture....11 E2
Museum of International Folk Art....12 E2
New Mexico History Museum....13 F3
New Mexico Museum of Art....14 F3
Palace of the Governors....15 F3
Santa Fe Children's Museum....16 D2
Santa Fe School of Cooking....(voir 38)
Santa Fe Southern Railway....17 D4
St Francis Cathedral....18 D1
Wheelwright Museum of the American Indian....19 E2

OÙ SE LOGER
El Rey Inn....20 C2
Santa Fe Motel & Inn....21 E4
Santa Fe Sage Inn....22 D2
Silver Saddle Motel....23 B3
Super 8....24 B3

OÙ SE RESTAURER
Chocolate Maven Bakery & Cafe....25 C3
Cowgirl Hall of Fame....26 E4
Five and Dime General Store....27 F3
Geronimo....28 E1
Mu Du Noodles....29 C2
Santa Fe Baking Company & Café....30 D2
Santa Fe Farmers Market....(see 17)
Shed....31 F3
Tia Sophia's....32 E3

OÙ PRENDRE UN VERRE
Bell Tower Bar....33 F3
Evangelo's....34 F3
Matador....35 F3
Rooftop Cantina....36 F3
Sleeping Dog Tavern....(voir 38)

OÙ SORTIR
Lensic Performing Arts Theater..37 E3

ACHATS
Plaza Mercado....38 F3

TRANSPORTS
Gare routière Greyhound....39 C3
Santa Fe Trails Downtown Transit Center....40 F3

Canyon Road (www.canyonroadarts.com) forme le cœur artistique de la ville. Plus de 100 galeries d'art huppées, des ateliers, des boutiques et des restaurants bordent cette longue rue étroite. On y trouve des chefs-d'œuvre de la Santa Fe School, des antiquités indiennes rares et des œuvres contemporaines. Effervescence garantie dans le quartier le vendredi en début de soirée, à l'heure des vernissages.

Le **Museum of New Mexico** (www.museumofnewmexico.org ; 1 musée 9 $, forfait 4 jours 4 musées 20 $, moins de 16 ans gratuit, gratuit ven 17h-20h ; ⌚ 10h-20h ven, 10h-17h sam-jeu, fermé lundi en hiver), qui a célébré ses 100 ans en 2009, gère 4 musées en ville. Sur la Plaza, le **Palace of the Governors** (☎ 505-476-5100 ; 105 W Palace Ave), en adobe, datant des années 1600, présente quelques reliques régionales mais la plus grande partie de sa collection est exposée aujourd'hui dans un espace annexe : le **New Mexico History Museum** (113 Lincoln Ave), réalisation moderne de 8 700 m², inaugurée en 2009. À l'intérieur, on peut appuyer sur les gravures d'une paroi rocheuse reconstituée pour écouter les histoires des Indiens ou s'arrêter dans un bureau des années 1950 qui révèle les informations dites "classified" sur la ville jadis secrète de Los Alamos. Juste au bout de la rue, le troisième musée des 4 musées du Nouveau-Mexique, le **New Mexico Museum of Art** (☎ 505-476-5072 ; 107 W Palace Ave) est consacré aux beaux-arts. Pas très loin de là en voiture, Museum Hill mène au très instructif **Museum of Indian Arts & Culture** (☎ 505-476-1250 ; 710 Camino Lejo) et au fascinant **Museum of International Folk Art** (☎ 505-476-1200 ; 706 Camino Lejo).

La **St Francis Cathedral** (☎ 505-982-5619 ; 131 Cathedral Pl ; ⌚ 8h30-17h) abrite la plus ancienne Madone d'Amérique du Nord.

En 1937, Mary Cabot fonda le **Wheelwright Museum of the American Indian** (☎ 505-982-4636 ; www.wheelwright.org ; 704 Camino Lejo ; entrée libre ; ⌚ 10h-17h lun-sam, 13h-17h dim), sur Museum Hill, pour préserver l'art cérémoniel navajo. Spécialisé dans ce domaine, le lieu présente aussi bien des œuvres d'art contemporaines indiennes que des objets historiques.

À faire

Le Pecos Wilderness et la Santa Fe National Forest, à l'est, sont sillonnés par 1 600 km de sentiers de **randonnée**, dont certains mènent aux sommets, à 3 600 m d'altitude. Les orages sont fréquents l'été ; mieux vaut se renseigner sur la météo avant de partir : cartes et informations auprès du Public Lands Information Center (p. 365).

La **station de ski de Santa Fe** (Santa Fe Ski Area ; ☎ 505-982-4429, enneigement 505-983-9155 ; www.skisantafe.com ; forfait remontées adulte/enfant 58/46 $; ⌚ 9h-16h) est à une demi-heure de route de la Plaza par la Hwy 475. Depuis le sommet, la vue embrasse 200 000 km² de désert et de montagnes.

Le canyon de Taos Box (p. 371) attire les foules : on y fait du rafting, mais aussi des excursions en bateau à travers le Nouveau-Mexique. Contactez **New Wave River Trips** (☎ 505-984-1444, 800-984-1444 ; www.newwaverafting.com) qui proposedes sorties dans le Rio Grande Gorge (adulte/enfant demi-journée 52/42 $, journée 90/75 $) ou le Taos Box (journée 115 $) sauvage, ou trois jours loin de tout sur le Rio Chama (500 $).

Au **10,000 Waves** (☎ 505-982-9304 ; www.tenthousandwaves.com ; 3451 Hyde Park Rd ; bains communs 19 $, bains privatifs 29-49 $/pers ; ⌚ 14h-22h30 mar, 9h-22h30 mer-lun juil-oct, variations légères nov-juin), 10 Jacuzzi très zen, des chutes d'eau, des bassins froids et des saunas sont éparpillés dans un jardin paysager japonais.

Mellow Velo (☎ 505-995-8356 ; 638 Old Santa Fe Trail) loue des vélos, informe sur les sentiers de la région et organise des excursions guidées.

Cours

Les amateurs de cuisine du Nouveau-Mexique suivront les cours de la **Santa Fe School of Cooking** (☎ 505-983-4511 ; www.santafeschoolofcooking.com ; 116 W San Francisco St), qui se déclinent sur 25 thèmes, dont celui du petit-déjeuner traditionnel de la région. Les leçons durent en général de 1 heure 30 à 3 heures et coûtent de 42 à 80 $, repas compris.

Avec des enfants

Le **Santa Fe Children's Museum** (☎ 505-989-8359 ; www.santafechildrensmuseum.org ; 1050 Old Pecos Trail ; 9 $; ⌚ 10h-17h mer et sam, 12h-20h jeu, 9h-17h ven, 12h-17h dim sept-mai, 10h-17h mar juin-août ; 🚸) propose des expositions tactiles scientifiques et artistiques. Un nouveau circuit est organisé chaque jour sur un thème différent.

Au **Santa Fe Southern Railway** (☎ 505-989-8600 ; www.thetraininsantafe.com ; 410 S Guadalupe St ; 🚸), d'anciens wagons restaurés tirés par des trains de marchandises en activité vous permettront de découvrir le désert de manière originale (adulte/enfant à partir de 32/18 $, 4 heures). Départ à 11h le vendredi et le samedi ; réservation conseillée.

Fêtes et festivals

Les événements marquants de Santa Fe :

Spanish Market (☎ 505-982-2226 ; www.spanishmarket.org). Fin juillet, les meilleurs exposants de cette foire d'art colonial espagnol traditionnel sont récompensés. On y admire entre autres des *retablos* (peintures sur panneaux de bois), des *bultos* (figurines religieuses en bois sculpté), du mobilier et de la ferronnerie.

Santa Fe Indian Market (☎ 505-983-5220 ; www.swaia.org). Le week-end suivant le troisième jeudi d'août, les meilleurs artisans indiens de toute l'Amérique du Nord se réunissent sur la Plaza, attirant des milliers de visiteurs.

Santa Fe Fiestas (☎ 505-988-7575). Pendant deux semaines début septembre se succèdent des concerts, des danses et des parades.

Où se loger

Le site Internet du **Visitor Center** (www.santafe.org) répertorie les services de réservation. Cerrillos Rd est bordée de nombreux motels.

PETITS BUDGETS

Rancheros de Santa Fe Campground (☎ 505-466-3482, 800-426-9259 ; www.rancheros.com ; 736 Old Las Vegas Hwy ; empl tente/camping-car 21/37 $, bungalows 45 $; mi-mars à oct ;). Ce camping boisé, à 11 km au sud-est de la ville, est très accueillant. Profitez des douches chaudes, du café matinal à 25 ¢ et de films en soirée.

Silver Saddle Motel (☎ 505-471-7663 ; www.silversaddlemotelllc.com ; 2810 Cerrillos Rd ; ch avec petit-déj continental 40-63 $; P). Arcades ombragées à l'extérieur, déco rustique et de style Far West à l'intérieur, avec certaines chambres dotées d'une jolie kitchenette carrelée. Pour un petit parfum de kitsch, demandez la Kenny Rogers ou la Wyatt Earp. Revendu récemment à son ancien propriétaire, on ne peut trouver plus américain que le vieux Silver Saddle.

Super 8 (☎ 505-471-8811 ; www.super8.com ; 358 Cerrillos Rd ; ch avec petit-déj à partir 50 $; P). Une enseigne de chaîne bon marché : pas de chichis mais des chambres propres et un petit-déjeuner correct.

CATÉGORIES MOYENNE ET SUPÉRIEURE

El Rey Inn (☎ 505-982-1931, 800-521-1349 ; www.elreyinnsantafe.com ; 1862 Cerrillos Rd ; ch avec petit déj 99-190 $, ste 150-230 $; P). Hôtel classique aménagé autour d'une cour, vivement recommandé : chambres superbes, la plupart avec clim, grande piscine, Jacuzzi, aire de jeux pour les enfants et 2,5 ha de verdure. L'établissement pratique le recyclage et se montre fort soucieux d'écologie.

Santa Fe Sage Inn (☎ 505-982-5952 ; www.santafesageinn.com ; 725 Cerrillos Rd ; ch avec petit-déj 135-160 $; P). De style motel, cet hôtel propose des chambres de taille moyenne, aux couleurs éclatantes, ornées de lampes en fer forgé, d'oreillers et de tapis aux jolis motifs navajo. Navette gratuite jusqu'au centre-ville et laverie automatique sur place.

Santa Fe Motel & Inn (☎ 505-982-1039, 800-930-5002 ; www.santafemotel.com ; 510 Cerrillos Rd ; ch 139-149 $, casitas 154 $; P). L'attention portée aux détails esthétiques et technologiques fait de ce motel en lisière du centre-ville une excellente option. Carrelages lumineux, soleils en terre cuite, TV LCD et bouquet de piments en guise de bienvenue déposé sur vos serviettes sont quelques-uns des atouts de cette adresse. Savourez un petit-déjeuner chaud dans le patio-*kiva* (pièce circulaire à usage rituel des Indiens pueblos).

Où se restaurer

PETITS BUDGETS

Five and Dime General Store (58 E San Francisco St). Glissez-vous au comptoir de cette épicerie et commandez une spécialité originale : la *Frito pie* (4,35 $). Il paraît qu'on y sert cette gourmandise – un cornet de frites garni de viande, de haricots et d'oignons – depuis 1962.

Santa Fe Farmers Market (www.santafe farmersmarket ; 1607 Paseo de Peralta ; 7h-12h sam mi-avr à oct, 9h-13h sam nov à mi-avr, 7h-12h mar mi-mai à oct). Si vous préférez les produits frais, ne manquez pas ce marché dans la cour réaménagée du chemin de fer (les trains Amtrak ne passent pas par ici à la différence de quelques trains de marchandises). Dégustations gratuites et ambiance festive concourent à une plaisante matinée.

Santa Fe Baking Company & Café (☎ 505-988-4292 ; 504 W Cordova Rd ; plats 5-10 $; 6h-20h lun-sam, 6h-18h dim). Un café pimpant servant des burgers, des sandwichs et de copieux petits-déjeuners toute la journée. Passez commande au comptoir puis délectez-vous de spécialités du Sud-Ouest à la sauce aux piments rouges, verts ou "Christmas" (mélange des deux).

Tia Sophia's (☎ 505-983-9880 ; 210 W San Francisco St ; plats 7-10 $; 7h-14h lun-sam). Les employés du centre se retrouvent avec des collectionneurs bien informés dans cet excellent restaurant pour savourer de délicieuses formules déjeuner et autres plats du Nouveau Mexique.

CATÉGORIE MOYENNE

Chocolate Maven Bakery & Cafe (☎ 505-984-1980 ; 821 W San Mateo Rd ; pâtisseries moins de 5 $, plats 9-14 $; 🕑 7h-15h menu classique et 15h-17h30 thé gourmand lun-ven, 9h-15h sam, 9h-16h dim). Les gourmets viennent tôt pour un somptueux petit-déjeuner (fraises à la crème, gaufres, *eggsadillas* – tortilla aux œufs – au fromage) avec le spectacle des boulangers au travail derrière une grande vitre. Trouver l'endroit, dissimulé dans un entrepôt quelconque, participe aussi au plaisir. Quant au cacao, il entre dans de fabuleuses compositions, des crêpes aux amandes au chocolat chaud aux piments des Mayas. Également, pains, pâtisseries et boissons à emporter.

Shed (☎ 505-982-9030 ; 113½ E Palace Ave ; plats déj 6-10 $, dîner 6-32 $; 🕑 11h-14h30 et 17h30-21h lun-sam). Touristique mais très bien situé, avec un patio idéal pour siroter des margaritas. L'ambiance est festive, les *enchiladas* au poulet avec sauce aux piments rouges sont délicieuses et les autres spécialités du Nouveau-Mexique dignes des plus fins palais.

Cowgirl Hall of Fame (☎ 505-982-2565 ; 319 S Guadalupe St ; plats 8-15 $; 🕑 11h-minuit lun-ven, 10h-minuit sam, 10h-23h dim, bar ouvert tard). Dans cette cour pavée, on déguste des tacos au saumon, des ragoûts de courge ou des grillades, servis dans le style "féministe de l'Ouest". Le bar, au succès non démenti, accueille aussi des concerts.

Mu Du Noodles (☎ 505-983-1411 ; 1494 Cerrillos Rd ; plats 16-22 $; 🕑 17h30-21h mar-sam, 11h-14h dim). Les plats bio asiatiques – raviolis à l'agneau, rouleaux de printemps vietnamiens, laksa au tofu – attirent une clientèle nombreuse dans ce restaurant moderne et confortable. Nous recommandons particulièrement les nouilles et les plats du jour. Presque tous les plats existent en version végétalienne.

CATÉGORIE SUPÉRIEURE

Geronimo (☎ 505-982-1500 ; 724 Canyon Rd ; plats 28-44 $; 🕑 17h45-22h lun-jeu, 17h45-23h ven-sam). Installé dans une maison en adobe de 1756, voilà l'un des restaurants les plus raffinés et les plus romantiques de la ville. Les gourmets seront ravis d'apprendre que le chef Eric DiStefano est de retour. La carte assez courte mais variée propose des crevettes au miel pimentées d'une sauce au piment doux ou du filet d'élan au poivre avec bacon fumé au bois de pommier.

Où prendre un verre et sortir

Pour une margarita avec vue sur les toits de la ville, essayez le convivial **Rooftop Cantina** (☎ 505-983-1616 ; 132 W Water St), perché au-dessus du Coyote Café, ou grimpez cinq étages jusqu'au **Bell Tower Bar** (☎ 505-982-5511 ; 100 E San Francisco St), dans l'hôtel La Fonda, qui vous offre ses fabuleux couchers de soleil. Ces deux bars sont ouverts du printemps jusqu'aux premières morsures du froid.

Si vous préférez goûter des bières artisanales en bonne compagnie, installez-vous au **Sleeping Dog Tavern** (☎ 505-982-4335 ; 114 W San Francisco St), pub gastronomique décontracté, à deux pas de la Plaza. Le **Matador** (Galisteo St), dans un sous-sol, offre une atmosphère plus grunge et renfrognée. Descendez les marches à l'angle de W San Francisco St, prenez votre plus bel air buté et poussez la porte.

Tous les soirs, on danse sur de la musique live à l'**Evangelo's** (☎ 505-982-9014 ; 200 W San Francisco St), où les flots de rock, de blues, de jazz ou de musique latino se répandent jusque dans la rue. Presque tous les soirs, des concerts animent aussi le Cowgirl Hall of Fame (ci-contre) dont le bar est excellent.

La salle de spectacles de la ville est le **Lensic Performing Arts Theater** (☎ 505-988-1234 ; www.lensic.org ; 211 W San Francisco St), un ravissant cinéma rénové des années 1930. Fidèle à son passé, ce théâtre organise aussi des projections de grands classiques (5 $).

Au **Santa Fe Opera** (☎ 505-986-5900, 800-280-4654 ; www.santafeopera.org ; billets 26-188 $; 🕑 juil-août), venez en tenue de soirée ou en jean et bottes de cow-boy, peu importe. Les amateurs d'opéra (et les autres) font le trajet jusqu'à Santa Fe pour cette merveille architecturale, avec vue sur le paysage de grès sculpté par le vent que subliment le coucher de soleil et le lever de la lune. La scène centrale accueille des artistes de renommée mondiale. L'Opéra est à 11 km au nord de Santa Fe. Suivez l'I-285 vers le nord jusqu'à la sortie 168. Tournez à gauche au bout de la bretelle de sortie, puis immédiatement à droite dans Opera Dr et continuez sur 2,3 km.

Achats

Statuettes, bijoux en turquoise, ou œuvres d'art, vous trouverez de tout à Santa Fe.

Plaza Mercado (112 W San Francisco St). Galeries d'art, antiquaires et boutiques de vêtements (dans le style Santa Fe).

Pueblo of Tesuque Flea Market (Hwy 84/285 ; 8h-16h ven-dim, mars-nov). Marché aux puces à quelques minutes de route au nord de Santa Fe, à Tesuque Pueblo ; bonnes affaires de tapis, bijoux, œuvres d'art et vêtements de qualité.

Comment s'y rendre et circuler

Au moment de la rédaction de ce guide, l'**aéroport municipal de Santa Fe** (SAF ; 505-955-2900 ; wwwsantafenm.gov ; 121 Aviation Dr) desservait quotidiennement Dallas-Fort Worth (DFW) via **American Eagle** (800-433-7300 ; www.aa.com). En 2010, cette compagnie devrait proposer chaque jour deux vols depuis/vers DFW et un depuis/vers Los Angeles (LAX).

Chaque jour, **Greyhound** (505-471-0008 ; www.greyhound.com ; 858 St Michael's Dr) affrète 2 bus pour Albuquerque (20 $, 1 heure 20) et 1 pour Taos (27-30 $, 1 heure 35). **Twin Hearts Shuttle** (800-654-9456) assure la navette entre Santa Fe et l'Albuquerque Sunport (25 $) et Taos (40 $). Réservation nécessaire.

Le train **Amtrak** (800-872-7245 ; www.amtrak.com) s'arrête à Lamy ; correspondance en bus pour les 27 derniers kilomètres jusqu'à Santa Fe.

Santa Fe Trails Downtown Transit Center (505-955-2001 ; www.santafenm.gov ; 6h-22h45 lun-ven, 8h-19h40 sam, 9h30-18h15 dim, les horaires peuvent varier légérement) propose un bus local (adulte/senior et enfant 1 $/50 ¢ par trajet ou forfait 1 jour 2/1 $).

ENVIRONS DE SANTA FE

Ne vous laissez pas séduire trop longtemps par Santa Fe, car il y a beaucoup à voir dans les environs.

Pueblos

Le nord de Santa Fe est le cœur des terres des Indiens pueblos. Les **Eight Northern Pueblos** (ENIPC ; 505-747-1593) publient l'excellent *Eight Northern Indian Pueblos Visitors Guide*, distribué gratuitement dans les Visitor Centers des environs.

À 13 km à l'ouest de Pojoaque sur la Hwy 502, c'est à **San Ildefonso Pueblo** (505-455-3549 ; 5 $/véhicule, permis photo/dessin/vidéo 10/25/20 $; 8h-17h tlj, Visitor Center fermé sam-dim en hiver) que vivait Maria Martinez, qui en 1919 ressuscita le style traditionnel des poteries noir-sur-noir. Plusieurs excellents potiers (dont des descendants directs de Maria) travaillent dans le village pueblo ; le **Maria Poveka Martinez Museum** (entrée libre ; 8h-16h lun-ven), vend de belles pièces.

Las Vegas

À ne pas confondre avec son homonyme du Nevada, cette Vegas est l'une des villes les plus charmantes du Nouveau-Mexique, mais aussi l'une des plus grandes et des plus vieilles à l'est des Sangre de Cristo Mountains. Dans le centre-ville, l'Old Town Plaza est entourée de 900 édifices classés monuments historiques, dont l'architecture mélange les styles Sud-Ouest et victorien. La **chambre de commerce** (505-425-8631, 800-832-5947 ; www.lasvegasnewmexico.com ; 701 Grand Ave ; 9h-17h lun-ven) dispose d'une brochure détaillant des circuits pédestres.

Construit en 1882 et réaménagé avec soin un siècle plus tard, le **Plaza Hotel** (505-425-3591, 800-328-1882 ; www.plazahotel-nm.com ; 230 Plaza ; ch/ste petit-déj compris à partir de 89/159 $;), récemment agrandi, est l'hôtel le plus apprécié et le plus ancien de Las Vegas. L'élégant bâtiment comprend désormais 72 chambres et suites confortables. Choisissez entre les chambres de style victorien remplies d'antiquités du bâtiment d'origine et les chambres monochromes lumineuses de la nouvelle aile.

Venez découvrir la cuisine du Nouveau-Mexique à l'**Estella's Café** (505-454-0048 ; 148 Bridge St ; plats déj moins de 10 $, dîner 10-12 $; 11h-15h lun-mer, 11h-20h jeu-ven, 7h-14h sam). Une clientèle de fidèles s'y délecte de chili rouge fait maison et de succulentes *enchiladas*.

Depuis la Plaza, à 8 km au nord, Hot Springs Blvd aboutit au Gallinas Canyon et au massif **Montezuma's Castle**, un édifice étonnant accroché au flanc des Sangre de Cristo Mountains ; ce qui était jadis un hôtel accueille aujourd'hui le United World College of the West. Tout au long du chemin, vous croiserez une série de **bassins de sources chaudes**.

Los Alamos

Le Manhattan Project, projet top-secret de recherche sur la bombe atomique, a vu le jour à Los Alamos en 1943, transformant ce paisible village perché sur une mesa en une communauté animée de chercheurs. Ici, dans la "ville qui n'existait pas", les scientifiques les plus réputés de la nation ont développé dans un secret presque total la première bombe atomique. Aujourd'hui, Los Alamos dégage une ambiance originale et, dans les vitrines, le vin "La Bomba" et les T-shirts décorés de champignons atomiques côtoient les livres sur les Indiens pueblos et les guides de randonnée.

Le **Los Alamos National Laboratory**, où la première bombe atomique fut conçue, ne se visite pas, mais le **Bradbury Science Museum** (☎ 505-667-4444 ; www.lanl.gov/museum ; angle Central Ave et 15th ; entrée libre ; ⌚ 10h-17h mar-sam, 13h-17h dim-lun ;) en retrace l'histoire de façon interactive. Un court film raconte l'histoire de cette communauté de chercheurs pendant la guerre et révèle quelques fascinants secrets. Ne manquez pas le petit **Los Alamos Historical Museum** (☎ 505-662-6272 ; www.losalamoshistory.org ; 1921 Juniper St ; entrée libre ; ⌚ 10h-16h lun-sam, 13h-16h dim en hiver, 9h30-16h30 lun-sam, 11h-17h dim en été), près de l'ancienne Los Alamos Ranch School (petite école au grand air pour les garçons qui ferma à l'arrivée des scientifiques). Il présente l'histoire de l'école (qui ne manque pas d'intérêt), des objets d'époque sur le thème du nucléaire et des expositions historiques retraçant la vie quotidienne pendant la période du projet. Brochures détaillant des circuits pédestres dans le centre-ville, également téléchargeables sur le site Internet.

Bandelier National Monument

Sa proximité et ses paysages spectaculaires font de **Bandelier** (☎ 505-672-3861 ; www.nps.gov/band ; 12 $/véhicule ; ⌚ 8h-18h été, 9h-17h30 printemps/automne, 9h-16h30 hiver) une base idéale si vous vous intéressez aux Pueblos. Les plus aventureux pourront escalader 4 échelles grimpant jusqu'à une habitation troglodytique où vivaient les anciens Pueblos, jusque vers le milieu des années 1500. Aucun des sites n'est restauré, mais près de 75 km² de canyons protégés offrent des sentiers de randonnée ; le camping de **Juniper Campground** (empl 12 $), au milieu des pins, est proche de l'entrée. Il compte une centaine d'emplacements et n'accepte pas les réservations mais affiche rarement complet.

Abiquiu

Le petit village d'Abiquiu, sur la Hwy 84 à 45 minutes au nord-ouest de Santa Fe, doit sa célébrité à Georgia O'Keeffe, qui y vécut de 1949 à sa mort, en 1986. Le Rio Chama qui sinue entre les champs et son incroyable paysage minéral attirent encore les artistes. La maison en adobe d'O'Keeffe est ouverte aux visiteurs : le Georgia O'Keeffe Museum (p. 364) propose des **visites** (☎ 505-685-4539 ; www.okeeffemuseum.org) d'une heure les mardis, jeudis et vendredis de mars à novembre (30 $), ainsi que le samedi de juin à octobre (40 $), souvent complètes depuis des mois.

Retraite de 8 400 ha au pied des Sangre de Cristo Mountains (où fut tourné le film *City Slickers*, 1991 ; titre français *La Vie, l'Amour, les Vaches*), le **Ghost Ranch** (☎ 505-685-4333, 877-804-4678 ; www.ghostranch.org ; empl camping 19 $, camping-car 22-28 $, dort avec petit-déj 50 $, ch avec sdb privative/commune à partir de 80/50 $) propose un hébergement basique et des repas de style caféteria dans un cadre spectaculaire. Pas de téléphone ni de TV dans les chambres.

L'adorable **Abiquiú Inn** (☎ 505-685-4378, 888-735-2902 ; www.abiquiuinn.com ; Hwy 84 ; empl camping-car 18 $, ch 140-200 $, ste 170 $, casitas 4 pers 190 $;) est un vaste ensemble en adobe sur un site ombragé, comptant de spacieuses *casitas* avec kitchenettes. Accès Wi-Fi à l'accueil. Sur place, le restaurant **Cafe Abiquiú** (plats petit-déj moins de 10 $, déj et dîner 10-20 $; ⌚ 7h-21h) sert des formules déjeuner et dîner déclinant de nombreux plats de poisson, du saumon glacé au miel de piment *chipotle* aux tacos à la truite.

Ojo Caliente

Vieille de 140 ans, l'**Ojo Caliente Mineral Springs Resort & Spa** (☎ 505-583-2233, 800-222-9162 ; www.ojospa.com ; 50 Los Baños Rd ; ch 139 $, bungalows 199-239 $, ste 269-329 $;) est la plus ancienne station thermale du pays. À 80 km au nord de Santa Fe sur la Hwy 285, récemment rénovée, la station offre 10 bains d'une riche composition minérale. Si vous vous sentez un peu déprimé, buvez un verre d'eau de la source Lithia, supposée agir contre le blues. Les chambres de l'hôtel historique, agréables à défaut d'être luxueuses, ont été complétées de 12 suites haut de gamme, aux couleurs éclatantes, avec foyer semi-enterré (kiva) et baignoire en plein air, ainsi que de 11 bungalows de style Nouveau-Mexique. Accès Wi-Fi à la réception. L'**Artesian Restaurant** (plats petit-déj 5-10 $, déj 9-10 $, dîner 11-26 $; ⌚ 7h30-22h30, 11h30-14h30 et 17h-21h dim-jeu, 17h-21h30 ven-sam) cuisine avec brio des produits bio et régionaux.

Cuba

Au milieu de 145 ha de terrain dans les Nacimiento Mountains, l'accueillant **Circle A Ranch Hostel** (☎ 505-289-3350 ; www.circlearanchhostel.com ; dort 25 $, ch 40-55 $, ste 65 $, lit sous la yourte/yourte 30/75 $; ⌚ mai à mi-oct), sur la Hwy 550, est un vrai bijou. Cette ancienne propriété en adobe est entourée de sentiers de randonnée. La cuisine est classique, et le séjour très apaisant, que ce soit en chambre individuelle (certaines avec édredon et châlit en fer), en dortoir ou sous la yourte. On peut échanger des prestations contre des heures de travail.

TAOS

Quelle réputation pour cette petite ville nichée dans les sommets enneigés des Sangre de Cristo Mountains ! Taos s'enorgueillit d'avoir de longue date attiré les artistes par sa lumière légendaire, ses magnifiques maisons en adobe et son cadre sublime.

C'est un lieu à part, mélange de marginaux, de cuisiniers émérites, de propriétaires de B&B et de vieilles familles hispaniques toujours à la tête de leur ferme. Dans ce cadre rural, les chevaux et les artistes vivent presque à population égale.

Renseignements

Taos Vacation Guide (www.taosvacationguide.org). Guide en ligne avec connexion facile à d'excellents liens.

Visitor Center (☎ 575-758-3873, 800-732-8267 ; www.destinationtaos.com ; 1139 Paseo del Pueblo Sur ; 🕒 9h-17h ; 💻 📶)

Wired? (☎ 575-751-9473 ; 705 Felicidad Lane ; 🕒 8h-18h lun-ven, 8h30-18h sam et dim). *Coffee shop* avec accès Internet (7 $/heure) ; Wi-Fi gratuit pour les clients.

À voir

À 6,5 km au sud de Taos, à Ranchos de Taos, l'**église San Francisco de Asis** (☎575-758-2754 ; St Francis Plaza ; 🕒 9h-16h lun-ven) fut édifiée au milieu du XVIIIe siècle, mais ne fut pas inaugurée avant 1815. Elle a été immortalisée par Georgia O'Keeffe et par le photographe Edward Weston.

Enjambant le Rio Grande, le **Rio Grande Gorge Bridge**, en acier, est le 2e plus haut pont suspendu du pays (198 m) ; la vue y est vertigineuse. Pour les plus belles photos du pont lui-même, garez-vous sur l'aire de repos à l'extrémité ouest de l'ouvrage. À seulement 2,4 km à l'ouest, le fascinant village d'**Earthships** (☎ 575-751-0462 ; www.earthship.net ; Hwy 64 ; adulte/moins de 12 ans 5 $/gratuit ; 🕒 10h-16h) est composé de maisons autosuffisantes et respectueuses de l'environnement, construites en matériaux recyclés défiant l'imagination. On peut y séjourner (voir p. 372).

> **TAOS PUEBLO**
>
> Fondé vers 1450 et continuellement habité depuis, **Taos Pueblo** (☎ 505-758-1028; www.taospueblo.com ; Taos Pueblo Rd ; adulte/enfant 10/5 $, permis photo ou vidéo 5 $; 🕒 8h-16h nov-fév, 8h-16h30 mars-oct, fermé pendant 6 sem vers fév-mars) est le plus grand village pueblo de tout le pays à être composé de maisons à étages. C'est un superbe exemple de construction traditionnelle en adobe.

Les **Taos Historic Museums** (☎ 505-758-0505 ; www.taoshistoricmuseums.com ; adulte/enfant pour chaque musée 8/4 $, les deux 12 $; 🕒 10h-17h lun-sam, 12h-17h dim) regroupent deux remarquables demeures : le **Blumenschein Home** (222 Ledoux St), contenant des œuvres d'art, et la **Martínez Hacienda** (708 Lower Ranchitos Rd), ancienne maison de 21 pièces (1804) d'un marchand colonial.

Le **Millicent Rogers Museum** (☎ 575-758-2462 ; www.millicentrogers.org ; 1504 Millicent Rogers Museum Rd ; adulte/enfant 10/6 $; 🕒 10h-17h, fermé lun nov-mars) abrite une extraordinaire collection d'art indien et colonial espagnol (poteries, bijoux, vanneries, textiles).

Installé dans un complexe en adobe du milieu du XIXe siècle, le **Harwood Museum of Art** (☎ 505-758-9826 ; www.harwoodmuseum.org ; 238 Ledoux St ; adulte/senior et étudiant 8/7 $; 🕒 10h-17h mar-sam, 12h-17h dim) expose des peintures, des dessins, des gravures, des sculptures et des photos d'artistes du nord de l'État.

Les objets réunis dans le **Kit Carson Home & Museum** (☎ 575-758-4613 ; www.kitcarsonhome.com ; 113 Kit Carson Rd ; 5 $; 🕒 9h-17h) ne sont pas très nombreux mais vous verrez une intéressante vidéo de 20 minutes (un documentaire de History Channel) sur la vie de ce célèbre pionnier et pourrez explorer sa maison de plain-pied. Une collection autrement plus riche – et hétéroclite – d'objets d'époque vous attend de l'autre côté de la rue dans le minuscule musée à l'intérieur d'El Rincón Trading Post (voir p. 373).

À faire

En été, les amateurs de **rafting** se retrouvent au canyon de Taos Box, dont les falaises plongent dans le Rio Grande. Excursions d'une journée à partir de 100 $ par personne ; le Visitor Center vous indiquera les prestataires. De multiples sentiers de **randonnée** partent de la route menant à la station de ski.

Culminant à 3 602 m, avec un à-pic de 796 m, le domaine skiable de Taos, **Taos Ski Valley** (☎ 866-968-7386 ; www.skitaos.org ; forfait adulte/13-17 ans et senior/enfant 65/55/38 $), possède des pistes particulièrement difficiles. Ambiance détendue. Autrefois réservée uniquement aux skieurs, la station a ouvert ses pistes aux snowboardeurs.

Où se loger

Abominable Snowmansion (☎575-776-8298 ; www.abominablesnowmansion.com ; 476 State Hwy 150, Arroyo Seco ; camping 12 $, dort 22 $, tipis 34 $, bungalows 37 $, ch avec sdb commune/privative 52/57 $; P ⊠ 💻 Wi-Fi). À 14 km au nord-est de Taos, cette vieille auberge de jeunesse accueillante, dans la montagne, propose une alternative douillette au centre de Taos. Grande cheminée circulaire pour se réchauffer en hiver et tipis kitsch disponibles en été. Réduction de 3 $ sur les dortoirs et les chambres pour les membres de Hostelling International.

Sun God Lodge (☎ 575-758-3162, 800-821-2437 ; www.sungodlodge.com ; 919 Paseo del Pueblo Sur ; ch 69-102 $, ste 145 $; P ✱ Wi-Fi). Les chaleureux propriétaires de ce motel sur 2 étages bien entretenu peuvent vous renseigner aussi bien sur l'histoire locale que sur le meilleur bar en ville. Chambres propres (un peu sombres), décorées sobrement dans le style Sud-Ouest. La cour à la verdure luxuriante, illuminée le soir de lumières scintillantes, est l'endroit rêvé pour pique-niquer ou contempler le coucher du soleil. Connexion Wi-Fi dans cette cour. À 2,5 km au sud de la Plaza, le Sun God est une excellente option pour petit budget.

Historic Taos Inn (☎ 575-758-2233, 888-518-8267 ; www.taosinn.com ; 125 Paseo del Pueblo Norte ; ch 75-275 $; P ⊠ Wi-Fi). Ce n'est pas l'établissement le plus luxueux de la ville (le comptoir de la réception est plutôt excentrique), mais il reste fabuleux : réception douillette, jardin-restaurant, meubles en bois massif, foyer semi-enterré et fréquents concerts de groupes locaux dans un bar réputé, l'Adobe Bar. Certains éléments d'architecture datent des années 1800. Wi-Fi à la réception et dans certaines chambres.

Earthship Rentals (☎ 575-751-0462 ; www.earthship.net ; Hwy 64 ; ch 110-190 $). Offrez-vous une nuit dans ces hébergements de charme fonctionnant à l'énergie solaire. Croisements entre l'architecture de Gaudí et une fantasmagorie de l'ère spatiale, ces logements à vocation durable sont construits en matériaux recyclés (pneus, cannettes d'aluminium…) et en sable. À demi enterrés dans une vallée entourée de montagnes, ils recueillent la pluie et les eaux usées, de sorte à minimiser leur impact sur l'environnement.

Où se restaurer

Taos Pizza Out Back (☎575-758-3112 ; 712 Paseo del Pueblo Norte ; portions 3,50-7 $, pizzas 13-27 $; 🕒 11h-22h tlj mai-sept, 11h-21h dim-jeu, 11h-22h ven-sam oct-avr). Vous pourriez bien devenir accro à ces pizzas bio aux mélanges étonnants, telles la Portabella Pie aux tomates séchées et camembert. Les portions sont très généreuses. Derrière un autre commerce.

♡ **Taos Diner** (☎ 575-758-2374 ; 908 Paseo del Pueblo Norte ; plats 4-12 $; 🕒 7h-14h30). C'est à regret que nous partageons cette merveilleuse adresse, un *diner* de montagne, avec panneaux de bois aux murs, serveuses tatouées, biscuits au sortir du four, café à volonté et une excellente cuisine du Sud-Ouest à base de produits bio, appréciée des montagnards, des sportifs débraillés, des solitaires et des joyeux touristes. Tout le monde est le bienvenu ici. Nous avons apprécié les Copper John's eggs, œufs aux plats servis avec une sauce aux piments verts.

Orlando's (☎ 575-751-1450 ; 1114 Don Juan Valdez Lane ; plats 8-11 $; 🕒 10h30-15h et 17h-21h). Après une matinée dans la Rio Grande Gorge, sur le chemin du retour, il faut absolument vous arrêter ici pour la meilleure cuisine du Nouveau-Mexique à Taos. Les *enchiladas* au poulet et les énormes *burritos* sont divins et servis dans une salle ravissante.

Joseph's Table (☎ 575-751-4512 ; 108A S Taos Plaza ; plats 26-38 $; 🕒 11h30-14h30 ven-lun juin-sept, 17h30-22h tlj). À l'Hotel La Fonda, le chef Joseph Wrede prépare des plats du Sud-Ouest très novateurs, à base de produits locaux. Les murs de la salle sont ornés de fresques florales peintes par son épouse et par sa mère. Si vous venez en couple, choisissez une alcôve romantique et douillette, près de la fenêtre.

Michael's Kitchen (☎ 575-758-4178 ; 304 Paseo del Pueblo Norte ; plats 7-16 $; 🕒 7h-14h30) est aussi une bonne adresse, un peu touristique, réputée pour ses savoureux petits-déjeuners.

Où prendre un verre

Adobe Bar (☎575-758-2233 ; Historic Taos Inn, 125 Paseo del Pueblo Norte). Chacun est le bienvenu dans la "salle à manger de Taos". Détendez-vous en sirotant une tequila au bar du Taos Inn, un établissement chargé d'histoire et de charme, jusque dans ses chaises. Le patio, bondé et donnant sur la rue, propose les meilleures margaritas de l'État et des concerts éclectiques sans facturer de droit d'entrée.

Alley Cantina (☎ 575-758-2121 ; 121 Teresina Lane). Ambiance de branchitude un peu affectée mais cela vient peut-être du bâtiment, le plus ancien de la ville. Concerts de rock, blues, hip-hop ou jazz presque tous les soirs.

Eske's Brew Pub & Eatery (☎ 575-758-1517 ; 106 Des Georges Lane). Trouvez-vous une place à la terrasse de cette brasserie bondée et décontractée, puis commandez une bière artisanale comme l'Artist Ale ou la Taos Green Chile Beer. Elle accueille aussi des groupes locaux de différents styles, de la guitare acoustique au jazz.

Achats

Taos a toujours été un paradis pour les amateurs d'art, ainsi qu'en témoignent les innombrables galeries et studios. Des boutiques et des galeries indépendantes bordent la **John Dunn Shops** (www.johndunnshops.com), une allée piétonnière qui relie Bent St à la Plaza. Vous y trouverez la librairie bien fournie **Moby Dickens Bookshop**, la chaleureuse boutique **Steppin' Out**, et la minuscule mais fascinante **G Robinson Old Prints & Maps**, qui ne manquera pas d'attirer les amateurs de cartes et de gravures anciennes.

Même si vous n'avez pas l'intention d'acheter quelque chose, arrêtez-vous à l'**El Rincón Trading Post** (☎ 575-758-9188 ; 114 Kit Carson Rd), petit musée poussiéreux rassemblant un agréable fouillis d'objets traditionnels dont de l'artisanat indien, des bijoux et des souvenirs du Far West. On remarque même un traité détaillé sur le rôle du peyotl.

Depuis/vers Taos

Depuis Santa Fe, prenez la "route haute" (*high road*) panoramique qui suit la Hwy 76 et la Hwy 518 (vous longerez des galeries, des villages et des sites intéressants), ou suivez le Rio Grande sur la Hwy 68.

Les bus **Greyhound** (☎ 575-758-1144, 800-231-2222 ; www.greyhound.com ; 710h Paseo del Pueblo Sur) desservent chaque jour Albuquerque (43 $, 3 heures) et Santa Fe (27 $, 1 heure 30).

NORD-OUEST DU NOUVEAU-MEXIQUE

La région mérite son surnom de "pays indien" : des tribus navajo, pueblos, zuni, apaches et lagunas règnent sur de vastes portions de territoire. Des communautés indiennes modernes mais isolées y côtoient de remarquables sites anciens.

Farmington et ses environs

Principale ville du nord-ouest du Nouveau-Mexique, Farmington constitue un bon point de départ pour explorer la région des Four Corners. Le **Visitors Bureau** (☎ 505-326-7602, 800-448-1240 ; www.farmingtonnm.org ; Gateway Park, 3041 E Main St ; 🕗 8h-17h lun-sam) fournit toutes les informations sur la région.

Point de repère pour les pionniers anglo-saxons et site sacré pour les Navajo, **Shiprock**, culot volcanique de 520 m de haut, dresse sa masse inquiétante à l'ouest de Farmington.

Ancien site pueblo, le **Salmon Ruin & Heritage Park** (☎ 505-632-2013 ; adulte/senior/enfant 3/2/1 $; 🕗 8h-17h lun-ven, 9h-17h sam-dim) comprend un village édifié par le peuple chaco au début du XIIe siècle. Abandonné, il fut occupé par des populations venues de Mesa Verde pour être de nouveau abandonné avant 1300 ; les restes d'une ferme, des pétroglyphes, un *hogan* navajo (maison traditionnelle) et un *wickiup* (abri en broussailles) y sont conservés. Prenez la Hwy 64 sur 18 km vers Bloomfield à l'est.

À 22,5 km au nord-est de Farmington, l'**Aztec Ruins National Monument** (☎ 505-334-6174 ; www.nps.gov/azru ; adulte/moins de 16 ans 5 $/gratuit ; 🕗 8h-17h sept-mai, 8h-18h juin-août), qui date du XIIe siècle, possède la plus grande *kiva (*pièce circulaire à usage rituel des Indiens pueblos*)* reconstituée de tout le pays, d'un diamètre intérieur de 15 m. Quelques pas plus loin, laissez libre cours à votre imagination lorsque vous vous glissez en courbant l'échine dans les pièces sombres de la West Ruin. En été, en début d'après-midi, des rangers proposent devant le site une introduction à l'architecture ancienne, aux routes commerciales et à l'astronomie.

À environ 56 km au sud de Farmington sur la Hwy 371, le **Bisti Badlands & De-Na-Zin Wilderness** est un paysage irréel composé d'étranges formations rocheuses colorées. Renseignements au **bureau du BLM** (BLM office ; ☎ 505-599-8900 ; www.nm.blm.gov ; 1235 La Plata Hwy ; 🕗 7h45-16h30 lun-ven) de Farmington.

Le ravissant **Silver River Adobe Inn B&B** (☎ 505-325-8219, 800-382-9251 ; www.silveradobe.com ; 3151 W Main St ; ch avec petit-déj 105-175 $; ⊠), de 3 chambres, constitue un refuge paisible à l'ombre des arbres au bord de la San Juan River.

Son côté branché n'empêche pas que les enfants soient les bienvenus au **Three Rivers Eatery & Brewhouse** (☎ 505-324-2187 ; 101 E Main St ; plats 8-26 $; 11h-22h ;), un restaurant qui propose d'excellents steaks, de la cuisine de pub et ses propres bières.

Chama

À 14,5 km au sud de la frontière du Colorado, Chama est connue pour sa **Cumbres & Toltec Scenic Railway** (☎ 575-756-2151, 888-286-2737 ; www.cumbrestoltec.com ; fin mai à mi-oct), la ligne de chemin de fer à vapeur la plus longue (103 km) et la plus haute (3 004 m d'altitude au col du Cumbres Pass) des États-Unis. Le voyage à travers les montagnes, les canyons et le désert est magnifique, surtout en septembre et en octobre.

Chaco Culture National Historic Park

D'immenses édifices pueblos au milieu d'étendues désertiques font l'intérêt de **Chaco** (8 $/véhicule ; lever-coucher du soleil), où l'on peut observer des traces de peuplement humain remontant à 5 000 ans. Le village de Chaco Canyon était à l'origine un centre commercial et religieux important pour la région ; les Pueblos firent preuve, dans sa création, d'un talent admirable. Pueblo Bonito est un édifice de 4 étages de haut qui a pu abriter un total de 600 à 800 pièces et *kivas*. Vous pouvez visiter le site ou emprunter les différents **sentiers de randonnée**. Les amateurs de cieux étoilés pourront se joindre au programme **Night Skies** (mar, ven et sam d'avril à octobre). Après l'explication du ranger, on observe les étoiles grâce aux télescopes du parc.

Le **Visitor Center** (☎ 505-786-7014 ; www.nps.gov/chcu ; 8h-17h), assez isolé, se trouve à environ 130 km au sud de Farmington. Le **Gallo Campground** (empl 10 $), à 1,6 km à l'est du Visitor Center, n'a pas d'emplacements pour camping-car et ne fonctionne pas sur réservation.

NORD-EST DU NOUVEAU-MEXIQUE

À l'est de Santa Fe, les verdoyantes Sangre de Cristo Mountains cèdent la place à des prairies poussiéreuses s'étirant à l'infini. Ponctuée d'empreintes de dinosaures, la région abrite des volcans éteints à Capulin et des sources chaudes à Montezuma. Les ranchs sont omniprésents et le bétail légendaire.

Le sentier de Santa Fe Trail, qu'empruntèrent les premiers colons en chariots, reliait le Nouveau-Mexique au Missouri ; quelques chariots continuent d'ailleurs de rouiller au bord de l'I-25 entre Santa Fe et Raton. Idéal pour une expérience authentique du Far West loin des touristes.

Cimarron

Ancienne ville du Far West parmi les plus violentes, Cimarron dont le nom signifie justement "sauvage" en espagnol, comptait d'après la légende locale un meurtre chaque jour autour de 1870. La paix y était si rare qu'un journal en avait fait sa une : "Tout est calme à Cimarron. Personne n'a été tué depuis trois jours".

Aujourd'hui, la ville est des plus paisibles, attirant des amoureux de la nature qui veulent profiter de ses splendides paysages. Sur la route depuis/vers Taos, vous traverserez le splendide **Cimarron Canyon State Park**, un canyon à pic comprenant des sentiers, des coins où pêcher la truite et des campings.

Les 15 chambres de motel impeccables du **Cimarron Inn & RV Park** (☎ 505-376-2268, 800-546-2244 ; www.cimarroninn.com ; Hwy 64 ; empl tente 10 $, empl camping-car 30 $, ch 45-110 $, bungalows 6/12 pers 135/240 $) déclinent chacune un thème en rapport avec Cimarron, de la pêche à la chasse en passant par les Indiens et Will James, cow-boy écrivain et illustrateur. Dans celle sur le ski, il y a une amusante douche en pierre. Les logements, certains avec kitchenette, vont des petites simples aux grands bungalows familiaux. Excellent choix à petits prix avant les complexes hôteliers plus chers de la montagne.

Capulin Volcano National Monument

Dominant de ses 390 m les plaines environnantes, **Capulin** (☎ 575-278-2201 ; www.nps.gov/cavo ; 5 $/véhicule ; 8h-16h sept-mai, 7h30-18h30pm juin-août) est le plus accessible des volcans de la région. Depuis le Visitor Center, une route de 3 km monte jusqu'au parking, au bord du cratère (2 493 m) ; de là, des sentiers permettent d'en faire le tour ou de descendre dans le cratère lui-même. L'entrée est à 4,8 km au nord du village de Capulin, lui-même à 48 km à l'est de Raton sur la Hwy 87.

SUD-OUEST DU NOUVEAU-MEXIQUE

Le Rio Grande a creusé la vallée du même nom depuis Albuquerque jusqu'aux sources chaudes de Truth or Consequences. La population est éparse, sauf à Las Cruces, deuxième ville de l'État.

L'I-10 traverse le désert de Chihuahua, dominé par les yuccas et les agaves. C'est le pays des ranchs, bien que le bétail soit rare. Au nord du désert et à l'ouest de l'I-25, la Gila National Forest, très accidentée, recèle des trésors pour les randonneurs et les pêcheurs.

Truth or Consequences et ses environs

Cette petite ville branchée qui distille une paisible joie de vivre fut bâtie autour de sources chaudes naturelles dans les années 1880. Sa singularité tient aussi au fait qu'appelée autrefois Hot Springs elle ait été rebaptisée Truth or Consequences (alias "T or C") en 1950, d'après une émission radio populaire du même nom. Aujourd'hui, sa célébrité lui vient de Richard Branson, P.D.G. de Virgin Galactic, du gouverneur Bill Richardson et d'autres visionnaires des voyages spatiaux qui participent au développement de Spaceport America, à proximité de la ville. Fin 2010, cette base devrait être prête à envoyer les premiers touristes dans l'espace.

Vous apprécierez les petits cafés, les galeries d'art, l'engageant et hétéroclite **Geronimo Springs Museum** (☎ 575-894-6600 ; www.geronimospringsmuseum.com ; 211 Main St ; adulte/enfant 5/2,50 $; 9h-17h lun-sam, 12h-17h dim) et, naturellement, un bain dans un spa. Le **Visitor Center** (☎ 575-894-1968, 800-831-9487 ; www.truthorconsequencesnm.net ; 211 Main St ; 9h-16h30 lun-ven, 9h-17h sam, 12h-17h dim) donne des informations sur les attractions locales.

À 96 km au nord de la ville, des grues du Canada et des oies des neiges hibernent sur les 233 km² de champs et de marais du **Bosque del Apache National Wildlife Refuge** (☎ 575-835-1828 ; 5 $/véhicule ; State Hwy 1 ; refuge lever-coucher du soleil, Visitor Center 7h30-16h lun-ven, 8h-16h30 sam-dim). Il y a un Visitor Center et un circuit en voiture.

Les motels abritent en général une station thermale. Dominant de façon extraordinaire le Rio Grande, l'ancienne auberge de jeunesse de **Riverbend Hot Springs** (☎ 575-894-7625 ; www.riverbendhotsprings.com ; 100 Austin St ; ch avec sdb commune/privative 55/75 $, ste 88 $, bungalows 110 $;) propose aujourd'hui des hébergements de style motel (il n'y a plus de tipis). Les chambres au charme excentrique sont lumineuses, certains logements conviennent aux groupes. Bains thermaux privés (hôte/extérieur 10/15 $ la première heure ; 5/10 $ l'heure suivante) et piscine publique à l'eau de source (hôte/extérieur gratuit toute la journée/10 $ la première heure, puis 5 $/heure ou 20 $/jour).

Blackstone Hotsprings (☎ 575-894-0894 ; www.blackstonehotsprings.com ; 410 Austin St ; ch 75-125 $;). Ce motel-spa, nouveau sur la scène, résume avec une touche haut de gamme l'esprit de T or C. Chacune de ses 7 chambres est en harmonie avec une série TV et le décor est à la fois impertinent, chic et confortable. Mais le meilleur est que chacune possède son propre bain à remplir d'eau thermale pour une suprême détente. La cour en U du motel des années 1930, où l'on garait la voiture, a été transformée en patio central débordant de fleurs. Excellente option d'hébergement et spa divin après une randonnée.

Côté restauration, le convivial **Happy Belly Deli** (☎ 575-894-3354 ; 313 N Broadway ; plats moins de 10 $; 7h-15h lun-ven, 8h-15h sam, 8h-12h dim) attire les premiers clients du matin autour d'un bon *burrito* frais au petit-déjeuner, tandis que le tout nouveau **Café BellaLuca** (☎ 575-894-9866 ; 303 Jones St ; plats déj 6-10 $, dîner 10-23 $; 11h-21h lun, mer et jeu, 11h-22h ven-sam, 10h-20h dim) est déjà réputé pour ses spécialités italiennes.

CUISINE DU SUD-OUEST : LE CHEESEBURGER AU CHILI VERT

Si vous êtes dans les parages à l'heure du déjeuner ou du dîner, arrêtez-vous au **Owl Bar & Cafe** (☎ 575-835-9946 ; 215 San Antonio St ; 8h-20h30 lun-sam) pour un cheeseburger au chili vert. Nombre de restaurants du Nouveau-Mexique prétendent servir le meilleur de l'État, mais aucun ne rivalise avec celui de l'Owl Bar, composé d'une galette de bœuf aplatie couronnée de mayonnaise, fromage, pickles, tomates, oignons et piments verts. Le savant mélange sur le pain toasté enflamme les papilles mais quel délice ! C'est à San Antonio, à 144 km au sud d'Albuquerque.

POUR QUELQUES JOURS DE PLUS

Si vous vous dirigez vers l'ouest et l'Arizona depuis Socorro, la Hwy 60 est une belle alternative panoramique à l'I -40, à l'écart de tout. Après la ville de Magdalena, apparaît le **Very Large Array** (VLA ; www.vla.nrao.edu ; entrée libre ; 8h30-coucher du soleil), un radio télescope formé de 27 antennes paraboliques dressées tels des champignons géants sur les hautes plaines. Au Visitor Center, vous verrez un court film sur la station et pourrez en faire une visite autoguidée avec un coup d'œil à l'intérieur de la salle de contrôle depuis la fenêtre. À hauteur de la borne du mile 93, sortez de la Hwy 60, et suivez la Hwy 52 pendant 6,5 km vers le sud.

Las Cruces et ses environs

La deuxième plus grande ville du Nouveau-Mexique est le siège de la New Mexico State University (NMSU), qui accueille quelque 17 000 étudiants. Le **Visitors Bureau** (575-541-2444, 800-343-7827 ; www.lascrucescvb.org ; 211 N Water St ; 8h-17h lun-ven) renseigne les touristes.

La ville voisine de **Mesilla** attire un grand nombre d'entre eux ; on y trouve toute l'essence des villes du Sud-Ouest du milieu du XIXe siècle, au riche héritage hispanique.

El Comedor (575-524-7002 ; 2190 Ave de Mesilla ; plats moins de 10 $; 9h-21h lun-ven, 9h-15h sam-dim). Nous vous recommandons vivement ce restaurant de Mesilla, en retrait de la Plaza. Les généreux plats du Nouveau-Mexique bien relevés de sauce au chili de cette enseigne en adobe, toujours animée, valent bien une petite marche supplémentaire sur 2 pâtés de maisons. Les plats qui passent près de vous sont tous très tentants, mais les *enchiladas* au poulet avec sauce aux piments verts et force fromage sont irrésistibles.

Le **White Sands Missile Test Center Museum** (575-678-8824 ; www.wsmr-history.org ; entrée libre ; 8h-16h lun-ven, 10h-15h sam-dim), à environ 40 km à l'est de Las Cruces sur la Hwy 70 (repérez le panneau pour "White Sands Missile Range Headquarters"), a servi aux essais militaires depuis 1945. Il est encore utilisé comme site d'atterrissage auxiliaire pour les navettes spatiales. Ne manquez pas l'incroyable exposition de missiles en plein air. Vous entrez sur une base militaire et toute personne de 18 ans révolus doit par conséquent montrer une carte d'identité, et le chauffeur les papiers d'immatriculation et l'assurance du véhicule.

À Las Cruces, le **Lundeen Inn of the Arts** (575-526-3326, 888-526-3326 ; www.innofthearts.com ; 618 S Alameda Blvd ; ch avec petit-déj 79-125 $, ste 95-115 $;) est une grande auberge de style mexicain datant de la fin du XIXe siècle ; 7 chambres (toutes différentes), salle de séjour bien aérée et galerie d'art rassemblant 300 œuvres.

Une foule d'étudiants fréquente le **Spirit Winds Coffee Bar** (575-521-1222 ; 2260 S Locust St ; plats moins de 10 $; 7h-19h lun-ven, 7h30-19h sam, 8h-18h dim) pour son délicieux cappuccino, ses sandwichs, ses salades, ses soupes et ses pâtisseries. La boutique de souvenirs attenante propose des boîtes de pique-nique Bettie Page, des bouddhas décoratifs et des cartes rigolotes. Le **Nellie's Cafe** (575-524-9982 ; 1226 W Hadley Ave ; 8h-2h) est un restaurant mexicain populaire. Paiement en espèces uniquement.

Des bus **Greyhound** (575-524-8518 ; www.greyhound.com ; 390 S Valley Dr) traversent les deux grands axes inter-États l'I-10 et l'I-25, et desservent chaque jour Albuquerque (30-39 $, 3 heures 45), Roswell (37-54 $, 3 heures 45) et El Paso (11,50 $, 1 heure).

Silver City et ses environs

Avant de vous promener dans le centre-ville de Silver City, nous vous recommandons de faire attention quand vous descendez du trottoir. Les bordures sont plus hautes qu'ailleurs en raison des pluies de mousson d'été, afin de protéger les bâtiments victoriens et ceux en brique et fer forgé de la montée brusque des eaux. L'esprit du Far West est toujours dans l'air ici, tout comme le souvenir de Billy the Kid, qui y vécut.

Silver City est aussi la dernière étape avant la Gila National Forest, appréciée des adeptes de ski de fond, de randonnée, de camping, de pêche, etc.

Le **Visitor Center** (575-538-3785, 800-548-9378 ; www.silvercity.org ; 201 N Hudson St ; 9h-17h lun-ven, 10h-14h sam si un bénévole est disponible) et le **poste de rangers de la Gila National Forest** (575-388-8201 ; www.fs.fed.us/r3/gila ; 3005 E Camino De Bosque ; 8h-16h30 lun-ven) dispensent des informations sur la région. Pour en savoir plus sur l'histoire minière mouvementée de la ville, nous vous conseillons de visionner *Le Sel de la Terre* (1954), qui s'attira les foudres du maccarthysme.

À deux heures au nord de Silver City, une route tortueuse de 67 km mène au **Gila Cliff Dwellings National Monument** (☎ 575-536-9461 ; 3 $; 🕑 8h-18h juin-août, 9h-16h sept-mai), peuplé au XIIIe siècle par les Indiens mogollon. Mystérieuses et relativement isolées, ces remarquables habitations troglodytiques à flanc de falaise sont facilement accessibles par un sentier en boucle de 1,6 km. Depuis le début du premier millénaire, elles n'ont guère changé. Pour découvrir les **pictographes** (peintures sur roche) arrêtez-vous au Lower Scorpion Campground et empruntez la courte piste balisée.

Des tours volcaniques font la singularité du **City of Rocks State Park** (☎ 575-536-2800 ; www.emnrd.state.nm.us/prd/cityrocks.htm ; Hwy 61 ; journée 5 $, empl camping 8-10 $). Vous pouvez camper entre les tours dans des campings isolés mais équipés de tables et de foyers enterrés. Une partie des emplacements peuvent être réservés. Encadré de fabuleux rochers, le n°43, appelé le Lynx, est un des plus beaux. Le parc se trouve à 38 km au nord-ouest de Deming par la Hwy 180, puis à 5 km vers le nord-est sur la Hwy 61. Si vous préférez retrouver la civilisation et son confort, continuez au nord sur la Hwy 180 jusqu'à **Silver City KOA** (☎ 575-388-3351, 800-562-7623 ; www.silvercitykoa.com ; 11824 Hwy 180E ; empl tente 24-31 $, empl camping-car 28-46 $, bungalows 50-63 $; 💻 📶 🏊), où vous attendent des bungalows et une laverie.

Pour une plongée dans l'histoire architecturale de Silver City, passez la nuit dans l'une des 22 chambres du **Palace Hotel** (☎ 575-388-1811 ; www.zianet.com/palacehotel ; 106 W Broadway ; d/ste avec petit déj 52-65 $/79 $; ⊠) au charme discret de la fin du XIXe siècle (pas de clim, tout est resté d'époque). Le Palace plaira à ceux qui sont fatigués du style impersonnel des enseignes de chaîne. À l'angle, dans le cadre confortable et sans prétention du **Javalina** (☎ 575-388-1350 ; 201 N Bullard St ; pâtisseries 2-4 $; 🕑 6h-21h lun-jeu, 6h-22h ven-sam, 6h-19h dim) vous trouverez du café, des en-cas et une connexion Wi-Fi gratuite.

Pour vos repas, le **Shevek & Co Restaurant** (☎ 575-534-9168 ; 602 N Bullard St ; tapa moins de 10 $, mezze 8-18 $, entrée 20-30 $; 🕑 17h-20h30 dim-mar et jeu, 17h-21h ven-sam, ouvert un peu plus tard en été) vous donne le choix entre trois tailles de portion (tapas, mezze ou entrée). Dans ce bistrot haut de gamme, se réclamant du mouvement Slow Food, les produits locaux prennent une belle saveur méditerranéenne.

SUD-EST DU NOUVEAU-MEXIQUE

À l'exception des forêts encadrant Cloudcroft et Ruidoso, le sud-est du Nouveau-Mexique est couvert de plaines verdoyantes s'étendant à l'infini. C'est aussi là que l'on trouve l'incroyable White Sands National Monument et le superbe Carlsbad Caverns National Park, à visiter de préférence au coucher du soleil. Vous croiserez des extraterrestres à Roswell, Billy the Kid à Lincoln, et le véritable Smokey Bear, juste à l'ouest, à Capitan.

White Sands National Monument

À 25 km au sud-ouest d'Alamogordo et à 24 km au sud-ouest de la Hwy 82/70, s'étend sur 450 km² un spectaculaire paysage de dunes de sable blanc (du gypse), sculptées par les vents. Cet étincelant **parc** (☎ 575-679-2599 ; www.nps.gov/whsa ; adulte/moins de 16 ans 3 $/gratuit ; 🕑 7h-21h juin-août, 7h-crépuscule sept-mai) constitue le must de toute visite au Nouveau-Mexique.

Achetez une "soucoupe" en plastique (15 $) à la boutique de souvenirs du Visitor Center, puis dévalez les dunes à l'arrière. C'est amusant et vous pourrez revendre le disque pour 5 $ à la fin de la journée (pas de location pour éviter les problèmes de responsabilité). Renseignez-vous sur le calendrier des balades au coucher du soleil et des randonnées (occasionnelles) à vélo au clair de lune (adulte/moins de 16 ans 5/2,50 $), pour les dernières, mieux vaut réserver bien à l'avance. Les campings, sans eau ni toilettes, se trouvent à 1,6 km de la route panoramique. Retirez un permis (3 $, nombre limité) au Visitor Center au moins 1 heure avant le coucher du soleil. Il faut se présenter en personne et le premier arrivé est le premier servi.

Alamogordo et ses environs

Alamogordo est le centre de l'un des plus grands programmes de recherches spatiale et nucléaire des États-Unis. Le **New Mexico Museum of Space History** (☎ 505-437-2840, 877-333-6589 ; www.nmspacemuseum.org ; Hwy 2001 ; adulte/senior/enfant 4-12 ans 6/5/4 $; 🕑 9h-17h) réparti sur quatre étages présente des expositions sur la recherche et les vols dans l'espace. Son **Tombaugh IMAX Theater & Planetarium** (adulte/senior/enfant 6/5,50/4,50 $) projette sur un immense écran panoramique d'excellents films sur des sujets très variés, des requins à l'exploration de l'espace.

De nombreux motels bordent White Sands Blvd, dont le **Best Western Desert Aire Motor Inn** (☎ 575-437-2110 ; www.bestwestern.com ; 1021 S White Sands Blvd ; ch 74-120 $;), avec chambres et suites standard (certaines avec kitchenette), ainsi qu'un sauna. Avant d'aller au White Sands, régalez-vous de la cuisine maison, américaine et mexicaine, concoctée par **Our Country Kitchen** (☎ 575-434-3431 ; angle 12th Ave et New York Ave ; plats 6-9 $; 6h-14h30 ;), où les enfants sont les bienvenus. Sinon, réservez-vous pour un festin après la randonnée au **Wok Inn** (☎ 575-434-4388 ; 1010 S White Sands Blvd ; plats et buffet moins de 10 $; 11h-22h). Ses 7 immenses comptoirs-buffets peuvent compter au nombre des 7 merveilles du monde ; même si vous n'y mangez pas, allez les admirer.

Cloudcroft

Cloudcroft, avec ses édifices du début du siècle dernier, se révèle agréable et très commode pour s'adonner aux activités de plein air et explorer la région. Située en altitude, la ville permet de souffler après l'aridité étouffante du désert. La **chambre de commerce** (☎ 575-682-2733, 866-874-4447 ; www.cloudcroft.net ; 1001 James Canyon Hwy ; 10h-17h lun-sam) est dans une cabane en rondins, sur la Hwy 82.

Le **Lodge Resort & Spa** (☎ 575-682-2566, 800-395-6343 ; www.thelodgeresort.com ; 1 Corona Pl ; ch à partir de 125 $, ste 185-315 $;) figure parmi les meilleurs hôtels du Sud-Ouest. Les chambres du bâtiment principal, de style bavarois, sont garnies de meubles d'époque et d'objets victoriens. Son restaurant, le **Rebecca's** (☎ 575-682-3131 ; plats petit-déj et déj 8-15 $ dîner 28-36 $; 7h-10h30 lun-sam, 7h-10h dim, 11h30-14h et 17h30-21h, un peu plus tard en été), qui porte le nom du fantôme qui le hante, est le meilleur de la ville.

Ruidoso

Situé en altitude près de la Sierra Blanca (3 600 m) et bénéficiant d'un climat agréable, Ruidoso (qui signifie "bruyant" en espagnol) est envahie en été par les touristes et par les parieurs. La Hwy 48 (aussi appelée Mechem Dr ou Sudderth Dr) constitue son axe principal. La **chambre de commerce** (☎ 575-257-7395, 877-784-3676 ; www.ruidosonow.com ; 720 Sudderth Dr ; 8h-16h30 lun-ven, 9h-15h sam) vous renseignera.

À VOIR ET À FAIRE

La ville est réputée pour ses courses hippiques qui ont lieu au **Ruidoso Downs Racetrack** (☎ 575-378-4431 ; www.ruidownsracing.com ; Hwy 70 ; siège tribune gratuit, loge 35-45 $; courses jeu-dim fin mai-début sept, casino 11h-23h toute l'année). L'intéressant **Hubbard Museum of the American West** (☎ 575-378-4142 ; www.hubbardmuseum.org ; 841 Hwy 70 W ; adulte/senior/enfant 6/5/2 $; 9h-17h ;) présente une collection sur le thème de l'Ouest, surtout des diligences, des selles et des objets indiens.

La meilleure station de ski au sud d'Albuquerque est **Ski Apache** (☎ 575-464-3600, état de la neige 575-257-9001 ; www.skiapache.com ; forfait un jour adulte/enfant 39/25 $; 9h-16h), à 29 km au nord-ouest de Ruidoso sur les flancs du Sierra Blanca Peak (3 600 m). Prenez la sortie 532 sur la Hwy 48.

En route pour le **Flying J Ranch** (☎ 575-336-4330 ; www.flyingjranch.com ; Hwy 48 N ; adulte/enfant 24/14 $; à partir de 17h30 lun-sam fin mai à début sept, sam sept et 2 premiers sam oct), à 2,5 km au nord d'Alto. Vous pourrez manger dans un chariot-cantine, assister à des fusillades de cow-boys et faire des balades.

Pour vous dégourdir les jambes, rejoignez les **forest trails**, sentiers d'accès facile depuis la Cedar Creek Rd, juste à l'ouest de la Smokey Bear Ranger Station. Vous aurez le choix entre l'USFS Fitness Trail (parcours de mise en forme) ou les sentiers serpentant autour de la Cedar Creek Picnic Area.

OÙ SE LOGER ET SE RESTAURER

Ruidoso regorge de motels, d'hôtels et de petits bungalows.

Sitzmark Chalet (☎ 575-257-4140, 800-658-9694 ; www.sitzmark-chalet.com ; 627 Sudderth Dr ; ch 75-89 $, ste 99 $;). Ce chalet sur le thème du ski compte 17 chambres, jolies et simples. Autres atouts : tables de pique-nique, barbecues, Jacuzzi chauffé (8 pers).

Ruidoso Lodge Cabins (☎ 575-257-2510, 800-950-2510 ; www.ruidosolodge.com ; 300 Main Rd ; bungalows 109-209 $;). Joliment situés au bord de la rivière, ces bungalows sont dotés d'une cuisine équipée et d'une cheminée.

Cornerstone Bakery (☎ 575-257-1842 ; 359 Sudderth Dr ; plats moins de 10 $; 7h30-14h lun-sam, 7h30-13h dim). Si vous vous attardez dans le coin, vous deviendrez vite un habitué. Tout est exquis, des omelettes aux croissants-sandwichs, en passant par le café parfumé au pin.

Café Rio (☎ 575-257-7746 ; 2547 Sudderth Dr ; plats 5-25 $; 🕒 11h-21h). On ne peut pas dire que le service soit aimable dans cette boîte à pizzas, mais les portions bien garnies font vite oublier cet inconvénient.

Casa Blanca (☎ 575-257-2495 ; 501 Mechem Dr ; plats déj 6-8 $, dîner 10-20 $; 🕒 11h-21h). Dîner Sud-Ouest dans une maison rénovée de style espagnol. Les *chilis rellenos* sont à se damner.

Lincoln et Capitan

Les férus d'histoire de l'Ouest ne manqueront Lincoln pour rien au monde. C'est là, à 19 km à l'est de Capitan sur la route panoramique de la **Billy the Kid National Scenic Byway** (www.billybyway.com), qu'eut lieu la fameuse fusillade qui fit de Billy the Kid une légende vivante. La ville est parfaitement conservée, au plus proche de l'original. Sa rue principale ayant été désignée **Lincoln Town Monument**, les éléments modernes (motels éclairés au néon, boutiques de souvenirs et fast-foods) en sont bannis.

Achetez un billet pour la visite des bâtiments les plus anciens à l'**Anderson Freeman Visitors Center & Museum** (☎ 575-653-4025 ; Hwy 380 ; entrée 5 sites adulte/enfant 5 $/gratuit ; 🕒 8h30-16h30), où l'on peut voir aussi des expositions sur les Buffalo Soldiers (régiment de cavalerie de soldats noirs), les Apaches et la guerre du Comté de Lincoln. Terminez par le fascinant **Courthouse Museum** ; site célèbre de l'évasion la plus spectaculaire – et la plus violente – de Billy the Kid. Une plaque indique l'endroit où l'une de ses balles pénétra le mur.

L'**Ellis Store Country Inn** (☎ 575-653-4609, 800-653-6460 ; www.ellisstore.com ; Mile 98, Hwy 380 ; ch avec petit-déj 89-119 $; ⊠) abrite 3 chambres décorées d'antiquités et chauffées par un poêle à bois dans la maison principale ; la propriété possède également un ancien moulin contenant 5 chambres supplémentaires. Du mercredi au samedi, l'hôtel propose un dîner de 6 plats (75 $ par personne) servi dans la ravissante salle à manger. Parfait pour une occasion spéciale ; réservation conseillée.

Comme Lincoln, Capitan est entourée des montagnes de la **Lincoln National Forest**. Allez-y avec vos enfants, qui pourront ainsi visiter le **Smokey Bear Historical State Park** (☎ 505-354-2748 ; www.smokeybearpark.com ; adulte/enfant 7-12 ans 2/1 $; 🕒 9h-17h ; 👪), où est enterré le véritable Smokey, l'ours ayant inspiré Smokey Bear, la mascotte des forêts américaines.

Roswell

Si vous êtes fan de la série *X-Files*, vous connaissez déjà l'incident de Roswell : en 1947, un mystérieux objet s'est écrasé près d'un ranch du coin. Pas de quoi en perdre le sommeil si l'armée n'avait monté l'incident en épingle en gardant le secret là-dessus. La curiosité du monde entier, combinée à une bonne dose de crédulité, a vite transformé la petite ville en zone d'atterrissage privilégiée des extraterrestres. Aujourd'hui, les bus de touristes envahissent Roswell, pour le plus grand bonheur des marchands de souvenirs.

Adressez-vous au **Visitors Bureau** (☎ 575-624-0889, 888-767-9355 ; www.roswellmysteries.com ; 912 N Main St ; 🕒 8h30-17h30 lun-ven, 10h-15h sam-dim ; 📶) pour tout renseignement, et une photo de vous en compagnie d'un extraterrestre.

Ceux qui croient aux extraterrestres et ceux qui apprécient le kitsch visiteront l'**International UFO Museum & Research Center** (☎ 575-625-9495 ; www.roswellufomuseum.com ; 114 N Main St ; adulte/enfant 5/2 $; 🕒 9h-17h) où sont présentés des documents ainsi que des œuvres d'art venues d'ailleurs... Le **Roswell UFO Festival** (www.roswellufofestival.com) se tient chaque année durant le week-end du 4 juillet, avec défilé costumé, présentateurs vedettes, ateliers et concerts.

Des motels de chaîne très basiques bordent N Main St. À environ 58 km au sud de Roswell, à Artesia, l'**Heritage Inn** (☎ 575-748-2552, 866-207-0222 ; www.artesiaheritageinn.com ; 209 W Main St ; ch avec petit-déj 94 $; ⊠ ❄ 💻 📶) compte 11 chambres de style Far West ; c'est la meilleure adresse de la région.

Échappez à la chaleur du centre-ville en allant prendre un verre de vin accompagné d'une assiette de fromages dans la fraîcheur des caves de la **Pecos Flavors Winery** (☎ 575-627-6265 ; 305 N Main St ; 🕒 10h-19h lun-jeu, 10h-20h ven-sam) ; les amateurs de bière prendront une Alien Amber Ale. Dans un immense espace de style industriel à la déco axée sur les super-héros, le **Farley's** (☎ 575-627-1100 ; 1315 N Main St ; plats 7-13 $; 🕒 11h-23h dim-jeu, jusqu'à 1h ven-sam) propose 29 bières à la pression, à accompagner d'une cuisine de pub ou de pizzas. Pour une cuisine mexicaine simple et sans surprise, essayez, au centre-ville, le **Martin's Capitol Café** (110 W 4th St ; plats 6-10 $; 🕒 6h-20h30 lun-sam).

Le **Greyhound Bus Depot** (☎ 575-622-2510 ; www.greyhound.com ; 1100 N Virginia Ave) propose quotidiennement des bus pour Carlsbad (29-32 $, 1 heure 30) et El Paso (Texas) via Las Cruces (55-60 $, 5 heures 30).

Carlsbad

Carslsbad sert de point de départ vers le Carlsbad Caverns National Park (p. 380) et les Guadalupe Mountains. Pour toute information, voir la **chambre de commerce** (☎575-887-6516, 866-822-9226 ; www.carlsbadchamber.com ; 302 S Canal St ; 9h-17h lun, 8h-17h mar-ven toute l'année, 9h-15h sam mai-sept).

En retrait de la Hwy 285, à la lisière nord-ouest de la ville, le **Living Desert State Park** (☎575-887-5516 ; 1504 Miehls Dr, sur la Hwy 285 ; adulte/enfant 7-12 ans 5/3 $; 8h-20h fin juin à août, 9h-17h sept-mai ;), vous apprendra tout sur les cactus, les coyotes, la faune et la flore. Un sentier de 2 km présente les différents habitats naturels du désert du Chihuahua.

L'hébergement de Carlsbad consiste pour l'essentiel en motels de chaînes installés dans S Canal St ou sur la National Parks Hwy. Le modeste **Motel 6** (☎575-885-0001 ; www.motel6.coms ; 3824 National Parks Hwy ; s/d 50/54 $;) est propre, pas cher et sur le chemin du parc. Pour un service plus personnalisé, passez une ou deux nuits dans le cadre méditerranéen du **Sousorrone Viento** (☎575-628-0446 ; www.sousorronev.com ; 20 Vincent Rd ; ch 125 $;), dont les tuiles rouges apparaissent au nord de la ville. Les charmants propriétaires de cet accueillant B&B proposent 3 impeccables chambres d'un bon confort, avec petit-déjeuner complet sur commande. Les randonneurs auront leur panier pique-nique. Juste au nord du B&B, nous vous recommandons vivement le **Carlsbad KOA** (☎575-457-2000 ; www.carlsbadrv.com ; 2 Mantei Rd ; empl tente 27-30 $, empl camping-car 39-44 $, bungalows 53-95 $;), le camping le mieux tenu que vous n'ayez jamais vu, situé entre les bornes des miles 51 et 52, en retrait de la Hwy 285.

Le pimpant **Blue House Bakery & Cafe** (☎575-628-0555 ; 609 N Canyon St ; plats moins de 10 $; petit-déj 6h-12h lun et sam, petit-déj et déj 6h-14h mar-ven) prépare le meilleur café dans ce coin du Nouveau-Mexique. Venez avant 10h pour un assortiment complet de pâtisseries. Les voitures font la queue au **Danny's Place** (☎575-885-8739 ; 902 S Canal St ; plats 5-11 $; 11h-21h), mais on peut aussi s'asseoir dans la salle. Les sandwichs, servis ici dans un panier, sont si garnis qu'on en met un peu partout et le piment titille les papilles. Les habitants et les touristes se pressent chez **Lucy's** (☎575-887-7714 ; 701 S Canal St ; plats 7-16 $; 11h-21h lun-jeu, 11h-21h30 ven-sam) pour déguster une bière et des plats bon marché typiques du Nouveau-Mexique.

Des bus **Greyhound** (☎575-628-0768 ; www.greyhound.com ; 3102 National Parks Hwy) partent de la station-service Shamrock à l'intérieur du Food Jet South. Parmi les destinations : El Paso, au Texas (50-54 $, 3 heures), Lubbock, au Texas (50-54 $, 4 heures 45).

Carlsbad Caverns National Park

Sous les collines de ce superbe **parc national** (☎575-785-2232, infos chauves-souris 505-785-3012 ; www.nps.gov/cave ; 3225 National Parks Hwy ; adulte/enfant 6 $/gratuit ; grottes 8h30-15h30 fin mai-début sept, 8h30-14h début sept-fin mai) s'étend un fantastique réseau de grottes couvrant 190 km². Elles présentent un paysage irréel de stalactites et autres formations géologiques. Vous pouvez prendre un ascenseur depuis le Visitor Center ou un sentier de 3 km qui mène à une chambre souterraine (la Big Room) de 550 m de long et 77 m de haut, à plus de 240 m de profondeur. Si vous êtes claustrophobe ou enclin à des crises d'angoisse, la chambre et son accès en ascenseur (qui descend la hauteur de l'Empire State Building en moins d'une minute) risque d'être une très mauvaise expérience.

On peut aussi faire la visite guidée d'autres grottes (adulte/enfant 7-20/3,50-10 $), à condition de réserver très longtemps à l'avance (téléphonez au ☎877-444-6777, ou consultez le site www.recreation.gov). Pensez à vous couvrir et à porter des chaussures fermées car il y fait très frais.

Mais ce n'est pas tout… Une colonie de plus de 300 000 chauves-souris niche ici de mi-mai à mi-octobre. On peut les observer à la tombée du jour, lorsqu'elles sortent pour chasser les insectes.

Les Rocheuses

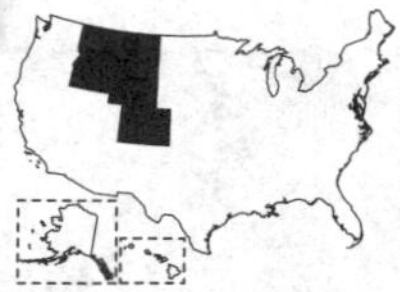

Il y a encore un siècle, les médecins américains n'hésitaient pas à prescrire à leurs patients un séjour dans les Rocheuses pour soigner toutes sortes de maux, de la tuberculose à la maladie mentale en passant par l'état d'épuisement. Il est à regretter que les praticiens d'aujourd'hui ne s'inspirent pas davantage de leurs prédécesseurs…

En effet, les vertus apaisantes des États de cette région sont telles qu'il suffit de parcourir leurs routes pendant quelques jours pour y noyer tous ses soucis. Car comment rester déprimé là où le soleil brille en permanence, là où la beauté des pics enneigés, des prairies parsemées de fleurs sauvages et des forêts de pins brumeuses inspire peintres et poètes.

Tout est démesuré dans les Rocheuses, des montagnes aux ours qu'elles abritent en passant par les bières et les testicules de taureau frits. Les amoureux de la nature adoreront les parcs nationaux (Yellowstone, Grand Teton, Rocky Mountain, Glacier…), où rodent toujours les "cinq grands" américains (grizzli, élan, bison, puma et loup). Et les fondus d'adrénaline trouveront ici leur compte en dévalant les pentes poudreuses qui dominent Telluride ou en franchissant en rafting les rapides de Middle Fork.

Où que vous alliez, vous ne serez pas déçu. Escalade, ski sur glacier et bières locales, vous vous coulerez sans tarder dans cet état second délicatement parfumé au pin que l'on appelle l'"ivresse des Rocheuses".

À NE PAS MANQUER

- Les geysers et les grizzlis du **Yellowstone National Park** (p. 423), l'un des plus grands trésors naturels des États-Unis
- La poudreuse sur les pentes de **Sun Valley** (p. 447), la moins prétentieuse des stations huppées des Rocheuses
- Une semaine de rafting dans les eaux tumultueuses de la **Middle Fork of the Salmon** (p. 451), et de nuits à la belle étoile
- Une margarita à une terrasse de café de **Boulder** (p. 397), ville universitaire néo-hippie
- **Silverton** (p. 414), une vraie ville du Far West avec sa rue non goudronnée et ses fantastiques pistes de 4×4
- La randonnée le long des lacs bleus gelés et des champs de neige du **Glacier National Park** (p. 441) tant que c'est encore possible – les glaciers du parc sont en train de perdre la bataille du réchauffement climatique

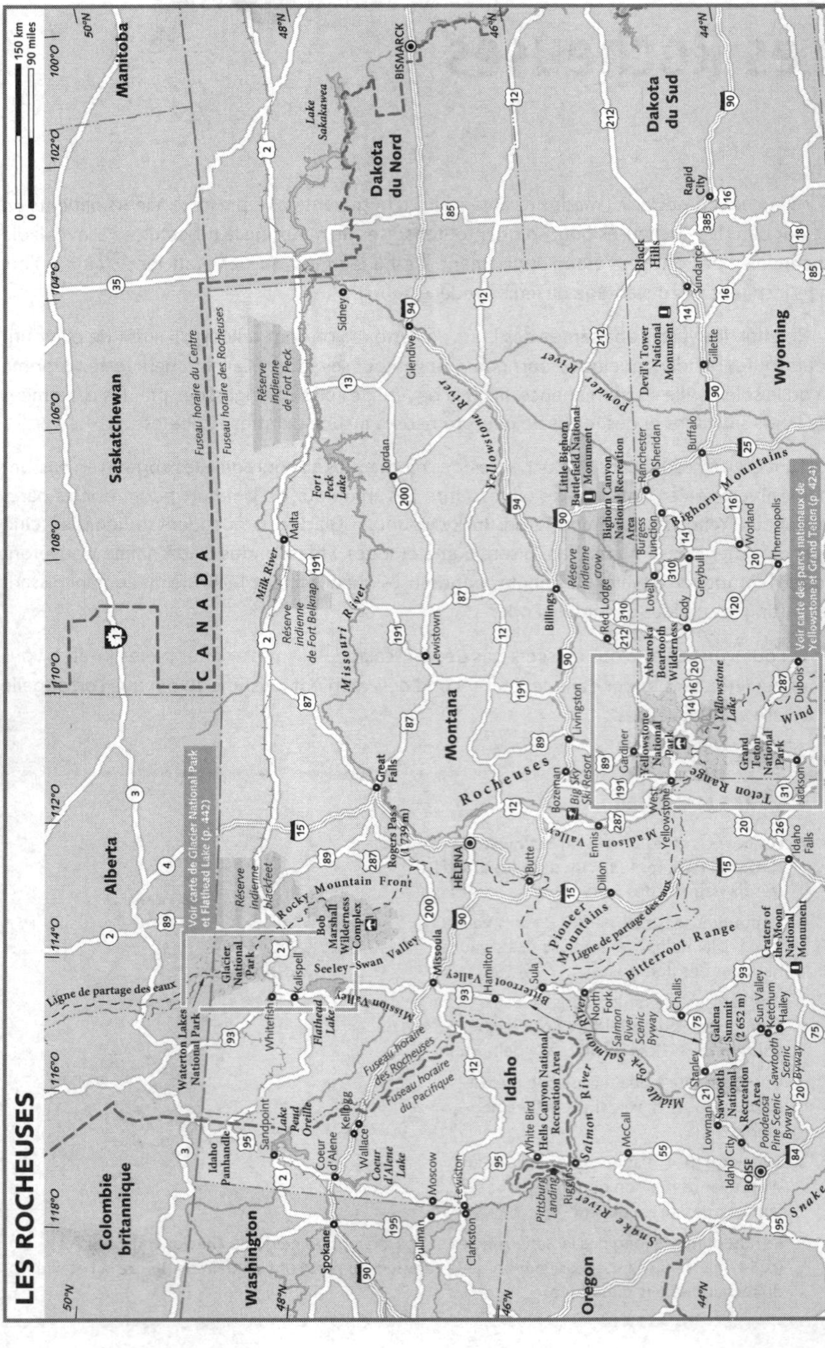
LES ROCHEUSES
0 150 km
0 90 miles
Colombie britannique
Alberta
Saskatchewan
Manitoba
CANADA
Washington
Oregon
Idaho
Montana
Wyoming
Dakota du Nord
Dakota du Sud
Fuseau horaire du Centre
Fuseau horaire des Rocheuses
Fuseau horaire du Pacifique
Voir carte de Glacier National Park et Flathead Lake (p. 442)
Voir carte des parcs nationaux de Yellowstone et Grand Teton (p. 424)
Waterton Lakes National Park
Glacier National Park
Ligne de partage des eaux
Réserve indienne blackfeet
Réserve indienne de Fort Belknap
Réserve indienne de Fort Peck
Réserve indienne crow
Bob Marshall Wilderness Complex
Rocky Mountain Front
Seeley-Swan Valley
Mission Valley
Bitterroot Valley
Bitterroot Range
Pioneer Mountains
Madison Valley
Rocheuses
Rogers Pass (1 739 m)
Absaroka Beartooth Wilderness
Yellowstone National Park
Grand Teton National Park
Yellowstone Lake
Teton Range
Wind
Bighorn Mountains
Bighorn Canyon National Recreation Area
Little Bighorn Battlefield National Monument
Devil's Tower National Monument
Black Hills
Hells Canyon National Recreation Area
Craters of the Moon National Monument
Sawtooth National Recreation Area
Galena Summit (2 652 m)
Salmon River Scenic Byway
Ponderosa Pine Scenic Byway
Sawtooth Scenic Byway
Lake Sakakawea
Fort Peck Lake
Flathead Lake
Lake Pend Oreille
Coeur d'Alene Lake
Idaho Panhandle
Milk River
Missouri River
Yellowstone River
Powder River
Salmon River
Middle Fork Salmon River
Snake River
Big Sky Ski Resort
BISMARCK
HELENA
BOISE
Spokane
Pullman
Moscow
Lewiston
Clarkston
Sandpoint
Coeur d'Alene
Kellogg
Wallace
Whitefish
Kalispell
Missoula
Hamilton
Sula
North Fork
Challis
Stanley
Lowman
Idaho City
McCall
Riggins
White Bird
Pittsburg Landing
Ketchum
Sun Valley
Hailey
Idaho Falls
Great Falls
Butte
Dillon
Ennis
Bozeman
Livingston
Gardiner
West Yellowstone
Jackson
Dubois
Lewistown
Malta
Jordan
Glendive
Sidney
Billings
Red Lodge
Cody
Lovell
Greybull
Burgess Junction
Ranchester
Sheridan
Buffalo
Worland
Thermopolis
Gillette
Sundance
Rapid City
50°N
48°N
46°N
44°N
118°O
116°O
114°O
112°O
110°O
108°O
106°O
104°O
102°O
100°O

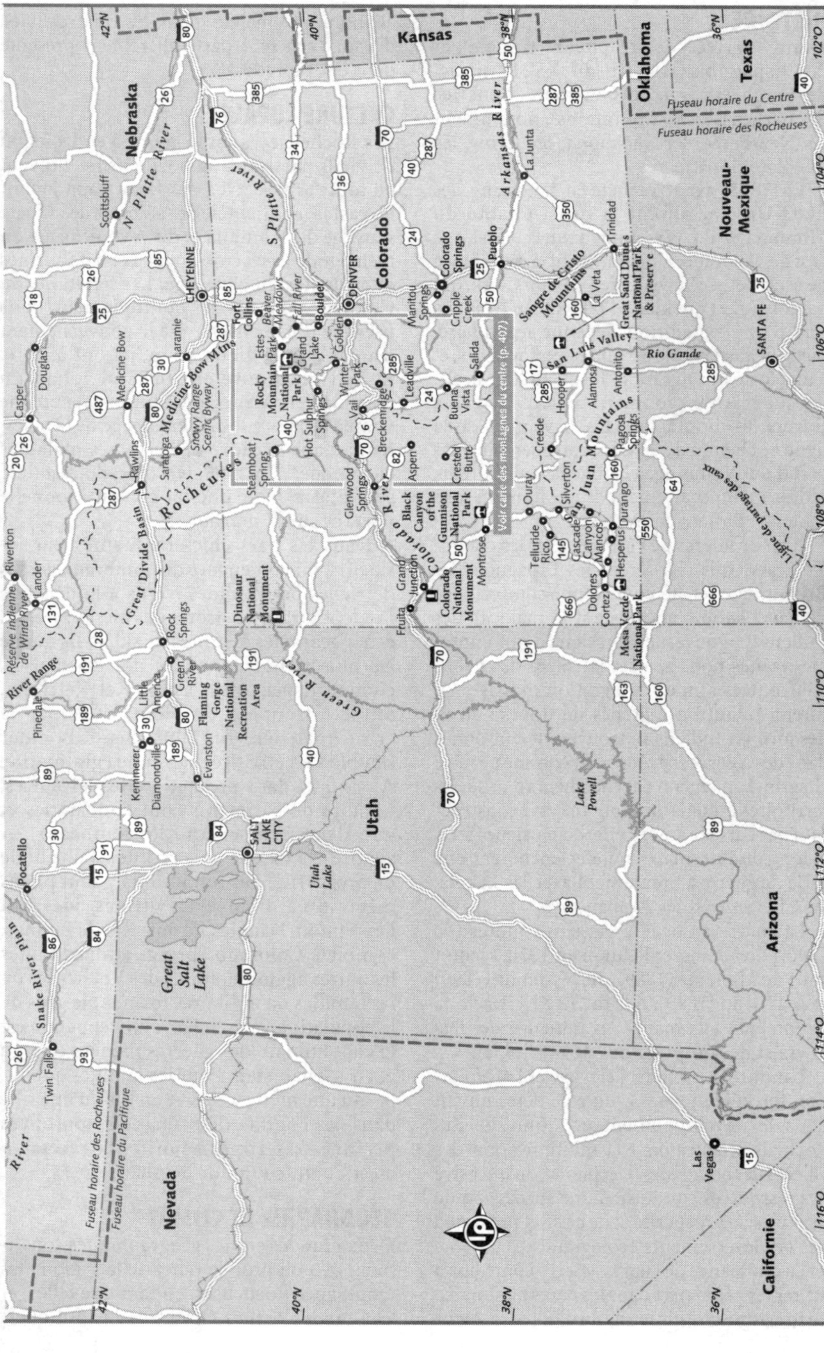

LES ROCHEUSES

HISTOIRE

Avant l'arrivée des trappeurs français et des Espagnols à la fin du XVIIIe siècle, de nombreuses tribus vivaient dans les Rocheuses (Rocky Mountains), notamment les Nez-Percé, les Shoshone, les Crow, les Lakota et les Ute.

En 1803, ayant racheté la Louisiane, les États-Unis acquirent la quasi-totalité du Montana et du Wyoming actuels, ainsi que l'est du Colorado. L'opération fit la renommée de Meriwether Lewis et de William Clark, qui parcoururent quelque 13 000 km en trois ans lors d'une expédition devenue légendaire, ouvrant ainsi la voie à d'autres explorateurs, et à une forte immigration. Jusqu'au XXe siècle, les convois de pionniers se succédèrent à travers les montagnes. L'achèvement de la ligne de chemin de fer transcontinentale dans le sud du Wyoming, à la fin des années 1860, réduisit temporairement ce flot humain sans toutefois l'interrompre.

Afin de libérer de l'espace pour les colons, les États-Unis chassèrent les Espagnols, les Britanniques et, au cours d'une sombre page de leur histoire, anéantirent la majorité des Indiens. Le gouvernement signa d'innombrables traités pour apaiser la colère des tribus confrontées à une immigration massive. Ce furent autant de marchés de dupes : au fil des ans, les Indiens se trouvèrent cantonnés dans des réserves se réduisant comme peau de chagrin. L'incursion des chercheurs d'or sur les territoires indiens du Montana et la construction par l'armée américaine de plusieurs forts le long du Bozeman Trail déclenchèrent une série de guerres, notamment avec les Lakota, les Cheyenne et les Arapaho.

La course à l'or et à l'argent conduisit le Colorado à intégrer l'Union en 1876, bientôt suivi du Montana (1889), du Wyoming (1890) et de l'Idaho (1890). À la fin du XIXe siècle, la région était aux mains des mineurs, des fermiers et des propriétaires de ranch blancs.

L'industrie minière, l'élevage et l'exploitation forestière jouèrent un rôle déterminant dans le développement économique des Rocheuses, entraînant la multiplication des villes et des bourgades. L'exploitation intensive des ressources conduisit à une succession de périodes de prospérité et de crise et provoqua des bouleversements écologiques.

La croissance de l'après-guerre contribua à attirer les vacanciers dans les parcs nationaux. Le tourisme constitue aujourd'hui un moteur économique majeur dans les quatre États, devant l'armée – particulièrement présente dans le Colorado.

CULTURE LOCALE

Les Rocheuses, sont le genre d'endroits où de virils partisans du port d'arme, boivent en toute amitié avec des fils à papa jouant les rastas. La clientèle des saloons de l'Ouest sauvage du Montana et du Wyoming est un mélange de vieux cow-boys aux traits burinés et d'adeptes du New Age. Les habitants du Colorado sont divisés politiquement, mais presque tous pensent que le gouvernement n'a pas à leur dicter ce qu'ils ont à faire. Et ils l'ont prouvé en 2000, en votant un amendement à leur Constitution (et non une simple loi) pour légaliser l'usage de la marijuana dans le cadre de certaines maladies chroniques. En 2009, le Colorado restait le seul État à avoir une loi constitutionnelle portant sur la marijuana.

Dans les bars chics fréquentés par les skieurs, on voit encore de nombreux gosses de riches bodybuildés, vêtus à la dernière mode, en train de siroter des bières rares en échangeant des histoires de ski, mais même les plus riches des villes des Rocheuses, comme Aspen, Vail, Jackson et Ketchum, ont été frappées de plein fouet par la crise financière fin 2008. Seule Boulder semble s'en être tirée sans une égratignure. Alors que, dans presque toutes les autres, nombre de bâtiments sont condamnés et que fleurissent encore les panneaux "À vendre", la ville semble profiter d'une bulle de prospérité. Les restaurants y sont pleins même le mardi soir et les vitrines vides sont l'exception. Dans la cité ouvrière de Billings, comme à Colorado Springs et dans toutes les autres agglomérations des Rocheuses où les familles de militaires forment le gros de la population, la première préoccupation est le coût humain des guerres menées en Iraq et en Afghanistan. Pour les familles qui ont perdu une mère, un père, un fils ou une fille dans ces conflits désormais désapprouvés par une très large majorité, la récession n'est qu'un coup dur de plus.

GÉOGRAPHIE ET CLIMAT

Deux grandes entités géographiques constituent peu ou prou le relief de la région : les montagnes Rocheuses, en tant que telles, et les Grandes Plaines. Orientées du nord-ouest

LES ROCHEUSES

LES ROCHEUSES EN...

Deux semaines

Débutez votre odyssée dans les Rocheuses par **Denver** (p. 387) et ses alentours. Descendez les rapides en chambre à air, faites du shopping vintage ou enfourchez un vélo dans la ville de **Boulder** (p. 397), où bohème se conjugue avec plein air, puis asseyez-vous à la terrasse d'un café pour profiter de l'ambiance. Admirez les vues du **Rocky Mountain National Park** (p. 402) avant de prendre l'I-70 vers l'ouest pour aller dans les montagnes autour de **Breckenridge** (p. 406), qui possède les meilleures pistes pour débutants du Colorado. Rendez-vous à **Steamboat Springs** (p. 405) avant d'entrer dans le Wyoming.

Votre premier arrêt dans l'État sera **Lander** (p. 422) – incontournable pour les férus d'escalade. Continuez vers le nord jusqu'à la très chic **Jackson** (p. 433) et le fantastique **Grand Teton National Park** (p. 429) avant de rejoindre le **Yellowstone National Park** (p. 423). Réservez-vous au moins trois jours pour explorer cette merveille truffée de geysers.

Entrez dans le Montana et dirigez-vous tranquillement vers le nord-ouest de l'État, en vous arrêtant à **Bozeman** (p. 435) et à **Missoula** (p. 438) avant de découvrir le **Flathead Lake** (p. 439). Ensuite, direction l'Idaho ! Commencez par la **Hells Canyon National Recreation Area** (p. 451) avant de continuer vers **Boise** (p. 446), la petite ville qui monte. Terminez par quelques jours de ski à **Sun Valley** et de fête à **Ketchum** (p. 447). La ville et sa station, bien que point de ralliement hivernal actuel de la jet-set hollywoodienne, restent sans prétention et abordables.

Un mois

Avoir un mois à votre disposition vous permettra de sortir des sentiers battus. Suivez l'itinéraire précédent, mais faites aussi un tour dans le sud-ouest du Colorado – région vinicole de plus en plus courue – avant de visiter le Wyoming. Explorez les pistes de 4×4 des environs d'**Ouray** (p. 415). Tant que vous êtes dans la région, le **Mesa Verde National Park** (p. 418) est incontournable.

Dans le Montana, pourquoi ne pas faire un peu de randonnée dans le **Bob Marshall Wilderness Complex** (p. 440) ou visiter le **Glacier National Park** (p. 441) avant que ses glaciers ne disparaissent ? Dans l'Idaho, vous profiterez plus longtemps des plaisirs de **Sun Valley** (p. 447) et vous irez à la découverte des boutiques, des pubs et des excellents restaurants bio de **Ketchum** (p. 447). Vous aurez aussi le temps de parcourir en voiture quelques-unes des fantastiques petites routes panoramiques de l'Idaho. Un must : la Hwy 75 entre Sun Valley et **Stanley** (p. 449). Cet étonnant village de montagne installé sur les larges rives de la Salmon River est au cœur de zones naturelles protégées. C'est le seul endroit du pays où trois routes panoramiques se rencontrent. Outre la beauté de ses paysages sauvages, Stanley offre des sites de pêches à la truite incomparables et des possibilités de rafting de niveaux moyen à très difficile. Prenez la **Highway 21 de Stanley à Boise** (p. 450). Cette route panoramique vous fera traverser des kilomètres de forêts de pin ponderosas. Elle est ponctuée de campings isolés le long de la rivière, certains disposant de bassins alimentés par des sources chaudes naturelles.

Pour les fondus de poudreuse

Par où commencer ? Sans doute par le Colorado. Rendez-vous dans le Summit County, notamment à **Breckenridge** (p. 406) – la ville la plus vivante des environs –, où vous trouverez facilement un hébergement. Vous pourrez skier sur quatre domaines différents, puisqu'ils sont tous inclus dans un même forfait comprenant notamment **Vail** (p. 408), l'une des plus célèbres stations des États-Unis et l'**Arapahoe Basin Ski Area** (p. 406), qui, à près de 4 000 m, offre une ambiance très différente, très décontractée, et reste ouverte en juin ! L'autre domaine skiable compris dans le forfait est celui du Keystone Ski Resort, dont les remontées partent en face de l'**Arapahoe Inn** (p. 408).

Depuis cette région, vous pourrez partir ensuite vers le sud, où vous attendent les pistes de **Telluride** (p. 416) et d'**Aspen** (p. 409), deux villes datant de la Ruée vers l'or, avec un peu plus de charme que Vail. Réservez au moins quelques heures à la visite des boutiques d'Aspen et des bars de Telluride pour découvrir la vie d'aujourd'hui dans une ville du Far West d'antan.

Enfin, depuis Aspen, vous pourrez prendre un vol local jusqu'au **Jackson Hole Mountain Resort** (p. 433) et vous faire peur sur les pentes abruptes du Grand Teton.

au sud-est, les Rocheuses s'étendent de la Brooks Range, en Alaska, et du territoire du Yukon, au Canada, à la frontière mexicaine. D'est en ouest, leur physionomie varie des falaises abruptes de la Front Range, dans le Colorado, au Grand Bassin du Nevada. Cette chaîne de pics et de crêtes escarpées constitue la ligne de partage des eaux (Continental Divide) : à l'ouest, les cours d'eau coulent vers l'océan Pacifique ; à l'est, ils se dirigent vers l'Atlantique et le golfe du Mexique.

La plupart des voyageurs préfèrent visiter les Rocheuses en été. La saison estivale s'étend de juin à mi-septembre. L'hiver, qui se déclare rarement avant fin novembre – malgré quelques tempêtes de neige en septembre – attire, quant à lui, des foules de skieurs. Il se termine généralement en mars ou au début du mois d'avril. En montagne, le temps change constamment et il n'est pas rare de voir de la neige en été. Aussi, équipez-vous en conséquence. Cela dit, l'automne et le printemps ont également de quoi vous séduire, lorsque les trembles (*aspens*) se parent d'or, par exemple, ou lorsque les prairies se tapissent de fleurs.

PARCS NATIONAUX ET VIE SAUVAGE

La région compte certains des plus grands parcs nationaux des États-Unis. Dans le Colorado, le Rocky Mountain National Park (p. 402) offre de superbes randonnées à travers les forêts alpines et la toundra, tandis que la réserve archéologique du Mesa Verde National Park est dotée de belles habitations troglodytiques.

Le Wyoming s'enorgueillit, avec le Grand Teton National Park (p. 429), de cimes granitiques déchiquetées. C'est aussi l'État du premier parc national créé aux États-Unis, Yellowstone (p. 422), et le merveilleux écrin où abondent geysers, sources chaudes et montagnes boisées. Le Montana n'est pas en reste, avec le Glacier National Park (p. 441), et sa multitude de pics sédimentaires, de glaciers, de lacs et d'animaux, dont le grizzli. L'Idaho, enfin, abrite la Hells Canyon National Recreation Area (p. 451), où la Snake River a creusé le plus profond canyon d'Amérique du Nord.

Le site Internet du **National Park Service** (NPS ; ☎ 303-969-2500 ; www.nps.gov) fournit la liste des parcs nationaux, des monuments nationaux (*national monuments*), des zones nationales de loisirs (*national recreation areas*) et des sentiers historiques pour chaque État. Pour en savoir plus sur le camping dans les zones fédérales de loisir (*federal recrational lands*), voir p. 527. Pour ce qui concerne les parcs d'État, reportez-vous à la rubrique *Renseignements* de chaque État.

Les Rocheuses abritent tous les grands animaux des États-Unis : grizzli, ours noir, puma, bison, voire quelques loups et lynx qui errent dans les montagnes. Vous pourrez aussi y voir des mouflons, des chèvres des montagnes Rocheuses et un grand nombre de cervidés. Les animaux les plus grands ont tendance à rester dans les parcs et les zones sauvages, mais en raison de l'empiétement inexorable des hommes sur leur territoire, on voit de plus en plus d'ours affamés, voire de pumas, pointer leur museau dans des zones habitées pour fouiller les poubelles.

COMMENT S'Y RENDRE ET CIRCULER

Vu les milliers de kilomètres carrés largement sauvages qui les composent, circuler dans le Colorado, le Wyoming, le Montana et l'Idaho prend beaucoup plus de temps qu'il n'y paraît. Les sites à visiter sont loin les uns des autres et ne sont pas forcément reliés en ligne droite. Il suffit qu'il y ait une zone naturelle protégée, un parc ou même simplement un canyon très profond entre deux sites, et il vous faudra les contourner, ce qui peut ajouter des centaines de kilomètres à un parcours apparemment sans histoire sur la carte.

Les transports publics sont limités et, dans la mesure où l'un des attraits principaux d'une visite des Rocheuses est d'en parcourir les routes, avoir son propre véhicule est une quasi-nécessité. Dans les zones rurales, il y a peu de stations-service et elles sont loin les unes des autres – c'est le cas en particulier sur l'I-80, qui traverse le Wyoming. Il n'est pas rare de faire plus de 160 km sans rencontrer de station. Si vous avez le moindre doute, faites le plein. Une bonne règle : dès que le réservoir est à moitié vide, on s'arrête à la première station venue pour faire le plein, ce qui permet aussi de profiter de vraies toilettes et de faire provision d'eau et de sodas.

L'aéroport principal de la région est l'**aéroport international de Denver** (DIA ; www.flydenver.com), mais si vous êtes sur un vol intérieur, vous pourrez choisir d'atterrir à **aéroport de Colorado Springs** (COS ; www.springsgov.com/airportindex.aspx), pour lequel les tarifs sont souvent inférieurs. De plus, il est moins grand et presque aussi pratique. Ces deux aéroports proposent des vols sur de petits appareils vers les autres villes principales de la région, dont Jackson, Boise, Bozeman et Aspen. Salt Lake City, capitale de l'Utah, dessert également de nombreuses destinations des quatre États des Rocheuses.

En ce qui concerne les transports routiers, **Greyhound** (☎ 800-231-2222 ; www.greyhound.com), qui offre le réseau de bus le plus complet, assure des liaisons à travers les Rocheuses. **Amtrak** (☎ 800-872-7245 ; www.amtrak.com) propose plusieurs trains vers et à travers la région :

California Zephyr. Service quotidien d'Emeryville, en Californie (dans la baie de San Francisco), à Chicago, avec 4 arrêts dans le Colorado, dont Denver, Fraser-Winter Park, Glenwood Springs et Grand Junction.

Empire Builder. Circule chaque jour de Seattle (Washington) ou Portland (Oregon) à Chicago, avec 12 arrêts dans le Montana (dont Whitefish, East Glacier et West Glacier) et un dans l'Idaho, à Sandpoint.

COLORADO

Depuis des décennies, le Colorado attire les amateurs de *ski-bumming* (accrocs au ski ou au snowboard travaillant dans les stations de sports d'hiver en tant que saisonniers pour profiter le plus possible de la poudreuse). Et les jeunes ne sont pas les seuls concernés ! Le Colorado exerce un pouvoir d'attraction phénoménal sur les Californiens, les New-Yorkais et les habitants de Washington.

En bref, cet État est un endroit extraordinaire pour vivre et prendre du bon temps. Il est d'ailleurs une légende locale selon laquelle celui qui goûte l'ivresse des Rocheuses, ne reviendra pas.

Renseignements

Colorado Road Conditions (☎ 877-315-7623 ; www.state.co.us). Informations routières et condition des routes.

Colorado State Parks (☎ 303-470-1144, 800-678-2267 ; www.parks.state.co.us). Emplacement tente de 8 à 18 $/nuit selon confort ; emplacement et branchements camping-car 22 $/nuit. Certains campings acceptent des réservations pour un supplément non remboursable de 8 $. Au moment de la rédaction de ce guide, l'administration des parcs d'État du Colorado envisageait une augmentation de 2 $ de tous ces tarifs (supplément réservation y compris). Renseignez-vous à la réservation.

Colorado Travel & Tourism Authority (☎ 800-265-6723 ; www.colorado.com). Office du tourisme du Colorado.

Denver Post (www.denverpost.com). Principal quotidien de Denver.

DENVER

Bienvenue à Denver, la seule ville du pays où le maire, John Hickenlooper, est aussi propriétaire de la chaîne de microbrasseries la plus populaire de l'État – avant d'entrer en politique, il était déjà célèbre pour ses pubs-brasseries de la Front Range, dont le Wynkoop, chouchou de la ville. Cette anecdote n'est qu'un exemple parmi beaucoup d'autres. Qu'elle participe à la culture populaire en accueillant la 18e saison du plus vieux show de téléréalité du pays (*The Real World* sur MTV), ou à l'Histoire avec un grand H en recevant la Convention nationale démocrate de 2008, qui choisit celui qui allait devenir le premier président américain noir, Denver est toujours en pointe.

Avec ses 1 609 m d'altitude (soit 1 mile, ce qui lui vaut le surnom de "Mile High City"), cette ancienne étape du chemin de fer vers l'Ouest est un bon choix pour s'acclimater.

LES ROCHEUSES

LE COLORADO EN BREF

Surnom : Centennial State (État du Centenaire des États-Unis)
Population : 4,9 millions d'habitants
Superficie : 270 000 km²
Capitale : Denver (566 974 habitants)
Autres villes : Boulder (103 100 habitants), Colorado Springs (402 417 habitants)
TVA : 2,9% (taxe d'État) plus les taxes de la ville
Lieu de naissance de : Florence Sabin (1871-1953), l'une des premières femmes scientifiques de renom ; Douglas Fairbanks (1883-1939), star du cinéma muet ; Paul Whiteman (1890-1967), le "Roi du jazz"
Berceau de : pistes de ski, sources chaudes et mouflon des Rocheuses (*bighorn*)
Célèbre pour : la Convention nationale du parti démocrate de 2008 (désignation de Barack Obama comme candidat à la présidence des États-Unis), le ski
Plat bizarre : Les "huîtres des Rocheuses" (testicules de taureau frits)
Distances routières : Denver-Telluride : 533 km ; Boulder-Colorado Springs : 153 km

Peu humide et très ensoleillée, elle est ramassée sur elle-même et accueillante. Promenez-vous dans 16th St Mall, artère commerçante piétonne, où allez vous attabler à la terrasse d'un café chic de "LoDo", le quartier à la mode, qui remonte à la création de la ville en 1865. Vous y sentirez un doux mélange de cosmopolitisme et d'atmosphère du Far West.

Orientation

La plupart des curiosités se trouvent au centre-ville, à l'intérieur d'une zone délimitée au sud par Colfax Ave et à l'est par Broadway. La plupart des commerces sont regroupés dans 16th St Mall, tandis que Lower Downtown ("LoDo"), qui comprend l'ancienne Larimer Sq, forme le cœur de la vie nocturne. Pour atteindre LoDo et 16th St Mall, quittez l'I-25 par Speer Blvd.

Si vous arrivez en bus, celui-ci vous déposera à la Denver Bus Station sur 19th St. De là, vous rejoindrez aisément 16th St Mall à pied, en tournant à droite dans Curtis St et en suivant cette rue.

Renseignements

LIBRAIRIE

Pour la séduisante Tattered Cover Bookstore, voir p. 393.

MÉDIAS

Le journal le plus lu est le **Denver Post** (www.denverpost.com). La meilleure source d'informations culturelles est l'hebdomadaire gratuit **Westword** (www.westword.com). Le magazine mensuel *5280* contient un guide complet des restaurants.

> **LA TÊTE QUI TOURNE**
>
> Vous venez d'arriver à Denver, vous avez bu une ou deux bières au bar et voilà que, tout à coup, l'alcool vous monte à la tête comme si vous étiez véritablement saoul. Explication ? Dans les Rocheuses, où l'altitude est toujours au-dessus de 1 000 mètres, votre corps absorbe moins d'oxygène. Bref, tant que vous ne serez pas habitué... vous vous enivrerez plus vite ! Cela peut s'avérer profitable pour le porte-monnaie, mais les habitants manquent rarement l'occasion de se moquer des touristes qui ne tiennent pas compte de cet avertissement.

OFFICE DU TOURISME

Denver Visitor Center (☎ 303-892-1505, 800-233-6837 ; www.denver.org ; 918 16th St ; ⌚ 9h-17h lun-ven). Excellente source d'informations sur la ville et l'État.

POSTE

Poste (☎ 303-296-4692 ; 951 20th St ; ⌚ 8h-18h30 lun-ven, 9h-18h30 sal). Bureau principal.

URGENCES ET SERVICES MÉDICAUX

En cas d'urgence à l'échelle de la ville, la station de radio KOA (850 AM) est chargée d'informer le public.

Siège de la police (☎ 720-913-2000 ; 1331 Cherokee St). Pour les urgences, faites-le ☎ 911.

University Hospital (☎ 303-399-1211 ; 4200 E 9th Ave ; ⌚ 24h/24) Services d'urgence.

À voir et à faire

Le meilleur moyen de découvrir Denver est de marcher. Artère piétonnière du centre-ville jalonnée de magasins, de restaurants et de bars, **16th Street Mall** s'avère idéale pour une promenade ou une pause à la terrasse d'un café. Centré sur Larimer Sq, **LoDo** est un autre quartier attrayant pour prendre un verre ou faire les boutiques.

L'aile Frederic C. Hamilton du **Denver Art Museum** (☎ 720-865-5000 ; www.denverartmuseum.org ; 100 W 14th Ave ; adulte/étudiant 13/10 $, gratuit le premier sam du mois ; ⌚ 10h-17h mar et jeu-sam, 10h-21h mer, 12h-17h dim), un projet de 110 millions de dollars conçu par Daniel Libeskind, est un curieux édifice en éventail, qui rappelle un peu l'opéra de Sydney. Fascinant, il peut aussi fatiguer le regard. Et si vous le trouvez bizarre à l'extérieur, que direz-vous de l'intérieur ? Les formes y changent à chaque instant du fait de l'interaction entre son architecture et une exploitation tout à fait singulière de la lumière naturelle. Il abrite l'une des plus grandes collections d'art amérindien du pays et offre des expositions multimédia d'avant-garde. La dernière en date, intitulée "L'expérience psychédélique", était une fantaisie sensorielle utilisant la musique, la vidéo, l'éclairage et même des activités pour transporter le visiteur dans le "swingin' San Francisco" des années 1960.

C'est aussi à Denver que se trouve le **Black American West Museum & Heritage Center** (☎ 303-482-2242 ; www.blackamericanwestmuseum.com ; 3091 California St ; adulte/enfant 8/6 $; ⌚ 10h-14h lun-ven, 10h-15h sam-dim, fermé lun-mar l'hiver), qui veut "raconter l'Histoire

RENSEIGNEMENTS

Denver Visitor Center 1 B3
Siège de la police 2 C4
Poste 3 C3

À VOIR ET À FAIRE

Black American West Museum & Heritage Center 4 D2
Denver Art Museum 5 C4

OÙ SE LOGER

Brown Palace Hotel 6 C3
Capitol Hill Mansion B&B 7 D4
Hotel Monaco 8 C3
Jet Hotel 9 B2
Oxford Hotel 10 B2
Queen Anne Bed & Breakfast Inn 11 D3

OÙ SE RESTAURER

Buckhorn Exchange 12 A5
Cuba Cuba Café & Bar 13 B4
Palace Arms .... (voir 6)
Rosa Linda's Mexican Cafe 14 A1
Vesta Dipping Grill 15 B2
Wazee Supper Club 16 B3

OÙ PRENDRE UN VERRE

Brother's Bar 17 A2
Jet Lounge .... (voir 9)
Trios Enoteca 18 B2
Wyncoop Brewing Company 19 B2

OÙ SORTIR

Church 20 C5
Coors Field 21 B2
Denver Center for the Performing Arts 22 B3
Fillmore Auditorium 23 D4
Paramount Theatre 24 C3
Pepsi Center 25 A3
Sing Sing 26 B2

ACHATS

Tattered Cover Bookstore 27 B2

TRANSPORTS

Gare routière de Denver 28 C3
Gare routière de Market Street 29 B3

LES ROCHEUSES

QUAND L'HISTOIRE SE FAIT À DENVER

Théâtre de la Convention nationale du parti démocrate de 2008, historique entre toutes, Denver est fière du rôle qu'elle a joué dans l'élection du premier président afro-américain des États-Unis. Ce 28 août 2008, par une chaleur exceptionnelle, c'est dans le célèbre stade de football américain de la ville, Invesco Field at Mile High, que Barack Obama accepte sa désignation comme candidat démocrate à la présidence des États-Unis. Plus de 70 000 personnes, chauffées toute la journée par une ribambelle de stars et d'hommes et de femmes politiques, sont là pour l'acclamer. Le hasard a voulu que l'événement ait lieu 45 ans exactement après le fameux discours historique – *I Have a Dream* (*J'ai un rêve*) – prononcé par Martin Luther King Jr sur les marches du Lincoln Memorial à Washington. En fait, la date de la convention avait été fixée bien avant qu'un Afro-Américain ne remporte les primaires démocrates.

telle qu'elle s'est vraiment déroulée". Il offre un regard nouveau sur le rôle des Afro-Américains dans la conquête de l'Ouest. À en croire les statistiques du musée, ils représentaient le tiers des cow-boys du Colorado.

À environ 24 km au sud-ouest de Denver sur la Hwy 93, le **Red Rocks Park & Amphitheatre** (☎ 303-640-2637 ; www.redrocksonline.com ; 16352 County Rd 93 ; parc en entrée libre ; 🕓 5h-23h) se niche au milieu de falaises de grès rose, hautes de 124 m. L'amphithéâtre en plein air, de 9 000 places, offre une excellente acoustique et une vue magnifique. De nombreux artistes y ont enregistré leurs albums live et des groupes réputés s'y produisent tout l'été.

Si vous êtes accompagné de vos enfants, le **Children's Museum** (☎ 303-433-7444 ; www.mychildsmuseum.org ; 2121 Museum Dr ; 7,50 $; 🕓 9h-16h lun-ven, 10h-17h sam-dim ; 👪) leur propose une multitude d'excellentes expositions interactives. L'épicerie miniature axée sur la santé alimentaire est très appréciée des petits consommateurs, tandis que la section "Arts à la carte" permet aux jeunes créateurs de fabriquer des objets en matériaux recyclés.

Le **Denver Museum of Nature & Science** (☎ 303-322-7009 ; www.dmns.org ; 2001 Colorado Blvd ; musée adulte/enfant 11/6 $, musée et IMAX 16/10 $; 🕓 9h-17h ; 👪), à environ 6 km à l'est du centre-ville, possède une salle IMAX et de fascinantes expositions pour tous les âges.

Fêtes et festivals

Le centre d'accueil vous fournira un programme complet des nombreuses festivités de Denver, dont voici quelques-unes des principales manifestations.

Cinco de Mayo (☎ 303-534-8342 ; http://cincodemayodenver.com). Salsa et margaritas égayent l'une des plus grandes fêtes du Cinco de Mayo du pays ; premier week-end de mai.

Great American Beer Festival (☎ 303-447-0816 ; www.beertown.org). Une fête pour découvrir toute une gamme de bières ; début septembre.

Taste of Colorado (☎ 303-295-6330 ; www.atasteofcolorado.com ; 👪). Plus de 50 restaurants préparent leurs spécialités sur des étals en plein air à l'occasion du Labor Day (premier lundi de septembre). Boissons, concerts, stands d'art et d'artisanat complètent les festivités.

Où se loger

Outre les établissements ci-dessous, divers motels indépendants ou affiliés à une chaîne proposent des chambres à partir de 50 $. Pour les petits budgets, il est probablement préférable de loger à la **Boulder International Youth Hostel** (p. 399), à Boulder, tout près de Denver, car, lors de notre visite, les deux auberges de jeunesse de la ville nous ont semblé destinées aux SDF plutôt qu'aux routards.

Jet Hotel (☎ 303-572-3300 ; www.thejethotel.com ; 1612 Wazee St ; ch 99-169 $; P ❄ 💻 📶). Cet hôtel de charme minimaliste au cœur de LoDo semble conçu (jusque dans ses tarifs) pour la fête, surtout le week-end, au cours duquel la jet-set locale vient s'y étourdir. Vous pourrez danser jusqu'au bout de la nuit dans le salon bling-bling du premier avant de rejoindre votre chambre zen, vous y glisser sous d'épaisses couvertures et dormir jusqu'à l'heure du brunch. Si vous voulez éviter les fêtards et leur bruit, profitez de cet hôtel chic et central un jour de semaine. Lors de notre visite, le Jet s'apprêtait à ouvrir un nouveau restaurant, XO, avec un menu santé asiatique tendance fusion (idéal pour se remettre d'une soirée arrosée).

Capitol Hill Mansion B&B (☎ 303-839-5221, 800-839-9329 ; www.capitolhillmansion.com ; 1207 Pennsylvania St ; ch avec petit-déj 115-200 $;

(P ⊠ ⁘ ▭ ≋). Fenêtres à vitraux, boiseries originales des années 1890 et tourelle font de cette splendide demeure néo-romane un lieu de séjour privilégié, où familles et gays sont les bienvenus. Les chambres, pleines de charme, ont chacune une déco et un atout (solarium, Jacuzzi...) spécifiques.

♥ **Queen Anne Bed & Breakfast Inn** (☎ 303-296-6666 ; www.queenannebnb.com ; 2147 Tremont Pl ; ch avec petit-déj 165-215 $; P ⊠ ⁘). Musique de chambre dans les espaces communs, fleurs fraîches, jardins soignés et dégustation de vin en soirée contribuent à l'atmosphère romantique de ce B&B écolo installé dans deux maisons victoriennes. Avec mobilier d'époque, Jacuzzi privatif ou encore décors muraux peints à la main, chaque chambre a sa propre personnalité, mais toutes ont une dominante de vert. Les tissus utilisés sont bio, comme l'est le délicieux petit-déjeuner complet, et les fournisseurs sont choisis localement. On vous encouragera même à emprunter les vélos mis à disposition des clients. Tarifs spéciaux en ligne.

Hotel Monaco (☎ 303-296-1717, 800-990-1303 ; www.monaco-denver.com ; 1717 Champa St ; ch à partir de 169 $; P ⁘ ▭ ≋). Hôtel de charme très mode apprécié de la jet-set. Les chambres, modernes, mélangent les styles "français" et Art déco – couleurs franches et fabuleux lits de plume à l'européenne. Ne ratez pas l'"Altitude Adjustement Hour" (moment d'adaptation à l'altitude) avec vin gratuit et petits massages. Les animaux domestiques sont les bienvenus. Rabais très fréquents en ligne.

Oxford Hotel (☎ 303-628-5400, 800-228-5838 ; www.theoxfordhotel.com ; 1600 17th St ; ch à partir de 180 $; P ⊠ ⁘ ▭ ≋). Murs de marbre, fenêtres à vitraux, fresques et lustres étincelants ornent les espaces communs de cet hôtel luxueux installé dans un bâtiment de grès rouge. Les chambres sont vastes et meublées d'antiquités anglaises et françaises importées. Le Cruise Room Bar, au décor Art déco, est un des bars à cocktails les plus chics de Denver. Les prix varient beaucoup selon la saison et la demande ; consultez le site.

Brown Palace Hotel (☎ 303-297-3111, 800-321-2599 ; www.brownpalace.com ; 321 17th St ; ch à partir de 199 $; P ⁘). Cet éminent édifice historique, à proximité de tous les restaurants et bars de nuit de la ville, est *la* référence à Denver en matière d'hôtellerie. Décoré avec élégance, il offre une atmosphère vieille Europe et un service haut de gamme. Tout le monde y a séjourné, des Beatles à Churchill. Allez au moins y prendre le thé dans l'entrée.

Où se restaurer

Le 16th St Mall est l'endroit où manger sur le pouce. Mais on trouve aussi dans cette rue piétonnière, comme dans LoDo, de nombreux restaurants pour tous budgets, servant les cuisines de tous les continents ; beaucoup offrent une terrasse l'été.

♥ **Rosa Linda's Mexican Cafe** (☎ 303-455-0608 ; 2005 W 33rd Ave ; plats 6-12 $; ⌚ 11h30-22h ; 👶). Voilà plus de vingt ans que la famille Aguirre sert ici avec chaleur et gentillesse des repas mexicains authentiques à un prix raisonnable. Recommandé dans de nombreux classements – dont celui des 15 meilleurs *nachos* du pays publié par le *Wall Street Journal* –, Rosa Linda's fait aussi d'excellents *chiles rellenos* et *mole*. La carte propose toutes sortes de plats végétariens et diététiques (essayez le *burrito* de cactus grillé au blé complet).

LES ROCHEUSES

GASTRONOMIE LOCALE : LES "HUÎTRES DES ROCHEUSES"

Il est impératif de prendre connaissance d'une expression du vocabulaire local : "Rocky Mountain Oysters" (littéralement "huîtres des Rocheuses"). Vous avez peu de chance de deviner ce que c'est. Ces gourmandises du Colorado ne sont pas servies dans leur coquille avec du citron ; elles sont frites. Et bien que leur consistance rappelle celle de l'huître, il s'agit bien de bœuf et de rien d'autre, ou plutôt... de taureau, de bons vieux testicules de taureau, épicés et frits. Le succès de cette spécialité des ranchs du Far West ne s'est jamais démenti. D'ailleurs, si vous croyez au recyclage, dites-vous que c'est tout à fait écologique. Quant au goût, pour certains il rappelle celui d'un calamar trop cuit, pour d'autres celui d'un poulet dégraissé frit. Vous avez décidé d'essayer ? Alors rendez-vous au **Buckhorn Exchange** (☎ 303-534-9505 ; 1000 Osage St ; testicules de taureau 8,75 $; ⌚ 11h-14h, 17h30-21h30) qui en a fait sa spécialité. Il les sert croustillants à point, exactement comme on pouvait s'y attendre de la part du plus vieux restaurant à viande (*steakhouse*) de Denver. Ouvert depuis 1893, il a eu plus d'un siècle pour parfaire l'art de frire les testicules.

Wazee Supper Club (☎ 303-623-9518 ; 1600 15th St ; plats 6-9 $, pizzas 10-18 $; 11h-1h lun-sam). Une fois que vous aurez mis le pied chez Wazee, dans la rue la plus chargée d'histoire de Denver, vous ne ressortirez plus… ça sent si bon. Ses pizzas et ses *stromboli* (*calzone*) sont depuis longtemps considérés comme les meilleures de la ville. L'endroit est plein jour et nuit (la cuisine est ouverte jusqu'à 1h).

Cuba Cuba Café & Bar (☎ 303-605-2882 ; 1173 Delaware St ; plats 10-22 $; 11h-23h). Un établissement cubain huppé qui propose des travers de porc grillés, du manioc frit et du thon en croûte de coco, tous succulents, et un mojito à la mangue délicieux. Le patio à l'arrière offre au crépuscule une vue superbe sur la ville.

Vesta Dipping Grill (☎ 303-296-1970 ; 1822 Blake St ; plats 15-25 $; 17h-22h30). Le concept est aussi simple qu'efficace : de la viande et trente sauces différentes au choix. Avec ses préparations – souvent d'inspiration asiatique – aussi délicieuses qu'inventives, c'est l'un des meilleurs restaurants de Denver. Ambiance détendue et sympathique.

Palace Arms (☎ 303-297-3111 ; Brown Palace Hotel, 321 17th St ; plats à partir de 20 $; 17h30-tard). Un décor patriotique (remontant aux années 1700) pour cet excellent restaurant primé du Brown Palace. La cuisine est aussi impressionnante que l'atmosphère surannée – admirez l'élément central en argent commandé par la famille royale britannique. Parmi les plats vedettes, citons l'entrecôte de bœuf Kobe et le filet de bison grillé. La cave compte 900 crus.

Où prendre un verre

La plupart des bars et des discothèques sont regroupés dans LoDo et autour de Coors Field. Le bi-hebdomadaire gay *Out Front,* disponible dans les bars et les *coffee shops*, propose une liste des sorties. Nombre d'adresses recensées dans la rubrique *Où se restaurer* (p. 391) font également bars.

Wynkoop Brewing Company (☎ 303-297-2700 ; 1634 18th St). Allez donc prendre une bière et faire une partie de billard à la microbrasserie du maire, John Hickenlooper. Ce pub vaste et animé, avec plus de vingt billards, peut sans doute se vanter d'avoir l'ambiance la plus festive de la ville. On y sert des burgers bien saignants pour absorber les bières (lauréates de nombreux concours).

Jet Lounge (☎ 303-572-3300 ; Jet Hotel, 1612 Wazee St). Conçu pour se fondre dans le hall du Jet Hotel, ce lounge est l'endroit incontournable de Denver où il faut être vu. Bougies, divans confortables, DJ le week-end et beaucoup, beaucoup de *beautiful people*. Demandez le *bottle service* (une table et une bouteille), installez-vous et profitez de l'ambiance.

Trios Enoteca (☎ 303-293-2887 ; 1730 Wynkoop St). Abat-jour de verre soufflé, murs de brique nue et pin-up des années 1920 assurent l'atmosphère très "speakeasy" de cet élégant bar à vin de LoDo, aux excellents concerts de jazz. Si vous avez faim, commandez une pizza au feu de bois. La carte est assez variée et la cuisine reste ouverte tard.

Brother's Bar (☎ 303-445-9991 ; 2376 15th St). Rock and roll classique, box laqués et tables tonneaux vous accueillent dans le plus vieux bar de Denver. S'il fait beau, installez-vous dans le patio ombragé. Situé sur une piste cyclable fréquentée, ce bar est une institution depuis son ouverture.

Où sortir

Pour un aperçu des concerts, des pièces de théâtre et autres manifestations culturelles, procurez-vous le journal gratuit *Westword*.

Grizzli Rose (☎ 303-295-1330 ; 5450 N Valley Hwy ; 5-10 $). Certains cow-boys n'hésitent pas à faire le déplacement depuis Cheyenne pour venir dans cet établissement, déclaré meilleur bar country du pays par la Country Music Association (CMA). Si vous êtes novice en *line dancing*, vous ne trouverez pas meilleure adresse pour vous initier. Au nord, à la frontière de la ville, après l'I-25 (accès en voiture ou en taxi), l'adresse est connue pour recevoir des stars, tels Willie Nelson et Leann Rimes, et ne demande alors que 10 $ à l'entrée.

Church (☎ 303-832-3538 ; 1160 Lincoln St ; 10 $). Cette discothèque, qui attire un large public, possède trois pistes de danse, plusieurs lounges et même un bar à sushis dans l'enceinte d'une ancienne église, éclairée par des centaines de bougies et de stroboscopes bleus. Du vendredi au dimanche, vous éviterez le droit d'entrée en arrivant avant 22h.

Sing Sing (☎ 303-291-0880 ; 1735 19th St ; 7 $). Ce piano-bar très animé est aussi très prisé pour les enterrements de vie de jeune fille. L'adresse affichant vite complet, mieux vaut arriver vers 18h30 pour obtenir une table près des pianos. L'endroit est bruyant (n'espérez pas beaucoup discuter) mais l'ambiance est vraiment au rendez-vous. Il est possible de demander une chanson particulière (moyennant un petit billet de 5 $…), mais de nombreuses personnes réclamant les mêmes chansons, le plus simple est de rester assis à profiter de la musique.

Denver Center for the Performing Arts (☎ 303-893-4100 ; www.denvercenter.org ; 1245 Champa St). Occupant quatre pâtés de maisons, ce complexe consacré aux arts du spectacle est le deuxième au monde en superficie. Il accueille à la fois l'orchestre symphonique, l'opéra et le ballet du Colorado, la compagnie de théâtre de Denver et les comédies de Broadway en tournée.

En ville, les principales adresses où passent les tournées musicales nationales sont le **Paramount Theatre** (☎ 303-534-8336 ; www.denverparamount.com ; 1621 Glenarm Pl) et le **Fillmore Auditorium** (☎ 303-837-0360 ; 1510 Clarkson St).

Denver est connue pour ses farouches fans de sport et ses cinq équipes professionnelles. Les **Colorado Rockies** (☎ 303-762-5437 ; http://colorado.rockies.mlb.com) disputent leurs matchs de base-ball sur l'excellent terrain de **Coors Field** (2001 Blake St). Le **Pepsi Center** (☎ 303-405-1111 ; www.pepsicenter.com ; 1000 Chopper Circle) abrite les basketteurs des Denver Nuggets et les hockeyeurs de Colorado Avalanche. La très réputée équipe de football américain des **Broncos de Denver** (☎ 720-258-3333 ; www.denverbroncos.com) et l'équipe de football des **Colorado Rapids** (☎ 303-299-1599 ; www.coloradorapids.com) jouent au **Mile High Stadium** (☎ 720-258-3000 ; www.invescofieldatmilehigh.com ; 1805 S Bryant St), à 1,6 km à l'ouest du centre. Les soirs de match, les bus du **Public Regional Transportation District** (RTD ; ☎ 303-299-6000 ; www.rtd-denver.com) assurent des navettes directes entre plusieurs endroits de Denver et Boulder et les stades. Le trajet coûte 3 $ aller simple. Consultez le site RTD pour plus de détails.

Achats

Le 16th St Mall et LoDo sont les principales zones commerçantes du centre-ville.

Tattered Cover Bookstore (☎ 303-436-1070 ; 1628 16th St ; 6h30-21h lun-ven, 9h-21h sam, 10h-18h dim). C'est dans la zone piétonne de 16th St que se trouve la librairie la plus populaire de Denver. De loin la boutique la plus agréable de la ville, elle est immense et déborde littéralement de livres. Elle dispose de confortables fauteuils dans son remarquable rayon voyages. Vous trouverez ici un choix incroyable de carnets, si vous souhaitez tenir un journal de bord durant votre séjour.

Depuis/vers Denver

Une vingtaine de compagnies aériennes desservent l'**aéroport international de Denver** (Denver International Airport, DIA ; www.flydenver.com ; 8500 Peña Blvd) et proposent des vols vers les principales métropoles américaines. Situé à 38 km à l'est du centre-ville, le DIA est relié à la sortie 238 de l'I-70 par l'interminable (19 km) Peña Blvd.

Pour des renseignements touristiques et aériens, adressez-vous au **guichet** (☎ 303-342-2000) dans le hall central du terminal.

Les bus Greyhound s'arrêtent à la **gare routière de Denver** (Denver Bus Station ; ☎ 303-293-6555 ; 1055 19th St), point de départ de liaisons vers Boise (à partir de 140 $, 18 heures), Billings (à partir de 105 $, 14 heures) et Los Angeles (à partir de 150 $, 20 heures).

Le *California Zephyr* d'Amtrak relie quotidiennement Chicago à San Francisco via Denver, où il s'arrête à **Union Station** (☎ 303-825-2583 ; angle 17th St et Wynkoop St). La boîte vocale du ☎ 303-534-2812 vous informera sur les horaires, de même qu'**Amtrak** (☎ 800-872-7245 ; www.amtrak.com), qui se charge aussi des réservations.

Comment circuler

DEPUIS/VERS L'AÉROPORT

Toutes les compagnies de transport disposent d'un comptoir près de la zone de récupération des bagages. Les bus du **Public Regional Transit District** (RTD ; ☎ 303-299-6000 ; www.rtd-denver.com) assurent toutes les heures un service SkyRide entre le centre-ville et l'aéroport (10 $, 1 heure). Le RTD dessert aussi Boulder (12 $, 1 heure 30) depuis la **gare routière de Market St** (angle 16th St et Market St). Les taxis pour le centre pratiquent un prix fixe de 45 $, sans le pourboire. Les navettes du **SuperShuttle** (☎ 303-370-1300, 800-258-3826) relient en minibus Denver et ses alentours à l'aéroport (à partir de 22 $).

TAXI

Services de taxi fonctionnant 24h/24 :
Freedom Cab (☎ 303-292-8900)
Metro Taxi (☎ 303-333-3333)
Yellow Cab (☎ 303-777-7777)

TRANSPORTS PUBLICS

Le RTD assure un service de transports publics sur la communauté urbaine Denver-Boulder. Le trajet coûte 1,15 $ en bus ordinaire, 2,50 $ en express. Des navettes gratuites commodes sillonnent le 16th St Mall.

Le RTD gère aussi une ligne de tramway (*Light Rail*) desservant 16 stations sur un parcours de 20 km à travers le centre-ville ; tarifs identiques aux bus ordinaires.

VOITURE ET MOTO

Il peut s'avérer difficile de stationner dans la rue, mais les parkings payants sont nombreux dans le centre-ville et à LoDo. La plupart des grands loueurs de voitures possèdent un comptoir à l'aéroport mais seulement quelques-uns sont présents dans le centre.

FRONT RANGE

La région de la Front Range (du nom que prennent ici les Rocheuses), qui abrite Colorado Springs, Boulder et le magnifique Rocky Mountain National Park, sans oublier Denver, son carrefour, est la plus peuplée des Rocheuses et le point de départ de la plupart des visiteurs. L'I-25, artère nord-sud qui longe la chaîne, relie entre autres Colorado Springs à Denver, distantes de 105 km l'une de l'autre.

On parvient à Boulder, au nord-ouest de Denver, par l'US 36. Dans cette Utopie hippie, le mot "récession" ne semble pas avoir cours. En continuant vers le nord sur la 36, on arrive à Estes Park, l'une des deux villes donnant accès au Rocky Mountain National Park. L'autre est Grand Lake, sur le chemin de laquelle se trouvent également deux stations de ski en vogue, Winter Park et Steamboat Springs.

Colorado Springs

Située dans un décor de carte postale, au pied du célèbre Pikes Peak, Colorado Springs propose une longue liste de loisirs, parmi lesquels la randonnée dans les étranges formations rocheuses rouges du Garden of the Gods, une excursion en train à crémaillère ou la balade le long du Tejon Strip.

Conservateurs évangéliques, libertariens, touristes et militaires forment la population hétéroclite de la deuxième plus grande ville du Colorado. Celle-ci abrite une grande base militaire, l'US Air Force Academy et la North American Radar Air Defense – le centre de commandement de l'espace aérien américain et canadien, aménagé au cœur d'une montagne, où s'abriterait le président des États-Unis en cas d'attaque nucléaire.

ORIENTATION ET RENSEIGNEMENTS

L'I-25 coupe l'immense agglomération en deux. À l'est s'étend le quartier des affaires, centré sur Tejon St entre Kiowa St au nord et Colorado Ave au sud. On y trouve restaurants, bars, clubs et magasins. À l'ouest se trouvent Old Colorado City, le Garden of the Gods et Manitou Springs.

Le **Colorado Springs Visitor Center** (☎ 719-635-7506 ; www.coloradosprings-travel.com ; 515 S Cascade Ave ; ⏰ 8h30-17h) propose les renseignements touristiques classiques.

À VOIR ET À FAIRE

Le **Garden of the Gods** (jardin des Dieux) attire chaque année quelque 2 millions de visiteurs venus admirer ses étranges formations de grès rouge qui se dressent en plein cœur de la ville : Balanced Rock, High Point et Central Garden. Vous pouvez les découvrir en suivant l'un des sentiers de randonnée du parc.

Le train à crémaillère du **Pikes Peak Cog Railway** conduit les voyageurs au sommet du Pikes Peak (4 300 m) depuis 1891. Aujourd'hui, les trains de fabrication suisse font tranquillement l'aller-retour en 3 heures 45, avec une halte de 40 minutes au

UN PARADIS POUR LES CHIENS

Si vous voyagez avec votre chien, il va adorer Colorado Springs. Avec 87 055 chiens pour 402 417 humains, soit un chien pour deux foyers, c'est probablement la plus cynophile des villes américaines. Qu'il s'agisse de jouer à la baballe dans l'un des cinq parcs de la ville qui leur sont consacrés, de partir en balade avec leur maître au Garden of the Gods, l'un des nombreux sites où la laisse n'est pas obligatoire, de les accompagner faire du shopping à The Promenade Shops at Briargate, un centre commercial sur rue du nord-ouest de la ville où les chiens sont les bienvenus, ou encore d'assister à un match de baseball au stade Sky Sox… il fait décidément bon être de la gent canine à Colorado Springs. Si vous êtes de passage, sachez que le Broadmoor, cinq-étoiles historique très chic (voir ci-contre), a prévu des paniers dans la chambre et un room-service spécifique pour votre compagnon.

sommet. Ils partent de la **gare de Manitou Springs** (☎ 719-685-5401 ; www.cograilway.com ; 515 Ruxton Ave, Manitou Springs ; aller-retour 33 $; avr-jan ;), à 10 km à l'ouest de Colorado Springs par l'US 24, dans la petite ville excentrique de Manitou Springs.

Vous pouvez aussi atteindre le sommet à pied par le **Barr Trail**, rude sentier long de 20 km. Depuis son point de départ, au-dessus de la gare de Manitou Springs, il franchit un dénivelé de 2 200 m. Attendez d'être acclimaté à l'altitude et partez tôt le matin car les orages d'après-midi peuvent se révéler très dangereux. Vous n'aurez aucun mal à trouver un véhicule pour redescendre.

Comme tombée dans un canyon de roche rouge friable, **Manitou Springs** est l'une des petites villes les plus curieuses du pays. Elle accueille un tas de fêtes inhabituelles. Ne ratez pas, vers Noël, le fameux lancer de cakes ; les habitants les catapultent avec des lance-pierres de leur cru. Sans surprise, le gagnant est celui dont le cake va le plus loin. Il y a aussi une course de cercueils costumés dans la grande rue pour Halloween. Les machines à sous de la **salle de jeux** historique au centre-ville fonctionnent toujours. Et le grand magasin d'époque vaut la visite, quel que soit votre âge, pour la nostalgie.

De la ville de Divide, à l'ouest de Manitou Springs sur l'US 24, vous pouvez rallier le sommet en voiture par la **Pikes Peak Toll Road** (personne/voiture 10/35 $; 9h-15h l'hiver, 7h-19h l'été). La route est parfois fermée en hiver en cas de mauvais temps. Si elle est ouverte, que vous avez des skis ou un snowboard et que vous êtes au moins trois – un chauffeur et deux descendeurs –, le hors-piste est de premier ordre et gratuit (une fois le péage réglé), avec des points de dépose et de récupération faciles le long de la route en lacets. Les habitants nous en voudraient d'être plus précis, alors à vous de repérer les traces depuis la route.

OÙ SE LOGER

Il y a des motels style années 1950 indépendants bon marché sur Nevada Ave à environ 1,5 km au nord comme au sud du quartier des affaires. Pour les hôtels de chaînes, comme Holiday Inn et Best Western, nettement plus confortables, voyez du côté des sorties Fillmore, Garden of the Gods et Circle Ave de l'I-25.

Garden of the Gods Campground (☎ 719-475-9450 ; www.coloradocampground.com ; 3704 W Colorado Ave ; empl 33 $, bungalows à partir de 45 $, ch à partir de 60 $;). Une assez bonne adresse pour camper près de la ville. Les arbres sont rares et la majeure partie du terrain est goudronnée, mais la piscine permet de se rafraîchir, et les bungalows basiques et les chambres sont d'un bon rapport qualité/prix.

El Colorado Lodge (☎ 719-685-5485 ; www.pikes-peak.com/elcolorado ; 23 Manitou Ave ; bungalows 50-100 $;). En lisière de Manitou Springs, El Colorado est un lodge typique du Sud-Ouest bâti vers 1926. Les bungalows en adobe installés au milieu des épicéas bleus et des pins sont confortables. La plupart ont une cheminée et une jolie petite terrasse avec table de pique-nique.

Avenue Hotel (☎ 719-685-1277 ; www.avenuehotel-bandb.com ; 711 Manitou Ave ; ch avec petit-déj 80-130 $;). Cette demeure victorienne installée sur une colline au centre de Manitou Springs a commencé sa carrière comme pension en 1886. Cent ans plus tard, elle devenait le premier B&B de la ville. Les 7 chambres aux couleurs chaudes ont des baignoires à l'ancienne, des tissus chaleureux et des lits en fer forgé. On y accède par un très bel escalier tournant desservant trois étages. Les dépendances (*Carriage House*) ont été aménagées et offrent deux appartements avec cuisine pour les familles.

Broadmoor (☎ 719-634-7711 ; www.broadmoor.com ; 1 Lake Ave ; ch à partir de 250 $;). Le Broadmoor, l'un des plus beaux complexes hôteliers cinq étoiles des États-Unis, jouit d'un cadre idyllique avec en toile de fond les pentes bleu-vert de la Cheyenne Mountain. De vastes terrains verdoyants, un golf de niveau international, un petit lac, des chambres de style européen plus que confortables, un superbe spa, de nombreux bars et restaurants : tout y est infiniment soigné.

OÙ SE RESTAURER

Le Tejon Strip, au centre-ville, abrite la plupart des restaurants et des bars.

Pike's Perk Coffee & Teahouse (☎ 719-635-1600 ; 14 S Tejon St ; cafés et en-cas à partir de 2 $; 6h-22h lun-jeu, 6h-23h ven, 7h-23h sam, 7h-20h dim). Avec sa superbe terrasse sur le toit offrant une vue imprenable sur le Piles Peak, *la* montagne de Colorado Springs, Piles Perk est de loin notre *coffee shop* préféré dans la région. Au deuxième étage, une salle intime vous accueillera pour un moment de détente, seul

INSTITUTION LOCALE

Propriété du politicien local Richard Skorman, **Poor Richard's** (320-324 N Tejon St ; 9h-21h dim-jeu, 9h-minuit ven-sam ;) offre, avec quatre commerces très différents sous le même toit, une expérience unique de consommation regroupée.

Vous rêvez de vous perdre au milieu de rayonnages de vieux livres ? Pas de problème ! **Poor Richard's Bookstore** (719-578-0012) est la plus courue des librairies d'occasion de la ville. Vous êtes en famille ? **Little Richard's Toy Store** (719-578-3072 ;) fascine les petits avec une grande collection de jouets. Et les parents peuvent s'y laisser prendre aussi, car les jouets vendus ici sont créés spécialement pour favoriser l'imagination, la créativité et le développement cognitif chez les enfants. On vous encourage même à appeler avant de venir pour parler avec un vendeur expérimenté des besoins spécifiques du vôtre.

Quand vous aurez fini vos courses, prenez une table au **Poor Richard's Restaurant** (719-632-7721 ; plats 5-10 $, parts de pizza à partir de 3,65 $, tourtes à partir de 14,50 $;) pour un repas sans additifs. Ce restaurant à l'atmosphère détendue est réputé pour ses délicieuses pizzas fraîches à la new-yorkaise, à la pâte croustillante, et pour ses salades à composer soi-même à partir d'un choix de 30 ingrédients. Les enfants adoreront l'aire de jeux dans le fond.

Placé entre le restaurant et le magasin de jouets, **Rico's Coffee, Chocolate & Wine Bar @ Poor Richard's** (719-630-7723) propose une carte de café – croissant jambon-fromage et pâtisseries fraîches –, mais les gens y viennent surtout pour l'expresso, le chocolat (servi chaud ou froid) et le vin (au verre, à choisir entre 20 crus). En plus, il y a souvent du jazz live le soir.

LES ROCHEUSES

avec un magazine ou entouré d'amis. S'il fait beau, vous choisirez la terrasse. On trouve ici la gamme habituelle de cafés, tous de qualité, ainsi que pâtisseries, bagels, *burritos* pour le petit-déjeuner et autres en-cas.

Western Omelette (719-636-2286 ; 16 S Walnut St ; plats 4-8 $; 7h-14h ;). Après une longue nuit à faire la fête, rejoignez les habitants de Colorado Springs pour une cure de piment vert dans ce grand restaurant sans caractère mais non dépourvu de charme. Au menu : des plats mexicains typiques sans fioritures servis au petit-déjeuner, tels que les *huevos rancheros* (œufs pimentés).

Trinity Brewing Co (719-634-0029 ; www.trinitybrew.com ; 1466 Garden of the Gods Rd ; plats 5-8 $; 11h-minuit jeu-sam, 11h-22h dim-mer). Un nouveau venu fort sympathique. Sur le modèle des tavernes à bière belges, le Trinity Brewing Co, créé par deux écolos fous du houblon, sert des "bières artisanales" brassées avec des ingrédients inhabituels et beaucoup d'alcool. Sa carte annonce "une expérience de Slow Food basée sur le développement durable". Sandwich barbecue végétarien, soupe thaïe au curry épicée, "ailes de poulet" végétariennes et autres options diététiques et bio changent sans aucun doute des cartes traditionnelles des pubs. Que les carnivores se rassurent, il y a aussi de la viande. Si vous avez encore faim, accompagnez votre tofu avec une "beer float" (bière et boule de glace). Si vous venez à pied ou à vélo, vous aurez droit à une réduction de 10%. L'établissement donne sur une rue commerçante située un pâté de maisons à l'ouest de Centennial Blvd, à environ 15 minutes de vélo au nord-ouest du centre.

Phantom Canyon Brewing Co (719-635-2800 ; 2 E Pikes Peak Ave ; plats 7-18 $; 11h-tard ;). Installée dans un vieil entrepôt, cette brasserie locale sert bières, copieux amuse-gueules *(appetizers)* et plats américains dans l'ambiance décontractée (familles bienvenues) de la salle à manger du bas. Le soir, les habitués se retrouvent au bar de l'étage pour jouer au billard.

Blue Star (719-632-1086 ; 1645 S Tejon St ; plats 10-25 $; 17h30-21h dim-jeu, 17h30-22h ven-sam). Situé dans un quartier tranquille juste au sud du centre, le Blue Star est l'un des restaurants gastronomiques préférés des habitants. La carte change régulièrement, mais on y trouve toujours du poisson frais, des pièces de bœuf parfaitement découpées et des plats de poulet inventifs aux préparations et épices exotiques. La partie bar pittoresque, avec décor de métal et de bois verni, et le choix entre box ou tables hautes, est plus chaleureuse que la salle à manger à cuisine ouverte du fond. On y joue du jazz le lundi et on peut y danser le week-end ; les prix sont alors légèrement inférieurs. Le cellier contient 8 500 bouteilles de vin, dont des vins bio.

OÙ PRENDRE UN VERRE ET SORTIR

C'est sur le Tejon Strip, entre Platte St et Colorado St, que se concentre l'essentiel de la vie nocturne. Voyez quand même aussi le South Downtown (SoDo), qui commence à bouger. Pour l'instant ce n'est qu'un petit bout de S Tejon St entre E Cimarron St et E Moreno St, mais c'est dans cette petite zone récemment embourgeoisé que se niche le club à la mode, **SoDo**.

Hotel Bar (☎ 719-577-5733 ; Broadmoor Hotel, 1 Lake Ave). Par les chauds après-midi d'été, vous apprécierez à sa juste mesure un verre de vin frais dans ce bar, qui donne sur un lac privé. Si le temps a fraîchi, les cheminées extérieures vous réchaufferont.

Cowboys Nightclub (☎ 719-596-1212 ; www.worldfamouscowboys.com ; 25 N Tejon St ; entrée 3-8 $; 17h-2h mer-jeu, 16h-2h ven-dim). Élu meilleur club de la ville par les lecteurs de son quotidien, le Cowboys est bruyant, voire criard, et 100% country. L'endroit idéal pour danser et se laisser aller. Qu'il y ait un karaoké en cours, une leçon de *two-step* ou un concert live, ce club est toujours plein et animé. Il est question d'ouvrir un bowling à l'étage au-dessus. De l'autre côté de la rue, le **Rum Bay**, des mêmes propriétaires, constitue l'autre incontournable de la vie nocturne, avec 8 clubs en un.

COMMENT S'Y RENDRE ET CIRCULER

L'**aéroport municipal de Colorado Springs** (Colorado Springs Municipal Airport, COS ; ☎ 719-550-1900 ; 7770 Drennan Rd) offre une desserte comparable à celle de l'aéroport de Denver. Le tarif des taxis **Yellow Cab** (☎ 719-634-5000) ralliant l'aéroport au centre s'échelonne entre 25 et 30 $.

Les bus Greyhound reliant Cheyenne, dans le Wyoming, à Pueblo, Colorado, s'arrêtent chaque jour à la **gare routière** (☎ 719-635-1505 ; 120 Weber St). Le **centre des transports** (☎ 719-385-7433 ; 127 E Kiowa St ; 8h-17h lun-ven) fournit les horaires et les itinéraires des bus locaux.

Boulder

Exemple même de ce que peut être une "utopie qui fonctionne", la République populaire de Boulder, comme l'appellent ses habitants, est une ville universitaire yuppie où le plein air est tout. Boulder a été, en 1967, la première cité américaine à lever des impôts spécifiques pour préserver les espaces verts. Aujourd'hui des foules de cyclistes parcourent ses rues et les multiples parcs financés par la communauté sont envahis par les promeneurs heureux et leurs chiens.

Idéale pour une balade, la rue piétonne Pearl St Mall, propre et animée, abonde en boutiques, en terrasses de cafés et petits spectacles de rue. Le soir, c'est à Hill, vaste campus de l'université du Colorado (30 000 étudiants), que se déplace l'action et se déroulent les fêtes estudiantines réputées dans tout le pays.

À bien des égards, Boulder est, bien plus que Denver, le centre touristique de la région. Les deux villes se trouvent à peu près à la même distance de l'aéroport international de Denver avec, pour Boulder, l'avantage d'être 45 minutes plus proche des grandes stations de ski (par l'I-70) et du Rocky Mountain National

CRIPPLE CREEK : UNE VILLE QUI VAUT DE L'OR

À seulement une heure de Colorado Springs, Cripple Creek vous fera remonter aux traditions du Far West. L'alcool coule à flots et la passion du jeu fait toujours fureur, même si de sages casinos – dissimulés derrière les façades centenaires – sont venus remplacer saloons et maisons closes. Cependant, malgré la profusion d'enseignes modernes, le bourg a su conserver une grande part de son charme d'antan.

Au début du XXe siècle, Cripple Creek était l'une des plus importantes villes de l'État. Entre 1891 et 1916, on y a découvert pour 340 millions de dollars d'or, une somme qui a atteint 413 millions de dollars en 1952.

Aujourd'hui, Cripple Creek constitue l'objectif d'une merveilleuse excursion d'une journée depuis Colorado Springs. La route s'élève rapidement à mesure que l'on progresse vers l'ouest dans les montagnes. Les derniers 29 km offrent de fabuleux paysages, en particulier à l'automne lorsque les arbres s'habillent de couleurs chaudes.

Cripple Creek se trouve à 80 km au sud-ouest de Colorado Springs sur la Hwy 67. Prenez le bus **Ramblin' Express** (☎ 719-590-8687 ; www.ramblinexpress.com ; tickets 22-25 $), qui part toutes les heures, de 7h à 22h, du 8th St Depot de Colorado Springs. En sens inverse, le bus repart toutes les heures du casino JP McGills entre 8h30 et 2h10 du matin.

Park. Et puis l'endroit, qui a pour décor les Flatirons, curieuses formations rocheuses dentelées, est tout simplement superbe.

ORIENTATION

Les principales zones d'intérêt de Boulder sont Pearl St Mall, au centre, et le quartier d'University Hill (à côté du campus universitaire), le long de Broadway St. La spectaculaire formation rocheuse des Flatirons surplombe la ville à l'ouest. Située au nord de Denver, Boulder est accessible en quittant l'I-25 au niveau de l'US 36 (bretelle à gauche), que vous suivrez sur 32 km environ.

RENSEIGNEMENTS

Boulder Bookstore (☎ 303-447-2074 ; 1107 Pearl St) La librairie indépendante la plus courue de Boulder offre un vaste choix de guides de voyage, mais aussi toutes les dernières nouveautés de l'édition.

Boulder Visitor Center (☎ 303-442-2911 ; www.bouldercoloradousa.com ; 2440 Pearl St ; 8h30-17h lun-jeu, 8h30-16h ven). Renseignements et accès Internet.

À VOIR ET À FAIRE

L'attraction principale du centre-ville est la zone piétonne de **Pearl Street Mall** où s'alignent quantité de bars, de galeries commerciales et de restaurants. Mais la particularité de Boulder, ce sont ces montagnes en fers à repasser qui la surplombent au sud-ouest, les Flatirons.

Les occasions de faire de la randonnée ou du VTT sont nombreuses. Il y a heureusement assez de place pour tous, car de grands espaces verts ont été aménagés par la ville.

Du Chautauqua Park, à l'extrémité ouest de Baseline Rd, des sentiers de **randonnée** grimpent dans plusieurs directions, notamment vers les Flatirons. Les résidents aiment à arpenter les 5 km (aller-retour) du **Mt Sanitas**. Les affleurements rocheux du sommet sont parfaits pour prendre des photos. Les vues sur Boulder et les plaines à l'est y sont magnifiques. Pour atteindre le départ de la randonnée, prendre Broadway Ave vers Mapleton Ave et se diriger vers l'ouest et les montagnes sur cinq pâtés de maisons environ. Vous pourrez vous garer après l'hôpital, sur un parking du côté nord d'où part le sentier.

La principale piste cyclable de Boulder est le **Boulder Creek Trail** (26 km), qui débouche à l'ouest sur un chemin de terre longeant un ruisseau avant d'atteindre le Four Mile Canyon. Les personnes en quête de défi pourront s'attaquer aux 6 km de montée de Flagstaff Rd jusqu'au sommet de la Flagstaff Mountain. Vous trouverez vélos, cartes et renseignements chez **University Bicycles** (☎ 303-444-4196 ; 839 Pearl St) et **Full Cycle** (☎ 303-440-7771 ; 1211 13th St).

Avec ses voies cotées 5.5 à 5.12, l'**Eldorado Canyon State Park** (☎ 303-494-3943 ; Visitor Center 9h-17h) constitue l'un des meilleurs sites d'escalade du pays. L'entrée du parc se situe dans Eldorado Springs Dr, à l'ouest de la Hwy 93. Le **Boulder Rock Club** (☎ 303-447-2804 ; www.totalclimbing.com ; 2829 Mapleton Ave) vous renseignera.

En hiver, des bus partant de l'angle de 14th St et Walnut St (aller-retour 11 $) desservent l'**Eldora Mountain Resort** (☎ 303-440-8700 ; www.eldora.com ; Hwy 130 ; forfait adulte/enfant 62/37 $), où l'on peut pratiquer le ski et le snowboard sur de bonnes pistes.

Quand il fait vraiment chaud l'été, adoptez la manière locale de se rafraîchir en vous installant sur une chambre à air qui vous emportera sur les eaux vives du Boulder Creek, à la lisière ouest de la ville. La difficulté des rapides varie de moyenne à assez difficile selon le niveau de l'eau. Il y a quelques chutes où vous êtes sûrs de verser et quelques piscines naturelles où vous détendre juste après. Vous aurez du mal à trouver mieux dans le genre dans le reste du pays (nous ne parlons pas du rafting bien sûr).

La plupart des gens partent du point situé au nord du parking de l'Eben G. Fine Park, entre Arapahoe Ave et Canyon Ave (prenez vers l'ouest sur celle-ci jusqu'à la sortie pour le parc). Il y a en général des loueurs de chambres à air (environ 8 $), mais si vous voulez acheter la vôtre, passez à la **station-service Conoco** (Conoco Gas Station ; ☎ 303-442-6293 ; 1201 Arapahoe Ave ; chambres à air 15 $; 9h-17h). Si l'eau vous paraît trop vive, sachez qu'elle se calme plus au sud ; essayez le tronçon qui va des tables de pique-nique du parc à la bibliothèque.

Si vous préférez pagayer, la partie du Boulder Creek qui coule parallèlement à la piste cyclable et à Canyon Rd (juste au nord du parc) est aussi l'un des **sites de kayak en eaux vives** les plus réputés du Colorado. Le clou en est une chute raide sous le dernier pont avant d'atteindre le parc. Aménagée par un habitant de Boulder, Gary Lacy, qui s'est fait un nom dans le kayak de rivière, activité en pleine croissance, elle finit dans un rappel sérieux. L'endroit est idéal pour les adeptes voulant pratiquer des arrêts contre courant et autres figures.

OÙ SE LOGER

Boulder a beaucoup plus d'hôtels que nous n'avons la place d'en citer ici. Vous en trouverez tout le long de Broadway et de l'US 36. Les meilleures promotions sont en général obtenues en ligne ; les forfaits spéciaux proposés sur les sites web peuvent inclure de tout, depuis l'accès au spa jusqu'à des bons de repas, en passant par le champagne.

Boulder Mountain Lodge (☎ 303-444-0882 ; www.bouldermountainlodge.com ; 91 Four Mile Canyon Rd ; empl 24 $, ch à partir de 94 $;). Dans un canyon situé 6 km à l'ouest de Boulder sur la Hwy 119, ce lodge familial jouit d'un cadre splendide au milieu des pins et des peupliers de Virginie. Camping ombragé et chambres de motel propres avec kitchenettes. En prime, une mare où les enfants peuvent pêcher.

Boulder International Youth Hostel (☎ 303-442-0522 ; www.boulderhostel.com ; 1107 12th St ; dort 27 $, ch avec sdb commune à partir de 55 $;). Cela fait près d'un demi-siècle – elle a ouvert en 1961 – que cette auberge de jeunesse installée au milieu des bâtiments des *fraternities* (associations d'étudiants) sur University Hill accueille les voyageurs. Dortoirs et chambres sont propres et chaleureux et les infrastructures sont bien meilleures que celles des auberges de Denver. Apportez votre sac de couchage ou louez des draps pour 7 $/jour.

Boulder Outlook Hotel & Suites (☎ 303-443-3322 ; www.boulderoutlook.com ; 800 28th St ; ch à partir de 99 $;). Cet hôtel complètement "vert" (pas de déchets), qui se veut "le remède contre l'hôtel ordinaire", est un endroit pittoresque qui respire l'énergie. On y trouve entre autres un rocher d'escalade intérieur de 3,50 m de haut (et un petit pour les enfants), une piscine chauffée sans chlore, ainsi que des musiciens dans le bar qui surplombe le tout.

Hotel Boulderado (☎ 303-442-4344, 800-433-4344 ; www.boulderado.com ; 2115 13th St ; ch à partir de 150 $;). Inscrit au patrimoine national, ce charmant hôtel, qui a fêté ses 100 ans en 2009, est un endroit merveilleusement romantique où passer la nuit. L'élégance victorienne y est la règle et les espaces communs sont ravissants. Les chambres, toutes différentes, ont des meubles de style et offrent un confort luxueux.

OÙ SE RESTAURER

Lucille's Creole Cafe (☎ 303-442-4743 ; 2142 14th St ; plats 4-8 $; 8h-14h). La réputation du petit-déjeuner de ce *diner* façon Nouvelle-Orléans explique les longues files d'attente dès l'ouverture. Commencez par une tasse fumante de thé ou de chicorée et des beignets cajuns couverts de sucre en poudre, spécialité de la maison. Puis, commandez des œufs à la créole – servis sur un lit d'épinards crémeux, avec de la poudre de maïs au fromage, ou encore en accompagnement d'une truite parfaitement grillée.

Sink (☎ 303-444-7465 ; 1165 13th St ; plats 5-10 $; 11h30-22h30). Le Sink est une institution du quartier de Hill, qui nourrit avec succès depuis 1923 étudiants affamés et professeurs. Ce petit restaurant de pizzas et hamburgers mérite une visite, ne serait-ce que pour admirer les graffitis qui tapissent son intérieur mal éclairé. Cela dit, une fois savourée une bouchée d'un de ses légendaires burgers, que vous ferez glisser avec une gorgée d'une des délicieuses bières locales, vous n'aurez plus envie de partir. Musique live certains soirs.

Rio Grande Cafe (☎ 303-444-3690 ; 1101 Walnut St ; plats 8-15 $; 11h-23h ;). Toujours plein, ce monument du tex-mex sert de somptueuses *fajitas* de bœuf, un *queso dip* qui rend accro et de puissantes margaritas. Bruyant et chaotique, avec un côté bar animé et un restaurant où les enfants sont les bienvenus, le Rio convient pour un premier rendez-vous galant comme aux familles. L'été, ne manquez pas la terrasse sur le toit.

AMBIANCE GARANTIE À PETIT PRIX

Si vous avez des moyens limités, vous voici bien tombé. Boulder est l'une des villes où le happy hour est le plus répandu. Entre 15h30 et 18h30, presque tous ses restaurants proposent des boissons et des plats spéciaux. Boulder abritant nombre des meilleurs restaurants du Colorado, cela veut dire que vous pourrez manger comme un roi même si votre budget est limité. En gros, pour moins de 20 $, vous aurez des amuse-gueules de choix en quantité suffisante pour vous rassasier et quelques excellents martinis. Et puis, comme à Boulder personne ne semble travailler dans un bureau, les happy hours voient passer autant de monde que le dîner.

LES ROCHEUSES

LES CINQ MEILLEURS TOITS-TERRASSES DE BOULDER

L'été à Boulder, c'est sur les toits que l'on boit. La ville possède des douzaines de ces merveilleuses terrasses caressées par la brise, et passer de l'une à l'autre constitue l'un des rituels favoris des habitants. Elles appartiennent en général au restaurant installé niveau rue ; certaines ont des marquises, d'autres ouvrent sur un ciel étoilé, mais toutes sont équipées de parasols chauffants pour la fraîcheur des nuits montagnardes et la plupart ont une vue superbe sur les Flatirons.

Voici notre sélection, mais nous n'en dirons pas plus. Allez-y et vous comprendrez pourquoi.

- **West End Tavern** (☎ 303-444-3535 ; 926 Pearl St)
- **Bacaro Venetian Taverna** (☎ 303-444-4888 ; 921 Pearl St)
- **Foundry** (☎ 303-447-1803 ; 1109 Walnut St)
- **K's China** (☎ 303-413-0000 ; 1325 Broadway)
- **Lazy Dog Sports Bar & Grill** (☎ 303-440-3355 ; 1346 Pearl St)

Boulder Dushanbe Teahouse (☎ 303-442-4993 ; 1770 13th St ; plats 8-20 $; 8h-22h). Ne quittez pas Boulder sans être venu manger ici. Cadeau de Douchanbé, capitale du Tadjikistan, jumelée avec Boulder, cette maison de thé décorée par des artisans tadjiks est une véritable œuvre d'art, à l'extérieur comme à l'intérieur. La carte propose des plats qui vont de l'amazonien au méditerranéen, en passant bien sûr par le tadjik. On peut aussi se les faire servir dans le calme patio ombragé installé dans les jardins, endroit intime idéal pour un apéritif ou un dîner entre amis par une chaude soirée d'été.

Zolo Southwestern Grill (☎ 303-449-0444 ; 2525 Arapahoe Ave ; plats 8-20 $; 11h-tard ; P). Cela fait 15 ans que Zolo régale ses clients de plats du Sud-Ouest américain, qui lui ont valu de nombreux prix. La tradition tex-mex à la sauce Colorado ! Parmi les grands classiques, le *fundido* (fondue de fromage de chèvre d'Oaxaca avec confiture de piment rouge, ail rôti et tortillas), *enchiladas* de poulet et thon ahi en croûte de tortilla. Cerise sur le gâteau, l'établissement a son propre parking. Vous le trouverez à une dizaine de pâtés de maison au sud-est de la zone piétonne de Pearl St, dans un petit centre commercial. Selon certains, ils servent en outre les meilleures margaritas de Boulder

Boulder Cafe (☎ 303-444-4884 ; 1247 Pearl St ; plats 8-25 $; 11h30-22h30). Prenez une table en terrasse et admirez les artistes de rue de la zone piétonne de Pearl St en attendant vos huîtres et votre bière fraîche. Ce café populaire installé de longue date a un excellent banc de fruits de mer (*raw bar*) et propose aussi toutes sortes d'amuse-gueules (*appetizers*). En plat principal, des pâtes, des pièces de bœuf, des sandwichs et des salades. De 15h à 18h, amuse-gueules et fruits de mer sont à moitié prix. Le meilleur rapport qualité/prix de Boulder.

The Kitchen (☎ 303-544-5973 ; 1039 Pearl St ; plats 10-30 $; 8h-14h et 17h30-tard lun-ven, 9h-14h et 17h30-tard sam-dim). Gastronomie, œnologie et écologie sont ici les maîtres mots. Mais encore ? Eh bien, ce presque nouveau venu sur la scène du bien-manger américain, qui propose plus de 400 vins différents, concourt aussi pour le titre de restaurant le plus vert de l'Ouest. Son électricité est d'origine éolienne et presque tous les déchets sont soit réutilisés, soit recyclés. La cuisine ? Quelque chose comme la nouvelle cuisine américaine rencontrant la cuisine de bistrot française sous l'arbitrage de l'Italie, avec des variantes saisonnières. Il y a deux salles. Celle du deuxième étage, lumineuse et moderne, attire une clientèle chic. Ne ratez pas la dégustation quotidienne, entre 17h30 et 18h30, avec d'excellentes petites portions et des boissons du jour.

OÙ PRENDRE UN VERRE ET SORTIR

La vie nocturne se concentre autour du Pearl St Mall et de Hill. De nombreux restaurants y font aussi bar, quand ils ne deviennent pas carrément night-clubs après 22h (voir *Où se restaurer*, p. 399, pour d'autres adresses).

Mountain Sun Pub & Brewery (☎ 303-546-0886 ; 1535 Pearl St). La brasserie la plus populaire de Boulder est toujours pleine à craquer d'une clientèle éclectique allant du yuppie au hippy. Grand choix de bières, avec même des variantes chocolatée ou fruitée. Murs décorés de tapisseries, jeux de société à disposition et cuisine de pub savoureuse (les hamburgers sont délicieux). Concerts de groupes bluegrass ou de jam bands fréquents en soirée.

Pearl Street Pub (☎ 303-939-9900 ; 1108 Pearl St). Évacuez vos soucis à coup de bière dans ce bar aux boiseries élimées et à l'élégance désuète. Au rez-de-chaussée, la jeunesse branchée se désaltère au houblon autour des billards. Venez dans le minuscule bar à l'étage pour le happy hour du vendredi soir, souvent accompagné de musique live.

Catacombs Bar (☎ 303-443-0486 ; 2115 13th St). Billard et bière sous l'Hotel Boulderado. La pénombre des salles du Catacombs favorise les rapprochements, et les célibataires ne s'y trompent pas. Et puis les boissons sont très bon marché, ce qui attire une foule jeune et volontiers bruyante.

'Round Midnight (☎ 303-442-2176 ; 1005 Pearl St). L'un des meilleurs clubs de Boulder, dans un sous-sol du Pearl St Mall. On y danse au son du dub underground, du dance hall et du hip-hop. Billard gratuit pendant le happy hour.

ACHATS

La variété de ses boutiques et leur environnement fait que Boulder est l'endroit le plus agréable de la région pour le shopping. Les magasins sont soit sur le Pearl St Mall ou dans les rues adjacentes, soit dans le 29th St Mall, récemment ouvert, qui se trouve sur 28th St entre Canyon Blvd et Pearl St à un peu plus de 1 500 m du premier. Les boutiques donnent là aussi directement sur la rue, mais on a le sentiment (justifié) d'une rue piétonne calibrée et soigneusement planifiée. On y trouve également un cinéma multiplexe et quelques restaurants.

Momentum (☎ 303-440-7744 ; www.ourmomentum.com ; 1625 Pearl St ; 🕒 10h-18h mar-sam, 11h-17h dim). C'est une de ces boutiques où dépenser de l'argent vous rend fier. Ses propriétaires, Kevin et Jenny Napatow, jeune couple enthousiaste, sont engagés dans une démarche de développement durable. On y trouve les plus originaux des cadeaux, des boucles d'oreille faites de bouchons plastique recyclés aux napperons brodés en passant par les couvertures créées à partir de saris usagés, le tout acheté, à un prix honnête, à des artisans défavorisés du monde entier.

Common Threads (☎ 303-449-5431 ; www.commonthreadsboulder.com ; 2707 Spruce St). Si vous cherchez un sac Prada ou Jimmy Choo de seconde main ou d'autres articles haute couture vintage, voilà l'endroit rêvé. Dans ce dépôt-vente sympathique, les prix sont certes plus élevés que dans le magasin de confection du coin, mais vêtements, chaussures et sacs sont toujours en bon état et les griffes garanties authentiques.

COMMENT S'Y RENDRE ET CIRCULER

Boulder jouit d'un fantastique réseau de transports publics, avec des services allant jusqu'à Denver et son aéroport. Les bus écologiques sont affrétés par le **RTD** (☎ 303-299-6000 ; www.rtd-denver.com) et coûtent 1,25 $ par trajet. Des plans sont disponibles à la gare de la ville, **Boulder Station** (angle 14th St et Walnut St). Ces bus (ligne B) relient Boulder Station à la gare routière de Market St de Denver (3,50 $, 1 heure). Les bus SkyRide du RTD (ligne AB) desservent l'aéroport international de Denver (10 $, 1 heure 30, 1 bus/heure). **SuperShuttle** (☎ 303-444-0808) propose un service de navettes avec les hôtels (22 $) ou en porte à porte (28 $) à partir de l'aéroport.

LA NEW BELGIUM BREWING CO, UNE BRASSERIE QUI VAUT LE DÉTOUR

Rouler 50 km au nord de Boulder sur l'I-25 pour aller visiter la **New Belgium Brewing Co** (☎ 800-622-4044 ; 500 Lined St ; 🕒 visites guidées 14h et 16h lun-ven, 11h-16h sam) en vaut la peine, surtout si vous filez vers le Wyoming. Cette célèbre brasserie est située dans la ville universitaire de Fort Collins qui abrite la Colorado State University. Vous y choisirez une visite guidée ou un tour libre, suivis d'une dégustation de la bière phare de l'établissement et de ses cuvées spéciales. Réputée pour être l'une des brasseries les plus écologiques au monde, New Belgium fut la première installation à l'électricité entièrement d'origine éolienne (grâce à une turbine de 100 000 kW). Elle est surtout connue pour la Fat Tire Amber Ale, mais goûtez aussi la Loft, la Trippell ou encore la Sunshine Wheat.

ASCENSION AU SOMMET

Le Colorado compte 52 *fourteeners* (montagnes de plus de 14 000 pieds, soit 4 270 m environ) et nombre de ses habitants se donnent pour mission de tous les gravir. Personne ne vous demandera d'en faire autant, rassurez-vous… il n'empêche qu'atteindre au moins un de ces sommets vous assurera de revenir avec un souvenir exceptionnel.

Longs Peak (4 345 m), dans le Rocky Mountain National Park, est l'une des ascensions les plus prisées du Colorado. Il n'y a qu'un seul trajet non technique (c'est-à-dire qui ne nécessite ni cordes, ni expérience de l'escalade) pour rejoindre le sommet, la *Keyhole Route*, qui n'ouvre généralement pas avant juillet. Commencez l'ascension tôt, vers 3h, afin d'atteindre le sommet vers 10h et de garder assez de temps pour redescendre avant que les orages de l'après-midi n'éclatent. Le départ se fait du poste de rangers de Longs Peak. Les dix premiers kilomètres ne sont pas techniques, mais gardez des réserves pour les derniers 2,5 km, une rude et difficile ascension à travers un terrain caillouteux et un dénivelé de 1 480 m !

N'entreprenez surtout pas cette ascension si vous n'êtes pas habitué à l'altitude, que vous manquez d'eau ou que vous avez peu d'expérience de la randonnée – le terrain est difficile et il faut s'attendre à des tempêtes de neige à toute période de l'année. Cela dit, Longs Peak constitue un excellent premier *fourteener.* L'ascension se fait dans un parc national, ce qui implique que vous pouvez enregistrer votre présence auprès des rangers avant votre départ et que les secours arriveront plus rapidement en cas de problème.

Rocky Mountain National Park

Pour admirer toutes les beautés de la région – lacs de montagne d'un bleu sans rides et pics escarpés enneigés, fleurs sauvages, trembles et prairies alpines –, le Rocky Mountain National Park est incontournable. Plus de trois millions de visiteurs le visitent chaque année pour humer son air vivifiant, randonner dans ses plaines verdoyantes ou entre les sommets enneigés et observer élans, mouflons, orignaux, marmottes et ours. La plupart des visiteurs parcourent la Trail Ridge Road (ouverte du dernier lundi de mai à la mi-octobre), une route qui serpente à travers une magnifique toundra alpine. Ceux qui s'aventurent à pied loin des sentiers battus profiteront de paisibles et spectaculaires panoramas.

ORIENTATION ET RENSEIGNEMENTS

La Trail Ridge Rd (US 34), ouverte du dernier lundi de mai à la mi-octobre, est l'unique route est-ouest traversant le parc. En provenance de l'I-25 et de Loveland, à l'est du parc, l'US 34 longe le Big Thompson River Canyon. De Boulder, l'accès le plus direct consiste à prendre l'US 36 via Lyons jusqu'aux entrées est. Par le sud, la Hwy 7 franchit les montagnes vers les campings et les départs des randonnées (dont le chemin de Longs Peak) situés à l'est de la ligne de partage des eaux. En hiver, la fermeture de l'US 34 à l'intérieur du parc oblige à emprunter l'US 40 à partir de Granby.

Il existe deux entrées du côté est : Fall River (US 36) et Beaver Meadows (US 34). La Grand Lake Station (US 34) représente le seul point d'accès à l'ouest.

Le Rocky Mountain National Park dispose de cinq centres d'information dont deux seulement font partie intégrante du parc. Ils sont tous bien indiqués. Le bureau central est installé au **Beaver Meadows Visitor Center** (☎ 970-586-1206 ; www.nps.gov/romo ; US 36 ; 🕐 8h-18h juin-août, 8h-17h le reste de l'année), sur l'US 36, à l'est de l'entrée.

Le billet d'entrée (véhicule/piéton et vélo 25/15 $) est valable 7 jours. Des permis spéciaux (*backcountry permits*, 25 $) sont exigés pour les visiteurs qui dorment sur place.

À FAIRE

Le populaire Bear Lake Trailhead offre des **randonnées** aisées vers plusieurs lacs et au-delà. La zone du Glacier Gorge Junction Trailhead est aussi très fréquentée. La navette gratuite reliant Glacier Basin à Bear Lake dessert les deux sites.

À 6 km du Moraine Park Trailhead, le Fern Lake, bordé de forêts, est dominé par les pentes escarpées du Notchtop Peak. De là, une belle randonnée d'une journée permet d'accomplir une boucle de 14 km jusqu'à l'arrêt de la navette à Bear Lake. Le **Flattop Mountain Trail** est le seul sentier qui traverse tout le parc. Très ardu, il relie le Bear Creek, à la lisière est, au Tonahutu Creek Trail ou au North Inlet Trail, du côté ouest.

Les familles opteront pour les randonnées de difficulté moyenne qui conduisent aux **Calypso Cascades**, dans le Wild Basin, ou au **Gem Lake**, dans le secteur de Lumpy Ridge.

La Trail Ridge Rd franchit la ligne de partage des eaux au niveau du **Milner Pass** (3 280 m), d'où des sentiers grimpent vers le sud-est sur 6 km (et un dénivelé de 600 m) jusqu'au Mt Ida, qui offre une vue exceptionnelle.

Les sentiers de la partie ouest du parc sont plus paisibles et moins fréquentés. Chemin court et aisé, l'East Inlet Trail dessert les **Adams Falls** (0,5 km), tandis que le Colorado River Trail (6 km), de difficulté moyenne, permet d'atteindre **Lulu City**.

Avant juillet, nombre de sentiers sont bloqués par la neige et les importants écoulements d'eau rendent le passage difficile. Dans la partie est, le Bear Lake Trailhead et le Glacier Gorge Junction Trailhead proposent de bonnes pistes pour la pratique du **ski de fond** et des **raquettes**. Pour le **ski de randonnée**, renseignez-vous auprès des centres d'information.

OÙ SE LOGER ET SE RESTAURER

Les campings demeurent le seul moyen de passer la nuit dans le parc. La majorité des motels et des hôtels se trouvent autour d'Estes Park (ci-contre) et de Grand Lake (p. 404).

Le parc compte 5 campings officiels, qui limitent les séjours estivaux à 7 jours. À l'exception de Longs Peak, tous acceptent les *Recreational Vehicle* (RV, camping-cars ou caravanes) mais ne proposent pas de raccordement électrique. L'emplacement coûte 20 $ la nuit.

Aspenglen (54 places). À 8 km à l'ouest d'Estes Park sur l'US 34.
Glacier Basin (150 places). À 11 km à l'ouest du Beaver Meadows Visitor Center.
Longs Peak (26 places). À 19 km au sud d'Estes Park sur la Hwy 7 ; permet aux randonneurs du Longs Peak de partir à l'aube.
Moraine Park (247 places). À 4 km du Beaver Meadows Visitor Center.
Timber Creek (100 places). À 11 km au nord de Grand Lake.

Pour ce qui est de vous restaurer, il faudra vous rendre à Estes Park (ci-contre) ou à Grand Lake (p. 404).

COMMENT CIRCULER

En été, une navette gratuite circule fréquemment entre le parking de Glacier Basin et Bear Lake. Un autre bus relie le camping de Moraine Park au parking de Glacier Basin. Les navettes circulent quotidiennement de mi-juin à début septembre, puis le week-end jusqu'à mi-octobre.

Estes Park

Estes Park est le principal point d'accès au Rocky Mountain National Park. En été, la population augmente brusquement, les rues se remplissent de touristes avec appareils photo et l'on rencontre même des élans en vadrouille (oui, cela arrive).

L'**Estes Park Visitor Center** (☎ 970-577-9900, 800-443-7837 ; www.estesparkresortcvb.com ; 500 Big Thompson Ave ; 🕑 9h-20h juin-août, 8h-17h lun-ven, 9h-17h sam, 10h-16h dim sept-mai), à l'est du croisement avec l'US 36, vous aidera à trouver un hébergement. De nombreux hôtels ferment en hiver.

OÙ SE LOGER

Estes Park compte des dizaines d'hôtels et nous ne pouvons en traiter que quelques-uns. La plupart des motels bon marché et de catégorie moyenne se trouvent à l'est, le long de l'US 34 ou de la Hwy 7.

YMCA of the Rockies Estes Park Center (☎ 970-586-3341 ; www.ymcarockies.org ; 2515 Tunnel Rd ; ch et bungalows 99-229 $;). Excellente adresse pour les familles, ce domaine paisible de 344 ha en dehors de la ville propose des chambres de lodge pouvant accueillir jusqu'à 6 personnes ou des chalets rustiques à plusieurs chambres (réservation en ligne impérative dans les deux cas). Il organise aussi des campements de plein air pour les familles qui veulent s'initier à l'écologie en s'amusant. Détails sur le site Web.

Mary's Lake Lodge (☎ 970-577-9495 ; www.maryslakelodge.com ; 2625 Marys Lake Rd ; ch et chalets à partir de 140 $). Ce vieux lodge de bois plein d'atmosphère, perché sur une crête dominant le lac dont il tire son nom, est un endroit très romantique où se poser. Tout en rondins de pin patinés, il sent bon le Far West. Il a une extraordinaire véranda qui ouvre sur une vue panoramique des Rocheuses. Chambres et chalets associent histoire et modernité. Nombre des chalets ont un Jacuzzi privatif. La "Tavern" style saloon (plats de 7 à 20 $; ouverte 11h-23h) et le "Chalet Room" plus raffiné (plats de 12 à 20 $; ouvert 17h-22h) servent d'excellents poissons frais du lac (et des fruits de mer arrivés par avion). Tous deux ont des tables sur la véranda chauffée. Autres agréments :

un grand Jacuzzi sous les étoiles, un foyer de pierre et des musiciens 5 soirs par semaine. Il y a aussi sur le site un spa qui se chargera des pieds échauffés et des muscles fatigués des randonneurs. Mary's est à 5 km au sud d'Estes Park sur la Hwy 7.

Stanley Hotel (☎ 970-586-4964 ; www.stanleyhotel.com ; 333 Wonderview Ave ; ch à partir de 159 $;). Ce grand bloc aux murs tout blancs installé sur une colline qui domine Estes a inspiré *Shining* à Stephen King. Il serait hanté. Cette référence parmi les hôtels historiques du nord du Colorado offre des chambres chics et modernes avec des TV à écran plat 42 pouces, des couleurs neutres et des couettes moelleuses. Sans oublier de superbes vues sur la montagne, une magnifique salle à manger et des "visites aux fantômes" la nuit venue (13 $). Réservez la chambre n°401, réputée "la plus hantée".

OÙ SE RESTAURER

Estes Park Brewery (☎ 970-586-6409 ; 2470 Colorado 66 ; plats 7-16 $; 11h-tard). Le pub-brasserie de la ville sert des pizzas, des hamburgers et des ailes de poulet, et au moins 8 bières maison différentes, dans une grande salle à mi-chemin entre la salle de classe et la cuisine de ferme. Billards et terrasse attirent du monde jusque tard dans la soirée.

Ed's Cantina & Grill (☎ 970-586-2919 ; 390 E Elkhorn Ave ; plats 10-25 $; 11h-tard tlj, à partir de 8h sam-dim). Avec son patio à l'air libre qui donne directement sur la rivière, Ed's est l'endroit où se relaxer avec une margarita et l'un des plats du jour à 3 $ (comme les *flautas* avec porc emietté et guacamole). On y sert aussi les grands classiques mexicains et américains. Le décor est "rétro-moderne" avec des banquettes de box en cuir et un choix osé de couleurs primaires. Le bar est séparé. Ses tabourets de bois léger ont des dossiers hauts confortables.

DEPUIS/VERS ESTES PARK

L'**Estes Park Shuttle** (☎ 970-586-5151 ; www.estesparkshuttle.com) relie quatre fois par jour l'aéroport international de Denver à Estes Park (45 $, 1 heure 45).

Grand Lake

Voici un autre accès au Rocky Mountain National Park. Grand Lake, à 165 km au nord-ouest de Denver et à 53 km de Boulder, offre plus de calme qu'Estes Park, en dépit de l'affluence touristique estivale. Son centre-ville est attrayant et le lac très joli. Le **Grand Lake Visitor Center** (☎ 970-627-3402, 800-531-1019 ; www.grandlakechamber.com ; 9h-17h) se situe au croisement de l'US 34 et de W Portal Rd.

L'**Arapaho National Forest**, à l'ouest de la ville, possède de beaux circuits VTT ; procurez-vous une carte au **Grand Lake Metro Recreation District** (☎ 970-627-8328 ; 928 Grand Ave, Ste 204 ; 8h-17h lun-ven). **Rocky Mountain Sports** (☎ 970-627-8124 ; 900 Grand Ave) loue et vend du matériel pour les sports en plein air. Plusieurs chemins de **randonnée** du Rocky Mountain National Park débutent à la périphérie de la ville, notamment ceux qui mènent au Tonahutu Creek Trail et au Cascade Falls/North Inlet Trail, tous deux proches du Shadowcliff Lodge.

Dominant Grand Lake, le **HI Shadowcliff Lodge** (☎ 970-627-9220 ; www.shadowcliff.org ; 405 Summerland Park Rd ; dort/d/chalet 23/60/125 $; 25 mai-30 sept) est un établissement écologique à but non lucratif qui jouit d'un cadre magnifique. Les chambres et les dortoirs sont simples mais propres. Réservation nécessaire ; 2 nuits minimum pour les chambres.

L'**EG's Garden Grill** (☎ 970-627-8404 ; 1000 Grand Ave ; plats 10-20 $; 11h30-22h) propose une cuisine savoureuse et variée allant des salades aux fruits de mer ; les *tacos* au poisson constituent un excellent déjeuner.

Grand Lake est sur l'I-34 à 165 km au nord-ouest de Denver en passant par l'I-70 et l'I-40. Soyez prudent lors du franchissement du Berthoud Pass. La ville est aussi à 55 km au nord de Winter Park (voir ci-dessous), station de ski courue. Si vous n'avez pas votre propre véhicule, **Home James Transportation Services** (☎ 970-726-5060 ; www.homejamestransportation.com) assure un service de navettes porte à porte vers l'aéroport international de Denver (58 $, 2 heures 30 ; réservation indispensable).

Winter Park

Située à moins de deux heures de route de Denver, Winter Park est une station sans prétention très prisée par les habitants de la Front Range, qui n'hésitent pas à venir de Colorado Springs tous les week-ends pour skier. Elle permet aux débutants d'arpenter des kilomètres de poudreuse, et aux skieurs expérimentés d'affronter les bosses de la célèbre Mary Jane. Ville agréable, Winter Park représente également une destination idéale en période estivale. L'US 40, principale artère de la station, réunit la plupart des services, notamment le **Visitor Center** (☎ 970-726-4118, 800-903-7275 ; www.winterpark-info.com ; 78841 Hwy 40 ; 8h-17h lun-ven, 9h-17h sam-dim).

Au sud de la ville, le **Winter Park Resort** (☎ 970-726-5514 ; www.skiwinterpark.com ; forfait adulte/enfant 92/48 $) couvre 4 montagnes et offre un dénivelé de 800 m. Ses remontées mécaniques desservent également un réseau de circuits **VTT** couvrant 72 km, qui débouche sur 900 km de pistes sillonnant toute la vallée. D'autres randonnées cyclistes intéressantes comprennent la montée vers le **Rollins Pass**.

Le **Vintage Resort Hotel & Conference Center** (☎ 970-726-8801 ; www.vintagehotel.com ; 100 Winter Park Dr ; ch à partir de 120 $;) se trouve au pied de la montagne. Les chambres standards, exiguës mais confortables, possèdent de hauts plafonds et de grandes fenêtres. Cuisine correcte au bar-restaurant. Service efficace et chaleureux.

La **Base Camp Bakery** (☎ 970-726-5530 ; 78437 Hwy 40 ; plats 5-12 $) est réputée dans la région pour ses fabuleux sandwichs (végétariens ou non), ses robustes hamburgers de bison, son café corsé et, surtout, son pain. Quelques œuvres d'artistes locaux décorent les murs et l'on y mange assis sur des bancs.

Steamboat Springs

Steamboat a toujours été, et reste, une ville de *ranchers*. La zone historique compte plusieurs restaurants servant une savoureuse "vraie cuisine américaine" et une kyrielle de vieux bars de montagne que des concerts de rockabilly font vibrer le soir. Certes, la station n'a pas la beauté d'Aspen ou le charme de Telluride, mais elle compense par l'abondance de chutes de neige.

Les deux principaux quartiers de Steamboat Springs sont Old Town (vieille ville) et, à 8 km au sud, Steamboat Village et ses rues courbes, centrées autour de la station de ski. Dans Old Town, l'US 40 prend le nom de Lincoln Ave.

Le **Steamboat Springs Visitor Center** (☎ 970-879-0880, 877-754-2269 ; www.steamboat-chamber.com ; 1255 S Lincoln Ave ; 8h-17h lun-ven, 10h-15h sam) vous fournira toutes les informations nécessaires.

Steamboat est connue pour le ski et pour ses sources. Pour goûter à la magnifique poudreuse de la ville, direction le **domaine skiable de Steamboat** (Steamboat Ski Area ; ☎ 970-879-6111 ; www.steamboat.com ; forfait adulte/enfant 91/56 $). Avec un dénivelé de 1 100 mètres, tous les skieurs trouveront leur bonheur.

Pour vous réchauffer, essayez les **Old Town Hot Springs** (☎ 970-879-1828 ; www.steamboathotsprings.org ; angle 3rd St et Lincoln Ave ; adulte/enfant 10/6,50 $; 5h30-21h45 lun-ven, 7h-20h45 sam, 8h-20h45 dim), sources chaudes situées en plein milieu de la vieille ville. Connues comme les "sources médicales" par les Indiens ute, ces sources minérales auraient des vertus thérapeutiques spéciales. Cinq millions de dollars de rénovation ont récemment permis la création d'un nouveau bassin, de deux toboggans de 70 m de long et… d'un mur d'escalade aquatique !

Les sources les plus prisées de Steamboat se situent en fait en dehors des frontières de la ville. Les **Strawberry Park Hot Springs** (☎ 970-879-0342 ; www.strawberryhotsprings.com ; 44200 County Rd ; empl camping/chalet/chariot/wagon 50/55/65/110 $;) sont véritablement synonymes de détente. Au choix des chariots de western (*covered wagons*) munis d'un matelas pour deux (très original) ou des chalets rustiques. Pas d'électricité, mais des lanternes à gaz. Draps non fournis. Réservation indispensable (pour le week-end, deux nuits minimum).

L'intérêt principal du site reste toutefois les sources chaudes (accès gratuit pour tous les clients qui y passent une nuit, y compris les campeurs). Vous trouverez sur place une belle crique, des cascades et des massages. Les bassins sablonneux ceinturés de rochers sont fantastiques sous la lune – maillot de bain facultatif de nuit. Les sources sont accessibles tous les jours de 10h à 22h30. L'entrée coûte 10 $ pour les adultes, 5 $ pour les enfants. À moins de conduire un 4×4, il est nécessaire d'utiliser des chaînes de novembre à avril pour grimper la route escarpée qui mène jusqu'au complexe (5 km). Les cartes de crédit ne sont pas acceptées pour l'accès aux bassins.

Vous trouverez nombre d'adresses où loger en ville. L'élégant **Hotel Bristol** (☎ 970-879-3083 ; www.steamboathotelbristol.com ; 917 Lincoln Ave ; ch à partir de 89-199 $;) propose de petites chambres au style western sophistiqué, avec meubles de bois sombre et de laiton et couvertures Pendleton sur les lits. L'hôtel dispose d'un Jacuzzi intérieur pour 6 personnes, d'un restaurant agréable et d'une navette conduisant aux pistes.

Les habitants adorent l'**Old Town Pub & Restaurant** (☎ 970-879-2101 ; angle 6th St et Lincoln Ave ; plats 9-16 $; ⏰ 11h-tard), pour dîner aussi bien que pour danser. Ce véritable bar du Far West – remarquez les impacts de balles dans la cabine téléphonique près du bar – sert une savoureuse cuisine de pub, avec notamment beaucoup de pâtes. Des groupes viennent jouer la plupart des week-ends. Arrivez après 21h pour trouver l'ambiance à son comble. Les margaritas sont délicieuses !

L'**Harwigs/L'Apogee at 911 Lincoln Ave** (☎ 970-879-1919 ; 911 Lincoln Ave ; plats à partir de 25 $; ⏰ 17h-22h), meilleur restaurant de la ville, allie la cuisine française avec de subtiles touches d'inspiration asiatique, dans un cadre raffiné éclairé aux chandelles.

Le bus Greyhound de l'US 40 qui relie Denver à Salt Lake City s'arrête au **Stockbridge Center** (☎ 970-870-0504 ; 1505 Lincoln Ave), à 800 m environ à l'ouest de la ville. **Steamboat Springs Transit** (☎ 970-879-3717) propose toute l'année des bus gratuits entre Old Town et les pistes de ski.

LES MONTAGNES DU CENTRE

Les montagnes du centre et du nord du Colorado sont réputées pour leurs nombreuses stations de ski, notamment les célébrissimes Aspen et Vail, Breckenridge la familiale et A-Basin, où l'on peut skier jusqu'à l'été.

Breckenridge et ses environs

Difficile de résister au charme de cette joyeuse ville minière du XIXe siècle. "Breck" séduit aussi bien les vacanciers que les jeunes diplômés venus s'adonner au *ski bumming* (concept alliant travail et plaisir, où les mordus de ski ou de snowboard travaillent en saison pour subvenir à leurs besoins de... skieurs). Réputée festive, la ville est aussi une base idéale pour explorer la région. Quatre des meilleures stations de ski du Colorado se situent à moins d'une heure de voiture.

Le **Visitor Center** (☎ 970-453-6018, 888-251-2417 ; www.gobreck.com ; 309 N Main St ; ⏰ 9h-17h) fournit des renseignements sur l'hébergement.

À FAIRE

S'étendant sur 300 ha et pas moins de 4 montagnes, le **domaine skiable de Breckenridge** (Breckenridge Ski Area ; ☎ 800-789-7669 ; www.breckenridge.snow.com ; forfait adulte/enfant 92/49 $) offre d'excellentes descentes pour skieurs débutants et de niveau moyen – les pistes vertes sont moins pentues qu'ailleurs –, des pentes abruptes pour les plus expérimentés et un parc réputé pour le snowboard.

Station de ski la plus élevée d'Amérique du Nord, le **domaine skiable d'Arapahoe** (Arapahoe Basin Ski Area ; ☎ 970-468-0718 ; www.arapahoebasin.com ; forfait adulte/enfant 65/39 $), à environ 19 km de Breck, se révèle plus modeste et moins commercial. Généralement praticable au moins jusqu'à la mi-juin, le domaine d'A-Basin regorge de pentes raides, de murs et de parcours pour le ski de randonnée. Les touristes en séjour organisé étant peu nombreux, la station attire beaucoup d'habitants de la région. Le bar en plein air est agréable pour siroter une bière fraîche et les habitués se retrouvent souvent autour des voitures pour une petite fête ou grillade improvisée sur le parking, surnommé "the beach" (la plage).

Ce n'est pas parce que la neige fond que la montagne ferme ses portes. En été le **Peak 8 Fun Park** (pass mi-journée/journée 50/65 $; ⏰ 9h-17h) ouvre les siennes avec une ribambelle d'activités excitantes : trampoline, mur d'escalade, parc VTT, sans oublier l'attraction la plus appréciée par temps chaud, le **SuperSlide** (adulte/enfant 12/10 $ par tour). Il s'agit de dévaler une descente type parcours de luge à des vitesses étonnantes. Les plus expérimentés essaieront la piste du slalom géant. Elle comporte plusieurs sauts au-dessus desquels la luge se retrouve en l'air et votre estomac en chute libre. La montée d'adrénaline vaut les 12 $ du billet.

Si vous préférez pédaler, prenez le télésiège (trajet/forfait journalier 15/30 $) jusqu'au sommet à 3 371 m et descendez tranquillement ou beaucoup plus vite, selon le parcours VTT que vous aurez choisi. Pour pratiquer figures et sauts, arrêtez-vous en chemin au parc VTT. **Breckenridge Sports** (☎ 970-496-7546 ; location de vélo 31-51 $), au pied du Peak 8, vous proposera des VTT à suspension intégrale. Vous y trouverez aussi les dernières infos sur les 300 km de hors-piste des environs.

OÙ SE LOGER

Les tarifs s'envolent la semaine entre Noël et le jour de l'An. Comptez 25% de plus que ceux indiqués ici. Enfin... si vous trouvez de la place, car tout ou presque est réservé des mois à l'avance.

Fireside Inn B&B & Hostel (☎ 970-453-6456 ; www.firesideinn.com ; 114 N French St ; dort 28-38 $, ch avec

LES MONTAGNES DU CENTRE

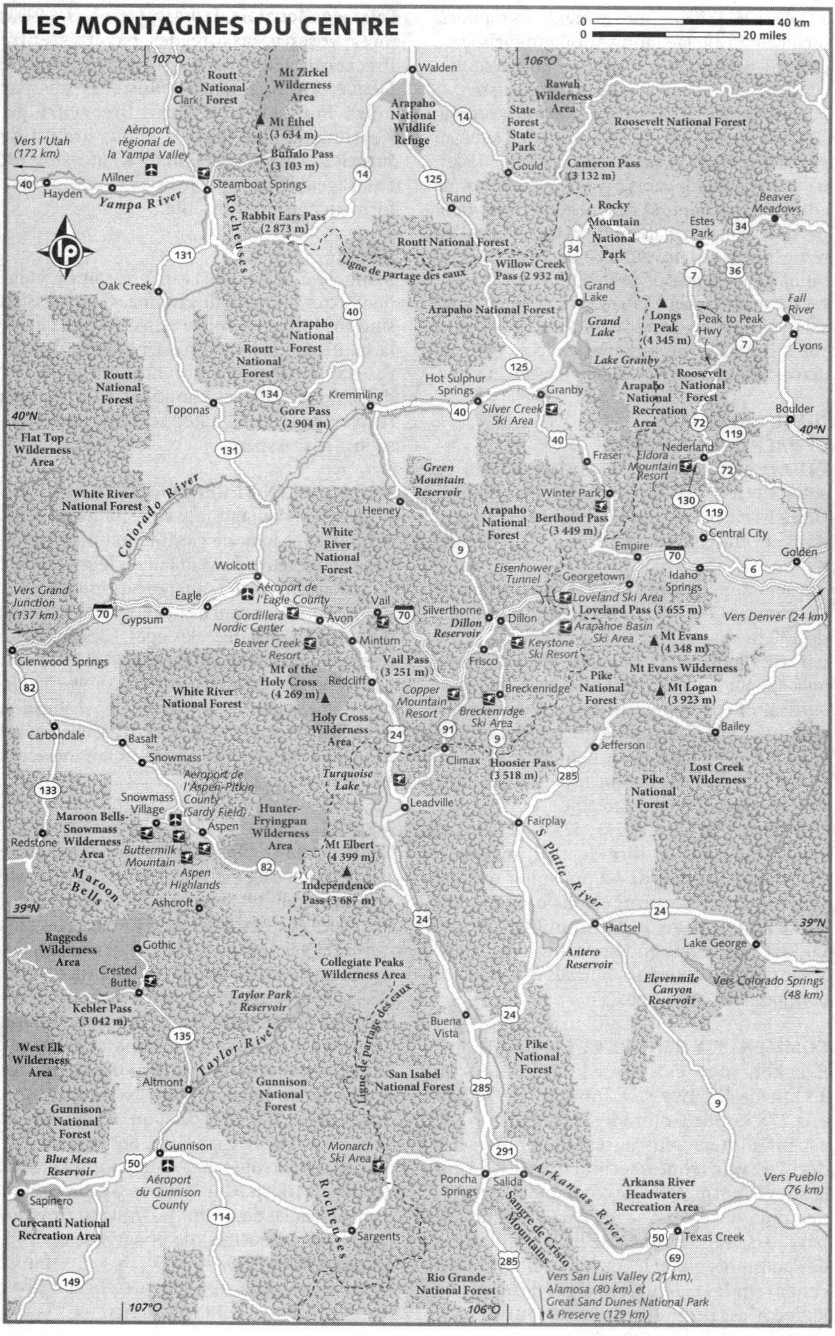

LES ROCHEUSES

petit-déj 88-160 $;). L'un des meilleurs rapports qualité/prix de la station. Voilà une auberge et B&B propre et accueillante au personnel sympathique. Jacuzzi pour l'après-glisse.

Arapahoe Inn (970-513-9009 ; www.arapahoeinn.com ; 22859 Hwy 6 ; ch 90-150 $;). Cet hôtel situé au pied des pistes de la station de Keystone, à 15 km au nord de Breck sur la Hwy 9, est une bonne adresse. Les chambres de type motel ne sortent pas de l'ordinaire, mais profitent cependant d'un réfrigérateur et d'un micro-onde. Le Jacuzzi et le sauna communs sont des plus. L'emplacement est particulièrement intéressant si vous aimez skier de nuit, ce qui est possible à Keystone et pas à Breck. Votre forfait est valable pour les deux stations, que relient une navette gratuite.

OÙ SE RESTAURER ET PRENDRE UN VERRE

Downstairs at Eric's (970-453-1401 ; 111 S Main St ; plats à partir de 6 $; 11h-22h30 ;). Une institution à Breckenridge. Les habitants se pressent dans cet établissement en sous-sol avec salle de jeu, pour ses bières spéciales, ses hamburgers appétissants et sa délicieuse purée de pommes de terre. La carte compte plus de 120 bières.

Fatty's (970-453-9802 ; 106 S Ridge Rd ; pizza à partir de 7,50 $; 11h-22h). Les pizzas, ici, sont suffisamment copieuses pour 2 personnes. Connu pour servir les meilleures pizzas de la ville, le Fatty's possède également un bar où, arrivé le soir, l'animation monte d'un cran. En été, la terrasse est agréable.

Cecilia's (970-453-2243 ; 520 S Main St). Les skieurs adorent en dire du mal, mais cela ne les empêche pas de s'y précipiter tous les soirs. Cet antre nocturne établi de longue date a une grande piste de danse animée par des DJ (avec de temps en temps des musiciens). Vaste choix de martinis, billards et canapé de coin pour les amoureux.

COMMENT S'Y RENDRE ET CIRCULER

Breckenridge est sur l'I-70, à environ 15 km de la Hwy 9, à 166 km de Denver et à 178 km de Colorado Springs. La route est infiniment plus agréable depuis cette dernière et les routes secondaires, l'US 24 et la Hwy 9, permettent de contempler certains des plus beaux paysages du Colorado. Le parcours prend moins de 2 heures. Au début de l'automne, quant les ors des trembles étincellent sur les premières neiges de la saison, le décor est proprement époustouflant.

Colorado Mountain Express (970-926-9800 ; www.ridecme.com) assure des navettes entre Breckenridge et l'aéroport international de Denver (90 $, 2 heures, plusieurs fois par jour). Pour circuler entre Breckenridge, Keystone et Vail, prenez le bus gratuit de **Summit Stages** (970-668-0999). L'auto-stop est envisageable en saison hivernale, quoique formellement déconseillé.

Vail

Symbole du luxe, Vail est l'endroit où viennent skier les stars de cinéma. C'est aussi la station d'hiver favorite des célébrités et de la haute société, et il n'est pas rare de voir ces dames dévaler les pentes en vison. En dépit de son aspect clinquant, la station se révèle plus décontractée et moins snob que sa jumelle, Aspen.

ORIENTATION ET RENSEIGNEMENTS

Le petit Vail Village, tout en restaurants, bars et boutiques haut de gamme, est piétonnier. Les conducteurs doivent laisser leur véhicule au garage du Vail Transportation Center & Public Parking avant de pénétrer dans la zone piétonne au pied des télésièges. C'est là que se trouve le **Vail Visitor Center** (970-479-1385 ; www.visitvailvalley.com ; Transportation Center ; 9h-17h). Un deuxième parking se trouve à Lionshead, à environ 800 m à l'ouest de là. Il est en général moins fréquenté et donne directement accès aux remontées.

À FAIRE

Vail Mountain (970-476-9090 ; vail.snow.com ; forfait adulte/enfant 97/58 $) est notre domaine skiable préféré dans l'État, avec plus de 2 000 hectares, 193 pistes et… les tarifs de remontées les plus élevés du pays ; mais si vous n'avez jamais fait de ski dans le Colorado, vous ne regretterez pas la dépense supplémentaire. Surtout s'il fait beau, que le ciel est bleu et la neige poudreuse. Un petit conseil : avant d'aller payer plein tarif au guichet, voyez au parking si vous ne trouvez pas quelqu'un qui serait prêt à partager un billet de remontée pour deux personnes. Vous pouvez aussi passer voir chez King Soopers et City Market, deux supérettes qui vendent souvent des tickets à tarif réduit. Les bons skieurs seront comblés par les descentes, les trouées et les *back bowls* (amphithéâtres) de poudreuse de Vail. **Adventure Ridge** (970-476-9090 ;) au sommet des pistes, propose des sports d'été et d'hiver pour les enfants, dont le jeu laser.

La Holy Cross Wilderness Area regorge de bons parcours de **randonnée**, dont l'épuisant Notch Mountain Trail, qui offre une vue imprenable sur le Mt of the Holy Cross. On atteint ce dernier par le Half Moon Pass Trail.

Sur le côté sud de l'I-70, une **piste cyclable** goudronnée traverse Vail et débouche à l'est sur le Ten Mile Canyon Trail, qui franchit le Vail Pass pour atteindre Frisco, où se croisent la plupart des pistes du Summit County. Pour une course un peu plus exigeante sur un sentier étroit, montez la piste Two Elk et redescendez vers Minturn. La piste prend à l'est de la ville près du Gore Creek Campground (voir ci-dessous).

OÙ SE LOGER

Certes, "économique" ne fait pas partie du vocabulaire local, mais hors saison vous pouvez vous attendre à des tarifs très inférieurs à ce que nous indiquons ci-après. Évitez la semaine entre Noël et le jour de l'An, réservée des mois à l'avance et aux tarifs gonflés de 25%.

Gore Creek Campground (☎ 970-945-2521 ; Bighorn Rd ; empl tente 12 $; ⌚ Memorial Day, dernier lun de mai-Labor Day, premier lun de sept). Ce camping primitif niché dans les bois à côté d'un cours d'eau, le Gore Creek, au bout de Bighorn Rd propose 25 emplacements attribués dans l'ordre d'arrivée et équipés d'une table de pique-nique et d'une grille de foyer. Il y a de bons sites de pêche à proximité. Essayez les sentiers de Slate Creek ou de Deluge Lake. Ce dernier conduit à un lac très poissonneux. Le terrain est à 10 km à l'est de Vail Village. Prendre la sortie East Vail sur l'I-70.

Tivoli Lodge (☎ 970-476-5615 ; www.tivolilodge.com ; 386 Hanson Rd ; ch 140-600 $;). Ressemblant à un château suisse ou autrichien, ce luxueux établissement accueille beaucoup d'Européens. Les chambres sont sobres, mais très chics, avec de somptueuses couettes aux couleurs chaudes et des murs blancs ornés de bois foncé. Venez hors saison et, même sans réservation, vous ferez une affaire.

Vail Cascade Resort & Spa (☎ 970-476-7111 ; www.vailcascade.com ; 1300 Westhaven Dr ; ch à partir de 260 $;). La bonne adresse pour se faire dorloter avec style et en grand. Les chambres ont des meubles en merisier et des dessus de coiffeuses en marbre. Deux cinémas projettent des films en exclusivité. Restaurant, club de sport et spa complètent le tableau. Les tarifs baissent considérablement en été.

OÙ SE RESTAURER ET PRENDRE UN VERRE

Joe's Famous Deli (☎ 970-479-7580 ; 288 Bridge St ; plats 5-8 $; ⌚ 8h-21h30). Adresse décontractée avec service au bar, spécialiste du sandwich – 20 garnitures chaudes et froides ou compositions personnalisées. Les enfants apprécieront le grand choix de glaces.

Sweet Basil (☎ 970-476-0125 ; 193 E Gore Creek Dr ; plats déj 15 $, dîner 30 $; ⌚ 11h30-14h30 et 17h30-fermeture). Sweet Basil prépare, selon les critiques, la meilleure cuisine de l'État. La carte, éclectique, comprend des spécialités américaines, comme le gigot d'agneau du Colorado aux haricots blancs, et elle change à chaque saison, mais la qualité demeure constante. Très bonne ambiance.

Tap Room & Sanctuary (☎ 970-479-0500 ; 333 Bridge St). Incontournable, le Tap Room offre une longue sélection de bières, de succulentes margaritas et des cigares. À l'étage, le Sanctuary est une discothèque animée, fréquentée par la jeunesse branchée.

COMMENT S'Y RENDRE ET CIRCULER

De décembre à début avril, des vols directs relient l'**Eagle County Airport** (EGE ; ☎ 970-524-9490), à 56 km à l'ouest de Vail, à divers aéroports nationaux.

Colorado Mountain Express (☎ 970-926-9800 ; www.cmex.com) assure la navette depuis/vers l'aéroport international de Denver (100 $, 3 heures). Les bus Greyhound à destination de Denver (30 $, 2 heures 15) ou de Grand Junction (25 $, 3 heures 15) s'arrêtent au **Vail Transportation Center** (☎ 970-476-5137 ; 241 S Frontage Rd).

Les **bus gratuits** (☎ 970-477-3456 ; http://vailgov.com/transit) de la ville, généralement équipés de supports à vélos, desservent West Vail, East Vail et Sandstone.

Aspen

Station la plus luxueuse du Colorado, Aspen affiche ouvertement son snobisme et accueille une riche clientèle internationale. Son ravissant centre-ville aux bâtiments de briques rouges n'a d'égal que ses larges pistes étincelantes. Le grand atout de la station demeure néanmoins ses paysages alpins exceptionnels, qui révèlent toute leur beauté lorsque les trembles se parent de leurs couleurs automnales – en particulier la fin septembre et le mois d'octobre.

L'**Aspen Visitor Center** (☎ 970-925-1940, 800-670-0792 ; www.aspenchamber.org ; 425 Rio Grande Pl ; 8h-17h lun-ven) vous renseignera.

À FAIRE

En hiver, la principale activité est bien entendu le ski ! L'**Aspen Skiing Company** (☎ 970-925-1220 ; www.aspensnowmass.com ; forfait adulte/enfant 96/57 $) gère les 4 domaines skiables de la région. **Aspen** (ou Ajax) et ses dénivelés de plus de 900 m, s'adresse aux champions de la glisse. **Aspen Highlands** offre le meilleur ski extrême et des vues époustouflantes. Les pentes de **Buttermilk Mountain** sont plus douces et adaptées aux débutants ou skieurs moyens. **Snowmass**, quant à elle, réunit des pistes de tous niveaux et le plus long dénivelé des États-Unis (1 300 m).

Le meilleur endroit de la région pour pratiquer le ski de fond est sans aucun doute **Ashcroft** (☎ 970-925-1971), surnommée la ville fantôme, dans la splendide Castle Creek Valley, avec ses 32 km de pistes bien entretenues.

Quand la neige fond, prenez les **chemins de randonnée.** C'est à l'automne que la balade est la plus belle, quand les feuilles dorées des trembles se détachent sur les nuances de violet de la chaîne des Maroon Bells. Le Hunter Valley Trail traverse des prairies de fleurs sauvages avant de rejoindre la Hunter-Fryingpan Wilderness Area. Une ascension assez douce de 13,5 km sur le Conundrum Creek Trail vous conduira à des sources chaudes. La magnifique Maroon Bells-Snowmass Wilderness Area est une autre zone fabuleuse pour faire de la randonnée.

Le **VTT** est également très apprécié. De nombreux itinéraires sillonnent l'Aspen Mountain et la Smuggler Mountain. Les circuits, à très haute altitude, du Montezuma Basin et du Pearl Pass vous laisseront d'intenses souvenirs. Le départ se fait à partir de la Castle Creek Rd, au sud d'Aspen. **Hub** (☎ 970-925-7970 ; 315 E Hyman Ave) loue des vélos.

OÙ SE LOGER

Les meilleures affaires se font généralement en passant par une agence en ligne. Évitez la semaine entre Noël et le jour de l'An qui voit les prix monter en flèche. Le **White River National Forest's Aspen Ranger District de l'United States Forest Service (UFSF)** (☎ 970-925-3445 ; 806 W Hallam ; 8h-16h30 lun-ven l'hiver et lun-sam l'été) gère neuf **campings** (empl 12 $).

St Moritz Lodge (☎ 970-925-3220 ; www.stmoritzlodge.com ; 334 W Hyman Ave ; dort 36-43 $, ch avec petit-déj 80-182 $;). Et oui, c'est un peu cher pour un dortoir, mais on est à Aspen… Cela dit, c'est la meilleure des adresses sans fioritures de la ville. Ce lodge de style européen offre de nombreuses options, du dortoir tranquille à l'appartement deux pièces. Les chambres les moins chères partagent une sdb. Petit-déjeuner continental inclus, piscine et hammam accessibles à tous les clients.

Annabelle Inn (☎ 970-925-3822 ; www.annabelleinn.com ; 232 W Main St ; ch avec petit-déj à partir de 210 $;). Agréable et sans prétention, l'Annabelle Inn, rénovée il y a peu, ressemble à un chalet de montagne européen rétro. Située en plein centre, dans la rue principale, l'auberge loue des chambres douillettes sans être trop apprêtées et équipées de TV à écran plat et de couettes bien chaudes. Regarder une vidéo de ski tout en trempant dans le Jacuzzi à l'étage – il y en a un autre – est fort agréable.

Little Nell (☎ 970-920-4200 ; www.thelittlenell.com ; 675 E Durant Ave ; ch à partir de 285 $;). Élégante atmosphère européenne pour ce bel hôtel relaxant. Cheminées (au gaz) et linge de luxe rehaussent la décoration des chambres aux couleurs vives. Le Greenhouse Bar est idéal pour se détendre après les pistes.

OÙ SE RESTAURER ET PRENDRE UN VERRE

Main St Bakery (☎ 970-925-6446 ; 201 E Main St ; plats 6-10 $; 7h-15h). Une institution au petit matin, pour son éventail de mets salés et sucrés – mueslis, pancakes ou bien timbale de poulet – servis dans une salle conviviale ou en terrasse.

J-Bar (☎ 877-412-7725 ; 330 E Main St ; plats 8-15 $; 11h30-1h). Le plus représentatif des saloons d'Aspen depuis sa création en 1889, le J-Bar, installé dans l'Hotel Jerome, a beaucoup de charme. On y rencontre un peu tout le monde, des commerçants locaux aux stars hollywoodiennes de passage. Commandez le cocktail maison, l'Aspen Crud, mélange de bourbon et de crème glacée, ou testez le délicieux J-Rita, moins sucré. À la carte, une cuisine américaine presque aussi savoureuse que les drinks.

Woody Creek Tavern (☎ 970-923-4285 ; 2 Woody Creek Plaza ; plats 11-20 $; 17h-23h). Ne manquez pas de descendre y faire un tour si vous le pouvez. Ce bar rustique et coloré est installé dans la vallée à 13 km d'Aspen. Ses murs sont couverts de coupures de journaux et de souvenirs en tout genre, pour la plupart en rapport avec S. Thompson, père du journalisme "gonzo" et auteur de *Las Vegas Parano*. La carte propose salades bio, hamburgers "light" mais malgré tout bien juteux, et de quoi boire tout son soûl.

Jimmy's (☎ 970-925-6020 ; 205 S Mill St ; plats 15-50 $; 11h30-22h). Ce très chic restaurant de viande (*steakhouse*) – où l'on vous servira aussi du crabe et de la tequila – attire une clientèle haut de gamme. L'idée déco du Jimmy's est de couvrir les murs des graffitis de ses clients. N'oubliez pas votre stylo pour laisser une trace de votre passage ! La carte du bar est moins chère et son choix d'alcools pléthorique (105 sortes de tequilas et mescals). Il est perpétuellement plein. Le jeudi est le soir du crabe, avec des pattes de crabe royal pour 12,50 $, pas plus.

Double Diamond (☎ 970-920-6905 ; 450 S Galena St ; entrée à partir de 5 $). C'est dans cette spacieuse discothèque que se produisent les musiciens en tournée à Aspen. Les concerts (rock, blues, salsa, reggae, etc.) débutent vers 22h.

COMMENT S'Y RENDRE ET CIRCULER

À 6,5 km au nord d'Aspen sur la Hwy 82, **Sardy Field** (ASE ; ☎ 970-920-5380) accueille des vols régionaux en provenance de Denver, et assure un transfert direct vers Phoenix, Los Angeles, San Francisco, Minneapolis et Memphis. **Colorado Mountain Express** (☎ 970-947-0506 ; www.cmex.com) propose des navettes fréquentes depuis/vers l'aéroport international de Denver (100 $, 3 heures).

Les bus de la **Roaring Fork Transit Agency** (☎ 970-920-1905 ; www.rfta.com) relient Aspen aux domaines skiables et à Glenwood Springs.

Buena Vista et Salida

Vous oublierez peut-être Buena Vista et Salida, mais certainement pas les rapides de l'Arkansas River, ni les sources chaudes sous les étoiles.

Les amateurs de rafting s'arrêteront chez **Wilderness Aware Rafting** (☎ 719-395-2112 ; www.inaraft.com ; sorties 50-115 $). Si vous voulez descendre les eaux du Brown's Canyon (catégories III-IV), des Narrows (III-IV) ou des Numbers (IV-V), il est préférable de le faire en début de saison : fin avril ou début mai, la rivière est gonflée par la fonte des neiges et les rapides sont plus puissants. L'agence se trouve à l'intersection de la Hwy 285 et de la Hwy 24, à Johnson Village, à 3 km au sud de Buena Vista.

Après une journée passée sur la rivière, un moment de détente dans les eaux paisibles des cinq bassins du **Cottonwood Hot Springs Inn & Spa** (☎ 719-395-6434 ; www.cottonwood-hot-springs.com ; 18999 County Rd 306 ; 1 $) vous rassérénera. Ces piscines rudimentaires jouissent de superbes vues, notamment sur le ciel étoilé. Les sources chaudes se trouvent à 9,5 km au sud de Buena Vista. Il est possible de passer la nuit dans un dortoir simple (35 $), dans une chambre (à partir de 97 $) ou dans un bungalow (à partir de 165 $). Les bungalows sont équipés d'un bassin privatif. L'utilisation des piscines communes est aussi comprise dans les tarifs du camping (35 $).

Pour rejoindre l'endroit, situé au sud de Leadville sur l'US 24, il vous faudra une voiture.

Crested Butte

Bien que parfois considérée comme la meilleure station de ski du Colorado, cette belle localité retirée n'affiche aucune prétention, ni luxe superficiel. On vient avant tout pour son air frais, sa décontraction et ses sympathiques habitants.

Elk Ave réunit la plupart des services touristiques, dont le **Visitor Center** (☎ 970-349-6438 ; www.crestedbuttechamber.com ; 601 Elk Ave ; 9h-17h).

Le **domaine skiable de Crested Butte** (Crested Butte Mountain Resort ; ☎ 970-349-2222 ; www.skicb.com ; forfait adulte/enfant 82/41 $) s'étend à 3 km au nord de la ville, au pied de la majestueuse montagne du même nom. Niché au beau milieu des réserves West Elk, Raggeds et Maroon Bells-Snowmass, le site est bordé de forêts et de pics déchiquetés, offrant un spectacle époustouflant. Le domaine s'adresse principalement aux skieurs moyens et chevronnés.

Crested Butte est aussi un haut lieu du **VTT**, avec une multitude d'excellentes pistes de haute altitude à une voie. Vous trouverez cartes, renseignements et vélos à louer chez **Alpineer** (☎ 970-349-5210 ; 419 6th St).

Si vous cherchez à allier l'intimité d'un hôtel avec l'ambiance animée d'une auberge de jeunesse, optez pour l'attrayante **Crested Butte International Hostel** (☎ 970-349-0588 ; www.crestedbuttehostel.com ; 615 Teocalli Ave ; dort 25-31 $, ch 65-99 $;), récemment rénovée, l'une des plus belles du Colorado. Les meilleures chambres disposent d'une sdb particulière. Les lits superposés des dortoirs sont équipés d'une lampe de chevet et de tiroirs à verrou. La salle commune combine un décor montagnard rustique, une cheminée en pierre et de confortables canapés. Les tarifs varient fortement d'une saison à l'autre, l'automne étant la plus intéressante.

Le **Timberline Restaurant** (☎ 970-349-9831 ; angle Second St et Elk Ave ; pizzas 12-25 $; 17h30-22h ;) était déjà prisé des habitants et visiteurs de Crested Butte avant qu'Heidi Montag et les caméras de MTV le rendent célèbre. La mère et le beau-père de la jeune femme dirigent ce petit restaurant familial, qui sert des plats de saison, américains et italiens pour l'essentiel, du genre double côte de porc grillée avec frites ou linguine aux crevettes, pesto et tomates.

Crested Butte organise de bons concerts tout au long de l'année. Rendez-vous à l'**Eldo** (☎ 970-349-6125 ; 215 Elk Ave), l'une des microbrasseries les plus fréquentées de la ville, qui fait aussi office de club, dans lequel se produisent la plupart des groupes extérieurs à la ville. Ne manquez pas la superbe terrasse.

L'aéroport qui relie Crested Butte au reste du pays est le **Gunnison County Airport** (☎ 970-641-2304), à 45 km au sud. En hiver, **Alpine Express** (☎ 970-641-5074) assure une navette à l'arrivée et au départ de tous les vols commerciaux (25 $), mais il est nécessaire de réserver en été.

Le bus gratuit **Mountain Express** (☎ 970-349-7318) relie Crested Butte au Mt Crested Butte toutes les 15 minutes en hiver et moins fréquemment le reste de l'année ; consultez les horaires aux arrêts de bus.

LES ROCHEUSES

SUD DU COLORADO

La moitié sud du Colorado est aussi belle que la moitié nord et offre beaucoup à voir et à faire. Elle abrite en particulier les impressionnantes chaînes San Juan et Sangre de Cristo.

Great Sand Dunes National Park

L'apparition impromptue de la mer de sable du **Great Sand Dunes National Park** (☎ 719-378-2312 ; www.nps.gov/grsa ; 11999 Hwy 150 ; 3 $; Visitor Center 9h-17h) au milieu des paysages montagneux donne l'impression de changer de planète. Encadrée d'un côté par les pics déchiquetés des chaînes Sangre de Cristo et San Juan (4 300 m), et de l'autre, par un plateau broussailleux et aride, l'immense San Luis Valley abrite 78 km² de dunes de sable, dont les plus hautes atteignent 200 m.

Attendez de préférence que la Lune soit presque pleine pour visiter ce parc national qui, à 3 $ l'accès, est une véritable affaire. Après avoir fait provision de vivres et avoir obtenu un permis pour faire du camping sauvage (gratuit) au Visitor Center, vous pourrez rejoindre à pied ces paysages surréalistes pour planter votre tente en plein désert. Satisfaction garantie !

Le parc compte de nombreux **chemins de randonnées** et ses dunes se prêtent à la pratique du **sandboarding** (surf sur sable). Si vous n'êtes pas équipé, vous devrez louer une planche de surf dans l'une des nombreuses boutiques qui émaillent le Colorado. Le printemps est la meilleure saison car les dunes sont gorgées d'humidité – le sable se révèle parfait quelques heures après la pluie lorsque la surface est déjà sèche. Nous vous recommandons la Star Dune (230 m de hauteur), accessible par une éprouvante montée de 5 km depuis le parking, et la High Dune (environ 200 m). Un conseil : emportez suffisamment d'eau, car la marche dans le sable mou est pénible et les températures estivales peuvent dépasser 54°C.

La réserve abrite un **camping** (empl 12 $), mais vous pouvez aussi vous installer au **Great Sand Dunes Oasis** (☎ 719-378-2222 ; 5400 Hwy 150 ; empl tente/camping-car 18/28 $, ch chalets 50 $, ch motel 90 $; mai-oct), qui propose, juste au sud de l'entrée, des emplacements pour tentes et camping-cars, ainsi que des chalets très rustiques et des chambres de motel un peu plus évoluées avec grand lit et TV câblée. On trouve aussi sur le site un restaurant et une épicerie. Randonnées à cheval possibles.

Le parc national se trouve à 56 km au nord-est d'Alamosa et à 400 km au sud de Denver. De Denver, suivez l'I-25 en direction du sud jusqu'à la Hwy 160, que vous prendrez vers l'ouest avant d'emprunter la Hwy 150 vers le nord. Aucun transport public ne dessert le parc.

Durango

Archétype de l'ancienne ville minière, Durango n'est rien moins que délicieuse. Entourée de montagnes, elle offre de charmants hôtels et des saloons de l'époque victorienne qui la feraient croire restée à la fin du XIXe siècle. D'ailleurs, pour s'en convaincre, il suffit de regarder une serveuse habillée à la mode de l'époque distribuer énergiquement les verres dans un vieux saloon marqué par les ans ou de franchir les portes battantes d'une auberge du Far West chargée d'antiquités pour écouter un pianiste arracher un ragtime au vieil ivoire des touches de son instrument. En déambulant dans le quartier historique, vous entendrez peut-être un sifflet strident ; regardez alors la vapeur s'élever au-dessus du vieux train qui fait son entrée.

Si vous n'êtes toujours pas conquis, vous trouverez alors dans les environs toutes sortes d'activités distrayantes, comme louer un vélo pour explorer les chemins alentour ou chausser des skis pour parcourir des kilomètres de poudreuse.

ORIENTATION ET RENSEIGNEMENTS

La plupart des services touristiques jalonnent Main Ave, à l'instar de la gare ferroviaire Durango & Silverton Narrow Gauge Railroad Depot (à la lisière sud de la ville), datant de 1882. Les motels sont regroupés pour la plupart au nord du centre-ville.

Visitor Center (☎ 800-525-8855 ; www.durango.org ; 111 S Camino del Rio). Au sud de la ville, près de la sortie Santa Rita de l'US 550.

À VOIR ET À FAIRE

Le trajet à bord d'un train à vapeur, sur le chemin de fer de la **Durango & Silverton Narrow Gauge Railroad** (☎970-247-2733, 888-872-4607 ; www.durangotrain.com ; adulte/enfant 75/45 $;) est un must. Cela fait plus de 125 ans que les locomotives, d'époque, effectuent ce spectaculaire trajet de 70 km (3 heures 30) jusqu'à Silverton, que vous aurez 2 heures pour visiter. Cette ligne ne fonctionne qu'entre mai et octobre. Visitez le site web pour connaître les offres d'hiver.

Durango Mountain Resort (☎ 970-247-9000 ; www.durangomountainresort.com ; forfait adulte/enfant 72/44 $), à 40 km au nord sur l'US 550, est l'attraction principale de Durango l'hiver. La station, appelée aussi Purgatory, offre un domaine skiable de près de 500 ha aux difficultés variées et affiche 6,5 m de neige par an. Deux *snowparks* offrent aux snowboardeurs de nombreuses occasions de s'amuser. Avant d'acheter votre forfait, parcourez les épiceries et les journaux locaux à l'affût d'éventuelles offres de forfaits pour 2 personnes ou autres promotions.

Si tout tourne autour de la neige l'hiver, l'été le vélo est roi. Du sentier étroit et pentu à la grande route panoramique, Durango propose des centaines d'excellents **sentiers VTT**. Certains sont bien balisés, mais il y en a d'autres que les habitants préfèrent garder secrets (à la manière des spots de surf) et qui exigeront un peu de flair de votre part. Pour une balade facile, essayez l'**Old Railroad Grade Trail**, une boucle de 20 km empruntant l'US Hwy 160 et une piste qui longe l'ancienne voie ferrée. De Durango, prenez la Hwy 160 vers l'ouest et traversez Hesperus. Puis tournez à droite dans la Cherry Creek Picnic Area, où commence la piste. Pour quelque chose d'un peu plus technique, voyez du côté de la **Dry Fork Loop**, une boucle accessible depuis Lightner Creek, à l'ouest de la ville, avec de beaux sauts, des virages masqués et une végétation abondante. Il ne manque pas de magasins de sports louant des VTT sur Main Ave.

OÙ SE LOGER

Les meilleures offres se trouvent dans les motels indépendants au nord de la ville, sur la Hwy 550 (Main Ave), notamment entre 18th St et 32nd St. La plupart des adresses se ressemblent, avec des petites chambres propres et une piscine. Comptez 40 $ pour une chambre en hiver et 65 $ en été.

Day's End (☎ 970-259-3311 ; www.daysenddurango.com ; 2202 N Main Ave ; ch à partir de 42 $;) Meilleur choix pour les petits budgets, près d'un petit cours d'eau en lisière de la ville au nord. Chambres bien tenues, certaines avec grand lit. Promotions sur le ski à Purgatory l'hiver. Jacuzzi intérieur et barbecue près de la rivière.

General Palmer Hotel (☎ 970-247-4747 ; www.generalpalmer.com ; 567 Main Ave ; ch à partir de 110 $;). Cet édifice victorien bâti en 1898 comporte des chambres avec lits à baldaquin et draps délicatement brodés, un peu exiguës, mais raffinées. Évocateur d'un lointain passé, l'hôtel compte une bibliothèque et un solarium confortables. Jeux de société à la réception.

Rochester House (☎ 970-385-1920 ; www.rochesterhotel.com ; 721 E 2nd Ave ; ch 120-180 $;). Inspiré par les vieux westerns (des affiches de films décorent les couloirs), le Rochester est un petit morceau d'Hollywood dans le New West. Chambres spacieuses et hautes de plafond. L'adresse compte deux beaux salons où l'on peut déguster des cookies, et un ancien wagon où est servi le petit-déjeuner. Les animaux sont acceptés.

Strater Hotel (☎ 970-247-4431 ; www.strater.com ; 699 Main St ; ch 200 $;). L'intérieur de ce ravissant hôtel très rétro est digne d'un musée, avec son Stradivarius et sa Winchester plaqué or disposés dans le hall. Les chambres de style romantique affichent antiquités, cristal et dentelles. Les lits sont ultraconfortables et les draps impeccables. Autres atouts, un Jacuzzi – on peut le réserver à l'heure –, qui fera le bonheur des amoureux, et le théâtre, géré l'été par l'hôtel. L'hiver, les tarifs chutent de moitié. Une affaire ! Visitez le site web.

OÙ SE RESTAURER ET PRENDRE UN VERRE

De l'adresse bon marché au restaurant haut de gamme, en passant par la ravissante microbrasserie, Durango offre un éventail étonnant de restaurants pour une ville de cette taille.

Steamworks (☎ 970-259-9200 ; 801 E 2nd Ave ; plats 10-15 $; 🕑 11h-tard). Cette microbrasserie populaire offre un décor mêlant le style industriel aux boiseries des lodges. Elle offre un grand bar, une salle à manger séparée et une carte aux accents cajuns. Excellentes bières maison. DJ et groupes animent les soirées.

Ore House (☎ 970-247-5707 ; 147 E College Dr ; plats 20-30 $; 🕑 17h-22h ; ☒). Meilleur grill de Durango, il offre un cadre décontracté et rustique. À tenter : un steak séché tranché main ou le menu Ore House Grubsteak comportant steak, pinces de crabe et homard (40 $), convenant pour deux convives. Grande cave à vins.

Ska Brewing Company (☎ 970-247-5792 ; 545 Turner Dr). Parfumées et variées, ce sont les meilleures bières de la ville. Bien que la petite salle chaleureuse n'ait été à l'origine qu'un atelier de la brasserie, elle est devenue très populaire. Aujourd'hui, elle est en général bondée d'amis venus prendre une bière après le travail. Malgré le succès, l'ambiance y reste très détendue. Barbecue hebdomadaire gratuit avec musiciens. Appelez pour connaître le jour, qui change tout le temps.

Diamond Belle Saloon (☎ 970-376-7150 ; 699 Main Ave). Dans cet établissement victorien, même les vêtements des serveuses sont d'époque. Vêtu pour la circonstance et confortablement installé, le pianiste joue du ragtime ou d'autres styles sur demande. *Appetizers* et boissons à moitié prix de 16h à 18h.

Lady Falconburgh's (☎ 970-582-9664 ; 640 Main Ave). Ce n'est un secret pour personne : ce lieu de renom propose le plus vaste choix de bières locales et importées de la région, avec une centaine de labels, dont 38 à la pression. Décor de briques et de cuivre, complété par de belles peintures murales.

COMMENT S'Y RENDRE ET CIRCULER

Le **Durango-La Plata County Airport** (DRO ; ☎ 970-247-8143) se trouve à 29 km au sud-ouest de Durango par l'US 160 et la Hwy 172. Les bus Greyhound partent tous les jours du **Durango Bus Center** (☎ 970-259-2755 ; 275 E 8th Ave) à destination de Grand Junction au nord et vers le sud jusqu'à Albuquerque (Nouveau-Mexique).

Durango se situe à l'intersection de l'US 160 et de l'US 550, à 67 km à l'est de Cortez, à 78,5 km à l'ouest de Pagosa Springs et à 304 km au nord d'Albuquerque.

Silverton

Il y a une dizaine d'années, lors de la fermeture de la dernière mine, Silverton semblait condamnée à s'effacer lentement dans les brumes de l'histoire. Les touristes arrivant par le chemin de fer du Durango & Silverton Narrow Gauge Railroad ne voyaient autour d'eux que désolation, magasins abandonnés et restaurants sans vie. Il est difficile de croire que le Silverton d'aujourd'hui ait pu être cette ville fantôme. Que vous aimiez la motoneige, le VTT, la pêche à la mouche ou les bains de soleil, Silverton vous comblera.

Il n'y a que deux rues ici et une seule, Greene St, est goudronnée. Vous y trouverez la plupart des commerces. Blair St, la non-goudronnée, est parallèle à Greene St et semble tout droit sortie du passé. Durant la "ruée vers l'argent", Blair St était connue pour ses maisons de passe et ses débits de boissons.

En été, la plupart des gens louent des Jeep pour explorer les fantastiques pistes de 4×4 de la région (voir l'encadré ci-contre). Essayez le **Red Mountain Motel & RV Park** (☎ 970-382-5512 ; www.redmtmotelrvpk.com ; 664 Greene St ; chalet à partir de 65 $, ch 75 $), qui loue des Jeep à 140 $/jour. Cette adresse qui accepte les animaux reste ouverte toute l'année et propose des circuits en motoneige en hiver. Les minuscules chalets en rondins (vraiment petits, surtout pour dormir à quatre) sont confortables, chaleureux et assez pratiques pour si peu d'espace – le nôtre avait un lit double, un lit superposé, une petite TV et même une kitchenette complètement équipée. La rivière, poissonneuse, n'est qu'à quelques minutes de marche.

Pour bien commencer la journée, rien de tel qu'un petit-déjeuner (un *burrito*, par exemple) au **Mobius Cycles & Café** (☎ 970-387-0770 ;

1321 Greene St ; café et plats 3-5 $; 8h-17h ;), qui sert sans doute les meilleurs cafés de la ville – les cafés glacés valent le détour. Le propriétaire, un jeune homme baptisé Winston Churchill, pourra vous renseigner sur les meilleurs endroits où faire du VTT dans la région. Il répare également les vélos.

Juste à côté du Mobius Cycles & Café, le **Pride of the West** (970-387-5150 ; 1323 Greene St) est le meilleur bar de Silverton. Gigantesque bar sans prétention, c'est typiquement le genre d'endroit où les habitants de la région se rassemblent tard le soir pour boire un verre ou jouer au billard à l'étage.

Silverton se trouve à 80 km au nord de Durango et à 38 km au sud d'Ouray par la US 550.

Ouray

Que l'on y vienne pour la première ou pour la centième fois, les paysages d'Ouray étonneront toujours autant. Prise en sandwich entre deux pics imposants, Ouray a comme qui dirait un petit air de paradis. Les montagnes ne dominent pas seulement la ville, elles l'embrassent : les pics laissent une ouverture d'à peine 400 m sur la vallée !

Le **Visitor Center** (970-325-4746, 800-228-1876 ; www.ouraycolorado.com ; 1220 Main St ; 9h-17h) se trouve au bassin des sources chaudes.

À VOIR ET À FAIRE

Outre ses merveilleux paysages, Ouray possède des sources chaudes, les **Ouray Hot Springs** (970-325-4638 ; 1220 Main St ; 9 $; 10h-22h juin-août, téléphonez le reste de l'année), idéales pour un bain curatif. L'eau cristalline des sources naturelles ne sent pas le soufre et l'immense bassin compte plusieurs zones de baignade dont la température varie de 35 à 40°C. C'est sans conteste l'une des plus belles sources minérales publiques de la région.

ROUTE PANORAMIQUE : LA MILLION DOLLAR HIGHWAY ET L'OVERTON PASS

Pour prendre pleinement conscience de la beauté sauvage de la région, rien de tel que d'emprunter la route entre Ouray et Telluride. L'automne, quand les trembles transforment les flancs des montagnes en mers dorées, s'y prête particulièrement bien.

L'itinéraire suivant part d'Ouray, passe par Silverton et s'achève à Telluride. Si vous avez un 4×4, vous pourrez réaliser le trajet entier en été. Toutefois sachez que le col d'Overton (Overton Pass) n'est pas goudronné.

Si vous ne possédez pas le bon véhicule, vous pouvez tout de même prendre la Million Dollar Highway (US 550) entre Ouray et Silverton (le col est goudronné et ouvert toute l'année). Ces 39 km de route tirent leur nom du fait que l'empierrement de la route contient des minerais précieux.

Mais ici, n'est-ce pas le paysage le plus précieux ? La Million Dollar Highway est l'une des routes les plus spectaculaires des États-Unis. Accrochée aux flancs des montagnes, elle traverse d'immenses étendues alpines sur lesquelles se détachent d'anciens puits de mines et de beaux pics qui semblent parfois très proches.

À 8 km au sud d'Ouray, en allant vers Silverton, vous passerez par l'**Alpine Loop Backcountry Byway** (www.byways.org/explore/byways/2105). Si vous conduisez un véhicule adéquat, le détour vaut vraiment la peine, ne serait-ce que pour profiter d'une portion de cette célèbre piste. Elle traverse des villes fantômes comme Animas Forks, des arrêts de diligences oubliés et des pistes menant à cinq des *fourteeners* (voir l'encadré p. 402). Quel que soit votre véhicule, il peut être intéressant de s'arrêter au début de la piste, ne serait-ce que pour prendre une photo. Les canyons se juxtaposent contre des sommets qui restent enneigés même en juillet.

Passez la nuit à Silverton et repartez tôt pour l'Overton Pass puis Telluride. Doug Wall, habitant de Silverton, raconte qu'on l'appelle "Subaru Pass" (le col de Subaru) "parce qu'il faut bien une Subaru pour aller de Silverton à Ouray en été. Le trajet du retour est plus technique, mais la route est belle".

La route est belle, en effet. Et, pour les amateurs de pistes de 4×4, c'est sans conteste l'une des meilleures (et des plus célèbres) de l'État. Elle est d'autant plus plaisante qu'elle ne demande pas forcément d'être un expert et que les "débutants" (tout est relatif) peuvent s'y essayer en partant de Silverton.

Le col n'est ouvert qu'en été.

Escalader la paroi d'une cascade gelée peut constituer une autre expérience sensationnelle. Si cela vous tente, rejoignez l'**Ouray Ice Park** (☎ 970-325-4061 ; www.ourayicepark.com ; 🕑 7h-17h de mi-déc à mars), dans l'Uncompagre Gorge, une étendue de 3,2 km aménagée pour l'escalade sur glace. Premier du genre, le parc attire les "glaciairistes" du monde entier et accueille un festival (voir ci-dessous). **San Juan Mountain Guides** (☎ 970-325-4925 ; www.ourayclimbing.com ; session 2 jours à partir de 320 $) propose une initiation de 2 jours le week-end. L'équipement est compris dans les tarifs. Voir site Internet pour les dates.

FÊTES ET FESTIVALS

En janvier, Ouray accueille l'**Ouray Ice Festival** (☎970-325-4288 ; www.ourayicefestival.com). Pendant quatre jours se succèdent concours d'escalade, stages, dîners et projections. Vous pouvez assister gratuitement aux compétitions, mais devrez verser un don de 15 $ au parc pour les événements organisés en soirée. Une fois entré, vous dégusterez gratuitement des bières New Belgium, célèbre microbrasserie du Colorado.

OÙ SE LOGER ET SE RESTAURER

Plusieurs lodges d'Ouray mériteraient à eux seuls le déplacement.

Box Canyon Lodge & Hot Springs (☎ 970-325-4981 ; www.boxcanyonouray.com ; 45 3rd Ave ; ch à partir de 80 $). Ses chambres au chauffage géothermique s'avèrent spacieuses et satisfaisantes. Le principal attrait de l'établissement réside dans ses quatre Jacuzzi alimentés par les sources, parfaits pour un bain sous les étoiles.

Beaumont Hotel (☎ 970-325-7000 ; www.beaumonthotel.com ; 505 Main St ; ch 180-350 $). Le plus chic des hébergements d'Ouray compte 12 chambres élégantes avec mobilier d'époque. Ce petit hôtel fondé en 1886 a rouvert en 2002 après plus de 30 ans de travaux. Il abrite aussi un spa et trois boutiques originales.

Silver Nugget Café (☎ 970-325-4100 ; 746 Main St ; plats 7-20 $; 🕑 8h-21h). Installé dans un bâtiment ancien, ce restaurant contemporain animé propose une longue carte de petits-déjeuners et des sandwichs traiteur au déjeuner. Au dîner, on peut déguster, selon ses goûts, une truite arc-en-ciel des Rocheuses frite ou du foie aux oignons.

Tundra Restaurant at the Beaumont (☎ 970-325-7040 ; 505 Main St ; plats à partir de 20 $; 🕑 17h-22h). Cet élégant restaurant a reçu plusieurs prix pour sa cave à vins et organise des dégustations le jeudi soir. Il sert de savoureuses spécialités régionales de "haute altitude".

COMMENT S'Y RENDRE ET CIRCULER

Mieux vaut disposer d'un véhicule pour accéder à Ouray, située à 38,5 km au nord de Silverton sur l'US 550.

Telluride

Difficile de ne pas apprécier Telluride. Ancien terrain de chasse des Indiens ute, puis ville minière jalonnée de saloons, elle ravit aujourd'hui les amateurs de ski, de VTT et de festivals. Elle ressemble étrangement à ces typiques villages de montagne du Far West, avec un beau quartier victorien bien conservé, une population décontractée et des vues magnifiques sur les montagnes.

Colorado Ave, également appelée Main St, abrite la plupart des restaurants, des bars et des boutiques. Le domaine skiable est accessible depuis le centre par deux remontées et par le téléphérique, qui relie également Telluride à Mountain Village, véritable point de départ pour se rendre sur les pistes. Situé à 11 km à l'est du centre de Telluride, sur la Hwy 145, Mountain Village se trouve à 20 minutes en voiture et à seulement 12 minutes en téléphérique (gratuit pour les piétons). Pour en savoir plus sur la région, voir le **Visitor Center** (☎ 970-728-3041, 888-353-5473 ; www.telluride.com ; 398 W Colorado Ave ; 🕑 9h-17h).

À VOIR ET À FAIRE

Couvrant trois domaines skiables distincts, le **domaine skiable de Telluride** (Telluride Ski Resort ; ☎970-728-6900 ; www.tellurideskiresort.com ; forfait adulte/enfant 76/43 $) possède 16 remontées mécaniques. La majorité des pistes s'adressent aux skieurs expérimentés ou moyens, mais les débutants trouveront aussi leur bonheur.

Les fondeurs chevronnés peuvent profiter des refuges rudimentaires des **San Juan Hut Systems** (☎ 970-626-3033 ; www.sanjuanhuts.com ; refuge 25 $/nuit), qui jalonnent un parcours de 330 km reliant Telluride à Moab (Utah), vers l'ouest. En été, ces refuges équipés de lits superposés et d'une cuisine sont appréciés des amateurs de VTT. Aussi vaut-il mieux réserver longtemps à l'avance.

SKI HÉLIPORTÉ À PRIX CASSÉS

Le ski héliporté n'est plus seulement réservé aux milliardaires amateurs d'aventure. Grâce à **Telluride Helitrax** (☎ 970-728-8377 ; www.helitrax.net ; excursions guidées 285 $; ⌚ jan-mai), même les voyageurs à petits budgets peuvent se payer le luxe de skier sur les pentes vierges des hauts sommets. Baptisée *Bear Creek Descent*, cette excursion guidée est plus abordable – le ski héliporté peut coûter des milliers de dollars pour une seule journée – parce qu'elle amène vers des zones certes éloignées mais facilement accessibles en dehors de la ville. En outre, l'excursion ne comprend qu'un seul trajet en hélicoptère.

Cela est toutefois suffisant. Après vous être fait déposé à 4 000 m sur la crête de Silver Mountain, prenez quelques minutes pour admirer les vues qui vous entourent – vous pourrez voir neuf *fourteeners* (montagnes de plus de 4 270 m) du Colorado et des montagnes allant jusqu'en Utah. Il est ensuite temps de se lancer. Avec un dénivelé de 1 300 m, cette descente guidée très excitante, mais réservée aux experts, passe, entre autres, par une cuvette alpine, un à-pic, deux couloirs et des clairières avant de vous conduire en plein Telluride. Les tarifs incluent la location de skis spéciaux qui vous permettront de traverser sans encombre une neige arrivant à la taille. Les snowboardeurs devront en revanche prendre leur propre matériel – prenez une planche large pour ne pas vous retrouver bloqué. C'est généralement en avril que la neige est la meilleure – surprenant, mais typique du Colorado. Helitrax commence en général ses excursions en janvier, mais tout dépend du niveau d'enneigement et des risques d'avalanche. Consultez le site Internet pour plus de détails.

Le **VTT** est en vogue à Telluride. Les sommets environnants offrent d'impressionnants parcours à une voie au milieu de superbes paysages. Les débutants commenceront par le **River Trail**, chemin gravillonné aisé et régulier reliant Town Park et la Hwy 145 (3,2 km environ). Pour un parcours plus physique, grimpez le **Mill Creek Trail**, à l'ouest de la station-service Texaco où s'achève le River Trail. Après la montée, le chemin suit le contour de la montagne jusqu'au Jud Wiebe Trail (réservé aux randonneurs), où vous devrez faire demi-tour. Vous pouvez louer l'équipement chez **Easy Rider Mountain Sports** (☎ 970-728-4734 ; 101 W Colorado Ave), qui fournit des renseignements, des cartes et plusieurs types de vélos.

La **randonnée** est également très en vogue dans la région. Le **Bear Creek Trail** débouche, après environ 3 km et une ascension de 310 m, sur une belle cascade. Il donne aussi accès au **Wasatch Trail**, un chemin difficile de 19 km qui traverse les montagnes vers l'ouest jusqu'aux impressionnantes **Bridal Veil Falls**. Le Bear Creek commence à l'extrémité sud de Pine St, sur la rive opposée de la San Miguel River.

FÊTES ET FESTIVALS

Deux festivals importants ont lieu à Telluride chaque année.

Telluride Bluegrass Festival (☎ 800-624-2422 ; www.planetbluegrass.com ; pass 4 jours 175 $). Tenu fin juin, ce festival attire des milliers de visiteurs pour un week-end de bluegrass en plein air. Des stands vendent toutes sortes de choses à manger et de bières locales, et les spectacles continuent jusqu'à tard dans la nuit. Nombre de festivaliers choisissent de camper sur place durant les quatre jours entiers. Plus d'infos sur les terrains, les navettes et les forfaits festival-camping (tout est bien organisé) sur le site Internet.

Telluride Film Festival (☎ 603-433-9202 ; www.telluridefilmfestival.com ; 20-650 $). Début septembre. Des films américains et internationaux sont diffusés en avant-première dans toute la ville, attirant même des célébrités. Pour plus d'informations sur le système de prix relativement compliqué, voir le site Internet du festival.

OÙ SE LOGER

Les hébergements de Telluride peuvent rapidement afficher complet et mieux vaut réserver en ligne pour obtenir les meilleurs tarifs. En dehors des campings, le choix est plus que limité pour les petits budgets. En raison de ses activités et festivals, Telluride est animée toute l'année.

Telluride Town Park Campground (☎ 970-728-2173 ; 500 W Colorado Ave ; empl 10 $; ⌚ mi-mai à mi-sept). En plein centre-ville, ce camping de 20 places équipé de douches chaudes (1,50 $) se remplit rapidement en haute saison. Il existe d'autres terrains dans un rayon d'une quinzaine de kilomètres autour de la ville ; renseignez-vous au Visitor Center pour plus d'informations.

Victorian Inn (☎ 970-728-6601 ; www.tellurideinn.com ; 401 W Pacific Ave ; ch à partir de 99$;). L'un des meilleurs rapports qualité/prix de Telluride, avec des chambres confortables (certaines avec kitchenette), un Jacuzzi et un sauna et, surtout, de belles promotions pour les clients sur les forfaits remontées. Gratuit pour les enfants de 12 ans et moins. Situation imbattable en ville.

Hotel Columbia (☎ 970-728-0660 ; www.columbia-telluride.com ; 300 San Juan Ave ; ch à partir de 145 $;). Toutes les chambres de cette adresse pleine de charme disposent d'un balcon, d'une cheminée et de la vue sur les montagnes. Les baignoires sont plus grandes que dans les autres établissements et le petit-déjeuner est inclus. Enfin, il y a un Jacuzzi sur le toit, ainsi qu'une salle de fitness, et l'hôtel est situé juste en face du téléphérique. Accepte les animaux.

OÙ SE RESTAURER ET PRENDRE UN VERRE

La rue principale de Telluride (Colorado Ave) est remplie de bars et de restaurants.

Baked in Telluride (☎ 970-728-4775 ; 127 S Fir St ; plats 6-10 $; 5h30-22h). Devenue une véritable institution durant ces 25 dernières années, cette adresse est désormais connue de tous les amateurs de pizzas, sandwichs et salades. La terrasse est agréable, l'ambiance est plus que décontractée.

Excelsior Cafe (☎ 970-728-4250 ; 200 W Colorado Ave ; plats 16-40 $; 17h-22h). Ce restaurant, encensé par les médias pour son ambiance mi-café parisien mi-bar à vin jazzy, est l'un des plus attirants de Telluride. Au menu, un peu de tout, des côtelettes d'agneau à la marocaine au plat de côtes de bison du Montana. Si vous n'avez pas trop d'argent, rabattez-vous sur la carte du bar, moins chère mais tout aussi tentante.

Cosmopolitan (☎ 970-728-0660 ; www.columbia-telluride.com ; 300 San Juan Ave ; plats à partir de 20 $). Le restaurant de l'Hotel Columbia est l'une des tables les plus respectées de Telluride avec sa cuisine moderne et inventive. Saurez-vous résister à une entrecôte de yak ou à un *pogo* (saucisse sur bâtonnet) de homard ?

Smugglers Brewpub & Grille (☎ 970-728-0919 ; 225 South Pine St ; 11h-tard). Excellent pub-brasserie en toute saison pour les amateurs de bières, le Smugglers ne propose pas moins de sept bières à la pression. Les plus riches en goût sont la Two Plank Porter et la Scottish Strong Ale. La carte façon cuisine de bar américaine (plats 5 à 10 $) propose hamburgers, frites, salades et sandwichs.

Fly Me to the Moon Saloon (☎ 970-728-6666 ; 132 E Colorado Ave). Ici, vous pourrez vous lâcher un peu en écoutant les groupes qui se produisent dans ce saloon, le meilleur endroit de Telluride pour danser et s'amuser.

COMMENT S'Y RENDRE ET CIRCULER

Quand le temps le permet, les compagnies régionales desservent l'**aéroport de Telluride** (TEX ; ☎ 970-778-5051 ; www.tellurideairport.com), aménagé sur la mesa à 8 km à l'est de la ville. Le reste du temps, les vols atterrissent à Montrose, à 104 km au nord. **Telluride Express** (☎ 970-728-6000 ; www.tellurideexpress.com) assure une navette depuis/vers l'aéroport de Montrose (adulte/enfant 42/20 $) ; téléphonez pour convenir du point de rendez-vous.

Mesa Verde National Park

Parc national imprégné de mystère, Mesa Verde offre l'occasion d'une exploration fascinante et quasi féerique. C'est ici que disparurent, vers l'an 1300, les ancêtres des Indiens pueblos (Anasazi), léguant de nombreuses habitations troglodytiques. Contrairement aux autres parcs, le Mesa Verde met l'accent sur la préservation de l'héritage culturel, pour que les générations futures puissent comprendre l'implantation des communautés indiennes sur ces sites et leur retrait par la suite.

Les sites pueblos sont disséminés à travers les canyons et sur les mesas (hauts plateaux) du parc, lui-même situé sur un haut plateau au sud de Cortez et de Mancos. Si votre temps est compté, autant visiter le Chapin Mesa Museum et parcourir la Spruce Tree House, où une échelle conduit vers la fraîcheur d'une *kiva* (lieu de cérémonie en partie souterrain).

Les voyageurs qui disposent d'un jour ou plus peuvent effectuer les visites guidées des rangers au Cliff Palace et à la Balcony House, explorer la Wetherill Mesa, s'attarder au Chapin Mesa Museum ou participer aux feux de camp.

L'entrée du parc se situe sur l'US 160, à mi-chemin entre Cortez et Mancos. Le billet d'entrée (véhicule/piéton, vélo et moto 10/5 $) est valable 7 jours. À 34 km de l'entrée, les **bureaux du parc** (Park Headquarters ; ☎ 970-529-4461 ; www.nps.gov/meve) informent sur les routes et gèrent la fermeture du parc, dont une grande partie des sites ferment en hiver.

LES ROCHEUSES

À VOIR ET À FAIRE

Le **Chapin Mesa Museum** (☎970-529-4631 ; entrée libre ; 🕑 8h-18h30, 8h-17h hiver) est proche des bureaux du parc. En chemin, vous passerez par le point de vue panoramique de **Park Point** (à 16 km de l'entrée) et par le **Far View Visitor Center** (☎970-529-5034 ; 🕑 8h-17h), à 24 km, où s'achètent les billets (2,50 $) pour la visite guidée du magnifique Cliff Palace et de la Balcony House.

C'est aux environs de la **Chapin Mesa** que se trouve la plus grande concentration de sites pueblos, dont le Far View Site et l'immense Spruce Tree House. À la **Wetherill Mesa**, deuxième concentration de vestiges, les visiteurs pourront pénétrer dans des ruines en surface et dans deux habitations troglodytiques, dont la Long House (de fin mai à août). Au sud des bureaux du parc, la **Mesa Top Road** (9,5 km) relie des ruines excavées perchées sur les mesas, des demeures troglodytiques accessibles et des points de vue sur une série de villages inaccessibles en bordure de la mesa.

Le concessionnaire du parc, **Aramark Mesa Verde** (☎ 970-529-4421 ; www.visitmesaverde.com ; adulte/enfant à partir de 36/25 $), propose tous les jours, de mai à mi-octobre, des visites guidées de villages excavés, d'habitations troglodytiques et de la Spruce Tree House.

OÙ SE LOGER ET SE RESTAURER

Les villes proches de Cortez et Mancos ont de nombreux hébergements de catégorie moyenne. Le parc lui-même abrite un camping et un lodge.

Morefield Campground (☎ 970-529-4421 ; empl 20 $, bungalows de toile à partir de 40 $; 🕑 mai à mi-oct ; 👶). Les campeurs épicuriens adoreront les grands bungalows de toile, équipés de deux lits de camp et d'une lanterne. Le camping du parc, à 6,5 km de l'entrée, a également 445 emplacements pour tente sur un terrain herbeux. Situé à proximité de Morefield Village, il permet un accès aisé à un bazar-épicerie, une station-service, un restaurant, des douches et une laverie. Animations gratuites chaque soir autour d'un feu de camp au Morefield Campground Amphitheater, de Memorial Day (dernier lundi de mai) à Labor Day (premier lundi de septembre).

Far View Lodge (☎ 970-529-4421 ; ch 100 $; 🕑 mi-avril à oct ; ⊠). Perché sur une mesa à 24 km de l'entrée, ce lodge d'inspiration pueblo offre 150 chambres, certaines avec une cheminée de pisé traditionnelle. Vous admirerez le coucher de soleil sur la mesa depuis votre balcon.

Metate Room (☎ 970-529-4421 ; Far View Lodge ; plats 15-25 $; 🕑 17h-22h). Ce restaurant propose une carte innovante inspirée des saveurs amérindiennes. Le filet de poulet farci au piment vert, rôti et accompagné de *fajitas* de bison, vous titillera les papilles.

WYOMING

Commémoré à grands renforts de rodéos et de fêtes populaires, le passé pionnier du "Cowboy State" (État des cow-boys) est bel et bien vivant. Le charme du Wyoming tient pour une grande part au dépouillement de ses paysages – c'est aussi l'État le moins peuplé des États-Unis.

C'est dans le nord-ouest que le Wyoming possède ses plus grands atouts, à savoir deux des plus beaux parcs nationaux du pays : Yellowstone, avec ses geysers, et le majestueux Grand Teton. Jackson, la cossue ou Lander, la progressiste, constitueront d'excellentes bases pour la randonnée, le camping, l'escalade ou le ski. Pour sortir des sentiers battus, pourquoi ne pas opter pour des villes moins touristiques et pour les vastes prairies. Laramie et Cheyenne figurent rarement sur l'itinéraire des voyageurs, elles offrent pourtant un bel aperçu de la réalité quotidienne du Wyoming. Gare au coup de blues, cependant, car ces endroits sont loin de tout.

Renseignements

Traverser en voiture les plaines du Wyoming peut s'avérer une expérience délicate. Les distances y sont très grandes, avec des stations-service rares et éloignées les unes des autres. Le vent y souffle souvent en rafales et, quand la neige se met de la partie, on peut se retrouver en plein blizzard en un rien de temps. Mais ne vous inquiétez pas : quand le temps est vraiment trop mauvais, la police de la route ferme purement et simplement la nationale jusqu'à ce qu'il s'améliore.

Wyoming Road Conditions (☎307-772-0824, 888-996-7623). Informations routières et état des routes.

Wyoming State Parks & Historic Sites (☎ 877-996-7275 ; www.wyo-park.com). L'État du Wyoming gère 12 parcs, dont l'entrée coûte 6 $ par personne pour la journée. Si vous désirez y camper la nuit, comptez 17 $ par personne, emplacement pour la tente compris. Réservations en ligne ou par téléphone jusqu'au 15 septembre.

LE WYOMING EN BREF

Surnoms : Equality State (État de l'égalité), Cowboy State (État des cow-boys)
Population : 532 688 habitants
Superficie : 251 489 km^2
Capitale : Cheyenne (55 314 habitants)
TVA : 7%
Lieu de naissance de : Jackson Pollock, peintre expressionniste abstrait (1912-1956)
Célébrité : l'ancien vice-président Dick Cheney
Célèbre pour : le Yellowstone National Park, ses bisons, son agriculture, ses ranchs
Meilleur souvenir : un morceau de charbon (l'État est le plus gros producteur des États-Unis)
Distances routières : Cheyenne-Jackson : 708 km ; Cheyenne-Denver 161 km

Wyoming Travel & Tourism (☎ 800-225-5996 ; www.wyomingtourism.org ; angle I-25 et College Dr, Cheyenne). Office du tourisme du Wyoming.

CHEYENNE

Évoquée dans bien des tubes de musique country, Cheyenne est la capitale et la plus grande ville du Wyoming. Cependant, en dehors du festival des Frontier Days, en juillet, la ville, située en bordure des prairies, a peu à offrir aux visiteurs. Elle constitue simplement une étape incontournable en raison de sa situation, à l'intersection de l'I-25 et de l'I-80.

Le **Cheyenne Visitor Center** (☎ 307-778-3133, 800-426-5009 ; www.cheyenne.org ; 1 Depot Sq ; 🕒 8h-17h lun-ven, 9h-17h sam, 11h-17h dim, fermé sam-dim en hiver) est une bonne source d'informations.

À voir et à faire

La troupe d'acteurs bénévoles des **Cheyenne Gunslingers** (☎ 307-635-1028 ; angle Lincolnway et Carey Ave ; entrée libre ; 🕒 juin-juil) offre un beau spectacle du Far West mettant en scène bons et méchants – avec, entre autres, des simulations de pendaisons et d'évasions. Les séances ont lieu tous les jours à 18h et le samedi à midi.

Le **Frontier Days Old West Museum** (☎ 307-778-7290 ; 4601 N Carey Ave ; adulte/enfant 5 $/gratuit ; 🕒 8h-18h lun-ven, 9h-17h sam-dim en été, 9h-17h lun-ven, 10h-17h sam-dim en hiver), au niveau de la sortie 12 de l'I-25, permet d'appréhender la vie des pionniers sous un angle plus quotidien. Le musée expose quantité d'objets relatifs au rodéo (selles, trophées, etc.).

Fêtes et festivals

À la fin juillet, la cité accueille la manifestation la plus importante de l'État, les **Frontier Days de Cheyenne** (☎ 307-778-7222 ; 4501 N Carey Ave ; tarifs variables), qui attirent des visiteurs de toutes les Rocheuses. Au programme : dix jours de rodéos, de concerts, de danses, d'acrobaties aériennes, de concours de chili et autres réjouissances.

Où se loger et se restaurer

Durant les Frontier Days, les tarifs doublent et tous les hébergements affichent complet dans un rayon de 80 km ; il est indispensable de réserver. Quelques motels bon marché jalonnent l'artère bruyante de Lincolnway (sortie 9 de l'I-25).

Lincoln Court (☎ 307-638-3302 ; 1720 W Lincolnway ; ch à partir de 50 $; ❄ 📶 🏊). Chambres correctes pour ce motel imbattable en été, lorsqu'il partage les installations (piscine intérieure, salle de remise en forme et Jacuzzi) de son onéreux voisin, le Best Western.

Nagle Warren Mansion Bed & Breakfast (☎ 307-637-3333 ; www.naglewarrenmansion.com ; 222 E 17th St ; ch à partir de 125 $; ❄). Cette grande et somptueuse demeure est une vraie merveille. Dans un quartier devenu branché, elle propose de luxueuses chambres ornées d'antiquités du XIXe siècle. Cadre spacieux et élégant, petite salle de gym, Jacuzzi et massages. Excellents tarifs pour un tel luxe. Propose aussi des "dîners mystère" au cours desquels les convives, costumés, doivent résoudre une énigme (réservés aux bilingues).

Sanford's Grub & Pub (☎ 307-634-3381 ; 115 E 17th St ; plats 8-16 $; 🕒 11h-22h). D'innombrables objets sportifs et panneaux routiers couvrent les murs de cet agréable pub. Beaucoup de plats savoureux (qui lui valent de fréquents éloges), dont des hamburgers, du poulet et du porc. La bière est servie dans des verres glacés.

Comment s'y rendre et circuler

L'**aéroport de Cheyenne** (CYS ; ☎ 307-634-7071 ; www.cheyenneairport.com ; 200 E 8th Ave) propose des vols quotidiens vers Denver. Les bus Greyhound et Powder River quittent tous les jours la **gare routière** (☎ 307-634-7744 ; 222 E Deming Dr) pour diverses destinations, dont Billings, dans le Montana (90 $, 11 heures) et Denver, dans le Colorado (29 $, 3 heures).

En semaine, le **Cheyenne Transit Program** (CTP ; ☎ 307-637-6253 ; 🕒 8h-17h lun-ven) propose 6 lignes de bus urbain (1 $).

COMMENT RESTER JEUNE ?

Le Wyoming d'aujourd'hui reste un État rural où la plupart des gens travaillent soit sur le ranch familial, soit dans le secteur de l'énergie. L'un des problèmes les plus sérieux qui s'y posent est d'éviter que les jeunes ne le quittent après leurs études. Et, de fait, les derniers chiffres du recensement montrent que la part des moins de 50 ans y décline rapidement. Pour inciter les gens à rester, ou pour attirer dans l'État d'autres jeunes entre 20 et 30 ans, les politiques leur proposent des terrains peu onéreux contre l'engagement de vivre et travailler dans les petites villes du Wyoming pendant un nombre donné d'années. L'État s'efforce également d'accroître les revenus du tourisme.

LARAMIE

Laramie abrite la seule université de l'État offrant un cursus de 4 ans et jouit d'une atmosphère animée absente de la plupart des villes de la prairie du Wyoming. Son petit centre historique s'étend le long du chemin de fer sur cinq pâtés de maisons composés de bâtiments de brique à deux étages, aux enseignes et aux murs peints à la main. Attention aux légendaires bourrasques de vent qui semblent toujours souffler ici : elles sont assez puissantes pour vous renverser.

Les amateurs de culture apprécieront les musées du campus de l'**université du Wyoming** (UW ; ☎ 307-766-4075). Avec les enfants, découvrez le **Wyoming Territorial Prison & Old West Park** (☎ 307-745-616 ; www.wyoprisonpark.org ; 975 Snowy Range Rd ; adulte/enfant 11 $/gratuit ; 🕒 9h-18h mai-oct, 10h-17h sam-dim nov-mars, fermé avr ; 🚸), étrange reconstitution d'une ancienne ville du Far West et de sa prison.

Les hébergements bon marché ne manquent pas en retrait de l'I-80, à la sortie 313. En ville, arrêtez-vous au kitschissime **Gas Lite Motel** (☎ 307-742-6616 ; 960 N 3rd St ; ch 70 $; ❄ 📶 🏊), un motel avec piscine couverte. Les chambres, impeccables, se situent dans un grand chalet décoré d'amusantes touches "Far West". Animaux acceptés.

Tout le monde semble se retrouver au **Jeffrey's Bistro** (☎ 307-742-7046 ; 123 Ivinson Ave ; plats 8-20 $; 🕒 11h-20h lun-mer, 11h-21h jeu-sam ; 🚸) pour manger. Établi de longue date en centre-ville, il propose une carte rafraîchissante de salades, pâtes et sandwichs inventifs. Essayez (avec modération…) les cocktails à petits prix – martinis et margaritas sont à moins de 3,75 $.

Pour siroter une bière en écoutant de la musique country, direction l'**Old Buckhorn Bar** (☎ 307-742-3554 ; 114 Ivinson St). Créé en 1900, c'est le plus vieux bar de Laramie encore debout et l'exemple même de ce que doit être tout bon saloon du Far West à l'aube de ce millénaire. À voir dans les toilettes : un graffiti gravé et un distributeur de préservatifs des années 1960. Le Buckhorn autorise ses clients à fumer, mais la ventilation fonctionne bien.

À 6,5 km à l'ouest de la ville par l'I-80 (sortie 311), le **Laramie Regional Airport** (☎ 307-742-4164) propose des vols quotidiens vers Denver. Les bus **Greyhound** (☎ 307-742-5188) s'arrêtent à la **station-service Tumbleweed Express** (4700 Bluebird Lane), à l'extrémité est de Laramie (I-80 sortie 316). Faites le plein et mangez un morceau à Laramie ; vers l'ouest sur l'I-80, il n'y a plus rien sur 120 km.

CODY

Ville baptisée du nom du célèbre Buffalo Bill (William F. Cody), Cody n'hésite pas à tirer parti de ses origines et à raviver avec enthousiasme – mais pas toujours avec exactitude – les histoires du temps jadis ! Pendant la haute saison estivale, la ville se lance dans un grand spectacle du Far West à l'intention des nombreux visiteurs qui convergent vers le Yellowstone National Park, situé 83 km à l'ouest. De Cody, le trajet jusqu'aux geysers offre un spectacle pour le moins saisissant. Le président Roosevelt (Teddy) avait lui-même dit de cette portion de route qu'elle formait les "80 km les plus beaux du monde".

Avant toute chose, un passage au **Visitor Center** (☎ 307-587-2777 ; www.codychamber.org ; 836 Sheridan Ave ; 🕒 8h-18h lun-sam, 10h-15h dim juin-août, 8h-17h lun-ven sept-mai) s'impose.

La curiosité majeure de Cody est le magnifique **Buffalo Bill Historical Center** (☎ 307-587-4771 ; www.bbhc.org ; 720 Sheridan Ave ; adulte/enfant 15/6 $; 🕒 7h-20h juin-août, 10h-15h mar-dim sept-mai). Un immense ensemble de cinq musées qui présente le Far West au travers d'affiches, de vieux films et d'autres souvenirs relatifs aux célèbres spectacles de Buffalo Bill, ainsi que de galeries d'art et de collections sur les Amérindiens. Dans l'aile la plus récente, le Draper Museum of Natural

RAVITAILLEMENT AU COAL CREEK COFFEE CO

Si vous rêvez d'un expresso pour vous aider à affronter le long trajet venté à travers les plaines sans fin du Wyoming, quittez l'I-80 à Laramie et passez chez **Coal Creek Coffee Co** (☎ 307-745-7737 ; 110 E Grand Ave ; plats 3-6 $; 6h-22h ;). Vous y trouverez du bon café, en particulier un *latte* à la glace à la vanille ravageur. Quant aux sandwichs bio, ils sont tout aussi succulents que sains. Le panini au bleu et aux champignons, à la fois piquant et frais, est un délice. Si vous avez seulement besoin de vous relaxer, il y a tout ce qu'il faut comme tables pour ça et le Coal Creek reste ouvert tard. Vous le trouverez sur Grand Ave à côté du Hilton Garden Hill, pas loin du campus de l'Université du Wyoming.

History présente de manière très réussie l'écosystème de la région du Yellowstone. Autre spectacle apprécié, le **Cody Nite Rodeo** (☎ 307-587-2992 ; Stampede Park, 421 W Yellowstone Ave ; adulte/enfant à partir de 12/6 $), se déroule tous les soirs de juin à août.

Construit par Buffalo Bill en 1902, l'**Irma Hotel** (☎ 307-587-4221 ; www.irmahotel.com ; 1192 Sheridan Ave ; ch à partir de 99 $;) loue des chambres anciennes dans le bâtiment principal et d'autres, plus modernes et moins chères, de type motel. À ne pas manquer : le Silver Saddle Saloon, dont le joli bar en bois de cerisier est un cadeau de la reine Victoria. Des spectacles de cow-boys ont lieu tous les soirs à 18h en face de l'hôtel de juin à septembre.

Pour un délicieux hamburger ou une partie de billard, direction le **Silver Dollar Bar** (☎ 307-527-7666 ; 1313 Sheridan Ave ; plats 5-12 $). Bâtiment ancien équipé de nombreuses TV, il propose chaque soir des concerts. Le jeudi soir, la bière est à 25 ¢ et on sert un plat du jour.

Le **Yellowstone Regional Airport** (COD ; ☎ 307-587-5096 ; www.flyyra.com), à 1,5 km à l'est de Cody, assure des liaisons quotidiennes vers Salt Lake City et Denver.

LANDER

Située à deux pas de la réserve indienne de Wind River (Wind River Indian Reservation), cette petite *one-street town* (ville à une rue) est certainement la plus belle de tout le Wyoming. Devenue une Mecque de l'escalade et de l'alpinisme, Lander attire des amateurs de toute la région.

En dépit de sa popularité croissante, Lander reste une agréable petite ville sans prétention. Les activités de plein air sont d'une importance primordiale pour les habitants, et lorsqu'elles s'achèvent, tout le monde se retrouve autour d'un verre dans le seul bar de la ville.

Le **Lander Visitor Center** (☎ 307-332-3892, 800-433-0662 ; www.landerchamber.org ; 160 N 1st St ; 9h-17h lun-ven) est une bonne source de renseignements. Si vous venez faire de la randonnée, du camping ou de l'escalade, le mieux est de vous rendre chez **Wild Iris Mountain Sports** (☎ 307-332-4541 ; 333 Main St), magasin fournissant à l'intérieur des informations sur les meilleurs endroits où pratiquer ces activités. Les skieurs et les cyclistes pourront, quant à eux, se renseigner auprès de **Freewheel Ski & Cycle** (☎ 307-332-6616 ; 378 W Main St).

Le **Sinks Canyon State Park**, à 9,5 km au sud de Lander sur Sinks Canyon Rd (Hwy 131), est un splendide parc aux paysages déroutants. La Middle Fork de la Popo Agie River traverse l'étroit canyon, puis disparaît dans le calcaire soluble de Madison au niveau de Sinks, avant de ressurgir plus puissante et plus chaude à 400 m en aval, dans un bassin appelé Rise. Ouvert en été uniquement, le **Visitor Center** (☎ 307-332-3077 ; 3079 Sinks Canyon Rd ; 9h-18h juin-août) jouxte deux superbes terrains de **camping** (empl 8 $) hautement recommandés par les habitants de la région.

L'un des meilleurs hébergements se trouve au **Pronghorn Lodge** (☎ 307-332-3940 ; www.pronghornlodge.com ; 150 Main St ; ch avec petit-déj à partir de 65 $;), qui propose des chambres spacieuses et irréprochables, ainsi qu'un Jacuzzi, à un pâté de maisons du centre-ville.

Structure aux allures de grange, le **Lander Bar** (☎ 307-332-8228 ; 126 Main St ; plats 6-9 $; 11h-tard) permet de déguster pizzas, sandwichs et salades en terrasse ou à l'intérieur. Véritable institution à Lander, c'est devenu l'endroit où l'on cause escalade ou VTT. Concerts fréquents le soir.

En semaine, la **Wind River Transportation Authority** (☎ 307-856-7118 ; www.wrtabuslines.com) assure un service régulier entre Lander, Riverton, Dubois, Rock Springs et le Riverton Regional Airport (20 $).

YELLOWSTONE NATIONAL PARK

Premier parc national des États-Unis et curiosité phare du Wyoming, Yellowstone est le royaume des geysers et des mammifères de grande taille. Du grizzli à l'élan, le parc possède l'une des concentrations animales les plus riches et les plus éclectiques de tout le pays. En outre, il rassemble à lui seul la moitié des geysers du monde entier. L'abondance de lacs alpins, de cours d'eau et de cascades en fait l'une des plus fabuleuses créations de Dame Nature. Cette profusion de richesses naturelles attire jusqu'à 30 000 visiteurs par jour en été et 3 millions de touristes par an. Le seul moyen d'échapper à la foule est la randonnée.

Lorsque le premier homme blanc, John Colter, pénétra dans cette zone en 1807, elle était peuplée de Tukadika, une tribu shoshone-bannock qui chassait le mouflon d'Amérique. Les rapports de Colter sur les geysers en éruption et les vasques de glaise bouillonnante ne furent tout d'abord pas pris au sérieux, avant d'attirer scientifiques et touristes. Le parc fut créé en 1872 afin de préserver sa géographie spectaculaire : les phénomènes géothermiques, les forêts fossilisées et le Yellowstone Lake.

Orientation

Ce parc de 9 000 km^2 est réparti en cinq zones distinctes (dans le sens des aiguilles d'une montre en partant du nord) : Mammoth Country, Roosevelt Country, Canyon Country, Lake Country et Geyser Country.

Des cinq points d'accès du parc, seule l'entrée nord, près de Gardiner (Montana), est ouverte toute l'année. Les autres, à savoir l'entrée nord-est (Cooke City, Montana), l'entrée est (Cody), l'entrée sud (au nord du Grand Teton National Park) et l'entrée ouest (West Yellowstone, Montana), ouvrent de mai à octobre. La principale route de Yellowstone est la magnifique Grand Loop Rd (227 km).

Renseignements

Le parc est ouvert toute l'année, mais la plupart des routes ferment en hiver. Les permis d'entrée (véhicule/piéton 25/12 $), valables 7 jours, donnent également accès au Grand Teton National Park (p. 429).

Des bureaux d'accueil sont répartis tous les 30 à 50 km le long de la Grand Loop Rd. On y trouve une brochure gratuite sur le parc en français. Le centre d'information des visiteurs et les bureaux du parc, l'**Albright Visitor Center & Park Headquarters** (☎ 307-344-2263 ; www.nps.gov/yell ; Mammoth ; 🕓 8h-19h juin-août, 9h-17h sept-mai), sont installés sur le site historique de Fort Yellowstone, ancienne base de l'armée américaine.

À voir et à faire

Yellowstone est divisé en cinq zones, correspondant aux cinq écosystèmes de l'intérieur du parc, que nous vous encourageons à toutes visiter. Une carte vous sera fournie à l'entrée du parc national (votre entrée à Grand Teton est validée à partir de là, ce qui vous permet d'aller et venir à loisir sans payer deux fois) et tous les lodges disposent de guichets d'information. N'hésitez pas à demander conseil aux rangers du parc ; ils seront ravis de vous aider à concevoir un parcours selon vos envies, que vous souhaitiez faire de belles photos ou augmenter vos chances de voir un ours.

Le **Geyser Country** présente les plus nombreux phénomènes géothermiques du parc. L'Upper Geyser Basin réunit 180 des 200 à 250 geysers du Yellowstone. Le plus connu est **Old Faithful**, qui crache de 14 000 à 32 000 litres d'eau jusqu'à 55 m de hauteur toutes les 90 minutes. Les rivières Firehole et Madison sont parfaites pour la pêche et l'observation des animaux. Pour une randonnée facile, essayez la piste de gravier bien balisée qui part de l'Old Faithful Lodge. Elle fait le tour d'Old Faithful et d'autres geysers plus petits.

Réputé pour ses forêts fossilisées et ses phénomènes géothermiques aux Mammoth Hot Springs et au Norris Geyser Basin, le **Mammoth Country** est la zone d'activité volcanique la plus instable d'Amérique du Nord et témoigne de 115 000 ans d'une activité continue. Les pics de la Gallatin Range se dressent au nord-ouest, surplombant les lacs, les ruisseaux et les nombreux sentiers de randonnées de cette zone.

Les forêts fossilisées, l'impressionnante Lamar River Valley et ses affluents riches en truites, les cascades des Tower Falls et les sommets escarpés des Absaroka Mountains représentent les grands attraits du **Roosevelt Country**, la région la plus reculée et la plus sauvage du parc. Plusieurs bonnes randonnées débutent près de Tower Junction.

PARCS NATIONAUX DE YELLOWSTONE ET GRAND TETON

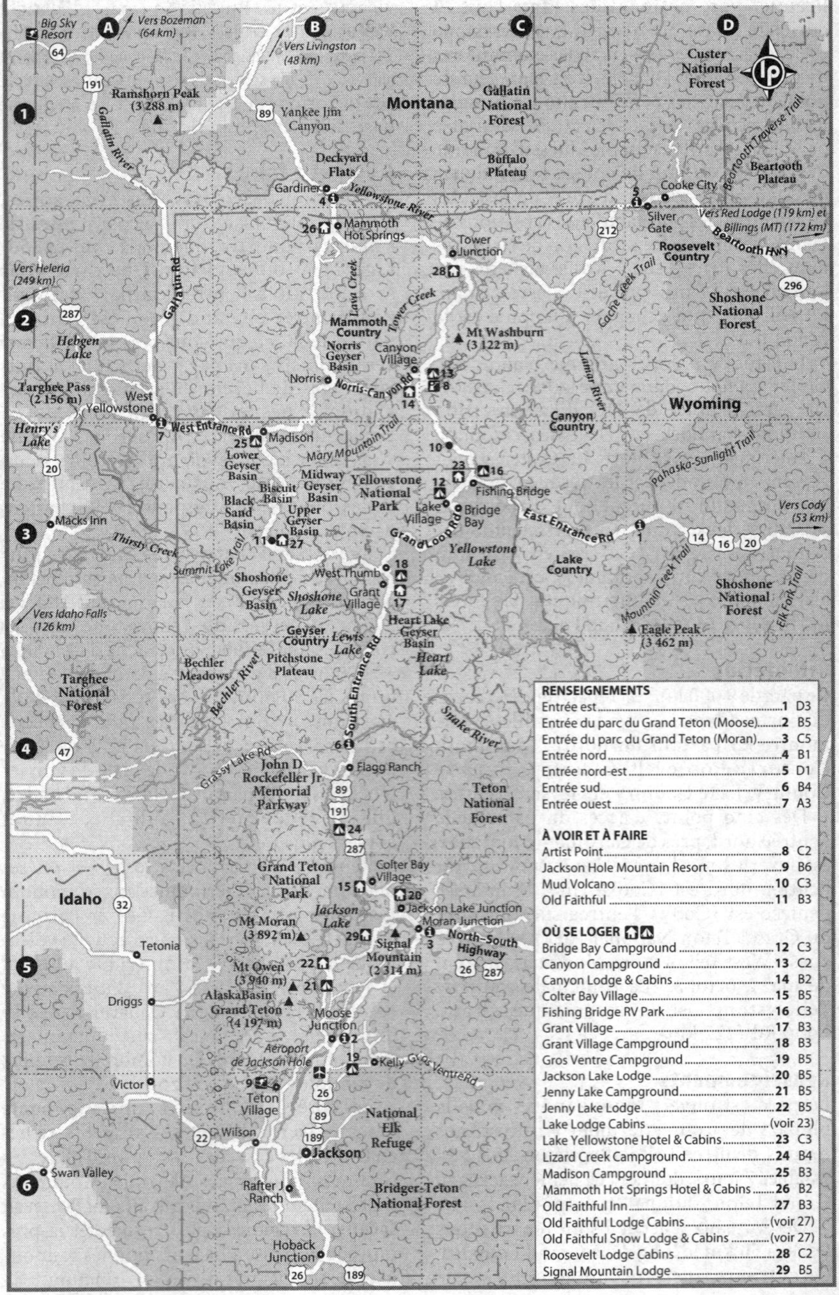

RENSEIGNEMENTS

Entrée est	1	D3
Entrée du parc du Grand Teton (Moose)	2	B5
Entrée du parc du Grand Teton (Moran)	3	C5
Entrée nord	4	B1
Entrée nord-est	5	D1
Entrée sud	6	B4
Entrée ouest	7	A3

À VOIR ET À FAIRE

Artist Point	8	C2
Jackson Hole Mountain Resort	9	B6
Mud Volcano	10	C3
Old Faithful	11	B3

OÙ SE LOGER

Bridge Bay Campground	12	C3
Canyon Campground	13	C2
Canyon Lodge & Cabins	14	B2
Colter Bay Village	15	B5
Fishing Bridge RV Park	16	C3
Grant Village	17	B3
Grant Village Campground	18	B3
Gros Ventre Campground	19	B5
Jackson Lake Lodge	20	B5
Jenny Lake Campground	21	B5
Jenny Lake Lodge	22	B5
Lake Lodge Cabins	(voir 23)	
Lake Yellowstone Hotel & Cabins	23	C3
Lizard Creek Campground	24	B4
Madison Campground	25	B3
Mammoth Hot Springs Hotel & Cabins	26	B2
Old Faithful Inn	27	B3
Old Faithful Lodge Cabins	(voir 27)	
Old Faithful Snow Lodge & Cabins	(voir 27)	
Roosevelt Lodge Cabins	28	C2
Signal Mountain Lodge	29	B5

LES ROCHEUSES

Une série de superbes panoramas et un réseau de chemins longeant les falaises du Grand Canyon du Yellowstone permettent d'apprécier la beauté du **Canyon Country**. La South Rim Drive conduit à Artist Point, point de vue le plus spectaculaire du canyon. Mud Volcano est la principale zone d'activité géothermique du Canyon Country. Au cœur du **Lake Country**, le Yellowstone Lake compte parmi les plus grands lacs alpins de la planète et héberge la principale population de truites fardées du pays. Se dressant à l'est et au sud-est des lacs, les sommets souvent enneigés des Absaroka Mountains sont des plus photogéniques, en particulier, lorsque, au lever du soleil, ils se reflètent dans l'eau.

Les amateurs de **randonnée** pourront explorer les zones reculées du parc grâce à 85 circuits empruntant plus de 1 900 km de sentiers. Un permis spécial (*backcountry-use permit*), délivré gratuitement par les bureaux d'accueil et de rangers, est requis pour les séjours de plusieurs jours. Le camping sauvage est autorisé sur 300 sites prévus à cet effet, dont 60% peuvent être réservés par courrier moyennant un droit fixe de 20 $.

Le Lone Star Geyser Trail, l'une des plus belles randonnées à faire en famille dans le parc – c'est aussi un excellent parcours VTT –, est un circuit facile de 8 km qui passe par le geyser de même nom, qui, toutes les trois heures, ravit petits et grands de ses borborygmes. Le sentier, plat presque tout le long, suit une ancienne route de service le long de la Firehole River à travers des forêts de pins tordus. Facile à trouver, il prend sur le parking des Keplar Cascades à 5,6 km au sud-est de l'Old Faithful Inn. À vélo, il vous faudra poser pied à terre pour le tout dernier tronçon avant le geyser.

Dans le célèbre Canyon Country, il y a tout un réseau de sentiers qui partent de la South Rim Road pour former comme une toile d'araignée dans le paysage spectaculaire et sauvage du canyon. Les 34 km que fait le Mary Mountain Trail de chaque côté peuvent être parcourus à marche forcée dans la journée (il vous faudra alors prévoir le transport pour le retour). En général, toutefois, on en parcourt des tronçons de 5 à 7 km, qu'on reprend en sens inverse pour revenir. De toute façon, le panorama est tel qu'admirer deux fois les mêmes points de vue n'est vraiment pas un problème. Le sentier grimpe progressivement en passant par le sommet de Mary Mountain et le plateau central du parc, dit du Nez-Percé. N'oubliez pas que ce sentier traverse un territoire de grizzlis et rester à l'affût des panneaux signalant leurs mouvements. L'extrémité ouest du sentier est à quelques centaines de mètres au nord de l'embranchement pour le plateau du Nez-Percé, l'extrémité opposée à 6,5 km au sud de Canyon Junction au nord d'Alun Creek. Parmi les autres sentiers importants, citons encore le Seven Mile Hole Trail, qui descend dans le canyon depuis son bord septentrional et remonte sur les pentes du Mt Washburn (3 122 m), deuxième sommet du parc. L'Eagle Peak (3 462 m), situé juste en limite du parc, en est le plus haut.

Le **cyclisme** se pratique entre avril et octobre, lorsque les routes ne sont pas enneigées. Les cyclistes peuvent emprunter les voies publiques et certaines routes, mais pas les chemins.

La plupart des pistes de ski ne sont pas entretenues, mais les routes et les sentiers non damés sont ouverts à la pratique du **ski de fond**. Le Yankee Jim Canyon permet de belles descentes en eaux vives de la Yellowstone River juste au nord de la lisière du parc côté Montana. À partir de fin mai, la **Yellowstone Raft Company** (☎ 800-858-7781 ; www.yellowstoneraft.com) propose un choix de circuits guidés au départ de Gardiner.

RANDONNÉES

Mount Washburn et Sevenmile Hole

EN BREF

Distance : 18,3 km aller simple
Durée : 5-7 heures
Niveau : moyen
Dénivelé : 457 m

Mount Washburn (3 122 m) est tout ce qu'il reste d'un volcan qui est entré en éruption il y a environ 640 000 ans, et a formé la vaste caldeira de Yellowstone. Une courte randonnée appréciée (9,6 km aller-retour, environ 4 heures) permet de grimper au sommet jusqu'à la tour d'observation qui sert à prévenir les incendies et surplombe la partie sud de la caldeira. Un parcours latéral conduit au Sevenmile Hole et offre ainsi une des rares possibilités d'accéder à l'impressionnant grand canyon du Yellowstone. Vous pouvez faire la randonnée à l'envers, mais cela rajoute 260 m de montée.

LÀ OÙ RÔDENT LES GRANDS OURS ET LES BISONS

Outre les grands mammifères – grizzli, ours noir, élan et puma –, le parc de Yellowstone abrite aussi des wapitis, des antilopes d'Amérique et des mouflons. Malgré les protestations inquiètes de fermiers vivant juste derrière les limites du parc, des loups et des bisons y ont été réintroduits avec un grand succès. Les deux espèces sont natives de la région, mais vers la fin du siècle dernier, la chasse et l'expansion humaine avaient précipité leur extinction. Ces dix dernières années, leur population a de nouveau augmenté, ce qui ravit les écologistes autant que les rangers.

La **Hayden Valley**, au cœur de Yellowstone, est certainement la meilleure option pour observer la faune, notamment le long de la Yellowstone River, entre le Yellowstone Lake et le Canyon Village. Pour augmenter vos chances, partez tôt le matin ou restez tard jusqu'au crépuscule. Vous pourrez facilement vous arrêter en retrait de Grand Loop Rd et trouver un point d'observation. Armez-vous de patience (et d'une paire de jumelles), un ours pourrait se présenter dans votre champ de vision, à moins que ce ne soit un élan solitaire.

La **Lamar Valley**, dans le nord du parc, est l'endroit où vous aurez le plus de chances d'observer des loups – c'est là qu'ils sont réintroduits. Demandez aux rangers depuis quel endroit vous pourrez les observer. Lors de notre passage, certains animaux évoluaient fréquemment entre Tower Junction et l'entrée nord-est du Yellowstone. Soyez sûr que vous n'oublierez jamais ce moment exceptionnel où vous apercevrez l'un de ces grands chiens sauvages, qui ont bien failli disparaître pour de bon.

La Washburn Bear Management Area, juste à l'est du sentier sur la pente orientale de la montagne, est fermée tous les ans du 1er août au 10 novembre et accessible du 10 mai au 31 juillet, uniquement sur autorisation spécifique de la Tower Ranger Station (poste de rangers). Évitez de vous promener en dehors du sentier. La neige empêche souvent l'accès aux environs du Dunraven Pass jusqu'à fin juin. Les environs du Chittenden sont enneigés un peu plus longtemps, mais sur les deux pistes, les étendues de neige peuvent être assez facilement négociées. Les fleurs sauvages en juillet et août sont légendaires. Gardez à l'esprit que les grizzlis affluent en grand nombre sur les pentes orientales de Mount Washburn, en août et en septembre, à la recherche de pignons de pin à écorce blanche. Des orages, accompagnés de foudre et de pluie, sont fréquents l'après-midi.

Vous pouvez utiliser la partie sud de la carte n°304 *Tower/Canyon* de Trails Illustrated. Deux cartes USGS sont également disponibles : *Canyon Village* et *Mount Washburn*. La route conseillée part de Dunraven Pass (2 700 m) sur la Grand Loop Rd, à 7,7 km au nord du Canyon et à 22,8 km au sud de la tour. Vous pouvez aussi partir du parking de Chittenden (à 7,9 km au nord du Pass), d'où un sentier plus escarpé vous permettra de rejoindre la route principale décrite ci-dessous.

Le large sentier (le long d'une ancienne route) monte en continu au milieu d'une forêt de sapins subalpins jusqu'à un petit renfoncement. Poursuivez vers le nord-est ; de larges montées et descentes vous mèneront jusqu'à une crête étroite entre des pins à écorce blanche, avant d'atteindre Chittenden Rd à l'intersection du Mt Washburn Trail. Quelques minutes après, la route tourne vers la gauche et aboutit à la **tour d'observation** sur trois étages, à 2 heures environ (4 km) du point de départ du sentier. Vous pourrez alors profiter de magnifiques panoramas (quand la météo le permet) à partir de la plate-forme et de la salle d'observation où un télescope est à votre disposition. Des marmottes et des mouflons d'Amérique sont parfois visibles à proximité du sommet.

Le **Mt Washburn Trail** descend vers le sud-est le long d'une crête ondulée, au milieu de prairies de fleurs sauvages. Après avoir atteint un nouveau petit renfoncement à la limite de la forêt, prenez sur la droite et suivez la pente pendant 4,2 km à travers de petites clairières jusqu'à **Washburn Meadow** et le camping 4E1 (feux de camp autorisés). Mais restez vigilant : vous êtes ici en pleine région de grizzlis.

Le sentier continue de descendre vers le sud-ouest, entre des pâturages où broutent des cerfs et des biches, jusqu'aux **Washburn Hot Springs**, un petit terrain de volcans de boue, parmi lesquels l'Inkpot. Traversez d'autres zones thermales jusqu'à l'intersection avec le Sevenmile Hole Trail, à 4,6 km du camping 4E1.

En tournant sur la droite, le sentier s'élargit et parcourt la face nord du **grand canyon de Yellowstone** (d'une profondeur de 365 m), au milieu de forêts de pins tordus (*lodgepoles*) tapissées de *grouseberries* (une variété d'airelles). La vue est spectaculaire depuis le point de vue de **Silver Cord Cascade**, qui s'élève à 300 m au-dessus du sol du canyon. Les incroyables faces érodées du canyon s'étendent encore pendant 1,5 km jusqu'au Glacial Boulder Trailhead. **Canyon Village** est à 2,4 km à l'ouest, en empruntant la route goudronnée d'Inspiration Point.

Parcours latéral : Sevenmile Hole (3-5 heures ; 8,3 km aller-retour ; 427 m de dénivelé). Sevenmile Hole est une zone hydrothermale mineure au pied du grand canyon de Yellowstone. Mettez votre nourriture à l'abri des ours. Les pêcheurs qui empruntent souvent cette piste prétendent qu'on a l'impression de faire 8 km à l'aller, 11 au retour. En saison, la destination est très prisée pour camper.

Le sentier vallonné et escarpé traverse des sapins de Douglas, passe un cône de geyser de 3 m, avant de parvenir à une autre zone thermale. Flânez au milieu des bassins bouillonnants et des geysers, laissez derrière vous le camping 4C1, puis traversez un petit ruisseau thermal jusqu'au camping 4C2, à proximité de la **Yellowstone River**. De grandes sources émergent des falaises calcaires rougeoyantes sur le bord oriental de la rivière. Pour parvenir au camping 4C3, passez le gué de **Sulphur Creek**, puis suivez la rive et dépassez un minuscule bassin d'eau chaude. Les animaux et les feux de bois sont interdits dans tous les campings.

Une autre route jusqu'à Sevenmile Hole part de Glacial Boulder Trailhead, juste avant **Inspiration Point**. Randonnée de 17 km aller-retour ; descente sur 427 m en 2,4 km ; comme toujours, le retour est le plus dur.

Black Canyon de Yellowstone

EN BREF

Distance : 29,8 km à l'aller
Durée : 1 à 2 jours
Niveau : facile-moyen
Dénivelé : 381 m de descente

Bien que le Black Canyon ne comporte pas de zone thermale, la randonnée qui le traverse est une des grandes destinations des randonnées au sein de Yellowstone. On peut partir indifféremment de l'une des deux extrémités du sentier pour une randonnée d'un ou deux jours. Mais en partant de l'extrémité la plus haute, on profite d'une descente de 381 m. Après 5 km de marche environ, le long de la piste non goudronnée de la gravière de Hellroaring, la route traverse une vallée peu fréquentée, où s'écoule la Yellowstone River, sinueuse et qui prend tour à tour la forme de rapides ou de chutes d'eau.

En partant de Tower Junction Trailhead, vous rallongerez votre excursion de 6 km, ou au contraire, vous pouvez la raccourcir de 10 km en partant de Blacktail Creek Trailhead, à 11 km à l'est de Mammoth. Il y a 18 sites pour camper le long de la route, et donc différentes combinaisons pour une randonnée de deux jours. Les dix sites au bord de la rivière constituent d'excellents choix, bien qu'aucun n'autorise les feux de camp. Nous conseillons ici le site 1Y7 (plus ou moins à la moitié du chemin). Des pêcheurs passent souvent une semaine entière le long du chemin en saison.

C'est le sentier le plus bas en altitude du parc et la neige devrait donc avoir disparu début juin. Traverser le gué de Hellroaring Creek peut être dangereux, dans les endroits les plus profonds. Pendant la fonte des neiges, les pentes escarpées et érodées, à proximité de Gardiner, sont parfois glissantes. Les hautes herbes des prés, au début du sentier, abritent toute une gamme d'insectes, y compris des tiques. Prévoyez un répulsif, des pantalons longs et armez-vous de patience.

L'embranchement pour Hellroaring Trailhead se situe à 5,6 km à l'ouest de Tower et à 23,3 km à l'est de Mammoth, en retrait du trajet Mammoth-Tower. Suivez la route de gravier pendant 8 km jusqu'au parking.

À Gardiner, le sentier se termine derrière le camping privé de Rocky Mountain, sur la première route vers l'est à partir du bourg, sur le côté nord du pont de la Yellowstone River. Le sentier n'est pas indiqué depuis la route et il n'y a pas de parking au camping. Le personnel du camping peut cependant vous renseigner sur des endroits peu éloignés où garer votre voiture.

1er jour : de Hellroaring Trailhead au camping 1Y7 (3h30 à 4h30 ; 14,5 km ; 244 m de descente). Le sentier vallonné commence par descendre de 213 m d'altitude sur 1,5 km, au milieu d'arbres épars, avant d'atteindre un pont métallique suspendu, qui traverse une gorge au-dessus de la **Yellowstone River**. Ensuite, la rivière disparaît pendant 2 heures 30 de marche. Puis, le sentier part vers le nord parmi des massifs d'armoises sur 6,4 km jusqu'à **Hellroaring Junction**. Le gué de Hellroaring Creek ne doit être traversé qu'aux endroits où l'eau est la plus basse (jusqu'en août, l'eau arrive au bassin). Vous pouvez aussi opter pour le pont à bétail de Hellroaring, à 2,4 km en remontant le courant, et rallonger ainsi votre circuit de 4,8 km.

Une montée raide de 122 m vous emmène ensuite jusqu'à un beau point de vue sur le canyon. La descente progressive passe devant **Little Cottonwood Creek** (et le camping 1R3), la **frontière du Wyoming et du Montana** (camping 1R2), et à 1,5 km de là, **Cottonwood Creek** (camping 1R1). Vous atteindrez ensuite la rive nord de la Yellowstone River, calme et verdoyante à cet endroit. À 2,6 km de là, dans le sens inverse du courant, vous trouverez le camping 1Y9. Encore 2,2 km ou 9,6 km, et vous tomberez respectivement sur les campings 1Y7 et 1Y5. Les feux de camp ne sont pas autorisés sur ces sites.

LES ROCHEUSES

2e jour : du camping 1Y7 à Gardiner (4h à 5h ; 15,3 km ; 61 m de descente). Vous longerez d'abord la rive, avant d'affronter une courte montée jusqu'à un nouveau pont suspendu, à l'intersection du Blacktail Deer Creek Trail. Ne traversez pas ce pont. Descendez au milieu des pins jusqu'au profond lac vert et ovale, **Crevice Lake**, à 2,2 km au nord-ouest du camping 1Y7. Les bords de la rivière sont ombragés par les pins jusqu'à la passerelle de **Crevice Creek**.

Après le camping 1Y4, la Yellowstone River change encore d'aspect. Le sentier monte bien au-dessus du canyon. Des montées et des descentes vous emmènent ensuite jusqu'à un point de vue au-dessus des impressionnantes **Knowles Falls** (4,5 m). Puis vous parviendrez à des rapides, qui vous obligeront à monter sur un promontoire escarpé, tandis que la rivière gronde en dessous le long d'une falaise à pic.

Des pins épars vous conduisent ensuite à nouveau sur la rive, avant de passer dans une portion étroite et rocheuse au niveau du camping 1Y2. Puis, une petite montée vous éloignera de la rivière, passant devant le camping 1Y1, pour longer les limites du parc.

La dernière partie du sentier suit les pentes ondulées et sèches de **Deckard Flats**, et traverse **Bear Creek** sur une passerelle en bois. Des coteaux escarpés obligent à emprunter des chemins parfois étroits et glissants en cas de pluie. Vous pourrez enfin apercevoir le bourg de **Gardiner** et la confluence des rivières Yellowstone et Gardner. Les huit derniers kilomètres du parcours traversent une propriété privée.

Où se loger

Campings privés ou gérés par le NPS, bungalows, lodges et hôtels composent les différents hébergements du parc. Les réservations sont indispensables en été. Contactez le concessionnaire du parc, **Xanterra** (☎307-344-7311 ; www.travelyellowstone.com) pour réserver une place dans ses campings, ses chalets ou ses lodges.

Vous trouverez aussi de nombreux hébergements dans les villes de Cody (p. 421), de Gardiner et de West Yellowstone.

CAMPING

Les meilleurs tarifs sont ceux des 7 campings – non réservables – du NPS (empl tente 14 $) de Mammoth Country (ouvert toute l'année), de Roosevelt Country et de Geyser Country. Xanterra gère 5 campings réservables (18,50 $/nuit) avec sdb (eau froide), toilettes, eau potable et emplacements pour camping-cars.

Bridge Bay Campground (Lake Country). Près de la rive ouest du Yellowstone Lake ; 425 emplacements.

Canyon Campground (Canyon Country). Central, avec des douches payantes et une laverie à pièces à proximité ; 250 places.

Fishing Bridge RV Park (Lake Country). Branchements complets pour camping-cars uniquement (35 $). Douches et laverie payantes ; 325 emplacements.

Grant Village Campground (Lake Country). Sur la rive sud-ouest du Yellowstone Lake. Douches et laverie payantes à proximité ; 400 places.

Madison Campground (Geyser Country). Emplacements réservés aux tentes (pas d'électricité) ; 250 places.

CHALETS ET LODGES

Les hébergements de Xanterra, disséminés à travers le parc, sont ouverts de mai ou juin à octobre. Le Mammoth Hot Springs Hotel et l'Old Faithful Snow Lodge font exception en restant ouverts de mi-décembre à mars. Ces établissements sont tous non-fumeurs et ne possèdent pas de clim, de TV ou de connexion Internet.

Roosevelt Lodge Cabins (Roosevelt Country ; chalets 68-113 $). Attrayants bungalows parfaits pour les familles. L'établissement organise tous les soirs des "barbecues du Far West", pour lesquels on se déplace à cheval ou en calèche jusqu'aux buffets, dans une prairie éloignée de 5 km.

Lake Lodge Cabins (Lake Country ; chalets 70-160 $). Le bâtiment principal possède une grande véranda ouverte sur le lac et la montagne, et un charmant salon avec deux cheminées. Vous avez le choix entre de rustiques chalets en bois des années 1920 et d'autres, plus modernes, de type motel.

Old Faithful Snow Lodge & Cabins (Geyser Country ; ch 99-201 $). Hébergement le plus récent du parc, il ressemble à un magnifique lodge en bois du Far West. La décoration est inspirée de la faune et de la flore locales. Chambres élégantes et modernes.

Old Faithful Inn (Geyser Country ; ch 100-240 $). Édifié tout près du geyser éponyme, l'Old Faithful est l'établissement le plus demandé du parc. Véritable monument national, il incarne le lodge parfait avec son hall immense, doté de cheminées en pierre et de hauts plafonds en pin. Il y a des chambres à tous les prix, et les moins chères font sdb commune (notre conseil : restez deux nuits pour bien profiter de l'ambiance). Même si vous avez l'une des ravissantes "*premium rooms*", ne comptez pas y passer beaucoup de temps. Les espaces communs sont suffisamment tentants pour vous en dissuader.

Lake Yellowstone Hotel & Cabins (Lake Country ; chalets 135 $, ch 151-227 $). Cet hôtel historique, imprégné de l'ambiance chic des années 1920, possède le salon le plus somptueux du Yellowstone, invitant à la rêverie avec ses grandes baies donnant sur le lac, sa lumière naturelle et son quartet à cordes en musique de fond. Si les chambres sont bien aménagées, les chalets, eux, sont d'un confort plus sommaire.

Grant Village (Lake Country ; ch 145-151 $). Belles chambres de style motel à la lisière sud du parc. Les deux restaurants voisins vous permettront de vous sustenter tout en admirant le lac.

Autres adresses recommandées :

Old Faithful Lodge Cabins (Geyser Country ; chalets 69-113 $). Les vues d'Old Faithful ; des chalets simples et rustiques.

Canyon Lodge & Cabins (Canyon Country ; chalets 74-157 $, ch 173 $). Propre, bien tenu et central.

Mammoth Hot Springs Hotel & Cabins (Mammoth Country ; chalets 79-222 $, ch 90-450 $). Grand choix d'hébergements ; des élans viennent souvent brouter la pelouse du devant.

Où se restaurer

Des snack-bars, fast-foods et épiceries sont disséminés un peu partout dans le parc. En outre, la plupart des lodges proposent des petits-déjeuners buffet, des bars à salades et des repas à prendre en salle. Sans toujours être exceptionnelle, la cuisine reste plutôt bonne si l'on considère la foule de touristes à nourrir et les prix sont raisonnables pour le panorama. L'**Old Faithful Inn** (☎307-545-4999 ; plats déj 7-10 $, dîner 17-30 $; 11h30-14h30 et 17h-22h) est notre restaurant favori. Sa carte est plus créative, avec une sélection de plats "nouvelle cuisine de l'Ouest américain", du type gibier épicé servi avec toutes sortes de sauces.

Depuis/vers le Yellowstone National Park

Les aéroports les plus proches ouverts toute l'année sont le Yellowstone Regional Airport (COD), à Cody (83 km), le Jackson Hole Airport (JAC), à Jackson (90 km), le Gallatin Field Airport (BZN), à Bozeman (104 km) dans le Montana, et l'Idaho Falls Regional Airport (IDA), à Idaho Falls (171 km) dans l'Idaho. L'aéroport de West Yellowstone (WYS), au Montana, fonctionne habituellement de juin à septembre. Il est souvent plus avantageux de prendre un vol pour Salt Lake City (Utah, 624 km) ou Denver (Colorado, 901 km) et de continuer avec une voiture de location.

Aucun transport public ne se rend à Yellowstone (et aucun ne circule à l'intérieur).

GRAND TETON NATIONAL PARK

Les flèches granitiques de la Teton Range composent le décor spectaculaire du Grand Teton National Park, juste au sud du Yellowstone. Douze sommets taillés par les glaciers s'élèvent à plus de 3 600 m, dominés par le majestueux Grand Teton (4 131 m). Moins fréquenté que le Yellowstone, ce parc offre plein d'endroits où s'immerger dans le calme des montagnes. Faites le plein de solitude et de beauté sur des sentiers de randonnées qui parcourent des prairies alpines le long de torrents tumultueux avant de rejoindre un lac lisse comme un miroir, dont l'eau claire reflète au détail près le sourire édenté des pics qui le domine. En parcourant cette chaîne de montagnes, longue de 64 km, vous avez de fortes chances d'apercevoir des ours, des élans ou des orignaux.

Orientation

Deux entrées permettent d'accéder au parc : Moose (au sud), sur la Teton Park Rd à l'ouest de Moose Junction, et Moran (à l'est), sur les US 89, 191 et 287, au nord de Moran Junction. Le parc est ouvert toute l'année, bien que certaines routes et entrées ferment de novembre au 1er mai. Pendant cette période, la fermeture d'une partie de la Moose-Wilson Rd ne permet plus d'accéder au parc par Teton Village.

Renseignements

Les permis d'entrée au parc (piéton/véhicule 12/25 $), valables 7 jours, donnent également accès au Yellowstone National Park. On peut aisément résider dans un parc et en explorer un autre dans la même journée.

Les **bureaux du parc** (Park Headquarters ; ☎ 307-739-3600 ; www.nps.gov/grte ; 🕒 8h-19h juin-août, 8h-17h le reste de l'année) partagent un bâtiment avec le **Moose Visitor Center** (☎ 307-739-3399, backcountry permits 307-739-3309 ; Teton Park Rd ; 🕒 8h-19h juin-août, 8h-17h le reste de l'année), à 800 m à l'ouest de Moose Junction.

À faire

Le parc possède 320 km de **sentiers de randonnée**. Alors, récupérez une carte au Visitor Center et partez à l'aventure. Si vous voulez rester la nuit, procurez-vous le permis spécial gratuit (*backcountry-use permit*) auprès d'un des Visitor Centers. Si ça n'est pas votre tasse de thé, il vous reste à escalader une montagne. Les Teton sont connus pour leurs bons sites de **varappe**, mais aussi pour des courses classiques vers des sommets comme ceux du Grant Teton, du Mt Moran et du Mt Owen. Le **poste de rangers de Jenny Lake** (☎ 307-739-3343 ; 🕒 8h-18h juin-août) est incontournable pour se renseigner sur l'escalade. Pour des cours et des escalades guidées, contactez **Exum Mountain Guides** (☎ 307-733-2297 ; www.exumguides.com).

Le parc est aussi réputé pour la **pêche** : plusieurs espèces de corégones, ainsi que des truites fardées, grises et brunes prospèrent

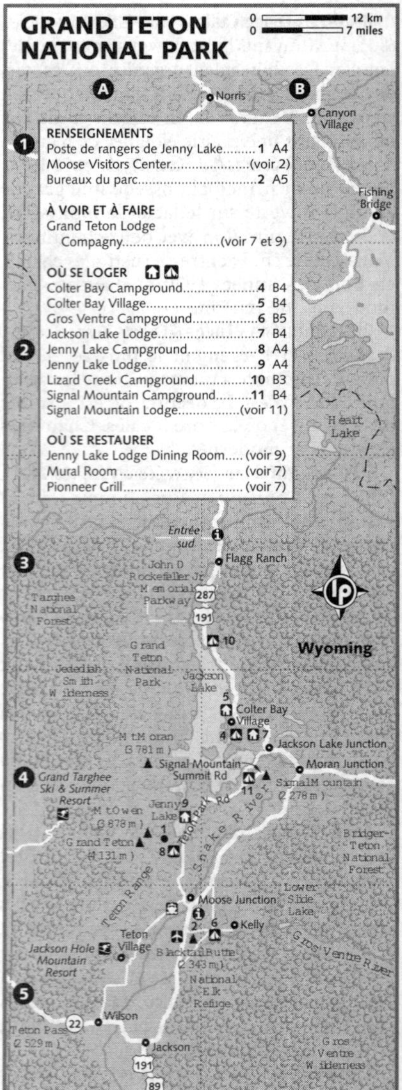

dans les rivières et les lacs. Les permis sont délivrés par le magasin de Moose Village, le Signal Mountain Lodge et la Colter Bay Marina.

Le **ski de fond** et la **randonnée raquette** sont les loisirs d'hiver les plus prisés. Procurez-vous une brochure détaillant les pistes au Moose Visitor Center.

SIGNAL MOUNTAIN SUMMIT ROAD

Cette route bitumée de 8 km (interdite aux caravanes), à l'est de Teton Park Rd aboutit au sommet de Signal Mountain, pour une vue panoramique sur Jackson Hole. Cependant, les meilleurs points de vue ne sont pas au sommet, mais dans la montée, au Jackson Point Overlook, à quelques pas au sud du parking. C'est au lever du soleil que les paysages sont les plus beaux.

Un sentier de randonnée (9,6 km aller-retour) mène au sommet depuis Signal Mountain Campground, à travers de splendides bosquets de myrtilles en été.

En hiver, Signal Mountain Rd est une bonne piste de ski nordique, offrant une vue fantastique et une excellente descente de 8 km au retour. Pour arriver à l'embranchement, vous devriez skier pendant 1,5 km au sud de Signal Mountain le long d'une piste de motoneige.

JENNY LAKE SCENIC DRIVE (ROUTE PANORAMIQUE)

À 11 km au sud de Signal Mountain, Jenny Lake Scenic Drive part vers l'ouest pour offrir la route la plus pittoresque du parc.

L'**aire de stationnement du Cathedral Group** propose une vue sur les pics centraux de Teton, connus sous le nom de Cathedral Group. Des panneaux explicatifs reviennent sur le glissement tectonique visible au pied de Rockchuck Peak. **String Lake** est l'endroit le plus apprécié des amateurs de pique-niques, avec une vue spectaculaire sur les faces nord de la Teewinot Mountain et du Grand Teton, à partir des plages de sable à l'est. La route en sens unique va au-delà de String Lake, juste avant Jenny Lake Lodge.

Perché sur les moraines glacées du lac, le belvédère du **Jenny Lake Overview** offre de superbes panoramas sur les Tetons, sur la Ribbon Cascade à droite de Cascade Canyon et sur des bateaux en route vers Inspiration Point. Ne manquez pas l'aire de stationnement, car vous ne pourrez pas revenir en arrière sur cette route.

TETON CREST TRAIL

EN BREF

Distance : 64 km ou 50 km
Durée : 4-5 jours
Niveau : moyen-difficile
Dénivelé : 1 830 m

Ce sentier suit une route panoramique en haute altitude, s'enfonçant et ressortant tour à tour de la Jedediah Smith Wilderness. Plusieurs routes latérales permettent de pénétrer dans les canyons ou croisent le sentier, si bien qu'il est facile d'y accéder et d'en sortir.

1er et 2e jours : le premier jour de randonnée est le même que pour le Paintbrush Divide Loop. Sortez du String Lake Trailhead pour remonter vers Paintbrush Canyon puis vers le Holly Lake, où vous pourrez passer la nuit dans l'un des deux campings (situés au sud-est du lac). Si tous deux affichent complet, vous pourrez vous rabattre sur le camping de Paintbrush Canyon.

Le deuxième jour, vous suivrez encore cette route jusqu'à l'intersection entre le North Fork et le South Fork de Cascade Canyon, où le sentier s'engouffre dans le South Fork jusqu'à **South Fork Cascade Camping Zone** (19 sites de camping). Un autre départ possible de Jenny Lake raccourcit la randonnée d'un jour.

3e jour : de South Fork Cascade Camping Zone à Alaska Basin (3h à 3h30 ; 9,8 km ; 607 m de montée). Le sentier vous fait monter jusqu'à l'intersection d'**Avalanche Divide**, puis à droite (sud-ouest) jusqu'à **Hurricane Pass** (3 161 m), avec des vues imprenables sur Grand, South et Middle Tetons. Si le cœur vous en dit, une balade à partir de l'intersection d'Avalanche Divide vous emmène en 2,6 km de marche jusqu'à la ligne de partage, un point de vue panoramique sur Snowdrift Lake. À partir de Hurricane Pass, le sentier pénètre dans la Jedediah Smith Wilderness, en croisant Sunset Lake, pour arriver aux **Basin Lakes** de l'Alaska Basin, où vous trouverez des sites de camping fréquentés. Aucun permis n'est demandé ici, car vous êtes à l'extérieur du parc, mais vous devez cependant camper à au moins 100 m des lacs et à 15 m des rivières.

4e jour : d'Alaska Basin à Marion Lake (4h30 ; 13 km). Le sentier croise South Fork Teton Creek sur un terrain rocailleux et vallonné le long de la montée de Sheep Steps jusqu'à la large voûte de Mt Meek Pass (2 964 m). Il pénètre ensuite à nouveau dans le parc. Les cinq kilomètres suivants parcourent le superbe **Death Canyon Shelf** et son terrain de camping. Après l'embranchement pour Death Canyon, le sentier monte vers Fox Creek Pass (2 913 m) et poursuit en direction du sud-ouest jusqu'à **Marion Lake** et ses sites de camping.

5e jour : de Marion Lake à Teton Village (5h ; 15,6 km). Le sentier descend dans l'Upper Granite Canyon Camping Zone et continue, en croisant la cabine de contrôle de l'Upper Granite Canyon, jusqu'à l'intersection avec Valley Trail. À partir de là, poursuivez vers le sud jusqu'à Granite Creek Trailhead ou bien tout droit vers Teton Village.

D'autres itinéraires sont possibles. On peut accéder de l'est, à partir de canyons escarpés, au Teton Crest Trail. Les principaux points d'accès au sentier, du sud au nord, sont Granite Canyon, Death Canyon, Taggart Lake, Lupine Meadows, Jenny Lake, et String Lake/Leigh Lake. Toutes les combinaisons sont possibles d'un canyon à l'autre, pour des randonnées de différentes longueurs. Parmi les diverses possibilités :

De Open Canyon à Granite Canyon – une boucle de 31 km (2 jours) à partir du Granite Creek Trailhead
De Granite Canyon à Death Canyon – une boucle de 41,3 km (2-3 jours) par le Teton Crest Trail
De Death Canyon à Open Canyon – une boucle de 39,7 km à partir du Death Canyon Trailhead

LES ROCHEUSES

Où se loger

CAMPING

Le **NPS** (☎800-628-9988) gère les 5 **campings** (Bridge Bay, Canyon, Grant Village, Madison & Fishing Bridge RV Park ; empl 12 $) du parc, tous non réservables et pris d'assaut de début juillet à début mai. La plupart affichent complet dès 11h ; celui de Jenny Lake se remplit encore plus rapidement, tandis qu'il reste souvent des places à Gros Ventre. Colter Bay et Jenny Lake proposent uniquement des emplacements pour tente à l'intention des randonneurs et des cyclistes.

CHALETS ET LODGES

La plupart des lodges et chalets privés de Grand Teton sont gérés par l'entreprise écologique **Grand Teton Lodge Company** (☎307-543-3100 ; www.gtlc.com), qui encourage l'utilisation d'énergies renouvelables, l'économie d'eau et le recyclage (poubelles spéciales dans le parc). Mieux vaut réserver bien à l'avance, car presque tout est pris dès début juin. Mais, le cas échéant, cela vaut la peine d'appeler pour savoir s'il n'y aurait pas d'annulation de dernière minute. Tous les lodges peuvent organiser ou réserver des activités.

Colter Bay Village (☎307-543-3100 ; www.gtlc.com ; empl tente 7 $/pers, chalets avec sdb commune 55 $, chalets avec sdb 100-200 $; juin-sept ;). Bonne option familiale avec des chalets rustiques à une ou deux chambres sur les bords du Jackson Lake. Deux restaurants, une marina et une épicerie complètent le tableau.

Signal Mountain Lodge (☎307-543-2831 ; www.signalmtnlodge.com ; ch 160-230 $, chalets 181-273 $; mai à mi-oct). Dans un cadre spectaculaire au bord du Jackson Lake, ce lodge offre des chalets chaleureux et bien équipés ainsi que des chambres plutôt chics avec une vue superbe sur le lac et les montagnes.

Jackson Lake Lodge (☎307-543-3100 ; www.gtlc.com ; ch et chalets 210-320 $; juin-sept ;). Avec ses hauts plafonds et ses baies de 20 m de large offrant une vue éblouissante sur le Teton, le hall est le point focal de ce complexe de 365 chambres genre cottage perché sur un promontoire dominant le Jackson Lake. Ce lodge aux prestations très complètes, le plus prisé du parc, affiche rapidement complet, et il vous faudra réserver bien à l'avance.

Jenny Lake Lodge (☎307-543-3100 ; www.gtlc.com ; chalets en pension complète 585 $; juin-sept). Hébergement le plus luxueux du parc, au milieu des pinèdes. Les jolies chambres, réparties dans 37 chalets anciens de style Far West, sont décorées d'édredons faits main. Petit-déjeuner, dîner de cinq plats, équitation et VTT inclus dans les tarifs.

Où se restaurer

Plusieurs restaurants à prix raisonnable sont installés dans et autour de Colter Bay Village, du Jackson Lake Lodge et de Moose Junction. Tous les lodges disposent d'un restaurant.

Pioneer Grill (☎307-543-1911 ; Jackson Lake Lodge ; plats 7-15 $; 7h-21h ;). Service au comptoir dans ce *soda fountain* rétro de style années 1950, et son bar qui serpente à travers la pièce. La cuisine n'a rien de spécial – hamburgers et fromage grillé – mais les prix sont raisonnables. Les *sundaes* (6 $) ravissent les enfants

Mural Room (☎307-543-1911 ; Jackson Lake Lodge ; plats 15-40 $; 7h-21h). Le beurre est en forme d'élan, et la vue sublime sur le Teton justifie presque le prix du filet de bison (36 $) à la table la plus chic du Jackson Lake Lodge. Le prix des vins est raisonnable et le service irréprochable.

Jenny Lake Lodge Dining Room (☎307-543-3352 ; plats petit-déj 19 $, déj 10-30 $, dîner 60 $; 7h-21h) Le dîner – 5 plats – est servi dans un cadre intime et pittoresque. Formule à prix fixe également pour le petit-déjeuner – vous pourrez choisir jusqu'à 10 plats. Le déjeuner à la carte est le plus intéressant (surtout si vous venez principalement pour la vue). Réservations indispensables matin et soir ; le port de la veste est recommandé pour les messieurs au dîner. La véranda est parfaite pour un cocktail. Si vous résidez ici, tous ces repas sont inclus (voir *Où se loger* ci-contre).

JACKSON

Jackson, appelée à tort Jackson Hole (le "Hole" désigne en effet la vallée entière), est l'endroit le plus jet-set du Wyoming. C'est une belle ville magnifiquement adossée au Grand Teton. Orignaux, élans et bisons arpentent la vallée pendant que les amateurs de poudreuse dévalent des pistes de niveau international. L'atmosphère est enjouée et un peu glamour, mais jamais prétentieuse. Pour vous en faire une idée, aventurez-vous dans le Mangy Moose Saloon, où se mêlent skieurs, touristes, propriétaires de ranch et parfois une célébrité de passage. Jackson est animée toute l'année et, en été, elle se prête agréablement à la randonnée, au cyclisme, au rafting et à la promenade.

Orientation et renseignements

La plupart des services se concentrent dans la ville de Jackson. Teton Village, à 19 km au nord-ouest de Jackson, accueille le célèbre Jackson Hole Mountain Resort.

Jackson Hole Wyoming (www.jacksonholenet.com). Bonne source d'informations sur la région.
Valley Bookstore (☎ 307-733-4533 ; 125 N Cache St). Excellente sélection de livres et de cartes régionales.
Visitor Center (☎ 307-733-3316 ; www.jacksonholechamber.com ; 532 N Cache Dr ; 🕘 9h-17h)

À voir

Le centre-ville de Jackson possède quelques **bâtiments historiques**. En été, la **Jackson Hole Town Square Shoot-out** (gratuite ; 🕘 lun-sam 18h15 ; 👶), une fusillade de cow-boys ayant lieu sur la place, est une curiosité touristique très surfaite. Le **National Elk Refuge** (☎ 307-733-9212 ; nationalelkrefuge.fws.gov/ ; Hwy 89 ; entrée libre ; 🕘 8h-17h sept-mai, 8h-19h juin-août), à 3 km au nord-est de la ville par l'Elk Refuge Rd, sert de refuge à plusieurs milliers d'élans de novembre à mars. Une balade de 45 minutes en **traîneau à cheval** (adulte/enfant 18/14 $; 🕘 10h-16h mi-déc à mars) est l'un des moments inoubliables d'un séjour au refuge l'hiver. Vous traverserez des champs de neige étincelants où vous pourrez admirer de nombreux élans. N'oubliez pas l'appareil photo.

À faire

De Teton Village, à 1 893 m, au sommet de Rendezvous Mountain, à 3 135 m, le domaine skiable du **Jackson Hole Mountain Resort** (☎ 307-733-2292 ; www.jacksonhole.com ; forfait adulte/enfant à partir de 59/32 $), surnommé "le Village", possède le dénivelé continu le

QUELQUES JOURS DE PLUS DANS LE WYOMING ?

Le Wyoming est truffé de sites qui valent vraiment le détour. Nous ne pouvons malheureusement pas tous les mentionner car ils sont très nombreux. Voici toutefois quelques pistes :

- **Bighorn Mountains.** Avec d'immenses prairies herbeuses, des océans de fleurs sauvages, de paisibles forêts de conifères, des cascades bouillonnantes et une faune abondante, les Bighorn Mountains, dans le centre nord du Wyoming, constituent un magnifique terrain d'aventure sillonné par des centaines de kilomètres de sentiers balisés.
- **Devil's Tower National Monument.** Dressé à 380 m au-dessus de la Belle Fourche River, ce monolithe aux parois quasi verticales offre un spectacle impressionnant. Site sacré pour une vingtaine de tribus indiennes, qui l'appellent parfois Bears Lodge (abri des ours), c'est un must sur le trajet entre les Black Hills (à la limite du Wyoming et du Dakota du Sud), les Tetons et Yellowstone.
- **Medicine Bow Mountains & Snowy Range.** À l'ouest de Laramie, la forêt nationale qui s'étire entre les deux chaînes de montagnes est un endroit parfait, à la beauté sauvage, pour des excursions randonnée-camping.
- **Sheridan.** Nichée au pied des Bighorn Mountains, Sheridan abrite des édifices centenaires, anciennes demeures des magnats du bétail, et séduit les passionnés d'aventure venus affronter les Bighorns.

plus important du pays. Les pistes, riches en poudreuse et en bosses, s'adressent essentiellement aux skieurs chevronnés. Quand la neige disparaît, le domaine offre de nombreuses activités d'été. Consultez le site web.

Où se loger

Jackson possède de nombreuses options, que ce soit en ville ou dans la montagne. Les réservations sont indispensables été comme hiver, car la station affiche vite complet.

Anvil Motel (☎ 307-733-3668 ; www.anvilmotel.com ; 215 N Cache Dr ; ch 55-125 $;). En plein centre de la ville, où vous ne trouverez pas meilleur rapport qualité/prix, l'Anvil propose de vastes chambres décorées Far West et équipées d'un réfrigérateur et d'un micro-ondes. Le vrai plus, ce sont les forfaits pour le centre de relaxation voisin, qui offre piscine couverte, toboggan, Jacuzzi, salle de musculation et – notre préféré – un sauna sec.

Virginian Lodge (☎ 307-733-2792 ; www.virginianlodge.com ; 750 W Broadway ; hiver/été ch à partir de 120/200 $;). Ce motel chaleureux est une bonne adresse. L'hiver, y compris à la saison du ski, les tarifs sont en chute libre.

Snake River Lodge & SPA (☎ 307-732-6000 ; www.snakeriverlodge.com ; 7710 Granite Loop Rd ; ch 175-450 $;). Merveilleusement situé au pied du Jackson Hole Mountain Resort, cet établissement dispose d'une belle piscine, d'un spa et d'une salle de fitness avec vue. Murs en boiserie, dallage en pierre et grandes cheminées créent l'ambiance. Les chambres sont bien équipées : édredons moelleux, plafonds aux poutres apparentes et autres détails appréciables.

Où se restaurer et prendre un verre

Jackson abrite les restaurants les plus raffinés du Wyoming. La plupart de nos restaurants favoris font aussi bars.

Bubba's Bar-B-Que (☎ 307-733-2288 ; 515 W Broadway Ave ; plats 5-15 $; 7h-22h). Pour le petit-déjeuner, le Bubba's sert des biscuits énormes et moelleux. Le reste de la journée, il propose un bon buffet de crudités, des côtes et des côtelettes. L'établissement est BYO (*bring your own*) : vous pouvez apporter votre propre bouteille.

Snake River Brewing Co (☎ 307-739-2337 ; 265 S Millward St ; plats 6-15 $; 11h-minuit ;) Appréciée des skieurs des environs, la cuisine de pub du Snake River (façon pizza au feu de bois et hamburgers juteux) s'accorde bien aux bières douces de la maison.

Rendezvous Bistro (☎ 307-739-1100 ; 380 S Broadway Ave; plats 15-30 $; 17h30-22h lun-sam). Les habitants apprécient ce bistrot animé et sans prétention, au décor intime et élégant. Cuisine haut de gamme à prix compétitif, du steak au homard. Excellent service.

Mangy Moose Saloon (☎ 307-733-9779 ; Teton Village). Véritable institution à Jackson, ce lieu animé propose divers spectacles, des concerts de musiciens locaux (gratuits) aux grandes tournées nationales. Une foule d'habitants et de touristes s'y retrouvent après leur journée de ski. Le cadre est intime et la scène visible sur deux niveaux.

Million Dollar Cowboy Bar (☎ 307-733-2207 ; 25 N Cache Dr). Impossible de manquer l'entrée de cette autre institution : l'enseigne néon est gigantesque. Malgré son décor cow-boy un peu kitsch, c'est un endroit sympathique.

Comment s'y rendre et circuler

L'**aéroport de Jackson Hole** (JAC ; ☎ 307-733-7682) se situe à 11 km au nord de Jackson, près des US 26/89/189/191, sur le territoire du Grand Teton National Park. Des vols desservent tous les jours Denver, Salt Lake City, Dallas et Houston, ainsi que Chicago le week-end.

Les bus **Alltrans' Jackson Hole Express** (☎ 307-733-1719 ; www.jacksonholebus.com) partent chaque jour à 6h30 de la station-service Exxon de Jackson (angle Hwy 89 S et S Park Loop Rd) pour Salt Lake City (environ 65 $, 5 heures 30).

MONTANA

Attention : le Montana peut provoquer un phénomène de dépendance. Aucun mot ne saurait décrire cette première expérience du Montana qui vous apaise l'âme. C'est peut-être le ciel, qui semble plus vaste et plus bleu que partout ailleurs. Ou encore l'air vif, soûlant de fraîcheur et du parfum des pins. À moins que ce ne soit la façon dont les montagnes se fondent dans les prairies ondulantes ou la vision d'un grizzli s'abreuvant dans un lac de glacier étincelant.

Peut-être aussi est-ce l'esprit de la frontière, sauvage, libre et si profondément américain, d'où l'État a tiré sa devise : "Vivre et laisser vivre." Quoi qu'il en soit, le Montana est le genre d'endroit qui reste gravé dans vos mémoires.

LE MONTANA EN BREF

Surnom : Treasure State (État-Trésor)
Population : 967 440 habitants
Superficie : 376 980 km²
Capitale : Helena (30 000 habitants)
Autres villes : Billings (89 850 habitants), Missoula (100 000 habitants)
TVA : aucune
Lieu de naissance de : Gary Cooper (1901-1961), Evel Knievel (1938-2007), cascadeur légendaire
Célèbre pour : son ciel immense, sa pêche à la mouche, sa neige, ses rodéos et ses ours
Divers : Certaines autoroutes du Montana n'ont pas eu de limitation de vitesse jusque dans les années 1990 !
Distances routières : Bozeman-Denver 1 119 km ; Missoula-Whitefish 219 km

Renseignements

Montana Fish, Wildlife & Parks (☎ 406-444-2535 ; www.fwp.state.mt.us). Planter votre tente dans l'un des 24 campings d'État vous coûtera entre 12 et 15 $ la nuit. Pour "brancher" votre camping-car – là où c'est possible –, comptez 5 $ de plus. Pas de réservations. Les premiers arrivés sont les premiers servis.

Montanan Road Conditions (☎ 800-226-7623, dans le Montana 511 ; www.mdt.mt.gov). Informations routières et état des routes.

Travel Montana (☎ 800-847-4868 ; www.visitmt.com). Office du tourisme du Montana.

BOZEMAN

Entourée de collines verdoyantes et de forêts de pin sur fond de sommets enneigés, Bozeman est probablement la ville la plus *cool* du Montana. Le quartier historique de Main St, avec ses bâtiments de brique bas abritant des boutiques à la mode, ses bars à vin bohèmes et ses terrasses de cafés animées où on sert la cuisine du monde entier, est à la fois rétro Far West et funky. Sa situation au pied des Bridger Mountains permet en plus toutes sortes d'activités et d'aventures de plein air.

Le **Visitor Center** (☎ 406-586-5421 ; www.bozemanchamber.com ; 1003 N 7th Ave ; 🕑 8h-17h lun-ven) donne des informations sur l'hébergement et les curiosités.

Dans l'université du Montana, le **Museum of the Rockies** (☎ 406-994-2251 ; www.museumoftherockies.org ; 600 W Kagy Blvd ; adulte/enfant 10/7 $; 🕑 8h-20h ; 🚼) est un muséum d'histoire naturelle très divertissant présentant des dinosaures, de l'art amérindien primitif et des spectacles laser.

Il n'y a qu'au Montana qu'on peut trouver une station de ski à but non lucratif ! **Bridger Bowl Ski Area** (☎ 406-587-2111 ; www.bridgerbowl.com ; 15795 Bridger Canyon Rd ; forfait journée adulte/moins de 12 ans 45/16 $), à 26 km au nord de Bozeman, appartient à une association dont peut devenir membre tout résident majeur de l'État. Elle est connue pour sa poudreuse légère et ses prix imbattables – surtout pour les moins de 12 ans.

Appartenant au même écosystème géothermal que le Yellowstone, la région de Bozeman abrite une douzaine des 61 sources chaudes du Montana. Vous pourrez oublier vos courbatures dans les bassins, le sauna ou le hammam des **Bozeman Hot Springs** (☎ 406-586-6492 ; 5 $; 🕑 8h-13h dim-jeu, 8h-minuit ven-sam), à 13 km à l'ouest de Bozeman, près de l'US 191.

Où se loger

Toutes les chaînes de motel se situent au nord du centre-ville dans 7th Ave, près de l'I-90. Vous trouverez aussi des établissements à l'est, dans Main St. Les chambres coûtent entre 35 et 65 $ selon la saison. Certains établissements ont des piscines.

Bear Canyon Campground (☎ 800-438-1575 ; www.bearcanyoncampground.com ; empl tente/camping-car 21/29 $; 🕑 mai-oct ; 🏊). Ce camping est installé au sommet d'une colline à 5 km à l'est de Bozeman, au niveau de la sortie 313 de l'I-90. Panorama splendide et piscine.

Bozeman Backpackers Hostel (☎ 406-586-4659 ; www.bozemanbackpackershostel.com ; 405 W Olive St ; dort/d 20/42 $). Dans une belle demeure victorienne peinte en jaune datant de 1890 (où vécut jadis Gary Cooper), cette auberge de jeunesse indépendante est fort sympathique et décontractée. Les chambres et dortoirs sont accessibles à toute heure. C'est le rendez-vous des globe-trotteurs par excellence.

Lewis & Clark Motel (☎ 406-586-3341 ; www.lewisandclarkmotel.net ; 824 W Main St ; ch 75 $; ❄ 📶 🏊). Si Las Vegas vous manque, vous trouverez dans ce motel tape-à-l'œil des jeux de casino et des bières fraîches dans le hall. Vastes chambres dotées d'immenses fenêtres, piscine chauffée couverte de 19 m, Jacuzzi et sauna.

Où se restaurer et prendre un verre

Ville étudiante, Bozeman ne manque pas d'adresses bon marché pour se restaurer et

LA PÊCHE À LA TRUITE DANS LE MONTANA

Depuis que Robert Redford et Brad Pitt en ont fait un sport à la mode avec le désormais classique *Et au milieu coule une rivière*, film de 1992, les visiteurs du Montana sont fous de pêche à la truite. Et cela n'a rien d'étonnant. Le Montana a plus de kilomètres de rivières à truites que n'importe lequel des autres membres des États-Unis contigus. Ce pays de ciels immenses et de larges rivières torrentueuses, spectaculaire et poissonneuses,comble débutants et as internationaux de la mouche. Vous autres cinéphiles, sachez que le film – tout comme le livre dont il s'inspire – est situé à Missoula et sur la Blackfoot River voisine. Mais il a en fait été tourné près de Bozeman et, pour les scènes de pêche, principalement sur la Yellowstone River et la Gallatin River, qui nous intéressent ici.

Pour pêcher la truite par vous-même, la Gallatin River, 13 km à l'ouest de Bozeman sur la Hwy 191, possède les spots de pêche les plus accessibles et les plus réguliers. Les novices s'en donneront à cœur joie, car il y a une foule de truites arc-en-ciel et de truites brunes qui n'attendent qu'eux pour mordre à l'hameçon. La Yellowstone River, à 40 km à l'est de Bozeman, est elle aussi pleine de truites. Et c'est l'un des plus beaux sites de pêche du Montana.

Pour tout savoir sur la truite – mais aussi sur les mouches et les cannes – et pour un permis de pêcher dans l'État, rendez-vous chez **Bozeman Angler** (☎ 406-587-9111 ; 23 E Main St ; ⌚ 9h30-17h30 lun-sam, 10h-15h dim). Propriété d'un couple du coin depuis plus de dix ans, cette boutique du centre-ville propose un excellent stage d'introduction à la pêche. Durant une journée, on vous apprendra les bases du lancer et du choix des leurres ainsi que tout ce qu'il faut absolument savoir sur le poisson. Vous aurez droit à un déjeuner, puis on vous lâchera sur la rivière (avec un guide bien entendu) pour que vous puissiez pratiquer votre tout nouveau talent. Si vous savez pêcher, mais que vous ne connaissez pas les meilleurs endroits, prenez contact avec la boutique pour qu'elle vous organise un tour guidé, qui sera fonction de votre expérience et de vos préférences.

de bars pour étancher sa soif. La plupart des établissements sont sur Main St.

La Tinga (☎ 406-586-3341 ; 12 E Main St ; plats 1,50-8 $; ⌚ 11h-fermeture). Simple et pas cher, ce petit bistrot à tacos récent décline à merveille le plat mexicain de porc auquel il emprunte son nom, et propose de nombreux tacos fraîchement préparés (à partir de 1,50 $). Il y a aussi un déjeuner complet pour moins de 7 $. Rien d'étonnant à ce que ce soit toujours plein.

Burger Bob's (☎ 406-585-0800 ; 39 W Main St ; plats 5-10 $; ⌚ 11h30-21h dim-jeu, 11h30-22h ven-sam). Ce vieil établissement sert de la bière fraîche et de solides hamburgers depuis assez longtemps pour être devenu une institution locale. Burgers avec tous types de garniture, sandwichs et bière pression locale ou artisanale.

Plonk (☎ 406-587-2170 ; 29 E Main St ; plats 10-30 $; ⌚ 11h30-22h). L'endroit rêvé pour un déjeuner qui prend son temps. Carte créative alliant nouvelle cuisine américaine et cuisine française de bistrot. Les plats, beaux et bons, sont faits à partir de produits bio locaux dans toute la mesure du possible. En été, la vitrine s'ouvre, laissant pénétrer la lumière et la brise rafraîchissantes dans le bâtiment tout en longueur, orné d'un bar et d'un plafond couvert d'étain repoussé. La terrasse au soleil est également très agréable.

John Bozeman's Bistro (☎ 406-388-1100 ; Belgrande, 27 E Main St ; plats 10-30 $; ⌚ 17h-22h). À 13 km à l'ouest de la ville, cette autre institution locale dotée d'une extraordinaire carte des vins est beaucoup plus sophistiquée que ne le sont en général les relais routiers du Montana. À déguster : de belles pièces de bœuf bien juteuses. Box soignés, vieilles photos de cow-boys et tête de vache *longhorn* au mur créent l'ambiance. Pour les petits budgets, le bar propose une carte moins onéreuse. Il y a un plat végétarien par jour.

Molly Brown (☎ 406-586-9903 ; S 8th St). Très prisé par les étudiants, ce bar bruyant propose 20 bières à la pression et huit billards.

Zebra Cocktail Lounge (☎ 406-585-8851 ; 15 N Rouse St). À l'intérieur du Bozeman Hotel, cette adresse est l'épicentre de la scène musicale locale.

Depuis/vers Bozeman

Le **Gallatin Field Airport** (BZN ; ☎ 406-388-6632) se trouve à 13 km au nord-ouest du centre-ville. De décembre à avril, les bus **Karst Stage** (☎406-388-2293 ; www.karststage.com) relient quotidiennement l'aéroport à Big Sky (environ 35 $, 1 heure) et West Yellowstone (environ 50 $, 2 heures) ; en été, le service fonctionne uniquement sur réservation.

Les bus Greyhound partent de la **gare routière** (☎406-587-3110 ; 1205 E Main St), à 800 m du centre, pour desservir les villes du Montana qui jalonnent l'I-90.

GALLATIN VALLEY ET PARADISE VALLEY

Les amateurs de nature ne se lasseront pas d'arpenter les magnifiques paysages qui entourent la Gallatin River, en parcourant la Gallatin Valley et la Paradise Valley. Principale station de ski de la vallée, le **Big Sky Resort** (☎800-548-4486 ; www.bigskyresort.com ; forfait adulte 78 $) s'étend sur plusieurs montagnes. La station reçoit 10 m de neige par an et possède le plus long dénivelé de l'État (1 305 m). Ici, les remontées mécaniques sont moins chères que dans bien des stations des Rocheuses. Si vous êtes avec vos enfants, ne ratez surtout pas Big Sky, où les enfants de moins de 10 ans ne paient rien et où les ados ont droit à un rabais de 20 $. En été, un téléphérique dessert les sentiers de randonnée et de VTT. Pour la grande randonnée et le ski de fond, rejoignez le **Lee Metcalf Wilderness Complex**, qui s'étend sur 1 000 m² à l'ouest de l'US 191, englobant une partie des forêts nationales de Gallatin et de Beaverhead. De nombreux campings panoramiques de l'USFS sont installés sur les flancs de la Gallatin Range, à l'est de l'US 191.

À 30 km au sud de Livingston par l'US 89 vers Yellowstone, les **Chico Hot Springs** (☎406-333-4933 ; www.chicohotsprings.com ; ch à partir de 50-355 $; 🕘 8h-minuit ; 📶) ont acquis une certaine renommée ces dernières années, allant jusqu'à attirer désormais des stars hollywoodiennes, qui viennent profiter de la détente offerte par les deux bassins à ciel ouvert de ces sources minérales (entrée 8,50 $ pour les personnes extérieures). Le grand bassin est à température idéale pour barboter (34°C) ; le bassin plus petit est plus chaud (54°C). Le bar est très animé, des orchestres de danse country se produisent le week-end. Le restaurant (plats 20-30 $) est réputé pour ses excellents steaks et fruits de mer.

LITTLE BIGHORN

Le **Little Bighorn Battlefield National Monument** (☎406-638-3224 ; 12 $/voiture ; 🕘 8h-18h) se trouve sur les terres de la réserve indienne des Crow, au milieu des vastes prairies et des collines de pins des plaines du sud-ouest du Montana. C'est sur ce célèbre champ de bataille que George Custer livra sa "dernière charge". Le général et ses 272 hommes succombèrent sous les assauts des Indiens des Grandes Plaines – parmi lesquels les symboles de la résistance indienne, Sitting Bull et Crazy Horse – au cours d'une bataille souvent représentée par les peintres. Un centre d'accueil rappelle les faits. L'entrée se situe à 1,5 km à l'est de l'I-90, sur l'US 212.

ABSAROKA BEARTOOTH WILDERNESS

Les superbes paysages de l'Absaroka Beartooth Wilderness, étendus sur quelque 377 000 ha, sont parfaits pour une escapade en solitaire. Forêts épaisses, pics déchiquetés et toundra déserte se partagent cette réserve nichée entre la Paradise Valley à l'ouest et le Yellowstone National Park au sud. La partie ouest est dominée par les flancs densément boisés de l'Absaroka Range, une montagne plus accessible par la Paradise Valley ou le Boulder River Corridor. L'accès aux sommets découpés de la Beartooth Range se fait plus aisément par la Hwy 78 et l'US 212, près de Red Lodge. En raison de la proximité de Yellowstone, les deux tiers des automobilistes qui franchissent la région traversent Beartooth.

Ville minière pittoresque dotée de bars et de restaurants divertissants et d'un bon choix d'hébergements, **Red Lodge** permet d'excellentes randonnées d'une journée ou plus, et compte des pistes de ski à proximité. Le **Red Lodge Visitor Center** (☎406-446-1718 ; 601 N Broadway Ave ; 🕘 9h-17h juin-août, 9h30-16h30 lun-ven sept-mai) vous renseignera sur les hébergements.

La magnifique **Beartooth Highway** (US 212 ; 🕘 de juin à mi-oct) relie Red Lodge à Cooke City et à l'entrée nord du parc de Yellowstone par un incroyable parcours de 109 km entre hauts pics et toundra fleurie. Cinq campings de l'USFS (réservables) jalonnent la route jusqu'à 19 km de Red Lodge.

BILLINGS

On a du mal à croire que cette petite ville sans stress soit la plus grande du Montana. Sympathique, ce centre d'élevage et site pétrolier n'est pas incontournable, mais constitue une bonne étape. Le centre historique, avec ses bâtiments ramassés, ses larges rues, ses jolis cafés et ses belles boutiques de bibelots, n'a rien de cosmopolite mais distille un certain charme.

Les voyageurs fatigués de la route apprécieront le **Billings Hotel & Convention Center** (☎ 800-537-7286 ; www.billingshotel.net ; 1223 Mullowney Lane ; ch à partir de 85 $;). Il a des chambres confortables, un restaurant un bar et, cerise sur le gâteau – surtout pour les plus jeunes –, une piscine couverte avec deux grands toboggans.

Pour démarrer la journée d'un bon pied, faites un tour au débonnaire **McCormick Cafe** (☎ 406-255-9555 ; 2419 Montana Ave ; repas 4-7 $; 7h-16h lun-ven, 8h-15h sam ;) où vous pourrez prendre un café bien chaud, et une bonne assiette d'œufs au bacon. Soupes, salades et pizzas figurent au menu du déjeuner. Adresse rustique pour un repas simple.

L'**aéroport international de Logan** (BIL ; ☎ 406-238-3420), à 3 km au nord du centre-ville, propose des vols directs vers Salt Lake City, Denver, Minneapolis, Seattle, Phoenix et plusieurs villes du Montana. La **gare routière** (☎ 406-245-5116 ; 2502 1st Ave N ; 24h/24) offre des liaisons vers Bozeman (35 $, 3 heures) et Missoula (60 $, 8 heures).

HELENA

Hommes politiques, amateurs de nature et artistes se rejoignent dans la capitale du Montana, une ville agréable qui allie sans complexe affaires et plaisir. En semaine, c'est une agglomération animée où se retrouvent dirigeants et lobbyistes font les lois. Le week-end, la population toute entière migre vers les montagnes, laissant derrière elle une cité fantôme.

Pour tout renseignement, rendez-vous au **Helena Visitor Center** (☎ 406-442-4120, 800-743-5362 ; www.helenachamber.com ; 225 Cruse Ave ; 8h-17h lun-ven).

Beaucoup de curiosités de Helena sont accessibles gratuitement, notamment le **capitole** (☎ 406-444-4789 ; angle Montana Ave et 6th St ; 8h-18h lun-ven), bâtiment néoclassique du gouvernement de l'État, les élégants édifices anciens de Last Chance Gulch (quartier commerçant piétonnier de Helena) et le **Holter Museum of Art** (☎ 406-442-6400 ; www.holtermuseum.org ; 12 E Lawrence St ; 10h-17h lun-sam juin-août, 11h30-17h mar-ven, 12h-17h sam-dim sept-mai), qui expose les œuvres modernes d'artistes du Montana.

Neuf chemins de **randonnée** et de **VTT** traversent le Mt Helena City Park, dont un mène au sommet du mont Helena, à 1 638 m.

À l'est du centre-ville, près de l'I-15, plusieurs motels de chaînes offrent, pour la plupart de leurs chambres, un petit-déjeuner continental gratuit, une piscine et un Jacuzzi pour un prix allant de 60 à 85 $.

Le **Sanders** (☎ 406-442-3309 ; www.sandersbb.com ; 328 N Ewing St ; ch avec petit-déj 130 $;) est un B&B historique avec sept chambres élgantes, un adorable vieux salon et une véranda pour profiter de la brise. Chaque chambre est unique et soigneusement décorée.

Fire Tower Coffee House (☎ 406-495-8840 ; 422 Last Chance Gulch ; plats 7 $; 7h-tard ;). Propose du café, des repas légers et des concerts le vendredi soir. La carte du petit-déjeuner affiche des *burritos* et celle du déjeuner, une grande variété de sandwichs.

L'**aéroport régional de Helena** (Helena Regional Airport, HNL ; ☎ 406-442-2821 ; www.helenaairport.com), à 3 km au nord du centre, dessert la plupart des aéroports du Montana, ainsi que Salt Lake City, Spokane et Minneapolis. Rimrock Stages propose au moins un bus quotidien pour Missoula (25 $, 2 heures 15), Billings (42 $, 4 heures 45) et Bozeman (22 $, 2 heures) au départ de la **gare routière** (☎ 406-442-5860 ; 3100 E Hwy 12), située à 11 km à l'est de Helena sur l'US 12.

MISSOULA

Voilà le genre d'endroit où vous pouvez le même jour faire une randonnée dans une zone protégée le matin, pêcher à la mouche dans une rivière enchanteresse l'après-midi et passer la soirée au concert. La ville la plus culturellement variée du Montana est une oasis urbaine au milieu d'un désert pastoral. Installée au confluent de cinq vallées sur les rives de la Clark River, elle permet l'accès à sept zones protégées dans un rayon de 160 km et se trouve à deux pas de trois grandes rivières et d'une station de ski qui abrite l'une des pentes les plus raides du pays. À cela s'ajoutent de nombreux restaurants raffinés et galeries… On comprend pourquoi tant d'Américains épris de grand air et de culture souhaitent s'installer sur cette Terre promise. Enfin, siège de l'Université du Montana, Missoula accueille une importante population estudiantine dont l'influence est sensible dans les boutiques et bars qui entourent le campus.

Renseignements

Trail Head (☎ 406-543-6966 ; www.trailheadmontana.net ; 110 E Pine St ; 9h30-20h lun-ven, 9h-18h sam, 11h-18h dim). Cartes, nombreuses informations, équipements de camping et de kayak.

Visitor Center (☎ 406-532-3250, 800-526-3465 ; www.missoulacvb.org ; 1121 E Broadway ; 8h-17h lun-ven)

À voir et à faire

À 11 km à l'ouest du centre, le **Smokejumper Visitor Center** (☎ 406-329-4900 ; W Broadway ; entrée libre ; 10h-16h juin-août) sert de base à ces hommes et à ces femmes qui, parachutés au cœur du danger, vont combattre les feux de forêts. Son centre d'information propose de bonnes expositions audio et vidéo sur la vie des pompiers de l'Ouest.

L'une des **randonnées** les plus accessibles longe la rive sud de la Clark Fork du McCormick Park (à l'ouest du pont d'Orange St) au Hellgate Canyon. Au crépuscule, l'ascension abrupte depuis le stade de football jusqu'au "M", sur le mont Sentinel (1 547 m), permet d'admirer un panorama spectaculaire.

Les skieurs chevronnés apprécieront le dénivelé de 780 m – l'un des plus raide du pays – de la **Snowbowl Ski Area** (☎ 406-549-9777 ; www.montanasnowbowl.com ; forfait 35 $), à 27 km au nord de Missoula.

Qui dit Montana dit **pêche à la mouche**. C'est ici qu'est situé *Et au milieu coule une rivière*, célèbre film de Robert Redford – qui a en fait été filmé à Bozeman (voir p. 435) –, et les environs de Missoula recèlent certains des meilleurs sites de pêche de l'État. Ainsi, Rock Creek, à 34 km à l'est de la ville, est une rivière à truites fameuse où il fait bon pêcher quel que soit le moment de l'année. Les enfants sont avec vous ? Essayez le Beavertail Hill Pond, à l'est de Missoula sur l'I-90 (sortie Beavertail), qui les accueille volontiers.

Où se loger et se restaurer

La plupart des hébergements se situent dans Broadway, entre Van Buren St et Orange St, à quelques pas du campus et du centre-ville.

Campus Inn (☎ 406-549-5134 ; www.campusinnmissoula.com ; 744 E Broadway ; ch à partir de 85 $;). Cet endroit d'un bon rapport qualité/prix dispose de chambres spacieuses et bien équipées, situées dans le bâtiment principal ou organisées à la manière d'un motel. Également deux Jacuzzi.

Goldsmith's Bed & Breakfast (☎ 406-728-1585 ; www.goldsmithsinn.com ; 809 E Front St ; ch à partir de 130 $;). Cette exquise maison d'hôtes, proche de la rivière, possède une terrasse donnant sur l'eau, idéale pour savourer un roman. Les chambres, confortables et attrayantes, comportent des meubles victoriens. Certaines possèdent un salon, une cheminée et un coin lecture.

Bernice's Bakery (☎ 406-728-1358 ; 190 S 3rd St ; plats 3-6 $; 7h-minuit). Succulent café et thé bio, bons desserts et savoureux petits-déjeuners (mention spéciale pour le muesli maison) font le succès de cette institution de Missoula.

Depot (☎ 406-728-7007 ; 201 W Railroad Ave ; plats 13-35 $; 11h30-21h). Le Depot est réputé pour la qualité constante de son bœuf, servi dans un décor western contemporain chic. Installez-vous au bar de brique, qui donne sur les trains. Le menu des découpes de bœuf est presque aussi long que la carte des vins, mais il y a d'autres choix. Si vous aimez le fromage et la crème, essayez le ragoût de coquilles Saint-Jacques aux champignons, une spécialité maison.

Iron Horse Brewpub (☎ 406-728-8866 ; 501 N Higgins St ; 11h30-tard). Après plusieurs millions de dollars de travaux, l'établissement comporte désormais à l'étage un bar chic non-fumeurs (on peut toujours fumer dans les bars du Montana), le 501, qui a même un aquarium d'eau salée. Les étudiants se pressent sur la terrasse pour y déguster des "microbières" et des plats de pub américains.

Comment s'y rendre et circuler

Le **Missoula County International Airport** (MSO ; ☎ 406-728-4381) se trouve à 8 km à l'ouest de Missoula sur l'US 12 W.

Les bus Greyhound desservent les quatre coins du Montana depuis la **gare routière** (☎ 406-549-2339 ; 1660 W Broadway), à 1,5 km à l'ouest de la ville.

FLATHEAD LAKE

Ses 205 km de rives bordées d'arbres, ses superbes baies et ses eaux poissonneuses font du Flathead Lake l'une des destinations préférées du Montana. L'agréable **Flathead Lake Marine Trail** permet de relier les deux extrémités du lac en barque ; deux **campings** (☎ 406-751-4577 ; empl tente à partir de 10 $) se tiennent sur la rive. En voiture, on peut faire le tour du lac en 4 heures. Prenez le temps de vous arrêter pour la vue et pour acheter des fruits à l'un des étals au bord de la route.

Dans la réserve indienne située à la lisière sud du lac, la ville de **Polson** (Visitor Center ☎ 406-883-5969 ; www.polsonchamber.com ; 4 2nd Ave E ; 8h-16h lun-ven, 9h-16h sam, 10h-15h dim juin-août, lun-ven 10h-14h sept-mai) regroupe la majorité des services offerts dans la région, dont plusieurs stations-service, fast-foods et motels.

Le stupéfiant **Miracle of America Museum** (☎ 406-883- 6804 ; 58176 Hwy 93 ; adulte/enfant 3/1 $; 8h-20h juin-août, 8h30-17h lun-sam, 13h30-17h dim sept-mai), à 3 km au sud de Polson, mérite une visite. Tour à tour déconcertant ou fascinant, il est constitué, sur 2 ha, de vestiges de l'histoire américaine. Vous aurez l'occasion de voir toutes sortes de curiosités, comme le plus grand bison (désormais empaillé) jamais mesuré dans le Montana.

À l'autre bout du lac, **Bigfork** (Visitor Center ☎ 406-837-5888 ; www.bigfork.org ; 8155 Hwy 35 ; 9h-17h juin-août, 10h-14h lun-ven sept-mai) est un village pittoresque doté de bons restaurants et de superbes boutiques.

Entre Polson et Bigfork se trouvent des campings et des camps de vacances et, sur la rive est du lac, des cerisaies aux fruits charnus. Dans les deux localités, on peut emprunter un bateau pour visiter l'île de **Wild Horse Island**, où vivent des chevaux sauvages. Peut-être apercevrez-vous Flathead Nessie, un lointain cousin du monstre du Loch Ness, qui habiterait les eaux du lac depuis les années 1930.

BOB MARSHALL WILDERNESS COMPLEX

S'il fallait associer le Montana à une image, ce serait certainement celle des paysages sauvages du Bob Marshall Wilderness Complex (surnommé le "Bob"). Cette réserve naturelle réunit trois réserves sauvages (*wilderness areas* : Great Bear, Bob Marshall et Scapegoat) qui s'étirent, au nord, depuis la limite sud du Glacier National Park, et au sud, jusqu'au Rogers Pass (Hwy 200), formant un superbe patchwork de formations géologiques, de flore et de faune. Les forêts nationales environnantes regroupent des campings, des routes menant aux pistes de randonnées et des coins tranquilles où l'on peut se réfugier lorsque le domaine accueille les chasseurs, à l'automne. Réparti sur 6 000 km², le cœur du Bob englobe plus de 5 000 km de pistes et de sentiers très éloignés des routes (plus de 64 km).

Accéder à la Hwy 200, dans le sud, est bien plus aisé depuis les travaux de rénovation qui ont duré quatre ans. L'administration du parc a ouvert des chalets rustiques, les **Monture Guard Station Cabin** (chalets 60 $), à l'intérieur du parc. Pour vous y rendre, dirigez-vous vers le nord sur onze kilomètres au départ d'Ovando et marchez le dernier kilomètre jusqu'à votre logement, à la limite de la superbe Lewis and Clark Range. Contactez l'USFS pour réserver.

Vous pouvez également accéder au Bob par la Seeley-Swan Valley à l'ouest, par le Hungry Horse Reservoir au nord, ou par le Rocky Mountain Front à l'est. Les voies d'accès les plus aisées (et les plus empruntées) sont les pistes de Benchmark et du Gibson Reservoir, dans le Rocky Mountain Front.

Les sentiers prennent généralement un départ très abrupt, atteignant la frontière de la réserve après 11 km. Il faut ensuite parcourir 16 km de plus pour rejoindre le cœur du Bob. De belles randonnées d'une journée sont possibles de tous côtés. Deux divisions de l'USFS s'occupent de la réserve :

Flathead National Forest Headquarters (☎ 406-758-5204 ; www.fs.fed.us/r1/flathead ; 1935 3rd Ave E, Kalispell ; 8h-16h30 lun-ven)

Lewis and Clark National Forest Supervisors (☎ 406-791-7700 ; www.fs.fed.us/r1/lewisclark ; 1101 15th St N, Great Falls ; 8h-16h30 lun-ven)

WHITEFISH

Si vous pensez que Whitefish n'est que le principal point d'accès au Glacier National Park, vous risquez de manquer quelque chose. Cette ville branchée, avec ses belles boutiques et ses bons restaurants, est une destination en soi. Elle est installée dans l'ombre d'une grande station de ski mal connue, le **Whitefish Mountain Resort** (☎ 406-862-2900 ; www.bigmtn.com ; forfait adulte/enfant 56/27 $), ex-Big Mountain, qui offre plus de 1 200 ha de pistes de tous niveaux. On peut même y faire du ski de nuit.

Voyez le **Whitefish Visitor Center** (☎ 406-862-3390 ; www.whitefishvisit.com ; 343 Central Ave ; 9h-17h30 lun-sam juin-août, 9h-17h lun-ven sept-mai) pour en savoir plus sur les activités possibles.

Toute une série de motels de chaînes bordent l'US 93 au sud de Whitefish. Mais le meilleur choix reste le **Chalet Motel** (☎ 406-862-5581 ; www.whitefishlodging.com ; 6430 Hwy 93 S ; ch 85 $;), à environ 1,5 km de la ville. Il offre des chambres spacieuses avec une vue sur la station, ainsi qu'un Jacuzzi et une piscine couverte.

Les trains d'Amtrak s'arrêtent à la **gare** (☎ 406-862-2268 ; 500 Depot St) de Whitefish et prennent des voyageurs pour West Glacier (16 $) et East Glacier (32 $).

GLACIER NATIONAL PARK

Le Glacier National Park aura bientôt un siècle, mais personne n'envisage de faire la fête. C'est parce que, à moins que l'avenir ne démente les climatologues, le parc pourrait bien perdre son nom vers 2030. Malheureusement, et sans que l'information circule vraiment, le site le plus beau et le plus apprécié du Montana est devenu, à son tour, une victime du réchauffement climatique. Les glaciers d'où il tire son nom disparaissent très rapidement : on en dénombrait 150 en 1850 ; ils ne sont plus que 26 aujourd'hui. Et ceux qui restent ne sont plus que l'ombre de ce qu'ils étaient et fondent à toute vitesse.

Alors, visitez-le sans tarder. Pour le moment, la beauté du parc continue de faire oublier son triste avenir. Ses paysages alpins désolés et déchiquetés recèlent de nombreuses vallées luxuriantes ponctuées de lacs cristallins et de cascades. Les passionnés de vie sauvage pourront s'en donner à cœur joie et observer les animaux endémiques : pumas, grizzlis, ours noirs et élans. La plupart des visiteurs se cantonnent, malheureusement, aux sites aménagés et aux petits chemins de randonnées, mais ce parc mérite que vous empruntiez des sentiers moins fréquentés.

Les fabuleux paysages du parc continuent vers le nord et pénètrent le territoire canadien, où ils sont placés sous la protection du Waterton Lakes National Park. Le parc américain, créé en 1910, et son homologue canadien forment ensemble le Waterton-Glacier International Peace Park. En 1995, le site a été classé au Patrimoine mondial en raison de son importante biodiversité. Bien que le regroupement évoque une certaine harmonie bilatérale, chaque parc est indépendant et le billet du premier n'autorise pas la visite du second.

Le parc est ouvert toute l'année, mais la plupart des services ne fonctionnent que de mi-mai à septembre.

Orientation

Les 4 000 km² du parc sont répartis en 5 zones, chacune étant centrée sur un poste de rangers : Polebridge (au nord-ouest) ; Lake McDonald (au sud-ouest), qui comprend l'entrée ouest et Apgar village ; Two Medicine (au sud-est) ; St Mary (à l'est) ; et Many Glacier (au nord-est). La Going-to-the-Sun Rd (80 km) est la seule route goudronnée traversant le parc.

Renseignements

À l'intérieur du parc, les Visitor Centers et les postes de rangers vendent des guides sur le site et des cartes de randonnée. Ceux d'Apgar et de St Mary sont ouverts tous les jours de mai à octobre. Le Visitor Center de Logan Pass ouvre en même temps que la Going-to-the-Sun Rd. Les postes de rangers de Many Glacier, Two Medicine et Polebridge ferment fin septembre. Les **bureaux du parc** (Park Headquarters ; ☎ 406-888-7800 ; www.nps.gov/glac ; 8h-16h30 lun-ven), situés à West Glacier entre l'US 2 et Apgar, sont ouverts toute l'année.

Le billet d'entrée du parc (piéton/véhicule 12/25 $) est valable 7 jours. Les randonneurs doivent se procurer un permis spécial s'ils désirent passer la nuit dans le parc (de mai à octobre uniquement). La moitié des autorisations (4 $/jour/pers) est délivrée dans l'ordre d'arrivée par l'Apgar Backcountry Permit Center (ouvert du 1er mai au 31 octobre) et le St Mary Visitor Center, ainsi que les postes de rangers de Many Glacier, Two Medicine et Polebridge.

Le reste des permis est mis en réservation auprès de l'Apgar Backcountry Permit Center, des Visitor Centers de St Mary et de Many Glacier, ainsi que des postes de rangers de Two Medicine et de Polebridge.

À voir et à faire

Partant d'Apgar, la **Going-to-the-Sun Road** (p. 443), superbe route panoramique, longe le beau Lake McDonald avant d'opérer un virage serré vers le Garden Wall, principale ligne de partage entre l'ouest et l'est du parc. Au Logan Pass, vous pouvez faire une promenade de 2,5 km jusqu'au **Hidden Lake Overlook** (p. 443) ; les plus courageux emprunteront le **Highline Trail** (12 km ; p. 443). À mi-chemin entre le col et le St Mary's Lake, le Continental Divide Trail traverse la route au niveau de Siyeh Bend, point de départ idéal pour des randonnées de plusieurs jours.

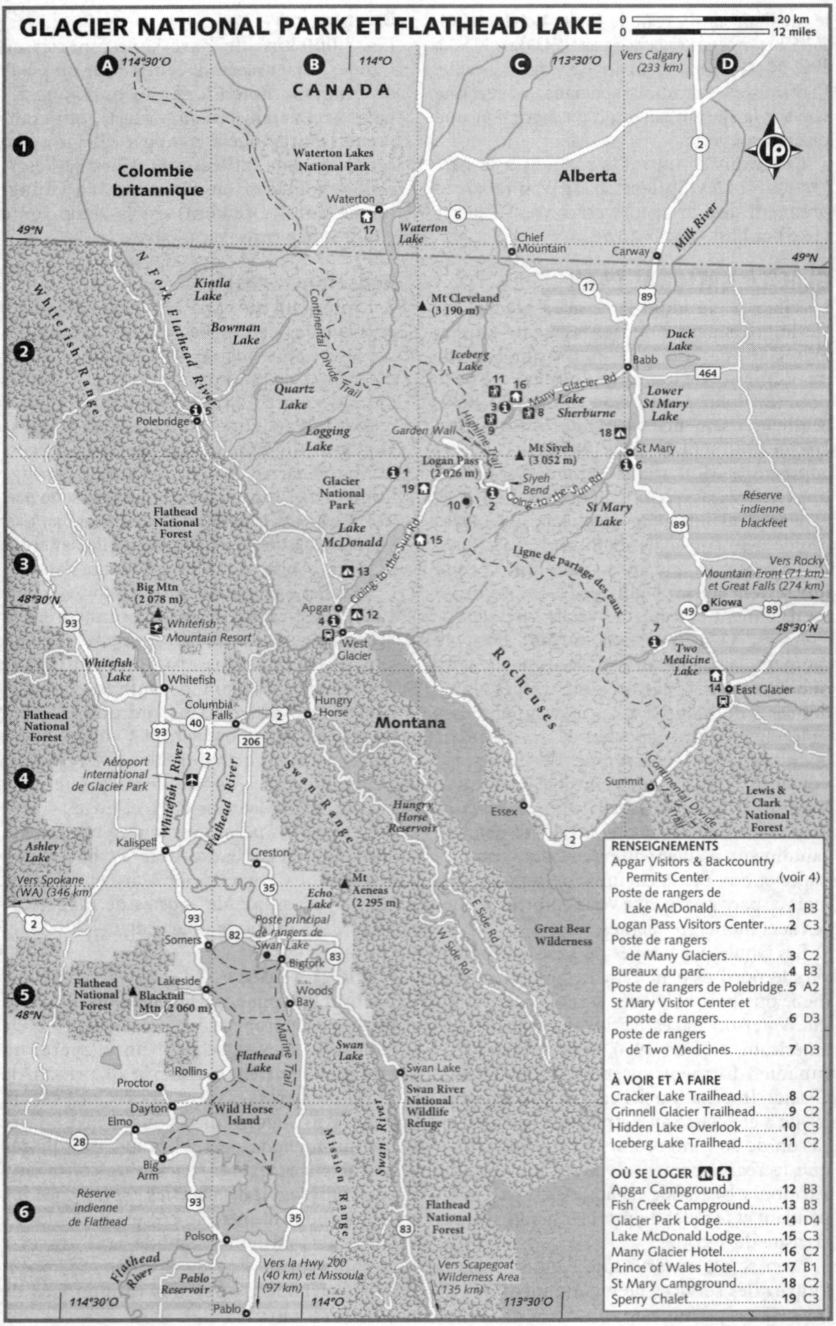
GLACIER NATIONAL PARK ET FLATHEAD LAKE
0 20 km
0 12 miles
114°30'O
114°O
113°30'O
Vers Calgary (233 km)
CANADA
Waterton Lakes National Park
Colombie britannique
Alberta
Waterton
Waterton Lake
Chief Mountain
Carway
Milk River
49°N
Kintla Lake
Bowman Lake
Mt Cleveland (3 190 m)
Duck Lake
Babb
Iceberg Lake
Quartz Lake
Many Glacier Rd
Lake Sherburne
Lower St Mary Lake
Polebridge
Logging Lake
Garden Wall
Highline Trail
Mt Siyeh (3 052 m)
St Mary
Logan Pass (2 026 m)
Siyeh Bend
Going-to-the-Sun Rd
Glacier National Park
St Mary Lake
Réserve indienne blackfeet
Flathead National Forest
Lake McDonald
Ligne de partage des eaux
Vers Rocky Mountain Front (71 km) et Great Falls (274 km)
Big Mtn (2 078 m)
Apgar
Kiowa
48°30'N
Whitefish Mountain Resort
West Glacier
Two Medicine Lake
Whitefish Lake
Whitefish
Rocheuses
East Glacier
Columbia Falls
Hungry Horse
Montana
Swan Range
Aéroport international de Glacier Park
Whitefish River
Flathead River
Summit
Continental Divide Trail
Lewis & Clark National Forest
Hungry Horse Reservoir
Essex
Ashley Lake
Kalispell
Creston
Vers Spokane (WA) (346 km)
Echo Lake
Mt Aeneas (2 295 m)
E Side Rd
W Side Rd
Great Bear Wilderness
Somers
Poste principal de rangers de Swan Lake
Bigfork
Lakeside
Blacktail Mtn (2 060 m)
Woods Bay
48°N
Flathead Lake
Marine Trail
Swan Lake
Rollins
Proctor
Dayton
Elmo
Wild Horse Island
Swan River National Wildlife Refuge
Mission Range
Swan River
Big Arm
Réserve indienne de Flathead
Polson
Flathead River
Pablo Reservoir
Vers la Hwy 200 (40 km) et Missoula (97 km)
Vers Scapegoat Wilderness Area (135 km)
Pablo
RENSEIGNEMENTS
Apgar Visitors & Backcountry Permits Center ....(voir 4)
Poste de rangers de Lake McDonald..........1 B3
Logan Pass Visitors Center..........2 C3
Poste de rangers de Many Glaciers..........3 C2
Bureaux du parc..........4 B3
Poste de rangers de Polebridge..........5 A2
St Mary Visitor Center et poste de rangers..........6 D3
Poste de rangers de Two Medicines..........7 D3
À VOIR ET À FAIRE
Cracker Lake Trailhead..........8 C2
Grinnell Glacier Trailhead..........9 C2
Hidden Lake Overlook..........10 C3
Iceberg Lake Trailhead..........11 C2
OÙ SE LOGER
Apgar Campground..........12 B3
Fish Creek Campground..........13 B3
Glacier Park Lodge..........14 D4
Lake McDonald Lodge..........15 C3
Many Glacier Hotel..........16 C2
Prince of Wales Hotel..........17 B1
St Mary Campground..........18 C2
Sperry Chalet..........19 C3

UN TREK D'EXCEPTION : RANDONNÉE DE L'ICEBERG LAKE

Vu la vitesse à laquelle les glaciers du Glacier National Park fondent, mieux vaut ne pas trop tarder à effectuer la célèbre **randonnée de l'Iceberg Lake** (15 km ; 5 à 6 heures).

Encerclé sur trois côtés par d'imposantes falaises de plus de 910 m de hauteur, ce lac glaciaire est l'un des plus impressionnants d'Amérique du Nord. L'ascension est douce (dénivelé de 365 m) et l'approche se fait essentiellement au niveau de la limite forestière ou au-delà, ce qui permet de profiter de vues exceptionnelles. De belles prairies couvertes de fleurs sauvages bordent le lac.

En 1905, George Grinnell donna son nom au lac après avoir vu des icebergs se détacher du glacier au pied des falaises. Celui-ci n'est plus actif de nos jours, mais la glace de surface et les dépôts des avalanches continuent de fournir des flottilles de blocs de glace lors du dégel d'été. Les spécialistes estiment que, si le réchauffement de la planète se poursuit au même rythme, les cinquante et quelques masses de glace du parc auront fondu en 2030. Mieux vaut donc venir les admirer dès maintenant. La randonnée débute et se termine à l'entrée du sentier de l'Iceberg Lake, près du poste de rangers de Many Glacier.

Les itinéraires les plus fréquentés incluent le Grinnell Glacier Trail (8 km), qui franchit un dénivelé de 480 m jusqu'au glacier le plus visible du parc, et le **Cracker Lake Trail** (9,5 km ; p. 445) qui représente une ascension de 420 m vers de fabuleux paysages. Pour davantage de solitude, mieux vaut opter pour les secteurs de North Fork et de Two Medicine. Au nord de la frontière canadienne, les meilleures randonnées sont plus vite accessibles.

Glacier Park Boat Co (☎ 406-257-2426 ; www.glacierparkboats.com) loue des kayaks et des canoës, et organise des circuits guidés très appréciés (adulte/enfant 22/11 $) à partir de 5 sites du Glacier National Park.

GOING-TO-THE-SUN ROAD

EN BREF

Itinéraire : de West Entrance à St Mary Entrance (ou l'inverse)

Distance : 81 km aller simple

Limitation de vitesse : 40 km/h à 64km/h

La Going-to-the-Sun Road est une merveille technique, en particulier si l'on considère que sa construction a commencé en 1927. Elle traverse la Continental Divide au niveau du Logan Pass, s'étire le long de falaises escarpées, et pénètre au cœur de la nature sauvage du parc. Cette route, qui évite les montées et descentes des routes montagneuses habituelles, ne comporte que deux grands tournants.

Partant de l'entrée occidentale du parc, la route s'engage à droite à Apgar pour suivre la rive orientale du plus grand lac du parc, le **Lake McDonald**, long de 16 km. À l'extrémité nord du lac se trouve Stanton Mountain (2 362 m). La route longe ensuite McDonald Creek, le plus long cours d'eau du parc, au milieu d'une vallée étroite surplombée par des montagnes escarpées. À 26 km, le court **Trail of the Cedars** pénètre dans un massif luxuriant et ancien.

Au nord d'Avalanche Creek, on aperçoit le **Garden Wall**. Cette arête granitique de 2 743 m de haut constitue la limite entre les régions est et ouest du parc, et passe par les cols de Logan et de Swiftcurrent, le long de la Continental Divide. Le **Loop**, un parking situé au niveau du principal virage en épingle de la route, constitue une bonne halte. La route passe ensuite devant les **Bird Woman Falls** (43 km) et le **Weeping Wall** (46 km) d'où s'écoule de l'eau, variablement selon la saison.

Le Visitor Center animé de **Logan Pass** (52 km ; 2 036 m d'altitude) est un bon point de départ pour diverses randonnées, notamment le **Hidden Lake Overlook** et la plus longue **Highline Trail**. Mais vous êtes prévenu : le parking du Logan Pass peut ressembler à celui d'un centre commercial au moment des fêtes de Noël, notamment entre 11h et 15h.

À 58 km, ne manquez pas le **Jackson Glacier Overlook**. À l'extrémité occidentale de St Mary Lake, jetez un coup d'œil sur l'impressionnante **Sunrift Gorge**. La **Going-to-the-Sun Mountain** (2 939 m) se trouve au nord de la route. Dans le lac, **Wild Goose Island** est une toute petite île avec quelques arbres penchés, qui témoignent des vents forts soufflant à travers cette vallée.

Le St Mary Visitor Center (79 km) est à l'extrémité orientale du lac. De ce côté du parc, les plaines s'étendent de St Mary jusqu'aux États du Dakota.

En allant vite, il faut compter 1 heure 30 pour parcourir la route d'Apgar à St Mary. Mais prévoyez au moins 3 heures pour apprécier les paysages. Pour un aller-retour, empruntez à l'aller la Going-to-the-Sun Rd et au retour l'US 2, au sud du parc.

Aucun véhicule de plus de 6 m n'est autorisé à l'est de Sun Point et jusqu'à Avalanche Creek.

HIDDEN LAKE OVERLOOK TRAIL

EN BREF

Distance : 5 km aller-retour
Durée : 2 heures
Niveau : moyen
Dénivelé : 150 m

En raison de son admirable décor, de ses superbes panoramas et de l'observation privilégiée qu'elle permet de la faune et de la flore, cette randonnée est une des plus populaires du parc.

Suivez le chemin aménagé derrière le Visitor Center jusqu'au point de départ du sentier. Une allée en bois s'engage en direction du sud-ouest. Si elle est enneigée (parfois jusqu'à la mi-juillet), suivez les balises jaunes du sentier pour éviter de marcher sur des terrains fragiles et très sensibles.

À 1 km environ, l'allée en bois aboutit sur un chemin de poussière. Si la neige a fondu, la diversité des plantes et des fleurs sauvages dans les prés environnants apparaît, confondante. Parmi les arbres figurent des épinettes d'Engelmann, des sapins subalpins et des pins à écorce blanche. Les marmottes, les écureuils et les chèvres sauvages ne sont pas timides le long de ce sentier. L'insaisissable lagopède alpin, oiseau dont les plumes brunes blanchissent en hiver, vit également dans cette région. Vous pourrez aussi voir la Clement Mountain au nord du sentier, et la Reynolds Mountain au sud-est.

L'ascension est assez progressive pendant toute la randonnée, avec une ou deux bonnes montées. Vous traverserez la ligne de partage des eaux (Continental Divide) à 0,3 km avant Hidden Lake Pass. Ce point de vue offre un panorama impressionnant sur le **Hidden Lake**, d'un bleu profond, bordé de pics montagneux et de falaises rocheuses. On aperçoit le **Sperry Glacier** au sud.

On peut accéder aux rives du Hidden Lake par un chemin de 2,4 km qui part du point de vue, mais celui-ci demande un peu plus d'efforts, étant donné qu'il descend de manière abrupte sur 233 m.

HIGHLINE TRAIL

EN BREF

Distance : 12 km aller simple jusqu'à Granite Park Chalet ; 18,7 km aller simple jusqu'au Loop
Durée : 5 heures 30 jusqu'à Granite Park ; 7 heures 30 jusqu'au Loop
Niveau : facile
Dénivelé : 920 m

C'est une des plus belles et des plus populaires grandes randonnées du parc. Elle permet d'admirer une nature magnifique sans trop s'épuiser. On l'appelle aussi la randonnée du **Garden Wall**, du nom de son attraction phare. Sur toute sa longueur, elle offre de beaux panoramas sur des pics spectaculaires, des prairies parsemées de fleurs sauvages, des arbres subalpins, des arbrisseaux et des étendues de neige. Le point de départ du sentier se trouve de l'autre côté de la route du Visitor Center de Logan Pass.

Le départ du circuit réserve immédiatement des vues sur les montages, en particulier sur des crêtes dentelées. Vous marcherez le long du bord occidental du Garden Wall. Mt Clements et Mt Oberlin se situent à l'ouest du sentier ; Pollock Mountain se trouve à l'est, devant. Peu après le départ, vous contournerez la face d'une falaise rocheuse, en vous aidant d'un câble rassurant.

Après sa première descente, le sentier devient plat, avant de remonter doucement. Vous vous trouverez bientôt sur la crête qui relie Haystack Butte et Mt Gould, à environ 5,6 km du point de départ du circuit. Vous rejoindrez alors le point culminant du parcours. Respirez profondément. À 10,9 km, un embranchement permet de rejoindre un point de vue sur **Grinnell Glacier** (1,5 km de montée).

Afin de parvenir au **Granite Park Chalet**, accessible uniquement à pied, restez sur votre gauche. Le chalet est à 12,2 km du point de départ, mais vous le verrez de loin.

Pour rejoindre le Loop sur la Going-to-the-Sun Rd, dirigez-vous vers le sud-ouest, en empruntant, à partir du chalet, le Granite Park Trail. Des navettes marquant un arrêt au Loop peuvent vous ramener au Logan Pass.

UN CHALET QUI VAUT LE DÉPLACEMENT

Onze kilomètres de marche pour atteindre enfin le **Sperry Chalet** (☎ 888-345-2649 ; www.sperrychalet.com ; s/d avec repas 170/285 $; 🕒 7 juil-8 sept), un établissement doté de 17 chambres, le jeu en vaut-il la chandelle ? La réponse est oui, car la vue y est absolument époustouflante. En plein cœur des montagnes, où les prairies émaillées de fleurs sauvages, les sommets déchiquetés et les ruisseaux chuchotent, l'endroit est paradisiaque. Profitez-en pour passer une nuit loin de tout, dans ce chalet de type suisse (qui sert des repas chauds) perché sur une crête surplombant le lac McDonald. Les tarifs (repas inclus) sont avantageux, ce qui ne gâte rien. Il est possible de louer une mule pour porter votre matériel (130 $). Consultez le www.mule-shoe.com pour les réservations.

Où se loger

Il y a dans le parc 13 **campings NPS** (☎ 406-888-7800 ; www.nps.gov/glac/planyourvisit/reservations.htm ; empl 15 $) et sept lodges historiques (datant pour la plupart du début du XIXe siècle), qui sont ouverts de mi-mai à fin septembre. Seuls les campings de Fish Creek et St Mary acceptent des réservations (jusqu'à 5 mois à l'avance), les autres non. Les emplacements sont en général tous pris en milieu de matinée, surtout en juillet et en août.

Lake McDonald Lodge (☎ 406-888-5431 ; www.lakemcdonaldlodge.com ; Lake McDonald Valley ; ch à partir de 120 $; 🕒 juin-sept ; ⊠). Construit en 1913, ce vieux pavillon de chasse décoré de trophées empaillés dégage une atmosphère détendue. Les 100 chambres ont des styles variés (lodge, chalet ou motel). Conférences de rangers du parc en soirée et croisières sur le lac font partie des activités prisées des visiteurs. Il y a un restaurant et une pizzeria sur le site.

Glacier Park Lodge (☎ 406-226-5600 ; www.glacierparkinc.com ; East Glacier ; ch à partir de 140 $; 🕒 fin mai-sept ; ⊠). La fierté du parc est un édifice élégant dont le hall comporte des balcons intérieurs supportés par des poutres de pin et une vaste cheminée de pierre. Son charme historique et son confort en font un lieu de séjour très agréable. Golf 9 trous et coins lecture.

Many Glacier Hotel (☎ 406-732-4411 ; www.manyglacierhotel.com ; Many Glacier Valley ; ch à partir de 145 $; 🕒 mi-juin à mi-sept ; ⊠). Avec 208 chambres offrant une vue panoramique, cet hôtel aux allures de chalet suisse classé au patrimoine national, installé au bord du Swiftcurrent Lake, est le plus grand du parc. Des animations en soirée, un grand salon et un restaurant gastronomique spécialiste des fondues ajoutent à son attrait.

Prince of Wales Hotel (☎ 403-859-2231 ; www.princeofwaleswaterton.com ; Prince of Wales Rd, Waterton Townsite, Waterton Lakes National Park ; ch à partir de 350 $C ; 🕒 mi-mai à sept ; ⊠). Situé du côté canadien, cet édifice historique se dresse sur une hauteur dominant le lac. Très photogénique de loin, l'hôtel est pourtant plus petit et beaucoup plus chichiteux qu'il n'y paraît. Mais le panorama justifie à lui seul les tarifs.

Où se restaurer

En été, des épiceries vendent un peu de matériel pour le camping à Apgar, au Lake McDonald Lodge, à Rising Sun et à la Swiftcurrent Motor Inn. La plupart des lodges abritent des restaurants, qui servent une cuisine de qualité inégale.

Les établissements d'Est Glacier et de West Glacier offrant peu d'intérêt, mieux vaut essayer de rejoindre Whitefish.

Comment s'y rendre et circuler

Le train *Empire Builder* d'Amtrak s'arrête à East Glacier (Glacier Park Station) et à West Glacier (Belton Station). La **Glacier Park Inc** (☎ 406-892-2525) assure des navettes sur la Going-to-the-Sun Rd, notamment la Hiker's Shuttle (12-26 $), bus non réservable qui démarre de West Glacier ou de Many Glacier.

IDAHO

On pourrait prétendre qu'avec plus de zones naturelles protégées et de forêts nationales que n'importe quel autre État hormis l'Alaska, l'Idaho est le dernier grand espace sauvage des États-Unis. À la limite occidentale du fuseau horaire des Rocheuses, il voit se rencontrer les pics acérés de ces dernières et les courbes vertes luxuriantes du Nord-Ouest pacifique. Les couchers de soleil semblent y durer une

L'IDAHO EN BREF

Surnom : Gem State (État des pierres précieuses)
Population : 1,5 million d'habitants
Superficie : 214 315 km²
Capitale : Boise (198 650 habitants)
TVA : 6%, plus 3% de taxe de la ville
Devise : *Esto perpetua* ("qu'il se perpétue")
Lieu de naissance de : Sacagawea, Indienne shoshone qui guida l'expédition de Lewis et Clark ; Gutzon Borglum (1867-1941), sculpteur du Mt Rushmore ; Picabo Street (née en 1971), médaillée olympique de ski
Célébrités : Bruce Willis, Demi Moore, Ashton Kutcher
Célèbre pour : ses pommes de terre, sa nature, ses eaux vives et la chasse
Distances routières : Boise-Boulder : 1 433 km ; Sun Valley-Los Angeles 1 579 km

éternité. L'été, le crépuscule s'étire presque jusqu'à 23h et, même l'hiver, Boise n'est plongé dans l'obscurité qu'une bonne heure après Denver.

Or, malgré de merveilleuses possibilités de pêcher la truite, de pratiquer le rafting en eaux vives ou de descendre de belles pistes de ski, l'Idaho ne fait pas partie des grands circuits de découverte des Rocheuses. On associe davantage cet État à la star hollywoodienne Bruce Willis, à la culture de pommes de terre, ou à ses groupuscules néonazis installés à Coeur d'Alene. Quel dommage ! Avec ses paysages plus époustouflants les uns que les autres et ses innombrables possibilités d'aventures au grand air, l'Idaho est peut-être le terrain de jeu le plus secret de l'Amérique.

Renseignements

Idaho Road Conditions (☎ 208-336-6600, dans l'Idaho 888-432-7623). Informations routières et état des routes.

Idaho State Parks & Recreation (☎ 208-334-4199 ; www.idahoparks.org). Dans les parcs d'État de l'Idaho, le camping coûte entre 9 $ (pour un emplacement tente dans un camping sans services) et 22 $ (pour un emplacement aménagé pour camping-car sur un terrain bien équipé). Certains campings proposent bungalows et yourtes à la location. Toutes les réservations peuvent se faire en ligne ou par téléphone (☎ 888-922-6743).

Idaho Tourist Information (☎ 800-635-7820 ; www.visitid.org). Office du tourisme de l'Idaho.

BOISE

Capitale de l'Idaho et plus grande agglomération de l'État, Boise est aussi une ville jeune, distrayante et agréablement animée. Point de rencontre entre désert et montagne, l'architecture de la ville mêle les influences basque et western. Volontiers portés sur le plein air, ses habitants en font un endroit vivant, à l'ambiance à la fois hippie et branchée, où cafés et restaurants restent ouverts tard et où la foule des noctambules se retrouve dans les rues au cœur des chaudes nuits d'été. La ville se considère comme accueillante pour les homosexuels, et la communauté gay et lesbienne y est active. Ces dernières années, plusieurs magazines l'ont fait figurer parmi les villes les plus agréables des États-Unis.

Orientation et renseignements

Le principal centre d'affaires est délimité par State St, Grove St, 4th St et 9th St. Les restaurants et les bars sont regroupés dans le centre, autour de la place piétonne du Grove, un ancien quartier d'entrepôts embourgeoisé, entre 8th St et Idaho St.

Faites un saut au **Visitor Center** (☎ 208-344-5338, 800-635-5240 ; www.boise.org ; 850 Front St ; 🕒 10h-17h lun-ven, 10h-14h sam juin-août, 9h-16h lun-ven sept-mai).

À voir et à faire

Fait particulier : Boise compte la plus importante communauté d'origine basque hors d'Europe. Situé dans Grove St, entre 6th St et Capitol Blvd, le Basque Block regroupe des sites consacrés à ces pionniers venus des Pyrénées espagnoles.

Boise offre un grand choix d'activités en plein air, de la randonnée au ski et à la baignade. Sur les contreforts qui dominent la ville, le **Ridge to Rivers Trail System** (www.ridgetorivers.org) réunit 120 km de beaux sentiers de randonnée et de VTT plus ou moins difficiles.

En été, la descente de la Boise River devient une activité incontournable. Vous pourrez louer une chambre à air ou une embarcation chez **Barber Park** (☎ 208-343-6564 ; Warm Spring Rd ; chambre à air 8 $) pour descendre la rivière sur 8 km ; une navette assure la liaison avec le point d'arrivée (5 $).

Fêtes et festivals

Boise River Festival (☎ 208-338-8887 ; www.boiseriverfestival.org). Défilés, jeux sportifs et animations pour les enfants ; dernier week-end de juin.

Snake River Stampede (☎ 208-466-8497 ; www.snakeriverstampede.com). Impressionnants rodéos professionnels à Nampa ; fin juillet.

Art in the Park (☎ 208-345-8330). Festival d'art en plein air le week-end suivant Labor Day (1er lundi de septembre).

Où se loger

Hostel Boise (☎ 208-467-6858 ; 17322 Canada Rd, Nampa ; www.hostelboise.com ; dort/s/d 20/35/45 $;). Cette auberge de jeunesse de campagne en lisère de la ville a des dortoirs de 4 lits maximum, ainsi que des chambres. Il y a un barbecue sur la terrasse de derrière et beaucoup d'espace pour s'allonger et digérer les savoureux Boca Burgers grillés. Transferts depuis/vers l'aéroport sur réservation (10 $/trajet).

Hotel 43 (☎ 800-243-4622 ; www.hotel43.com ; 981 Grove St ; ch 85-270 $;). Le 43 vaut à la fois pour la latitude (Boise est sur le 43e parallèle nord) et pour le rang d'entrée de l'État dans l'Union. Les 112 chambres et suites de cet hôtel de charme au cœur de la ville sont joliment décorées et donnent sur le capitole et les pelouses qui l'entourent. Le Chandlers Restaurant and Martini Bar (plats à partir de 15 $), qui fait partie de l'établissement, est un des bars-restaurants les plus populaires de la ville.

Grove Hotel (☎ 208-333-8000 ; www.grovehotelboise.com ; 245 S Capital Blvd ; ch à partir de 125 $;). Derrière une façade un peu quelconque se cache le seul quatre-étoiles de la ville, avec un cadre des plus somptueux. L'hôtel arbore un décor aux influences européennes, avec des murs en cerisier, des tons chauds et des lustres néoclassiques. Doté de bars à cocktails, de restaurants et de confortables salons, le Grove est l'une des meilleures options de Boise dans la catégorie supérieure.

Où se restaurer et prendre un verre

La cuisine du monde entier sur un seul pâté de maisons : la plupart des bars et des restaurants de Boise se trouvent le long de N 8th St entre Idaho St et Grove St. On y trouve toutes les cuisines, de la française à la grecque en passant par la mexicaine. Notre sélection ne fait qu'aborder le vaste choix disponible.

Piehole (☎ 208-344-7783 ; 205 N 8th St ; parts de pizza à partir de 1,85 $; 11h-tard ;). Pour une part de pizza bon marché et une Pabst bien fraîche, il n'y a pas mieux. Quatre spéciales bien garnies chaque jour (en plus de l'assortiment habituel de pizzas faites à la demande). La composition de la garniture change mais variété et originalité sont assurées.

Bittercreek Ale House et Red Feather Lounge (☎ 208-345-1813 ; 246 N 8th St ; plats 7-15 $; 11h30-tard). Ces restaurants adjacents – qui ont les mêmes propriétaires – ont des terrasses animées, un voisinage tranquille et beaucoup de personnalité. Ils servent une nourriture saine, produite en général localement, et mettent l'accent sur le développement durable. La carte nouvelle cuisine américaine comporte une bonne sélection de plats végétariens (hamburgers de haricots noirs de l'Idaho bio sur demande). Le Red Feather est un peu plus chic et propose de délicieuses pizzas au feu de bois et un menu fixe de trois plats pour deux (23 $/pers).

8th Street Wine Co (☎ 208-426-9463 ; 405 S 8th St ; plats 8-15 $; 11h-23h). Cet entrepôt transformé en bar à vin tendance du centre-ville s'est fait une réputation nationale : le *Food & Wine Magazine* a récemment considéré qu'il offrait l'une des meilleures expériences œnologiques d'Amérique. Il dispose de plus d'un millier de bouteilles, dont 50 en vente au verre. Outre les bons crus, il propose des microbières, de bons cocktails et une cuisine excellente, à déguster dans un cadre lumineux.

Bardenay (☎ 208-426-0538 ; 610 Grove St). L'un des bars les plus originaux de Boise, Bardenay fut le premier *distillery-pub* des États-Unis. Il distille toujours sa propre vodka, son rhum et son gin, à déguster dans une salle spacieuse à l'ambiance décontractée. Il continue d'avoir bonne presse.

Comment s'y rendre et circuler

L'**aéroport municipal de Boise** (Boise Municipal Airport, BOI ; ☎ 208-383-3110 ; I-84 sortie 53) propose des vols quotidiens vers Denver, Las Vegas, Phoenix, Portland, Salt Lake City, Seattle et Spokane. Les bus Greyhound partent de la **gare routière** (☎ 208-343-3681 ; 1212 W Bannock St). **Boise Urban Stages** (BUS ; ☎ 208-336-1010) gère le réseau de bus urbains, dont une navette vers l'aéroport (bus n°13).

KETCHUM ET SUN VALLEY

Gratifiées d'une station de ski réputée, Ketchum et Sun Valley sont les principales destinations touristiques de l'Idaho et ses villes les plus branchées. Longtemps destination de prédilection des jeunes yuppies, Sun Valley est souvent considérée comme la meilleure station de ski des États-Unis. Les somptueuses demeures de sa clientèle ponctuent le sommet des collines et il n'est pas rare de voir une star de cinéma en dévaler les pistes. Agréables toute l'année, elles permettent aussi de s'évader dans un remarquable cadre naturel.

Malgré son luxe, Ketchum se veut plus soignée qu'hautaine. Le centre, charmant, est très bien tenu. Il fait bon s'y balader parmi les bars à jus bio, les merveilleuses librairies et toutes sortes de boutiques originales.

Orientation et renseignements

Presque tous les commerces sont sur Main St entre 1st St et 5th St. L'embranchement pour Sun Valley est à l'extrémité nord de la ville, sur la Hwy 75. À 19 km au sud de Ketchum, sur la même route, se trouve Hailey, une autre petite ville. C'est là que vivent la plupart des travailleurs saisonniers et beaucoup d'habitants de la région. Les bars y sont animés.

Pour en savoir plus, voyez le **Sun Valley/Ketchum Visitors Center** (☎ 208-726-3423, 866-305-0408 ; www.visitsunvalley.com ; 411 Main St ; 🕑 9h-18h).

À faire

Réputé pour la qualité de sa poudreuse et ses hôtes célèbres, le **Sun Valley Resort** (☎ 800-786-8259 ; www.sunvalley.com) comporte deux domaines skiables : **Bald Mountain** (forfait 55-80 $), pour les plus chevronnés, et **Dollar Mountain** (forfait adulte 32-38 $, enfant 16-30 $), plus accessible. Première station de sport d'hiver des États-Unis, construite par Averell Horriman, président de l'Union Pacific Railroad, Sun Valley a connu le succès dès son ouverture en 1936. Dollar Mountain propose aussi une **piste de descente en chambre à air** (adulte/enfant 10/5 $). L'été, prenez le télésiège jusqu'à l'un des deux sommets, puis descendez à pied ou à vélo. Il y a de nombreux autres sentiers de **randonnées** et de **VTT** autour de Ketchum et de Sun Valley, ainsi que d'excellents sites de **pêche**.

> **DE STAR EN STAR**
>
> Ernest Hemingway (1899-1961), prix Nobel de littérature – et grand sportif –, fréquenta assidûment Sun Valley et passa ses dernières années à Ketchum, où il est enterré. La ville voisine de Hailey appartient en bonne partie à Bruce Willis – qui y vit une partie de l'année – et à sa famille.

Où se loger

Lift Tower Lodge (☎ 208-726-5163 ; 703 S Main St ; ch 65-100 $). Ce petit motel sympathique au centre de Ketchum offre un petit-déjeuner continental gratuit et un Jacuzzi. Il jouxte un vieux téléphérique de 1939. C'est le meilleur choix de la ville pour les petits budgets.

Tamarack Lodge (☎ 208-726-3344 ; www.tamarack-sunvalley.com ; 500 E Sun Valley Rd ; ch 120 $; ❄ 📶 🏊). Belles chambres avec cheminée, balcon et nombreux équipements dans un lodge bien tenu. Jacuzzi et piscine intérieure sont un plus. Accorde souvent des réductions en milieu de semaine et hors saison.

Sun Valley Lodge (☎ 208-622-2001 ; 1 Sun Valley Rd ; ch à partir de 150 $; 🚭 ❄ 💻 📶 🏊 ♿). C'est ici qu'Hemingway a achevé *Pour qui sonne le glas*. Bien qu'il ait un peu perdu de son lustre d'origine, l'établissement reste l'un des hôtels haut de gamme les plus prisés, en particulier du fait de son élégance surannée. Les chambres sont confortables, bien que parfois trop exiguës. Parmi les équipements : un centre de remise en forme, une salle de jeu, un bowling et un sauna. Il y a une navette pour les pistes et des animations pour les enfants.

Où se restaurer et prendre un verre

Rickshaw (☎ 208-726-8481 ; 460 Washington Ave N ; petites assiettes et plats 5-12 $; 🕑 17h30-22h mar-sam, 11h30-14h ven). Cette baraque peinte juste à côté de Main St fait d'excellentes tapas. La carte propose une cuisine fusion asiatique, petites assiettes fraîches et inventives inspirées des cuisines vietnamienne, thaïe, chinoise et indonésienne, que le chef qualifie de "cuisine de rue d'Asie". Attention, la plupart des portions sont petites et il est facile de dépenser une fortune avant d'être rassasié. Une exception toutefois : le menu spécial du vendredi midi, qui propose un repas complet pour moins de 10 $.

Desperado's (☎ 208-726-3068 ; 211 4th St ; plats 7-10 $; 🕑 11h30-22h lun-sam). Lumineux, animé et pittoresque, Despo's se spécialise dans une cuisine mexicaine à prix raisonnables. Faites ici le plein de *burritos*, de *chimichangas* et de tacos.

Ketchum Grill (☎ 208-726-4660 ; 520 East Ave ; plats 10-20 $; 🕑 17h30-fermeture). Prisé des habitants, le Ketchum Grill offre une carte créative avec des produits frais. Plats bien présentés. Grand choix de fruits de mer et de plats végétariens.

Whiskey Jacques (☎ 208-726-5297 ; 251 Main St ; entrée jusqu'à 5 $; 🕑 16h-2h). Le bar de nuit en vogue de Sun Valley est censé avoir été l'un des préférés d'Ernest Hemingway. Cette adresse rustique au style Far West est l'endroit où aller pour prendre un cocktail, faire un billard, danser et écouter de la musique live.

Comment s'y rendre et circuler

L'aéroport régional est le **Friedman Memorial Airport** (☎ 208-788-4956) de Hailey, à 19 km au sud de Ketchum. **A-1 Taxi** (☎ 208-726-9351) assure la navette depuis Ketchum (22 $).

Le **Ketchum Area Rapid Transit** (KART ; ☎ 208-726-7576 ; 🕑 8h-18h lun-ven) propose un service quotidien gratuit entre Ketchum et Sun Valley.

HWY 75 : DE KETCHUM À STANLEY

Le tronçon de la Hwy 75 qui rejoint Stanley au nord de Ketchum en suivant la Salmon River fait partie de la **Sawtooth Scenic Byway**. Cette route somptueuse se déroule sur près de 100 km et traverse une épaisse forêt de pins ponderosas – dont l'air vivifiant sent la pluie et les pignons – avant de grimper les 2 652 m du **Galena Summit**. Du sommet, on peut admirer les Sawtooth Mountains, découpées par les glaciers, qui font partie de la **Sawtooth National Recreation Area** (☎ 208-727-5000 ; Hwy 75 ; 🕑 8h-16h30 sept-mai, 8h-17h juin-août), qui s'étend sur plus de 3 000 km^2 et abrite 40 sommets de plus de 3 000 m, plus de 300 lacs d'altitude, 160 km de rivières et 1 200 km de sentiers.

STANLEY

Avec ses 100 habitants, Stanley pourrait bien être la plus pittoresque des petites villes américaines. Entouré de toutes parts de zones protégées et de forêts nationales, ce coin perdu est niché dans le coude de la Salmon River. C'est le genre d'endroit où au cœur de l'été le crépuscule s'éternise au-delà de 22h et où le chant de la rivière vous berce.

La beauté de Stanley n'a pas échappé au ministère des Transports américains. Lorsqu'il a fallu décider quelles routes à deux voies du pays étaient dignes du statut de "national scenic byway" (petite route panoramique nationale), les trois qui traversent Stanley furent retenues (seul cas aux États-Unis). Quand on sait que seules 125 routes ont ce statut en tout, on peut en déduire que 2,4% des plus jolies routes américaines passent par ici.

À faire

De mars à novembre, la Salmon River et les lacs de montagne environnants sont un vrai paradis pour les pêcheurs de truite, avec une période privilégiée de juin à début octobre pour la pêche à la mouche sèche. **Sawtooth Fishing Guides** (☎ 208-774-8768 ; www.sawtoothfishingguides.com) organise des excursions sur mesure vers des coins de rivière accessibles seulement par bateau de pêche à la dérive ou par *float tube*. Il n'y a pas moins de huit espèces de truites dans ces eaux, dont la mythique steelhead. Faisant jusqu'à 1 m de long, ces poissons quittent le Pacifique à la fin de l'hiver pour remonter vers l'est sur environ 1 500 km et arriver vers Stanley en mars ou en avril.

LIVRES ET JUS DE FRUITS : UN COCKTAIL DÉTONNANT

Faites donc un tour chez **Chapter One Bookstore** (☎ 208-726-5425 ; 160 N Main St), qui régale habitants et touristes d'une vaste sélection d'ouvrages – dont certains épuisés – depuis plus de 30 ans. Il y a là une section consacrée aux œuvres de fiction qui se déroulent en Idaho ou dans le Nord-Ouest pacifique ou dont les auteurs sont originaires de la région. On y trouve également de nombreux livres traitant de spiritualité et de bien-être. Lorsque vous aurez fini de parcourir ses rayonnages, passez au fond du magasin chez **Ashaka Organics**, bar à jus dans la tradition hippie, pour une boisson énergisante. Les préparations à base de fruits, de racines et d'épices sont merveilleusement rafraîchissantes et visent à accroître une foule de choses, de votre présence au monde à votre immunité. Demandez une potion qui corresponde à votre humeur du moment – nous avons adoré le "*citrus blast*" (6,50 $ dont nous ne regrettons pas le moindre cent). Ce petit café, empli d'herbes et de teintures, propose aussi une carte limitée avec sandwichs végétariens bio, pizzas et une spécialité nommée "*energy ball*", sorte de petit pain fibreux parfumé à la noix de coco étonnamment bon et effectivement plein d'énergie.

Stanley est le point d'embarquement pour le rafting sur la légendaire Middle Fork of the Salmon (voir encadré p. 451). Pour une aventure en eaux vives plus abordable, bien qu'un peu moins impressionnante, organisez vous-même votre **balade** sur la Main Fork of the Salmon. À partir de Stanley il y 13 km d'eaux tranquilles, avec des vues des Sawtooth Mountains que l'on n'a pas depuis la route. Apportez de quoi pêcher. Le Riverside Motel (voir ci-dessous) loue des kayaks gonflables (à partir de 25 $) ou des chambres à air (7 $) et propose aussi une navette pour le point de lancement (20 $/trajet quelle que soit la charge).

Où se loger

Il y a une demi-douzaine d'hôtels à Stanley, tous dans le style cabane traditionnelle en rondins. Pendant la brève saison d'été (juin à septembre), il y a aussi deux ou trois restaurants ouverts. Au carrefour des Hwy 75 et Hwy 21 se tient une épicerie et débit d'alcool.

Riverside Motel (☎ 208-774-3409 ; www.riversidemotel.biz ; Hwy 75 ; ch et chalets 95-145 $; ☒ ⌘ ᯤ). Quelle vue ! Installé au bord de la Salmon River, ce motel familial offre des chambres bien équipées avec kitchenette ; avec en plus vue et terrasse privée sur la rivière pour les huit plus chères. Asseyez-vous confortablement et fixez le courant. Quelques minutes suffiront à vous mettre dans un état second. Les lits en pin naturel sont bien confortables et les draps ne grattent pas.

Bridge St Grill (☎ 208-774-2208 ; Hwy 75, Lower Stanley ; ⏲ 11h30-fermeture juin-août). Au bord de l'eau, à environ 1,5 km au nord de Stanley, l'un des très rares restaurants de la ville, et les habitants jurent que c'est le meilleur. Ouvert l'été seulement, Bridge St Grill parvient à servir d'excellentes pièces de bœuf, des fruits de mer, des hamburgers et des bières fraîches dans une salle qui ne désemplit pas de la soirée. Ne comptez pas sur un service rapide.

HWY 21 : DE STANLEY À BOISE

La **Ponderosa Pine Scenic Byway** (Hwy 21) entre Stanley et Boise est si belle, que vous aurez du mal à atteindre votre destination, car vous voudrez vous arrêter tout le temps. Après Stanley les pins deviennent de plus en plus denses jusqu'à vous envelopper de leur présence et de leur odeur. Le paysage est différent de ce qu'il est dans le reste de la région et rappelle plus le Nord-Ouest pacifique que les Rocheuses. Ciel bleu et grands espaces sont remplacés par des ciels gris opaques. Les nuages qui filent apportent de fréquentes averses et la route peut donner un sentiment de danger avec ses bas-côtés parsemés de rochers et d'énormes rondins. Les montagnes percent l'épais manteau de brouillard et, même fin mai, les champs de neige viennent lécher l'asphalte.

Il y a plusieurs terrains où le camping est autorisé le long de la route. Celui, rudimentaire, de **Kikham Creek Hot Springs** (empl à paiement autonome 16 $), à 10 km à l'est de Lowman, est notre préféré. Il est installé près de l'une des sources d'eau chaude de cette région géothermale. Voir les sources à travers un voile de pluie d'été, quand le brouillard s'élève de l'eau argentée, est absolument magique. Et se glisser dans l'eau chaude est encore meilleur.

Le **Southfork Lodge** (☎ 208-259-3871 ; www.southforklodge.biz ; 7236 Hwy 21 ; ch et chalets 89-125 $; ᯤ ♿), à la lisière ouest de Lowman, est le bon choix si vous voulez loger à proximité des sources chaudes sans pour autant sacrifier le confort de votre sommeil. Les neuf chambres sont impeccables et calmes. Possibilités de randonnées à cheval et de pêche à la mouche dans le Clear Creek voisin. Le restaurant (plats de 6 à 25 $) a une terrasse côté rivière, et les enfants adoreront la boutique de glaces.

Après Lowman, la route entame une série de virages en épingles à cheveux pour franchir le Mores Creek Pass avant de redescendre vers

LES CRATÈRES DE L'IDAHO

À une heure de voiture au sud-est de Ketchum, le **Craters of the Moon National Monument** (☎ 208-527-3257 ; véhicule/randonneur ou cycliste 4/2 $, ⏲ 8h-16h30 sept-mai, 8h-18h juin-août), sorte de musée naturel du volcanisme, s'étend sur 215 km². Coulées et tunnels de lave, et cônes de cendres se suivent le long de **Crater Loop Rd**, voie de 11 km accessible en voiture ou à vélo d'avril à novembre (l'hiver skieurs et raquetteurs prennent le relais). De courts sentiers conduisent de Crater Loop Rd au bord des cratères, sur les cônes de cendres et jusqu'aux tunnels et grottes de lave. Le **camping** (empl 10 $) installé près de l'entrée n'a d'eau courante que l'été.

LES ROCHEUSES

POUR L'ADRÉNALINE : EN RAFT SUR LA MIDDLE FORK OF THE SALMON

Pour les fondus de rapides, dès le premier saut nouant l'estomac, la **Middle Fork of the Salmon** est un rêve devenu réalité. Avec une moyenne de près de 5,50 m de dénivelé par kilomètre, la Middle Fork est l'une des voies d'eaux vives les plus excitantes au monde (surnommée la "dernière rivière sauvage", elle fait partie du système hydrologique sans barrage le plus long hors Alaska). Son canyon de 170 km compte 300 rapides, de passages à la difficulté moyenne de classe II à des chutes de classe IV+. Tout commence au point de lancement de Boundary Creek, juste au nord de Stanley. À partir de là, la Middle Fork serpente au fond d'un canyon encaissé au cœur de la majestueuse zone naturelle protégée Frank Chrurch/River of No Return (près de 10 000 km^2). Le premier soir, vous serez déjà à plus de 150 km de la moindre piste carrossable. Et ce sera comme ça jusqu'à atteindre le confluent avec la Main Fork of the Salmon, six jours plus tard.

Mais il ne s'agit pas ici seulement d'eaux vives. Cette aventure, c'est aussi marcher jusqu'à des sites rupestres remarquablement préservés, pêcher truites fardées et truites arc-en-ciel dans des eaux limpides, et se relaxer et laisser tremper son corps malmené par les rapides dans une source chaude bouillonnante. Camper dans un canyon à des centaines de kilomètres de toute habitation peut s'avérer tout aussi excitant que de franchir les rapides. Et même si vous n'êtes pas habitué au manque de confort, il y a quelque chose de magique à s'endormir bercé par les rugissements d'un torrent sous un manteau d'étoiles brillantes.

La Middle Fork se pratique de juin à septembre. C'est au début de la saison (de début à mi-juin), à la fin de la fonte des neiges, que l'eau est la plus excitante (quoique très fraîche). **Solitaire River Trips** (☎ 800-396-1776 ; www.rivertrips.com ; Mountain Village Lodge, Hwy 21, Stanley), dont les propriétaires Al et Jeana Burkowsky accompagnent systématiquement, seuls ou ensemble, leurs clients, est l'une des agences qui organise des descentes de la Middle Fork. Elle est bien établie et très cotée. Les parcours commencent et s'achèvent au Mountain Village Lodge, au carrefour de la Hwy 21 et de la Hwy 75, à Stanley. Les forfaits tout compris coûtent à partir d'environ 1 800 $/pers pour six jours.

Si vous savez comment descendre les rapides, le moins cher est encore de le faire par vous-même. Il vous faudra vous procurer le permis nécessaire, mais inutile d'apporter votre équipement. Le Riverside Motel de Stanley (voir *Où se loger* ci-contre) loue des rafts autovidants de 4 m équipés de gilets de sauvetage, rames, kit de réparation, sacs étanches et corde, et même d'une glacière, pour 425 $ la semaine.

Idaho City. Dans les années 1860, la Ruée vers l'or en avait fait une ville débordante d'énergie. Aujourd'hui, elle est plus tranquille mais vaut quand même d'être visitée. Faites-vous photographier devant la prison du comté et maison de quarantaine, de 1867, avec son bois sombre et son toit de tôle. De l'autre côté du pâté de maison se trouve la maison la plus bizarre que nous ayons rencontrée aux États-Unis, couverte de haut en bas de vieux panneaux, de sièges de WC et de toutes sortes d'autres objets récupérés. On ne peut la voir que de l'extérieur, mais c'est quelque chose à ne pas manquer.

L'**Idaho City Visitor Center** (☎ 208-392-4159 ; www.idahocitychamber.com) vous donnera tous renseignements sur la demi-douzaine de restaurants et de saloons de la ville. D'Idaho City, les pentes couvertes de pins se fondent doucement en collines verdoyantes. Boise (voir p. 446) n'est plus qu'à environ 65 km.

HELLS CANYON NATIONAL RECREATION AREA

Plus profonde encore que le Grand Canyon, le Hells Canyon plonge de 2 673 m du He Devil Peak, sur la corniche est du Mt Oore, jusqu'à la Snake River, au niveau de Granite Creek. Réserve retirée de 2 610 km^2, la Hells Canyon National Recreation Area (NRA) est l'une des principales curiosités naturelles de l'Idaho, incontournable pour sa pêche, sa baignade, son camping et son panorama sur la gorge et les montagnes environnantes. La **Snake National Wild & Scenic River**, qui traverse le canyon, est réputée pour le rafting et les excursions en canot à moteur. Quelque 1 400 km de **sentiers de randonnée** longent les rivières, les sommets et les parois du canyon (décorées d'anciens pétroglyphes), et traversent des prairies colorées de fleurs sauvages. Une faune variée vit dans la région.

La Hells Canyon NRA s'étend des deux côtés de la frontière entre l'Idaho et l'Oregon, mais la partie située dans ce dernier n'est pas facilement accessible depuis l'Idaho. Longeant la lisière est du territoire, le tronçon de l'US 95, entre les petits bourgs de Riggins (grand centre de rafting) et White Bird, donne accès à quelques pistes de terre qui pénètrent la NRA. Une seule route relie l'US 95 à la Snake River au niveau de Pittsburg Landing.

Le bureau de **Hells Canyon NRA Riggins** (☎ 208-628-3916 ; 🕑 8h-17h lun-ven) fournit des cartes et des informations sur les campings, les routes, les sentiers et la pêche.

Les voyageurs qui disposent de temps (et d'un 4×4) peuvent emprunter les chemins de terre pour rejoindre la corniche du canyon et ses vues spectaculaires. L'USFS Rd 517 (ouvert de juillet à octobre), à 400 m au sud du bureau de Hells Canyon Riggins sur l'US 95, grimpe sur 27 km pour atteindre la corniche avant de s'achever, 1,5 km plus loin, sur l'incomparable belvédère du **Heaven's Gate Lookout**.

IDAHO PANHANDLE

C'est à la suite d'une dispute territoriale avec le Montana que l'Idaho a fini par réclamer le Panhandle. Cette longue queue de poêle qui pointe au nord vers le Canada n'aurait jamais dû lui appartenir. D'ailleurs, que ce soit par son aspect ou par son attitude, cette région diffère du reste de l'État. Ses forêts vert sombre qui semblent impénétrables, ses routes vallonnées, sa pluie et son brouillard l'apparentent beaucoup plus au Nord-Ouest pacifique qu'aux Rocheuses.

Bien qu'il offre quelques stations agréables, des quantités de lacs (et les sports nautiques qui vont avec), le Panhandle est plus une zone de villégiature pour les habitants de la région que le genre d'endroit qu'il faut absolument visiter. Mais si vous aviez à le traverser, certains sites valent la peine qu'on s'y arrête. Le Panhandle est connu pour abriter des groupes de néo-nazis, mais les médias exagèrent souvent cette présence et vous risquez davantage de vous trouver nez à nez avec un animal sauvage qu'avec l'un de ces tristes sires.

Le **Coeur d'Alene Visitors Center** (☎ 208-665-2350 ; 115 Northwest Blvd ; 🕑 10h-15h mar-sam, 10h-17h juin-août) est un bon point de départ pour en savoir plus sur la région.

Sandpoint, dans un site protégé magnifique entouré de montagnes, est la plus jolie des villes du Panhandle. **Coeur d'Alene**, située à la frontière avec l'État du Washington, en est la plus grande, avec une promenade en planches sur le lac un peu ringarde. Inutile de vous y arrêter, à moins que l'heure n'avance et que vous ayez sommeil, auquel cas filez directement sur le **Flamingo Motel** (☎ 208-664-2159 ; 718 Sherman Ave ; ch 80-100 $; ⊠ ⊡), charmant motel années 1950 aux portes de chambre roses.

Plus au nord, à Standpoint, le **Lakeside Inn** (☎ 208-263-3717 ; lakeside@televar.com ; 106 Bridge St ; ch 65-95 $; ⊡) est un bon choix (au bord du lac), avec des chambres confortables et un Jacuzzi.

Wallace, grand centre d'extraction de l'argent, constitue une étape intéressante qui fleure bon son Far West. Autres endroits où aller se perdre, les 60 lacs qu'on peut trouver dans un rayon de 100 km autour de Coeur d'Alene ; ceux de Hayden, de Priest et de Pend d'Oreille, sont tous entourés de campings.

Le Nord-Ouest pacifique

Demandez à divers interlocuteurs ce qu'évoque pour eux le Nord-Ouest pacifique et vous obtiendrez de multiples réponses : paysage verdoyant, pluie, volcans, vêtements polaires, café, Starbucks, bière, Boeing, Nirvana, Nike, grunge, Bill Gates…, autant de symboles connus dans le monde entier. La région recèle cependant bien d'autres surprises, comme les randonnées à dos de lama dans les North Cascades Mountains, l'authentique "village" bavarois de Leavenworth, les vins fruités de Walla Walla, ou les stands de restauration éclectiques dans le centre de Portland.

Préparez un bagage léger et laissez vos préjugés à la maison avant de découvrir ce coin de paradis entre le nord de la Californie et la frontière canadienne. Loin de se limiter aux milliardaires de l'informatique et aux chaînes de cafés, le Nord-Ouest pacifique compte des hauts plateaux, des steppes broussailleuses, d'impressionnants ravins et un désert poussiéreux.

Alors que le travail semble l'activité première sur la Côte Est, l'Ouest accorde une place plus importante aux loisirs. Passez un peu de temps dans les villes nuageuses de la côte pacifique et vous comprendrez vite la mentalité du Nord-Ouest. Impossible en effet de rester enfermé quand de splendides volcans tels le Rainier, le Hood ou le Baker émergent des nuages et scintillent sous le soleil. À Seattle comme à Portland, les habitants ne vivent pas pour travailler, mais travaillent pour vivre ; ils prennent le temps de parcourir le Rainier's Wonderland Trail, de faire du kayak aux San Juan Islands, de siroter une bière dans les microbrasseries locales et discuter du succès potentiel d'un *tree-sitting* avec les contestataires d'Eugene. Adoptez ce rythme de vie et joignez-vous à eux

À NE PAS MANQUER

- Une randonnée de 10 jours sur le Wonderland Trail autour du **Mt Rainier** (p. 483) ou l'ascension guidée de 5 jours
- La dégustation des vins locaux et le plus grand rodéo du Nord-Ouest à **Ellensburg** (p. 484)
- Boire un grand café crème en compagnie de futures stars du rock, de millionnaires de l'informatique et de babas cools vieillissants à **Seattle** (p. 460)
- Une balade à vélo dans **Portland** (p. 486), une ville propre, verte et paisible, en s'arrêtant pour une bière, un café ou une pizza
- L'**Oregon Shakespeare Festival** (p. 506), un événement de renommée mondiale à Ashland

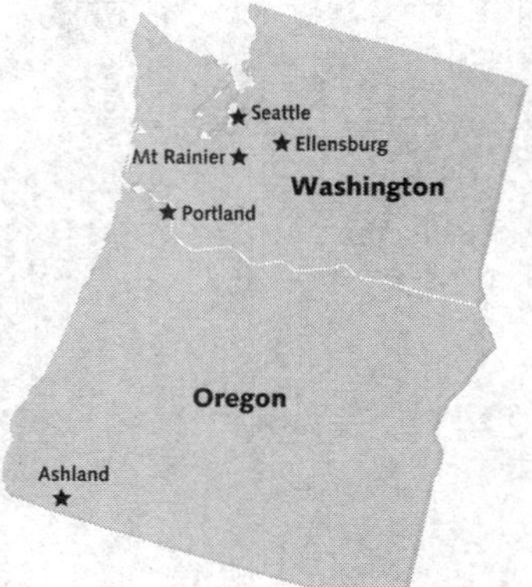

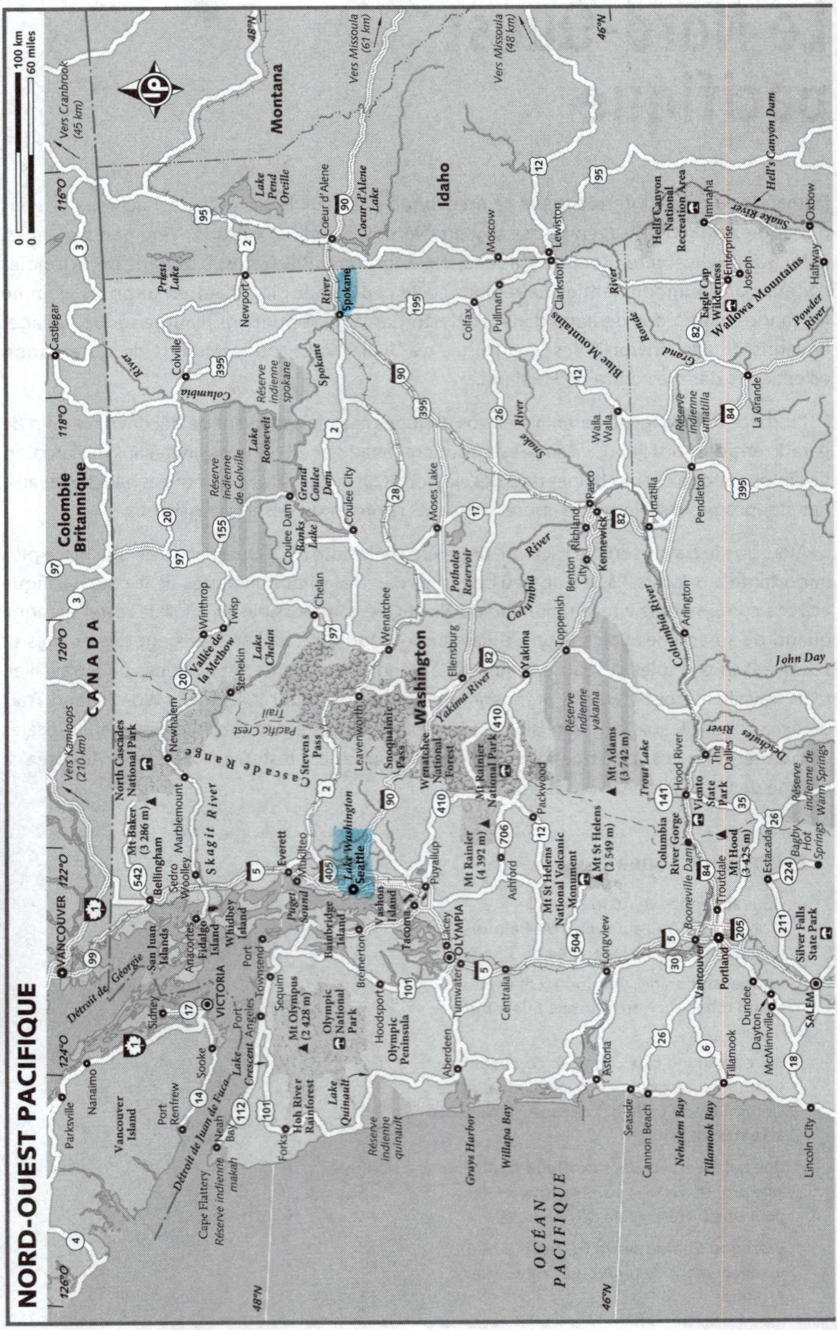

LE NORD-OUEST PACIFIQUE

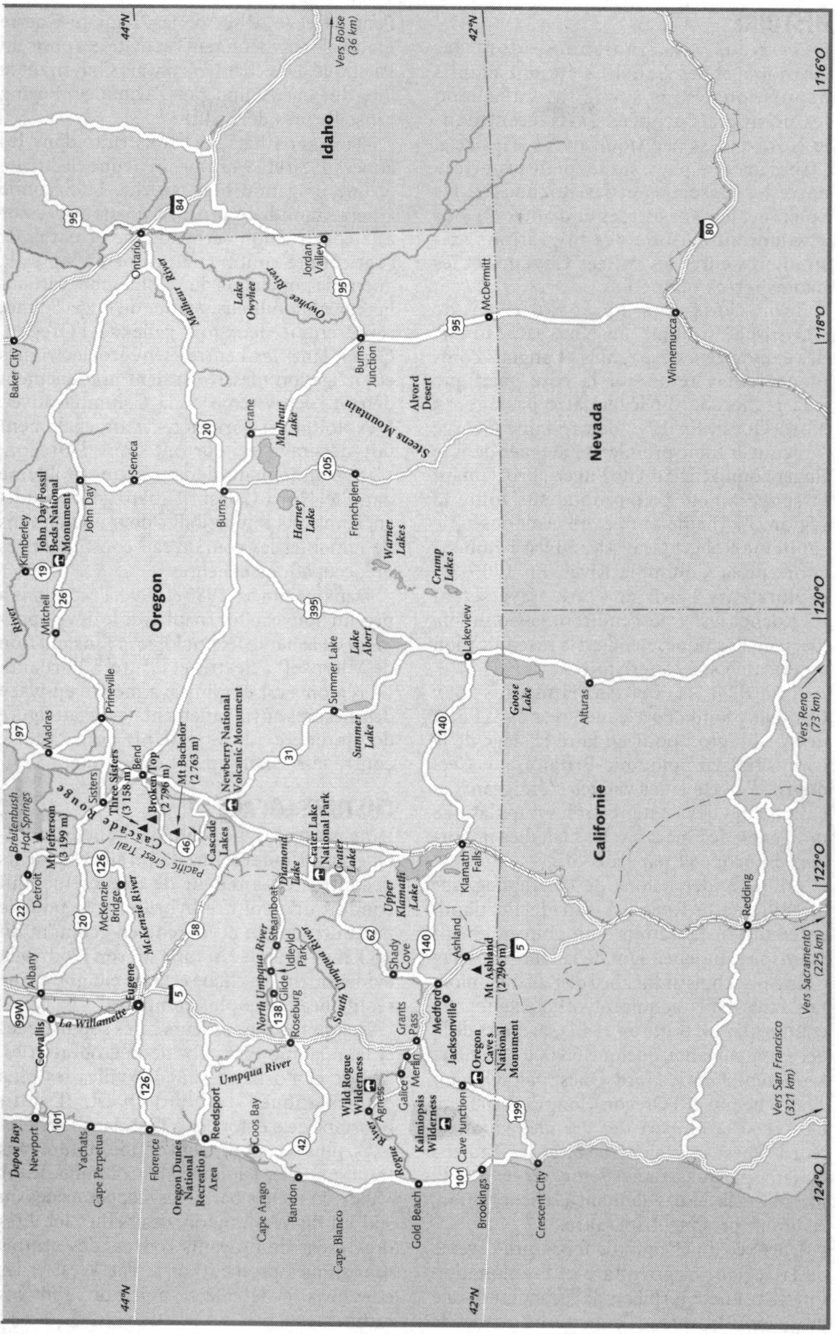
Idaho
Oregon
Nevada
Californie
Vers Boise (36 km)
Vers Reno (73 km)
Vers Sacramento (225 km)
Vers San Francisco (321 km)
44°N
42°N
116°O
118°O
120°O
122°O
124°O
Baker City
Ontario
Malheur River
Lake Owyhee
Owyhee River
Jordan Valley
McDermitt
Winnemucca
Burns Junction
Alvord Desert
Steens Mountain
Malheur Lake
Crane
Seneca
John Day
Burns
Frenchglen
Harney Lake
Warner Lakes
Crump Lakes
Kimberley
John Day Fossil Beds National Monument
Mitchell
River
Prineville
Madras
Lake Abert
Summer Lake
Lakeview
Goose Lake
Alturas
Newberry National Volcanic Monument
Bend
Sisters
Mt Bachelor (2 763 m)
Broken Top (2 796 m)
Three Sisters (3 158 m)
Cascade Rouge
Breitenbush Hot Springs
Mt Jefferson (3 199 m)
Pacific Crest Trail
Cascade Lakes
Crater Lake National Park
Crater Lake
Diamond Lake
Upper Klamath Lake
Klamath Falls
Detroit
McKenzie Bridge
McKenzie River
Albany
Corvallis
La Willamette
Eugene
North Umpqua River
Steamboat
Idleyld Park
Glide
Roseburg
South Umpqua River
Umpqua River
Shady Cove
Ashland
Mt Ashland (2 296 m)
Medford
Jacksonville
Grants Pass
Oregon Caves National Monument
Merlin
Galice
Agness
Wild Rogue Wilderness
Rogue River
Kalmiopsis Wilderness
Cave Junction
Redding
Depoe Bay
Newport
Yachats
Cape Perpetua
Florence
Oregon Dunes National Recreation Area
Reedsport
Coos Bay
Cape Arago
Bandon
Cape Blanco
Gold Beach
Brookings
Crescent City
5
20
22
26
19
31
42
46
58
62
80
84
95
97
99W
101
126
138
140
199
205
395

HISTOIRE

Des tribus amérindiennes, dont les Chinook et les Salish, s'étaient établis depuis longtemps sur le littoral quand les premiers Européens arrivèrent dans le Nord-Ouest pacifique au XVIIIe siècle. Dans l'arrière-pays, sur les plateaux arides entre les Cascades et les Rocheuses, les Spokane, les Nez-Percés et d'autres tribus vivaient au rythme des migrations saisonnières entre les vallées fluviales et les hautes terres tempérées.

Trois cents ans après l'arrivée de Christophe Colomb au Nouveau-Monde, des explorateurs espagnols et anglais commencèrent à remonter la côte pacifique à la recherche du légendaire passage du Nord-Ouest. En 1792, le capitaine George Vancouver fut le premier à naviguer dans le Puget Sound (détroit de Puget), proclamant la souveraineté britannique sur toute la région. La même année, un Américain, le capitaine Robert Gray, découvrit l'embouchure de la Columbia River. En 1805, les explorateurs Lewis et Clark traversèrent les Rocheuses et descendirent la Columbia jusqu'au Pacifique, étendant la revendication américaine sur ce territoire.

En 1824, la British Hudson's Bay Company fonda Fort Vancouver dans l'État de Washington pour en faire le siège de la compagnie en Colombie-Britannique. Ceci ouvrit la porte à des vagues d'émigrants et eut un effet dévastateur sur les populations indigènes, décimées par les maladies importées d'Europe et par l'alcool.

En 1843, des colons de Champoeg, sur la Willamette River au sud de Portland, votèrent l'instauration d'un gouvernement provisoire, indépendant de la Hudson's Bay Company, choisissant ainsi de rallier l'Union. Les États-Unis acquirent officiellement la contrée par un traité en 1846. Au cours de la décennie suivante, quelque 53 000 pionniers arrivèrent dans le Nord-Ouest par l'Oregon Trail (chemin de l'Oregon), long de 3 200 km. Dès 1860 la plupart des grandes villes du Nord-Ouest existaient déjà, et les Indiens étaient parqués dans des réserves où la maladie et la faim, s'ajoutant à la déportation, les firent presque disparaître.

L'arrivée du chemin de fer assura l'avenir de la région. L'agriculture et l'exploitation forestière furent les piliers de l'économie locale jusqu'en 1914, quand l'ouverture du canal de Panama et le début de la Première Guerre mondiale augmentèrent l'activité des ports du Pacifique. Des chantiers navals s'ouvrirent le long du Puget Sound, puis l'avionneur Boeing s'installa près de Seattle.

De grands barrages construits dans les années 1930 et 1940 fournirent une électricité et une irrigation bon marché. La Seconde Guerre mondiale procura un nouvel essor à la construction aéronautique et navale et l'agriculture continua à prospérer. Après la guerre, la population du Washington, particulièrement nombreuse autour du Puget Sound, représentait deux fois celle de l'Oregon. Cependant, les centrales hydroélectriques et l'irrigation massive avaient pratiquement détruit l'écosystème de la Columbia River. L'exploitation forestière avait également fait des ravages, surtout dans l'Oregon. L'environnement demeure un problème dans le Nord-Ouest ; l'abattage de forêts anciennes et l'impossibilité pour les saumons de remonter les cours d'eau constituent ses préoccupations majeures.

Dans les années 1980 et 1990, l'économie a pris un nouveau tournant avec le développement de la haute technologie et l'installation de Microsoft à Seattle et d'Intel à Portland. La région s'est employée à mettre en place des mesures environnementales et fait figure de pionnière aux États-Unis pour la lutte contre le réchauffement climatique.

CULTURE LOCALE

L'image stéréotypée d'un habitant du Nord-Ouest pacifique est un citadin aux vêtements décontractés, amateur de café crème, qui conduit une voiture hybride, vote pour le parti démocrate et marche en écoutant du rock indé de style Nirvana sur son iPod. Bien évidemment, ce cliché est très éloigné d'une réalité beaucoup plus complexe.

Renommées pour leurs cafés sophistiqués et leurs nombreux pubs de microbrasseries, Seattle et Portland sont les villes les plus emblématiques du Nord-Ouest. Il suffit pourtant de s'enfoncer à l'est dans l'arrière-pays, plus sec, pour trouver une culture plus traditionnelle. Jalonnant la Columbia River Valley ou nichés parmi les steppes arides du sud-est du Washington, des petites localités organisent de bruyants rodéos, des centres touristiques promeuvent le Far West et les cow-boys, et le café se boit noir, sans les raffinements prisés à Seattle.

Contrastant avec l'ambiance travailleuse de la Côte Est, la vie dans l'Ouest est bien plus détendue qu'à New York ou à Boston. Idéalement, les habitants préfèrent travailler en conservant le temps de se distraire. Il pleut si souvent en hiver qu'au moindre rayon de soleil les citadins d'Olympia ou de Bellingham trouvent facilement une excuse pour s'échapper des bureaux et profiter quelques heures (ou quelques jours) des grands espaces. Fin mai ou début juin, l'arrivée des beaux jours provoque un exode de randonneurs et de cyclistes vers les parcs nationaux et les endroits sauvages qui caractérisent la région.

La créativité est un autre trait marquant du Nord-Ouest, qu'il s'agisse de lancer une nouvelle tendance de rock ou de reconfigurer le dernier logiciel de Microsoft. Ne se satisfaisant plus de vivre dans l'ombre de Hong Kong ou de la Californie, le Nord-Ouest pacifique s'est donné une stature internationale au cours des dernières décennies à travers des séries télévisées largement diffusées (*Frasier* et *Grey's Anatomy*), des personnalités mondialement connues (tel Bill Gates) et une scène musicale avant-gardiste d'une extrême diversité, du grunge au *riot grrrl* (mouvement punk-rock/hardcore et féministe).

La tolérance constitue une autre caractéristique de la société du Nord-Ouest pacifique, de la consommation des drogues douces (la possession de petites quantités de cannabis est dépénalisée dans l'Oregon, et les deux États ont légalisé son utilisation thérapeutique) au suicide assisté par un médecin. La population, qui vote habituellement pour le parti démocrate lors des élections présidentielles, a adhéré avec enthousiasme à un mode de vie plus écologique : covoiturage, recyclage, restaurants

LE NORD-OUEST PACIFIQUE EN...

Quatre jours

Commencez la matinée à **Seattle** (p. 460) par un brunch et un café avant de flâner parmi les stands du Pike Place Market et de prendre l'ascenseur jusqu'au sommet de la Space Needle. Si le Mt Rainier est dégagé, faites le jour suivant une randonnée dans le **Mt Rainier National Park** (p. 483) et ses prairies alpines nommées à juste titre Paradise. Le troisième jour, visitez **Olympia** (p. 473) et son splendide State Capitol avant de suivre la route côtière pour pénétrer dans l'Oregon via **Astoria** (p. 508). Faites une halte à **Cannon Beach** (p. 509) avant la tombée de la nuit et passez une soirée animée à **Portland** (p. 486).

Une semaine

Suivez l'itinéraire de quatre jours, puis découvrez Portland à vélo le cinquième jour. Après un déjeuner dans un stand ambulant, suivez vers l'est la belle route qui longe la Columbia River jusqu'à **Hood River** (p. 501), où vous pourrez traverser les pommeraies à bord d'un train historique. En vous dépêchant, vous pourrez rejoindre **Bend** (p. 503) avant le crépuscule. Le sixième jour, prenez un petit-déjeuner aux aurores avant de partir vers le sud, en faisant étape au **Newberry National Volcanic Monument** (p. 504). Continuez vers le sud sur la US 97 pour admirer le **Crater Lake** (p. 504), puis contempler le coucher du soleil à **Ashland** (p. 504). Si vous avez réservé en ligne une place pour une pièce de Shakespeare, vous pourrez passer la majeure partie du septième jour à vous détendre avant le spectacle.

Deux semaines

Après l'itinéraire d'une semaine, retournez vers le nord pour une après-midi et une soirée à **Eugene** (p. 499), et n'oubliez pas vos chaussures de jogging. Le neuvième jour, dégustez des vins de la **Willamette Valley** (p. 498) ou traversez la frontière de l'État de Washington pour une occupation identique dans la **Yakima Valley** (p. 484). La plaisante **Ellensburg** (p. 484) mérite qu'on y passe la nuit en dégustant encore quelques vins, avant de s'arrêter la nuit suivante à Leavenworth (p. 480), une ville à l'ambiance germanique, proches de l'Alpine Lakes Wilderness. Traversez ensuite le Stevens Pass pour rejoindre **Whidbey Island** (p. 477) et profiter de son charme bucolique. Pour achever ce grand circuit, reposez-vous aux **San Juan Islands** (p. 478), oubliez les voitures et le temps passé sur les routes du Nord-Ouest pacifique.

bio et circuits d'observation des baleines dans des bateaux fonctionnant au biodiesel. L'un des premiers promoteurs de pratiques écologiques, l'ancien maire de Seattle Greg Nickels s'est autoproclamé porte-parole du problème du réchauffement climatique. Quant à Portland, elle se place régulièrement en tête des villes américaines les plus respectueuses de l'environnement.

GÉOGRAPHIE ET CLIMAT

Semblable à une épine dorsale hérissée qui court du Canada jusqu'à la Californie, la Cascade Range (chaîne des Cascades) coupe le Nord-Ouest pacifique en deux secteurs au climat et à la géographie distincts. L'extrême variété des paysages et de la végétation est due à cette barrière naturelle.

La région à l'ouest des Cascades reçoit de fortes précipitations (jusqu'à 5 080 mm par an dans l'Hoh River Rainforest), d'où la présence de nombreux glaciers, un enneigement record et une luxuriante forêt pluviale tempérée avec des arbres parmi les plus grands et les plus vieux au monde. Dans l'arrière-pays, les hautes montagnes, qui culminent à 4 392 m au Mt Rainier, absorbent une bonne partie de l'humidité de l'atmosphère et les territoires à l'est de la chaîne se composent de steppes arides et de semi-déserts (Pasco, dans le sud-est du Washington, reçoit moins de 152 mm de pluie par an).

Occupant une immense plaine inondable de la période glaciaire, les régions orientales de l'Oregon et du Washington s'étendent sur le plateau desséché de la Columbia River, sillonné de nombreux ravins, canyons et gorges. La spectaculaire Columbia River, la quatrième du pays pour son débit (après le Mississippi), draine toute la région à travers une gorge splendide, la seule faille naturelle dans les Cascade Mountains au sud de la frontière canadienne. La Columbia compte de multiples barrages, qui alimentent des centrales hydroélectriques et ont transformé un désert en un jardin d'Éden où sont produits de bons vins, des légumes, et plus de la moitié des pommes récoltées en Amérique du Nord.

PARCS NATIONAUX ET VIE SAUVAGE

L'Oregon possède un parc national, Crater Lake (p. 504), et le Washington en compte trois, Olympic (p. 474), North Cascades (p. 479) et Mt Rainier (p. 483). Les cartes et les forfaits sont disponibles dans divers postes de rangers ou auprès de **Nature of the Northwest** (www.naturenw.org).

Il existe 240 parcs d'État dans l'Oregon (p. 485) et 215 dans le Washington (ci-contre). Parmi les autres régions remarquables pour leur beauté naturelle, citons l'Oregon Coast (p. 508), la Columbia River Gorge (p. 500) et le Hell's Canyon (p. 508), à la frontière de l'Idaho. Le Mt St Helens (p. 483) offre une vue exceptionnelle sur le National Volcanic Monument, le parc le plus connu de la région.

Les parcs du Nord-Ouest abritent de nombreux animaux, dont des ours noirs, de rares wapitis de Roosevelt (dans l'Olympic National Park), des cerfs hémiones, des mouflons canadiens, des coyotes, des ratons laveurs et des antilopes d'Amérique. Baleines et otaries évoluent en nombre dans l'océan. Parmi les oiseaux résidents figurent des hérons, des martins-pêcheurs, des plongeons huards, des balbuzards, des sturnelles et des aigles chauves.

RENSEIGNEMENTS

Les numéros locaux en Oregon et dans l'ouest du Washington comportent dix chiffres. Pour un appel local dans les secteurs correspondant aux préfixes ☎206, ☎253, ☎425, ☎360 et ☎564 du Washington, et dans tout l'Oregon, composez le préfixe avant le numéro (sans le 1 initial).

COMMENT S'Y RENDRE ET CIRCULER

Seattle-Tacoma, ou Sea-Tac, est le principal aéroport international du Nord-Ouest (p. 472), avec des vols quotidiens pour l'Europe, l'Asie et des villes d'Amérique du Nord et du Canada. L'aéroport international de Portland (p. 497) dessert les États-Unis, le Canada et offre des vols directs pour Francfort (Allemagne) et Guadalajara (Mexique).

Des cars-ferries et des ferries de passagers circulent dans le Puget Sound et rallient Vancouver Island, BC (Canada). **Washington State Ferries** (WSF ; ☎206-464-6400, dans l'État de Washington 888-808-7977 ; www.wsdot.wa.gov/ferries) relie Seattle aux îles Bainbridge et Vashon. D'autres ferries WSF circulent entre Whidbey Island et Port Townsend sur l'Olympic Peninsula, et entre Anacortes et Sidney, BC, via les San Juan Islands. Victoria

Clipper (p. 472) offre des services entre Seattle et Victoria, BC. Des ferries partent également de Port Angeles (p. 476) pour Victoria. Des ferries Alaska Marine Highway effectuent la traversée entre Bellingham, WA, et l'Alaska.

Des bus Greyhound (p. 543) circulent le long de l'I-5 de Bellingham, dans le nord du Washington, à Medford dans le sud de l'Oregon, avec des correspondances vers d'autres villes des États-Unis et le Canada. Les itinéraires est-ouest desservent Spokane, Yakima, les Tri-Cities (Kennewick, Pasco et Richland) Walla Walla et Pullman dans le Washington, Pendleton, Bend, Hood River et Newport dans l'Oregon, avec de nombreux arrêts intermédiaires.

Disposer d'un véhicule facilite l'exploration du Nord-Ouest. Les principales compagnies de location de voitures disposent d'agences dans toute la région. L'I-5 constitue le principal axe routier nord-sud. Au Washington, l'I-90 part de Seattle vers l'est en direction de Spokane et de l'Idaho. Dans l'Oregon, l'I-84 bifurque vers l'est à Portland et longe la Columbia River Gorge via Pendleton pour rallier Boise dans l'Idaho.

Amtrak (p. 544) offre un excellent service ferroviaire en direction du nord (jusqu'à Vancouver, Canada) et du sud (jusqu'en Californie), desservant Seattle, Portland et d'autres grands centres urbains avec ses trains *Cascades* et *Coast Starlight*. Le fameux *Empire Builder* part vers l'est de Seattle et Portland (les deux itinéraires se rejoignent à Spokane, WA) jusqu'à Chicago.

WASHINGTON

Traversé par la chaîne des Cascade Mountains, l'État de Washington est une terre de contrastes. Autour de Seattle, le littoral occidental, humide, urbanisé et libéral, est réputé pour ses épaisses forêts toujours vertes ; à l'est, entre les villes moins courues de Spokane et Yakima, les plaines de l'arrière-pays, arides et couvertes d'une steppe broussailleuse, restent profondément rurales et conservatrices.

Si l'ouest de l'État recèle la plupart des sites exceptionnels, l'est, plus isolé et moins vanté, réserve de multiples surprises.

Histoire

Première colonie américaine du Washington, Tumwater fut fondée à la lisière sud du Puget Sound en 1845. Établies en 1851, Seattle et Port Townsend devinrent rapidement des centres d'exploitation forestière florissants en expédiant du bois à San Francisco, alors en pleine expansion grâce à la ruée vers l'or.

En 1853, le Washington se sépara de l'Oregon. Le Congrès réduisit les territoires concédés aux Indiens pour la chasse et la pêche et ouvrit l'est de l'État à la colonisation. L'arrivée du rail vers la fin du XIXe siècle créa un marché facilement accessible pour les produits du Nord-Ouest et favorisa l'arrivée d'innombrables colons.

Le Washington entra dans l'Union en 1889, et Seattle commença à prospérer en 1897, devenant le port principal vers l'Alaska et les

LE WASHINGTON EN BREF

Surnom : Evergreen State (État toujours vert)
Population : 6,5 millions d'habitants
Superficie : 184 575 km^2
Capitale : Olympia (44 645 habitants)
Autres villes : Seattle (582 454 habitants), Spokane (198 081 habitants), Yakima (82 805 habitants), Bellingham (75 150 habitants), Walla Walla (30 945 habitants), Ellensburg (15 414 habitants)
TVA : 6,5%
Lieu de naissance de : Bing Crosby (1903-1977), chanteur et acteur ; Jimi Hendrix (1942-1970), *guitar hero* ; Bill Gates (né en 1955), multimilliardaire de l'informatique ; John Elway (né en 1960), ancien *quarterback* des Denver Broncos ; Kenny G (né en 1956), saxophoniste ; Kurt Cobain (1967-1994), icône grunge
Abrite : le Mt St Helens, Microsoft, Starbucks, Nordstrom, l'Evergreen State College
Célèbre pour : le rock grunge, le café, les séries *Grey's Anatomy et Twin Peaks,* les volcans, les pommes, le vin, la pluie
Légume de l'État : l'oignon doux de Walla Walla
Distances routières : De Seattle à Portland 280 km, de Spokane à Port Angeles 587 km

champs aurifères du Yukon. La construction de deux barrages, le Bonneville Dam (1937) et le Grand Coulee Dam (1947), accéléra le développement industriel et agricole de la région en lui fournissant une électricité et une irrigation bon marché.

L'urbanisation rapide du Puget Sound après la guerre donna naissance à une mégapole aux autoroutes perpétuellement encombrées, qui gâchent le paysage côtier. L'industrie est passée de l'exploitation du bois aux technologies de pointe quand Seattle s'est intéressée au boom informatique, passant d'une courte période de récession à un nouvel essor. Ocupant une place enviable grâce à des multinationales nées sur place comme Starbucks et Microsoft, le Washington envisage l'avenir sous un angle plus écologique. Greg Nickels, l'ancien maire de Seattle, a réussi à persuader plus de 400 villes américaines de réduire leurs émissions de carbone dans le cadre du protocole de Kyoto et l'effet de cette politique se ressent dans d'autres villes.

Renseignements

Washington road conditions (☎ Seattle 206-368-4499, ailleurs dans l'État 800-695-7623). Informations routières et état des routes.

Washington State Parks & Recreation Commission (☎ 360-902-8844, 800-233-0321 ; www.parks.wa.gov ; PO Box 42650, Olympia, WA 98504). Réservations jusqu'à neuf mois à l'avance dans 50 des 90 campings de l'État de Washington. Comptez 6,50 $ de frais pour la réservation en ligne. Les prix s'élèvent en moyenne à 19 $ pour un emplacement standard, et à 26 $ pour un emplacement de camping-car avec raccordements.

Washington State Tourism Office (☎ 360-725-5052 ; www.tourism.wa.gov ; 🕓 7h-19h). Site Internet utile ; informations par téléphone.

SEATTLE

Ville dynamique où des inventions géniales se transforment souvent en marques internationales, Seattle s'étend sur sept collines, telle une Rome moderne au bord du Pacifique. Musique grunge, cafés détendus, informaticiens milliardaires, avions Boeing, Seattle ne s'endort pas sur ses lauriers dans un monde économique qui évolue rapidement. Dans cette ville vieille de moins de 160 ans, les événements du mois dernier font partie de l'histoire ancienne. Bâtie à l'ombre des Cascades Mountains, cette vaste métropole a grandi et changé depuis les années 1990 et le courant nihiliste. Belltown, ancien berceau de la musique grunge, est aujourd'hui un quartier bourgeois où l'on apprécie les bons vins, des torréfacteurs indépendants commencent à concurrencer les cafés Starbucks, et les bouchons légendaires de l'I-5 ont été allégés grâce aux mesures écologiques de l'ancien maire, Greg Nickels. En bref, Seattle ne connaît pas l'immobilisme. La cité est de nouveau un moteur économique, comme dans les années 1890 quand la ruée vers l'or du Klondike créa l'équivalent des millionnaires de l'informatique.

Histoire

Seattle doit son nom au chef Sealth de la tribu duwamish, qui habitait la région de Lake Washington quand David Denny arriva avec le premier groupe de colons blancs en 1851. Le chemin de fer relia Seattle au reste du pays en 1893. Pendant une décennie, les chercheurs d'or en partance pour le Yukon s'arrêtèrent à Seattle pour s'approvisionner.

Le boom se prolongea durant la Première Guerre mondiale grâce à la forte demande de bois et la région du Puget Sound devint un centre de construction navale. En 1916, William Boeing fonda l'usine de construction d'avions qui allait devenir l'un des principaux employeurs de Seattle, attirant des dizaines de milliers d'ouvriers dans la région durant la Seconde Guerre mondiale.

En novembre 1999, de violents affrontements entre les altermondialistes et la police lors du sommet de l'OMC (Organisation mondiale du Commerce) ont attiré l'attention sur la ville. Deux de ses entreprises les plus florissantes, Starbucks et Microsoft, sont tout autant aimées que détestées. Bien qu'ayant transféré son siège à Chicago, Boeing conserve une forte présence à Seattle.

Orientation

Sea-Tac, l'aéroport de Seattle, se situe à 21 km au sud de la ville. Les trains Amtrak partent de la King Street Station, au nord du nouveau Seahawks Stadium et au sud de Pioneer Square. Le terminus des bus Greyhound se tient à l'angle de 8th Ave et Stewart St, au nord du centre-ville.

Seattle se compose essentiellement de faubourgs : Capitol Hill et le U District se trouvent à l'est de l'I-5, tandis que le centre-ville, Seattle Center, Fremont et Ballard s'étendent à l'ouest. Pour rejoindre Fremont du centre-ville, prenez 4th Ave jusqu'au Fremont Bridge ; de là, tournez à gauche dans NW 36th Ave (qui devient Leary) pour atteindre Ballard. Eastlake Ave court du centre-ville au U District.

Renseignements

ACCÈS INTERNET

Dans ce paradis de l'informatique, presque tous les bars, cafés et hôtels offrent l'accès Wi-Fi gratuit. Pour ceux qui voyagent sans ordinateur, voici quelques cybercafés :

Cyber-Dogs (☎ 206-405-3647 ; 909 Pike St ; 20 premières min gratuites puis 6 $/h ; ⏲ 10h-24h). Stand de hot dogs végétariens (de 2 à 5 $), bar à expressos, cybercafé et rendez-vous d'adolescents.

Online Coffee Company (www.onlinecoffeeco.com ; 14¢/min ; ⏲ 7h30-24h) ; Olive Way (☎ 206-328-3731 ; 1720 E Olive Way) ; Pine St (☎ 206-323-7798 ; 1404 E Pine St). La succursale d'Olive Way se tient dans une ancienne résidence douillette, celle de Pine St est plus chic et fonctionnelle. Première heure gratuite pour les étudiants.

ARGENT

American Express (☎ 206-441-8622 ; 600 Stewart St ; ⏲ 8h30-17h30 lun-ven).

Travelex-Thomas Cook Currency Services Aéroport (☎ 206-248-6960 ; ⏲ 6h-20h) ; Westlake Center (☎ 206-682-4525 ; 400 Pine St, niveau 3 ; ⏲ 9h30-18h lun-sam, 11h-17h dim). À l'aéroport, le guichet se situe dans le principal terminal, derrière le comptoir de Delta Airlines.

LIBRAIRIES

Bulldog News & Espresso (☎ 206-632-6397 ; www.bulldognews.com ; 4208 University Way NE). Un magasin de journaux très bien fourni dans le U District.

Elliott Bay Book Company (☎ 206-624-6600 ; www.elliottbaybook.com ; 101 S Main St). Une immense librairie sur Pioneer Square, avec des lectures publiques presque tous les soirs.

Metsker Maps (☎ 206-623-8747 ; www.metskers.com ; 511 1st Ave). Excellent choix de cartes et de guides de voyage.

MÉDIAS

KEXP 90.3 FM. Station locale légendaire pour les fans de rock alternatif.

KUOW 94.9 FM. Actualités de la National Public Radio (NPR).

Seattle Gay News (www.sgn.org). Hebdomadaire.

Seattle Times (www.seattletimes.com). Le principal quotidien de l'État.

Seattle Weekly (www.seattleweekly.com). Hebdomadaire gratuit avec des nouvelles et la liste des spectacles.

The Stranger (www.thestranger.com). Hebdomadaire impertinent publié par le fameux Dan Savage des "Savage Love".

OFFICE DU TOURISME

Seattle/King County Visitors Bureau (☎ 206-461-5840 ; www.seeseattle.org ; angle 7th Ave et Pike St ; ⏲ 9h-17h lun-ven). Dans le Washington State Convention and Trade Center ; propose aussi un service pratique de concierge dans toute la ville.

POSTE

Poste Broadway Station (☎ 206-324-5474 ; 101 Broadway E) ; poste principale (☎ 206-748-5417 ; 301 Union St) ; University Station (☎ 206-675-8114 ; 4244 NE University Way, U District).

SITES INTERNET

http://hankblog.wordpress.com Actualités artistiques et critiques rédigées par le personnel de l'Henry Art Gallery.

http://slog.thestranger.com Blog régulièrement mis à jour par l'équipe de *The Stranger*.

www.historylink.org Nombreux essais et photos consacrés à l'histoire locale.

www.seattlediy.com Infos sur les spectacles et les événements underground.

SUJET BRÛLANT : LES TRANSPORTS PUBLICS

À Seattle, ville engorgée par d'épouvantables embouteillages, les transports publics ont toujours suscité de fortes controverses. L'Alalskan Way Viaduc and Seawall Replacement Project vise à remplacer l'horrible pont routier en bord de mer des années 1960 par un tunnel plus discret et résistant mieux aux séismes. Cependant, ce projet de 4,2 milliards de dollars, soutenu par l'ancien maire Greg Nickels, compte nombre d'opposants, tels les riverains qui redoutent une augmentation des impôts et l'antenne locale du Sierra Club qui estime que le tunnel n'incitera pas les habitants à abandonner leur voiture. Le projet a joué un rôle crucial lors des dernières élections municipales et a grandement contribué à la défaite de Greg Nickels, le maire écologiste auparavant populaire, en 2009. Actuellement, le tunnel semble dormir dans les tiroirs…

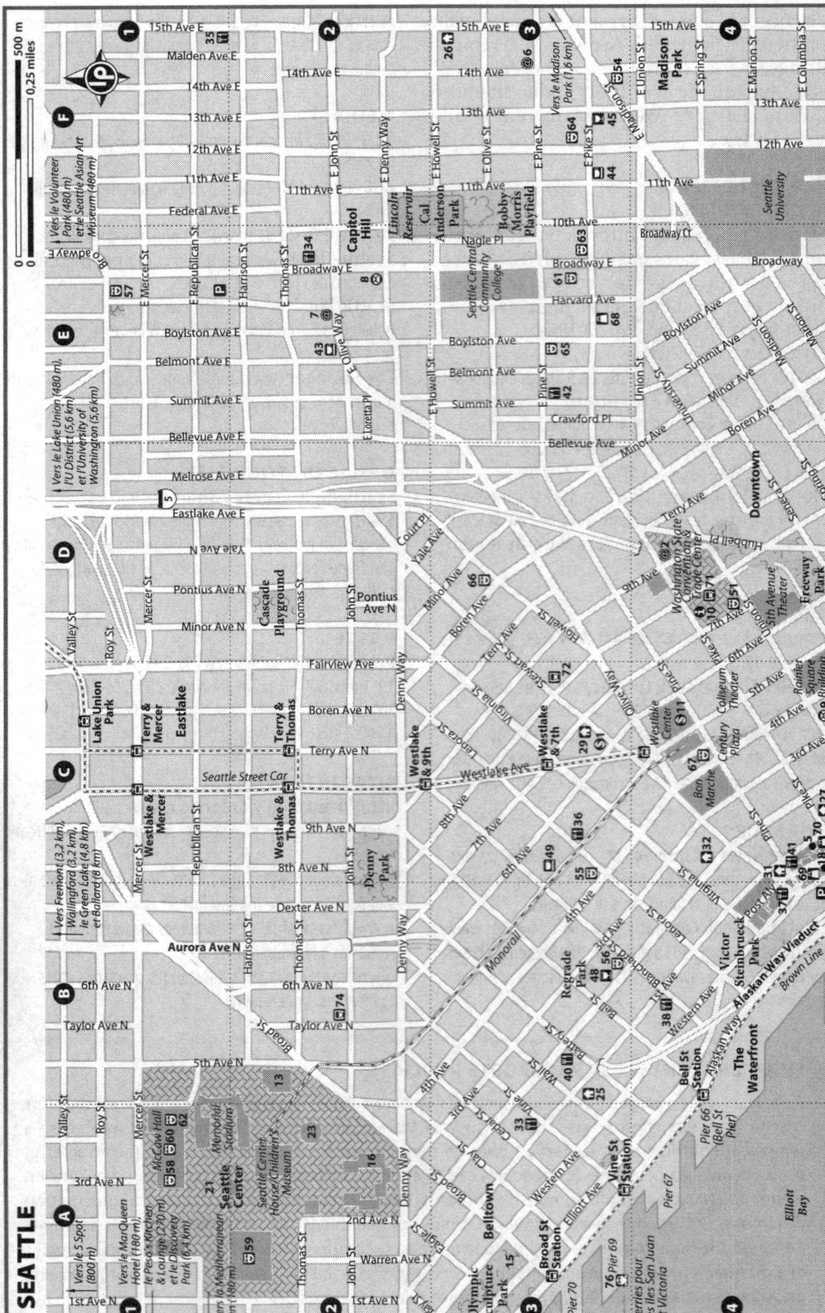
SEATTLE
0 500 m
0 0,25 miles
Vers le Volunteer Park (480 m) et le Seattle Asian Art Museum (480 m)
Vers le Lake Union (480 m), l'U District (5,6 km) et l'University of Washington (5,6 km)
Vers Fremont (3,2 km), Wallingford (3,2 km), le Green Lake (4,8 km) et Ballard (8 km)
Vers le 5 Spot (800 m)
Vers le MarQueen Hotel (180 m), le Peso's Kitchen & Lounge (270 m) et le Discovery Park (6,4 km)
Vers le Mediterranean Inn (180 m)
Vers le Madison Park (1,6 km)
Capitol Hill
Lincoln Reservoir
Cal Anderson Park
Bobby Morris Playfield
Seattle Central Community College
Seattle University
Madison Park
Lake Union Park
Terry & Mercer
Eastlake
Cascade Playground
Terry & Thomas
Westlake & Mercer
Westlake & Thomas
Seattle Street Car
Denny Park
Westlake & 9th
Westlake & 7th
Westlake Center
Washington State Convention & Trade Center
Freeway Park
5th Avenue Theater
Rainier Square
9 Building
Coliseum Theater
Century Plaza
Bon Marche
Downtown
Regrade Park
Victor Steinbruck Park
Alaskan Way Viaduct
Brown Line
The Waterfront
Bell St Station
Pier 66 (Bell St Pier)
Pier 67
Pier 69
Pier 70
Vine St Station
Broad St Station
Belltown
Olympic Sculpture Park
Elliott Bay
Ferries pour les îles San Juan et Victoria
Seattle Center
Memorial Stadium
McCaw Hall
Seattle Center House/Children's Museum
Monorail
15th Ave E
Malden Ave E
14th Ave E
13th Ave E
12th Ave E
11th Ave E
Federal Ave E
Broadway E
E Mercer St
E Republican St
E Harrison St
E Thomas St
E John St
E Denny Way
E Howell St
E Olive St
E Pine St
E Pike St
E Union St
E Madison St
E Spring St
E Marion St
E Columbia St
15th Ave
14th Ave
13th Ave
12th Ave
11th Ave
10th Ave
Nagle Pl
Broadway
Broadway Ct
Harvard Ave
Boylston Ave E
Belmont Ave E
Summit Ave E
Bellevue Ave E
Melrose Ave E
Eastlake Ave E
Yale Ave N
Pontius Ave N
Minor Ave N
Fairview Ave
Boren Ave N
Terry Ave N
9th Ave N
8th Ave N
Dexter Ave N
Aurora Ave N
6th Ave N
Taylor Ave N
5th Ave N
3rd Ave N
2nd Ave N
Warren Ave N
1st Ave N
Valley St
Roy St
Mercer St
Republican St
Harrison St
Thomas St
John St
Denny Way
Broad St
E Olive Way
E Loretta Pl
Boylston Ave
Belmont Ave
Summit Ave
Crawford Pl
Bellevue Ave
Minor Ave
Boren Ave
Terry Ave
Hubbell Pl
Madison St
Marion St
Union St
University St
Seneca St
Spring St
Court Pl
Yale Ave
Howell St
Stewart St
Virginia St
Lenora St
Olive Way
Pine St
Pike St
Westlake Ave
9th Ave
8th Ave
7th Ave
6th Ave
5th Ave
4th Ave
3rd Ave
2nd Ave
1st Ave
Post Al
Blanchard St
Bell St
Battery St
Wall St
Vine St
Cedar St
Clay St
Eagle St
Bay St
Western Ave
Elliott Ave
Alaskan Way

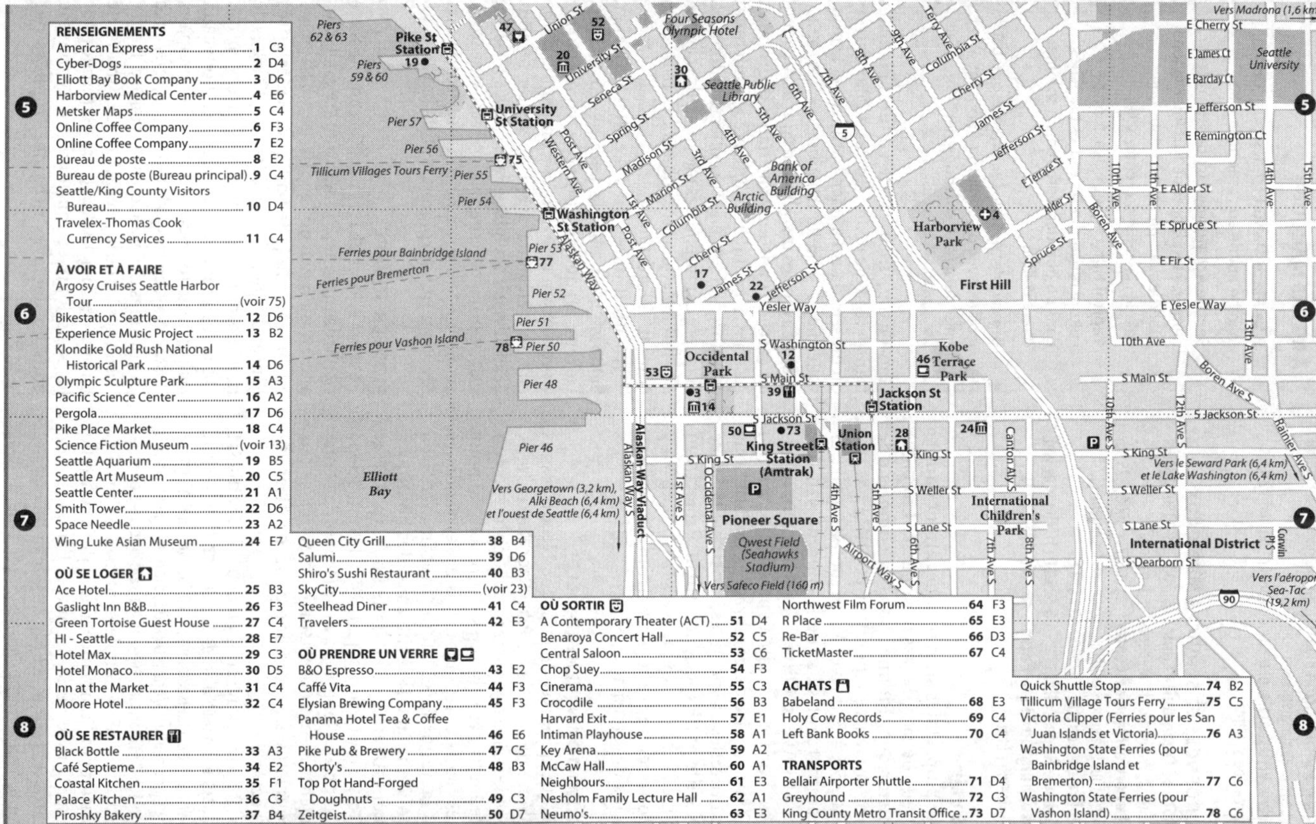

RENSEIGNEMENTS
- American Express ... 1 C3
- Cyber-Dogs ... 2 D4
- Elliott Bay Book Company ... 3 D6
- Harborview Medical Center ... 4 E6
- Metsker Maps ... 5 C4
- Online Coffee Company ... 6 F3
- Online Coffee Company ... 7 E2
- Bureau de poste ... 8 E2
- Bureau de poste (Bureau principal) ... 9 C4
- Seattle/King County Visitors Bureau ... 10 D4
- Travelex-Thomas Cook Currency Services ... 11 C4

À VOIR ET À FAIRE
- Argosy Cruises Seattle Harbor Tour ... (voir 75)
- Bikestation Seattle ... 12 D6
- Experience Music Project ... 13 B2
- Klondike Gold Rush National Historical Park ... 14 D6
- Olympic Sculpture Park ... 15 A3
- Pacific Science Center ... 16 A2
- Pergola ... 17 D6
- Pike Place Market ... 18 C4
- Science Fiction Museum ... (voir 13)
- Seattle Aquarium ... 19 B5
- Seattle Art Museum ... 20 C5
- Seattle Center ... 21 A1
- Smith Tower ... 22 D6
- Space Needle ... 23 A2
- Wing Luke Asian Museum ... 24 E7

OÙ SE LOGER
- Ace Hotel ... 25 B3
- Gaslight Inn B&B ... 26 F3
- Green Tortoise Guest House ... 27 C4
- HI - Seattle ... 28 E7
- Hotel Max ... 29 C3
- Hotel Monaco ... 30 D5
- Inn at the Market ... 31 C4
- Moore Hotel ... 32 C4

OÙ SE RESTAURER
- Black Bottle ... 33 A3
- Café Septieme ... 34 E2
- Coastal Kitchen ... 35 F1
- Palace Kitchen ... 36 C3
- Piroshky Bakery ... 37 B4
- Queen City Grill ... 38 B4
- Salumi ... 39 D6
- Shiro's Sushi Restaurant ... 40 B3
- SkyCity ... (voir 23)
- Steelhead Diner ... 41 C4
- Travelers ... 42 E3

OÙ PRENDRE UN VERRE
- B&O Espresso ... 43 E2
- Caffé Vita ... 44 F3
- Elysian Brewing Company ... 45 F3
- Panama Hotel Tea & Coffee House ... 46 E6
- Pike Pub & Brewery ... 47 C5
- Shorty's ... 48 B3
- Top Pot Hand-Forged Doughnuts ... 49 C3
- Zeitgeist ... 50 D7

OÙ SORTIR
- A Contemporary Theater (ACT) ... 51 D4
- Benaroya Concert Hall ... 52 C5
- Central Saloon ... 53 C6
- Chop Suey ... 54 F3
- Cinerama ... 55 C3
- Crocodile ... 56 B3
- Harvard Exit ... 57 E1
- Intiman Playhouse ... 58 A1
- Key Arena ... 59 A2
- McCaw Hall ... 60 A1
- Neighbours ... 61 E3
- Nesholm Family Lecture Hall ... 62 A1
- Neumo's ... 63 E3
- Northwest Film Forum ... 64 F3
- R Place ... 65 E3
- Re-Bar ... 66 D3
- TicketMaster ... 67 C4

ACHATS
- Babeland ... 68 E3
- Holy Cow Records ... 69 C4
- Left Bank Books ... 70 C4

TRANSPORTS
- Bellair Airporter Shuttle ... 71 D4
- Greyhound ... 72 C3
- King County Metro Transit Office ... 73 D7
- Quick Shuttle Stop ... 74 B2
- Tillicum Village Tours Ferry ... 75 C5
- Victoria Clipper (Ferries pour les San Juan Islands et Victoria) ... 76 A3
- Washington State Ferries (pour Bainbridge Island et Bremerton) ... 77 C6
- Washington State Ferries (pour Vashon Island) ... 78 C6

www.seattlest.com Blog traitant des divers événements à Seattle et aux alentours.
www.visitseattle.org Site du Convention and Visitors Bureau de Seattle.

URGENCES ET SERVICES MÉDICAUX

45th St Community Clinic (☎ 206-633-3350 ; 1629 N 45th St, Wallingford). Médecins et dentistes.
Harborview Medical Center (☎ 206-731-3000 ; 325 9th Ave). Tous les services médicaux, y compris les urgences.
Police de Seattle (☎ 206-625-5011).
Seattle Rape Relief (☎ 206-625-5011). En cas de viol.
Washington State Patrol (☎ 206-625-5011). Police de l'État

À voir

La plupart des sites se concentrent dans le cœur de la ville, assez ramassé. Le centre historique, Pionner Square, comprend le secteur entre Cherry St et S King St, de 1st Ave à 3rd Ave. Le principal quartier commerçant se situe le long de 4th Ave et 5th Ave, d'Olive Way à University St. Au nord-ouest du centre-ville, Seattle Center abrite de nombreuses installations culturelles et sportives, ainsi que la Space Needle et l'Experience Music Project. Du Pike Place Market, traversez Alaskan Way pour rejoindre le Waterfront, le rendez-vous des touristes.

À NE PAS MANQUER

- **Pike Place Market** (ci-dessous). Un marché animé au cœur de la ville.
- **Seattle Art Museum** (ci-dessous). Les dernières tendances de l'art international superbement présentées dans une galerie classique du centre-ville.
- **Capitol Hill** (ci-contre). La contre-culture rencontre les cadres branchés dans un quartier loufoque, au sommet d'une colline.
- **Brouwer's** (p. 470). Un gigantesque bar à bière, avec un comptoir imposant et un séduisant décor industriel.

DOWNTOWN (CENTRE-VILLE)

À quelques pas de la Space Needle, l'emblème de Seattle, le **Pike Place Market** (www.pikeplacemarket.org), vaste marché animé rempli de multiples échoppes, est renommé pour ses fruits et légumes frais et ses vendeurs à la taquinerie facile, notamment les poissonniers. Il abrite aussi des boutiques contestataires – Left Bank Books (p. 472) et Holy Cow Records (p. 472) –, des musiciens de rue, des jongleurs, des diseuses de bonne aventure et toutes sortes d'artistes. Les touristes s'y pressent pour profiter du spectacle.

Rénové et agrandi en 2007, le **Seattle Art Museum** (musée d'Art de Seattle ; ☎ 206-654-3100 ; www.seattleartmuseum.org ; 1300 1st Ave ; adulte/enfant/étudiant/senior 13/gratuit/7/10 $, gratuit 1er jeu du mois ; 🕑 10h-17h mar-dim, 10h-21h jeu-ven) occupe désormais 11 000 m² supplémentaires. Si certains critiquent l'ambiance glacée de la nouvelle aile, l'envie de la découvrir l'emporte sur cette sensation. Au-dessus de la billetterie, remarquez *Inopportune: Stage One* de Cai Guo-Qiang, une série de voitures blanches transpercées de néons. Entre les deux entrées du musée (dans l'ancien bâtiment et la nouvelle aile), l'"échelle artistique" est un espace gratuit avec des installations qui descendent en cascade dans un vaste hall à degrés. Les galeries elles-mêmes ont été grandement améliorées. L'excellente collection John H. Hauberg comprend des masques, des canoës, des totems et d'autres objets des tribus des côtes du Nord-Ouest.

Au nord-ouest du Pike Place Market, **Belltown** n'est plus le paradis du grunge. Devenu un quartier branché, vous pourrez y prendre un café *latte* en compagnie d'une clientèle élégante avant de visiter le nouveau **Olympic Sculpture Park** (☎ 206-654-3100 ; 2901 Western Ave ; entré libre ; 🕑 aube-crépuscule), avant-poste expérimental du Seattle Art Museum qui surplombe Elliot Bay.

PIONEER SQUARE

Festival d'architecture romanesque richardsonienne, Pioneer Square est le plus ancien quartier de la ville. Ses bâtiments en brique rouge furent construits après l'incendie de 1889, qui détruisit 25 pâtés de maisons dont le quartier d'affaires central. Dans les premières années, ses nouveaux riches transformèrent l'artère principale, Yesler Way, en une "skid row", en référence aux grumes tirées jusqu'à la scierie d'Henry Yesler, à côté de la jetée. Lorsque l'industrie du bois déclina, la rue devint un refuge pour les sans-logis et son nom, un synonyme pour les enclaves urbaines frappées par la misère.

Édifice le plus emblématique de Pioneer Square, la **Smith Tower**, haute de 42 étages et achevée en 1914, resta le plus haut bâtiment à l'ouest du Mississippi jusqu'en 1931. Grâce aux efforts de la municipalité, le quartier échappa à la démolition dans les années 1960 et est aujourd'hui protégé en tant que Pioneer Square-Skid Rd Historic District.

Animé en soirée, le quartier, à la fois ancien et délabré, abrite des galeries d'art et des cafés. Parmi ses plus beaux sites figurent la **Pergola**, un abri décoratif en fer de 1909 qui rappelle une bouche du métro parisien, l'**Occidental Park**, qui contient des totems sculptés par l'artiste chinook Duane Pasco, et le Central Saloon (p. 471), un bar ouvert depuis 1892.

Le **Klondike Gold Rush National Historical Park** (☎ 206-553-7220 ; www.nps.gov/klse ; 117 S Main St ; entrée libre ; 🕑 9h-17h), un excellent musée, présente des expositions, des photos et des coupures de journaux sur Seattle durant le boom de la ruée vers l'or du Klondike en 1897, quand des prospecteurs rejoignaient le Yukon, au Canada.

INTERNATIONAL DISTRICT

Des boutiques et des restaurants asiatiques bordent les rues à l'est de Pioneer Square (prenez S Jackson St). Le **Wing Luke Asian Museum** (☎ 206-623-5124 ; www.wingluke.org ; 407 7th Ave S ; adulte/enfant/étudiant 4/2/3 $; 🕑 11h-16h30 mar-ven, 12h-16h sam-dim) explique les nombreuses cultures asiatiques de la ville et leur rencontre, souvent tendue, avec l'Occident à travers des œuvres d'art, des expositions temporaires, des photos anciennes, la reconstitution d'un camp d'internement où les Japonais furent enfermés pendant la Seconde Guerre mondiale, et des entretiens avec d'anciens prisonniers.

SEATTLE CENTER

Les installations de l'exposition universelle futuriste de 1962, organisée à Seattle et appelée Century 21 Exposition, sont toujours présentes au **Seattle Center** (☎ 206-684-8582 ; www.seattlecenter.com ; 400 Broad St). Immense succès, l'exposition attira 10 millions de visiteurs, dégagea des bénéfices (une rareté à l'époque), et inspira *Blondes, brunes, rousses* (1963), *un* film ultra-kitsch avec Elvis Presley.

Visible de toute la ville et facilement reconnaissable, la **Space Needle** (☎ 206-905-2100 ; www.spaceneedle.com ; adulte/enfant/senior 16/8/14 $; 🕑 9h-24h) est une station d'observation haute de 184 m avec un restaurant tournant. Le **monorail** (☎ 206-905-2600 ; www.seattlemonorail.com ; adulte/enfant/senior 4/1.50/2 $; 🕑 9h-23h), un moyen de transport public expérimental long d'environ 2,5 km, circule toutes les 10 minutes entre le Westlake Center, dans le centre-ville, et une gare proche de l'Experience Music Project.

L'**Experience Music Project** (EMP ; ☎ 206-367-5483 ; www.emplive.com ; 325 5th Ave N ; adulte/enfant/étudiant et senior 19,95/14,95/15,95 $; 🕑 9h-18h dim-jeu, 9h-21h ven-sam mai-sept, 10h-17h dim-jeu, 10h-21h ven-sam nov-avr), créé par Paul Allen le cofondateur de Microsoft, mérite le coup d'œil pour son architecture. À vous de juger si votre passion pour la musique justifie le prix de l'entrée. Conçu par Frank O. Gehry, le bâtiment abrite 80 000 objets liés à la musique, dont des manuscrits de chansons de Kurt Cobain (Nirvana) et une Fender Stratocaster détruite par Jimi Hendrix. Associé à l'EMP, le **Science Fiction Museum** (☎ 206-724-3428 ; www.sfhomeworld.org ; 325 5th Ave N ; adulte/enfant 15/12 $; 🕑 10h-20h mai-sept, 10h-17h mer-lun nov-avr) présente des costumes, des accessoires et des maquettes de films et de séries TV de science-fiction. Entrée gratuite de 17h à 20h le premier jeudi du mois.

LE TROLL DE FREMONT

Le **Troll de Fremont** se cache sous l'extrémité nord de l'Aurora Bridge, au carrefour de N 36th St. Les créateurs du troll – les artistes Steve Badanes, Will Martin, Donna Walter et Ross Whitehead – ont remporté un concours sponsorisé par le Fremont Arts Council en 1990. La statue en ciment de 5,50 m, qui représente un troll tenant une Coccinelle Volkswagen, est devenu un endroit prisé pour une bière en fin de soirée.

CAPITOL HILL

La contre-culture transparaît dans l'impertinent Capitol Hill, un quartier aisé et libéral, renommé à juste titre pour son théâtre avant-gardiste, sa scène musicale alternative, ses cafés indépendants et sa dynamique communauté homosexuelle. Vous pouvez ici faire prendre un bain aux herbes à votre chien, acheter de l'artisanat ethnique dans Broadway, ou sympathiser avec de jeunes punks et de vieux hippies dans le Pike-Pine

Corridor. Explorez les alentours du carrefour de Broadway et d'E John St pour découvrir les divers restaurants, brasseries, boutiques et bars branchés du secteur. Plus au nord dans le majestueux **Volunteer Park**, le **Seattle Asian Art Museum** (SAAM ; ☎206-654-3100 ; www.seattleartmuseum.org ; 1400 E Prospect St ; adulte/enfant/étudiant et senior 5/gratuit/3 $, gratuit 1ers jeu et sam du mois ; 10h-17h mar-dim, 10h-21h jeu ; P) renferme l'importante collection d'art du Dr Richard Fuller, qui offrit cette austère galerie Art moderne à la cité en 1932. Également dans le Volunteer Park, une **serre** (entrée libre) victorienne est remplie de palmiers, de cactées et de plantes tropicales.

FREMONT

Fremont, à 3 km au nord du Seattle Center, est réputé pour son anticonformisme, son marché de produits fermiers et ses sculptures loufoques, dont une fusée sortant d'un immeuble et une effigie de Lénine provenant de Slovaquie. Le dimanche, les habitants viennent de toute la ville au **Fremont Sunday Market** (☎206-781-6776 ; www.fremontmarket.com/fremont ; Stone Way et N 34th St ; 10h-17h dim mai-sept, 10h-16h dim nov-avr), un marché qui regroupe des étals de fruits et de légumes, des stands d'art et d'artisanat et de nombreux brocanteurs.

Autre exemple d'art public, **Waiting for the Interurban** (angle N 34th St et Fremont Ave N), une statue en aluminium, représente des voyageurs attendant un train qui n'arrive jamais : l'interurbain qui reliait Seattle et Everett a cessé de circuler dans les années 1930 (le service a repris en 2001, mais la ligne emprunte un autre trajet). Remarquez la tête humaine du chien ; il s'agit d'Armen Stepanian, ancien maire honoraire de Fremont qui commit l'erreur de s'opposer à la sculpture.

U DISTRICT

Le campus de l'**université du Washington** (www.washington.edu) couvre plus de 280 ha à la lisière du Lake Union, dans un quartier commerçant à 5 km au nord-est du centre-ville. Cafés, restaurants, bars, cinémas et librairies bordent les artères principales, University Way, surnommée "the Ave", et NE 45th St. **Central Plaza**, appelée Red Square en raison de son soubassement en brique, constitue le centre du campus. Le **Visitor Center** (☎206-543-9198 ; 4014 University Way ; 8h-17h lun-ven) fournit des informations et une carte du campus.

Près du croisement de NE 45th St et de 16th Ave, le **Burke Museum** (☎206-543-5590 ; adulte/étudiant/senior 8/5/6,50 $, gratuit 1er jeu du mois ; 10h-17h, 1er jeu du mois 10h-20h) possède une superbe collection d'artefacts amérindiens du littoral nord-ouest. À l'angle de NE 41st St et 15th Ave, la **Henry Art Gallery** (☎206-543-2280 ; adulte/étudiant/senior 10/gratuit/6 $, gratuit jeu ; 11h-17h mar-dim, 11h-20h jeu), une galerie sophistiquée, présente une remarquable exposition permanente du sculpteur James Turrell et de ses jeux de lumière, ainsi que diverses expositions temporaires.

BALLARD

Récemment devenu un quartier à la mode, Ballard, à 9,5 km au nord-ouest de Downtown, conserve une ambiance de vieux village de pêcheurs scandinave, notamment près des écluses, de la marina et du Nordic Heritage Museum. Si la vieille ville offre une vie nocturne animée, ses bâtiments anciens et ses rues pavées en font un endroit très plaisant pour flâner dans la journée.

À cet endroit, les eaux des lacs Washington et Union coulent à travers le Lake Washington Ship Canal, long de près de 13 km, avant de se jeter dans le Puget Sound. La construction du canal commença en 1911 ; aujourd'hui, quelque 100 000 bateaux passent chaque année par les **Hiram M Chittenden Locks** (☎ visitor center 206-783-7059 ; 3015 NW 54th St ; 24h/24), des écluses à moins d'un kilomètre à l'ouest de Ballard, près de NW Market St. Prenez le bus n°17 au croisement de 4th Ave et d'Union St dans le centre-ville. Du côté sud des écluses, des aquariums sous-marins permetttent d'observer la remontée des saumons par une **fish ladder** (échelle à poissons) pour frayer à la source de la Sammamish, qui alimente le Lake Washington.

À faire

CYCLOTOURISME

L'un des itinéraires favoris, le **Burke-Gilman Trail**, long de 27 km, serpente de Ballard au Log Boom Park à Kenmore, dans l'est de Seattle. De là, il rejoint le **Sammamish River Trail** (18 km), qui passe par le domaine viticole de Château Ste Michelle à Woodinville avant de s'achever au Marymoor Park de Redmond.

De nombreux cyclistes effectuent le circuit souvent encombré du **Green Lake**, juste au nord de Fremont et à 8 km au nord du centre-ville. Plus proche, l'**Elliott Bay Trail** longe le Waterfront sur 4 km.

Procurez-vous un exemplaire de la *Seattle Bicycling Guide Map*, publiée par le **Transportation Bicycle & Pedestrian Program** (☎ 206-684-7583 ; www.cityofseattle.net/transportation/bikemaps.htm) de la municipalité, en ligne ou dans les magasins de vélos.

Les adresses suivantes sont recommandées pour la location et la réparation de vélos :

Bicycle Center (☎ 206-523 8300 ; 4529 Sand Point Way ; location 1h/24h 3/15 $). Établi de longue date, à côté du Burke-Gilman Trail ; location et réparation.

Bikestation Seattle (☎ 206-224-9252 ; 309A 3rd Ave S ; 9h-17 lun-ven). Affilié à la Bicycle Alliance of Washington, parking à vélos sûr 24h/24, réparations sur place et location dans la boutique JRA voisine.

Gregg's Cycles (☎ 206-523-1822 ; 7007 NE Woodlawn Ave ; 10h-20h lun-ven, 10h-18h sam-dim). Fondé en 1932, ce magasin plus haut de gamme compte deux nouvelles succursales à Bellevue et Alderwood ; celui de Green Lake propose toujours des locations. De 30 à 56 $ l'heure pour un vélo sophistiqué ; 18 $ l'heure ou 135 $ par semaine pour un modèle standard.

RANDONNÉE

De superbes chemins de randonnée traversent la forêt ancienne du Seward Park, surplombant la péninsule de Bailey qui s'avance dans le Lake Washington. Des chemins plus longs et plus plats sillonnent le Discovery Park (216 ha), au nord-ouest de Seattle. Le **Sierra Club** (☎206-523-2019 ; www.sierraclub.org) propose des randonnées d'une journée (souvent gratuites) et des excursions en camping-car le week-end.

SPORTS NAUTIQUES

Au Lake Union, **Northwest Outdoor Center Inc** (☎206-281-9694, 800-683-0637 ; www.nwoc.com ; 2100 Westlake Ave N ; kayaks 13-20 $/h) loue des kayaks et propose des cours d'initiation et des circuits en mer et sur des rapides.

L'**UW Waterfront Activities Center** (☎ 206-543-9433 ; canoë et canot 7,50 $/h ; habituellement 10h-19h fév-oct), dans le coin sud-est du parking de l'Husky Stadium, près de Montlake Blvd NE, loue des canoës et des barques. Apportez une pièce d'identité.

L'**Agua Verde Paddle Club** (☎ 206-545-8570 ; 1303 NE Boat St ; kayak 1 place 1h/2h 15/25 $, 2 places 18/30 $; 10h-crépuscule lun-sam, 10h-18h dim mars-oct), près de l'université à Portage Bay, loue des kayaks.

Avec des enfants

Si l'ensemble du Seattle Center fascine les enfants, ils apprécient surtout le **Pacific Science Center** (☎206-443-2001 ; www.pacsci.org ; 200 2nd Ave N ; adulte/enfant 3-5 ans/ 6-12 ans 11/6/8 $, salle IMAX et Laserium avec entrée générale supp 3 $, sans entrée générale 8/6/7 $; 10h-18h ;). Les expositions en réalité virtuelle, les spectacles au laser, les hologrammes, le cinéma Imax et le planétarium instruisent tout en amusant parents et enfants. Le parking coûte de 5 à 10 $.

Sur le Pier 59 à Downtown, le fabuleux **Seattle Aquarium** (☎ 206-386-4300 ; www.seattleaquarium.org ; 1483 Alaskan Way, Pier 59 ; adulte/enfant 16/10,50 $; 9h30-17h ;) offre une découverte ludique des merveilles sous-marines du Nord-Ouest pacifique. "Window on Washington Waters" permet d'admirer les fonds de Neah Bay, où vivent rascasses, saumons, anémones de mer et plus de 100 autres espèces de poissons et d'invertébrés. La pièce maîtresse de l'aquarium est une salle coiffée d'un dôme en verre où évoluent des requins, des poulpes et d'autres créatures des profondeurs.

Circuits organisés

Argosy Cruises Seattle Harbor Tour (☎ 206-623-1445, 800-642-7816 ; www.argosycruises.com ; adulte/enfant 18,61/7,81 $). Le Seattle Harbor Tour, une croisière prisée de ce tour-opérateur, est une visite commentée d'une heure d'Elliott Bay, du Waterfront et du port de Seattle ; départ du Pier 55.

Coffee Crawl (☎ 800-838-3006 ; www.seattlebyfoot.com ; circuit 20 $; 10h certains jours). Ce circuit de 2 heures fait découvrir les cafés de Seattle. Il part du Pike Place Market, sous la célèbre enseigne de café, et continue le long de Post Alley avec des explications sur l'histoire et la culture du café dans la ville.

Seattle Food Tours (☎ 425-725-4483 ; www.seattlefoodtours.com ; circuit 39 $). Promenade gastronomique au Pike Place Market et alentour, cette excursion de 2 heures 30 passe par une boulangerie, un restaurant de poisson, un restaurant vietnamien, une cuisine mexicaine et s'accompagne d'informations historiques et artistiques.

Fêtes et festivals

Northwest Folklife Festival (☎ 206-684-7300 ; www.nwfolklife.org). Week-end du Memorial Day en mai. Musique internationale, danse, artisanat, restauration et divertissements familiaux au Seattle Center.

Seafair (☎ 206-728-0123 ; www.seafair.com). Fin juillet et août. Une foule immense assiste à ce festival aquatique, avec courses d'hydravions, procession aux flambeaux, spectacle aérien, musique et carnaval.

Bumbershoot (☎ 206-281-8111 ; www.bumbershoot.com). Week-en du Labour Day (fête du Travail) en septembre. Un événement artistique et culturel majeur au Seattle Center, avec des concerts, des lectures publiques par des auteurs et d'innombrables attractions inclassables.

Où se loger

De mi-novembre à fin mars, la plupart des hôtels du centre-ville proposent des *Seattle Super Saver Packages* – généralement des prix réduits de 50%, avec un carnet de coupons offrant des réductions pour les restaurants, les boutiques et les spectacles. Appelez la **Seattle Hotel Hotline** (☎800-535-7071) ; vous pouvez réservez sur son site, www.seattlesupersaver.com.

PETITS BUDGETS

Green Tortoise Guest House (☎206-340-1222 ; www.greentortoise.net ; 105 Pike St ; dort 24-29 $, ch 77-80 $, petit-déj inclus ; 💻). Seule auberge de jeunesse du centre-ville, elle fait face au Pike Place Market. Elle compte 30 dortoirs avec lits superposés, et 16 chambres avec douches et toilettes communes.

Moore Hotel (☎ 206-448-4851, 800-421-5508 ; www.moorehotel.com ; 1926 2nd Ave ; s/d 59/71 $, avec sdb 74/86 $; ⊠ 💻 📶). Vieillot et un peu défraîchi, le Moore bénéficie d'un emplacement privilégié et vous réserve un accueil chaleureux. Ses prix raisonnables constituent un atout supplémentaire.

College Inn (☎ 206-633-4441 ; www.collegeinnseattle.com ; 4000 University Way NE ; s/d avec petit déj à partir de 60/70 $; ⊠ 💻 📶). Dans l'U District, ce joli bâtiment, à moitié en bois, fut construit pour l'exposition Alaska-Yukon-Pacific de 1909. Il possède 25 chambres avec lavabo et sdb communes, ainsi qu'un pub en sous-sol. Réparti sur 4 étages, le College Inn ne dispose pas d'ascenseur.

CATÉGORIE MOYENNE

Gaslight Inn B&B (☎206-325-3654 ; www.gaslight-inn.com ; 1727 15th Ave E ; ch 88-158 $; ⊠ 🏊). Dans deux maisons voisines, ce B&B propose 15 chambres (dont 12 avec sdb), une piscine découverte et un solarium.

Ace Hotel (☎ 206-448-4721 ; www.acehotel.com ; 2423 1st Ave ; ch sans/avec sdb 99/190 $; Ⓟ 15 $; 💻 📶). Quasi similaire à son élégant cousin de Portland, l'Ace se distingue par un décor minimaliste et futuriste blanc ou acier (y compris la TV), d'anciennes couvertures de l'armée française, des préservatifs au lieu de bonbons sur les oreillers, et un *Kama Sutra* plutôt qu'une Bible.

♡ **Mediterranean Inn** (☎ 206-428-4700 ; www.mediterranean-inn.com ; 425 Queen Anne Ave N ; ch à partir de 119 $; Ⓟ ⊠ ✣ 💻). Bien situé dans le centre-ville, cet hôtel propose des chambres impeccables, chacune dotée d'une kitchenette, et une petite salle de gymnastique au rez-de chaussée. L'authentique gentillesse du personnel ajoute au charme de cette adresse.

Hotel Max (☎ 206-441-4200, 800-426-0670 ; www.hotelmaxseattle.com ; 620 Stewart St ; s/d à partir de 179/199 $; Ⓟ 15 $; 💻). Des œuvres d'art originales ornent les murs des petites chambres plaisantes de cet hôtel branché aux couleurs tranchées. Parmi les divers forfaits figurent le Grunge Special ou le Gaycation. Dans les chambres, une carte offre un choix d'oreillers et de services spirituels.

CATÉGORIE SUPÉRIEURE

Inn at the Market (☎206-443-3600, 800-446-4484 ; www.innatthemarket.com ; 86 Pine St ; ch 175-300 $, avec vue sur l'eau 230-400 $; Ⓟ 20 $; ⊠ ✣ 📶). Seul hébergement du Pike Place Market, ce bel hôtel de charme compte 70 chambres spacieuses, pour la plupart avec vue sur le marché et le Puget Sound.

MarQueen Hotel (☎ 206-286-7407 ; www.marqueen.com ; 600 Queen Anne Ave N ; ch à partir de 225 $; Ⓟ 📶). Aménagées dans d'anciens appartements rénovés et transformés en hôtel, les chambres du MarQueen ont conservé leur kitchenette d'origine et des traces de l'élégance du début du XXe siècle. Sans être totalement luxueux, l'établissement bénéficie d'un emplacement privilégié, à côté du Seattle Center et près d'excellents restaurants.

Hotel Monaco (☎ 206-621-1770 ; www.monaco-seattle.com ; 1101 4th Ave ; d/ste à partir de 260/309 $; Ⓟ ⊠ 💻 📶). Surprenant avec ses touches de raffinement européen, ce quatre-étoiles central offre toutes les prestations attendues d'un hôtel de cette catégorie. Le directeur-adjoint organise des séances de jogging tôt le matin le long du Waterfront.

Où se restaurer

PETITS BUDGETS

Meilleur endroit pour un repas bon marché, le Pike Place Market propose un choix infini de produit frais, de pâtisseries, de plats préparés et de spécialités ethniques à emporter.

♡ **Piroshky Bakery** (☎ 206-441-6068 ; 1908 Pike Pl ; en-cas 2-7 $; 🕒 8h-18h30 oct-avril, 7h30-18h30 mai-sept). Établissement minuscule, le Piroshky ne désemplit pas grâce à ses

LE NORD-OUEST PACIFIQUE

délicieuses tartes russes sucrées et salées et à ses succulentes pâtisseries, à déguster sur place ou à emporter.

Travelers (☎ 206-329-6260 ; 501 E Pine St ; en-cas 5-10 $; 🕑 10h-17h lun-jeu, 10h-20h ven-sam, 12h-20h dim). Ce café-boutique indien de Capitol Hill vend de tout, des gamelles en aluminium aux cartes postales du *Kama Sutra*. Sirotez un *chai masala*, un thé sucré et épicé, pour retrouver les saveurs du sous-continent et régalez-vous d'un *thali* (plateau-repas).

Peso's Kitchen & Lounge (☎ 206-283-9353 ; 605 Queen Anne Ave N ; petit-déj 6-9 $, dîner 9-13 $; 🕑 9h-2h). Dans une ambiance "tendance" et détendue, vous savourerez un petit-déjeuner roboratif, à base d'œufs, le matin et une savoureuse cuisine mexicaine le soir.

Salumi (☎ 206-621-8772 ; 309 3rd Ave S ; sandwichs 7-10 $, assiettes 11-14 $; 🕑 11h-16h mar-ven). Grand choix de sandwichs à la viande fumée ou au fromage frais. Vu le nombre réduit de places et la queue devant l'établissement, mieux vaut prévoir un pique-nique.

CATÉGORIE MOYENNE

Shiro's Sushi Restaurant (☎ 206-443-9844 ; 2401 2nd Ave ; sushi 2-9 $, plats du jour 9-13 $, plats 20-21 $; 🕑 17h30-21h45). De nombreux prix et récompenses ornent la vitrine de cet élégant restaurant japonais. Face à la cuisine vitrée, vous pourrez regarder les experts qui préparent de délicieux sushis.

Café Septieme (☎ 206-860-8858 ; 214 Broadway E ; entrées 5-9 $, petit-déj et déj 7-9 $, dîner 15-18 $; 🕑 9h-24h). Ce charmant bar-restaurant de style européen, avec des murs rouges et des nappes blanches sert des plats copieux et raffinés : burgers, salades, pâtes et poissons ; le cheeseburger au bacon et au provolone est excellent.

Palace Kitchen (☎ 206-448-2001 ; 2030 5th Ave ; salade 7-9 $, plats 12-25 $; 🕑 17h-1h). Tenu par le célèbre chef Tom Douglas, le Palace Kitchen se remplit en fin de soirée, bien après l'heure des cocktails. Le bar sert de succulents en-cas, comme l'omelette au crabe.

5 Spot (☎ 206-285-7768 ; 1502 Queen Anne Ave N ; brunch 8-10 $, dîner 13-17 $ 🕑 8h-24h). Au sommet d'une colline, ce restaurant propose un brunch fabuleux, comme en témoigne la file d'attente dès 10h le dimanche. L'ambiance est plaisante et le menu copieux, avec du pain perdu, des *huevos rancheros* (œufs brouillés avec tomates et oignons) et bien d'autres classiques américains.

Black Bottle (☎ 206-441-1500 ; 2600 1st Ave ; assiette 8-12 $; 🕑 16h30-2h). Ce bar-restaurant branché minimaliste reflète la nouvelle atmosphère de Belltown. La carte comprend surtout des entrées, mais on se laisse facilement tenter par l'agneau grillé avec houmous de sumac ou les cœurs d'artichaut et légumes verts braisés.

Coastal Kitchen (☎ 206-322-1145 ; 429 15th Ave E ; déj 8-12 $, dîner 14-20 $; 🕑 8h-23h). Prisé de longue date, ce restaurant offre l'une des meilleures cuisines du quartier, mêlant des influences cajun, maya et mexicaine.

CATÉGORIE SUPÉRIEURE

Queen City Grill (☎ 206-443-0975 ; 2201 1st Ave ; plats 12-33 $; 🕑 17h-2h). Le Queen City est depuis longtemps l'une des adresses favorites de Belltown. Il propose des plats du jour de poisson et une carte qui change en fonction des produits de saison. La salle, joliment éclairée et douillette, ne manque pas d'élégance et le service est impeccable.

Steelhead Diner (☎ 206-625-0129 ; www.steelheaddiner.com ; 95 Pine St ; sandwichs 9-13 $, plats 15-33 $; 🕑 11h-22h mar-sam, 10h-15h dim). Des plats classiques comme le *fish and chips*, le saumon grillé ou les côtelettes braisées deviennent des plats de gala lorsqu'ils sont préparés avec les meilleurs produits du Pike Place Market.

SkyCity (☎ 206-905-2100 ; 219 4th Ave N ; plats 34-54 $; 🕑 11h30-14h et 17h-20h45 lun-ven, 10h-14h45 et 17h-21h45 sam-dim). Au sommet de la Space Needle (p. 465), ce restaurant effectue un tour complet en 47 min. Les prix élevés reflètent le cadre (toutes les tables ont vue sur la ville) et une bonne cuisine composée d'ingrédients bio.

Où prendre un verre

Bars à cocktails, discothèques et clubs de musique live jalonnent Capitol Hill. Dans l'artère principale de Ballard, des tavernes en brique, anciennes ou récentes, attirent des piliers de bar dans la journée et des rockers indépendants en soirée. Louche par le passé, Belltown est devenu un quartier branché, avec d'innombrables bistrots. Georgetown, un faubourg industriel, se transforme en paradis des amateurs de bars tout en conservant une certaine rusticité. De plus, dans cette ville où le café est une institution, vous ne pourrez parcourir 100 m sans tomber sur un *coffee shop*.

Les cafés ouvrent de 6h ou 7h à 19h ; certains établissements en vogue ne ferment qu'à 23h ou minuit. Les bars ouvrent habituellement de 17h à 2h ; ceux qui disposent d'un restaurant ouvrent souvent à midi.

CAFÉS

En dehors de Starbucks, Seattle compte des dizaines de chaînes indépendantes plus petites, dont beaucoup torréfient elles même leur café.

B&O Espresso (☎ 206-322-5028 ; 204 Belmont Ave E ; 7h-tard lun-jeu, 8h-tard ven-dim). Dans cet établissement à l'élégance discrète, vous siroterez un café turc, accompagné d'une pâtisserie à choisir dans la vitrine en façade.

Caffé Vita (☎ 206-709-4440 ; 1005 E Pike St ; 6h-23h). Une clientèle éclectique, du clochard au jeune cadre dynamique, fréquente cette institution de Capitol Hill (l'une des 4 succursales en ville), avec sa propre salle de torréfaction séparée par une vitre.

Top Pot Hand-Forged Doughnuts (☎ 206-728-1966 ; 2124 5th Ave ; 6h-19h). Autre chaîne locale, Top Pot compte également 4 établissements. Celui de Belltown est sans doute le plus original, avec des bibliothèques du sol au plafond, des éléments Art déco et d'excellents cafés et *doughnuts* (beignets).

Panama Hotel Tea & Coffee House (☎ 206-515-4000 ; 607 S Main St ; 8h-19h lun-sam, 9h-19h dim). Le Panama, un édifice de 1910 qui renferme le seul bain japonais subsistant aux États-Unis, se double d'un mémorial aux habitants japonais du quartier internés dans des camps pendant la Seconde Guerre mondiale.

Zeitgeist (☎ 206-583-0497 ; 171 S Jackson St ; 6h-19h lun-ven, 8h-19h sam-dim ;). À l'instar des habitués, installez-vous avec votre ordinateur portable et surfez sur Internet dans ce grand café aux murs en brique, proche de la gare ferroviaire.

BARS

Brouwer's (☎ 206-267-2437 ; 400 N 35th St ; 11h-2h). Cette austère cathédrale de la bière à Fremont possède des murs en pierre brute et une grille en métal noir au plafond. Derrière le bar, un énorme réfrigérateur est rempli de bouteilles de bière. Une copie du *Manneken Pis* à l'entrée et les armoiries belges sur les murs révèlent la spécialité.

Shorty's (☎ 206-441-5449 ; 2222 2nd Ave). Oasis de simplicité parmi des bars très sélects, le Shorty's offre des bières et des hot dogs bon marché, des boissons alcoolisées et des flippers dans la salle du fond.

Blue Moon (☎ 206-633-626 ; 712 NE 45th St). Repaire légendaire de Dylan Thomas et d'Allen Ginsberg, le Blue Moon se tient à exactement 1,6 km du campus de l'université en raison d'une ancienne loi d'aménagement du territoire. Attendez-vous à des récitations impromptues de poèmes, à des solos de guimbarde et à des harangues inspirées.

Copper Gate (☎ 206-706-3292 ; 6301 24th Ave NW). Autrefois l'un des pires bouges de Seattle, le Copper Gate à Ballard est devenu un bar-restaurant haut de gamme, avec un bar en forme de drakkar viking.

Nine Pound Hammer (☎ 206-762-3373 ; 6009 Airport Way S). Dans cette sombre brasserie de Georgetown, la bière et les cacahuètes sont généreusement servies. Ouvriers, jeunes branchés, punks et motards composent la clientèle et l'ambiance dynamique peut devenir survoltée.

PUBS-BRASSERIES

Jolly Roger Taproom (☎ 206-782-6181 ; 1514 Leary Way NW ; lun-sam). À Ballard, ce petit bar décline le thème de la piraterie, avec une carte maritime peinte sur le sol. Il sert de bons poissons et fruits de mer, et près d'une quinzaine de bières à la pression.

Hale's Ales Brewery (☎ 206-706-1544 ; 4301 Leary Way NW). Cette brasserie fabrique des bières remarquables, dont la fabuleuse Cream Ale. Son pub de Fremont mérite le détour malgré son allure impersonnelle. Visite guidée près de l'entrée.

Pike Pub & Brewery (☎ 206-622-6044 ; 1415 1st Ave). Dans le Pike Place Market, ce pub propose d'excellents burgers et bières dans un espace néo-industriel à plusieurs niveaux.

Elysian Brewing Company (☎ 206-860-1920 ; 1221 E Pike St). Dans Capitol Hill, ses immenses baies vitrées permettent d'observer les passants tout en jouant au billard.

Où sortir

Le *Stranger*, le *Seattle Weekly* et les quotidiens publient la liste des spectacles. Les billets pour les événements importants sont vendus par **TicketMaster** (☎ 206-628-0888), qui possède une **billetterie à prix réduits** (☎ 206-233-1111) au Westlake Center.

MUSIQUE LIVE

Crocodile (☎ 206-441-5611 ; www.thecrocodile.com ; 2200 2nd Ave). Rouvert en 2009 après une année de marasme, l'ancien Crocodile Café, seul

LE NORD-OUEST PACIFIQUE

survivant de la scène grunge de Belltown, devra lutter pour reconquérir un public qui a grandi en écoutant Nirvana, Pearl Jam et REM dans cette salle mythique.

Neumo's (☎ 206-709-9467 ; www.neumos.com ; 925 E Pike St). Radiohead et Bill Clinton sont venus écouter de la musique punk/hip-hop/alternative au Neumo's (autrefois appelé Moe's). Venez un lundi, quand "les Tristes Bâtards offrent une musique à vous faire pleurer dans votre bière" !

Chop Suey (☎ 206-324-8000 ; www.chopsuey.com ; 1325 E Madison St). Une haute salle sombre avec un décor faussement chinois et un programme éclectique.

Central Saloon (☎ 206-622-0209 ; 207 1st Ave). Tremplin pour nombre d'artistes, le Central, sur Pioneer Square, a ouvert en 1892 et a survécu à tous les bouleversements, de la ruée vers l'or du Klondike au succès du groupe grunge Mudhoney.

CINÉMA

Le **Seattle International Film Festival** (SIFF ; ☎ 206-464-5830 ; www.siff.net ; billets 5-10 $, forfait 6/20 films 57/180 $), principal événement de l'année pour les cinéphiles de Seattle, se déroule dans une demi-douzaine de salles. Le festival possède aussi son propre cinéma dans le **Nesholm Family Lecture Hall** (321 Mercer St, Seattle Center) du McCaw Hall et commence habituellement à la mi-mai.

Le **Seattle Lesbian & Gay Film Festival** (☎ 206-323-4274 ; www.threedollarbillcinema.org ; billets 6-8 $), en octobre, projette des films récents sur le thème de l'homosexualité, réalisés par des cinéastes du monde entier.

Quelques cinémas intéressants :

Cinerama (☎ 206-441-3653 ; www.cinerama.com ; 2100 4th Ave). L'un des rares Cinéramas subsistant dans le monde, avec une amusante ambiance science-fiction.

Harvard Exit (☎ 206-781-5755 ; www.landmarktheatres.com ; angle E Roy St et Harvard Ave). Premier cinéma indépendant de Seattle, construit en 1925.

Northwest Film Forum (☎ 206-329-2629 ; www.nwfilmforum.org ; 1515 12th Ave). Programmation impeccable, des classiques restaurés aux films d'avant-garde indépendants et internationaux.

THÉÂTRE ET CULTURE

Consultez les journaux locaux pour les programmes et les horaires.

L'une des trois grandes compagnies de la ville, **A Contemporary Theatre** (ACT ; ☎ 206-292-7676 ; www.acttheatre.org ; 700 Union St) remplit son théâtre de la Kreielsheimer Place grâce à des pièces jouées par les meilleurs comédiens de Seattle et parfois quelques grands acteurs. L'Intiman Theatre Company, la plus ancienne troupe de Seattle, se produit à l'**Intiman Playhouse** (☎ 206-269-1900 ; www.intiman.org ; 201 Mercer St).

Le **Pacific Northwest Ballet** (☎ 206-441-9411 ; www.pnb.org), la première compagnie de danse du Nord-Ouest, offre plus d'une centaine de représentations par saison, de septembre à juin, au McCaw Hall du Seattle Center. Le **Seattle Opera** (☎ 206-389-7676 ; www.seattleopera.org), également au McCaw Hall, programme 4 à 5 grands opéras par saison, dont le cycle de *L'Anneau du Nibelung* de Wagner, en été.

Le **Seattle Symphony** (☎ 206-215-4747 ; www.seattlesymphony.org), excellent orchestre symphonique régional, se produit au Benaroya Concert Hall, au croisement de 2nd Ave et d'University St dans le centre-ville.

SPORTS

Seattle Mariners (☎ 206-628-3555 ; www.mariners.org ; 7-60 $), la populaire équipe de base-ball, joue au Safeco Field, au sud du centre-ville. La **Seattle Seahawks** (☎ 425-827-9777 ; www.seahawks.com ; 42-95 $), la seule équipe de National Football League (NFL) du Nord-Ouest, joue au Seahawks Stadium, qui compte 72 000 places.

SCÈNE GAY ET LESBIENNE

Rebar (☎ 206-233-9873 ; 1114 Howell St). De nombreux événements culturels, telles les sorties des albums de Nirvana, ont eu lieu dans cette boîte de nuit à plusieurs étages. Elle accueille indifféremment des gays, des hétéros, des bi ou des indécis…

Neighbours (☎ 206-324-5358 ; 1509 Broadway Ave E). Faites un tour dans cette immense discothèque toujours bondée pour son ambiance gay et ses rutilantes serveuses hétéros.

R Place (☎ 206-322-8828 ; 619 E Pine St). Hip-hop, R&B et DJ animent les trois pistes de danse de ce club très fréquenté, qui séduit une clientèle à l'esprit ouvert.

Achats

Les magasins des grandes marques se regroupent essentiellement dans le centre-ville, entre 3rd Ave et 6th Ave, et entre University St et Stewart St. Le Pike Place Market est un dédale de stands, de galeries et d'échoppes d'art et d'artisanat. Pioneer Square et Capitol Hill comptent des boutiques de cadeaux et d'objets d'occasion.

Quelques boutiques spécifiques à Seattle :

Babeland (☎ 206-328-2914 ; 707 E Pike St ; ⏰ 11h-22h lun-sam, 12h-19h dim). L'endroit où vous trouverez des menottes en fourrure rose et un godemiché en verre !

Holy Cow Records (☎ 206-405-4200 ; 1501 Pike Pl, Suite 325 ; ⏰ 10h-22h lun-sam, 10h-19h dim). Dans le Pike Place Market, explorez les bacs remplis d'anciens vinyles pour dénicher le rare 45 T ou 33 T que vous recherchez depuis des années.

Left Bank Books (☎ 206-622-0195 ; 92 Pike St ; ⏰ 10h-19h lun-sam, 11h-18h dim). Créé il y a 35 ans et orné d'un panneau *"fuck authority"*, ce collectif vend des magazines en espagnol, des pamphlets révolutionnaires et de nombreux ouvrages de Noah Chomsky.

Depuis/vers Seattle

AVION

Surnommé Sea-Tac, l'**aéroport international de Seattle-Tacoma** (SEA ; ☎ 206-433-5388 ; www.portseattle.org/seatac) se situe à 21 km au sud de Seattle sur l'I-5. Il offre des vols quotidiens pour l'Europe, l'Asie, le Mexique et diverses destinations aux États-Unis et au Canada, dont des vols fréquents depuis/vers Portland, OR, et Vancouver, BC.

BATEAU

Victoria Clipper (☎ 206-443-2560, 800-888-2535 ; www.victoriaclipper.com) propose plusieurs ferries de passagers rapides pour Victoria, BC, et les San Juan Islands. La compagnie organise aussi des circuits qui peuvent se réserver sur son site Internet. Elle propose la traversée de Seattle à Victoria jusqu'à 6 fois par jour (aller-retour à partir de 77 $).

Le site Internet de **Washington State Ferries** (☎ 206-464-6400, dans le Washington 888-808-7977 ; www.wsdot.wa.gov/ferries) fournit des cartes, les tarifs, les horaires, l'organisation des déplacements, des bulletins météorologiques actualisés et une estimation de l'attente pour les lignes fréquentées. Les tarifs dépendent de l'itinéraire, de la taille du véhicule et de la durée du trajet ; en fonction du terminal de départ, on peut acheter un aller-retour ou un aller simple.

BUS

Les bus **Bellair Airporter Shuttle** (☎ 1-866-235-5247 ; www.airporter.com) relient l'aéroport à des destinations aussi éloignées qu'Ellensburg, Yakima, Anacortes et Bellingham.

Greyhound (☎ 206-628-5561, 800-231-2222 ; www.greyhound.com ; 811 Stewart St ; ⏰ 6h-24h) propose des bus entre Seattle et de nombreuses villes américaines, dont Chicago (195 $ aller, 2 jours, 3/jour), Spokane (38 $, 5-7 heures, 3/jour), San Francisco (95 $, 20 heures, 4/jour), et Vancouver (25 $, 3-4 heures, 6/jour).

Plus confortable et doté du Wi-Fi gratuit à bord, le **Quick Shuttle** (☎ 800-665-2122 ; www.quickcoach.com) circule 5 fois par jour le long de l'I-5 entre l'aéroport de Sea-Tac et le centre de Vancouver, BC, en faisant halte au centre de Seattle (au Best Western Executive Inn, 200 Taylor Ave N), à Tulalip, à l'aéroport de Bellingham, à South Surrey (Canada) et à l'aéroport de Vancouver.

TRAIN

Amtrak (☎ 800-872-7245 ; www.amtrak.com) dessert la **King Street Station** (303 S Jackson St ; ⏰ 6h-22h30, billetterie 6h15-20h) à Seattle. Trois lignes principales traversent la ville : l'Amtrak Cascades (via Vancouver, Seattle, Portland et Eugene), la superbe Coast Starlight (via Seattle, Oakland et Los Angeles) et l'Empire Builder (à travers le continent jusqu'à Chicago).

Quelques tarifs d'un billet aller au départ de Seattle :

Chicago, IL : à partir de 334 $, 46 heures, quotidien.
Oakland, CA : 92 $, 23 heures, quotidien.
Portland, OR : 28 $, de 3 à 4 heures, 5 par jour.
Vancouver, BC : 35 $, de 3 à 4 heures, 5 par jour.

Comment circuler

DEPUIS/VERS L'AÉROPORT

De l'aéroport, plusieurs moyens de transport permettent de rejoindre le centre de Seattle, à 21 km.

L'**Airport Express** (☎ 206-626-6088 ; www.graylineseattle.com ; aller adulte/enfant 11/8,25 $) de Gray Line stationne dans le parking devant la porte n°00, à l'extrémité sud du niveau de retrait des bagages. Le bus fait halte devant 8 hôtels du centre-ville.

Taxis et limousines (environ 35 et 40 $ respectivement) attendent au 3e niveau du parking. Les comptoirs de location de voitures sont installés dans l'aire de retrait des bagages.

Les bus **Metro** (☎ informations horaires 206-553-3000 ; www.transit.metrokc.gov) stationnent devant la porte n°6 à côté du carrousel à bagages n°5, au niveau du retrait des bagages. Les bus n°194 Express et n°174 rallient le centre-ville (1,75-2 $). De là, le bus gratuit n°99 dessert le Waterfront, Pioneer Square et l'International District. Consultez le site Internet pour plus d'information.

TAXI

Tous les taxis de Seattle pratiquent les mêmes tarifs, fixés par le King County ; lors de notre passage, la prise en charge s'élevait à 2,50 $, plus 2,50 $ par mile (soit 1,6 km).

Les compagnies suivantes sont fiables :
Orange Cab Co (☎ 206-444-0409 ; www.orangecab.net).
Yellow Cab (☎ 206-622-6500 ; www.yellowtaxi.net).

TRANSPORTS PUBLICS

Les bus sont gérés par **Metro Transit** (☎ informations horaires 206-553-3000, service clients 206-553-3060 ; www.transit.metrokc.gov), qui fait partie du King County Department of Transportation. Les billets coûtent de 1,75 à 2 $.

Le nouveau **Seattle Street Car** (☎ 206-553-3000 ; www.seattlestreetcar.org) suit un itinéraire d'un peu plus de 4 km entre le Westlake Center et Lake Union. Ses 11 arrêts permettent des correspondances avec de nombreuses lignes de bus.

VOITURE ET MOTO

Occupant une bande étroite entre l'océan et les montagnes, Seattle est un goulet d'étranglement pour la circulation, réputée pour ses embouteillages monstrueux. L'I-5 comporte une file *High-Occupancy Vehicle*, réservée aux véhicules transportant deux personnes ou plus. Essayez d'éviter les longues heures de pointe.

ENVIRONS DE SEATTLE

Puget Sound (détroit de Puget)

Bainbridge Island est une destination prisée des habitants et des touristes. Le court trajet en ferry offre une vue splendide sur Seattle et le détroit de Puget. Sur l'île, flânez paisiblement, visitez quelques cafés du front de mer et goûtez les vins du **Bainbridge Island Winery** (☎ 206-842-9463 ; www.bainbridgevineyards.com ; Hwy 305 ; ⏲ dégustations 11h-17h ven-dim), à 6,5 km au nord de Winslow. Vous pourrez aussi louer un vélo pour explorer la campagne, agréablement plate.

Autre moyen facile de découvrir le détroit de Seattle, les **Tillicum Village Tours** (☎ 206-933-8600, 800-426-1205 ; www.tillicumvillage.com ; adulte/enfant/senior 79/30/72 $) partent du Pier 55 de mars à décembre. L'excursion de 4 heures à Blake Island, le lieu de naissance du chef indien Sealth, comprend un déjeuner de saumon, une danse traditionnelle et un film dans un vieux village duwamish.

Washington State Ferries (☎ 206-464-6400, dans l'État de Washington 888-808-7977 ; www.wsdot.wa.gov/ferries) propose de nombreuses traversées quotidiennes entre Seattle et Bainbridge (adulte/enfant/voiture et chauffeur 6,70/5,40/14,45 $, supplément vélo 1 $).

Olympia

Microcosme de Seattle à maints égards, Olympia, la capitale de l'État, est une ville nerveuse à la vie culturelle dynamique. Longtemps considérée comme un carrefour des beaux-arts, elle est réputée pour son université progressiste (Evergreen) et sa scène musicale effervescente. Cette dernière a servi de catalysateur au grunge et fomenté son propre style post-punk coléreux : le *riot grrrl*, une incarnation radicale des années 1990 d'une troisième vague alternative du féminisme. Si la vie nocturne est un peu moins folle qu'à l'époque où Kurt Cobain fréquentait les bars de 4th Ave, Olympia reste une ville animée avec une solide scène musicale underground, des pubs-brasseries plaisants et un nombre croissant de cafés indépendants. Au-delà du grunge, l'emplacement de la ville, au bout du Puget Sound entre deux parcs nationaux (Olympic et Mt Rainier), en fait une excellente base pour découvrir des étendues sauvages. Le **State Capitol Visitor Center** (☎ 360-586-3460 ; angle 14th Ave et Capitol Way) fournit des informations sur le campus du Capitol, la région alentour et l'État du Washington.

Jetez un coup d'œil dans le vaste **Legislative Building** (1927), couvert de marbre, à l'intérieur du Washington State Capitol. Des visites gratuites ont lieu toutes les heures entre 8h et 16h30, sauf le jour de Thanksgiving et de Noël. Vous pouvez aussi explorer le **campus** (entrée libre ; ⏲ 8h-16h lun-ven) et voir le Temple of Justice et le Capitol Conservatory, une serre qui contient de nombreuses plantes tropicales.

Le **State Capital Museum** (☎ 360-753-2580 ; 211 W 21st Ave ; 2 $; ⏲ 10h-16h mar-ven, 12h-16h sam) présente des expositions sur les Amérindiens nisqually. L'**Olympia Farmers Market** (☎ 360-352-9096 ; ⏲ 10h-15h jeu-dim avr-oct, 10h-15h sam-dim nov-déc), à l'extrémité nord de Capitol Way, est l'un des meilleurs marchés de l'État avec des produits frais, de l'artisanat et de la musique live.

LES LAMAS DU WASHINGTON

Avec leurs crêtes découpées et leurs volcans enneigés, les montagnes du Washington partagent de nombreuses caractéristiques des Andes d'Amérique du Sud, y compris les lamas.

Deli Llama Adventures (☎ 360-757-4212 ; www.delillama.com ; 17045 Llama Lame, Bow, WA 98232), un petit tour-opérateur bien implanté, propose des excursions à pied/à dos de lama dans le North Cascades National Park et dans l'Olympic National Park pour des groupes de 10 personnes au maximum, de mai à septembre. Les prix commencent à 140 $ par personne et par jour (selon la taille du groupe) et comprennent les tentes, le matériel de cuisine, les repas et les lamas. Grâce à leur sens inné de la montagne, ces grimpeurs peuvent accéder aux endroits les plus escarpés.

L'**Olympia Inn** (☎ 360-352-8533 ; 909 Capitol Way S ; s/d 50/57 $; P), un motel dans le centre-ville, offre des chambres sans prétention et propres, à prix modiques. Plus haut de gamme, le **Phoenix Inn Suites** (☎ 360-570-0555 ; 415 Capitol Way N ; s/d 99/109 $;), chic et bien tenu, correspond aux exigences des fonctionnaires de l'État.

Batdorf & Bronson (☎ 360-786-6717 ; 513 Capitol Way S ; 6h-19h lun-ven, 7h-18h sam-dim), un torréfacteur local, propose du café équitable. Outre ce café du centre-ville, il possède une **Tasting Room** (Salle de dégustation ; ☎ 360-753-4057 ; 200 Market St NE ; 9h-16h mer-dim) où vous pourrez goûter et acheter les derniers mélanges. Les huitres d'Olympia sont également réputées ; le **Budd Bay Café** (☎ 360-357-6963 ; 525 Columbia St NW ; plateau fruits de mer 17-24 $; 6h30-23h) est une bonne adresse pour s'en régaler. Le **Spar Bar** (☎ 360-357-6444 ; 114 4th Ave E ; petit-déj 4-5 $, déj 5-8 $; 7h-21h), un vieux bar-tabac confortable, sert des plats de brasserie et de bonnes bières ; service ultra-rapide.

La scène musicale, en perpétuelle évolution, continue de prospérer dans la 4th Ave. Rendez-vous à la **4th Avenue Tavern** (☎ 360-786-1444 ; 210 4th Ave E), au décor rétro, ou à **Le Voyeur** (☎ 360-943-5710 ; 404 4th Ave E), un bar orné de graffitis qui privilégie la cuisine végétarienne ; un musicien ambulant garde souvent l'entrée.

LE NORD-OUEST PACIFIQUE

OLYMPIC PENINSULA

Entourée de trois côtés par l'océan et possédant de nombreuses caractéristiques insulaires, l'Olympic Peninsula est une région isolée et sauvage, à la pointe ouest du pays. Couverte d'une épaisse forêt primaire, elle abrite une faune rare et menacée. L'Olympic National Park, notoirement pluvieux, couvre la majeure partie de l'intérieur de la péninsule, dépourvu de routes. Sur le pourtour se tiennent des exploitations forestières, des réserves indiennes et quelques petites villes intéressantes, notamment Port Townsend. Également préservée, la côte ouest est un endroit isolé où l'océan tumultueux et la forêt pluviale, noyée dans la brume, composent un tableau harmonieux.

Olympic National Park

Déclaré monument national en 1909 et parc national en 1938, l'**Olympic National Park** (www.nps.gov/olym), d'une superficie de 2 250 km^2, protège l'une des rares forêts pluviales tempérées au monde et une bande côtière de 92 km, ajoutée en 1953 ; il constitue l'une des dernières grandes étendues sauvages d'Amérique du Nord. De nombreuses possibilités permettent de l'explorer en indépendant, avec des activités telles que la randonnée, la pêche, le kayak et le ski.

RENSEIGNEMENTS

L'accès au parc, valable une semaine et payable aux entrées, revient à 5/15 $ par personne/véhicule. De nombreux centres des visiteurs se doublent d'un poste de rangers de l'USFS (United States Forestry Service, office des Forêts), où vous pouvez vous procurer un permis pour camper dans le parc (5 $ par groupe, valable jusqu'à 14 jours, plus 2 $ par personne et par nuit).

Forks Visitor Information Center (☎ 360-374-2531, 800-443-6757 ; 1411 S Forks Ave, Forks ; 10h-16h). Suggestion d'itinéraires et renseignements sur la flore et la faune selon la saison.

Olympic National Park Visitor Center (☎ 360-565-3130 ; 3002 Mt Angeles Rd, Port Angeles ; 9h-17h). Le meilleur centre pour des informations générales, à l'entrée de Hurricane Ridge, à 1,6 km de la Hwy 101.

Wilderness Information Center (☎ 360-565-3100 ; 3002 Mt Angeles Rd, Port Angeles ; 7h30-18h dim-jeu, 7h30-20h ven-sam mai-sept, 8h-16h30 tlj nov-avr). Juste derrière le Visitor Center ; cartes, permis et renseignements sur les sentiers.

ENTRÉES EST

La Dosewallips River Rd, gravillonnée, longe la rivière sur 24 km de l'US 101 (sortez à environ 1 km au nord du Dosewallips State Park) à la **Dosewallips Ranger Station** (poste de rangers de Dosewallips), où commencent les sentiers ; appelez le ☎360-565-3130 pour des renseignements sur l'état de la route. Même le parcours de courts tronçons des deux chemins de grande randonnée, avec une vue de plus en plus splendide sur le **Mt Anderson** couvert de glaciers, justifie une visite de la vallée. Autre entrée est pour les randonneurs, la **Staircase Ranger Station** (☎360-877-5569 ; mai-sept seulement), se situe juste à l'intérieur des limites du parc national, à 24 km de Hoodsport sur l'US 101. Deux campements d'État, le long de la lisière est du parc national, sont prisés des campeurs : le **Dosewallips State Park** (☎888-226-7688 ; empl tente/camping-car 19/24 $) et le **Lake Cushman State Park** (☎888-226-7688 ; empl tente/camping-car 20/26 $). Tous deux disposent d'eau courante, de toilettes et de quelques branchements pour camping-car. Réservation possible.

ENTRÉES NORD

Hurricane Ridge, à 29 km au sud de Port Angeles, est l'entrée la plus pratique et la plus empruntée. Au bout de la route, un centre d'interprétation offre une vue splendide sur Mt Olympus (2 427 m) et des dizaines d'autres sommets. À 1 500 m d'altitude, le temps peut être déplaisant et les vents violents (comme son nom le suggère). Outre divers itinéraires de randonnée en été, la région possède l'une des deux seules stations de ski du pays situées dans un parc national, gérée par le **Hurricane Ridge Winter Sports Club** (☎360-417-1542 ; www.hurricaneridge.net).

Prisé pour la navigation de plaisance et la pêche, le **Lake Crescent** est le site du **lodge** (☎360-928-3211 ; www.lakecrescentlodge.com ; 416 Lake Crescent Rd ; ch lodge avec sdb commune 68-85 $, cottages 132-211 $; mai-oct ;) le plus ancien et le plus abordable du parc. Son restaurant sert une cuisine somptueuse à base de produits bio. De la **Storm King Information Station** (☎360-928-3380 ; mai-sept), sur la rive sud du lac, un chemin de 1,6 km grimpe à travers la forêt ancienne jusqu'aux Marymere Falls. Au bord de la Sol Duc River, le **Sol Duc Hot Springs Resort** (☎360-327-3583 ; www.northolympic.com/sol duc ; 12076 Sol Duc Hot Springs Rd, Port Angeles ; ch 115-169 $, empl camping-car 23 $; fin mars-oct ;) propose hébergement, restauration, massage (65 $), bassins d'eau thermale (adulte/enfant 10/7,50 $) et de superbes randonnées.

ENTRÉES OUEST

Isolé par son éloignement et un microclimat parmi les plus pluvieux du pays, le versant pacifique des Olympics reste plus sauvage. Seule l'US 101 permet d'accéder à ses forêts pluviales tempérées et à son littoral préservé. La **Hoh River Rainforest**, au bout de la Hoh River Rd longue de 30 km, est un fabuleux dédale de fougères et d'arbres moussus. Le **Visitor Center et camping de la Hoh** (☎360-374-6925 ; empl 12 $; 9h-18h juil-août, 9h-16h30 sept-juin) fournit des explications sur l'écosystème fragile et complexe de la région, ainsi que des informations sur les promenades guidées et les randonnées plus longues dans l'arrière-pays. Le camping ne dispose pas de raccordements pour camping-car, ni de douches (pas de réservation).

À courte distance au sud, le **Lake Quinault**, un superbe lac glaciaire entouré de sommets boisés, est prisé pour la pêche, la navigation de plaisance et la baignade. Des arbres parmi les plus vieux du pays jalonnent ses rives.

Lake Quinault Lodge (☎360-288-2900, www.visitlakequinault.com ; 345 S Shore Rd ; ch lodge 134-167 $, bungalow 125-243 $;). Ce luxueux lodge des années 1920 possède une piscine chauffée, un sauna et des cheminées ; dans la splendide salle à manger, vous vous régalerez de pancakes aux patates douces au petit-déjeuner. Moins cher et très accueillant, le **Quinault River Inn** (☎360-288-2237 ; 8 River Dr ; ch 69 $;), à Amanda Park, est un rendez-vous de pêcheurs.

Plusieurs courtes randonnées partent du Lake Quinault Lodge. Vous pouvez aussi emprunter l'**Enchanted Valley Trail**, un itinéraire plus long (20 km) de niveau moyen, qui commence au poste de rangers de Graves Creek, au bout de South Shore Road, et grimpe jusqu'à une vaste prairie couverte de fleurs sauvages et ponctuée de bosquets d'aulnes.

Port Townsend

La rareté des vestiges historiques dans le Nord-Ouest pacifique renforce l'intérêt de Port Townsend. Petite ville nostalgique à la vie culturelle dynamique, cette vitrine d'architecture victorienne des années 1890 connut un essor foudroyant avant de s'effondrer au tournant du XXe siècle pour se relever soixante-dix ans plus tard grâce aux efforts d'un groupe de visionnaires locaux. Port Townsend offre aujourd'hui un ensemble séduisant de restaurants inventifs, d'élégants hôtels fin de siècle et de festivals annuels originaux. Pour en savoir plus sur l'histoire de la cité, rendez-vous au **Visitor Center** (☎ 360-385-2722 ; www.ptchamber.org ; 2437 E Sims Way ; ⏲ 9h-17h lun-ven, 9h-16h sam-dim) et visitez le **Jefferson County Historical Society Museum** (☎ 360-385-1003 ; 540 Water St ; adulte/enfant jusqu'à 12 ans 4/1 $; ⏲ 11h-16h lun-sam, 13h-16h dim mars-déc).

Balayé par le vent, le **Fort Worden State Park** (☎ 360-344-4400 ; 200 Battery Way ; ⏲ 6h30-crépuscule avr-oct, 8h-crépuscule nov-mars), à 3 km au nord du terminal des ferries (prenez Cherry St en haut de la ville), servit de décor au film *Officier et Gentleman*. Le fort comprend les **Commanding Officer's Quarters** (☎ 360-385-4730 ; 2 $; ⏲ 10h-17h tlj juin-août, 13h-16h sam-dim mars-mai et sept-oct), une demeure victorienne restaurée, et le **Coast Artillery Museum** (☎ 360-385-0373 ; 2 $; ⏲ 11h-16h tlj juin-août, 11h-16h sam-dim mars-mai et sept-oct). Le parc est un endroit privilégié pour faire voler des cerfs-volants et contempler la nature.

À l'intérieur du Fort Worden State Parc, le **HI Olympic Hostel** (☎ 360-385-0655 ; www.hihostels.com ; 272 Battery Way ; dort 17-20 $, ch à partir de 50 $), une auberge de jeunesse sur la colline derrière le bureau du parc, propose un hébergement impeccable et spartiate dans une ancienne caserne. Parmi les nombreux hôtels victoriens en brique rouge du centre-ville, le **Waterstreet Hotel** (☎ 360-385-5467 ; www.waterstreethotelporttownsend.com ; 635 Water St ; ch 50-160 $; ⊠) loue des chambres d'époque au-dessus d'un pub bruyant, dont quelques-unes avec vue sur l'océan. Manoir de style prussien doté d'une tourelle, le **Manresa Castle** (☎ 360-385-5750, 800-732-1281 ; www.manresacastle.com ; angle 7th St et Sheridan St ; ch à partir de 109 $; P), bâti en 1892, compte 40 chambres meublées d'antiquités. Plus tranquille que le Waterstreet, il serait hanté !

Port Townsend offre un choix complet de bars et de restaurants sympathiques et chaleureux. Le **Salal Café** (☎ 360-385-6532 ; 634 Water St ; petit-déj 7-8 $, déj 8-9 $; ⏲ 7h-14h) fait le plein pour le brunch grâce à ses *burritos* aux œufs. Arrivez tôt pour avoir une table.

♡ **Waterfront Pizza** (☎ 360-385-6629 ; 951 Water St ; pizzas à partir de 10 $ ⏲ 11h-22h). Des habitants de Seattle traversent régulièrement le Puget Sound pour savourer les légendaires pizzas de ce petit établissement, où la pâte pétrie à la main est garnie de délicieux ingrédients frais. Installez-vous à l'étage ou commandez une part à emporter. Le **Silverwater Café** (☎ 360-385-6448 ; 237 Taylor St ; déj 6-10 $, dîner 10-17 $; ⏲ 11h30-22h dim-jeu, 11h30-23h ven-sam) offre un cadre romantique pour un dîner raffiné.

De Seattle, une correspondance ferry/bus via Bainbridge Island et Poulsbo permet de rejoindre Port Townsend (bus n°90, puis bus n°7). **Washington State Ferries** (☎ 206-464-6400, dans le Washington 888-808-7977 ; www.wsdot.wa.gov/ferries) effectue la traversée depuis/vers Keystone sur Whidbey Island (voiture et conducteur/passager 8,90/2,60 $, 35 min).

Port Angeles

Malgré son nom, Port Angeles n'a rien d'espagnol ni d'angélique. Créée pour l'industrie du bois et adossée au versant abrupt des Olympic Mountains, la ville sert essentiellement de lieu de transit pour prendre un ferry à destination de Victoria (au Canada) ou organiser une excursion dans l'Olympic National Park. Le **Visitor Center** (☎ 360-452-2363 ; 121 E Railroad Ave ; ⏲ 8h-20h mai-oct, 10h-16h nov-avril) jouxte le terminal des ferries. Un autre centre, à la sortie de la ville (voir ci-contre), fournit des renseignements sur le parc national. **Olympic Mountaineering** (☎ 360-452-0240 ; 140 W Front St) vend tout le nécessaire pour des activités sportives.

À côté du terminal des ferries, le confortable **Downtown Hotel** (☎ 360-565-1125 ; www.portangelesdowntownhotel.com ; 101 E Front St ; ch sans/avec sdb 55/75 $; ⊠) est l'adresse la moins chère dans le centre-ville. Au rez-de-chaussée, le **Corner House Restaurant** (☎ 360-452-9692 ; 101 E Front St ; plats 6-8 $; ⏲ 6h-21h), simple et chaleureux, ne désemplit pas.

Bella Italia (☎ 360-457-5442 ; 118 E 1st St ; plats 11-19 $; ⏲ à partir de 16h). Recommandé pour sa cuisine roborative et sa longue carte des vins.

Deux ferries relient Port Angeles et Victoria, BC : le **Coho Vehicle Ferry** (☎ 360-457-4491 ; passager/voiture 13,50/50 $) et le **Victoria Express** (☎ 360-452-8088 ; adulte/enfant 12,50/7 $; ⏲ mai-sept), qui ne transporte que des passagers ; ils effectuent respectivement la traversée en 1 heure 30 et 1 heure.

Du centre des transports publics au coin d'Oak St et de Front St, **Olympic Bus Lines** (☎ 360-417-0700) dessert Seattle deux fois par jour (39 $). Des bus **Clallam Transit** (☎ 360-452-4511) rallient Forks et Sequim, où des correspondances permettent de circuler dans toute la péninsule.

Northwest Peninsula

Plusieurs réserves indiennes occupent la pointe nord-ouest du continent et accueillent volontiers les visiteurs intéressés. Durement touchée par le déclin de la pêche au saumon, la petite bourgade de Neah Bay, sur la Hwy 112, se distingue par ses vieux bateaux et ses grands totems. Dans la **réserve indienne makah** (www.makah.com), le **Makah Museum** (☎360-645-2711 ; 1880 Bayview Ave ; 5 $; 🕑 10h-17h tlj avr-août, 10h-17h mer-dim sept-mai) présente des artefacts provenant de l'un des sites archéologiques les plus significatifs d'Amérique du Nord. Mis au jour par l'érosion due aux marées en 1970, le village makah d'Ozette, vieux de 500 ans, se révéla un trésor d'histoire amérindienne avec d'innombrables objets, dont des harpons à baleine, des canoës, des flèches et des peignes. À 11 km après le musée, un court chemin en planches conduit à **Cape Flattery**, un promontoire de 90 m qui marque l'extrême nord-ouest des 48 États inférieurs.

À courte distance de la Hoh River Rainforest et du littoral, **Forks** est une petite ville de bûcherons à 90 km de Neah Bay. Vous pourrez passer la nuit dans l'agréable **Forks Motel** (☎360-374-6243 ; www.forksmotel.com ; 432 S Forks Ave ; s/d 65/70 $; ❄ 📶 🏊) et déguster une cuisine maison au **In Place** (☎360-372-6258 ; 320 S Forks Ave ; plats 9-17 $; 🕑 7h-22h), non loin.

NORD-OUEST DU WASHINGTON

Bordé par Seattle, les Cascades et le Canada, le nord-ouest du Washington subit des influences de ces trois côtés. Bellingham, son centre urbain détendu, est parsemé de cafés et de restaurants ethniques conviviaux, tandis que les San Juan Islands scintillent au large comme une photo sépia d'une autre époque ; ce vaste archipel, accessible en ferry, constitue le principal lieu d'excursion. Tout aussi verdoyante et plus facile d'accès, Whidbey Island contient le superbe Deception Pass State Park et le pittoresque village de pêcheurs et d'ostréiculteurs de Coupeville. Sur Fidalgo Island et reliée au continent par un pont, la bourgade d'Anacortes est le principal point de transit des ferries à destination des San Juan Islands et de Victoria, BC Si vous en avez le temps, flânez dans le vaste Washington Park ou goûtez la spécialité locale, flétan et frites, dans l'un des restaurants du centre-ville.

Whidbey Island

Mesurant 66 km du nord au sud, Whidbey Island est l'une des plus grandes îles qui jouxtent les États-Unis et l'une des plus verdoyantes. Avec six parcs régionaux, une National Historical Reserve unique en son genre, une communauté d'artistes et d'écrivains en plein essor et un réseau de bus publics gratuits à travers l'île, Whidbey Island ne manque pas d'attraits.

Le **Deception Pass State Park** (☎360-675-2417 ; 41229 N State Hwy 20) enjambe le bras de mer encaissé du même nom qui coule entre Whidbey Island et Fidalgo Island, et comprend des lacs, des îles, des campings et 45 kilomètres de chemins de randonnée.

L'**Ebey's Landing National Historical Reserve** (☎360-678-3310 ; www.nps.gov/ebla ; entrée libre ; 🕑 8h-17h 16 mi-oct à mars, 6h30-22h avr à mi-oct), d'une superficie de 7 000 ha, englobe des fermes, des plages abritées, deux parcs régionaux et la localité de **Coupeville**. Cette petite bourgade, l'une des plus anciennes du Washington, possède un joli front de mer, des boutiques d'antiquités et plusieurs auberges anciennes. Pour plus d'informations, rendez-vous au **Visitor Center** (☎360-678-5434 ; www.centralwhidbeychamber.com ; 107 S Main St ; 🕑 10h-17h). Whidbey compte de nombreux B&B, auberges et motels. Joliment aménagé, le **Coupville Inn** (☎800-247-6162 ; www.thecoupevilleinn.com ; 200 Coveland St ; ch sans/avec balcon 105/140 $; 🅿 ❄ 💻) s'autoproclame motel de style français et sert un délicieux petit-déjeuner. Vous dégusterez des palourdes locales et des bières artisanales à la **Toby's Tavern** (☎360-678-4222 ; 8 Front St ; 🕑 11h-21h dim-jeu, 11h-22h ven-sam).

Washington State Ferries (☎206-464-6400, dans le Washington 888-808-7977 ; www.wsdot.wa.gov/ferries) relie Clinton et Mukilteo (voiture et conducteur/passager 6,85/3,95 $, 20 min, toutes les 30 min), ainsi que Keystone et Port Townsend (8,90/2,60 $, 30 min, toutes les 45 min). Des bus gratuits **Island Transit** (☎360-678-7771) traversent l'île dans toute sa longueur toutes les heures, sauf le dimanche ; ils partent du quai des ferries de Clinton.

Bellingham

Verdoyante et écolo, Bellingham est sillonnée de pistes piétonnes et cyclables bien entretenues, a instauré un tri sélectif des déchets dans six bennes différentes et possède des coopératives alimentaires où faire ses courses. Loin d'être un centre d'austères défenseurs de l'environnement, la dixième ville la plus peuplée du Washington est réputée l'une des plus plaisantes des États-Unis. Elle conserve des traces de son passé dans l'agréable quartier d'Old Fairhaven et de nombreuses librairies d'occasion invitent à dénicher un livre rare. À la lisière de la cité, une nature splendide offre de multiples activités, de l'escalade du sommet escarpé du Mt Baker au kayak dans les criques des San Juan Islands. Dans le centre-ville, la **Visitor Info Station** (☎ 360-527-8710 ; www.downtownbellingham.com ; 1304 Cornwall St ; ⌚ 9h-18h) fournit d'excellents informations touristiques.

Victoria/San Juan Cruises (☎ 360-738-8099, 800-443-4552) propose des croisières d'observation des baleines à Victoria, BC, via les San Juan Islands. Les bateaux partent du Bellingham Cruise Terminal à Fairhaven.

Bien qu'il fasse partie d'une chaîne hôtelière, le **Guesthouse Inn** (☎ 360-671-9600 ; www.bellinghamvaluinn.com ; 805 Lakeway Dr ; s/d 79/89 $; P ⊠ ⌘ ≋), plaisant et bien tenu, conserve un certain cachet. Proche de l'I-5, il est desservi par le Vancouver-Seattle Airporter Shuttle. Le **Fairhaven Village Inn** (☎ 360-733-1311 ; www.fairhavenvillageinn.com ; 1200 10th St ; ch avec vue baie/parc 169/189 $; P ⊠ ⌘ ≋) se fond dans les tons passés d'Old Fairhaven sans perdre son lustre moderne. Service attentif et discret.

Bellingham compte nombre de bons restaurants. Le **Bagelry** (☎ 360-676-5288 ; 1319 Railroad Ave ; bagel 4-7 $; ⌚ 6h30-17h lun-ven, 8h-16h sam-dim) vend d'excellents bagels de style new-yorkais, sans conservateur et cuits sur place. Le **Swan Cafe** (☎ 360-734-0542 ; 1220 N Forest St ; plats 5-7 $; ⌚ 8h-21h ; V), une coopérative alimentaire avec un café-traiteur, donne un aperçu de l'intérêt de la population pour les produits bio et le commerce équitable. Parcourez le South Bay Trail (4 km) jusqu'à Fairhaven pour feuilleter les livres du **Village Books** (☎ 360-671-2626 ; www.villagebooks.com ; 1200 11th St), puis vous régaler d'une soupe africaine aux cacahouètes et d'une tarte au chocolat et brandy au **Colophon Café** (☎ 360-647-0092 ; 1208 11th St ; plats 7-10 $; ⌚ 9h-22h). L'emblématique **Mt Baker Theatre** (☎ 360-734-6080 ; 106 N Commercial St) accueille régulièrement les grands noms de la musique et du théâtre.

En été, **San Juan Islands Shuttle Express** (☎ 360-734-3431) offre des services quotidiens vers les îles Orcas et San Juan (20 $). Des ferries Alaska Marine Highway desservent Juneau (60 heures) et d'autres ports du sud-est de l'Alaska (à partir de 353 $ sans voiture). Le **Bellair Airporter Shuttle** (☎ 360-380-8800 ; www.airporter.com) rallie l'aéroport de Sea-Tac (34 $), avec des correspondances pour Anacortes et Whidbey Island.

SAN JUAN ISLANDS

Prendre un ferry vers l'ouest à Anacortes donne l'impression de tomber du bord du continent. À mille lieues de l'effervescence urbaine du Puget Sound, l'archipel des San Juan semble appartenir à une autre époque, avec une ambiance tout aussi américaine que canadienne (le Canada l'entoure sur deux côtés). La criminalité est quasi inexistante, les chaînes de fast-foods constituent une aberration venue du continent et les voitures restent au garage.

L'immense archipel compte plus de 450 îles mais, à moins de louer un yacht ou un hydravion, vous ne visiterez que les quatre plus grandes – San Juan, Orcas, Shaw et Lopez –, toutes desservies quotidiennement par Washington State Ferries. Elles sont réputées pour leur tranquillité, pour l'observation des baleines et le kayak dans les criques abritées, et pour leur non-conformisme.

Pour obtenir des informations générales sur les îles, contactez le **San Juan Islands Visitor Information Center** (☎ 360-468-3663 ; www.guidetosanjuans.com ; ⌚ 10h-14h lun-ven).

Le kayak de mer et le vélo sont les meilleurs moyens d'explorer les San Juan. Vous pourrez louer des kayaks sur Lopez, Orcas et San Juan. Un circuit guidé d'une demi-journée coûte de 30 à 45 $. Sachez que la plupart des plages sont privées et inaccessibles, sauf celles des parcs d'État ou du comté. À vélo, vous pourrez explorer Lopez, plate et champêtre, et faire facilement le tour de San Juan en une journée. Orcas offre un relief vallonné et une abrupte montée de 8 km jusqu'au sommet du Mt Constitution.

Parmi les compagnies aériennes qui desservent les San Juan Islands figurent **Harbor Air Lines** (☎ 800-359-3220 ; www.harborair.com), **Kenmore Air** (☎ 800-543-9595 ; wwwkenmoreair.com) et **West Isle Air** (☎ 800-874-4434 ; www.westileair.com). Les transports publics sont quasiment inexistants, mais la plupart des hôtels viennent sur demande chercher leurs clients à l'arrivée du ferry.

Washington State Ferries (☎ 206-464-6400, dans le Washington 888-808-7977 ; www.wsdot.wa.gov/ferries)

part d'Anacortes pour San Juan ; certains bateaux continuent jusqu'à Sidney, BC, près de Victoria. Les ferries font escale à Lopez Island (45 min), Orcas Landing (60 min) et Friday Harbor sur l'île San Juan (75 min). Les prix varient selon la saison ; on ne peut acheter un aller-retour que pour un trajet en direction de l'ouest (sauf pour le retour de Sidney, BC). Pour visiter toutes les îles, il est moins cher de rejoindre d'abord Friday Harbor et de revenir en passant par les autres îles.

Lopez Island

Emportez un vélo si vous allez à Lopez, une île vallonnée et paisible, idéale pour le cyclotourisme. Après un agréable circuit d'une journée à travers la campagne, vous pourrez passer une bonne nuit au **Lopez Islander Resort** (☎ 360-468-2233 ; www.lopezislander.com ; 2864 Fisherman Bay Rd ; d à partir de 120 $;), à côté de la marina, qui compte un restaurant, une salle de gymnastique et une piscine ; il offre le parking gratuit à Anacortes, une bonne raison de se passer de sa voiture. Si vous n'avez pas de vélo, appelez **Lopez Bicycle Works** (☎ 360-468-2847 ; 2847 Fisherman Bay Rd ; 10h-18h mai-sept) qui peut vous en livrer un au terminal des ferries.

San Juan Island

Capitale officieuse de l'archipel, San Juan est une île verdoyante, jalonnée de basses collines boisées et de petites fermes. À Friday Harbor, la principale localité, la **chambre de commerce** (☎ 360-378-5240 ; www.sanjuanisland.org ; 135 Spring St ; 10h17h lun-ven, 10h-16h sam-dim) se situe dans une petite arcade près de la grand-rue.

Le **San Juan Island National Historical Park** (☎ 360-378-2240 ; www.nps.gov/sajh ; 8h30-16h) commémore un conflit territorial qui opposa la Grande-Bretagne et les États-Unis au milieu du XIXe siècle. Il se compose de deux anciens camps militaires aux bouts opposés de l'île, qui contiennent chacun les vestiges des quartiers des officiers. Du camp américain, à la pointe sud-est, une superbe randonnée conduit au sommet du Mt Finlayson, d'où l'on aperçoit trois chaînes de montagnes par temps clair. Sur la rive ouest, le **Lime Kiln Point State Park** (8h-17h mi-oct à mars, 6h30-22h avr à mi-oct) est consacré à l'observation des baleines.

Le **Wayfarer's Rest** (☎ 360-378-6428 ; www.rockisland.com/~wayfarersrest ; 35 Malcolm St ; dort/bungalow 30/70 $), à Friday Harbor, est une auberge de jeunesse. Splendide village en bord de mer, le **Roche Harbor Resort** (☎ 800-451-8910 ; www.rocheharbor.com ; Roche Harbor ; ch 79-99 $, maison 2 ch à partir de 299 $, app à partir de 149 $; P) se situe à la pointe nord-ouest de l'île. Friday Harbor compte d'excellents restaurants près du terminal des ferries.

Orcas Island

D'une beauté sauvage, Orcas Island est le joyau de l'archipel des San Juan. Le terminal des ferries se tient à Orcas Landing, à 21 km au sud d'Eastsound, la principale agglomération. Sur le côté est de l'île, le **Moran State Park** (☎ 360-376-2326 ; 6h30-crépuscule avr-sept, 8h-crépuscule oct-mars), dominé par le Mt Constitution (734 m), offre 65 km de sentiers et une vue fabuleuse à 360 degrés du sommet.

L'île propose un grand choix d'hébergements, des cottages bon marché aux luxueux complexes hôteliers.

Rosario Resort & Spa (☎ 360-376-2222 ; www.rosario-resort.com ; 1400 Rosario Rd, Eastsound ; ch 188-400 $; P). Il occupe une superbe demeure en front de mer, construite par le richissime constructeur naval Robert Moran en 1904 et transformée en un ravissant complexe hôtelier haut de gamme. Moins cher et tout autant chargé d'histoire, l'**Outlook Inn** (☎ 360-376-2200 ; www.outlookinn.com ; 171 Main St, Eastsound ; ch sans/avec sdb 84/140 $; P) est installé dans un édifice de 1888 auquel s'ajoutent des chambres de style motel et de belles suites. Sur place, le **New Leaf Café** (☎ 360-376-2200 ; plats 17-25 $; 17h30-23h jeu-lun) est l'un des restaurants les plus chics de l'île. Le **Moran State Park** (☎ 360-376-2326 ; empl standard 13 $, empl randonneurs et cyclistes 6 $) offre plus de 150 emplacements (sans raccordements). Réservations acceptées.

Le **Cafe Olga** (☎ 360-376-5098 ; 11 Point Lawrence Rd, Olga ; plats 9-11 $; 9h-18h lun-ven, 9h-20h sam-dim, fermé mer mars-avril) se trouve dans une grange à côté d'une galerie d'artisanat, à 9,5 km au sud d'Eastound. Spécialisé dans les tartes maison, il sert des douceurs aux randonneurs et aux cyclistes qui descendent du Mt Constitution. Le **Bilbo's Festivo** (☎ 360-376-4728 ; 310 A St, Eastsound ; plats dîner à partir de 14 $; 16h-21h) propose une cuisine mexicaine relevée.

NORTH CASCADES

Géologiquement différentes de leurs homologues du sud, les North Cascades Mountains forment un ensemble de pics déchiquetés et de vastes glaciers, avec une prépondérance de roche métamorphique. Barrière apparemment imprenable, les North Cascades ont conservé leur mystère jusque récemment. La première route à travers la chaîne n'a été construite qu'en 1972 et la région demeure aujourd'hui l'une des plus isolées du Nord-Ouest.

Mt Baker

Dressé comme une sentinelle fantomatique au-dessus des eaux scintillantes du Puget Sound supérieur, le Mt Baker émerveille les visiteurs depuis des siècles. Haut de 3 234 m, ce volcan assoupi n'a plus émis de fumée depuis les années 1850 et compte 12 glaciers. En 1999, on a enregistré des chutes de neige record de 28,5 m en une saison.

La Hwy 542, une belle route appelée Mt Baker Scenic Byway, grimpe jusqu'à l'**Artist Point** (1 530 m), à 90 km de Bellingham. Le **Heather Meadows Visitor Center** (Mile 56 Mt Baker Hwy ; 8h-16h30 mai-sept) est installé à proximité et les alentours offrent de multiples randonnées.

Domaine skiable bénéficiant du plus fort enneigement annuel en Amérique du Nord, le Mt Baker est un paradis pour les skieurs. Le **Mt Baker Ski Area** (☎ 360-734-6771 ; www.mtbakerskiarea.com) comprend 38 pistes, 8 remontées mécaniques et un mur de 450 m. En raison de ses infrastructures rustiques, de ses pistes non damées et du nombre limité de distractions, la station est devenue culte pour les adeptes du snowboard, qui affluent chaque année en janvier pour le Legendary Baker Banked Slalom.

Lorsque les nuages se dissipent autour du Mt Baker, la terrasse de l'**Inn at Mount Baker** (☎ 360-599-1359 ; www.theinnatmtbaker.com ; 8174 Mt Baker Hwy ; ch à partir de 149 $; P) offre une vue aussi somptueuse que le petit-déjeuner. À 11 km à l'est des Maple Falls, ce B&B accueillant, intime et respectueux de l'environnement, compte 6 chambres.

Leavenworth

Vision surprenante, Leavenworth, une ancienne ville de bûcherons, s'est transformée en bourgade bavaroise dans les années 1960 quand la déviation de la ligne ferroviaire transcontinentale a menacé sa survie. Passant du bois au tourisme, Leavenworth ressemble aujourd'hui à une ville allemande traditionnelle, avec bières, saucisses et habitants en *lederhosen* (25% d'entre eux sont d'origine allemande). Le cadre montagneux complète l'illusion et Leavenworth est un centre majeur pour des expéditions dans l'Alpine Lakes Wilderness. La **Leavenworth Ranger Station** (☎ 509-548-6977 ; 600 Sherbourne St ; 7h30-16h30 tlj mi-juin à mi-oct, 7h45-16h30 lun-ven mi-oct à mi-juin) peut vous renseigner sur les activités de plein air. **Der Sportsmann** (☎ 509-548-5623 ; 837 Front St) vend tous les équipements sportifs, du ski à l'ascension et au cyclotourisme.

Version bavaroise du B&B, le **Linderhof Inn** (☎ 509-548-5283 ; www.linderhof.com ; 690 Hwy 2 ; ch 99-149 $;) propose des chambres douillettes dotées de grands lits et d'une TV à écran plat, un bon petit-déjeuner-buffet et un accueil chaleureux. À l'**Enzian Inn** (☎ 509-548-5269 ; www.enzianinn.com ; 590 Hwy 2 ; d 120-150 $;), le propriétaire en *lederhosen* réveille ses hôtes en soufflant dans un cor alpin. L'hôtel comprend un golf 18 trous, un court de racquetball et une salle de petit-déjeuner ensoleillée.

LE NORD-OUEST PACIFIQUE

QUELQUES JOURS DE PLUS DANS LES CASCADES ?

Dans le Washington, les Cascades offrent quantité de surprises, naturelles ou créées par l'homme. Quelques destinations hors des sentiers battus :

- Le **Ross Lake Resort** est un ensemble de bungalows flottants du côté est du Ross Lake, au nord du Ross Dam (barrage). Aucune route n'y conduit ; il faut parcourir à pied le chemin de 3 km qui part de la Hwy 20 ou prendre la navette du complexe – bateau-taxi et camion – dans le parking proche du Diablo Dam.
- Empruntez le chemin qui grimpe au **Desolation Peak** (1 860 m), au-dessus du Ross Lake, et découvrez la cabane où Jack Kerouac, l'écrivain beatnik, passa deux mois à guetter d'éventuels incendies en 1956. La randonnée (11 km aller) est plutôt éprouvante, mais vous serez récompensé par les vues superbes qui ont inspiré Kerouac. Pour accéder au départ du chemin, le mieux consiste à prendre le bateau-taxi au Ross Lake Resort.

WINTHROP

Winthrop (349 habitants) est, avec Leavenworth (ci-contre), l'une des deux villes à thème du Cascade Loop. Plutôt que la Bavière et les *lederhosen*, Winthrop évoque le Far West et ressemble au décor d'un film de 1952, *Le train sifflera trois fois*.

La région fut colonisée en 1891 par Guy Waring, un diplômé de Harvard, qui construisit un comptoir au confluent de la Chewuk (*tchi-wok*) et de la Methow. Après le déclin de l'industrie minière en 1915, Winthrop sombra à son tour et faillit disparaître. Elle fut sauvée par un couple dynamique, qui engagea Robert Jorgenson, l'architecte qui avait redessiné Leavenworth, afin qu'il reconstruise la ville avec de fausses devantures d'échoppes et d'autres caractéristiques de la conquête de l'Ouest pour attirer les touristes.

Ce fut un succès ! Winthrop est aujourd'hui une étape classique sur le circuit des Cascades, prisée pour la pêche, le ski de fond et les excursions à VTT. Fidèle à son image, elle est souvent considérée comme la ville natale des *smokejumpers* (pompiers parachutistes). Pour tout savoir sur ce sujet, visitez la **North Cascade Smokejumper Base** (☎ 509-997-2031 ; 23 Intercity Airport Rd ; entrée libre ; 🕒 habituellement 8h-17h juin-oct), à mi chemin entre Winthrop et Twisp. En ville, le **Duck Brand Hotel** (☎ 509-996-2192 ; www.methownet.com/duck ; 248 Riverside Ave ; s/d 69/79 $; ⊠), une cantine classique de style Wild West, offre un hébergement bon marché et une excellente cuisine.

Pour déguster des *wiener schnitzel* à la bavaroise, avec chou rouge et *spätzle*, rendez-vous chez **Andreas Keller** (☎ 509-548-6000 ; 829 Front St, niveau inférieur ; déj 7-9 $, dîner 14-18 $; 🕒 11h-22h), où des accordéonistes jouent tous les soirs à partir de 18h. Restaurant en plein air, le **München Haus** (☎ 509-548-1158 ; 709 Front St ; saucisses et en-cas à partir de 6 $; 🕒 11h-23h tlj mai-oct, 11h-23h ven-dim nov-avril) sert d'excellentes saucisses bavaroises grillées.

Lake Chelan

Long et étroit, le Lake Chelan est le terrain de jeu du centre du Washington. Le **Lake Chelan State Park** (☎ 509-687-3710 ; South Shore Rd) possède 144 emplacements (de 19 à 24 $; réservation possible) ; plusieurs campings au bord du lac ne sont accessibles qu'en bateau. De nombreux hébergements et services se regroupent dans la ville de **Chelan**, qui abrite le **poste de rangers de l'USFS** (☎ 509-682-2549 ; 428 Woodin Ave). Des bus **Link Transit** (☎ 509-662-1155 ; www.linktransit.com) relient Chelan à Wenatchee et Leavenworth (1 $).

À la pointe nord du lac, **Stehekin** se rejoint en **bateau** (☎ 509-682-4584 ; www.ladyofthelake.com ; aller-retour de Chelan 39 $), en **hydravion** (☎ 509-682-5555 ; aller-retour de Chelan 159 $) ou par une longue marche en franchissant le Cascade Pass, à 45 km du lac. La plupart des commerces ouvrent de mi-juin à mi-septembre.

Methow Valley

La poudreuse en hiver et le soleil en été ont fait de la vallée de la Methow l'une des destinations de loisirs privilégiées du Washington : vélo, randonnée et pêche en été ; ski de fond sur le second plus long réseau de pistes du pays en hiver.

L'USFS gère le **Methow Valley Visitor Center** (☎ 509-996-4000 ; 24 West Chewuch Rd ; 🕒 8h-17h mai-oct), sur la Hwy 20 à l'extrémité ouest de Winthrop. À 16 km à l'ouest de Winthrop, le charmant **Sun Mountain Lodge** (☎ 509-996-2211 ; www.sunmountainlodge.com ; Box 1000, Winthrop, WA 98862 ; ch lodge 160-620 $, bungalow 160-345 $; ⊠ ❄ 📶 🏊) offre un hébergement classique et un accès facile aux pistes de ski, aux chemins de randonnée et aux itinéraires cyclables.

North Cascades National Park

Plus sauvage que toute autre étendue préservée du Nord-Ouest pacifique et peu fréquenté, le **North Cascades National Park** (www.nps.gov/noca) ne compte aucune localité, aucun hébergement et une seule route, en terre. Le nom des montagnes donne une idée de sa géographie : Desolation Peak (pic de la Désolation), Jagged Ridge (Crête déchiquetée), Mt Despair (mont du Désespoir) et Mt Terror (mont de la Terreur). À l'instar de l'Alaska, ce parc national offre d'extraordinaires expéditions dans l'arrière-pays.

Le **North Cascades Visitor Center** (☎ 206-386-4495 ; 502 Newhalem St ; 🕒 9h-16h30 tlj mi-avr à oct, 9h-16h30 sam-dim nov-mars, horaires étendus mi-juin à Labor Day), dans la petite bourgade de Newhalem sur la Hwy 20, constitue une étape essentielle pour les visiteurs. Il est tenu par des rangers expérimentés qui vous indiqueront les sites majeurs du parc.

NORD-EST DU WASHINGTON

Bordé par le Canada au nord et l'Idaho à l'est, le nord-est du Washington doit sa célébrité au Grand Coulee Dam, un énorme barrage construit au XXe siècle. Spokane, une ville discrète et très peuplée, constitue le principal centre urbain de la région.

Grand Coulee Dam

Le colossal Grand Coulee Dam, la plus grande centrale hydroélectrique du pays, est une merveille d'ingénierie du monde moderne. De nombreux visiteurs viennent admirer le barrage, ou pêcher, chasser et se baigner dans le lac de retenue et le Lake Roosevelt adjacent, long de 242 km.

Le **Grand Coulee Visitor Arrival Center** (☎ 509-633-9265 ; www.grandcouleedam.com ; ⌚ 9h-17h) retrace l'histoire du barrage à l'aide d'une exposition interactive, propose des visites guidées gratuites et offre tous les soirs un extraordinaire spectacle laser.

Spokane

Rejetant les tendances culturelles de l'est du Washington, Spokane ne manque ni de style ni de panache. Ville de Bing Crosby, le chanteur le plus populaire des États-Unis, cette métropole discrète a accueilli l'exposition universelle de 1974 ; elle organise la plus importante course à pied du pays (Bloomsday), possède l'une des meilleures équipes universitaires de basket (Gonzaga Bulldogs) et un splendide hôtel, le Davenport. Au fil d'une promenade, vous découvrirez des moulins à vapeur restaurés, des gratte-ciel Art déco, un joli chemin en bord de rivière et le quartier historique de Browne's Addition, un trésor d'architecture Queen Anne. Le **Spokane Area Visitor Information Center** (☎ 509-747-3230 ; www.visitspokane.com ; angle 201 W Main Ave et Browne St ; ⌚ 8h30-17h lun-ven, 9h-18h sam-dim) fournit d'innombrables renseignements.

Sur l'ancien site de l'exposition universelle de 1974, le **Riverfront Park** (☎ 509-456-4386 ; www.spokaneriverfrontpark.com) constitue une oasis de verdure en plein centre-ville. Réaménagé ces dernières années, il comprend une **promenade des sculptures** avec 17 œuvres, ainsi que de nombreux ponts et sentiers, parfaits pour le jogging. Attraction phare du parc, les **Spokane Falls** combinent de belles cascades et des rapides couverts d'écume. Divers points de vue donnent sur la rivière, dont un court trajet en **télécabine** (7 $; ⌚ 11h-18h tlj, 11h-21h ven-sam et jours fériés) qui conduit au-dessus des chutes. Promeneurs et joggeurs empruntent le **Spokane River Centennial Trail** (☎ 509-624-7188), un chemin interurbain qui se prolonge sur 60 km jusqu'à l'Idaho et au-delà.

Installé dans un superbe bâtiment de l'élégant quartier de Browne's Addition, le **Northwest Museum of Arts & Culture** (☎ 509-456-3931 ; www.northwestmuseum.org ; 2316 W 1st Ave ; adulte/enfant/senior et étudiant 7/gratuit/5 $; ⌚ 11h-17h mar-dim, 11h-20h mer et ven) possède l'une des plus belles collections d'artefacts indiens du Nord-Ouest.

Le **Davenport Hotel** (☎ 509-455-8888 ; www.thedavenporthotel.com ; 10 S Post St ; ch standard/deluxe 219/239 $;), emblème historique de la ville, a ouvert en 1914 et est considéré comme l'un des meilleurs hôtels du pays. Si le prix des chambres dépasse votre budget, contentez-vous de l'entrée, superbe. Plus petit, le **Montvale Hotel** (☎ 509-747-1919 ; www.montvalehotel.com ; 1005 W 1st Ave ; ch queen/king 89/159 $;) est également charmant et raffiné. Autre hôtel de charme, l'**Hotel Lusso** (☎ 509-747-9750 ; www.hotellusso.com ; North One Post ; s/d 155/295 $;) se distingue par d'étincelantes sdb en marbre et de somptueux meubles en bois.

Le **Rock City Grill** (☎ 509-455-4400 ; 505 W Riverside Ave ; déj 6-10 $; ⌚ 11h-23h dim-jeu, 11h-24h ven-sam), un bar-restaurant joliment éclairé, séduit une clientèle jeune avec un grand choix de plats classiques, préparés de manière inventive. Le **Steam Plant Grill** (☎ 509-777-3900 ; 159 S Lincoln ; wraps 7-9 $, plats 15-23 $; ⌚ 11h30-21h30 lun-jeu et dim, 11h30-23h ven-sam) sert toutes sortes de spécialités, des rouleaux thaïlandais aux côtelettes d'agneau de Nouvelle-Zélande, dans une ancienne usine réaménagée.

Grâce à la population estudiantine de la Gonzaga University, Spokane offre une vie nocturne animée. La **Northern Lights Brewing Company** (☎ 509-242-2739 ; 1003 E Trent Ave), une séduisante microbrasserie proche du campus, propose ses bières artisanales. Le **Dempsey's Brass Rail** (☎ 509-747-5362 ; 909 W 1st Ave) accueille chaleureusement les gays. Le **Metropolitan Performing Arts Center** (☎ 509-455-6500 ; www.metmtg.com/themet ; 901 W Sprague Ave) programme des opéras, des concerts, des représentations théâtrales et des festivals de films.

Bus et trains partent de la **Spokane Intermodal Transportation Station** (221 W 1st Ave). Le train *Empire Builder* d'**Amtrak** (☎ 509-624-5144) rallie quotidiennement Seattle (56 $, 7 heures 30), Portland (56 $, 9 heures 30) et Chicago (237 $, 14 heures 30).

SOUTH CASCADES

Plus hautes et moins ramassées que celles du Nord, les South Cascades s'étendent du Snoqualmie Pass, à l'est de Seattle, jusqu'à la Columbia River, à la frontière de l'Oregon. Le Mt Rainier (4 323 m) en est le point culminant. Également impressionnant pour d'autres raisons, le Mt St Helens (2 509 m) porte encore les traces de l'éruption dévastatrice de 1980. Moins connu, le Mt Adams (3 683 m) est réputé pour les myrtilles et les fleurs sauvages qui couvrent ses prairies alpines durant la courte période estivale.

Mt Rainier National Park

Le majestueux Mt Rainier, le quatrième plus haut sommet des États-Unis en dehors de l'Alaska, est aussi l'un des plus beaux. Situé dans un parc national de 953 km² (le cinquième au monde lors de son inauguration en 1899), le mont enneigé et ses contreforts boisés comprennent de nombreux chemins de randonnée, d'immenses prairies couvertes de fleurs et un pic conique qui défie les alpinistes. Le parc compte quatre entrées. Nisqually, sur la Hwy 706 via Ashford, proche du coin sud-ouest du parc, est la plus empruntée et la plus pratique, ouverte toute l'année et non loin des principaux carrefours. Les autres entrées sont Ohanapecosh, via la Hwy 123, White River, près de la Hwy 410, et Carbon River, la plus éloignée dans l'angle nord-ouest. Renseignez-vous sur l'état des routes au ☎800-695-7623.

Pour des informations sur le parc, consultez le site Internet du National Park Service (NPS), www.nps.gov/mora, qui fournit des cartes téléchargeables et décrit 50 chemins.

L'entrée du parc s'élève à 15 $ par voiture ou 5 $ pour un piéton. Pour un circuit de plusieurs jours, demandez un permis de camping (gratuit) dans les postes de rangers ou dans les centres des visiteurs. Les six campings du parc disposent d'eau courante et de toilettes, mais pas de branchements pour camping-car. Les **réservations** (☎ 800-365-2267 ; www.mount.rainier.national-park.com/camping.htm ; empl réservé mai-sept/oct-avr 15/12 $, non-réservé 10 $), fortement recommandées en été, peuvent s'effectuer jusqu'à deux mois à l'avance par téléphone ou en ligne.

Longmire et Paradise sont les principaux carrefours du parc. Longmire, à 11 km de l'entrée de Nisqually, compte un **Museum/Information Center** (☎ 360-569-2211, poste 3314 ; entrée libre ; 🕓 9h-18h juin-sept, 9h-17h oct-mai), plusieurs points de départ de sentiers importants, et le rustique **National Park Inn** (☎ 360-569-2275 ; www.guestservices.com/rainier ; ch sans/avec sdb 104/139 $, bungalow 2 pièces 191 $; P), qui se double d'un excellent restaurant. À 20 km à l'est et plus haut, Paradise offre d'autres marches et randonnées et comprend le **Henry M Jackson Visitor Center** (☎ 360-569-2211, poste 2328 ; 🕓 9h-19h tlj mai-sept, 10h-17h sam-dim oct et avril), en forme de soucoupe volante, et le **Paradise Inn** (☎ 360-569-2275 ; ch sans/avec sdb 105/154 $; 🕓 mai-oct ; P). L'ascension du Mt Rainier part de Paradise. L'**American Alpine Institute** (☎ 360-671-1505 ; www.aai.cc ; 1515 12th St, Bellingham, WA 98225) propose des ascensions guidées de 5 jours à partir de 1 540 $.

Le **Wonderland Trail**, un chemin continu et bien entretenu de 150 km, fait tout le tour complet du Mt Rainier. La randonnée s'effectue normalement en 10 à 12 jours, avec les nuits dans certains des 18 campings qui jalonnent l'itinéraire. Avant de partir, vous devez demander un permis gratuit au **Wilderness Information Center** (☎ 877-617-9950 ; www.nps.gov/mora ; 55210 238th Ave E, Ashford WA 98304) ; formulaires disponibles en ligne.

La lointaine entrée de Carbon River donne accès à la forêt pluviale du parc. Le **poste de rangers** (☎ 360-829-9639), tout de suite après l'entrée, ouvre tous les jours en été.

Gray Line (☎ 206-624-5077 ; www.graylineseattle.com) organise des circuits à partir de Seattle de mai à septembre (1/2 jours 62/145 $).

Mt St Helens National Volcanic Monument

La 87e plus haute montagne du Washington doit sa célébrité à la terrible éruption de mai 1980 : la catastrophe a fait 57 victimes, quand un séisme de 5,1 sur l'échelle de Richter a provoqué le pire glissement de terrain de l'histoire humaine et enterré près de 600 km² de forêt sous des millions de tonnes de roches et de cendres volcaniques.

Si vous n'avez pas de voiture, le Mt St Helens peut se visiter de Portland au cours d'une excursion en bus d'une journée (59,50 $) avec **Eco Tours of Oregon** (☎ 503-245-1428 ; www.ecotours-of-oregon.com). Si vous voyagez en indépendant, arrêtez-vous d'abord au **Mt St Helens Visitor Center** (☎ 360-274-2100 ; 3029 Spirit Lake Hwy ; 3 $; 🕓 9h-17h), à 8 km à l'est de Castle Rock sur la Hwy 504, qui présente des films, des expositions et fournit des informations gratuites sur la montagne.

Le **Coldwater Ridge Visitor Center** (☎ 360-274-2131 ; 10h-18h mai-oct, 9h-17h nov-avr) offre une vue sur le cratère nord du Mt St Helens.

Une ambiance amusante règne à l'**Eco Park Resort** (☎ 360-274-7007 ; www.ecoparkresort.com ; 14000 Spirit Lake Hwy ; empl tente/yourte/bungalow 17.50/75/100 $).

Mt Adams

Plus éloigné de Seattle que le Mt Rainier et le Mt St Helens, le Mt Adams est beaucoup moins fréquenté que ses célèbres voisins. La réserve indienne yakama occupe le versant est de cette montagne splendide, qui se situe dans la **Mt Adams Wilderness**, un secteur protégé de 170 km^2. Parmi les nombreux itinéraires de randonnée qui sillonnent le mont, le **Bird Creek Meadow Trail**, un circuit de 5 km, fait découvrir de superbes prairies alpines, des fleurs sauvages et des cascades. La cueillette des airelles, dans les prairies d'altitude autour de l'Indian Heaven Wilderness, constitue une activité propre à la région. Pour un permis de cueillette ou des informations sur la randonnée et l'escalade, adressez-vous au **Mt Adams Ranger District USFS Office** (☎509-395-3400 ; 2455 Hwy 141 ; 8h-16h30 lun-sam, plus dim mai-sept) à Trout Lake.

Hébergement le plus séduisant, le **Serenity's** (☎ 509-395-2500 ; www.serenitys.com ; 2291 Hwy 141 ; bungalow 89-129 $; P), à 1,6 km au sud de Trout Lake sur la Hwy 141, possède 4 bungalows superbement aménagés, blottis dans les bois au pied du Mt Adams.

CENTRE ET SUD-EST DU WASHINGTON

Si les touristes ne s'y précipitent pas encore, le centre et le sud-est de l'État conservent une arme secrète : le vin. Arrivées tardivement dans le monde viticole, les terres fertiles qui bordent les vallées de la Yakima et de la Columbia sont aujourd'hui parsemées de vignes qui produisent un excellent raisin et la région rivalise avec la Californie pour obtenir une reconnaissance nationale. Si Yakima et Ellensburg, plus petite et plus séduisante, continuent de prédominer, Walla Walla tend à les rattraper grâce à de talentueux restaurateurs et une municipalité dynamique qui ont commencé à en faire une destination vinicole par excellence.

Yakima et Ellensburg

Située dans la vallée fluviale du même nom, la ville de Yakima est un centre marchand sans charme, loin du “Palm Springs du Washington” vanté sur les brochures touristiques. La principale raison d'une étape est la visite d'un des nombreux domaines viticoles installés entre Yakima et Benton City. Procurez-vous une carte au **Yakima Valley Visitors & Convention Bureau** (☎ 509-575-3010 ; www.visityakima.com ; 10 N 8th St ; 9h-17h lun-sam, 10h-16h dim).

Petite bourgade plus attrayante à 58 km au nord-ouest, Ellensburg organise le plus grand rodéo de l'État lors du Labor Day. Selon la légende locale, son centre-ville compterait plus de cafés par habitant que tout autre lieu au monde. Prenez un café crème au **D&M Coffee** (☎ 509-925-5313 ; 301 N Pine St), un torréfacteur du coin, puis visitez la section historique du **Kittitas County Museum** (☎ 509-925-3778 ; dons acceptés ; 10h-16h lun-sam juin-sept, 12h-16h mar-sam oct-mai), en face. Vous pourrez passer la nuit à la **Guesthouse Ellensburg** (☎ 509-962-3706 ; www.guesthouseellensburg.com ; 606 Main St ; ch 135 $), un petit B&B de 2 chambres au-dessus de l'Ellensburg Wineworks, un magasin de spiritueux avec une salle de dégustation ; les hôtes de la guesthouse peuvent goûter gratuitement les crus locaux.

Walla Walla

Depuis une dizaine d'années, Walla Walla, obscure bourgade agricole connue pour ses oignons doux et son vaste pénitencier d'État, s'est transformée en région viticole en plein essor. Si le vénérable Marcus Whitman College constitue son attribut culturel le plus évident, la ville possède des cafés insolites, d'agréables salles de dégustation de vin, une belle architecture Queen Anne et un excellent marché de produits fermiers.

Bon point de départ dans le centre-ville pour découvrir les vins, le **Walla Walla Wineworks** (☎ 509-522-1261 ; 31 E Main St ; 11h-18h lun-jeu, 11h-21h ven-sam), une salle de dégustation associée au viticulteur local Waterbrook, offre des vins, des fromages et des charcuteries de la région, ainsi que de la musique live le week-end.

La **chambre de commerce** (☎ 509-525-0850 ; www.wallawalla.org ; 29 E Sumach St ; 8h30-17h lun-ven, 9h-16h sam-dim mai-sept) vous renseignera sur la dégustation des vins et fournit les cartes de 4 superbes promenades urbaines.

Les vestiges de la **mission Whitman** (1836) se situent à une dizaine de kilomètres à l'ouest de Walla Walla, près de l'US 12. Marcus

Whitman et 14 missionnaires furent tués en 1847 par des Cayuse après qu'une épidémie de rougeole eut provoqué la mort de la moitié de leur tribu. Lorsque la nouvelle parvint à Washington, DC, le Congrès fonda les Oregon Territories, le premier gouvernement officiel à l'ouest des Rocheuses. Le **Visitor Center** (☎ 509-522-6357 ; adulte/famille 3/5 $; 🕑 8h-16h30) propose des expositions et des cartes.

Principal point de repère de la ville, le **Marcus Whitman Hotel** (☎ 509-525-2200, www.marcuswhitmanhotel.com ; 6 W Rose St ; ch à partir de 99 $; ❄ 📶) est l'hôtel le plus plaisant. Pour découvrir l'ambiance de la région, séjournez au charmant **Inn at Abeja** (☎ 509-529-2660 ; www.abeja.net ; 2014 Mill Creek Rd ; cottage à partir de 215-285 $; ⊠ ❄), un domaine viticole à 6 km à l'est de la ville, dans les contreforts des Blue Mountains.

L'essor de la production viticole a attiré d'excellents restaurateurs. Le **Saffron Mediterranean Kitchen** (☎ 509-525-2112 ; 125 W Alder St ; plats 15-27 $; 🕑 14h-22h mar-jeu et dim, 14h-23h ven et sam), l'une des meilleures tables, utilise des ingrédients locaux pour concocter une succulente cuisine aux influences méditerranéennes. Au cœur de la ville, le **Merchants Delicatessen** (☎ 509-525-0900 ; 21 E Main St ; petit-déj 5-8 $; 🕑 5h30-17h lun-sam), café-traiteur-caviste-boulangerie, vend des vins locaux et sert un brunch copieux.

OREGON

Plus vaste que le Washington et deux fois moins peuplé, l'Oregon partage de nombreuses caractéristiques avec son voisin du Nord : une côte pluvieuse, une haute chaîne de montagnes impressionnante et un plateau plus sec et plus conservateur dans l'arrière-pays. Cependant, grâce à un développement urbain mieux contrôlé et moins étendu, l'Oregon conserve une ambiance plus détendue et paisible.

Histoire

L'Oregon fut d'abord un rassemblement hétéroclite de missionnaires de Nouvelle-Angleterre et de trappeurs français et britanniques avant de devenir officiellement un territoire américain en 1848, puis un État en 1859. Des colons occupaient la majeure partie des régions côtière et centrale dès 1860 ; beaucoup d'entre eux avaient effectué le pénible périple de six mois à travers le continent, le long de l'Oregon Trail.

Les nouveaux venus s'approprièrent les terres des diverses tribus amérindiennes. Au cours de ce que l'on appela les Rogue River Wars, les Takelma, surnommés coquins (*rogue* en anglais) par les trappeurs français au début du XIXe siècle, attaquèrent des groupes d'immigrants et refusèrent de négocier avec l'armée la traversée de leur territoire. Les tensions s'exacerbèrent et les tueries se multiplièrent. Les Takelma finirent par se replier dans les gorges de la Rogue Valley occidentale, puis durent se rendre après des mois de lutte en plein hiver avec peu de nourriture et sans abri. Ils furent déportés au nord, dans la réserve de Grand Ronde au bord de la Yamhill River. À la fin des années 1850, la plupart des Amérindiens de la région étaient parqués dans des réserves.

Le chemin de fer atteignit Portland en 1883 et, dès 1890, la ville était l'un des plus grands ports céréaliers du monde. Les deux guerres mondiales renforcèrent le développement économique de l'État, notamment grâce à l'exploitation forestière. Après-guerre, des idéalistes de la génération du baby-boom à la recherche d'un nouveau mode de vie quittèrent la Californie et les États de l'Est pour s'installer dans l'Oregon, séduits par sa beauté naturelle. Leur arrivée favorisa l'adoption de politiques environnementales et sociales progressistes.

Depuis les années 1960, Portland et l'ouest de l'Oregon ont été influencés par ces nouveaux habitants, ouverts aux idées progressistes, tandis que les petites villes et les campagnes sont restées profondément conservatrices. Le système électoral de l'État permet aux citoyens de faire inscrire des propositions de lois qui seront soumises au vote des Oregoniens lors des élections. L'Oregon est ainsi devenu le théâtre de joutes politiques sur des sujets sensibles, tels l'euthanasie et le mariage homosexuel, qui concernent l'ensemble du pays.

Renseignements

Nature of the Northwest (☎ 503-872-2750, 800-270-7504 ; www.naturenw.org/forest-directory.htm ; 800 NE Oregon St, Suite 177, Portland, OR 97232 ; 🕑 9h-17h lun-ven). Informations sur les forêts nationales et les parcs d'État de la région ; délivrance du Northwest Forest Pass (5/30 $ par jour/an), demandé par de nombreux parcs, au départ des chemins de randonnée, dans les centres de visiteurs et aux embarcadères.

L'OREGON EN BREF

Surnom : Beaver State (État du Castor)
Population : 3,8 millions d'habitants
Surperficie : 254 820 km^2
Capitale : Salem (152 000 habitants)
Autres villes : Portland (537 081 habitants), Eugène (146 356 habitants), Bend (71 892 habitants)
TVA : aucune
Lieu de naissance de : Herbert Hoover (1874-1964), ancien président des États-Unis ; Ginger Rogers (1911-1995), actrice et danseuse ; Ken Kesey (1935-2001), écrivain ; Matt Groening (né en 1954), le créateur des *Simpson* ; Gus Van Sant (né en 1952), cinéaste
Berceau de : l'Oregon Shakespeare Festival, le *tree-sitting* (mouvement contre l'abattage des arbres), Nike, McMenamins
Célèbre pour : l'Oregon Trail, ses forêts, la pluie, la bière, l'interdiction du libre-service dans les stations d'essence
Boisson de l'État : le lait
Distances routières : de Portland à Eugene 1760 km, de Pendleton à Astoria 472 km

Oregon Road Conditions (☎ 503-588-2941, dans l'Oregon 800-977-6368). Informations routières et état des routes.

Oregon State Parks & Recreation Dept (☎ 503-378-6305, 800-551-6949 ; www.oregonstateparks.org ; 1115 Commercial St NE, Salem, OR 97310). Environ la moitié des campings des parcs d'État acceptent les réservations jusqu'à 9 mois à l'avance, y compris en ligne. Les autres louent leurs emplacements en fonction des disponibilités. Comptez de 14 à 18 $ pour un emplacement de tente et de 16 à 22 $ pour un camping-car.

Oregon Tourism Commission (☎ 503-986-0000, 800-547-7842 ; www.traveloregon.com ; 775 Summer St NE, Salem, OR 97301 ; 🕓 8h-17h lun-ven). Informations et brochures sur les hébergements, les campings, les parcs d'État et les magasins de sport.

LE NORD-OUEST PACIFIQUE

PORTLAND

Portland possède tous les atouts pour prospérer au XXIe siècle. Alors que New York se réinvente continuellement et que San Francisco a perdu son charme hippie à force de le promouvoir, cette mini métropole, aussi jeune que loufoque, se situe à la pointe de tout ce que l'Amérique moderne a de sympathique, branché et avant-gardiste.

Le paradoxe constitue l'une des principales caractéristiques de la ville. Surnommée "Stumptown" (ville des souches) par les premiers colons à cause des innombrables souches d'arbres qui encombraient le centre-ville, elle est aujourd'hui habitée par de fervents défenseurs de la nature et possède plus de parcs qu'aucune autre ville du pays. L'écologie ne se limite pas aux espaces verts : on peut sans risque se déplacer à vélo, explorer le cœur de la cité à bord d'un tramway gratuit, ou siroter un café bio à côté d'un stand de restauration bosniaque !

Histoire

La colonisation de la région de Portland remonte à 1844, quand deux trappeurs de Nouvelle-Angleterre achetèrent un titre de propriété sur la berge occidentale de la Willamette. Ils jouèrent à pile ou face le nom de la nouvelle localité, et Portland l'emporta sur Boston.

Son emplacement, près du confluent de la Columbia River et de la Willamette River, favorisa sa croissance. Les chercheurs d'or de Californie avaient besoin du bois de l'Oregon, tout comme le nombre croissant de colons dans la Willamette Valley. Le Northern Pacific Railroad (le chemin de fer, arrivé en 1883) et le boom de la construction navale pendant la Seconde Guerre mondiale profitèrent également à l'économie locale.

Aujourd'hui, la conurbation de Portland compte plus de 500 000 habitants. Les chantiers navals ont été déplacés au nord du centre-ville, l'Old Town (vieille ville) a été réhabilitée, et le Pearl District, un ancien secteur industriel, est désormais un quartier de boutiques et de lofts coûteux. Les fabricants de vêtements de sport, tels Nike, Adidas et Columbia Sportswear, contribuent à la prospérité économique, à l'instar des sociétés de haute technologie comme Intel et Tektronix.

Orientation

Portland se situe juste au sud de la frontière du Washington et à environ 1 heure de route de la côte pacifique. La Willamette River traverse le centre, séparant les parties est et ouest. Burnside St forme la limite entre le nord et le sud, organisant la ville en quatre quarts : Northwest (NW), Southwest (SW), Northeast (NE) et Southeast (SE). Ne l'oubliez pas car la même adresse peut exister dans NE Davis St et NW Davis St, de part et d'autre du fleuve !

Le centre-ville se tient dans Southwest Portland. L'Old Town, Chinatown, la 23rd Ave branchée, le chic Pearl District et l'élégant West Hills se trouvent dans Northwest Portland. Proche du centre mais de l'autre côté du fleuve, le Lloyd District est un prolongement du centre-ville.

Northeast et Southeast Portland sont essentiellement des quartiers résidentiels arborés de la fin du XIXe siècle, chacun avec ses boutiques et restaurants branchés. N Mississippi Ave, NE Alberta St, SE Hawthorne Blvd et SE Division St comptent parmi les rues commerçantes fréquentées. Sellwood, plus loin au sud, est un joli quartier prisé des antiquaires et des yuppies.

Renseignements

ACCÈS INTERNET

Backspace (☎ 503-248-2900 ; www.backspace.bz ; 115 NW 5th Ave ; 🕓 7h-23h lun-mer, 7h-24h jeu-ven, 10h-24h sam, 10h-23 dim). Vise une clientèle jeune avec une galerie de jeux, un café et de longues heures d'ouverture.

Urban Grind Coffeehouse (www.urbangrindcoffee.com) ; NE Oregon St (☎ 503-546-0649 ; 2214 NE Oregon St) ; NW 14th Ave (☎ 503-546-5919 ; 911 NW 14th Ave ; 🕓 6h-22h30). Un élégant café avec des ordinateurs et le Wi-Fi gratuit.

ARGENT

Travelex (☎ 503-281-3045 ; 🕓 5h30-16h30) ; centre-ville (900 SW 6th Ave) ; aéroport international de Portland (hall principal). Bureau de change.

LIBRAIRIES

CounterMedia (☎ 503-226-8141 ; 927 SW Oak St). Ouvrages sur la contre-culture et l'érotisme.

In Other Words (☎ 503-232-6003 ; www.inotherwords.org ; 8 NE Killingsworth St). Librairie et centre de documentation féministes, au nord du Lloyd District.

Powell's City of Books (☎ 503-228-4651 ; www.powells.com ; 1005 W Burnside St). Grande librairie indépendante ; on y passe facilement plusieurs heures à découvrir les innombrables ouvrages ; fabuleuse section consacrée au voyage.

Reading Frenzy (☎ 503-274-1449 ; www.readingfrenzy.com ; 921 SW Oak St). Magazines indépendants classiques, tels *Yeti, Rolling Thunder, Bitch, Craphound, Giant Robot, etc.*

MÉDIAS

Just Out (www.justout.com). Bimensuel gratuit destiné à la communauté gay de Portland.

KBOO 90.7 FM. Radio locale progressiste animée par des bénévoles ; des informations et des points de vue différents.

Portland Mercury (www.portlandmercury.com). Équivalent du *Stranger* de Seattle, cet hebdomadaire gratuit sort le jeudi.

Portland Monthly (www.portlandmonthlymag.com). Excellent magazine délivré par abonnement qui s'intéresse principalement à l'agenda culturel.

Willamette Week (www.wweek.com). Bimensuel gratuit de nouvelles et d'informations culturelles locales, publié le mercredi.

OFFICE DU TOURISME

Portland/Oregon Visitors Association (☎ 503-275-8355, 877-678-5263 ; www.travelportland.com ; 701 SW 6th Ave ; 🕓 8h30-17h30 lun-ven, 10h-16h sam, 10h-14h dim). Des bénévoles très sympathiques tiennent cet office du tourisme sur Pioneer Courthouse Square. Il comprend un petit cinéma qui projette un film de 12 minutes sur la ville. Des bureaux des bus Tri-Met et du tramway sont installés dans le bâtiment.

POSTES

Poste poste principale (☎ 503-294-2564 ; 715 NW Hoyt St) ; University Station (☎ 503-274-1362 ; 1505 SW 6th Ave).

SITES INTERNET

City of Portland (www.portlandonline.com). Site officiel de la ville.

Gay Oregon (gaypdx.com). Informations pour la communauté gay et lesbienne de Portland.

PDX Guide (pdxguide.com). Des critiques amusantes des bars et des restaurants par un connaisseur, ainsi que la liste de divers événements.

Portland Independent Media Center (portland.indymedia.org). Informations locales et activisme de gauche.

URGENCES ET SERVICES MÉDICAUX

Legacy Good Samaritan Hospital & Medical Center (☎ 503-413-7711 ; 1015 NW 22nd Ave).

Police de Portland (☎ 503-823-0000)

Walgreens (☎ 503-238-6053 ; 940 SE 39th Ave). Pharmacie ouverte 24h/24 ; à l'est de la ville.

À voir

Avec ses arbres, ses parcs, ses tramways et ses stands de restauration, la ville ne manque pas d'attrait. La plupart des sites se regroupent dans le centre-ville et peuvent se rejoindre à pied ou à vélo.

PORTLAND

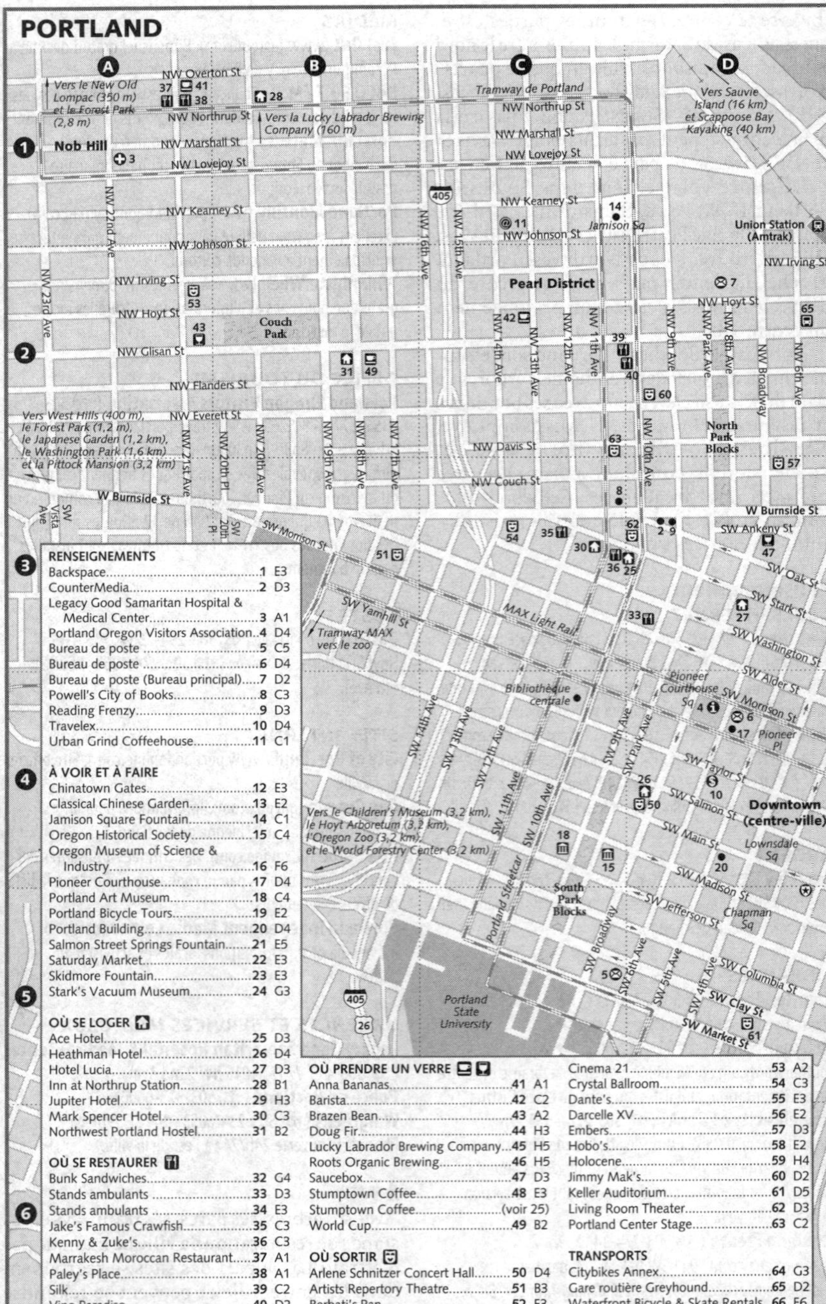

RENSEIGNEMENTS
- Backspace ... 1 E3
- CounterMedia ... 2 D3
- Legacy Good Samaritan Hospital & Medical Center ... 3 A1
- Portland Oregon Visitors Association ... 4 D4
- Bureau de poste ... 5 C5
- Bureau de poste ... 6 D4
- Bureau de poste (Bureau principal) ... 7 D2
- Powell's City of Books ... 8 C3
- Reading Frenzy ... 9 D3
- Travelex ... 10 D4
- Urban Grind Coffeehouse ... 11 C1

À VOIR ET À FAIRE
- Chinatown Gates ... 12 E3
- Classical Chinese Garden ... 13 E2
- Jamison Square Fountain ... 14 C1
- Oregon Historical Society ... 15 C4
- Oregon Museum of Science & Industry ... 16 F6
- Pioneer Courthouse ... 17 D4
- Portland Art Museum ... 18 C4
- Portland Bicycle Tours ... 19 E2
- Portland Building ... 20 D4
- Salmon Street Springs Fountain ... 21 E5
- Saturday Market ... 22 E3
- Skidmore Fountain ... 23 E3
- Stark's Vacuum Museum ... 24 G3

OÙ SE LOGER
- Ace Hotel ... 25 D3
- Heathman Hotel ... 26 D4
- Hotel Lucia ... 27 D3
- Inn at Northrup Station ... 28 B1
- Jupiter Hotel ... 29 H3
- Mark Spencer Hotel ... 30 C3
- Northwest Portland Hostel ... 31 B2

OÙ SE RESTAURER
- Bunk Sandwiches ... 32 G4
- Stands ambulants ... 33 D3
- Stands ambulants ... 34 E3
- Jake's Famous Crawfish ... 35 C3
- Kenny & Zuke's ... 36 C3
- Marrakesh Moroccan Restaurant ... 37 A1
- Paley's Place ... 38 A1
- Silk ... 39 C2
- Vino Paradiso ... 40 D2

OÙ PRENDRE UN VERRE
- Anna Bananas ... 41 A1
- Barista ... 42 C2
- Brazen Bean ... 43 A2
- Doug Fir ... 44 H3
- Lucky Labrador Brewing Company ... 45 H5
- Roots Organic Brewing ... 46 H5
- Saucebox ... 47 D3
- Stumptown Coffee ... 48 E3
- Stumptown Coffee ... (voir 25)
- World Cup ... 49 B2

OÙ SORTIR
- Arlene Schnitzer Concert Hall ... 50 D4
- Artists Repertory Theatre ... 51 B3
- Berbati's Pan ... 52 E3
- Cinema 21 ... 53 A2
- Crystal Ballroom ... 54 C3
- Dante's ... 55 E3
- Darcelle XV ... 56 E2
- Embers ... 57 D3
- Hobo's ... 58 E2
- Holocene ... 59 H4
- Jimmy Mak's ... 60 D2
- Keller Auditorium ... 61 D5
- Living Room Theater ... 62 D3
- Portland Center Stage ... 63 C2

TRANSPORTS
- Citybikes Annex ... 64 G3
- Gare routière Greyhound ... 65 D2
- Waterfront Bicycle & Skate Rentals ... 66 E6

LE NORD-OUEST PACIFIQUE

DOWNTOWN (CENTRE-VILLE)

Cœur du centre-ville, **Pioneer Courthouse Square** est une place en brique rouge avec peu de circulation, où se retrouvent des joueurs d'échecs, des amoureux du soleil, des employés qui déjeunent, des musiciens ambulants ou des activistes politiques. Hôtel luxueux puis parking, la place accueille aujourd'hui des concerts, des festivals et des rassemblements. De l'autre côté de la 6th Ave, l'imposante **Pioneer Courthouse** (palais de justice), le plus ancien édifice fédéral du Nord-Ouest pacifique, date de 1875.

Dans un centre-ville dépourvu de gratte-ciel, l'emblématique **Portland Building** (angle SW 5th Ave et SW Main St), conçu en 1980 par Michael Graves, reste un sujet de controverse. Ce bloc de 15 étages représente le triomphe du post-modernisme pour certains, et symbolise pour d'autres l'absence de considération envers les utilisateurs. Depuis 1985, une statue de **Portlandia**, la déesse du commerce aux allures de Neptune, domine l'entrée principale.

Le long de **South Park Blocks**, ombragés d'arbres, se tient l'**Oregon Historical Society** (☎ 503-222-1741 ; www.ohs.org ; 1200 SW Park Ave ; adulte/6-18 ans 11/5 $; ⏲ 10h-17h mar-sam, 12h-17h dim), le principal musée d'histoire de l'État. Outre des expositions temporaires et des collections se rapportant à l'histoire de l'Oregon, il comprend une bibliothèque de recherches et une librairie.

De l'autre côté du parc, le **Portland Art Museum** (☎ 503-226-2811 ; www.portlandartmuseum.org ; 1219 SW Park Ave ; adulte/enfant moins de 17 ans 10 $/gratuit ; ⏲ 10h-17h mar, mer et sam, 10h-20h jeu-ven, 12h-17h dim) possède de superbes collections, notamment de sculptures amérindiennes, d'œuvres d'art asiatiques et américaines et d'argenterie anglaises. Le musée abrite le Whitsell Auditorium, un cinéma qui projette régulièrement des films rares et des productions internationales.

Long de plus de 3 km, le **Tom McCall Waterfront Park** longe la rive occidentale de la Willamette et accueille en été des festivals et des concerts. Coureurs, marcheurs et cyclistes peuvent faire le tour de l'**Eastbank Esplanade** en traversant le **Steel Bridge**, un pont mobile de 1912, l'un des plus anciens et des plus curieux de la ville.

L'**Aerial Tram** (www.portlandtram.org) relie le sud du Waterfront (un arrêt est installé en bord de rue) et Marquam Hill. Il grimpe en 3 min un dénivelé de 150 m sur un trajet de 1 km (aller-retour 4 $). Inauguré janvier 2007, le tramway a dépassé les prévisions budgétaires au grand dam de la population.

À NE PAS MANQUER

- **Pearl District** (voir ci-contre). Un ancien quartier d'entrepôts réhabilité.
- **Stumptown Coffee** (p. 494). Le meilleur café de Portland, servi dans quelques établissements.
- **Powell's City of Books** (p. 487). La plus grande librairie indépendante au monde.
- **Tom McCall Waterfront Park** (voir ci-dessous). Un endroit privilégié pour la marche, le jogging, le roller et toute autre activité sportive.

OLD TOWN ET CHINATOWN

Cœur de l'exubérant Portland des années 1890, l'Old Town, autrefois mal famée, conserve une ambiance un peu louche. Parmi les bâtiments en brique rouge couverts d'affiches se nichent plusieurs des meilleurs clubs de musique de la ville et, plus au nord, le quartier gay. Sous les rues de la vieille ville, les **Shanghai Tunnels** (☎ 503-622-4798 ; www.shangaitunnels.info ; adulte/enfant 12/8 $) forment un réseau de tunnels où des individus sans scrupules enlevaient (ou "shangai") des hommes ivres dans les années 1850 pour les vendre à des capitaines en quête de marins ; visites guidées sur rendez-vous.

Les imposantes **Chinatown Gates** (angle W Burnside St et NW 4th Ave), de style pagode, ouvrent sur un quartier chinois sans charme, où l'on trouve difficilement un bon restaurant de *dim sum*. À part quelques échoppes de *chow mein* à emporter, le **Classical Chinese Garden** (☎ 503-228-8131 ; www.portlandchinesegarden.org ; angle NW 3rd Ave et NW Everett St ; adulte/enfant moins de 5 ans/senior 7 $/gratuit/6 $; ⏲ 10h-17h) constitue la principale attraction. Ce jardin soigné, jalonné d'étangs, est un havre de paix. L'entrée comprend la visite guidée.

L'architecture victorienne et la belle **Skidmore Fountain** donnent un parfum de nostalgie au quartier situé sous le Burnside Bridge. Le week-end est le meilleur moment pour une promenade le long du fleuve, quand s'installe le **Saturday Market** (marché du samedi ; ☎ 503-222-6072 ; www.portlandsaturdaymarket.com ; ⏲ 10h-17h sam et 11h-16h30 dim mars-déc.), avec ses stands de restauration, d'artisanat et ses spectacles de rue.

UN MUSÉE ÉTONNANT

Unique aux États-Unis, le **Stark's Vacuum Museum** (☎ 503-232-4101 ; www.starks.com ; 107 NE Grand Ave ; entrée libre ; 🕑 8h-19h lun-ven, 9h-17h sam, 11h-16h dim) possède une collection de plus de 300 aspirateurs Hoover, Busy Bee, Electrolux et Pneumatic, qui retrace l'histoire ésotérique de cet ustensile ménager des années 1950 aux modèles ultralégers du XXIe siècle. Le musée se tient, ô surprise, dans un magasin d'aspirateurs Stark !

NORTHWEST ET PEARL DISTRICT

Nob Hill, ou Snob Hill pour ses détracteurs, s'étend autour de NW 23rd Ave, une artère branchée, bordée de boutiques de vêtements ou de décoration et de cafés. Les restaurants, dont certains des meilleurs de Portland, se regroupent dans NW 21st Ave. Le quartier se prête idéalement à la flânerie et au lèche-vitrines.

Juste à l'est et plus proche du centre-ville, l'ancien quartier industriel de Pearl District a transformé ses anciens entrepôts sinistres en lofts coûteux, boutiques haut de gamme et restaurants luxueux. Le premier jeudi du mois, les galeries d'art ouvrent plus longtemps et une ambiance festive règne dans le quartier. Pearl District est délimité par NW 9th Ave, NW 14th Ave, W Burnside St et NW Lovejoy St.

WEST HILLS ET WASHINGTON PARK

Le quartier de West Hills, connu pour ses splendides demeures, ses rues sinueuses et l'immense **Forest Park**, le plus grand parc urbain du pays, s'étend derrière le centre-ville.

La splendide **Pittock Mansion** (☎ 503-823-3623 ; www.pittockmansion.com ; 3229 NW Pittock Dr ; adulte/enfant 6-18 ans/senior 7/4/6 $; 🕑 11h-16h ; Ⓟ) fut construite en 1914 par Henry Pittock, qui ressuscita l'*Oregonian*, un quotidien de Portland. Le domaine (entrée libre) mérite la visite pour la vue spectaculaire ; apportez un pique-nique.

Le vaste Washington Park peut facilement occuper une journée. À l'intérieur, l'**International Rose Test Gardens** (☎ 503-823-7529 ; www.rosegardenstore.org ; entrée libre ; 🕑 aube-crépuscule ; Ⓟ) contient 400 espèces de roses et offre une belle vue. Un peu plus haut se tient le paisible **Japanese Garden** (☎ 503-223-1321 ; www.japanesegarden.com ; 611 SW Kingston Ave ; adulte/enfant 6-17 ans 8/5,25 $; 🕑 12h-19h lun, 10h-19h mar-dim ; Ⓟ). Splendide en automne, l'**Hoyt Arboretum** (☎ 503-865-8733 ; www.hoytarboretum.org ; 4000 Fairview Blvd ; entrée libre ; 🕑 sentiers 6h-22h, visitor center 9h-16h lun-ven, 9h-15h sam ; Ⓟ) renferme plus de 1 000 espèces d'arbres endémiques et exotiques et totalise 20 km de sentiers. Le parc comprend également un zoo très fréquenté (p. 492).

NORTHEAST ET SOUTHEAST

De l'autre côté de la Willamette en venant du centre-ville, la galerie marchande **Lloyd Center** (1960), l'habituelle concentration de fast-foods et de magasins franchisés, aurait été la première du genre aux États-Unis. À quelques rues au sud-ouest se dressent l'**Oregon Convention Center**, haut bâtiment en verre un peu plus séduisant, et la **Rose Garden Arena**, le siège des Trailblazers, l'équipe locale de basket-ball.

Plus en amont de la Willamette, les bâtiments délabrés qui bordaient **N Mississippi Avenue** sont devenus des boutiques et des restaurants branchés. Au nord-est, **NE Alberta Street** regroupe des galeries d'art, des boutiques et des cafés. En été, ne manquez pas la fête de rue qui a lieu le dernier jeudi du mois. Pour une dose de culture contestataire, explorez les librairies, les boutiques pittoresques et les cafés de **Hawthorne Boulevard** (près de SE 39th Ave). À 1,6 km au sud, **SE Division Street** est récemment devenue une rue des délices, avec d'excellents restaurants, bars et pubs.

À faire

RANDONNÉE, VTT ET CYCLOTOURISME

La randonnée et le VTT constituent une sorte de rite initiatique à Portland, comme en témoignent la sveltesse des habitants.

Les randonneurs et les joggeurs peuvent arpenter 112 km de sentiers dans le **Forest Park**, à l'intérieur des limites de la ville. Le **Wildwood Trail** part de l'Hoyt Arboretum et serpente à travers la forêt sur 48 km, avec plusieurs embranchements permettant d'effectuer une boucle. D'autres sentiers conduisant dans le Forest Park partent des extrémités ouest de NW Thurman St et NW Upshur St.

Les cyclistes peuvent emprunter le **Springwater Corridor**, qui commence près de l'Oregon Museum of Science & Industry (une extension de l'Eastbank Esplanade) et se prolonge jusqu'au faubourg de Gresham, un parcours de plus de 33 km. À VTT, empruntez le **Leif Erikson Drive**, une ancienne piste forestière qui parcourt 17,5 km dans le Forest Park et offre des échappées sur la ville. Évitez de circuler à vélo sur les chemins de randonnée.

Île rurale à 16 km au nord-ouest du centre de Portland, **Sauvie Island** est idéale pour le vélo : plate, avec relativement peu de voitures et en majeure partie réserve animalière. Pour la location de vélos, reportez-vous p. 498.

SPORTS AQUATIQUES

En été, quelques activités permettent d'échapper à la chaleur.

Pour vous rafraîchir, rendez-vous à la **Salmon Street Springs Fountain** dans le Tom McCall Waterfront Park ou à la **Jamison Square Fountain** (angle NW Johnson et NW 10th Ave), dans lesquelles s'ébattent des enfants.

Le **Matt Dishman Community Center** (☎ 503-823-3673 ; 77 NE Knott St ; 2-3,25 $), au nord du Lloyd District, possède une piscine couverte. Pour une piscine en plein air, rendez-vous à l'**US Grant Park** (☎ 503-823-3674 ; angle NE 33rd Ave et NE US Grant Pl ; 2-3,25 $), au nord-est du Lloyd District. Les horaires des deux piscines varient en fonction des activités ; téléphonez avant de venir.

Portland River Company (☎ 503-459-4050 ; www.portlandrivercompany.com ; 6320 SW Macadam Ave) et **Scappoose Bay Kayaking** (☎ 503-397-2161, 877-272-3353 ; www.scappoosebaykayaking.com ; 57420 Old Portland Rd) proposent toutes deux des excursions en kayak et des locations.

Avec des enfants

Portland offre de nombreuses distractions pour les enfants. L'**Oregon Museum of Science & Industry** (OMSI ; ☎ 503-797-6674 ; www.omsi.edu ; 1945 SE Water Ave ; adulte/senior et enfant 3-13 ans 11/9 $; 🕑 9h30-17h30 ; 👶) propose des expositions scientifiques interactives. Il offre également un cinéma Omnimax, un planétarium et un circuit sous-marin (tous payants).

En été, le Zoo Train relie la roseraie du Washington Park et l'**Oregon Zoo** (☎ 503-226-1561 ; www.oregonzoo.org ; 4001 SW Canyon Rd ; adulte/enfant 9,75/6,75 $; 🕑 8h-18h avr-sept ; 👶). En période de vacances, les "zoolights" transforment le zoo en merveille hivernale, avec des arbres illuminés et des statues d'animaux. Durant l'été, des concerts se déroulent sur les pelouses. Le parking revient à 1 $.

Non loin, le **Children's Museum** (☎ 503-223-6500 ; www.portlandcm.org ; 4015 SW Canyon Rd ; 8 $; 🕑 9h-17h lun-sam, 11h-17h dim ; 👶) passionne les enfants avec ses activités et ses expositions instructives. À côté, le **World Forestry Center** (☎ 503-228-1367 ; www.worldforestry.org ; 4033 SW Canyon Rd ; adulte/enfant 3-18 ans/senior 8/7/5 $; 🕑 10h-17h ; 👶) propose des activités similaires sur le thème de la forêt.

Au sud, l'**Oaks Amusement Park** (☎ 503-233-5777 ; www.oakspark.com ; 7805 SE Oaks Park Way ; entrée libre, forfaits manèges 11,75-14,40 $; 👶) offre manèges et karting. Les horaires variant grandement, téléphonez avant de venir.

Circuits organisés

Pour des excursions en kayak, voir plus haut.

Eco Tours of Oregon (☎ 503-245-1428, 888-868-7733 ; www.ecotours-of-oregon.com). Circuits dans le nord-ouest de l'Oregon et le Washington, y compris la Columbia River Gorge, le Mt St Helens et la région viticole.

Portland Bicycle Tours (☎ 503-360-6815 ; www.intrepidexperience.com ; 345 NW Everett St). Exploration à vélo de la "cité des roses" avec le tour des parcs, des ponts ou des marchés, ponctué de nombreuses pauses café. Le circuit de 2 heures avec votre vélo/un vélo de location revient à 30/40 $.

Portland Walking Tours (☎ 503-774-4522 ; www.portlandwalkingtours.com). Des circuits pédestres sur des thèmes divers : art, cuisine, quartiers, histoire, ville souterraine et même fantômes.

Fêtes et festivals

Portland International Film Festival (☎ 503-221-1156, www.nwfilm.org). Plus important événement cinématographique de l'Oregon, il présente près de 100 films de plus de 30 pays et se tient la 2e quinzaine de février.

Portland Rose Festival (☎ 503-227-2681 ; www.rosefestival.org). Chars couverts de roses, courses de bateaux-dragons, feux d'artifice, rassemblements de marins et couronnement de la reine des Roses composent la plus importante festivité de la ville, de fin mai à début juin.

Queer Pride Celebration (☎ 503-295-9788 ; www.pridenw.org). La Gay Pride de Portland se déroule à la mi-juin.

Oregon Brewers Festival (☎ 503-778-5917 ; www.oregonbrewfest.com). Découvrez les bières des microbrasseries dans le Tom McCall Waterfront Park (fin juillet) ou sur la Pioneer Courthouse Square (début décembre).

Où se loger

Réservez bien à l'avance en été.

PETITS BUDGETS

Northwest Portland Hostel (☎ 503-241-2783 ; www.nwportlandhostel.com ; 425 NW 18th Ave ; dort 20-25 $, d 42-74 $; P ⊠ ⁘ 💻 📶). Très bien située

PORTLAND À CROQUER : LES STANDS DE RUE

L'un des meilleurs moyens (et les mois chers) de découvrir la palette culinaire de Portland consiste à goûter les délicieuses préparations des stands de restauration. Apparus essentiellement au cours de la dernière décennie, ces cuisines sur roues semi-permanentes s'installent sur les parkings du centre-ville et se regroupent habituellement en petits clans. Leurs propriétaires sont habituellement des immigrants récents, qui proposent des spécialités de leur pays, de la Bosnie et de la Slovaquie au Vietnam et au Mexique. Si les prix sont bas (5 ou 6 $ pour un déjeuner copieux et savoureux), l'hygiène est irréprochable grâce aux règles strictes de la municipalité et la relation client-restaurateur ressemble à une leçon de géographie mâtinée d'un échange de recettes culinaires.

Les emplacements des stands varient, mais vous trouverez deux groupes importants au carrefour de SW Alder St et de SW 9th Ave, et à celui de SW Washington St et de SW 3rd Ave.

entre le Pearl District et les NW 21st Ave et 24th Ave, cette auberge de jeunesse accueillante occupe deux maisons typiques du Northwest District. Elle offre des chambres plaisantes, de nombreuses parties communes (dont une petite terrasse) et loue des vélos. Supplément de 3 $ pour les non-membres HI.

McMenamins Edgefield (☎ 503-669-8610 ; www.mcmenamins.com ; 2126 SW Halsey St, Troutdale ; dort 30 $, d 60-80 $, avec sdb 110-145 $; ⊠ ⁘ 💻 ᯤ). Cette ancienne ferme restaurée par les frères McMenamin est aujourd'hui un complexe hôtelier de 19 ha avec d'innombrables prestations : dégustation de vins et de bières maison, golf, projections de films, boutique de cadeaux, musique live, grand jardin et plusieurs restaurants. À 20 minutes de route à l'est du centre-ville.

White Eagle (☎ 503-335-8900, 866-271-3377 ; www.mcmenamins.com ; 836 N Russell St ; dort 40 $, d 45-60 $; P). Repaire de rockers (les ZZ Top ont joué plusieurs fois ici), le Wide Eagle est un bar-saloon appartenant aux McMenamin, qui propose 11 chambres spartiates à l'étage (toutes avec sdb communes) pour les oiseaux de nuit, les fous de musique et les gros dormeurs. Ouvert en 1905, l'établissement comprenait alors un bordel et une fumerie d'opium, ainsi qu'une microbrasserie qui continue de fonctionner. Il se tient au nord de Lloyd District sur la ligne de tramway MAX.

CATÉGORIE MOYENNE

Jupiter Hotel (☎ 503-230-9200 ; www.jupiterhotel.com ; 800 E BurnsideSt ; d dim-jeu 100-145 $, ven-sam 128-178 $; P ⊠ ⁘ 💻 ᯤ). Ancien motel quelconque, le Jupiter a été joliment réaménagé, avec des meubles rétro, des portes en ardoise et des couleurs vives. Toutes les chambres sont différentes et le Doug Fir (p. 495) voisin est l'un des clubs de musique live le plus plaisant de la ville. Le bar accueille des musiciens et les chambres sont moins chères après minuit.

Ace Hotel (☎ 503-228-2277 ; www.acehotel.com ; 1022 SW Stark St ; d sans/avec sdb à partir de 107/147 $; P 20 $; ⊠ ⁘ 💻 ᯤ). Sur les grands canapés du hall, on refait le monde en sirotant des cafés. À l'étage, jolies chambres de style rétro-industriel.

Kennedy School (☎ 503-249-3983, 888-249-3983 ; www.mcmenamins.com ; 5736 E 33rd Ave ; d 109-130 $; P ⊠ 💻 ᯤ). Institution de Portland à quelques kilomètres du centre-ville, cette ancienne école primaire a été transformée en hôtel et comporte un restaurant, plusieurs bars, une microbrasserie, un cinéma et une piscine. L'ensemble est décoré de mosaïques, de peintures insolites et de vieilles photos.

Mark Spencer Hotel (☎ 503-224-3293, 800-548-3934 ; www.markspencer.com ; 409 SW 11th Ave ; d avec petit-déj à partir de 125 $; P 16 $; ⊠ ⁘ 💻 ᯤ). À côté de l'Ace, cet hôtel plus raffiné et classique propose de grandes chambres confortables (toutes avec cuisine), à des prix raisonnables vu l'emplacement central. Un thé et des cookies sont gracieusement offerts l'après-midi.

Hotel Lucia (☎ 503-225-1717 ; www.hotellucia.com ; 400 SW Broadway ; d à partir de 127 $; ⊠ ⁘ 💻 ᯤ). Un élégant mobilier noir et blanc décore cet hôtel de charme situé en plein centre-ville, où des pommes luisantes (et comestibles) sont disposées çà et là. Les chambres design comportent de nombreux gadgets séduisants, tels Wi-Fi, TV à écran plat et support pour iPod.

Inn at Northrup Station (☎ 503-224-0543, 800-224-1180 ; www.northrupstation.com ; 2025 NW Northrup St ; d avec petit-déj à partir de 156 $; P ⊠ ⁘ 💻 ᯤ). Avec son décor original et ses couleurs intenses, cet hôtel ultra-branché frise l'excès. Il dispose de suites immenses, la plupart avec patio ou balcon, et d'un agréable jardin verdoyant sur le toit.

CATÉGORIE SUPÉRIEURE

Heathman Hotel (☎503-241-4100, 800-551-0011 ; www.heathmanhotel.com ; 1001 SW Broadway ; d à partir de 200 $; P 30 $;). Un portier habillé comme un hallebardier londonien se tient à l'entrée de l'hôtel le plus huppé de Portland. Outre des chambres somptueuses, il possède l'un des meilleurs restaurants de la ville, sert un thé complet l'après-midi, offre du jazz en soirée et comprend une bibliothèque remplie d'ouvrages signés par les auteurs qui ont séjourné sur place.

Où se restaurer

La scène culinaire évolue rapidement et suscite des critiques élogieuses depuis quelques années. Les végétariens n'auront que l'embarras du choix et les voyageurs à petit budget se régaleront de spécialités exotiques, de la Bosnie à l'Égypte, grâce aux multiples stands de restauration.

Bunk Sandwichs (☎ 503-477-9515 ; 621 SE Morrison St ; repas léger 5-7 $; 8h-15h). Traversez la rivière pour un excellent brunch ou déjeuner dans ce petit établissement sans prétention. Parmi les suggestions incrites sur le tableau, choisissez du thon fondant ou des boulettes de viande à la parmiggiana.

Silk (☎ 503-248-2172 ; 1012 NW Glisan St, Pearl District ; plats 7-10 $; 11h-15h et 17h-22h lun-sam). Ce ravissant restaurant vietnamien propose des plats toujours succulents, de la salade de fleurs de bananier aux crevettes à la citronnelle et au pho (soupe de nouilles). Le restaurant d'origine, le Pho Van, se situe dans SE 82nd Ave.

Pok Pok (☎ 503-232-1387 ; 3226 SE Division St ; plats 8-11 $; 11h30-22h lun-ven, 17h-22h sam). Très fréquenté, ce petit restaurant thaïlandais compte parmi les meilleurs de la ville.

Kenny & Zuke's (☎ 503-222-3354 ; 1038 SW Stark St ; sandwichs 9-13 $; 7h-20h dim-jeu, 7h-21h ven-sam). À côté de l'Ace Hotel, ce nouveau traiteur juif offre des spécialités traditionnelles, telles que le pastrami (séché 5 jours, fumé 10 jours et cuit à la vapeur pendant 3 jours), le *blintz*, le *latke* et de fabuleux desserts.

Vino Paradiso (☎ 503-295-9536 ; 417 NW 10th Ave ; plats 11-16 $; 16h-23h jeu-sam, 15h-21h dim). Dans Pearl District, ce bar à vins décontracté sert de savoureuses spécialités essentiellement italiennes, à accompagner d'un vin excellent. Dégustez un risotto en compagnie d'une clientèle branchée.

Pambiche (☎ 503-233-0511 ; 2811 NE Glisan St ; plats 11-17 $; 11h-22h dim-jeu, 11h-24h ven-sam). Dans Northeast District, ce restaurant cubain bariolé ne désemplit pas. Profitez de *la hora del amigo* (happy hour), de 14h à 18h du lundi au vendredi et de 22h à 24h le vendredi et le samedi. Sur la carte, choisissez une *ropa vieja* (bœuf haché) ou du vivaneau au lait de coco et terminez par un café cubain corsé. Arrivez tôt pour obtenir une place dans la petite salle.

Jake's Famous Crawfish (☎ 503-226-1419 ; 401 SW 12th Ave ; plats 17-32 $; 11h-23h lun-jeu, 11h-24h ven, 12h-24h sam, 15h-23h dim). Établi de longue date, cet élégant restaurant de poisson propose des merveilles. Que vous optiez pour les huîtres, le gâteau de crabe ou le saumon au raifort, vous en garderez un souvenir impérissable. Happy hour à 15h.

Marrakesh Moroccan Restaurant (☎ 503-248-9442 ; 1201 NW 21st Ave ; plats 20-30 $; 17h-24h lun-sam). Dans ce restaurant marocain, vous vous régalerez d'un authentique tajine, à manger avec les doigts assis sur de confortables coussins.

Paley's Place (☎ 503-243-2403 ; 1204 NW 21st Ave ; plats 20-32 $; 17h30-22h lun-jeu, 17h30-23h ven-sam, 17h-22h dim). Vitaly et Kimberly Paley ont fondé l'un des meilleurs restaurants de Portland en mitonnant une cuisine créative qui mêle des influences françaises et régionales. Confit de canard, burger de Kobe ou ris de veau, les ingrédients sont frais, la préparation raffinée et le service impeccable.

Où prendre un verre

Consultez le site www.barflymag.com pour des critiques sur les bars et les pubs (non-fumeurs dans l'Oregon depuis 2009).

CAFÉS

Portland est presque aussi renommée que Seattle pour ses cafés.

Stumptown Coffee (☎ 503-230-7797 ; Ace Hotel 1022 SW Stark St ; Belmont 3356 SE Belmont St ; Division 3377 SE Division St ; Downtown 128 SW 3rd Ave ;). Cette chaîne locale de cafés est incontestablement la plus dynamique, la plus plaisante et la mieux implantée dans la ville.

Barista (☎ 503-274-1211 ; 539 NW 13th Ave). Billy Wilson, star des *barista*, concocte de fabuleux mélanges à partir d'une sélection éclectique de divers cafés dans cet entrepôt réaménagé de Pearl District.

Albina Press (☎ 503-282-5214 ; 4637 Albina Ave ; 💻 📶). Près de l'I-5, à 3 km au nord de Lloyd District, le nirvana du café n'emploie que des *barista* primés lors de concours.

World Cup (☎ 503-228-4152 ; 1740 NW Glisan St ; 💻 📶). Ce café-bar de classe internationale torréfie lui-même son café sur place.

Anna Bannanas (☎ 503-274-2559 ; 1214 NW 21st Ave ; 💻 📶). Repaire séduisant dans une vieille maison rénovée, avec une ambiance chaleureuse, une cuisine raffinée et une clientèle sympathique.

BARS

Brazen Bean (☎ 503-234-0636 ; 2075 NW Glisan St). Installé dans une ancienne maison victorienne, ce bar fréquenté est réputé pour ses martinis (plus de 25 sortes). Durant le happy hour (de 17h à 20h en semaine), le prix des boissons s'élève à 4 $ et le service ralentit.

Saucebox (☎ 503-241-3393 ; 214 SW Broadway). Cet élégant bar-restaurant sert une cuisine fusion asiatique haut de gamme et offre un grand choix de boissons, dont des cocktails originaux. Des DJ mettent l'ambiance à partir de 22h.

Horse Brass Pub (☎ 503-232-2202 ; 4534 SE Belmont St). Pub anglais le plus authentique de Portland, il est prisé pour ses boiseries sombres, son excellent *fish and chips* et ses 50 bières à la pression. Jouez aux fléchettes, regardez le football à la TV ou détendez-vous simplement.

Doug Fir (☎ 503-231-9663 ; 830 E Burnside St). Cet établissement ultra-branché séduit une foule hétéroclite, des jeunes gens tatoués aux yuppies. Dînez dans le restaurant (ouvert à 21 heures), puis passez dans la salle voisine pour écouter une rock-star.

Crush (☎ 503-235-8150 ; 1400 SE Morrison St). Faufilez-vous dans ce séduisant salon-bar pour siroter un cocktail exotique en compagnie d'une élégante clientèle, commandez un plat rafiné ou un brunch et profitez de la salle du "vice" réservée aux fumeurs. L'adresse est idéale pour une soirée entre filles, hétéros ou lesbiennes.

Laurel Thirst Pub (☎ 503-232-1504 ; 2958 NE Glisan St). Les clients débordent parfois sur le trottoir de ce sympathique bistrot de quartier. Il propose d'excellents petits déjeuners, ainsi qu'un bon choix de bières et de vins (pas d'alcool fort). Un droit d'entrée s'applique après 21h pour la musique live, gratuite en début de soirée.

MIKE MCMENAMIN

Né à Portland, Mike est l'un des deux frères McMenamin, les fondateurs de l'empire Pacific Northwest McMenamin qui regroupe plus de 50 pubs-brasseries, hôtels, restaurants, clubs et cinémas, installés pour la plupart dans des bâtiments anciens décorés dans un style éclectique. Tous sont des endroits plaisants pour une visite, un séjour ou un verre. Consultez le site www.mcmenamins.com pour un aperçu.

Que préférez-vous à Portland ?

Tous les quartiers sont fabuleux. Des dizaines d'entre eux possèdent une bonne ambiance et une véritable personnalité. Portland est une ville charmante, vallonnée, proche de mille destinations intéressantes. C'est un endroit plaisant, avec une atmosphère de petite ville…, mais les choses s'accélèrent… ou je deviens plus lent !

Comment avez-vous déniché de vieux bâtiments à restaurer ?

Au début, nous roulions en voiture et nous cherchions des endroits. Maintenant, nous recevons une foule de propositions, de photos, de brochures et d'appels de gens qui apprécient que nous préservions l'héritage architectural. C'est très gratifiant d'avoir cette image, mais c'est aussi dommage parce que nous ne pouvons pas tout faire.

Quel rôle avez-vous joué dans le lancement du mouvement des microbrasseries à Portland ?

Nous étions plusieurs – Portland Brewing, Widmer, Bridgeport et nous – à lancer cette activité. En 1985, les pubs ont obtenu le droit de brasser leur propre bière. C'est une excellente chose. On a tendance à imaginer une brasserie comme une grande usine, alors qu'elle ne peut occuper qu'un coin de cuisine.

Back Stage Bar (☎ 503-236-9234 ; 3702 SE Hawthorne Blvd). Caché derrière le Bagdad Theater, ce bar hors du commun dispose d'un espace haut de 7 étages et de multiples tables de billard.

PUBS-BRASSERIES

Portland compte une trentaine de pubs-brasseries, plus qu'aucune autre ville au monde. En voici une sélection réduite :

Amnesia Brewing (☎ 503-281-7708 ; 832 N Beech St). Principale brasserie de l'élégante N Mississippi Ave, avec une ambiance détendue, des tables de pique-nique en terrasse, des bières excellentes – essayez la Desolation IPA ou la Wonka Porter – et un grill en plein air qui prépare burgers et saucisses.

Hopworks Urban Brewery (☎ 503-232-4677 ; 2944 SE Powell Blvd). Première brasserie biologique de Portland, elle a ouvert en mars 2008 et propose uniquement des bières bio, des produits locaux et même un "*bicycle bar*".

Lucky Labrador Brewing Company (Hawthorne ☎ 503-236-3555 ; 915 SE Hawthorne Blvd ; Pearl District ☎ 503-517-4352 ; 1945 NW Quimby St). Une grande brasserie classique avec un vaste choix de bières. Dans la succursale de Hawthorne, des films sont projetés en été dans le patio à l'arrière, où les chiens sont acceptés.

New Old Lompoc (☎ 503-225-1855 ; 1616 NW 23rd Ave). Ce pub éclectique offre plus d'une dizaine de bières à la pression, dont la Condor Pale Ale, la Sockeye Cream Stout et la Bald Guy Brown. À l'arrière, un patio verdoyant est idéal en été.

Roots Organic Brewing (☎ 503-235-7668 ; 1520 SE 7th Ave). Relativement récent, cet établissement privilégie les bières bio.

Où sortir

Le *Mercury* et le *Willamette Week* publient les programmes et les prix des billets.

MUSIQUE LIVE

Des musiciens se produisent également au Doug Fir (p. 495), au LaurelThirst Pub (p. 495) et à l'Holocene (ci-contre).

Dante's (☎ 503-226-6630 ; www.danteslive.com ; 1 SW 3rd Ave). Ce bar décoré de rouge propose des pièces comiques et accueille des gloires nationales, telles que The Dandy Warhols et Concrete Blonde. Le lundi soir, le "Karaoke from Hell" (karaoké de l'enfer) attire les foules.

Berbati's Pan (☎ 503-248-4579 ; www.berbati.com ; 10 SW 3rd Ave). Ce club de rock – big band, swing, acid rock et R&B – accueille d'excellents artistes. La terrasse en plein air et les tables de billard constituent des atouts supplémentaires.

Crystal Ballroom (☎ 503-225-0047 ; www.mcmenamins.com ; 1332 W Burnside St). Des Grateful Dead à Steve Earl, les groupes les plus connus viennent jouer dans cette salle de bal historique. La piste de danse "flottante" bouge au moindre mouvement.

Jimmy Mak's (☎ 503-295-6542 ; www.jimmymaks.com ; 221 NW 10th Ave). Le meilleur club de jazz de Stumptown sert une délicieuse cuisine méditerranéenne et comprend un agréable salon-bar fumeur au sous-sol. Musique à partir de 20h.

Hawthorne Theatre (☎ 503-233-7100 ; www.hawthornetheatre.com ; 1507 SE 39th Ave). Cette salle de concert séduit toutes les générations en proposant rock, reggae, punk, pop, heavy-metal et musique country. Scène intime, haut balcon et section réservée aux plus de 21 ans pour les boissons alcoolisées.

PORTLAND GAY ET LESBIEN

Pour des adresses actualisées, procurez-vous *Just Out*, le bimensuel gay gratuit de Portland. Pour d'autres services, consultez le *Gay & Lesbian Community Yellow Pages* (www.pdxgayyellowpages.com). Le Crush (p. 495) est un bar haut de gamme à la clientèle mixte. Quelques adresses :

Darcelle XV (☎ 503-222-5338 ; 208 NW 3rd Ave). Spectacle de drag queens le plus connu de la ville, avec perruques, bijoux fantaisie et soutiens-gorge ultra-rembourrés. Des hommes effectuent un numéro de strip-tease le week-end à minuit.

Holocene (☎ 503-239-7639 ; 1001 SE Morrison St). Une boîte branchée où l'on danse dans un cadre néo-industriel. Le deuxième dimanche du mois, la "Tart Night" attire une clientèle lesbienne.

Embers (☎ 503-222-3082 ; 110 NW Broadway). Les habitués viennent pour la musique (des tubes des années 1980 à la techno et la pop), les spectacles amateurs de drag queens, la piste de danse amusante et l'ambiance bon enfant. Clientèle mixte.

Hobo's (☎ 503-224-3285 ; 120 NW 3rd Ave). Derrière une devanture ancienne, ce restaurant et piano-bar sélect séduit une clientèle gay plus âgée. Paisible et détendu, l'endroit est idéal pour un dîner romantique ou un verre.

CINÉMAS

Autre originalité de Portland, la ville compte des cinémas où l'on peut se faire servir boissons et repas tout en regardant un film.

La **Kennedy School** (☎ 503-249-3983 ; www.mcmenamins.com ; 5736 NE 33rd Ave), la première salle de cinéma des frères McMenamin à Portland, est installée dans le gymnase de l'ancienne école. Le **Bagdad Theater** (☎ 503-236-9234 ; www.mcmenamins.com ; 3702 SE Hawthorne Blvd), une autre belle salle des McMenamin, vend des billets à petits prix. Le **Cinema 21** (☎ 503-223-4515 ; www.cinema21.com ; 616 NW 21st Ave) privilégie les films d'art et d'essai et étrangers. Le **Living Room Theater** (☎ 971-222-2005 ; www.livingroomtheaters.com ; 341 SW 10th Ave) comprend 6 salles équipées de la technologie numérique dernier cri, programme des films étrangers et rétro et le personnel sert des boissons et des tapas devant le grand écran. Un bar adjacent, avec canapés confortables et Wi-Fi, propose des vins et des cafés.

THÉÂTRE ET CULTURE

L'Oregon Symphony joue à l'**Arlene Schnitzer Concert Hall** (☎ 503-228-1353, 800-228-7343 ; www.pcpa.com/events/asch.php ; 1037 SW Broadway), une splendide salle de concert du centre-ville, à l'acoustique moyenne. L'**Artists Repertory Theatre** (☎ 503-241-1278 ; www.artistsrep.org ; 1516 SW Alder St), un théâtre intime, propose d'excellentes représentations, dont des premières régionales. Le Portland Opera, l'Oregon Ballet Theatre et l'Oregon Children's Theatre se produisent tous au **Keller Auditorium** (☎ 503-248-4335 ; www.pcpa.com/events/keller.php ; 222 SW Clay St). Le **Portland Center Stage** (☎ 503-445-3700 ; www.pcs.org ; 128 NW 11th Ave), la principale troupe de théâtre de la ville, monte ses spectacles au Portland Armony, une salle superbement rénovée dans Pearl District.

SPORTS

Seule équipe professionnelle de basketball, les **Trail Blazers** (www.nba.com/blazers) jouent au Rose Garden Arena. Les **Winter Hawks** (www.winterhawks.com), une équipe régionale de hockey, et les **LumberJax** (www.portlandjax.com), l'équipe de crosse de la ville, jouent également dans ce stade.

L'équipe locale de base-ball, les **Portland Beavers** (www.portlandbeavers.com), et l'équipe de football de ligue A, les **Portland Timbers** (☎ 503-553-5555), jouent au PGE Park.

Achats

Le quartier commerçant du centre-ville s'étend sur un rayon de deux pâtés de maisons autour de Pioneer Courthouse Square et comprend toutes les boutiques habituelles. Pioneer Place, une galerie marchande haut de gamme, se situe entre SW Morrison St et SW Yamhill St, à l'est de la place. Le Pearl District est jalonné de luxueuses galeries d'art, boutiques de mode et de design ; ne manquez pas de faire un tour à Powell's City of Books (p. 487). Le premier jeudi du mois, les galeries restent ouvertes plus longtemps et une ambiance festive règne dans certaines rues de Pearl District. Le week-end, visitez le Saturday Market (p. 490).

Eastside compte de nombreuses rues commerçantes branchées, bordées de quelques restaurants et cafés. SE Hawthorne Blvd est la plus grande, N Mississippi Ave la plus récente, et NE Alberta St la plus bohème. Au sud, Sellwood est réputé pour ses antiquaires.

Depuis/vers Portland

L'**aéroport international de Portland** (Portland International Airport, PDX ; ☎ 877-739-4636 ; www.flypdx.com) offre des vols quotidiens dans tout le pays et vers sept destinations internationales. Il se situe à l'est de l'I-5 sur les rives de la Columbia Rivers (à 20 min en voiture du centre-ville). Il compte des bureaux de change, des restaurants, des librairies (dont trois sucursales Powell's) et des services professionnels comme le Wi-Fi gratuit.

Greyhound (☎ 503-243-2357 ; www.greyhound.com ; 550 NW 6th Ave) propose des bus entre Portland et des villes le long de l'I-5 et l'I-84. Parmi les destinations desservies figurent Chicago (170 $, 50 heures), Boise (60 $, 9 heures 30), Denver (120 $, 28 heures), San Francisco (76 $, 17 heures 30), Seattle (36 $, 4 heures) et Vancouver (48 $, 8 heures 30).

Des trains **Amtrak** (☎ 503-241-4290 ; www.amtrak.com ; angle NW 6th Ave et NW Irving St) rallient Chicago, IL (237 $, 2 jours, 2/jour), Oakland, CA (69 $, 18 heures, 1/jour), Seattle, WA (28 $, 3 heures 30, 4/jour) et Vancouver, BC (42 $, 4 heures, 2/jour).

Comment circuler

Le tramway MAX de Tri-Met circule entre l'aéroport et le centre-ville (2 $, 45 min). Si vous préférez le bus, **Blue Star** (☎ 503-249-1837 ; www.bluestarbus.com) propose une navette entre l'aéroport et plusieurs arrêts dans le centre-ville (14 $, 30 min). La course en taxi de l'aéroport revient à 30 $ environ.

Portland est souvent décrite comme la ville américaine la mieux adaptée au vélo et compte des kilomètres de pistes cyclables. **Citybikes Annex** (☎ 503-239-6951 ; www.citybikes.coop ; 734 10 SE Ankeny St) et **Waterfront Bicycle & Skate Rentals** (☎ 503-227-1719 ; 315 SW Montgomery St) louent des vélos pour un prix moyen de 35 $ par jour. Certains hôtels (tel l'Ace Hotel) en prêtent gratuitement.

Le réseau de transports publics constitue un autre point fort de Portland. La cité offre des bus urbains, un tramway Max – géré par Tri-Met qui dispose d'un **centre d'information** (☎ 503-238-7433 ; www.trimet.org ; ⌚ 8h30-17h30 lun ven) sur Pioneer Courthouse Square – et un tramway qui part de la Portland State University, au sud du centre-ville, et traverse Pearl District jusqu'à NW 23rd Ave. Les transports publics sont gratuits dans le centre-ville ; en dehors, les billets coûtent de 1,70 à 2 $. Les services circulent jusqu'à 1h30.

Les grandes compagnies de location de voitures possèdent un comptoir à l'aéroport international et des agences en ville. Dans l'Oregon, la loi interdit le self-service pour le carburant. Le parking est payant dans la majeure partie du centre-ville ; vous pourrez vous garer gratuitement dans les rues du quartier sud-est, puis rejoindre le centre à pied en traversant un pont.

Dans le centre-ville, il suffit souvent de faire signe pour obtenir un taxi. Pour en commander un 24h/24, appelez **Broadway Cab** (☎ 503-227-1234) ou **Radio Cab** (☎ 503-227-1212).

ENVIRONS DE PORTLAND

Un court et beau trajet en voiture conduit à d'excellents domaines viticoles de l'État, pour la plupart autour de Dundee et de McMinnville le long de la Hwy 99W. Avant de partir, contactez la **Willamette Valley Wineries Association** (☎ 503-646-2985 ; www.willamettewines.com).

À 30 minutes au sud-est du centre de Portland, **Ponzi Vineyards** (☎ 503-628-1227 ; 14665 SW Winery Lane, Beaverton ; ⌚ 10h-17h) propose la visite des caves et des vignes, ainsi que la dégustation des vins.

Explorer les routes sinueuses qui sillonnent les collines verdoyantes d'un domaine à l'autre en dégustant les crus constitue une délicieuse façon de passer l'après-midi (à condition que le conducteur ne boive que de l'eau !). Autre possibilité, **Pedal Bike Tours** (☎ 503-916-9704 ; pedalbiketours.com), basé à Portland, propose des circuits de 5 heures sur la Hwy 99W au départ de Dundee (79 $). Si votre temps est compté, rendez-vous à l'**Oregon Wine Tasting Room** (☎ 503-843-3787 ; ⌚ 11h-18h), à 15 km au sud de McMinnville sur la Hwy 18, qui présente les productions de quelque 70 caves de la région. **Grape Escape** (☎ 503-282-4262 ; www.grapeescapetours.com) organise des excursions dans la région viticole.

Entre deux dégustations, visitez l'**Evergreen Aviation Museum** (☎ 503-434-4180 ; www.sprucegoose.org ; 500 NE Captain Michael King Smith Way ; adulte/enfant 3-17 ans/senior 14/12/13 $; ⌚ 9h-17h), à McMinnville, et admirez le **Spruce Goose** de Howard Hughes, le plus grand avion en bois au monde. Le musée contient aussi une réplique du Flyer des frères Wright et un cinéma IMAX (droit d'entrée séparé).

Plusieurs bons restaurants sont installés dans la région. Pour un repas mémorable, choisissez la **Joel Palmer House** (☎ 503-864-2995 ; www.joelpalmerhouse.com ; 600 Ferry St, Dayton ; plats 20-37 $; ⌚ 17h-21h mar-sam), qui agrémente ses plats de champignons sauvages cueillis dans les bois alentour. Le **McMenamins Hotel Oregon** (☎ 503-472-8427 ; www.mcmenamins.com ; 310 NE Evans St, McMinnville ; d 60-130 $; ⊠ ❄ 💻 📶), un ancien bâtiment transformé en hôtel charmant, comprend un pub et un bar splendide sur le toit.

WILLAMETTE VALLEY

Bassin agricole fertile large de 115 km, la vallée de la Willamette fut une terre de cocagne pour les pionniers qui empruntaient l'Oregon Trail il y a plus de 150 ans. Aujourd'hui grenier de l'État, elle produit plus de 100 variétés de cultures, dont des cépages de pinot noir. Salem, la capitale de l'Oregon, se situe à l'extrémité nord de la vallée, à environ 1 heure de route de Portland. La plupart des autres sites de la région peuvent également se visiter dans la journée. Au sud, la ville universitaire d'Eugene mérite qu'on lui consacre quelques jours.

Salem

Autre ville verdoyante de l'Oregon, Salem, la capitale de l'État, est renommée pour ses cerisiers, son Capitol et son université (Willamette University). Renseignez-vous au **Visitor Center** (☎ 503-581-4325 ; 1313 Mill St SE ; ⌚ 8h30-17h lun-ven, 10h-17h sam).

Comme souvent dans l'Oregon, le plus beau musée de la ville se tient dans l'université. Le **Hallie Ford Museum of Art** (☎ 503-370-6300 ; 900 State St ; adulte/senior 3/2 $; 🕑 10h-17h mar-sam, 13h-17h dim), dans la Willamette University, possède une superbe collection d'art du Nord-Ouest pacifique, dont une impressionnante galerie consacrée aux Amérindiens.

L'**Oregon State Capitol** (☎ 503-986-1388 ; 900 Court St NE), bâti en 1938, ressemble à une Maison-Blanche orwellienne conçue par un cinéaste de science-fiction ; visites guidées gratuites toutes les heures de 9h à 16h en été. La **Bush House** (☎ 503-363-4714 ; 600 Mission St SE ; adulte/enfant 6-12 ans/senior 4/2/3 $; 🕑 12h-17h mar-dim), demeure italianisante du XIXe siècle convertie en musée, conserve ses tapisseries et ses cheminées en marbre d'origine.

Le **Silver Falls State Park** (☎ 503-873-8681 ; voiture 3 $/jour) se situe à 42 km à l'est de Salem sur la Hwy 214 (via la Hwy 22). South Falls, une cascade de 54 m, se trouve à quelques pas du parking principal. Une boucle de 10 km permet de découvrir une dizaine de cascades et passe derrière certaines. On peut également camper dans le parc, se baigner et emprunter une piste cyclable de 6,4 km.

À 2 ou 3 heures de route à l'est de Salem, un chemin de 2,5 km descend vers les **Bagby Hot Springs**, un bain thermal rustique et gratuit au cœur de la forêt. D'Estacada, suivez la Hwy 224 (qui devient la Forest Rd 46) vers le sud sur 42 km, tournez à droite dans Forest Rd 63 et parcourez 9,5 km jusqu'à l'USFS Rd 70. Tournez encore à droite et continuez sur 9,5 km jusqu'au parking ; on vous demandera le Northwest Forest Pass (5 $). Si le bain public ne vous séduit pas, rendez-vous au **Breitenbush Hot Springs** (☎ 503-854-3320 ; www.breitenbush.com), un spa plus élégant avec massages, yoga et autres soins ; comptez de 12 à 25 $ la journée. Breitenbush se tient à l'est de Salem sur la Hwy 46, juste après le village de Detroit.

Eugene

Ville universitaire, dynamique et contestaire, Eugene est une étape plaisante au milieu de l'État, près de la côte, des montagnes des rivières et des plaines. Elle a vu naître Nike, les coopératives alimentaires, le *tree-sitting* (mouvement contre l'abattage des arbres) et Ken Kesey, l'auteur de *Vol au-dessus d'un nid de coucou*.

La ville est sillonnée de nombreux sentiers réservés au jogging. Les alentours offrent d'innombrables possibilités d'activités de plein air et plusieurs domaines viticoles réputés. Pour plus d'informations, passez au **Convention & Visitors Association of Lane County** (☎ 541-484-5307, 800-547-5445 ; www.visitlanecounty.com ; 754 Olive St ; 🕑 8h-17h lun-ven, 10h-16h sam-dim).

À VOIR ET À FAIRE

Le **5th St Public Market** (www.5stmarket.com ; angle E 5th Ave et Pearl St), une ancienne minoterie, abrite aujourd'hui des dizaines de restaurants, de cafés et de boutiques autour d'une jolie cour. Des artistes s'y produisent à l'occasion.

Installé dans une réplique d'une longue maison amérindienne, l'**University of Oregon Museum of Natural History** (☎ 541-346-3024 ; natural-history.uoregon.edu ; 1680 E 15th Ave ; adulte/enfant 3-18 ans et senior 3/2 $; 🕑 11h-17h mer-dim) possède une superbe collection de fossiles, d'artefacts amerindiens et de curiosités géologiques.

Réputé, le **Jordan Schnitzer Museum of Art** (☎ 541-346-3027 ; http://jsma.uoregon.edu ; 1430 Johnson Lane ; adulte/senior 5/3 $; 🕑 11h-20h mer, 11h-17h mar et jeu-dim) présente tour à tour des œuvres d'art du monde entier, des rouleaux calligraphiés coréens aux peintures de Rembrandt.

Nombre des sentiers de jogging longent la Willamette River, tel le **Pre's Trail** (du nom du coureur emblématique de la ville, Steve Prefontaine) dans l'Alton Barker Park. L'**Adidas Oregon Trail** (angle 24th et Amazon Pkwy) est une boucle de 1,6 km prisée des coureurs de fond et éclairé la nuit). Le **Spencer Butte Park**, au sud de la ville, offre un terrain plus vallonné et plus sportif.

OÙ SE LOGER

Les prix peuvent s'envoler lors des championnats de football et de la remise des diplômes universitaires.

Eugene Kamping World (☎ 541-343-4832, 800-343-3008 ; www.eugenekampingworld.com ; 90932 S Stuart Way ; empl tente/camping-car 18/30 $). Ce grand camping bien entretenu se situe à 9,5 km au nord d'Eugene (I-5, sortie 199). Réservations acceptées.

Campus Inn (☎ 541-343-3376, 800-888-6313 ; www.campus-inn.com ; 390 E Broadway ; d à partir de 66 $;). Tenu par une famille et récemment rénové, ce motel est perché entre l'université et le centre-ville. Il comprend un Jacuzzi et une petite salle de gymnastique. Le personnel est accueillant et serviable. Les prix, négociables, varient selon la saison.

ROUTE PANORAMIQUE : LA HISTORIC COLUMBIA RIVER HIGHWAY

Achevée en 1915, cette splendide route sinueuse entre Troutdale et les Dalles fut la première route goudronnée du Nord-Ouest. Elle faisait également partie de l'Oregon Trail et fut la dernière étape de l'expédition de Lewis et Clark. Elle offre des cascades bondissantes au printemps, des fleurs sauvages en été et une vue superbe toute l'année. Les randonneurs n'ont que l'embarras du choix entre les multiples sentiers, et les cyclistes peuvent circuler sur deux tronçons rénovés de l'ancienne nationale et interdit aux véhicules motorisés (les voitures sont "détournées" sur l'I-84).

Arrêtez-vous au centre d'information **Vista House** (☎ 503-695-2230 ; 🕑 9h-18h), qui jouit d'une vue splendide. Il se tient au sommet de Crown Point sur l'E Historic Columbia River Hwy, à 5 km à l'est de Corbett et à 72 km à l'ouest de Hood River. Ne manquez pas les **Multnomah Falls**, les plus hautes chutes de l'Oregon (195 m) ; une marche d'une heure conduit au sommet, où un **Visitor Center** (☎ 503-695-2372 ; 🕑 9h-17h) vous renseignera sur la région. Les randonneurs apprécieront l'**Eagle Creek Trail**, le plus beau chemin de la gorge.

Pour rejoindre cette route historique (longue de 120 km), prenez la sortie 17 ou 35 sur l'I-84.

River Walk Inn (☎ 541-344-6506, 800-621-2904 ; www.ariverwalkinn.com ; 250 N Adams St ; d 100-120 $; P ⊠ 💻 📶). Proche du fleuve, ce B&B de style colonial hollandais compte 4 jolies chambres, dont 2 avec sdb. L'ambiance est chaleureuse et détendue.

Campbell House (☎ 541-343-1119, 800-264-2519 ; www.campbellhouse.com ; 252 Pearl St ; d avec petit-déj à partir de 129 $; ⊠ ❄ 💻 📶). Cette grande auberge de 1892 comporte 19 chambres, des suites, un cottage, de charmantes parties communes et un jardin.

OÙ SE RESTAURER ET PRENDRE UN VERRE

Papa's Soul Food Kitchen (☎ 541-342-7500 ; 400 Blair Blvd ; plats 6-9 $; 🕑 12h-14h et 17h-21h mar-ven, 14h-21h sam). Rejoignez la file d'attente devant ce restaurant unanimement prisé pour sa cuisine du Sud, puis régalez-vous d'un poisson-chat grillé ou de gombos aux fruits de mer. Le week-end, il reste ouvert plus tard pour les concerts de blues.

McMenamins (🕑 11h-23h dim-mar, 11h-24h ven-sam) E 19th St (☎ 541-342-4025 ; 1485 E 19th St) ; High St (☎ 541-345-4905 ; 1243 High St) ; North Bank (☎ 541-343-5622 ; 22 Club Rd). Idéalement situé sur les berges de la Willamette, le pub-restaurant de North Bank s'agrémente d'un patio au bord de l'eau. Les deux autres établissements n'offrent pas la vue sur le fleuve mais servent également des plats de brasserie avec une touche Nord-Ouest (pâtes, salades, burgers et steaks).

Morning Glory Café (☎ 541-687-0709 ; 450 Willamette St ; 🕑 7h30-15h30 ; V). Ce café est une excellente adresse pour un petit-déjeuner, un brunch ou un déjeuner et comblera les végétariens : tous les plats sont végétariens ou peuvent être préparés sans viande. Goûtez les biscuits, les cookies ou les sandwichs au tofu.

Ambrosia (☎ 541-342-4141 ; 174 E Broadway ; plats 14-22 $; 🕑 11h30-21h30 lun-jeu, 11h30-23h30 ven, 16h30-23h sam, 16h30-21h dim). Un long bar, une salle confortable, de bons vins et une excellente cuisine italienne, classique (spaghettis bolognaises) ou plus aventureuse (salade de pâtes au curry). Dégustation de vins hebdomadaires et plats du jour du lundi au vendredi de 14h30 à 17h30.

COMMENT S'Y RENDRE ET CIRCULER

Eugene est desservie par l'**aéroport d'Eugene** (EUG ; ☎ 541-682-5430 ; www.eugeneairport.com), les trains **Amtrak** (☎ 541-687-1383 ; www.amtrak.com ; angle E 4th Ave et Willamette St) et les bus **Greyhound** (☎ 541-344-6265 ; www.greyhound.com ; 987 Pearl St).

Lane Transit District (LTD ; ☎ 541-687-5555 ; www.ltd.org) gère les bus locaux. **Paul's** (☎ 541-344-4150 ; 152 W 5th St ; 🕑 9h-19h lun-ven, 10h-17h sam-dim) loue des vélos.

COLUMBIA RIVER GORGE

Quatrième fleuve des États-Unis par le volume, la puissante Columbia River parcourt 2 000 km de l'Alberta, au Canada, à l'océan Pacifique, juste à l'ouest d'Astoria. Jalonnée de barrages sur les cinq cents derniers kilomètres, elle marque la frontière entre le Washington et l'Oregon et traverse les Cascades Mountains via la spectaculaire Columbia River Gorge. Avec de nombreux écosystèmes, cascades et vues splendides, les bords du fleuve sont protégés en tant que National Scenic Area et très fréquentés par les véliplanchistes, les cyclistes, les pêcheurs et les randonneurs.

Hood River et environs

Entourée de pommeraies et de vignobles, la petite ville de Hood River, à 100 km à l'est de Portland sur l'I-84, est réputée pour la planche à voile (sur la Columbia River), le VTT au sud de la ville près de la Hwy 35 et de la Forest Rd 44, et le ski toute l'année sur le proche Mt Hood. Pour plus d'informations sur les activités sportives, rendez-vous à la **chambre de commerce** (☎541-386-2000 ; www.hoodriver.org ; 405 Portway Ave ; 9h-17h lun-ven, 10h-17h sam-dim), de l'autre côté de la I-84 par rapport au centre-ville.

Ouvert en 1906, le **Mount Hood Railroad** (☎ 541-386-3556 ; 110 Railroad Ave ; www.mthoodrr.com ; adulte/enfant 30/18 $;), long de 35 km, fut construit pour transporter le bois jusqu'à la Columbia River. Aujourd'hui principalement train touristique, il effectue un trajet spectaculaire de 2 heures au départ du dépôt ferroviaire historique de Hood River, à l'angle de 1st St et de Cascade Ave, du mercredi au dimanche, d'avril à décembre.

Le **Columbia River Gorge Hostel** (☎ 509-493-3363 ; www.bingenschool.com ; angle Cedar St et Humbolt St ; dort/ch à partir de 19/49 $), de l'autre côté de la Columbia River à Bingen, WA, propose un hébergement simple et abordable dans une ancienne école. L'**Inn at the Gorge** (☎ 541-386-4429 ; www.innatthegorge.com ; 1113 Eugene St ; d 119-159 $;), un joli B&B de style Queen Anne, compte 5 chambres (certaines avec kitchenette) agrémentées d'un large porche.

La **Full Sail Brewery** (☎ 541-386-2247 ; 506 Columbia St ; plats 9-23 $; 11h30-20h) comprend un bar de dégustation douillet qui sert quelques plats de pub. Les visites gratuites de la brasserie (20 min) s'achèvent ici. Le **Sage's Café** (☎ 541-386-9404 ; 202 Cascade Ave ; sandwichs 4-7 $; 7h30-16h lun-ven, 8h-16h sam-dim), un café-restaurant sans prétention et chaleureux, se tient dans une petite galerie marchande ; il propose d'excellentes crêpes, du *porridge*, un brunch et 25 sortes de sandwichs.

OREGON CASCADES

Prolongement des Cascades du Washington, les Oregon Cascades comptent de nombreux volcans isolés qui dominent l'horizon sur des kilomètres. Le Mt Hood, point culminant de l'État, surplombe la Columbia River Gorge, offre un domaine skiable ouvert toute l'année et une ascension relativement facile. En allant vers le sud, on découvre le Mt Jefferson et les Three Sisters (Trois Sœurs) avant d'atteindre le Crater Lake, vestige du Mt Mazama qui s'est effondré lors d'une éruption il y a quelque 7 000 ans. Le Newberry National Volcanic Monument permet de prolonger le tourisme volcanique. Vous pouvez aussi profiter d'activités moins épuisantes dans la ville proche de Bend.

Mt Hood

Le Mt Hood (3 371 m), ou Wy'east pour les Amérindiens, est le plus haut pic de l'Oregon et le quatrième de la chaîne des Cascades. Relativement facile, l'ascension jusqu'au sommet, effectuée pour la première fois en 1857, requiert néanmoins une connaissance des techniques d'escalade. Parmi les six domaines skiables du Mt Hood, Timberline, au-dessus du lodge du même nom, est le seul du pays praticable toute l'année. En été, la randonnée prédomine avec le Timberline Trail, un chemin de 65 km qui fait le tour de la montagne et attire les marcheurs les plus ambitieux.

En voiture, la plus belle approche du Mt Hood part de Hood River (70 km) par la Hwy 35. Vous pouvez aussi emprunter la Hwy 26 directement de Portland (90 km). Le Timberline Lodge est l'endroit le plus haut et le plus spectaculaire pour se loger et se restaurer. Vous pouvez aussi séjourner à Government Camp, à moins de 10 km.

Si vous arrivez de Hood River, arrêtez-vous à la **Hood River Ranger Station** (☎ 541-352-6002 ; 6780 Hwy 35, Parkdale ; 8h-16h30 lun-sam). La **ZigZag Ranger Station** (☎ 503-622-3191 ; 70220 E Hwy 26, Zigzag ; 7h45-16h30 lun-sam) est plus pratique si vous venez de Portland. Un autre poste de rangers est installé à Government Camp. Le temps change rapidement ; emportez des chaînes en hiver. Pour vous renseigner sur l'état des routes, appelez le ☎800-977-6368.

À FAIRE

Randonnée

Un Northwest Forest Pass (5 $) est exigé au départ de la plupart des sentiers.

Une boucle de 11 km conduit aux superbes **Ramona Falls**, qui dévalent le long de blocs de basalte moussus. De l'US 26, une grimpée de 2 km mène au **Mirror Lake** ; parcourez ensuite 800 m autour du lac, puis continuez sur 3 km pour atteindre une crête rocheuse.

Long de 65 km, le **Timberline Trail** fait le tour du Mt Hood à travers la nature sauvage. Parmi les tronçons les plus intéressants figurent la

L'ASCENSION DES SOMMETS DE L'OREGON

À moins d'être un alpiniste chevronné, n'entamez pas sans guide l'ascension d'un des volcans de l'Oregon. **Timberline Mountain Guides Inc** (☎ 541-312-9242 ; www.timberlinemtguides.com) offre d'excellentes expéditions.

- **Mt Hood** (3 425 m). Chaque année, 10 000 touristes escaladent le Hood par la voie sud (via les glaciers Palmer et Coalman), ce qui le place au deuxième rang des sommets de plus de 3 000 m les plus fréquentés au monde (après le mont Fuji au Japon). Bien que l'ascension soit relativement facile, ne sous-estimez pas les dangers ; la montagne a coûté la vie à 130 personnes au cours du siècle passé.
- **Mt Jefferson** (3 199 m). Montagne sauvage d'une beauté époustouflante, son isolement rend l'ascension difficile, mais gratifiante. Elle est réservée aux grimpeurs expérimentés, à l'aise sur les parois rocheuses et la glace.
- **North Sister** (3 073 m). La plus âgée des Trois Sœurs, le pic nord est aussi le plus escarpé et le plus potentiellement dangereux, avec un fort degré d'érosion et la possibilité de chute de rochers.
- **Middle Sister** (3 062 m). Le plus mystérieux des trois sommets. Son ascension est difficile, mais moins compliquée que celle du pic nord ; elle ne nécessite pas d'expérience préalable.
- **Broken Top** (2 796 m). Volcan éteint peu connu, il offre pourtant une grande variété d'ascensions, allant des parois rocheuses escarpées aux glaciers.

marche jusqu'à McNeil Point et la courte ascension de la Bald Mountain. Du Timberline Lodge, le Zigzag Canyon Overlook constitue une randonnée de 7 km aller-retour.

L'ascension du Mt Hood ne doit pas s'entreprendre à la légère ; il y a parfois des accidents mortels. Renseignez-vous à un poste de rangers.

Ski

Le **Timberline Lodge** (☎ 503-622-0717 ; www.timberlinelodge.com ; remontées mécaniques adulte/enfant 7-14 ans/15-17 ans 52/30/40 $) est la seule station de ski du pays ouverte toute l'année. Le **Mt Hood SkiBowl** (☎ 503-272-3206 ; www.skibowl.com ; remontées mécaniques adulte/enfant 7-12 ans 38/20 $) est le plus grand domaine skiable nocturne et le plus proche de Portland. Les **Mt Hood Meadows** (☎ 503-337-2222 ; www.skihood.com ; remontées mécaniques adulte/enfant 7-14 ans 52/30 $) forment le plus grand domaine skiable du Mt Hood.

Pour le ski de fond, le hors-pistes ou d'autres aventures, contactez **Timberline Mountain Guides Inc** (☎ 541-312-9242 ; www.timberlinemtguides.com).

OÙ SE LOGER ET SE RESTAURER

Mazama Lodge (☎ 503-272-9214 ; www.mazamas.org ; 30500 E West Leg Rd ; dort membres/non membres 15/20 $, d 45-60 $). Géré par le club d'alpinisme Mazamas, ce lodge possède essentiellement des dortoirs (apportez vos draps), des terrasses avec vue sur la montagne et un restaurant. Il ouvre généralement le week-end. En hiver, comptez 10 minutes de marche du parking ; en été, vous pouvez vous garer au lodge.

Huckleberry Inn (☎ 503-272-3325 ; www.huckleberry-inn.com ; 88611 E Government Camp Loop, Government Camp ; d 85-135 $, 2 ch et cuisine 155 $;). Tenue par une famille, cette auberge rustique offre des dortoirs et des chambres. Son restaurant, ouvert 24h/24, sert d'excellents milk-shakes et tartes.

Timberline Lodge (☎ 800-547-1406 ; www.timberlinelodge.com ; d 115-270 $;). Ce lodge de 1937 a servi de cadre à *Shining*, le célèbre film de Stanley Kubrick (pour les scènes extérieures uniquement). Loin de frissonner de terreur, vous pourrez y faire du ski toute l'année, des randonnées aux beaux jours, puis vous réchauffer près des belles cheminées et dîner dans le bon restaurant.

Backyard Bistro (☎ 503-622-6302 ; 67898 E US 26, Welches ; plats 6-9 $; 11h-20h mar-sam, 10h-16h dim). Ce petit bistrot élégant propose de délicieux sandwichs, soupes et salades, et dispose d'un patio, très plaisant en été.

Rendezvous Grill & Tap Room (☎ 503-622-6837 ; 67149 E US 26, Welches ; plats 20-30 $; 11h30-21h). Outre des plats succulents, comme le steak d'aloyau ou les *linguine* au crabe de Dungeness, ce restaurant offre de superbes desserts et une belle carte des vins.

En été, réservez les **emplacements de camping** (☎ 877-444-6777 ; www.reserveusa.com ; empl tente 12-14 $). Les campings de Tollgate et Camp Creek, sur l'US 26, sont installés au bord de l'eau. Celui de Trillium Lake, grand et très fréquenté, offre une vue splendide sur le Mt Hood.

Sisters

Du nom des trois pics de plus de 3 000 m qui dominent l'horizon, l'agréable ville de Sisters enjambe les Cascades et le haut plateau désertique qui séparent l'ouest et l'est de l'Oregon. Ancien relais de diligence pour les bûcherons et les fermiers, la ville est aujourd'hui remplie de boutiques et de galeries d'art. Un splendide paysage de montagne, de fantastiques randonnées et un climat ensoleillé en font une destination séduisante. Pour des informations sur la région, adressez-vous à la **chambre de commerce** (☎ 541-549-0251 ; www.sisterschamber.com ; 291 Main St ; 9h-17h) ou au **poste de rangers** (☎ 541-549-7700 ; www.fs.fed.us/r6/centraloregon ; 207 N Pine St ; 8h-16h).

À l'extrémité sud de Sisters, le parc municipal dispose d'**emplacements de camping** (10 $, pas de douches). Plus confortable, le **Sisters Inn** (☎ 541-549-7829 ; www.sistersinnandrvpark.com ; 540 US 20 W ; d 87-109 $, empl camping-car 35-38 $;) offre de belles chambres et une piscine couverte. Le **Blue Spruce B&B** (☎ 541-549-9644 ; www.blue-spruce.biz ; 444 Spruce St ; d 169-189 $;), central et paisible, propose 4 chambres en bois avec cheminée et loue des vélos.

Bend

Avec un air vivifiant, une ambiance détendue et de beaux parcs en bord de rivière, Bend incarne l'Oregon. Bien que visiblement prospère, la ville a été durement touchée par la crise économique de 2008-2009 et le taux de chômage dépasse 12%. Malgré la récession, cette cité de 52 000 âmes conserve son lustre et son enthousiasme pour le sport.

Pour des informations sur la région, adressez-vous au **Visitor & Convention Bureau** (☎ 541-382-8048 ; www.visitbend.com ; 917 NW Harriman St ; 9h-17h lun-ven, 10h-16h sam) et au **Bend-Fort Rock Ranger District** (☎ 541-383-5300 ; www.fs.fed/us/r6/centraloregon ; 1230 NE 3rd St ; 7h45-16h30 lun-ven).

À VOIR ET À FAIRE

L'extraordinaire **High Desert Museum** (☎ 541-382-4754 ; www.highdesertmuseum.org ; 59800 S US 97 ; adulte/enfant 5-12 ans/senior 15/9/12 $; 9h-17h), à 9,5 km au sud de Bend, est l'un des meilleurs musées de l'État. Il est consacré à la colonisation de l'Ouest et à l'histoire naturelle de la région. Ne manquez pas l'exposition sur la loutre de mer et le bassin à truites.

Aussi improbable que cela puisse paraître par une chaude journée de printemps, Bend possède la meilleure station de ski de l'Oregon, à 35 km au sud-ouest de la ville sur le Mt Bachelor (2 720 m). Avec environ 10 m de neige par an, la saison commence en novembre et peut durer jusqu'à mai au **Mt Bachelor Ski Resort** (☎ 541-382-7888 ; www.mtbachelor.com ; remontées mécaniques adulte/enfant 6-12 ans/senior 58/35/50 $). On peut également y faire du ski de fond.

OÙ SE LOGER ET SE RESTAURER

Un nouvel hôtel de charme était en construction dans le centre-ville lors de notre passage et devait prochainement ouvrir.

Tumalo State Park (☎ 541-388-6055, 800-551-6949 ; www.oregonstateparks.org ; 64120 OB Riley Rd ; empl tente/empl camping-car/yourte 17/22/29 $). À 8 km au nord-ouest de Bend près de l'US 20. Réservations acceptées.

Bend Riverside Motel (☎ 541-389-2363, 800-284-2363 ; 1565 Hill St ; d à partir de 60 $;). À l'écart du principal alignement de motels, le Riverside est situé à la lisière du centre-ville, au bord de l'eau. Les chambres avec vue sur la rivière sont un peu plus chères. Il comprend une petite piscine couverte et jouxte un joli parc.

McMenamins Old St Francis School (☎ 541-382-5174 ; www.mcmenamins.com ; 700 NW Bond St ; d 145-175 $, cottages 190-330 $;). Autre invention originale des McMenamin, cette ancienne école a été transformée en un hôtel sélect de 19 chambres, avec un bain turc à l'eau salée (5 $ pour les non-résidents), un restaurant-pub, trois bars, des tables de billard et un cinéma.

Victorian Café (☎ 541-382-6411 ; 1404 NW Galveston Ave ; plats 7-12 $; 7h-14h). Excellente adresse pour un petit-déjeuner copieux, le Victorian occupe un séduisant chalet rouge dans les verdoyants faubourgs ouest de la ville. Le week-end, n'hésitez pas à faire la queue pour savourer un brunch fantastique.

Deschutes Brewery & Public House (☎ 541-382-9242 ; 1044 NW Bond St ; 11h-23h lun-jeu, 11h-24h ven-sam, 11h-22h dim). La première microbrasserie de Bend, souvent bondée, propose une carte variée et des bières artisanales.

Newberry National Volcanic Monument

Cette zone protégée (accès 5 $ par jour) témoigne de 500 000 ans d'activité volcanique. Passez d'abord au **Lava Lands Visitor Center** (☎541-593-2421 ; 🕑 9h-17h juil-sept, horaires réduits mai-juin et sept-oct, fermé nov-avr), récemment rénové, à 21 km au sud de Bend. Parmi les sites proches figurent la **Lava Butte**, un cône parfait haut de 153 m, et la **Lava River Cave**, un tunnel de lave. Les **Benham Falls**, à 6,5 km à l'ouest du Visitor Center, constituent un agrable lieu de pique-nique près de la Deschutes River.

Le **Newberry Crater** fut autrefois l'un des volcans les plus actifs d'Amérique du Nord jusqu'à ce qu'une forte éruption crée une caldeira. Non loin, les profonds **Paulina Lake** et **East Lake** regorgent de truites, et le **Paulina Peak** (2 434 m) les domine.

Cascade Lakes

La Hwy 46, également appelée Cascade Lakes Hwy, décrit une boucle d'environ 160 km entre de hauts sommets, reliant de charmants lacs de montagne. La région compte plusieurs départs de chemins de randonnée et des campings bordent la plupart des lacs. Au-delà du Mt Bachelor, la route est fermée de novembre à mai.

Nombre de lacs sont entourés de bungalows de toutes catégories. Citons, entre autres, le **Twin Lakes Resort** (☎ 541-382-6432 ; www.twinlakesresortoregon.com), l'**Elk Lake Resort** (☎ 541-480-7378 ; www.elklakeresort.net) et le **Crane Prairie Resort** (☎ 541-383-3939 ; www.crane-prairie-resort-guides.com). Réservation conseillée.

LE NORD-OUEST PACIFIQUE

Crater Lake National Park

Attendez-vous à une vue fabuleuse ! Tel un miroir géant, les eaux bleues, calmes et profondes du Crater Lake reflètent les falaises environnantes. La pureté de l'eau explique cette vision magique. Aucun cours d'eau n'alimente le lac et son eau provient uniquement de la fonte des neiges et de la pluie. Avec une profondeur maximum de 585 m, c'est le lac le plus profond du pays. Le circuit classique consiste à faire le tour du cratère en voiture (53 km) – la route est ouverte approximativement de juin à mi-octobre –, mais l'endroit offre aussi d'exceptionnelles possibilités de randonnée et de ski de fond. Seul parc national de l'Oregon, le droit d'entrée s'élève à 10 $ par véhicule. À cause de l'enneigement record, la route du cratère et l'entrée nord sont parfois fermées jusqu'à début juillet. Renseignez-vous à l'avance. Pour plus d'informations sur le parc, rendez-vous au **Steel Visitor Center** (☎541-594-3100 ; 🕑 9h-17h mai-sept, 10h-16h nov-avril).

De début juin à début octobre, vous pouvez passer la nuit dans **The Cabins at Mazama Village** (☎ 541-830-8700, 888-774-2728 ; www.craterlakelodges.com ; d 126 $; ⊠) ou au majestueux **Crater Lake Lodge** (☎ 541-594-2255, 888-774-2728 ; www.craterlakelodges.com ; d 151-282 $; ⊠ ⊠), ouvert en 1915 et parfait exemple de "*parkarchitecture*" ; rénovées, les infrastructures ont conservé leur élégance rustique. Parmi les campings voisins, citons le grand **Mazama Campground** (empl tente/camping-car 21/25 $), géré par le Crater Lake Lodge.

SUD DE L'OREGON

Bénéficiant du climat chaud et ensoleillé de la Californie voisine, le sud de l'Oregon est la région tropicale de l'État. Des paysages découpés, de belles rivières et quelques villes séduisantes constituent ses principaux atouts, auxquels s'ajoute la proximité du fabuleux Crater Lake (ci-contre). À mi-chemin entre Seattle et San Francisco, cette partie de l'Oregon mérite bien plus qu'un court arrêt sur l'I-5 pour un plein d'essence.

Ashland

La jolie ville d'Ashland est tout autant synonyme de William Shakespeare que Stratford-upon-Avon, la ville natale du dramaturge en Angleterre. On vient des quatre coins du monde pour son célèbre festival Shakespeare (voir p. 506), qui se tient sous diverses formes depuis les années 1930. Le terme "festival" prête à confusion ; des représentations théâtrales ont lieu en permanence durant neuf mois de l'année et attirent jusqu'à 400 000 spectateurs par saison. Ashland compte aussi une pléthore d'établissements vinicoles, de B&B haut de gamme et d'excellents restaurants. À côté des trois beaux théâtres (dont un en plein air), le Lithia Park, agrémenté de fontaines et de fleurs et d'une superficie de plus de 45 ha, serpente le long d'Ashland Creek au dessus du centre-ville. La **chambre de commerce** (☎541-482-3486 ; www.ashlandchamber.com ; 110 E Main St ; 🕑 9h-17h lun-ven, 11h-15h sam, 12h-15h dim) fournit tous les renseignements utiles.

À FAIRE

Le **Mt Ashland Ski Resort** (☎541-482-2897 ; www.mtashland.com ; forfait remontées mécaniques adulte/enfant 36/29 $), une station de ski à 25 km au sud-ouest de la ville sur le Mt Ashland (2 296 m), se distingue par une poudreuse particulièrement abondante. Vous pourrez louer un vélo à **Siskiyou Cyclery** (☎541-482-1997 ; 1729 Siskiyou Blvd ; 35 $/jour ; 🕒 10h-17h30 mar-sam) et explorer la campagne le long de la Bear Creek Greenway.

Noah's River Adventures (☎ 541-488-2811 ; www.noahsrafting.com ; 53 N Main St) propose des sorties de pêche et de rafting sur la Rogue River et la Klamath River. L'agence organise également des excursions en bateau à la découverte des vins et de la gastronomie.

À 3 km au nord de la ville, **Jackson Wellsprings** (☎ 541-482-3776 ; www.jacksonwellsprings.com ; 2253 Hwy 99), un établissement de style New Age, offre une piscine alimentée par une eau de source à 29°C (6 $) et des Jacuzzis privés à 39°C (de 20 à 30 $ les 75 min).

OÙ SE LOGER

Mieux vaut réserver en été, quand affluent les amateurs de théâtre.

Glenyan Campground (☎ 541-488-1785, 877-453-6929 ; www.glenyanrvpark.com ; 5310 Hwy 66 ; empl tente/camping car 22/28 $; 💻 📶 ♿). Cet agréable camping se tient à 6,5 km au sud-est d'Asland ; choisissez un emplacement au bord de la crique. Réservations acceptées.

Manor Motel (☎ 541-482-2246 ; www.manormotel.net ; 476 N Main St ; d à partir de 59 $; 🚭 ❄ 💻). Bien situé à la lisière du centre-ville, cet hôtel de 11 chambres offre un service plaisant et un cadre verdoyant.

♥ **Columbia Hotel** (☎ 541-482-3726, 800-718-2530 ; www.columbiahotel.com ; 262 1/2 E Main St ; d 78-136 $; 🚭 ❄ 💻 📶). Bel hôtel de style européen avec des chambres d'époque (certaines avec sdb communes), un confortable salon, un café gracieusement offert le matin et une situation idéale, à côté des théâtres.

Ashland Springs Hotel (☎ 541-488-1700, 888-795-4545 ; www.ashlandspringshotel.com ; 212 E Main St ; d 139-249 $; 🚭 ❄ 💻 📶 ♿). Institution d'Ashland et monument historique national soigneusement restauré en 2000, le Springs brille d'une splendeur toute shakespearienne, même s'il ne date que de 1925. Outre des chambres élégantes dans les tons pastel, il comprend une superbe salle de bal, un jardin d'hiver, un jardin anglais et le restaurant Larks.

Cowslip's Belle B&B (☎ 541-488-2901, 800-888-6819 ; www.cowslip.com ; 159 N Main St ; d 145-165 $; 🚭 ❄ 💻 📶 ♿). Ce B&B haut de gamme propose 4 chambres luxueuses dans un bungalow de 1913 et quelques suites avec Jacuzzi (de 215 à 245 $) dans une maison de ville. Terrasses privées, causeuses et rocking-chairs ajoutent à l'attrait de cette adresse, de même qu'un jardin superbe.

OÙ SE RESTAURER

Sesame Asian Kitchen (☎541-482-0119 ; 21 Winburn Way ; plats 11-16 $; 🕒 11h30-21h). Récemment ouvert, ce restaurant chic offre une cuisine asiatique fusion à prix raisonnables, de généreuses portions et un service rapide. Essayez le poulet à la mandarine ou la côte de bœuf à la mongole.

New Sammy's Cowboy Bistro (☎ 541-535-2779 ; 2210 S Pacific Hwy ; plats 23-36 $; 🕒 17h-20h30 jeu-sam). Certains considèrent cet excellent restaurant, tenu par un couple original, comme la meilleure table de l'Oregon. Il se situe à Talent, à environ 5 km au nord d'Ashland et il faut réserver des semaines à l'avance ; horaires réduits en hiver.

Chateaulin (☎ 503-482-2264 ; 50 E Main St ; plats 24-36 $; 🕒 17h-21h mer-dim). À côté des théâtres, ce bistrot au cadre très parisien propose une carte raffinée et résolument française, avec des plats tels que vol-au-vent, filet mignon ou magret de canard. En revanche, la carte des vins reste locale et comprend quelques rares millésimes de l'Oregon. Une cave à vins jouxte l'établissement.

Jacksonville

Petite bourgade attachante fondée par des chercheurs d'or, Jackson est la ville la plus ancienne du sud de l'Oregon, classée monument historique. Des bâtiments bien conservés des années 1880 bordent l'artère principale et sont aujourd'hui transformés en boutiques et galeries d'art. En septembre, le **Britt Festival** (☎541-773-6077 ; www.brittfest.org) attire des musiciens de renommée mondiale. Pour plus d'informations, adressez-vous à la **chambre de commerce** (☎541-899-8118 ; www.jacksonvilleoregon.org ; 185 N Oregon St ; 🕒 10h-17h lun-ven, 11h-16h sam-dim).

Jacksonville compte de nombreux B&B élégants ; des motels bon marché se regroupent à Medford, à 9,5 km à l'est. Le **Jacksonville Stage Lodge** (☎ 541-899-3953, 800-253-8254 ; www.stagelodge.com ; 830 N 5th St ; d 98-112 $; 🚭 ❄ 💻 📶) est un hôtel moderne avec 27 chambres spacieuses de style contemporain.

L'OREGON SHAKESPEARE FESTIVAL

Aussi réputé que couru, le répertoire de l'OSF s'enracine dans le théâtre shakespearien et élisabéthain, tout en programmant aussi des reprises et du théâtre contemporain du monde entier. Onze productions sont présentées de février à octobre dans trois théâtres proches de Main St et de Pioneer St : l'**Elizabethan Theatre**, en plein air, l'**Angus Bowmer Theatre** et le **New Theatre**, plus intime.

Les billets se vendent rapidement. Achetez-les à l'avance sur le site www.osfashland.org, ou tentez votre chance à la **billetterie** (☎ 541-482-4331; 15 S Pioneer St ; billets 20-80 $). Les visites guidées des coulisses (adulte/jeune 12/6 $) se réservent également longtemps à l'avance.

Renseignez-vous à l'OSF Welcome Center (du côté nord du complexe, face à Main St) sur les autres manifestations – conférences, lectures de pièces, concerts et débats.

Wild Rogue Wilderness

Entre la ville de Grants Pass sur l'I-5 et Gold Beach sur la côte de l'Oregon, le Wild Rogue Wilderness mérite bien son nom ; la tumulteuse Rogue River le traverse sur 60 km par un canyon sauvage, inaccessible par la route. La région est renommée pour le rafting sportif (classes III et IV) et les longues randonnées.

Grants Pass est la porte des aventures sur la Rogue. La **chambre de commerce** (☎ 541-476-7717, 800-547-5927 ; www.visitgrantspass.org ; 1995 NW Vine St ; 🕒 8h-17h lun-ven) se situe à côté de la sortie 58 de l'I-5. Le **Smullin Visitors Center** (☎ 541-479-3735 ; www.blm.gov/or/resources/recreation/rogue/index.php ; 14335 Galice Rd ; 🕒 7h-15h) du Bureau of Land Management (BLM), à Galice, délivre les permis de rafting et conseille les randonneurs.

La descente en rafting de la Rogue est particulièrement sportive ; elle dure habituellement trois jours, et coûte à partir de 650 $. **Raft the Rogue** (☎ 800-797-7238 ; www.rafttherogue.com ; 21171 Hwy 62) et **Rogue Wilderness Adventures** (☎ 800-336-1647 ; www.wildrogue.com) louent des équipements et organisent des sorties. Le second se trouve dans la petite ville de Shady Cove, à 32 km au nord de Medford.

Le **Rogue River Trail** (65 km), une ancienne route d'approvisionnement partant de Gold Beach, est l'un des plus beaux itinéraires de randonnée de la région. Le trek complet demande 4 ou 5 jours. Du début du chemin à Grave Creek, une randonnée d'une journée conduit à Whiskey Creek Cabin (environ 10 km aller-retour). Des lodges rustiques (de 110 à 140 $ par personne en pension complète ; réservation obligatoire), tel le **Black Bar** (☎ 541-479-6507 ; www.blackbarlodge.net), et des campings sommaires jalonnent l'itinéraire.

North Umpqua River

Cette belle rivière est idéale pour la pêche à la mouche, la randonnée et le camping. Long de 127 km, le **North Umpqua Trail** débute près d'Idleyld Park, traverse Steamboat puis rejoint le Pacific Crest Trail. Autre destination appréciée, les **Umpqua Hot Springs**, de jolies sources thermales, se situent à l'est de Steamboat près du Toketee Lake. Non loin, les **Toketee Falls** (40 m), des cascades à deux niveaux, dévalent des parois de basalte. Les **Watson Falls** (83 m) comptent parmi les plus hautes chutes de l'Oregon. Pour des informations, arrêtez-vous au **Colliding Rivers Information Center** (☎ 541-496-0157 ; 18782 N Umpqua Hwy ; 🕒 9h-17h mai-oct), à Glide, à côté du **North Umpqua Ranger District** (☎ 541-496-3532 ; 🕒 8h-16h30 lun-ven).

Entre Idleyld Park et Diamond Lake, des dizaines de campings sont installés au bord de l'eau, tels le charmant **Susan Creek** et le **Boulder Flat**, spartiate et sans eau courante. Les quelques hébergements du secteur se remplissent vite en été ; essayez le **Dogwood Motel** (☎ 541-496-3403 ; www.dogwoodmotel.com ; 28866 N Umpqua Hwy ; d 65-70 $; ☒ ⊠) qui propose des chambres de style chalet.

Oregon Caves National Monument

Ce site très populaire (en fait une seule grotte) se trouve à 30 km à l'est de Cave Junction sur la Hwy 46. Longues de 5 km, les galeries s'explorent au cours d'une **visite guidée** (☎ 541-592-2100 ; www.nps.gov/orca ; adulte/enfant jusqu'à 16 ans 8,50/6 $; 🕒 10h-16h avr-mai et oct-nov, 9h-17h juin-sept, fermé déc-mars) de 90 min, qui comprend le passage de 520 marches en pierre et la traversée de salles aux parois suintantes le long de la rivière Styx. Habillez-vous chaudement, enfilez de bonnes chaussures et attendez-vous à être mouillé.

Cave Junction, à 45 km au sud de Grants Pass sur l'US 199 (Redwood Hwy), regroupe les divers services de la région, tels le **Junction Inn** (☎ 541-592-3106 ; 406 Redwood Hwy ; d à partir de 65 $;), un hôtel correct, et quelques restaurants. À côté de la grotte, l'imposant **Oregon Caves Chateau** (☎ 541-592-3400, 877-245-9022 ; www.oregoncaveschateau.com ; d à partir de 90-137 $; mai-oct) offre un hébergement séduisant et comprend une fontaine à sodas à l'ancienne. Les campeurs s'installeront au **Cave Creek Campground** (☎ 541-592-2166 ; ; empl 10 $), à 22,5 km en amont de la Hwy 46 et à environ 6 km de la grotte.

EST DE L'OREGON

Comme dans le Washington, le versant oriental des Cascades en Oregon diffère totalement du versant occidental plus humide. Peu peuplée – Pendleton, la plus grande ville, ne compte que 20 000 habitants –, la région possède des sites parmi les plus divers et curieux de l'État. Hauts plateaux, collines aux couleurs inhabituelles, lacs alcalins asséchés et la gorge la plus profonde du pays font partie de ses attraits. De plus, de nombreuses bourgades semblent ne pas avoir changé depuis l'époque de la conquête de l'Ouest.

John Day Fossil Beds National Monument

Dans les roches tendres et les sols friables du John Day gît l'une des plus fabuleuses collections de fossiles au monde, datant de 6 à 50 millions d'années, quand des tigres à dents de sabre, des chevaux minuscules, des chiens-ours et d'autres mammifères préhistoriques peuplaient les forêts.

Ce parc national de 57 km² comprend trois sites : Sheep Rock Unit, Painted Hills Unit et Clarno Unit, chacun doté de chemins de randonnée et d'expositions pédagogiques. Les visiter tous en une journée nécessite des heures de conduite car plus de 160 km séparent les gisements de fossiles.

Visitez l'excellent **Thomas Condon Paleontology Center** (☎ 541-987-2333 ; www.nps.gov/joda ; 32651 Hwy 19, Kimberly ; 9h-17h30 mai-sept, 9h-16h nov-avr) au Sheep Rock Unit, à 3 km au nord de l'US 26. Il présente une exposition sur l'histoire géologique et de nombreux fossiles, dont un cheval à trois doigts et des "pelotes" de bousier pétrifiées. Une courte randonnée le long du **Blue Basin Trail** donne l'impression d'arriver sur la face ensoleillée de la Lune.

Le Painted Hills Unit, près de la ville de Mitchell, se compose de basses collines aux bandes de roches colorées, formées il y a quelque 30 millions d'années. Plus vieux de 10 millions d'années, le Clarno Unit fait découvrir les coulées de boue qui détruisirent une forêt de l'éocène et façonnèrent des falaises blanches, surmontées de flèches et de tourelles rocheuses.

Le rafting est une activité prisée sur la John Day River, la plus longue rivière de l'État sans barrage. **Oregon River Experiences** (☎ 800-827-1358 ; www.oregonriver.com) propose des sorties durant jusqu'à 5 jours. La rivière est également un bon endroit pour pêcher l'achigan à petite bouche et la truite arc-en-ciel ; renseignez-vous à l'**Oregon Department of Fish & Wildlife** (☎ 541-575-1167 ; www.dfw.state.or.us).

Toutes les petites villes de la région compte au moins un hôtel. Mitchell abrite le charmant **Historic Hotel Oregon** (☎ 541-462-3027 ; www.theoregonhotel.net ; 104 E Main St ; dort 15 $, d 29-79 $;). À John Day, le sympathique **Sonshine B&B** (☎ 541-575-1827 ; www.sonshinebedandbreakfast.com ; 210 NW Canton St ; $75-105 d ;) offre 4 chambres, de somptueux petits-déjeuners et un accueil chaleureux. Parmi les divers campings, citons Lone Pine et Big Bend (emplacement 8 $) sur la Hwy 402.

Wallowa Mountains

Les Wallowa Mountains, avec leurs pics glacés et leurs lacs cristallins, comptent parmi les merveilles naturelles de l'Oregon. L'afflux de visiteurs en été, surtout autour du **Wallowa Lake**, constitue le seul inconvénient. Pour éviter à la foule, effectuez une randonnée dans le proche **Eagle Cap Wilderness**, comme celle qui rejoint l'**Aneroid Lake** (10 km aller) ou le trek de 15 km le long du **West Fork Trail**. La Lostine Valley supérieure ou le Sheep Creek Summit, sur l'USFS Rd 39, présentent un accès plus facile aux marches d'une journée dans les hauteurs de l'Eagle Cap.

Juste au nord des montagnes, dans la Wallowa Valley, **Enterprise** est une petite bourgade accueillante avec plusieurs motels, dont le **Ponderosa** (☎ 541-426-3186 ; 102 E Greenwood St ; d 67-74 $;). Si vous aimez la bière, visitez Terminal Gravity, la microbrasserie locale. À 9,5 km au sud d'Enterprise, **Joseph**, une localité plus chic, abrite de coûteuses galeries et boutiques d'art le long de l'artère principale et offre essentiellement des B&B.

Hells Canyon

Sauvage et spectaculaire, la gorge fluviale la plus profonde d'Amérique du Nord (plus profonde que le Grand Canyon) marque la frontière nord-est entre l'Oregon et l'Idaho. Il a fallu 13 millions d'années à la puissante Snake River (un affluent de la Columbia River long de 1 600 km) pour creuser ce passage de presque 2 500 m de profondeur à travers les hauts plateaux de l'est de l'Oregon. Le canyon lui-même, contrée sauvage dépourvue de route, offre d'innombrables possibilités d'activités en plein air.

Pour une vue panoramique, parcourez en voiture les 48 km entre Joseph et Imnaha, où une route gravillonnée (38 km) monte jusqu'au belvédère de **Hat Point** (USFS Rd 4240). De là, vous pourrez admirer la chaîne des Wallowa, les Seven Devils dans l'Idaho, l'Imnaha River et Hells Canyon. Cette route est ouverte de fin mai aux premières chutes de neige ; comptez 2 heures de conduite (aller). À Enterprise, le **Wallowa Mountains Visitor Center** (☎ 541-426-5546 ; www.fs.fed.us/r6/w-w ; 88401 Hwy 82 ; 🕑 8h-18h lun-sam) fournit de nombreuses informations sur la région et l'état des routes.

Pour le rafting et un paysage extraordinaire, descendez au **Hells Canyon Dam**, un barrage à 40 km au nord de la petite bourgade d'Oxbow. **Hells Canyon Adventures** (☎ 541-785-3352, 800-422-3568 ; www.hellscanyonadventures.com ; 4200 Hells Canyon Dam Rd) organise des sorties de rafting et des **circuits en jet-boat** bruyant de mai à septembre (réservation indispensable). Juste après le barrage, la route s'achève au **Hells Canyon Visitor Center** (☎ 541-785-3395 ; 🕑 8h-16h mai-sept), qui vous renseignera sur les campings et les chemins de randonnée.

La région compte de nombreux campings. À la sortie d'Imnaha, l'**Imnaha River Inn** (☎ 541-577-6002, 866-601-9214 ; www.imnahariverinn.com ; d 120 $) est un B&B de style pavillon de chasse, orné de trophées. À Oxbow, le **Hells Canyon B&B** (☎ 541-785-3373 ; www.hellscanyonb-b.com ; 49922 Homestead Rd ; d 70 $) offre un bon rapport qualité/prix. Pour plus de services, rejoignez Enterprise, Joseph ou Halfway.

Steens Mountain et Alvord Desert

Point culminant du sud-est de l'Oregon (2 979 m), la Steens Mountain fait partie d'une chaîne de 48 km entaillée de failles. Sur le versant ouest de la chaîne, des glaciers ont creusé d'immenses vallées en fer à cheval à l'ère glaciaire. À l'est, de jolies prairies alpines et des lacs flanquent les Steens, qui descendent à pic dans le désert d'Alvord, à 1 500 m en contrebas.

La **Steens Mountain Loop Road**, une route gravillonnée de 106 km, part de Frenchglen et donne accès à la Steens Mountain Recreation Area ; elle est ouverte de fin juin à octobre (selon les conditions météo) et requiert par endroits un véhicule tout-terrain. Renseignez-vous au **Bureau of Land Management** (BLM ; ☎ 541-573-4557, 541-573-4400 ; www.blm.bov ; 🕑 7h45-16h30 lun-ven). En dehors de cette période ou si vous disposez d'un véhicule classique, vous pourrez voir les Steens en empruntant la route est, plate et gravillonnée, qui traverse l'Alvord Desert. Faites le plein d'essence et attendez-vous à de brusques changements de temps toute l'année.

Des campings jalonnent le Steens Mountain Loop, tels le joli Page Springs Campground et le plaisant South Steens Campground du BLM (emplacements 6-8 $, eau disponible). Le camping sauvage est autorisé et gratuit dans les Steens et l'Alvord Desert (emportez de l'eau). Historique, le **Frenchglen Hotel** (☎ 541-493-2825 ; fghotel@yahoo.com ; 39184 Hwy 205, Frenchglen ; d 67-100 $; 🕑 mi-mars à oct ; ⊠) possède des petites chambres charmantes avec sdb commune, 5 chambres modernes avec sdb et sert des repas (réservez).

CÔTE DE L'OREGON

Si les montagnes du Washington sont plus connues que celles de l'Oregon, il n'en est pas de même pour les plages. Long de 582 km, le somptueux littoral de l'Oregon est bordé par l'US 101, une superbe nationale qui serpente à travers les villes, les stations balnéaires, les parcs d'État (plus de 70) et les réserves naturelles.

Astoria

Plus ancienne localité à l'ouest des Rocheuses, la ville portuaire d'Astoria fut fondée en 1811 par John Jacob Astor, un négociant de fourrure millionnaire. Construite sur la vaste embouchure de la Columbia River, elle possède quelques maisons anciennes de style victorien, plusieurs bons restaurants de poisson, et de nombreux souvenirs de Lewis et Clark, les grands explorateurs américains qui achevèrent leur traversée du continent à Fort Clatsop, au sud de la ville, en 1805.

L'US 101 pénètre dans l'État du Washington via l'**Astoria-Megler Bridge** (1966), le plus long pont en treillis continu au monde (6,5 km). Pour plus d'informations, rendez-vous au **Visitor Center** (☎503-325-6311 ; www.oldoregon.com ; 111 W Marine Dr ; 9h-17h).

Le beau **Columbia River Maritime Museum** (☎503-325-2323 ; www.crmm.org ; 1792 Marine Dr ; adulte/enfant 6-17 ans/senior 10/5/8 $; 9h30-17h) retrace les 150 ans d'histoire maritime de la ville. Moins rutilant, l'**Heritage Museum** (☎503-338-4849 ; www.cumtux.org ; 1618 Exchange St ; adulte/enfant 6-17 ans/senior 4/2/3 $; 10h-17h) possède des collections se rapportant à l'histoire, dont des objets liés au Ku Klux Klan (KKK).

L'extravagante **Flavel House** (☎503-325-2203 ; www.cumtux.org ; 441 8th St ; adulte/enfant 6-17 ans/senior 5/2/4 $; 10h-17h), une demeure victorienne Queen Anne, fut construite par le capitaine George Flavel, un notable d'Astoria dans les années 1880. Pour une belle vue, grimpez jusqu'à l'**Astoria Column**, une tour de 38 m ornée de scènes représentant la conquête de l'Ouest.

À 8 km au sud d'Astoria, le **Lewis & Clark National Historical Park** (☎503-861-2471 ; www.nps.gov/lewi ; adulte/enfant moins de 16 ans 3 $/gratuit ; 9h-18h juin-août, 9h-17h sept-mai) comprend la réplique d'un fort similaire à l'un de ceux qu'occupèrent les explorateurs pendant le terrible hiver 1805-1806. À 16 km à l'ouest de la ville près de l'US 101, le **Fort Stevens State Park** (☎503-861-1671 ; empl tente/camping-car/yourte 18/22/30 $) commémore le camp militaire qui gardait l'embouchure de la Columbia River. Il offre l'accès à la plage, un camping et des pistes cyclables. Réservations acceptées.

Plus vieil hôtel d'Astoria, le **Hideaway Inn & Hostel** (☎503-325-6989 ; www.hideawayinnandhostel.com ; 443 14th St ; dort 20 $, ch 33-88 $;) propose des dortoirs à lits superposés et des chambres. Le **Commodore Hotel** (☎503-325-4747 ; www.commodoreastoria.com ; 258 14th St ; d sans/avec sdb à partir de 69/129 $;), construit au début du XXe siècle, a récemment rouvert après 45 ans d'abandon. Il offre aujourd'hui d'élégantes chambres et suites de style européen.

Le **TPaul's Urban Café** (☎503-338-5133 ; 1119 Commercial St ; plats 9-16 $; 9h-21h lun-jeu, 9h-22h ven-sam, 11h-16h dim) sert de succulentes *quesadillas* avec *nachos* et sauce maison à l'heure du déjeuner. Le **Baked Alaska** (☎503-325-7414 ; 1 12th St ; plats 18-24 $; 11h-22h), l'un des meilleurs restaurants d'Astoria, bénéficie d'une vue superbe sur l'eau.

Cannon Beach

Contrairement à la tapageuse Seaside à 14 km au nord, Cannon Beach est une petite station balnéaire détendue, huppée et joliment construite au bord des rouleaux du Pacifique, souvent agité. Si les immenses promontoires basaltiques et une grande plage de sable constituent ses principaux atouts touristiques, la ville se distingue par sa beauté et la préservation de son environnement. **Haystack Rock**, un piton rocheux qui se dresse sur 72 m dans la mer à quelques encablures de la côte, constitue son élément le plus spectaculaire, tandis que l'Oregon Coast Trail offre une vue splendide sur Tillamook Head dans le proche Ecola State Park. La ville est remplie de petites galeries d'art et de boutiques ésotériques. Pour plus d'informations, contactez la **chambre de commerce** (☎503-436-2623 ; www.cannonbeach.org ; 207 N Spruce St ; 10h-17h lun-sam, 11h-16h dim).

Le **Cannon Beach Hotel** (☎503-436-1392, 800-238-4107 ; www.cannonbeachhotel.com ; 1116 S Hemlock St ; d à partir de 132-242 $;), construit en 1914, propose des petites chambres joliment aménagées et un café. À quelques rues au nord, le **Blue Gull Inn Motel** (☎800-507-2714 ; www.haystacklodgings.com ; 487 S Hemlock St ; d/cottages à partir de 69/125 $;), moins cher, propose des chambres modestes et plaisantes, réparties autour d'une fontaine. Les campeurs se rendront au **Sea Ranch RV Park** (☎503-436-2815 ; www.cannon-beach.net/searanch ; 415 Fir St ; empl tente/camping-car/bungalows 26/30/80 $).

Parmi les nombreux restaurants de la ville, vous pourrez vous régaler de palourdes, de vivaneau ou de flétan au **Wayfarer Restaurant** (☎503-436-1108 ; 1190 Pacific Drive ; plats 19-28 $; 9h-15h et 17h-22h), au bord de l'océan, ou de burgers et de pizzas au **Lumberyard** (☎503-436-0285 ; 264 3rd St ; plats 9-23 $; 11h-22h).

Un **bus Amtrak** (☎800-872-7245) dessert tous les jours Portland (17 $) via Astoria ; il part devant le Beach Store, 1108 S Hemlock St.

Newport

Deuxième plus grand port marchand de l'Oregon, Newport est une ville touristique animée, avec plusieurs belles plages et un splendide aquarium. Les bons restaurants côtoient des attractions tape-à-l'œil, des boutiques de souvenirs et des otaries dans le quartier historique de Bayfront. Nye Beach, jalonnée de galeries d'art, offre une ambiance villageoise, bohème et sympathique.

Fin février, le **Newport Seafood & Wine Festival** rassemble les meilleurs chefs de l'Ouest et des dizaines de viticulteurs de toute la Côte Ouest. Renseignez-vous au **Visitor Center** (☎541-265-8801, 800-262-7844 ; www.newportchamber.org ; 555 SW Coast Hwy ; 8h-17h lun-ven, 10h-15h sam).

Le superbe **Oregon Coast Aquarium** (☎ 541-867-3474 ; www.aquarium.org ; 2820 SE Ferry Slip Rd ; adulte/enfant de 3 à 13 ans/senior 13,25/7,75/11,25 $; 9h-18h) comprend, entre autres, un bassin à otaries, des aquariums de méduses et un aquarium de requins traversé par des tunnels en Plexiglas. Également intéressant, l'**Oregon Coast History Center** (☎ 541-265-7509 ; www.oregon-coast.history.museum ; 545 SW 9th St ; don recommandé de 2 $; 10h-17h mar-dim) occupe la Burrows House, une maison à tourelle, et le Log Cabin voisin. Pour plus d'histoire, visitez la **Yaquina Head Outstanding Area** (☎ 541-574-3100 ; 750 Lighthouse Dr ; entrée $7 ; aube-crépuscule), qui abrite le plus haut phare de la côte et un excellent centre d'information.

Le **South Beach State Park** (☎ 541-867-4715, 800-452-5687 ; www.oregonstateparks.org ; empl tente ou camping-car/yourte 22/29 $), à 3 km au sud sur l'US 101, propose 227 emplacements de camping et 27 yourtes (réservations acceptées). Les amateurs de littérature apprécieront le **Sylvia Beach Hotel** (☎ 541-265-5428 ; www.sylviabeachhotel.com ; 267 NW Cliff St ; d avec petit déj 105-208 $; ⊠), où les chambres douillettes portent chacune le nom d'un écrivain célèbre ; réservation indispensable. Pour un repas raffiné, rendez-vous au **Saffron Salmon** (☎ 541-265-8921 ; 859 SW Bay Blvd ; plats 22-30 $; 11h30-14h30 et 17h-20h30 jeu-mar) et savourez du saumon chinook grillé ou un carré d'agneau aux herbes en admirant la vue. Réservez pour le dîner.

Yachats

Cette petite ville accueillante, l'un des secrets les mieux gardés de la côte de l'Oregon, se tient à la base du splendide **Cape Perpetua**. Les éruptions volcaniques au sud ont façonné un littoral superbement déchiqueté, avec des formations spectaculaires comme le Devil's Churn (chaudron du Diable) et la Spouting Horn (Trompe cracheuse). À 16 km au sud, l'**Heceta Head Lighthouse**, un phare construit en 1894, domine l'océan. À 8 km plus au sud sur l'US 101, les **Sea Lion Caves** (☎541-547-3111 ; www.sealioncaves.com ; adulte/enfant 6-12 ans/senior 11/7/10 $; 8h-18h juil-août, 9h-17h30 sept-juin), un amusant piège à touristes, sont des grottes peuplées d'otaries et accessibles par un ascenseur. Pour plus d'informations, rendez-vous au **Visitor Center** (☎800-929-0477 ; www.yachats.org ; angle US 101 et 3rd St ; 10h-17h).

Vous pourrez camper au **Beachside State Park** (☎ 541-563-3220, 800-452-5687 ; www.oregonstateparks.org ; empl tente/camping-car/yourte 17/21/29 $), à 8 km au nord sur l'US 101 (réservations acceptées). À 1,6 km plus loin, le **See Vue Motel** (☎ 541-547-3227, 866-547-323787 ; www.seevue.com ; 95590 Hwy 101 S ; $80-120 d ; ⊠ 💻 📶), un établissement, comprend 11 chambres aménagées différemment, haut perchées au-dessus du Pacifique. En ville, l'accueillant **Ya'Tel Motel** (☎ 541-547-3225 ; www.yatelmotel.com ; angle US 101 et 6th St ; d 55-90 $; ⊠ 💻 📶) offre 8 chambres standard portant chacune un nom différent, du pop-corn, des jeux de société et une authentique hospitalité.

Oregon Dunes National Recreation Area

S'étendant sur 80 km entre Florence et Coos Bay, les Oregon Dunes forment le plus grand ensemble de dunes côtières du pays. D'une hauteur de 153 m et s'avançant sur 5 km dans l'arrière-pays jusqu'aux forêts, elles abritent des écosystèmes uniques où vit une faune abondante. La région comprend des chemins de randonnée, des pistes cavalières et des secteurs réservés à la baignade et au bateau ; évitez l'étendue au sud de Reedsport, envahie par de bruyants buggies. Renseignez-vous au **siège** (☎541-271-3495 ; www.fs.fed.us/r6/siuslaw ; 855 Highway Ave ; 8h-16h30 lun-ven, 8h-16h sam-dim) du parc de loisirs, à Reedsport.

Parmi les campings d'État, citons le **Jessie M Honeyman** (☎ 541-997-3641 ; US 101 ; empl tente/camping-car/yourte 17/22/29 $), très fréquenté, à 5 km au sud de Florence, et l'agréable **Umpqua Lighthouse** (☎ 541-271-4118 ; US 101 ; empl tente/camping-car/yourte/bungalow 16/20/27/35 $), à 9,5 km au sud de Reedsport. **Eel Creek** (☎ 877-444-6777 ; US 101 ; empl tente 17 $), l'un des campings USFS, se situe à 16 km au sud de Reedsport.

Bandon

Surnommée non sans optimisme Bandon-by-the-Sea, cette petite ville se tient sur la baie de la Coquille River. Son port est devenu un pittoresque quartier commerçant, tandis que des complexes hôteliers se regroupent dans le sud de la ville avec de rares accès à la plage. Le **Bandon Historical Society Museum** (☎541-347-2164 ; 270 Fillmore Ave ; 2 $; 10h-16h

LE NORD-OUEST PACIFIQUE

lun-sam) propose d'intéressantes expositions sur les Coquille, la tribu amérindienne de la région, sur l'histoire de la ville et les deux incendies qui l'ont dévasté en 1914 et 1936, et sur des épaves. Vous devrez insister pour obtenir des informations à la **chambre de commerce** (☎541-347-9616 ; www.bandon.com ; angle 2nd St et Chicago Ave ; 10h-17h30).

Le **Bullards Beach State Park** (☎ 541-347-2209, 800-452-5687 ; US 101 ; empl tente/yourte 20/27 $), à 3 km au nord, accepte les réservations. Sur le port, la **Sea Star Guesthouse** (☎ 541-347-9632 ; www.seastar-bandon.com ; 370 1st St ; d 80-115 $;) possède des chambres plaisantes et douillettes, certaines avec mezzanine et kitchenette. À la sortie de la ville, le **Lighthouse B&B** (☎ 541-347-9316 ; www.lighthouselodging.com ; 650 SW Jetty Rd ; d 150-263 $;) offre des chambres superbes et la vue sur le fleuve.

Le **Wild Rose Bistro** (☎ 541-347-4428 ; 130 Chicago St ; plats 18-24 $; 17h-22h mer-lun) sert une excellente cuisine à base de produits frais.

Gold Beach

À l'embouchure de la Rogue River, Gold Beach attire les pêcheurs et les touristes qui remontent le fleuve à bord d'un jet-boat jusqu'au Wild Rogue Wilderness. Les marcheurs apprécieront le littoral spectaculaire. Le **Cape Sebastian State Park**, un promontoire rocheux à 11 km au sud, offre une vue panoramique qui s'étend de la Californie à Cape Blanco. Informez-vous auprès de la **chambre de commerce** (☎541-247-7526, 800-525-2334 ; www.goldbeachchamber.com ; 29279 S Ellensburg Ave ; 9h30-17h30 mar-dim).

Les **Ireland's Rustic Lodges** (☎ 541-247-7718 ; www.irelandsrusticlodges.com ; 29346 Ellensburg Ave ; d 58-149 $;) s'agrémentent d'un superbe jardin en façade et d'une vue sur la plage à l'arrière ; l'établissement loue des bungalows de plage rustiques ou modernes et des emplacements pour camping-car. Le **Patti's Rollin 'n Dough Bistro** (☎ 541-247-4438 ; 94257 N Bank Rogue Rd ; plats 7-14 $; 10h30-15h mar-sam) sert d'excellents repas et sandwichs, mais n'ouvre que pour le déjeuner (réservez).

Brookings

À 9,5 km de la frontière californienne, Brookings est une ville marchande animée et plaisante. Outre la pêche et le littoral, les visiteurs viennent découvrir le **Kalmiopsis Wilderness**, une région reculée à la végétation unique. Au nord de la ville, le **Samuel H Boardman State Park** englobe 18 km d'un littoral splendide. L'**Alfred A Loeb State Park** (☎541-469-2021, 800-452-5687 ; www.oregonstateparks.org ; N Bank Chetco River Rd ; tente/bungalow 16/35 $), à 16 km à l'est, abrite les seules forêts de séquoias de l'État et d'anciens bosquets de myrtes. La **chambre de commerce** (☎541-469-3181 ; www.brookingsor.com ; 16330 Lower Harbor Rd ; 9h-17h lun-ven) est installée sur le port.

Carnet pratique

SOMMAIRE

ACHATS

Si vous souhaitez absolument rapporter du "made in USA" dans vos bagages, n'ayez crainte, vous aurez l'embarras du choix. Quantité d'objets, des plus kitsch aux plus bizarres, se vendent partout, notamment sur le bord des routes. Si certains ressemblent à tout sauf à de l'artisanat local, ils prouvent en tout cas que les Américains sont capables d'autodérision !

Dans certaines régions, le véritable artisanat, souvent indien, est d'excellente facture. Les patchworks traditionnels, les bijoux pueblos, les tapis navajos, les poteries traditionnelles ou modernes, les paniers en avoine odorante tressés par les vanniers gullah et les bottes de cow-boy en cuir ne sont que quelques exemples parmi d'autres.

Les antiquités ont également beaucoup de succès, mais il en est des objets anciens comme des objets artisanaux : les pièces authentiques sont souvent hors de prix. En bref, les bonnes affaires sont rares, dans le cas contraire, la plus grande circonspection s'impose. Les objets d'époque les plus recherchés (qu'ils soient coloniaux, victoriens, shakers, Art déco ou des années 1950 à nos jours) sont bien souvent très coûteux.

Si vous êtes en quête d'originalité, essayez les boutiques des musées d'art moderne qui vendent des reproductions d'objets d'art et des originaux d'artistes locaux de grande qualité.

Ceux qui sont à l'affût des bonnes affaires arpenteront les magasins d'usine – les *outlets*, généralement situés en périphérie des villes, près des sorties d'autoroutes –, qui écoulent les articles présentant des défauts ou les invendus des anciennes collections, avec des rabais parfois très importants. Le choix peut être limité mais si l'espoir de trouver des jeans Levis, des chaussures Nike ou des sacs à main Coach à moitié prix vous interpelle, foncez.

ACTIVITÉS

Pour tout savoir sur les activités de plein air, reportez-vous au chapitre dédié (p. 125) et la section spéciale sur les parcs nationaux (p. 109). Nous y avons rassemblé des détails pratiques et les adresses de plusieurs organismes nationaux. Consultez les chapitres régionaux pour plus d'informations sur les sites, le matériel d'activités en plein air et les organisations locales.

Sur Internet, le site **Great Outdoor Recreation Pages** (GORP ; http://gorp.away.com) est sans doute le plus complet. **Outside** (http://outside.away.com) est également un bon magazine général pour les férus d'activités en plein air. Pour le matériel, les magasins **REI** (☎ 253-891-2500, 800-426-4840 ; www.rei.com) et **Sports Authority** (☎ 888-801-9164 ; www.thesportsauthority.com) sont présents dans tout le pays. Tous ces sites sont en anglais.

La **National Outdoor Leadership School** (☎ 800-710-6657 ; www.nols.edu) vous donnera des informations très complètes sur toutes les possibilités de pratiquer les sports d'extérieur. **Outward Bound** (☎866-467-7651 ; www.outwardbound.org ; 100 Mystery Point Rd, Garrison, NY 10524) est également reconnu pour ses cours mettant l'accent sur les compétences personnelles en extérieur. Pour plus de renseignements sur les écoles d'activités en plein air, voir p. 125.

Quantité d'espaces naturels sont ouverts au public. **Wilderness.net** (www.wilderness.net) fournit descriptifs, cartes, coordonnées et liens utiles pour chaque étendue sauvage du pays. **Recreation.gov** (www.recreation.gov) met à disposition sa base de données sur toutes les possibilités de loisirs qu'offrent les terres gérées par les agences fédérales.

Bureau of Land Management (BLM ; www.blm.gov)
National Park Service (NPS ; www.nps.gov)
US Fish & Wildlife Service (USFWS ; www.fws.gov)
US Forest Service (USFS ; www.fs.fed.us)

Voir p. 104 pour des conseils sur le camping responsable et sur la philosophie "Leave no trace".

Cyclotourisme et VTT

Les agences de location de vélos sont nombreuses ; reportez-vous aux différents chapitres régionaux pour connaître les adresses locales. Voir p. 513 pour plus d'informations sur le cyclotourisme, l'achat, la location et la revente de vélos et pour savoir comment emporter et rapporter son vélo avec vous aux États-Unis. Si vous venez avec votre propre vélo, prévoyez aussi un antivol solide, car les vols sont fréquents.

Certains parcs nationaux ou d'État possèdent des pistes cyclables ou polyvalentes mais les vélos sont presque toujours interdits sur les sentiers de randonnée. On peut en faire sur les pistes et les routes goudronnées qui traversent les parcs, mais il vaut mieux demander aux rangers quels sont les règlements locaux en premier lieu. L'usage dans les parcs veut que les cyclistes cèdent le passage aux autres personnes ; autrement, les vélos sont soumis au même code de la route que les automobiles. Consultez les sites www.mtbr.com ou www.dirtworld.com pour obtenir gratuitement des infos sur les centaines de pistes cyclables pour VTT.

Voici quelques adresses utiles pour les cyclistes :

PRATIQUE

Électricité

- Le courant aux États-Unis est du 110 V continu ; prévoyez des transformateurs AC pour tout le matériel électronique non-américain.

Journaux et magazines

- Journaux nationaux : *New York Times, Wall Street Journal, USA Today.*
- Magazines grand public : *Time, Newsweek, US News & World Report.*

Radio et télévision

- Radio d'information : National Public Radio (NPR), partie basse du spectre de cette fréquence FM.
- Télévision hertzienne : ABC, CBS, NBC, FOX, PBS (chaîne publique).
- Principales chaînes câblées : CNN (information), ESPN (sport), HBO (cinéma), Weather Channel (météo).

Vidéo

- NTSC (incompatible avec les systèmes PAL ou SECAM).
- Les DVD sont codés pour la région 1 (États-Unis et Canada uniquement).

Poids et mesures

- Poids : once (oz), livre (lb), tonne.
- Liquide : oz, pinte, quart, gallon.
- Distance : pied (ft), yard, mile.

Adventure Cycling Association (www.adventurecycling.org). Organise des circuits, vend des itinéraires et des cartes, propose des pages jaunes pour cyclistes et publie le magazine *Adventure Cyclist*.
Backroads (www.backroads.com). Grand choix de circuits cyclistes ou multisports, de tous niveaux, dans tous le pays.
Bicycling (www.bicycling.com). Initialement destiné aux cyclistes sur route, le magazine *Bicycling* présente les circuits dans tout le pays et donne des conseils sur le matériel et l'entraînement à suivre.
Bike (www.bikemag.com). Magazine publiant des informations en ligne, avec des liens vers une base de données présentant toutes les pistes de VTT du pays.
Cycle America (www.cycleamerica.com). Organise des circuits à vélo à travers le pays.

League of American Bicyclists (www.bikeleague.org). Ce groupe militant agissant au niveau national publie le magazine *American Bicyclist*. Excellent site Web : liens utiles, conseils touristiques et base de données contenant les adresses des clubs de vélo locaux et des réparateurs.

Escalade et canyoning

Voici quelques adresses utiles pour les férus d'escalade et de canyoning :

American Canyoneering Association (www.canyoneering.net). Base de données en ligne sur les canyons et liens utiles sur des cours, des groupes d'escalade locale, entre autres.

Climbing (www.climbing.com). Un excellent magazine sur la varappe de l'extrême créé en 1970.

SuperTopo (www.supertopo.com). Vend des guides de varappe et propose des cartes topographiques et des descriptions de parcours gratuites.

Randonnée

À de rares exceptions près, toutes les zones de nature sauvage sont ouvertes aux randonneurs. Les chemins les mieux entretenus se trouvent dans les parcs nationaux et régionaux. Ils vont de la route goudronnée accessible en fauteuil roulant aux sentiers de randonnée où l'on peut s'aventurer plusieurs jours durant.

Dans les parcs nationaux et régionaux, les cartes gratuites suffisent généralement pour des marches d'une journée. En revanche, pour des randonnées plus longues, des cartes topographiques (p. 518) sont recommandées, voire nécessaires. Avant de partir, renseignez-vous toujours auprès d'un ranger ou d'un centre de visiteurs sur la météo et sur l'état des sentiers. On vous demandera généralement de prendre un permis, ou au moins de vous enregistrer auprès des rangers du parc avant d'entamer une marche de plusieurs jours. Les permis de camper (*backcountry permits*), qu'ils soient gratuits ou qu'ils coûtent quelques dollars, sont délivrés avec parcimonie ; ils sont parfois tous réservés des mois à l'avance dans certains parcs très prisés, et peuvent être excessivement restrictifs dans certaines zones protégées.

Quoi qu'il en soit, une bonne préparation est indispensable pour faire face en cas de difficultés. *Survivre, comment vaincre en milieu hostile*, de Xavier Maniguet (Albin Michel, 1988), véritable Bible de la survie demeure une référence dans le genre. Cet ouvrage évoque aussi bien les animaux, que l'équipement à avoir, la santé ou les dangers inhérents à certains milieux naturels. Le site en anglais de **Survive Outdoors** (www.surviveoutdoors.com) dispense une foule de conseils tels que les premiers soins ou comment se protéger, ainsi que des photos pour reconnaître les insectes dangereux.

Voici quelques sources d'informations utiles :

American Hiking Society (www.americanhiking.org). Recense les clubs de randonnée locaux et organise des chantiers (*volunteer vacations*) afin de baliser et de construire des pistes.

Backpacker (www.backpacker.com). Meilleur magazine du pays pour les randonneurs, débutants ou confirmés.

Rails-to-Trails Conservancy (www.railtrails.org). Transforme des voies de chemin de fer désaffectées en pistes cyclables et en sentiers, vend un guide national des chemins de randonnée. Certains itinéraires sont répertoriés et évalués sur www.traillink.com.

Trails.com (www.trails.com). Base de données contenant plus de 45 000 pistes à travers tout le pays. Cartes topographiques et guides imprimables. Inscription payante obligatoire.

Les trois chaînes de montagnes qui dominent l'Ouest américain sont traversées par des pistes quasi légendaires que l'on peut très bien parcourir sur de petits tronçons. Pour plus d'informations, s'adresser à :

Continental Divide Trail Continental Divide Trail Alliance (www.cdtrail.org).

Pacific Crest Trail Pacific Crest Trail Association (www.pcta.org).

Rafting, kayak et canoë

Une rivière, un plan d'eau capable d'accueillir des embarcations, et vous êtes certain de trouver une boutique pour vous louer ou vous fournir du matériel. Dans les parcs nationaux, la pratique du rafting, du kayak ou du canoë nécessite un permis – pour la descente des rapides du Colorado, la délivrance d'un permis peut prendre plusieurs années. Réservez en passant par des organismes spécialisées (se reporter aux chapitres régionaux pour plus de détails).

Les sites suivants sont utiles :

American Canoe Association (www.americancanoe.org). Association de canoë-kayak qui publie le magasine *Paddler* (www.paddlermagazine.com) ; dispose d'une base de données des cours d'eau et propose des cours.

American Whitewater (www.americanwhitewater.org). Groupe de pression défendant le loisir responsable et cherchant à préserver les rivières sauvages américaines.

Canoe & Kayak (www.canoekayak.com). Magazine spécialisé pour les pagayeurs.
Kayak Online (www.kayakonline.com). Informations pour acheter du matériel et liens vers des points de vente, des écoles et des associations.

Ski et snowboard

La plupart des stations ont tout prévu : location de matériel, cours de ski, restaurants, animations pour les enfants, logements et garderie… La saison s'étend de mi-décembre à avril, et peut parfois se prolonger. En été, les mêmes stations se remplissent de randonneurs et de vététistes. Les stations et les agences de voyages proposent des forfaits sur leurs sites Internet intéressants pour les séjours à la neige (billet d'avion, hôtel et forfait remontées inclus). La plupart des stations ont aussi des aires réservées au snowboard et certaines possèdent des pistes de ski de fond (*cross-country skiing* ou *Nordic skiing*). En hiver, les parties très fréquentées des parcs nationaux, des forêts nationales et des parcs urbains proposent souvent des pistes de ski de fond, de raquette et des patinoires.

Voici quelques sources d'information utiles pour skieurs et snowboardeurs :
Cross-Country Ski Areas Association (www.xcski.org). Informations très complètes sur le matériel, le ski et le snowboard en Amérique du Nord.
Cross Country Skier (www.crosscountryskier.com). Magazine avec des articles sur le ski de fond et des infos en ligne sur les pistes.
Powder (www.powdermag.com). Version en ligne du magazine de ski *Powder*.
SkiNet (www.skinet.com). Versions en ligne des magazines *Ski*, *Skiing et Snow*.
Ski Resorts Guide (www.skiresortsguide.com). Guide complet des stations, avec cartes téléchargeables des pistes, infos sur les hébergements, etc.
SnoCountry Mountain Reports (www.snocountry.com). Bulletins d'enneigement pour l'Amérique du Nord et liens vers les stations de ski et certains événements.
Snowboarder (http://snowboard.colonies.com). Un site pour les amateurs de snowboard ; nombreux conseils.

Surf, kitesurf et planche à voile

Le magazine **Surfer** (www.surfermag.com) propose un calendrier des différents événements ainsi que des récits de voyage qui couvrent tous les spots aux États-Unis, et un forum en ligne. Pour un tour complet du monde du surf, procurez-vous *Stormrider Guide: North America*. L'**US Kitesurfing Association** (www.uskite.org) a de nombreux liens vers des écoles de kitesurf dans tout le pays et le site www.ikiteboarding.com consacre beaucoup d'articles sur ce sport. Les véliplanchistes auront réponse à leurs questions auprès de l'**US Windsurfing Association** (www.uswindsurfing.org). Enfin, la **Surfrider Foundation** (www.surfrider.org), organisation à but non lucratif, lutte pour préserver la biodiversité côtière et l'intégrité écologique dans le monde entier.

ALIMENTATION

Les prix indiqués dans ce guide représentent une moyenne basée sur le prix d'un plat principal le soir. Le même plat est souvent moins cher, parfois de moitié, le midi. Sauf mention contraire, les boissons, apéritifs, desserts, taxes et pourboires ne sont pas compris.

La catégorie *Petits budgets* indique des restaurants où il est possible de manger pour moins de 12 $, *Catégorie moyenne* signifie que la plupart des plats coûtent entre 12 et 25 $, et *Catégorie supérieure* qu'il faudra compter au moins 25 $.

N'oubliez pas qu'il est aujourd'hui interdit de fumer dans presque tous les restaurants. Pour tout savoir sur la cuisine aux États-Unis, et plus particulièrement dans l'Ouest, lire le chapitre *Cuisine*, p. 89.

AMBASSADES ET CONSULATS

Les voyageurs étrangers cherchant à contacter leur ambassade pendant leur séjour peuvent consulter le **site Internet de l'ambassade américaine** (http://usembassy.state.gov) qui les recense tous.

Ambassades et consulats des États-Unis

Belgique Ambassade (☎ (32-2) 508-2111 ; http://belgium.usembassy.gov ; 27 bd du Régent, B-1000, Bruxelles) ; Consulat (☎ 32-788-1200 ; 25 bd du Régent, B-1000, Bruxelles)
Canada Consulat Montréal (☎ 514-398-9695 ; http://montreal.usconsulate.gov ; 1155 rue St-Alexandre, Montréal, Québec H3B 3Z1) ; Toronto (☎ 416-595-1700 ; http://toronto.usconsulate.gov ; 360 University Ave, Toronto, Ontario M5G 1S4)
France Ambassade (☎ 01 43 12 22 22 ; www.french.france.usembassy.gov/ ; 2 av. Gabriel, 75382 Paris Cedex 08) ; Consulat (☎ 0 810 26 46 26 ou www.usvisa-france.com pour prendre rendez-vous pour la demande de visa (14,50 € l'appel, payable par carte de crédit) ; adresse postale : 18 av. Gabriel, 75008 Paris ; dépôt des dossiers : 2 rue Saint-Florentin 75382 Paris, Cedex 08)

Suisse Ambassade (☎ 031-357-70-11 ; http://bern.usembassy.gov ; Sulgeneckstrasse 19, CH-3007 Berne) ; Consulat (☎ informations visas 0 900-87-84-72, 2,50 CHF/min, Jubilaumsstrasse 95, CH-3005 Berne)

Ambassades et consulats étrangers aux États-Unis

Presque tous les pays ont une ambassade à Washington, DC. Appelez-le ☎202-555-1212 pour obtenir leur numéro ou consultez le www.embassy.org pour trouver des liens vers toutes les ambassades.

Des consulats de différents pays sont présents dans l'Ouest :

Belgique Los Angeles (☎ 323-857-1244 ; www.diplomatie.be/losangelesfr/ ; 6100 Wilshire Blvd, Suite 1200, Los Angeles, CA 90048)

Canada Denver (☎ 303-626-0640 ; www.canadainternational.gc.ca/denver/ ; 1625 Broadway, Suite 2600, Denver, CO 80202) ; Los Angeles (☎ 213-346-2700 ; www.canadainternational.gc.ca/los_angeles/ ; 550 South Hope St, 9th Fl, Los Angeles, CA 90071-2627) ; San Francisco (☎ 415-834-3180 ; www.canadainternational.gc.ca/san_francisco/ ; 580 California St, 14e étage, San Francisco, CA 94104) ; Seattle (☎ 206-443-1777 ; www.canadainternational.gc.ca/seattle/ ; 1501 4th Ave, Suite 600, Seattle, WA 98101-1286)

France Los Angeles (☎ 310-235-32-00/01 ; www.consulfrance-losangeles.org ; 10390 Santa Monica Blvd, Suite 410, Los Angeles CA 90025) ; San Francisco (☎ 415-397-43-30/362-29-48 ; www.consulfrance-sanfrancisco.org ; 540 Bush St, San Francisco CA 94108)

Suisse Los Angeles (☎ 310-575-1145 ; www.eda.admin.ch/la ; 11766 Wilshire Blvd, Suite 1400, Los Angeles, CA 90025) ; San Francisco (☎ 415-788-2272 ; www.eda.admin.ch/sf ; 456 Montgomery St, Suite 1500, San Francisco, CA 94104-1233)

ARGENT

Le dollar américain, familièrement appelé *greenback*, *simoleon* ou *buck*, est une monnaie stable et la seule légale dans le pays ; à la frontière avec le Canada, cependant, les dollars canadiens sont parfois acceptés.

Un dollar équivaut à 100 cents (¢). Les pièces ont toutes un nom : 1 ¢ (*penny*), 5 ¢ (*nickel*), 10 ¢ (*dime*), 25 ¢ (*quarter*), celles de 50 ¢ (*half-dollar*) et de 1 $ sont très rares. Les *quarters* sont les pièces utilisées pour les distributeurs et les parcmètres. Il y a des billets de 1 $, 2 $ (rares), 5 $, 10 $, 20 $, 50 $ et 100 $.

Rares sont ceux qui se promènent avec beaucoup d'argent liquide pour leurs achats quotidiens. On préfère nettement la carte de crédit. Les petites boutiques refusent parfois les billets de plus de 20 $. Les prix indiqués dans ce guide sont en dollars américains et hors taxe, sauf mention contraire. Une liste des taux de change se trouve en deuxième de couverture de ce guide. Les prix les plus courants des voyages aux États-Unis figurent p. 19.

Cartes de crédit

Il est vraiment souhaitable d'avoir avec soi au moins une carte de crédit, de préférence Visa ou MasterCard, acceptées partout. De fait, il est pratiquement impossible de faire quoi que ce soit sans elles : louer une voiture ou réserver une chambre par téléphone. Curieusement, certaines compagnies aériennes exigent une adresse aux États-Unis pour les prendre, ce qui pose problème pour les vols intérieurs. Avant de partir en voyage, prévenez votre banque et la société qui a émis votre carte. Notez séparément le numéro de votre carte (pas votre code secret). En cas de perte ou de vol, faites une déclaration immédiatement auprès de la compagnie :

American Express (☎ 800-528-4800 ; www.americanexpress.com)

MasterCard (☎ 800-622-7747 ; www.mastercard.com)

Visa (☎ 800-847-2911 ; www.visa.com)

Chèques de voyage

L'apparition massive des DAB rend obsolète l'utilisation des chèques de voyage, sauf pour se couvrir en cas de réel coup dur. Si vous décidez d'en prendre, achetez-les en dollars, les magasins refusant fréquemment les chèques émis dans d'autres devises. Conservez séparément la liste de vos numéros afin de pouvoir la produire en cas de vol ou de perte. Les Travelers Chèques d'American Express sont acceptés quasiment partout.

Distributeurs automatiques de billets

Les distributeurs de billets (DAB) sont accessibles 24h/24, 7j/7, dans presque tous les centres commerciaux, aéroports, supermarchés, banques et casinos. La plupart des distributeurs prennent une commission de 2 $ ou plus par opération et il se peut que votre banque rajoute des frais. Les retraits aux DAB avec une carte de crédit impliquent généralement une lourde commission. Renseignez-vous auprès de votre banque.

Vérifiez les conditions d'utilisation de votre carte (commissions, accords avec certaines banques, numéro d'appel en cas de vol...) auprès de votre banque avant de vous en servir à l'étranger. Le taux de change aux distributeurs est le même qu'ailleurs.

Avant de partir en voyage, n'oubliez pas de prévenir votre banque. Des mouvements inhabituels sur votre compte pourrait la conduire à le bloquer temporairement.

Pourboires

Laisser un pourboire est pour ainsi dire obligatoire, sauf en cas de service réellement mauvais.

Porteur dans les aéroports et hôtels : 2 $ par bagage, 5 $ minimum par chariot.
Barman : 10-15% par tournée, 1 $ par consommation minimum.
Femme de chambre : 2-4 $ par nuit, à laisser sous la carte fournie à cet effet.
Serveur : 15-20%, sauf si le pourboire est inclus dans l'addition.
Chauffeur de taxi : 15-20%, arrondi au dollar supérieur.
Voiturier : au moins 2 $, sur remise des clés.

Taux de change

Les banques restent le meilleur endroit pour changer des devises étrangères. Dans les grandes villes, la plupart des banques proposent ce service, mais pas toujours dans les zones rurales. Les bureaux de change des aéroports et des offices du tourisme proposent les taux les moins avantageux ; renseignez-vous sur les commissions et les frais supplémentaires. **Travelex** (☎ 888-457-4602 ; www.travelex.com) est une grosse société de change, mais les agences **American Express** (☎ 800-297-2977 ; www.americanexpress.com) offrent souvent des meilleurs taux.

Taxes

Les États et comtés sont libres d'imposer leur propre taxe ; pour plus de détails, voir les encadrés *En bref* placés au début de chaque État. Les taxes de séjour, variables selon les villes, sont indiquées dans les rubriques *Où se loger*.

ASSURANCES

Que vous partiez longtemps ou non, souscrivez une bonne assurance avant votre départ. Il faut au minimum avoir une couverture médicale pour les urgences et les soins ou les hospitalisations ainsi qu'une garantie rapatriement. Les soins aux États-Unis sont excellents mais les coûts exorbitants. Voir p. 552 pour plus de détails.

Les assurances perte ou vol de bagages et annulation ne sont pas inutiles, surtout quand on paie son voyage longtemps à l'avance. Vérifiez la couverture de votre assurance responsabilité civile et prenez, si nécessaire, des garanties complémentaires pour le reste. Une couverture complète revient entre 5% et 7% du prix du voyage.

Si vous comptez conduire, il est indispensable d'avoir une assurance responsabilité civile. Les agences de location proposent des assurances tous risques et des assurances responsabilité distinctes qui couvrent les dommages aux personnes et aux véhicules. Voir p. 548 pour plus de détails.

BÉNÉVOLAT

De nombreux programmes permettent de faire du bénévolat aux États-Unis. Ils permettent d'approcher les Américains, leur culture et leur pays d'une manière originale, et sont l'occasion de vivre de belles aventures.

Les occasions de s'investir bénévolement sont pléthoriques dans les grandes villes, où il est facile de créer des liens avec les habitants tout en aidant les organisations à but non lucratif. Consultez les journaux alternatifs chaque semaine ou cherchez dans les annonces gratuites en ligne sur le site **Craigslist** (www.craigslist.org). Le site public **Serve.gov** (www.serve.gov) et les sites privés **ealist.org** (www.idealist.org) et **VolunteerMatch** (www.volunteermatch.org) permettent de consulter gratuitement des bases de données regroupant les programmes, courts et longs, dans tout le pays. Aux États-Unis, en dehors des deux organismes ci-dessous, les associations mentionnées dans la rubrique *Randonnée* p. 514, emploient également des bénévoles :

Sierra Club (☎ 415-977-5522 ; www.sierraclub.org). Programmes de "vacances bénévoles" visant à restaurer les zones sauvages et entretenir les pistes, notamment dans les parcs nationaux et réserves naturelles.
Wilderness Volunteers (☎ 928-556-0038 ; www.wildernessvolunteers.org ; PO Box 22292, Flagstaff, AZ 86002). Des séjours d'une semaine pour contribuer à l'entretien des parcs et zones sauvages.

En France, quelques organismes offrent l'occasion de participer bénévolement à des projets de développement ou d'environnement, parfois sur des périodes courtes, d'une à quatre semaines.

Voici quelques adresses d'organismes en France proposant des chantiers :

Association Rempart (☎ 01 42 71 96 55, www.rempart.com ; 1 rue des Guillemites 75004 Paris).

Jeunesse et reconstruction (☎ 01 47 70 15 88 ; www.volontariat.org ; 10 rue de Trévise 75009 Paris).

Comité de coordination pour le service volontaire international (CCVIS ☎ 01 45 68 49 36, fax 01 42 73 05 21 ; ccivs@unesco.org, www.unesco.org/ccivs).

CARTES ET PLANS

Un bon atlas routier est nécessaire pour circuler en voiture. L'**IGN** (www.ign.fr) propose une carte *États-Unis Ouest* (1/2 000 000) ainsi qu'une carte détaillée de la Californie (1/800 000).

Les atlas routiers et les cartes **Rand McNally** (www.randmcnally.com) ainsi que les guides Thomas Brothers, pour les villes, sont parfaits. On les trouve dans de nombreuses librairies et stations-service. Les membres d'automobiles-clubs (p. 546) peuvent se procurer des cartes gratuites de très bonne qualité dans les agences régionales de leur club ; l'AAA a des accords avec quelques clubs internationaux. Itinéraires en ligne et cartes téléchargeables sont sur **Google Maps** (http://maps.google.com).

Pour les randonneurs qui partent camper dans la nature, une bonne carte topographique est de mise. On en trouve dans les Visitor Center des parcs et dans les magasins de plein air. Les meilleures cartes sont celles de l'**US Geological Survey** (USGS ; ☎ 877-275-8747 ; http://store.usgs.gov), qui permet de les télécharger et de les commander en ligne ; le site fournit la liste complète des détaillants. **Trails.com** (www.trails.com) propose des cartes topographiques payantes, personnalisables et téléchargeables, mais on peut aussi acheter le logiciel de création de carte topographique au **National Geographic** (www.nationalgeographic.com) qui vend en ligne tout le matériel de cartographie.

Pour ceux qui veulent jongler entre voiture, randonnée et vélo, **Garmin** (www.garmin.com) et **Magellan** (www.magellangps.com) proposent GPS et logiciels de cartographie. Attention toutefois aux GPS qui tombent en panne ou ne fonctionnent pas bien dans certaines zones, comme dans les forêts épaisses ou les profonds canyons.

CARTES DE RÉDUCTION

Il existe de multiples façons d'obtenir des remises. En effet, avec un brin de persévérance et d'astuce, il est souvent possible d'avoir des réductions conséquentes sur vos chambres d'hôtel, repas, voitures de location, entrées de musées ou de parcs d'attractions.

Pour commencer, jeunes et seniors (à partir de 62 ans ; parfois 55 ou 60 ans) n'ont pas besoin d'une carte pour bénéficier de tarifs réduits. Par principe, demandez s'il existe de quelconques rabais lorsque vous réservez une chambre, une voiture ou que vous payez une entrée. Vous obtiendrez souvent 10% de remise, et parfois 50%. Il suffit de prouver son âge, en montrant son passeport ou sa carte internationale d'étudiant, l'**International Student Identity Card** (ISIC ; www.isic.tm.fr).

Pour les moins de 26 ans qui ne sont pas étudiants, l'International Youth Travel Card (IYTC) donne droit à certaines de ces réductions. Avec la **Student Advantage Card** (www.studentadvantage.com), les étudiants américains et étrangers ont 15% de réduction sur les billets de train Amtrak et de bus Greyhound, et jusqu'à 40% dans certains hôtels, magasins et cinémas.

Des bons de réduction sont distribués dans les endroits touristiques. Certains ne valent pas la peine de s'y intéresser, mais en feuilletant un peu, dans les agences de voyages et les stations-service, les brochures et prospectus, vous pourrez tomber sur de bonnes affaires. Consultez également les journaux du dimanche. Une mise en garde cependant : lisez toujours les petites lignes, elles donnent souvent les conditions nécessaires pour recevoir la réduction en question.

Avis aux amateurs de bons de réduction : ne négligez pas Internet ! Vous trouverez notamment des bons de réduction pour des produits divers, des locations de voiture, etc. sur **eDealinfo** (www.edealinfo.com). Pour les hôtels, préférez **Roomsaver.com** (www.roomsaver.com).

CLIMAT

Pour des renseignements généraux sur le climat et la meilleure période pour partir, voir p. 18. Tous les chapitres régionaux fournissent des renseignements propres à chaque destination. Le **National Weather Service** (www.nws.noaa.gov) propose d'innombrables cartes satellites et radars. Les graphiques que nous présentons (ci-contre) donnent les tendances générales de la météo dans l'Ouest américain.

ALBUQUERQUE (NM) 1 623 m

Moyenne max/min

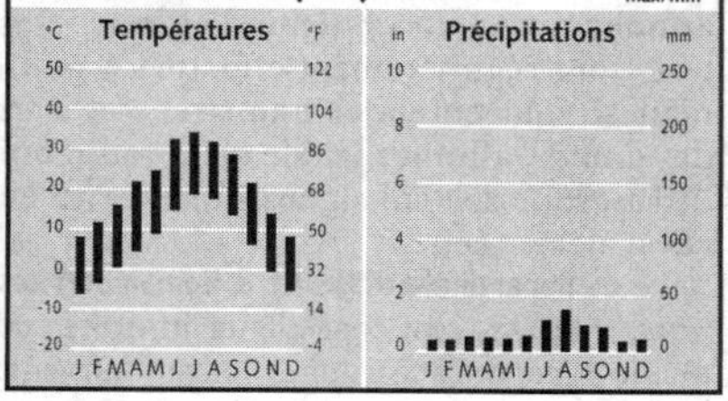

BOISE (ID) 865 m

Moyenne max/min

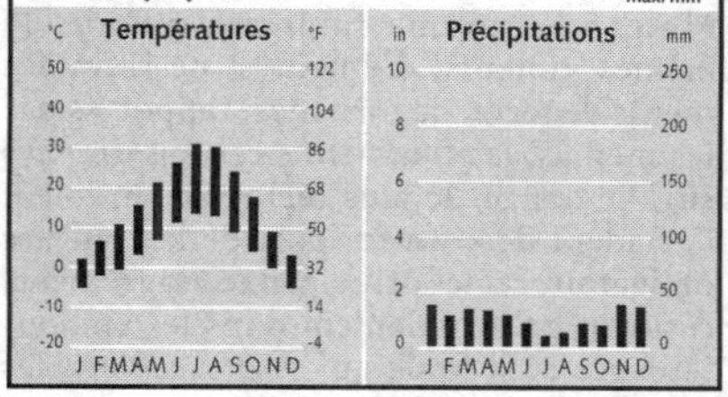

DENVER (CO) 1 611 m

Moyenne max/min

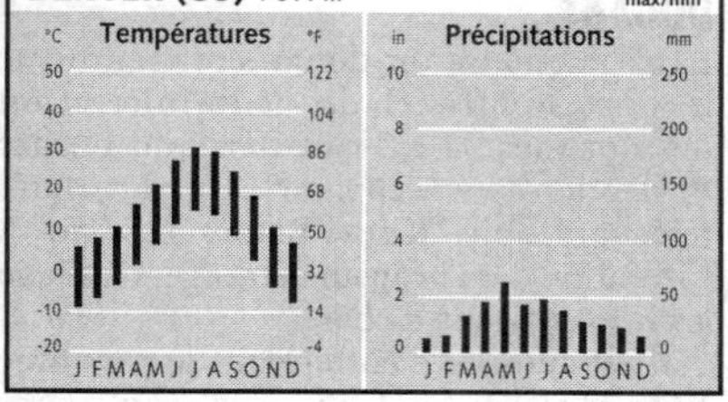

LAS VEGAS (NV) 658 m

Moyenne max/min

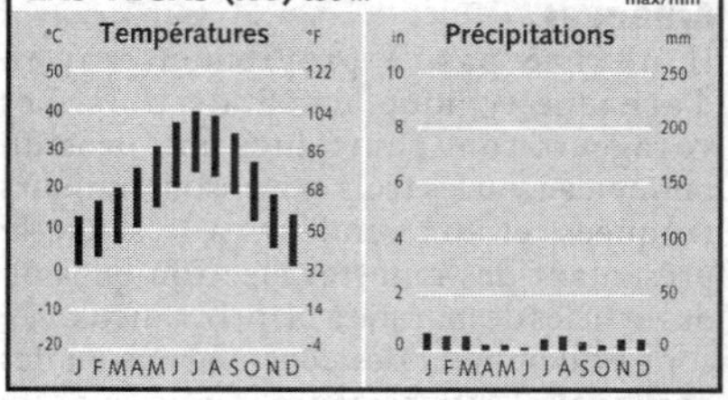

LOS ANGELES (CA) 78 m

Moyenne max/min

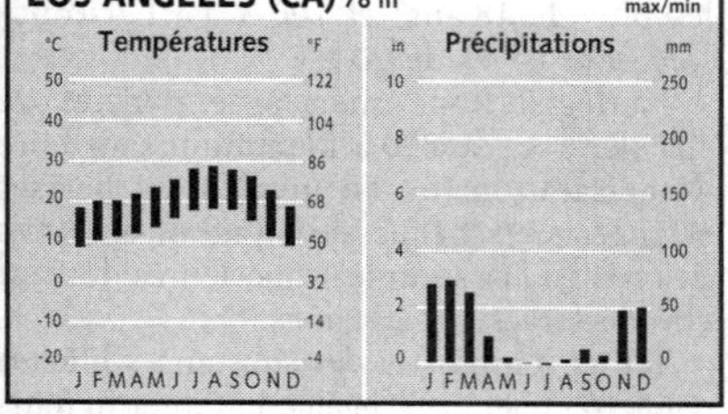

PHOENIX (AZ) 338 m

Moyenne max/min

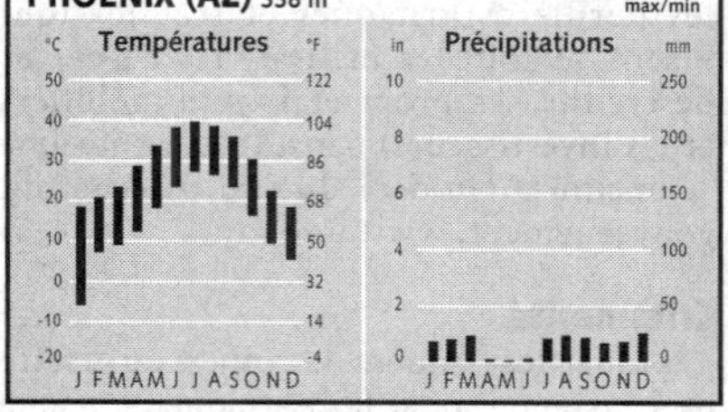

SALT LAKE CITY (UT) 1 286 m

Moyenne max/min

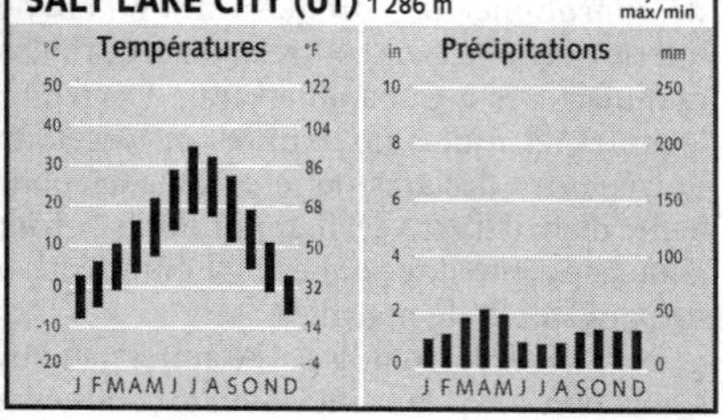

SAN FRANCISCO (CA) 39 m

Moyenne max/min

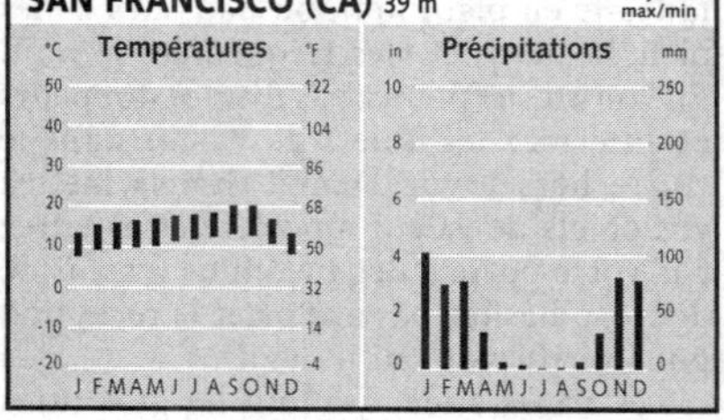

SEATTLE (WA) 6 m

Moyenne max/min

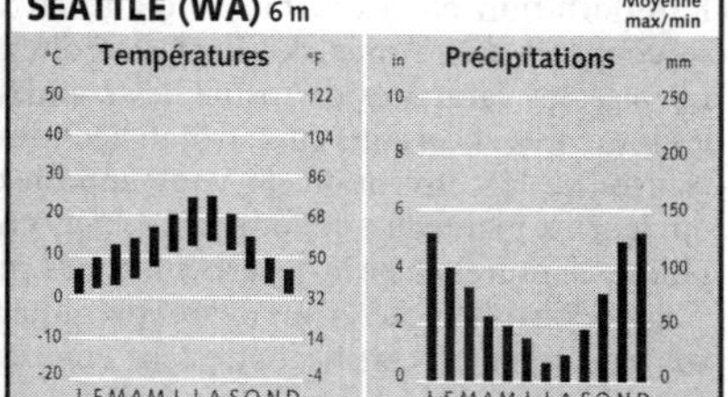

YELLOWSTONE NP (WY) 2 359 m

Moyenne max/min

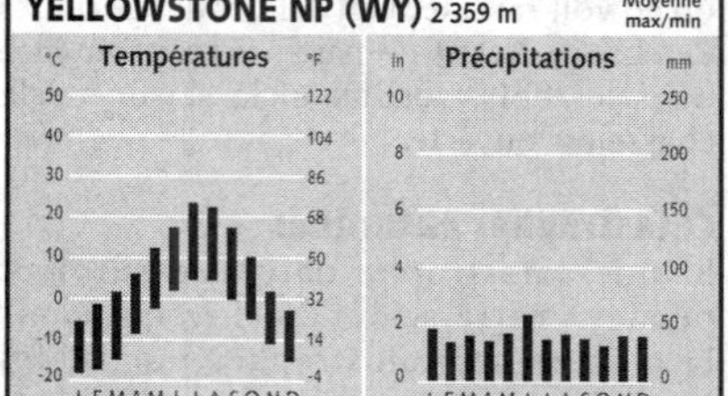

DÉSAGRÉMENTS ET DANGERS

Malgré la somme impressionnante de crimes violents, d'émeutes, de tremblements de terre, de tornades, rapportés par les médias, les États-Unis restent un pays sûr. Le danger le plus réel reste sûrement l'accident de voiture (port de la ceinture obligatoire) et les principaux désagréments résident principalement dans les embouteillages et la foule qui se presse dans les grands sites touristiques.

Arnaques

Il n'existe pas, à proprement parler, d'arnaque typique aux États-Unis. Les voyageurs sont confrontés aux pros du bonneteau, où les trois cartes sont toujours truquées, et aux vendeurs à la sauvette présentant des montres électroniques ou des articles de marque à un prix ridicule. Ce sont évidemment des contrefaçons ou des objets volés. Afficher votre scepticisme sera votre meilleure défense. Pour connaître les dernières arnaques et fraudes (qui visent surtout les utilisateurs de cartes de crédits, les propriétaires immobiliers et les investisseurs) consultez la rubrique "Consumer Guides" du site Internet du gouvernement, www.usa.gov.

Criminalité

Les touristes risquent davantage de se faire détrousser que de se faire attaquer. Lorsque vous retirez de l'argent à un distributeur, faites-le en plein jour, ou dans des zones bien éclairées et très fréquentées la nuit. En voiture, ne prenez pas d'auto-stoppeurs et enfermez les objets de valeur dans le coffre, hors de vue. Dans les hôtels, mettez vos objets de valeur au coffre et n'ouvrez pas votre porte à des inconnus (en cas de doute, n'hésitez pas à appeler la réception pour vérifier de qui il s'agit).

Les armes à feu, qui font les gros titres des journaux, semblent être partout, mais on en voit rarement en dehors des périodes de chasse. Avant de partir vous promener dans les bois, vérifiez si la saison de la chasse est ouverte.

Catastrophes naturelles

Si une catastrophe naturelle survient pendant votre séjour, sachez que pour la plupart des catastrophes prévisibles (séismes en Californie, feux de forêts dans l'Ouest), les dangers imminents sont annoncés par un système d'alarme. Des tests sont régulièrement effectués à midi, mais si vous entendez une sirène et avez des doutes, allumez la télé ou la radio qui diffuseront des consignes de sécurité en cas d'alerte réelle.

Le **US Department of Health & Human Services** (www.dhhs.gov/disasters) conseille et informe sur tous les types de catastrophes pouvant survenir lors de votre voyage.

DOUANE

La réglementation douanière figure sur le portail officiel de l'administration des douanes, la US Customs and Border Protection (www.cbp.gov). Une brochure téléchargeable "Know Before You Go" à l'attention des voyageurs étrangers indique les informations de base.

Il est autorisé d'entrer dans le pays avec 1 litre d'alcool (à condition d'avoir 21 ans révolus), 100 cigares et 200 cigarettes (pour les plus de 18 ans) et 100 $ d'achats duty free, sans payer de taxe.

La législation américaine permet de circuler avec 10 000 $ maximum sans faire de déclaration (ou l'équivalent en devises étrangères, en chèques de voyage ou en lettres de crédit). Les sommes supérieures doivent être déclarées aux douanes.

Tenter d'importer des substances illicites coûte très cher. Il est également interdit d'introduire dans le pays du matériel permettant de consommer des drogues, des billets de loteries, des objets de contrefaçon et des biens manufacturés à Cuba ou en Irak. Les fruits, légumes, et toutes nourritures ou végétaux doivent être déclarés ou jetés dans les poubelles du hall d'arrivée. L'importation de tout aliment est interdite pour éviter l'introduction de parasites et de maladies.

Les États-Unis sont, avec 170 autres nations, signataires de la Convention sur le commerce international des espèces menacées (CITES). L'importation et l'exportation d'animaux susceptibles d'être menacés sont interdites. L'ivoire, les carapaces de tortue, les coraux, les fourrures et certains cuirs bénéficient des clauses de la convention. Si vous apportez ou achetez manteaux de fourrure, objets en plume, ceintures en peau de serpent, bottes en alligator ou os sculptés, vous devrez présenter aux douaniers un certificat attestant que ces objets n'ont pas été fabriqués à partir d'espèces menacées. Pour plus de renseignements sur la question, visiter le site du **US Fish & Wildlife Service** (☎ 800-358-2104-www.fws.gov).

ENFANTS

Voyager avec un ou des enfants, vous le constaterez, est très facile et vous ouvrira bien des portes. En ville ou à la campagne, vous trouverez souvent un endroit prévu pour vos bambins.

Pratique

La majorité des restaurants mettent des chaises hautes à disposition des familles et, en l'absence de menu enfants, il est toujours possible de commander un plat plus adapté. Beaucoup de *diners* et de *family restaurants* fournissent des sets en papier avec des crayons de couleur pour les enfants. La plupart des toilettes publiques ont une table à langer (parfois même du côté hommes) et des espaces familles font leur apparition dans les aéroports.

Motels et hôtels ont généralement deux grands lits. Il est possible de demander des lits pliants ou des petits lits moyennant un supplément. Jusqu'à 12 ans et parfois jusqu'à 18 ans, les enfants ne paient pas. Certains Bed & Breakfast n'acceptent pas les enfants. Vérifier en réservant.

Les agences de location de voitures disposent de sièges bébé ou de rehausseurs, obligatoires dans tous les États. N'oubliez pas de les demander en réservant le véhicule en sachant que vous devrez payer environ 10 $/jour supplémentaires. Les compagnies aériennes offrent parfois le billet aux enfants ou leur consentent d'importantes réductions.

Certains hôtels proposent un service de baby-sitting. À défaut, demandez à la réception de vous aider à vous organiser. Sinon, vérifiez toujours que les baby-sitteurs soient agrémentés, leur tarif horaire par enfant, leur tarif minimum s'ils en ont un, et s'ils facturent le déplacement et les repas.

Les offices de tourisme indiquent les sites pour les enfants ainsi que les garderies.

L'icône représentant un bébé (👶) indique les sites, activités ou établissements adaptés aux familles.

À voir et à faire

Dans ce guide, vous trouverez une section *Avec des enfants* indiquant les meilleurs endroits à visiter avec des enfants dans plusieurs villes. Les musées proposant des expositions visuelles ou interactives, les aires de jeu, les parcs d'attractions, sont légion aux États-Unis.

L'excellent site, **Go City Kids** (www.gocitykids.com), couvre les activités orientées vers les enfants et les possibilités offertes dans une cinquantaine de villes américaines.

Presque tous les parcs nationaux et d'État aménagent des expositions, des itinéraires et des activités (par exemple, les kits *Junior Ranger* dans les parcs nationaux) à l'attention des enfants ou même des familles.

FÊTES ET FESTIVALS

Les fêtes et festivals recensés ici sont fêtés dans tout le pays, quoique plus fortement dans certaines régions que d'autres. Pour plus de propositions, consultez l'encadré p. 21 et les sections *Fêtes et festivals* des chapitres régionaux. Contactez les différents offices du tourisme pour les programmes complets des manifestations à venir. Voir aussi la rubrique *Jour fériés* (p. 530).

JANVIER

Nouvel An chinois Fin janvier ou début février. Défilés, feux d'artifice et agapes le premier jour. Le spectacle vaut le détour à San Francisco.

FÉVRIER

Mois de l'histoire afro-américaine L'histoire des descendants d'esclaves donne lieu à des manifestations dans l'ensemble du pays.

Saint-Valentin Le 14.

Mardi gras Fin février ou début mars, veille du mercredi des Cendres. Carnaval avec défilés, bonne humeur, fêtes et danses au programme.

MARS

St Patrick Le 17. Le saint patron de l'Irlande est honoré. Habillez-vous en vert si vous ne voulez pas vous faire pincer.

Pâques Fin mars-début avril, le dimanche suivant le Vendredi saint (qui n'est pas un jour férié). Les églises sont pleines le matin, ensuite les enfants partent à la recherche de leurs œufs cachés par le lapin de Pâques.

MAI

Cinco de Mayo Le 5. Jour où les Mexicains infligèrent une défaite aux Français en 1862. Dans l'Ouest, les populations d'origine mexicaine défilent dans leur ville.

Fête des Mères Le deuxième dimanche du mois. Les enfants qui ne vivent plus chez leur mère envoient une carte ou des fleurs. Les restaurants affichent complet.

JUIN

Fête des Pères Le troisième dimanche du mois.

Mois de la Gay Pride (www.interpride.org). Dans certaines villes la fête ne dure qu'une semaine, mais à San Francisco il y en a pour un mois. Le défilé a lieu le dernier week-end de juin.

JUILLET

Independence Day Le 4. Défilés et feux d'artifice célèbrent l'anniversaire de l'indépendance des États-Unis.

OCTOBRE

Halloween Le 31. Les gamins se déguisent pour aller, de maison en maison, déclamer le traditionnel *"trick or treat"* (une friandise, sinon gare aux représailles). Les adultes se costument aussi pour aller danser. Dans l'Ouest, c'est à San Francisco que l'ambiance est la plus survoltée.

NOVEMBRE

Fête des Morts Le 2. C'est le célèbre *Dia de los Muertos* mexicain, observé dans les quartiers mexicains pour honorer les défunts de sa famille. Les *piñatas* (bonbonnes à surprises) pleines de bonbons et les squelettes sont de sortie.

Thanksgiving Le quatrième jeudi. Première récolte des colons, aujourd'hui prétexte à un long repas en famille ou avec des amis, avec la traditionnelle dinde rôtie au menu.

DÉCEMBRE

Hanoukka La date est déterminée par le calendrier hébreu, mais le début est généralement avant Noël. La fête des Lumières dure huit jours.

Kwanzaa (www.officialkwanzaawebsite.org) Du 26 au 31. Ces réjouissances afro-américaines étaient à l'origine des remerciements pour les moissons.

Noël Le 25. Les semaines précédant la naissance de Jésus sont riches en rites religieux et séculiers : illumination du sapin, concerts des chorales des églises, services et messes, chants dans les rues, sans oublier les cadeaux.

Saint-Sylvestre Le 31. Des millions de personnes font la fête et prennent de bonnes résolutions pour la nouvelle année.

FORMALITÉS ET VISAS

Les conditions d'entrée sur le territoire américain changent au gré des évolutions des règlements de sécurité. Tous les voyageurs sont invités à vérifier la législation relative aux visas et passeports *avant* de venir aux États-Unis.

Le portail www.usa.gov dispense de nombreuses informations sur les visas américains. Le site de l'**US State Department** (www.travel.state.gov/visa) donne des formulaires à télécharger, des listes des consulats étrangers à l'étranger et les délais d'attente pour l'obtention d'un visa, pays par pays. Le site de l'**US Citizenship and Immigration Services** (www.uscis.gov) est destiné aux immigrants et non aux touristes.

Visas

PROGRAMME D'EXEMPTION DE VISA

Les ressortissants de vingt-sept pays, dont la France, la Belgique et la Suisse, sont, à l'heure actuelle, dispensés de visa pour des séjours d'une durée maximale de 90 jours, sans prorogation possible.

Les bénéficiaires de cette disposition sont toutefois tenus de produire les mêmes documents que pour un visa de tourisme au service de l'immigration, à leur entrée dans le pays. Ils doivent ainsi faire la preuve de la durée limitée de leur séjour, montrer leur billet de retour ou un aller simple pour une prochaine destination, établir que leurs ressources financières sont suffisantes pour couvrir les coûts du voyage et qu'ils ont des obligations les rappelant dans leur pays.

Par ailleurs, pour bénéficier de l'exemption de visa, il vous faut posséder un passeport individuel :

– délivré avant le 26 octobre 2005, à lecture optique (Modèle Delphine, avec deux lignes de lettres et de chiffres suivies de <<< en bas) ou ;

– délivré entre le 26 octobre 2005 et le 26 octobre 2006, avec une photo numérisée et à lecture optique ou ;

– délivré à partir du 26 octobre 2006, avec une photo numérisée et des données biométriques (passeport électronique).

Les ressortissants des pays signataires du VWP (Visa Waiver Program) sont exemptés de visa *uniquement* s'ils possèdent un passeport répondant aux normes américaines actuelles *et* qu'ils ont obtenu l'approbation de l'Electronic System for Travel Authorization (ESTA) au préalable. Inscrivez-vous en ligne auprès du *Department of Homeland Security* sur la page https://esta.cbp.dhs.gov au moins 72h avant votre arrivée. Une fois l'autorisation de voyage validée, votre inscription est valable pendant deux ans.

Les mineurs inscrits sur le passeport de leurs parents ne sont pas reconnus par les autorités américaines ; ils doivent avoir leur propre passeport pour être exempts de visa.

Vérifiez impérativement que votre passeport correspond aux stipulations en

CONSEILS AUX VOYAGEURS

La plupart des gouvernements possèdent des sites Internet qui recensent les dangers possibles et les régions à éviter. Consultez notamment les sites suivants :

- **Ministère des Affaires étrangères de Belgique** (www.diplomatie.be)
- **Ministère des Affaires étrangères du Canada** (www.voyage.gc.ca)
- **Ministère français des Affaires étrangères** (www.diplomatie.gouv.fr)
- **Département fédéral des affaires étrangères suisse** (www.eda.admin.ch/eda/f/home.html)

vigueur sinon vous vous verriez refoulé à la frontière, même si vous êtes citoyen d'un pays signataire de la convention d'exemption de visa.

Les motifs d'expulsion cités plus loin (voir p. 524) s'appliquent aussi aux citoyens bénéficiant de la convention d'exemption de visa, à la différence qu'ils n'ont pas le droit de faire appel ni de demander une exemption. Si le droit d'entrer dans le pays vous est refusé à un point d'entrée dans un aéroport, vous serez contraint d'utiliser votre billet de retour, ou de poursuivre votre circuit, en prenant le prochain avion en partance pour votre destination.

DEMANDE DE VISA

Formalités

Hormis les Canadiens et les ressortissants des pays signataires d'un accord de dérogation de visa munis du passeport adéquat, tous les étrangers doivent déposer une demande de visa auprès d'un consulat ou d'une ambassade américaine.

Il faut pour cela, remplir un formulaire de demande de visa de non-immigrants (DS-156) et constituer un dossier. Attention, seul les formulaires électroniques (https://evisaforms.state.gov/ds156.asp?lang=1) dûment complétés (en anglais) puis imprimés sont acceptés par les services consulaires.

La procédure actuelle prévoit un rendez-vous pour un entretien individuel lors duquel il faut présenter tous ses papiers et faire la preuve de ses ressources. Prise de **rendez-vous sur Internet** (www.usvisa-france.com) ou par téléphone au ☎ 0 810 26 46 26, moyennant 14,50 € (payable par carte bancaire). Les délais d'attente varient, mais si tout se passe bien, le visa est délivré quelques jours ou quelques semaines après l'entretien. Le service consulaire vous dira si vous êtes soumis à l'obligation de déclarer votre arrivée dans le cadre du National Security Entry/Exit Registration System (NSEERS).

Votre passeport doit être valable au moins six mois après la date prévue pour la fin de votre séjour aux États-Unis. Il faut fournir une photo récente (5x5 cm) avec votre demande et régler 131 $ (95 €) pour les frais administratifs, et des frais de chancellerie, mais les ressortissants français en sont exemptés (se reporter au site pour plus de détails).

En plus du formulaire DS-156, les hommes entre 16 et 45 ans doivent aussi remplir le formulaire DS-157, qui indique l'itinéraire prévu.

Les demandeurs de visa doivent faire la preuve de leur solvabilité (ou qu'ils connaissent une personne résidante en mesure de subvenir à leurs besoins), présenter un billet de retour ou, à défaut, faire valoir des obligations de nature à les faire revenir chez eux (liens familiaux, titres de propriété, emplois…).

En raison de ces exigences, il est préférable, si l'on voyage dans plusieurs pays avant d'entrer aux États-Unis, d'obtenir son visa avant le départ et non de le demander depuis un pays étranger.

Types de visas

Le visa le plus courant pour les non-immigrants est le B1 pour les voyages d'affaires et le B2 pour le tourisme ou les visites aux amis et à la famille. Un visa de tourisme est valable entre un et cinq ans et permet plusieurs entrées. Il est strictement interdit aux détenteurs de visas de tourisme d'accepter un travail rémunéré aux États-Unis. La validité du visa dépend du pays d'origine. L'officier de l'immigration décide de la durée maximum de votre séjour à votre entrée dans le pays (voir p. 524).

Pour travailler ou faire des études aux États-Unis, il faut un autre visa et c'est l'employeur ou l'institution accueillant l'étranger qui doit en faire la demande. Les autres catégories de visa pour les non-immigrants sont : F1 pour les étudiants suivant un cursus officiel ; H1, H2 ou H3 pour les autorisations de travail temporaire ; J1 pour les personnes participant à des programmes d'échange sanctionnés par les gouvernements ; K1 pour le ou la fiancé/e d'un/e citoyen/ne américain/ne et L1 pour les cadres étrangers mutés dans une filiale de la maison mère aux États-Unis.

Avant le départ, il est impératif de contacter les ambassades et les consulats pour s'assurer que les modalités d'entrée sur le territoire n'ont pas changé. Nous vous conseillons de photocopier tous vos documents importants (premières pages de votre passeport, cartes de crédit, numéros de chèques de voyage, police d'assurance, billets de train/d'avion/de bus, permis de conduire, etc.). Emportez un jeu de ces copies, que vous conserverez à part. Vous remplacerez ainsi plus aisément ces documents en cas de perte ou de vol.

MOTIFS DE REFUS ET DE RECONDUITE À LA FRONTIÈRE

Si vous reconnaissez sur votre formulaire de demande de visa être : un élément subversif (anarchiste, communiste), un trafiquant, un terroriste, un(e) prostitué/e, un(e) drogué/é ou un ancien nazi, vous risquez de ne pas l'obtenir. Visa ou droit d'entrée aux États-Unis sont également refusés aux personnes porteuses d'une "maladie transmissible dangereuse pour la santé publique", ayant des antécédents judiciaires ou bien ayant fait de fausses déclarations lors de précédentes demandes de visa. Les personnes appartenant à l'une de ces trois catégories peuvent toutefois demander une exemption. Elle est souvent accordée.

Les services de l'immigration donnent un sens très large à la notion d'"antécédents judiciaires". Toute arrestation suivie d'une inculpation constitue un antécédent, quand bien même l'inculpé aurait été acquitté ou les poursuites contre lui abandonnées avant toute condamnation. Inutile donc d'essayer de bénéficier des accords d'exemption de visa quand on a un casier judiciaire car les autorités américaines ont accès à ces informations.

Les maladies transmissibles dangereuses sont : la tuberculose, le virus Ebola, le SRAS (syndrome respiratoire aigu sévère, ou pneumopathie atypique) et surtout le sida. Les services d'immigration ne font pas de test mais leurs agents sont habilités à poser des questions sur la santé des personnes entrant dans le pays. Ils ont le droit de refouler toute personne soupçonnée d'être atteinte d'une maladie transmissible (par le simple fait de porter sur elle des documents médicaux, des ordonnances ou médicaments contre le sida). L'utilisation de drogues administrables par injection intraveineuse est une raison de refus. Les étrangers peuvent être expulsés si les services d'immigration s'aperçoivent qu'ils sont porteurs du virus VIH et ne l'ont pas déclaré. Le fait d'être séropositif n'est pas un motif d'expulsion mais mentir sur sa demande de visa en est un.

Souvent l'USCIS accorde une exemption (un *waiver of ineligibility*) aux personnes qui normalement devraient se voir refuser leur visa ; il faut la demander au moins deux mois à l'avance car la procédure passe par un bureau régional de l'immigration. Si vous tentez de cacher une information, vous risquez de vous attirer les foudres des services d'immigration. Un demandeur de visa qui reconnaît avoir eu maille à partir avec la justice ou être porteur d'une maladie infectieuse a plus de chances de l'obtenir que quelqu'un qui a fait une fausse déclaration, même sur un point de détail. Tout étranger admis aux États-Unis peut être renvoyé dans son pays d'origine s'il est prouvé qu'il a fait une fausse déclaration.

Les candidats concernés par ces différents motifs de refus de visa doivent réfléchir aux possibilités qui leur sont offertes avant de déposer toute demande.

Entrer aux États-Unis

Les détenteurs de passeports autres qu'américains doivent remplir, en arrivant et en repartant, le formulaire vert I-94 avant de se présenter au bureau de l'immigration. Il est normalement distribué dans l'avion avec les formulaires de déclaration en douanes. À la question *Address While in the United States*, (adresse lors de votre séjour) donner l'adresse du lieu où vous passerez votre première nuit (celle de votre hôtel par exemple).

Indépendamment de ce que votre visa stipule, l'officier de l'immigration est habilité à vous refuser le droit d'entrer aux États-Unis et à mettre des conditions à votre séjour. Il vous demandera quels sont vos projets et si vous avez assez d'argent. Produire un itinéraire, un billet de retour ou vers une autre destination et au moins une carte de crédit est utile. Montrer que vous disposez d'un budget de 400 $ par semaine de séjour suffit normalement. N'insistez pas trop sur le fait que vous avez des amis, de la famille ou des contacts professionnels aux États-Unis, l'agent de l'immigration pourrait en conclure que vous serez tenté de prolonger votre séjour. Être correctement habillé et courtois ne fait pas de mal.

L'**US-VISIT** (www.dhs.gov/us-visit) est un programme du département de la Sécurité intérieure entré en vigueur depuis quelques années. Il concerne tous les points d'entrée et tous les visiteurs étrangers. Pour la plupart des visiteurs (à l'exception, pour l'instant, de la plupart des Canadiens et des Mexicains), le recueil des données consiste en la prise d'une photo numérique et d'une prise d'empreinte électronique (sans encre) des empreintes digitales de chaque index ; cela prend moins d'une minute.

Un enregistrement spécial, baptisé NSEERS (National Security Entry/Exit Registration System), est requis pour les ressortissants de certains pays jugés "à risques" ; les agents leur réclament parfois cependant un enregistrement classique. À l'heure où nous écrivons ces lignes, les pays concernés sont l'Iran, l'Irak, la Libye, le Soudan et la Syrie, mais consultez www.ice.gov pour des mises à jour. L'enregistrement dans ce cas comprend également un court entretien dans une pièce séparée et une vérification par ordinateur de toutes les données personnelles indiquées sur les papiers.

Prorogation de visa

Si vous voulez ou avez besoin de prolonger votre séjour au-delà de la date figurant sur le tampon de votre passeport, allez au bureau de l'USCIS (appelez-le ☎800-375-5283) pour demander une prolongation bien avant la date indiquée sur votre passeport. Si elle est déjà dépassée, l'aide d'un citoyen américain attestant de votre moralité et des documents prouvant que vous ne cherchez pas à travailler illégalement et disposez de ressources suffisantes pour subvenir à vos besoins seront utiles. Il est toutefois plus que probable que vous serez expulsé. Les voyageurs entrant aux États-Unis et bénéficiant du VWP ne peuvent pas solliciter d'extension de visa.

Quitter le pays et y revenir

Aller faire un petit tour au Mexique ou au Canada est assez facile, mais au retour les non-Américains sont soumis à l'intégralité des formalités d'immigration. Ayez toujours votre passeport sur vous pour passer la frontière. S'il vous reste beaucoup de temps sur votre précédente carte d'immigration dans le pays, vous pourrez probablement y revenir en la conservant mais si la date d'expiration est proche, il faudra en demander une nouvelle. Les agents du contrôle à la frontière voudront voir un billet d'avion et des preuves de ressources.

Un petit tour de l'autre côté de la frontière est de loin le moyen le plus simple pour prolonger son séjour sans avoir à demander une prorogation à un bureau de l'USCIS. Cela peut encore fonctionner, mais pas à coup sûr. N'oubliez pas de remettre votre ancienne carte aux autorités en quittant les États-Unis. À votre retour présentez à nouveau tous les documents montrés pour votre première entrée dans le pays. Les services d'immigration sont très soupçonneux quand on va passer quelques jours de l'autre côté de la frontière et que l'on revient en demandant un nouveau permis de séjour de six mois. Il faut s'attendre à répondre à beaucoup de questions.

Les ressortissants de la plupart des pays occidentaux n'ont pas besoin de visa pour le Canada (ni pour le Mexique, à condition de rester dans la limite de la zone frontalière– au-delà, il faut un visa). Les voyageurs arrivant en bus du Canada sont parfois sérieusement interrogés. Un billet aller-retour calme les craintes des services d'immigration. Voir p. 536 pour en savoir plus.

HANDICAPÉS

Les États-Unis constituent une destination adaptée pour les personnes handicapées physiquement. L'Americans with Disabilities Act (ADA) impose à chaque édifice public, privé construit après 1993 (notamment les hôtels, restaurants, théâtres et musées) et transports en commun d'être accessible en fauteuil roulant. Vérifiez au préalable ce qu'il en est par téléphone. Certains offices du tourisme publient des guides détaillés faisant état des zones aménagées.

Les compagnies de télécommunication fournissent des opérateurs relais, accessibles par des numéros téléimprimeurs (*TTY numbers*) pour les malentendants. La plupart des banques disposent de DAB avec les consignes d'utilisation en braille, ou possédant une prise écouteurs pour les malentendants. Toutes les grandes lignes aériennes, les bus Greyhound et les trains Amtrak fournissent une assistance aux handicapés. Il suffit d'expliquer ce dont on a besoin en réservant 48h à l'avance pour que le nécessaire soit fait. Les chiens guides d'aveugles sont acceptés à bord ; n'oubliez pas leur papier.

Certaines agences de location de véhicules, comme Budget et Hertz, proposent des véhicules aménagés et des fourgonnettes avec élévateur de fauteuil roulant sans surcoût, mais il faut les réserver à l'avance. **Wheelchair Getaways** (☎ 800-642-2042 ; www.wheelchairgetaways.com) loue ce genre de véhicule dans tous les États-Unis. Dans beaucoup de grandes villes, les bus sont accessibles aux personnes en fauteuil roulant et peuvent "s'incliner" si elles n'arrivent pas à monter la marche. Il suffit d'indiquer au chauffeur que l'on a besoin de l'élévateur ou du plan incliné.

Dans de nombreux parcs nationaux, certains parcs d'État et domaine de loisirs, les chemins sont aménagés pour les fauteuils roulants, soit pavés, goudronnés ou recouverts de planches.

Voici quelques sources d'informations utiles pour les handicapés :

Disabled Sports USA (☎ 301-217-0960 ; www.dsusa.org). Propose activités sportives et séjours pour handicapés, et publie le magazine *Challenge*.

Flying Wheels Travel (☎ 507-451-5005, 877-451-5006 ; www.flyingwheelstravel.com). Agence de voyages proposant un service très complet.

Mobility International USA (☎ 541-343-1284 ; www.miusa.org). Informe les voyageurs handicapés sur les difficultés d'accès et gère un programme d'échanges culturels.

Moss Rehabilitation Hospital (☎ 800-225-5667 ; www.mossresourcenet.org/travel.htm). Innombrables liens et conseils sur les endroits accessibles aux handicapés.

En France, l'**APF** (Association des paralysés de France ; ☎ 01 40 78 69 00, fax 01 45 89 40 57 ; www.apf.asso.fr ; 17 bd Auguste-Blanqui, 75013 Paris) peut vous fournir des informations sur les voyages accessibles. Deux sites Internet, dédiés aux personnes handicapées, mettent régulièrement à jour une rubrique Voyages et constituent une bonne source d'information. Il s'agit de **Yanous** (www.yanous.com) et de **Handica** (www.handica.com). Il existe également des agences de voyages spécialisées, parmi lesquelles :

Handi Cap Evasion (☎/fax 04 78 22 71 02 ; hce@free.fr ; www.hce.asso.fr ; chemin de la Creuzette, 69270 Fontaines-sur-Saône).

APF Evasion (☎ 01 40 78 27 27 ; evasion.vacanciers@apf.asso.fr ; www.apf.asso.fr ; 17 bd Auguste-Blanqui, 75013 Paris).

HÉBERGEMENT

Ce guide recommande des adresses pour tous les budgets et plus particulièrement les hébergements de catégorie moyenne. Sauf indication contraire, les catégories "petits budgets" recensent les chambres à moins de 80 $, catégorie moyenne, de 80 à 200 $ et supérieure au-delà de 200 $.

Les prix mentionnés (généralement, ceux d'une double occupée par deux personnes en haute saison) le sont uniquement à titre indicatif. Des manifestations ponctuelles, des week-ends chargés, des congrès ou des vacances sont autant d'événements qui font monter les prix. Presque partout les tarifs en basse saison sont très inférieurs. La taxe de séjour, entre 10% et 15% selon les endroits, n'est pas incluse dans le prix.

Remarque : *les prix n'incluent pas la taxe de séjour*, qui peut alourdir la note de 10% à 15%. Demandez toujours le prix taxe incluse lorsque vous réservez.

Dans la mesure où presque tous les hôtels ont des chambres non-fumeurs, l'icône ⊠ n'est utilisée que pour signaler l'absence totale de chambres fumeurs.

Les établissements accueillant les familles sont indiqués par l'icône représentant un enfant ( ) ; ceux avec un accès à Internet Wi-Fi, gratuit ou payant, présentent l'icône ( ) et ceux avec un ordinateur connecté à Internet disponible pour les clients par l'icône ( ). Quant aux établissements éco-responsables, ils sont référencés dans le GreenDex (p. 586).

Il est conseillé de toujours réserver, sauf peut-être dans les établissements les plus économiques, ou vraiment hors saison. Dans les destinations de haute saison tout est souvent complet des mois à l'avance. Quand il n'y a vraiment personne, il suffit de se présenter sans réservation pour obtenir un tarif défiant toute concurrence. Beaucoup d'hôtels proposent des promos sur leur site et les chaînes bon marché offrent parfois des remises au téléphone. Les chaînes sont souvent associées à des programmes "grands voyageurs" (*frequent flyer mileage*) où l'on est récompensé par le simple fait de faire des kilomètres. Mieux vaut s'en assurer au moment de la réservation. Pour les voyages, les sites de réservation, de ventes aux enchères ou de comparaison de prix (p. 538) restent utiles pour trouver des tarifs réduits. Consultez aussi **Hotels.com** (www.hotels.com) et **Hotwire** (www.hotwire.com).

Bed & Breakfasts

La plupart des B&B américains sont des adresses romantiques installées dans des demeures historiques restaurées et meublées avec goût, tenues par des propriétaires aimables préparant de bons petits-déjeuners. La décoration illustre souvent un thème (époque victorienne, rustique, style Cape Cod...) et les chambres vont du confortable au *très très* confortable. Les prix dépassent habituellement les 100 $, pour se situer, dans les plus beaux B&B, entre 200 et 300 $ et plus par nuit. Une durée de séjour minimum est parfois exigée pour les séjours en fin de semaine. Certaines adresses n'acceptent pas les jeunes enfants.

Il existe aussi des B&B de style européen : il peut s'agir de chambres dans une maison privative, avec un mobilier plus simple, des petits-déjeuners moins fastueux, une sdb partagée et des tarifs moins chers. Les familles sont souvent les bienvenues.

Les B&B peuvent fermer hors saison et la réservation est essentielle pour les établissements les plus luxueux. Pour éviter les surprises, mieux vaut demander à l'avance si les enfants sont acceptés et si la salle de bains est commune ou particulière. Vous trouverez, tout au long de ce guide, des adresses d'agences régionales de B&B. Vous pouvez consulter en outre les sites suivants :

Bed & Breakfast Inns Online (www.bbonline.com)
BedandBreakfast.com (www.bedandbreakfast.com)
BnB Finder (www.bnbfinder.com)
Pamela Lanier's Bed & Breakfast Inns (www.lanierbb.com)
Select Registry (www.selectregistry.com).

Camping

La plupart des terres fédérales et des parcs d'État disposent de campings. Les plus rudimentaires n'offrent aucune infrastructure et fonctionnent selon le système du premier arrivé, premier servi ; les prix sont d'environ 10 $ la nuit. Un camping basique dispose de sanitaires, d'eau potable, d'espaces pour faire un feu et de tables de pique-nique. La nuit revient entre 5 $ et 15 $ et il est souvent possible de réserver. Les campings plus élaborés, généralement installés dans les parcs nationaux et d'État, sont mieux équipés et disposent de sanitaires plus complets : eau chaude, branchement camping-car, laverie automatique... Ils coûtent entre 12 et 35 $ la nuit et la plupart peuvent être réservés jusqu'à 6 mois en avance.

Pour camper sur la plupart des terres fédérales (parcs nationaux, forêts nationales, zones protégées du BLM, etc.) il est possible de réserver via **Recreation.gov** (☎ 518-885-3639, 877-444-6777 ; www.recreation.gov). Le camping est généralement limité à 14 jours et peut être réservé de six à huit mois à l'avance. Pour les campings d'État, les réservations peuvent se faire auprès de **ReserveAmerica** (www.reserveamerica.com). Ces deux sites permettent de localiser les terrains et infrastructures de campings, de vérifier les emplacements libres, de les réserver, de voir des cartes et d'obtenir des itinéraires en ligne.

Les campings privés sont souvent destinés aux camping-cars et aux familles (les emplacements pour tentes sont souvent rares et sans charme), ils sont souvent équipés de réseaux Wi-Fi, de terrains de jeu, de piscines, d'épiceries, etc. Beaucoup proposent des bungalows, allant des plates-formes en bois entourées de toiles aux structures en rondins avec de vrais lits, du chauffage et une sdb particulière. **Kampgrounds of America** (KOA ; http://koa.com) est un réseau national de campings privés bien équipés. On peut commander l'annuaire annuel gratuit (hors frais de port) du KOA, le consulter et faire des réservations en ligne.

Auberges de jeunesse

L'Ouest américain est bien pourvu en auberges de jeunesse, en particulier dans le Nord-Ouest, la Californie, et le Sud-Ouest.

Hostelling International (HI-USA ; ☎ 301-495-1240 ; www.hiusa.org ; cotisation annuelle adulte/enfant/-18 ans/senior 28 $/gratuit/18 $) regroupe une quarantaine d'auberges aux États-Unis. Elles ont généralement des dortoirs non mixtes, quelques chambres, des salles de bains collectives, une cuisine commune et la plupart fournissent les draps gratuitement ou pour une somme modique (les sacs de couchage ne sont pas autorisés). Il est interdit de fumer et de consommer de l'alcool, des animations sont parfois proposées. Dans les villes, certaines auberges sont ouvertes 24h/24 et possèdent des chambres et certaines infrastructures adaptées aux personnes en fauteuil roulant, comme la piscine. D'autres ferment l'après-midi (généralement entre 10h et 17h). Les dortoirs coûtent entre 20 $ et 35 $ la nuit. Les membres HI-USA ont droit à de petites réductions et à un guide des auberges sur demande. Les réservations sont acceptées et recommandées en saison haute, où l'on ne peut pas rester plus de trois nuits de suite. Réservations en ligne ou via le **service de réservation** de HI-USA (☎ 888-464-4872).

Les États-Unis comptent de nombreuses auberges de jeunesse indépendantes, non affiliées à HI-USA. Vous en trouverez une liste en ligne sur :

Hostel Handbook (www.hostelhandbook.com ; guide 4 $)
Hostels.com (www.hostels.com)
Hostelworld.com (www.hostelworld.com)
Hostelz.com (www.hostelz.com).

Hôtels

De nos jours, les *hotel corridors* (quartier des hôtels) ressemblent à des ensembles d'hôtels interchangeables sans charme aucun. Impossible d'y échapper, mais l'on gagne en fiabilité ce que l'on perd en personnalité. L'avantage des chaînes est que l'on peut savoir à quoi s'attendre rien qu'en voyant l'enseigne, hélas !

Dans ce guide, nous avons choisi de mettre en valeur les hôtels indépendants, tenus en famille ou originaux – en bref, des adresses qui laissent de bons souvenirs. Lorsqu'elles étaient trop peu nombreuses, nous avons aussi inclus les meilleurs hôtels de chaînes. En outre, certaines chaînes commencent à faire des efforts bienvenus vers plus de personnalité.

Quelle que soit la catégorie choisie, les chambres ont téléphone, TV (avec le câble), réveil, salle de bains, et le prix comprend un petit-déjeuner continental. En catégorie moyenne s'ajoutent minibar, micro-ondes, sèche-cheveux, connexion Internet, climatisation/chauffage (selon la région) bureau, et souvent piscine. À cette liste, les hôtels de catégorie supérieure ajoutent gymnase, centre d'affaires, services d'un concierge, restaurants, bars et bien d'autres plus.

Le problème des hôtels indépendants est que la décoration et la propreté peuvent beaucoup varier, y compris d'une chambre à l'autre. Aussi vaut-il mieux demander à les visiter avant de payer, surtout si ce n'est vraiment pas cher. Normalement les chambres ont un lit *king-size* (largeur de deux lits jumeaux) ou deux *double* (environ 135 cm de large) ou *queen-size* (environ 150 cm de large). Le prix est pour deux adultes, un petit supplément est demandé pour les troisième et quatrième adultes. C'est gratuit pour les enfants, quoique le berceau ou le petit lit pliant soit parfois payant. Demandez systématiquement les surtaxes appliquées aux communications téléphoniques. Les appels longue distance sont toujours hors de prix et certains établissements facturent aussi les appels locaux, voire les appels vers des numéros gratuits. Renseignez-vous sur la politique de l'établissement en matière de téléphone.

PETITS BUDGETS

Choice Hotels (☎ 877-424-6423 ; www.choicehotels.com)
Days Inn (☎ 800-329-7466 ; www.daysinn.com)
Motel 6 (☎ 800-466-8356 ; www.motel6.com)
Red Roof Inn (☎ 800-733-7663 ; www.redroof.com)
Super 8 (☎ 800-800-8000 ; www.super8.com)
Travelodge (☎ 800-578-7878 ; www.travelodge.com)

CATÉGORIE MOYENNE

Best Western (☎ 800-780-7234 ; www.bestwestern.com)
Choice Hotels (☎ 877-424-6423 ; www.choicehotels.com)
Hampton Inn (☎ 800-426-7866 ; www.hamptoninn.com)
Holiday Inn (☎ 888-465-4329 ; www.holidayinn.com)
Howard Johnson (☎ 800-446-4656 ; www.hojo.com)
La Quinta (☎ 800-753-3757 ; www.lq.com)
Marriott (☎ 888-236-2427 ; www.marriott.com)
Radisson (☎ 800-395-7046 ; www.radisson.com)
Ramada (☎ 800-272-6232 ; www.ramada.com)

CATÉGORIE SUPÉRIEURE

Four Seasons (☎ 800-819-5053 ; www.fourseasons.com)
Hilton (☎ 800-445-8667 ; www.hilton.com)
Hyatt (☎ 888-591-1234 ; www.hyatt.com)
Ritz-Carlton (☎ 800-542-8680 ; www.ritzcarlton.com)
Sheraton (☎ 800-325-3535 ; www.sheraton.com)
W Hotels (☎ 877-946-8357 ; www.whotels.com)
Westin (☎ 800-937-8461 ; www.westin.com)

Motels

À l'origine, les motels se situaient près des autoroutes. On y garait sa voiture devant sa chambre. Aujourd'hui, ils s'assimilent davantage à des hôtels, à la différence près que la porte de la chambre donnera sur un parking, plutôt que sur un couloir.

Les motels se trouvent aux sorties des grands axes reliant les villes entre elles. La plupart restent modestes et peu onéreux ; le petit-déj est rarement inclus, mais vous aurez toujours de quoi vous faire un thé ou un café dans votre chambre, et souvent la TV (câblée ou non)et le téléphone. Certains motels disposent toutefois de chambres avec une kitchenette simple.

Ne vous fiez pas trop aux apparences. Une façade décrépie et peu engageante cache parfois des chambres d'une propreté irréprochable. Bien entendu, l'inverse est aussi vrai. Demandez toujours à voir la chambre avant de prendre la clé.

HEURE LOCALE

Les États-Unis appliquent l'heure d'été (*daylight savings time*, DST), et, en 2007, le gouvernement en a prolongé la durée : désormais, les horloges sont avancées d'une heure début mars, puis reculées d'une heure début novembre. Attention, l'Arizona fait exception à la règle. Pour connaître l'heure dans le monde entier en temps réel, consultez le site www.horlogeparlante.com.

Les étrangers ont parfois du mal avec la manière d'écrire les dates aux États-Unis, on commence par le mois, donc pour réserver une chambre du 8 au 9 juin il faut écrire du 06/08 au 06/09 (et non du 08/06 au 09/06).

HEURES D'OUVERTURE

Sauf indication contraire, les horaires d'ouverture indiqués dans ce guide sont les suivants : les bureaux ouvrent de 9h à 17h, du lundi au vendredi. Les banques sont ouvertes de 8h30 à 16h30 du lundi au jeudi, et jusqu'à 17h30 le vendredi. Certains bureaux de poste et agences bancaires ouvrent le samedi matin de 9h à 12h ou 13h.

Les magasins ouvrent généralement de 10h à 18h du lundi au samedi, et de 12h à 17h le dimanche. Dans les centres commerciaux et dans les grandes villes, ils restent parfois ouverts jusqu'à 20h ou 21h. Les supermarchés ouvrent de 8h à 20h, et il y en a souvent un ouvert 24h/24 dans les villes. Sachez que dans certains endroits tout est fermé le dimanche, à part quelques restaurants.

Les horaires des restaurants varient tellement qu'il est impossible de généraliser ; ils peuvent varier en fonction des saisons ou de l'humeur des propriétaires. Nous avons fourni partout les horaires de la saison haute, mais si vous êtes en hiver et que vous avez fait votre choix, appelez à l'avance pour confirmer. Le petit-déjeuner est généralement servi entre 7h et 10h30 du lundi au vendredi, avec un brunch le week-end entre 9h et 14h ; le déjeuner entre 11h30 et 14h30 du lundi au vendredi et le dîner entre 17h et 21h30, souvent plus tard le vendredi et le samedi.

Bars et pubs ouvrent généralement de 17h à minuit, et jusqu'à 2h le vendredi et le samedi. Les night-clubs ouvrent vers 21h et ferment à 2h du mercredi au samedi. Dans les grandes villes, ils ouvrent plus longtemps.

HOMOSEXUALITÉ

La communauté homosexuelle est présente et active dans la plupart des grandes villes. Vous trouverez dans la plupart des grandes villes de ce guide un encadré ou une section consacrée aux meilleures adresses LGBT locales.

La tolérance varie beaucoup d'un endroit à l'autre. Dans certains endroits, l'intolérance s'exprime de manière très agressive. Dans d'autres, on accepte les homos, bis et transsexuels à condition qu'ils "n'affichent" pas leur préférence sexuelle ou leur identité. Le sectarisme existant encore, évitez toute provocation. En cas de doute, faites-vous discret et ne posez pas trop de questions. Le mariage homosexuel est légal dans quelques États.

Damron (http://www.damron.com) publie le guide de voyage classique destiné aux homosexuels : un peu trop de pubs et parfois peu à jour. **OutTraveler** (www.outtraveler.com), **Out & About** (www.gay.com/travel) et **PlanetOut** (www.planetout.com/travel) publient des guides de voyage et des articles téléchargeables destinés aux homosexuels, et **Purple Roofs** (www.purpleroofs.com) dresse la liste des hôtels et Bed & Breakfast gay-friendly ou tenus par des homosexuels.

Autres sources d'informations :

Advocate (www.advocate.com). Site d'information du monde des affaires, politique, arts, divertissements et voyages destiné aux homosexuels.

Gay & Lesbian National Help Center (☎ 888-843-4564 ; 13h-21h lun-ven, 16h-24h sam). Un numéro national où trouver écoute, conseils et informations.
Gay Yellow Network (www.gayyellow.com). "Pages jaunes gay" pour une trentaine de villes américaines.
National Gay and Lesbian Task Force (www.thetaskforce.org). Un groupe militant au niveau national ; le site donne les dernières infos et des adresses de professionnels à contacter en cas de soucis.

INTERNET (ACCÈS)

Les États-Unis sont le pays de la technologie. Vous n'aurez donc aucun problème pour vous connecter.

Dans le texte, le symbole 💻 indique que l'établissement dispose d'un accès public à Internet, avec la mention "Wi-Fi" lorsqu'il y a un accès sans fil. Aujourd'hui, la plupart des hôtels (hormis les moins chers) disposent soit de prises pour modem ou d'une connexion à haut débit pour brancher votre portable, soit d'un ordinateur en libre accès, soit du Wi-Fi (parfois avec un supplément de 10 $/jour). Renseignez-vous lors de la réservation. Pour plus de détails sur le Wi-Fi, voir l'encadré ci-dessous.

PLUS DE FIL À LA PATTE

Les bornes Wi-Fi ne couvrent pas encore l'intégralité du territoire américain, mais l'accès sans fil à Internet est cependant très répandu. On en trouve généralement dans la plupart des agglomérations moyennes et villes universitaires. Même les petits patelins ont au moins un bar, un cybercafé ou un hôtel disposant du Wi-Fi. On peut même parfois se connecter dans les bois comme de plus en plus de camping privés (KOA par exemple) le proposent, ainsi que certains parcs d'État (notamment en Californie).

Les sites suivants dressent la liste des points d'accès Wi-Fi gratuits et payants de tout le pays, ainsi que des liens et conseils très utiles :

- **www.hotspot-locations.com**
- **www.jiwire.com**
- **www.wi-fi.com** – tenu par l'association Wi-Fi Alliance
- **www.wififreespot.com**
- **www.wi-fihotspotlist.com**

La plupart des villes possèdent au moins un cybercafé ou un *copy center* (les tarifs vont de 3 $ à 12 $/heure) et les grandes villes en comptent des dizaines ; dans les villes de ce guide, les sections *Accès Internet* répertorient les meilleures adresses. Les cybercafés dignes de ce nom permettent en outre de brancher ses propres périphériques, par exemple pour charger des photos et les graver sur CD (voir aussi *Photo et vidéo*, ci-contre).

Pour un accès rapide à Internet, les terminaux des bibliothèques publiques sont une autre solution (mais le temps est limité) ; certaines disposent d'un réseau Wi-Fi. Il arrive que les personnes ne résidant pas dans l'État doivent payer une petite somme.

Aux États-Unis, vous aurez besoin d'un adaptateur AC pour votre ordinateur et d'un autre pour les prises de courant. Vous trouverez facilement les deux dans des magasins d'informatique comme **Best Buy** (☎ 888-237-8289 ; www.bestbuy.com).

Nous indiquons p. 23 des sites utiles pour voyager et organiser un séjour aux États-Unis.

JOURS FÉRIÉS

Banques, écoles et administrations, y compris les bureaux de poste, sont fermés les jours fériés (*national public holidays*). Transports, musées et autres services adoptent les horaires du dimanche. Quand le jour férié tombe le dimanche, le lundi suivant est chômé.

1er janvier Nouvel An
3e lundi de janvier Anniversaire de Martin Luther King Jr
3e lundi de février Jour du Président (*Presidents' Day*)
Dernier lundi de mai Memorial Day
4 juillet Fête nationale (*Independence Day* ou *Fourth of July*)
1er lundi de septembre Fête du Travail (*Labour Day*)
2e lundi d'octobre Jour de Christophe Colomb (*Columbus Day*)
11 novembre Jour des Vétérans (*Veterans' Day*)
4e jeudi de novembre Thanksgiving
25 décembre Noël

Les étudiants ont une semaine de congés appelée **Spring Break** (congés de printemps) qui tombe en mars ou en avril, suivant les universités. Les étudiants en goguette déferlent alors dans les stations balnéaires ou de ski. Les vacances d'été s'étendent de juin à août pour tous les étudiants.

OFFICES DU TOURISME

Aux États-Unis

Il n'existe pas d'office du tourisme national. Vous trouverez toutefois sur le site officiel du gouvernement fédéral (www.usa.gov), à la page "*Travel and Recreation*", des liens vers tous les offices du tourisme fédéraux et sites Internet relatifs, et beaucoup d'autres liens sur des divertissements d'intérieur ou d'extérieur, des musées au site historique en passant par les magnifiques circuits, plages et parcs.

Les offices du tourisme de chaque État sont indiqués dans la rubrique "Renseignements" au début de chaque chapitre régional alors que les centres d'information pour visiteurs dans les villes et comtés le sont dans les chapitres régionaux.

Les offices du tourisme (*tourist office* ou *tourist bureau*) dignes de ce nom possèdent un site Internet où l'on peut télécharger des guides de voyage en ligne. Ils offrent aussi généralement de petits cadeaux promotionnels (uniquement expédiés à des adresses américaines). Ils répondent également par téléphone, certains tiennent la liste des hébergements disponibles à jour, mais rares sont ceux qui font les réservations. Il y a toujours des présentoirs pleins de brochures et de bons de réduction pour les curiosités du voisinage et parfois cartes et livres sont en vente.

Les centres d'information des visiteurs, souvent financés par les États, s'appellent les *Welcome Centers*, au bord des autoroutes, et les *Visitor Centers*. Leur compétence est plus large, ils dispensent plus de renseignements et restent ouverts plus longtemps, y compris le week-end et pendant les vacances.

De nombreuses villes entretiennent un *Convention and Visitors Bureau* (CVB) qui peut parfois tenir lieu d'office du tourisme mais sa vocation première est commerciale. Ces bureaux sont donc moins utiles pour les voyageurs indépendants.

Il faut savoir que dans les petites villes, quand l'office du tourisme est géré par la chambre de commerce (*chamber of commerce*), les listes d'hébergements fournies n'incluent que les membres de la chambre de commerce. Souvent, les établissements les plus économiques n'y figurent pas.

Concernant les grandes destinations touristiques, les offices du tourisme privés touchent en fait une commission sur les réservations effectuées. Ils peuvent vous obtenir d'excellents tarifs et de très bonnes prestations, mais uniquement avec les établissements avec lesquels ils travaillent.

Depuis l'étranger

Il n'existe pas à proprement parler d'office du tourisme des États-Unis chargé de la promotion du pays à l'étranger. Toutefois, les sites Internet du *Visit USA Comittee* (organisme privé) fournissent de nombreux renseignements pratiques.

Belgique (www.visitusa.org)
Canada (www.visitusacanada.org)
France (www.office-tourisme-usa.com ; ☎ 0 899 70 24 70, 1,35 € l'appel puis 0,35 €/min)

PHOTO ET VIDÉO

On trouve des pellicules dans les drugstores et magasins photo, alors que les cartes mémoire pour appareil numérique sont vendues partout dans les magasins de chaînes comme Best Buy ou Target.

Drugstores et supermarchés développent les pellicules photos à un prix intéressant, environ 7 $ pour un rouleau de 24 photos. Les développements en une heure, plus chers, coûtent dans les 12 $. La chaîne de magasins Fedex Office dispose de bornes de développement de photo et de gravure de CD. De nombreux cafés Internet offrent aussi des services de gravure de CD et de mise en ligne de photos.

Sur certains territoires indiens il est strictement interdit de prendre des photos ou de filmer. Lorsque cela est autorisé, il faut parfois acheter un permis. Demandez toujours l'autorisation pour prendre quelqu'un en photo et, s'il accepte, il est préférable de laisser un pourboire.

POSTE

L'**US Postal Service** (USPS ; ☎ 800-275-8777 ; www.usps.com), bon marché et très fiable, fournit des informations 24h/24 sur les services postaux, notamment les adresses et horaires des agences. Il y en a parfois dans certains drugstores et supermarchés.

Pour envoyer des lettres et colis urgents, soit aux États-Unis soit à l'étranger, **Federal Express** (FedEx ; ☎ 800-463-3339 ; www.fedex.com) et **United Parcel Service** (UPS ; ☎ 800-742-5877 ; www.ups.com) proposent des services de livraison à domicile un peu plus chers.

Prix des timbres

Au moment où nous rédigeons ce guide, le tarif *first-class* pour une lettre jusqu'à

28,35 g (1 once) est de 44 ¢ (17 ¢ par once supplémentaire) à l'intérieur du pays et 28 ¢ pour les cartes postales. Au-delà de 368,54 g (13 oz), le tarif *priority-mail* s'applique.

Les tarifs pour l'étranger sont de 98 ¢ pour une lettre de 28,35 g (1 oz) ou une carte postale. Au Canada, l'envoi d'une lettre de 28,35 g coûte 75 ¢ et au Mexique 79 ¢.

Envoyer et recevoir du courrier

Tout paquet correctement affranchi pesant moins de 13 oz peut être déposé dans une boîte aux lettres bleue. À partir de 13 oz, il faut aller à la poste.

Vous pouvez recevoir du courrier en poste restante adressé à votre nom avec la mention "*c/o General Delivery*" dans tout bureau de poste ayant son propre code *zip*. Le courrier interne aux États-Unis est généralement conservé 10 jours avant retour à l'envoyeur, et le courrier international 30 jours. Demandez à l'expéditeur d'indiquer "*Hold for Arrival*" sur l'enveloppe. Il faudra présenter une pièce d'identité avec photo pour les retirer. Dans certaines grandes villes, les envois en poste restante ne sont pas conservés au bureau principal mais dans une agence postale en dehors du centre-ville.

PROBLÈMES JURIDIQUES

Si vous vous faites arrêter sur la route, sachez qu'il n'y a pas de dispositif permettant de régler une contravention pour une infraction, quelle qu'elle soit, immédiatement. Essayer de la payer au fonctionnaire qui verbalise risque dans le meilleur des cas de vous valoir une remontrance et dans le pire une accusation de tentative de corruption. Le policier vous expliquera les procédures légales. On dispose généralement de trente jours pour s'acquitter d'une amende.

En cas d'arrestation, vous avez droit à un avocat et le droit de vous taire. Il n'y a aucune raison de répondre à un officier de police si vous ne le voulez pas, mais ne tentez jamais de vous éloigner sans y avoir été autorisé. Toute personne arrêtée a le droit de passer un appel téléphonique. Si vous n'avez pas les moyens de payer un avocat, un commis d'office vous défendra. Il est conseillé aux étrangers n'ayant ni avocat, parent ou ami pour les aider d'appeler leur ambassade. La police fournira le numéro sur demande.

La justice américaine postule que toute personne est innocente tant que la preuve de sa culpabilité n'est pas établie. Chaque État a son propre Code civil et pénal : ce qui est légal ici peut ne pas l'être ailleurs. Les lois fédérales s'appliquent à la poste, aux activités faisant intervenir plusieurs États et à tout ce qui met en jeu la propriété du gouvernement.

Tout cela serait bien beau s'il n'y avait le Patriot Act, législation adoptée à la suite de l'attentat du 11 Septembre pour renforcer la sécurité nationale. Il a, entre autres, donné le droit au gouvernement fédéral de retenir les étrangers et les immigrants, s'il les soupçonne d'avoir un quelconque lien avec le terrorisme ou des organisations terroristes, aussi longtemps qu'il l'estimera nécessaire, ce sans obligation de mise en accusation ni de procès. Ces nouvelles dispositions doivent être prises très au sérieux, mais ne devraient en rien vous concerner. Pour plus de renseignements et si vous avez besoin d'aide, consultez le site du syndicat **American Civil Liberties Union** (ACLU ; http://www.aclu.org/safeandfree).

ÂGE LÉGAL POUR...

- Consommer de l'alcool : 21 ans
- Conduire : 16 ans
- Avoir des relations sexuelles : 16-18 ans (varie selon les États)
- Voter : 18 ans

Sachez que l'on peut être poursuivi par la justice de son pays pour ce qui est de l'âge légal de la majorité sexuelle, même lorsque l'on est à l'étranger.

Conduite

Dans tous les États, conduire en état d'ébriété ou sous l'influence de drogues constitue un grave délit passible d'amendes conséquentes, voire d'incarcération. Pour en savoir plus sur la législation routière, voir p. 550.

Consommation d'alcool

Bars et magasins demandent à leurs clients une pièce d'identité avec photo pour prouver qu'ils sont légalement en âge de consommer de l'alcool. Ne vous sentez pas insulté, c'est normal. La vente d'alcool est soumise à la législation des États, dans certains comtés, la vente d'alcool est interdite le dimanche, après minuit et avant l'heure du petit-déjeuner. Dans les comtés dits "secs", le négoce de spiritueux est purement et simplement prohibé.

Drogues

Les lois fédérales et d'État interdisent la consommation de drogues à des fins récréatives. Certains États, comme la Californie, considèrent la possession de faibles quantités de marijuana comme un petit délit, mais elle n'en reste pas moins passible d'amende et de peine de prison.

La possession de toute drogue : cocaïne, ecstasy, LSD, héroïne, haschisch et plus d'une once (28,35 g) d'herbe, est passible de longues peines de prison, selon les circonstances. Les étrangers coupables d'infraction à la législation sur les drogues peuvent être expulsés.

TÉLÉPHONE

Les lignes sont partagées entre les opérateurs locaux, les opérateurs nationaux qui se livrent une concurrence féroce et des compagnies exploitant les portables et les appareils à pièces ou à cartes. C'est un système performant mais un peu complexe et parfois cher. Évitez de passer des appels longue distance depuis votre chambre ou une cabine. L'utilisation d'une ligne normale ou d'un portable est moins chère.

Téléphoner depuis/vers les États-Unis

Pour appeler les États-Unis depuis l'étranger, composez-le ☎ 00, suivi du ☎ 1 (uniquement le ☎ 1 depuis le Canada ; les communications entre les deux pays sont toutefois facturées comme des appels internationaux). Pour appeler l'étranger depuis les États-Unis, composez le code d'accès international ☎ 011, puis le code du pays (33 pour la France, 32 pour la Belgique et 41 pour la Suisse) suivi du numéro (sans le 0 initial). Pour appeler en France, faites-le ☎ 0011-33 puis les neuf derniers chiffres du numéro de votre correspondant.

Tous les numéros américains comptent dix chiffres se décomposant en trois chiffres indiquant la zone d'appel puis les sept chiffres du numéro. Quand on appelle à l'intérieur d'une zone, on ne compose pas les trois premiers chiffres. Il est toutefois désormais nécessaire de composer entièrement le numéro à 10 chiffres dans certains endroits, même pour un appel local. Si le numéro à sept chiffres ne marche pas, essayez celui à dix chiffres.

Pour un appel longue distance, composez-le ☎ 1, puis l'indicatif régional et le numéro. Pour les renseignements locaux, composez-le ☎ 411. Pour les renseignements en dehors de la zone d'appel, faites-le ☎ 1 et les trois chiffres correspondant à la zone de votre appel, suivi de 555-1212 ; l'appel sera facturé comme une communication longue distance. Pour une assistance-annuaire gratuite dans tout le pays, composez-le ☎ 800-466-4411.

Les numéros gratuits commencent par ☎ 800, ☎ 888, ☎ 877 ou ☎ 866 et doivent être précédés du ☎ 1 lorsqu'on les appelle. La plupart ne fonctionnent qu'aux États-Unis, certains qu'au sein d'un même État et d'autres uniquement depuis l'étranger, mais on ne peut le savoir qu'en appelant. Pour une assistance-annuaire relative aux numéros gratuits, composez-le ☎ 800-555-1212.

Les indicatifs commençant par 900 ainsi que quelques autres sont réservés aux appels facturés à la minute (téléphone rose, horoscopes, humour, etc.).

Téléphones portables

Aux États-Unis, les mobiles fonctionnent sur le réseau GSM 1900 ou CDMA 800, qui exploite des fréquences différentes des compagnies étrangères. Si vous avez un GSM tri-bande, demandez à votre opérateur s'il fonctionne aux États-Unis. Méfiez-vous, avec certains contrats un appel des États-Unis aux États-Unis sera facturé comme un appel international et sera donc hors de prix.

On peut louer des téléphones portables dans certains aéroports américains importants ou se le faire livrer aux États-Unis par **TripTel** (☎ 877-874-7835 ; www.triptel.com) ; les tarifs varient mais restent généralement élevés. **T-Mobile** (www.t-mobile.com) loue aussi des téléphones avec un certain montant de communication prépayée.

Il peut être plus avantageux d'acheter une carte SIM prépayée compatible aux États-Unis, comme celle que vendent AT&T ou Cingular. Vous pourrez alors les mettre dans votre téléphone portable et recevoir des appels locaux ou accéder à votre boîte vocale. **Planet Omni** (☎ 925-686-9945 ; www.planetomni.com) et **Telestial** (☎ 213-337-5560, 800-707-0031 ; www.telestial.com) fournissent les mêmes services et louent aussi des téléphones.

Votre carte SIM peut être mise dans un mobile de location compatible avec le système américain. Vous vous en servirez comme du vôtre, en conservant votre numéro habituel et le même forfait. Renseignez-vous auprès de votre fournisseur.

D'immenses zones rurales aux États-Unis, notamment les parcs nationaux et domaines de loisirs, n'ont pas de couverture. Vérifiez les zones couvertes par votre opérateur.

Cabines téléphoniques

Les appels locaux coûtent entre 35 et 50 ¢ pour les premières minutes, prolonger la conversation revient plus cher. Mettez la somme nécessaire dans le monnayeur mais pas plus car les cabines ne rendent pas la monnaie. Certains téléphones publics (dans les parcs nationaux par exemple) ne prennent que les cartes de crédit ou les cartes téléphoniques prépayées. Les appels locaux depuis une cabine sont très vite onéreux et les appels longue distance hors de prix, surtout si l'on passe par un opérateur (☎ 0) ou que l'on appelle en PCV. Les cartes téléphoniques prépayées (voir rubrique suivante) ou les lignes de grandes sociétés comme **AT&T** (☎ 800-321-0288) reviennent souvent moins cher.

Cartes téléphoniques

Les cartes téléphoniques prépayées seront utiles pour les voyageurs à petit budget. On les trouve facilement dans les villes et les grandes agglomérations, dans les kiosques à journaux, les stations-service, supermarchés ou magasins. Lisez attentivement les conditions en petits caractères puisque beaucoup de cartes rajoutent (facturation de "l'activation" ou de la "connexion" à chaque communication par exemple). Les cartes téléphoniques AT&T vendues partout aux États-Unis, sont bien.

Le service France Télécom permettant d'imputer les appels passés depuis n'importe quel poste sur sa facture de téléphone fonctionne depuis les États-Unis. Demandez les détails à votre agence locale.

TRAVAILLER AUX ÉTATS-UNIS

Il est interdit à tout étranger en possession d'un visa de tourisme d'accepter un emploi rémunéré. Les contrevenants qui se font prendre sont expulsés. Les employeurs ont le devoir de vérifier le statut de leur personnel et sont passibles d'amendes s'ils ne le font pas. Par conséquent, les étrangers ont beaucoup plus de mal qu'autrefois à trouver un emploi.

Pour travailler légalement, les étrangers doivent demander leur visa dans leur pays d'origine. Le visa J1 est normalement délivré aux jeunes (les limites d'âge sont variables) allant étudier, faire un stage l'été, travailler dans une colonie de vacances (*summer camps*), ou pour de courts stages dans une entreprise précise. Les organismes suivants vous aideront à trouver un stage ou un programme d'échange et à demander un visa J1 :

American Institute for Foreign Study (☎ 866-906-2437 ; www.aifs.com ; River Plaza, 9 West Broad St, Stamford, CT 06902-3788)

Au Pair in America (☎ 800-928-7247; www.aupairinamerica.com)

BUNAC (☎ 020-7251-3472 ; www.bunac.org ; 16 Bowling Green Lane, Londres EC1R 0QH)

Council on International Educational Exchange (☎ 800-407-8839 ; www.ciee.org ; 7 Custom House St, 3e ét, Portland, ME 04101)

InterExchange (☎ 212-924-0446 ; www.interexchange.org ; 161 6th Ave, NY, NY 10013). Camps et séjours au pair.

Toute demande de visa pour un emploi autre qu'un stage doit obligatoirement être faite par l'employeur qui demandera un des visas de la catégorie H. Ils sont difficiles à obtenir car l'employeur doit faire la preuve qu'aucun citoyen américain n'a les qualifications requises pour le poste. Il est possible d'avoir des emplois saisonniers dans les parcs nationaux et les sites touristiques, notamment dans les stations de ski. S'adresser aux gérants des parcs, aux chambres de commerce et à la direction des stations de ski.

VOYAGER EN SOLO

Voyager seul ne pose pas de problème particulier aux États-Unis. Les hôtels proposent souvent des tarifs avantageux aux personnes seules, mais les chambres simples sont souvent petites et mal situées ; mieux vaut réserver une double pour plus de confort. En prenant vos repas au bar du restaurant, vous rencontrerez plus facilement du monde.

Il est déconseillé et potentiellement dangereux de faire de l'auto-stop pour tous, surtout seul. Prendre des auto-stoppeurs l'est également.

Évitez de dire à quel hôtel vous êtes descendu ou que vous voyagez seul si des personnes ne vous semblent pas dignes de confiance. Les Américains sont très amicaux et désireux de rendre service, y compris en hébergeant des voyageurs seuls chez eux. C'est un des bons côtés des voyages en solo. Il faut tout de même se montrer prudent. Si vous acceptez une invitation, prenez la précaution de dire où vous allez, éventuellement au gérant de l'hôtel que vous quittez. Si vous entreprenez seul une randonnée, prenez la même précaution de sorte que si vous ne revenez pas comme prévu, quelqu'un s'en aperçoive et puisse donner l'alerte et des indications pour vous rechercher.

Femmes seules

Les États-Unis ne présentent aucun problème particulier pour les femmes voyageant seules ou en groupe. De nombreuses voyageuses s'échangent des conseils de voyage sur le site Internet www.journeywoman.com qui compte aussi des liens très utiles vers d'autres sources d'information. Le livret *"Her Own Way"*, publié par le gouvernement canadien, regorge de conseil d'ordre général pour voyager, utiles pour toute femme. Disponible au format PDF sur www.voyage.gc.ca/publications/menu-eng.asp.

Ces deux groupes actifs dans tout le pays peuvent être d'un grand secours :

National Organization for Women (NOW ; ☎ 202-628-8669 ; www.now.org).

Planned Parenthood (☎ 800-230-7526 ; www.plannedparenthood.org). Des adresses de cliniques sur l'ensemble du territoire.

Les consignes pour voyager en solo s'appliquent évidemment aux voyageuses, plus susceptibles que d'autres d'être sollicitées ou importunées. Il peut être utile d'avoir un sifflet ou un spray dissuasif en cas d'attaque. Avant d'acheter un spray vérifiez la législation en vigueur dans l'État où vous vous trouvez et sachez que les lois fédérales vous interdisent de le prendre en cabine si vous voyagez en avion.

En cas d'agression, appelez un service d'assistance aux victimes de viol avant d'appeler la police, à moins d'être réellement en danger, auquel cas il faut appeler le ☎ 911. Sachez toutefois que tous les services de police ne sont pas aussi réceptifs, qualifiés ou expérimentés lorsqu'il s'agit de s'occuper de victimes de viol, alors que le personnel des centres d'assistance à ces victimes les aideront sans relâche et les mettront en relation avec d'autres services publics tels que les hôpitaux ou la police. Les numéros de ces centres locaux d'assistance aux victimes de viols figurent dans les annuaires téléphoniques. Sinon, appelez la **National Sexual Assault Hotline** (☎ 800-656-4673 ; www.rainn.org) ou dirigez-vous directement aux urgences d'un hôpital.

Transports

SOMMAIRE

DEPUIS/VERS L'OUEST AMÉRICAIN

ENTRER AUX ÉTATS-UNIS

Les autorités font de leur mieux pour dissiper l'image de "pays-forteresse" qui s'est imposée après les attentats du 11 Septembre et, à vrai dire, en dépit des nouvelles procédures de sécurité, entrer aux États-Unis n'est aujourd'hui pas plus fastidieux qu'avant le 11 septembre 2001. Cela dit, les officiers américains se montrent stricts et vigilants : assurez-vous que vos papiers sont bien en règle et n'oubliez pas qu'une présentation soignée, une attitude courtoise et des documents en règle facilitent les démarches aux postes-frontières. Sachez que tout comportement inapproprié (refus d'obtempérer, propos critiques, etc.) peut être pris très au sérieux et est passible de peine pénale voir d'une interdiction de revenir sur le sol américain. Pour des informations supplémentaires, consultez le site www.diplomatie.gouv.fr. Voir p. 522 pour les détails sur les formalités d'enregistrement.

Si vous arrivez en avion, vous devrez accomplir les formalités d'immigration et de douane dans le premier aéroport américain desservi, même si vous reprenez un autre vol. Tous les visiteurs internationaux doivent se soumettre aux formalités du programme US-VISIT, qui comprend un relevé d'empreintes digitales et une photo d'identité numériques. Voir p. 522 pour plus de renseignements sur les visas touristiques aux États-Unis, notamment sur le système électronique d'autorisation de voyage (ESTA, *Electronic System for Travel Authorization*) maintenant applicable aux ressortissants de pays bénéficiant du *Visa Waiver Program* (VWP). Une fois le service d'immigration franchi, vous récupérez vos bagages pour vous présenter à la douane (p. 520). Si vous n'avez rien à déclarer, la procédure est habituellement rapide et sans fouille de bagage. Si vous continuez sur le même vol ou prenez une correspondance, vous devez acheminer vous-même vos bagages à l'enregistrement. En principe, des agents des compagnies aériennes guident les voyageurs à la sortie de la douane.

Il est préférable pour un parent, un grand-parent ou un tuteur voyageant seul avec un enfant de moins de 18 ans d'emporter une preuve légale de garde ou une lettre notariée du ou des parent(s) non présent(s) autorisant le voyage. Ce n'est pas obligatoire, mais les autorités américaines luttent farouchement contre les enlèvements d'enfants, et l'absence d'autorisation peut vous retarder ou provoquer un refus d'entrer dans le pays.

ATTENTION, TOUT CHANGE !

Les informations contenues dans ce chapitre sont particulièrement sujettes à changement. Renseignez-vous directement auprès de votre compagnie aérienne ou de votre agence de voyages pour comprendre les conditions des tarifs (et du billet que vous achèterez) et pour connaître les dernières consignes de sécurité en vigueur. Les renseignements donnés doivent être considérés comme de simples indications.

CIRCULATION AÉRIENNE ET CHANGEMENTS CLIMATIQUES

Les changements climatiques représentent une menace sérieuse pour les écosystèmes dont dépend l'être humain et la circulation aérienne contribue pour une large part à l'aggravation de ce problème. Si Lonely Planet ne remet en aucun cas en question l'intérêt des voyages, nous restons toutefois convaincus que nous avons tous, chacun à notre niveau, un rôle à jouer pour enrayer le réchauffement de la planète.

Le "poids" de l'avion

Pratiquement toute forme de circulation motorisée génère la production de CO_2 – principale cause du changement climatique induit par l'homme. La circulation aérienne détient de loin la plus grosse responsabilité en la matière, non seulement en raison des distances que les avions parcourent, mais aussi parce qu'ils relâchent dans les couches supérieures de l'atmosphère quantité de gaz à effet de serre. Ainsi, deux personnes effectuant un vol aller-retour entre l'Europe et les États-Unis contribuent autant au changement climatique qu'un ménage moyen qui consomme du gaz et de l'électricité pendant un an !

Programmes de compensation

Climatecare.org et d'autres sites Internet (comme www.actioncarbone.org ou www.co2solidaire.org) utilisent des "compteurs de carbone" permettant aux voyageurs de compenser le niveau des gaz à effet de serre dont ils sont responsables par une contribution financière à des projets de développement durable menés dans le secteur touristique et visant à réduire le réchauffement de la planète. Des programmes sont en place notamment en Inde, au Honduras, au Kazakhstan et en Ouganda.

Lonely Planet, en association avec Rough Guides et d'autres partenaires de l'industrie touristique, soutient les opérations à l'initiative de www.climatecare.org. Lonely Planet "compense" d'ailleurs la totalité des voyages de son personnel et de ses auteurs. Pour plus d'informations, consultez notre site en anglais : www.lonelyplanet.com

Passeport

Tout visiteur étranger entrant sur le territoire américain doit être muni d'un passeport valide au moins six mois de plus que la durée prévue du séjour aux États-Unis. Si votre passeport ne répond pas aux normes américaines, vous serez refoulé à la frontière. Si votre passeport a été émis avant le 26 octobre 2005, il doit être "lisible par machine" (avec deux lignes de lettres, de chiffres et de <<< en bas) ; si votre passeport a été délivré entre le 26 octobre 2005 et le 25 octobre 2006, il doit être lisible par machine et présenter une photo numérique ; s'il a été délivré après le 26 octobre 2006, il doit être biométrique et comprendre une photo numérique ainsi qu'une puce RFID contenant les données biométriques.

VOIE AÉRIENNE

Aéroports

Les États-Unis possèdent près de 375 aéroports nationaux, beaucoup sont qualifiés d'"internationaux" alors qu'ils n'accueillent que quelques vols de l'étranger, essentiellement en provenance du Mexique et du Canada. Il est parfois nécessaire de prendre une correspondance pour accéder aux aéroports internationaux. Les aéroports internationaux de l'Ouest sont les suivants :

Los Angeles (LAX ; ☎ 310-646-5252 ; www.lawa.org/lax/laxframe.html)
San Francisco (SFO ; ☎ 650-821-8211 ; www.flysfo.com)
Seattle (SEA ; ☎ 206-433-5388 ; www.portseattle.org/seatac)

COMPAGNIES AÉRIENNES DESSERVANT LES ÉTATS-UNIS

Les compagnies nationales de nombreux pays desservent les États-Unis et plusieurs transporteurs américains volent vers l'étranger. Les sites http://www.seatguru.com et http://seatexpert.com proposent des liens vers les compagnies internationales, et www.seatguru.com offre de nombreuses informations sur les compagnies, notamment des informations détaillées place par place pour chaque appareil.

AGENCES EN LIGNE

Vous pouvez aussi réserver en ligne auprès d'une agence ou vous renseigner auprès d'un comparateur de vols :
http://voyages.kelkoo.fr
www.anyway.com
www.easyvoyage.com
www.karavel.com
www.lastminute.com
www.opodo.fr
www.voyages-sncf.com

Aer Lingus (EI ; ☎ 800-474-7424 ; www.aerlingus.com)
Air Canada (AC ; ☎ 888-247-2262 ; www.aircanada.com)
Air France (AF ; ☎ 800-237-2747 ; www.airfrance.com)
Alitalia (AZ ; ☎ 800-223-5730 ; www.alitalia.com)
American Airlines (AA ; ☎ 800-433-7300 ; www.aa.com)
British Airways (BA ; ☎ 800-247-9297 ; www.britishairways.com)
Continental Airlines (CO ; ☎ 800-523-3273 ; www.continental.com)
Delta Air Lines (DL ; ☎ 800-221-1212 ; www.delta.com)
Iberia (IB ; ☎ 800-772-4642 ; www.iberia.com)
KLM (KL ; ☎ 800-225-2525 ; www.klm.com)
Lufthansa (LH ; ☎ 800-399-5838 ; www.lufthansa.com)
Northwest Airlines (NW ; ☎ 800-225-2525 ; www.nwa.com)
Scandinavian Airlines (SAS ; ☎ 800-221-2350 ; www.flysas.net)
United Airlines (UA ; ☎ 800-538-2929 ; www.united.com)
US Airways (US ; ☎ 800-622-1015 ; www.usairways.com)
Virgin Atlantic (VS ; ☎ 800-821-5438 ; www.virgin-atlantic.com)

Depuis la France

Pour obtenir un billet à petit prix, vous devrez faire des recherches, réserver tôt (au moins 3 à 4 semaines à l'avance) et choisir le bon moment. Un vol en milieu de semaine et hors saison – de l'automne au printemps, hors vacances scolaires – revient toujours moins cher, même si la guerre des prix fait rage toute l'année. De manière générale, les agences de voyages en ligne (voir l'encadré ci-dessus) proposent des tarifs inférieurs aux compagnies elles-mêmes, mais les agences de votre ville vous seront de très bon conseil pour organiser un voyage plus long et/ou compliqué.

Air France et Delta Air Lines proposent des vols directs Paris-Los Angeles. La durée du vol est d'environ 12 heures 30. Comme pour les autres compagnies, les prix peuvent varier du simple au triple en fonction des saisons. Comptez à partir de 500/750 € en basse/haute saison. Air France effectue également des vols directs Paris-San Francisco dans le même ordre de prix.

Prévoyez l'ensemble de votre parcours avant d'acheter votre billet : certaines offres de transports ne sont disponibles qu'à l'étranger en combinaison avec un vol international. C'est notamment le cas de divers forfaits aériens, du forfait international Ameripass pour les bus Greyhound et de certains forfaits ferroviaires d'Amtrak. De plus, des promotions sur les vols intérieurs sont parfois proposées en complément d'un billet international.

Voici quelques adresses d'agences et de transporteurs :

Air France (☎ 0820 820 820 ; www.airfrance.fr ; 49 av. de l'Opéra, 75002 Paris)
Delta Air Lines (☎ 0 800 35 40 80 ; www.delta.com ; 2 rue Robert Esnault-Pelterie, 75007 Paris)
American Airlines (☎ 0810 872 872 ; www.americanairlines.fr ; 32B rue Victor Hugo, 92800 Puteaux)
Continental Airlines (☎ 01 42 99 09 01 ; www.continental.com ; 4 rue Fbg Montmartre, 75009 Paris)
United Airlines (☎ 0810 72 72 72 ; www.united.fr ; aéroport Charles-de-Gaulle Terminal 1 Porte 36, 95712 Roissy Cedex)
Anyway (☎ 0892 302 301, 0,34 €/min ; www.anyway.com)
Les Connaisseurs du Voyage (☎ 01 53 95 27 00 ; www.connaisseursvoyage.fr ; 10 rue Beaugrenelle, 75015 Paris)
Nouvelles Frontières (☎ 0825 000 747, 0,15 €/min ; www.nouvelles-frontieres.fr ; 87 bd de Grenelle, 75015 Paris)
OTU Voyages (☎ 0 820 817 817, 0,12 €/min ou ☎ 01 44 41 38 50 ; www.otu.fr ; 39 av. Georges-Bernanos, 75005 Paris). Spécialiste du voyage pour les jeunes et les étudiants.
Thomas Cook (☎ 01 53 29 40 00 ; fax 01 47 03 32 13 ; www.thomascook.fr ; 26 av. de l'Opéra, 75001 Paris)
Voyages SNCF (☎ 36 35, 0,64 €/min ; www.voyages-sncf.com)
Voyageurs associés (☎ 04 91 47 49 40 ; fax 04 91 47 27 68 ; www.bourse-des-voyages.com ; 39 rue des Trois-Frères-Barthélémy, 13006 Marseille)
Voyageurs du Monde (☎ 892 23 56 56, 0,34 €/min ; www.vdm.com ; 55 rue Sainte-Anne, 75002 Paris)
Voyages Wasteels (centre d'appel ☎ 01 55 82 32 33 ; agence ☎ 01 43 25 12 52 ; www.wasteels.fr ; 11 rue Dupuytren, 75006 Paris)

CONTRÔLES DE SÉCURITÉ

Vous ne voyagez jamais sans votre briquet, votre pince à épiler, votre canif ou votre bouteille de jus de pomme maison ? Il va falloir changer vos habitudes si vous souhaitez prendre l'avion. Préparez-vous à l'embarquement version XXIe siècle !

Comme vous le savez sans doute, les mesures de sécurité appliquées aujourd'hui dans les aéroports empêchent les passagers de prendre avec eux en cabine nombre d'objets du quotidien. Les règlements changeant très souvent, vous pourrez vous renseigner sur les derniers en date auprès de la **Transportation Security Administration** (TSA ; ☎ 866-289-9673; www.tsa.gov), qui donne également le temps moyen d'attente à la sécurité des aéroports (20 min en moyenne).

Une carte d'embarquement et une pièce d'identité avec photo sont nécessaires afin de passer le contrôle de sécurité. Si vous faites sonner le portique en passant en dessous ou que l'examen aux rayons X de votre bagage montre quelque chose de suspect, vous serez examiné une seconde fois, avec palpation et ouverture de vos bagages. Vous pouvez demander que cela se fasse dans une pièce à part.

Si vous pensez avoir été arrêté parce que votre nom apparaissait sur la liste de vigilance de la TSA (TSA Watch List), adressez ensuite une réclamation au Traveler Redress Inquiry Program (TRIP; voir le site Internet de la TSA) ; votre nom ne sera pas retiré de la liste, mais cela précisera que vous n'êtes pas la personne qu'ils cherchent et vous permettra de passer les contrôles plus rapidement la prochaine fois.

Tous les bagages enregistrés sont contrôlés afin de déceler la présence d'explosifs et la TSA peut ouvrir une valise pour confirmation visuelle. Ne verrouillez pas vos bagages ou utilisez une serrure approuvée par la TSA, sans quoi, les services de sécurité fractureront le verrou ; voir **Travel Sentry** (www.travelsentry.org) ou **Safe Skies** (www.safeskieslocks.com).

Les scanners à bagages endommagent les pellicules non développées. Gardez-les dans votre bagage à main et demandez à ce qu'il soit fouillé à la main.

Pour les gels et les liquides, il faut impérativement les transporter dans des flacons de 90 ml et les regrouper dans des sacs à fermeture par le haut d'une contenance d'un quart de litre, conformément à la directives TSA 3-1-1. Consultez le site Internet pour plus de renseignements et... bon vol !

TRANSPORTS

Depuis la Belgique

Il n'existe pas de vols directs vers l'Ouest américain depuis la Belgique. Toutefois, de nombreuses compagnies proposent des vols avec escale(s). Pour un aller-retour Bruxelles-Los Angeles en basse/haute saison, il vous faudra débourser un minimum de 500/900 €.

Voici quelques adresses utiles :

Airstop (☎ 070 23 31 88 ; www.airstop.be ; 28 rue du Fossé-aux-Loups, Bruxelles 1000)
American Airlines (☎ 02 711 99 69 ; www.americanairlines.fr ; rue du Trône, 1050 Bruxelles)
Connections (☎ 070/23 33 13 ; www.connections.be) Bruxelles (☎ 02/647 06 05 ; 78 av. Adolphe-Buyllan, 1050 Ixelles) ; Gand (☎ 09/223 90 20 ; 120 Nederkouter, 9000 Gand) ; Liège (☎ 04/223 03 75 ; 7 rue Sœurs-de-Hasque, 4000 Liège).
Continental Airlines (☎ 02 643 39 39 ; www.continental.com ; Jan Emiel Mommaertslaan, 1831 Machelen Diegem)
Delta Air Lines (☎ 02 711 97 99 ; www.delta.com)
Éole (☎ 02/227 57 80 ; 35/43 chaussée de Haecht, Saint-Josse-Ten-Noode 1210)
United Airlines (☎ 02 713 36 00 ; www.unitedairlines.be ; 130 Troonstraat, 1050 Bruxelles)

Depuis la Suisse

Swiss propose des vols directs Zurich-Los Angeles ainsi que des vols avec escale(s) vers d'autres villes de l'Ouest américain. Un A/R Genève-Los Angeles en basse/haute saison revient en moyenne à 1 270/1 750 CHF.

Voici quelques adresses utiles :

Swiss (☎ 0848 85 2000, 061 582 00 00 ; www.swiss.com ; PO Box, CH-4002 Basel)
Delta Air Lines (☎ 0800 55 20 36 ; www.delta.com ; Europa-Strasse 31-33, 8152 Glattbrugg)
American Airlines (☎ 654 52 57 ; www.americanairlines.ch ; Löwenstrasse 2, 8001 Zürich)
Continental Airlines (☎ 417 72 80 ; www.continental.com ; Dörflistrasse 120, 8050 Zürich)
United Airlines (☎ 212-4717 ; www.united.ch ; United Airlines, Inc., 8001 Zurich)
STA Travel (www.statravel.ch) Lausanne (☎ 058/450 48 50 ; 20 bd de Grancy, Lausanne 1006) ; Genève (☎ 058/450 48 30 ; 3 rue Vigner, Genève 1205) ; Genève (☎ 058/450 48 00 ; 10 rue de Rive, Genève 1204)

Depuis le Canada

Des vols quotidiens relient Montréal, Vancouver, Toronto et nombre de petites villes canadiennes à toutes les grandes agglomérations des États-Unis. Les meilleures offres comprennent les billets de charters et les forfaits vers les destinations ensoleillées, comme la Californie ou Las Vegas pour lesquelles les prix augmentent pendant la haute saison hivernale.

Il revient beaucoup moins cher de voyager par la route jusqu'à la première ville américaine, puis de prendre un vol intérieur.

Agences du Canada :

Expedia (☎ 888 397-3342 ; www.expedia.ca)
Travel Cuts (☎ 866-246-9762 ; www.travelcuts.ca)
Travelocity (☎ 800-457-8010 ; www.travelocity.ca)

VOIE TERRESTRE

Passage de frontières

Quitter les États-Unis vers le Canada au nord, ou le Mexique au sud, ne pose aucun problème. Dans le sens inverse, vous pouvez connaître des difficultés si vous ne détenez pas tous les documents nécessaires (voir p. 522). L'**Agence américaine des douanes et de la protection des frontières** (http://apps.cbp.gov/bwt) indique le temps d'attente à tous les postes-frontières (quelques-uns ouvrent 24h/24).

Les États-Unis comptent plus d'une vingtaine de postes-frontières avec le Canada, Blaine (Washington)/Surrey (Colombie-Britannique) fait partie des plus fréquentés. L'inconvénient des passages secondaires tient à ce que les agents des douanes y ont tout le temps de s'intéresser de près aux bagages. Pour connaître les temps d'attente en direction du Canada, consulter le site www.cbsa-asfc.gc.ca/menu-fra.html.

Le pays compte 30 points de passage officiels sur sa frontière avec le Mexique. Les principaux depuis l'Ouest américain sont San Diego (Californie)/Tijuana, et Nogales (Arizona). Assurez-vous que vos papiers sont en règle, soyez courtois et évitez toute plaisanterie ou familiarité : les agents des douanes n'apprécieraient pas. Sachez en outre que le danger lié à l'augmentation de la violence dans les cartels mexicains de la drogue et du crime le long de la frontière entre les deux pays a fait l'objet d'un avertissement du Département d'État américain en 2009. Il est recommandé aux visiteurs étrangers de redoubler de vigilance, de ne pas se réunir en trop grand nombre et de ne pas rouler la nuit, surtout dans une voiture immatriculée aux États-Unis. Pour plus d'informations sur les précautions à prendre, voir p. 165 pour Tijuana.

Canada

BUS

Greyhound propose des liaisons directes entre les principales villes du Canada et du nord des États-Unis, mais vous aurez peut-être à changer de bus à la frontière. Réservations auprès de **Greyhound États-Unis** (☎ 800-231-2222, service clients international 214-849-8100, www.greyhound.com) ou **Greyhound Canada** (☎ 800-661-8747; www.greyhound.ca). Le forfait Greyhound Discovery Pass (p. 543) permet un nombre de voyages illimité aussi bien aux États-Unis qu'au Canada.

TRAIN

Amtrak (☎ 800-872-7245 ; www.amtrak.com) et **VIA Rail Canada** (☎ 888-842-7245 ; www.viarail.ca) assurent des services quotidiens Vancouver-Seattle. Les contrôles douaniers n'ont pas lieu avant le départ mais à la frontière.

VOITURE ET MOTO

Si vous arrivez aux États-Unis par le Canada en voiture ou en moto, n'oubliez pas le certificat d'immatriculation du véhicule, la preuve de validité de l'assurance et votre permis de conduire national. Les assurances auto canadiennes sont valables aux États-Unis et inversement. Le permis de conduire canadien vaut aux États-Unis même si un permis de conduire international est toujours préférable (p. 546).

Avec des documents en règle, le passage de la frontière est aisé et rapide, sauf si les douaniers de l'un ou l'autre pays décident de procéder à une inspection minutieuse de votre voiture. Les files d'attente peuvent néanmoins être très longues aux postes-frontières pendant les week-ends et les vacances, surtout en été.

Mexique

BUS

Greyhound États-Unis (☎ 800-231-2222, service clients international 214-849-8100 ; www.greyhound.com) et **Greyhound Mexique** (☎ États-Unis 800-229-9424, Mexique 800-710-8819 ; www.greyhound.com.mx) proposent un service conjoint de bus directs entre les principales villes du Mexique et des États-Unis. Les bus partant vers le nord peuvent être retenus longtemps à la frontière, lorsque les agents de l'immigration américaine décident de contrôler tous les passagers.

De nombreuses compagnies de bus mexicaines desservent les villes plus petites au sud de la frontière, notamment **Ticketbus** (☎ au Mexique 5133-2424, 800-702-8000 ; http://www.ticketbus.com.mx) qui regroupe plusieurs sociétés.

TRAIN

Amtrak dessert des villes proches de la frontière mexicaine, comme San Diego (Californie) ou Yuma (Arizona), mais il n'existe pas de service transfrontalier. Toutes les liaisons ferroviaires mexicaines à destination des villes américaines ont été supprimées.

VOITURE ET MOTO

Si vous arrivez du Mexique en voiture, n'oubliez pas les papiers d'immatriculation du véhicule, une attestation d'assurance et votre permis de conduire. Les permis mexicains sont reconnus aux États-Unis, mais il vaut mieux présenter également un permis international. Très peu de loueurs de voitures américains autorisent leurs clients à circuler au Mexique.

Les assurances automobiles américaines n'étant pas valables au Mexique, il est nécessaire de souscrire une police mexicaine, même pour un séjour de courte durée dans la région frontalière. Vous pouvez vous en procurer une moyennant 25 $ par jour environ à la plupart des postes-frontières et auprès de l'**American Automobile Association** (AAA ; ☎ 800-874-7532 ; www.aaa.com). Dans certaines villes frontalières comme Tijuana, il peut y avoir de très longues files d'automobilistes qui attendent pour revenir aux États-Unis. Pour une brève visite, il est souvent plus pratique de laisser sa voiture dans un parking aux États-Unis et de traverser la frontière à pied ou en bus. Pour un voyage plus long, au-delà de la région frontalière ou de la Basse-Californie, il est nécessaire de posséder un *permiso de importación temporal de vehículos* (permis d'importation temporaire mexicain). Pour des détails sur cette formalité, appelez le service d'information touristique mexicain aux États-Unis (☎ 800-446-3942).

VOIE MARITIME

Cargo

Vous pouvez voyager depuis/vers les États-Unis en cargo, mais le trajet sera beaucoup plus lent qu'avec un bateau de croisière et le confort inférieur. L'aménagement des cargos est toutefois moins sommaire qu'il n'y paraît et leurs tarifs sont très inférieurs (parfois de moitié) aux bateaux de croisière. Les traversées peuvent durer d'une semaine à deux mois et les escales intermédiaires sont généralement rapides. La **Cruise & Freighter Travel Association** (☎ 800-872-8584 ; www.travltips.com) et **Freighter World Cruises** (☎ 800-531-7774 ; www.freighterworld.com) sont d'excellentes sources d'informations.

VOYAGES ORGANISÉS

Vous trouverez ici une liste de voyagistes offrant des prestations intéressantes pour des circuits dans l'Ouest américain. N'hésitez pas à comparer leurs prix avant de faire votre choix. Examinez également les offres des voyagistes mentionnés dans la rubrique *Voie aérienne*, ainsi que celles des agences en ligne de l'encadré p. 538. Pour plus de renseignements sur les voyages organisés proposés une fois à l'intérieur du pays, voir p. 551.

CIRCUITS

Les circuits les plus fréquents sont des parcours à la découverte de la nature et des parcs nationaux de la région. Ces circuits permettent d'admirer des paysages splendides et sont souvent le moyen de mieux connaître les cultures indiennes. L'Ouest américain est également le lieu idéal pour la marche et le trekking. L'offre de circuits plus ou moins sportifs dans la région est importante. Comptez entre 1 300 € (10 jours) et 3 000 € (20 jours), pour un séjour tout compris, vol inclus.

Allibert (☎ 0825 090 190, 0,15 €/min ; www.allibert-trekking.com) Paris (☎ 01 44 59 35 35, fax 01 44 59 35 36 ; 37 bd Beaumarchais, 75003 Paris) ; Grenoble (☎ 04 76 45 50 50, fax 04 76 45 50 75 ; route de Grenoble, 38530 Chapareillan). Ce spécialiste du trekking propose de nombreux circuits (marche, randonnée, raquettes) dans les parcs et les déserts de l'Ouest américain.

Comptoir des voyages (☎ 0892 239 339, 0,34 €/min, fax 01 53 10 21 51 ; www.comptoir.fr ; 344 rue Saint-Jacques, 75005 Paris). Propose différents circuits dans l'Ouest américain (Colorado, Terres indiennes, Rocheuses) et ses parcs nationaux.

Jet-Set Voyages (☎ 01 53 67 13 00, fax 01 53 67 13 29 ; www.jetset-voyages.fr ; 41-45 rue Galilée, 75116 Paris). Excursions de courte durée, circuits en 4x4 dans les parcs ou les villes mythiques de l'Ouest.

Terres d'Aventure (☎ 0825 700 825, 0,15 €/min ; www.terdav.com) Paris (fax 01 43 25 69 37 ; 6 rue Saint-Victor, 75005 Paris) ; Lyon (fax 04 78 37 15 01 ; 5 quai Jules-Courmont, 69002 Lyon). Divers circuits couvrant tous les États de l'Ouest, alliant transferts motorisés et randonnées .

La Maison des États-Unis (☎ 01 53 63 13 43, fax 01 42 84 23 28 ; www.maisondesetatsunis.com ; 3 rue Cassette 75006 Paris). Différents circuits accompagnés, à des tarifs compétitifs, ainsi que des circuits individuels en voiture, avec carnet de route préétabli.

Voyageurs du Monde (☎ 0 892 23 56 56, 0,34 €/min ; www.vdm.com ; 55 rue Sainte-Anne, 75002 Paris). Circuits classiques et voyages thématiques originaux (cinéma, ski, cow-boys, etc.).

COMMENT CIRCULER

AVION

Si vous manquez de temps, prenez l'avion. Avec ses dizaines de compagnies aériennes concurrentes, ses centaines d'aéroports et ses milliers de vols quotidiens, le réseau national est étendu et fiable. Le voyage aérien revient habituellement plus cher que le bus, le train ou la voiture, quoique certaines offres spéciales le rendent très compétitif.

Les principaux aéroports se trouvent dans les villes desservies par les lignes internationales et dans certaines grandes agglomérations. La plupart des villes importantes et moyennes possèdent un aéroport local ou de comté, mais il faut généralement passer par un aéroport national pour y accéder.

Pour garer votre voiture pendant un voyage, consultez le site www.parkingaccess.com, qui propose des informations, des réservations et des réductions dans les parkings des principaux aéroports.

Compagnies aériennes

Plusieurs compagnies aériennes nationales ont récemment frôlé la faillite mais continuent malgré tout à voler, suite aux différentes fusions et autres restructurations. Les repas gratuits ont laissé place aux sandwichs payants et le personnel réduit implique qu'en cas d'imprévus (tempête par exemple) les vols sont retardés de plusieurs heures, voire quelques jours.

Le voyage aérien est assez sûr aux États-Unis (bien plus que les routes). Pour des informations détaillées sur les transporteurs, consultez le site d'**Airsafe.com** (www.airsafe.com), qui se révèle également de bon conseil en matière de procédures de sécurité dans les aéroports (voir l'encadré p. 539).

Voici les principales compagnies nationales desservant l'Ouest :

AirTran (☎ 800-247-8726 ; www.airtran.com). Compagnie basée à Atlanta couvrant surtout le Midwest et l'Est.

Alaska Airlines/Horizon Air (☎ 800-252-7522 ; www.alaskaair.com). Dessert l'Alaska et l'Ouest, ainsi que les villes de la Côte Est.

American Airlines (☎ 800-433-7300 ; www.aa.com). Couvre tout le pays.

Continental Airlines (☎ 800-523-3273 ; www.continental.com). Vols à l'échelle nationale.

Delta Air Lines (☎ 800-221-1212 ; www.delta.com). Vols à l'échelle nationale.

Frontier Airlines (☎ 800-432-1359 ; www.frontierairlines.com). Compagnie de Denver desservant tout le pays, y compris l'Alaska.

Hawaiian Airlines (☎ 800-367-5320 ; www.hawaiianair.com). S'envole vers les îles hawaïennes et la Côte Ouest, Las Vegas ou Phoenix.

JetBlue Airways (☎ 800-538-2583 ; www.jetblue.com). Relie directement les villes de la Côte Est et de la Côte Ouest, aux Caraïbes.

Midwest Airlines (☎ 800-452-2022 ; www.midwestairlines.com). Compagnie de Milwaukee desservant les principales villes américaines.

Northwest Airlines (☎ 800-225-2525 ; www.nwa.com). Service vers l'ensemble du pays et le Canada.

Southwest Airlines (☎ 800-435-9792 ; www.southwest.com). Survole la partie continentale des États-Unis.

Spirit Airlines (☎ 800-772-7117 ; www.spiritair.com). Compagnie basée en Floride. Dessert les principales villes américaines.

United Airlines (☎ 800-864-8331 ; www.ual.com). Service à l'échelle nationale.

US Airways (☎ 800-428-4322 ; www.usairways.com). Vole surtout vers l'Est, le Midwest et les Caraïbes.

Virgin America (☎ 877-359-8474 ; www.virginamerica.com). Relie les villes de la Côte Est à la Côte Ouest.

Forfaits aériens

Les voyageurs planifiant de nombreux vols intérieurs aux États-Unis peuvent envisager d'acheter un forfait aérien (*air pass*). Seuls les étrangers ont accès à ces forfaits, et uniquement en combinaison avec un vol international. Les conditions rattachées aux billets et les grilles de tarifs sont parfois très complexes, mais tous incluent un certain nombre de vols intérieurs (de 2 à 10) à effectuer dans un délai de 60 jours. S'il est parfois nécessaire de programmer son itinéraire à l'avance, il arrive également que les dates – et même les destinations – restent indéterminées. Consultez un agent de voyages afin de savoir si ce type de forfait convient à votre projet. Les forfaits s'appliquent à des réseaux aériens particuliers, comme **Star Alliance** (www.staralliance.com) et **One World** (www.oneworld.com).

BATEAU

Au large des côtes de Washington, des ferries rallient les magnifiques îles San Juan (p. 479). Plusieurs des îles du détroit de Californie sont accessibles en bateau, notamment Catalina Island (p. 163) au large de Los Angeles.

BUS

Le bus est le moyen de transport le plus économique, notamment entre les grandes villes. Les Américains de la classe moyenne privilégient l'avion ou la voiture, mais les bus vous permettront de voir du paysage et de rencontrer d'autres voyageurs. Les bus sont en général propres, confortables (climatisation, sièges inclinables et toilettes) et non-fumeurs.

Greyhound (☎ 800-231-2222 ; www.greyhound.com), la principale compagnie de bus longue distance, dessert tous les États-Unis et le Canada. Dans un souci de rentabilité, Greyhound a récemment supprimé les dessertes de nombreuses petites villes ; les itinéraires suivent donc généralement les grandes routes et s'arrêtent dans les grandes localités. Pour rejoindre les villes modestes situées sur des routes de campagne, vous devrez donc sûrement poursuivre sur les réseaux locaux ou régionaux dont la compagnie Greyhound vous fournira en général les coordonnées.

Parmi les concurrents de Greyhound figure **Trailways** (☎ 703-691-3052 ; www.trailways.com), qui possède près de 75 franchises. Trailways n'est certes pas aussi pratique que Greyhound pour les longs trajets, mais ses tarifs sont compétitifs. **Pacific Coachways Trailways** (☎ 714-892-5000 ; www.pacificcoachways.com) est la compagnie régionale de Trailways spécialisée sur la côte pacifique.

La plupart des bagages devant être enregistrés, n'oubliez pas de fixer une étiquette indiquant lisiblement vos coordonnées. Les objets volumineux, tels que les skis, les planches de surf et les vélos, sont parfois admis, moyennant un supplément. Renseignez-vous auprès de la compagnie.

La fréquence des bus varie de plusieurs services hebdomadaires à un départ par heure ou par jour. Malgré la suppression de nombreuses destinations secondaires, les bus Greyhound non express s'arrêtent tous les 80 à 160 km (50 à 100 miles) pour prendre des passagers. Les services longue distance marquent des arrêts pour les repas et les changements de chauffeur.

Nombre de gares routières sont propres et sûres, mais certaines sont situées dans des coins douteux ; si vous arrivez de nuit, n'hésitez pas à prendre un taxi. Certaines localités ne disposent que d'un simple arrêt. Si vous prenez le bus à l'un de ces arrêts, prévoyez d'avoir la somme exacte sur vous pour payer le conducteur.

Forfaits

Les forfaits Greyhound sont très économiques pour traverser le pays. Le **Discovery Pass** (☎ 888-454-7277 ; www.discoverypass.com) couvre aussi bien les trajets nationaux qu'internationaux et permet de voyager sans restrictions sur des périodes allant de 7 à 60 jours consécutifs, aussi bien aux États-Unis qu'au Canada (jusqu'à certaines villes de la frontière mexicaine). De nombreuses compagnies de bus régionales acceptent ce forfait. Vérifiez-en la liste au près de Greyhound.

On peut acheter des forfaits dans certains terminaux Greyhound jusqu'à deux heures avant le départ, ou en ligne au moins 14 jours à l'avance puis les retirer en utilisant la même carte de crédit, et en présentant une pièce d'identité, au moins une heure avant l'embarquement.

Tarifs

Vous pouvez bénéficier de réductions sur les billets Greyhound en les achetant sept jours à l'avance. Les allers-retours sont aussi moins chers. Le site Internet de Greyhound fait régulièrement des promotions, surtout pour les réservations en ligne. Si vous ne voyagez pas seul, le tarif "accompagnant" (*companion fare*) de Greyhound permet jusqu'à trois personnes vous accompagnant de bénéficier de 50% de réduction pour un achat réalisé trois jours à l'avance.

À titre d'exemple, le trajet Los Angeles-San Francisco avec Greyhound coûte 45 $ au plein tarif (8 heures).

Voici les autres promotions proposées par Greyhound : 40% de réduction pour les enfants âgés de 2 à 11 ans ; 5% pour les seniors de plus de 62 ans ; 15% pour les étudiants en possession de la carte Student Advantage Discount Card (20 $), et 10% pour ceux qui ont une carte d'étudiant valable.

Réservations

Les billets pour certains bus Trailways ou d'autres compagnies ne peuvent être achetés qu'au moment du départ. Les billets de bus Greyhound peuvent être achetés par téléphone ou en ligne. Les cartes de crédit internationales sont acceptées pour les achats directs sur place, en appelant le ☎214-849-8100 ou les achats en ligne par avance pour les billets Will Call, qui se récupèrent ensuite au terminal (apportez une pièce d'identité). Les terminaux Greyhound acceptent aussi les chèques de voyage et le liquide.

Chez Greyhound, un billet acheté à l'avance ne garantit pas une place. C'est le système du premier arrivé, premier servi. Greyhound recommande d'arriver une heure avant le départ pour avoir un siège, voire plus le week-end ou pendant les vacances. Dans certaines villes, un supplément de 5 $ vous assure une place et un embarquement avant les autres passagers.

TRAIN

La compagnie **Amtrak** (☎800-872-7245 ; www.amtrak.com) gère un immense réseau ferroviaire à travers tout le pays. Les bus Amtrak Thruway assurent une liaison commode entre les gares ferroviaires et les petites localités ou les parcs nationaux. Le train représente rarement la solution la plus rapide, la moins chère ou la plus pratique, mais il offre une manière de voyager pittoresque, confortable et riche en contacts humains.

Amtrak propose plusieurs grandes lignes d'est en ouest et davantage dans le sens nord-sud. Le réseau permet de relier entre elles les plus grandes agglomérations du pays et nombre de villes plus modestes. Les services de longue distance sont assurés par des trains spécifiques qui circulent tous les jours sur la plupart des lignes, de 3 à 5 fois par semaine sur les autres. Consultez le site d'Amtrak pour des cartes détaillées du réseau. Il est possible d'effectuer les réservations depuis la **France** (☎ 01 53 25 03 56 ; Amtrak c/o Interface tourism, 11 bis rue Blanche, 75009 Paris).

Les trains rapides de la société Amtrak, les Acela Express, sont les plus chers et les forfaits (voir p. 545) n'y sont pas acceptés. D'autres liaisons secondaires desservent les grandes villes de la côte californienne.

Classes et tarifs

Les tarifs d'Amtrak varient en fonction des trains et du type de place. Sur les grandes lignes, vous pouvez voyager en 2e classe (*coach class*), en classe affaires ou en 1re classe. Les wagons-lits, tous de 1re classe, disposent de couchettes simples (appelées *roomettes*), de chambres avec sanitaires privés et de suites pour quatre personnes avec deux salles de bains. Les tarifs en couchette incluent les repas au wagon-restaurant avec un service à table (onéreux quand il n'est pas inclus). Les lignes secondaires ne proposent que des places assises de classe affaires et de 1re classe. Quand il existe, le service de restauration se limite à des sandwichs et à des en-cas vendus au bar. Mieux vaux prendre ses propres provisions dans tous les trains.

Amtrak propose différents tarifs allers-retours, allers simples ou touristiques, avec des réductions de 15% pour les seniors de plus de 62 ans et plus, pour les étudiants possédant la carte Student Advantage card ($20) ou une Carte d'étudiant internationale (ISIC), et 50% pour les enfants de 2 à 15 ans accompagné d'un adulte. Les membres de l'AAA bénéficient de 10% de remise. On trouve des billets "Weekly-specials" à prix très réduits, uniquement en ligne, sur certains trajets peu empruntés.

Généralement, plus vous réserverez tôt, moins cher vous paierez. Pour bénéficier d'une des multiples réductions classiques, il faut s'y prendre trois jours en avance. Évitez de prendre un Acela Express ou un train Metroliner aux heures de pointe et le week-end.

Amtrak Vacations (☎ 800-268-7252 ; www.amtrakvacations.com) propose des forfaits vacances comprenant la location de voiture, l'hôtel, les parcours et les attractions. Les forfaits Air-Rail permettent de faire l'aller en train et de revenir en avion.

Voici les tarifs normaux pour adulte, aller simple, en classe économique sur les trajets longue distance chez Amtrak :

New York-Los Angeles : 195 $, 61 heures
Los Angeles-San Antonio : 135 $, 30 heures
Seattle-Oakland : 95 $, 23 heures

Réservations

Les réservations peuvent se faire de 11 mois à l'avance jusqu'à la date de départ. Le nombre de places étant limité dans la plupart des trains et certaines lignes étant chargées, notamment en été et pendant les périodes de vacances, il est préférable de réserver le plus tôt possible, ce qui permet aussi un meilleur accès aux réductions.

Forfaits ferroviaires

Le forfait d'Amtrak USA Rail Pass propose une classe économique pour 15 (389 $), 30 (579 $) ou 45 jours (749 $), comprenant respectivement 8, 12 ou 18 portions. Notez qu'une portion ne correspond pas à un aller simple. Si pour atteindre votre destination il faut prendre plusieurs trains, un aller comptera comme deux portions sur votre forfait.

Présentez votre forfait à un guichet Amtrak pour récupérer vos billets pour chaque trajet. Il faut faire la réservation par téléphone (appelez le ☎ 800-872-7245, ou le ☎ 215-856-7953 en dehors des États-Unis) le plus tôt possible. Il faut réserver chaque portion du trajet. Dans certaines gares de campagne, les trains ne s'arrêtent que s'il y a des réservations. Les billets ne correspondent pas à un siège particulier mais le contrôleur peut vous attribuer une place. Les 1res classes et les couchettes entraînent un supplément et doivent être réservées séparément.

Tout voyage doit être fait dans les 180 jours suivant l'achat du forfait. Les forfaits ne sont pas valables sur les trains Acela Express, Auto Train, pour les correspondances avec des bus Thruway motorcoach ou sur la portion canadienne du réseau Amtrak cogérée par Via Rail Canada.

VÉLO

Le cyclotourisme est très prisé dans la région et vous pourrez donc parcourir tranquillement les petites routes secondaires (puisque les vélos sont interdits sur les autoroutes). Les cyclistes sont soumis au même code de la route que les automobiles, mais ne vous attendez pas à ce que les voitures vous accordent la priorité à droite. Le **Better World Club** (p. 546) propose un programme d'assistance aux cyclistes.

Consultez la p. 513 pour une liste des associations, des circuits organisés et des magazines pour les cyclistes, et la p. 126 pour connaître les sites incontournables. Pour les longs parcours à travers le pays, l'aide d'un tour-opérateur peut se révéler utile. La traversée d'une côte à l'autre nécessite environ deux mois de pédalage assidu.

Pour des conseils et des listes de clubs de vélo locaux et de réparateurs, consultez le site Internet de la **League of American Bicyclists** (www.bikeleague.org). Si vous venez aux États-Unis avec votre propre vélo, consultez l'**International Bicycle Fund** (www.ibike.org), qui recense les règlements par compagnie aérienne et propose de nombreux conseils. Par le passé, la plupart des compagnies internationales et intérieures transportaient les vélos en tant que bagages, sans taxe particulière s'ils étaient placés dans un conteneur. Toutefois, beaucoup ont récemment changé leur règlement et imposé ou augmenté les taxes (généralement de 50 $ à 100 $, parfois plus). Les trains Amtrak et les bus Greyhound transportent les vélos à travers les États-Unis, moyennant un supplément.

Vous pouvez aussi facilement acheter un vélo sur place et le revendre avant votre retour. Pour cela, vous trouverez des magasins spécialisés dans toutes les villes. Pour acheter une bicyclette d'occasion bon marché, visitez les marchés aux puces locaux et les brocantes à domicile ou consultez les petites annonces dans les auberges de jeunesse, les universités ou sur le site **Craiglist** (www.craiglist.org). Ce sont les meilleurs endroits pour revendre votre engin, avec les magasins proposant des vélos d'occasion.

On peut aussi louer sans difficulté des vélos pour de longues durées ; des boutiques de location sérieuses sont présentées tout au long de ce guide. Les tarifs débutent à 100 $ par semaine ; une autorisation de paiement par carte bancaire est généralement exigée comme dépôt de garantie pour les sommes importantes.

VOITURE ET MOTO

L'amour des Américains pour l'automobile frise la pathologie, mais s'explique aussi par une raison pratique : au vu de l'immensité du continent, les transports publics ne suffisent pas. La voiture est le moyen de locomotion le plus commode et le plus souple pour explorer les grands espaces de l'Amérique rurale. L'indépendance a toutefois un prix et le coût des locations et du carburant peut représenter une bonne partie de votre budget. Il n'y a que pour les séjours dans les grandes villes que vous pourrez facilement vous passer d'une voiture.

Vous trouverez des recommandations d'itinéraires sur le site des **National Scenic Byways** (www.byways.org).

Automobile-clubs

L'**American Automobile Association** (AAA ; ☎ 800-874-7532 ; www.aaa.com) a conclu des accords d'adhésion réciproques avec plusieurs associations internationales (renseignez-vous auprès de l'AAA en apportant votre carte d'adhérent). L'AAA propose à ses membres des assurances de voyage, des guides touristiques, des garages spécialisés pour les acheteurs de voitures d'occasion ainsi qu'un vaste réseau d'agences régionales. L'association offre un soutien politique à l'industrie automobile.

Plus écologique, le **Better World Club** (☎ 866-238-1137 ; www.betterworldclub.com) consacre 1% de ses revenus à des actions de préservation de l'environnement, propose des alternatives écologiques à tous ses services et défend politiquement les causes liées à l'environnement.

Les deux organisations offrent à leurs membres une assistance d'urgence 24h/24 dans tout le pays, la préparation de parcours, des cartes gratuites, une assurance auto, les services d'agents de voyages et diverses réductions (locations de voiture, hôtels, animations, etc.).

Transport de véhicule

Consultez la p. 540 pour des informations sur le passage de la frontière avec un véhicule. À moins de vous installer aux États-Unis, n'envisagez pas de faire acheminer votre voiture.

Convoyage

Le convoyage de véhicules (*drive-away*) consiste à conduire une voiture d'un endroit à l'autre du pays pour le compte de personnes ne pouvant le faire elles-mêmes. Les voyageurs flexibles peuvent tirer un grand profit du convoyage de véhicule : celui-ci permet de couvrir de longues distances entre deux endroits déterminés moyennant le seul prix du carburant. Bien entendu, le respect des délais et la disponibilité s'avèrent de rigueur.

Pour être conducteur, il faut avoir plus de 23 ans et être titulaire d'un permis de conduire valide (un permis international pour les étrangers). Vous devrez verser une caution de 300 à 400 $, qui vous sera rendue après acheminement du véhicule, présenter une carte de crédit des réseaux les plus connus (Visa, Mastercard…) et/ou trois pièces d'identité (ou un passeport) ; et, si vous êtes canadien, une copie de votre dossier de conducteur (*driving record* ; voir p. 548). La société de transport acquitte l'assurance et vous réglez le carburant. La mission consiste à acheminer le véhicule à bon port en respectant le délai et le kilométrage spécifiés, basés sur 8 heures de conduite par jour , soit environ 400 miles, en suivant l'itinéraire le plus direct. La disponibilité des voitures dépend de la demande, sachant que les trajets d'une côte à l'autre pendant les vacances scolaires sont les plus faciles à obtenir.

Les principales compagnies de convoyage sont **Auto Driveaway** (☎ 323-666-6100 ; www.autodriveawayla.com) et **Auto Driveaway Co** (☎ 800-346-2277 ; www.autodriveaway.com).

Permis de conduire

Conformément à la loi, les visiteurs peuvent conduire pendant 12 mois aux États-Unis avec le permis délivré dans leur pays d'origine. Un permis international (*International Driving Permit*, IDP) s'avère cependant utile car il aura plus de poids aux yeux des policiers américains, surtout si votre permis ne comporte pas de photo ou est rédigé dans une autre langue que l'anglais. Vous devrez, en tous les cas, emporter vos deux permis.

Pour pouvoir conduire une moto, il vous faudra soit un permis moto américain valide, soit un permis de conduire international (IDP) moto.

Assurance

Ne conduisez jamais sans assurance, au risque de vous retrouver ruiné en cas d'accident. Si vous détenez déjà une assurance automobile (dans votre pays) ou contractez une police pour le voyage, assurez-vous qu'elle couvre convenablement le véhicule que vous louerez sur place. C'est bien souvent le cas, mais il faut savoir que la plupart des États américains exigent un certain nombre de garanties.

Les sociétés de location procurent l'assurance responsabilité civile, mais la facturent généralement en sus. Renseignez-vous toujours pour savoir si elle est ou non comprise dans la location. Il est rare que cette assurance de base couvre les dégâts du véhicule en cas d'accident. Vous pourrez souscrire en option une assurance collision sans franchise (*Collision Damage Waiver*, CDW) ou avec franchise (*Loss Damage Waiver*, LDW), dont le montant initial oscille habituellement entre 100 et 500 $. Une prime supplémentaire permet en principe de couvrir le montant de la franchise.

DISTANCES ET TEMPS DE TRAJET EN VOITURE

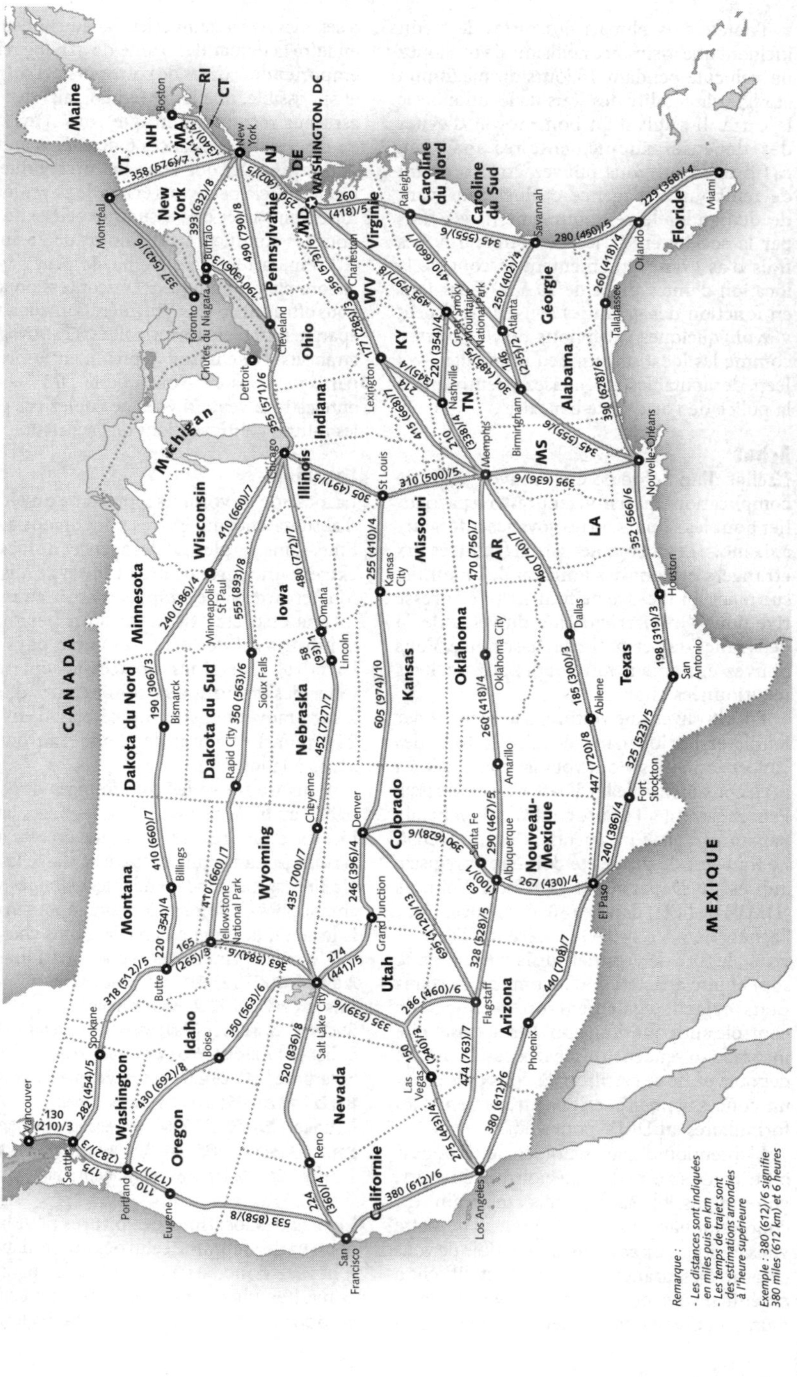

Remarque :
- Les distances sont indiquées en miles puis en km
- Les temps de trajet sont des estimations arrondies à l'heure supérieure

Exemple : 380 (612)/6 signifie 380 miles (612 km) et 6 heures

Toutefois, la plupart des cartes de crédit incluent une assurance collision si vous louez un véhicule pendant 15 jours au maximum et réglez la totalité des frais de location avec la carte. Il s'agit d'un bon moyen d'éviter des dépenses supplémentaires mais, en cas d'accident, vous pouvez être contraint de rembourser l'agence de location avant de demander le remboursement des frais par la société émettrice de votre carte. Les frais d'assurance augmentent le coût de la location d'une voiture de 10 à 30 $ par jour en fonction des garanties souscrites. Il peut y avoir quelques exceptions non couvertes, comme les locations un peu originales (4x4 Jeep, décapotables, etc.). Lisez attentivement la police de votre carte bancaire.

Achat

L'achat d'un véhicule crée souvent plus de complications qu'il n'en faudrait, en particulier pour les séjours ou les voyages inférieurs à six mois. Les formalités seront facilitées aux étrangers qui ont des amis ou de la famille sur place en mesure de fournir une adresse fixe pour l'immatriculation du véhicule, la délivrance du permis et de l'assurance. Vous pouvez également faire appel aux sociétés mentionnées ci-après.

Pour trouver une voiture, commencez par feuilleter les journaux et faire le tour des concessionnaires. Pour vous faire une idée du prix, consultez le **Kelley Blue Book** (www.kbb.com). Pensez également à faire contrôler le véhicule par un garagiste indépendant avant l'achat. Le transfert de propriété doit être enregistré auprès du Department of Motor Vehicles (DMV) de l'État dans les 10 jours qui suivent l'acquisition. Vous devrez présenter l'acte de vente, le titre de propriété de la voiture (*pink slip*) et une attestation d'assurance. Certains États exigent également un certificat de contrôle antipollution, dont la responsabilité incombe au vendeur ; n'achetez pas de voiture dépourvue de ce certificat. Si vous passez par un concessionnaire, celui-ci transmettra les formulaires au DMV pour vous.

L'obtention d'une assurance de responsabilité civile s'avère délicate pour un étranger, voire impossible sans permis américain. Un concessionnaire ou l'AAA pourra peut-être vous indiquer un assureur susceptible de vous couvrir. L'assurance est onéreuse et difficile à obtenir si vous ne pouvez apporter la preuve d'un bon dossier conducteur (*driving record* – seuls les Américains et les Canadiens peuvent en faire la demande). Faute de *driving record* emportez des copies de votre police d'origine, et si possible, une lettre (en anglais) de votre assureur reconnaissant que vous n'avez pas eu d'accident depuis ces 6 dernières années, afin de prouver que vous êtes un conducteur modèle. Cela peut vous éviter de payer le prix fort. Contracter une assurance relève du défi pour les conducteurs de moins de 25 ans.

Enfin, la revente du véhicule peut s'avérer encore plus compliquée. Les concessionnaires vous offriront un prix peu intéressant mais vous épargneront bien des formalités. Les voyageurs étrangers et les étudiants représentent le meilleur parti, mais assurez-vous que le DMV a bien enregistré la vente si vous ne voulez pas payer les futures contraventions de l'acheteur.

Location

La location de voitures représente un secteur d'activité énorme et très concurrentiel aux États-Unis. La plupart des agences de location exigent une carte de crédit (de type Visa ou Mastercard, par exemple), d'avoir au moins 25 ans et d'être titulaire d'un permis de conduire valide (celui de votre pays fera l'affaire). Certaines agences acceptent de louer des voitures aux conducteurs de 21 à 24 ans moyennant un supplément d'environ 25 $/jour. Les moins de 21 ans n'auront pas accès à la location.

Vous trouverez les coordonnées d'agences fiables au fil de ce guide, dans les pages jaunes locales et auprès de **Car Rental Express** (www.carrentalexpress.com), qui compare et classe les différentes agences indépendantes selon les villes américaines – une formule pratique pour trouver la location de longue durée la moins chère.

Voici les principales agences nationales :

Alamo (☎ 877-222-9075 ; www.alamo.com)
Avis (☎ 800-331-1212 ; www.avis.com)
Budget (☎ 800-527-0700 ; www.budget.com)
Dollar (☎ 800-800-3665 ; www.dollar.com)
Enterprise (☎ 800-261-7331 ; www.enterprise.com)
Hertz (☎ 800-654-3131 ; www.hertz.com)
National (☎ 800-227-7368 ; www.nationalcar.com)
Rent-a-Wreck (☎ 800-944-7501 ; www.rent-a-wreck.com)
Thrifty (☎ 800-847-4389 ; www.thrifty.com)

Le prix des locations de voitures peut beaucoup varier ; comme celui des billets d'avion, n'hésitez donc pas à comparer les prix et à consulter plusieurs sites. Les agences des aéroports affichent parfois les tarifs les plus bas, mais aussi les plus fortes commissions. Celles du centre-ville peuvent proposer des services de navette. Changer les dates de location peut aussi influer sur les tarifs, généralement moins élevés le week-end et pour les locations à la semaine. En moyenne, une petite voiture revient de 30 à 75 $ par jour, et de 200 à 500 $ par semaine. Si vous êtes inscrit à un club automobile ou à un programme grands voyageurs, vous bénéficierez peut-être d'une réduction (ou gagnerez des kilomètres supplémentaires). Vous pouvez aussi trouver une formule "avion + voiture" bon marché avant votre départ. Bien que cela ne soit pas forcément plus rentable (un bon négociateur peut marchander de bons prix une fois sur place), réserver à l'avance permet toutefois d'arriver en toute tranquillité.

Sachez également que, si la plupart des agences nationales incluent d'office un "kilométrage illimité" à toutes leurs locations, les autres loueurs peuvent facturer cette option – et les formules avec kilométrage limité sont rarement intéressantes. Certaines agences demandent aussi aux clients de payer d'avance leur dernier plein de carburant, ce qui n'est pas une bonne affaire. Les taxes sur la location de véhicules varient en fonction des États et des endroits ; faites-vous toujours préciser le tarif taxes comprises. La plupart des agences appliquent un supplément qualifié de "frais d'acheminement" si vous empruntez un véhicule dans une ville et le rendez dans une autre. Enfin, méfiez-vous si vous prolongez ou abrégez la location de quelques jours : dans le premier cas, vous paierez le prix fort pour les jours supplémentaires et dans le second, vous risquez de perdre le bénéfice d'une offre promotionnelle à la semaine ou au mois.

Certaines sociétés américaines importantes comme Avis, Budget ou Hertz, proposent de nombreux véhicules hybrides "verts" (comme la Toyota Prius ou la Honda Civic) même s'il faut généralement payer nettement plus pour des véhicules moins gourmands en carburant. Des agences locales, surtout sur la Côte Ouest, louent aussi des véhicules hybrides. Par exemple, **Simply Hybrid** (www.simplyhybrid.com) en Californie du Sud.

On peut aussi partager les locations dans des villes à travers 25 États. En effet, **Zipcar** (☎ 866-494-7227; www.zipcar.com) propose un tarif horaire/journalier avec carburant gratuit et kilométrage limité ; prépaiement obligatoire. Consultez le site Internet pour voir les locations et pour s'inscrire (certains conducteurs étrangers sont acceptés). Obligation de ramener le véhicule à l'agence de location.

MOTO

Si vous rêvez de traverser les États-Unis en Harley, **EagleRider** (☎ 888-900-9901; www.eaglerider.com) a des agences dans les villes principales du pays et loue aussi d'autres véhicules. Attention au prix élevé des assurances et des locations de moto.

CAMPING-CARS

Les agences spécialisées dans la location de camping-cars (*recreational vehicles*, RV) ou de *campers* (camionnettes aménagées) incluent :

Adventures on Wheels (☎ 800-943-3579 ; www.adventuresonwheels.com)
Cruise America (☎ 800-671-8042 ; www.cruiseamerica.com)
Happy Travel Camper Rental & Sales (☎ 800-370-1262 ; www.camperusa.com)

État des routes et sécurité

Les autoroutes américaines sont réputées être d'immenses bandeaux d'asphalte tout lisses, mais ce n'est pas toujours le cas. Les principaux dangers et désagréments sur la route sont les nids-de-poule, les embouteillages quotidiens aux abords des agglomérations, les animaux sauvages et, bien sûr, les personnes qui téléphonent en conduisant et ceux qui sont distraits par leurs enfants. Un peu de prudence, d'anticipation, de courtoisie et de chance permettent généralement de bien s'en tirer. Pour des informations sur la circulation routière et les fermetures de routes, consultez le site www.fhwa.dot.gov/trafficinfo (en anglais).

Conduire en hiver peut poser des problèmes dans les montagnes, où de nombreuses voitures sont équipées de pneus-neige cloutés ; les chaînes sont parfois obligatoires sur les routes de montagne. Les agences de location interdisent souvent la conduite sur des chemins de terre ou hors des routes, qui peut d'ailleurs s'avérer très dangereuse sous la pluie.

Dans le désert et dans les montagnes, vous verrez parfois du bétail paître à côté de routes non clôturées. Ces zones sont indiquées soit par un panneau *Open Range*, soit par un panneau illustré par un bœuf. Prenez au sérieux les panneaux indiquant le risque de rencontre avec un animal sauvage, en particulier la nuit.

Code de la route

Le port de la ceinture de sécurité et les sièges pour enfants sont obligatoires dans tous les États. La plupart des agences de location de véhicules louent des sièges pour enfants pour environ 10 $, mais il faut en faire la demande lors de la réservation. Dans certains États, le port du casque est obligatoire en moto.

Sur autoroute, la vitesse est parfois limitée à 75 miles/h. En l'absence de signalisation autre, elle est généralement de 55 miles/h ou 65 miles/h sur autoroute, de 25 à 35 miles/h en agglomération et de 15miles/h à l'approche des écoles (à respecter scrupuleusement aux heures de sortie de classe). Il est interdit de doubler un bus scolaire lorsque ses feux clignotent.

Sauf si un panneau l'interdit formellement, on peut tourner à droite à un feu rouge après avoir marqué un arrêt, dans la mesure où l'on ne gêne pas les véhicules venant de la gauche, qui restent prioritaires. À un carrefour à quatre stops, la priorité suit l'ordre d'arrivée des véhicules. Si deux voitures arrivent en même temps, il y a alors priorité à droite. En cas de doute, faites poliment un signe de la main à l'autre conducteur. Lorsqu'un véhicule de secours ou la police arrive, mettez-vous lentement sur le côté et laissez-le passer.

Dans la plupart des États, des lois interdisent de jeter des déchets depuis son véhicule. Si vous êtes pris sur le fait, vous encourez une forte amende. Dans de plus en plus d'États il est interdit de téléphoner au volant. Mieux vaut utiliser un kit main-libre à la place.

Le taux d'alcoolémie maximum pour un conducteur est de 0,08%. La conduite en état d'ivresse (ou sous l'influence de drogue) est lourdement sanctionnée. La police peut vous faire descendre du véhicule et vous imposer divers tests visant à vérifier votre sobriété. Si vous échouez, vous devrez vous soumettre à un alcootest, un examen d'urine ou une analyse de sang. Refuser les tests est passible des mêmes amendes qu'en cas de résultat positif.

Dans certains États, il est interdit de transporter dans une voiture tout "récipient d'alcool ouvert", même vide. Les bouteilles pleines et non scellées doivent être mises dans le coffre.

TRANSPORTS URBAINS

À l'exception des grandes agglomérations, les transports publics s'avèrent rarement pratiques pour les voyageurs et desservent mal les villes excentrées et les banlieues. Cependant, ils sont en général bon marché, sûrs et fiables. Pour des précisions sur les transports régionaux, reportez-vous à la rubrique *Comment circuler* des villes principales de chaque État. Le numéro ☎511, en service dans la moitié des États, permet d'obtenir diverses informations sur les transports locaux.

Desserte des aéroports

Dans la plupart des villes, les navettes – généralement des minibus de 12 places – constituent un moyen de transport commode et bon marché vers/depuis l'aéroport. Certaines respectent des itinéraires et des arrêts précis (incluant les grands hôtels), tandis que d'autres offrent un service de porte à porte. Comptez entre 15 et 30 $ par personne.

Bus

La plupart des villes offrent un bon réseau de bus urbains. Ils sont principalement destinés aux habitants qui se rendent sur leur lieu de travail et le service est restreint en soirée et le week-end. Le coût du trajet varie : gratuit dans certains endroits, jusqu'à 1 ou 3 $ ailleurs.

Métro

Certaines agglomérations, telle San Francisco, possèdent un métro ou un réseau de trains aériens, qui représentent le meilleur moyen de transport urbain. D'autres villes comptent une ou deux lignes ferrées qui desservent essentiellement le centre-ville.

Taxi

Les taxis sont équipés de compteurs et font payer une prise en charge d'environ 2,50 $, puis de 1,50 $ à 2 $ par mile (soit 1,6 km). Ajoutez un supplément pour les bagages et un pourboire de 10 à 15%. Les taxis maraudent dans les zones les plus fréquentées des grandes villes ; dans les autres quartiers, il est préférable de téléphoner pour en commander un.

Vélo

Certaines agglomérations favorisent davantage les déplacements à bicyclette. De manière générale, les magasins de location sont omniprésents – vous trouverez leurs coordonnées tout au long de ce guide –, la plupart des villes proposent des pistes et des voies cyclables, et les transports publics acceptent les vélos. Reportez-vous à la p. 545 pour des informations complémentaires.

ATTENTION AU DÉPART !

Il existe des dizaines de lignes de chemin de fer historiques – à voies étroites – qui font office d'attractions touristiques plutôt que de moyens de transport. La plupart ne fonctionnent qu'en saison estivale et certaines sont très populaires (réservez). Qui ne rêve pas en effet de découvrir les plus beaux paysages de l'Amérique à la remorque d'une puissante locomotive à vapeur ?

Voici quelques-unes des meilleures lignes de l'Ouest :

Cumbres & Toltec Scenic Railroad. Véritable musée sur rail partant de Chama au Nouveau-Mexique, pour atteindre les Rocheuses du Colorado (p. 374).
Durango & Silverton Narrow Gauge Railroad. Termine sa course dans la légendaire ville minière de Silvertown, dans les Rocheuses du Colorado (p. 413).
Mount Hood Railroad. Suit les somptueuses gorges du fleuve Columbia au sortir de Portland, Oregon (p. 501).
Roaring Camp Railroads. S'élève dans les forêts côtières de séquoias surplombant Santa Cruz, Californie (p. 209).
Skunk Train. Circule entre Fort Bragg, Californie, sur la côte, et Willits, plus à l'intérieur des terres, et traverse des forêts de séquoias (p. 243).

D'autres trains à vapeur ou au diesel valent aussi la peine d'être empruntés, notamment le **Grand Canyon Railway** dans l'Arizona (p. 298), ou le **Pikes Peak Cog Railway** (p. 394) dans le Colorado.

AUTO-STOP

Le stop peut s'avérer très dangereux et nous le déconseillons fortement. Devant la multiplication de faits divers sordides, la plupart des automobilistes sont aujourd'hui aussi effrayés que les auto-stoppeurs. Il est interdit de faire du stop sur les autoroutes. Le stop est plus répandu dans les zones rurales, mais la sécurité n'est pas meilleure que dans le reste du pays. Même si les voitures s'arrêtent plus facilement, le passage est peu fréquent et vous risquez d'attendre longtemps.

Dans et autour des parcs nationaux, l'auto-stop est très pratiqué aux points de départ et d'arrivée de randonnées, mais il est plus sûr de consulter les propositions de covoiturage affichées dans les auberges de jeunesse et les centres de visiteurs des parcs ou les centres d'information sur la flore et la faune.

CIRCUITS ORGANISÉS LOCAUX

Les agences proposent un vaste choix de circuits aux États-Unis, généralement centrés sur une région ou une ville. Reportez-vous à la rubrique *Circuits organisés* des villes concernées.

Quelques agences recommandées :

Backroads (☎ 510-527-1555, 800-462-2848 ; www.backroads.com ; 801 Cedar St, Berkeley, CA 94710). Spécialiste du cyclotourisme, elle organise aussi divers circuits actifs et multisports pour tous les niveaux et tous les budgets.
Elderhostel (☎ 978-323-4141, 800-454-5768 ; www.elderhostel.org). S'adressant aux seniors, cette agence à but non lucratif propose des circuits dans les 50 États.
Gray Line (www.grayline.com). Si vous manquez de temps, Gray Line propose un vaste choix de circuits classiques.
Green Tortoise (☎ 415-956-7500, 800-867-8647 ; www.greentortoise.com). Agence pourvoyeuse d'aventures pour les voyageurs indépendants au budget limité, réputée pour ses bus couchettes et sa convivialité. La plupart des circuits partent de San Francisco et explorent l'ouest du pays.
Majestic America Line (☎ 800-434-1232 ; www.majesticamericaline.com). Propose des croisières d'une semaine sur les réseaux de l'Ohio River, de la Columbia River (Washington et Oregon) et de la Snake River (Wyoming, Idaho, Oregon et Washington).

Santé

SOMMAIRE

D'une manière générale, la santé du voyageur ne court ici aucun risque particulier. Les maladies endémiques et les risques associés au voyage sont inexistants, et le pays est bien équipé en services hospitaliers.

AVANT LE DÉPART

ASSURANCES ET SERVICES MÉDICAUX

Il est conseillé de souscrire une police d'assurance qui vous couvrira en cas d'annulation de votre voyage, de vol, de perte de vos affaires, de maladie ou encore d'accident.

Vérifiez notamment que les "sports à risques", comme la plongée, la moto ou même la randonnée ne sont pas exclus de votre contrat, ou encore que le rapatriement médical d'urgence, en ambulance ou en avion, est couvert. De même, le fait d'acquérir un véhicule dans un autre pays ne signifie pas nécessairement que vous serez protégé par votre propre assurance.

Vous pouvez contracter une assurance qui réglera directement les hôpitaux et les médecins, vous évitant ainsi d'avancer des sommes qui ne vous seront remboursées qu'à votre retour.

Avant de souscrire une police d'assurance, vérifiez bien que vous ne bénéficiez pas déjà d'une assistance par votre carte de crédit, votre mutuelle ou votre assurance automobile.

N'oubliez pas de prendre avec vous les documents relatifs à l'assurance ainsi que les numéros à appeler en cas d'urgence.

Quelques conseils

Assurez-vous que vous êtes en bonne santé avant de partir. Si vous suivez un traitement de façon régulière, n'oubliez pas d'apporter avec vous une réserve suffisante de médicaments et une copie de votre ordonnance. Sachez qu'une ordonnance française ne permet pas l'achat de médicaments aux États-Unis.

VACCINS

Aucun vaccin spécifique n'est obligatoire pour voyager aux États-Unis. Veillez cependant à être à jour dans vos vaccinations habituelles (voir l'encadré ci-contre). Faites inscrire vos vaccinations dans un carnet international de

VACCINS RECOMMANDÉS

Maladie	Durée du vaccin	Précautions
Diphtérie	10 ans	Mise à jour recommandée.
Hépatite virale A	5 ans (environ)	Recommandé. Il existe un vaccin combiné hépatite A et B qui s'administre en trois injections.
Hépatite virale B	10 ans (environ)	
Rage	toute la vie	Vaccination préventive lors d'un long séjour ou dans les zones reculées.
Rougeole	toute la vie	Indispensable chez l'enfant.
Tétanos et poliomyélite	10 ans	Mise à jour recommandée.
Typhoïde	3 ans	Recommandé si vous voyagez dans des conditions d'hygiène médiocres.

vaccination que vous pourrez vous procurer auprès de votre médecin ou d'un centre.

Le ministère des Affaires étrangères effectue une veille sanitaire et met régulièrement en ligne (www.diplomatie.gouv.fr/voyageurs) des recommandations concernant les vaccinations. Planifiez vos vaccinations à l'avance (au moins six semaines avant le départ), car certaines demandent des rappels ou sont incompatibles entre elles. Les vaccins ont des durées d'efficacité très variables ; certains sont contre-indiqués pour les femmes enceintes.

Voici les coordonnées de quelques centres de vaccination :

Institut Pasteur (☎ 0 890 71 08 11 ; 211 rue de Vaugirard, 75015 Paris)
Air France Centre de vaccination (☎ 01 43 17 22 00 ; 148 rue de l'Université, 75007 Paris)
Centre de vaccinations (☎ 04 72 76 88 66 ; 7 rue Jean-Marie-Chavant, 69007 Lyon)
Hôpital Félix-Houphouët-Boigny (☎ 04 91 96 89 00 ; 416 chemin de la Madrague-Ville, 13015 Marseille)

Vous pouvez obtenir la liste complète de ces centres en France en vous connectant sur le site Internet www.diplomatie.gouv.fr/voyageurs.

SANTÉ SUR INTERNET

Il existe de très bons sites Internet consacrés à la santé en voyage. Avant de partir, vous pouvez consulter les conseils en ligne du ministère des Affaires étrangères (www.diplomatie.gouv.fr/fr/conseils-aux-voyageurs_909/index.html) ou le site très complet du ministère de la Santé (www.sante.gouv.fr). Vous trouverez, d'autre part, plusieurs liens sur le site de Lonely Planet (www.lonelyplanet.fr), à la rubrique *Ressources*.

PENDANT LE VOYAGE

VOLS LONG-COURRIERS

Les trajets en avion, principalement du fait d'une immobilité prolongée, peuvent favoriser la formation de caillots sanguins dans les jambes (phlébite ou thrombose veineuse profonde ou TVP). Le risque est d'autant plus élevé que le vol est plus long. Ces caillots se résorbent le plus souvent sans autre incident, mais il peut arriver qu'ils se rompent et migrent à travers les vaisseaux sanguins jusqu'aux poumons, risquant alors de provoquer de graves complications.

TROUSSE MÉDICALE DE VOYAGE

Veillez à emporter avec vous une trousse à pharmacie (à transporter en soute) contenant quelques produits indispensables. Certains ne sont délivrés que sur ordonnance.

- des **antibiotiques**, à prendre uniquement aux doses et aux périodes prescrites, même si vous avez l'impression d'être guéri avant. Chaque antibiotique soigne une affection précise : ne les utilisez pas au hasard. Cessez immédiatement le traitement en cas de réactions graves
- un **antidiarrhéique** et un **réhydratant**, en cas de forte diarrhée, surtout si vous voyagez avec des enfants
- un **antihistaminique** en cas d'allergies, rhumes, piqûres d'insectes, mal des transports – évitez de boire de l'alcool
- un **antiseptique** ou un désinfectant pour les coupures, les égratignures superficielles et les brûlures, ainsi que des pansements gras pour les brûlures
- de l'**aspirine** ou du **paracétamol** (douleurs, fièvre et lendemains de fête)
- de la **crème solaire** indice élevé, un petit tube d'**écran total** et de la **pommade apaisante** en cas de coup de soleil
- une **bande Velpeau** et des **pansements** pour les petites blessures
- une **paire de lunettes de secours** (si vous portez des lunettes ou des lentilles de contact) et la copie de votre ordonnance
- un **produit contre les moustiques** (un pour la peau, un pour les pièces), une pommade pour soigner les piqûres et les réactions allergiques cutanées, et des comprimés pour stériliser l'eau
- une **paire de ciseaux** à bouts ronds, une **pince à épiler**, des épingles de nourrice et un **thermomètre**
- une petite trousse de **matériel stérile** comprenant une seringue, des aiguilles, du fil à suture, une lame de scalpel et des compresses
- des **préservatifs** norme CE

Généralement, le principal symptôme est un gonflement ou une douleur du pied, de la cheville ou du mollet d'un seul côté, mais pas toujours. La migration d'un caillot vers les poumons peut se traduire par une douleur à la poitrine et des difficultés respiratoires. Tout voyageur qui remarque l'un de ces symptômes doit aussitôt réclamer une assistance médicale.

En prévention, buvez en abondance des boissons non alcoolisées, faites jouer les muscles de vos jambes lorsque vous êtes assis et levez-vous de temps à autre pour marcher dans la cabine. Vous pouvez également prévoir des bas de contention.

DÉCALAGE HORAIRE ET MAL DES TRANSPORTS

Les antihistaminiques préviennent efficacement le mal des transports, qui se caractérise principalement par une envie de vomir, mais ils peuvent provoquer une somnolence. Pour réduire les risques d'avoir le mal des transports, mangez légèrement avant et pendant le voyage. Si vous êtes sujet à ces malaises, essayez de trouver un siège dans une partie du véhicule où les oscillations sont moindres : près de l'aile dans un avion, au centre sur un bateau et dans un bus. Tout médicament doit être pris avant le départ ; une fois que vous vous sentez mal, il est trop tard.

Le décalage horaire est fréquent dans le cas de trajet traversant plus de trois fuseaux horaires. Il se manifeste par des insomnies, de la fatigue, des malaises ou des nausées. En prévention, efforcez-vous de partir reposé. À bord, buvez abondamment (des boissons non alcoolisées, non gazeuses) et mangez léger. Portez des vêtements amples, dans lesquels vous vous sentez à l'aise – un masque oculaire et des bouchons d'oreille vous aideront peut-être à dormir. En arrivant, exposez- vous à la lumière naturelle et adoptez les horaires locaux aussi vite que possible (pour les repas, le coucher et le lever).

DANS L'OUEST AMÉRICAIN

DISPONIBILITÉ ET COÛT DES SOINS

Le pays est très bien équipé en matière d'hôpitaux. Toutefois, si vous tombez malade, évitez de vous rendre au service des urgences. Leur accès est certes très facile, mais leur coût exorbitant. Nombre d'hôpitaux ont des *urgent care clinics* (cliniques de soins d'urgence) destinées à accueillir, à moindre frais, les patients atteints de maux ou de blessures sans gravité.

Vous trouverez aisément des pharmacies. Cependant, attention aux médicaments qui peuvent être délivrés sans ordonnance dans votre pays et qui en nécessiteront une aux États-Unis. De même que les soins, l'achat de médicaments peut revenir très cher si vous n'avez pas d'assurance.

Problèmes de santé et traitement

L'autodiagnostic et l'autotraitement sont risqués ; aussi, chaque fois que cela est possible, adressez-vous à un médecin. Ambassades et consulats pourront en général vous en recommander un. Les grands hôtels également, mais les honoraires risquent d'être très élevés.

AFFECTIONS LIÉES À L'ENVIRONNEMENT

Coup de chaleur

De longues périodes d'exposition à des températures élevées peuvent vous rendre vulnérable au coup de chaleur. Cet état grave survient quand le mécanisme de régulation thermique du corps ne fonctionne plus : la température s'élève alors de façon dangereuse. Évitez l'alcool et les activités fatigantes lorsque vous arrivez dans un pays à climat chaud.

Symptômes : malaise général, transpiration faible ou inexistante et forte fièvre (39 à 41°C) et céphalée lancinante, difficultés à coordonner ses mouvements, signes de confusion mentale ou d'agressivité. Il faut absolument hospitaliser le malade. En attendant les secours, installez-le à l'ombre, ôtez-lui ses vêtements, couvrez-le d'un drap ou d'une serviette mouillés et éventez-le continuellement.

Coup de soleil

Dans le désert ou en altitude, les coups de soleil sont plus fréquents, même par temps couvert. Utilisez un écran total et pensez à vous couvrir.

Insolation

Une exposition prolongée au soleil peut provoquer une insolation. Symptômes : nausées, peau chaude et maux de tête. Dans ce cas, il faut rester dans le noir, appliquer une compresse d'eau froide sur les yeux et prendre de l'aspirine.

Froid

L'excès de froid est aussi dangereux que l'excès de chaleur, surtout lorsqu'il provoque une hypothermie. L'hypothermie a lieu lorsque le corps perd de la chaleur plus vite qu'il n'en produit et que sa température baisse. Le passage d'une sensation de grand froid à un état dangereusement froid est étonnamment rapide quand vent, vêtements humides, fatigue et faim se combinent, même si la température extérieure est supérieure à zéro. Le mieux est de s'habiller par couches : soie, laine et certaines fibres synthétiques nouvelles sont toutes de bons isolants. N'oubliez pas de prendre un chapeau, car on perd beaucoup de chaleur par la tête. La couche supérieure de vêtements doit être solide et imperméable, car il est vital de rester au sec. Emportez du ravitaillement de base comprenant des sucres rapides, qui génèrent rapidement des calories, et des boissons en abondance.

Symptômes : fatigue, engourdissement, en particulier des extrémités (doigts et orteils), grelottements, élocution difficile, vertiges, crampes musculaires et explosions soudaines d'énergie. La personne atteinte d'hypothermie peut déraisonner au point de prétendre qu'elle a chaud et de se dévêtir.

Pour soigner l'hypothermie, protégez le malade du vent et de la pluie, enlevez-lui ses vêtements s'ils sont humides et habillez-le chaudement. Donnez-lui une boisson chaude (pas d'alcool) et de la nourriture très calorique, facile à digérer. Cela devrait suffire pour les premiers stades de l'hypothermie. Néanmoins, si son état est plus grave, couchez-le dans un sac de couchage chaud. Il ne faut ni le frictionner, ni le placer près d'un feu ni lui changer ses vêtements dans le vent. Si possible, faites-lui prendre un bain chaud (pas brûlant).

MALADIES INFECTIEUSES ET PARASITAIRES

Giardiase

Ce parasite intestinal est présent dans l'eau souillée ou dans les aliments souillés par l'eau. Symptômes : crampes d'estomac, nausées, estomac ballonné, selles très liquides et nauséabondes, et gaz fréquents. La giardiase peut n'apparaître que plusieurs semaines après la contamination. Les symptômes peuvent disparaître pendant quelques jours puis réapparaître, et ceci pendant plusieurs semaines.

VIH/sida

L'infection à VIH (virus de l'immunodéficience humaine), agent causal du sida (syndrome d'immunodéficience acquise) est présente dans pratiquement tous les pays et épidémique dans nombre d'entre eux. La transmission de cette infection se fait : par rapport sexuel (hétérosexuel ou homosexuel – anal, vaginal ou oral), d'où l'impérieuse nécessité d'utiliser des préservatifs à titre préventif ; par le sang, les produits sanguins et les aiguilles contaminées. Il est impossible de détecter la présence du VIH chez un individu apparemment en parfaite santé sans procéder à un examen sanguin.

Il faut éviter tout échange d'aiguilles. S'ils ne sont pas stérilisés, tous les instruments de chirurgie, les aiguilles d'acupuncture et de tatouage, les instruments utilisés pour percer les oreilles ou le nez peuvent transmettre l'infection. Il est fortement conseillé d'acheter seringues et aiguilles avant de partir.

Toute demande de certificat attestant la séronégativité pour le VIH (certificat d'absence de sida) est contraire au Règlement sanitaire international (article 81).

AFFECTIONS TRANSMISES PAR LES INSECTES

Virus du Nil occidental

Ce virus n'a touché l'Amérique du Nord que récemment et a aujourd'hui été détecté aux États-Unis, notamment dans le Dakota du Sud et dans le Colorado. Il est transmis par les moustiques, eux-mêmes infectés en ayant piqué des oiseaux porteurs du virus. Ces moustiques piquent après la tombée du jour et sont tout particulièrement actifs à la fin de l'été et en automne. Dans la plupart des cas, les personnes touchées ne présentent pas de symptômes ou seulement un léger état grippal. Toutefois, le virus peut s'attaquer au système nerveux central et provoquer maux de tête, fièvre, confusion, menant parfois au coma et à la mort. Il n'existe à l'heure actuelle aucun traitement. Pour des informations à jour sur ce virus, consultez le site de la **US Geological Survey** (http://diseasemaps.usgs.gov).

Maladie de Lyme

Elle touche principalement le nord-est du pays mais également, dans une moindre mesure, la côte pacifique, notamment la Californie (5% des cas recensés dans le pays).

Cette maladie est transmise par des tiques infectées qui mesurent seulement 1 à 2 mm. La plupart des cas se déclarent durant le printemps et l'été.

Le premier symptôme est un érythème chronique migrant, une lésion rouge qui s'étend autour de la piqûre et dont le centre s'éclaircit. En principe, cet érythème n'est pas douloureux. Peuvent survenir ensuite des symptômes proches d'un état grippal : fièvre, maux de tête, courbatures et malaises. L'infection peut être traitée si l'antibiotique adéquat est prescrit rapidement.

Pour transmettre la maladie de Lyme, la tique doit rester fixée à la peau pendant au moins 36 heures. Il est donc possible de l'éviter en vérifiant systématiquement que vous n'en avez pas attrapé après une randonnée dans une zone à la végétation dense. Pour plus d'informations, voir p. 557.

COUPURES, PIQÛRES ET MORSURES

Les précautions élémentaires sont souvent les plus efficaces : portez des bottes pour vous protéger des serpents lors des randonnées ainsi que des manches longues et des pantalons pour éviter les piqûres de moustiques et de tiques. Certaines maladies infectieuses ne sont présentes qu'en Amérique du Nord et sont causées par des piqûres de moustiques ou de tiques.

Mammifères

La rage est transmise par un animal contaminé : chien et chat principalement, mais aussi chauve-souris, raton-laveur, putois, renard.

D'une manière générale, évitez de caresser ou de nourrir un animal non domestiqué – tenez les enfants à l'écart des animaux à risque. Griffures, morsures ou même simples coups de langue d'un mammifère doivent être nettoyés immédiatement avec de l'eau et du savon. Appliquez ensuite un antiseptique. Même si l'animal n'est pas enragé, toutes les morsures doivent être surveillées de près pour éviter les risques d'infection et de tétanos. Un vaccin antirabique est désormais disponible. Cependant, la vaccination préventive ne dispense pas de la nécessité d'un traitement antirabique immédiatement après un contact avec un animal enragé ou dont le comportement peut paraître suspect. Même si vous êtes vacciné contre la rage, contactez les autorités sanitaires.

Moustiques

Hormis les traitements préventifs, la protection contre les piqûres de moustiques est le premier moyen d'éviter d'être contaminé, entre autres par le virus du Nil occidental (voir p. 555). Le soir, dès le coucher du soleil, couvrez vos bras et surtout vos chevilles, mettez de la crème antimoustique, car les moustiques sont en pleine activité. Ils sont parfois attirés par le parfum ou l'après-rasage.

En dehors du port de vêtements longs, l'utilisation d'insecticides ou de répulsifs à base de DEET (de type Cinq sur Cinq) sur les parties découvertes du corps est à recommander. La durée d'action de ces répulsifs est généralement de 3 à 6 heures. En vente dans les pharmacies, les moustiquaires constituent en outre une protection efficace, à condition qu'elles soient imprégnées d'insecticide (non nocif pour l'homme). De plus, ces moustiquaires sont radicales contre tout insecte à sang froid (puces, punaises, etc.) et permettent d'éloigner serpents et scorpions.

Serpents

Portez toujours bottes, chaussettes et pantalons longs pour marcher dans la végétation à risque. Ne hasardez pas la main dans les trous et les anfractuosités, et faites attention lorsque vous ramassez du bois pour faire du feu. Il existe plusieurs sortes de serpents venimeux aux États-Unis mais leur morsure ne provoque pas instantanément la mort, et il existe généralement des antivenins. Il faut calmer la victime, lui interdire de bouger, placer la blessure en dessous du niveau du cœur pour freiner la propagation du venin, bander étroitement le membre comme pour une foulure et l'immobiliser avec une attelle. Trouvez ensuite un médecin, et essayez de lui apporter le serpent mort. N'essayez en aucun cas d'attraper le serpent s'il y a le moindre risque qu'il morde à nouveau. On sait désormais qu'il ne faut absolument pas sucer le venin ou poser un garrot.

Araignées et scorpions

Bien qu'il y ait de nombreuses espèces d'araignées aux États-Unis, seules la veuve noire, la recluse brune et la *Tegenaria agrestis* sont dangereuses. La veuve noire est noire ou marron. Son corps mesure jusqu'à 1,5 cm. Elle est facilement identifiable grâce au dessin en forme de sablier rouge vif qui se forme sur son abdomen. On la trouve souvent sous des rondins de bois, dans des plantes, sur les rochers et dans des granges. La recluse brune est marron. Son corps mesure environ 1 cm et elle a une petite marque sombre en forme de violon sur le dos. Elle est surtout active la nuit et se cache dans les rochers et sous les rondins de bois. Elle ne pique que quand elle se sent menacée. On trouve la *Tegenaria agrestis* au nord-ouest du pays. Elle est d'un brun grisâtre et possède deux bandes plus sombres sur toute la longueur du céphalothorax.

Si vous êtes piqué par une araignée, appliquez de la glace et rendez-vous aux urgences. La piqûre de la veuve noire peut provoquer des spasmes musculaires, des difficultés respiratoires et une hausse de la tension artérielle. Celle d'une recluse brune ou d'une *Tegenaria agrestis* cause généralement une forte douleur et des démangeaisons, parfois associées à de la fièvre et des frissons.

La seule espèce de scorpion dangereuse aux États-Unis est le *Centruroides exilicauda* (en anglais *bark scorpion*), qu'on trouve dans l'Ouest américain et tout spécialement en Arizona. En cas de piqûre, appliquez de la glace sur la blessure, immobilisez dans la mesure du possible la partie du corps touchée et faites-vous conduire aux urgences. Pour éviter les piqûres de scorpions, inspectez vos chaussures, vos vêtements et votre sac de couchage avant de les utiliser.

Tiques

Les tiques sont des acariens parasites pouvant se trouver dans les broussailles, les forêts ou les prairies et que les randonneurs ramènent parfois sur leurs jambes ou dans leurs chaussures. À l'âge adulte, les tiques sucent le sang des animaux qu'elles parasitent et peuvent donc transmettre des maladies telles que la fièvre pourprée des montagnes Rocheuses ou la maladie de Lyme (voir p. 556). Après une randonnée dans une zone à la végétation dense, veillez toujours à vérifier que vous n'avez pas attrapé de parasites. Pour retirer une tique de votre peau, attrapez sa tête avec une pince à épiler et tirez-la doucement vers le haut sans la faire tourner. N'utilisez pas d'alcool, d'éther, de vaseline ou d'huile.

VOYAGER AVEC DES ENFANTS

Les personnes voyageant avec des enfants doivent pouvoir soigner des affections mineures, et savoir quand avoir recours aux services médicaux. Bien avant le départ, assurez-vous que les vaccinations des enfants sont à jour, et sachez que certains vaccins ne conviennent pas aux enfants de moins de 1 an. Dans les zones chaudes et humides, la moindre égratignure peut s'infecter. Toute blessure doit être parfaitement nettoyée et tenue au sec. Attention à la nourriture et à l'eau présentant un risque de contamination. Pensez à emporter des poudres réhydratantes à utiliser avec de l'eau bouillie si votre enfant est sujet à des vomissements ou à des diarrhées. Demandez conseil à votre médecin. Afin d'éviter les risques de rage ou d'autres maladies, les enfants doivent être tenus à l'écart des chiens et des mammifères en général (voir p. 556). S'il y a un risque, même infime, que l'animal soit contaminé, il convient de chercher immédiatement une assistance médicale.

SANTÉ AU FÉMININ

Grossesse

La plupart des fausses couches ont lieu pendant les trois premiers mois de la grossesse. C'est donc la période la plus risquée pour voyager. Pendant les trois derniers mois, il vaut mieux rester à distance raisonnable de bonnes infrastructures médicales, en cas de problèmes. Les femmes enceintes doivent éviter de prendre inutilement des médicaments. Cependant, certains vaccins restent nécessaires. Mieux vaut consulter un médecin avant de prendre quoi que ce soit.

Durant le voyage, pensez à consommer des fruits secs, des agrumes, des lentilles et des viandes accompagnées de légumes.

Problèmes gynécologiques

Une nourriture pauvre, une résistance amoindrie par l'utilisation d'antibiotiques contre des problèmes intestinaux peuvent favoriser les infections vaginales lorsqu'on voyage. Respectez une hygiène intime scrupuleuse, et portez jupes ou pantalons amples et sous-vêtements en coton.

Les champignons, caractérisés par une éruption cutanée, des démangeaisons et des pertes, peuvent se soigner facilement. En revanche, les trichomonas sont plus graves ; pertes blanches et sensation de brûlure lors de la miction en sont les symptômes. Le partenaire masculin doit également être soigné.

Il n'est pas rare que le cycle menstruel soit perturbé lors d'un voyage.

Langue

SOMMAIRE

En raison de leur histoire – les colonisations et les vagues d'immigration successives – et de la diversité de leurs populations, les Américains pratiquent, pour la plupart d'entre eux, plusieurs langues. L'anglais est parlé dans tout le pays, mais n'a pas été désigné comme langue officielle des États-Unis. D'aucuns pensent qu'il faudrait remédier à cette situation, notamment ceux qui s'inquiètent de l'utilisation croissante de l'espagnol.

Dans les zones touristiques, on rencontre peu de gens parlant entre eux une autre langue que l'anglais-américain. Cependant, dans les parcs nationaux en particulier, les visiteurs n'auront aucun mal à trouver des brochures en espagnol, allemand, français et japonais.

LANGUES ETHNIQUES

Dans des quartiers entiers de Los Angeles, San Francisco et des agglomérations de la San Joaquin Valley, on ne s'exprime qu'en espagnol, chinois, japonais, vietnamien, coréen ou cambodgien. D'après certaines enquêtes, plus d'un tiers des Californiens ne parlent pas anglais chez eux. Les langues étrangères sont pratiquées essentiellement dans les communautés ethniques des grandes villes, mais les zones rurales du Sud et la Central Valley sont de plus en plus hispaniques, et celles du Nord de plus en plus asiatiques.

Du fait de l'importance de la population hispanique, l'espagnol devient la seconde langue officielle. Jusqu'à présent, aucun hybride hispano-anglais n'est encore apparu dans l'usage populaire, même si tout le monde sait qu'une *bodega* est une petite épicerie.

Dans le Chinatown de San Francisco, les panneaux de signalisation, les affiches et les cartes des restaurants sont rédigés en chinois sans traduction anglaise. En Californie du Sud, la toponymie est souvent espagnole (Santa Barbara, San Diego, La Mesa, El Cajon) mais elle est le reflet de l'histoire et non de la démographie actuelle. Dans les banlieues, les nombreux noms de rues espagnols illustrent le désir des promoteurs de faire plus exotique que Main St ou 5th Ave. Les Américains préfèrent vivre dans Via de la Valle plutôt que dans Valley Road.

L'anglais-américain a emprunté des mots à toutes les langues des vagues d'immigrants, que ceux-ci soient originaires d'Allemagne, d'Europe centrale (en particulier, les Juifs parlant le yiddish) ou d'Irlande.

Par ailleurs, quelques communautés indiennes parlent encore leur propre langue, même si certains de ces idiomes ne comptent plus qu'une dizaine de locuteurs.

Plusieurs termes indiens, tels que *moccasin, moose, toboggan* et *kayak* ont enrichi le vocabulaire anglais. D'autres proviennent des langues européennes et furent importés par les immigrants. Ainsi, *loafer, hoodlum* et *kindergarten* sont issus de l'allemand ; *boss, stoop* (perron) et *nitwit* du néerlandais ; *schmuck, schmock* et *schmaltz* du yiddish ; *prairie* et *saloon* du français ; *pasta, pizza* et d'autres termes culinaires analogues de l'italien. Les mots *canyon, ranch* et *rodeo* sont tirés de l'espagnol, tout comme les noms de nombreux endroits du Sud-Ouest et de l'Ouest.

Néanmoins, la plupart des américanismes ont été créés par les Américains eux-mêmes. En effet, l'arrivée de nouveaux produits a entraîné la formation de nouveaux mots pour les désigner et d'un vocabulaire neuf pour les commercialiser. C'est de cette façon que sont nées des expressions comme *soda pop, root beer* et *sarsaparilla* (toutes d'origine américaine). Des noms de marques, tels que *Coca-Cola, Coke* et *Pepsi,* sont également passés dans le langage courant, de même que certains slogans publicitaires comme "the Pepsi Generation", ou de nouveaux concepts imaginatifs comme la "Coca-Colonization". Quantité de termes proviennent des entreprises, des nouvelles technologies, de l'industrie automobile, du cinéma, de l'armée et du sport.

LE PARLER SO-CAL

Le dialecte le plus connu de Californie, celui utilisé dans les chansons et les films, est né sur les plages et dans les centres commerciaux de Californie du Sud. Ce langage familier est surnommé "surfer" ou "valley" (de San Fernando Valley), tous deux très similaires. Les visiteurs parlant anglais auront peut-être du mal à discerner les nuances. En voici un exemple : *The most common zones* (places) *to scope out* (observe) *this lingo* (language) *are on So-Cal* (Southern California) *beaches, especially where there is killer* (good) *wave action* (surf) *and a mellow scene* (ambience). Ce genre de langage (*rap*) ne reflète pas tant le niveau d'intelligence ou d'éducation du locuteur que les endroits qu'il ou elle a fréquentés.

Killer, bitchin, awesome, sweet, stylin' et *stellar* signifient "formidable, super". Pour exprimer l'inverse, il faut employer *bunk, nappy, shitty* et *slack. Hairy* signifie "effrayant". *Gnarly* et *insane* s'appliquent à n'importe quoi d'extrême, tout comme *totally* ou *hella* placés devant un mot en renforcent le sens. Ainsi, des *gnarly* ou *insane waves* peuvent être *totally killer, totally hairy* ou *totally bunk.*

Des *vibes* sont des sensations ou des signes que vous transmettent une personne ou un lieu. Ces "ondes" peuvent être bonnes (*good*), mauvaises (*bad*) ou étranges (*weird*). Un *dude* est soit mâle soit femelle et est souvent précédé de *hey* (pour "hi"). *To cruise* signifie "aller" à pied, en voiture, à vélo ou en skateboard. *All right* et *right on* confirment que vous et votre interlocuteur êtes bien *on the same wavelenth* (sur la même longueur d'onde).

Le Californien a tendance à simplifier son expression, à laisser tomber la fin des mots, à glisser sur les syllabes et à télescoper les mots.

Yeah, mmmhmm et *uh-huh* signifient "yes", mais *uh-uh* et *hmmhm* "no". Un hochement de tête significatif vous en dira plus.

"Dirty" se prononce *dirdy*, "do you want to ?" devient *dyawana*, "I don't know" *Idunno*, "all right" *awright* et "what is up ?" ("Qu'est-ce qu'il se passe ?") se limite à un simple *sup* ?

FORMULES DE POLITESSE

Les formules d'accueil sont des plus simples, avec les standards "hello", "hi", "good morning", "good afternoon", "how are you ?". Plus familièrement, on s'interpelle par "hey", "hey there" ou "howdy". Les formules d'adieu sont, en comparaison plus variées, avec "bye", "goodbye", "bye-bye", "see-ya", "take it easy", "later", "take care", "don't work too hard" et l'éternel "have a nice day".

Si les Américains sont avares de "please", ils distribuent généreusement leurs "thank you". Vous entendrez souvent "excuse me" à la place de "sorry". Dans la conversation, l'interlocuteur émettra fréquemment des *mm-hmmm* ou *uh-huh* pour montrer qu'il ne dort pas, qu'il vous écoute et vous encourager ainsi à continuer. C'est un signe beaucoup plus encourageant que le circonspect *mmm.*

Certains locuteurs ne se satisfont pas de ces *uh-huh* enthousiastes et émaillent leur discours de "y'know" ou de "you hear what I'm saying ?". Ces expressions n'appellent pas forcément de réponse.

Voici quelques locutions particulièrement fréquentes :

oui	*yes*
non	*no*
s'il vous plaît	*please*
merci	*thank you*
je vous en prie	*you're welcome*
salut	*hello*
comment ça va ?	*how are you ?*

ça va bien	*I'm fine*
pardon	*excuse me*
bienvenue	*welcome*

TERMES ET EXPRESSIONS UTILES

grand	*big*
petit	*small*
bon marché	*cheap*
cher	*expensive*
ici	*here*
beaucoup	*much, many*
avant	*before*
après	*after*
aujourd'hui	*today*
demain	*tomorrow*
hier	*yesterday*
toilettes	*toilet*
banque	*bank*
l'addition, le reçu	*bill, check*
magasin	*store*
sans plomb	*lead-free (gas)*

QUESTIONS

où/où est… ?	*where/where is…?*
comment ?	*what ?*
quoi ? (argot)	*huh ? (slang)*
combien ?	*how much ?*

PANNEAUX DE SIGNALISATION

entrée	*entrance*
sortie	*exit*
quai	*platform*
interdiction de camper	*no camping*
stationnement interdit	*no parking*

QUELQUES PHRASES UTILES

Je suis touriste	*I am a tourist*
Parlez-vous français ?	*Do you speak French ?*
Je ne parle pas anglais	*I don't speak English*
Je (ne) comprends (pas)	*I (don't) understand*

HÉBERGEMENT

hôtel	*hotel*
auberge de jeunesse	*youth hostel*
chambre	*room*

ALIMENTATION

restaurant	*restaurant*
en-cas	*snack*
œufs	*eggs*
pommes de terre	*potatoes*
frites	*French fries (chips)*
pain	*bread*
fromage	*cheese*
légume	*vegetable*
fruit	*fruit*

BOISSONS

eau	*water*
lait	*milk*
bière	*beer*
vin	*wine*

TRANSPORTS

autobus	*bus*
train	*train*
billet	*ticket*
avion	*plane*
aller et retour	*return ticket*
aller simple	*one-way ticket*
gare ferroviaire	*train station*
gare routière	*bus station*

DIRECTIONS

à gauche	*left*
à droite	*right*
tout droit	*straight ahead*

CHIFFRES

1	*one*
2	*two*
3	*three*
4	*four*
5	*five*
6	*six*
7	*seven*
8	*eight*
9	*nine*
10	*ten*
11	*eleven*
12	*twelve*
13	*thirteen*
14	*fourteen*
15	*fifteen*
16	*sixteen*
17	*seventeen*
18	*eighteen*
19	*nineteen*
20	*twenty*
21	*twenty-one*
30	*thirty*
40	*forty*
50	*fifty*
60	*sixty*
70	*seventy*
80	*eighty*
90	*ninety*
100	*a/one hundred*
500	*five hundred*
1 000	*a/one thousand*

Glossaire

Le vocabulaire culinaire est répertorié dans le chapitre *Cuisine* (p. 97). Pour le vocabulaire général, reportez-vous également au chapitre *Langue* (p. 558).

4WD – Four Wheel Drive ; véhicule 4x4.
9/11 –11 septembre 2001 (prononcer "nine, one, one") ; jour des attaques terroristes d'Al-Qaïda, où des avions détournés ont frappé le Pentagone et le World Trade Center de New York.
24/7 – 24h/24, 7 jours/7.

AAA – American Automobile Association, également appelée "Triple A".
Acela – trains à grande vitesse du nord-est des États-Unis.
adobe – matériau de construction mexicain traditionnel, composé de briques de boue et de paille séchée ; structure faite à base de ce matériau.
aka – *also known as* : aussi connu pour/comme.
alien – terme officiel désignant un citoyen étranger aux États-Unis, qu'il soit visiteur ou résident.
Amtrak – compagnie nationale de chemins de fer consacrée au transport de voyageurs.
Angeleno/ Angelena – habitant de Los Angeles.
antebellum – adjectif désignant la période précédant la guerre civile, c'est-à-dire avant 1861.
antojito – (espagnol) apéritif, snack ou plat léger.
Arts and Crafts – signifiant "arts et artisanat", cette expression désigne un courant qui s'est développé aux États-Unis dans l'architecture et le design dès le début du XXe siècle. Mettant l'accent sur le travail artisanal et la fonctionnalité, il s'est posé en réaction à la mauvaise qualité des objets fabriqués industriellement.
ATF – Bureau of Alcohol, Tobacco & Firearms, agence fédérale chargée de faire respecter la loi.
ATM – Automated Teller Machine ; distributeur automatique de billets (DAB).
ATV – All-Terrain Vehicles ; véhicules tout-terrain, utilisés pour le transport sur des routes non goudronnées ; voir aussi OHV.

back east – expression utilisée par les Californiens pour désigner la Côte Est.
backpacker – randonneur partant camper pour plusieurs jours ; plus rarement, un jeune voyageur à petit budget.
bling-bling – terme du vocabulaire hip-hop désignant des bijoux et des biens très onéreux, symbolisant le succès.
BLM – Bureau of Land Management ; service du département de l'Environnement qui gère de grandes superficies de terre appartenant à l'État.
blue book – abréviation de Kelley Blue Book, équivalent américain de l'Argus pour les voitures d'occasion.
bodega – petit magasin vendant alcool, nourriture et autres articles de base, notamment à New York.
boomtown – terme, datant de la Ruée vers l'or, désignant une ville qui connaît une expansion économique rapide accompagnée d'un afflux de population.
booster – promoteur enthousiaste d'une ville ou d'une université ; prend parfois une connotation provinciale.
born again – personne ayant trouvé dans le christianisme une forme de renouveau personnel ; par extension, un baptisé.
brick-and-mortar – l'emplacement géographique d'une entreprise, par opposition à sa présence virtuelle sur Internet.
burro – un petit âne utilisé comme porteur.
BYOB – "Bring Your Own Booze", amenez votre propre alcool ; mention figurant sur certaines invitations à des fêtes.

Cajun – déformation d'"Acadien" ; désigne les habitants de la Louisiane dont les ancêtres francophones ont émigré d'Acadie (Canada) au XVIIIe siècle.
camper – un type de caravane.
carded – adjectif signifiant que vous avez dû présenter votre carte d'identité pour entrer dans un bar, acheter de l'alcool ou des cigarettes.
carpetbaggers – opportunistes du Nord venus s'installer dans le Sud après la guerre de Sécession.
CCC – Civilian Conservation Corps ; programme fédéral instauré en 1933 consistant à embaucher des jeunes hommes non qualifiés.
CDW – Collision Damage Waiver ; assurances proposées avec la location d'une voiture.
cell – téléphone portable.
chamber of commerce – COC, chambre de commerce ; association d'entreprises locales qui fournit souvent des renseignements touristiques sur la région.
Chicano/Chicana – homme/femme d'origine mexicano-américaine.
Civil War – guerre civile (ou guerre de Sécession) opposant, de 1861 à 1865, les États confédérés du Sud aux États du Nord et qui aboutit à l'abolition de l'esclavage en 1865.
CNN – Cable News Network ; chaîne d'information 24h/24 du câble.
coach class – classe économique dans les trains et les avions.
coed – coeducational ; terme désignant un endroit ouvert aux femmes et aux hommes. Il est utilisé, par exemple, pour les dortoirs des auberges de jeunesse.

conch (prononcer conque, comme en français) – mollusque rose, fruit de mer ; surnom des habitants historiques de Key West (les nouveaux arrivés sont appelés Freshwater Conchs).
conestoga – grand chariot couvert tiré par des chevaux ou des bœufs, utilisé par les pionniers dans leur voyage vers l'Ouest.
Confédération – ensemble regroupant les 11 États du Sud (appelés les États confédérés) qui firent sécession en 1860 puis en 1861, entraînant la guerre civile.
contiguous states – tous les États américains à l'exception de l'Alaska et d'Hawaï ; on parle aussi des "lower 48".
cot – lit de camp.
country and western – un mélange de musique folk du sud et de l'ouest des États-Unis.
coyote – petit chien sauvage, typique des plaines du centre et de l'ouest de l'Amérique ; personne qui aide les immigrants mexicains à franchir illégalement la frontière des États-Unis (passeur).
cracker – dans le sud des États-Unis, terme péjoratif désignant un Blanc sans le sou.
CVB – Convention and Visitors Bureau ; bureau instauré par de nombreuses municipalités afin de promouvoir le tourisme et d'assister les visiteurs.

DEA – Drug Enforcement Agency ; instance fédérale chargée de l'application des lois antidrogue.
Deep South – dans ce livre, les États de Louisiane, du Mississippi et de l'Alabama.
Dixie – le sud des États-Unis ; les États au sud de la Mason-Dixon Line ; voir Max-Dixon Line.
DIY –"Do It Yourself", bricolage, pratique d'amateur.
DMV – Dept of Motor Vehicles ; agence fédérale responsable de l'immatriculation des véhicules et de l'attribution des permis.
docent – guide ou gardien dans un musée ou une galerie.
dog, to ride the – voyager dans les bus de la société Greyhound.
downtown – le centre-ville, quartier central des affaires.
Dubya – surnom de George W. Bush, le 43e et actuel président des États-Unis, en référence à la manière dont on prononce l'initiale "W" dans le sud des États-Unis.
DUI – Driving Under the Influence of alcohol ; conduite en état d'ivresse (et/ou sous l'influence de drogues).

East – globalement, les États à l'est du fleuve Mississippi.
efficiency – petit appartement meublé doté d'une cuisine, souvent proposé pour des locations de courte durée.
Emancipation – en référence à l'Emancipation Proclamation, par laquelle Abraham Lincoln, en 1863, déclarait libres tous les esclaves de la Confédération ; en 1865, le 13e amendement de la Constitution des États-Unis abolissait officiellement l'esclavage.
entrée – plat principal d'un repas.
express bus/train – bus ou train qui ne marque que les arrêts principaux et non les arrêts "locaux".
express stop/station – station desservie par les "express buses/trains" ainsi que les "local buses/trains".

flag stop – endroit où les bus ne s'arrêtent que si vous leur faites signe.
foldaway – lit de camp dans un hôtel.
forty-niners – immigrants qui arrivèrent en Californie pendant la ruée vers l'or de 1849 ; également l'équipe professionnelle de football américain de San Francisco (les 49ers).
funnel cake – spécialité des Pennsylvania Dutch (descendants des immigrés suisses et allemands de Pennsylvanie) ; pâtisseries en forme de spirales, frites et recouvertes de sucre glace, généralement disponibles sur les marchés.

gated community – zone résidentielle close et à accès contrôlé.
general delivery – poste restante.
Generation X – la jeunesse désœuvrée des années 1980, à laquelle ont succédé les Générations Y et Z.
gimme cap – casquette promotionnelle ornée du logo d'une entreprise ; terme souvent péjoratif pour désigner la culture blanche des classes modestes.
GLBT – Gay, Lesbien, Bisexuel, Transgenre ; tous les non-hétéros.
GOP – Grand Old Party ; surnom donné au Parti républicain.
graduate study – études postuniversitaires effectuées après le *bachelor's degree* (équivalent de la licence).
green card – carte attribuée aux détenteurs d'un visa d'immigrant. Elle permet à son possesseur de vivre et de travailler en toute légalité aux États-Unis.

hip-hop – musique rap ; en général, l'ensemble de la culture noire et urbaine.
Hispanic – d'origine latino-américaine (synonyme de *Latino/Latina*)
HI-USA – Hostelling International USA ; auberges de jeunesse américaines membres de Hostelling International, une association faisant elle-même partie de l'IYHF (International Youth Hostel Federation).
hookup – dans les campings, branchement qui permet aux caravanes de bénéficier de l'électricité, de l'eau courante, et du système d'évacuation des eaux usées ; dans certaines situations, désigne une rencontre romantique.

Imax – salles de cinéma spécialisées avec écran géant.
INS – Immigration & Naturalization Service ; remplacé depuis 2002 par l'USCIS.
interstate – autoroute commune à plusieurs États, qui fait partie du système national des autoroutes.

IRS – Internal Revenue Service ; le service du département du Trésor américain chargé de la levée de l'impôt.

Jim Crow laws – lois instaurées dans le Sud, après la guerre de Sécession, qui visaient à limiter le droit de vote et les droits civils des Noirs ; "Jim Crow" : ancienne expression péjorative désignant un Noir.
Joshua tree – type de yucca géant, très répandu dans les régions arides du Sud-Ouest.

kiva – chambre ronde souterraine construite par les peuples amérindiens du Sud-Ouest pour des cérémonies ou d'autres événements de la vie quotidienne.
KOA – Kampgrounds of America ; chaîne privée de terrains de camping présente dans tout le pays.

Latino/Latina – homme/femme originaire d'Amérique latine (synonyme d'*Hispanic*).
LDS – Latter-day Saints ; Église des Saints du dernier jour, dénomination officielle de l'Église mormone.
live oak – chêne vert à feuilles pérennes originaire du Sud. Le bois de chêne vert représente un excellent matériau pour la construction de bateaux.
local – un bus ou un train qui marque tous les arrêts ; voir aussi *express bus/train*.
lower 48 – Les 48 *contiguous states* des États-Unis continentaux ; tous les États à l'exception de l'Alaska et d'Hawaï.

Mason-Dixon Line – la frontière entre la Pennsylvanie et le Maryland, datant de 1767, qui dans la période précédant la guerre civile a marqué la limite entre les États esclavagistes et non esclavagistes.
MLB – Major League Baseball ; fédération professionnelle de base-ball.
MLS – Major League Soccer ; fédération professionnelle de football.
mojito – cocktail à base de sucre, de rhum, de citron vert et de menthe écrasée.
moonshine – alcool illégal, généralement à base de bourbon, fabriqué dans les distilleries isolées des Appalaches.
morteros – mortiers ; petites cavités dans la roche où les Indiens avaient coutume de moudre des graines.
Mother Road – surnom de la Route 66, autrefois la seule route reliant Chicago à Los Angeles.

NAACP – National Association for the Advancement of Colored People ; organisation de défense et de promotion des droits des Noirs, fondée en 1910 et qui a joué un rôle majeur dans le mouvement des droits civiques dans les années 1960.
National Guard – armée de réserve de chaque État placée sous la tutelle de l'État fédéral, entrant en action en cas d'urgence.
National Recreation Area – zones géographiques gérées par le National Park Service et présentant un intérêt écologique important. Elles ont été modifiées par l'action des hommes (barrages, par exemple).
National Register of Historic Places – liste de sites historiques établie par le National Park Service ; l'altération de ces sites est étroitement surveillée.
NBA – National Basketball Association ; fédération professionnelle de basket masculin.
NCAA – National Collegiate Athletic Association ; organe gérant le sport interuniversitaire.
New Deal – ensemble de mesures et de grands travaux entrepris par le président Franklin D. Roosevelt pour sortir de la Grande Dépression.
NFL – National Football League ; fédération professionnelle de football américain.
NHL – National Hockey League ; fédération professionnelle de hockey sur glace.
NHS – National Historic Site.
NM – National Monument.
NOW – National Organization for Women ; association de défense des droits des femmes.
NPR – National Public Radio ; société de radiodiffusion non commerciale, soutenue par les auditeurs, qui produit et distribue des informations et des programmes culturels.
NPS – National Park Service ; division du département de l'Environnement chargée de l'administration des parcs nationaux et de leurs monuments.
NRA – National Recreation Area. Également National Rifle Association, un important groupe de pression pro-armes, empêchant la mise en place de législations restrictives sur l'utilisation des armes à feu.
NWR – National Wildlife Refuge ; réserve naturelle de faune et de flore.

OHV/ORV – Off-Highway Vehicle/Off-Road Vehicle ; véhicule tout-terrain.
out west – l'antonyme de *back east* ; tout ce qui est à l'ouest du fleuve Mississippi.
outfitter – société fournissant des équipements divers, assurant le transport ou employant des guides pour des activités sportives, telles que la pêche, le canoë, le rafting ou la randonnée.

panhandle – bande de terre étroite se dégageant du territoire principal d'un État (le *panhandle* de la Floride, par exemple). Désigne également l'action de faire l'aumône.
parking lot/garage – lieu pour garer sa voiture.
PBS – Public Broadcasting System, réseau télévisuel non commercial ; l'équivalent télé de la NPR.
PC – politiquement correct ; ordinateur.
pétroglyphe – roche sculptée ; cet art consiste à entailler, limer ou ébrécher la surface de la pierre pour créer un motif.

PGA – Professional Golfers' Association.
pickup – camionnette ouverte à l'arrière.
pictographe– peinture sur roche.
po'boy – gros sandwich.
pound – monnaie représentée aux États-Unis par le symbole #, et non £.
pow wow – rassemblement indien.
pueblo – village amérindien du Sud-Ouest composé notamment de demeures en pierre ou en adobe.

ranchero – propriétaire mexicain d'un ranch ; style de musique américano-mexicain aux influences allemande et espagnole.
rancho –petit ranch (en espagnol du Mexique).
raw bar – comptoir de restaurant où l'on sert des fruits de mer crus.
Reconstruction – période qui suivit la guerre civile, durant laquelle les États sécessionnistes ont été placés sous contrôle fédéral avant d'être à nouveau admis dans l'Union.
redneck – terme péjoratif désignant un membre de la classe ouvrière soutenant le Parti conservateur.
ristra – chili pendant à la verticale sur un fil.
RV – Recreational Vehicle ; camping-car ou caravane.

scalawags – terme péjoratif désignant les sudistes blancs ayant soutenu les États du Nord durant la guerre de Sécession et ayant tenté de s'enrichir sur les ruines du Sud au moment de la Reconstruction.
shotgun shack – petite cabane en bois composée de trois ou quatre chambres attenantes aménagées de telle sorte que l'on pouvait tirer avec un fusil à travers toutes les portes, de l'avant jusqu'au fond ; à l'époque, demeure des pauvres (Blancs ou Noirs) dans le sud des États-Unis.
sierra – (espagnol) chaîne de montagnes.
snail mail – lettre envoyée par courrier, par opposition aux e-mails, rapides (*snail* signifiant escargot).
snowbirds – terme désignant les riches retraités qui passent tous les hivers au soleil, dans le sud des États-Unis (région de la Sunbelt, Floride, Arizona, etc.).
SoCal – abréviation de Southern California.
soul food – cuisine traditionnelle des Noirs américains du Sud (l'andouille, le jarret de porc et le chou vert par exemple).
SSN – Social Security Number ; code à neuf chiffres sans lequel il est impossible de travailler.
stick, stick shift – boîte de vitesses manuelle/voiture à transmission manuelle.
strip mall – ensemble de sociétés ou de magasins installés autour d'un parking.
SUV – Sports Utility Vehicle ; 4x4 citadin.
swag – articles promotionnels délivrés gratuitement.

trailer – maison transportable ; un "trailer park" fournit des logements bon marché.
TTY, TDD – Telecommunications Devices for the Deaf ; dispositifs de télécommunication pour les sourds.
two-by-four – pièces de bois de dimension standard : 2 pouces (5 cm) d'épaisseur et 4 pouces (10 cm) de largeur.

Union, the – les États-Unis ; dans le contexte de la guerre civile, l'Union désignait les États du Nord en guerre avec la confédération des États du Sud.
USAF – United States Air Force ; armée de l'air américaine.
USCIS – US Citizenship & Immigration Services, service rattaché au département de la Sécurité intérieure, chargé de l'immigration, de l'attribution des visas et de la naturalisation des étrangers.
USFS – United States Forest Service ; département du ministère de l'Agriculture chargé des forêts fédérales.
USGS – United States Geological Survey ; agence du ministère de l'Intérieur responsable, notamment, de l'établissement des cartes topographiques de l'ensemble du pays.
USMC – United States Marine Corps ; corps de l'armée chargé de faire respecter les directives américaines en territoire étranger.
USN – United States Navy ; marine américaine.

wash – cours d'eau dans le désert, le plus souvent à sec mais sujet à des crues soudaines et violentes.
Wasp – White Anglo-Saxon Protestant ; terme souvent utilisé pour désigner la classe moyenne blanche américaine.
well drinks – boissons peu chères à base d'alcools forts, par opposition aux "top-shelf drinks".
WNBA – Women's National Basketball Association.
wonk – terme généralement péjoratif désignant une personne obsédée par de petits détails ; personne qui rencontre des difficultés de sociabilité. Équivalent d'un *nerd* ou d'un *geek* de l'informatique.
WPA – Works Progress Administration (puis Works Project Administration) ; programme mis en œuvre à l'époque de la Grande Dépression, et visant à réduire le chômage en finançant des travaux publics.

zip code – code postal de cinq ou neuf chiffres, instauré dans le cadre du Zone Improvement Program.

Les auteurs

SARA BENSON — Auteur coordinateur, Californie

Originaire du Midwest mais californienne d'adoption, Sara a voyagé à travers tous les États-Unis à l'exception de l'Alaska, dont elle rêve de découvrir au plus vite la nature sauvage. Avec déjà plus d'une trentaine de guides et d'ouvrages pratiques à son actif, Sara a participé à de nombreux guides de Lonely Planet, notamment *Californie*, *Las Vegas Encounter*, *Southwest USA* et *Hawaï*. Ses récits de voyages sont publiés sur différents sites Internet ainsi que dans des magazines et journaux à travers tout le pays, dont le *National Geographic Traveler*. Elle a aussi été ranger dans un parc national. Suivez-la dans ses aventures sur le site www.indietraveler.net.

AMY C BALFOUR — Sud-Ouest

Amy a tout essayé dans le Sud-Ouest : la randonnée, le vélo, le ski et même les paris. Elle a retrouvé avec une émotion particulière Moab, Zion, Park City et Taos. Pour ce guide, elle s'est découvert de nouvelles passions, à savoir Albuquerque, Silver City, Monument Valley, et elle pense déjà à y retourner. Lorsqu'elle ne rêve pas de voyage, de grands espaces et de ragoûts au chili, elle écrit sur ces sujets.

ANDREW BENDER — Californie

Originaire de Nouvelle-Angleterre, Andrew est arrivé à LA après ses études pour travailler dans la production cinématographique mais a vite quitté le monde des affaires pour réaliser le rêve secret de tout détenteur d'un MBA : courir le monde et écrire des récits de voyages. Depuis, ses écrits et photographies paraissent dans le *Los Angeles Times*, *Forbes*, *Hemispheres* (magasine distribué à bord des vols United Airlines), *SilverKris* (magasine distribué à bord des vols Singapore Airlines), dans plus d'une vingtaine de guide Lonely Planet et sur son blog www.wheres-andy-now.com. Lorsqu'il ne voyage pas, il fait du vélo sur la plage de Santa Monica ou part à la recherche du dernier restaurant ethnique de LA.

LES AUTEURS DE LONELY PLANET

Pourquoi l'information de nos guides est-elle la meilleure au monde ? Tout simplement parce que nos auteurs sont des voyageurs passionnés et attentifs. Vous pouvez être sûr de leur impartialité car jamais ils n'acceptent le moindre cadeau. Ils ne se contentent pas de recherches sur le Web ou par téléphone, mais vont partout, des endroits les plus fréquentés aux coins les plus reculés, découvrant des lieux qui ne figurent dans aucun autre guide. Ils visitent en personne des milliers d'hôtels, de restaurants, de palais, de galeries, de temples… Ils parlent à des dizaines d'habitants tous les jours afin d'être sûrs de vous transmettre le genre de renseignements que seuls ces derniers sont en mesure de fournir. Leur fierté, c'est d'engranger tous les détails et de vous les restituer.

ALISON BING

Californie

Après plus de 15 ans passés à San Francisco, Alison y a fait tout ce qu'il faut faire et beaucoup de ce qu'il ne faut ne pas faire – comme tomber amoureuse dans le bus n°7 de Haight ou engloutir des burritos avant d'aller écouter des symphonies de Berlioz. Diplômée en histoire de l'art et en diplomatie internationale, Alison sort de la réserve inhérente à ses titres universitaires pour écrire des articles d'opinion pour la presse écrite, la radio, des magasines gastronomiques et des livres – dont les guides *San Francisco Encounter, San Francisco City Guide et California Trips* de Lonely Planet.

BECCA BLOND

Les Rocheuses

Auteur de plus de 30 guides Lonely Planet, dont la *Thaïlande, l'Australie, l'Afrique du Sud, Tahiti et la Polynésie française* et *Madagascar et les Comores*, les récits de voyages de Becca l'ont entraînée sur les cinq continents en six ans. Elle n'est pourtant jamais aussi heureuse que lorsqu'elle doit écrire sur ses terres, les Rocheuses. Ayant passé la moitié de sa vie dans le Colorado, Becca a travaillé sur les deux dernières éditions de ce guide et a été l'auteur coordinateur pour le *Sud-Ouest américain* et *Arizona, New Mexico & the Grand Canyon Trips*. Lorsqu'elle n'est pas sur la route, elle vit à Boulder avec son mari Aaron et Duke, leur bouledogue.

NATE CAVALIERI

Californie

Originaire du Michigan, Nate Cavalieri a découvert le Pacifique lors d'une tournée avec un groupe de rock dans lequel il jouait du piano. Conquis par les lieux, il s'y installa quelques années plus tard. Il vit dans le nord de la Californie depuis six ans, où il officie comme journaliste, écrivain de voyage et critique de musique. Il est aussi l'auteur de sept guides Lonely Planet, notamment sur la Californie, Chicago, Porto Rico et *Volunteer: A Traveller's Guide.*

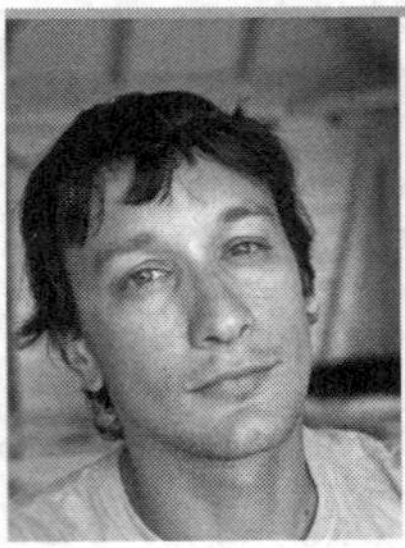

JOSH KRIST

Sud-Ouest

Ancien élève de l'Arizona State University, Josh a traversé l'Arizona et le Nevada de long en large pour le travail, les études et le plaisir. Pour Lonely Planet, il a écrit sur le Vietnam, les Caraïbes, le Mexique, la Thaïlande. Écrivain indépendant basé à San Francisco, il traite de voyages et d'alcool. En 1976, il a gagné le concours "Little Mr Phoenix".

BRENDAN SAINSBURY

Nord-Ouest Pacifique

Expatrié britannique, c'est par l'album *Nervermind* du groupe grunge Nirvana sorti que Brendan découvre la culture du Nord-Ouest Pacifique. Il s'installe en Colombie britannique, au Canada, en 2004 et fait ses premières incursions de l'autre côté de la frontière dans l'État de Washington en quête de volcans coiffés de neige, de musique réjouissante et de cafés. Il a trouvé son bonheur quelque part entre le Mont Baker et Seattle. Brendan a aussi travaillé comme coauteur sur le guide Lonely Planet *Washington, Oregon & the Pacific Northwest.*

JOHN A VLAHIDES

Californie

John A Vlahides vit à San Francisco et coanime l'émission de télévision *Lonely Planet: Roads Less Travelled*, diffusée sur National Geographic Channel. Il est aussi le cofondateur du site de voyage californien 71miles.com. Ancien concierge d'hôtel de luxe et membre de la prestigieuse association internationale *Les Clefs d'Or*, qui regroupe l'élite mondiale des concierges, il a étudié l'art de la cuisine à Paris. Dans son temps libre, il chante avec la chorale du San Francisco Symphony, bronze sur la plage nudiste sous le Golden Gate Bridge, fait du ski dans la Sierra Nevada ou sillonne la Californie à moto.

CONTRIBUTEURS

Karen Levine a obtenu un Master en Histoire de l'art à la San Francisco State University et travaille maintenant comme directrice de rédaction au musée d'art moderne de San Francisco. Elle a contribué à de nombreux essais pour différents journaux, notamment *Tema Celeste* et *Artweek*.

John Mariani a écrit *The Encyclopedia of American Food & Drink, America Eats Out: An Illustrated History of Restaurants, Taverns, Coffee Shops, Speakeasies, and Other Establishments That Have Fed Us for 350 Years et rédigé avec sa femme, Galina, The Italian-American Cookbook.* John est aussi le correspondant des rubriques gastronomique et voyage du magazine *Esquire*, le chroniqueur œnologique pour les chaînes TV et radio de Bloomberg, et l'auteur de la lettre hebdomadaire *Mariani's Virtual Gourmet Newsletter* (www.johnmariani.com).

Amy Marr a exploré tous les parcs nationaux des États-Unis, parcouru le monde entier à cheval ou à vélo et guidé plus d'une quarantaine de randonnées à pied ou en VTT. Aujourd'hui reconvertie dans l'écriture de récits de voyages et dans l'édition de livres de recettes, elle a jeté l'ancre dans le comté de Marin, où elle cuisine de bons petits plats italiens et arpente le Mont Tam à pied et en vélo.

Regis St Louis vit à New York mais est originaire de l'Indiana, où il a grandi en rêvant de voyages à travers le monde. Il a traversé les États-Unis en bus, train, voiture et a visité des dizaines de pays sur tous les continents. Il a écrit pour de nombreux guides Lonely Planet, notamment *New England, New York City* et *USA* et ses articles ont été publiés dans le *Chicago Tribune* et le *Los Angeles Times*, entre autres.

En coulisses

À PROPOS DE CET OUVRAGE

Pour cette 6e édition du guide *USA* (la 5e en français du guide *Ouest américain*), Sara Benson a coordonné les travaux des nombreux auteurs (voir la rubrique *Auteurs* p. 565). Jeff Campbell a coordonné les éditions précédentes ou y a contribué. Ce guide a été réalisé au bureau de Lonely Planet à Oakland.

TRADUCTION

Frédérique Hélion-Guerrini, Dominique Lavigne, Thierry Perben, Pascal Tilche

CRÉDITS

Responsable éditorial : Didier Férat
Coordination éditoriale : Nicolas Guérin
Coordination graphique : Jean-Noël Doan
Maquette : Pierre Brégiroux
Cartographie : cartes originales d'Andras Bogdanovits, David Connolly, James Bird, Alex Leung, Peter Shields, adaptées en français par Martine Marmouget.
Couverture : couverture originale de Naomi Parker, adaptée en français par Alexandre Marchand

Remerciements à Chantal Duquénoy, Christine Liabeuf et Michel Mac Leod pour leur travail sur le texte et leurs recherches ; à Christiane Mouttet pour sa rigueur et ses suggestions. Merci également à Ludivine Brehier pour son travail de référencement. Enfin, un grand merci à Dominique Spaety pour la préparation du texte et des cartes entre autres, et pour sa bonne humeur sans faille ; sans oublier Debra Herrmann et Ruth Cosgrove du bureau australien, Clare Mercer et Tracey Kislingbury du bureau londonien.

REMERCIEMENTS

SARA BENSON

Un grand merci à Suki Gear, Craig Kilburn et tous ceux qui travaillent dans les bureaux pour avoir fait en sorte que tout se déroule sans heurts. Chapeau bas à Jeff Campbell qui a si bien cornaqué les éditions précédentes. Sans votre aide précieuse, je n'aurais jamais pu venir à bout de cet énorme guide. Merci encore à tous. PS : Ranger Mike, merci de me faciliter la vie.

AMY C BALFOUR

Merci à Mari Hoidal et Gib Berri d'avoir partagé avec moi leur expérience de Salt Lake City et de Park City. Merci à Marcus Garcia et Susan Cooper qui m'ont tant aidée à Albuquerque et au Nouveau-Mexique. Je n'oublie pas non plus les rangers, professeurs et autres volontaires qui ont tous pris le temps de répondre à mes questions quand je traversais ces deux grands États. Je remercie encore Suki de me les avoir confiés et Sam d'avoir tout compilé sans jamais perdre patience ni sa bonne humeur.

ANDREW BENDER

Merci à Carol Martinez, Robin McClain, Megan Rodriguez, Madison Fisher, Joe Timko, Kate Buska et Erik Dahlerbruch ainsi qu'à Suki Gear et Sam Benson, des bureaux d'Oakland (Californie) de m'avoir donné cette chance et pour leurs conseils et leur bonne humeur.

LES GUIDES LONELY PLANET

Tout commence par un long voyage : en 1972, Tony et Maureen Wheeler rallient l'Australie après avoir traversé l'Europe et l'Asie. À l'époque, on ne disposait d'aucune information pratique pour mener à bien ce type d'aventure. Pour répondre à une demande croissante, ils rédigent leur premier guide Lonely Planet, écrit sur un coin de table.

Depuis, Lonely Planet est devenu le plus grand éditeur indépendant de guides de voyage dans le monde et dispose de bureaux à Melbourne (Australie), Oakland (États-Unis) et Londres (Royaume-Uni).

La collection couvre désormais le monde entier et ne cesse de s'étoffer. L'information est aujourd'hui présentée sur différents supports, mais notre objectif reste constant : donner des clés au voyageur pour qu'il comprenne mieux le pays qu'il découvre.

L'équipe de Lonely Planet est convaincue que les voyageurs peuvent avoir un impact positif sur les pays qu'ils visitent, pour peu qu'ils fassent preuve d'une attitude responsable. Depuis 1986, nous reversons un pourcentage de nos bénéfices à des actions humanitaires, à des campagnes en faveur des droits de l'homme et, plus récemment, à la défense de l'environnement.

VOS RÉACTIONS ?

Vos commentaires nous sont très précieux et nous permettent d'améliorer constamment nos guides. Notre équipe lit toutes vos lettres avec la plus grande attention. Nous ne pouvons pas répondre individuellement à tous ceux qui nous écrivent, mais vos commentaires sont transmis aux auteurs concernés. Tous les lecteurs qui prennent la peine de nous communiquer des informations sont remerciés dans l'édition suivante, et ceux qui nous fournissent les renseignements les plus utiles se voient offrir un guide.

Pour nous faire part de vos réactions, prendre connaissance de notre catalogue et vous abonner à Comète, notre lettre d'information, consultez notre site web : **www.lonelyplanet.fr**

Nous reprenons parfois des extraits de notre courrier pour les publier dans nos produits, guides ou sites web. Si vous ne souhaitez pas que vos commentaires soient repris ou que votre nom apparaisse, merci de nous le préciser. Pour connaître notre politique en matière de confidentialité, connectez-vous à : www.lonelyplanet.fr/confidentialite/index.cfm

ALISON BING

Des valises entières de remerciements à la californienne pour Suki Gear, aux coauteurs californiens, John Vlahides et Sam Benson ; à mes compagnons de voyage et plumes inspirées que sont l'intrépide Brice Gosnell et Heather Dickson, de Lonely Planet. Merci à tous ceux du Sanchez Writers' Grotto pour l'inspiration que j'y ai trouvée, et surtout, à Marco Flavio Marinucci dont la gentillesse et les expressos bien serrés ont tout rendu possible.

BECCA BLOND

Je dédie ce livre à Austin Van de Weghe Pugh (né le 8 mars 2009) et Cooper Maxwell Marshall (né le 18 juin 2009), les deux premiers fils de mes deux meilleures amies, Natalie et Danielle. Merci à mes éditeurs, Averil Robertson et Susie Ashworth.

NATE CAVALIERI

Je remercie Florence Chien, Suki Gear et Sam Benson pour leur soutien sur ce projet.

JOSH KRIST

Je remercie ma femme, Hélène Goupil, qui s'est occupée d'organiser le mariage alors que j'écrivais ce livre. Mille mercis à Didier Bruneel, Jesse Krist, "kingbilly" Kerri, Miriam et William Krist, Jacob et Rosemary Whitt, et à Joelle, Elodie, et Regis Goupil. Enfin, un grand merci à Suki Gear, Sam Benson, Jay Cooke. Merci à tous mes amis de l'Arizona et du Nevada.

BRENDAN SAINSBURY

Un grand merci aux rangers, chauffeurs de bus, bénévoles des offices du tourisme, restaurateurs et autres passants anonymes qui m'ont aidé lors de mes recherches. Merci à Suki Gear de m'avoir proposé de travailler sur ce guide et à Sam Benson pour son soutien par son travail de coordination. Enfin, un merci tout particulier, comme d'habitude, à ma femme Liz et à mon fils de trois ans, Kieran, pour leur compagnie dans différents endroits perdus des États de Washington et de l'Oregon.

JOHN A VLAHIDES

Je tiens à remercier mes coauteurs Sam Benson et Alison Bing ainsi que mon éditeur Suki Gear pour leur soutien sans faille. Merci à tous ceux qui m'ont aidé lors de mes recherches : Christine Murray, Marc Kate, Monique Jenkinson, Warren Longmire, Paul Marchegiani, Marianne Wong, DJ Gray et Sam Khedr. Mais avant tout, je souhaite remercier les lecteurs. Bonne route.

À NOS LECTEURS

Merci à toutes les personnes qui ont pris la peine de nous écrire pour nous faire part de leurs expériences de voyage.

B Sébastien Bezombes **C** Jérôme Caillard, Blaise Collin, Dominique Chouvet **D** C de Momigny **F** Catherine Fustec **M** Céline Malvy **P** Charles Parant **R** Christian Rota

CRÉDITS

Merci à : ©Mountain High Maps 1993 Digital Wisdom, Inc. pour le planisphère en page de titre.

Photographies internes : p. 7 (n°1 et n°5) Richard Cummins ; p. 11 (n°4) John Elk III ; p. 7 (n°4) et p. 11 (n°3) Lee Foster ; p. 9 (n°3) Ray Laskowitz ; p. 5 et p. 8 (n°2) Mark Newman ; p. 6 (n°2) Stephen Saks ; p. 10 (n°1) Witold Skrypczak ; p. 6 (n°1) Philip et Karen Smith ; p. 7 (n°3) Jon Stromme ; p. 11 (n°2) David Tomlinson ; p. 9 (n°4) Lawrence Worcester. Toutes les photos de ce guide sont disponibles auprès de notre agence photographique Lonely Planet Images : www.lonelyplanetimages.com

Index

les références des cartes sont indiquées en **gras**

les références des cartes sont indiquées en **gras**

les références des cartes sont indiquées en **gras**

M

les références des cartes sont indiquées en **gras**

INDEX

les références des cartes sont indiquées en **gras**

les références des cartes sont indiquées en **gras**

INDEX

INDEX DES ENCADRÉS

Histoire

Culture et société

Gastronomie

Nature et environnement

Sports et activités

Escapades et curiosités

Pratique

INDEX

Index écotouristique

Aujourd'hui, aux États-Unis, tout le monde semble avoir épousé la cause de l'écologie. Mais comment discerner entre les commerces vraiment respectueux de l'environnement et ceux qui n'on fait que prendre le train en marche ? Pour ce guide, nos auteurs ont sélectionné des sites, des activités, des agences de voyage, des magasins d'équipement de plein air, des festivals, des restaurants, des cafés, des boutiques, des hôtels et des moyens de transport, etc., connus pour leur engagement dans le tourisme durable. Parmi ces adresses, certaines agissent pour la conservation ou la propreté de l'environnement, d'autres aident à préserver l'identité, les arts et la culture d'une région, et plus particulièrement les traditions des Native Americans.

Nous souhaitons continuer à étoffer notre liste d'adresses écologiques. Si vous pensez que nous avons omis un établissement qui devrait figurer ici, ou si vous désapprouvez nos choix, n'hésitez pas à nous en faire part sur le site Internet : **www.lonelyplanet.fr**

CALIFORNIE

À voir et à faire

Achats

Se loger

Se restaurer et prendre un verre

Sortir

Transports

NORD-OUEST PACIFIQUE

Hébergement

LÉGENDE DES CARTES

ROUTES

- Autoroute payante
- Autoroute
- Nationale
- Départementale
- Cantonale
- Petite route
- Promenade
- Sentier pédestre
- Piste carrossable
- Rue piétonne
- Escalier
- Tunnel
- Sens unique
- Promenade (détour)

TRANSPORTS

- Trajet ferry
- Métro
- Monorail
- Rail
- Rail (souterrain)
- Téléphérique/funiculaire

HYDROGRAPHIES

- Rivière
- Riv. intermittente
- Canal
- Glacier
- Lac asséché
- Lac salé
- Laisse de vase
- Récif
- Marais
- Eau

LIMITES ET FRONTIÈRES

- Internationale
- Provinciale
- Régionale
- Ancienne enceinte
- Falaise/escarpement
- Parc marin

POPULATION

- **CAPITALE**
- **Ville importante**
- **Petite ville**
- **Capitale régionale**
- **Ville moyenne**
- Village

TOPOGRAPHIE

- Zone touristique
- Plage/désert
- édifice
- Cimetière chrétien
- Cimetière
- Forêt
- Terre
- Rue piétonne
- Marché
- Parc
- Terrain de sports
- Zone urbaine

SYMBOLES

À VOIR/À FAIRE

- Plage
- Pagode
- Château
- Cathédrale
- Culte confucéen
- Site de plongée
- Temple hindouiste
- Mosquée
- Temple jaïna
- Synagogue
- Monument
- Musée
- Pique-nique
- Centre d'intérêt
- Ruine
- Culte shinto
- Temple sikh
- Ski
- Culte taoïste
- Vignoble
- Zoo, ornithologie

RENSEIGNEMENTS

- Banque/distributeur
- Ambassade/consulat
- Hôpital
- Renseignements
- Cybercafé
- Parking
- Station-service
- Police
- Poste
- Téléphone
- Toilette

SE LOGER

- Hôtel
- Camping

SE RESTAURER

- Restauration

BOIRE UN VERRE

- Bar
- Café

SORTIR

- Spectacle

ACHATS

- Magasins

TRANSPORTS

- Aéroport/aérodrome
- Poste frontière
- Arrêt de bus
- Piste cyclable
- Transports
- Taxi
- Chemin de randonnée

TOPOGRAPHIE

- Danger
- Phare
- Point de vue
- Montagne, volcan
- Parc national
- Oasis
- Col
- Sens du courant
- Gîte d'étape
- Point culminant
- Rapide

Note : tous les symboles ne sont pas utilisés dans cet ouvrage

Ouest américain

5e édition

Traduit, extrait et adapté de l'ouvrage *USA* (*6th edition*), *March 2010*

Traduction française :

place des éditeurs

12 avenue d'Italie, 75627 Paris cedex 13

☎ 01 44 16 05 00

lonelyplanet@placedesediteurs.com

www.lonelyplanet.fr

Dépôt légal
Juin 2010
ISBN 978-2-81610-262-8

Photographie de couverture : Monument Valley, Tom Pepeira/ © Photolibrary.

La plupart des photos publiées dans ce guide sont disponibles auprès de notre agence photographique Lonely Planet Images : www.lonelyplanetimages.com

Imprimé par Grafica Veneta, Trebaseleghe, Italie
Réimpression 02, août 2011

Bien que les auteurs et Lonely Planet aient préparé ce guide avec tout le soin nécessaire, nous ne pouvons garantir l'exhaustivité ni l'exactitude du contenu. Lonely Planet ne pourra être tenu responsable des dommages que pourraient subir les personnes utilisant cet ouvrage.